미국인의 역사 I

A
HISTORY
OF THE
AMERICAN PEOPLE

미국인의 역사 I

폴 존슨
명병훈 옮김

살림

일러두기

1. 이 책은 『A History of the American People』을 우리말로 옮겨 총 2권으로 분권한 것입니다.

2. 인명과 지명 표기는 국립국어원의 한국어·외래어 표기법을 준수했습니다.

3. 역자가 추가한 괄호 안의 설명은 원문과 구분하기 위해 '−옮긴이'로 표기했습니다.

4. 단행본은 『 』, 잡지·신문·논문·예술작품의 이름은「 」로 표기했습니다.

"위대함을 두려워 마라."

–셰익스피어, 『십이야(Twelfth Night)』

머리말

이 책은 순전히 내가 좋아서 한 노력의 산물이다. 소년 시절 나는 부모님과 누나들에게 그리스와 로마, 영국 역사에 관해 많은 것을 배웠으나 미국은 빠져 있었다. 그 뒤 진학한 스토니허스트 칼리지에서도 영국 헌법사에 관해 훌륭한 기초 교육을 받았지만 마찬가지로 미국이라는 이름은 거의 들을 수 없었다. 1940년 후반 옥스퍼드에서는 근대사학과가 황금기를 맞아 A. J. P. 테일러, 휴 트레버-로퍼, 모리스 포윅 경, K. B. 맥팔레인, 서 리처드 서던 경 등 쟁쟁한 석학들이 어깨를 나란히 했다. 나는 그 가운데 두 분을 지도교수로 모시는 행운을 누렸으며 아울러 모든 교수님의 강의를 들었다. 하지만 미국은 영국사의 곁다리로 다루는 경우를 제외하고, 따로 언급되지 않았다. 미국사와 같은 강좌가 있었던 기억도 없다.

A. J. P. 테일러는 미국의 이름이 불쑥불쑥 나오는 논문 지도 마지막 시간에 근엄한 목소리로 말했다. "미국사는 학업을 마친 뒤에나 공부할 수 있을 걸세. 자네가 그걸 견딜 수만 있다면 말이지." 이것 말고 이 주제에 관해 테일러 교수에게 들은 것이라고는 "미합중국 대통령이 되면 받는 벌

가운데 하나는 캘리포니아 와인만 마시면서 4년을 살아야 한다는 거네"라는 말뿐이었다. 미국사는 옥스퍼드 교육과정의 블랙홀이었다. 물론 이것은 반세기 전의 옥스퍼드 학문 세계의 이야기이고 지금은 상황이 완전히 바뀌었다. 미국사를 연구 주제로 간주하지 않은 것은 옥스퍼드만이 아니었다. 유명한 미국 저널리스트 스튜어트 올솝의 회고록을 읽다가, 그가 그로턴 스쿨(매사추세츠 주에 있는 대학 입시 준비 명문 사립학교-옮긴이)의 학생이던 1930년대에 그리스와 로마, 영국 역사만 배웠다는 구절을 발견하곤 무릎을 친 적이 있었다.

이런 교육의 빈틈 탓에 결국에는 완전 백지상태에서 미국사를 대면했다. 학생 시절의 편견이나 반감은 전혀 없었다. 실제로 나는 학문과는 아무런 관계가 없는 상황에서 처음 미국사를 접했다. 지브롤터 수비대에서 장교로 복무하던 시절에 미국 제6함대 장교들과 이야기를 나눈 것이 최초였다. 그 뒤로는 파리에서 저널리스트로 활약하던 1950년대 후반에 당시 국무장관이던 존 포스터 덜레스, 드와이트 D. 아이젠하워 대통령, 그리고 유럽연합군 최고사령관으로 아이젠하워 후임이던 매튜 리지웨이 같은 고위층 인사를 만날 기회를 얻었다. 1950년대 말부터는 한 해에 서너 차례씩 미국을 방문해 곳곳을 여행하면서 끊임없이 역사를 만들고 있는 여러 사람을 만났다. 그렇게 40년 이상 미국과 그 국민들을 점차 알아가면서 존경하기에 이르렀다. 셀 수 없을 만큼 많은 친구와 지인을 사귀고, 훌륭한 미국 문학을 즐기고, 수많은 대학에서 강연하거나 토론회에 참가하고, 미국 기업과 단체가 주최하는 회의에 참석했다.

요컨대 나는 뒷문으로 들어가 미국사를 연구한 셈이다. 하지만 또한 『기독교의 역사(A History of Christianity)』 『유대인의 역사(A History of the Jews)』『모던 타임스(Modern Times: the World from the Twenties to the Nineties)』『근대의 탄생(The Birth of the Modern: World Society, 1815~1830)』 등 다른 책들을 쓰기 위한 조사를 하면서 직접 터득하기도 했다. 이런 책들을 준비하는 동안 입수한 자료를, 갱신하고 수정하고 바로잡고 확장하고 새롭게 다듬어서 이 책에도 활용했다. 과거를 연구하고, 전 세계-특히 미국-를 여행하며 현재를 배우자, 이 놀라운 나라에 대해 그리고 그 기원과 진화에 대해 좀 더 알고 싶다는 욕구가 갈수록 커졌고, 마침내 그 역사를 써야겠다는 결심이 섰다. 경험상 하나의 주제를 체계적으로 목적의식을 가지고 일관되게 연구하는 유일한 방법은 그것에 관한 책을 쓰는 것이다. 뉴욕에 있는 담당 편집자인 하퍼콜린스 사의 캐스 캔필드 주니어가 따뜻하게 격려해주었다. 그렇게 이 책의 기획은 열정과 흥분 속에서 탄생했고, 오랜 시간이 흘러 마침내 빛을 보았다.

미국인의 역사를 쓰는 일은 16세기 후반부터 20세기 말까지 400년 이상을 다루면서 다양한 영역에서 드넓은 범위의 물리적 배경과 발전을 살펴보는 초인적인 작업이다. 냉철한 눈으로 자료를 취사선택하지 않으면 완성할 수 없는 일이어서, 어떤 장면에서는 쉽고 재미있게 읽히도록 가까이 다가가 흥미로운 요소를 세밀히 묘사했고, 대신에 다른 부분은 간단히 요약해서 처리했다. 이전까지 방대한 주제를 다룬 저서들과 마찬가지로 이것이 내가 취해온 방법이지만, 그래도 역사적 사실과 날짜, 통계 자료를 풍부하게 활용하여 미국사의 개요를 알기 원하는 학생들이 신뢰하며 이용할 수 있는 포괄적인 서술을 목표로 삼았다.

이 책은 미국이 겪은 과거의 모든 면, 모든 시대에 관해 새롭고 때로는 매서운 의견을 담았다. 아울러 나는 일부 역사학자처럼 내 견해를 감출 의도가 없다. 독자 여러분은 있는 그대로 보고 수긍하거나 거부할 것이다. 나는 충분하고 공평하고 성실하게 그리고 객관적으로 사실을 기술하고, 한쪽으로 기울지 않은 자료를 선택하기 위해 모든 단계에서 최대한 노력을 기울였다. 이처럼 사실로 가득 채운 두툼한 책에서는 실수가 발견되기 마련이다. 만약 독자 여러분이 그런 오류를 한 군데라도 발견한다면 필자의 집 주소(29 Newton Road, London W25JR)로 연락해주시기 바란다. 감사히 받아들여 바로잡을 것을 약속드린다. 또한 나의 표현이나 견해와 다른 의견을 가지고 있다면 지적해주시기 바란다. 환영하며 기꺼이 검토할 것이다.

책 마지막에 실은 주석은 여러모로 쓸모가 있다. 역사적 사실이나 수치, 인용과 주장의 출전을 보여주고, 앞선 연구자에게 경의를 표하고, 더 읽어야 할 책을 안내하고, 독자에게 내가 제시한 관점과 다른 연구를 소개해 학문적으로 의견이 갈리는 지점을 보여준다. 나는 오늘날 학계에서 묘책인 양 사용하는 명명법을 따르지 않았고, "정치적 올바름"이라는 쉬어빠진 태도를 받아들이지 않았다. 따라서 "~계 아메리카인""아메리카 원주민"이나 그 밖에 조건이 따라붙는 용어는 되도록 쓰지 않았다. 나에게 이 사람들은 모두 미국인이다. 운명이 검정색, 흰색, 붉은색, 갈색, 노란색을 모두 함께 역사의 거대한 소용돌이에 내던졌고 그 소용돌이는 세상에 일찍이 없던 걸출한 국민을 낳았다. 나는 미국인을 사랑하며 경의를 보낸다. 이것은 그 사람들의 이야기이다.

머리말 006

제1장
★★★

언덕 위의 도시
식민지 시대 1580~1750년

제2장
★★★
자유의 헌법이 굳게 지켜지기를
혁명기 1750~1815년

제3장
★★★

언제나 평범하게 행복하기를

민주주의 시대 1815~1850년

제4장
★★★

거의 선택된 민족에게

남북전쟁 1850~1870년

제 1 장

·

언덕 위의 도시

식민지 시대 1580~1750년

콜럼버스의 탐험

미합중국의 창조는 인류 최대의 모험이다. 미국인 자신들과 인류 모두에게 이처럼 커다란 교훈을 간직한 나라의 역사는 없다. 4세기에 걸친 이 나라의 역사를 새로운 밀레니엄의 시대로 들어가는 지금 다시 말하고자 한다. 이 교훈에서 배우고 그것을 기초 삼아 미래를 건설할 수만 있다면, 이제 막을 열기 시작한 새로운 시대에 인류 전체가 혜택을 볼 것이다.

미국의 역사는 3가지 근본적인 질문을 제기한다. 첫째, 국가는 그 성립의 부당성을 극복하고 도덕적 목표나 행동을 통해 그것을 보상할 수 있는가? 국가는 모두 전쟁, 정복, 범죄로 탄생하지만 대개 아득히 먼 과거가 그 사실을 가리고 있다. 하지만 미합중국은 초기 식민지 시대부터 생생한 역사 기록의 바탕 위에서 토지권리증을 손에 넣었기 때문에, 누구든 거기에 묻은 얼룩을 보고 비난할 수 있다. 토착 민족으로부터 토지를 빼앗았으며 노예로 삼은 인종들의 땀과 눈물로 자급자족을 확보했던 것이다. 이런 중대한 잘못은 역사의 심판대라는 저울에 올려 정의와 공평을 지향하는 사회 건설에 의해 균형을 취하지 않으면 안 된다. 미국은 그런 행동을 취했을까? 건국 당시의 원초적인 죄를 속죄했을까? 두 번째 질문은 첫 번째 질문에 열쇠를 제공한다. 국가를 만들 때 이상이나 이타주의-완전한 공동체를 건설하려는 욕구-를 활기찬 사회 건설에 필요한 탐욕이나 야망과 잘 통합해낼 수 있었을까? 미국인은 과연 그것들을 올바르게 통합했을까? 자기 이익의 욕구보다 정의를 앞세우는 국가를 창조했을까? 세 번째로, 미국은 원래 비현실적인 "언덕 위의 도시"(「마태복음」 제5장 14절 "너희는 세상의 빛이라 산 위에 있는 동네가 숨겨지지 못할 것이요"에서 따온 구절. 청교도 지도자 존 윈스럽이 1630년 이민 당시 신세계에 "하느님의 나라"를 만들자고 주창하면서 사용한 표현이다-옮긴이) 건설을 목표로 했으나 전 세계의 모델이 될 인민의 공화국을 설계하고 있다는 사실을 깨달았다. 결국 그들은 그 대담한 주장을 달성했을까? 정말로 인류를 위한 본보기를 증명해 보였을까? 그리고 새로운 밀레니엄 시대에도 그렇게 계속 존재해갈 수 있을까?

　결코 잊어서는 안 될 사실이지만, 오늘날과 같은 미국의 수립은 거대한 사업의 극히 일부분에 지나지 않았다. 그리고 이 일을 수행한 것은 유럽 대륙 전체에서 가장 우수한 사람들이었다. 그들은 탐욕스러웠다. 크리스토퍼 콜럼버스가 말했듯이, 사람들은 애초에 금을 찾아 대서양을 건넜다. 하지만 그들은 이상주의자이기도 했다. 모험을 두려워하지 않은 이 젊은 이들은 세계를 더 나은 쪽으로 바꿀 수 있다고 생각했다. 자신들의 활력, 야망, 이상을 이루기 위한 무대로서 유럽은 좁았다. 11세기부터 13세기 사이에는 동쪽으로 나아가 성지나 그 주변을 다시 기독교의 땅으로 바꾸거나 영지를 손에 넣으려고 했다. 종교적인 정열, 개인적인-탐욕이라고까지는 할 수 없는-야망, 그리고 모험을 향한 갈망이 한데 섞여 몇 세대에 걸처 십자군이 오갔다. 이 십자군 전사야말로 아메리카 대륙을 발판으로 한 대사업에 참가했던 사람들의 원형이었다.

하지만 기독교도에 의한 동방 영토의 확장은 이슬람 세계의 강력한 저항을 받았고, 마지막으로는 오스만제국의 팽창주의적인 군국주의에 의해 저지당했다. 동방에서 좌절한 젊은 기독교도들은 자기 나라에서 야망의 에너지를 발산했다. 프랑스에서는 이단을 근절하고 몰수한 재산을 차지했다. 이베리아 반도에서는 1490년대에 무슬림 그라나다 왕국이 마침내 멸망함에 따라 8세기 이래 이슬람교도가 차지하고 있던 영토를 회복했다. 그리고 에스파냐 내 무어인 잔당을 추방하거나 강제로 개종시켰다. 서유럽을 그리스도교로 통일한 1490년대라는 이 시기가 유럽과 그리스도교를 처음으로 서반구에 가져간 시기와 겹치는 것은 결코 우연이 아니다. 하나의 일이 일단 정리되자 다음 일에 열의를 가지고 매달렸던 것이다.

15세기 초반 포르투갈은 장기인 항해술을 동원해 새로운 개발 사업을 시작했다. 1415년 영국 왕 헨리 5세가 아쟁쿠르(백년전쟁 중 아쟁쿠르 전투의 무대인 프랑스 북부-옮긴이)에서 프랑스군을 무찌른 바로 그해에 포르투갈의 모험가들은 북아프리카 해안의 세우타를 점령하고 교역 거점으로 만들었다. 그곳에서 대서양 남서쪽으로 나아가 마데이라 제도, 카보베르데 제도, 아조레스 제도를 차례로 점령하고 모두 포르투갈 왕국의 식민지로 삼았다. 포르투갈 모험가들은 이런 발견에 흥분했다. 이미 자신들은 "신세계"를 건설하고 있다고 느꼈다. 하지만 이 말이 사람들 입에 오르내린 것은 1494년 이후의 일이다. 이런 초기 이주민은 자신들이 새로운 문명을 일으켰다고 생각했다. 마데이라에서 태어난 최초의 남자 어린이와 여자 어린이는 각각 아담과 에바라는 이름으로 불렸다.[1]

하지만 거의 곧바로 "타락"이 시작되어 이윽고 대서양 전체를 뒤덮었다. 유럽 대륙에서는 고대 노예제가 그리스도교 사회의 발흥에 따라 사실상 폐지되었다. 그렇지만 1440년대에 새롭게 획득한 대서양의 섬에서 출발해 아프리카 해안을 탐험한 포르투갈인은 상업적 관행으로서 노예제도가 기능하고 있다는 사실을 재발견했다. 아프리카에서는 노예제가 줄곧 존속했다. 지역 지배자들이 광범위하게 운용했고 많은 경우 아랍 상인들이 협력했다. 노예는 포로, 외지인, 부족 내 지위 상실자 등으로, 일단 노예 신분이 되면 교환 가능한 상품으로 바뀌었다. 간단히 말해 노예는 중요한 통화의 한 형태였다.

포르투갈인은 15세기 중반에 처음 노예무역에 뛰어든 뒤 독점했지만, 그 과정에서 노예제도를 고대나 중세의 아프리카에 존재했던 것보다 더 비인간적이고 잔혹한 형태로 변질시켰다. 새롭게 마데이라에 세운 포르투갈 식민지는 제당업의 중심지가 되어 곧 서유럽에 대한 최대 설탕 공급지로 발전했다. 노예를 사용한 마데이라 최초의 제당 공장은 1452년에 세워졌다. 돈벌이가 잘되는 이 산업은 대성공을 거뒀기에 포르투갈은 재빨리 아프리카 연안의 비아프라 제도에 사탕수수밭을 만들기 시작했다. 모리타니의 블랑코 곶 근해 섬이 노예 수출기지가 되었다. 노예무역이 시작될 무렵 이곳에서는 해마다 수백 명의 노예가 리스본으로 보내졌다. 제당업의 규모가 커지자 노예 수는 수천 명에 달했다. 역시 노예 집산지였던 상투메 한 곳에만 1550년 약 5만 명의 노예가 도착했다.

포르투갈 왕국의 보호 아래 이처럼 이익이 많이 남는 활동에 활약한 사람은 유럽 전역에서 모여든 다양한 기독교도였다. 포르투갈인만이 아니라 에스파냐인, 노르만인, 플라망인, 에게 해나 레반트 지방에서 온 이탈리아인도 섞여 있었다. 혈기 왕성한 젊은 독신 남자이기에 당연히 점차 여자와 육체관계를 맺고 때로는 결혼을 했다. 그들 사이에서 태어난 혼혈 자손인

물라토는 순혈의 유럽인보다 황열병이나 말라리아에 잘 안 걸려 점점 그 수가 늘어났다. 유럽인도 물라토도 아프리카 대륙에서는 살 수가 없었다. 대신에 서아프리카 연안에서 약 480킬로미터 떨어진 카보베르데 제도에서 계속 수를 불려나갔다. 카보베르데의 물라토 무역상 계급은 란사도(Lanados)("내쫓긴 사람들"이라는 뜻-옮긴이)라는 이름으로 알려졌다. 크리올 말과 현지어를 능숙하게 구사하며 약간의 이교 신앙이 섞인 그리스도교를 믿는 이들은 노예무역의 유럽 쪽 창구를 담당했다. 마찬가지로 아프리카 쪽은 아랍인이 교섭 창구를 맡았다.[2]

이 새로운 방식의 노예무역은 그 집중도나 규모의 거대함에 더해 아프리카와 아랍의 공급자, 포르투갈과 란사도 무역상, 그리고 구매자를 연결하는 금전적 결합이라는 특징을 순식간에 갖추었다. 노예시장은 거대했다. 노예는 거의가 남자였고 대규모 농업이나 광산에서 일했다. 노예를 교육하려는 시도는 거의 없었고 질에 따라 한 명에 얼마라는 단순한 물자로 취급했다. 특히 상투메에서 이 근대식 노예노동이 확립되었다. 포르투갈인은 곧 에스파냐인에게 노예를 팔았고, 에스파냐인은 마데이라의 예를 모방해 카나리아 제도를 점령하여 똑같이 사탕수수 재배와 제당을 시작했다. 탐험과 식민지화가 이들 섬에서 대서양 반대편까지 확대되었을 때 노예제도는 이미 자리를 잡았다.[3]

대서양 섬들로 건너간 포르투갈인은 주위로부터 독립된 북대서양 특유의 기상 현상에 대해 기본적인 사실을 발견했다. 시곗바늘 방향의 강한 해류가 흘렀는데, 특히 여름에 강했다. 이 현상은 남쪽에서는 북동무역풍, 북쪽에서는 편서풍 때문에 일어난다. 그래서 항해자들은 남서쪽으로 침로를 잡고 출발하여 북동쪽을 향해 유럽으로 돌아갔다. 이 기상 현상을 이용하여 에스파냐인은 카나리아 제도에 도달한 뒤 그곳을 점령했다. 원주민인 관체 족은 에스파냐 본토에 노예로 팔려가거나 그렇지 않으면 주로 카스티야인 정복자에 의해 그리스도교로 개종되어 농장노동자로 전락했다.[4]

북대서양의 기상 현상을 이용한 카나리아 제도의 경험을 살려서 크리스토퍼 콜럼버스는 1492년 서반구에 처음으로 발을 디뎠다. 콜럼버스의 탐험은 아메리카 사업의 국제성을 잘 보여줬다. 콜럼버스가 활동한 곳은 에스파냐의 세비야지만 고향은 이탈리아의 제노바였고, 국적은 당시 동부 지중해의 여러 섬을 거느린 제국이던 베네치아 공화국의 시민이었다. 대서양 횡단 항해 자금은 콜럼버스 자신을 비롯한 세비야 거주 제노바 상인이 댔고 에스파냐의 이사벨 여왕이 추가로 부담했다. 바로 그해 일찍이 에스파냐 군대가 그라나다를 함락한 뒤여서 여왕은 많은 현금을 확보하고 있었다.[5]

에스파냐와 포르투갈의 침입

에스파냐에 아메리카 식민지화는 쉬운 일이 아니었다. 콜럼버스가 최초로 건설하고 이사벨라라고 이름 붙인 마을(현재 히스파니올라 섬 내 도미니카 공화국 영토에 위치한 곳-옮긴이)은 완전히 실패했다. 그 뒤 콜럼버스는 자금이 바닥나서 국왕이 그 뒤를 이어받았다. 처음으로 성공한 식민지는 산토도밍고인데, 1502년 니콜라스 데 오반도가 30척의 배에 적어도 2,500명의 인원을 거느리고 와 상륙한 것이 시초였다. 이것은 신중히 계획된 식민 사업이었다. 에스파냐가 그라나다를 탈환할 때의 "레콩키스타(reconquista)"(이베리아 반도에서 이슬람 세력을 추방한 국토 회복 운동-옮긴이)에서 얻은 경험을 살려서 에스파냐 본토의 카스티야라누에바를 모델로 삼아 마을 네트워크의 기초로 삼았다. 카스티야라누에바는 중세 프랑스의 바스티드(bastide, 성곽도시)를 본보기로 삼았는데 바스티드의 원형 또한 로마의 식민도시였다. 이것 역시 기원전 1000년으로 거슬러 올라가는 그리스 모델을 개량한 것이었다. 따라서 이 방법은 무척 오래되었다. 일단 상륙 거점이나 항구가 확보되면, 처음 하는 일은 아데란타노(adelantano)라고 불리는 관리가 걸음 수를 재면서 도로망의 위치를 정하는 것이었다.[6] 요새를 제외하고 맨 먼저 지어진 건물다운 건물은 교회였다. 성직자, 특히 도미니크회와 프란치스코회의 탁발수도사가 식민지 건설 과정에서 커다란 역할을 맡았으며, 1512년에 이미 신세계 최초의 교구가 설치되었다. 그 9년 전 국왕은 세비야에 무역사무소를 설립하여 대서양에 펼쳐진 모든 사업의 중심 거점으로 삼고 많은 국가 재정을 투입했다. 1520년에는 적어도 1만 명의 에스파냐어를 사용하는 유럽인이 카리브 해의 히스파니올라 섬에 살았고, 식량 작물이 본격 재배되었으며, 유럽을 대상으로 하는 무역 형태도 확실하게 확립되어 있었다.[7]

바로 1년 전인 1519년 에르난 코르테스는 멕시코의 고대 문명을 습격하면서 아메리카 대륙에 침입했다. 침략 속도는 놀라울 정도여서 인류 역사상 가장 빨랐다고 할 수 있다. 빠르기로 치자면 알렉산더 대왕의 원정과 어깨를 겨루었으며 철저함과 영속성 면에서는 훨씬 더 가혹했다. 어떤 의미에서 에스파냐의 새로운 제국은 오래된 아스텍제국 위에 겹쳐 놓았는데, 로마가 그리스 식민지를 합병할 때와 상황이 매우 흡사했다.[8] 몇 년 사이에 에스파냐인은 아스텍의 수도인 테노치티틀란의 폐허 위에 코르테스가 세운 거대한 바둑판 모양의 도시 멕시코시티로부터 북쪽 1,600킬로미터까지 진출했다.

유럽의 침입은 아메리카 대륙의 인구 구성, 동식물, 경제에 커다란 변화를 몰고 왔다. 유럽인이 황열병에 약했듯이 원주민인 인디언은 유럽인이 옮긴 천연두에 속수무책으로 쓰러졌다. 유럽인은 몇 세대를 거치면서 대응책을 연구했지만, 천연두의 감염력은 매우 강했고 인디언에게는 예외가 없이 치명적인 질병이었다. 유럽인이 도착하기 이전 아메리카 대륙 인구가 어느 정도였는지는 정확하게 알 도리가 없다. 지금의 멕시코 국경 이북에서는 띄엄띄엄 부족 단위로 생활했고, 대부분 아직 수렵 채집 단계에 있었으며, 부족끼리 싸움을 되풀이했다. 물론 그 가운데에는 수렵 이외에 사탕수수를 재배하고 1년 중 일정 기간을 마을에 정착해 사는 부족도 있었다. 이들 부족을 모두 합하면 100만 명 정도였으리라 짐작한다.

그보다 남쪽에는 사회가 훨씬 더 발전했고, 멕시코의 아스텍과 페루의 잉카라는 두 대제국이 있었다. 라틴아메리카의 총인구는 약 2,000만 명을 헤아렸다. 정복과 그것이 옮긴 질병 때문에 인디언 인구는 몇십 년 만에 200만 명 또는 그 이하까지 줄었다. 이런 이유로 정복 초기부터 노동력 공급원으로서 아프리카 노예에 대한 수요가 있었다. 유럽인은 천연두에 이어 환영받을 진기한 것들을 많이 가져왔다. 밀과 보리, 그리고 그 농사를 가능하게 해주는 쟁기, 사탕수수와 포도 재배법, 또한 무엇보다 중요한 여러 종류의 가축이 그것이다. 인디언은 개, 알파카, 라마를 제외하고는 다른 동물들을 가축으로 길들이지 않았다. 유럽인은 쟁기를 끄는 소를 비롯해 말, 노새, 당나귀, 양, 돼지, 가금류를 가져왔다. 거의 처음부터 우수한 말, 그리고 최고 등급의 노새나 당나귀가 성공적으로 길러졌다. 에스파냐인은 서유럽에서 유일하게 말을 타고 큰 무리의 가축을 몰아본 경험이 있었다. 이것이 신세계에서 눈에 띄는 특징이 되었다. 곧 거대한 목장이 생겨나 광산 지대에 식용 소와 사역용 노새를 대량으로 공급했다.[9]

무어인을 몰아내는 기나긴 싸움에서 무자비해진 에스파냐인은 인디언을 가혹하게 다뤘다. 드넓은 지역을 식민지로 만들면서 이 방식을 일관되게 고수했다. 에스파냐인에 이어 신세계에 건너온 영국인은 다음 두 가지 특징에 주목했다. 엘리자베스 여왕 시대의 비평가인 존 후커는 에스파냐인이 도덕적인 면에서 떨어진다고 지적하면서 이렇게 이유를 제시했다. "인간이라고는 할 수 없을 정도로 잔인한 방법을 동원해서 …… 그들은 벌거벗은 순진한 사람들을 정복했다. 종교를 위한 것도 국가 건설을 위한 것도 아니었다. 돈을 벌기 위해 사람들을 너무나 잔혹하게 다루고 불태워 죽이는 반인륜 행위를 서슴없이 저질렀다. 그들의 역사에도 이런 사실은 밝혀져 있다." 그와 동시에 영국인은 "에스파냐인의 근면성과 노고, 그렇게 많은 배를 준비하는 데 드는 막대한 비용 …… 목적을 이루기 위한 끊임없는 보급, 그토록 뛰어나고 어려운 과업을 실행하는 활기차면서 꿋꿋한 정신, 그리고 마지막으로 식민 사업에 대한 굳은 결의"를 칭찬했다.[10]

에스파냐가 아메리카에 정착하자 포르투갈도 당연히 그 뒤를 따랐다. 에스파냐에 공격받으면 잠시도 버텨내지 못하는 포르투갈은 신중하게 강대국인 이웃 나라와의 해외 관계를 법률로 유지하려고 노력했다. 일찍이 1479년에 에스파냐와 포르투갈은 유럽 이외 지역에서 각각의 무역권을 규제하는 조약을 맺었다. 상담을 의뢰받은 교황청은 아조레스 제도 서쪽 100리그(1리그는 약 3마일, 즉 약 4.8킬로미터-옮긴이) 지점에 가상의 세로선을 긋고 그 서쪽을 에스파냐, 동쪽을 포르투갈에 할당했다. 이 결정은 1494년 토르데시야스 조약을 맺으면서 두 나라 사이에 영구적으로 굳어졌는데, 이때 카보베르데의 서쪽 370리그 지점을 기준으로 할당 선이 다시 그어졌다. 이에 따라 포르투갈은 남아메리카에서 지금의 브라질 대부분을 포함한 드넓은 지역을 얻었다.

포르투갈인은 늦어도 1500년부터 이 해안의 존재를 알았다. 인도양으로 향하던 포르투갈 함대가 역풍을 피해 대서양으로 들어갔을 때 놀랍게도 조약선보다 동쪽에서 분명히 아프리카가 아닌 육지를 만났다. 하지만 포르투갈은 아프리카 해안과 아시아나 동인도로 가는 항로 개척에 몰두하면서 이미 각지에 기지를 건설하고 있었기에 아메리카 대륙에 투자할 여력이 없었다. 1532년 브라질에 최초의 식민지가 세워졌다. 대서양 섬들을 모방하여 국왕이 "사령관"들을 임명했으며, 이들은 도나토리오(donatorios)라고 불린 토지불하증서에 투자했다. 이러한 제1차 물결은 대부분 실패로 끝났다. 수익이 올라 정착민이 안정된 것은 포르투갈이 노예제에 기반을 둔 사탕수수 농장을 카보베르데와 비아프라 제도에서 브라질의 페르남부쿠 지방으로 옮긴 후부터였다. 브라질의 본격적인 대규모 개발은 1549년에야 겨우 시작되었다. 바로 이해에 국왕은 대규모로 투자하여 1,000명 이상의 이주민을 보내고 마르틴 알폰소 데 소사를 폭넓은 권한을 가진 총독에 임명했다. 이후 빠르고 되돌릴 수 없는 발전이 이루어지면서 거대 제당산업이 대서양을 가로질러 성장했다.

브라질은 16세기 마지막 사반세기에 세계 최대의 노예 수입 중심지로 떠올랐으며 이후에도 그 지위를 유지했다. 그리고 300년 이상 어느 곳보다 많은 아프리카 노예를 흡수하여 이른바 아프리카계 아메리카인의 나라가 되었다. 16세기 내내 포르투갈은 대서양의 노예무역을 실질적으로 독점했다. 1600년 30만 명에 가까운 아프리카인 노예가 바다를 건너 농장으로 실려 갔다. 마데이라 2만 5,000명, 유럽 5만 명, 상투메 7만 5,000명, 그리고 나머지는 아메리카로. 실제로 이 무렵 노예 5명 가운데 4명은 신세계로 향했다.[11]

포르투갈이 조직하고, 에스파냐가 사탕수수 농장뿐 아니라 광산에서 활용하기 위해 지원한 농장 노예제도가 다른 유럽 국가들이 신세계에 거점을 마련하기 훨씬 전부터 확립되어 꾸준히 확대되어나갔다는 것은 중요한 사실이다. 한편 에스파냐가 아메리카의 은 채굴로, 아울러 에스파냐와 포르투갈이 설탕 무역으로 거둬들인 막대한 부는 전 유럽의 모험가를 끌어들였다. 에스파냐와 포르투갈은 서로의 이익 범위를 신중하게 존중했으며, 1580년에는 두 나라 왕실이 합스부르크 왕가 아래 하나가 되어 이익 범위까지 통합되었지만, 다른 나라들은 그런 규제에 방해받지 않았다.

대서양에서 얻는 이익을 에스파냐와 포르투갈에 갈라서 나눠준 교황의 결정이 영원히 계속될 가능성은 사라졌다. 1520년대와 1530년대의 종교 개혁 시기에 북서 유럽 연안국들은 로마에 대한 충성을 모두 파기했다. 프로테스탄트 신앙은 프랑스의 대서양 연안이나 북해 연안 저지대의 무역 공동체와 항구도시, 이미 유럽 최대의 상업도시인 런던, 그리고 영국 남서부의 선원들 사이에서 특히 강력하게 받아들여졌다. 1561년 엘리자베스 1세의 국무장관인 윌리엄 세실 경은 대서양에 관한 국제법을 조사하고, 교황에게는 그런 결정을 내릴 권한이 없다는 사실을 에스파냐 대사에게 단호하게 통고했다. 어쨌든 가톨릭의 주장을 원칙적으로 무시한 프랑스의 프로테스탄트 위그노 항해자 사이에는 예로부터 뿌리 깊은 전통이 있었다. 그것은 대서양 중간에 세로로 그은 어떤 가공의 선을 넘어가면 전쟁과 평화에 관한 통상적인 규칙이 유보된다는 전통이었다. 이 선은 교황이 애초에 결정한 선보다 훨씬 더 막연했고 따라서 어느 누구도 그 정확한 위치를 알지 못했다. 하지만 "선 너머에 평화는 없다"는 이론, 그리고 더 나아가 그 실천이 16세기의 현실이었다.[12] 신세계가 거의 시초 단계부터 법의 지배가 미치지 않고 폭력이 예상되는 지역으로 간주되었다는 사실은 대단히 의미심장하다.

16세기 초기부터 브르타뉴인, 노르만인, 바스크인, 그리고 라로셸(프랑스 서부의 위그노 거점 항구도시-옮긴이)에서 출항한 프랑스인 어부는 오늘날 캐나다 뉴펀들랜드래브라도 주 근해의 풍요로운 어장인 그랜드뱅크스에서 고기를 잡았다. 넉넉한 어획고, 풍부한 육상 자원에 대한 소문에 고무되어 이들은 더욱 멀리까지 나아갔다. 1534년 생말로 출신의 프랑스 항해가 자크 카르티에는 세인트로렌스 강을 거슬러 올라가 스타다코나(퀘벡)라는 곳에서 겨울 한철을 보내고 호셔라가(몬트리올)에 도착했다. 카르티에는 1541년에도 이곳을 다시 찾아 황금과 다이아몬드가 풍부하다고 알려진 "사그네 왕국"을 탐험했다. 하지만 황금은 황철석, 다이아몬드는 수정으로 밝혀졌고 이 탐험은 실패로 끝났다.

종교전쟁이 유럽을 휩쓸던 그 무렵, 프랑스의 프로테스탄트 지도자이며 해군 제독인 가스파르 드 콜리니는 탐험대를 파견해 오늘날 리우데자네이루의 거대한 항구 안에 있는 섬에 식민지를 만들었다. 이때가 1555년이었는데, 그 이듬해에는 300명의 증원부대가 보내져 합류했다. 그들 대부분은 종교개혁가 장 칼뱅이 직접 선발한 사람들이었다. 하지만 이 식민지는 번영하지 못했고, 1560년 이곳이 취약하다는 사실을 안 포르투갈인이 습격해 주민 모두를 목매달아 죽였다.

프랑스는 플로리다 북부의 카롤랭 요새와 서배너 강 근처의 샤를 요새에 위그노 식민지를 각각 1562년과 1564년에 건설했다. 하지만 이 지역은 1539년부터 1542년 사이에 에스파냐의 대탐험가인 에르난도 데 소토가 답사했던 곳으로, 에스파냐는 외지인, 특히 프로테스탄트 침입자를 감시했다. 1565년에는 대부대를 동원해 카롤랭 요새를 습격하여 식민지의 모든 주민을 죽였다. 그다음 해 에스파냐는 샤를 요새에서도 같은 짓을 저질렀으며 세인트오거스틴과 세인트캐서린 섬에 자기 나라 요새를 세웠다. 그로부터 6년 후인 1572년 프랑스 가톨릭 과격주의자들이 일으킨 성 바르톨로메오 축일의 대학살 때 콜리니 제독이 살해당했다. 프랑스의 아메리카 대륙 진출 첫 단계는 이렇게 끝났다.[13]

월터 롤리의 식민 사업

프랑스의 프로테스탄트가 좌절하여 남겨놓은 공백에 발을 들여놓은 것은 영국인이었다. 따라서 이들의 등장이 미국인의 최초 기원으로 기록된다. 영국인 존 캐벗은 일찍이 1497년에 캐나다 북동부 래브라도 해안까지 도달했고, 그 이듬해에는 그 아래쪽 노바스코샤 해안까지 진출했다. 이 최초 시도에서는 아무런 결실도 얻지 못했으나 곧 영국인은 그랜드뱅크스 부근에서 대규모로 고기잡이를 하고 때로는 뉴펀들랜드에서 겨울을 나기도 했다. 헨리 8세는 위그노 선원이나 모험가를 많이 고용했으며, 딸인 엘리자베스 1세 때는 존 호킨스 경과 같은 해양 사업가가 프랑스인 프로테스탄트와 협력해 "선 너머"에서 에스파냐 상선을 습격했다.

영국 서부 지방의 젠틀맨 출신 항해가인 험프리 길버트는 위그노가 1562년에 라로셸 항구의 요새를 강화할 때 협력하면서 그들의 대서양 진출 계획에 깊이 관여하고 나아가 독자적인 계획도 구상했다. 멀리 갈라져 나온 작은 가문 출신인 길버트에게는 배다른 동생 월터 롤리, 사촌 리처드 그렌빌이 있었다. 1578년 길버트는 "어떤 기독교 군주도 소유한 적이 없는" 토지를 "발견하여 점령하고" "영국 법령이나 정책의 형태에 맞도록" 관할하는 것을 허락하는 엘리자베스 여왕의 허가서를 손에 넣었다.[14] 영국의 해외 사업 추진을 위해서라면 무엇이든 해낼 각오가 되어 있는 학자나 국제법학자와 접촉하기도 했다. 예를 들면 여왕의 개인 과학 고문인 존 디

박사, 젊은 수학자로 롤리의 친구이자 지지자인 토머스 해리엇 등이었다. 하지만 가장 중요한 인물은 리처드 해클루트였다.

해클루트의 아버지는 미들템플의 변호사로 지도나 항해에 관한 책을 수집했다. 아버지가 취미로 한 일을 해클루트는 평생의 과업으로 삼았다. 해클루트가 소논문에서 서적에 이르기까지 숱하게 쓴 출판물은 엘리자베스 여왕 시절에 영국의 주요 인사나 교양인에게 보낸 힘찬 필치의 편지와 더불어 영국이 미래를 구하러 서쪽으로 눈을 돌리게 한 유일하면서 가장 큰 계기가 되었다. 뿐만 아니라 오늘날 우리에게도 16세기 무렵 대서양에 관한 정보의 유일무이한 최대 보고이다.[15] 청년 시절의 해클루트는 최초의 지정학적 전략가라고 일컬을 만하다. 적어도 영어권에서는 그러한 평가가 뒤따른다. 디 박사가 이미 미래의 "대영제국"이라고 부르며 엘리자베스 여왕에게 창조할 것을 강력하게 권고한 세계는 해클루트에게 저 멀리 있는 꿈이 아니라 몇 년 안에 이루어질 현실이었다. 그러기 위해서는 선원이나 사업가, "식민지(colony)"의 "개척자(planter)"-이 두 단어는 1550년대에 처음으로 영어에 등장한 신조어다-를 모집해 아메리카 해안에 특정한 거류지를 건설해야만 했다.[16]

1582년 해클루트는 대서양 북서부 항해 이야기를 몇 편 모아 책을 펴내고 젊은 영웅으로서 인기가 높았던 필립 시드니 경 앞으로 쓴 서문을 붙였다. 시드니는 험프리 길버트가 식민지를 건설한다면 그곳의 토지를 인수한다는 약속을 이미 해둔 터였다. 해클루트는 그 책 서문에서 영국인은 기회를 놓치고 있으며 반드시 이 시기를 붙잡아야 한다면서 다음과 같이 한탄했다.

나는 적잖이 놀라고 있다. 왜냐하면 아메리카가 발견된 이래(지금까지

90년의 세월이 흘렀다) 에스파냐인과 포르투갈인은 그 땅에서 대규모 정복이나 식민 사업을 벌이고 있지만, 우리 영국인은 확고한 거점을 만드는 영광을 누리지 못하고 있기 때문이다. 그들이 소유하지 않은 땅 가운데 기름지고 따듯한 곳이 아직 남아 있다. 하지만 돌이켜 생각해보면 사람들에게는 각각 시의적절한 때가 있다. 내가 보기에 포르투갈인의 전성기는 지났으며, 에스파냐의 무력함과 오랫동안 묻혀왔던 비밀은 마침내 드러났다. …… 드디어 영국인의 시대가 성큼 다가왔다는 기대감을 갖게 한다. 이제야말로 우리가 (만약 그런 자신감을 가졌다면) 아메리카와 그 밖의 아직 발견되지 않은 곳에서 에스파냐, 포르투갈 두 나라와 이익을 나눌 수 있을 것이다.[17]

험프리 길버트는 곧 해클루트의 호소를 받아들여 5척의 배에 260명을 태워 떠났다. 배 가운데 1척은 월터 롤리의 소유였다. 이때 따라간 사람 중에는 "석공, 목수, 대장장이 등 생활에 필요한" 사람들뿐 아니라 "광물 전문가와 정련공"도 섞여 있어서 길버트의 관심이 초기 모험가들 대부분처럼 황금에 쏠려 있었다는 사실을 엿볼 수 있다. 하지만 길버트는 이 항해에서 살아서 돌아올 수 없었다. 그가 탄 스퀴럴 호-고작 10톤에 불과한 작은 배-가 침몰했기 때문이었다. 갑판 위에서 책을 읽고 있던 것이 그의 마지막 모습이었다고 한다-길버트는 전형적인 엘리자베스 여왕 시대 인물이었다.[18] 월터 롤리가 바로 그 뒤를 이어 여왕으로부터 식민지 건설의 새로운 허가서를 확보했다. 롤리는 아메리카 역사 기록 가운데에서 선명하게 떠오르는 최초의 위대한 인물이므로, 자세히 살펴볼 가치가 있다.

롤리는 어떤 의미에서 미국인의 원형이었다. 그에게는 훗날 미국인의 전형이라고 할 매우 두드러진 특징들이 있었다. 정력적이고, 자신만만했으며, 엄청나게 큰 야망을 품었고, 돈에 민감했고, 앞날을 내다보는 눈이 있어 시대의 첨단을 걸었고, 새로운 것을 좋아했으며, 그에 더해 재산을 모으고 출세하려는 강한 욕망과 정면으로 충돌하는 이상주의적인 경향을 지녔다. 오래된 가문 출신이었으나 수중엔 돈이 없었다. 1554년 무렵 데번에서 태어나 "죽을 때까지 데번서 사투리를 심하게 썼다"고 한다. 『위인열전(Brief Lives)』의 한 장을 롤리에게 바친 존 오브리는 그를 가리켜 "키가 크고 대담하고 멋진 남자"이며 뽐내길 좋아해 으스대며 "지독하게 자만심이 높았다"라고 묘사했다. 궁정에 들어올 때 그의 사내다움이 여왕의 눈길을 사로잡았다. 여왕이 신분에 맞게 예의 바르게 행동하는, "무엇인가를 베풀 수 있는" 좋은 가문의 가난한 젊은이를 좋아한 덕분이었다. 하지만 여왕의 환심을 사기 위해 맹렬히 싸우는 많은 무리의 잘생긴 청년들 가운데서 롤리가 돋보였던 점은 명석한 머리와 새로운 지식, 특히 과학 분야에 대한 이해력이었다. 궁정은 롤리를 향한 갑작스러운 총애에 깜짝 놀랐다. 현장에서 목격한 로버트 노턴 경의 말을 빌리면, "이 말은 진실인데, 롤리는 한순간에 여왕의 귀를 사로잡았고, 여왕은 이 남자의 말솜씨에 빠져들었으며, 그에게 질문을 하고 대답 듣는 것을 좋아했다. 그리고 롤리의 말을 마치 신의 계시처럼 여겨 주위 사람들은 다들 언짢아했다."[19] 롤리는 에스파냐가 아메리카에서 가져온 새로운 사치품인 담배를 맨 처음으로 피운 젊은 궁정인 가운데 하나였다. 하루는 여왕의 호기심을 돋우는 한 방법으로 담배 연기의 무게를 달아 보았다. 작은 저울을 사용하여 우선 담뱃잎의 무게, 그다음에 담뱃재의 무게를 달았다. 친구인 수학자 해리엇에게서 새로운 아이디어나 실험을 배워 그것으로 여왕의 관심을 꾸준히 끌었다.[20]

롤리는 지성인이었을 뿐 아니라 젊은 시절부터 행동가이기도 했다. 15세 때 위그노와 싸웠고, 이복형 길버트 밑에서 치열한 해전에도 참가했다.

"소란 행위"로 두 차례나 감옥에 간 적도 있었다. 하지만 미국 탐험과 직접 관계가 있는 가장 큰 경험은 아일랜드에서 겪었다. 영국은 12세기 중반부터 "예절을 몸에 익히게" 한다는 명목으로 아일랜드를 제압하려고 노력했다. 그렇지만 성공하기엔 많은 제약이 뒤따랐다. 아일랜드에 이주하여 그 땅을 영국풍의 농지로 바꿔야 할 개척민이 초창기부터 토착민처럼 살면서 "야만스러운 아일랜드인"으로 동화하는 뜻밖의 경향마저 보였다.

이를 막기 위해 영국 정부는 14세기에 "킬케니 법"이라는 이름으로 알려진 일련의 법령을 제정했다. 이를테면 아파르트헤이트(남아프리카공화국의 인종차별 정책-옮긴이)의 초기 형태와 같았다. 수도 더블린을 중심으로 한 완전히 영국으로 동화된 지역은 페일(Pale)이라고 불렸는데, 이곳을 아일랜드인은 엄격한 감시를 받으며 겨우 출입할 수 있었다. 영국인은 아일랜드인에게 무기나 말을 팔지 않았으며, 어떤 경우에도 아일랜드풍 복장을 하거나 현지 언어인 게일 어를 말하거나 "하프 연주가나 시인"을 고용하는 일 따위는 금지되었다. 반대로 아일랜드인은 넓은 범위에서 활동이 제약을 받았으며, 페일 안에서 땅을 사거나 숙박을 할 수 없었다. 하지만 사람들은 이 법을 끊임없이 어겼고 법은 여러 번 개정되어야 했다. 그래도 영국인 이주자는 계속 "타락"하여 아일랜드인과 결혼하면서 아일랜드인이 되었고, 마침내는 영국 당국에 맞서 반란을 선동하거나 그 선두에 섰다.

그런 폭동 중 하나가 1580년 아일랜드 먼스터에서 일어났다. 롤리는 런던 시내에서 100명의 보병을 모아 무자비한 진압에 나섰다. 롤리의 말을 빌리면, "아일랜드의 야만인"을 수백 명이나 죽이고 배신자를 수십 명이나 목매달았으며 몰수한 아일랜드인의 토지를 후하게 포상하여 그곳을 "식민"했다. 미국 사업에서 아일랜드는 영국인을 위해, 무어인과 벌인 전쟁이 에스파냐인을 위해 했던 것과 똑같은 역할을 했다-다른 인종과 문화를 억압하고 말살하는 일, 그리고 정복한 땅에 정착하여 마을을 세우는 일, 이 두 가지를 훈련하는 장소였다. 그리고 레콩키스타에서 획득한 자금이 에스파냐의 아메리카 정복에 사용된 것과 마찬가지로, 롤리는 아일랜드의 영지에서 얻은 이익을 미국 원정 자금으로 활용했다.[21]

롤리의 식민 사업은 장차 중요한 교훈이 되기에 좀 더 자세히 살펴볼 가치가 있다. 그가 첫 정찰 항해에서 동원한 두 척의 배는 1584년 4월 27일에 출발하여 카나리아 제도와 푸에르토리코에서 보급을 마친 뒤 플로리다 해협 쪽으로 북상하여 한여름에 노스캐롤라이나 근해의 아우터뱅크스에 닿았다. 7월 13일 해안가를 따라 띠처럼 길게 늘어선 아우터뱅크스 사이에서 수로를 발견하고 통과해 가 그들이 로어노크 섬이라고 이름 붙인 곳에 도착했다. "그리고 여기까지 안전하게 도착한 것을 신에게 감사드린 뒤 보트를 타고 그곳을 둘러보기 위해, 나아가 여왕 폐하의 권리에 따라 영유하기 위해 상륙했다."[22]

롤리 일행은 이 해안가에서 6주간 지내면서 사슴, 토끼, 여러 종류의 새, 그리고 숲 속에서는 소나무, 사이프러스, 사사프라스, 풍나무와 세상에서 가장 크고 가장 붉은 시더를 목격했다. 제일 놀란 사실은 그곳이 전혀 오염이 안 되었다는 점이었다. "바람은 감미롭고 향기로웠다"라고 묘사했다. 3일이 지나서 세 남자를 태운 작은 배가 섬으로 천천히 다가오는 것을 발견했다. 그들 가운데 한 사람이 영국 배가 정박한 해안 건너편에서 배를 내린 다음 영국 선원 몇 사람이 보트로 그쪽으로 가는 동안에 "어떤 두려움이나 의심의 기색조차 보이지 않고" 기다렸다.

그 남자는 많은 말을 했지만 전혀 이해할 수가 없었다. 그 뒤 본인의 동의 아래 우리 배 쪽으로 불러 셔츠나 모자 따위를 주고 포도주와 고기를 맛보게 했더니 무척 마음에 들어 하는 것 같았다. 서로의 배를 다 둘러보고 나서 그 남자는 근처 후미진 해안가에 남아 있는 자신의 배로 돌아갔다. 바다 쪽으로 화살이 닿을 거리의 두 배 정도 지점에 이르자 물속으로 뛰어들어 고기를 잡기 시작해 30분도 안 되는 짧은 시간에 배가 가라앉기 직전까지 가득 채운 다음 처음 있던 자리로 돌아갔다. 거기서 생선을 두 무더기로 나누고는 그중 하나를 우리 배 쪽으로, 나머지 하나를 자신의 작은 배 쪽으로 가리켰다. 이렇게 앞서 받은 호의에 (정중히) 답례하고 어디론가 떠났다.[23]

그 뒤로 인디언과 우호적인 접촉이 계속되어 한쪽에서는 사슴 가죽, 버펄로 가죽, 옥수수, 과일, 야채를, 또 한쪽에서는 선박 비품 가운데서 항아리, 도끼, 큰 접시를 교환했다. 8월이 끝날 무렵 선대가 로어노크 섬을 떠날 때 만테오와 완체스라는 두 명의 인디언이 동행했다. 9월 중순 탐험대는 값비싼 짐승 가죽과 진주를 싣고 영국 서부로 돌아왔다. 탐험대를 이끌었던 한 사람인 아서 발로 선장이 로어노크는 식민 사업에 알맞은 곳이라고 상세하게 쓴 보고서에 고무된 롤리는 곧바로 해클루트를 비롯한 문필가를 동원하여 투자자를 모집하는 홍보 활동을 시작했다. 데번셔의 의원에 갓 뽑힌 롤리는 식민지 건설 계획을 다듬어서 12월에 하원에 제출했다.

1585년 1월 6일 여왕은 기쁜 마음으로 그리니치에서 롤리에게 기사 작위를 내리고 식민 예정 지역을 "처녀 여왕(버진 퀸)"이라는 자신의 별명을 본 따 "버지니아"라고 부를 수 있도록 허락했다. 4월이 되자 7척의 배로 구성된 탐험대가 플리머스에 집결했다. 600명의 대원은 절반이 군인이었다. 함대 사령관은 롤리의 사촌인 리처드 그렌빌이었으며, 아일랜드 전쟁에서 경험을 쌓은 랠프 레인이 군대의 지휘를 맡았다. 과학 전문가로서 해리엇도 참가했다. 해리엇은 두 명의 인디언에게서 현지 언어를 배우는 한편, 과학적인 측량을 실시하고 동식물, 기상, 지질을 관찰한다는 특별 임무를 맡았다. 그 밖에 측량기사 겸 화가로 채용된 유명한 영국 최초의 수채화가 존 화이트를 비롯해 약사, 외과의사, 각종 숙련공 등 여러 전문가가 합류했다.

월터 롤리의 탐험대

여러 가지 재난, 손실, 에스파냐 선박에 의한 약탈, 그렌빌과 레인의 다툼 등을 겪으면서 함대 대부분은 7월에 로어노크 해안에 도착했다. 거기서 그들은 초기 미국 식민지 개척자가 직면한 주요 문제들 가운데 하나를 발견했고, 해리엇이 이를 정리했다. "버지니아 근해는 섬이 많아서 육지로 나가는 수로를 찾기가 어렵다"라고 해리엇은 썼다. "왜냐하면 섬들이 매우 넓은 지역에서 곳곳에 흩어져 있어서 눈으로 볼 때는 명백한 입구처럼 보이지만 실제로는 수심이 얕고 위험한 해안이 가득 도사리고 있다는 사실을 큰 모험을 무릅쓴 끝에야 겨우 알아냈기 때문이다."[24]

미국 연안에는 글자 그대로 몇 천 개의 섬들이 점점이 널려 있었고, 특히 내륙으로 향하는 주요한 통로가 되는 큰 강 부근에 많았다. 초기 항해에서는 내륙이나 강 본류로 가는 통로를 발견하는 데 몇 주, 어떤 때는 몇 개월씩이나 걸렸다. 또한 어딘가 섬을 점령해도 보급부대나 증원부대가 그 섬을 발견하는 데 매우 큰 어려움을 겪었다. 더군다나 해안 지형은 끊임없이 변했다. 롤리의 버지니아는 피어 곶과 헨리 곶 사이의 북위 33도 50분에서 36도 56분에 걸쳐서 일부는 오늘날 버지니아 주에, 나머지 대부분은 노스캐롤라이나 주에 속한다. 로어노크 식민지를 외해로부터 막아주는 아우터뱅크스는 바람과 해안 작용에 따라 지금도 변화가 심한데, 16세기의 윤곽을 그나마 겨우 찾아볼 수 있다. 조건을 충족하는 항구는 발견되지 않았지만 로어노크 섬 북쪽에 요새가 건설되었다. 레인은 107명의 남자와 함께 남아 요새를 지키고, 그렌빌은 8월에 진행 사항을 보고하기 위해 귀환 길에 올랐다. 도중에 그렌빌은 연례 보물 수송선단에서 떨어져 나와 표류하는 300톤 급의 에스파냐 선박인 산타마리아 호를 나포해 10월 18일 플리머스 항에 끌고 왔다. 이 배와 선적 화물은 1만 5,000파운드의 값어치가 있어 1585년의 탐험에 투자한 모두는 상당한 배당금을 나눠 받았다.

하지만 그렌빌이 상선 습격이라는 불필요한 일에 뛰어들었다는 사실은 롤리가 추구한 사업의 의도가 얼마나 혼란스러웠는지를 여실히 보여줬다. 장기 전망을 가지고 항구적으로 독립한 식민지를 건설하는 것이 목적이었는지, 아니면 이미 존재하고 있는 에스파냐 영토를 약탈하여 빠른 시간 안에 이익을 도모할 것인지에 관해 롤리 자신도 명쾌한 해답을 내놓을 수 없었을 것이다. 그보다는 오히려 "그 두 가지 모두"라고 대답할지도 모를 일이다-두 가지가 양립할 수 없다는 사실은 인정하지 않으면서 말이다.

그사이 레인은 정착지에 꼭 필요한 알맞은 항구를 발견할 수 없어서 식민지 여러 곳을 떠돌다가 현지 인디언과 충돌하여 격전을 벌였다. 그러다가 프랜시스 드레이크 경이 이끄는 대규모 탐험대에 의해 구출되었다. 이 탐험대는 에스파냐령 카리브 해에서 약탈을 한 뒤 미국 동부 해안을 따라 북상하는 중이었다. 레인은 뛰어난 군인으로 기지 넘치는 지휘관이었으나 식민에 관한 이해가 부족했고 특히 농작물 재배에 관해서는 전혀 아는 것이 없었다. 인솔한 남자들도 대부분 식민지 개척자라기보다는 군인이나 모험가에 지나지 않았다. 해리엇의 표현을 빌리자면, "이들 중 일부는 대개 성장 배경이 좋거나 도시와 마을에서만 자라거나 (덧붙여 말하면) 이제까지 세상 물정을 전혀 모르는 사람들이었다." 그들은 "입에 길들여진 푸짐한 식사"나 "새털 이불의 푹신한 잠자리"를 그리워했으며 그 때문에 "비참했다"라고 해리엇은 썼다. 보물이 발견될 것이라고 굳게 믿은 탓에 "찾던 금은이 발견되지 않자 다른 것에는 거의, 아니 전혀 관심조차 두지 않고 오로지 배불리 먹을 궁리만 했다." 레인 자신도 이 지역은 중대한 결함을 안고 있으므로 식민 사업은 절망적이라고 결론지었다. "신의 은총을 입어 좋은 광맥이 발견되든가, 그렇지 않으면 남쪽 바다로 더 항해하든가, 혹시나 뭔가 다른 길을 발견하지 않으면 그 밖의 무슨 수를 쓰더라도 이 땅에서 우리 국민은 살아갈 수 없을 것이다."

레인은 아직 그럴 수단이 남아 있을 때 남자들을 데리고 영국으로 되돌아가기로 결심했다. 이 사업에서 얻은 성과라고 해봤자 1588년에 『버지니아에 대한 간단하고 진실한 기록(A Brief and True Report of Virginia)』이라는 이름으로 출판된 해리엇의 상세한 조사 결과와 화이트가 그린 뛰어난 수채화 몇 점이 고작이었다. 오늘날 대영박물관에 소장된 화이트의 그림에는 인디언과 그 마을, 춤, 농업, 생활 모습 등이 담겨 있다. 화이트는 또한 상세한 지도, 그리고 토란, 푸른줄무늬 벤자리, 바다거북, 질경이 등 진기한 동식물의 컬러 스케치를 남겼다.[25]

1587년 5월 8일에 3척의 배로 구성된 또 다른 탐험대가 150명의 식민지 개척자들을 태우고 로어노크를 향해 떠났다. 이번에는 여자와 어린이도 포함하여 존 화이트가 총독 자격으로 일행을 인솔했다. 화이트가 남긴 일기는 이 원정의 기록이다. 또다시 목적이 어긋나 선단장인 시망 페르난데스는 해적질에 열심이어서 화이트와 불화를 빚었다. 탐험대는 로어노크에 무사히 도착했고, 8월 18일에는 화이트의 부관인 애너나이어스 데어와 결혼한 딸 엘리너가 여자 아이를 낳았다. 이 아이는 "버지니아에서 태어난 최초의 기독교도"였으므로 버지니아라는 이름이 붙여졌다. 하지만 인디언과 분쟁이 잦아졌으며, 페르난데스는 에스파냐 보물 수송선단이 외해에 있을 때 습격하려고 배를 출항시키는 데만 열심이었다. 인디언과 불화로 위협을 느낀 화이트는 페르난데스와 함께 롤리에게 구조대를 급히 보내달라고 요청하기 위해 엘리너와 갓난아기 버지니아, 그 밖에 16명의 여성과 10명의 어린이를 포함한 114명의 이주민을 남기고 귀국길에 올랐다. 11월 8일 사우샘프턴에 도착한 화이트는 곧장 구조대 조직에 착수했다. 하지만 영국은 국가적으로 최초의 본격 국제 분쟁에 한창 휩싸여 있었고, 이듬해 봄으로 예상된 에스파냐 무적함대의 침략에 맞서기 위해 분주했다. 모든 선박은 방위 함대용으로 영국 항구에 머물러 있으라는 정부 명령이 내려진 상태였다. 1588년 3월 롤리와 그렌빌은 8척의 배를 로어노크를 구원하러 갈 목적으로 데번에 집결시켰는데, 추밀원은 그렌빌에게 "신하된 도리로서 예정된 항해를 삼가하고" 함선을 프랜시스 드레이크 경이 지휘하는 무적함대 방위 함대에 합류시키라고 명령했다. 화이트는 직접 소형 범선 2척을 이끌고 출항하려 했지만 이마저 끝내 수포로 돌아갔다.[26]

로어노크 식민지의 실패

무적함대 반격 작전과 그 여파로 화이트는 1590년 8월 17일이 되어서야 겨우 버지니아에 구조대를 보낼 수 있었다. 저녁에 닻을 내린 로어노크 섬을 숲 속의 산불이 처참하게 밝히고 있었다. 화이트가 쓴 기록에 따르면, "해안가 가까이에 닻을 내리고는, 나팔을 불고 고함을 질렀으며 계속해서 누구나 아는 영국 곡과 노래를 연주하며 애타게 그들을 불렀다. 그렇지만 아무런 대답이 없었다."[27] 이튿날 육지에 내렸으나 딸과 손녀는 고사하고 한 사람도 화이트 눈에 띄지 않았다. 나무 궤 5개가 발견되었지만 분명히 인디언으로 짐작되는 자에 의해 열려 있었다. 그중 3개에는 책, 액자에 넣은 지도, 그림이 들어 있었다. 그 그림은 롤리라는 이름을 붙이고 계획했던 새로운 마을의 신축 총독 관저를 장식하려던 것이었다. 모든 것이 "빗물에 썩어 손상한 상태"였다. 한 나무에 "CRO"라는 세 글자가 새겨져 있었고, 근처 기둥에서 "크로아토안(Croatoan)"이라는 온전한 단어를 "멋진 대문자"로 쓴 표지가 발견되었다. 화이트는 귀국 전에 만약 로어노크를 강제로 떠나야 한다면 행선지를 새긴 표지를 남기고, 문제가 생길 경우에는 그 옆에 몰타 십자가를 덧붙이도록 그곳 식민지 개척자들과 약속해둔 터였다. 몰타 십자가는 없었지만 모든 상황─잡초에 뒤덮인 방어용 말뚝 울타리와 오두막집─은 사람들이 정신없이 떠났다는 사실을 뒷받침했다. 화이트가 오랫동안 샅샅이 뒤졌으나 개척자들의 행선지는 끝내 밝혀지지 않았다. 화이트는 크로아토안 섬도 발견하는 데 실패했으며, 공포에 쫓긴 개척자들이 어디로 갔는지는 영원한 수수께끼로 남았다. 오늘날까지 사라진 개척자들에 관한 더 이상의 흔적은 발견되지 않았다. 롤리 또한 1595년에 가이아나 항해에서 고국으로 돌아가는 도중 버지니아에 기항하려고 노력했으며 1602년에는 별도의 수색대를 보내기도 했다. 하지만 그 어떤 수색 작업도 성과가 없었다. 가장 가능성이 높은 것은 개척자 집단이 로어노크에서 이동 도중 습격을 받아 인디언 관습에 따라 남자들은 죽임을 당하고 여자들은 그 부족에 흡수되었다는 해석이다. 그래서 최초 버지니아 이주민의 혈통은 정복하려 했던 대상인 인디언 피와 섞였다.

이미 제임스 1세에 의해 처형된 롤리에게 비판적이었던 프랜시스 베이컨 경은 1625년 「식민지 건설에 대하여(On Plantations)」라는 에세이를 써서 비극적으로 사라진 식민지의 교훈을 요약해서 설명했다. 빠른 이익을 기대하는 것은 돌이킬 수 없는 사태를 부르는 일이라고 지적하고, 여러 분야의 전문가가 필요하며 또한 그 사람들이 장기적인 사업을 하겠다는 굳은 결의를 가져야 할 것과 마지막으로 "공평하고 정중하게 대하지 않고" 변변찮은 물건으로 인디언의 환심을 사려고 하는 것은 희망이 없다고 주장했다. 그리고 무엇보다 구조대를 반드시 보냈어야 했다고 말했다. "일단 벌여놓은 식민지 사업을 버리거나 방치하는 일은 이 세상에서 가장 죄가 무거운 행위이다. 그것은 불명예일 뿐 아니라 수많은 불쌍한 사람들이 흘린 피에 대한 죄악이다."[28]

이 문제에 대해 두 가지 점을 덧붙일 필요가 있다. 첫째로 역사학자 A. L. 라우스가 지적한 대로 로어노크 식민지의 실패는 불행했지만 실제로는 다행이었는지 모른다. 만약 그곳에 뿌리를 내렸다면 에스파냐는 모든 것이 자기 나라 소유라고 주장한 대륙에 영국인이 침입했다는 사실을 분명히 알아차렸을 것이다. 그렇게 되면 정확한 장소와 병력을 조사하여 1560년대에 플로리다의 프랑스인에게 했던 것처럼 강력한 토벌대를 파견했으리라 추측해볼 수 있다. 당시 에스파냐의 군사력과 해군력은 여전히 미국 연안의 어떠한 영국의 사업이든 전멸시킬 수 있는 태세였다. 게다가 에스파냐는 거의 틀림없이 그 부근에 요새를 건설하여 앞으로 영국의 사업을 저지하여 오늘날의 미합중국 동부 해안 전역에 걸친 명확한 영유권을 선언했을 것이다. 그런 사태가 벌어졌으면 영국이 17세기 초반에 제임스 1세의 새로운 통치 아래 아메리카에 돌아갈 가능성은 더욱 희박해질 것이다. 제임스 1세는 에스파냐와 평화 관계를 유지하고자 열망했기에 그런 상황에서는 버지니아 식민 사업에 대한 그 이상의 시도는 금지했을 것이다.

따라서 영국령 아메리카는 이 세상에 존재하지 않았을지 모른다.[29]

둘째로 프랜시스 베이컨은 로어노크가 실패한 이유를 열거하면서 하나의 중요한 요소를 빠뜨렸다. 로어노크는 완전히 세속적인 사업이었고 종교적인 측면은 없었다. 이것은 롤리 본인의 감정과 일치했다. 형식상으로는 맹세를 하고 교회에 다니는 프로테스탄트였으나, 그것은 엘리자베스 여왕 시절의 영국에서 출세하기를 바라는 자라면 누구나 마찬가지였다. 롤리에게 종교는 아무런 의미가 없었다. 그가 기독교도였는지조차 명확하지 않다. 실제로 궁정의 적대자 사이에서는 롤리와 그의 친구 해리엇, 그리고 그들의 동료들이 "무신론자"라는 흉흉한 소문이 돌고 있었다―그렇지만 그 당시 이 말은 반드시 신을 부정한다는 의미가 아니라 단순히 기독교의 삼위일체 교의를 받아들이지 않는다는 것에 불과했다. 오늘날의 표현을 빌리자면 롤리는 일종의 이신론자(理神論者)였다. 어찌 되었건 종교적 목적을 가지고 식민지 사업에 나설 인물이 아니었다. 롤리의 계획에 성직자가 등장한 행적은 전혀 없었다. 신을 경외하는 신앙심 깊은 남자들을 모집하려는 노력도 기울이지 않았다.

이런 면에서 롤리는 엘리자베스 여왕 시대 해양 모험가계에서 흔히 보이는 인물은 아니었다. 당시 영국 선원들은 대부분 엄격한 프로테스탄트였고 칼뱅주의자가 많았다. 공해에서나 서반구에서 에스파냐의 지배에 저항하는 강력한 종교적 동기를 가진 사람들이었다. 프랜시스 드레이크는 그 전형이었다. 가족이 메리 여왕 아래서 가톨릭에 박해를 받아 희생되었기에 템스 강변의 폐선에서 자란 드레이크는 『성서』를 열심히 해설하고 예정설을 신봉하고 이교도나 로마의 미신을 믿는 우매한 사람들을 개종시키도록 교육받았다. 항해 도중 자신의 배에서는 빠트리지 않고 예배를 올렸으며 부하들 앞에서 설교하고 에스파냐 포로를 개종시키려고 노력했다. 『성서』 다음으로 즐겨 읽는 책은 『폭스의 순교자의 서(Foxe's Book of Martyrs)』였다. "피의 메리"에 의한 가톨릭의 부흥에 저항하며 신앙을 위해 죽은 영국인 프로테스탄트들의 고난을 개설한 책이었다. 엘리자베스 여왕 시대 초기에 간행된 이 어마어마한 책은 그 크기와 비싼 책값에도 불구하고 크게 인기를 모아 엘리자베스 여왕 말기까지 1만 부 이상이나 팔렸다. 당시로서는 유례가 없는 베스트셀러였다. 단순히 박해의 역사에만 머물지 않고 영국의 국민적인 종교 신화가 구현된 책이었다. 중세 후기에 힘을 길러 종교개혁 시기에 꽃을 피운 이 신화는 영국인이 유대인을 대신해 "선택받은 민족"이 되어 신의 의지를 지상에서 펼칠 사명을 부여받았다는 내용을 담고 있었다.[30]

신의 부름을 받은 영국민

신에게 선택받은 민족이라는 믿음은 영국 역사와 더불어 미국 역사에서도 중요한 요소로 작용했다. 영국인이 마침내 아메리카 대륙에서 뿌리를 내릴 때 이 믿음도 대서양 서쪽 너머로 전해졌기 때문이다. 이 신화의 밑바탕에는, 그리스도교가 12사도에게서 명확한 지시를 받은 아라마데의 요셉에 의해 직접 영국에 전해졌다는, 널리 퍼진 믿음이 깔려 있었다. 사자가 성 바울이었다고 생각하는 사람도 있었고, 그리스도 자신이 몰래 영국을 찾아왔다고 믿는 사람도 있었다. 로마제국이 그리스도교를 받아들인 것은 영국을 통해서였다. 왜냐하면 콘스탄티누스 황제는 영국인이었기 때문이다-어머니인 엘레나는 영국 국왕인 코일러스의 딸이었다. 따라서 폭스는 다음과 같이 기술했다. "영국군의 도움을 받아서" 콘스탄티누스는

"그리스도의 보편 교회 모두에 평화와 안정을 …… 가져왔다."

반종교개혁과 가톨릭인 합스부르크 가문에 의한 대륙 패권 장악에 저항하는 과정에서 엘리자베스 여왕 시절 이 신화는 영국이 맡아야 할 역할을 역사적으로 밑받침하는 증거가 되었다. "선택받은 민족"에게는 정신적 내지는 지정학적 역할을 수행할 중요한 의무가 있었다. 엘리자베스 여왕이 통치한 지 2년째 접어드는 시점에 존 앨머는 자신의 저서 『참된 충신이 있는 곳(An Harborow for faithful and true subjects)』에서 영국은 그리스도가 두 번째로 태어날 때의 성모였다고 말했다.

> 신은 영국인이다. 그대는 자신의 나라뿐 아니라 신의 진정한 종교, 그리고 그 아들인 그리스도를 지키기 위해 싸우는 것이다. [영국은 그 자녀들에게 말한다.] "신은 내 안에 그대나 세계를 위로할 매우 위대하고 매우 뛰어난 보물을 가져다주었다. 신은 나의 자궁에서 그리스도의 종인 존 위클리프가 태어나게 했다. 위클리프가 얀 후스를 낳고, 후스가 루터를 낳고, 루터는 진리를 낳았다."[31]

영국인이 "선택받은 민족"이라는 교리를 제일 소리 높여 주장한 것은 탐험가와 항해자, 선원과 모험 상인, 그리고 식민지 개척자와 이주민이었다. 지정학적인 면에서 이 신화를 가장 강력하게 대의명분으로 내세운 것은 이들 무리였다. 그들은 영국이 신에게 선택받은 권리에 따라 가톨릭이라는 주홍색의 음녀, 바빌론의 창녀로서 파멸할 운명인 나라 에스파냐를 몰아내고 영국인 프로테스탄트의 패권을 확립하자고 부채질했다. 그중 한 사람인 존 데이비스는 새로운 영국의 사회사상을 다음과 같이 표현했다.

우리 영국민이 선택받은 민족이라는 사실은 의심의 여지가 없다. 영원히 그름이 없는 주님에 의해 바다의 이방인들에게, 저 섬들이나 유명한 왕국에, 주님의 평안을 전하기 위해 보내지도록 미리 정해져 있다. 그러니까 우리만이 세계 구석구석에 빛을 비추도록 시온 산에 자리가 마련된 것이 아닌가? 그러므로 주님의 빛나는 사자가 되는 것은 오직 우리밖에 없다![32]

이러한 강렬한 종교적 동기가 선원이나 그 밖의 해외 사업 관계자에게 그토록 강하게 나타났지만, 16세기 후반의 몇 십 년과 17세기의 첫 10년 동안 북아메리카의 식민지 건설을 지휘하거나 계획한 영국인들에게 이것이 별로 쓸모가 없었다는 것은 이상한 일이다. 하지만 그것은 사실이었다. 그뿐 아니라 콜럼버스의 발견으로부터 만 1세기 동안, 그리고 그사이에 에스파냐와 포르투갈이 그 땅에서 거대한 제국을 세워 막대한 부를 쌓는 동안에 왜 영국인이나 이 일에 관한 한 프랑스인도 대서양 반대쪽의 식민 사업을 꺼렸는지는 커다란 수수께끼로 남는다.

프랑스는 1590년대까지 길고 고통스러운 종교전쟁에 온통 휩싸였다. 프로테스탄트 지도자인 앙리 4세가 사태 수습을 위해 마지못해 가톨릭 개종을 받아들이면서 프로테스탄트를 용인하는 "낭트 칙령"을 1598년에 발표한 뒤 전쟁은 마침내 끝이 났다. 일단 국내가 안정을 찾자 의욕적인 프랑스인은 유럽 내부나 세계의 지정학적 환경을 인식하기 시작했다. 영국은 내전은 피했으나 1590년대와 17세기 첫 10년 동안 "야만스러운 아일랜드" 진압으로 격전에 휘말렸고, 마침내 엘리자베스 여왕 치하 마지막 해에-일단은-목적을 달성했다. 그 뒤로 영국인의 식민지 건설 의욕은 정복한 아일랜드, 그것도 그때까지 사람 손이 닿지 않아 미개척 상태인 얼스터 지방의 "식민"에 집중되었다. 1600년대 초기 얼스터는 영국 왕실이 벌인 최대 인구 이동의 무대였다. 수천 명의 장로교 스코틀랜드인들이 얼스터 경계의 방어선을 따라 가톨릭교도에게서 몰수한 토지를 조금씩 나눠 받았다. 이 방어선은 지금까지 인구학적으로 존재하며 얼스터 문제 해결이 어려운 이유를 설명해준다. 대규모 얼스터 식민 사업이 뿌리를 내린 것은 농업에 기반을 두었다는 점, 그리고 자신들의 새로운 재산을 지키기 위해서는 무기를 쥐는 것도 마다하지 않는 부지런하고 경험 풍부한 스코틀랜드 저지대 출신 농민이 중심이 되었다는 점 덕분이었다.

하지만 아메리카 탐험에서는 롤리, 해클루트, 해리엇 같은 영국 지식인 출신의 항해가들이 여전히 일확천금의 꿈에 사로잡힌 채 식민지 건설에 성공하려면 식량 생산 능력이 무엇보다 중요하다는 사실을 인정하지 않았다. 인디언은 식량을 생산할 수가 있었고 실제로 옥수수 등 작물을 재배했으나 돈으로 바꾸지는 않았다. 자신들의 수요를 채운 뒤에 남는 것은 거의 없었다. 식민지 개척자들은 자급하거나 그렇지 않으면 영국에서 보급을 받는 것에 계속 의존하거나 해야 했다―이것이 로어노크의 값비싼 교훈이었다. 따라서 이주 개척민들이 식량을 조직적이고 성공적으로 생산하기 위한 확실하고 유일한 방법은 가족 단위로 보내는 것이었다. 이것이 영국 식민지 건설의 대원칙으로 떠올랐다. 해클루트는 상업이나 교역장의 관점에서 식민에 관한 실용서를 썼다. 종교가 중요할지 모른다고 생각했으며 식량 생산의 필요성도 인정했다. 하지만 자립 가능한 가족들을 보낼 당위성에 대해서는 논하지 않았으며, 범죄자나 채무자 등을 노동의 대가로 자유를 되찾을 수 있도록 보내면 농사에 필요한 노동력은 해결된다고 생각했다.[33]

해외 식민지를 이용하여 당시의 이른바 "허접쓰레기 인간(human offal)"을 추방하자는 생각이 일반에게 받아들여지기 시작했다. 한 세대 전에 길버트는 박해를 받아 불만을 품은 가톨릭교도를 식민지 개척자로 활용하고자 생각했지만 실행에 옮기지는 못했다. 1590년대에 영국은 장로교도를 비롯한 비국교도에게 점점 살기 힘든 나라가 되었는데, 그들은 우선 칼뱅주의가 중심인 네덜란드로 이주해 갔다.

새로운 세기의 전환기에는 사회에 잘 적응하지 못하는 집단들이 있기 마련이다. 인간을 수출한다는 새 사업은 이에 대한 명백한 해결책처럼 비쳤다. 인구는 빠르게 증가했고, 의회가 "신체 건강한 거지"라고 부른 사람들이 늘어났다. 1598년 하원은 구걸 행위에 대한 징벌의 하나로 국외 추방을 결정했다. 같은 해에 프랑스는 첫 해외 유형 식민지를 설치했다. 영국 당국이 북아메리카에서 많은 사회문제를 풀기 위한 해답을 찾는 것은 단지 시간문제일 뿐이었다.

국제무역 또한 꾸준히 늘어났다. 중세 후기에는 유럽의 빈약한 금광이나 은광이 고갈되고 수입품에 지불할 정화가 점점 바닥나면서 유럽의 해외무역은 계속 축소되었다. 에스파냐가 아메리카 대륙에서 귀금속을 발견한 것은 세계무역에 큰 영향을 미쳤다. 최종적으로 유럽은 화폐경제로 전환했다. 상인은 거래 규모를 점점 확대해나갔다. 유럽에 들어온 막대한 양의 은이 상품 가격을 올렸지만, 임금이나 임대료 인상은 더뎠기 때문에 상업 관계자는 큰 이익을 거머쥐었고, 대저택을 짓고 사회적 지위를 향상시켰다. 무역이 전 세계로 퍼지고 거래량이 늘어남에 따라 그 판도를 넓히는 식민지 사업의 중요성이 분명해졌다. 그리고 마지막으로 북대서양의 어업 규모가 계속 커졌다. 새로운 세기를 맞을 때 영국과 프랑스 모두 반영구적인 어업기지를 지금의 브라질, 캐나다 뉴펀들랜드, 그리고 캐나다 해안에 설치했다. 프랑스 최초의 영구 기지는 대서양에 있는 세이블 섬이었다. 프랑스는 캐나다 사그네 강 입구의 타두삭에도 또 다른 기지를 세웠다. 프랑스의 위대한 탐험 사업가인 사뮈엘 드 샹플랭은 1603년 그곳에 상륙했고, 그 뒤 이 탐험대는 아카디아, 케이프브레턴 섬, 그리고 캐나다 내륙까지 도달했다. 1608년 샹플랭은 퀘벡을 세웠다. 이러한 초기 프랑스 사업의 대부분은 위그노가 담당했지만 1620년에 왕실이 참여하자 가톨릭의 지배가 확립되었다. 이제 진취적인 영국인들에게는 에스파냐인보다 프랑스인이 더 큰 불안감을 안겨주었고, 너무 늦기 전에 대서양을 건너가도록 그들을 다그치는 계기가 되었다.[34]

제임스타운 건설

이 모든 실마리가 17세기 초반에 하나로 모이기 시작했다. 제임스 1세는 에스파냐와 프랑스 어느 쪽과도 충돌하지 않도록 주의하면서 식민지 건설에 적극 나섰다. 엘리자베스 여왕 시대와 마찬가지로 국왕은 허가서를 "모험가들의 회사"에 주고, 모험가들이 스스로 위험을 부담하는 방식을 구사했다. 1606년에 진지하게 시작한 얼스터 식민 사업은 사용할 수 있는 부의 대부분을 흡수한 상태였다. 하지만 같은 해에 "버지니아 회사"가 새로운 허가서를 얻어 설립되었다.

버지니아 회사에는 북아메리카 플리머스에 본거지를 둔 식민지 북부 지부와 런던을 거점으로 하는 식민지 남부 지부가 있었다. 플리머스 지부 식민지는 1607년 케네벡 강의 사가다호크에 건설되었으나 그곳으로 이주한 사람들은 1608년 철수해버렸다. 영국 브리스톨을 근거지로 한 관련 회사가 그로부터 2년 뒤 뉴펀들랜드 남서쪽에 식민지를 건설했다. 그사이에 런던 지부는 옛 로어노크 개척지를 찾아나서 1607년 체서피크 만으로 들어가 국왕의 이름을 딴 제임스타운이라는 마을을 세웠다. 역시 국왕의 이름을 따서 제임스 강이라고 새로 붙인 포와탄 강을 약 40마일 거슬러 올라간 곳이었다.

제임스타운 정착지는 영국인이 북아메리카에서 계속 거주하기 시작한 땅이라는 점에서 역사적으로 중요한 의미가 있다. 하지만 식민지로서는 불충분한 점이 많았다. 그런데 이번에는 런던에서 버지니아 회사 운영을 담당하던 사람들이 종교라는 요소를 빠뜨리지 않았다. 비록 그 신성한 목적을 주로 인디언의 개종이라는 측면에서 찾았지만 말이다. 그들은 회사의 목적을 다음과 같이 선전했다. "설교하고 세례를 베풀어서 그리스도교로 이끌며, 크나큰 무지 속에서 죽음에 이르는 불쌍하고 비참한 많은 영혼에게 복음을 전파하여 악마의 손으로부터 구원한다."[35]

조지 페컴 경이 팸플릿에 쓴 내용에 따르면, 식민지 건설에 따라 참된 은혜를 입은 쪽은 "원주민"으로, 원주민은 개척민에 의해 "거짓에서 진리로, 어둠에서 빛으로, 죽음에 이르는 길에서 생명의 길로, 미신에 가득 찬 우상 숭배에서 성실한 기독교로, 악마에서 그리스도로, 지옥에서 천국으로" 인도되었다. 계속해서 페컴은 덧붙였다. "따라서 [식민지가] 생산품을 (그 밖에도 더 많은 것들을) 우리에게 가져다준다면, 그들은 그리스도교의 은혜를 입는 것은 물론 충분한 보상을 받을 것이다."[36]

"허접쓰레기 인간" 논쟁도 있었다. 제임스타운이 건설될 때 출간된 『뉴 브리타니아(New Britannia)』는 다음과 같이 그것을 정당화했다. "우리나라에는 직업이 없는 사람들이 너무나 많이 넘쳐난다. 그들은 가난에서 벗어날 노동 수단이 없기 때문에 어쩔 수 없이 무리를 지어 음행이나 비행을 저지른다. 뭔가 해외에서 고용할 방법을 강구하지 않는다면, 그들의 열악한 상황에 대응하기 위해 지금 즉시 더 많은 감옥이나 교화소를 준비해야 할 것이다. 새삼스러운 것은 아니지만, 일하지 않고 집에서 나라에 해악과 빈곤을 퍼뜨리고 전염병보다 더 나쁜 범죄와 악행으로 서로를 물들이는 그런 무리를 제거하는 것은 우리나라에 가장 큰 이익이 될 것이다."[37]

인디언을 개종시키고 범죄자와 직업이 없는 가난한 사람들을 몰아내는 것, 이것은 식민지의 성공을 위한 적절한 해결책이 아니었다. 반면에 자금 조달 방법은 옳았다. 이것은 회사에 대한 투자로, 개인이 현금을 공동 출자하여 원정대에 설비나 장비를 제공하고 보급했다. 시작할 때부터 국왕은 돈 문제에 관해서는 전혀 개입하지 않았다. 오랜 기간에 걸쳐 식민지 건설에는 이러한 자금조달 방법이 가장 효과적이라는 사실이 밝혀졌다. 아메리카 대륙의 영국 식민지가 마침내 성공을 거두고 그토록 많고 확고하게 뿌리를 내린 공동체를 창설할 수 있었던 원인이 거기에 있었다. 개인과 경쟁적 금융시장을 통해 자금을 조달하는 자본주의가 처음부터 작용했던 것이다.

제임스타운에는 모든 주주가 1주당 100에이커의 무조건 상속재산권(사실상은 영구 자유보유권)을 받았으며, 이 토지에 "뿌리를 내리면", 즉 정착하면 100에이커를 추가로 받았다. 주주는 또한 비용을 부담하고 데려온 남자 한 명당 "인두권"으로 50에이커를 받았다. 이론상으로는 그랬다. 하지만 실제로는 농민이라기보다 모험가-대부분 회사 직원-인 정착민들은 받은 토지를 최대한 활용하는 법을 알지 못했다.

버지니아 회사가 소유한 세 척의 배인 갓스피드 호, 디스커버리 호, 수전콘스턴트 호가 체서피크 만 입구를 발견한 때는 1607년 5월 6일이었다. 개척민은 105명을 헤아렸고, 요새와 교회 그리고 억새 지붕 오두막집을 지었다. 원래 정착지는 지금 남아 있지 않으나 정교하게 복원되어 당시 모습을 보여주는데, 매우 원시적이었다는 사실을 알 수 있다. 사실 이곳은 통나무 오두막집이 들어선 조촐한 마을이라기보다 6세기나 7세기 암흑시대 서유럽의 촌락에 더 가깝다─신대륙에 거점을 마련하기 위해 영국인은 천 년의 세월을 과거로 거슬러 올라가지 않으면 안 되었던 것처럼 보인다. 실태는 그렇다고 하더라도 가족 단위라는 기초를 결여한 이 식민지가 어쨌거나 존속한 것은 행운이었다. 1608년 말까지 절반이 죽고 53명의 쇠약한 개척민만이 살아남았다.

나머지 사람들도 존 스미스 선장(1579 무렵~1631)의 리더십이 없었다면 역시 목숨을 잃었을 것이다. 링컨셔 출신의 스미스는 용병으로 터키군과 싸운 모험으로 가득 찬 경력의 소유자였다. 제임스타운 원정대에는 투자자 자격이 아니라 고용된 군인으로서 참가했다. 계약에는 식민지 건설 직후 결성된 의회에 의석이 주어지는 조항이 있었으나 승선 동안 벌어진 싸움으로 이 권리를 빼앗겼다. 그 결과 스미스는 1607년 겨울을 체서피크 만 일대의 지도를 제작하면서 보냈는데, 그 과정에서 인디언에게 포로로 붙잡혔다. 훗날 토머스 제퍼슨이 포와탄 연맹이라고 부른 부족 집단의 일부였다.

하지만 스미스는 그곳 인디언들과 친밀한 관계를 맺고 유리한 입장을 만들었다. 식민지로 돌아왔을 때 그곳 형편은 비참했다. 앞으로 무엇을 해야 할지를 아는 유일한 사람이었기에 1608년 9월 마침내 스미스는 의회 의장으로 뽑혔다. 미국에서 대중민주주의가 발동한 최초의 사례였다. 스미스는 남은 남자들에게 군대 규율을 적용했으며, 인디언과 교섭하여 식민지가 겨울을 보낼 만큼의 식량을 확보하여 실제로 사망률을 5퍼센트까지 낮췄다─초기 미국 식민지 건설 상황을 기준으로 볼 때 주목할 만한 성과였다. 하지만 그런 노력에 대한 감사는 없었다. 1609년 7월에 도착한 보급대는 회사의 허가서가 변경되어 스미스에게 어떠한 법적 신분도 없다는 소식을 전했다. 도리 없이 스미스는 2개월 뒤 영국으로 돌아갔다. 그러나 미국에 대한 관심은 계속 간직했다. 1614년에는 코드 곶 지역의 탐험 항해를 지휘했고, 1616년에는 『뉴잉글랜드 개설(A Description of New England)』을 출간했다. 이 소책자는 그 뒤 10년 동안 중요한 역할을 담당했다-그중 하나가 "뉴잉글랜드"라는 말을 상용어로 만든 것이다.[38]

그사이에 제임스타운은 다시 붕괴 위험에 빠졌다. 새로운 허가서에 따라 버지니아 회사는 사회 모든 계층으로부터 새로운 정착민을 모집하기 위해 7년 동안 일하면 무료로 토지를 준다는 계약을 맺었다. 이에 약 500명이 모여들어 임시 총독인 토머스 게이츠 경이 이끄는 보급선단에 승선했다. 게이츠가 탄 배(9척 가운데 1척)가 버뮤다 해안에서 난파했다. 게이츠 일행은 1609년과 1610년 사이의 겨울을 그곳 섬에서 보내면서 20세기 말인 오늘날까지 영국 직할 식민지로 남아 있는 섬들과 최초로 조우했다-아울러 셰익스피어에게는 『템페스트(The Tempest)』의 배경을 제공했다. 나머지 선단은 제임스타운에 400명의 새 정착민을 보냈다. 하지만 스미스도 게이츠도 없는 그해 겨울은 비참했다. 게이츠를 비롯한 생존자가 버뮤다에서 작은 배 2척을 만들어-그것만으로도 대단한 일이었다-1610년 5월에 마침내 제임스타운에 도착했을 때는 겨우 60명의 정착민만이 살아 있었다. 식량은 바닥나 인육을 먹었다는 의심까지 들었고 건물은 황폐했다. 더욱이 식민지가 허약하다는 사실을 안 인디언들이 적대감을 드러내는 바람에 로어노크의 비극이 되풀이되지는 않을까 하는 우려마저 있었다. 곧 식민지를 포기하자는 결정이 내려졌다. 그런데 정착민들이 배에 오르기 위해 강 하류로 행진해 가는 바로 그때 3척으로 구성된 보급대가 도착했다. 이번에 지휘를 맡은 인물은 버지니아 회사의 명예 총독인 고위층 거물 드 라 웨어(De La Ware, 정착민이 쓴 것에 따르면 델라웨어) 경이었다. 그와 그의

제1장 | 언덕 위의 도시

053

후임자 게이츠의 통치 아래 1611년 법령이 제정되었다.

정착촌과 흑인 노예

이것이 바로 미국 최초의 법령이었다. 게이츠 자신은 이것을 "신과 도덕과 전쟁의 법"이라고 불렀고, 일반적으로는 법 집행을 담당한 게이츠의 행정관인 토머스 데일의 이름을 따서 "데일 법령"이라고 불렀다. 스미스의 조례와 달리 이것은 민법이었고 계엄령은 아니었다. 그렇지만 명백하게 청교도적인 요소가 있었다. 안식일을 엄격하게 지키고 단정하지 못한 복장은 금지하고 게으름을 피우면 엄벌에 처해졌다. 식민지는 아직 식량조차 자급할 수 없었으며 영국에 수출할 것은 아무것도 없었다. 하지만 법령을 제정한 이듬해에 게으름 때문에 벌받는 것이 두려웠던 존 롤프라는 정착민이 담배 재배 실험을 시작했다. 여러 종자를 시도한 끝에 만족할 만한 수확을 얻었다. 단맛으로 알려진 버지니아 담배의 탄생이었고, 1616년에는 벌써 수출을 할 수가 있었다. 그동안 1614년에 롤프는 인디언 추장의 딸인 포카혼타스와 결혼했다. 식민지 설립 무렵부터 포카혼타스는 그 마을에 드나들었는데 당시 12세였다. 두 사람 사이에서 후손이 태어나 지금도 버지니아의 적지 않은 사람들이 자신의 혈통을 자랑한다. 이 결혼으로 토착 부족과 불안정하면서도 평화로운 시간을 나눌 수 있었다.

1619년은 세 가지 이유에서 의미가 있는 해였다. 버지니아 식민지를 정착민에게 더욱 매력 있는 곳으로 만들기 위해 회사는 90명의 미혼 여성을 태운 배를 보냈다. 독신 식민지 남자라면 담배 125파운드(약 57킬로그램-옮긴이)로 정해진 여행 경비를 지불하기만 하면 아내를 얻을 수 있었다. 두 번째로, 회사는 개척민에게 "영국인의 권리"를 부여한다고 발표했다. 신임 총독인 조지 야들리 경이 이 제도를 실시하기 위해 파견되었다. 1619년 7월 30일 첫 버지니아 의회가 제임스타운 교회에서 1주간의 회기로 막을 열었다. 의장을 맡은 야들리는 양옆에 정부를 구성하는 6명의 고문을 대동했고, 22명의 선출 의원이 참석했다. 이 의원들은 웨스트민스터의 하원과 마찬가지로 다른 "의석"에 앉았다. 그들의 첫 임무는 데일 법령을 검토하고 경험과 민의를 반영해 개선하는 것이었다. 그들은 "땀을 흘리며 파리와 모기와 싸우면서" 토의를 벌였고, 내린 결론은 상원을 구성하는 야들리와 그 동료에게 승인받았다. 그리고 상하 양원에 국왕을 대리하는 총독이 가세해 영국 본국을 모방한 미니어처 의회가 만들어졌다. 이렇게 해서 정착한 지 10년도 안 되는 사이에 웨스트민스터를 모델로 하는 대의제도를 이룩해냈다. 아메리카 대륙에서 이미 1세기 넘게 존속한 곳도 있는 에스파냐, 포르투갈, 프랑스 등 어느 나라 식민지에도 그런 제도는 없었다. 비록 규모는 작았지만 이 입법기관이 런던에서 그 제도의 창시자들이 제임스 국왕과 그의 왕권신수설과 아직 싸우고 있을 시기에 그처럼 빨리 발달했다는 사실은 장래를 예감케 하는 중요한 조짐이었다.

3주 뒤인 8월 20일 존 롤프는 이해 세 번째의 주목할 만한 사건을 일기에 남겼다. "네덜란드 군함이 들어와서 흑인 20명을 팔았다." 롤프는 가격을 밝히지 않았지만, 야들리가 플라워듀헌드레드에 있는 1,000에이커의 담배 농장에서 부리기 위해 이 가운데 15명을 샀다고 덧붙였다. 이 남자들은 자유민은 아니었으나 엄밀하게 말해 노예도 아니었다. 그들은 "계약하인"이라고 불렸고 이론상으로는 5년간의 계약이 끝나면 자유를 얻었다. 그 뒤부터는 토지를 사서 식민지의 자유민으로서 모든 권리를 누렸다. 백인 노동자도 영국에서 같은 조건으로 건너왔다. 아메리카행 뱃삯을 제공받는 대신에 계약하인 증서에 서명하거나 이름 옆에 표시를 했다. 하지만 실제로는 계약하인 대부분은 첫 계약 기간에 빚을 내어 또 다른 빚을 지는 바람에 계약을 연장하는 일이 많았다. 이 아프리카에서 온 최초의 흑인들 가운데 식민지의 자유농민이 된 경우가 있는지는 의심스럽다. 백인 계약 하인 대부분은 어렵사리 계약에서 벗어나는 순간 제임스 강 연안의 소작 농 신세가 되었다. 그런데 초기 버지니아에서는 흑인이 자유민이 되는 것 이 불가능하지는 않았다. 그런 기록도 얼마간 남아 있다. 그렇지만 더 불 길한 징조는 야들리나 다른 지주들이 담배 농장에 흑인을 써서 성공을 거 둔 사실이었다. 그들은 곧 더욱 많은 사람을 사들였다. 게다가 계약하인이 아니라 진짜 노예였다.

이렇게 해서 1619년에 영국 최초의 아메리카 식민지는 두 편으로 나 뉘어 완전히 다른 방향으로 가기 시작했다. 한쪽은 민주주의의 자유 사회 로 이끄는 대의제도, 다른 한쪽은 남부의 "특유한 제도"라고 불린 노예 노 동의 사용이었다. 흑인 노예가 대량으로 북아메리카에 실려 온 것은 18세 기 이후라는 사실을 잊어서는 안 된다. 그럼에도 불구하고 두 방향으로 나 뉜 것은 사실이고, 결국에는 이것이 자유로운 인간과 자유롭지 않은 인간 이라는 두 계급으로 나뉜 사회를 만들어냈다. 미국은 서로 조화할 수 없는 이 두 개의 길을 집요하게 2세기 동안 추구한 끝에 엄청난 내전을 겪으면 서 마침내 그 근본 모순을 해소했다.[39]

메이플라워 호

바로 그 이듬해에 미국 초기 역사에서 가장 중요한 획기적인 사건이 일어났다. 궁극적으로 이 단일 사건은 미국이라는 나라의 위기와 밀접한 관련이 있다. 1620년 12월 11일, 훗날 매사추세츠가 되는 뉴플리머스에 메이플라워 호를 타고 온 최초의 개척민이 상륙했다. 앞선 개척민은 젠틀맨 출신의 모험가, 토지를 소유하지 않은 사람, 계약하인 등이었는데, 이들은 신대륙에서 사회적으로나 경제적으로 출세하겠다는 공통된 욕구로 단결했었다. 그들 가운데 가장 뛰어난 사람들은 공평과 자유라는 경험에 바탕을 둔 영국의 뿌리 깊은 전통에 따라, 관습법을 공정하게 적용하고, 공통의 이익을 위해 분별 있는 통치를 시행하며, 공동사회 전체의 요구에 따라 법을 제정하고자 했다. 이처럼 그들과 그 자손은 미국의 주요 전통 가운데 한 가지 요소를 형성했다. 공적인 면과 사적인 면 모두에서 실용적이고 절도 있고 창조적인, 어떤 경우에나 유효한 그런 요소를.

메이플라워 호의 남자-와 여자-들은 전혀 달랐다. 그들이 아메리카에 온 것은 돈벌이나 심지어 생계를 위해서가 아니었다. 그 둘 다를 신의 은총으로 감사히 받아들였지만 그보다는 우선 지상에 신의 나라를 창조하기 위해서였다. 그들은 광신자, 이상주의자, 유토피아 추구자, 성직자였으며, 그들 가운데 가장 뛰어난-아니 어쩌면 과격하다고 해야 할-사람들은 열광적이고 타협을 모르며 독선에 가득 차 있었다. 그들은 또한 매우 정력적이고 끈질기며 용감했다. 그들과 그 자손은 미국의 주요 전통 가운데 또한 가지 요소를 형성했다. 역시 창조적이지만, 관념적이고 이지적이며, 쉽게 발끈하고 고집스러우며, 때로는 스스로를 파멸로 몰고 갈 만큼 지독히 비타협적인 요소를. 앞으로 살펴보면서 익히 알게 되겠지만, 이 두 가지 전통은 확고하게 자리를 잡았고, 그리고 서로 충돌했다. 어떤 때는 건설적으로 때로 엄청난 창조력을 발휘했으나 어떤 때는 사회와 국가에 위기를 불러일으키기도 했다.

메이플라워 호는 보르도에서 런던으로 적포도주 통을 실어 나르는 낡은 포도주 운반선이었다. 한 칼뱅주의자 그룹이 그 배를 빌렸는데, 모두 영국인으로 거의가 런던 출신이었으며 일부 네덜란드에서 망명 생활을 한 사람도 섞여 있었다. 윌리엄 브래드퍼드와 윌리엄 브루스터가 이끄는 정착민들 가운데 35명은 청교도 출신의 비국교도로, 칼뱅주의를 신봉했기에 영국국교회(성공회)의 주교 지배 구조나 가톨릭 비슷한 가르침(그들의 눈에는 그렇게 비쳤다)에 더 이상 복종하지 않기로 작정한 사람들이었다. 그들은 신앙의 자유를 찾아서 그리스도교 단체로서 아메리카 대륙으로 건너갔다. 어떤 의미에서 개인이 아니라 공동체였다. 또한 그들은 가족을 데리고 바다를 건넜는데, 가족 단위로 이주한 것은 이 식민지가 처음이었다. 버지니아 회사로부터 8만 에이커에 달하는 토지를 비롯해서 중요한 어업권, 인디언 교역 허가, 그리고 광범위한 권한을 가진 자치제도를 만들 권리를 얻었다. 청교도가 아닌 66명이 동행하여 정착민은 모두 41개 가족으로 구성되었다. 가족마다 한 권씩 지니고 온 『성서』 외에 다른 책들을 가져온 사람도 많았다. 선장 마일스 스탠디시는 『시저의 갈리아 전기(Caesar's Gallic War)』와 『터키사(History of Turkie)』를 가져갔다. 배에는 가족용 오두막 20채분의 침대, 테이블, 의자를 비롯해서 개, 염소, 양, 닭, 오리 등의 가금류, 그리고 다량의 향신료, 오트밀, 말린 고기와 물고기, 거기에 순무를 실었다. 승객 중 한 사람인 윌리엄 멀린스는 구두 126켤레와 부츠 13켤레를 가져왔다. 이 밖에 목수, 소목장이, 대장장이 등이 각자 자신의 연장을 가져갔다.[40]

항해 도중에는 중대한 사건이 벌어졌다. 메이플라워 호가 출발한 지 2개월이 지났을 무렵 비좁은 선상 생활에서 생긴 불쾌감 때문에 분쟁이 일어났다. 11월 21일, 지도자들이 주 선실에 모여 단결을 도모하고 장래의 통치 기반을 마련하기 위해 계약서를 만들었다. 결과적으로 이것이 교회의 가르침에 기초한, 종교적 통치와 세속적 통치가 사실상 구분이 안 되는, "공정하고 평등한 법률"을 제공하는 시민의 정치적 통일체를 만들어냈다. 이 계약은 신이 이스라엘인과 맺은 『성서』의 계약을 기초로 했다. 그런데 이것은 또한 훗날 토머스 홉스의 『리바이어던(Leviathan)』(1651)과 존 로크의 『시민정부론(Treatise of Civil Government)』(1690)에서 뚜렷이 표명된 초기(17세기) 사회계약론에 영향을 미쳤다. 대서양의 거친 바다 한가운데 떠 있는 작은 배 안에서 진지한 표정의 남자들(과 여자들)이 합의하고 서명한 이 놀라운 문서에 모든 41개 가족의 "세대주"가 서명했다. 그들이 얼마나 진지하고 높은 목적의식을 가지고 자신들의 사업을 바라보았는지 알 수가 있다.[41]

주목할 점은 이 계약이 하인과 주인 또는 국민과 군주 사이가 아니라, 같은 목적을 가진 개인들의 집단과 각 개인 사이에 맺어졌다는 것이다. 신은 입회인 겸 상징적 공동서명인으로 참석했다. 이 작은 공동체는 함께 아메리카로 건너가 지금까지와는 다른 집단을 만들어 대서양 너머에서 새로운 삶을 영위할 것을 맹세한 듯했다. 지도자 가운데 한 사람인 윌리엄 브래드퍼드는 훗날 『플리머스 식민사(Of Plymouth Plantation)』에서 처음으로 그들을 "필그림(순례자)"이라고 불렀다. 그런데 그들은 성지를 여행한 뒤 고향에 돌아와 일상생활을 다시 시작하는 일반적인 순례자가 아니었다. 그렇다기보다는 새롭게 성스러운 나라를 건설하여 천년왕국이라는 목표를 향해 쉼 없이 나아가는 영원한 순례자였다. 그리스도교의 가르침을 배반한 유럽에서 자신들은 예외라고 생각하고 그 예외론을 지키며 정진해 나갔다.[42]

필그림의 배후에는 영국의 몇몇 유력 인물들이 있었다. 그 우두머리는 워릭 백작인 로버트 리치 경이었다. 그는 1612년 25세 때 버지니아 회사에 들어가 훗날 청교도혁명 당시 의회군의 해군사령장관에 오른 인물이었다. 워릭은 그 시대의 롤리라고 부를 정도의 모험가였으며, 케임브리지의 청교도 계열 이매뉴얼 칼리지의 졸업생으로 신앙심이 깊었다. 뜻을 같이하는 상류계급 사람들과 함께 워릭은 영국을 개혁하려고 생각했다. 하지만 만약 그것이 불가능하다면, 그 대안으로 아메리카 대륙에 가서 개혁된 식민지를 만들고자 했다. 1620년대를 통해 워릭은 신앙심 깊은 정착민 집단을 조직하는 데 바빴다. 주로 웨스트컨트리와 이스트앵글리아, 에식스 그리고 런던-엄격한 프로테스탄티즘이 매우 강했다-에서 아메리카를 무대로 모험을 감행하려는 사람들을 모집했다.

1623년 워릭은 도싯의 남녀 집단에 뉴잉글랜드에 갈 것을 권유했다. 그들은 앤 곶에 상륙한 후 마침내 1626년 나움케악에 식민지를 세웠다.[43] 이 원정대의 조직을 도운 도싯의 목사인 존 화이트는 모든 위험을 감수하더라도 사람들을 모험으로 이끄는 단 하나의 가장 큰 동기는 종교라고 주장하면서 "식민지 건설에서 가장 탁월하고 바람직한 목적은 종교의 보급이다"라고 썼다. "우리나라는 어떤 의미에서 이 일에 특별히 선택받았다고 말해도 좋을 것이다. 개혁된 종교의 자유를 누리고, 그런 사명에 사람들을 동원하는 나라가 숱하게 많은 가운데 가장 정통인 신앙을 가졌기 때문이다." 화이트는 그 밖의 요소도 인정하면서 이렇게 덧붙였다. "가난에 쫓기는 사람도 더러 있을 것이다. 한편으로 새로움에 이끌리는 사람도 있을 것이다. 또한 장래의 돈벌이를 기대하는 세 번째 부류도 많을 것이다. 하지만 가장 성실하게 신을 존경하는 사람들은 복음의 전파를 주요한 기회로 삼으면 된다고 나는 확신한다."[44]

이 사업이 성공하면서 1628년에 세 번째로 청교도가 이주하고 세일럼의 식민지가 세워졌다. 중요한 날짜는 1629년 3월 4일로, 바로 이날에 이들의 항해를 조직한 사람들이 국왕의 허가서에 따라 매사추세츠만 회사를 설립했는데, 이 회사는 대서양 너머에 회사 자체를 완전히 옮기는 권한을 보유했다. 즉시 350명과 다량의 식품, 도구류 그리고 무기를 실은 6척의 배가 파견되었다. 하지만 1630년에 700명의 이주민을 태워 출발시킨 대선단에 비하면 작은 규모였다. 이것이 일련의 대선단의 시작으로 1630년대 말까지 모두 200척을 헤아리는 배들이 2만 명의 영국인 남녀를 뉴잉글랜드로 실어 날랐다. 예를 들어 1634년 윌리엄 화이트웨이는 자신의 도체스터 일기에 다음과 같이 썼다. "이번 여름에 웨이머스 항과 플리머스 항에서만 [뉴잉글랜드에] 적어도 20척의 배가 2,000명의 이주민을 태워 보냈다." 이것은 그때까지 영국 역사에서 규모가 가장 큰 외국 이주였다.

초대 총독 존 윈스럽

초기의 이런 이주민 수송 중에서 존 윈스럽(1588~1649)의 리더십 아래 1630년에 이루어진 수송은 새로운 모범을 제시했다는 점에서 가장 중요했다. 청교도 이주 과정에서 뛰어난 능력을 발휘한 윈스럽은 미국 최초의 위대한 인물이었다. 서퍽의 대지주 아들로서 워릭과 이웃이자 친구였던 그는, 길고 침울하고 근엄하고 인상적인 얼굴에 날카로운 눈빛과 높은 코와 시원한 이마를 가진 키가 크고 건장한 사람이었다. 윈스럽은 또한 케임브리지 출신으로 그레이스인 법학원에서 법률을 배워 치안판사가 되었고, 후견법원(헨리 8세가 세운 기록 법원-옮긴이)에서 직장을 얻었으나 타협을 모르는 청교도적 사고방식 때문에 자리를 잃었다. 슬픈 가운데서도 의기양양했던 인물로, 사랑하는 아내 두 명을 떠……나보낸 뒤 "많은 시련과 유혹을 겪은 인생은 매우 감미롭고 안전하다"라고 추론했다.[45] 지나치게 사람이 많고 신앙심이 없으며 통치가 제대로 이뤄지지 않는 잉글랜드는 희망이 없다는 결론을 내리고, 뉴잉글랜드만이 그에 대한 해답이라고 자신의 저서 『뉴잉글랜드 식민 사업 개관(General Observations for the Plantation of New England)』에서 격렬한 어조로 주장했다.

> 유럽의 다른 교회는 모두 황폐해지고, 우리에게도 같은 심판이 내려질 것이 틀림없다. …… 이 땅은 주민들에게 거의 싫증만 느끼게 한다. 모든 동물 가운데서 가장 고귀한 인간이 여기서는 자신이 딛고 있는 대지보다 더럽고 비천하다. …… 우리는 극도로 무절제한 상태에서 몹시 방종하여 자신들의 재산으로는 그것을 지켜낼 수가 없다. …… 학문이나 종교의 샘은 더럽혀졌다. …… 대부분의 청소년은 지성이 매우 뛰어나고 장래가 밝다고 해도 숱한 사악한 사례와 학교의 방만한 관리 탓으로 나쁜 길로 인도되어 타락하고 마침내는 내쳐질 것이다.

이전까지 식민지가 실패한 이유는 "세속적이었지 종교적이지 않았던 탓"이라고 윈스럽은 지적했다. 개혁된 종교의 이름 아래 운영되는 사업이 아니라면 희망이 없다는 논리였다.[46]

1629년 7월 말, 윈스럽은 그 새로운 회사에 합류했다. 계획 중인 새 식민지는 자치를 시행하고 영국의 후원자들에게 자체 활동에 대해 설명하지 않는다는 결정이 내려진 때였다. 허가서에 따르면 이 회사는 1년에 네 번의 총회를 개최할 권한을 가지며, 거기서 법률을 제정하고, 새로운 자유민 또는 구성원을 선출하고, 총독과 부총독 그리고 18명의 "보좌역"을 비롯한 임원을 선임하고, 포고령을 내리고, "정부 및 행정의 형식이나 의식"을 정하고, 식민지의 모든 주민을 "영국 법률을 위반하지" 않는 범위에서 "교정하고 처벌하고 사면하고 또한 통치"할 수 있었다.[47] 식민지가 자치를 시행한다는 결정이 계기가 되어 윈스럽은 그로턴에 있는 자신의 재산을 팔아 5,760파운드의 현금으로 바꿔서 모든 재산을 이 사업에 투자했다. 그 결단력과 효율성에 이 사업의 관계자들은 깊은 인상을 받았으며, 10월에는 윈스럽을 총독으로 선출했다. 아마 다른 주요 출자자들이 윈스럽을 지도자로 영입하지 않으면 투자를 철회하겠다고 말한 듯하다.[48]

윈스럽은 능력을 발휘해 그해 겨울에 수많은 사람과 배를 모으는 데 성공했으며, 영국으로서는 그때까지 유례가 없을 정도로 가장 규모가 크고 장비가 뛰어난 원정대를 조직할 수가 있었다. 선단이 1630년 부활절 다음 날에 출범할 때 윈스럽은 날아갈 듯한 기쁨에 휩싸였다. 자신들이 『성서』에 나오는 것과 같은 사업-약속의 땅을 찾아가는 새로운 이집트 탈출-에 참여한다고 여겼다. 기록을 남기기 위해 윈스럽은 일기를 쓰기 시작했다. 모세도 「출애굽기」를 썼다고 생각하면서 그것을 흉내 냈다. 이런 초기의 일기나 편지가 풍부하게 남아 있고 초기 미국 식민지에 관한 중요한 문서들이 보존되어왔다는 사실은, 미합중국이 성립 당시부터 온전한 기록을 가진 인류 역사상 최초의 국가라는 것을 의미한다. 미국에는 고대의 건국 신화나 권위 있는 전설이 없다. 있는 것은 엄격한 사실뿐이다. 당시의 실제를 있는 그대로 글로 기록해놓은 것이다. 무슨 일이 벌어졌는지, 왜 그런 일이 일어났는지 우리는 꽤 자세하게 알 수 있다. 그리고 편지나 일기를 통해 남녀 당사자들의 속마음까지 정확하게 파악할 수 있다. 그들이 아메리카 대륙에 온 이유는 의문의 여지가 없다. 빠른 시일에 돈을 벌려는 것이 아니라 가치 있고 영원한 것을 새롭게 창조하려고 했다. 모험을 무릅쓰게 한 원동력은 신앙심이었다. 하지만 종교적 진리나 의무에 대한 생각이 언제나 일치하지는 않았고, 이것이 이주를 시작하는 방식에 영향을 미쳤다.

플리머스에 상륙한 최초의 "필그림 파더스(Pilgrim Fathers)"(1620년 메이플라워 호를 타고 온 사람들-옮긴이)는 분리주의자였다. 영국의 교회는 되돌릴 수 없을 정도로 타락하여 그 운명이 다했다고 생각하고 거기를 벗어나기를 원했다. 그들은 세상을 등지겠다는 심정으로 아메리카 대륙으로 건너왔다. 사악한 세계를 떠나 황야에서 자신들의 구원을 찾으려 했다. 하지만 존 윈스럽의 생각은 전혀 달랐다. 영국 교회에서 떠나고 싶은 마음이 없었다. 이 교회는 아직 개선할 여지가 있으나 그것이 지닌 허약함 때문에 뉴잉글랜드에서만 구원을 실천할 수 있다고 생각했다. 따라서 뉴잉글랜드 식민지는 교회와 국가의 선구로서 종교적으로나 세속적으로나 이상 사회를 건설할 수 있으며, 이를 선례로 삼아 구세계 또한 바꾸고 구원하는 본보기가 되어야 했다. 윈스럽은 배 위에서 설교하면서 동행자들에게 이런 생각을 전하며 세계적으로 중요한 사명을 띠고 있다는 사실을 인상 깊은 어조로 강조했다. "우리는 언덕 위의 도시라고 생각해야만 합니다. 모든 사람들의 눈이 우리를 주시하고 있습니다."[49] 항해 도중 발견한 『구약성서』에 나오는 경건한 호의의 상징을 수없이 동행자에게 지적하고 일기에도 기록했다. 뉴잉글랜드 근해에서는 "해안에서 정원의 향기로운 내음이 풍겨왔다." "야생 비둘기가 배 쪽으로 날아오고, 육지의 작은 새도 한 마리 찾아왔다." 300마일(약 480킬로미터) 주위에 있는 인디언들이 "천연두에 걸려 완전히 절멸했다"는 행운의 소식에 "신께서 이 땅에 대한 우리의 권리를 명확하게 밝힌 것이다"라며 크게 기뻐했다. 식민지 이주자에게는 다가올 극심한 겨울을 경고하면서 이렇게 말했다. "불만을 품고 영국의 이전

생활을 언제까지나 그리워하는 그런 사람이 괴혈병에 걸려 죽는 것을 여기서는 흔하게 본다."[50] 윈스럽이 이끄는 대규모 선단은 뉴잉글랜드 역사의 전환점이었다. 윈스럽은 이 선단에 1,000명 이상의 식민지 이주자를 태워 보스턴 주변 6개 마을에 정착시켰다. 중심지가 된 보스턴에는 마을 정부 청사를 짓고, 미스틱 강변의 텐힐스에 600에이커의 농장과 또 다른 토지를 취득했으며, 블레싱오브더베이 호라는 배를 만들어 연안 교역에 사용했다. 1630년대를 통해 더욱 많은 배가 도착하여, 결손을 메우고 인구를 증가시키고 새로운 마을과 정착지를 만들었다.

약속의 땅

신이 주었다고 그들이 믿은 그곳은 확실히 장래가 밝은 "약속의 땅"이었다. 남북 아메리카 대륙에서 오늘날 미합중국이 자리한 곳은 인간이 모여 살기에 알맞은 최대의 단일 지역이었다. 과거의 예를 살펴보면 인간이 야외에서 가장 능률적으로 활동할 수 있는 평균기온은 섭씨 15~18도, 한낮의 기온이 21도 또는 그보다 조금 높은 정도의 장소라고 한다. 지적 활동이 가장 왕성한 때는 바깥 기온이 평균 3도 정도이고, 밤에는 가볍게 서리가 내릴 때이다. 하루에서 그다음 날까지 기온 변화가 중요하다. 일정한 기온이나 급격한 온도 변화는 좋지 않다-이상적인 것은 적당히 변화하면서 특히 일정한 주기로 대기가 서늘해지는 기후다.[51] 이 시기에 개척되고 확대된 지역은 이런 조건에 꼭 맞았다. 연평균기온이 4~21도이고, 따뜻한 계절은 넉넉한 식량을 생산할 만큼 충분히 길었고, 추운 계절은 사람들이 열심히 일하여 월동용 식량을 비축하게 만들 정도로 날씨가 매서웠다.

강수량 또한 만족스러웠다. "건조농법"이 개발되기 전까지 밀을 수확하려면 연간 강수량이 10인치 이상 45인치 이하여야 했다. 미국의 평균 강수량은 26.6인치, 초기 식민지가 자리 잡았던 애팔래치아 산맥의 동쪽에서는 30~50인치로 거의 이상적인 수준이었다. 기온이나 강수량의 변동은 유럽보다 컸지만 근본적으로는 같은 기후였다. 그런 점에서 유럽인들이 가장 살기 좋았을 이곳을 아메리카에 비교적 늦게 온 영국인이 손에 넣은 것은 기이한 일이었다.[52]

식민지 정착민이 세대를 거듭함에 따라 아메리카에는 거의 모든 것을 재배할 수 있었고, 대부분은 큰 성공을 거뒀다. 북아메리카 중부는 세계에서 일반적인 작물 재배에 가장 적합한 토양을 가지고 있다. 농사가 가능한 곳은 불과 40퍼센트지만 경작 가능한 토양, 수송에 적합한 지형, 그리고 광물자원이라는 최고의 조합을 갖췄다. 이곳의 토양은 놀랄 정도로 다양한 작물 재배가 가능해 유럽인의 도착 이후 한 번도 기근을 겪지 않은 이유가 여기에 있다. 옛날에 뉴잉글랜드를 뒤덮었던 북아메리카 빙하기의 빙하는 일부 지역을 벌거벗은 바위산으로 만들었으나 대부분의 협곡에 양분이 풍부한 퇴적물을 남겼다. 예를 들면 곧이어 영국인이 들어온 코네티컷 강 유역은 뉴잉글랜드에서 가장 비옥한 지대인데, 시간이 흐름에 따라 수많은 정착지뿐 아니라 대학, 출판사 그리고 아메리카 대륙 최초의 본격적인 신문사가 자리를 잡았다.[53]

식민지 정착민은 모든 종류의 가축은 물론 자신들이 키우던 귀중한 식물의 대부분을 가져왔다. 뉴잉글랜드의 필그림 정착민들은, 자신들이 먹고살 작물을 재배하는 대신 황금을 찾아다녔던 제임스타운 사람들의 어리석음을 저지르지 않았다. 그뿐 아니라 "인디언의 곡물" 즉 옥수수가 하늘이 내린 선물이라는 사실을 발견했다. 옥수수는 전통적인 영국 작물에 비해 같은 면적당 두 배의 수확량을 가져다줬다. 계절에 영향을 거의 받지 않았으며, 땅을 갈지 않고도 간단한 도구만 있으면 경작이 가능했고, 게다가 줄기는 사료로 사용할 수 있었다. 초기 식민지에 이것은 이상적이라고 할 만큼 값싸고 손쉬운 식량이었는데, 옥수수 이삭이 풍요로운 아메리카를 상징한 것은 당연한 일이었다−북아메리카 원산으로 청교도의 입맛에 잘 맞았던 칠면조도 마찬가지였다. 정착민은 또한 밤, 호두, 버터넛, 너도밤나무, 개암나무, 히커리 등의 풍부한 견과류 나무와 자두, 체리, 뽕, 감 등의 과일나무를 발견했다. 그렇지만 과일나무 대부분은 수입한 것이었다. 옥수수에 더해 호박, 강낭콩, 쌀, 멜론, 토마토, 허클베리, 블랙베리, 딸기, 검은딸기, 크랜베리, 구스베리, 포도 등이 자생하거나 손쉽게 재배되었다.[54]

유럽에서 온 사람들이 사냥법과 용도를 알아낸 아메리카 대륙의 야생동물은 놀랄 만큼 풍부했다. 커다란 사냥 동물은 사슴과 곰이었으나, 정착민에게 매우 중요했던 것은 모피나 가죽을 수출할 수 있었던 작은 동물인 족제비, 검은담비, 오소리, 스컹크, 울버린, 밍크, 수달, 해달, 비버, 다람쥐, 토끼였다. 물고기와 해산물도 수출했다. 북동 아메리카의 바다는 풍요로워서 뉴잉글랜드 정착민은 자기 배를 만들기−거의 정착과 동시에 그리고 성공적으로−시작하여 곧 무진장한 자원을 손에 넣었다. 존 조셀린은 1672년 출판된 저서 『뉴잉글랜드 특산물(New England Rareties)』에서 이 바다에서 잡히는 어류를 200종 이상이나 열거했다.

광물자원 역시 비할 데 없이 풍부하다는 사실을 정착민은 서서히 발견했다. 존 윈스럽의 선단이 닻을 내릴 때부터 시작해서 정확하게 300년 뒤를 잠시 살펴보면, 미국은 세계 전체의 불과 6퍼센트의 인구와 면적으로 석유 70퍼센트, 구리 거의 50퍼센트, 납 38퍼센트, 아연과 석탄 각각 42퍼센트, 그리고 철 46퍼센트를-면화 54퍼센트와 곡물 62퍼센트를 더해서-생산했다.[55] 하지만 이 당시 최초의 뉴잉글랜드 주민을 놀라게 한 것은 간단히 베어내기만 하면 손에 넣을 수 있는 나무의 양과 질이었다. 17세기 초반 서유럽에서는 땔감을 포함한 모든 용도의 나무가 점점 부족해져 값이 비쌌다. "석탄"을 살 수 없는 일반 가정에서는 나무 또한 충분히 구할 수 없었다. 그랬기에 식민지 개척민들은 크게 기뻐하며 나무로 달려갔다. 앤 곳의 식민지 목사인 프랜시스 히긴슨은 1629년 다음과 같이 썼다. "이곳은 우리를 따뜻하게 덥혀주는 불이 충분하다. …… 유럽 어디를 봐도 뉴잉글랜드만큼 불을 많이 때지는 못할 것이다. 여기서는 가난한 하인으로 고작 50에이커의 땅밖에 없는 사람이라도 영국 귀족 대부분이 사는 것보다 더 많이 질 좋은 나무를 목재용과 땔감용으로 사용할 수가 있다. 불을 마음껏 때고 싶은 사람에게 여기는 살기 좋은 곳이다."[56]

미국 최초의 박물학자로서 1629년부터 1632년 사이에 삼림을 탐험했던 윌리엄 우드는 2년 후에 그 연구 성과를 『뉴잉글랜드의 장래 전망(New England's Prospects)』이란 책으로 발표했다. 그는 기쁜 마음으로 다양한 나무들을 열거하고 사실상 그 모두가 가구에 사용할 수 있고 그 밖에 목탄, 염료 그리고 비누용 잿물 용도로 가능하다고 썼다.[57] 우드는 또한 양에도 놀라움을 표시했는데 그것은 무리가 아니었다. 오늘날 계산에 따르면 미국의 삼림은 17세기 초에 8억 2,200만 에이커의 면적을 뒤덮고 있었다. 경제성이 있는 나무로 환산하면 거의 5조 2,000억 제곱피트와 맞먹는다. 초기 미국은 목재 문명이었는데, 앵글로색슨의 영국이 원시림에서 발전한 것과 같이 숲에서 발전한 것이다. 정착 후 처음 300년 동안 미국인은 이 드넓은 삼림 지대 가운데 3억 5,300만 에이커를 이용했으며 이것을 나무로 환산하면 4조 750억 제곱피트에 달했다. 훗날 워싱턴과 링컨은 도끼를

손에 든 전형적인 미국 남자의 모습으로 관심을 끌었다.[58]

뉴잉글랜드의 개척민들은 이 놀라운 천연자원에 기쁨에 겨워 달려들었으나 인디언이 그 숲의 소유자인지 또는 경쟁 상대자인지 결정할 수 없었다. 그들은 거의 처음부터 인디언에 대해 가부장적인 태도를 취했는데, 현대의 우리에게는 불쾌한 이야기지만 인디언을 자신들의 자녀라고 생각하는 관습을 발전시켰다. 확실히 남아메리카의 일부 지역이나 중앙아메리카의 인디언과 비교하면 북아메리카의 인디언은 더 원시적이었다. 특히 동물의 가축화가 늦었는데 이것은 사회 조직의 발달을 더디게 만든 한 원인이 되었다. 그런 현상이 결국은 (아마도) 남쪽의 인디언에 비해 인구가 적은 이유를 설명해준다.[59]

적은 인구로 그처럼 넓고 비옥한 토지를 차지했기에 인디언은 경작지를 사용하고는 버렸고-물론 비료로 쓸 가축의 분뇨조차 없었다-토양이 척박해지면 새로운 곳을 찾아 이동했다. 하지만 그들의 농업 기술은 적어도 몇 가지 점에서 무시할 수 없었다. 초기 프랑스와 에스파냐의 모험가들은 모두-카르티에와 샹플랭은 세인트로렌스 강에서, 데 소토는 미시시피 강에서, 코로나도는 남서부에서-넓은 옥수수 밭을 보았다는 기록을 남겼다. 헨리 허드슨은 인디언이 나무껍질로 집을 짓고 겨울을 대비해 옥수수나 강낭콩을 저장했다고 말했다. 오하이오 강 유역에 최초의 정착민이 왔을 때 그곳에는 몇 마일에 걸쳐 옥수수 밭이 있었다. 1794년에 웨인 장군은 "캐나다에서 플로리다까지 아메리카 어느 곳에서도 이처럼 넓은 옥수수 밭을 본 적이 없었다"라고 말했다.

옥수수와 담배

다양한 인디언 부족들 사이에는 커다란 차이가 있었다. 대부분은 조금이나마 농사를 지었고, 씨를 뿌리거나 수확할 때는 사냥과 전투를 멈추는 경우가 많았다. 남서부 인디언은 아마 라틴아메리카의 발달한 인디언과 밀접하게 접촉한 탓인지 저수지에서 물을 대어 작물을 재배하고 본격적인 마을을 만들었다. 푸에블로 인디언은 밭 가까이에 항구적인 마을을 가졌고, 이로쿼이 족의 마을은 반영구적이었다. 뉴잉글랜드 사람이 만난 인디언은 대부분 농민이었다. 개척민은 그들이 나무를 베어내고 옥수수나 강낭콩, 호박 등을 재배하는 방법에 주목했으며 때로는 그들의 농사법, 예를 들면 물고기를 비료로 사용하는 법을 모방했다. 인디언은 질 낮은 농민 같았으나 적어도 한 해에 100만 부셸의 작물을 생산했고 그것을 건조해 저장했다. 또한 그다지 품질이 좋지 않은 담배도 재배했다.

대부분의 경우 뉴잉글랜드 사람은 처음에 인디언의 농사법을 따라 씨를 뿌리고 재배하고 저장했으나 그 뒤로는 자신들의 농사법으로 개량했다. 또한 남아메리카나 페루 원산의 감자를 인디언에게서 얻었지만 아일랜드인이 뉴햄프셔에 도착할 때까지 놀랄 정도로 조금밖에는 먹지 않았다. 초기 뉴잉글랜드 정착민이 인디언의 은혜를 가장 많이 입은 것은 텅 빈 밭으로 천연두가 인디언을 휩쓸어 간 뒤 주인이 없는 땅을 물려받은 것이었다. 초기 뉴잉글랜드의 농장은 나무를 베어낸 곳에 옥수수가 가지런히 줄 지어 자랐으며 그 옥수수에는 포도처럼 강낭콩 넝쿨이 감겼고 줄 사이에는 호박이 자랐다. 그래서 인디언과 크게 다르지 않았다. 예를 들면 윌리엄 브래드퍼드도 필그림이 인디언의 사례에서 도움 받은 사실을 증언했다. 특히 옥수수를 "심고 손보고 돌보는 방법"을 배웠다.[60]

가축의 중요성은 결정적이었다. 모두 잘 컸으나 특히 돼지가 좋았다. 초기 수출품 중 하나는 통에 담은 절인 돼지고기였다. 양 떼는 머지않아 매사추세츠나 로드아일랜드에서 흔히 볼 수 있게 되었다. 식민지 정착민은 사나운 말을 길들여 서인도제도에 수출했다. 그들은 순무, 당근, 메밀, 완두콩, 파스닙, 밀, 보리, 귀리를 들여왔고 모두 잘 자랐다. 뉴잉글랜드에서 재배한 사과는 곧 특산품이 되었다. 1642년의 어느 기록에 따르면 정착민은 "예전의 호박 대신에 사과나 배, 모과 등의 타르트를 만들었다." 사과는 "다른 농장만큼의 수익을 가져다주었다."[61]

　뉴잉글랜드의 농업 수준은 인디언과 비교하면 매우 높았고 유럽 최고 수준에서 보면 낭비가 많았다. 이곳의 농업을 관찰한 지식인들은 모두 토지의 풍부함과 노동력의 부족이 "토지를 못쓰게 만들고 있다"고 지적했다. 한 기록에 따르면 농사짓는 법이 "빈약하고 불충분하며, 게다가 더 나쁜 것은 쟁기질을 어디에서도 본 적이 없는데 농민들은 괜찮은 수확량을 거뒀다. 이것은 특히 새로운 정착지에서 원래 숲이었던 땅이 부드럽고 비옥했기 때문에 농사짓는 법이 매우 나빠도 충분한 수확량을 올릴 수 있었다."[62] 다른 보고에 따르면 뉴잉글랜드의 농민은 "세상에서 가장 게으르고 무식한 사람들의 집단이다. 이처럼 동물을 험하게 다루는 곳은 없다. …… 그들은 [말을] 쟁기나 마차나 승마 용도로 죽을 때까지 부린다. …… 말은 숲에 풀어놓는 것을 가장 좋아한다."[63] 18세기 중반에 미국을 여행한 사람들 역시 똑같은 불만을 늘어놓았다. 그런데 그 무렵에는 새롭게 획득한 토지의 공급이 적어도 애팔래치아 산맥 동쪽에서는 바닥을 보였다.

　뉴잉글랜드 사람들은 대체로 버지니아 사람들보다 확실히 낭비가 적었다. 실제로 담배가 없었다면 버지니아 식민지가 온전하게 존속했을지 알 수 없다. 처음에 영국과 식민지의 당국자는 모두 담배 재배에 반대했다.

국왕 제임스 1세가 "사람의 신체와 예법에 새로운 악영향을 끼칠 우려가 있다"라고 생각하여 이 "잡초"를 싫어했던 것이 가장 큰 이유였다. 1616년 데일 총독은 곡물 2에이커당 1에이커밖에 담배를 심지 못하게 법으로 규제했다. 하지만 그것이 지켜지기엔 무리가 뒤따랐다. 이듬해가 되자 담배는 제임스타운 마을 자체만 해도 길거리 주변이나 광장에까지 심어질 정도였다.

계산을 해보면 같은 노동량으로 담배는 다른 어느 작물과 비교하든 6배의 수익을 올릴 수가 있었다. 그만큼 금전 가치가 높았다. 모든 것이 담배 재배에 유리하게 작용했다. 재배는 주로 제임스 강, 요크 강, 래퍼핸녹 강 등 작은 강 주변 지역에서 이루어졌다. 어떤 작은 농장이든 강에는 부두가 있어서 작물을 배에 실어 대서양 항로의 정기선까지 운반했다. 도로가 필요 없었다. 담배는 같은 땅에서 3년 동안 수확이 가능했다. 그 뒤부터는 새로운 장소에 심어야 했다. 하지만 제일 큰 문제는 노동력이었다—여기서 노예제도가 등장했다. 값싸고 질 좋은 아프리카 노예가 아메리카의 초기 담배산업에 (식민지들이 말하고 실제로 믿었듯이) 하늘이 내린 보물처럼 계속 공급되었다. 이에 따라 담배산업이 크게 번창했다. 제임스 1세는 일찍이 1619년에 조건부로 항복했다. 즉 담배 1파운드당 1실링의 세금(5퍼센트)을 매겨 영국에 수입하는 것을 인정한 것이다. 그렇지만 수입 총량은 (버지니아만이 아니고 버뮤다까지 포함해) 연간 5만 5,000파운드로 제한했다. 그러나 곧 그런 양적인 규제는 모두 철폐되었고, 담배는 대서양을 사이에 두고 새롭게 성장하기 시작한 영어 문명권에서 삶에 대한 최초의 대규모 경제적 현실로 다가왔다. 이것은 4세기 동안 축복으로 간주되었으나, 때가 무르익자 미국 대통령 빌 클린턴은 역사의 수레바퀴를 제임스 1세 시대로 되돌리고 1996년 8월에 담배를 중독성 약물이라고 선언했다.

뉴잉글랜드의 신권정치

뉴잉글랜드에는 담배와 같은 의지할 산물이 없었다. 그런 만큼 사람들은 더 열심히 일해야 했고 또 그렇게 일했다. 총독으로서 첫 임기를 1630년부터 1634년까지 보낸 존 윈스럽 밑에서 뉴잉글랜드는 새로운 식민지가 필요로 하는 확고하고 심지어 엄격하기까지 한 정부를 만들었다. 사실상 신권정치였다. 신도회 정회원 전원에 의해 선출된 사람들이 통치를 맡았다. 정회원은 자유민으로, 그들은 "신앙심 깊은 행동"이 인정되면 새 회원으로 인정받았다. 이렇게 해서 1631년 5월에 윈스럽은 118명의 남자를 자유민 계급으로 올려줬다. 때에 따라 윈스럽과 신도회의 원로가 적당하다고 인정된 자가 추가되었다. 사실상 윈스럽은 독재를 휘둘렀다. 총회는 회사 허가서에 규정된 1년에 네 차례가 아니라 단 한 차례밖에 소집되지 않았다. 자유민은 물론 모든 사람이 윈스럽의 정부에 충성을 맹세해야만 했다. 어떤 경우라도 교회에 대한 반대, 즉 (윈스럽의 입장에서 볼 때) 반사회적 행동은 용서 없이 처벌받았다. 1630년 8월 식민지에 온 지 몇 주가 지났을 때, 윈스럽은 메이폴(5월제 기념 기둥-옮긴이)을 세워 "흥청거리는 소동"을 벌였다는 이유로 보스턴에 있는 토머스 모턴의 집을 불태웠다. 모턴은 귀국하는 선단에 태워져 송환되기까지 발에 차꼬를 찬 채 갇혀 지내야만 했다. 이듬해 6월에는 필립 래드클리프가 채찍질을 받고 두 귀를 잘렸다. 윈스럽의 『일기(Journal)』에 나오는 표현을 빌리면 "우리의 교회와 정부에 대한 더럽고 가증스러운 모욕적인 말"을 했기 때문이었다. 크리스토퍼 가디너 경은 간통과 가톨릭적 언동으로 추방당했다. 또한 "토머스 노워는 만약 자신이 벌을 받는다면, 그것이 합법적인 처벌인지 아닌지는 영국에서 재판을 받겠다고 총회를 협박한 탓에 발목에 차꼬가 채워졌다."[64]

하지만 뉴잉글랜드의 윈스럽 혼자만이 권위를 내세우고 신에게서 그 행사를 위임받았다고 주장한 것은 아니었다. 미국의 새 식민지에는 그런 인간들이 넘쳐났다. 제임스 1세는 화를 내면서 하지만 확고하게 미국 식민지를 "말썽 많은 의회의 온상"이라고 평가했다. 강한 종교적 신념을 가진 사람들은 크게 두 가지 범주로 나뉘어 각각 적합한 교회를 구성했다. 전형적인 로마가톨릭으로 대표되는 한쪽 범주는 확실하고 투명한 성직 계급을 원했다. 종교적 진리의 탐구는 전문 성직자에게 맡겼지만, 그 성직자는 교구 사제들을 바탕으로 하고 주교 감독의 상부 구조와 교황을 정점으로 하는, 밑변이 큰 삼각형 구조를 형성했다. 이러한 정통 질서가 치른 대가는 성직자주의-그리고 그것이 낳은 반성직자주의였다. 이런 형태의 종교제도는 미국 자체에서는 확립될 기회가 한 번도 없었다. 미국의 눈에 띄는 특징 한 가지는 성직자주의가 전혀 존재하지 않았다는 사실이다-그것이 실제로 출발점부터 이 나라를 유럽의 어느 나라와도 다른 독자적인 곳으로 만들었다. 성직자가 없었던 것은 아니었다. 오히려 때때로 매우 훌륭한 인물이 많았고, 신앙과 뛰어난 설교로 신도들에게 존경받았다. 하지만 어떤 프로테스탄트 파에 속하건, 그리고 당연히 그 뒤에 온 가톨릭 성직자도 포함해서, 어느 누구든 성직자라고 해서 법적으로나 그 밖의 어떤 면에서나 특별한 지위를 누리지 않았다. 성직자는 제단이나 설교단에서 권위를 가지고 말했으나 그 권력이 미치는 곳은 교회 입구까지였다. 그리고 교회에서조차 신도들은 목사가 무엇을 하고 무엇을 하지 않는지 세세히 감시했다. 신도가 임명하고 신도가 파면했다. 어떤 의미에서 성직자는 새로운 미국 사회에서 선거로 뽑힌 최초의 공직자였다. 그런 점에서 미국은 민주주의 요소를 처음부터 가진 사회였다-그렇지만 대단히 신앙심이 깊은 사람만이 선거인단이 될 자격이 있었다.

이런 이유로 미국인은 성직자의 위계제도를 통해 교리의 확실성을 찾는 앞서 말한 첫 번째 종교 범주와 인연이 멀었다. 예컨대 식민지 시대 내내 영국국교회 주교는 단 한 번도 신도의 지도자로 뽑힌 적이 없었다. 대부분의 미국인은 두 번째 범주에 속했다. 따라서 그들은 신에 대한 지식은 『성서』 공부를 통해 직접 얻는다고 믿었다. 그들은 스스로 매일 꾸준하게 『성서』를 읽었다. 매사추세츠 식민지에서는 사실상 어떤 가난한 오두막집에든 『성서』가 있었다. 어른들은 혼자서 묵독했다. 집에서나 교회의 일요예배에서나 『성서』를 낭독했다. 일요일 예배는 8시부터 12시까지 드렸고 오후에는 『성서』 낭독을 했다. 대부분의 가정에서는 『성서』 낭독을 일과로 정해 1년에 『구약성서』를 모두 읽도록 했다. 『성서』에 등장하는 인상 깊은 이야기는 모두에게 친근했고, 그 의미나 중요성을 놓고 열심히 의견을 나눴다. 그들은 많은 내용을 암기하고 있었다. 다양한 번역본, 그 가운데서 특히 새롭고 격조 높은 『흠정영역성서』의 표현이나 리듬이 일반인의 말이나 글에 퍼졌다. 일요일이면 목사는 거의 1시간을 끊임없이 설교했고, 귀를 기울이는 신도들에게 중요한 구절을 해설했다. 하지만 권위는 목사가 아니라 『성서』에 있었다. 결국 남녀 한 사람 한 사람이 "전능하신 신이 그들에게 비춰준 빛에 따라" 『성서』의 의미를 판단했다.

신의 말씀을 직접 이해하는 이 방법은 종교적 흥분과 행복감을 불러일으켰다. 모든 사람이 스스로 매일같이 신과 가까이서 나누는 유익한 관계를 느꼈기 때문이었다. 뉴잉글랜드의 종교가 사람들의 생활에 왜 그토록 많은 영향을 끼쳤으며, 또한 왜 아무것도 없는 곳에서 새로운 사회를 건설할 때 그처럼 계속해서 직접적인 도움이 되었는지는 이것으로 설명된다. 그들은 신을 위한 식민지 개척자였으며 신의 이름으로 식민지를 건설했다. 그런데 이 방식 또한 의견 차이를 초래했다. 프로테스탄티즘 자체가 기존의 견해나 권위의 행사에 대한 항의에서 기원했다. 로마가톨릭교회의 종교 독점이 1520년대부터 1530년대 사이에 붕괴하기 시작했을 때, 그것을 대신한 것은 처음부터 오직 단 하나의 순수하고 개혁된 신앙이 아니라 바벨탑처럼 여러 가지로 서로 모순되는 목소리였다. 시간이 흐르면서 그리고 때때로 세속의 힘을 이용하면서 언제부터인가 주요한 프로테스탄트 세력들이 출현했다. 제네바와 네덜란드의 칼뱅주의, 영국국교회, 북독일의 루터주의가 그것이었다. 하지만 잇따라 출현한 신흥 종교 대부분은 이런 국교들 바깥에 남겨졌고 이후로 더욱 많은 종교가 출현했다. 국교들 자체도 여러 교파로 분열했다. 게다가 각각의 교회와 교파 내부에서 생겨난 반대의 목소리가 있었다. 무율법주의자로 불린 그들은 자신이 속한 교회에서 정당하게 임명된 권위자가 정한 어떤 규칙도 받아들이기를 거부하거나, 심지어 어떤 형태로든 권위라는 개념에 반대했다.

자유와 종교

여기서 필그림과 이들을 따랐던 사람들이 창조하기를 원했던 완전한 프로테스탄트 사회의 중심에 자리한 딜레마가 드러난다. 그들에게 자유와 종교는 떼어놓을 수 없는 관계였고, 그들은 그 두 가지 모두를 찾아서 아메리카 대륙으로 건너왔다. 그들에게 가톨릭교회 또는 국왕 제임스 1세와 캔터베리 대주교인 윌리엄 로드가 잉글랜드에서 만들려고 한 국교회는 자유의 안티테제 즉 속박이었다. 정신의 자유가 없다면 신을 존경할 필요가 없기 때문에 그들은 자유와 신앙심을 한데 묶었다. 하지만 자유를 어떻게 정의해야 할까? 자유의 행사는 어디부터가 불법일까? 양심의 자유는 어느 시점에서 종교적 무질서로 타락할까? 뉴잉글랜드의 오피니언 리더들은 모두 이 문제와 씨름했다. 그들 대부분이 자유는 실제로 주의 깊게 정의되어야 한다고 분명히 밝혔다.

　1634년 매사추세츠 만에 와서 입스위치의 목사가 된 너새니얼 워드는 『미국의 아가왐에 사는 소박한 구두수선장이(The Simple Cobbler of Aggawam in America)』라는 팸플릿에서 단호하게 주장했다. "뉴잉글랜드의 전령사로서 우리 식민지의 이름으로 다음과 같이 세계에 선언한다. 패밀리스트, 무율법주의자, 재세례파, 그리고 그 밖의 광신자는 우리 가까이 오지 않는 것이 좋다. 만약 온다면 가능한 빨리 떠나고, 빠를수록 더욱 좋다. …… 덧붙여 단언한다. 신은 그리스도교 나라를 용인하는 이 세상 어디에서든 그자들을 억누를 수 있는 힘을 가진 한 그처럼 신의 진리를 거부하는 자들을 묵인하지 않을 것이다."[65] 존 윈스럽도 1645년 7월 3일에 이른바 "작은 연설"에서 행정의 권위와 인간의 자유라는 이 성가신 문제를 언급했다. 많은 사람들을 감명시킨 이 연설은 수없이 옮겨진 끝에 마지막에는 선집에 실렸다.

　　인간은 좋은 것, 올바른 것, 정직한 것에 대해서만 자유를 가진다. …… 이 자유는 권위에 복종하면서 유지되고 행사되기 때문에 그리스도가 우리에게 허락한 자유와 동등한 종류의 자유이다. …… 자연적으로 생긴 타락한 자유에 따라 자신의 눈에 좋다고 생각하는 것을 한다면, 권위의 어떤 작은 무게도 견딜 수 없을 것이다. …… 하지만 그리스도가 그대에게 허락한 예의 바른 법이 동반된 자유를 향유하는 것에 만족한다면, 권위에 대해서도 조용히 그리고 즐거이 복종할 수 있을 것이다. 그 권위는 자신을 위해서라고 생각될 때 …… 부과되는 것이다.[66]

이론은 그야말로 훌륭했다. 하지만 그것을 실제로 적용하기 얼마나 어려운지는 식민지의 정치·종교 지도자로서 윈스럽이 겪은 파란만장한 인생 경력으로 알 수가 있었다. 이것은 말하자면 초기 미국 역사의 축도였다. 윈스럽에게는 천부적인 권위, 일종의 카리스마가 있었다. 그런 연유로 첫 총독이 될 수 있었다. 하지만 그 권위를 엄격하게 때로는 잔인하게까지 발휘하여, 심지가 굳은 사람들-매사추세츠 만 식민지에는 그런 사람들이 많았다-은 윈스럽이 정당한 범위를 넘어섰다고 느꼈다.

더군다나 아마 본인은 여호수아나 다윗이나 솔로몬이 가끔 사용한 것처럼 당연한 수단이라고 생각했겠지만, 윈스럽은 속임수를 썼다. 이주민에게는 비자유민을 포함해 모두에게 허가서에 따라 자신의 정부에 충성서약을 하도록 강요했다. 그런데 허가서에 따르면 총회는 1년에 4회 열도록 되어 있었으나 윈스럽은 한 차례밖에 갖지 않았다. 비판 세력이 말하는 "폭정"이 4년 동안 계속된 뒤 대부분의 식민지 개척민은 자유민이건 비자유민이건 모두 허가서에 무엇이 쓰여 있는지를 보여달라고 요구했다. 윈스럽은 마지못해 따랐다. "월권행위"를 저질렀다는 점에서 모인 사람들의 의견은 일치했다.

식민지 이주민들은 법의 지배 아래에서 살려는 강한 의식을 가지고 영국에서 건너왔다. 유력자의 지배는 벗어나고 싶었다. 영국 의회에서 일어나기 시작한 투쟁은 모두 이 일과 관련이 있었다. 모든 이주민은 매사추세츠 식민지 설립 회사에 의해 "영국인의 권리"를 약속받았다. 동기는 고결했다고 해도 윈스럽은 허가서를 속여 이 권리의 일부를 박탈했다. 그 때문에 총회에서 총독 지위를 잃었다. 식민지의 자유민은 실제로 대의제 정부를 창설하고 작은 마을이 각각의 대리인을 보내 "법률 제정이나 토지의 배분 등을 돕도록" 했다. 이 집단은 윈스럽의 해임을 정식으로 인정하고 대신에 부관인 토머스 더들리를 총독에 임명했다. 이렇게 해서 1634년, 아직 식민지가 요람기에 있던 시절에 북아메리카 역사상 최초로 일어난 정변은 칼과 총의 힘을 빌리지 않고 토론과 연설 그리고 법률에 따라 진행되었다.[67]

　하지만 식민지 정착민들은 곧 대중의 요구로 정부를 바꿔도 반드시 통치가 개선되지는 않는다는 사실을 깨달았다. 1634년부터 1637년까지 다음 3년 동안에 식민지는 로저 윌리엄스나 앤 허치슨 같은 반항적인 무율법주의자에 대한 일련의 논쟁에 휘말렸다. 이 두 사람은 중요한 인물이기에 조금 뒤 다시 다룰 예정이다. 좋은 정부라는 관점에서 본다면 이런 논쟁은 굳은 결의와 양식과 공정함을 함께 섞어 처리할 필요가 있었다. 하지만 윈스럽의 후계자들이 이 세 가지를 다 가지고 있지 않다는 느낌이 식민지에서 점차 강해졌다. 그중에는 당국자 자신이 무율법주의자가 되기 시작했다고 생각하는 사람도 있었다. 실제로 보스턴 교회는 무율법주의에 가까웠고, 그 밖에는 모두 정통파였다. 무율법주의자의 말을 빌리면, 종교에서 유일하게 중요한 것은 신앙의 내적 빛이며 그것은 신의 은총으로 직접 주어졌다. 정통파를 지지하는 사람들은 선행과 모범적인 태도 또한 반드시 필요하며, 그것이 참된 믿음과 독실함이 겉으로 드러나는 증거라고 주장했다. 이 논쟁은 영국이나 네덜란드를 포함해 칼뱅주의가 강한 나라에서 격렬하게 벌어졌지만 매사추세츠에서는 그 어느 곳보다 심했다. 당시 한 사람은 이렇게 썼다. "다른 나라들에서 프로테스탄트와 가톨릭으로 구별한 것처럼, 이곳에서는 흔히 사람을 은혜 언약과 행동 언약에 따라 구별하기 시작했다."[68]

　이 논쟁은 미국 땅에서 치러진 최초의 선거에서 중대 국면을 맞았다. 1637년 5월 13일이라는 날짜는 미국 민주주의 발달에서 중요한 의미를 지닌다. 쟁점은 종교 문제였으나 그 배후에는 질서 있는 좋은 정부란 과연 어떤 것인가라는 문제가 있었다. 무율법주의자의 말에 따르면, 종교와 정부는 논리적인 토론과 지식, 증거에 기초하는 것이 아니라 감정의 고양에 전적으로 좌우되는 것이었다-누구나 성령으로 영감을 받는다고 주장하는 끊임없는 신앙부흥운동의 한 형태다. 결정은 많은 사람들이 모인 케임브리지의 야외집회에서 내려졌다. "그날은 폭동의 위험이 크게 있었다. [무율법주의자는] 격렬한 연설을 늘어놓았고, 일부 사람들은 다른 사람들에게 손까지 댔다. 하지만 [숫자에서] 너무 밀리는 것을 알자 조용해졌다."[69] 윈스럽은 투표에서 의기양양하게 총독에 재선되었고 무율법주의자는 "큰 참패"를 맛봤다. 1637년 이후 윈스럽은 확고하고 강경한 방침을 생각대로 재개하고, 징벌과 배척과 추방을 수단 삼아 정통 신앙을 식민지에 강요했다.[70]

대의제와 권위주의

통치자로서 적합성의 척도는 교리의 정통성 여부만이 아님을 윈스럽은 체험을 통해 알았다. 윈스럽의 타고난 권위는 오래된 영국 지주계급 출신이라는 가문의 혈통과, 신대륙에서 지위를 유지하는 데 충분한 눈에 확실히 드러나는 보유 자산에서 어느 정도 기인했다. 그런데 1639년 윈스럽은 영국의 대리인이 부정을 저질러 자신의 재산이 날아갔다는 사실을 알게 됐다. 대리인은 사기죄로 유죄 선고를 받아 두 귀가 잘리는 판결을 받았다. 하지만 경제적 곤란은 해소되지 않았다. 정신차려보니 2,600파운드라는 막대한 금액의 빚이 있었고, 이에 대서양 양쪽의 토지를 모두 팔지 않으면 안 되었다.

총독의 재정적 궁핍을 마침내 다른 사람들도 알았다. 그의 친구들과 정치적 후원자들이 모금에 나서 500파운드의 후원금을 모아 부인에게 3,000에이커의 토지를 기증했다. 반대자들은 윈스럽을 규탄했다. 청교도는 반드시 가난을 악함의 표시라고는 생각하지 않았다. 그러나 일반적으로 언제까지나 성공하지 못하는 사람-또는 갑자기 재정적 곤란에 내몰리는 사람-은 어떤 이유로 신의 은총을 받지 못했기 때문이라고 생각했다. 이런 생각은 무척 강력했고, 여전히 미국 사회 양식의 본류에 흐르고 있다. 윈스럽은 그런 생각의 제1호 희생자였다. 1640년 총독은 부총독으로 격하되었다. 일부 결벽주의자는 윈스럽과 역시 불운한 또 한 사람을 "궁핍에 빠진 까닭에" 평생 공직에서 추방하자고까지 제안했다. 하지만 이 법안은 통과되지 못했다.[71]

오히려 보유한 재산이 어느 정도 회복되자 윈스럽은 총독으로 다시 돌아왔다. 정치적 부침과 "인간의 죄 깊음"으로 쓰라림을 맛보고 적대감에 사로잡힌 윈스럽은 반대자들을 더없이 가혹하게 다루었다. 새뮤얼 고든이라는 비정통파 목사와 충돌한 그는 가만히 있거나 그렇지 않으면 식민지를 떠나라고 명령했다. 고든의 지지자들은 "추악하고 무례한 편지"를 매사추세츠 정부에 보내 축복받은 새뮤얼을 그리스도에, 윈스럽을 총독 빌라도에 비교했다-"위대하고 영예로운 우상 장군이 지금 매사추세츠를 장악하고 있다"고 하며 그 지지자를 "살무사 세대"라고 불렀다. 이러한 "끔찍하고 가증스러운 신성모독"에 화가 난 윈스럽은 40명의 군인으로 이뤄진 3개 부대를 보내 그들을 모두 체포했다. 재판에 회부해 차꼬를 채웠지만 그들은 설교를 포기하지 않았다. 결국에는 족쇄를 풀고 황무지로 쫓아보내버렸다.[72]

이 고압적인 처분 때문에 윈스럽은 1644년 또다시 부총독으로 강등되었다. 그는 일기에서 오합지중에 의한 지배-실제로는 민주주의-를 "모든 정부 가운데 제일 비열한 최악의 형태"라고 썼다. 토론과 정치 흥정은 치열했다. 초기의 매사추세츠는 놀랄 정도로 토론을 좋아하고 정치의식이 높았다. 물론 여기에는 당시 영국에서 일어나기 시작한 대전(1642~1651. 왕당파와 의회파 간의 내전. 일명 청교도혁명-옮긴이)이 영향을 미쳤다. 이 내전은 무기의 싸움인 동시에 말의 싸움이기도 했다. 윈스럽은 자신의 행동을 변명하는 글을 발표하여, 현명한 행정장관이라면 고든과 같은 불씨가 집 전체에 퍼지기 전에 밟아서 꺼버리는 수밖에 없다고 주장했다. 그는 현명한 사람은 신의 규칙을 따라야 하므로 필요에 따라 자유 재량권을 가져야 한다고 말했다. 한 부관은 이 생각이 악역무도하다고 항의했다. 그는 팸플릿에서 "교수대 아래서 태워야 할 것"이라고 말하며 다음과 같이 덧붙였다. "만약 이것이 다른 행정장관이 쓴 것이라면 목을 치는 일은 없어도 두 귀를 잘라냈을 것이다."[73] 하지만 윈스럽은 이 공격마저 극복하고 인기를 회복했으며, 1646년에는 또다시 총독이 되어 3년 뒤 죽을 때까지 그 자리를 지켰다.

윈스럽의 경력과 견해는 당시 사회에 근본 문제를 불러일으켰다. 이는 이후 미국 역사와 정치 연설에 영향을 끼쳤다. 어디에서 자유가 끝나고 권위에 의한 지배가 시작되는가? 행정장관의 역할은 무엇인가? 그리고 행정장관은 질서 유지나 정의의 집행과 그리스도의 미덕인 자비를 어떻게 조합할 것인가? 윈스럽 자신이 이런 문제를 깊이 생각했기에 일기 속에 반성과 고민이 떠오른다. 윈스럽의 공적을 어떻게 볼 것인가는 각 시대 미국 역사학자에 따라 확실하게 나뉜다. 1830년대의 조지 밴크로프트는 윈스럽을 미국의 대의제 정부 노선을 이끈 선구자로 묘사했다. 19세기 후반이 되자 브룩스 애덤스와 찰스 프랜시스 애덤스가 윈스럽의 권위주의적 성격과 논적 박해 경향을 강조했다-훗날 세일럼의 마녀사냥 위기를 낳은 식민지의 편협성이 이 인물에게서 유래했다고 비난했다. 1930년대에는 배리 밀러와 새뮤얼 엘리엇 모리슨이 윈스럽은 우선 종교인이었다고 역설하고 그 정치철학에는 그리스도교 신앙이 반영되어 있다고 주장했다. 또한 얼마나 뉴잉글랜드가 일종의 신권정치에 가까웠는지, 그리스도의 가르침에 합치한 정치제도의 확립을 목표로 삼은 진지한 시도였는지를 시사했다. 또 한 사람의 역사학자인 에드먼드 모건은 더 나아가 이렇게 논했다. 윈스럽의 통치는 그리스도교 유토피아 사회를 만들려고 끊임없이 싸웠고, 뉴잉글랜드 주민에게 뿌리 깊은 분리주의 충동이 공동 책임을 좀먹는 것을 방지했으며, 이주민 각자의 "정의" 의식을 사회적 정의라는 커다란 목표로 향하도록 했다고 주장했다.[74]

여러 가지 사건 기록에서 떠오르는 윈스럽의 모습은 엄격하고 때로는 불관용한 인물이었는데, 그의 비판자들 또한 그렇게 보았다. 윈스럽은 스스로를 신과 인간에게 선택받은 자, 자신의 종교적 신념의 빛에 따라 무에서 새로운 시민사회를 만들고자 한 사람으로 여겼으며, 고결하게 이 사명을 수행하려고 열심히 기도했다. 자신의 단점 또한 어쨌거나 스스로 인정했다. 그의 정치 방침은 명확했다. 인간은 자신이 원하는 대로 하는 자유-이렇게 하는 것은 동물이다-가 아니라, 신의 명령을 배워서 선과 악을 구별하고 그런 다음 "선행"만 하는 자유를 가졌다. 만약 신의 은총으로 이 자유가 주어진다면, 그에 상응하는 신에게 허락받은 권위에 복종할 의무가 있었다.

신에게 축복받은 매사추세츠 식민지에서는 자유민이 지배자를 뽑았다. 하지만 일단 선출되면 그 행정장관의 말을 따르지 않으면 안 되었다-그것은 인간의 법률인 동시에 신의 규칙이었기 때문이다. 만약 명령이 공정하고 정직하지 않으면 그 사람의 권위는 진짜가 아니며, "그 까닭에 소란해진다." 인간은 죄가 깊기 때문에 죄 많은 본성과 힘겹게 싸워야 했다. 따라서 행정장관은 때로 자비롭고 관대해야 했다. 하지만 마찬가지로 끝내 뉘우치지 않거나 고집스럽게 죄에 머무는 자는 용서 없이 다스려야만 했다. 반대로 사람들은 행정장관이 이따금 범하는 판단의 오류를 용서해야 했다. 그리고 만일 이런 잘못이 계속되면 사람들은 그를 파면할 권리를 가졌다.

윈스럽은 자유선거로—한 차례가 아니라 네 차례나—식민지 총독에 선출되었기에 자신만이 대의제 정부를 구현할 수 있다고 주장할 수 있었다. 게다가 이 인물에 대해 꼭 집고 넘어가야 할 사실은, 윈스럽이 이 정치체제를 아메리카 대륙에 확고히 뿌리내리게 했기에 아무것도 없는 곳에 건설된 식민지가 20년 후에는 통치체로서 이미 성숙의 조짐을 보였다는 것이다. 권위의 필요성과 자유의 필요성이 잘 조화를 이루었던 셈이다.[75]

매사추세츠 만 식민지의 이러한 성공은 아메리카의 광대한 땅이 없으면 불가능했을 것이다. 아메리카에는 광대한 공간이라는 자유가 있었다. 이것은 영국인에게는 허락되지 않던 사치였다. 곤궁한 섬나라에서는 서로 다른 의견은 위험을 낳기 마련이므로 협조가 미덕이었다. 실제로 그것이 영국인을 아메리카 대륙으로 건너가게 만든 원인이었다. 매사추세츠의 코드 곶에 서서 바다를 바라보면 눈앞에 펼쳐진 대서양 바다가 자애로운 해자처럼 자신을 좁은 유럽의 제약이나 협조와 분리시켜준다고 느꼈을 것이다. 그리고 뒤로는, 돌아보면 눈으로 볼 수 있는 알려지지도 개척되지도 않아서 사람이 거의 살지 않는 광대한 땅, 자유의 거대한 실험극장이 존재함을 느낄 수 있었을 것이다.

어떤 의미에서 미국 역사에서 가장 중요한 정치적 사실은 아메리카 대륙의 웅대함과 신비에 있었다. 거의 1900년 무렵까지 3세기 동안 주민들은 아메리카 내륙부의 중요한 사실에 관해 알지 못하는 점이 많았다. 하지만 주민들이 확실하게 거의 처음부터 알았던 사실은 땅이 매우 넓고 풍부하지만 그 땅의 주인이 없다는 것이었다. 이것이 이주민들이 신대륙에 상륙할 당시부터 느낀 결정적인 지정학적인 사실이었다. 해안 지대에서 행해지고 있는 방식이 마음에 들지 않거나 용기만 있으면 앞을 향해 나아갈 수가 있었다. 스스로의 공포심 외에는 그들을 가로막을 수 있었던 것은 아무것도 없었다.

로저 윌리엄스의 도피

이런 점을 몸소 주장한 사람은 로저 윌리엄스(1603~1683)로, 미국에 나타난 두 번째로 위대한 인물이었다. 윌리엄스는 웨일스인의 피를 이은 런던 토박이로 1628년에 성직에 나갔고 그로부터 3년 뒤에 매사추세츠 만 식민지에 건너왔다. 원래는 인디언을 전도하려고 생각했으나 세일럼에서 교회 목사가 되었다. 머리가 좋고 정력적이며 공공심이 투철했다. 곧 지역의 유력인사가 되었다. 윈스럽이 지배의 원칙을 세운 데 대해 윌리엄스는 자유의 원칙을 대표했는데, 기묘하게도 두 사람은 뜻이 맞아 서로를 존경했다.

윌리엄스는 신세계의 광대함을 사랑하여 식민지 배후지를 탐험했다. 인디언에게 호의를 갖고 그들과 접촉하여 우호관계를 쌓았다. 그들의 말을 배우면서 곧 그 언어가 하나가 아니라는 사실을 알았다. 17세기 초에 오늘날의 캐나다와 미국에 해당하는 지역에 살던 90만 명 정도의 인디언은 8개 언어를 사용했다. 이 가운데 가장 널리 사용한 말은 약 20퍼센트의 인디언이 사용한 알곤킨 어였다. 이 말을 배우고 다른 언어를 관찰한 윌리엄스는 마침내 그 성과를 정리해서 『아메리카 언어의 열쇠(A Key into the Languages of America)』(1643)라는 책을 출판했다. 이 책은 인디언 언어에 관해 쓴 최초이자 오랫동안 유일했던 자료이다.[76]

인디언과 개인적으로 우정을 나누면서 윌리엄스는 정착민과 인디언의 관계에 뭔가 근본적인 문제가 있다는 결론을 내렸다. 유럽인은 인디언에게 그리스도교를 퍼뜨리려고 왔는데 이는 틀린 것이 아니라고 윌리엄스는 생각했다. 미개인에게 나눠준 것 가운데 그리스도교는 매우 가치 있는 은혜였다. 이것이야말로 일부 정착민이 간절하게 팔기를 바라고 아울러 모든 인디언이 앞다퉈 사는 말이나 총보다 훨씬 중요했다. 그런데 실제로는 인디언에게 특별히 그리스도교를 전도하려는 뉴잉글랜드 이주민은 거의 없었다. 그들이 오로지 바란 것은 인디언에게서 토지와 전통 금렵구역을 빼앗는 것, 그것도 될 수 있으면 억지로 빼앗는 것이었다. 윌리엄스는 이것을 몹시 비기독교적인 행동이라고 생각했다. 인디언 땅에 대한 소유권은 모두 개별 교섭에 따라 양쪽이 동의하는 공정한 가격으로 거래해야 하며, 최소한 이 정도도 지키지 않으면 죄악이라고 주장했다.[77]

이 주장은 보스턴의 올바른 생각을 가진 자유민 사이에서 윌리엄스의 평판을 높이지는 않았다. 하지만 그의 종교관과 그것의 정치적 의미는 훨씬 더 영향이 컸다. 신은 신도 집단이나 사회 전체와 계약을 맺는다고 윈스럽을 비롯한 국교도는 주장했고 필그림 파더스조차 받아들였지만, 윌리엄스는 믿지 않았다. 신은 개개인과 계약한다는 것이었다. 이 주장의 논지는, 각 개인이 종교적 진리를 나름대로 해석할 권리를 가질 뿐만 아니라, 더 나아가 시민사회가 존립하기 위해서는 교회와 의회가 완전히 분리되어야만 한다는 것이었다. 종교에서는 모든 사람이 각자 신앙의 내적 빛에 의해 인도되는 양심을 가질 권리가 있다고 윌리엄스는 말했다. 하지만 세속의 일에서는 종교적 내용을 일절 배제한 제도에 따라 결정되는 다수의 의지에 복종해야만 한다고 했다. 따라서 매사추세츠 원로들이 보기에 윌리엄스는 단순히 무율법주의자가 아니라 세속주의자이며, 정부에서 신을 배제하기를 원하는 무신론자에 가까웠다.[78] 윌리엄스가 이런 생각을 설교를 통해 공표하기 시작하자 위험하다고 느낀 당국은 1635년 10월 윌리엄스를 체포해 영국으로 송환하기로 결정했다.

윈스럽은 당시 총독 자리에 있지 않았다. 아마 총독이었다면 같은 생각을 했을지 모른다. 하지만 스스로도 부당한 대우를 한탄하던 윈스럽은 윌리엄스에 대한 조처는 부당하며 신에 반한다고 판단했다. 좁은 영국에서는 이런 인물을 억압하는 것 외에는 방법이 없겠으나, 넓은 미국이라면 다른 곳에서 살게 하는 선택권을 줄 수 있을 터였다. 회의의 결정을 안 윈스럽은 윌리엄스에게 영국 송환 계획이 있다는 사실을 비밀리에 알리고 세일럼에서 내러갠셋 야생지로 도망쳐 몸을 숨길 것을 권했다. 윌리엄스는 이 사실을 기록으로 남겼다. "[윈스럽이] 은밀하게 편지를 보내와, 높고 성스러운 이상과 공익이라는 목적을 위해 내러갠셋 만과 인디언 쪽으로 가는 것이 어떤지, 영국의 권리나 독점권으로부터 자유로운 곳을 찾는 것이 어떤지 권고했다."

윌리엄스는 아내 앤과 자녀, 하인 들을 데리고 도망쳤다. 뉴잉글랜드의 혹독한 겨울이 시작될 때였고, 윌리엄스 일가는 임시 거처를 지어가며 그해 겨울을 숲 속 여행으로 보낸 뒤 1636년 봄 내러갠셋 만 깊숙이 있는 인디언 마을에 도착했다. 윌리엄스는 생애 최후의 날까지-그는 80세까지 살았다-살아남은 것은 온전히 신의 섭리 덕분이라고 믿었고, 이것이야말로 자신의 생각이 옳았음을 확증해주는 사실이라고 생각했다. 그리고 이에 상응하여 자신을 "박해한 자들"에 대한 쓰라린 기억을 계속 품고 있었다.

월리엄스는 인디언 부족 두 곳과 교섭하여 땅을 사들인 다음 프로비던스라고 이름 붙인 장소에 새로운 식민지를 열었다. 오늘날 로드아일랜드 주에 만든 이 새로운 식민지는 매사추세츠 만 식민지의 종교적 박해를 피해 도망쳐 나온 사람이라면 어떤 반체제주의자든 받아들인다고 알려졌다. 월리엄스 본인의 말에 따르면 "양심을 위해 박해받는 사람들을 위한 은신처가 되기를 희망했다." 1643년에는 포츠머스, 뉴포트, 워릭 같은 마을이 로드아일랜드에 추가로 세워졌다.

로드아일랜드의 탄생

월리엄스는 과격주의자였는지 모르지만 동시에 사업가였다. 영국의 법률이나 행정 절차에 대해 잘 알았다. 월리엄스의 식민지에 대한 공식 명칭은 없었다. 매사추세츠 만 당국이 정식으로 명칭을 붙여줄 리 만무했다. 그들은 프로비던스를 "뉴잉글랜드의 하수구"라고 불렀다. 월리엄스는 의회와 청교도가 런던에서 정권을 잡았다는 사실을 알고는 런던으로 건너갔다. 1644년 3월 24일 의회는 월리엄스의 청구에 답해 로드아일랜드의 네 마을을 허가서에 기초한 합법적인 식민지로 인정하고 월리엄스가 작성한 통치장전에 서명했다. 당시 런던은 극도로 자유로운 곳이어서 아무리 과격한 프로테스탄트의 의견이든 유포할 수 있었다. 이 기회를 틈타 월리엄스는 신앙의 자유를 옹호하는 『논의된 양심의 명분을 위한 박해 교리(The Bloudy Tenet of Persecution for the Cause of Conscience discussed)』라는 책을 써서 출판했다. 그리고 그의 새로운 장전은 "프로비던스 식민지에 세워진

정부 형태는 민주적, 다시 말해 자유로운 거주민들의 자유롭고 자발적인 동의에 따라 수립된 정부"라고 선언했다.

윌리엄스는 여러 가지 법률과 특정한 죄에 대한 처벌을 열거한 뒤 이렇게 덧붙였다. "따라서 법률로 금지된 것을 제외하면, 모든 사람은 그 어떤 것이든 스스로의 양심에 따라 한 사람 한 사람이 자기 신의 이름으로 자신의 길을 걸을 수 있다. 그리고 하늘의 모든 성인도 그들의 신 야훼의 이름으로 이 식민지를 그 누구의 괴롭힘도 받지 않고 영원히 거닐 것이다."[79]

윌리엄스의 거칠고 순종하지 않는 성격은 수많은 저술이나 편지에 강하게 나타난다. 이 새로운 식민지는 결코 호평을 받지 못했다. 매사추세츠 여론은 이곳을 깎아내리고 악당의 소굴이라고 생각했다. 여기서는 토지의 권리를 얻는 것이 간단하지 않았다. 윌리엄스는 인디언에게서 얻는 모든 것에 대해 그에 합당한 시장 가격으로 지불할 것을 주장했다. 무력을 반대한 사실상의 평화주의자였다. "감히 말하지만, 어떤 사람도 칼로 자신의 그리스도를 지키면서 동시에 진실한 그리스도를 숭배하는 것은 불가능하다."[80]

로드아일랜드의 마을들은 목책으로 에워싸여서 요새 같았다. 하지만 윌리엄스는 적어도 1675~1676년에 벌어진 필립 왕 전쟁(뉴잉글랜드 식민지와 왐파노아그 족 추장인 필립 왕이 벌인 전쟁-옮긴이)의 비극까지는 인디언과 갈등을 일절 피할 수 있었다. 이렇게 해서 로드아일랜드 식민지는 인디언이 존중되고 보호받는 장소라는 평판을 얻었다. 이어서 윌리엄스는 다시 난폭하고 변덕스러운 의견을 가진 이상한 사람이며 반체제주의자라는 터무니없는 비난을 받았다. 그런 부류의 사람을 좋아하는 식민지 주민은 없었다. 대부분은 싫어했다. 윌리엄스가 자신의 식민지에서 실제로 총독을 맡은 것은 1654년부터 1657년까지였으나 계속 무대 뒤의 실력자로서 전체 방침을 정했다. 이에 따라 무율법주의자는 모여들었지만 다른 사람들은 거의 오지 않았다. 1700년이 되었어도 이곳 식민지 인구는 불과 7,000명이었으며 그 가운데 노예가 300명이었다.

프랑스로 망명했던 찰스 2세가 1660년에 영국제도의 통치자로서 영국으로 되돌아오고 청교도의 지배가 끝나자 로드아일랜드와 같은 식민지의 합법성에 대해 약간의 의심이 일었다. 이에 윌리엄스는 급히 귀국하여 1663년 7월 18일 국왕으로부터 1644년에 받은 특권을 확인하는 허가서를 얻어냈다. 신앙의 자유라는 원칙이 명확하게 표시된 이 허가서는 미국 역사상 중요한 문서가 되었다. "앞서 말한 식민지 내에서는 이후 어떤 경우라도 누구든 이 식민지 주민의 치안을 실제로 어지럽히지 않는 한 종교에 관한 의견 차이 때문에 방해받거나 벌받거나 불안에 떨거나 의심당하는 일이 없을 것이다. 모두가 …… 때에 따라서 그리고 앞으로 언제나 종교와 관련한 일에서는 자유롭고 충분히 스스로의 판단과 양심을 지니고 또 누릴 수 있다."

이리하여 로드아일랜드는 종교의 단순한 묵인이 아니라 완전한 자유를 존재 원칙으로 삼았고 아울러 그것을 교회와 국가를 분리하는 이유로 표방한 최초의 식민지가 되었다. 신앙의 자유는 당연히 퀘이커교나 침례교 같이 다른 무리와 타협하기 힘든 교파에 문을 열어주었고, 나아가서는 매사추세츠 만 식민지의 회중교회와 버지니아의 국교회 소속 선교사들까지 불러들였다. 윌리엄스는 퀘이커교 교리 가운데 잘못되었다고 느낀 것과 완강하게 그것을 인정하지 않으려는 그들의 태도에 종종 격분했다. 한때는 자신의 원칙을 뒤엎고 퀘이커교도를 추방하려고까지 생각했다. 하지만 그의 관용 정신이 그런 생각을 꺾게 만들었고, 덕분에 이 식민지는 모든 사람의 피난처로 계속 남았다. 이처럼 로드아일랜드의 탄생은 미국의 발전에서 중대한 전환점이 되었다. 완전한 종교적 자유 그리고 종교와 정치의 분리라는 원칙을 도입했을 뿐 아니라, 종교 간의 경쟁이라는 관행을 출범시켰다.

그리하여 이곳은 일찍이 영국의 대시인 존 밀턴이 언론과 신앙의 자유를 호소한 팸플릿 『아레오파지티카(Areopagitica)』에서 제기한 의문에 답했다. "여러 가지 교리가 세상 도처를 휩쓸고 진리의 여신이 전쟁터로 나선다. 여신의 힘을 의심하여 우리가 나서서 허가나 금지를 행하는 것은 무례한 짓이다. 진리를 거짓과 싸우게 하라. 정정당당한 대결에서 진리가 악에 굴복하는 것을 본 사람이 있는가?" 글쎄, 누가 있을까? 로드아일랜드는 이제 실제로 여러 종교—적어도 그리스도교의 여러 교파—가 마음껏 싸우는 경쟁의 장소를 제공했다. 미국의 모든 존재 양상에 거세게 불어 닥친 경쟁 정신은 여기서 처음으로 선언되었던 셈이다.

여성운동의 선구자, 앤 허친슨

적어도 17세기에는 반역적인 인물이, 특히 그 주인공이 여성이라면, 뉴잉글랜드에서 걸은 길은 순탄하지 않았다. 앤 허친슨(1591~1643)의 사례가 유익한 교훈을 준다. 허친슨은 북미에서 꽤 중요시되는 최초의 여성으로, 거의 이름도 없는, 깔끔한 옷차림에 부지런히 일하는 청교도 아내나 어머니의 무리 가운데에서 앞으로 나서서 강하게 스스로의 목소리를 낸 최초의 인물이었다. 하지만 그 인물 됨됨이를 알 수 있는 자료는 조금밖에 없다.

윈스럽이나 윌리엄스가 저서나 문서를 남겼고, 상당한 개인사를 포함한 자료가 두 사람 몫을 합치면 두툼한 책으로 몇 십 권에 이르는 데 비해 허친슨 부인은 편지 한 통 남기지 않았다. 책이나 팸플릿도 출간하지 않았다—17세기 초에는 여성이 그런 일을 한다는 것은 사실상 거의 불가능했다. 설령 일기를 썼다손 치더라도 오늘날에는 남아 있지 않다. 남아 있는 유일한 1차 자료는 그녀가 법정에 섰던 두 건의 재판 기록뿐인데 당연히 거기서는 적대감이 강하게 풍긴다.[81]

허친슨은 잉글랜드 동부 링컨셔 출신으로 13명 형제자매 가운데 한 명이었다. 국교회에 반대하는 목사였던 아버지 프랜시스 마버리는 딸에게 어릴 때부터 신학에 관심을 갖도록 독려했으며 자신이 아는 것을 죄다 가르쳤다. 앤은 커서 윌리엄 허친슨이라는 상인과 결혼하여 12명의 자녀를 낳았다. 하지만 종교를 향한 열정은 여전해 링컨의 세인트보톨프 교회로 존 코튼의 카리스마 넘치는 설교를 들으러 다녔다. 코튼은 윌리엄 로드 대주교의 "신이 없는 폭정" 아래에서 1633년 설교 면허장을 상실하자 지체 없이 매사추세츠 만 식민지로 이주했다.

허친슨 부인은 남편과 자녀들과 함께 그 이듬해에 뒤따라 이주했고, 보스턴에 도착한 뒤 얼마 안 되어 또 한 명의 아이를 낳았다. 그녀는 아기를 받을 수 있었기에 요청이 들어오면 산파 역할을 맡았다. 또한 집에서 만든 원기를 돋우는 음료나 약초로 만든 생약을 처방하거나 여성의 건강에 관한 상담을 했다. 타고난 지도자였던 허친슨의 집은 문제를 안은 여성의 집합소가 되었다. 최근 페미니즘 역사관을 가진 역사학자들이 여성의 권리 신장과 결부시켜 허친슨의 생애를 미화해왔으나 그렇게까지 할 필요는 없을 것이다.[82] 하지만 당찬 인물이었다는 사실, 종교 논쟁에 여성이 참가하는 것은 정당하고 당연하다고 생각했던 사실은 틀림없다.

앤 허친슨은 배다른 동생 존 휠라이트와 함께 늘 자신의 집에서 일요일 오후와 평일 가운데 하루 저녁을 사람들과 설교에 관한 대화를 나누며 보냈다. 여기서는 존 코튼을 비롯한 설교자의 말이 자세하게 낱낱이 검토되었고, 모든 참석자-60명 가까이 늘 모였고 그중 절반이 여성이었다-는 원한다면 토론에 참여할 수 있었다. 코튼 그리고 허친슨과 휠라이트는 더욱 열심히 은총의 계약을 믿었다. 공인 목사는 대다수가 도덕적인 생활을 구원의 충분조건이라고 생각했다. 반면에 허친슨 부인은 속죄를 선택받은 자에게 주어지는 신의 보물로서 인간의 노력만으로는 얻을 수 없는 것이라고-언제나 선행을 실천해 내적인 선택이 밖으로 나타난 증거가 많더라도 그것만으로는 충분하지 않다고-주장했다.

이 교리의 논리는 파괴적이었다. 뉴잉글랜드의 성직자가 가지고 있는 유일한 권력은 누구를 교회의 정회원으로 하는가를 가리는 결정권이었는데, 이때 당사자의 선행을 검토하는 것이 손쉬운 방법이었다. 하지만 허친슨의 이론은 교회원이 되는 조건은 목사와 아무 관계 없는 신의 선택(실제로는 자기 자신에 의한 선택)이라고 주장해 목사에게서 이 권력을 빼앗았다. 성직자의 중개가 필요 없는, 신의 은총이 직접 개인의 내면에 기적을 불러일으키는 이 방식은 남녀 구별을 없애버렸다. 여성 또한 서임을 받은 목사와 똑같이 성령을 받고 신의 가르침을 말할 수가 있었다. 이 생각에 찬성하는 사람도 있었다. 하지만 대부분은 의심의 눈길로 바라봤다. 1636년에는 이 논쟁으로 식민지 내부가 첨예하게 대립했고, 원로들은 극약 처방을 하기로 결정했다. 코튼은 목사들의 교회 회의에 불려나가 어렵사리 자신의 이단 혐의를 벗었다. 그 뒤 1637년 5월에 재선된 윈스럽은 곧 모든 악의 근원이라고 생각되는 허친슨 부인의 처리에 착수했다. 식민지에 도착한 사람은 행정장관의 허가 없이 3주 이상 머무를 수 없다고 규정하는 포고령을 발표했다. 그해 11월에는 허친슨과 휠라이트 그리고 이 두 사람과 매우 가까운 신봉자들을 총회에 불러 추방했다. 약 75명의 지지자가 공민권을 박탈당하고 무장해제 처분을 받았다. 1638년 3월 윈스럽은 그다음 절차로 허친슨과 휠라이트를 보스턴 교회에 이단 혐의로 고발하고 파문했다.

앤 허친슨은 어떤 식으로든 악마의 조종을 받고 있다-즉 마녀이다-고 윈스럽이 믿었던 것은 틀림없었다. 부인이 과거에 유산했다는 사실이 드러나자 신의 노여움의 증거라고 해석했고, 그 친구인 메리 다이어가 기형아-"괴물"-를 사산했다는 사실도 밝혀냈다. 결국엔 불쌍한 "괴물"의 유해를 무덤에서 파내어 검사까지 마쳤다. 이 모든 것이 그의 일기에 남아 있다.[83] 또한 "믿음이 독실한 모든 동포가 우리 곁으로 오는 것을 망설이지 않도록" 그 결과를 영국에 보냈다.

허친슨 부인과 지지자는 생명을 부지하려면 매사추세츠 만 식민지를 떠나 윌리엄스의 로드아일랜드에 보호를 요청하는 수밖에 없어 대부분은 거기로 가 머물며 활동했다. 많은 이들이 말한 대로 인내심 강한 남자였던 앤의 남편은 그곳에서 숨을 거뒀다. 결국 미망인은 남겨진 자녀 6명을 데리고 더 남쪽으로 향했다. 오늘날의 뉴욕 주에 있는 펠럼베이에 머물렀는데, 1643년에 인디언의 습격을 받아 여자 어린이만 빼고 모두 죽임을 당했다.[84] 허친슨 부인과 자녀들의 갑작스러운 죽음은 곧 신의 계시라고 해석되었으며, 뉴잉글랜드 정통주의자는 "미국의 악녀"에 대해 잇따라 비난하는 기록을 남겼다. 그 첫 포문을 연 것은 윈스럽이 쓴 난폭한 팸플릿이었다.[85] 앤 허친슨을 옹호하는 상상력 풍부한 글들은 지금까지 숱하게 나왔는데, 그러기 위해서는 1960년대의 여성해방운동까지 기다려만 했다.

허친슨의 에피소드는 위험이 따르건 말건 간에 극도로 과격한 종교적 반항이 가능하다는 사실을 보여줬다. 매사추세츠에서는 종교적 문제를 일으켰다고 생각되는 사람에게 떠나라고 경고하는 것이 관행이었다. 그것에 따르지 않고 눌러앉아 있거나 난데없이 나타나기라도 하면 추방당했다. 예를 들면 모두 로드아일랜드에서 온 사람인 존 클라크 박사와 오버다이어 홈스는 1641년 7월 린이라는 마을의 개인 집에서 무허가 종교 집회를 열고 유아세례를 비난했다는 혐의로 보안관에게 체포되었다. 클라크는 감옥에 들어갔다. 홈스는 거리에 끌려 다니며 채찍질을 당했다.

또한 1659년 10월 27일에는 윌리엄 로빈슨, 마머듀크 스티븐슨, 그리고 메리 다이어라는 퀘이커교도가 "해롭고 파괴적"이라는 이유로 체포되었다. 세 사람은 그때까지 몇 번이나 식민지에서 추방당했고 그 직전에는 다시 돌아오면 사형이라는 판결을 받았으므로, 보스턴 광장에서 교수형 하라는 선고를 받았다. 두 남성에 대한 형은 집행되었으나 여성은 눈감아줘서 죽음만은 면했다. 하지만 그녀는 또다시 돌아와 결국 1660년 6월 1일 교수대에 섰다.

마법을 부리는 마녀로서 교수형을 받은 여성도 있었다-처음 시작은 마거릿 존스였다. 그녀는 1648년 5월 13일 "사악한 분위기"가 있는 "의술을 행했다"는 혐의로 플리머스에서 교수형 판결을 받았다. 여러 가지 도덕 범죄를 범한 경우는 엄벌을 받았다. 1632년까지 간통은 사형이었다. 1639년 플리머스에서는 불륜을 저지른 여성이 채찍질을 당하고는 간통(adultery)을 나타내는 "AD"라는 글자를 소매에 단 채 거리를 끌려 다녔다. 그리고 이 표시를 떼어내면 얼굴에 낙인을 찍는다는 처분을 받았다. 2년 뒤 불륜으로 유죄를 선고받은 남녀가 "기둥에 묶여" 역시 채찍질을 당했는데 이때는 AD라는 글자를 "옷에 확실하게 꿰매라"는 명령을 받았다.

하버드 대학교 설립

보스턴의 정통파를 지탱하기 위해 목사를 육성하는 대학이 1636년 찰스 강변의 뉴타운에 존 하버드 목사의 뜻에 따라 설립되었다. 존 하버드는 1636년에 식민지로 왔는데 대학 설립을 위해 780파운드의 자금과 400권의 책을 기증했다. 3년 뒤 이 대학은 그의 이름을 따서 하버드 대학교라고 명칭을 고치고 마을 이름도 하버드가 교육받은 대학을 본떠서 케임브리지라고 바꿨다. 이 사례는 식민지가 애초의 목표를 어떻게 달성했는가를 보여주는 지표가 되었다. 하버드 대학교 창립자 중 한 사람이 말했듯이 "신이 우리를 무사히 뉴잉글랜드로 인도하신 뒤에 우리는 집을 짓고 생활에 필요한 것을 만들었으며, 신께 예배드리는 데 적당한 장소를 세우고 질서 있는 정부를 설립했다. 우리가 다음으로 기다리며 추구해온 한 가지가 학문을 발전시켜 후대까지 영속하게 하는 것이다."[86]

그렇지만 이 대학이 종교 교육을 독점하는 일은 결코 일어나지 않았다. 종교적으로 반항하는 사람들은 국왕의 허가서를 받을 필요도 없이 다른 곳으로 옮겨 가서 자신들의 교육기관을 설립할 수 있었다. 예를 들어 1638년 4월 존 대븐포트 목사는 경건한 청교도 집단을 이끌고, 그들의 말에 따르면 "타락한" 도시인 보스턴을 떠나 퀴니피악에 정착하여 마을 이름을 뉴헤이븐이라고 바꿨다. 일행 중에는 시어필러스 이턴이나 데이비드 예일을 비롯한 부유한 상인들이 있었다. 특히 후자는 경건한 젠틀맨으로 그 자손인 엘러휴 예일이 역사에 남을 또 다른 대학을 설립했다. 그로부터 2개월 뒤인 1638년 5월 31일에 다시 종교적으로 반항하는 목사인 토머스 후커가 코네티컷 강변의 하트퍼드에 100명의 지지자와 도착했다. 그는 기념으로 행한 설교에서 국가와 종교의 모든 권위는 사람들의 동의에 바탕을 두지 않으면 안 된다고 말했다. 이처럼 뉴잉글랜드 내에서는 끊임없이 디아스포라(집단 이주)가 일어났는데, 대부분 종교적 반대 그리고 사상과 행동의 자유를 찾으려는 열망에서 비롯되었다.

일찍이 1623년에 데이비드 톰슨은 피스카타쿠아 강변의 라이에 식민지를 세웠다. 이곳을 핵으로 삼아 마침내 뉴햄프셔가 생겼다. 1639년 후커의 하트퍼드는 역시 청교도이자 비국교도 마을인 웨더스필드와 윈저와 공동으로 "코네티컷 기본법"이라는 것을 만들었다. 그 마을들도 대븐포트의 뉴헤이븐도 칙허장을 가지고 있지 않았지만 실질적으로는 별개의 식민지를 형성했다.

1620년대부터 훗날 메인 주가 되는 북부의 해안 지대에 비국교도 어민이 설립한 식민지가 몇 곳 있었다. 해마다 영국에서 새로운 선단이 도착하여 모든 식민지가 보강되었다. 1630년부터 1660년까지 약 2만 명의 청교도가 미국으로 건너와서 매사추세츠와 코네티컷을 중심으로 정착했다. 이곳은 그 뒤 특성상 "그리스도교도의 유토피아적이며 폐쇄적인 기업 지역 사회"라는 평판을 얻었다.[87]

식민지 가운데는 정연하게 체계가 잡힌 곳도 있었다. 뉴헤이븐에는 광장이 9개나 있었고 중앙광장은 시장을 겸했다. 이후 집회소, 법원, 학교와 감옥이 여기에 들어섰다. 코네티컷의 가장 오래된 마을 중 하나인 웨더스필드의 옛 지도가 남아 있는데, 거주 지역과 인접 농업 지구 그리고 그 바깥에 미경작지가 보인다. 이런 초기 식민 정착촌 가운데는 버려진 곳도 있었다. 하지만 대부분은 사람이 계속 거주해 지금까지 남아 있다.

사실 청교도는 정착 생활에 소질을 보였다. 같은 신앙을 가졌고 읽고 쓸 줄 알았으며-정착민에게 조언을 주는 수많은 그리고 꽤나 훌륭한 팸플릿을 읽을 수 있었다-또한 기술을 지녔다. 대부분 기술자나 상인이었으며 일부는 경험 풍부한 농민이었고, 수는 적지만 자본을 가진 무역상이 확실하게 존재했다. 지도자를 중심으로 가족 단위로 이주했는데 목사 손에 이끌려 교회 단위로 오는 경우가 많았다. 식민지 규모는 몇 제곱마일에 걸쳤고 그 중심에 영국식 촌락(뉴잉글랜드에서는 "타운"이라고 불렸다)이 자리 잡았다. 다들 그곳에다 집을 지었고 그 바깥으로 농사짓는 땅이 있었다.

평등주의는 처음부터 존재하지 않았다. 자유사업투자제도는 지도자나 거액 투자자가 많은 땅을 소유하는 것을 확실하게 보장했다. 토지는 굴곡지고 변화가 심한 탓에 어디서나 똑같은 조건의 균일한 지형은 없었다. 그 때문에 실용적인 사고방식을 폭넓게 적용해 토지의 물리적 형태에 대응했다. 토지가 부족하면 신도회를 열어 새로운 마을을 만들 것을 정식으로 결정했다. 이것은 오래된 영국 촌락을 새로운 영국(뉴잉글랜드)으로 바꾸는 일이었다—하지만 영주의 저택이나 소작인의 작은 집은 없었다. 실질적으로 이주민 모두가 잉글랜드 또는 웨일스에서 건너왔다. 애초 식민지는 종교적 배타주의를 취해 반대자를 추방했으나 10년 이상은 계속되지 못했다. 서서히 국교도, 침례교도, 나중에는 퀘이커교도조차 정착을 허락했다. 빈부 격차가 2세대나 3세대를 거치는 동안 더욱 벌어졌으며, 분쟁이나 분열이 교회 권위를 약화시켰다. 사회 분위기는 세속적이고 상업적으로 바뀌어 오히려 청교도는 "정의를 향한 열정과 세속적 성공에 대한 욕구 사이에서 영원히 분열하는 이들을 전형적인 구성원으로 하는 인종"인 양키와 점차 하나로 융합되었다.[88]

캘버트 일가와 메릴랜드

얼마 안 있어 가톨릭마저 조직적인 공동체 형태로 미국에 정착했다. 이것은 캘버트 가문의 공적이었다. 1580년 무렵에 태어난 조지 캘버트는 정력적인 요크셔인으로 제임스 1세의 국무대신이 되었고 아일랜드에서 왕성하게 "식민"을 행하는 동시에 동인도회사와 버지니아 회사에 거액을 투자했다. 1625년에 가톨릭으로 개종하고 은퇴했으나 제임스 1세는 그를 볼티모어 경으로 부르며 귀족으로 올리고 가톨릭 동료를 위한 식민지 건설을 권유했다. 캘버트는 두 차례나 뉴잉글랜드를 시찰했으나 날씨가 너무 춥다고 생각했다. 그런 다음 제임스타운을 방문했지만 그곳의 프로테스탄트 지상권 승인 선서에는 서명할 마음이 없었다. 마침내 찰스 1세에게서 체서피크 북부 지역에서 식민하는 허가서를 받았다.

　1633년에 실제로 식민지를 조직한 것은 아들인 제2대 볼티모어 남작 세실이었다. 세실은 가톨릭 젠틀맨 계급의 둘째와 셋째 아들 등 17명을 모아 원정 지휘와 투자를 맡겼으며 약 100명의 일반 정착민을 데리고 갔다. 그들 대부분은 프로테스탄트로서 아내를 동반한 경우도 있었고 몇몇 농민도 포함되었다. 배는 두 척이었다. 350톤의 아크 호와 매우 작은 범선인 도브 호였는데, 두 척 모두 완전무장을 했다. 종교상의 반대자가 이 사업을 방해하려고 여러모로 시도했기에 결국 볼티모어는 영국에 남아 런던의 거점을 지켜야만 했다. 와이트 섬의 카우스에서 두 명의 예수회 성직자를 몰래 배에 태웠다. 존 스미스 선장의 버지니아에 관한 보고서를 검토한 볼티모어는 총독인 동생 레너드와 부총독인 두 명의 가톨릭 젠틀맨, 제롬 할웨이와 토머스 콘월리스에게 친필로 이런 지시를 내렸다. 프로테스탄트 동행자를 중간에 내세워 버지니아 사람들과 좋은 관계를 맺을 것, 분열하지 말고 하나가 되어 마을을 건설하고 온 힘을 기울여 식량 자급을 목표로 삼아 가능한 빠른 시일 안에 자급할 것, 민병대를 조직해 훈련하고 요새를 세우거나 인디언과 평화를 유지하는 데 노력할 것 등의 내용이었다. 그 밖에 지도자 세 사람은 프로테스탄트와 가톨릭 사이에 "단결과 평화를 유지하도록 신중을 기할" 것을, 즉 프로테스탄트는 "관대한 처우와 호의"를 받

게 하고 가톨릭은 가능한 은밀하게 신앙을 실천하게 할 것을 지시했다.[89]

배에 탄 성직자 가운데 한 사람으로 식민지 건설의 기록을 남긴 앤드루 화이트 신부는 말할 수 없는 길조가 여럿 있었다고 말했다. 체서피크 만에 대해 신부는 이렇게 썼다. "이 강의 입구는 본 적이 없을 정도로 매력적인 바다이며 …… 드넓은 육지가 두 곳 있었는데 기름지고 확실한 땅이었다. 물고기는 풍족하게 잡혔고 호두, 참나무, 그리고 시더 숲이 있었다." 또한 "샐러드용 야채나 그와 비슷한 것, 딸기, 라즈베리, 늘어진 포도나무 덩굴, 기름진 흙, 솟아오르는 맑은 샘물, 자고새, 사슴, 칠면조, 거위, 오리, 다람쥐, 독수리, 왜가리"가 있었고, "이 땅은 수익은 물론 기쁨도 가득 넘쳐났다." 그리고 메릴랜드는 버지니아와 뉴잉글랜드라는 두 끝 지점의 중간에 자리한 탓에 "기온이 그 중간이고, 두 곳의 장점을 지녔으며, 그 어느 쪽 결점도 없다"는 결론을 내렸다.[90]

찰스 1세의 프랑스인 왕비 헨리에타 마리아의 이름을 따서 이 지역을 메릴랜드라고 명명하고 마을은 세인트메리라고 불렀다. 화이트 신부는 십자가를 세우게 한 뒤 해안에서 봉헌 미사를 올리며 "엄숙하게 이 나라를 점유"했다. 그들은 도끼, 쟁기, 낫, 옷감 등과 맞바꿔 위코미코 강 남쪽에 30마일(약 50킬로미터)에 걸친 토지를 확보했다.[91] 엄밀하게 말해 영국 법률상 볼티모어 식민지는 봉건제 봉토로서 더럼 주교와 같은 권력을 가진 영주에 해당했다. 영주는 국왕에 대해서만 책임을 졌으며 주어진 영지를 모두 소유하여 임대료와 세금과 공공요금을 거둬들이고, 모든 관리를 임명하고 사법권과 행정권을 행사하고, 요새를 건설하거나 방어전을 벌일 수 있었다. 또한 훈장이나 칭호를 내리고 특권도시나 마을을 건설하고 교역을 허가했다. 교회의 수장으로 성당과 교회를 건설해 봉헌하는 일이 허락되었고, 더욱이 이런 "폭넓은 권리, 특권, 면책특권, 세속적 관할권"을 영

주와 그 후손이 영원히 소유할 수 있었다.[92]

하지만 이것은 어디까지나 명분에 그칠 뿐인 영국인 법률가의 허풍에 불과했다. 실제로는 봉건적 방식에 바탕을 둔 이런 요란한 남작의 권리는 무엇 하나 의도한 효력을 발휘하지 못했다. 미국 민주주의라는 바위의 압력을 받아 곧바로 그 허울이 벗겨졌다. 처음에 볼티모어 경은 자신의 토지에 완전한 권리를 갖고 있지 않았다. 켄트 출신으로 1621년부터 버지니아에 살면서 켄트 섬에 모피 교역의 거점을 만든 윌리엄 클레이본이라는 인물이 그 권리를 요구하며 싸웠다. 법적으로는 클레이본에게 소유권이 있었다. 이미 식민된 토지는 볼티모어의 토지소유권 대상에서 제외되었기 때문이다. 클레이본은 문제를 일으키겠다고 협박했으며, 1640년대에 찰스 국왕의 권위가 실추하자 실제로 실력 행사에 들어갔다. 아메리카 대륙 해안 지대에는 이미 이런 처우를 싫어하는 사람들이 곳곳에 있었다. 어떤 권력에든 맞서면서 논쟁을 좋아했으며 무장을 게을리 하지 않고 필요하다면 언제라도 싸웠다.

게다가 볼티모어의 허가서는 식민지 주민은 "영국인의 권리를 모두" 누린다고 확실하게 밝혔다. 이 조건은 봉건제도의 과시적인 요소와 양립할 수 없었고 훨씬 더 현실성이 있었다. 식민지 최초의 의회가 모든 자유민, 즉 관리가 아닌 남성이 구성원이 되어 1635년 1월에 열렸다. 그로부터 2년도 안 되는 사이에 웨스트민스터의 토론처럼 격렬한 논쟁을 거쳐 의회는 입법의 주도권을 장악했다. 그 뒤부터 볼티모어가 봉건적인 특권을 마음대로 행사할 수 있는 가능성은 없어졌다-1640년 이후 영국의 장기의회가 계획적으로 봉건제도의 잔재를 파괴한 것과는 전혀 다른 경우였다.

식민 사업의 주된 투자자는 "모험가"라고 불렸는데, 현지까지 가는 비용과 20세부터 50세까지 "장년 남성" 5명을 출자하는 대신에 2,000에이커의 땅을 지급받았다. 5명 미만을 데려오는 사람은 본인이 100에이커, 데려온 남자 한 사람당 100에이커씩을 받았다. 결혼한 이주민은 200에이커에 더해 "하인" 한 사람당 100에이커를 더 받았다. 16세 미만의 어린이도 한 사람당 50에이커를 받았다. 어린이를 데리고 있는 미망인은 남자와 같은 대우를 받았고, 하인을 거느린 미혼 여성은 각각 50에이커씩을 받았다.

토지는 자유 소유였으나 소유자는 볼티모어에 "면역지대(免役地代)"를 내야만 했다-장원은 20실링, 50에이커의 구획은 한 곳당 연간 12펜스를 50년 동안 "현지의 산물"로 지급해야만 했다. 이주할 뜻은 있으나 항해 비용을 댈 수 없는 사람은 4년에서 5년까지 계약하인이 되는 조건으로 무료로 바다를 건널 수 있었다. 희망자는 선장과 계약을 맺었고, 선장은 상륙하면 원하는 식민지 주민 누구에게나 팔았다. 계약하인의 계약에서 주인은 여비와 계약 기간 중 "먹을 것, 마실 것, 옷, 방" 제공, 계약이 끝난 후 옷, 1년 치 곡물과 땅 50에이커 제공 등의 의무가 따랐다.[93] 손재주가 있는 사람은 더 빨리 자유의 몸이 되었다.

토지 분배 작업은 실제로 신속하게 진행되었다-미국인은 역사 초창기에 이 효율성을 깨달았는데, 이것은 300년 동안 커다란 강점으로 작용했다. 이주민은 지역의 사무관에게 가서 배당 권리를 등록하고 토지증서를 신청했다. 사무관은 측량신청서를 공유지 감독관에게 제시하고, 감독관은 적당한 구역을 찾아내 측량했다. 결과가 보고되면 사무관은 공유지양도증서를 발행했는데 여기에는 양도 이유, 경계, 보유 조건이 명시되었다. 그러고 나면 소유자는 그 토지에 들어가 농사를 짓기 시작했다. 영국에서는 토지를 사는 일이 현금을 가지고도 어려운 것에 비해 이곳에서는 놀랄 정도로 간단했다.[94]

농사는 시작부터 결과가 좋았다. 첫해부터 식량 생산에 여분이 생겼고,

곡물의 일부는 현금으로 바꾸기 위해 매사추세츠로 보냈다. 하지만 농민 대부분은 일찌감치 담배 농사를 시작해 그대로 계속했다. 1620년대의 공급 시장에서 일단 공급 과잉 사태가 벌어졌지만, 1630대 후반에 담배 가격은 1파운드당 4실링에서 6실링으로 안정을 보였다. 메릴랜드의 이주민은 해마다 오는 담배 수송선을 위한 부두가 설치된 서쪽 해안 지대의 강 주변에서 담배를 재배했다. 그들은 "환상 박피"-나무껍질을 반지 모양으로 벗겨내어 그 위쪽으로 양분이 더 가게 해 수확을 증대시키는 방법-로 나무를 고사시킨 다음 심었다. 1639년 메릴랜드 이주민은 10만 파운드의 "취하는 풀"을 생산했다.

담배 농사는 결코 쉽지 않았다. "제대로 키우기 위해서는 많은 번거로움과 수고"가 필요했다. 숙련이 필요했고, 집중적인 노동력이 요구되었고, 늘 신경을 써야 했다. 한 그루 한 그루 엄지손가락으로 "싹 틔우기"를 해야 했는데, 17세기에 담배를 기르는 농민은 초록색으로 물든 딱딱한 엄지손가락으로 구별할 수가 있었다. 적어도 이 초기 무렵에는 누구든 열심히 일했다. 노동자와 계약하인은 하루 12시간에서 14시간씩 일하고 토요일 오후와 일요일에는 쉬었다. 이들을 사고팔거나 체형을 가하는 일이 허용되었고, 만약 도망치면 계약 기간이 연장되고 벌을 받았다. 계약이 끝날 때까지는 결혼도 허용되지 않았다. 어찌되었건 남자 2~3명에 여자 1명의 비율로 압도적으로 남자가 많았다. 사생아나 혼전 임신한 신부도 많았는데 그 수가 영국의 두 배에 달했다.

주거 형편은 보잘것없었다. "환경이 나빴고, 화상을 입을 정도로 불 가까이 있어도 몸을 덥힐 수 없었고, 바람이 온 사방에서 집 안으로 들이쳤다."[95] 이것은 겨울철에 해당하는 이야기였다. 여름은 말라리아가 문제였다. 이주민이 늘어남에 따라 모기 또한 극성을 떨었다. 말라리아에 걸린 사람은 어찌 된 일인지 천연두, 디프테리아, 황열병 등에 잘 걸렸다. "내장 고통병"이라고 불린 아메바 설사가 특히 흔했다.

메릴랜드는 뉴잉글랜드에 비해 확실히 건강하지 않은 곳이었다. 뉴잉글랜드에서는 20세까지 생존한 남자의 최종 수명은 대체로 65세인 데 비해 메릴랜드에서는 대략 43세였다. 약 70퍼센트는 50세 이전에 죽었고, 어린이가 성인이 되는 것을 본 부모는 고작 6퍼센트에 지나지 않았다. 어린이 절반은 20세가 되기 전에 세상을 등졌다.[96] 아내들은 부지런하게 힘든 일을 했다. 담배와 야채 따위를 심은 밭−주로 완두콩, 콩, 호박을 재배했다−을 돌보거나 우유를 짜고 치즈나 버터를 만들었으며 닭을 키웠다. 가축 도살은 남자가 맡았지만 소금에 절이는 일은 여자 몫이었는데 가장 일반적인 것은 돼지고기였다. 옥수수는 절구와 절굿공이로 빻았으며 살림 형편이 나아지면 제분소에 맡겼다. 억센 여자들은 남편에게 종속한다기보다는 대등한 파트너였다. 여자는 영국 평균보다 오래 살고 상속 재산도 많았다.[97]

고생이 심했지만 담배 덕에 자연의 혜택을 느낄 수 있었다. 메릴랜드 이주민에게 담배는 모든 것이었으며 사실상 그곳의 통화 노릇을 했다. 메릴랜드에 관한 기록을 남긴 이주민 가운데 한 사람인 휴 존스 목사는 담배를 "우리의 음식이자 옷과 돈"이라고 말했다. 제일 값나가는 품종으로 향미가 좋은 "톨 버지니아"는 버지니아에서도 일부 지역에서만 자랐다. 메릴랜드에서 기른 것은 주로 남미에서 들여온 오리노코 종이었다. 1630년대 말에 메릴랜드의 담배 재배 농민은 한 사람당 한 계절에 1,000파운드를 생산할 수 있었다. 17세기 말에는 1,500파운드에서 1,700파운드까지 증가했다. 확실히 땅심이 금방 약해지고 수확이 떨어져서 다른 장소를 택해 옮겨가야 했지만 특별한 지장은 없었다. 토지가 싸고 여유가 있었기 때문이다.

식민지는 드문드문 흩어져 있었고 넓었다. 최초 젠틀맨 출신 모험가 중 마지막까지 남은 사람은 4명뿐이었다. 그들은 대지주가 되어 대저택을 지었는데, 이것이 다음 세대에는 훌륭한 벽돌집으로 바뀌었다. 그들 가운데 한 사람인 토머스 제럴드는 곧 6,000에이커를 경작했다. 경작지의 5분의 4는 이런 대지주 소유였다. 자유민은 겨우 5명당 1명꼴로 농토를 취득했고 소작농이나 임금노동자로서 일하는 길을 택했다. 이렇게 해서 사회는 뉴잉글랜드보다 훨씬 더 빠르게 계층 분화의 길을 걸었다.

신앙의 자유

청교도혁명(1642~1651) 동안 메릴랜드는 고난의 시기를 맞았다. 해적 선장 출신의 광신적인 의회파인 리처드 잉글이라는 인물이 일찍이 불만을 품은 클레이본과 함께 의회 권위를 빌려 식민지를 억지로 차지했기 때문이다. 그 와중에 클레이본과 동료 의회파 한 사람은 런던으로 가서 당국자의 비위를 맞춰 총독과 부총독에 임명되었다. 두 사람은 미국에 가자 공포 정치에 의한 반가톨릭 전쟁을 벌였다. 가톨릭 신앙을 금지했을 뿐 아니라 죄악과 비행, 그리고 안식일 등 극히 사소한 위반조차 금지하는 조례를 통과시켰다. 1640년대와 1650년대 내내 영주 식민지라는 정부 형태와 함께 종교가 중심 문제가 되었다. 더 자세히 말하자면, 서로 다른 신앙에 대해 얼마만큼 관용을 베풀고 아울러 정확하게 무엇이 그 대상에서 제외될 것인가 하는 문제였다. 하지만 1650년대 후반에는 신앙의 자유가 승리했다.

메릴랜드 "관용령"은 1649년에 처음으로 의회를 압도적으로 통과한 "종교에 관한 법"에 바탕을 둔 것으로, 종교를 실천하는 자유의 원칙을 정했을 뿐 아니라 다른 사람의 종교에 대해 적대적인 말을 사용하면 죄가 성립했다. "예를 들어 이단, 분리주의, 우상숭배, 청교도, 독립교회파, 장로교, 교황파 사제, 예수회, 예수회 절대주의, 원두당원, 분리파, 그리고 그에 준하는" 사항 등이었다. 하지만 그리스도가 구세주라는 것, 삼위일체 교리, 신의 존재 등을 부정하는 것 또한 유죄였다. 자유사상을 지닌 유대인 제이콥 럼브로조 박사는 훗날 그리스도의 기적이 "요술쟁이의 거짓말과 시체 도적질"이었다고 말해 구속되었다. 이처럼 신앙의 자유는 명백한 유대교도나 무신론자까지는 미치지 않았다. 하지만 당시로서는 놀라운 방책이었다. 그 뒤 어떤 그리스도교도든 "그들의 종교를 위해 또는 그것과 관련해서, 나아가 그것을 자유롭게 실천하는 일에서 괴롭힘을 당하거나 폭행당하거나 인정받지 못하는 일은 절대로" 없었다.[98]

  "관용령"은 이 식민지에 대단히 유용한 존재였다. 영국의 대변동과 그에 이은 왕권 부활, 그리고 비국교도에 대해 이른바 클래런던 법전이 적용됨에 따라 모든 교파들의 난민이 미국으로 건너왔으며 그 대부분이 행선지를 메릴랜드로 택해 이곳에서 온전히 만족한 삶을 보냈다. 인구는 서서히 불어나 1660년 무렵에는 2,500명 선을 넘겼고 다음 20년 안에 2만 명에 육박했다. 메릴랜드는 퀘이커교도마저 받아들였다. 한때 짧은 기간이었으나 청교도가 지배하는 동안 퀘이커교도는 벌금, 채찍질, 투옥, 추방 등의 취급을 받았다. 퀘이커교도들 사이에서는 인디언이 "미치고 분별없는 메릴랜드의 지배자"보다 온당한 대우를 해준다는 말이 있을 정도였다. 하지만 일단 청교도가 쫓겨나고 "관용령"이 효력을 되찾자 캘버트 일가는 퀘이커교도를 훌륭한 시민, 좋은 농민으로서 다시 환영했다.

  퀘이커교도의 지도적인 설교자 가운데 한 사람인 웬로크 크리스티슨은 매사추세츠에서 채찍질을 당한 경험이 있어서 손에 넣은 메릴랜드의 토지권리증을 "싸움의 끝"이라고 불렀다. 역시 퀘이커교도 설교자인 엘리자베스 해리스는 다른 퀘이커교도 여성과 함께 보스턴에서 당국에 의해 옷이 벗겨지고 마녀 표시가 발견되는 바람에 메릴랜드로 피신해 각지에서 설교했다. 퀘이커교 창시자인 조지 폭스 또한 1672년에 메릴랜드로 건너왔다. 1670년대 후반에 퀘이커교도들은 메릴랜드의 15개 장소에서 정기적으로 집회를 열었다.

이 식민지는 네덜란드나 독일의 종교적 반대자도 끌어들였다. 그런 집단의 하나로 네덜란드에 기원을 둔 "라바디 파(Labadists)"에는 매우 뛰어난 독일인 출신의 박식한 지도자가 있어서 메릴랜드의 첫 지도를 그리는 데 크게 이바지했다. 그는 스스로 이곳에 귀화하여 1674년에는 2만 에이커의 토지를 손에 넣어 미국 최대의 개인 지주가 되었다. 그로부터 10년 동안에 걸쳐 100명에 이르는 라바디 파가 이주하여 독일계 네덜란드인답게 뛰어난 솜씨와 효율로 농사를 지었다. 곧 그들 손에 의해 아름다운 포도밭이 보헤미아 강에서 체서피크 만에 걸쳐 완만한 비탈에 펼쳐졌다. 라바디 파는 예수회에서 칼뱅주의로 전향한 장 드 라바디라는 인물의 원시 공동체적인 가르침을 따랐다. 그들은 남녀가 각각의 숙소에서 자고 사유재산은 지니지 않았으며 식사 때는 침묵을 지키고 겨울에도 불을 피우지 않았다. 교리가 너무 엄격한 탓에 결국에는 흩어졌으나, 라바디 파는 개인주의적인 유토피아 식민지의 원형을 만들었다. 그 생각의 흔적은 오늘날까지 남아 그 나름대로 신세계의 영광 중 하나가 되었다.[99]

이러한 초기 식민지의 역사를 살펴보면 그 모든 것들의 다양성에, 사고나 사건, 일반 남녀의 독특한 개성이 설립자의 치밀한 계획을 변형시켜가는 모습에 놀라고 또 즐거워지기 마련이다. 메릴랜드의 캘버트 일가는 미국에 재산이 아닌 신분에 바탕을 두고 남작이 다스리는 완전한 사회를 만들려고 시도했다. 하지만 그러한 생각이 이미 미국에서는 잘 통용되지 않는 것이 확실했다. 신세계의 기본적인 경제 여건은 토지가 충분하다는 것이었다. 부족한 것은 노동력과 기술이었다. 정착민을 모으기 위해서는 토지를 제공해야만 했다. 이주자들은 일단 현지에 도착하면 법 이외의 그 무엇에도 복종하지 않는 독립적인 기업가가 되었다. 따라서 영주 재판소는 빠르게 선거에 기초한 지방정부로 대치되었다. 세인트메리는 제임스타운과 마찬가지로 촌락 규모로 남았다. 사람들은 내륙 쪽으로 점점 흩어져 갔으며 법 이외에 그들을 통제할 수 있는 것은 없었다. 그들은 법령을 존중하며 대체로 따르는 편이었으나 그것이 자신들이 만든 법이 아니면 승복하지 않았다.[100]

초기 식민지 구조

여기서 잊어서는 안 될 중요한 점이 있다. 그것은 북아메리카의 식민지가 중앙아메리카 근해에서 뉴펀들랜드까지 몇 천 마일에 달하는 해안선과 섬에 걸쳐 있었다는 사실이다. 중앙아메리카 근해의 프로비던스 섬에는 1629년에 청교도가 정착했다. 또한 뉴펀들랜드는 최초 잉글랜드의 국교도와 아일랜드의 가톨릭교도 두 어민 집단에 의해 개척되어 각각 다른 곳에서 살았다. 다양한 마을이 "북아메리카에서 가장 오래된 거리"를 가졌다고 자랑하지만 제일 자격이 있는 곳은 뉴펀들랜드의 세인트존스에 있는 워터 거리와 버뮤다 섬의 해밀턴에 있는 프런트 거리일 것이다-어느 쪽도 오늘날의 미국에 속해 있지 않다.

17세기에는 실로 수십 개에 달하는 식민지가 있었으나 그중에서 역사상 이름을 남긴 곳은 불과 몇 군데에 지나지 않는다. 그리고 그 모두가 영국 식민지였던 것은 아니었다. 북쪽의 프랑스와 남쪽의 에스파냐는 제외하더라도 허드슨 강 유역에는 네덜란드인이 있었다. 그들은 일찍이 1614년에 상류 쪽의 포트나소, 오늘날 올버니 건너편 해안에 정착했다. 처음에 뉴암스테르담이라고 불린 뉴욕은 1626년 5월 4일에 네덜란드인이 세웠다. 찰스 2세 시절 네덜란드 전쟁이 한창이던 1664년 9월 7일에 리처드 니콜스 대령이 찰스 2세의 동생인 요크 공 제임스를 대신해 이곳을 정복했고, 제임스는 영주 식민지 설립 허가서를 획득했다. 1673년부터 1674년까지 단기간 네덜란드가 재점령했으나, 영국은 허드슨 강 유역의 지배를 강화할 수 있었다. 성공한 이유 중 하나는 영국이 네덜란드 이주민에게 손을 내밀지 않았으며 토지도 특권도 취득하지 않았다는 것이다. 오히려 그들의 지방자치 조직을 만들라고 권고했다.

북아메리카에서는 정착하여 토지를 실제로 소유하는 일이 급선무였다. 어떤 국기 아래 사는가는 두 번째 문제였다-농업의 성공과 토지 소유가 제일 중요한 개인의 독립을 가져다줬다. 게다가 델라웨어 강변에는 1638년으로 거슬러 올라가는 스웨덴인, 네덜란드인, 핀란드인의 혼합 식민지인 크리스티나 요새가 있었다. 영국은 1674년에 뉴스웨덴이라고 불린 이 땅의 지배권을 손에 넣었다. 이것은 식민지 건립 이후 반세기 만에 여섯 번째 국기 변경이었다. 압도적 다수를 차지한 농민들-그렇지만 우수한 사람들-은 자신들이 방해를 받지 않는 한 그런 일은 어떻게 되든 개의하지 않았다.

영국인, 프랑스인, 에스파냐인은 물론 네덜란드인까지 카리브 해나 중앙아메리카의 섬 곳곳으로 흩어졌다. 어떤 섬들은 계속 주인이 바뀌었다. 영국은 사람과 자금을 최대한 투입했다. 1612년부터 1646년까지 기간만 보더라도 4만 명의 영국인 청교도가 여러 서인도제도 식민지로 이주했다.

그 가운데서 단연코 중요한 곳은 바베이도스였는데, 특히 이곳은 미국 본토 남부인 캐롤라이나를 식민지화하는 데 거점이 되었다.

바베이도스는 다른 대부분의 섬이 바다 위로 불쑥 머리를 내민 화산인 것과 달리 석회암 덩어리로 단구를 형성했다. 1627년에 영국인이 도착했을 때는 무인도였다. 영국인은 처음에는 담배, 다음에는 면화를 시험 제배했으나 어느 쪽도 성공하지 못했다. 그 뒤 영국내전 동안 고국을 등진 왕당파가 자금과 대규모 사업 계획을 가지고 들어왔다. 또한 브라질 북동부에서 포르투갈인에게 쫓겨난 네덜란드인도 왔다. 후자는 사탕수수를 길러본 경험이 있어서 영국인 자금의 도움으로 제당업을 일으켰다. 이것이 처음부터 상업적으로 대성공을 거둬 영어권인 미국에서 첫 대농장 경기를 일으켰다. 찰스 2세 재위 중반에는 수도 브리지타운에 400세대가 살았으며 대농장주 175명, 중농장주 190명, 소농장주 1,000명에다 자유민 1,300명, 계약하인 2,300명, 노예 4만 명이 있었다. 북아메리카에서 첫째가는 부유한 식민지인 이곳의 설탕 수출액은 나머지 영국 식민지의 모든 수출액을 웃돌았다.[101] 그러나 166제곱마일에 5만 5,000명이 넘는 인구가 사는 매우 붐비는 식민지이기도 했다.

1663년 그 해결책이 발견되었다. 찰스 2세가 부왕 시절이던 1629년에 이민에 실패한 남북 캐롤라이나를 8명의 영주 집단에게 내줬다. 이 집단은 대금을 나눠 지불하는 조건으로 토지를 제공하여, 카리브 제도뿐 아니라 버지니아나 뉴잉글랜드에서도 경험이 풍부한 정착민을 모집했다. 바베이도스 사람들은 의기투합하여 이 제안에 응했다. 1664년 첫 집단이 피어곶에 왔으나 3년 뒤에는 철수해야만 했다. 1670년 대단히 규모가 큰 집단이 다시 도전해 찰스타운을 건설했고 이때는 제대로 성공을 거뒀다.

물론 1만 2,000에이커의 "남작령"과 개인 재판소를 소유한 영주들로부터 예의 터무니없는 소리가 들려왔다-꿈 많은 젠틀맨 출신 모험가 사이에서는 봉건제가 뿌리 깊게 남아 있었다. 실질적인 바베이도스 출신 농장주들은 그 선전선동을 그냥 무시해버리고 작은 강이나 강 입구를 따라 사탕수수를 거둬들일 수 있는 땅을 구했다. 이 밖에도 여러 차례 영주들의 지시를 무시했다. 예를 들어 영주들은 가능한 많은 정착민들을 끌어들이기 위해 신앙의 자유를 원했다. 농장주는 어디까지나 영국국교도였다. 그것만이 "젠틀맨에게 유일한 종교"라는 찰스 2세와 뜻을 같이했다. 따라서 다른 신앙을 가진 사람들에게 당연히 그보다 낮은 2등급 신분을 강요했다. 또한 영주는 봉건제도를 반대했으나, 농장주는 노예가 필요했으며 실제로 그들을 확보했다. 어떤 의미에서 영주의 희망은 뜻대로 이뤄졌다-캐롤라이나는 3개의 신분으로 이뤄진 계층 사회가 되었다. 소수의 농장주 또는 젠틀맨으로 구성된 지배계급, 다수의 노동자, 그리고 엄청난 숫자의 노예가 바로 그것이었다.

캐롤라이나 식민지에는 바베이도스 사람들만 있었던 것은 아니었다. 포트로열에는 스코틀랜드인 장로교도, 산티 강 유역에는 위그노, 에디스토 강 서쪽에는 영국인 비국교도가 있었다. 그리고 영국뿐 아니라 아일랜드나 프랑스에서도 새로운 이주민이 들어왔다. 그런데 캐롤라이나에서는 사탕수수가 별로 잘 재배되지 않았다. 버지니아가 담배로 구원받았듯이 캐롤라이나는 쌀로 구원받았다고 할 수 있을 것이다. 찰스턴의 배후지나 근처의 강 유역은 벼농사에 적격이었다. 물대기는 간단했고 담배 농장과 달리 벼를 기르는 땅은 몇 년마다 이동할 필요가 없었다.

하지만 캐롤라이나의 본질은 바베이도스에서 미국 전체로 퍼져나간 노예제 식민지였다. 그것은 이곳에 독특한 사회적·정치적·문화적 특성을 부여했다. 이는 다른 신생 식민지나 심지어 버지니아에서조차 발견할 수

제
1
장
언
덕
위
의
도
시
●

111

없는 것이었다. 앞으로 살펴보겠지만, 실제로 시간이 지나면서 이러한 바베이도스 식민 정책으로 말미암아 사우스캐롤라이나는 적극적으로 노예제도를 시행하는 주가 되면서 남부의 정신적인 맹주로 발전해간 셈이다. 만약 그런 노예제도가 없었더라면 어쩌면 미국의 남북전쟁은 일어나지 않았을지 모른다.

북아메리카 연안의 여러 지역이 얼마나 빠르게 각각 독자의 뿌리 깊은 특징을 갖추었는가 하는 문제는 역사학자의 눈으로 볼 때 실로 끌리는 주제다. 국민성의 기원이 문자 기록이 없던 암흑시대나 그 이전으로 거슬러 올라가는 유럽에서 이런 차이는 풀지 못하는 과제로 남아 있다. 하지만 미국에는 진정한 수수께끼란 없다. 처음부터 모든 것이 공개적으로 이루어졌다. 각각의 식민지 기원은 명백하게 문서에 남아 있고, 누가 어떤 이유로 언제, 몇 명이 건설했는지를 정확히 알 수 있다.

놀랄 정도로 빠르게 최초 몇 십 년 동안에 미국의 근본적인 양극화가 모습을 드러내기 시작했다. 그 축도가 바로 앞에 든 두 식민지, 매사추세츠와 캐롤라이나였다. 이미 이곳은 남과 북으로 나뉘었다. 북부 뉴잉글랜드는 모두가 같은 계급인 활동적이면서 유동적인 사회였으며, 근로 윤리가 뒷받침하는 거부할 수 없는 상승 운동을 동반했다. 이와는 대조적으로 남부는 조상에 대한 동경심을 지닌 젠틀맨 유한계급이 계약하인인 백인 노동자와 대량의 흑인 노예 위에 군림하는 사회였으며, 종교는 기품 있게 살기를 원하는 내면의 강한 충동보다 체면과 계급제도를 유지하기 위한 수단이었다.

하지만 식민지 시대의 새로운 미국을 단순한 이중 구조로 봐서는 안 된다. 반대로 많은 부분으로 이뤄진 복합 구조가 변화와 발전에 따라 끊임없이 복잡성을 증가시켰다. 아직 압도적으로 영국인이 많았으나 이미 손쓸 수 없을 정도로 다민족 사회가 되었으며 마침내 인종의 도가니가 될 조짐이 나타나기 시작했다. 또한 모든 것을 소극적인 사고로 처리하는 좁은 영국에 비해 장대한 구상을 품고 큰 것만을 생각하는 곳으로 변해갔다.

펜실베이니아는 처음부터 규모가 큰 것이 특징이었다. 1682년 윌리엄 펜(1644~1718)이 찰스 2세에게서 받은 대규모 토지소유권리증을 가지고 델라웨어 지방의 뉴캐슬에 도착했다. 그의 아버지는 부유하고 정치적 영향력을 가진 해군 제독이었는데, 찰스 2세는 이 인물에게 재정적으로나 그 밖의 여러 면으로나 큰 빚을 지고 있었다. 펜은 이미 뉴저지 지역의 식민 사업에 착수했으나, 아버지가 빌려준 1만 6,000파운드를 모두 청산하는 최종 합의로 받은 이번의 허가서는 규모가 매우 컸으며 "펜실베이니아"를 실제로 영주 식민지로 명명했다. 1666년에 퀘이커교도가 되어 신앙을 위해 옥에 갇힌 경험이 있던 펜은 퀘이커교를 비롯하여 유럽 곳곳에서 박해받는 교파를 위해 "관용의 식민지"를 세울 결심을 굳혔다. 본인은 이것을 "성스러운 시도"라고 불렀다. 이 지역에는 이미 유럽인이 살고 있었다―스웨덴인은 1643년부터 지금의 필라델피아 남쪽 9마일 되는 지점에 있는 티니컴 섬에 거주했고, 네덜란드인이나 영국인도 있었다. 하지만 그 사람들은 얼마 안 되었고, 대부분은 펜이 이끌고 왔다. 최초의 선단은 23척으로 거의가 큰 배였고 곧 더욱 많은 배가 그 뒤를 이었다.

필라델피아의 발전

펜실베이니아에서는 처음부터 모든 것이 규모가 컸다. 필라델피아라는 이름이 보여주듯이 "우애"의 마을인 이 수도를 펜은 스스로 "녹색 전원마을"이라고 불렀고 훗날 "전원도시"라고 부를 것을 제안했다. 그에 따르면 마을은 커다란 규모를 가지고 누구나 "집과 정원과 작은 과수원"을 충분한 넓이로 소유할 수 있도록 했다. 하지만 현실적으로는 그렇게 되지 않았다.

필라델피아는 델라웨어 강변에 밀집해 발전했으며 처음부터 확고하게 고급 상업을 위해 건설된 고장이었다. 그런데 이 도시는 좁고 구불구불한 길이 중세 런던을 방불하게 하던 보스턴과는 매우 달랐다. 필라델피아는 그 당시 도시 계획에 따른 결과물이라는 긍지가 높았는데, 처음부터 벽돌과 돌로 건설되고 광장이나 직선 도로를 갖추어 새로운 바로크 시대의 런던에 영향을 크게 끼쳤다. 대규모로 터를 잡아서 마지막에는 강을 따라 좁고 긴 토지 전체를 가로세로로 각각 8개와 25개의 직선 도로가 교차하는 계획이었다. 이 도로들은 말끔하게 포장되고 갓돌과 보행자 길, 똑같은 너비로 질서정연하게 심은 가로수 등을 갖췄다.[102]

필라델피아 주변에 펼쳐진 이 식민지에 펜은 큰 무리의 퀘이커교도를 받아들였다. 대부분 브리스톨이나 런던에서 온 이 사람들은 재산이 꽤 있어 마을에서 가장 좋은 땅을 샀다. 그 밖에 바베이도스, 자메이카, 뉴욕, 뉴저지 등에서 온 주민도 있었다. 웨일스 출신자는 확고하게 웨일스 언어권을 형성하고 몇 세대에 걸쳐 고유의 문화를 지켰다. 또한 라인란트 출신자는 저먼 폴리스라는 마을을 만들었다. 펜은 문화와 경제 두 가지 이유에서 식민지를 밀집 배치했다. "사교, 원조, 활발한 상거래, 어린이 교육, 사람들의 예의 규제, 종교적 모임의 편의, 기술의 장려, 각각 성격이 다른 도로에 사람들이 오가는 것 등을 염두에 두었다." 영국에 보낸 편지에는 다음과 같은 내용이 나온다. "우리는 각각 5,000에이커 또는 최저 10세대 규모의 마을이나 촌락을 만드는 방식으로 정착한다. …… 마을은 사각형 모양이다. 이웃 사이의 거리가 가깝도록 하며 대부분의 경우 촌락이 중심에 자리한다."[103]

하지만 이런 계획이 그대로 실천되지는 않았고, 실제로는 토지는 100에 이커나 그보다 조금 더 큰 넓이로 차츰 팔려나갔다. 초기 미국에서는 계획-좋은 것, 나쁜 것, 어느 것도 아닌 것을 불문하고-이 뿌리 깊은 개인주의로 인해 실패를 거듭했다. 고분고분하고 주어진 현실에 순응하는 소작농이 영주가 다스리는 농촌 마을에서 살아간다는 유럽의 사고방식은 이미 시대에 뒤떨어진 것처럼 여겨지기 시작했다. 자신의 땅을 일구는 농민이 시장에 내다팔 작물을 생산한다는 새로운 양식이 이미 영국에서 나타나 자작농이라고 불렸다. 미국은 그런 계급에게 천국이나 같아서 여기서는 단순하게 농민이라고 불렸다. 펜실베이니아는 땅이 기름져서 그런 사람들의 무리를 늘리고 이익을 촉진시키는 데 특히 알맞았다.[104]

이 농민들은 몇 군데의 강 유역에서 내륙의 나지막한 산등성이 지대를 거쳐 애팔래치아 산맥의 최초 습곡인 그레이트밸리라는 곳까지 진출했다. 이곳은 "가난한 사람에게는 최고의 땅"으로, 돈이 거의 없는 농민이 가족 생계를 꾸려갈 수 있을 뿐 아니라 몸을 돌보지 않고 열심히 일하면 잉여 작물을 내다팔아 현금으로 바꿀 수가 있었다. 이상적인 농업 환경이었다. 따라서 펜실베이니아는 곧 "빵 식민지"라고 불렸고, 곡물은 물론 가축이나 과일 등 많은 잉여 농산물을 수출했다. 방대한 수의 이주민이 유입되어 퀘이커교도를 모범으로 삼아서 대부분이 성공했다. 말쑥한 옷차림을 하고 맛있는 것을 먹었고 주머니에는 짤랑짤랑 돈이 들어 있었다.[105]

이런 경기가 좋은 농업 지대 중심지에 자리 잡았기에 필라델피아가 빠른 시간 안에 미국의 문화적 수도가 된 것은 당연한 순서였다. 실제로 퀘이커교가 우세한 펜실베이니아는 미국 역사의 열쇠를 쥔 주였다고 말할 수 있었다. 우애를 내세운 대도시 필라델피아를 중심으로 청교도 정치 개혁이 마지막 꽃을 활짝 피웠다. 필라델피아 항구에서 델라웨어 강을 거슬러 올라가면 피츠버그를 지나고, 더 나아가 오하이오밸리나 서부로 가는 입구가 있었으며, 남쪽에는 몇 개의 강을 넘어 남부의 미개척 지대로 이어졌다. 말 그대로 미국 전역의 십자로인 셈이었다. 이곳은 여러 가지 면을 지니면서도 그것들이 조화하며 공존했다. 퀘이커교 세력의 세계적 중심지였지만 동시에 장로교의 요새이기도 했고, 미국 침례교의 전국 본부이면서 가톨릭도 편안하게 활약하는 장소였으며, 영국국교회의 거점이었고, 독일 루터파 교회와 독일 개혁파 교회, 모라비아 교회나 메노파 교회 등을 포함하여 그 밖의 많은 독일계 집단에게도 중요한 곳이었다. 마침내는 처음 독립한 흑인 교파인 아프리카 감리주교 교회조차 이곳에 터전을 꾸렸다.[106]

이 모든 것과 함께 필라델피아가 일찍부터 인쇄소를 가진 것도 놀랄 일은 아니다. 훗날 미국철학회가 자리 잡고 독립선언의 발상지가 된 이곳의 역할을 예감할 수가 있다.

청교도의 정치 이론

하지만 이 많은 일 대부분은 시대가 흐른 뒤에 일어난다. 여기서 다음과 같은 의문이 떠오른다. 초기 미국은 부지런히 일하는 곳이었던 반면 본질적으로 살풍경한 문화의 볼모지였을까? 초기 미국인은 종교에 매달렸을까, 돈 버는 일에 매달렸을까? 어느 쪽이었을까?

기묘하게도 17세기의 영국이 위대한 문학의 시대를 구가한 데 비해, 비록 윈스럽이나 로저 윌리엄스처럼 자신의 생각을 글로 쓴 뉴잉글랜드인의 생생한 기록은 표현이 풍부하고 강렬한 것이 많지만, 신세계 자신만의 독특한 문학은 매우 발달이 늦었다. 이 문제에 관해서는 의견이 분분할 것이다. 19세기 후반 보스턴의 계몽적인 역사가들은 자신들의 선조를 매우 미개하다고 낮춰 보는 경향이 있었다. 찰스 프랜시스 애덤스는 다음과 같이 썼다. "몹시 척박하고 거의 상상할 수 없을 정도로 어두운 시대였다."[107] 그러나 위대한 새뮤얼 엘리엇 모리슨은 오히려 그 반대였다고 논박했다. 청교도 성직자나 주류를 이룬 평신도 대부분은 교육에 정열을 바쳤으며 과학에 관한 관심도 높았다. 이 사람들은 학교나 대학을 세워 가능한 일을 찾아 지적 활동을 촉진시켰다고 모리슨은 말했다.[108]

확실히 그들은 문화적 창작 활동에는 불가결한 요소인 개인주의를 싫어했다. 청교도 성향이 강한 역사학자 페리 밀러에 따르면, 그들은 공동주의자로서 정부가 생활의 모든 것에 대해 최대한 간섭하고 지시하고 지도해야 한다고 믿었다. 그리고 필요하다면 징계하거나 강제하기도 해야 한다고 말했다. 청교도는 개인주의자를 위험한 존재, 악마의 좋은 먹잇감으로 봤다. 그렇게 주장한 존 코튼의 말을 빌리면 "모든 인간적인 삶에서 사회집단은 고독보다 우수하다."[109] 청교도는 이 공동체적으로 만들어진 사회에 자신들의 의견을 강요할 권리가 있다고 믿었다.

코네티컷의 존 대븐포트는 청교도의 정치 이론 전체를 다음과 같이 요약했다. "올바르게 선택된 사람들에 의한 시민 지배의 권력은 신이 정한 것이다. 그것은 진실의 빛과 자연의 법칙으로 나타난다. 자연 법칙은 신의 법칙이기 때문이다." 개인은 종교는 물론 어떤 문제에 대해서도 자기주장을 할 권리가 없었다. 1681년 재세례파 신도 집단이 매사추세츠 만 식민지 정부를 공격하는 문서를 출판하며 이른바 최초 정착민들의 "관용 정신"을 호소했을 때, 보스턴 제3교회 목사인 새뮤얼 윌러드는 그 물음에 답하는 팸플릿을 썼다. 인크리스 매더가 서문을 쓴 이 팸플릿은 다음과 같이 주장했다. "나는 그들이 최초 식민자들의 계획을 잘못 이해하고 있다고 생각한다. 최초 이주민들의 임무는 관용을 베푸는 것이 아니라 그 적들을 천명하는 것이었다. 그리고 그들은 자신들이 자유분방주의자로 살지 않았다고 공연하면서 이 세상을 버릴 수가 있었다. 그들의 임무는 식민하는 것과 (가능한 한) 자신들이 신의 길이라고 믿는 방식에 따라 종교를 후세에 안전하게 물려주는 것이었다."[110]

이런 일종의 신권정치에서는 문화적 개인주의가 꽃을 피우기 어려웠다. 하지만 엘리트들은 의견을 제시했으며, 서민들은 스스로 일을 처리했다. 설교나 팸플릿이나 법률이 말하는 것과 마을이나 교회의 기록에 나타나는 현실의 사건은 때때로 전혀 달랐다. 뉴잉글랜드의 일반 시민 중에는 청교도 지도자라도 억누를 수 없는 수많은 개인주의자가 있었다. 그런 사람들이 어느 정도 인원이 되면, 마을 회의에서 치열한 논쟁으로 서로 싸워 메울 수 없는 골이 생겨 분열이 일어났다-그리고 한편이 떠나갔다. 한 연구에 따르면, 이와 똑같은 일이 1650년대에 매사추세츠 서드베리에서 일어나 매사추세츠 말버러 건설에까지 이르렀다.[111]

보수파의 우두머리인 에드먼드 굿나우는 다음과 같이 말했다. "올바른지 그렇지 않은지는 둘째로 치고, 우리는 [우리 생각대로] 한다. 달리 방도가 없다면 실력 행사를 해서라도." 이에 대해 젊은 세대의 지도자인 존 하우는 다음과 같이 대답했다. "가난한 사람을 억압한다면 크게 소리를 질러라. 우리는 어떤 마을에서 학대하려든다면 다른 마을로 도망가는 수밖에 없다." 그리고는 그들은 그대로 했다.[112] 초기 미국인에게는 행운이었다-이렇게 할 수 있는 공간이 있었기 때문이다.

이에 따라 청교도의 뉴잉글랜드에서도 개인주의는 나타났다. 오히려 어떤 의미에서는 당연한 일이었다. 미국은 어쨌든 자기 스스로 해결하는 사회였다. 이주 희망자는 믿을 것은 자기 팔밖에 없다는 주의를 받았다.

1622년에 런던에서 발간된 "생활을 지탱하는 데 필요한 준비를 하지 않은 채 영국에서 버지니아로 건너가는 사람들이 겪는 불편"이라는 제목의 선전 전단이 남아 있다. 여기에는 이주민은 무기, 생활용품, 도구류 등을 가지고 가라는 조언과 함께 18종의 도구 목록이 보인다. 두 개씩 가져가라고 권고한 도구로는 도끼에서부터 톱이나 망원경 심지어 숫돌까지 있었다.[113] 초기 이주민은 혼자 힘으로 오두막집을 짓고 필요하다면 가구도 스스로 만들었다.

환영받은 직인들

하지만 이민 초창기 무렵부터 그런 것들이 반드시 필요하지는 않았다. 확실한 사실로 미국은 처음부터 솜씨 좋은 직인들을 강하게 끌어들였다. 이유는 명백했다. 처음 메이플라워 호 후원자 가운데 한 사람인 버트 쿠시먼은 영국은 정직하게 사는 사람에게 가족을 부양하기 어려운 곳이라고 썼다. 마을에는 "젊은 직인이 넘쳐났고 구호소는 늙은이로 가득 찼다. 농촌에는 새로운 농지가 보충되는데 술집에는 늙은 노동자가 무리를 이뤘다. 말로만 생계를 꾸리는 이들이 많았고 구걸하는 사람은 더 많았다." 또한 "머리가 좋고 잘생기고 분별 있는 사람마저 아무리 노력해도 가난에 빠지는 경우가 때때로 있었다"라고 한탄했다.[114]

쿠시먼뿐 아니라 다른 사람들도 영국에서는 젊은 직인에게는 경제적으로 미래가 없고 지위도 전혀 없다고 지적했다. 지위는 완전히 토지에 근거를 두었고 그 토지는 사실상 직인의 손이 닿지 않았기 때문이었다. 그런데 미국에서는 임금이 높고 원료는 저렴했다. 게다가 토지를 획득할 전망마저 밝았다. 그런 탓에 식민지에서는 직인 부족을 겪지 않았다. 목수나 목공은 특히 운이 좋았다. 목재가 풍부하고 종류가 매우 다양했을 뿐 아니라 제재된 목재를 구하기가 쉬웠기 때문이다. 미국에서 가장 오랜 기술 혁신의 하나는 수력을 이용한 제재 톱의 급속한 보급이었다. 영국에서는 기계에 의한 제재의 본격적인 전통이 없었다. 반면 미국에서는 대량의 삼림이 급류 가까이 있었다. 이에 따라 제재소가 곳곳에 세워졌는데, 특히 뉴잉글랜드에 많았다. 그 덕분에 일손이 절약되었다─가구를 만드는 데 이것이 가장 큰 요소였다. 작은 수력 제재소 하나는 숙련된 톱질꾼 두 사람 몫의 7배를 생산할 수 있었다. 재료는 낭비되었다. 그런들 무슨 상관 있겠는가? 목재는 충분했다. 부족한 것은 일손뿐이었다. 이주민은 결핍의 경제에서 여유의 경제로 삶이 바뀌었다. 거기서는 유럽이 일찍이 겪어본 적 없을 정도로 일손이 귀했다.[115] 초기 문화를 형성한 것은 바로 이런 사실들이었다.

17세기 미국에서는 멋진 가구가 만들어졌는데 놀랄 만큼 많은 제품이 오늘날까지 남아 있다. 처음부터 솜씨 좋은 유리 직공이 있었다. 유리는 안전하게 운반하기가 어렵기 때문에 가능한 한 현지에서 만들어야 했다. 1608년 버지니아로 가는 초기 항해 편에도 유리 직인이 몇 명 타고 있었다. 원료, 특히 나무가 값싸고 확보하기가 쉬워 유리 직인은 번성했다. 숙련 직인의 부족은 영국인은 물론 외국인도 끌어들였다. 미국의 첫 유리 공장 두 곳은 모두 제임스타운에 있었는데, 각각 베네치아인과 폴란드인이 경영했다.[116]

도기 역시 같은 사정이었다. 운송업자는 돈벌이가 안 된다는 이유로 도기의 미국행 선적을 기피했다. 그 대신에 도공이 바다를 건넜다. 솜씨 좋은 영국인 도공인 필립 드링커는 1635년에 이미 매사추세츠에서 활약했다. 네덜란드인 "병 만드는 직인" 더크 클로센은 1655년에 맨해튼 섬에서 솜씨를 뽐냈다. 미국 개척 시대의 도기는 산화철을 많이 함유한 질그릇 레드웨어가 일반적이었으며 확보한 점토의 성질 때문에 붉은색을 띠었다(자기가 미국에서 본격적으로 생산된 것은 19세기 이후이다). 처음에는 추상적인 기하학 무늬를 그려 넣어 기원전 8세기 무렵의 고대 그리스 도기를 닮았다. 차츰 글자를 써넣은 도기가 만들어졌다. "메리의 접시" "조개와 소" "현금 지불" 같은 글이었다. 하지만 17세기의 도기는 거의 남아 있지 않다.[117]

17세기 전반에 이 밖에도 몇 십 가지 업종에 달하는 직인이 미국에서 활약했다는 기록이 있다. 예를 들어 1630년대에는 이미 헨리 엘웰과 필립 커클랜드라는 베테랑 구두 직인 두 사람이 훗날 제화산업의 중심지가 되는 매사추세츠 린에 이주했다. 두 사람은 부인용 구두 전문가였다.[118] 교회용 은제품은 초기부터 수요가 있었는데 청교도조차 즐겨 찾았다. 실제로 17세기 말에는 유럽 최고품과 어깨를 견줄 만큼 훌륭한 은기가 보스턴에서 제작되었다.[119]

뉴잉글랜드의 직인에 대해 재미있는 사실은 출신이 모든 계층에 걸쳤다는 점이다. 이는 17세기 영국에서는 있을 수 없는 일이었다. 보스턴에서 최고의 은 직인은 제러마이어 더머였다. 1645년에 대지주의 아들로 태어난 그는 보스턴 명사의 한 사람으로, 해운업에 투자하면서 열심히 작업장에서 명문 집안이나 보스턴의 교회용 촛대를 만들었는데, 그 일에 조금도 수치심을 느끼지 않았다.[120] 이러한 사회적 유동성은 미국의 밝은 장래를 약속했다.

하지만 17세기 미국에서 제작된 예술에 대해 많은 것을 기대하는 일은 헛수고이다. 남아 있는 이 시대 그림은 기껏 30점 정도인데 어느 것이나 아마추어의 기량을 넘지 않는다. 몇몇 화가가 이름을 남긴 경우는 있으나 오늘날까지 남아 있는 작품과 관련성이 없다. 화가로서 작업을 한 사람은

다른 일을 하면서 그림을 그렸던 듯하다.[121] 뉴욕의 네덜란드인 중에는 초
상화와 도기의 무늬 넣기 등 다른 공예를 조합한 화가-예를 들면 게리트
디에킨크(1660~1712)-가 한두 명 있었다.

초기 몇 십 년 동안에는 사실상 건축가는 한 사람도 없었다. 사람들은
대지주조차 혼자서 자택을 설계했다. 부유한 아마추어 건축가의 전통은
미국에서 일찍부터 시작되었다. 예를 들어 버지니아 노픽에 있는 애덤 소
로굿의 저택은 1636년부터 1640년 사이에 벽돌로 지어진 건물로, 엘리자
베스 여왕과 제임스 1세 시대의 혼합 양식에 거대한 중세풍의 굴뚝을 세
웠다. 역시 초기 버지니아 주택으로 아서 앨런에 의해 세워져 베이컨 성이
라 불린 건물은 앞뒤로 탑이 있고 거대하고 높다란 굴뚝에 네덜란드식 박
공지붕을 뽐냈다.[122]

문필가 또한 모두 아마추어였다. 존 스미스나 윌리엄 브래드퍼드 같은
기행문 작가, 매사추세츠 웨스트필드의 형이상학자인 에드워드 테일러
(1644 무렵~1729)와 1662년 케임브리지에서 출판되어 청교도 교양을 발라
드 운율로 보급한 신학시『최후 심판의 날(Day of Doom)』을 쓴 마이클 위
글즈워스 같은 청교도 시인들이 있었다.

영국 정치 환경의 영향

초기 미국은 한편에서 유럽 세계와 어깨를 나란히 하며 어쩌면 앞질러
가는 경우조차 있었다. 미국에는 깊숙이 뿌리내린, 실험을 되풀이하는 정
치적 토양이 있었다. 이 점에서는 영국의 전통이 바뀌지 않았다. 풍부하고
오래된 전통이었다. 그에 비해 프랑스나 에스파냐 이주민은 정치 기술을

거의 알지 못했다. 17세기에 프랑스와 에스파냐는 국가 제도를 가진 지리적 통일체로서 아직 초기 발전 단계에 있었다. 이 두 나라는 대의제 정치에는 큰 경험이 없었고 이 시점까지 법체계를 갖추고 있지 않았다.

이와 대조적으로 영국은 9세기부터 국가적 통일체를 형성하고 그것과 똑같이 오래되거나 더욱 소급한 대의제 형태를 갖고 있었다. 영국의 보통법은 일찍이 12세기부터 성숙하기 시작했다. 이 나라 최초의 제정법인「마그나 카르타」가 제정된 것은 1215년의 일이었다. 주의 기사와 도시 선출 의원으로 구성된 의회는 14세기부터 연대를 계속해온 역사를 가졌는데, 모든 국민을 위한 법률을 승인하고 또한 모든 국민에게서 세금을 조달하는 제도였다. 버지니아와 매사추세츠, 캐롤라이나와 메릴랜드와 펜실베이니아에 이주한 영국인의 배후에는 1,000년에 걸친 정치사가 있었다.

아울러 이 전통이 미국에 들어온 시기 또한 매우 중요하다. 영국인에 의한 미국이 존립 가능한 사회적·경제적 통일체로서 "이륙"한 것은 1630년부터 1660년까지 30년 동안이었다. 바로 이 무렵 인구가 계속적인 자체 성장이 가능한 결정적인 숫자에 이르렀다. 나아가 영국에서 정치 토론과 실험이 폭발적으로 일어나, 이 30년 동안에 아마 역사상 처음으로 참여 민주 정치의 기초가 논의되었다.[123]

실제로 근대 정치는 1640년대 영국에서 발명되었다고 말할 수 있었고, 미국의 영국인 이주민은 어떤 의미에서 그 과정에 참가했다-이 10년 동안에 영국과 미국의 관계는 매우 중요한 의미를 지녔다. 영국인이 미국 이주를 16세기 전반의 튜더 왕조 전제정치 시대에 시행했더라면, 또는 18세기 전반의 휘그당 패권에 의한 무풍 시대에 시행했더라면 사정은 많이 달라졌을 것이다. 하지만 이주가 시작된 것은 17세기 전반, 국왕과 의회 사이에 격렬한 논쟁이 최고조에 이르러 불타오른, 이어서 조건은 달렸으나 의회의 승리로 끝난 시기였다. 미국에 이주한 영국인은 이런 정치 전통을 제일 실리가 많은 시기에 활발하게 가져온 셈이었다.

초기 이주민은 매우 종교적이고 정치적인 풍토의 출신으로 대부분 왕성한 독립정신을 갖추어서 자신의 일은 스스로 생각하는 습관이 투철했다. 아울러 제일 큰 영향을 끼친 것은 최초의 이주민들이었다. 거의 식민지화 법칙이라고 할 만한데, 매우 적은 인원이라도 실제 정착지를 건설한 최초 집단은 식민지의 정치적·사회적 성질에 대해, 후발 집단이 아무리 숫자가 많아도, 더 많은 영향을 미쳤다.

찰스 2세 시대까지, 그러니까 영국이 네덜란드에게서 북대서양의 제해권을 실질적으로 빼앗은 1680년대까지 영국 국왕은 대서양 너머에서 벌어지는 일을 세세히 감독하지 않았다. 국왕은 허가서를 주고 그 뒤는 이주민에게 맡겼다. 이것은 잉글랜드에서 오랜 전통으로 특히 행정장관(총독)에 의한 지방 통치에 적용되어 때로는 "국왕의 지배에 의한 자치"라고 불렸다. 따라서 행정장관은 어떻게 임명되고 선출되건 간에 영국과는 별개로 활동했다. 어떤 식민지든 거의 시작부터 또는 대부분 설립 1년 안에 어떤 형태로든 대의제 집회를 열었다. 미국으로 이주한 사람이 최초로 배우는 것 가운데 하나는 인물을 선거로 뽑는 일이었다. 게다가 영국이라면 주지사가 또는 사안에 따라 국왕이 임명하는 공직자-행정이나 법률 집행의 요직-의 대부분을 미국에서는 처음부터 선거로 선출했다.

많은 공무원을 선거로 직접 뽑는 미국 전통은 깊고 빠르게 뿌리를 내렸다. 이렇게 선출된 사람 가운데는 신분이 매우 낮은 사람도 있었다. 메릴랜드가 설립된 지 40년 뒤, 통치자는 판사나 보안관으로 선출된 사람 대부분이 서명조차 못 한다고 한탄했다.[124] 사실상 모두가 누군가에게 투표했다. 정통 칼뱅주의인 뉴잉글랜드에서는 투표권이 적어도 처음에는 교회

신도에 국한되었다. 하지만 그 밖의 지역에서는 원칙적으로 모든 자유민이 투표할 수 있었다. 예를 들면 메릴랜드에서는 적어도 1650년대 이후 모든 자유민이 1개 카운티마다 4명씩의 하원 대의원을 투표로 뽑았다. 이것은 16세 이상의 남자가 복무해야 하는 시민군의 병역 의무와 연결되었다. 식민지를 위해 싸운다면 투표 역시 해야 한다는 논리였다. 캐롤라이나에서는 50에이커의 토지를 소유하면 자동으로 투표가 가능했다. 다만 대의원이 되기 위해서는 500에이커를 소유해야 했다. 50에이커를 소유한 이들은 신분이 낮았는데, 유럽이라면 정치에 관여하는 일이 허락되지 않았을 것이다.

1682년에 미국으로 건너간 토머스 뉴는 그들을 다음과 같이 묘사했다. "가난하고 농사에 대해서는 전혀 아는 게 없는 무식한 직인들. …… 자그마한 땅을 개간하여 가족이나 겨우 먹여 살리는 게 고작이었다."¹²⁵ 그래도 투표는 할 수 있었다. 처음에는 "영주"나 "대지주"를 자칭한 캐롤라이나 명사들 가운데 이에 대해 불평하는 목소리가 있었다. 그중 한 사람은 이렇게 썼다. "가난한 사람이 신분이 있는 사람을 규제하는 법률을 만들고 있어서 흡사 지독한 전쟁 상태와 같다."¹²⁶ 하지만 캐롤라이나에서조차 그것이 식민지 현실이었다. 영주 자신이 거의 부재지주였던 것 또한 한 원인이라고 할 수 있었다. 독립정신을 가진 한 캐롤라이나 주민은 1670년대에 다음과 같이 썼다. "우리의 [정치] 구조에서는 어떤 권력자라도, 영주 자신이 이곳에 있다고 해도 이 나라에서 아무리 하찮은 사람이든 상하게 하는 일은 할 수 없다."¹²⁷

독자는 이런 의문을 품을지 모른다. 초기 정착민들은 가장 하찮은 사람에게도 권리-선거권을 포함해-가 있다는 생각을 대체 어떻게 노예제도와 조화시켰을까? 이것은 독립전쟁 시대에 새뮤얼 존슨이 강력히 제기한 문제였으며 그 뒤에도 미국 역사에서 계속 논쟁거리로 남았다. "왜 자유를 가장 큰 목소리로 소리 높여 부르짖는 외침이 흑인을 혹사하는 사람들에게서 나왔을까?" 그 대답은 미국이 조금씩 타락하여 대규모 노예제도를 수용했다는 사실에 있었다.

타락하기 시작한 쪽은 캐롤라이나였는데, 그런 풍조는 바베이도스에서 들어왔다. 서인도제도 섬들 가운데 에스파냐나 포르투갈, 프랑스가 가톨릭의 가르침을 내세워 점령한 곳에서 노예는 현실의 또는 잠재적인 그리스도교로서–단순한 소유물이 아니라–영혼과 권리를 가진 것으로 취급되었다. 반면에 영국이나 네덜란드의 프로테스탄트가 점령한 섬에서는 노예제의 원칙을 『구약성서』에서 가져왔기에 노예는 법적인 동산으로 간주되어 소나 양처럼 권리가 없다고 보았다. 캐롤라이나에 이주한 바베이도스 주민이 이런 풍조를 만들어냈다. 그들은 자신들의 노예를 그리스도교로 바꾸려는 수고를 하지 않았고 다른 사람이 그런 일을 하는 것을 방해하기까지 했다. 하지만 모두 한통속이었다. 초기 법률에 따르면, 세례가 자유민이나 비자유민이라는 신분을 바꿀 수는 없었다. 이러한 법률은 북쪽으로 퍼져나갔다. 1692년의 "메릴랜드 법령"은 세례가 흑인 신분에 어떤 변화도 주지 않는다고 규정했다.

노예제도의 발단

솔직하게 말해서 캐롤라이나는 최초의 노예주였다. 식민지가 들어설 당시, 쌀이 아직 주요 농산품이 되기 이전부터 흑인 노예를 수입했다. 캐롤라이나를 소개한 1682년의 팸플릿은 아무렇지도 않은 듯이 다음과 같이 썼다. "[흑인 노예] 없이는 이주민은 큰일을 할 수가 없다." 같은 해 어떤 이주민은 친구에게 "흑인이 백인 하인보다 더 낫다"고 말했다.[128] 그것은 백인 계약하인에게는 해마다 2~4파운드의 자본 투자가 필요했기 때문이다. 만약 노예를 18~30파운드를 들여 사더라도 아이가 태어날 가능성이 있었다. 그 때문에 젊고 건강한 여자 노예가 특히 비쌌다.

　메릴랜드에서는 노예제도가 천천히 발달했다. 1680년대 후반까지 농장의 주된 노동력은 계약하인이었다. 1658년부터 1670년까지 초기 유언장을 살펴보면, 150개 지역 가운데 노예가 있었던 곳은 불과 15개 지역뿐이었다. 하지만 노예에 대한 취급이나 법적 대우는 특히 흑인 노예의 경우 17세기가 진행되면서 갈수록 나빠졌다. 1663년에 제정된 법령은 흑인의 계약을 종신이라고 인정하고 "시간 추가에 따른 보상이 불가능한 흑인과 그 밖의 노예"라고 썼다. 흑인은 서류를 제시하고 제한이 따르는 계약이라고 증명해야 했다. 그러지 않는 한 법률에 의해 (그 자녀까지 포함해) 유형재산 노예로 봤다.[129]

　이 시대에 제정된 많은 법률은 노예에 대한 식민자의 권한을 강화했다. 캐롤라이나에서는 노예제도가 초기 정치 부패의 원천이 되었다. 노예 소유자들은 자랑스럽게 "펀치 한 잔을 대접하면 그들이 지목한 사람이 의회에 진출하고 나중에는 내각에도 진출할 수 있다"라고 떠벌렸다.[130] 캐롤라이나의 바베이도스 주민은 많은 인디언까지 노예로 만들었다. 이것은 법을 위반하는 행위였다. 찰스 2세 정부가 내건 정책은 "인디언의 호의와 원조를 획득하거나 강제나 위해를 가하지 않고 그들을 계속하여 이용하는 것"이었기 때문에 인디언의 노예화는 "어떤 경우나 어떤 구실로도" 금지하도록 규정되었다(1672).[131] 하지만 바베이도스 이주민은 인디언 부족을 선동하여-큰 설득은 필요하지 않았다-다른 부족을 공격하게 하여 인디언 노예를 만들어냈다.

초기 노예제도를 반대한 찰스턴 주민인 존 스튜어트는 본국에 분노로 가득 찬 편지를 보내, 이른바 "구스크리크 사람들"이 저지르는 처사에 이의를 제기했다(구스크리크는 바베이도스 주민이 제일 많이 이주한 곳이었다). 스튜어트에 따르면, 일파의 지도자 가운데 한 사람인 모리스 매튜스는 정착민으로서 노예 소유주인 동시에 공식 사정관이라는 중요한 인물이었는데, "포악한 성격은 악마와 같고, 권모술수는 예수회 수사와 같았다." 스튜어트는 결국 매튜스를 노예를 사고판 죄로 면직시켰다. 그 전임자인 플로렌스 오설리번도 마찬가지로 지독했다. "매우 선동적이고 문제가 많은 남자, 근성이 삐뚤어진, 어린이의 적"이었다고 다른 이주민들은 한탄했다.[132]

그럼에도 캐롤라이나만 제외하고 미국의 노예제도는 소규모였다. 대규모 노예제도는 18세기의 현상이었다. 1714년 미국의 영국 식민지 전체에서 노예는 6만 명을 넘지 않았다. 그 뒤부터 노예 수는 점차 증가했다. 1727년에는 7만 8,000명, 1754년에는 26만 3,000명, 그리고 1790년에 실시된 제1회 국세조사(國勢調査, census)에서는 69만 7,000명을 헤아렸다. 따라서 존슨 박사 시대에 방대한 수의 흑인 노예의 존재는 최근에 벌어진 현상인데, 그것이 날마다 늘었다-존슨이 격분한 한 원인이 여기에 있었다.

초기 이주 시대에는 대부분의 식민지에서 노예제도는 아주 미미해서 흑인은 거의 보이지 않았는데, 육체노동은 계약하인인 백인의 몫이었다. 이런 계약 노동자는 기한을 다 채우면 자유민이 되고, 마침내 토지를 소유해 선거권을 행사했다. 따라서 스스로 의회를 만들려고 했던 당초의 이주민은, 백인은 자유롭고 흑인은 전혀 권리가 없다는 모순을 겪는 일이 없었다. 그런 일은 나중에 노예제도가 확고하게 자리 잡아 이미 너무 늦어버렸을 때 나타났다.

만성적인 화폐 부족

이처럼 영국 정부가 미국의 식민지에 대해 처음에 그다지 흥미를 보이지 않은 것이 폭넓은 선거권을 동반하는 입법 의회의 급속한 성장, 그리고 다소 늦은 노예제도의 증가 같은 문제와 관련이 있었다. 본국이 찰스 2세 시대에 처음으로 약간 흥미를 보였을 때 그 최대 관심사는 통제 무역이었다. 1660년의 조례에 따라 미국 본토에 있는 영국 식민지 수출 물품으로 "열거된" 품목은 곧장 영국으로 보내야만 했다. 여기에는 담배, 면화, 양모, 남색 안료가 포함되었고 나중에는 타르, 테레빈유, 마, 돛대, 활대, 쌀, 구리, 철, 목재, 모피, 진주가 추가되었다. 남부의 특산품-주로 담배, 쌀, 쪽 등-은 모두 포함되었다. 하지만 원래 북부 지역의 주된 수출품인 물고기-오랜 기간 뉴잉글랜드의 주산물-와 곡류와 그 밖의 식료품은 높은 관세에 의해 영국에서 금지되었다.

따라서 북부, 특히 뉴잉글랜드는 말린 물고기, 절임 야채, 소금에 절인 쇠고기나 돼지고기, 말과 가축, 건축자재 등을 서인도제도나 남유럽에 수출했다. 뉴욕과 필라델피아는 밀가루와 밀을 수출했다. 17세기가 끝날 무렵에 서인도제도는 설탕과 담배 생산에 온 힘을 기울였고, 식료품이나 목재는 본토 식민지들에서 값싸게 수입했다. 그 대신 본토 식민지들은 당밀을 받아 선박용 럼주를 만들거나 노예를 사들이는 비용을 충당했다. 운이 좋으면 금과 은을 손에 넣을 수도 있었다.[133]

현금은 환영받았다. 이 중상주의 제도 아래서 무역수지는 영국에 유리했고, 미국은 만성으로 화폐 부족에 시달렸기 때문이다. 서인도제도에서 받은 정화는 "이곳에서 6개월도 머물지 못하고 몽땅 유럽으로 보내졌다." 거래는 파운드, 실링, 펜스 등의 단위로 이뤄졌으나 영국 화폐는 거의 보이지 않았다. 규모가 큰 국내 거래는 지급명령서나 어음으로 이뤄졌고 현지 상거래는 물물교환으로 이뤄졌다. 하버드 대학교 학비는 몇 십 년 동안 농산물이나 가축, 소금에 절인 고기로 지불했다. 1649년에 한 학생이 학비를 "늙은 수소"로 청산한 기록이 남아 있다. 대학 개교 당시 한 건물의 회계 결산에는 이런 항목이 있다. "워터타운의 농장에서 30실링 상당의 염소를 받았으나 죽어버렸음."[134]

정화 부족을 해결하기 위해 동원할 수 있는 모든 위험한 수단이 사용되었다. 버지니아와 메릴랜드에서는 창고에 맡긴 담배 인수증이 현금으로 유통되었다. 그 뒤 식민지 정부들은 화폐를 만들기 시작했다-파멸로 향하는 위험한 비탈길이었다. 1690년 매사추세츠가 민병에게 지급하기 위해 신용증권을 만들자, 그것을 열심히 따라 하기 시작했다. 그리고 곧 지불 날짜가 명시되고 할인된 금액으로 은과 바꿀 수 있는 이런 지폐가 널리 퍼졌다. 하지만 그 뒤 지불 능력이 낮은 것이 대량으로 나도는 바람에 지폐는 신용을 잃었다. 미국 화폐는 처음부터 부패해서 그것에 대한 불신은-유통시킨 은행에 대한 불신과는 달리-이른 시기부터 미국인에게 깊게 뿌리 내려 장기간에 걸쳐 영향을 끼쳤다. 부동산을 담보로 신용어음을 발행한 "대부은행"이 금융제도를 더욱 위험에 빠뜨렸다. 영국 의회는 미국이 충분한 화폐를 받아들이게 해서 문제를 해결하는 대신에 화폐 부족에 의한 결과를 악습이라고 못 박았다. 1751년 영국 의회는 뉴잉글랜드의 법정 화폐로서 화폐를 발행하는 것을 이후로 금지시켰고 1764년에는 이 금지를 모든 식민지에 확대 적용했다. 이것은 미국인의 격분을 샀을 뿐 아니라 어떤 효과도 거두지 못했다. 이 무렵에는 이미 2,200만 달러로 추정되는 불법 지폐가 유통된 뒤였다. 이것은 대서양 양쪽에서 통합이 잘 진행되지 않은 사실을 보여주는 초기 사례였다.[135]

본국 정부가 조금이라도 권위를 행사했을 때 늘 사태를 악화시킨 것은 일찍부터 미국의 특징이었다. 미국에서 처음 출판된 인쇄물이 모든 이주민이 영국 국왕에게 맹세해야만 했던 충성 서약을 비난한 글이었다는 사실은 매우 흥미롭다. 『자유민의 서약(Oath of a Free-Man)』이라는 제목의 이 글을 쓴 사람은 매사추세츠 케임브리지에 사는 스티븐 데이였으며, 발행은 1639년 1월(데이는 1년 전에 미국에 왔다)에 이뤄졌다. 확실히 성과는 그리 안 좋았으나 물품세가 이주민에게 부과되었고 그 일부는 영국 국왕에게 보내졌다. 하지만 그 대가로 명목상의 보호 이외에 과연 무엇을 받았는지 식민지 쪽은 전혀 이해를 할 수가 없었다. 본국 정부는 가난한 농장이나 대농장을 때때로 습격해오는 인디언에 대해 아무런 조치도 취해주지 않았기 때문에 이주민 스스로 대책을 강구하는 수밖에 없었다.

전체적으로 봐서 영국인 이주민과 인디언의 관계는 좋았고 충돌은 놀랄 만큼 적었다. 충돌이 일어날 때도 잘못은 대체로 이주민 쪽에 있었다-언제나 그런 것은 아니었다. 인디언은 한결같지 않아서 지도자에 따라 완전히 호전적으로 바뀌는 경우가 왕왕 있었다. 이주민과 인디언의 관계는 인디언 부족들 사이의 싸움에 따라 복잡한 양상을 보였다. 인디언 부족들은 흔히 서로 끊임없는 전쟁 상태에 있었다.

피쿼트 전쟁

이것이 1630년대에 일어난 피쿼트 전쟁의 발단이었다. 시작은 코네티컷 강 유역에 있는 피쿼트 족과 모히칸 족 간에 해안가를 둘러싸고 벌어진 싸움이었다. 해안에서 채취한 조개나 옥은 인디언에게 웜펌(wampum)이라고 불린 통화 지불 수단이 되었으므로 그들에게 해안가는 귀중했다. 영국인이나 가까이 있던 네덜란드인 모두 모히칸 족을 도우러 오지 않아서 모히칸 족은 패배했다. "거만해진" 피쿼트 족은 상류 쪽에서 교역을 하던 영국인 선장 존 스톤과 그의 동료 7명을 습격해 죽였다. 2년 뒤 이번에는 블록 만에서 뉴잉글랜드 상인 존 올덤이 살해당하는 사건이 발생했다. 이에 대해 매사추세츠 총독 존 엔디콧은 3척의 무장선을 보내 앞서의 범죄에 책임이 있다고 생각되는 인디언 마을 두 곳을 파괴했다.

1637년 5월 피쿼트 족은 보복에 나서 코네티컷 웨더스필드를 습격해 9명을 죽이고 2명을 끌고 갔다. 그것이 도화선이 되어 매사추세츠와 코네티컷의 시민군은 힘을 모아 공동 작전을 폈다. 여기에 내러갠셋 족과 나이안틱 족의 인디언 몇 백 명이 동행해 피쿼트 족의 본거지를 1637년 6월 5일에 포위하고 마을 안에 있던 남녀와 어린이 500명을 학살했다. 마을은 불태워지고 도망치려는 자는 거의가 총에 맞거나 곤봉으로 구타당해 죽었다.[136] 피쿼트 족에 대한 이 피비린내 나는 전쟁은 뉴잉글랜드에서 1세대 동안 이어졌던 인디언의 공격을 종식시켰지만, 영국에서는 일절 원조가 없었다.

더 남쪽, 즉 허드슨 강 유역이나 버지니아에서는 인디언이나 이주민 사이에 모피와 교역을 둘러싼 전쟁이 산발적으로 이어졌다. 1644년 6월 제임스 강 남쪽에 살던 350명의 이주민이 오페찬카노 족 전사들에 의해 집단 살해되었고, 그 결과 버지니아 총독 윌리엄 버클리와 총독 대리 리처드 켐프가 대규모 반격에 나섰다. 여기서도 전투에 나선 것은 지역 시민군뿐이었다.

같은 해, 허드슨 강과 가까운 네덜란드 영내에서 대규모 충돌이 일어났다. 뉴암스테르담 근교에서 모호크 족에 쫓기던 120명의 알곤킨 족이 예전의 살인 사건에 대한 보복으로 네덜란드인의 손에 모두 죽임을 당했다. 그러자 여러 알곤킨 부족이 손을 잡고 네덜란드인 정착촌에 보복 공격에 나섰지만, 1644년 2월 코네티컷 스탠퍼드 가까이서 중무장한 네덜란드인 150명에 의해 700명의 전사를 잃고 물러났다.

버지니아에서는 내륙 지대 깊숙이 진출한 이주민 사이에서 당국이 적대적인 인디언으로부터 자신들을 전혀 지켜주지 않는다는 불만이 끊이지 않았다. 실은 어떤 식민지든 그러했다. 하지만 버지니아에서 유독 골치가 아팠던 것은 위도, 즉 해안선 범위는 당초의 허가서에서 매우 정확하게 정해졌으나 내륙 지대의 범위는 불명확했다는 점 때문이었다. 의회를 장악해 정부를 운영하던 해안 지대의 대농장주들과 애팔래치아 산맥 산록 지대나 더 앞으로 진출한 소규모 농민 사이에서 일찍부터 이해 충돌이 일어났다.

실은 거의 첫 단계부터 두 개의 크게 다른 사회가 나타나기 시작했다. 연안 지대에는 전형적인 "남부", 즉 노예를 소유하고 담배를 재배하며 문화적인 엘리트주의를 자랑하는 유한계급의 문명이 있었다. 그리고 내륙 지대에는 매우 뒤떨어진 농민 사회가 있었다-이 괴리로 인해 마침내 남북전쟁 시대에 버지니아가 그 밖의 다른 곳과 분리해 새로운 주를 만들고 정치 조직체로 탈바꿈했다.

베이컨 반란과 필립 왕 전쟁

1676년 초에 제임스 강 상류의 소농민들은 총독 윌리엄 버클리 경의 계획이 부적절하며, 이는 해안 지대 출신 귀족이 우위를 점하는 하원에서 자신들의 대표가 부당하게 적은 데 그 원인이 있다고 생각했다. 그래서 부유한 대농장주인 너새니얼 베이컨을 앞세워 인디언에 대항하는 동시에 총독에게도 항의하도록 했다. 버클리는 베이컨을 반역죄로 고발했고, 6월 6일 그가 500명의 남자들과 함께 제임스타운에 도착하자 체포해버렸다.

그런 다음 자신의 권위를 각인시켰다고 생각하여 석방 조치를 취했으나 결과는 위험한 대립만 초래했다. 베이컨은 정부가 인디언 단속을 확실하게 조치하지 않은 처사에 대해 조사위원회 설치를 요구했고, 나아가 군대를 동원할 수 있는 권한을 요구했다. 총독은 동부 해안으로 피신했다. 베이컨은 3개월 동안 수도를 차지하고 지원병을 모집해 연안 지대의 귀족 거주지를 약탈했다. 그리고 버클리와 그 일당을 "공금을 빨아먹는 스펀지"라고 규탄했다. 하지만 1676년 10월 26일 갑자기 "급성 이질"의 "극심한 발작" 같은 증상을 앓고 목숨을 잃었다. 지도자를 잃은 반란은 좌절했다. 일단의 영국군이 총독의 요청을 받고 3개월이 지난 11월에 본국에서 도착했을 때, 그때까지 권력에 반항하던 사람들은 80명의 노예와 "하인"뿐이었다. 백인에 의한 심각한 반란은 노예 반란으로 변질되었고 마침내 진압되었다.[137]

베이컨의 반란은 초기 미국에서 권위가 얼마나 위험한가를 보여줬다. 같은 해 뉴잉글랜드에서도 그 같은 사실이 증명되었다. 청교도는 인디언의 그리스도교 개종에 대해 특별히 관심을 보이지는 않았다. 그러나 그 가운데 한 사람인 존 엘리엇(1604~1690)은 1646년 이후 온 힘을 기울여 여러 지역의 부족들에게 설교를 하거나 『성서』를 알곤킨 어로 번역했다. 엘리엇이 개종시킨 사람들을 "기도하는 인디언"이라고 했고, 그런 사람들은 부족을 떠나는 경우가 많았기에 그들을 모아서 정착시킨 곳은 "기도하는 마을"이라고 불렀다. 이런 개종자 가운데 한 사람인 사사몬은 하버드에 입학까지 했으나 도중에 포기한 것으로 보이며 훗날 "필립 왕"의 지지자가 되었다.

메타콤이라는 인디언 이름으로도 불린 필립 왕은 인디언 지도자이자 성스러운 대추장이었다. 사사몬은 1676년 초에 살해되었는데, 그 이전에 또 다시 기독교도가 되었기 때문이었다. 왐파노아그 족 이교도 3명이 사사몬 살인죄로 유죄 판결을 받고 플리머스 당국에 의해 처형되었다. 이것이 그리스도교와 인디언 종교 문화가 충돌한 필립 왕 전쟁의 표면적인 원인이었다. 하지만 진짜 이유는 빠르게 확대하는 매사추세츠 식민지로 인해 인디언의 토지에 가해진 압박이 커졌기 때문일 것이다.

1679년 여름부터 가을이 끝날 무렵까지 필립과 그 부하들은 넓은 지역에서 백인 농장과 정착촌을 파괴하고 어떤 때는 보스턴 근처 20마일까지 침범하기도 했다. 만약 필립이 인디언의 대단결을 실현했다면 이 식민지를 전멸시켰을 가능성도 충분히 있었을 것이다. 하지만 적인 백인에 맞서 단결하는 능력이 부족했던 점이 인디언의 변함없는 치명적 약점이었다. 이때 윈스럽이라는 이름의 당시 매사추세츠 총독은 시민군을 모아 인디언이 집결한다는 정보가 들어올 때마다 10명에서 150명 이상으로 구성된 중무장 기병을 보냈다. 이 전투는 1676년 겨울부터 이듬해 봄까지 계속되었으나 1677년 8월 마침내 필립이 쫓기는 신세가 되어 살해되었다. 그 뒤 인디언 소집단을 고립시키거나 마을과 멀리 떨어진 숲 속으로 추방해 전쟁은 끝이 났다. 다만 뉴햄프셔나 메인에서는 1678년까지 약간의 전투가 벌어졌다. 양쪽의 피해는 컸다. 뉴잉글랜드에서 백인 가정은 모두 어떤 형태로든 영향을 받았다.

영국에서 구원병이 오리라고 기대할 수 없었던 것은 당연했다. 영국군에 비해 눈에 띄게 뛰어난 지역 시민군은 마지막에는 무서운 전투 조직이라는 사실이 밝혀졌다. 이 시민군이 없었다면 매사추세츠 만 지역의 인디언 통제는 불가능했을 것이다.[138] 치열한 전투였다. 필립이 살해되자 머리를 잘라 보스턴으로 가져가 전시했다. 두 팔은 플리머스로 보냈다. 생존자에게는 깊은 상처가 남았고, 청교도 성직자들도 크게 영향을 받았다. 이 위기는 신이 뉴잉글랜드에 불만을 품었다는 생생한 증거라고 생각했다.[139] 그들의 말을 빌리자면, 이것은 "진실로 무서운 심판"이었다.

세일럼 마녀재판의 광풍

필립 왕 전쟁에 따른 파괴, 그로 인한 가족 붕괴, 그리고 신앙심 깊은 뉴잉글랜드 주민들이 어찌 된 일인지 타락했고 그 결과 벌을 받았다는 분위기가 널리 퍼져나갔다—1692년에 세일럼에서 일어난 히스테릭한 마녀재판 소동에는 이런 장기적인 배경이 작용했다. 그렇지만 단기적인 배경으로서는 식민지 통치에서 영향을 받은 분열을 들지 않을 수 없었다.

1660년부터 줄곧 영국 당국자는 아메리카 대륙에 흥미를 크게 느꼈고, 초기 몇 십 년 동안 무심코 식민지 주민에게 부여한 권력을 얼마라도 되돌려 받으려고 계속해서 노력을 기울였다. 이 경향은 1680년대에 급격하게 강해졌다. 1684년 국왕은 매사추세츠에 자치를 허락한 최초의 허가서를 취소했고, 1686년에는 에드먼드 앤드로스 경(1637~1714)을 총독으로 임명했다. 앤드로스는 완고한 관리로서 1674년에 네덜란드로부터 뺏은 뉴욕 식민지를 관리하기 위해 요크 공 제임스에 의해 파견되었다. 이곳을 영국령 북아메리카의 전략적인 중심지로 삼은 것은 이 사람이었다. 그는 부두를 넓히고, 창고를 짓고, 거래소를 설치하고, 무역을 육성하기 위해 규칙을 제정하고, 요새를 쌓았다. 앤드로스는 "시골 마을에 불과했던 뉴욕에 와서 그것을 도시로 남겼다"라는 말을 들었다.[140]

그것은 그것대로 매우 좋았으나, 매사추세츠는 자신들 일은 스스로 처리하기를 원했다. "뉴잉글랜드 자치령 총독"으로서 앤드로스가 온 것은 바로 같은 시기에 가톨릭교도임을 공언한 요크 공이 제임스 2세로 즉위한 것과는 다르게 보스턴에서는 환영받지 못했다. 제임스 2세가 북부의 모든 식민지를 통합해 하나의 뉴잉글랜드 대식민지로 만들기를 원했고 앤드로스를 그 앞잡이로 내세운 것은 명백했다.

휘그당 귀족이 오렌지 공 윌리엄을 영국으로 맞아들여 프로테스탄트 국왕 자리에 앉히고 제임스 2세가 망명했다. 그러자 뉴잉글랜드의 엘리트들도 그 틈을 타 자신들의 "명예혁명"을 꾀하여, 앤드로스를 투옥하고 독자적으로 일을 재개했다. 하버드 대학교 총장인 인크리스 매더(1639~1723)가 새로운 합의와 허가서를 얻기 위해 런던에 갔다. 광기의 마녀재판이 시작된 것은 그가 자리를 비운 때였다. 이것은 훗날 생각하면 법에 의한 지배의 붕괴였지만, 그 사건이 일어난 것은 뉴잉글랜드의 정치적 구조 전체가 어중간하고 불명확한 상태에 놓여 있던 시기였다는 사실을 이해할 필요가 있다.

뉴잉글랜드에서는 마녀의 존재나 혐의는 낯선 것이 아니었다. 종교적 반체제주의자, 예를 들면 퀘이커교도 등은 완전히 발가벗겨져 표지가 있는지 검사를 받았다. 마녀(남자인 경우도 있었다)에 대한 공포는 그 주인인 악마에 대한 공포와 관계가 있었다. 그렇지만 17세기의 도덕 신학에서는 악마는 늘 어디에나 있었다. 매사추세츠에서는 마녀재판과 교수형은 일상적이지는 않지만 때때로 일어났다. 코네티컷에서는 마녀가 "악마와 통했다"는 혐의로 교수형을 받은 사건이 10차례나 있었다. 로드아일랜드만

이 이 점에서 오점 없는 깨끗한 기록을 남겼다.

마법이 실재한다고 굳게 믿은 것은 칼뱅주의만이 아니었다. 영국국교회인 버지니아에서도 마녀가 박해를 받았다. 가톨릭인 메릴랜드에도 예가 하나 있는데, 마녀라고 의심받은 "키 작은 늙은 여자"가 믿기지 않을 정도로 거세게 부는 태풍을 가라앉히기 위해 바다에 던져졌다.[141] 1692년에 일어난 세일럼 사건이 유독 주목을 받는 것은 고발 규모와 갑작스러움, 재판의 비참한 소동, 그리고 징벌의 가혹함 때문이었다.

여기에도 배경은 있을 것이다. 1520년대에 종교개혁이 일어난 뒤 1세기 동안 유럽을 뒤흔든 숱한 종교 논쟁이나 전쟁은 17세기 전반에 중앙유럽의 비참한 30년전쟁이나 영국내전 등 주변 지역의 대혼란을 통해 막바지로 치달았다. 하지만 1648년의 베스트팔렌 조약 뒤 세계는 차츰 세속적인 일에 관심을 쏟았다. 마치 종교적 불관용의 정신이 화산처럼 타올랐다가 사그라든 뒤 사람들은 다른 논쟁거리로 눈을 돌린 것처럼 보였다.[142]

그럼에도 광신이라는 죽어가는 야수는 때때로 경련을 일으켰다. 1680년대에는 루이 14세가 가톨릭 과격주의자들의 협박을 받아 프로테스탄트 신앙을 허락한 낭트 칙령을 취소했다. 같은 1680년대에 프로테스탄트 도시인 런던에서는 변절자 타이터스 오츠가 이끄는 과격한 가톨릭 사회 전복 활동이 전개되었다. 세일럼의 광기는 이성을 결여한 이 상습적인 패턴의 일부였다.

세일럼 사건의 사실 관계 자체는 논쟁 대상이 아니다.[143] 1692년 초 세일럼의 목사 새뮤얼 패리스의 집에서 두 명의 어린 소녀-9세인 딸 베티와 11세인 조카딸 애버게일-가 히스테리 발작을 일으켜 소동을 피우며 바닥을 뒹굴었다. 두 소녀의 행동은 친구들에게도 영향을 줬다. 두 소녀 모두 글을 쓰거나 읽을 줄 몰랐다고 추측된다. 그리고 둘 다 패리스 집에서 일하던 흑인 여자 노예 티투바가 해주는 이야기 듣기를 좋아했다. 이 소녀들의 행동이 관심을 끌기 시작하자 귀가 얇은 아버지와 그 지역의 참견하기 좋아하는 사람들이 두 소녀의 몸을 검사하고 자세히 캐물었다. 마침내 소녀들은 장애의 원인으로 티투바의 이름을 털어놓았다. 마법을 사용했다는 자백을 강요받은 티투바는 사탄의 사주였다고 인정하고 고양이와 쥐 그리고 "세일럼 주민 9명이 서명한" 마법 책에 관한 일을 자백했다. 소녀들의 절규에서 이웃 여성 두 명의 이름이 나왔는데, 이것이 마녀재판의 시작이었다.

곧 이 사건은 많은 주목을 받았고, 세일럼뿐 아니라 보스턴을 포함한 인근에서 관심을 끌었다. 여기에 관여한 이들 가운데 한 사람이 인크리스 매더의 아들로 학식 있는 목사인 코튼 매더(1663~1728)였는데, 아직 젊은 나이에 이미 보스턴의 명사였다. 당국 또한 개입했다. 5월 중순에 임시 총독인 윌리엄 필립스가 세일럼에 와서 이야기를 듣고는 놀라서-공포에 사로잡혔다고 하는 편이 더 적절할 것이다-윌리엄 스톤의 주도로 특별법정을 열어 진상을 밝히라고 명령했다. 말할 것도 없이 이것은 중대한 잘못이었다. 통상적인 법률은 마법 사건에 대해 공평한 경우도 있고 공평하지 않은 경우도 있었다. 하지만 특별법정은 그 존재의 정당성을 입증하기 위해 반드시 범인을 색출해야만 했다. 그래서 사태는 그대로 진행되었다.

이 특별법정의 일처리는 엄격했다. 고발된 남녀 가운데 마법을 사용했다고 자백한 사람은 풀려났다-말하자면 세일럼에서 실제로 악마가 활동했다는 사실을 "입증"한 보상을 법정에서 받은 셈이었다. 고발된 사람 가운데 자신이 저지르지 않은 죄를 인정하지 않은 의지가 강한 사람은 유죄판결을 받았다. 이 히스테리로 인해 뉴잉글랜드는 기나긴 여름 내내 광란에 휩싸였고 이른 가을까지 여자 14명과 남자 5명이 교수형에 처해졌다.

대부분은 과거에 어떤 오점도 없는 훌륭한 사람들이었다. 답변을 한사코 거부한 한 남자는 무거운 돌에 눌려 죽었다. 이것은 오래된 그리스의 고문 방법으로 법정을 모욕한 죄에 대한 처벌이었다-미국 역사상 이것이 유일하게 적용된 사례다. 150명이 넘는 사람이 유치장에서 재판을 기다렸다. 거기서 목숨을 잃은 사람까지 나왔는데 난로는 10월이 돼서야 설치되었다. 총독 부인을 포함한 명사가 관련자 명단에 "이름을 올렸다." 그러자 당국은 정신을 되찾고 특별법정을 해산했으며 갇힌 사람들은 풀려났다.

세일럼 재판은 미신에 빠지기 쉬운 오래된 시대로 후퇴한 사건이었다고 볼 수 있다. 어떤 의미에서는 그랬다. 하지만 사태는 매우 복잡했다. 마녀의 존재를 믿는 것과 근대의 회의 정신은 양립할 수 있었다. 히스테리가 절정으로 치달은 10월에 코튼 매더는 『보이지 않는 세계의 경이(Wonders of the Invisible World)』라는 팸플릿을 출판하여 마법의 존재와 그것과 악마의 관계를 "입증"했다. 그는 과학을 반대하는 어리석은 사람은 아니었다. 오히려 그 반대였다. 그는 코튼 가와 매더 가라는 식민지 설립 당시로 거슬러 올라가는 보스턴의 교양 있는 두 명문가의 피를 물려받았다. 17세기 말에는 새로운 경험과학과 낡은 신앙체계가 공존했다. 당시 최고의 과학자인 아이작 뉴턴이 그 좋은 본보기였다. 뉴턴은 온갖 초자연 현상에 이끌려 그의 장서에는 점성술 책이 무척 많았다.

코튼 매더는 교양인으로서 명석한 과학자였다. 글래스고 대학교에서 명예 신학박사 학위를 받았을 뿐 아니라 당시 세계 일류 과학자 단체인 왕립협회 특별회원으로 선출되었다. 또한 식민지에 코페르니쿠스의 천문물리학을 보급하기도 했다.[144] 그는 자연의 경험적 연구를 신을 숭배하는 한 형태로 보았는데, 이것은 19세기 뉴잉글랜드의 초월주의자가 추구한 사고방식이었다. 코튼 매더에게 수많은 과학에 대한 관심은 종교적 신앙과 대립하는 것이 아니라 그 연장선에 있었다. 그는 마녀의 존재는 사후 세계를 방증하는 것으로 보고 이렇게 썼다. "마녀나 악마가 존재하기 때문에 …… 불멸의 영혼 또한 존재한다고 결론 내릴 수 있다."

엄밀히 말해서, 코튼 매더를 이처럼 열심히 마녀사냥에 나서게 한 것은 의심할 나위 없이 과학적 관심이었다. 재판을 철저하게 진행하면 점점 마법의 구조나 악마의 수법이 백일하에 드러나므로 인류에게 크게 공헌한다고 믿었다. 하지만 이 점에 대해 역시 학식 있는 과학 애호가로 젠틀맨 출신인 그의 아버지는 의견을 달리했다. 인크리스 매더는 악마를 찾아내는 일 자체가 악마의 일이며, 그 요망한 사기꾼이 어리석은 사람들을 나쁜 일에 끌어들이는 독특한 방식이라고 생각했다. 그가 1692년 가을에 영국에서 돌아온 것이 마녀재판을 끝내는 한 요인이 되었다. 그 이듬해 봄에 그는 『악령에 관한 양심의 문제(Cases of Conscience Concerning Evil Spirits)』라는 책을 출간해 집단 망상의 위험을 호소하고 죄 없는 늙은 여자를 목매달아 죽인 행위 바로 그것이 진짜 악마의 짓이라는 점을 시사했다.

인크리스 매더는 매사추세츠 총회가 판사들의 행위를 유감스럽게 생각한다는 동의안을 채택하도록 설득했다. 배심원은 유감 성명에 서명하고 교수형을 받은 사람들의 유족에게는 배상금을 지급했다. 허위 자백을 한 사람들의 일부는 훗날 그 사실을 고백했다. 그렇지만 몇 년이나 지나서 마침내 고백하는 경우도 있었다. 이러한 사건과 인크리스 매더의 저서가 사실상 미국에서 마녀재판에 종지부를 찍었다.

세일럼 재판은 사실 여부에 상관없이 자신들의 사회나 생활 방식에 어긋나는 적들에 대해 독선적인 분노를 폭발시켜 그것에 휩쓸리는 미국인의 기질을 그대로 드러낸 사건이었다고 할 수 있다. 이 점에서 세일럼 재판은 1919~1920년의 "공산주의 공포", 1950년대 초반 매카시 상원의원이 일으킨 공산주의자 색출 선풍, 1973~1974년에 일어난 워터게이트 사건, 1980년대의 이란 게이트 사건과 비교된다.

하지만 역사학자를 놀라게 하는 것은 당시로서는 결코 드물지 않은 1692년 여름의 자기 망상의 강렬함이 아니라, 가을 이후 신속한 사후 처리, 그리고 지방정부와 사회가 잘못을 뉘우치고 배상금을 지급하며 진실을 밝히려고 노력한 정신 자세였다. 이것은 확실히 어느 시대에서든 그리 흔하게 볼 수 있는 풍경이 아니었다. 17세기 말에 히스테리 소동 이상으로 주목해야 할 것은, 인간의 길과 진실을 추구하는 나라인 미국의 미래를 보여주는 좋은 조짐이었다. 법의 지배는 분명히 무너졌다. 그러나 그것은 참회하는 가운데 재빨리 복구되었다.

현대 역사학자들은 이 사건이 남긴 진정한 교훈은 불합리성의 강제가 아니라 과학의 남용이라고 결론지을지 모른다. 코튼 매더는 아버지 뒤를 이어 목사가 되려고 결심하기 전에는 의사 교육을 받고 천연두 백신을 특히 어린이에게 접종하라고 주장한 선구자적 인물이었다. 히스테리 발작을 종교 현상으로서만이 아니라 의학적 현상으로서도 열심히 연구했다. 아버지와 아들이 함께 심리적·육체적 스트레스를 겪는 아이들의 행동에 흥미를 가졌으나 두 사람의 결론은 서로 달랐다. 코튼 매더와 두 여자 아이들을 심문했던 사람들은 악령이나 마법, 악마의 소행에 대해 이야기를 잘못 알아들었던 게 눈으로 봐도 확실했는데, 아이들은 그것을 직관적으로 받아들여 대답했었다.

이런 현상은 17세기에 국한된 것만은 아니었다. 세일럼 재판을 강요했던 감정적 메커니즘을 이해하는 가장 중요한 열쇠는 수많은 히스테릭한 아동학대 소동의 몇몇 사례, 그리고 1980년대와 1990년대에 영국과 미국 두 나라에서 악마 숭배 집단이 아동을 학대한 사건 등의 검토를 통해 얻을 수 있을 것이다. 조사에 나선 검찰 당국은 아이들이 상상 속의 사건을 "기억해내도록" 유도했다. 이와 같은 수법은 위의 사례 모두에서 공통으로 나타난다. 1690년대의 세일럼 사건은 우리에게 생각만큼 먼 이야기는 아니다.[145]

불운한 지식인 코튼 매더

코튼 매더는 미국 역사에서 중요하면서도 비극적인 인물로 1663년에 태어났다. 그 무렵의 뉴잉글랜드는 아직 필그림 파더스가 목표로 했던 종교 공동체의 겉모습을 유지하고 있었으나, 회중교회주의는 이미 정부 기구로서 실질적인 통제력을 상실했으며 세속화가 현저하게 진행되고 있었다. 그의 이름이 증명하듯 코튼 매더는 청교도 명문가 출신이었다. 그는 청교도 엘리트 성직자 양성소인 하버드에 20세에 입학했는데 이 대학교 최연소 기록이었다. 총장인 아버지의 지위는 물론 뉴잉글랜드 지식인 사회와 종교계 지도자 역할도 물려받을 것이 틀림없다고 여겨졌다. 하지만 어느 쪽도 실현되지 않았다. 실제로 그는 하버드 대학교 총장 선거에서 패했다. 1721년에 마침 하버드의 라이벌로 1701년에 설립되어 1716년에 뉴잉글랜드로 이전한 예일 대학교 총장직 제의를 받았으나 이미 때는 늦었다. 나이가 너무 든 탓에 매더는 뜻을 접었다.

매더는 열심히 지식을 습득하여 그것을 되새김질하는 데 생애를 보냈다. 7개 국어를 배워서 능숙하게 사용했다. 뉴잉글랜드에서는 문화가 없으며 문필가가 한 사람도 없다는 주장에 대한 살아 있는 반증이었다. 일생 동안 450권의 책을 썼다. 출판되지 않은 저술이 더 많았는데, 책으로 나온

것만 서가 몇 개를 꽉 채울 수 있었다-그리고 그것과는 별개로 7권의 두툼한 일기까지 남겼다.[146]

　매더는 미국에서는 종교가 계몽의 편이라는 신조를 지켰다. 가난한 사람이나 힘없는 사람을 위한 공공복지제도를 추진했다. 그의 저서 『질서 있는 가족(The Family Well Ordered)』이나 『시온의 딸들을 위한 장식(The Ornaments for the Daughters of Zion)』은 교육, 특히 여성 교육에서 부모가 맡은 역할에 대해 현명한, 어떤 의미에서는 놀랄 만큼 근대적인 견해를 제창했다. 노예와 인디언의 권리에 대해서도 글을 남겼다. 의사나 법률가라는 직업에 질서와 분별을 부여하려고 시도했다-고결한 정신을 지닌 미국 지식인이 앞으로 시도해야 할 과업이었다. 모든 상황에 적응하는 유형의 인간은 결코 아니었다-지나치게 완고하고 모난 성격이었다. 하지만 모든 분야에서 타고난 인물이었고, 모든 목적에 부합하는 유형의 미국적 개량가이자 양식가로서 벤저민 프랭클린의 선구자라고 해도 좋을 것이다. 다만 매더에게는 프랭클린처럼 세계무대에서 활약할 기회가 없었다. 당시에나 그 이후에나(최근 연구에 의해 다시 조명을 받기까지) 세일럼 마녀재판의 막후 인물로 비난받았다. 매더는 고루한 젊은이에서 과거를 찬미하는 사람으로 자연스럽게 바뀌어갔다.

　코튼 매더는 죽기 훨씬 전에 시대가 자신과 맞지 않았다는 사실, 그리고 청교도가 미국에 가져온 그리스도교가 원형을 유지할 수 없을 정도로 변했다는 사실을 깨달았다. 1702년에 출판된 대표작 『미국에서 그리스도의 위업(Magnalia Christi Americana)』은 다소 장황하지만 미국이 낳은 최초의 명작이라고 불릴 자격이 충분하다. 역대 뉴잉글랜드 총독과 주요한 성직자의 생애, 하버드와 여러 교회의 역사, 그리고 초기 인디언 전쟁에 관한 귀중한 세부 사항이 기록된 1차 자료이다.

하지만 그 본질은 뉴잉글랜드의 종교 실험-신대륙에 신의 나라를 창조하려는 시도-의 서사시이자 무엇이 문제인지를 밝혀내고자 한 시도였다. "나는 타락한 유럽에서 아메리카 땅으로 도망쳐 그리스도교의 기적을 기록했다"라고 매더는 선언했다. 그의 어조에서는 놀라움이 많이 보이지만 한편으로는 불만과 애수도 엿볼 수 있다. 그는 청교도의 사명이 안고 있는 모순을 날카롭게 지적했다. 법을 준수하는 근면함의 원천인 그들의 프로테스탄트 윤리, 종교적 노력의 치열함이 자기붕괴의 씨앗을 품고 있었다. 매더의 표현을 빌리면 "종교는 번영을 낳았지만 그 딸이 자신의 어머니를 죽였다." 매더는 자신이 사는 동안에 보스턴에서 일어난 일을 지켜봤다. 상업 중시 정신이 번화가에 활력을 불어넣고, 체제에 영합하는 목사는 교회를 가득 메운 독선적인 신도들을 앞에 놓고 내적 은총의 외적 증거로 더욱더 부를 쌓으라고 부추겼다. 이렇게 해서 아메리카의 성공은 신성한 사명을 좀먹어갔다. "세속의 매력이 들판으로 향하는 사명을 망각할 위험이 있다"라고 그는 말했다.

여기 종교와 세속의 일을 포함한 모든 미국의 실험에 대해 생각해볼 여지를 주는 풍성한 재료가 있다. 코튼 매더가 1728년에 수많은 경고와 비판을 남긴 채 죽었을 때, 그와는 다채로운 활약에서는 매우 비슷하고 목적에서는 매우 다른 22세의 젊은이 벤저민 프랭클린이 필라델피아에서 자신의 길을 걷기 시작했다는 사실에 주목해야 한다. 매더는 내세를 위해 사람의 영혼을 구원하는 일이 머리에서 떠난 적이 없었던 데 비해, 프랭클린은-대다수 동포와 마찬가지로-현세에서 잘하는 일에 몰두했다. 매더에서 프랭클린으로 화제를 바꾸는 것은 미국 역사에서 커다란 분수령을 넘는 것이다.

최초의 프런티어

　이제부터 이야기가 18세기로 옮겨가면서 미국 초기의 퍼즐 맞추기는 마지막 몇 조각이 채워지기 시작한다. 뉴잉글랜드와 버지니아 연안에서 시작한 두 개의 성장 거점은 메릴랜드, 펜실베이니아, 뉴욕 등 중간 식민지에 의해 연결되었고, 이주민이 정착한 북아메리카 대륙은 북쪽과 남쪽, 특히 서쪽으로 향해 나아갔다. 프런티어는 1700년에 이미 형이하학적 현실 내지는 강력한 형이상학적 개념으로 다가왔다. 압도적인 원동력은 땅에 대한 소유욕이었다. 이때 인류 역사상 최초로 큰돈 들이지 않고 기름진 땅을 일반 대중이 소유할 수 있었다. 바야흐로 장밋빛 전망이 활짝 그 문을 열고 2세기 가까이 그대로 이어지다가 그 뒤 영원히 닫히고 말았다.

　18세기 초에는 원래의 식민지나 허가서로 인정된 장소 바깥에 토지를 획득해 마을을 세우는 움직임은 참으로 순조롭게 진행되었는데, 이런 현상은 1890년대 프런티어가 소멸하기까지 중단 없이 계속되었다. 해안선과 연안 지대에서 산록 지대로 진출한 것이 미국 최초의 프런티어라고 말할 수 있을 것이다. 영국령 아메리카에서는 이러한 전진이 어디서나 이뤄졌다. 예를 들면 후사토닉 계곡에서 강을 따라 버크셔로 나아가 1719년에 리치필드, 1725년에 셰필드, 1735년에는 서로 깊은 관계를 가진 4개의 마을이 건설되면서 후사토닉 정착지와 코네티컷 강 사이의 공백을 메웠다. 뉴햄프셔를 매사추세츠에서 떼어내는 것을 도운 베닝 웬트워스 총독(1696~1770)이 코네티컷 서쪽 땅을 내주었고 이것이 훗날 버몬트가 되었다.[147]

　북부에서 이 전진의 임무를 맡은 사람들은 얼스터의 프로테스탄트였다. 그들이 아메리카 대륙에서 신천지를 구한 것은 아일랜드의 양털을 영국에 수출하는 것을 금지한 조례, 영국국교회에 의한 10분의 1세 징수의 강화, 그리고 1714년부터 1718년까지인 최초의 얼스터 식민지 계약 기한의 종료 때문이었다.

그들은 무리를 이뤄서 이주했고, 당국은 이때 처음으로 직접 프런티어로 보낼 자원을 확보했다. 그들은 블랜드퍼드, 펠럼, 그리고 워런을 건설하거나 뉴햄프셔의 그래프턴 카운티와 버몬트의 오렌지, 윈저, 칼레도니아 카운티에 보금자리를 틀었다. 이들은 최고의 식민자였다. 법을 지키고, 신앙심 깊고, 부지런하고, 민주적이고, 교육을 받고 자치를 누리기를 원하는 정서가 강했다. 그들에 관한 기록은 별로 남아 있지 않지만 언제나 좋은 징조였다.

이것은 얼스터와 스코틀랜드인 이민의 본격적인 서막이었다. 1720년 이후 반세기 동안 약 50만 명의 남녀와 어린이가 북아일랜드나 스코틀랜드 저지대에서 펜실베이니아로 갔다. 독일인과 스위스인 프로테스탄트 역시 똑같이 대거 팔츠, 뷔르템베르크, 바덴, 스위스 북부에서 아메리카 대륙으로 1682년 이후 밀려들어왔고 이는 18세기 중반까지 계속되었다. 대다수는 뉴욕에서 머물렀으나 10만 명은 펜실베이니아로 갔다. 한때는 실제로 펜실베이니아 인구의 3분의 1이 얼스터 출신자, 3분의 1이 독일인이었다.

펜실베이니아 토지는 100에이커당 겨우 10파운드였고, 1732년 15파운드로 올랐다(1에이커당 연간 반 페니의 면역지대는 덤이었다). 하지만 토지는 충분했고 이주민이 줄지어 도착했다. 빨리 농사를 시작하고 싶다는 열의에 사로잡혀 많은 이들이 측량 수속도 밟지 않은 채 정착했다. 펜 가문의 수석 대리인 제임스 로건은 당혹감을 금치 못했다. 얼스터 사람들이 자신과 관리들에게 "이처럼 많은 그리스도교도들이 일하고 일용할 양식을 얻기를 원하는데 드넓은 토지를 놀려두는 것은 신과 자연의 법칙을 어기는 짓이다"라고 주장하면서 "뻔뻔스럽고 난폭하게" 밀어붙이며 들어왔다고 한탄했다.[148] 그런 진심 어린 주장에 로건으로서는 토지 양도 수속을 서두르는 길 이외엔 달리 답이 없었을 것이다.

남쪽으로 내려갈수록 땅값은 더 떨어졌다. 실제로 무료인 경우마저 있었다. 1720년대부터 줄곧 독일인, 스위스인, 아일랜드인이 북동부에서 산간 지대 내륙의 비옥한 계곡들-컴벌랜드, 셰넌도어, 헤이거스타운 계곡-을 따라 남하했다. 이어서 그 길을 지나 지금의 노스캐롤라이나, 켄터키, 테네시로 나아갔다. 반세기가 지날 무렵에는 이런 식으로 조지아까지 진출했다.

F. J. 터너가 훗날 『미국사 속 프런티어(The Frontier in American History)』에서 지적했듯이, 이 이동하는 사람들 무리에는 대니얼 분, 존 세비어, 제임스 로버트슨 같은 이름을 가진 어린이들이 있었으며, 그리고 앤드루 잭슨, 샘 휴스턴, 데이비 크로켓, 존 C. 칼훈, 제임스 K. 포크, 제퍼슨 데이비스, 에이브러햄 링컨, 스톤월 잭슨 등의 선조가 섞여 있었다. 바로 이 무렵에 앤드루 잭슨의 아버지는 캐롤라이나 산록 지대에 정착했고, 토머스 제퍼슨의 아버지는 블루리지의 프런티어에 집을 지었다.

체서피크 만 남쪽은 정부 구조가 더욱 약해졌다. 캐롤라이나에서는 남쪽과 북쪽 사이에 의견 차이가 끊임없이 일어났다. 또한 연안 지대의 대농장주와 내륙 산록 지대 정착민도 대립했다. 1691년 캐롤라이나 영주들은 북부의 기정 사실을 인정하고 식민지를 둘로 나눠 이미 노스캐롤라이나라고 불린 이 지역의 중심지 앨버말에 부총독이 머물도록 했다. 1712년 5월 12일 분리가 완료되면서 노스캐롤라이나는 독립 식민지로 바뀌었다. 주목할 사실은 노스캐롤라이나는 이미 독자적인 의회를 47년 전부터 운영하고 있었다는 점이다-찰스턴의 캐롤라이나 의회보다 5년 빨랐다.

이러한 분리 정책은 남과 북 어느 쪽의 문제도 해결할 수 없었다. 그런데 영주가 부재지주였기 때문에 부재 대농장주는 아일랜드에서 언제나 그러했듯이 초기 남부에서 모든 악의 근원이었다. 그것은 총독의 지배력과 목적의식 부족을 의미했다. 이 때문에 인디언 습격에 대응이 늦거나 부적절해서 시민군의 지휘 체계와 장비 빈약 등 여러 폐해가 생겼다. 이주민은 런던에 원조를 호소했다–1720년대에 이르러서도 아직 식민지 사람들이 "모국을 믿는다"는 행동 양식을 견지했으며 국왕을 어버이로서 또한 구세주로서 섬겼다는 사실은 큰 의미를 가졌다. 국왕은 이 요청을 받아들였다. 사우스캐롤라이나는 1721년 5월 29일 국왕 직할 식민지가 되었고, 노스캐롤라이나도 8년 뒤인 1729년 7월 25일 그 뒤를 이었다. 그렇다고 해서 국왕의 군대가 오거나 런던의 보호가 보증되지는 않았다.

위협은 인디언만이 아니었다. 예를 들어 1720년 사우스캐롤라이나에는 7,800명의 백인에 대해 1만 1,800명의 흑인 노예가 있었다–약 60퍼센트라는 흑인 비율은 다른 식민지보다 높았다. 게다가 노예 수는 점점 늘어났다. 1721년부터 1725년까지 4년 동안만 2,000명이 증가했다. 도망가는 노예도 많았다. "마룬(maroon)"이라고 불린 도망 노예들은 자체적으로 규합하여 영국령에서 에스파냐령 플로리다로 탈출했다. 플로리다는 1733년에 영국에 반항하여 에스파냐령에 도착한 노예를 자유인으로 간주하는 법령을 선포했다.

그 결과 1739년에는 노예 반란이 꼬리를 물고 일어났다. 찰스턴에서는 노예가 집단을 조직해 에스파냐령 세인트오거스틴을 향해 자유를 찾아서 떠났다. 그들은 도중에 만난 백인을 닥치는 대로 모조리 죽였는데 그 수는 21명을 헤아렸다. 이 마룬 무리 가운데 44명은 추격대에 잡혀 그 자리에서 처형되었다. 스톤 강 연변에서는 케이트라는 흑인 선동가가 격렬한 유혈 폭동을 일으켰다-30명의 백인과 약 50명의 흑인이 목숨을 잃은 다음에야 질서를 되찾았다. 버클리 카운티의 세인트존스 교구도 한 차례의 반란을 겪었다.

흑인과 백인의 무력 충돌은 결코 사우스캐롤라이나에만 국한된 일이 아니었다. 아프리카와 서인도제도에서 들여온 흑인은 점점 늘어났다. 1741년 흑인이 인구의 5분의 1을 차지하는 뉴욕 시에서 연쇄 방화 사건이 일어났는데, 그것을 흑인 음모단의 소행이라고 해서 노예가 마을을 점령하려 한다는 소문이 나돌았다. 많은 흑인이 체포되고 18명이 교수형, 11명이 화형에 처해졌다. 훗날 검찰관 대니얼 호스맨든은 문제의 음모단이 존재했다는 증거는 없었다고 인정했다.

하지만 캐롤라이나, 특히 남부와 오지의 치안 상태는 매우 불안정했다. 능력 있는 제임스 글렌이 1740년 총독에 취임하면서 비로소 안정을 찾았다.[149] 글렌은 국왕에게 어느 정도 행동을 취할 만큼의 영향력이 있었다. 1743년 초 스코틀랜드 고지 연대의 정예군과 현지 시민군을 거느린 제임스 오글소프 장군은 4배의 병력을 보유한 에스파냐군을 블러디마시 전투에서 무찔렀다.

오글소프의 식민지 실험

초기 미국 역사에서 얼핏 봐서는 이해하기 어려운 혼돈스러운 적대관계가 존재했는데, 제임스 오글소프(1696~1785)는 그 흥미 깊은 실례이다. 영국의 부유한 박애주의자이자 의회 의원이었던 오글소프는 형무소 개선에 힘쓴 일을 계기로 아메리카 대륙으로 건너왔다. 특히 빚을 못 갚아 수

감된 무력한 남자들에게 흥미를 가졌는데, 이런 무리에게는 자유를 주고 아메리카 땅에서 일하여 빚을 갚을 수 있도록 길을 열어줘야 한다고 믿었다. 1732년 제임스 2세는 서배너 강과 알타마하 강 사이에 그런 식민지를 건설하고 자신의 이름으로 조지아라는 허가서를 내려주었다. 오글소프는 1733년 1월 정착민 제1진에 동행했다. 이것 또한 유토피아적인 목적이었다. 그렇지만 엄격한 종교적 목적이 아닌 인도주의적인 목적이었다-17세기의 교조주의와는 대조되는 18세기의 합리주의에 의한 실험이었다.

오글소프와 지지자들은 사우스캐롤라이나처럼 극단적인 부의 추구를 피하고, 종교적인 박해나 형벌을 당한 희생자를 받아들이고 법에 따라 토지 소유를 제한하고 노예제도를 금지하는 소규모 지주 식민지를 만들려고 생각했다. 군인이기도 했던 오글소프에게는, 영국의 든든한 지원 아래 조지아를 남부에서 에스파냐가 일으킬 분쟁에 대한 방어용 완충 지대로 삼으려는 의도가 있었다. 따라서 알타마하 강 경계에 뉴인버네스라고 이름 붙인 방위 식민지에 요새를 건설하고 시민군을 편성했으며 스코틀랜드 고지 연대 병력을 모집했다. 블러디마시에서 거둔 승리는 에스파냐의 위협에 종지부를 찍었을 뿐 아니라 인디언에 대한 경고이기도 했다. 그렇지만 오글소프는 인디언과 교역장을 오거스터에 개설하여 본질적으로는 우호적인 자세를 취했다. 모든 면에서 볼 때 조지아는 계몽운동 시대의 모범적인 식민지를 목표로 삼았다. 오글소프는 양잠산업을 일으키려고 생각하고 새 수도인 서배너에 트러스티스가든이라는 작물시험장까지 만들었다.[150]

이 식민지 자체는 번영했다. 하지만 이성과 공정과 과학의 실험은 실패로 끝났다. 노스캐롤라이나의 경우와 마찬가지로 노예제도를 금지하려고한 시도는 경제적 이익과 개인의 욕망이라는 추악한 현실에 직면했다. 조지아는, 제멋대로였으나 틀림없이 번영한 사우스캐롤라이나의 대농장 경제에 너무 가까워 타락하지 않을 수 없었다. 오글소프가 규제한 조치는 무시되었다. 노예가 그대로 수입되었고, 역시 금지 품목이었던 럼주도 들여왔다. 이에 따라 서배너 의회는 법률을 바꿔서 널리 퍼진 위법 행위를 합법화했다. 럼주는 1742년에 공인받았다. 5년 뒤에는 노예제도를 금지한 법률이 효력을 잃었고, 1750년에는 정식으로 없어졌다.[151]

이런 변화들로 인해 서배너 강 북쪽에서 이주민들이 들어오기 시작했다. 그 가운데는 조지아의 값싼 토지를 취득해온 경험 풍부한 농장주와 그 노예들이 섞여 있었다. 유토피아를 꿈꾼 식민지 캐롤라이나와 같은 모습이었다. 오글소프는 이미 영국 당국과 군사비의 초과 사용 문제로 알력이 생겼다. 알렉산더 포프의 표현을 빌리면 "강한 박애 정신에 이끌려" 아메리카 대륙으로 건너간 이 남자는 환멸을 느끼며 실망한 채 영국으로 되돌아왔으며 1752년에 허가서를 포기했다.

17세기 중반에 미국을 구성한 13개 식민지는 모두가 반드시 합법적이지는 않더라도 현실적인 존재가 되었다. 여기저기서 분열을 겪기는 했으나 전체로는 압도적인 번영으로 인해 빠르게 탈바꿈했다. 이미 100만 단위의 거래는 낯선 것이 아니었다-"끝없이 동그라미가 붙는 땅"이었다. 1746년 뉴햄프셔의 존 메이슨이라는 젠틀맨은 200만 에이커에 이르는 조상 대대로 물려받은 토지를, 새로운 마을을 조성해 정착지로 만들 계획을 가진 포츠머스의 사업가 그룹에게 팔아넘겼다. 이것은 전부터 해온 농장, 대지, 미개척지 거래 가운데 가장 큰 단일 기록이었으며, 부동산 매매는 이미 영국령 미국을 인류 역사상 최대의 투기장으로 변모시켰다. 누구나 사정만 허락되면 덤벼들었다-다가올 세기에 미국인이 주식 투기에 보인 뜨거운 열기의 조짐이었다.

인구 급증과 경제 발전

그로부터 4년 뒤인 1750년, 미국 본토의 식민지 총 인구가 100만 명 고지를 넘었다. 물론 영국 당국은 북아메리카 전체를 따졌기에 이 숫자의 중요성을 간과했다. 하지만 17세기 중반 바베이도스 7만 5,000명, 버뮤다와 바하마 제도 1만 2,000명, 그리고 캐나다, 허드슨 만, 아카디아, 노바스코샤에 뉴펀들랜드를 더해 7만 3,000명이었던 데 비해 매사추세츠와 메인은 합해서 25만 명에 육박했고, 코네티컷 10만 명, 로드아일랜드와 뉴햄프셔 각각 3만 5,000명, 뉴저지 동부와 서부 각각 3만 4,000명과 3만 6,000명의 인구가 있었다. 또 뉴욕 7만 5,000명, 펜실베이니아와 저지대 16만 5,000명, 메릴랜드 13만 명, 남북 양쪽 캐롤라이나 13만 5,000명-이제 갓 탄생한 조지아는 4,000명-이었으며, 버지니아는 무려 26만 명을 포용했다. 넓게 보면 뉴잉글랜드는 40만 명, 버지니아는 39만 명, 펜실베이니아는 23만 명, 캐롤라이나는 10만 명 가까운 인구를 거느리고 있었다.[152] 이 네 군데의 자립한 발전 지역은 인구 증가의 원동력이었으며, 해마다 몇 천 명의 이주민을 받아들였다. 그뿐 아니라 높은 출생률을 보였고, 태어난 어린이 대부분이 성인으로 자랐다. 이런 요인들은 건강하고 식량과 주택이 넉넉한 가족제도를 보증했다.

이런 사실을 모두 고려하여 벤저민 프랭클린은 『국토 건설과 인구의 증가 등에 관한 고찰(Observations Concerning the Increase of Making, Peopling of Countries etc)』(1755)에서 이 나라 인구가 자신이 어렸을 때보다 두 배가 된 것을 느꼈으며 앞으로 20년 뒤에는 지금보다 배 이상 늘어날 것이라고 계산했다. 이 예상은 그대로 실현되었다-아니 그 이상이었다.[153] 더욱이 영토 전체가 많은 사람들을 모으고 성장세를 유지했기에 각 지역 당국들은 그다지 경계선에 관심을 두지 않았다. 영토 전체가 융합하기 시작한다는 사실을 보여주는 징조였다. 예를 들면 1732년 메릴랜드는 펜실베이니아의 독일인에게 서스케하나 강과 패탭스코 강 사이의 농사가 곤란한 토지를 200에이커 단위로 싸게 사라고 제안했다. 이를 통해 마침내 내륙 지대에서 번영하는 새로운 도시 볼티모어가 탄생했다.

마찬가지로 1750년대에는 버지니아 정부가 식민지 서부의 셰넌도어 계곡에 큰 구획의 토지를 싼 값에 제공하여 펜실베이니아에서 많은 사람들이 이주했다. 이와 함께 옛 인디언 길을 따라 유명한 필라델피아 마차 길이 생겨 상업 루트로 발전했다. 이렇게 해서 대 펜실베이니아는 대 버지니아에 흡수되어 더 왕성한 활동과 활력을 불러일으켰다. 이주지가 연안 지대에서 내륙 지대로 넓혀짐에 따라 각각의 식민지들은 처음에 지녔던 독자적 특징을 상실하면서 단순하게 미국적인 것으로 탈바꿈했다.[154]

17세기 전반기의 발전상을 살펴보면서 역사가는, 미국에서 이처럼 많은 일들이 그토록 빠른 속도로 진행되고, 당국과 간단하게 관계가 끊어진 것에 대해 깊은 인상을 받는다. 행정 당국자가 얻은 정보들은 곧 낡아져서 정책에 활용할 수가 없었다. 엄밀하게 말해 경제적인 의미에서 식민지는 전적으로 본국을 위해서만 존재했다. 1702년부터 1708년까지 뉴욕 총독을 지낸 콘버리 경이 상무부에 보낸 보고서를 보면, 총독은 "모든 제조업을 억제하고, 관련 징후가 있을 때는 정확하게 보고를 하도록" 지시받았음을 알 수 있다.[155] 상무부의 한 관리는 1726년에 식민지의 어떤 발전은 그것을 금지하는 법령의 유무와 관계없이 그 자체가 불법이라고 냉정하게 썼다.

종속령 정부가 온갖 귀중한 특권 아래 존재하고 보호받는 것은 모국의 덕택이므로 그 활동은 당연히 모국의 이익에 부합하지 않으면 안 된다. 따라서 어떤 식민지에서든 유리한 계획 또는 상업적 이득이 확실히 모국의 이익을 침해하거나 그에 상당한다면 그것은 모두 불법이며, 그런 행위는 승인받을 수 없다고 이해되어야만 한다. 그것은 식민지가 존재하는 목적에 위배되며, 사람들이 특권과 보호 둘 다를 주장하는 조건과도 양립할 수 없기 때문이다. …… 식민지의 목적은 이와 같기 때문에 그런 식으로 식민지를 활용할 수 없다면 차라리 없는 편이 나라에 더 낫다.[156]

이것은 무자비한 정책이었다. 부당한 것은 분명했고, 실행 불가능한 것도 마찬가지로 확실했다. 물론 이 정책을 실현하기 위한 입법적인 노력이 많이 시도되었다. 1699년의 조례는 식민지가 양털, 방모사 또는 직물을 수출하는 것을 금지했다. 1732년의 조례는 모자를 추가로 금지했다. 1750년의 조례는 조철(條鐵)의 영국 반입은 허락했으나 절단기, 압연기, 제철로는 금지했다. 하지만 철제 주물은 특별히 금지하지 않았기에 식민지는 주전자, 소금가마, 주방용품 등과 함께 대포도 제조했다. 상무부의 경제 정책에 따르면 이런 물품들은 본질적으로는 불법이었지만 계속해서 만들어졌다.

그러면 선박은 어땠을까? 해운은 영국의 활력의 원천이었는데, 선박은 잉글랜드나 스코틀랜드 어디서나 경쟁적으로 만들어졌다. 하지만 목재가 싸고 풍부했던 미국은 철선과 증기선의 시대가 오기 이전의 선박 건조에서 유리한 입장이었다. 17세기 중반 무렵 뉴잉글랜드의 조선소에서 톤당 평균 가격은 34달러였는데, 이는 유럽보다 20퍼센트에서 50퍼센트까지 저렴한 가격이었다. 1640년대부터 조선업을 적극 장려해 일찍이 1676년에는 영국에 수출할 목적으로 해마다 30척씩 건조했다. 이 수치는 1760년 한 해 동안 300척에서 400척까지 증가했다. 이 시대가 되면 영국 상선의 전체 규모 39만 8,000톤 가운데 3분의 1이 미국에서 만든 것이었다. 미국 식민지는 나아가 해마다 1만 5,000톤씩을 건조했다. 이 명백한 편법을 허락한 것은 값싼 목재에 대한 영국의 수요 때문이었다. 영국 무역상은 보스턴에 배를 보내 싣고 간 화물을 판 다음 그 판매 대금으로 또 한 척의 배를 만들어 배 2척에 목재를 싣고 돌아왔다. 영국 당국은 유럽 대륙에서 수입하는 목재의 의존도를 줄이기 위해 핀치, 타르, 로진, 테레빈유, 침수마 등 목재 관련 제품에 상당한 장려금을 지급하면서 어쩔 수 없이 이 방법을 장려했다.[157]

목재와 선박의 가격이 내려가면서 대규모 선단의 발달을 촉진시켰으나 이것도 엄밀히 말하면 영국의 이익을 위협했다. 일찍이 1641년의 통계를 보면 뉴잉글랜드는 한 해에 30만 마리의 대구를 포함해 넙치, 고등어, 청어 등을 수출했다. 1675년에는 4,000명의 남자와 600척의 어선이 조업에 나섰다. 1770년에는 수출액이 한 해에 22만 5,000달러에 이르렀다. 보존 처리가 어려운 큰 생선은 현지에서 식용으로 소비했고 작거나 상한 생선은 노예의 식량으로 서인도제도에 보냈다. 품질이 좋고 크지 않은 것은 소금에 절이거나 훈제로 만들어 영국에 수출했다.[158] 이로 인해 그리고 값싼 목재 덕분에 대규모 나무통 제조업도 호황을 누렸다-뉴잉글랜드 농민은 이 일을 부업으로 삼아 수익을 올리는 경우가 많았다.

크고 우수한 선박이 건조되자 뉴잉글랜드는 원양 고래잡이에 나섰는데 1700년에는 이미 중요 산업으로 급성장했다. 알 수 없는 어떤 이유로 본국 정부 또한 다시 이 활동을 환영하면서 2,000톤 이상의 포경선에 톤당 1파운드의 장려금을 지급했고(1732), 그 뒤(1747)에는 2파운드로 인상했다. 18세기 중반 미국은 세계에서 가장 뛰어난 포경선원을 거느렸다. 그 가운데 4,000명이 뉴베드퍼드, 프로비던스타운, 낸터컷, 마블헤드 출신으로

300척 이상의 포경선을 탔다.

사실 미국은 영국보다 훨씬 더 농업경제 위주였는데, 야금야금 모든 종류의 제조업에서 앞지르기 시작했다. 본국의 상무부가 각지의 총독에게 현지 물자 생산량의 조사를 지시하자 총독들은 현지 여론을 의식해 고의로 수치를 줄여 보고했다. 18세기에는 조작된 많은 통계가 대서양을 건너갔다—그렇다고 해서 특히 이 시기에 국한된 일만은 아니었다.[159] 회계감사관 위어는 1750년 무렵 상무부에 우려 섞인 보고서를 제출했다. "뉴잉글랜드, 뉴욕, 뉴저지, 펜실베이니아와 메릴랜드(이보다 남쪽 지역의 정보는 현재로서는 입수 불가능함) 전역의 이주민들은 거의 모두가 현지에서 생산된 모직물을 착용했고, 또한 언제부터인가 이곳 사람들은 영국 고유의 제조업에 광범위하게 손대기 시작했다. 이것은 결코 근면이나 절약 정신에서 나온 것이 아니라 명백한 상행위이며 어떤 이익을 기대한 것이다."[160]

같은 시기에 보낸 다른 보고서에서는 미국 제조업자가 수출에서도 영국과 충분히 경쟁할 능력이 있다고 시사했다. 그 품목으로는 면사와 면제품, 모자, 비누와 밀랍 초, 목공품, 승합마차, 짐마차, 의자, 마구와 그 밖의 가죽 제품, 구두, 린넬류, 로프, 주물 제품, 도끼, 그리고 철제 도구류 등을 열거했다.[161]

영국을 앞지른 번영

벤저민 프랭클린처럼 미국을 대변하는 인물은 식민지가 이런 면에서 얼마나 잘하는지를 알리지 않으려고 노심초사했다. 질투심 많은 영국으로부터 분노를 살까봐 두려웠기 때문이다. 프랭클린은 1766년 펜실베이니아 대표로서 하원 위원회에 참석해 그곳 식민지가 영국에서 50만 파운드 상당의 상품을 수입하면서 수출 물량은 고작 4만 파운드에 지나지 않는다고 보고했다. 그 교역 차액은 어떻게 충당되느냐는 질문에 다음과 같이 답변했다. "차액은 우리 생산품을 서인도제도에서, 즉 우리 섬에서 팔아 채웁니다. 그러니까 프랑스인, 에스파냐인, 덴마크인, 네덜란드인 등에게 팝니다. 마찬가지로 북아메리카의 그 밖의 식민지, 즉 뉴잉글랜드, 노바스코샤, 뉴펀들랜드, 캐롤라이나와 조지아에 보냅니다. 동시에 유럽 각지, 즉 에스파냐, 포르투갈, 이탈리아에도 보냅니다. 이런 곳들에서 금전, 송금어음, 어떤 때는 상품 등 본국 송금에 적당한 것을 받습니다. 우리 상인이나 선원의 활동으로 이런 순회 항해에서 발생하는 이익과 선적 화물의 판매 대금을 합친 금액은 최종적으로 영국에 모여 차액을 해소하고 영국 제조업자에게 지불되는 절차를 밟습니다."[162]

그는 "보이는 것"과 "보이지 않는 것"을 분리하고, 삼각무역이나 사각무역의 여러 가지 요소를 구별했다-비전문가인 젠틀맨 출신 의원들에게는 너무 어려운 내용이었기에 프랭클린이 그들 눈을 속이기는 쉬웠다. 원래 프랭클린이 거론한 수치는 부정확했고 그가 인용한 가정도 그대로 해석하면 대부분 오해를 불러일으킬 내용이었다. 실제로 18세기 전반에 접어들면서 중상주의는 어느덧 마지막 시대를 맞았다. 세계적으로 무역이 복잡해져서 새롭게 자립한 영토를 가진 나라에서 무엇이 진정으로 장기 이익이 되는지를 알기 어려웠기 때문에 중상주의는 거의 제 기능을 발휘하지 못했다. 대서양을 무대로 펼쳐지는 대규모 기업가 자본주의는 이미 매우 복잡한 양상을 띤 탓에 국가가 효율적으로 관리할 수 없었다. 어쨌든 영국 경제 전략가들-미국에(또는 거의 대부분이 유럽 대륙에조차) 가본 적 없는 몇몇 관리들에게서 조언을 받고 고전적인 교육과정을 이수한 휘그당 출신 젠틀맨에게는 과분한 이름일지 모른다-은 미국 본토의 식민지가 성숙해가는 속도를 제대로 파악하지 못했다. 런던은 전통적으로 미국을 가난한 변경의 땅이라고 생각했다. 그들은 윌리엄 국왕이나 앤 여왕 시대 때 벌어진 내전 기간 동안 미국 식민지에서 거의 아무 역할도 하지 않았다. 그나마 한 일이라고는 담배 재배밖에 없었다. 18세기 초 미국이 영국의 전체 무역액에서 차지하는 비중은 불과 6퍼센트였다. 이는 북유럽의 6분의 1 이하, 서인도제도의 3분의 2 또는 그 이하였고 동인도에조차 뒤지는 수치였다.

이런 상황은 처음에는 거의 눈에 띄지 않을 정도로 조금씩 변했다. 미국 본토 식민지는 대영제국에서 가장 빠르게 발전하여 1750년에는 반세기 만에 500퍼센트나 성장했다. 유럽에서 가장 근대적인 경제를 자랑한 영국의 당시 성장률은 25퍼센트였다. 1700년 미국 본토의 생산량은 영국의 5퍼센트에 머물렀으나 1775년에는 5분의 2를 기록했다. 이 기록은 세계 역사상 최고의 성장률이었다.[163]

모든 것이 미국에 유리하게 돌아가는 것처럼 보였다. 영토 확장 속도는 10년마다 40퍼센트 또는 심지어 그 이상을 기록했다. 토지를 손에 넣을 수 있다는 사실은 가구당 면적이 크다는 뜻으로 60에이커 이하는 거의 찾아볼 수 없었고 100에이커를 넘기는 경우가 많았다. 유럽 기준으로 보면 대지주에 속했다. 남녀는 젊어서 결혼할 수 있었고, 40세까지 산 기혼 여성은 평균 6~7명의 어린이를 낳았으며 그중 4~5명이 성년을 맞았다. 생활 수준은 높았는데, 특히 식량 사정이 좋았다. 남자는 한 해에 200파운드 이상의 고기를 먹었고 이처럼 단백질이 풍부한 음식 덕택에 영국인과 비교해 2인치 이상이나 키가 컸다. 양질의 유제품도 섭취했다. 1750년 무렵 코네티컷의 전형적인 농장은 소 10마리, 양 16마리, 돼지 6마리, 일소 한 쌍을 소유했다. 한편 농장에서는 옥수수, 밀, 메귀리 등이 자랐는데, 수확의 5분의 2는 시장에 내다팔아 영국 수입품이나 점점 늘어나는 현지 생산 일용품 구입에 썼다.

과부는 확실히 가난에 빠지기 쉬웠다. 하지만 장년의 백인 남자로 가난한 경우는 겨우 3~5퍼센트에 지나지 않았다. 성인 백인 남자 가운데 3분의 1은 이렇다 할 재산을 지니지 않았는데 그 경우는 30세 이하였다. 토지 확보는 간단했다. 40세까지 생존한 남자라면 중간 정도의 수입과 상당한 재산을 보유한 가정을 꾸릴 수 있다고 기대되었다. 요컨대 18세기 중반으로 접어들면서 이미 미국은 압도적으로 중산층 계급이 많은 사회로 변모했다. 노동력이 부족해서 직인들은 굳이 길드를 조직해 자신들의 직업을 지킬 필요가 없었다. 어떤 일을 하더라도 규제 따위는 거의 찾기가 힘들었다. 25세를 넘겨 다른 사람에게 고용되는 숙련공은 거의 없었다. 자신의 농장을 가질 수 없는 사람은 혼자 장사에 나섰다. 실제로 계급 장벽은 전혀 존재하지 않았다. 장년층 직인은 대체로 선거권을 가졌고 마을이나 카운티의 의원으로 선출되는 경우도 흔했다. 이렇게 성공한 장년층 남자 가운데는 초기 이주민이나 자유 이주민의 자손뿐 아니라, 식민지 시대에 자유가 유보된 채 4년에서 7년 기한의 계약하인 신분으로 아메리카 대륙에 건너온 50만 명에 이르는 유럽계 사람들의 후손도 있었다.[164] 백인 하인은 흑인 노예와 달리 미국에서 거의 조건 없이 성공을 거뒀다.

1717년에 시작한 죄수를 미국 본토로(통상 7년간) 이주시키는 정책은 그다지 성공적이지 못했다-훗날 호주에서 시행되었을 때보다 확실히 초라한 결과였다. 이 사업은 성가신 부랑자를 해외로 내쫓고자 한 영국이 국가 차원에서 추진했는데, 여기에는 해운 사업도 관련이 있었다. 죄수는 봄에 영국을 떠나 여름에 필라델피아 또는 체서피크에 도착했고, 그 배는 다시 담배, 옥수수, 밀 등을 싣고 가을에 귀로에 올랐다. 1717년부터 1767년까지 반세기 동안 메릴랜드 한 곳에만 1만 명의 중죄수가 들어왔다. 죄수는 90명 또는 그 이상이 쇠사슬로 연결되어 도착했는데, 그 모습과 악취는 이 세상 어디에도 없을 만큼 지독했다. 프런티어 개척민의 입장에서 보면 이것은 좋은 구매 기회였으며 기술을 가진 경우라면 더욱 그러했다. 그들은 농업, 채굴, 조선, 볼티모어의 대표적인 제철소 등 중노동에 종사했다. 1755년 볼티모어에서는 성인 남성 노동자 10명 가운데 1명은 영국에서 온 죄수였다.[165]

죄수는 일반 계약하인에 비해 확실히 다루기가 어려웠다. 툭하면 마구 부려먹는다고 불평을 늘어놓으며 "권리"를 요구했다. 사람들은 그들을 싫어하고 멀리했다. 대부분이 알코올중독이거나 자멸적이었고 그렇지 않으면 귀나 손가락이 없거나 섬뜩한 흉터를 가졌거나 했다. 그중에는 뛰어난 사람도 있었다. 원래 강도였던 한 사람은 의사 자격을 획득해서 볼티모어에서 수완 좋게 개업했는데, 본인 말에 따르면 "두 사람 벌이에 충분한 수입"을 올렸다. 무서운 소문도 이따금 나돌았다─한 죄수가 1751년에 미쳐서 주인집 아이들을 도끼로 공격했다거나 또 다른 죄수는 일하다가 자신의 손을 잘랐다는 등의 이야기였다. 윌리엄 버드 주니어는 버지니아에서 영국 친구에게 보낸 편지에서 "여기 있는 악당들을 죄다 본국에 데려다가 교수형 시켜버리고 싶어"라고 빈정댔다.[166] 주민들 사이에서는 현지에 도착한 모든 죄수들에게 인두세를 물리든가 인수인은 죄수의 품행을 보증하는 조항을 추가하라는 요구가 빗발쳤다. 영국 당국이 그런 조건을 허락할 리는 추호도 없었다. 죄수들이 유입되면서 미국에서 처음으로 범죄 증가와 품행 악화에 대한 불만이 널리 퍼지기 시작했다. 이 같은 현상을 모조리 영국 탓으로 돌렸다.

실제로 역사가 입장에서는 어느 정도 악의적인 재미를 느꼈겠지만, 이 세기가 지나감에 따라 미국인은 자신들에게 좋은 것은 모두 자신들의 나라와 자신들의 노력 덕분이라 여기고 나쁜 것은 죄다 영국 탓으로 돌리는 경향을 보였다. 영국에서 새로 온 사람들은 확연하게 실감했겠지만, 미국은 영국 이주민에게 많은 혜택을 베풀었다. 한 여행자는 "영국 하이드파크의 귀부인보다 미국 돼지가 더 좋은 것을 먹는다"라고 말했다. 다른 한 사람은 "식탁은 풍성하게 차리고 문은 활짝 열어놓은 나라"라고 불렀다.[167] 영국 육군 장교의 딸로서 여행 경험이 풍부했던 일라이자 루커스 양은 고향에 보낸 편지에서 "복숭아, 승도복숭아, 온갖 종류의 멜론이 매우 탐스럽고 흔하며, 거기다 오렌지 철이 되면 내가 여태껏 맛본 서인도, 에스파냐, 포르투갈 등지의 어느 것보다 맛있다"라고 썼다.

야채 역시 영국에서 볼 수 있는 것보다 종류가 많았고 품질이 뛰어났다. 독일 이주민은 특히 대량 재배에 재주가 있어서 사과, 배, 모과, 밤, 그리고 다양한 종류의 딸기, 나무딸기, 월귤나무 열매, 버찌 등 잼용 과실을 헐값으로 시장에 내놓았다. 일반인이 쇠고기나 돼지고기, 양고기와 "조니 케이크"나 "호우 케이크" 같은 옥수수빵으로 배를 채웠다. 1746년 「런던 매거진」의 한 기고자는 미국 시골에 사는 사람들이 "왕궁에 있는 사람이나 금융계 종사자마저 부러워할 생활을 즐긴다"라고 생각했다. 어쨌든 열심히 모색하면 반드시 자연의 새로운 혜택을 얻을 수가 있었다. 머리가 좋았던 루커스 양은 사우스캐롤라이나의 대농장을 맡자마자 의회가 남색 물감 원료인 인디고에 교부하는 장려금이 1748년에 1파운드당 6펜스로 인상되었고 운 좋게 시험 재배에도 성공했다. 그녀의 이 같은 노력 덕택에 남북 캐롤라이나는 1775년에 520톤의 인디고를 수출했다. 이것은 독립전쟁이 끝난 뒤 면화로 대치될 때까지 주요 산물이 되었다.

번성하는 식민지 도시

개척민들이 내륙 지대로 진출해 새로운 부를 개발하고 미국이 선진 공업경제로 막 도약할 무렵의 인구 기반이 서서히 형성되는 동안, 해안 지대에 위치한 도시들은 눈부시게 번영하며 소비생활을 즐겼다. 그중에서 가장 앞선 곳은 필라델피아였는데, 17세기 중반에는 대영제국에서 런던에 이어 최대 도시로 발돋움했다. 필라델피아 철학협회(1743)는 이미 명성을 날렸으며, 아울러 아카데미(1751)도 급성장을 이루며 훌륭한 펜실베이니아 대학교로 탈바꿈했다. 뉴욕 시도 빠르게 발전하면서 이미 인종의 도가니 양상을 보이기 시작했다. 1700년에는 원래 거주자인 네덜란드인보다 영국인과 위그노가 더 많았다.

17세기가 지나고부터 네덜란드인 대부분은 영국국교회로 개종했고 네덜란드어와 영어를 다 쓰거나 영어만으로 생활했다. 여기에 많은 왈론인과 플랑드르인, 스웨덴인, 라인 지방의 프로테스탄트, 노르웨이인, 북부 독일인과 함께 스코틀랜드인이나 영국 칼뱅주의자와 퀘이커교도, 해방노예, 아일랜드인, 그리고 새로운 네덜란드인이 추가로 들어왔다. 1702년에 동서가 합병해서 하나가 된 뉴저지 식민지를 포함한 허드슨 강 유역은 18세기 중반에는 다양한 민족 공동체 전시장으로 바뀌었다ᅳ할렘과 프랫부시에 네덜란드인, 퍼스엠보이에 저지대 스코틀랜드인, 피스캐터웨이에 뉴햄프셔에서 온 침례교도 이주민, 슈루즈버리에는 뉴잉글랜드의 퀘이커교도, 뉴로셸에는 위그노, 버겐에는 플랑드르인, 뉴어크와 엘리자베스에는 뉴헤이븐의 청교도가 살았고, 상류 여러 곳에는 스코틀랜드인, 아일랜드인과 독일인 소집단이 각각 있었으며 많은 네덜란드인도 그곳에 살았다ᅳ올버니는 당시 영어를 사용하는 네덜란드인 마을이었다. 또한 이미 온타리오

호반의 포트오스위고를 출발지로 삼아 인디언 교역과 모피 거래에서 프랑스령 몬트리올과 경쟁했다.

영국령 미국은 규제 없는 기업 활동과 모든 것이 자유로운 정부 자치 덕분에 경제와 정치의 자유를 누리고 있음을 이미 성장률로 증명했다. 이에 비해 프랑스가 방대한 투자를 한 캐나다는 미숙한 관리 체제를 고수해 거의 제자리 수준에 머물렀다. 1750년 허드슨 강 유역 인구만 10만 명을 훨씬 웃돌았는데 드넓은 세인트로렌스 분지 인구는 불과 6만 명이었고, 뉴욕 시 인구는 퀘벡 인구의 4배였다. 내향적이고 지극히 고요한 퀘벡과 달리 뉴욕과 그곳 정치는 소란스럽고 신랄하고 무서우리만치 당파적이었지만 민주적이었던 것만은 틀림없었다.[168]

뉴욕 정치의 독기는 1735년 미국 최초의 문서 선동죄 재판으로 번졌다. 바로 2년 전 뉴욕에서 「위클리 저널」을 발행한 존 피터 젱거가 총독 윌리엄 코스비를 비판한 혐의로 투옥되어 10개월 뒤 재판에 회부되었다. 젱거는 미국 최초의 신문 발행인은 아니었다. 그 영광의 주인공은 보스턴 우편국장을 역임한 윌리엄 캠벨이었다. 캠벨은 매사추세츠 만 식민지 주변에 흩어져 있는 친구들에게 세계 움직임을 알리기 위해 1704년에 「뉴스 레터」를 창간했다. 17세기 전반에는 20개가 넘는 신문이 발행되었는데, 그 가운데는 「필라델피아 아메리칸 위클리 머큐리」(1719), 벤저민 프랭클린의 형 제임스가 보스턴에서 창간한 「뉴잉글랜드 캐럿」(1721), 프랭클린 자신이 1729년에 인수한 「펜실베이니아 가제트」 등이 포함되었다. 또한 아나폴리스의 신문 「메릴랜드 가제트」(1727)나 「찰스턴 사우스캐롤라이나 가제트」(1732)도 있었다.[169]

젱거, 그보다는 오히려 그의 변호를 맡았던 필라델피아의 앤드루 해밀턴이 진실을 항변의 전면에 내세운 것은 주목할 만했다. 영국 법원이라면 이를 인정하지 않았을 것이다. 영국에서는 "정부에 대한 악의적인 견해"를 조장하는 행위는 진실 여부와 관계없이 선동죄로 처벌받았다. 실제로 문서 선동죄에 관한 영국 법률은 "진실이 무거운 만큼 선동죄도 무겁다"는 원리였다. 젱거 사건에서 판사가 소송을 기각하려고 했으나, 그것과 관계없이 배심원단은 젱거에게 무죄 판결을 내렸다-그리하여 이런 박해는 자취를 감췄다. 이것은 식민지 시대 미국의 들뜬 분위기 속에서는 사회의 어떤 점을 비판할 경우 처벌받지 않고 끝난다는 사실을 여실히 보여줬다-영국의 선동죄 처벌은 1820년대, 나아가 훨씬 뒤까지 계속되었다.[170]

이런 도시들 모두가 호경기에 들떠 시끌벅적했던 것은 아니었다. 1세기 이상 남부 유일의 도시였던 찰스턴은 1750년 당시의 인구가 8,000명을 조금 넘었지만 드넓고 나무 그늘이 많았으며 우아하고 돈 쓰기를 아까워하지 않는 곳으로 상류 인사들이 마을 저택에 살며 마차로 외출했다. 아나폴리스도 상류계층의 도시였는데 1750년에는 불과 150세대밖에 살지 않았다. 벽돌 건물이 즐비했고 보스턴에 지지 않을 포장도로에 은기, 금제품, 고급 가구, 그림 등을 파는 멋진 가게들이 들어섰다. 독자적인 신문을 가졌을 뿐 아니라 1758년에 창립된 서점 겸 출판사마저 있었다. 1740년대에는 정기적으로 음악회를 열고 천재 작곡가 토머스 베이컨 목사(1700~1768)를 배출했다. 또한 베이컨은 『메릴랜드 법령집(The Laws of Maryland)』을 편찬하기도 했다.[171]

1752년 6월 17일에는 연극 시즌 때 프로 배우가 방문해 런던에서 크게 히트한 게이의 〈거지 오페라(Beggar's Opera)〉와 개릭의 작품을 공연했다. 상설 극장이 1771에 개설되었는데, 이것은 미국 식민지에서 벽돌로 지은 첫 공연장이었다. 개관 첫 공연이 있던 날 저녁 관람객 가운데 젊고 키가 큰 육군 대령 조지 워싱턴이 있었다. 이 도시의 "화요 클럽"은 주로 성직자나 지적 직업인이 참가해 과학 연구의 중심이 되었다. 1699년 버지니아 식민지의 수도가 된 윌리엄스버그도 매우 비슷한 곳으로 발전해 아담하고 우아하며 문화적으로 뛰어난 고급 도시로 인식되었다. 이런 배경에는 아메리카 식민지에서 두 번째로 오래된(1693) 윌리엄앤드메리 대학교가 있었다. 대학 건물의 설계는 런던 세인트폴대성당을 지은 건축가 크리스토퍼 레인이 맡았다.

이러한 붉은 벽돌의 작은 도시들은 체서피크의 멋진 부유층 저택으로 장식되었다. 그 대부분은 메릴랜드 식민지 서기관인 에드먼드 제닝스가 아나폴리스에 지은 화려한 저택을 본뜬 것이었다. 그 저택은 이스트스트리트 외곽에 4에이커 규모의 정원에 둘러싸여 있었다. 역시 아름다운 정원이 딸린-무려 37개 방을 가진-또 다른 호화 저택은 윌리엄 페스가 지었다. 또한 제임스 브라이스 저택의 굴뚝은 높이가 70피트나 되었다. 최고급 주택 대부분은 현지 건축 장인 윌리엄 버클랜드의 작품이었는데, 그는 그 지역을 "아메리카의 아테네"로 바꾼 공로자라는 말을 들었다.

아나폴리스에는 1743년에 영국 스타일의 경마 클럽이 있었다. 정기적으로 열리는 경마 대회를 관장한 이곳은 말 사육자들의 집회 장소로 이용되었다. 1775년 무렵에는 영국에서 사육되던 100두가 넘는 아랍품종 말이 체서피크 지방에 이미 들어와 상류층 사람들은 이 두 곳의 우아한 도시 근교에서 열리는 경마 대회에 참가했다-두 도시는 서로 왕래할 수 있는 거리에 있었다. 도시의 장인들은 투계를 즐겼다. 하지만 영국의 경우와 마찬가지로 장인도 호주머니가 허락되면 경마장으로 갔고, 상류층도 물론 투계장을 찾았다.

호황을 누린 곳은 볼티모어였다. 당시 미국에서 제일 발전이 뚜렷한 도시로 아마 세계에서도 첫손가락에 꼽혔을 것이다. 1752년에는 큰 도시가 아니었다-주택 25채에 주민 200명이었다. 그로부터 20년이 채 안 되는 사이에 미국에서 네 번째 가는 도시로 발돋움했다. 도시 핵심은 거대한 항구였다. 그 덕택에 이곳은 버지니아와 메릴랜드에서 생산한 담배의 글래스고(유럽 쪽 관문)로 가는 수출, 서인도제도와의 모든 무역, 그리고 유럽 각지의 수입품을 가득 실은 선박들의 중심지로 자리 잡았다. 항구를 내려다보는 언덕에는 여러 선박 회사의 커다란 깃발들이 펄럭이며 주요 함선의 입항을 알렸다. 펠스포인트는 세계에서 이름난 부두로 뒤에는 3,000채의 집이 들어섰는데, 대부분 벽돌로 지은 2층이나 3층 건물이었다. 훗날 콧대높은 프랑스 귀족 프랑수아르네 드 샤토브리앙도 볼티모어에 입항하는 것은 "공원에 들어가는" 것 같았다고 인정했다.

언급할 필요도 없이 이처럼 변화한 이면에는 부정적인 측면이 뒤따랐다. 땅값은 천문학적으로 치솟았고, 주민들은 물가가 런던보다 비싸고 파리보다 훨씬 높다고 크게 한탄했다. 썰물 때는 항구에서 악취가 풍겼고 부두와 가까운 길에는 인디언이나 흑인, 백인 창녀가 북적거렸다-역시 화대가 비싸고 태도가 거만하다는 말을 들었다. 한편 볼티모어에는 극장이 하나가 아니라 두 곳이나 있었고, 마켓 거리와 하노버 거리 모퉁이에 들어선인디언퀸 호텔은 1790년대 서반구에서 손꼽히는 고급 호텔이었다. 식사는 일류로 나오고, 구두나 부츠를 방 앞에 내놓으면 부지런한 흑인이 닦아주고, 투숙객에게는 무료 슬리퍼를 제공했다.[172]

컨트리 하우스의 유행

17세기 마지막 몇 십 년에 시작되어 18세기에 접어들자 위풍당당하게 발전하면서 자신감을 키워간 또 한 가지는 영국적인 요소를 모방하면서도 독자적인 특징을 지닌 컨트리 하우스(시골 저택) 문화였다. 이런 바로크-조지 왕조-팔라디오(16세기 이탈리아 건축가-옮긴이) 양식의 저택은 이 시대에는 거의 예외 없이 대농장 중심의 수출 경제에 걸맞게 수상 교통이 가능한 강이나 작은 강줄기를 따라 세워졌다. 부두는 응접실 못지않게 중요했다-실제로 부두가 없으면 런던이나 파리에서 수입을 하거나 뉴잉글랜드에서 만든 고급 가구를 구입할 수가 없었다. 이런 호화로운 저택은 주요 경제 활동에서 자연적으로 발생했기 때문에 영국의 블레넘, 채즈워스와 올소프처럼 전원 한가운데에 부자연스럽게 세워진 것은 아니었다.

그렇지만 남북전쟁이 끝난 뒤 부호 계층이 출현하기까지 미국의 컨트리 하우스는 영국 귀족의 것에 비교할 만한 규모는 아니었다. 네덜란드인 지주가 지은 경우를 제외하면 돌로 지은 집은 거의 존재하지 않았다. 하지만 벽돌로 집을 짓는 데는 프로나 아마추어를 불문하고 미국 건축가들은 드물게 뛰어난 솜씨를 보였다. 18세기 초 미국에서 가장 큰 저택은 맨 페이지(1691~1730)가 1726년에 요크 강 연변에 세운 로스웰 하우스였다. 버지니아 노선넥의 식민지 영주 페어팩스 경의 유명한 대리인으로 욕심 많은 인물로 알려진 "킹" 커터(1663~1732)라는 사람이 있었는데, 페이지는 그의 딸과 결혼했다. 30만 에이커의 일등급 부지를 소유한 커터는 사랑스러운 사위 페이지에게 그중 7만 에이커를 물려주었다. 페이지는 콜린 캠벨의 저서 『비트루비우스 브리타니쿠스(Vitruvius Britannicus)』-런던에서 1715년부터 1725년 사이에 출간되어 재빨리 대서양 건너편으로 전해졌다-에 소개된 건축 장식을 채용하여 화려한 저택을 지었다. 그런데 건축 비용이 지나치게 많이 들어서 페이지가 1730년 죽을 때까지도 이 거대한 저택은 미완성인 채로 남았는데, 그 빚은 노예까지 포함한 모든 재산보다 더 많았다. 이후 무시무시한 남북전쟁의 시대를 당당하게 넘긴 로스웰 하우스는 1916년 불에 타 사라졌다. 하지만 그 폐허만 둘러봐도 그 당시 "영국에는 그 저택과 견줄 만한 것이 없었다"는 말을 사람들은 당연히 받아들였다.[173]

그것과 견줄 만큼 호화롭고 아직 훌륭한 상태로 보존된(그리고 일반에게 공개 중인) 건물이 볼티모어 근교에 있는 햄프턴 하우스이다. 이곳은 찰스 리질리(1733~1790)가 1783년부터 지은 것으로, 영국 당국이 미국 식민지에서 대규모 제철 사업 불허 방침을 관철시키지 못했던 증거이기도 하다. 리질리는 노예를 동원해 2만 4,000에이커의 농장을 경영하고 대규모 제철소를 운영했다. 그의 재산 대부분은 여기서 나왔다.

메릴랜드는 철광석이 풍부하게 매장되어 있고 목탄에 쓸 단단한 나무가 풍족하고 동력에 이용할 흐름이 빠른 강을 끼고 있었다. 1734년부터 1737년까지 영국에 1,977톤의 선철을 수출했다. 1740년대에는 거대한 단조 공장을 갖추고 선철은 물론 조철도 생산했다. 1750년대에는 용광로나 단조 공장이 몇 군데나 생겼다. 1756년에는 볼티모어에만 6개의 제철소가 있었다. 그 뒤 제철산업은 내륙으로 진출하기 시작했다. 대니얼 들레이니, 벤저민 태스커, 그리고 리질리 등 지역 명사 가운데 돈 많은 몇몇 사람이 공유지 불하를 통해 철광석 매장지를 거대한 구역 단위로 매입해 차례로 스위스인과 독일인, 그리고 스코틀랜드인과 아일랜드인 노동자와 함께 중노동 작업에 필요한 노예들을 보냈다. 이 영광스러운 제철왕의 저택은 6대에 걸쳐서 리질리 일가 소유였으나 1948년에 국립공원공단이 사들여 일반에 공개했다.

18세기 버지니아에는 크기가 같은 멋진 집들이 수없이 들어섰다. 버드 가, 커터 가, 랜돌프 가, 피츠휴 가 등 100대 명문가라고 일컬어지는 사람들의 저택으로 웨스트오버 하우스, 스트라퍼드 하우스, 셜리 하우스를 비롯해 많은 건물들이 남아 있다. 1738년부터 1742년 사이에 애슐리 강 연변에 세워진 드레이튼 홀은 미국 지방 건축가가 고전 양식을 모범적으로 활용한 좋은 예인데, 팔라디오가 설계한 빌라 피자니를 모델로 삼았다. 독립전쟁과 남북전쟁에도 다행히 견뎌서 지금은 미국역사기념물의 하나로 지정되었다.

또 한 군데, 약간 후대의 걸작은 지금 존스홉킨스 대학교 구내에 있는 홈우드 하우스이다. 볼티모어의 이 고전적인 저택을 지은 인물은 독립 시대 최대의 정치가 캐럴타운의 찰스 캐럴(1737~1832)이다. 이런 저택이나 맨션 등에는 고금의 작품을 모아놓은 훌륭한 도서관이 갖춰진 경우도 있었다. 웨스트오버 하우스의 윌리엄 버드 주니어의 도서실을 찾은 한 방문객은 "4,000권에 이르는, 모든 언어와 학문에 걸친 서적이 검은 호두나무로 만든 23개의 이중 서가에 꽂혀서 …… 모든 것이 순서대로 잘 정리된 채 보관되어 있었다"라고 쓴 다음 "거의 모든 책이 아름다운 장정이나 호화본인데, 희귀본도 상당수 포함되었다"라고 감동 어린 소감을 덧붙였다.[174] 내부는 비록 보수 공사를 거쳤으나 이 호사스러운 건물 역시 지금껏 남아 있다.

이런 컨트리 하우스나 제임스 강, 코네티컷 강, 허드슨 강 주변에 세운 저택, 그리고 보스턴, 뉴헤이븐, 올버니와 뉴욕, 필라델피아, 찰스턴, 윌리엄스버그, 아나폴리스, 그리고 볼티모어의 깔끔하고 때로는 넓은 도시 주택의 소유주는 만약 영국이었다면, 존슨 박사의 말을 빌리면 "가문의 위세가 떨어지지 않도록 하기 위해" 하원의원이 되었을 사람들이었다. 그들 가운데는 상원 의석에 앉았을 사람도 있었을 것이다. 미국 식민지에서 그들은 영국에서와 같은 역할을 수행했다. 큰 차이는 국정 운영을 돕기 위해 대부분 자신의 이름을 쓸 줄도 모르는 하층 계급 사람들과 교류하지 않으면 안 되었다는 점이다.

미국 식민지에는 모든 곳에 명사가 있었다. 이들은 재산이나 사회 관습에서 큰 차이가 있었으며, 특히 남부에서 연안 지대의 유력 인사와 내륙 지대의 농민의 차이는 특히 심했다. 때로 이 유력 인사들은 식민지가 자신의 것인 양 행동했다. 예를 들어 초기 사우스캐롤라이나에서 연안 지대 엘리트는 의사당조차 마련하지 않고 서로의 자택에서 회의를 열었다. 마치 휘그당 공작들이 런던에서 내각 만찬회를 여는 것처럼 보였다. 하지만 이런 상황은 오래 계속되지 않았다. 너무 잘난 체하고 법으로 정해지지 않은 지위를 믿고 행세하는 부유한 미국인은 곧 미국이 그런 곳이 아니라는 사실을 깨달았다. 미국은 모든 자유민을 평등하게 대했다. 적어도 그렇게 생각하는 사회였다. 노예제도의 영향을 받아서 가난한 백인들조차 자신들의 권리를 확신했다. 밑으로 수많은 노예 계층이 있다는 사실을 알고 있었기에 자신들은 위대하다고 느꼈다.

총독의 역할

18세기의 프랑스인이나 에스파냐인은 모든 일에 개입하는 국가, 본격적인 관료제도, 그리고 순전히 명목뿐인 지역 대표제도의 요소에 의해 자국 식민지를 일률적으로 관리하는 데 익숙했기 때문에, 그들 눈에 미국의 영국 식민지는 혼란스럽고 모순투성이고 일관성이 없는 것처럼 보였을 것이다. 하지만 그것은 논리 정연하기보다는 경험적이고 실용적인 제도였다. 영국 제도들이 늘 그래왔듯이 마치 무슨 유기체처럼 진화했다. 이러한 제도는 독립전쟁으로 발전하는 초기의 사건들과 관계가 있고, 미국이라는 나라의 향후 발전에도 영향을 미쳤기 때문에 좀 더 자세히 살펴볼 필요가 있다.

원래 식민지에는 두 종류가 있었다. 초기의 공동 출자 회사처럼 운영되는 무역 회사와 한 사람 또는 몇 명의 대지주가 운영하는 토지 관리 회사가 그것이었다. 식민지는 모두 국왕에게서 직접 허가서를 받았다. 높은 수준의 자치를 동반하는 이 두 종류의 소유 형태 없이는 식민지는 존립할 수 없었다. 프랑스나 에스파냐와 달리 영국 국왕은 필요한 막대한 금액을 지불할 뜻이 없었다. 즉 영국은 대부분의 식민지를 손쉽게 손에 넣은 셈인데, 이 성공적인 절약 정신은 18세기를 통해 영국 정부의 사고방식에 영향을 미쳤다. 역대 정부는 영토에 대해 비용 부담을 고려하지 않았고, 혹시 부담한 경우라면 현지 주민이 세금으로 비용을 반환하기를 기대했다.

그런데 17세기 초부터 중반까지 이런 반독립의 자치 식민지를 설립한 영국 국왕은 같은 세기 말기에 어느 정도 지배력 회복에 나섰다. 찰스 2세에서 윌리엄 3세까지 국왕은 허가서를 취소하거나 갱신을 거부해서-이유는 많았다-무역 식민지와 영주 식민지 모두를 직할 식민지로 바꿨다. 1776년에는 불과 두 곳의 무역 식민지(코네티컷과 로드아일랜드)와 두 곳의 영주 식민지(메릴랜드와 펜실베이니아)만 남았다. 매사추세츠도 한편으로는 허가서에 의거해서 운영은 되었으나 직할령으로 통치되었다.

이에 따라 국왕은 적어도 직접 통치한 9개의 직할 식민지에서는 큰 권력을 손에 넣은 셈이었다. 하지만 실제적으로는 식민지 문제에 대한 영국의 치졸한 태도가 다시 런던의 지배력을 약화시켰다. 각 식민지에서는 총독이 권력의 정점을 형성했다-따라서 오늘날 아메리카합중국을 구성하는 50개 주가 각각 주지사에 의해 통치되고 있는 것은 이 나라가 영국에서 물려받은 뿌리 깊은 보수적 경향을 보여준다. 하지만 식민지 총독이 실제로 장악한 권력은 보기보다 훨씬 작았으며, 따라서 오늘날 주지사가 행사할 수 있는 권한을 엄격하게 제한한 것과 같았다.

직할 식민지 총독은 대신들의 조언을 받아 국왕이 임명했다. 영주 식민지에서는 영주가 총독을 선임했으나 국왕의 승인이 필요했다. 허가 식민지의 총독은 선거로 선출되었으나 이때도 국왕의 승인이 필요했다. 모든 총독은 국왕의 대리인으로서 어느 정도 존경을 받았다. 하지만 에스파냐나 프랑스 식민 총독이 거대한 법적 권력만이 아니라 그것을 행사하는 수단을 가진 데 비해 미국 총독은 국왕에게 보수를 받지 않았다. 버지니아는 별도로 하고, 총독 급여는 식민지 의회에서 결정되고 지불되었으나, 의회는 영국의 전통적인 절약 정신을 본받아 총독 급여를 소액으로 억제했다. 총독들 대부분은 유능하고-18세기로서는 놀랍게도-정직했다. 하지만 대개는 배포가 크고 자신감 넘치고 능수능란하고 강력한 지도력을 발휘하는 인물들이 아니었다. 그런 까닭으로 식민지 주민에게 행사하는 권력은 대수롭지 않았다.

총독은 두 가지의 매우 이질적이고 때때로 대립하는 세력 사이에서 딜레마에 빠졌다. 위로는 멀리 런던에서 권력을 행사하는 국왕이 있었다. 식민지는 추밀원이 감독하고 실무 운영은 소속 위원회가 맡았다. 무역위원회, 식민지위원회 등 여러 명칭으로 불린 이 위원회는 윌리엄 3세 시대부터 무역식민지부(1696~1782)가 되어 독립전쟁이 끝날 때까지 미국 정책을 담당했으나 처음부터 불리한 입장에 있었다. 우선 총독 급여를 실제로 지급하는 기관이 아니었다(대부분의 경우 임명권도 없었다). 또한 위원이라 해도 실제로 미국 땅을 밟아본 적이 전혀 없었다. 총독들에게 내리는 지시는 반드시 명확하고 분별이 있거나 시종일관 잘 처리되는 것도 아니었다. 게다가 총독 권한으로 감당할 수 없는 것도 많았다.

한편 국왕은 총독을 약하고, 무능하고, 도도하고, "돈이 많이 드는 가신"
이라고 잘못 생각했다. 총독은 영역 안에 사는 이주민과 마찰을 빚고 반란
을 일으키며 쓸데없는 만행이나 분별 잃은 행동으로 인디언과 전쟁에 휘
말리게 하는 존재로 비쳐졌기 때문이다. 국왕은 분쟁이 일어날 경우 인디
언 측에 서기가 보통이었고, 때로는 백인 반역자를 편들기도 했다. 너새니
얼 베이컨 일파에게서 도망친 버클리 총독이 베이컨 사망 후 잔인한 반격
에 나서자, 찰스 2세는 화를 내며 이렇게 소리쳤다. "저 바보는 짐이 아버
님의 원수를 갚을 때 빼앗은 생명들보다 더 많은 생명들을 저 아무것도 아
닌 나라에서 빼앗아갔다."

물론 총독 혼자서 다스린 것은 아니었다. 총독은 각각 어떤 형태의 평의
회를 설치하고 그 기관이 식민지 행정 또는 관리 조직을 이루어 의회의 상
원과 같은 역할을 맡도록 했다. 국왕(직할 식민지의 경우) 또는 영주가 임명
한 평의회 구성원은 정원이 일정하지 않았다-로드아일랜드는 10명, 매사
추세츠는 28명이었다. 평의회에는 사법 기능이 있었고, (총독과 함께) 상소
재판소의 역할도 맡았다-그렇지만 중요한 문제는 런던 추밀원에 상고할
수 있었다. 유능하고 똑똑한 총독 대부분은 평의회를 자기편으로 끌어들
였다.

식민지 의회와 헌법

시민원(House of Burgesses) 또는 그와 비슷한 이름으로 불린 하원의 경
우는 상당히 달랐다. 제일 오래된 조직은 1619년까지 거슬러 올라갔다. 하

원은 모든 식민지에 있었는데, 대부분은 영국을 제외한 유럽에서 현재 활동 중인 어떤 의회보다 오래되었다. 그들은 영국 하원을 흉내 내었고, 그 역사, 그것도 특히 의회가 공격적이었던 시대를 끈질기게 연구했다. 이런 의회의 대부분은 예를 들면 존 러스워스의 『사료 모음집』 등을 빠짐없이 갖췄다. 하원과 제임스 1세 및 찰스 1세가 서로 다퉜던 과정을 기록한 이 책에 대해 왕당파는 파괴적인 내용을 담았다고 보았다. 영국 하원이 권력을 장악하거나 대담한 행동을 취하면, 몇몇 식민지 의회는 그 선례를 따르면서 참고 사례로 인용했다.

하지만 영국 의회와 식민지 의회에는 커다란 차이점이 있었다. 영국은 성문헌법을 채택하지 않았다. 「마그나 카르타」(대헌장)나 「권리장전」 등 성문헌법적인 문서는 모두 위기가 닥쳤을 때의 특별 대응책에 불과했다. 현재와 미래에 대한 지침으로 책정됐다고 해도 실제로 지침으로 사용된 적은 없었다. 영국이 가진 것은 선례뿐이었다. 헌법적인 법은 관습법과 달리 수단으로서 기능했다. 미국도 관습법을 계승했다. 하지만 미국에는 헌법 또한 존재했다. "코네티컷 기본법"(1639)은 미국뿐 아니라 세계에서 첫 성문법이었다. 성문헌법은 그 뒤 모든 식민지에서 받아들였다. 이 요점을 이해할 필요가 있다.

의회와 함께 헌법이 미국 식민지를 독특한 존재로 만들었다. 바로 이런 점에서 미국이 영국보다 "근대적"이었으며, 분명히 혁신적이었다고 볼 수 있었다. 헌법만이, 예를 들면 코네티컷을 모체인 매사추세츠와는 다른 독립된 식민지로 만들었다. 헌법을 가짐에 따라 식민지는 자족하고 성숙하고 주권을 가진 국가와 같은 느낌을 맛보았다. 나아가 헌법은 사람들에게 권리, 자연법, 그리고 절대 기준에 따라 세상을 보게 했다. 영국인은 경험주의와 변화를 성장의 한 과정으로 인식하는 태도를 지녔기에 그런 것에는 머리를 썩이지 않는 것이 관습이었다. "추상적이고 잘 알지 못하는 것" 은 제거해버렸다. 하지만 미국인에게 그것은 추상적이지 않았다. 헌법을 가진 주체는 누구나 필연적으로 그것의 수정과 확장을 생각하기 시작한 다-성문헌법은 독립을 가리키는 표지이다.

빠른 시기에 의회나 헌법-사실상 자치-이 성립한 원인은 17세기 전반 기에 국왕이 직접 통치를 물리적으로 행사하지 않던 데 있었다. 국왕은 이때 건네준 권력을 끝내 되찾을 수 없었다. 아울러 영국은 미국인이 과거 의 성과로서 수중에 넣은 것을 부정할 수도 없었다. 영국 의회는 1640년 대에 국왕을 상대로 벌인 싸움에서 승리했고, 그 이후 결코 포기하지 않은 권력을 획득했다. 식민지 의회도 이 수혜를 입었다. 1688년에는 명예혁명 이 왕권신수의 군주제를 제한된 군주제, 의회에 규제를 받는 군주제로 바 꿔놓았다. 식민지 또한 이 승리를 누렸다. 특히 뉴욕, 매사추세츠, 메릴랜 드 등에서는 제임스 2세의 왕정을 배제하고 대중 정부를 세웠다.

명예혁명의 수혜를 입은 국왕인 윌리엄 3세는 아메리카 대륙 연안의 영 국 식민지를 재편하려고 시도했으나 아무런 성과 없이 식민지 의회에 권 리를 인정하고 말았다. 이런 일련의 사건들은 모두 하나의 길로 조금씩 나 아가는 이정표였다.[175]

헌법이라는 점에서 보면, 18세기 전반기 미국 본토 식민지의 역사는 각 의회의 하원, 즉 선거로 운영되는 의회가 권한을 확대해가는 과정이었다. 총독에게는 입법에 대한 거부권이 있었고, 아울러 상원에 의석을 가진 독 자적인 평의회를 이용해서 주도권 장악을 노렸다. 선거로 운영되는 의회 는 경의를 보이며 그것을 따랐다. 그런데 그 반대 현상이 일어났다. 1701 년 펜실베이니아의 의원들은 윌리엄 펜에게서 여러 가지 특권의 허가서 를 회수했다. 이에 따라 미국에서 매우 진보한 대의정치체제를 만들었다.

1720년대 사우스캐롤라이나가 영주 식민지에서 직할 식민지가 되었을 때 이론적으로는 시민 권력이 감소해도 이상하지 않았는데, 하원은 그 틈을 노려 독자적인 영향력을 강화했다. 18세기 첫 30년 동안에 펜실베이니아와 사우스캐롤라이나는 물론 뉴욕과 매사추세츠 하원도 총독, 평의회, 국왕 등을 상대로 헌정을 위해 싸우고 명령을 저지하고 큰 정치적인 안건을 결정했다.

모든 식민지에서 하원은 18세기 첫 50년 동안에 권력을 확대하고, 때로는 상당한 세력 확대를 이룩했다. 자신들의 직무를 규정하고, 선거를 실시하고, 런던에서 임명한 대리인을 감독하고, 신문 보도를 통제했다. 나아가 재정 법안의 작성과 수정에 관한 전권을 주장해 손에 넣어 마침내 증세도 감세도 마음대로 할 수 있었다. 또한 특정 목적의 예산 할당을 행하고 재정 지출을 통제했다─영국 의회에서는 재무부의 막강한 권력 덕분에 할 수 없었던 일이었다. 그에 따라 재정관과 세금 징수원을 임명하여 급료를 지불하고 행정 비용을 규제했으며 총독을 포함한 모든 관리를 연간 급여 체계에 따르도록 조치했다.

식민지 하원은 실제로 영국 하원과는 달랐으며, 서서히 모든 행정 책임을 장악하여 스스로를 정부라고 생각하기 시작했다. 물론 일방적인 싸움은 아니었다. 총독은 국왕을 대신해서 권력을 행사했다─재판관을 임명하고 법정을 통제하거나 의회의 소집, 해산, 그리고 연장을 의결할 수 있었다. "궁정파"를 조직하여 하원의원 가운데 보수적인 당파를 지원하는 노력도 특히 뉴햄프셔, 메릴랜드, 매사추세츠에서 많았다. 버지니아와 뉴욕에서는 행정 평의회가 이익의 원천이라 할 토지 정책의 권한을 굳게 지켰다. 대영제국 연방에서 실시된 것과 같은 분할 통치가 시도되었다. 해안 지대의 엘리트와 내륙 지대 주민 사이의 갈등은 끝나지 않았다. 참정권은 자산가에 편중되었다. 선거구 획정도 마찬가지였다. 예를 들면 펜실베이니아에서는 체스터, 벅스, 필라델피아 등 "옛 3개 카운티"는 26명의 대표를 입법부에 보냈으나 변경 지역의 5개 카운티는 고작 10명에 머물렀다.

원래 프런티어 출신인 젊은 날의 토머스 제퍼슨은 "폭포 아래"의 1만 9,000명이 그 밖의 지역 3만 명 이상의 법률을 만든다고 불평했다. 하지만 거의 일반적으로 성인 남자 대부분에게 선거권이 있었다. 해안에서 멀리 떨어질수록 식민지 역사가 짧을수록 참정권은 민주적이었다.[176] 실제로 대부분의 주민이 찬성하지 않는 규제를 시행하는 것은 불가능했다. 도시에서는 곧 폭동이 일어났다. 그것을 제지할 경찰은 없었다. 물론 민병은 있었다. 그런데 폭도 대부분이 그 민병이었다!

하지만 폭동을 일으킬 필요는 없었다. 사람들은 돈을 벌거나 자신의 지위를 향상시키는 데 바빴다. 지방 정치에 경험을 쌓은 사람들이 늘어나 한두 명씩, 때로는 여럿이 관직에 진출했다. 경제적인 의미에서 1760년 미국인은 이미 중산층이 압도적으로 많았는데, 식민지 또한 여러 측면에서 중산층의 민주주의였다.[177] 하지만 예를 들면 버지니아처럼 종속관계가 여전히 남아 있는 지역보다는 뉴잉글랜드, 특히 메사추세츠가 더 그러했다. 의원이나 의회의 논객, 입법과 행정의 주요 요직을 맡은 사람들 대부분은, 남부에서는 더욱, 틀림없이 넓은 의미에서 젠틀맨 출신이었다. 받은 교육 덕분에 그들은 유창한 웅변가였는데, 정치적 담론에서 흔히 쓰는 언어를 구사했다—이것은 18세기 대서양 양쪽에서 대단히 중요한 요소였다. 가슴을 펴고 "미국 자유민"이라고 자칭한 일반 사람들조차 그들을 우러러봤다. 이에 따라 정치 엘리트가 자신감을 갖고 자신들은 선동 정치가와는 전혀 다른 형태로 "인민들을 대변"한다고 생각하게 된 것은 중요한 사실이었다.[178]

이런 요소를 종합하면 모든 식민지 의회에서 늦건 빠르건 간에 하원이 우위에 선 것은 필연적인 현상이었다. 그리고 그대로 실현되었지만 시기는 각각 달랐다. 연대순 성적표는 다음과 같았다. 로드아일랜드와 코네티컷 하원은 18세기 초보다 훨씬 이전에 전권을 가졌다. 다음은 펜실베이니아 하원인데 1701년의 특허 헌장에 기초하여 역대 총독의 반대를 누르고 1730년대에는 완전히 우위를 확보했다. 매사추세츠 하원은 1691년에는 재정적으로도 최고 기관이 되고 1740년에는 모든 사항에 대해 지배력을 발휘했다.

사우스캐롤라이나와 뉴욕 하원은 조금 늦었는데, 그 뒤를 따라 노스캐롤라이나, 뉴저지, 버지니아 등이 줄을 이었다-실제로 버지니아 하원은 1750년대 후반에야 비로소 최고 지위를 확보했다. 메릴랜드와 뉴햄프셔에서는 1763년에 이르러서도 하원이 승리를 거머쥐지 못했다. 하지만 1770년에는 모두가 성공했다. 유일한 예외는 벽지에 위치하고 주민이 적은 노바스코샤였다. 움직임은 모두 같은 방향-대의 민주제와 다수 지배-으로 향했다.[179]

대중 정치의 승리는 일상생활에 커다란 한 가지 영향을 미쳤다. 그 결과 미국 본토 식민지는 세계에서 세금이 가장 싼 곳이 되었다. 실제로 식민지 시대의 미국은 역사상 제일 세금이 싼 나라였다고 해도 틀린 말은 아닐 것이다. 정부는 매우 작고 권한이 한정적이고 예산이 적게 들었다. 벌금, 금융 기관의 수익, 또는 토지 불하에서 조달되는 예산도 많았다. 뉴햄프셔와 펜실베이니아 정부는 몇 십 년간 법정 세금을 전혀 거두지 않았다.

미국의 생활수준이 매우 높았던 이유 가운데 첫째는 사람들이 수입의 거의 전부를 사용했기 때문이었다. 세금은 요금이나, 경우에 따라서는 얼마 안 되는 인두세, 무역상이 부담하는 수출 관세, 또는 비교적 값비싼 수입품 가격에 붙는 수입 관세에 의존했다. 하지만 모두 액수는 크지 않았다. 그래도 반발은 있었다. 변경 지대 주민은 모두를 위해 방위 임무를 짊어지고 있었기에 세금을 전혀 내서는 안 된다고 주장했다. 하지만 이 말은 자기들에게 세금 부과가 불가능한 것은 아니지만 그래서는 매우 곤란하다는 독선적인 자기 정당화에 불과했다. 어쨌든 1760년대까지 아메리카 본토 식민지 사람 대부분은 세금 부담을 거의 느끼지 않았다. 아마 세계에 이미 존재했던 나라들 가운데 제일 세금이 없는 사회에 가까웠을 것이다. 이런 터무니없는 이점을 누린 채 미국은 독립의 길로 나아간 셈인데, 이것은 아메리카합중국이 20세기까지 세금이 적은 사회를 계속 유지해온 이유를 설명하는 데 도움이 될 것이다.

대각성운동

18세기 중반에 들어서면서 미국은 급속하게 발전했다. 틀림없이 성공의 길이었다. 자치가 어느 정도 이뤄지고 한 세대마다 인구는 갑절로 늘었다. 이미 풍요로운 나라가 되어 점점 더 부유해져갔다. 남자와 여자 대부분은 젊은 시절의 고생과 절약을 겪은 뒤에는 유럽 수준이라면 중산층 소득을 올렸다. 솜씨 좋은 직인, 기업 정신이 풍부한 사람, 그리고 새로운 비즈니스를 꿈꾸는 사람에게 기회는 얼마든지 널려 있었다. 그렇다면 이제 미국은 "언덕 위의 도시"를 포기하고 오직 물질적·현세적 낙원이 되어가고 있었을까? 코튼 매더가 말한 번영이라는 이름의 딸은 어머니인 종교를 끝장내버리는 쪽을 선택했을까? 여행자에게는 그렇게 보였을지 모른다. "42개의 큰 길, 36개의 작은 길, 그리고 22개의 골목길"(1722)을 가진 보스턴에는 "주택이 3,000채 가깝게(그 가운데 1,000채는 벽돌로 나머지는 나무로 지어졌다)" 있었다. 또한 거대하고 활기 넘치는 "롱 워프" 부두가 반 마일이나 해안에 연결되어 세계 최대급 선박이 썰물과 밀물에 상관없이 안전하게 댈 수 있어서, 부의 축적을 어디서나 볼 수 있었다.[180] 하늘에는 11개의 교회 첨탑이 우뚝 솟아 있었다. 하지만 그 가느다란 손가락들은 모두 예전의 청교도 정신이 기리던 신을 가리키고 있지 않았다. 1699년에 브래틀스트리트 교회를 세운 부유한 상인들의 종교는 교조주의에서 점점 멀어졌고 경건함보다는 즐겁고 도덕적이어서 보수파 청교도에게는 천박할 정도로 속되게 보였다.

필라델피아 같은 도시는 더욱 현세적인 것에 집착했다. 이곳은 퀘이커교도가 세우고 모습을 갖춘 도시였다. 하지만 퀘이커교도 자신들이 부유했다. 1769년의 과세 장부를 보면, 퀘이커교도는 주민 7명 가운데 1명밖에 없었는데 100파운드 이상의 세금을 내는 사람들의 절반을 차지했다. 도시를 대표하는 큰 부자 가운데 12명이 퀘이커교도였다. 근면하고 머리 좋은 퀘이커교도는 가는 곳마다 물질적 번영을 낳았고, 그것이 자신들뿐 아니라 다른 사람들을 부양했다. 독일 이주민 노동자들 역시 30년전쟁의 황폐 속에서 차츰 회복하기 시작한 나라에서 와서 퀘이커교도 식민지가 제공하는 기회에 놀랐다. 고트리프 미텔베르거라는 독일인은 1754년에 그 점에 관해 다음과 같이 잘 요약했다. "펜실베이니아는 농민들의 천국, 직인들의 낙원, 그리고 관리와 목사에게는 지옥이다."[181] 필라델피아에는 교회는 12개, 럼주 증류소는 14개나 있었다.[182]

청교도주의는 18세기 미국에서 쇠퇴했고, 낡은 칼뱅주의 교리도-그것이 낳은 논쟁과 함께-힘을 잃었다. 하지만 전체적으로 종교는 계몽 시대의 미국에서 영향력을 잃지 않았다. 오히려 그 반대였다. 특히 미국식 그리스도교는 성숙하여 그 모습을 이제 막 나타내기 시작했다. 미국 고유의 그리스도교-교리와는 관계없이 신앙보다는 도덕을 중시하고 관용적이지만 강력하게 사회 구석구석까지 침투했다-가 생긴 것은 18세기였는데, 대각성운동이 그 산파 역할을 맡았다.

대각성운동은 처음에 무엇이었을까? 지금 명확한 정의를 내리기는 어렵다. 대중운동의 하나인 이것은 명확한 시작과 끝, 최고조에 달한 싸움, 시기를 특정할 수 있는 법적 승리, 조직이나 정신적인 지도자, 간단하게 계산할 수 있는 통계, 정식 교리 등이 전혀 없다. 매우 기묘하게도 19세기 중반에 조지 밴크로프트가 쓴 미국 최초의 역사서 『미합중국의 역사(History of the United States)』(1874)에서는 대각성운동이라는 말이 전혀 보이지 않는다. 그 배후 개념 또한 1842년 무렵에야 어느 정도나마 만들어졌다고 한두 명의 근대사 전공 역사학자들은 주장했다. 최초로 언급한 책은 조지프 트레이시의 베스트셀러 『대각성운동 : 에드워즈와 화이트필드 시대의 종교부흥(The Great Awakening: a History of the Revival of Religion in the Times of Edwards and White field)』이었다.[183]

어떤 이름으로 불리건 간에 18세기 전반기 미국에서는 광범위한 정신운동이 있었고 종교와 정치 양면에서 중대한 영향을 남겼다. 실제로 미국 역사상 결정적인 사건 가운데 하나였다. 아마 그 발단은 독일인 이주민 사이에서 시작된 것으로 보인다. 그들은 유럽의 가난에서 해방되어 행복을 약속한 땅에 온 것에 대해 감사의 마음을 가졌다. 1719년 네덜란드 개혁파 교회의 독일인 목사 테오도르 프릴링하이젠이 래리턴 강 유역에서 일련의 신앙부흥 집회를 열었다. 17세기를 휩쓴 교리 논쟁을 거의 다루지 않고 청정한 생활을 강조한 "경건주의"는 독일에서 일어난 사고방식으로, 미국의 지적 생활에 영어권 이외에서 온 이주민이 가져온 사상이 영향을 준 것은 이것이 최초였다.

또 한 가지 중요한 사실은 이 프로테스탄트 신앙부흥운동이 이전의 개혁 종교와는 다르게 도시가 아닌 시골에서 시작했다는 점이었다. 보스턴이나 필라델피아는 전혀 관련이 없었다. 실제로 여기에는 유서 깊은 도시에서 쾌적한 생활을 보내는 독선적인 신도가 주도권을 쥔 것에 대해 반발하는 측면이 어느 정도 있었다. 처음 이 운동을 시작한 인물은 프런티어에 가까운 벽지를 돌아다니는 설교가들이었다. 대상은 설교를 들을 기회가 거의 없고 좀처럼 그리스도교를 접해본 적이 없는 가난한 사람들이 대부분이었다. 이 운동은 간단했으나 실상은 그리 가벼운 것이 아니었다. 설교가는 신의 말씀을 전달했을 뿐 아니라 청중이 『성서』를 읽고 스스로 배우도록 열심히 권했다. 그렇게 하기 위해서는 글을 읽지 않으면 안 되었다. 따라서 대각성운동 초기 당시 중요한 요소는 프런티어 지역이나 시골 마을 등 아직 정규 학교가 없는 곳에서 일종의 기초 교육이 실시되었다는 점이었다.

그 중심 인물은 윌리엄 테넌트(1673~1745)였다. 스코틀랜드계 아일랜드인 장로교도로서 1720년대에 펜실베이니아 네샤미니에 이주하여 "로그 칼리지"라는 소박한 학교를 세우고 기초 교육과 함께 신을 섬기는 것을 가르쳤다. 이것이 "프런티어 종교"의 원형으로, 테넌트와 아버지에 못지않게 재능 넘치는 아들 길버트가 불꽃같은 비유와 뜨거운 찬송가를 사용해 그 지도를 맡았다. 아울러 이곳에는 한없이 진지한 정신이 넘쳐흘렀으며, 신의 인식과 지혜의 정신을 결부시켜 교육이 천국으로 가는 큰 길이라고 가르쳤다.[184] 테넌트의 가르침을 받은 이들, 특히 제자 대부분도 뛰어난 설교가가 되어 식민지 곳곳에 퍼졌다. 로그 칼리지는 1746년에 설립된 유명한 뉴저지 대학교의 원형이 되었으며 결국엔 프린스턴 땅에 둥지를 틀었다.

역사상 맹아기의 종교운동 대부분이 그러하듯이 이런 활동은 입소문을 통해 또한 목사에 의해 퍼져나갔다. 목사 가운데는 자격을 갖추지 않고 성직 임명도 받지 않은 채 공식 교회 조직을 거치지 않고 소규모 집회를 순회하는 사람들도 있었다. 매사추세츠 식민지 노샘프턴의 회중교회 목사인 조너선 에드워즈(1703~1758)는 자신이 들은 이야기에 강하게 끌렸다. 에드워즈는 뛰어난 지성과 감수성을 지닌 인물로서 미국 역사상 최초의 대사상가였다. 아버지와 할아버지가 청교도 목사였고, 코튼 매더가 하버드 대학교에 입학한 것과 크게 다르지 않은 어린 나이(13세 무렵)에 예일 대학교에 입학했다. 나아가 수석으로 졸업하고, 재학 중에는 박식하다는 소리를 들으며 정신, 거미, 원자론, 그리고 존재의 본질에 대해 사색적인 논문을 썼다. 그 뛰어난 자질 덕분에 21세라는 젊은 나이에 이미 교수가 되었으며 실질적으로는 운영을 맡을 정도였다. 할아버지가 세상을 떠난 뒤 노샘프턴 교회를 이어받아 그다지 보람 없는 일에 매달려 열심히 일했으나, 이전의 청교도 목사가 그랬듯이 설교의 중점을 두려움 대신 기쁨에 두는 것을 안 뒤부터는 사정이 바뀌었다.[185]

하지만 에드워즈가 그의 이른바 "건전한 공포"라는 요소를 소홀히 한 것은 아니었다. 에드워즈는 지옥 이야기를 뛰어나게 설교했다. 죄인을 향해 "신은 그대를 지옥에 올려놓고 마치 거미 같은 해충을 불로 태워 죽이는 사람처럼 그대를 내려다본 끝에 화를 내신다"라고 말했다. 이 설교는 1741년에 『죄인은 노하신 신의 수중에(Sinners in the Hands of an Angry God)』라는 제목으로 출간되어 식민지 곳곳에서 열심히 읽혔고, 닫힌 마음이 열리기를 원하는 많은 설교가들이 머리에 새겼다. 하지만 에드워즈는 마침내 미국인다운 기질로 신의 분노뿐 아니라 인류에 대한 구원에도 눈을 돌려 신이 창조한 세계의 풍요, 특히 아름다움을 기뻐해야 된다고 강조했다. 그리고 낡은 칼뱅주의의 비정하고 속죄 없는 교리에 전혀 새로운 빛을 더하여 신은 다만 특정한 사람들을 선택하고 다른 사람들을 선택하지 않는 것이 아니라, 말하자면 자신의 선과 아름다움을 모든 착한 이들의 혼에 내리고 그런 사람들을 자신의 일부로 삼는다고 설교했다. 이것을 "신의 참가"라고 불렀으며, "신은 자신의 아름다움, 즉 그 아름다운 유사성을 그 사람들의 혼에 불어 넣는다"라고 말했다.

1731년에 초판이 발간된 감동적인 설교집 『신의 속죄의 소업을 찬양함 (God Glorified in the Work of Redemption)』에서 에드워즈는 사람이 "신의 영광인 아름다움과 덕"에서 보이는 기쁨은 인생 최대의 행복인 동시에 영적인 변신을 가져다준다고 주장했다. 신을 통해 사람은 아름다움을 사랑하고, 아름다움을 기뻐하는 일은 신을 찬양하는 것이었다. 아름다움, 나아가서는 신에 대한 이 지식과 기쁨은 "재능이나 장점이 없는 부족한 사람이든 많은 학문을 닦은 천재이든 누구나 누릴 수 있다"라고 말했다.[186]

에드워즈는 신을 아는 것이 교양인 동시에 계시이며, 심미적인 경험인 동시에 영적인 것이기도 하며, 따라서 그것이 모든 의식을 높인다고 했다. 에드워즈는 일개 설교가가 아니라 뛰어난 철학자였으며 저서도 매우 많았다.[187] 하지만 그 취지의 핵심, 그리고 그때나 지금이나 대중은 물론 지식인의 마음에 호소하는 매력의 비밀은 사랑이야말로 종교적 경험의 본질이라고 갈파한 점이었다.

『인간 정념에 관한 논문(A Treatise Concerning the Religious Affections)』 (1746)에서 에드워즈는 진실한 종교적 사랑과 거짓된 사랑을 구분하는 12가지 증거를 자세히 나열하면서 가장 중요한 것은 "어떤 도덕적으로 뛰어난 아름다움"을 "신적인 것"으로 느끼는 능력이라고 말했다. "영적인 아름다움을 느끼는" 것에서 "종교에 대해 모든 참된 경험적 지식", 나아가서는 "전혀 새로운 지식의 세계"가 탄생한다고 주장했다.[188] 이 사랑의 교리에서 에드워즈는 주장을 더욱 발전시켜 오래된 칼뱅주의의 결정론과 예정설을 비판하며 사람의 의지를 해방시켰다. 자신의 저서 『의지의 자유(The Freedom of the Will)』(1754)에서는 사람이 자신에게 무엇이 선인가를 스스로 인식하고 확신하고 행동하는 것만이 자유라고 주장했다. 물론 그 의지는 타락하여 사람들을 신보다 자기 자신과 그 밖의 덜 중요한 재산에서 선을 찾도록 이끌기도 하지만, 진지한 가르침에 의해 의지를 다시 정화할 수 있다고 말했다. 어쨌든 누구든 자신의 길을 선택할 수 있었다. 사람들은 책임을 가지고 선택하며 신도 그 책임은 본인에게 있다고 인정했다. 미리 결정된 것은 아무것도 없다−모든 것은 자신의 손으로 선택한 것이다.

에드워즈는 자신의 "신학대전"으로서 『속죄라는 소업의 역사(A History of the Work of Redemption)』라는 대작을 쓰다가 세상을 떠났는데, 실제로 그가 제안한 것은 인생을 위한 큰 그림이었다. 거기서 자유의지, 선행, 청빈한 싸움, 신이 창조한 세계에 대한 감사와 그 아름다움을 즐기는 일, 그리고 마지막으로 구원에 이르는 것이 모두 지식과 활력을 주는 사랑에 의해 서로 섞이고 융합하여 그대로 거둬진다는 주장이었다. 이것만이 진실로 프런티어의 종교였다. 온갖 다양한 교리나 배경이나 출신을 가진 사람들을 위한 종교였다. 이것은 미국에서 태어난 사람이든 유럽에서 새로 건너온 사람이든 신의 뜻에 따라 주어진 이 신천지에서 착한 일을 하며 유익하고 깨끗한 삶을 보내고 다른 사람도 그렇게 하는 것을 도와주고 싶다는 소망으로 이어졌다.

에드워즈의 초기 설교는 책으로 출판되어 널리 읽히고 토의되었다. 미국뿐 아니라 영국에서도 전도사 사이에서 특히 흥미를 끈 것은 『진실의 이야기(A Faithful Narrative)』(1737)였다. 이 책은 에드워즈가 자신의 교구에서 자신만의 방법으로 가져온 회개에 대해 이야기한 훌륭한 기록이었다. 이 저서에 영향받아 행동에 옮긴 영국인이 존 웨슬리였다. 그는 1735년부터 1738년 사이에 조지아로 건너가서 오글소프 장군이 식민지나 인디언에게 전도하는 일을 도왔다. 또 한 사람은 역시 이 전도단의 일원인 조지 화이트필드(1714~1770)였다. 웨슬리는 18세기 최고의 설교가, 또는 분명히 가장 열심히 활동한 설교가였을 것이다. 하지만 웨슬리가 오로지 관심을 기울인 것은 영국 빈민층이었다. 그 대신에 화이트필드는 웅변과 연기에서 특출한 재능을 보인 스타로서 웨슬리처럼 조직에 별로 신경 쓰지 않았다. 아예 횃불을 들고 군중에게 불을 붙이며 돌아다녔다.

화이트필드는 미국이 크게 마음에 들었다. 1740년 조지아 서배너에서 북쪽의 보스턴까지 첫 식민지 횡단 여행을 실행에 옮겨 가는 곳마다 군중에게 종교적 열정의 불길이 타오르게 했다. 대각성운동에 불을 지핀 것은 "위대한 순회 설교가"로 알려진 이 화이트필드였다. 화이트필드는 스스로 표현한 대로 "불꽃 튀게, 명료하게, 박력 있게" 설교했으며, "매일 언약궤 앞에 다곤 신상이 넘어지는 모습"을 열심히 지켜보았다. 마침내 이 사람은 보수적인 영국국교도, 공격적인 칼뱅주의자, 독일 경건주의자, 스코틀랜드계 아일랜드인, 네덜란드인, 마지막으로 몇몇 가톨릭교도에 이르기까지 모두를 같이 끌어들인 듯했다. 설교를 들은 한 독일계 여성은 영어를 단 한 마디도 알아듣지 못했음에도 인생에서 이처럼 감화받은 적은 없었다고 고백했다. 화이트필드가 가장 크게 성공을 거둔 곳은 칼뱅주의의 아성인 보스턴이었는데, 이 지역 교회들은 전혀 환영하지 않았다. 여기서 화이트필드는 길버트 테넌트와 힘을 합쳐서, 화가 난 비평가가 "사람들이 밤이건 낮이건 짐승처럼 소리를 지르며 눈 위를 뒹굴었다"라고 쓸 정도로 열광에 빠트렸다.[189]

화이트필드가 떠나자 다른 사람들이 "이제 막 불씨가 붙은 거룩한 불을 활활 타오르게 하기" 위해 일어섰다. 롱아일랜드 출신으로 예일 대학교를 나온 존 대븐포트(1716~1757)는 새로운 형태의 미국인 개인 전도가로서는 아마 최초의 인물일 것이다. 코네티컷의 야외 집회에서 그는 반지, 외투, 가발 등을 비롯한 쓸데없는 장신구를 스스로 나쁜 책이라고 매도한 종교서와 함께 불 속에 던져넣으라고 호소했다. 이런 행동으로 식민지 순회 설교를 금지한 법에 저촉되어 체포되었다. 결국 총회에서 재판에 회부되어 정신장애라는 판정을 받고 롱아일랜드로 강제 송환되었다. 하지만 그런 조처로는 대븐포트는 고사하고 어느 누구도 막을 수 없었다. 교회에서 내쫓긴 이 새로운 전도사는 옥외에서 때때로 모닥불 근처에서 설교했다. 마침내는 천막 집회를 열기도 하는 등 이것이 2세기 동안 미국 프런티어 종교의 주요한 부분을 형성했다. 하지만 많은 성직자는 이런 투박하고 열심인 남자들을 환영했다. 영국국교회인 버지니아조차-적어도 그 산록 지대는-신앙부흥운동에 참가했다.[190]

사람들은 신앙부흥 전도 집회에 참가했으며 그 뒤에는 지역 교회에-만약 있다면-열심히 나갔다. 교회가 없으면 여럿이 힘을 합쳐 새 교회를 세웠다. 화이트필드는 엄청난 수의 군중을 모았다-1만 명은 놀랄 숫자도 아니었다. 비평가들의 말에 따르면, 계속 열광하는 "개종자"는 100명 가운데 1명인지도 몰랐다. 하지만 화이트필드는 몇 번이고 계속해서 공격을 되풀이했다-1740년부터 30년 동안 7회에 걸쳐 대륙 횡단 여행길에 나섰다. 그리고 모든 교회가 그 은혜를 입었다. 그렇지만 가장 많이 신도를 늘인 곳은 침례교회, 그 뒤에는 프로테스탄트와 관련된 생소한 교파들이었다.

독립혁명에 끼친 영향

대각성운동에 대해 불가사의한 점은 그것이 동시에 두 방향으로, 한편으로는 모순된 방향으로 진행했다는 사실이었다. 어떤 면에서 이것은 계몽운동의 한 형태였다. 영국국교회의 중요한 대각성운동의 한 사람인 새뮤얼 존슨(1693~1772)은 예일 대학교에서 에드워즈의 스승이었다. 그는 에드워즈와 함께 전형적인 계몽 목사였다. 프랜시스 베이컨의 『학문의 진보(Advancement of Learning)』를 읽고 "황혼의 희미한 빛을 뚫고 대낮처럼 밝은 햇빛 아래로 걸어 나온" 것 같았다고 고백했다. 이 경험에 의해 본인의 말을 빌리면 "분류와 정의의 기묘한 거미집"—17세기 칼뱅주의 신학—에서 해방된 존슨은 베이컨에서 아일랜드 영국인 대철학자인 버클리 주교의 관념론으로 기울었다. 그리고 "도덕은 자연 종교와 같은 것"이어서 하늘의 계시가 없으면 보이지 않지만 "이성과 본성의 제1원리에 기초한 것"임을 배웠다. 존슨은 킹스 칼리지의 초대 총장에 취임했다.

대각성운동은 모든 차원에서 교육에 극적인 영향을 끼쳤다. 회중교회 목사 엘리어자 휠록(1711~1779)은 뉴잉글랜드의 대각성운동 지도자 중 한 사람이었는데, 인디언을 위한 학교를 세워 큰 성공을 거뒀다. 이 학교가 마침내(1769) 다트머스 대학교가 되어 고전 과목을 전문적으로 가르쳤다. 보스턴 제일교회 목사 찰스 촌시(1705~1787)는 처음에 에드워즈나 전도단에 반대했고, 『뉴잉글랜드의 종교 현상에 관한 분별 있는 생각들(Thoughts on the State of Religion in New England)』(1743)에서 자기의 주장을 전개했다. 하지만 대각성운동은 그에게 아무런 영향도 주지 못했고, 마침내 그는 전통적인 기독교 조직을 떠나 훗날 유니테리언 파와 관계를 맺었다. 촌시는 오래 산 덕택에 보스턴과 킹스 채플의 영국국교회가 1785년에 비삼위일체설을 받아들여 미국 최초의 유니테리언 교회가 되는 것을 지켜볼 수 있었다. 데덤의 에버니저 게이(1696~1787)도 같은 길을 걸었다. 따라서 영국처럼 미국에서 유니테리언 파는 수많은 지식인에게 불가지론으로 가는 긴 과정의 중간 지점이었다.

역설적이지만 대각성운동의 결과로 많은 교회에서 이것을 열광적으로 지지하는 사람들과 그 감정의 표현을 싫어하는 사람들 사이에서 분열이 일어났는데, 후자가 많은 설교단을 차지해 미국 종교계에 자유주의의 기초를 쌓는 계기가 되었다.[191]

하지만 대각성운동과 그것이 불러일으킨 반주류적인 경향은 삶을 더 합리적으로 보게 한 운동인 동시에, 그 운동에 참여했던 대부분의 사람들-거의 4명 가운데 3명-에게는 실제로 고도의 감정적인 체험이기도 했다. 실신, 통곡, 비명 등이 큰 집회와 모닥불 주변에서 일어났다. 그뿐이 아니었다. 에드워즈가 자아낸 것은 뚜렷하게 보이지는 않았지만 역시 깊은 곳에서 우러나오는 감동이었다. 에드워즈는 믿음이 되살아나도록 해서 새로운 사람을 만들라고 말했는데, 이것 또한 한 세대 뒤에 프랑스에서 루소가 주장한 것과 비슷했다. 에드워즈는 케임브리지의 플라톤주의자인 존 스미스의 말을 즐겨 인용했다. "진정한 천상의 따뜻함은 불멸에 속하는데, 이것이 인간의 영혼 속에 자리 잡으면 우리의 행동 모두를 합당한 방식으로 규제하고 명령하게 될 것이다. 살아 숨 쉬는 피조물의 마음에서 발산하는 자연의 머리가 신체를 지배하는 것과 같이 …… 이러한 따뜻함은 인간의 영혼을 일깨워주는 새로운 자연이다."

이것과 함께 에드워즈가 제안한 유사한 종류의 사고방식에는 의심할 나위 없이 정치적인 함의가 담겨 있었다. 프랑스에서 같은 세기 후반에 볼테르주의의 합리주의와 루소주의의 감성주의가 한데 섞여 혁명으로 폭발했듯이 미국에서도 이 같은 일이 일어났다. 하지만 그것은 전형적으로 종교의 문맥에서 일어나 사상적인 요소와 뜨거운 개인적인 요소가 결합했으며, 이를 통해 미국인은 세계를 새로운 눈으로 바라보았다. 에드워즈를 포함해 많은 설교가들에게는 종말론의 요소가 강했다. 설교를 들은 청중은 중대한 일이 곧 들이닥칠 것 같은 인상을 받았다. 그리고 사람들에게는-미국인을 포함해서-극적인 운명이 기다리고 있었다.

1758년 에드워즈가 세상을 떠날 때 인쇄 중이던 마지막 유작에서 그는 다음과 같이 썼다. "자신의 뜻대로 모든 창조물을 하나로 합치기도 하고 일치시키기도 하는 신이 왜 …… 아담의 후손들을 마치 나무줄기나 뿌리에서 솟은 싹이나 가지처럼 아담과 동일하게 취급해야 하는 법을 세워서는 안 되는지, 그 정확한 이유를 나는 확실하게 설명할 수가 없다."

인간은 신의 모습으로 태어났으므로 무엇이든지 할 수 있다-그 능력은 끝이 없다. 에드워즈에 따르면, 인류의 역사에서 "모든 변화는 왔다가는 가고 …… 진실과 정의가 최후에 승리할 때, 일체의 사물이 영광에 가득 찬 모습으로 가는 길을 마련한다." 그때 신은 "자신의 나라를 손수 다스린다." 따라서 에드워즈는 "그 영광의 날의 저녁을 기다린다"라고 덧붙였다.

대각성운동은 혁명의 바탕을 마련하는 사건이 되었다. 미국의 역사를 형성하는 계기가 되어 독립혁명으로 나아가 정치 세력을 만들고 그것을 실현하는 길로 이끌었다.[192] 종교나 교파의 경계를 넘어 실제로 그 담장을 낮췄고 그때까지의 유럽형 교회를 미국형 교회로 바꿨다. 여기서 초교파적인 미국 스타일의 신앙을 만들어내는 움직임이 시작되었다. 모든 집단이 그 영향을 받아 다양한 교파들이 확실하게 미국적인 특색을 갖췄다. 그 특색을 요약하면 다음 5개 항목이 될 것이다. 전도에 대한 열의, 성직자를 경시하는 경향, 전례 형식을 그다지 고집하지 않는 것, 그 이상으로 교구

제1장 │ 언덕 위의 도시

191

의 경계에 집착하지 않는 것, 그에 더해 개개인의 경험 중시. 그 근거가 된 것은 「요한계시록」 21장 5절 "보라, 내가 만물을 새롭게 하노라"였다-이 것은 미국의 경험을 집약한 말이기도 했다.

대각성운동은 정치적 측면 외에 지리적 측면도 빠뜨릴 수가 없다. 교구 의 경계만이 아니라 모든 경계가 중요하지 않아 보이게 만들었다. 그때까 지 각 식민지는 주로 런던과 관련하여 외부의 관계를 생각했다. 각각이 작 은 자기충족의 세계를 만들었던 것이다.

에스파냐 식민지에서는 그 뒤 1세기 동안 이런 형태를 계속했으며, 독 립하고도 이 점에서는 변함이 없었다. 대각성운동은 이 고립 상태를 변화 시켰다. 대각성운동은 다양한 식민지, 연안 지대와 산록 지대, 해안 지대와 내륙 지대에 서로 공통적으로 가지고 있는 것을 이해하고 평가할 것을 가 르쳤다. 그런 공통점은 많았다. 이 상징으로서 화이트필드는 조지아에서 뉴잉글랜드까지 똑같이 잘 알려졌다. 그는 최초의 유명한 "미국" 사람이 되었다. 1770년에 화이트필드가 죽었을 때 미국 신문들은 일제히 논평을 실었다.

하지만 새로운 지리적 일체감 이상으로 중요한 사실은 의식의 변화였 다. 한참 뒤 일이지만, 미국 제2대 대통령 존 애덤스는 다음과 같이 말했 다. "혁명은 전쟁이 시작되기 훨씬 이전부터 일어났다. 혁명은 사람들의 머리와 가슴에 있었다. 자신들의 의무와 은혜에 대해 종교적인 감정이 변 화하고 있었다." 계몽운동에 의해 촉발된 미국인 엘리트의 합리주의와 대 중 사이에서 싹튼 대각성의 정신이 하나가 되어, 혁명이라는 정치적 목적 으로 향하는 여론의 목소리가 커질 수 있었다. 혁명은 마침내 찾아올 종말 의 사건과 동일시되었다. 어느 쪽 힘도 다른 한쪽이 없었으면 성공할 수 없었을 것이다.

이 종교적 배경 없이는 혁명은 일어날 수 없었다. 미국혁명과 프랑스혁명의 본질적인 차이는 미국혁명이 발단에서 종교적 사건이었던 데 비해 프랑스 혁명은 반종교적 사건이었다는 점이다. 그 사실이 미국혁명을 처음부터 마지막까지 형성하고, 그에 따라 생겨난 독립국가의 성격을 결정했다.

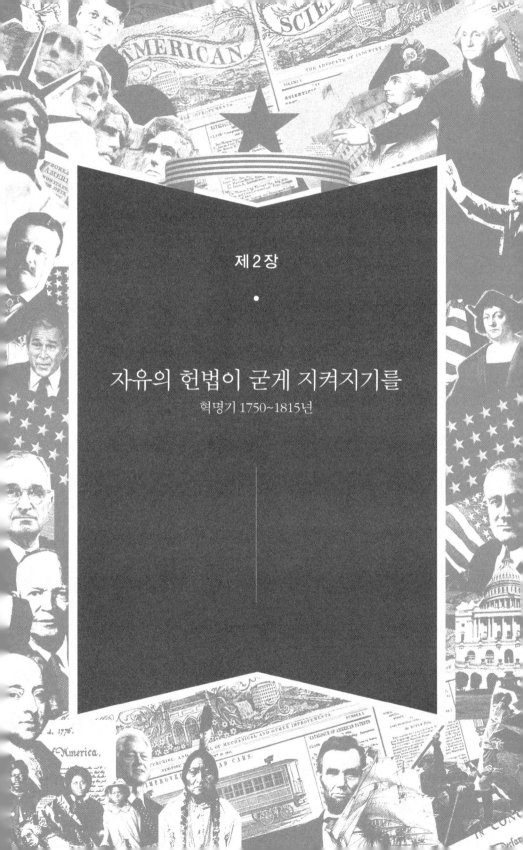

제 2 장

자유의 헌법이 굳게 지켜지기를
혁명기 1750~1815년

대농장주 조지 워싱턴

대각성운동이 미국인에게 혁명과 독립의 각오를 가져오게 했다고 한다면, 현실에서 독립 과정을 단숨에 진행시킨 것은 인류 역사상 최초의 세계 전쟁이었다. 그렇지만 너무나 기묘하게도 이 세계 규모의 충돌 원인을 제공한 것은 미국이었다. 조지 워싱턴(1732~1799)은 버지니아 주 웨스트모얼랜드 카운티의 웨이크필드에 있는 아버지 농장에서 태어났다. 워싱턴 조상의 이력에는 미국 역사가 아로새겨져 있었다. 그의 시조는 잉글랜드 성직자로 음주벽 때문에 임지인 잉글랜드 교회 에식스 교구에서 쫓겨났으며 1657년 버지니아에 건너와 부유한 앤 포프와 결혼했다. 이 인물이 워싱턴의 증조할아버지인데, 인디언에게는 마을을 빼앗은 사람, 카우노타우카리우스로 기억되었다. 아버지 어거스틴, 애칭 거스는 금발에 키가 큰 남자로 미국에서 남자는 영국에서 자랄 때보다 키가 더 컸다는 진리의 살아 있는 견본이었다. 하지만 그는 장남 로런스-워싱턴의 존경하는 배다른 형-를 잉글랜드 북서부 애플비 학교에 유학을 보내 약간의 기품을 몸에 익히게 했다. 가정은 대가족이었고, 농장주로서는 어깨를 견줄 만큼 성공했다.

워싱턴이 12세 되던 해에 아버지는 7구획 1만 에이커의 토지와 49명에 이르는 노예를 남기고 세상을 떠났다. 유산의 중심은 페리 농장이었는데, 넓이는 4,360에이커에 노예가 10명 딸려 있었다. 이 농장 권리의 절반을 워싱턴의 어머니가 상속받아 계속 경영했다. 워싱턴 가에는 독립혁명을 헤쳐 나온 검소한 젠트리 계급 특유의 특징이 잘 나타나 있었다. 이를 위해 혁명 직전 거스가 소유했던 가재도구 목록을 자세히 살펴볼 필요가 있다. 접시는 거의 없었고, 수프용 스푼 1개, 작은 스푼 18개, 티스푼 7개, 회중시계 1개, 칼 1자루, 합계 125파운드 10실링 상당이었으며, 유리그릇은 5파운드 12실링, 도자기는 두 벌의 티세트를 포함해 고작 3파운드 6실링이었다. 응접실에는 고급 거울, 잉크와 펜을 넣은 문구 상자, 테이블 2개, 다리 달린 의자와 가죽 의자가 1개씩 있었고, 거실에는 침대 3개, 낡은 테이블, 낡은 의자가 3개, 낡은 책상이 놓여 있었고, 창에는 커튼이 달려 있었다. 또한 기둥이 4개 달린 침대 2개는 응접실에, 또 다른 2개는 안방에 있었다. 거실 위 침실에는 낡은 침대가 3개였다-침대 수는 모두 13개에 이르렀다(거스는 아내 2명에게서 10명의 자녀를 뒀다). 고급 시트 6장, 저품질 시트 10장, 베갯잇 17장, 테이블 커버 13장, 냅킨 31장이 있었다. 집안일을 돕는 노예는 13명 있었는데, 몸이 건강한 노예는 그 가운데 7명뿐이었다.[1] 이것이 워싱턴이 자란 물질적 환경이었다.

조지 워싱턴은 키가 6피트 2인치(약 189센티미터)로 아버지처럼 몸집이 컸다. 큼직한 손과 발, 붉거나 다갈색인 머리칼, 큰 코, 넓은 이마의 소유자로 엉덩이는 평퍼짐하고 어깨는 좁았다. 큰 키와 우람한 몸집은 위엄을 보이는 데 알맞았다. 이런 신체 조건은 위급할 때도 안정을 유지하는 능력에 적합해 상대가 병사이건 정치가이건 간에 사람들을 통솔하는 열쇠가 되었다.[2] 몸에서는 늘 기운이 넘쳤다. 가발은 쓴 적 없었고 또한 맞지도 않는다고 생각했지만, 머리는 단정하게 빗어 분을 바르고, 솔리터리라고 불린 부드러운 벨벳 리본으로 묶었다. 알밤을 깨물다가 이를 부러뜨리는 바람에 하마 이빨로 만든 의치를 해 넣었는데, 사람들 눈에는 그것이 잘 맞지 않는 것처럼 비쳤다. 젊은 시절 숲으로 탐험을 나설 때는 반드시 셔츠 9장, 마로 만든 베스트 6벌, 모자 6개, 칼라 6개, 넥타이 4개를 가져갔다.[3]

타고난 귀족적 풍모로 마침내 제왕처럼 위엄을 갖췄다. 18세기에 보급된 미국의 새로운 풍습, 즉 악수를 누구와도 하기 싫어했으며, 그 대신에 머리를 숙여 인사했다. 자신의 의사를 전달하기 위해 완력에 호소하는 일도 마다하지 않았다. 그리고 "부하 앞에서 도망치는 모습을 보인 장교 대부분에게 몽둥이를 휘둘렀다." 또한 멀리까지 돌팔매질을 할 수가 있어서 솜씨를 뽐내 상대방을 감탄시키기를 좋아했다. 어머니는 단아한 여성으로 존경했으나 아버지는 있으나 마나 했다. 그가 보낸 편지가 1만 7,000통 남아 있는데, 아버지는 그 가운데 단 2통에만 등장할 뿐이다. 워싱턴은 어릴 적부터 스스로 아버지상을 연기했다.[4]

워싱턴은 배다른 형 로런스와는 달리 초등 교육을 받지 못했다. 훗날 워싱턴 대통령 밑에서 부통령을 지낸 존 애덤스는 질투와 비판을 섞어 다음과 같이 말했다. "워싱턴이 학자가 아니었던 것은 확실했다. 그 지위에 있으면서 무학으로 지내며 책을 읽지 않았고 무식했다는 사실은 의문의 여지가 없었다."[5] 워싱턴 자신도 "교육이 부족하다는 자각에 고민했다고 말했다. 회고록을 쓰려고 하지 않았던 것은 그런 사정 때문이었다. 워싱턴의 말을 빌리면, 젠트리 계급의 젊은이로서 버지니아에서 자라 "말을 타려고

하자 곧 말과 노예가 주어진" 사람들은 "게으르고 희망이 없는 인간이 될 위험이 있었다." 하지만 자신은 그런 유혹에 빠지지 않았다. 성공을 꿈꿨던 것이다.

이 대범한 젊은이에게는 자신을 높이려는 강한 욕구가 있었다. 뚜렷하고 읽기 쉬운 글씨체를 배우고, 에티켓을 몸에 익히기 위해 110개에 이르는 격언을 베껴 썼다. 그 원전은 프랑스의 한 예수회 수도승이 귀족 계급 자제들을 위한 지침서로 만든 것이었다. 예를 들면 이런 내용이었다. "콧노래를 부르며, 또는 손가락과 발로 박자를 맞추며 혼자서 노래 부르지 말라." "벼룩, 이, 진드기, 그 밖의 해충을 다른 사람들 앞에서 죽이는 일이 없도록 하라." "신분이 높은 사람과 동행할 때는 친숙한 듯이 걸어서는 안 된다. 약간 뒤쪽에 서되 귀인이 용이하게 말을 나눌 수 있도록 수행해야 한다."[6]

슬프게도 그런 "신분 높은" 사람들이 한 사람도 없었다는 것이 워싱턴의 불운과 불만의 원인이었다. 18세기 어법으로 말하자면 유력자의 "연줄(interest)"이 없었다. "연줄"이란 말은 워싱턴이 구사한 말 가운데서 핵심 단어였다. 이익(interest)이 사람을 움직인다고 생각했고, 또한 "이해관계(interest)가 유일한 인연이다"라고 말했으며, 사람과 나라의 관계에도 이것이 해당된다고 주장했다. "인간은 자신의 희망대로 두루 생각할 수 있다"라고 워싱턴은 덧붙였다. "예를 들면 애국심에 대해 이야기할 수 있을 것이다. …… 하지만 애국심이라는 기반이 있으면 충분히 장기간에 걸쳐 피흘리는 싸움을 견딜 수 있다고 생각하므로, 그것은 최종적으로는 결과를 뒤집을 것이다. …… 한때는 애국심이 사람들을 행동으로 내몰아 많은 것을 인내하며 국난에 맞서도록 하겠지만, 이해관계라는 도움이 없으면 오래갈 수가 없다." 그는 "이익을 쫓아서 손을 잡은 나라 이상으로 신뢰할 수 없는 나라는 없다"는 사실이 "인류의 보편적 경험"이라고 생각했다.[7]

워싱턴이 독립혁명과 그에 이은 헌법 제정을 주로 개인적 영리에 따라 움직인 사람들의 일이라고 보았다는 사실을 이해하는 점이 중요하다. 개인적 영리는 늘 그의 원동력이었다. 개인적 영리 추구를 수치라고 느낀 것이 아니라 그것이 국익에 포섭되기까지 추구했다. 워싱턴이 유력한 연줄을 가지게 된 것은 형 로런스의 결혼 덕택이었다. 신부의 아버지는 윌리엄 페어팩스 대령이었다. 버지니아에서 가장 유력한 가문과 닿아 있는 일가의 장이었다. 워싱턴은 일이 있을 때마다 이 연고 관계를 최대한 이용했다. 손위 처남인 조지 페어팩스는 마침내 막대한 유산을 상속받았는데, 약간의 인디언 피가 섞인(미국인으로서는 놀랄 일은 아니었다) 청년으로 워싱턴의 모범이 된 인물이었다.

워싱턴은 16세 때 자신과 같은 가문에서 교육 정도가 평범한 젊은이로서 대지주를 꿈꾸는 다음으로 현명한 처사는 측량기사가 되는 일이라고 생각했다. 읽기 쉬운 필적과 지도를 그리고 측량하고 계산하는 능력이 있으면 되었다. 미국인은 누구든 토지에 매료되어 투기에 매달렸다. 머나먼 서부에는 아직 손길이 안 닿은 넓은 땅이 있어서 일거리가 끊길 염려는 없었다.

첫 일은 블루리지 산맥 서쪽에 있는 페어팩스 가 소유의 일부를 측량하는 것이었다. 이를 위해 처음으로 프런티어 땅에 발을 들여놓자 그곳 생활 탓인지 여러 가지 기회, 심지어는 위험한 일마저 좋아하게 되었다. 이어서 의용군에 입대하자 그 일도 마음에 들었다. 타고난 군인이었던 셈이다. 1753년 21세 때는 버지니아 부총독 로버트 딘위디에 의해 소령으로 임관되어 오하이오 회사의 대리인 자격으로 오하이오 강 유역에 파견되었다. 이 회사는 프런티어 지역 개발을 위해 정부 지원을 받아 설립된 사기업이었다. 워싱턴이 받은 명령은 현지에서 모든 프랑스인과 접촉하여 영국 영토에 잘못 들어오면 경고하는 일이었다.

7년전쟁

이듬해인 1754년은 결정적으로 중대한 해였다. 육군 중령으로 승진한 워싱턴은 의용병과 인디언으로 구성된 버지니아군 지휘관이 되어 다시 오하이오에 파견되었다. 임무는 현지 피츠버그 부근인 오하이오폭스에 요새를 세우는 일이었다. 워싱턴은 이 원정의 상세한 내용을 일기에 남겼다. 현지에 부임해보니 프랑스군이 먼저 도착해 이미 뒤케뉴 요새를 세운 뒤였다. 워싱턴도—예산과 물자 보급을 둘러싸고 딘위디 부총독과 분쟁을 겪으면서—그레이트메도스에 자신의 요새를 세우고 네세시티 요새라는 이름을 붙였다. 마침내 드 주몽빌 중위가 이끄는 프랑스군 분대와 맞붙었다. 프랑스군이 머스킷총을 가진 채 도망치자 "우리 부대에 공격 명령을 내렸다"라고 워싱턴은 보고했다. 부하 병사인 이로쿼이 족 인디언이 큰 도끼를 휘두르며 프랑스군을 습격했다. 워싱턴이 살육을 멈추게 하고 프랑스군이 항복하기까지 상대 지휘관을 포함한 10명이 죽었다.[8]

이 "주몽빌 사건"은 프랑스군의 대규모 보복을 불러와 곧 국제적인 전쟁으로 발전했다. 전쟁은 북아메리카에서 1754년부터 1760년까지 6년 동안 계속되면서 라틴아메리카, 카리브 해, 대서양, 인도, 동양까지 개입했는데, 특히 유럽에서는 7년전쟁(1756~1763)이라고 불렸다. 이 전쟁을 일으킨 계기를 만든 워싱턴은 이름을 알렸고 악명도 떨쳤다. 솔직하게 동생 잭에게 보낸 편지에서 첫 실전에 주눅이 들지는 않았다고 썼다—"총탄이 날아가는 소리가 들리는데, 정말이야, 그 소리가 왠지 멋지더라고." 이 내용이 워싱턴의 보고서나 일기 등 자료와 함께 「런던 매거진」에 발표되어 조지 2세 눈에 띄었다. 국왕은 스스로 숱한 전쟁터를 누빈 경험이 있다고 자부했으므로 이 문제를 꼬집으며 웃어넘겼다. "그가 그 소리를 수없이 들어본 경험이 있다면 그게 멋지다는 생각은 못 할 것이다." 볼테르는 다음과 같이 말했다. "미국에서 발사된 대포는 마침내 유럽을 포탄의 불바다로 뒤덮는 신호가 될 것이다." 호러스 월폴은 저서 『조지 2세 통치사(History of the Reign of George II)』에서 더 자세하게 썼다. "미국 변경 지역에서 버지니아의 한 청년이 내린 일제 사격 명령이 세계에 불을 댕겼다."[9]

세계 규모의 분쟁에서 프랑스와 영국 두 나라는 마침내 북아메리카 대륙의 패권을 놓고 다투기 시작했다. 최종적으로 영국이 승리한 싸움이었다. 아메리카 대륙의 영국령 식민지는 장기간에 걸친 집중 이민, 이주민의 높은 출생률과 인구의 자연 증가, 경제 호황과 생활수준의 향상 등에 의해 이미 이륙 단계를 지나 서서히 세계에서 가장 풍요로운 나라로 급상승하는 것처럼 보였다. 이에 비해 프랑스 식민 정착지는 사방에 흩어졌으며 본국 정부의 끊임없는 군사적·경제적 원조에만 의존했다. 하지만 당시는 그렇게 보이지 않았다. 영국 식민지 사람들은 프랑스 군사력에 포위되었다고 생각했다. 프랑스군 세력은 세인트로렌스 강 입구에서 캐나다 내륙으로 진출했고 다시 오대호 지역으로 내려가 미시시피 강 유역을 따라 뉴올리언스까지 진출했다. 그곳에는 프랑스가 갖은 고생 끝에 개발한 주요 항구들이 있었다. 두 나라의 권리 주장이 서로 충돌하는 지점은 사방에 널려 있었다.

1713년 위트레흐트 조약에는 초기 항쟁의 결과로 영국의 승리가 많이 반영되어 프랑스는 캐나다 허드슨 만에 대한 권리를 포기했다. 하지만 실제로는 이 지역에서 무역을 계속하고 요새를 세웠다. 또한 이 조약으로 "노바스코샤, 즉 아르카디를 옛 경계선을 따라" 영국에 넘겼다. 이것은 영국에는 생크로 동쪽에서 북상하여 세인트로렌스 강에 이르는 모든 영역을 의미했다. 하지만 프랑스는 이에 반대하며 1750년 자신들의 주장을 뒷받침할 요새 몇 곳을 더 지었다. 영국 식민지 쪽에서는 이를 중대한 사안이라고 생각했다. 프랑스 쪽의 미시시피 강 전역에 대한 권리 주장이 영국 쪽이 같은 지역을 통해 식민지 경계선을 서부로 끝없이 확장하려는 정책과 정면으로 충돌했기 때문이다. 남부에서도 두 진영 간 이익 충돌은 끝이 없었다. 프랑스가 플로리다의 에스파냐인과 손잡고 조지아를 공격하지 않을까 영국은 두려워했다.

프랑스에 대한 공포는 18세기 후반에 미국 식민지를 영국 아래 묶어두는 커다란 요인이었다. 영국령 식민지로서는 프랑스 군대 밑에 있는 것은 최악의 사태라고 생각했기 때문이다. 대서양 연안에는 많은 나라에서 건너온 사람들-에스파냐인, 프랑스인, 스웨덴인, 네덜란드인, 독일인, 스위스인-이 정복이나 이민에 의해 영국령에서 생활했으나 적응이 어렵다고 생각하지 않았다. 유럽 대륙 기준에서 본다면, 영국은 규칙만 고집하지 않는 정부와 언론, 집회와 출판의 자유를 더해 (어느 정도는) 신앙의 자유도 허용하는 관대한 국가였다. 이런 이점은 식민지에는 더욱 유리하게 작용했다. 이주민 대부분은 정부와 1년 내내 거의 접촉할 기회가 없었다.

하지만 영국 국민에게 유니언잭에서 프랑스 왕실의 백합 문장으로 국기를 바꾸는 일은 또 다른 문제였다. 프랑스는 아직 신권 절대군주제를 유지했으며, 국가는 비록 대서양 너머에 있어도 여전히 무서운 존재로 구석구석까지 개입했고 또한 잔인했다. 징병제를 실시하고 세금은 무거웠다. 더군다나 관용 정책을 허락하지 않는 가톨릭 국가였다. 그것은 영국령 식민지로 몇 천 명에 달하는 칼뱅주의 신도가 이주한 것만 봐도 확실히 알 수 있다.

윌리엄 3세와 앤 여왕 시대에 미국 식민지는 프랑스를 상대로 하는 전쟁에 거의 개입하지 않았다. 하지만 그 이후 북아메리카의 프랑스 군대는 세력을 더욱 넓혔다. 1740년 프랑스를 상대로 한 전쟁(유럽에서는 오스트리아 계승전쟁이라고 부른다)이 일어나 다시 프랑스와 전쟁이 시작되었을 때, 영국령 식민지는 북아메리카 전선의 최전선이 되었다. 오글소프가 세운 조지아 식민지의 민병대가 에스파냐령 플로리다로 침입했을 뿐 아니라 매사추세츠와 뉴욕 출신 사람들을 주력으로 하는 식민지군이 프랑스군을 공격해 루이버그 요새 공략에 성공했다. 뉴잉글랜드와 뉴욕 식민지 사람들은 1748년 엑스라샤펠 조약에서 영국이 루이버그 반환에 합의했을 때 배신감을 맛봤다. 식민지 여론도 워싱턴 대령의 부주의한 처사로 실마리를 제공한 세계 전쟁 초기에는 영국의 전략이나 정세 파악에 대해 좋은 인상을 갖지 않았다.

1758년 윌리엄 피트가 권력을 잡으면서 사태는 한순간에 바뀌었다. 런던 상업 관계자와 굳게 손잡고 전쟁의 중심을 유럽 대륙에서 전 세계로 옮겼다. 대규모 함대를 소집하여 우수한 군대를 육성하고 제임스 울프 장군 같은 유능한 지휘관을 임명해 대서양 양쪽에서 열광적인 여론 선동에 열을 올렸다. 그 군대는 허드슨 만을 공격하고 세인트로렌스 강 유역으로 내려와 다시 오하이오 강과 앨러게니 산맥 인근 지역을 장악했다. 1759년 퀘벡 함락과 함께 북아메리카 대륙의 프랑스 세력은 힘없이 무너졌다. 1763년 파리 조약으로 이것은 확인되었다.[10]

눈과 설탕의 교환

이 조약으로 역사상 최대 규모의 영토 분할이 이뤄졌다. 이 조약은 영국과 프랑스 두 유럽 열강의 변함없는 무지, 북아메리카 대륙의 장기적인 중요성에 대한 인식 결여에 대해 많은 것을 말해준다. 각국은 평화 교섭의 절반을 카리브 해의 "설탕" 섬들을 둘러싼 집요한 말다툼으로 보냈다. 설탕 생산지는 빠른 시간에 현금을 만들 수 있는 곳이었다. 영국은 제해권을 장악한 덕분에 전쟁을 틈타 세인트빈센트, 그레나딘, 토바고, 도미니카, 세인트루시아, 과달루페, 마르티니크 등의 섬을 빼앗았다. 영국의 설탕 압력 단체는 생산 과잉을 두려워해 점령한 섬 모두를 보유하는 데 반대하고, 과달루페, 마르티니크, 세인트루시아 3개 섬을 자비심 많게도 돌려주었다. 프랑스는 그 대신 캐나다 전역과 노바스코샤를 양도하고 오하이오 강 유역에 대한 권리를 포기하는 데 이의를 달지 않았다. 이 거래는 "눈과 설탕의 교환"이라고 불렸다. 또한 영국은 군사력이 회복 불가능할 정도로 떨어진 에스파냐를 전혀 두려워하지 않고, 다른 점령지인 쿠바와 마닐라를 에스파냐에 선선히 되돌려주었다. 개별 교섭의 일환으로 프랑스는 에스파냐가 영국에 패해서 플로리다를 잃은 보상으로 루이지애나 전역을 에스파냐에 양도했다. 이 조약으로 미국 영토에서는 그 이전과 이후의 어떤 국제조약보다 더 대규모로 소유 변경이 이뤄졌다.[11]

최종적으로 프랑스는 아메리카 대륙에서 쫓겨나 카리브 해에 있는 3개 섬과 2개의 어업권, 가질 가치도 없는 변두리 기아나만이 손에 남는 결과가 되었다. 이것은 지정학적으로 볼 때 중요한 변화로서 영국의 세계 전략에 커다란 도움이 되었다. 영국은 북아메리카의 맹주가 되어 마침내 이 지역에서 유럽 최강을 자랑하는 프랑스군의 도전을 걱정할 두려움이 사라졌다. 에스파냐의 미시시피 강 하류 지역에 대한 영향력은 약화되었으며, 적당한 때라고 생각되는 시기에 언제든 손을 본다는 영국의 인식도 확고했다. 1760년대 중반, 영국은 갑자기 로마 시대 이후 최대의 제국-영토 확장과 세계적 판도라는 점에서 실질적으로 로마제국 이상의 규모-을 통치하는 나라로 등장했다.

무능한 영국 정부

이 갑작스런 영토 확장으로 영국 엘리트층은 머리에 피가 몰렸을까? 아마 그렇게 말할 수 있을지 모른다. 확실히 그 뒤 20년 동안 신중함, 실리주의, 현실적인 상식이나 절도라는 영국적 미덕은 이 섬나라 사람들-적어도 권력을 쥔 남자-에게서 사라져버린 것 같았다. 오만하고 그에 더해 잘못을 저지르며, 또한 완고하고 어리석기까지 한 자기주장을 고집했다. 그 원흉은 조지 3세였다. 젊고 자신감에 넘치며 무지하여 주장을 왜곡하고 유연성이 부족하고 끈질긴 인물로, 할아버지 조지 2세처럼 이름뿐인 왕이 아니라 실제로 활동하는 국왕이 되기를 강하게 원했다. 사실 조지 2세는 현명한 인물로서 그 나름대로 자신이 지닌 지성의 한계나 헌법상의 제약을 잘 알았다. 로버트 월폴 경이나 윌리엄 피트(대[大] 피트) 등 위대한 정치가를 발견하면 발탁했다. 이들은 영국을 세계에서 가장 번영하는 국가로 만드는 데 공헌했다. 한편 조지 3세는 이류 인물, 벼락출세한 사람, 단순한 측근 신하, 또는 부패한 하원을 단속하는 것이 유일한 수단인 남자 들을 곁에 뒀다. 1763년부터 1782년까지 아메리카 대륙의 식민지는 이미 지배를 벗어났는데, 이 무렵 총리로서 영국의 국사를 담당한 이들보다 더 보잘것없었던 인물들을 생각하기는 어려울 것이다. 피트 백작, 조지 그렌빌, 로킹엄 후작, 그래프턴 공작, 노스 경 등이 그런 인물이었다. 그 밑의 요직에는 찰스 타운센드나 조지 저메인 경 등 또 다른 어리석은 인물들이 있었다.

이런 인물들과 대서양을 사이에 두고 대치했던 사람들이 고만고만한 재능밖에 없고 능력이나 성격이 평범했다면 크게 문제가 되지 않았을지 모른다. 영국에는 불행하게도-따라서 미국에는 운 좋게도-식민지를 독립으로 이끌려고 등장한 세대는 역사상 매우 뛰어난 사람들의 집단이었다. 사려 깊고 편견이 없고 용감하며 전반적으로 교양이 높았다. 또한 여러 가지 천부적으로 재능을 타고났으며, 분별과 앞을 내다보는 안목이 있고 때로는 천재적인 번득임까지 갖추었다. 한 나라가 총리 재목감으로 워싱턴, 벤저민 프랭클린, 토머스 제퍼슨, 알렉산더 해밀턴, 제임스 매디슨, 존 애덤스 같은 다채로운 인재 집단을 포용한 사실은 실로 드물었다. 그리고 참으로 다행스러운 일은 서로가 장점과 단점을 보완함으로써 결과적으로 그룹 전체의 힘은 각자가 지닌 능력을 합친 것 이상으로 매우 강력했다는 사실이다.

이 사람들은 계몽사상을 몸소 실현했다. 그 사상은 독단주의, 반성직권주의, 도덕적 혼란이나 이론의 맹신 등 프랑스 교양인의 가치를 훼손하는 약점과는 거리가 멀었다. 대신에 실용주의, 공평성, 서로 부끄러울 데 없는 성실성 등 영국의 미덕에 의해 강화되었다. 그에 더해 이 최전선 그룹의 배후인 제2선, 제3선에도 견실하고 현명하며 기회를 만나면 일어설 사람들이 있었다. 개인 자질 측면에서 볼 때, 이 시기에 미국을 이끈 이들과 영국 지도자들 사이에는 대서양보다 깊은 격차가 존재했고, 더욱이 그것이 모든 것을 말했다. 역사적으로 대사건은 모든 요인들이 작용해 결정되는데, 그 가운데서 가장 중요한 것은 언제나 리더십을 발휘하는 인간의 자질이다. 따라서 이 원리를 가장 설득력 있게 입증한 것이 바로 미국독립전쟁이었다.

영국 정부의 무능은 캐나다의 프랑스 세력이 무너진 직후 대응을 살펴봐도 잘 알 수 있다. 그들은 영국 정신과 전혀 다른 권력 행사-사회공학-

에 몰두했다. 노바스코샤에 프랑스인 이주민이 집중되는 것을 우려해 그 중 1만 명을 급히 모아 다른 영국령 식민지로 강제 분산시키려고 했던 것이다. 이것은 통상적이라면 영국령이 아닌 제정러시아에서나 시행할 조처였다. 프로테스탄트의 각 식민지는 교황을 섬기는 가톨릭교도의 유입을 바라지 않았다. 버지니아 식민지는 할당받은 1,100명을 영국에 되돌려 보내라고 강력하게 주장했다. 약 3,000명이 미국에서 퀘벡으로 도망갔는데, 영국은 적당한 시기를 봐서 이 집단에 몇 천 명을 더해 프랑스로 국외 추방을 해버렸다. 프랑스는 마지못해 그들을 받아들였다.

이런 불운한 사람들이 영국군의 감시 아래 행진하고 배에 실렸다. 그 대신에 얼스터(북아일랜드)의 프로테스탄트나 요크셔의 감리교 신도, 겁먹은 스코틀랜드 고지인이 마치 징집된 군인이 군 주둔지로 끌려가듯이 배에서 내려 내륙 지대 쪽에 할당받은 땅을 향해 행진했다. 이런 광경은 식민지에 뿌리를 내린 사람들에게 반감을 불러일으켰다. 영국 정부가 다음 차례로 자신들을 통나무 짐짝이나 감자 자루 다루듯이 혹독하게 취급하지 않을까 염려했다.[12]

인디언 정책의 실패

이와 대조적으로 인디언에 대해서는 영국은 정말로 세심한 배려를 보였는데, 이런 정책이 이주민에게는 도가 지나치다고 느껴졌다. 미국인 입장에서 보면 인디언 취급이야말로 사회공학(이른바 "회유" 또는 "치안 유지" 정책)의 도입이 요망될 뿐 아니라 반드시 필요한 사항이었다. 영국은 미국 중부 지대를 다룰 적절하다고 생각되는 방법을 놓고 심각한 딜레마에 빠졌다. 대립하는 3개의 존재-모피상, 서부 개척을 갈망하는 이주민, 그리고 영국과 동맹을 맺은 크리크와 체로키와 이로쿼이 인디언 3개 부족-의 이해관계를 어떻게 절충하면 좋을까? 여기에는 광활한 토지 문제가 걸렸는데 참고에 이용할 지도 한 장마저 없었다. 런던의 뷰트 경은 이 문제에 아무런 지식이 없었기 때문에-스코틀랜드 고지의 씨족에 관한 일은 잘 알았지만 체로키나 에스키모를 구분조차 할 수 없었다-윌리엄 존슨이나 존 스튜어트라는 현장 전문가에게 전적으로 의존했다. 이 사람들은 심정적으로는 인디언 편이었다. 펜실베이니아 정부는 당시 "앨러게니 산맥 서쪽"이라는 표현을 쓰며 인디언의 영구 거류지를 제시했다. 인디언에게 우호적인 관계자는 이 말에 크게 이끌려 원칙을 북아메리카 전체에 적용하도록 영국 정부를 설득했다. 1763년 10월 7일, 국왕 선언에 따라 식민지와 인디언 거류지의 새로운 경계선이 정해졌다. 미국인에게 "서쪽 또는 북서쪽에서 대서양에 유입하는 하천의 수원지 상류 쪽에 위치한 어떠한 땅에도" 이주하는 것을 금지했다.[13]

실제로 이 규정에 따르면 대서양 연안에는 미국이 자리 잡고 내륙 지대는 인디언 거류지로 차단되었다. 이주민에게는 받아들일 수 없는 처사였다. 한순간에 미래가 산산이 부서졌다. 어쨌든 때는 이미 늦어서 수많은 이주민이 이미 고개를 넘어 개척에 힘썼고 날마다 그것을 모방하는 사람들이 줄을 이었다. 국왕은 이 점에 유의하여 인디언을 기쁘게 하기 위해 "고의 또는 부주의하게 [경계선 서쪽의] 땅에 정착한 사람은 누구든 즉시 …… 옮기지 않으면 안 된다"라고 선언했다. 이것은 또 다른 "사회공학"으로 단단히 무장하고, 드넓은 지역에 분산해 이미 농장을 경작하는 이주민을 총칼 등 무력을 들이대 동부로 집단 이주시키지 않는 한 불가능한 일이었다. 더욱 사태가 나빠지려는지, 영국과 손잡은 인디언에게는 경계선에서 훨씬 동쪽에 위치한 넓은 지역에 집단으로 정착하는 것을 허락했다.

요컨대 선언은 현실과 동떨어진 문서였다. 이주민을 노하게 하고 겁먹게는 만들었으나 퇴거를 강요할 수는 없었다. 따라서 현실과 타협하기 위해 1771년에는 부득이 수정해야만 했다. 오하이오 강 유역 정착지는 그레이트폭스(포트피트 또는 피츠버그)까지였지만 켄터키 강까지 양보했으며, 이로써 전체 구상에 큰 구멍이 뚫려 사실상 서부에 대한 집단 팽창을 억제하는 수단을 차례차례로 제거했다. 선언은 영국의 중대한 잘못이었다. 프랑스 축출과 함께 미국은 영국 군사력에 의존할 필요가 전혀 없었고, 내륙 지대로 끝없이 펼쳐진 대지에 식민지를 확장하는 것을 가로막는 장애도 사라졌다. 그렇지만 런던 사람들은 프랑스를 인디언으로 바꿔놓아 식민지 서쪽의 접근을 막은 셈이었다. 이것은 이치에 맞지 않아 미국인의 신경을 더욱 거슬렸다.

영국 장교를 꿈꾼 워싱턴

영국 국왕의 선언에 특히 마음속으로 편치가 않았던 미국인이 조지 워싱턴이었다. 워싱턴은 스스로를 버지니아 주 동부 해안 지대의 토지 소유자인 동시에 프런티어 개척자로 보았다. 프런티어의 토지 확보에 미래가 달려 있었다. 그것은 미국인의 꿈이기도 했다. 미국의 내륙 지대를 영구히 인디언 손에 맡긴다는 구상은 워싱턴에게는 모든 근거와 일반 상식에 맞지 않는 어리석은 짓이었다. 그는 인디언을 싫어하여 변덕스럽고 싫증고 잔혹하고 앞일을 생각하지 않고 게으르며 도무지 신뢰할 수 없는 무리라고 생각했다.

위싱턴은 인디언의 이익을 위해 미국 발전이 방해받아서는 안 된다고 믿었다. 이런 중요한 점에서 미국 헌법 제정에 관여한 사람들과 견해가 같았다. 그렇다고 해서 위싱턴이 타고난 반역자, 또는 선천적인 공화주의자라고 생각해서는 안 된다. 같은 유산계급의 미국인과 마찬가지로 그 어느 쪽에도 속하지 않았다. 그는 영국인과 국왕, 체제, 관습에 대해 상반되는 감정을 가졌다. "제국"이라는 말을 즐겨 사용하며 잉글랜드에 속한 것에 자부심을 느꼈다. 정확하게 말하면 본능적으로는 제국주의자였으며 틀림없이 대영제국에서 출세할 뜻이 있었다. 위싱턴은 "훌륭한 전쟁"을 치른 남자였다. 1756년에는 변경 지대 수비 전투에서 버지니아 의용군의 지휘를 맡았다. 1758년에는 3개 여단 가운데 하나를 이끌고 두켄 요새를 점령했다. 그리고 영국 국기 아래서 신진 장교로서 공적을 올린 것이 도움이 되어, 주위에서 많은 이들이 권하는 부유한 과부인 마사 댄드리지 커스티스(1732~1802)와 사귀고는 결혼 허락을 받아냈다. 마사는 1만 7,000에이커의 토지와 2만 파운드의 현금을 소유했다.

위싱턴이 오랜 동안 야심을 불태우며 되풀이해서 실현하고자 노력했던 일은 대영제국 육군의 정규 장교에 임관되는 것이었다. 그 소원이 이뤄졌더라면 그의 인생은 전혀 다른 방향으로 나아갔을지 모른다. 전 세계를 무대로 활약하여 출세하고 자산 축적의 가능성을 넓히며, 마음만 먹었다면 기사나 귀족의 반열에 오르는 것도 꿈만은 아니었다. 처음에 그는 자신이 일급 장교로서 정점에 오르기 위한 재능과 기질을 갖췄다고 자부했다. 전장 경험을 충분히 쌓았고 전공도 타인의 모범이 될 만했다. 하지만 제도는 위싱턴에게 불리했다. 영국 육군 총사령부인 근위 기마병 사단의 눈으로 본다면 식민지군 장교 따위는 가치가 없었다. 미국 의용군은 영국 사회에서나 군대에서나 특히 모멸적인 취급을 받았다. 당시 런던에서 즐겨 하던 이야기가 있었다—"식민지 군대는 미국에서 승리해도 실질적으로 아무런 공헌이 없다. 낡은 무기조차 갖지 않은 인디언을 상대하는 일이 아니라면 아무 도움이 안 된다."

워싱턴의 군대 생활은 너무나 불리했다. 한 세대가 지난 뒤에 청년 시절의 아서 웰즐리(훗날 웰링턴)가 인도 근무 경력을 근위 기마병 여단에서 "단순한 인도인 용병 장군"이라고 규정받은 것과 같았다. 워싱턴은 식민지군 장교 지위가 무가치하여 대영제국 육군 정규 지위에 나갈 기회가 없었다고 후회했다.[14] 이것은 불공평, 멸시와 같아서 워싱턴의 생애와 미국에 대한 충성을 결정짓는 요인으로 작용했다.

미국 젠틀맨 계급이 필연적으로 영국에 등을 돌리는 모습이 워싱턴의 재산 관리 경험에서도 엿보였다. 마사와 결혼하고 형 로런스 부부가 잇따라 세상을 떠났기 때문에 워싱턴은 마운트버넌의 농장주가 되어 소규모 지주에서 대토지 소유자로 변신했다. 꽤 사치스럽게 생활하여 저택에는 노예 13명과 목수와 수리공을 두었다. 1768년 이후 7년 사이에만 2,000명이 넘는 손님을 접대했다. 영국 젠틀맨과 그들을 그대로 본뜬 버지니아인 같은 흉내는 모조리 했다. 말을 키우고 사냥개—올드 해리, 폼페이, 파일럿, 타타, 몹시, 뒤체스, 레이디, 스위트립스, 드랑커드, 발칸, 로버, 트루먼, 주피터, 준, 트루러버—를 길렀다. 책을 모았고 런던에 자신의 문장을 그려 넣은 장서표 500장을 주문했다.

마사와 사이에 자녀는 없었으나 아내가 데려온 양자들에게 다정해서 런던에서 온 멋진 장난감을 선물했다. 그 목록 한 장에는 다음과 같은 기록이 있었다. "상아 무늬의 목공 세공 티 세트, 똑같은 상아 무늬의 목공 장난감 3개, 최신 유행 차 용기, 풀무 위의 새, 뻐꾸기, 목 흔드는 앵무새, 식료품점, 멋진 양복을 입은 밀랍 세공 아기 인형, 대형 새장, 프로이센 용기병, 담배 피우는 인형, 작은 크기의 어린이 책 6권."**15**

하지만 당연히 워싱턴은 영국의 젠틀맨이 아니었다. 자신은 식민지 신민에 지나지 않고 체제가 토지 소유자에게 냉정하다는 사실을 잘 알았다. 그런 농장주라면 누구나 그러했지만, 워싱턴도 런던의 대리인인 로버트캐리 회사와 계약을 맺지 않으면 안 되었는데, 이 대리인 관계에서 반영국적으로 되었다. 영국의 통화 정책은 버지니아 농장주보다 대리인에게 유리하여, 대리인은 농장주를 상대로 돈을 빌려주고 이자 놀이를 했다. 런던과 거래에는 모두 돈이 필요했다. 몇 세기 동안 징그러운 생물처럼 진화해온 복잡한 절차, 옛 관행, 관청의 까다로운 규정이 있었기 때문이다.

미국인은 정부에 익숙하지 않았다. 미국에 있는 것-예를 들면 등기소 등-은 단순해서 능률적인 기관으로 척척 일을 처리했는데, 런던은 아주 딴 세상이었다. 관세위원회, 육군장관, 해군부, 해사(海事) 법원, 왕실산림청 감독관, 우정장관, 런던 주교-이 모든 직책들이 식민지와 깊은 관계를 맺었다. 해군부만 하더라도 15개 부서로 나뉘어 이미 5마일에 이르는 런던 시내에 흩어져 있었다. 관료적인 비능률에 더해 바다를 건너는 데 5주나 걸렸다. 에드먼드 버크는 다음과 같이 풍자했다. "명령과 실행 사이에 바다는 넘실거리고 세월은 지나간다."**16**

그에 더해 세금 문제가 있었다. 다른 미국인과 마찬가지로 워싱턴은 1760년대 후반까지는 거의 세금을 낸 적이 없었으므로 세금 납부에 분개했다. 그 뒤 영국 정부는 식민지 과세에 새로운 기준을 제시했다. 7년전쟁은 영국이 그때까지 치른 전쟁 가운데 가장 비용이 많이 들었다. 이전까지 나라 채무는 6,000파운드 정도에 머물렀다. 그것이 1764년 1억 3,300만 파운드로 배 이상 늘어 지불 이자가 거액으로 치솟았다. 재무부는 영국인 1인당 18파운드의 공채를 가진 데 비해 식민지인의 부담 분은 불과 18실링이라고 계산했다. 영국인의 납세액은 1인당 연평균 15실링이었으나 식민지에서는 50분의 1인 6펜스였다. 영국의 엘리트들은 이렇게 주장했다 — 이 전쟁에서 이익을 얻은 쪽은 미국인데 이런 이상한 사태를 그냥 놔둬도 되느냐고.

인지세 거부

당시 영국 정권을 담당한 조지 그렌빌은 소심하고 독선적인 인물이었다. 그는 "올바른 행위의 규칙"이라고 스스로 이름 붙인 규정을 도입해 영국과 미국 사이의 변칙적인 사태를 바로잡으려고 결심했다. 버크의 말을 빌리자면 "통제에 의욕을 불태웠다." 그렌빌은 양면 공격을 펼쳤다. 우선 미국인에게서 관세 등 기존의 간접세를 거뒀다. 영어권 나라에서는 통상적으로 법률은 지키나 세금은 안 내려고 열심인 사람들이 계급과 빈부의 차이를 막론하고 어디에나 있었다. 이런 탈세 행각에 가담한 밀수업자는 대규모 해적단을 조직해 연안 지방이나 때로는 내륙 지대에서까지 영국 세관과 치열한 싸움을 벌였다. 이 결과 세관도 마찬가지로 잔인하고 냉혹해졌다(이것은 요즘도 같다).

그런데 영국인이 관세 도피를 하는 반면, 미국인은 절반 가까이 세금을 내지 않고 버텼다. 식민지 관세 업무는 효율이 나쁜 데다 썩기까지 했다. 거둬들인 세액보다 경비가 더 많았다. 세관 관리는 거의 현장에 가지 않았고 업무는 대리인에게 맡기거나 안 그러면 방치했다. 세금 미수는 일반적으로 연간 70만 파운드로 추정되었으나 실제로는 50만 파운드 가까운 액수였다. 1764년 그렌빌의 이른바 "설탕법" 또는 "세입법"에 따라 당밀 관런 관세는 절반으로 줄어들었지만 징수는 한층 엄중해졌다. 관리가 현지에 배치되고 새로운 지방 해사법원이 노바스코샤 핼리팩스에 개설되어 벌칙이 무거워졌다. 많은 비공식 밀수 감시인이 갑자기 여기저기서 나타났다. 벤저민 프랭클린은 이것을 비판하며 "신분이 낮거나 가난한 사람이 이 일을 맡는다는 소문이 있다. 그보다 형편이 나은 사람은 하려고 하지 않기 때문이다"라고 보스턴 원로들에게 보고했다. 보고는 이렇게 이어졌다.

이 세금 징수원들은 필요에 쫓긴 나머지 탐욕스러워졌고, 사무소 가진 것을 내세워 오만하기까지 했다. 오만과 탐욕으로 사람들에게 증오심을 사자 그것을 의식하여 적의를 불태웠다. 적의에 휩싸여 업무 보고서에 주민들에 대한 욕설을 늘어놓았다. 불만분자, 반역자라고 부르며 더욱이(엄중함을 증폭시키기 위해) 악골, 이반자, 좀팽이, 비겁자라고 공격했다. 정부는 그것을 그대로 믿었다-밀수 감시인을 지지하고 원조하는 게 필요했고, 주민과 벌이는 대립은 충성의 증거이며 그 결과라고 보았다. …… 하지만 우리에게는 명확하게 보인다. 의회법에 따라 미국에서 강행되고 있는 관세제도에 두 나라를 완전히 분리할 씨앗이 있다.[17]

프랭클린의 간결한 요약이 모든 것을 말했다. 하지만 곧 사태는 더욱 나빠졌다. 그렌빌은 이렇게 생각했다. 인도 식민지에서는 세금을 거둬 경비를 조달하고 현지에서 공직에 있는 영국인 신사들에게 돈을 충분히 벌게 하면서 독립 채산제로 운영하는 데 비해, 미국 식민지 쪽은 막대한 손실을 내며 경영하는 것은 괘씸하지 않은가. 따라서 1765년 "인지세"라는 미국을 대상으로 한 특별세가 새로 생겼다. 이 새로운 계획은 미국인의 거센 반발을 샀다. 모순된 일이지만 미국인은 이런 일에 매우 보수적이었다. 이

반응은 찰스 1세의 선박세가 영국 젠트리 계급의 분노를 불러일으켜 청교
도혁명이 일어난 것과 똑같아서 이 역사적 일치를 식민지 주민은 간과하
지 않았다.

상황은 더 나빠져서, 그렌빌의 어설픈 예상에는 어떤 이유가 있었는지
모르겠지만, 어찌된 셈인지 새로운 세금은 불평불만을 퍼뜨리는 데 막무
가내인 두 직종의 사람들—술집 주인(1년에 1파운드의 등록세를 납부해야만 했
다)과 신문인(인지를 붙인 종이에 신문을 인쇄했다)—에게 특히 무겁게 물렸다.
그렌빌에게는 실수를 저지르는 재능이 있었다. 수정된 "설탕세"는 2,000
파운드의 세금을 거둬들일 때마다 8,000파운드의 경비가 나갔고,[18] 인지세
는 거액의 예산을 들여도 전혀 세금이 걷히지 않고 실시마저 불가능하다
는 사실이 밝혀졌다. 식민지 의회는 헌법 위반으로 불법이라고 선언했다.
압도적인 인기를 모은 "대표가 없으면 과세도 없다"라는 구호가 여기저
기서 들렸다. 폭도가 여러 사람이 모인 자리에서 인지를 불태웠다. 인지를
취급하던 재커라이어 후드는 신변 보호를 위해 매사추세츠에서 뉴욕의 영
국군 주둔지까지 말을 타고 달려가야 했고 이에 극도로 지쳐버린 말은 남
자를 태운 채 죽었다. 영국군이 나서는 방법 외에는 어느 누구도 폭도들을
말릴 힘이 없었다. 게다가 런던에서는 피트를 대표로 하는 많은 사람들이
의회에는 이런 방법으로 과세할 권리가 없다는 식민지 사람들의 주장에
찬동했다. 이렇게 해서 인지세는 폐지되었다. 그것은 미국인의 눈에는 당
연히 저자세로 비쳤다. 영국 의회는 뒤이어 "선언법" 통과를 강행하여 미
국에 대한 주권을 주장함으로써 더욱 상처를 악화시켰다. 항쟁은 재정적
인 차원을 떠나 헌법 문제로 발전했다.

벤저민 프랭클린의 역할

이번에는 영국과 미국 간 분열의 시작과 진행을 한 남자의 눈을 통해 살펴보자. 이 인물은 문제의 모든 과정에 관여해 처음에는 단절을 막으려고 무척 노력한 벤저민 프랭클린이었다. 18세기 미국 역사를 연구하다보면 뛰어난 학식으로 통찰력이 풍부하고 현실적으로도 만능형인 인간을 어디선가 만나는 즐거움을 맛보기 마련이다. 당시의 여러 가지 문제에 관해 이 남자 스스로가 간여하지 않은 일은 거의 없었다. 프랭클린에 대해 많은 사실이 알려진 것은 그가 고금의 전기 가운데 백미라고 알려진 자서전을 남겼기 때문이다.[19]

프랭클린은 1706년 보스턴에서 17명의 형제 가운데 막내로 태어났다. 아버지는 옥스퍼드셔에서 이주한 비누와 양초를 만드는 사람이었는데, 부모는 84세와 87세까지 장수했다. 그의 가족 사례는 당시의 자연 증가에 의한 미국 인구 폭발 양상을 전형적으로 보여주었다. 프랭클린이 필라델피아에서 만난 해너 밀러는 1769년에 100세 나이로 죽었는데 자녀 14명, 손자 82명, 증손자 110명을 남겼다. 프랭클린이 학교에 다닌 것은 겨우 두 해 남짓했다. 그 뒤 큰형 제임스가 경영하는 인쇄소에서 일했다. 평생 동안 독학으로 익혔으며 프랑스어, 라틴어, 이탈리아어, 에스파냐어, 수학, 과학, 그 밖에 많은 것을 혼자서 배웠다. 그리고 14세 때 견습생으로 제임스가 발행하는 신문 「뉴잉글랜드 신보」에 기사를 썼다. 마음의 스승으로 존경한 사람은 독학의 천재인 대니얼 디포였다. 자기 수양은 또 다른 박식가인 코튼 매더에게 배웠다. 제임스는 비판적인 글을 신문에 게재해 매사추세츠 식민지 의회와 두 번이나 마찰을 빚고 감옥에 갇혔다.

프랭클린 또한 반역자였다. 자신의 기사에 다음과 같이 썼다. "아담은 결코 족장 아담이라고 불린 적이 없었다. 또한 향사(기사 다음의 신분-옮긴이) 노아, 기사이자 남작 롯, 메소포타미아 자작이나 가나안 남작 아브라함 각하 등으로 써진 선례도 없었다." 제임스의 신문은 발행이 금지되었다. 벤저민을 편집인 겸 사주로 앉히고 재출발했는데, 동생은 곧 형에게 반기를 들고 그 곁을 떠나 필라델피아로 옮겨갔다.

필라델피아는 영국령 식민지의 실질적인 수도로서 보스턴보다 컸다. 프랭클린은 여기서 성공을 거뒀다. 1724년에는 펜실베이니아 총독 윌리엄 키스 경의 권유를 받아들여 영국으로 건너가 새로운 사상과 기술을 가지고 돌아왔다. 24세에 필라델피아라는 미국 신흥 도시에서 첫째가는 인쇄소 주인이 되었고, 「펜실베이니아 가제트」의 사주로 있으면서 의회 지폐 인쇄에도 간여해 "이익이 많은 일로서 큰 도움이 되었다"라고 말했다. 프랭클린은 친구인 젊은 독학 숙련공을 설득하여 "결사 또는 가죽 치마 클럽"을 결성하고 순회도서관을 만들었다. 이것은 미국에서 처음 시도한 것으로 훗날 널리 모방되었는데, 그 장서에는 종교서는 적고 과학, 문학, 기술, 역사 관련 독습서가 매우 많은 것이 특징이었다.[20]

프랭클린은 이 제2의 고향을 도시로 조성하는 일에 힘을 쏟았다. 최초의 경찰, 즉 자경단의 창설을 거들었고, 최초의 화재보험 회사 사장이 되어 스스로 수석 보험관리사를 겸해 보험료 산정 업무를 맡았다. 도로 포장이나 청소, 특히 가로등 설치에 앞장서서 환기공이 붙은 사면체 램프를 디자인해 기름 가로등을 설치했다. 유지라는 말을 들으며 권위 있는 영국 왕립협회에 해당하는 미국철학협회를 비롯해 최초의 병원과 청년아카데미를 설립했다. 이 아카데미는 훗날 유명한 펜실베이니아 대학교가 되었는데 당시로서는 놀랄 만큼 자유로운 교육과정을 운영했다. 과목은 캘리그래피, 데생, 대수, 기하, 천문학 등이었고 "그리고 원예, 식목, 접목, 이식

등도 약간" 가르쳤다. 영어 문체, 특히 "명확함과 간결함"을 몸에 익히도록 했다.[21]

프랭클린은 2명의 서자와 내연의 아내를 거느렸으며, 서점을 운영하며 런던에서 최신 팸플릿을 주문했고(내용이 좋건 나쁘건 간에 세간의 평판이 좋고 잘 팔리는 책이라면 아무것이나 보내달라고 요구했다), 우편국장에 취임했다. 1733년부터는 하루하루의 격언이나 경구나 시를 넣은 『가난한 리처드의 연감(Poor Richard's Almanac)』을 출판하여 전국적으로 유명해졌다-실은 스위프트의 아이디어를 빌려 자신의 것으로 만들었다. 이 연감은 두 가지 의미에서 독창적이면서 매우 미국적이었다. 우선 경구-웃음을 자아내면서 지식이나 세상 소식을 알리는 유머-를 편집했다. 다음으로 실제 충고를 해주면서 이미 미국에 뿌리 내린 "스스로 일어나 자기 힘으로 나아가는 사람"이라는 생각, 즉 가난 속에서 부자가 된다는 신화를 보급했다.

프랭클린의 『늙은이가 젊은 상인에게 주는 충고(Advice to a Young Tradesman written by an Old One)』(1748)는 『가난한 리처드의 연감』의 테마를 압축해서 보여준다. "시간은 금이고, …… 신용은 금이라는 것을 잊지 말라. 부에 이르는 길은 간단하여 시장에 가는 것과 다르지 않다. 우선 중요한 것은 두 가지 말, 근면과 절약이다." 『가난한 리처드의 연감』은 한 해에 1만 부, 주민 100명당 1부라는 비율로 팔려 총 판매 부수가 25만 부에 달했으며 식민지에서는 『성서』 다음으로 가장 인기가 높은 책이었다. 그 요약본은 『부에 이르는 길(The Way to Wealth)』이라는 제목으로 1757년 초판이 나온 이래로 1,200쇄나 판을 거듭해 요즘도 젊은이들에게 읽히고 있다.[22] 1748년 프랭클린은 인쇄업을 공장장에게 맡기고 은퇴했다. 연간 476파운드의 수입으로 생활하며 남은 생애를 미국 동포를 돕고 과학적인 호기심을 채우는 데 바쳤다.

이렇게 해서 그의 활동 범위는 재빠르게 넓어져갔다. 대서양을 8회나 건너고, 멕시코만류를 발견하고, 일류 과학자나 기술자를 만나고, 난로의 바람 조절 마개나 여러 가지 무연 굴뚝-평생 프랭클린의 머리에서 떠난 적이 없었던 과제-을 발명하고, 두 종류의 신형 스토브를 고안했는데, 인도주의적인 입장에서 특허를 신청하지 않았다. 또한 펜실베이니아형 난로를 발명하고, 새로운 고래 기름 양초를 제조하고, 지질학, 농업, 고고학, 일식과 월식, 태양 흑점, 회오리바람, 지진, 개미, 알파벳, 피뢰침 등을 연구했다. 전기 연구의 선구자로서 1751년에는 86쪽짜리 학술 논문 『필라델피아에서 행한 전기 실험과 그 고찰(Experiments and Observations on electricity made in Philadelphia)』을 발표했다. 이 논문은 20년 동안 영어판 4판, 프랑스어판 3판, 독일어와 이탈리아어로 각각 1판씩 출판되어 유럽에서 프랭클린의 이름을 드높였다. 한 전기 작가는 다음과 같이 말했다. "프랭클린은 전기를 진기한 것으로 보았고, 과학으로서 후세에 전했다." 하지만 한편으로 전기를 이용한 파티를 계획해 즐기기도 했다. "칠면조는 디너를 위해 전기 쇼크로 죽여 전기 횃불로 구웠고, 마침내 전기가 흐르는 유리병에 등불이 켜졌다. 그리고 충전된 배터리로 축포를 터뜨리는 가운데 영국, 네덜란드, 독일의 유명한 전기 전문가들의 건강을 축하하고 철철 넘치는 잔을 들어올렸다."[23]

　　명예 칭호가 늘어만 갔다. 우선 영국왕립협회 회원이 되었다. 학위는 예일 대학교, 하버드 대학교, 윌리엄앤드메리 대학교뿐 아니라 바다 건너 옥스퍼드 대학교와 세인트앤드루 대학교에서도 수여했다. 프랭클린은 문명 사회의 모든 현인과 편지를 주고받았으며, 28개의 학술회의와 학회에 소속되었다. 험프리 데이비 경은 다음과 같이 말했다. "프랭클린은 매우 작은 수단들을 동원해서 큰 진리를 증명했다."[24]

정치에 발을 들인 것은 비교적 늦었다. 1751년 펜실베이니아 식민지 의회에 선출되고, 그로부터 2년 뒤에 식민지 우정장관 대리로 임명받았다. 이 경험을 통해 프랭클린은 처음으로 아메리카 대륙을 하나의 통일체로 생각하기에 이르렀다. 하지만 영국 법률은 식민지에 새로운 철공장을 건설하는 것조차 금지했다. 이것이 프랭클린을 대논쟁에 끌어들이는 계기가 되었다.『인류와 각 나라의 인구 증가 등에 관한 고찰(Observations Concerning the Increase in Mankind, People of Countries etc)』(1754)에서는 미국의 급격한 인구 증가에 주목하고 다음과 같이 예언했다-"1세기 안에" 미국은 더욱 많은 인구를 거느리고, "오로지 영국 손 안에서 번영하는 시장이 될 것이다." 따라서 식민지 제조업을 억제하는 것은 잘못되었다-"훌륭한 현모라면 그렇게 해서는 안 된다." 나아가 처음으로 장대한 프런티어 이론을 끌어다 덧붙였다-"북아메리카 영토는 매우 넓고, 이주해서 사람으로 뒤덮기에는 오랜 세월이 걸린다. 그때까지는 노동력은 결코 그 값이 내려가는 일이 없을 것이다. 이 나라에서는 누구나 오랫동안 남을 위해 고생을 계속하지 않고도 자신의 대농장을 손에 넣을 수 있다. 누구나 오랜 세월에 걸쳐 직인으로서 일을 계속하지 않고도 새로운 이주민이 되어 자립할 수 있다."[25]

이런 생각과 함께 오하이오 문제를 둘러싼 인디언 교섭 경험, 7년전쟁 기간 동안의 활동을 거쳐 프랭클린은 조지아와 노바스코샤를 제외한 주요 식민지의 연방정부 설치를 제안하기에 이르렀다. 방위, 프런티어 진출, 인디언 문제는 연방정부가 다룰 사안이라고 생각했다. 연방 전체 평의회는 전 식민지 의회 대표가 납세액에 비례하여 선출하고, 입법 및 평화 유지와 전쟁 권한을 부여하고, 또한 대총독에게 수당을 지불하자고 했다. 영국 정부는 이 안에 반대하지 않았으나 각 식민지 의회가 전혀 관심을 보이지 않

제 2 장 ─ 자유의 헌법이 굳게 지켜지기를

221

았기 때문에 그 이상은 적극 추진하지 못했다.

프랭클린은 후일 유감스러운 듯이 다음과 같이 자서전에 썼다. "만약 이 안이 채택되었더라면 미국과 영국이 서로 만족했을 것이라고 지금도 생각하고 있다. 제안했던 것처럼 식민지가 연합했다면 (프랑스에 대항하여) 스스로 지키는 데 충분한 힘이 있었기에 영국 군대는 전혀 필요가 없었다. 당연히 그것을 핑계 삼아 미국에 세금을 물린 일이나 그 결과로 인해 일어난 유혈 항쟁도 피할 수 있었을 것이다." 유감스럽게 "각 식민지 의회는 중앙 특권이 지나치게 비대하다고 생각하고 이것을 받아들이지 않았다. 한편 영국 쪽은 지나치게 민주적이라고 판단했다."[26]

프랭클린은 이 안을 결코 단념하지 않았다. 이 단계에서는 아직 (젊을 때의 워싱턴처럼) 제국주의자였으며, 거대한 자급자족의 앵글로아메리카제국을 제창하고, 영국 국왕의 통치를 인정하면서 육지와 바다 양쪽에서 태평양으로 진출해 영토를 확장하는 것이 "명백한 운명(manifest destiny)"이라는 주장을 폈다. 그렇지만 많은 전쟁 경험을 거쳐 펜실베이니아 식민지 의회(식민지 영주인 펜 일가와 대립했다) 대표로 런던에 건너갔을 때, 처음으로 사고방식이나 정치체제에서 두 나라 사이에 대서양만큼이나 넓은 엄청난 차이가 있다는 사실을 깨달았다. 미국인과 영국의 지배계급 사이에는 거대한 바다가 가로놓여 있었다. 프랭클린이 대화를 나눈 추밀원 의장 그렌빌 백작은 다음과 같이 놀라운 말을 내뱉었다. "추밀원을 다스리는 국왕이 식민지 입법자요. 국왕의 지시가 바로 그곳의 법이오." 프랭클린은 계속해서 썼다. "그것은 처음 듣는 이야기라고 대답했다. 허가서에 따라 이해하기로는 미국의 법은 각 식민지 의회에서 제정되어 국왕 승인을 받기 위해 제출되는데, 일단 재가를 받으면 국왕으로서는 폐지도 수정도 할 수 없었다. 또한 식민지 의회가 국왕의 재가를 얻지 않고 영구적인 법을 제정할 수 없는 것과 마찬가지로 국왕도 식민지의 동의 없이는 입법할 수 없었다. 이것에 대해 그렌빌 경은 전혀 다르게 생각한다고 단언했다."[27]

실제로 시사점이 매우 많은 응수였다. 미국인은 모두 프랭클린과 같은 입장이었으며, 이 견해가 식민지에서 1세기 이상 동안 지속된 실태를 확실하게 반영했다. 동시에 영국 각료나 의회, 판사, 관료 등 대다수 의견은 의심할 나위 없이 그렌빌과 같았다. 그러면 어떻게 대응했을까?

폭동의 확산

식민지 내부에서 폭동이 잇따라 일어나면서 체제는 점점 교착 상태에 빠졌다. 원인은 여러 가지였는데, 그 가운데에는 미국과 영국의 대립과는 아무런 관계가 없는 경우도 있었다. 그럼에도 사태는 한층 나빠졌다. 예를 들면 1763년 강력한 인디언 추장 폰티악이 폭동을 일으켰다. 폰티악은 이전에는 프랑스와 동맹을 맺었는데, 영국의 정복과 그 뒤의 횡포를 견디다 못해 불만을 가진 다른 부족과 대연합하여 변경 지대를 1,000마일 이상에 걸쳐 휩쓸고 다니면서 디트로이트와 피츠버그를 제외한 모든 요새를 파괴했다. 폭동은 나이아가라에서 버지니아 전역에 미쳤다. 18세기에서는 다른 예를 찾을 수 없는 매우 격렬한 인디언 봉기였고, 200명 이상의 상인이 살해되었다.[28] 진압하는 데 3년이 걸렸으며 영국 정규군이 출동하고서야 겨우 진정되었다. 진압에는 막대한 비용이 들었다. 뉴욕, 뉴저지, 코네티컷, 버지니아 4곳의 식민지는 아무런 지원도 하려들지 않았다. 이에 더해 인지세 납부를 거부하는 폭동이 일어났고 많은 사람들은 폭도 쪽이 이기기를 바랐다. 또 다른 폭동도 일어났다.

크고 작은 폭동이 모두 정부 조직에 영향을 미쳤다. 체제는 명백하게 시대에 뒤처져서 근본적인 개혁이 필요했다. 예를 들면 1763년에는 팩스턴과 도니골 등 지방 도시에서 온 스코틀랜드계 아일랜드 출신의 변경 지대 거주 농민 무리가 아무 죄 없는 원주민들을 대학살했다. 희생자 일부는 그리스도교도였고, 대부분은 랭커스터 구빈원에 피난 중이었다. 폭도는 그 밖에 140명의 원주민 집단을 학살했는데, 모라비아 파의 기독교도가 개종시켜 안전을 위해 스퀼킬 강의 프로빈스 섬에 데려다놓은 이들이었다. 백인 무리는 필라델피아까지 밀고 올라와 퀘이커교도마저 살육했다. 퀘이커교도가 "인디언 편들기"로 프런티어 개발을 방해하고 원주민이 개척민에게 토지 양도하는 것을 방해한다고 보았기 때문이었다.

프랭클린은 이들 "팩스턴 보이스"에 대항해 필라델피아 시 수비대의 창설을 의뢰받고 의용대-보병 6개 부대, 기병 2개 부대, 포병 1개 부대-를 편성했으며, 계속 설득하여 폭도들을 해산시켰다. 하지만 그 주모자까지 처벌할 생각은 없었다. 프랭클린은 결코 인디언에게 호의를 가지지 않았지만, 이 사건을 증오하여 "백인 그리스도교 야만인"을 통렬하게 비난하는 팸플릿을 써서 우려를 나타냈다.[29] 여전히 폭력 사태는 심각했다. 찰스 타운센드가 영국 정부를 대표하여 재정 면에서 공격을 재개하고(이때 재무장관이었다), 1767년 일련의 새로운 세금들을 도입해 유리, 아연, 도료, 차에 과세했다. 각 식민지는 이른바 "수입 거부 협정", 즉 사실상의 영국 상품 보이콧으로 대응했다. 하지만 이번에는 상당한 액수의 세금-1만 3,000파운드의 경비를 들여 한 해 동안 3만 파운드-이 걷혔다. 영국 정부는 이에 힘을 얻어 더욱 강압적인 자세를 취했다. 보스턴의 항구와 거리는 저항 운동의 거점으로 변했다. 반대는 점점 폭력적으로 바뀌고 세관 관계자가 봉변을 당했으며, 세관 창고나 해사 사무소가 폭도의 습격을 받았다.

이러한 무법 행위가 영국 여론에 끼친 영향은 그야말로 나빴다. "강경책"을 요구하는 목소리가 들끓었다. 평소 식민지 사건에 동정적인 사람들조차 정부를 향해 무력행사도 마다 않는 강경 대책을 요구했다. 당시 채텀 백작 칭호를 받은 피트는 다음과 같이 말했다. "미국인은 순순히 따르지 않는다. ⋯⋯ 영국은 어머니 나라, 미국인은 그 자식이다. 미국인은 복종해야만 한다. 명령은 영국인이 내린다." 런던 정치가 가운데 가장 교활한 인물인 셸번 백작은 뉴욕 식민지의 민간인 총독 헨리 무어를 경질하고 대신에 "상황과 필요에 따라 힘과 관용을 적절하게 나눠 사용하는 군인 성격의 남자" 임명을 원했다.[30]

영국군 군인, 특히 외국인 용병부대 지휘관도 나섰다. 예를 들어 앙리 부게 대령은 폰티악 폭동을 진압한 뒤 "미국 의용군은 쓸모가 없고, 큰 소리로 정치를 논하는 재능은 있어도 전투는 제대로 못 한다"라고 말했다. 1760년대 말에 영국은 자메이카, 핼리팩스, 그리고 미국 본토 식민지 기지에 정규군과 독일인 용병으로 구성된 1만 명의 부대를 주둔시키고 한 해에 약 30만 파운드를 썼다. 왜 이 부대를 활용할 생각을 하지 않았을까?

영국인은 식민지 의용군을 경멸하는 동시에 각 식민지 의회의 법적 또는 도의적인 정당성도 인정하지 않았다. 1770년부터 영국 총리를 지낸 노스 경은 매사추세츠 정치체제 전체가 "민주적인 분자"에게 의존하고 있다고 비난했다. 그는 새뮤얼 존슨에게 "식탁의 비커 병 주둥이처럼 편협한 마음으로 ⋯⋯ 총리 자리를 막고 있다"라는 한 마디로 비유되던 인물이었다. 노스 내각의 식민지 문제 담당 장관 조지 저메인 경은 더욱 모멸적인 견해를 보였다. "날마다 친구와 어울려 정치 문제를 논하는 상인 무리는 참을 수가 없다."

장군들의 의견도 이와 다르지 않았다. 퀘벡 총독 가이 칼튼은 결말을 경고했다. "모든 인간이 거의 같은 수준이라고 여겨지는 민중 의회가 강력한 힘을 계속 갖는다면 반드시 공화주의 원리로 극심한 쏠림 현상을 불러올 것이다." 게이지 장군은 다음과 같이 결론지었다. "식민지인들은 독립을 향해 큰 걸음으로 나아가고 있다. 영국은 신속하고 활발한 행동으로 그런 지역이 영국에 속한 식민지이며 독립국가가 아니라는 점을 일깨워줘야만 한다."[31]

이리하여 식민지 도시 가운데 가장 "고분고분하지 않은" 보스턴의 영국군 수비대에 갑자기 2개 연대가 증원되었다. 이것은 프랭클린이 말한 대로 "화약고 속에 대장간을 만든 것"과 같았다. 1770년 3월 3일, 60명의 용감한 젊은이들이 영국 군인들에게 눈덩이를 던지기 시작해 난투극이 벌어졌다. 군인 일부가 명령도 받지 않고 발포해 청년 2명이 그 자리에서 목숨을 잃었다. 부상자 가운데 2명이 그 뒤 사망했다. 영국과 그 식민지는 법으로 통치되어, 군인이 "소요단속법"을 미리 읽어주지 않고 시민에게 총을 쏘는 경우에는 살인죄를 묻도록 했다. 실제로 10년 뒤 런던 중심가 전체가 폭도에게 점령된 적이 있었는데, 그 원인은 처벌받을 것을 두려워한 군 수뇌부가 소극적으로 대응했기 때문이었다.

보스턴 폭동에서 영국군 지휘관인 프레스턴 대위가 재판에 회부되고 부하 일부도 같은 조치를 받았다. 하지만 발포 명령이 있었는지, 누가 발포했는지 등 결정적인 증거가 없어서 모두 석방되었다. 대신에 보스턴 시민을 달래기 위해 군인 2명이 오명을 썼다. 이 사건—이른바 "보스턴 학살"과 영국이 책임자 처벌을 소홀히 한 것—은 식민지 주민이 벌인 일련의 선전전 중 첫 번째 승리가 되었다. 샘 애덤스와 조지프 워런은 이 사건이 중대하고 계획적인 잔학 행위라고 교묘하게 표현했다. 또한 폴 리비어는 인상적이면서도 명백히 상상력에 근거한 판화들을 제작해 동부 해안 일대를 돌며 사람들에게 보였다.

보스턴 차 사건

미국혁명은 이런 종류의 사건 가운데서 미디어가 처음부터 끝까지 두드러진-결정적이라고 해도 좋을 정도의-역할을 담당한 첫 사례였다. 미국인은 이미 미디어에 민감한 국민이었다. 많은 신문과 출판물이 있었는데도 여전히 다달이 늘어만 갔다. 값싼 인쇄기가 충분히 보급된 덕분이었다. 다수-실제로 몇 백 명-의 선동적인 문필가가 나타나 집회에서 거침없이 비난의 말을 늘어놓으며 웅변을 토하는 연설가에 못지않게 활약했다.

선동을 명예훼손으로 고소하여 재판에서 이기고 미디어의 맹공을 차단할 가능성은 더 이상 없었다. 그런 방책은 오랜 옛날에 사라졌다. 이렇게 해서 먼저 시작되어 실제 싸움과 병행하여 진행된 미디어 전쟁은 식민지 쪽의 승리와 영국 왕국 쪽의 패배가 확실해졌다.[32]

보스턴은 이제 영국의 식민지 지배에 대한 공공연한 반대 운동의 중심지로 떠올랐다. 그것을 누구보다 유명하고 신랄했던 젊은 존 애덤스 (1735~1826)의 눈을 통해 볼 수가 있다. 당시 30대였던 애덤스는 보스턴의 유명한 변호사였다. 퀸시에서 태어난 그는 매사추세츠 만 식민지 개척민의 4대 자손이었다. 독선적이고 자신의 주장을 굽히지 않으며 독립심 강하고 반항적인 매사추세츠 정신이 뼛속까지 물든 점에서는, 일찍이 보스턴 사회에 발을 들여놓은 적 있는 어느 시민에게도 뒤지지 않았다. 하버드 대학교 출신으로 이 유명한 학교 특유의 고결한 지적 우월감을 지녔으며, 게다가 1764년에 웨이머스의 애버게일 스미스와 결혼해 그 자부심은 더욱 높아졌다. 애버게일은 유능하고 머리가 뛰어나고 매력적이어서 사회적으로 유명한 여성이었다.

보스턴의 초기 공화주의자들은 휘그당을 지지했는데, 이것은 런던 의회에서 영국 정부를 비판한 에드먼드 버크, 찰스 제임스 폭스 등에게 공감한 까닭이었다. 애덤스는 인지세법 반대 투쟁 당시 이 휘그당의 멤버로서 유명했다. 「보스턴 가제트」지에 익명으로 영국 정부를 공격하는 4편의 주목할 만한 기사를 썼으며, 훗날 실명으로 『교회법과 봉건법에 관한 고찰(A Dissertation on the Canon and Feudal Law)』(1768)을 발표해 인지세는 헌법에 어긋나므로 무효라고 비판했다. 명백한 충돌이 일어나기 전까지는 영국의 공평함이 널리 선전되었기 때문에 애덤스는 이 격렬한 공격 연설을 마침내 런던에서 출판했다.[33]

하지만 여기서 덧붙여야 할 사실이 있는데, 애덤스는 그때나 그 뒤에나 의논에 귀를 기울이는 사람이 있는 한 무력에 기댈 인물이 아니었다. 사촌인 샘 애덤스나 그 밖의 폭도들과는 달리 보스턴 시내의 폭력 행위를 유감스럽게 생각하여 변호사로서 "학살" 혐의로 고발된 영국군 군인을 변호할 생각도 있었다. 그 애덤스조차 1773년부터 1774년 동안에는 참을 수가 없었다. 노스의 어리석은 행위로 인해 보스턴 주둔 영국군은 약한 주제에 복수심에 사로잡혀 고압적이면서도 우스꽝스러운 태도를 보였다.[34]

보스턴 차 사건은 원래 미국과 아무런 관련이 없었다. 당시 동인도회사가 재정적 어려움을 겪자 노스는 회사의 위기 탈출을 지원하기 위해 법률을 제정했다. 이것은 동인도회사가 차를 미국에 직접 "할인 가격으로" 보내는 내용의 법률로서 "반역자"에게 차를 더 마시라고 권한 셈이었다. 이 조처에 기뻐한 동인도회사는 곧 3척의 배에 차 298상자, 금액으로 환산하면 1만 994파운드 상당을 실어 보스턴에 보냈다. 동시에 영국 정부는 밀

수 대책을 강화했다. 미국에서는 무역 상인의 약 90퍼센트가 밀수에 관여했기에 이들은 분개했다. 예를 들면 존 핸콕(1737~1793)은 보스턴의 대상인으로 정치에 깊은 관심을 보였는데, 밀수도 제법 하는 까닭에 이런 조치가 자신의 생활을 위협하며 헌법상의 권리를 침해한다고 생각했다. 핸콕은 보스턴 대중 행동을 지원한 여러 주요 시민 가운데 한 사람이었다.

1773년 12월 16일, 차를 실은 동인도회사의 배들이 보스턴 부두에 도착하자 민중은 올드사우스 집회장에 모여 대책을 협의했다. 집회소에는 7,000명의 군중이 가득 모였다고 기록되었다. 선장과 교섭이 시작되었다. 어떤 사람은 밀턴힐의 허치슨 총독 저택에 말을 타고 가 과세의 면제를 탄원했다. 총독은 거절했다. 이 소식이 군중에게 전해지자 누가 외쳤다. "차와 바닷물을 섞으면 어떻게 될까?" 논의의 정리 역을 맡은 샘 애덤스가 "낮은 목소리로" 중얼거렸다. "나라를 구하기 위해서는 그 길밖에 없다."

문이 힘차게 열리자 몇 천 명의 남자들이 떼 지어 부두로 몰려갔다. 아무런 준비도 없었다. 존 앤드루의 목격담에 따르면 "애국자들은 담요를 걸치고 머리에 천을 두르고 얼굴을 붉게 칠하고 각자 도끼를 휘두르거나 권총 두 자루로 무장했다." 이 "야만스러운 인디언"의 무리는 밀크 스트리트를 달려가 그린피스 부두에 도착하자 "다트머스 호"에 올라가 차 상자를 부수고는 바다에 던졌다. "그때 마침 썰물 때여서 찻잎이 거대한 건초 산더미처럼 가득했다." 다음으로 "엘리노어 호"와 "비버 호"를 습격했다. 그날 밤 9시에는 동인도회사 배 3척 모두 화물이 남김없이 버려져서 아무것도 남지 않았다. 보스턴의 유명한 팸플릿 작가이자 연설가 조사이어 퀸시(1744~1775)는 이렇게 말했다. "보스턴 시민은 누구도 이날 밤의 일을 결코 잊지 않을 것이다."

존 애덤스는 죽은 사람은 물론 다친 사람도 없다는 사실을 빠뜨리지 않고 적고, 이 행동은 힘의 행사였으나 체제상 문제를 확실하게 극적으로 표현하기 위해 필요했다고 평가했다. 그에 따르면 "민중의 봉기에는 기억에 남는 사건, 주목할 가치가 있고 인상에 남는 행동이 없어서는 안 된다. 차를 던진 행위는 대담하고 파격적이며 강력하고 의연했으며, 그 영향은 크고 또한 틀림없이 오래갈 것이다. 나아가 이것은 역사상 획기적인 사건으로 기억해야만 할 것이다."[35]

애덤스의 생각은 정확했다. 보스턴 차 사건은 미국과 영국 모두에 이 논의에서 일단 어떤 입장을 취할 것인지를 잠시나마 되돌아보게 만드는 효과가 있었다. 의견은 두 갈래로 나뉘었다. 미국인 또는 그들 대부분은 밝은 기분이 되어 긍지를 느꼈다. 영국인 또는 그들 대부분은 화가 났다. 새뮤얼 존슨은 차 사건을 절도 및 난동 행위로 보고 격언을 남겼다. "애국심은 불량배의 마지막 핑계이다."

1774년 3월 정부 요청에 따라 영국 의회는 보스턴 항을 전면 폐쇄하고 그로부터 2개월 뒤에 "강압적인 법들"을 통과시켰다. 이 징벌적인 법안에는 역설적이게도 캐나다에 자유를 대폭 인정하는 "퀘벡 법"도 포함되었다. 이에 따라 캐나다의 가톨릭교도 주민들은 안심했으며, 어퍼 캐나다와 로어 캐나다는 자치 정부와 영국령 내 자치령의 길을 차근차근 밟아나갔다. 퀘벡 법은 캐나다인, 특히 프랑스어권 거주민에게 영국 국왕에 충성심을 바치게 하기 위해 제정되어 효과를 거뒀다. 하지만 한편으로 미국 프로테스탄트로부터 분노를 불러일으켰고, 또한 장기간에 걸친 음모가 진행 중인 것은 아닌가 하는 의심을 샀다. 존 애덤스는 이것을 "스튜어트 왕조의 꺼림칙한 전제 정치"라고 불렀다. 당시 감정적인 분위기에서 보면 그렇게 생각해도 도리가 없었다. 더욱이 보스턴을 비롯해 각지의 미국 시민에게 영국군 부대의 주둔을 강제로 할당하는 "병영법" 같은 것도 있었는데,

이런 법률을 미국 미디어는 "참을 수 없는 법들"이라고 규정했다. 따라서 이것이 미국 독립전쟁의 사실상 발단이 되었다.

제퍼슨의 비범함

여기서 또 한 사람 토머스 제퍼슨(1743~1826)의 눈에 사태가 어떻게 비쳤는가를 살펴보자. 제퍼슨은 그 무렵 30대 전반으로 버지니아에서는 이미 유명한 정치가였다. 조지 워싱턴과 비슷한 대농장주 가문 출신으로 랜돌프 가와 마셜 가 등 버지니아 명문 대부분과 친족 관계에 있었다. 아버지 피터 제퍼슨은 측량기사로 제퍼슨 경의 넓은 영지 가운데 일부인 북부 황야의 지도를 제작했다. 제퍼슨은 10명의 자녀 가운데 한 명으로 태어났으며, 헌신적인 누나 제인에게서 책 읽는 법과, 마찬가지로 중요한 음악을 즐기는 법을 배웠다. 바이올린을 잘 켜서 여행에 나설 때는 늘 지니고 다녔다. 프랑스나 이탈리아 노래를 즐겨 불렀고, 16세 때 윌리엄앤드메리 대학교에 들어갔을 때는 이미 라틴어에 능통했다. 승마, 사냥, 댄스 등에도 능숙했다. 사람 사귀는 재주가 있어 스코틀랜드인 교수 윌리엄 스몰의 충실한 제자가 되었고, 17세 연상으로 버지니아 출신의 뛰어난 법학자인 조지 위스의 가르침도 받았다. 스몰은 대학에 미국에서 최고의 과학 장치를 도입한 학자였다. 제퍼슨은 "이 두 사람이 내 인생의 운명을 결정했다"라고 말했다. 위스는 당시 미국에서 배출한 활기차고 박학다식한 지식인 가운데 한 사람으로 그의 자택은 재능 넘치는 손님으로 붐볐다.

제퍼슨은 어떤 의미에서 계몽사상을 몸소 실천하여 위스의 제자 가운데 최초로 두각을 나타냈다.[36] 다방면에 걸친 학식, 재능, 감각, 그에 더해

업적까지 따를 사람이 없었으며, 몇 세대에 걸쳐 교양 있는 미국인들로부터 워싱턴이나 링컨을 능가하는 평가를 얻었다. 1985년 상원의원을 대상으로 실시한 여론조사에서 보수주의자와 진보주의자 모두가 하나같이 제퍼슨을 "존경하는 영웅"이라고 생각한다는 결과가 나왔다.[37]

이 비범한 인물에 관해 우리는 잘 알든가 또는 잘 안다고 생각한다. 그의 저술집은 독자들을 질리게 할 만큼 주제가 다양하며 20권에 이른다. 이밖에 25권의 논문집과 몇 권의 서간집이 있는데, 그 가운데는 제자이자 후계자인 제임스 매디슨 앞으로 보낸 편지만 따로 정리한 두툼한 3권짜리 서간집도 있다.[38]

제퍼슨은 여러 가지 점에서 모순으로 가득한 인물이었다. 노예제를 부도덕한 제도라고 생각했으며 노예를 억압하는 이상으로 노예 소유주를 타락시킨 해악이 크다고 봤다. 하지만 자신은 성인이 된 뒤에도 평생 노예를 거느리고 사고팔며 늘렸다. 이신론자 또는 회의론자인 것 같지만 "숨은 신학자"이기도 해서 날마다 『신약성서』 다국어 판을 읽었다. 교육에 관해서는 엘리트주의를 견지하여 "이 방법으로 해마다 쓰레기에서 가장 뛰어난 20명의 천재를 가려 뽑는다"라고 말하면서도 한편으로는 엘리트를 매도했다–"변변하지 못한 사람들 가운데에서 뽑혔으면서 권력과 부의 자리에 안주하려고 늘 잔머리를 굴리는 소인배"라고 말했다. 또한 민주주의를 옹호하여 "국민에 의한 선거권을 잠시도 눈을 떼지 않고 지켜나간다"라고 발언했다. 하지만 상원의원에 대해서는 "국민 스스로의 선택이 반드시 예지를 동반하는 것은 아니다"라며 직접선거를 반대했다. 어쩌면 혁명의 폭력을 지지하는 과격주의자가 되었을지도 모른다–"1세기 동안이나 어떤 폭동도 겪지 않은 나라가 일찍이 있었던가? …… 자유의 나무는 애국자와 독재자의 피에 의해 때때로 무성해지지 않으면 안 된다. 그 피는 천연의 거름이 된다." 하지만 워싱턴에 대해서는 다음과 같이 말했다. "그의 온건하고 고결한 인품이 혁명의 좌절을 막았다. 많은 혁명은 확립하고자 하는 자유를 얻음으로써 끝나지만, 그 덕분에 그렇게 되지 않고 끝났다."

제퍼슨만큼 미합중국 건국에 이바지한 사람은 없었다. 하지만 버지니아를 "나의 나라", 연방의회를 "외국 입법부"라고 불렀다. 즐겨 읽은 책은 『돈키호테(Don Quixote)』와 『트리스트럼 샌디(Tristram Shandy)』였다. 그러나 유머 감각은 없었다. 아내를 일찍 잃은 뒤 흑인 정부로 뒀다-는 소문이 나돌았다. 한편 천박한 농담이나 상소리에는 도덕가인 양 대단히 비판적이었으며 분명한 표현을 사용했다. 때로는 격한 말을 했지만 보통은 차분하고 낮은 목소리로 말하고 웅변가 부류를 경멸했다. 일생 동안 책에 정열을 쏟아 부어서 재력을 넘어서는 방대한 양의 서적을 수집했는데, 끝내는 돈을 마련하기 위해 장서를 모조리 의회에 팔았다.

날마다 생각이 나는 한 상세하게 장부를 기록했으나 빚이 너무 많아 도저히 갚을 길이 없다는 사실을 알아차리지는 못했다. 과장하는 버릇이 있었지만 엄밀한 것을 사랑했다-모든 숫자, 무게, 거리, 수량을 자세하게 써서 남겼다. 마차에는 수레바퀴 회전을 기록하는 장치를 달고, 자택에는 습도계, 우량계, 온도계, 풍력계를 설치했다. 스스로 골라 반지에 새긴 좌우명은 "폭군에 대한 반역은 신을 향한 복종이다"였다. 실제로는 폭력을 피했고 신의 존재는 믿지 않았다.[39]

제퍼슨은 14세 때 아버지에게서 5,000에이커의 토지를 물려받았다. 남편과 사별한 부유한 마사 웨일 스켈턴과 결혼했는데, 장인이 죽자 1만 1,000에이커의 토지를 물려받았다. 이 상류계급 청년이 버지니아 식민지의 하원에 진출하기로 결심한 것은 자연스러운 일이었다. 1769년에 하원의원이 되어 거기서 워싱턴을 만났다. 처음부터 연설이 아닌 존재 자체만으로 의회에 비할 수 없는 신과 같은 인상을 남겼다. 애버게일 애덤스는 훗날 그의 외모를 "신과 같았다고 말할 수 있었다"라고 묘사했다. 한 영국인 관리는 "만약 이 남자가 유럽의 왕들 옆에 있었다면 왕 쪽이 하인처럼 보였을 것이다"라고 말했다.

제퍼슨이 처음 숭배한 인물은 동료 버지니아인 패트릭 헨리(1736~1799)였다. 이 인물은 제퍼슨에게 없는 것을 죄다 갖춘 듯이 보였다. 격정가, 과격한 민중 선동가, 그리고 신중하게 생각하지 않는 행동가였다. 농장주나 상점 경영자로서는 비참한 실패를 맛보았으나 그 뒤 법정이나 정치에서 눈부신 활약을 보였다. 제퍼슨은 17세 때 헨리와 만났고, 1765년 헨리가 인지세법을 비난하는 화려한 연설로 곧 이름을 알렸을 때 그 자리에 있었다. 제퍼슨이 헨리를 존경한 것은 틀림없이 자신에게 없는 재능을 가졌기 때문이었다-그것은 입에서 나오는 말로 사람의 감정을 들끓게 하는 힘이었다.

하지만 제퍼슨에게는 그것 이상으로 중요한 자질이 있었다. 역사 상황을 분석하고, 행동 지침을 제안하며, 그것을 심의회가 합의에 도달하도록 설명하는 힘이었다. 인지세법의 소란에서 보스턴 차 사건에 이르는 10년 동안 많은 유능한 문필가들이 미국 딜레마에 제도적인 해결책을 제시했다. 하지만 1774년 그러한 모든 논의를 한 편의 훌륭한 논문-『영국령 미국의 권리 개요(Summary View of the Rights of British America)』-으로 정리한 인물이 바로 제퍼슨이었다.

이 논문은 독립을 향해 나아가던 선구자들의 저작-제임스 오티스의 『영국 식민지 사람의 권리를 옹호한다(Rights of the British Colonists Asserted)』, 리처드 브랜드의 『영국령 식민지의 권리에 관한 연구(An Inquiry into the Rights of the British Colonists)』(1766), 새뮤얼 애덤스의 『식민지 권리에 관한 성명서(A Statement of the rights of the Colonies)』(1722)-과 함께 존 로크의 『통치론 제2논문(Second Treatise on Government)』 제5장을 많이 참조했다. 로크의 글은 사람이 미덕이나 재능이나 근면으로 지위를 얻는 능력주의 사회의 장점을 설명한 것이었다. 로크는 부의 획득은 그 액수가 크더라도 정당하게 얻은 것이라면 정의에 어긋나지 않으며 도덕적으로 문제될 것이 없다고 주장했다. 그리하여 사회는 필연적으로 출신 성분이 아니라 개인의 능력에 의해 계층 분화한다고 설명했다. 나태와는 정반대 개념인 근면을 공정한 사회의 결정 요인으로 보는 이 이론은 국왕이나 귀족과 그 추종자들에게는 매우 불리하게 작용했고 대의제 공화주의 정체에는 좋은 영향을 끼쳤다.[40]

제퍼슨이 작은 책자에서 전개한 주장은 로크의 능력 중심 사회 구조에 대한 두 주제를 종합한 것으로 혁명 투쟁에서 강력한 중심 사상으로 자리 잡았다. 첫 번째는 개인 권리의 우월함이었다-"우리에게 생명을 준 신은 동시에 자유도 주었다. 예를 들어 권력의 손이 우리를 멸망하게 하려면 이 천부적인 모든 권리를 빼앗지 않을 수 없다." 마찬가지로 중요한 두 번째는 제퍼슨이 깊은 관심, 어떤 의미에서 근본적인 관심을 가진 국민 정부의 체제에 이 모든 권리들을 포함시킨 점이었다. "사물의 본질에서 보아 각각의 사회는 어떤 경우든 그 내부에 입법의 주권을 가지지 않으면 안 된다."[41]

제퍼슨은 이와 함께 신의 섭리에 근거한 국민의 정부와 자유를 한데 묶었고, 나아가 그것을 고대 관습과 영국의 전통으로 정당화했다. 이리하여 미국 식민지 주민의 행동을 지원하는, 강력하고 명확하며 알기 쉬운 사상적 기반을 마련했다. 영국 정부와 미국의 국왕 지지자들이 전개한 논의는 이것의 몇 분의 일도 힘을 갖지 못했다. 그들은 현행법과 자신들이 생각하는 의무에 호소할 뿐이었다. 반면에 반역자들은 (미국에서는) 처음부터 미디어 전쟁에서 승리를 거두었고 이데올로기 논쟁 또한 한순간에 제압했다.

노르만의 멍에

하지만 본격적인 싸움이 시작되기 전에 반역자들은 심리전-민심 장악 항쟁-에서 이기지 않으면 안 되었다. 전쟁으로 치닫는 과정에서 미국의 일반인은 여러 가지 요인에 자극받았다. 우선 공화제를 바라는 욕구가 있었다-"국가", 즉 공통의 이익 추구 속에서 각자의 이기적이고 다양한 이해를 기대했다. 이것을 과소평가해서는 안 되었다. 자신의 이름조차 쓸 줄 모르는 대중이 "국가"를 직관적으로 강하게 요구했기 때문이었다. 그들의 마음속에서 공화제는 막연히 고대 로마인의 정의나 명예와 맞닿아 있었다. 제임스 오티스는 보스턴 학살 사건 "전사자" 고별식에서 추모 연설을 시작할 때 고대 로마인의 의상인 토가를 입고 나타났다. 또한 공화주의는 폭넓은 의미를 지녀서 각자 자신들이 가장 강렬하게 느끼는 정치사상을 투영할 수 있었다.[42]

그러나 욕구와 동시에 공포도 있었다. 1770년대 초기에는 영국 세력권 전역에서 경제 불황이 두드러졌다. 잉글랜드는 1765년부터 1773년까지 흉작을 겪었고, 1770년부터 1776년까지는 경기순환의 하강기였다. 영국의 구매력 저하로 미국의 절반이 넘는 식민지가 수출에 타격을 입었고, 더욱이 영국 상품의 보이콧이 경제 혼란을 부채질했다. 뉴잉글랜드의 수출은 1765년부터 1775년까지 10년 동안에 1765년의 실적에 도달한 것이 불과 2회뿐이었다. 그 이전에는 장기간에 걸쳐서 순조롭게 성장했었다. 버지니아와 메릴랜드의 수출은 1765년을 정점으로 1775년까지 해마다 일방적

미국인의 역사 Ⅰ

236

으로 줄기만 했다.[43] 영국은 이 사태에 고민했고, 의회는 "미국에 계산서를 청구하려는" 결의를 굳혔다. 반면 미국인 사이에서는 심각한 불안이 일었다. 영국 정부의 가혹한 요구가 자신들의 호황-이주민들은 그것밖에 경험하지 않았다-을 끝장내지 않을까 걱정했다.

더 깊숙이 자리 잡은 또 다른 공포가 있었다. 종교 다음으로는 법에 의한 통치라는 생각이 식민지 정치사상을 발전시키는 커다란 힘이었다. 이것은 모든 영국인과 미국인이 공통으로 지닌 생각이었는데, 법률은 단순히 필요한 것이 아니라-어떤 시민사회에든 빠질 수 없는-귀중한 것이었다. 평일에 법정이나 의회에서 일어나는 일은 속세라는 차이만 있을 뿐 일요일에 교회에 가는 것과 똑같은 가치가 있었다.

미국인이 학교에서 배워 알듯이, 영국의 법에 의한 통치는 「마그나 카르타」보다 오래되었으며, 그것은 매사추세츠 식민지 의회나 버지니아 식민지 하원의 선구적 존재였다. 그 역사는 9세기 앵글로색슨 시대 앨프레드 대왕과 현인 회의까지 거슬러 올라갔다. 11세기에 정복왕 윌리엄은 무거운 세금을 부과하려 했으나 실패했다. 왕좌 재판소장 코크-17세기 초 법의 권위자-는 이 세금을 "노르만의 멍에"라고 불렀다. 그 뒤 찰스 1세가 다시 도입을 시도했으나 장기의회에서 좌절을 맛봤다. 그런데 이번에는 오만하고 독선적인 영국 의회가 역사의 교훈을 잊고, 태어나면서부터 자유로운 미국인에게 "노르만의 멍에"를 부과해 사람들에게 친숙한 법에 의한 자치를 빼앗고, 그 법으로 미국인이 영국인과 동등하게 누려온 모든 권리를 침해하려고 했다! 노스 경은 자신이 무엇을 하려고 하는지 알아차렸다면 깨달았을 테지만, 그것은 무리였다. 많은, 아니 대부분의 미국인은 그 점을 확실하게 깨달았다.[44]

이 때문에 미국인은 1640년 당시의 영국 장기의회 의원들이 하지 않으면 안 되었던 일에 착수했다. 훗날 제퍼슨은 다음과 같이 말했다. "우리는 러시워스의 저서에 도움을 받아 그 무렵의 혁명 사례들을 찾아냈다." 따라서 어떤 의미에서 미합중국은 장기의회가 남긴 유복자였다.

자유를 빼앗기고 법에 의한 질서가 파괴당하려 한다는 미국인의 공포는 극적으로 표현되지 않으면 안 되었다-옛 장기의회도 찰스 1세에 대한 "대간의서"(장기의회가 1641년 찰스 1세의 즉위 이래 실정에 항의하여 제출한 문서-옮긴이) 제출과 반역죄로 고소당한 "5명의 의원 도주"라는 유명한 사건으로 투쟁을 극적으로 발전시켰다. 미국에서는 누가 장기의회의 존 햄든 의원 역을 맡아 "찰스 국왕에게 선박세를 납부하기보다 죽음을 택하겠다"라고 말했을까? 여기서 제퍼슨의 친구로 숭배 대상이기도 한 패트릭 헨리가 등장했다.

북아메리카의 모든 식민지가 동맹을 맺고 영국 의회 방침에 저항할 준비를 하기 위해 1774년 9월 5일부터 10월 26일까지 식민지 의회 지도자들은 필라델피아 카펜터 홀에서 회의를 열었다. 조지아 식민지만 유일하게 총독의 저지를 받아 대표를 보내지 않았다. 12개 식민지 대표 약 50명이 일련의 결의안을 채택하고 강압적인 법률의 철폐 요구, 민병대 조직 훈련, 납세 거부 등을 천명했다. 10월 14일에는 중요한 표결을 진행하고 성명과 결의안을 승인했다. 미국 내정에 대한 간섭을 강하게 비난하고, 식민지 의회가 독자적으로 입법과 과세를 실시할 권리를 주장하는 내용이었다. 일반 미국인의 정치의식이 하나로 뭉치고, 대표자들은 국가 의식에 투철한 자신의 목소리로 발언하기 시작했다.

회의가 끝날 무렵에 패트릭 헨리는 이러한 변화를 그가 늘 하는 극적인 방식으로 표명했다. "버지니아인과 뉴잉글랜드인 사이에는 더 이상 구별이 없다. 나는 버지니아 주민이 아니라 미국인이다." 그때까지는 모두가

다 이 말에 동의하지는 않았다. 따라서 이 대륙회의-그런 이름이 붙여졌다-에서 투표한 것은 개인으로서 미국인이라기보다 식민지 사람이었다. 하지만 이 조직은 본질적으로는 프랭클린이 이전에 제시한 안에 바탕을 둔 것이었고, 1775년 5월에 다시 회의를 갖는다는 합의에 따라 이후 영속적으로 열렸다. 그 회의에 앞서 1775년 2월 5일에 런던의 영국 의회는 식민지에서 가장 반항적인 존재인 매사추세츠에 소요 사태를 선언하고 상황에 따라 모든 무력을 행사해도 좋다는 승인을 관헌에게 내렸다. 전투가 시작되었다. 버지니아 식민지가 의회를 소집하여 제2차 대륙회의에 대표 파견을 지시했을 때, 헨리는 이 혁명 드라마의 중요성을 뼈저리게 느끼도록 할 좋은 기회라고 생각했다.

헨리는 타고난 명배우였다. 시대는 바야흐로 연극의 시대로 연극배우 데이비드 개릭(1717~1779)의 전성기였다. 영국 의회는 ("죽음을 맞는 자리에서도 연기를 한") 피트를 비롯해 배우들이 넘쳐났다. 젊은 에드먼드 버크는 자신의 주장이 정당함을 보여주기 위해 단검을 뽑아 그 자리에서 집어던지는 것을 전혀 부끄러워하지 않았다. 헨리는 이러한 누구보다 대단했다.

그는 버지니아 하원에서 버지니아가 의용군을 모집해 전투에 대비해야 한다고 제안했다. 버지니아는 도대체 무엇을 기다리는가? 매사추세츠는 싸우고 있지 않는가?-"형제들은 이미 전쟁터에 가 있다. 우리는 왜 쓸데없이 여기서 멈춰 있는가? 신사들은 무엇을 원하는가? 무엇을 얻으려고 하는가?" 여기서 헨리는 무릎을 꿇고 손에 쇠고랑을 찬 노예 자세를 취하며 낮지만 점점 커지는 목소리로 외쳤다. "쇠사슬과 굴복의 희생을 치를 만큼 인생은 고귀하고 평화는 달콤한가? 전능한 신이여! 굴복을 내리지 마소서!" 그리고 팔을 감싼 채 잠시 바닥에 몸을 구부리고 있다가 갑자기 벌떡 일어나며 외쳤다. "나에게 자유를 달라!" 이어서 양팔을 힘차게 벌렸다가 다시 내리며 마치 단검을 쥔 듯이 오른 주먹을 가슴에 대고 음울한 목소리로 중얼거렸다. "그렇지 않으면 죽음을!" 그리고 빈 검을 쥔 손으로 가슴을 찔렀다. 침묵이 흐른 뒤, 열린 창가에서 연설을 듣던 한 남자의 외침에 정적은 깨졌다. "나를 이곳에 죽어 묻히게 해주시오!" 헨리는 마침내 목적을 이뤘다.[45]

대륙회의

제2차 대륙회의가 열릴 무렵에는 이미 돌아갈 수 없는 곳에 와 있었다. 벤저민 프랭클린은 자신이 영국과 미국의 좋은 중재자로서 다른 누구보다 대서양 양쪽의 의견이나 사정에 밝다고-말 그대로였지만-자인하며 1774년 런던에 부임했다. 평화 교섭을 진행하는 가운데 인기 없는 매사추세츠 총독 허친슨의 해임 청구서를 추밀원에 제출할 생각이었다. 아직 교섭에 의한 타협을 믿었다. 하지만 이런 노력에도 성과는 없었다. 청원은 받아들여지지 않았고, 보스턴 차 사건과 그에 따른 영국 여론의 악화가 겹쳤다.

프랭클린은 노스 내각의 법무장관 알렉산더 웨더번으로부터 맹렬한 공격을 받았다. 이 인물은 교섭을 불가능하게 하는 영국 강경주의자의 전형으로 놀라울 정도로 프랭클린을 "불평분자의 선도자"라든가 "위대한 미국 공화국의 사상에 물든" 반역자라고 비난했다. 청원서는 "사실 무근으로 화를 돋우며 중상적"이라는 이유로 거부되었고, 프랭클린은 설상가상으로 우정장관 대리직에서까지 즉각 해임되었다. 에드먼드 버크와 회견한 프랭클린은 영국제국은 "공통의 지도자 아래 있는 여러 국가의 모임"이라는 의견에 동의하고, 이 생각은 이제 시대에 뒤떨어져서 "훌륭하고 귀중한

도자기 꽃병인 영국제국"은 산산이 깨졌다는 점에서도 의견을 같이했다.[46] 채텀도 만나보았으나 평범한 노인으로 퇴락하여 자신의 말만 하고 남의 이야기는 듣지 않아 제대로 된 평가를 내릴 수가 없었다. 1775년 3월 20일, 프랭클린은 쓸쓸하게 필라델피아로 가는 배에 올랐다. 평화 교섭을 위해 자신이 런던에서 할 수 있는 일이라곤 더 이상 아무것도 없다고 확신했다.

5월 5일 제2차 대륙회의가 열리기 5일 전에 프랭클린이 필라델피아에 도착했을 때는 이미 첫 충돌이 일어난 뒤였다. 4월 19일, 한 장교가 "작전도 형편없고 실전도 서툴렀다"는 평가를 내린 원정 작전에 영국군 16개 중대가 파견되었다. 렉싱턴과 콩코드에 있는 애국주의자들의 병기창을 압수하기 위해서였다. 무기는 압수하지 못한 채 혼란만 부추긴 전투는 최악의 결말로 끝났다. 73명이 전사하고 부상자와 행방불명자는 모두 200명을 넘었다(미국 쪽 사상자는 전사 49명, 부상 39명, 행방불명 5명이었다). 존 애덤스는 이 손실에 크게 동요했다. "뉴잉글랜드가 여태까지 겪은 것 가운데 가장 충격적인 사건이었다"라고 말하고 이 무력 충돌에서 내란의 모든 비극의 축도를 보았다―"2, 3세대 전에는 부모들이 형제였던 사람끼리 싸웠다. 그런 생각이 미치자 몸이 떨려왔다. 그렇지만 이 불행이 언제쯤 끝날지는 알 수가 없었다." 하지만 사촌인 샘 애덤스는 첫 포화를 듣고는 외쳤다. "왠지 찬란한 아침이 될 것이다―미국에는." 애국적인 미디어들은 이 작은 충돌 소식에 들떴으며, 그것을 큰 승리이자 식민지 민병대가 역전의 용사들에게 꿇리지 않는 증거라고 보도했다.

애덤스, 프랭클린, 제퍼슨, 워싱턴은 5월 11일 필라델피아에서 만났다. 제2차 대륙회의가 열린 동안이었다. 프랭클린은 워싱턴과 20년 전인 7년 전쟁 당시 서로 알았다. 하지만 다른 사람들 대부분은 거의 처음 만나는 셈이었고 절반 이상이 젊은 나이였다. 프랭클린은 "모든 사람의 의견이 일치한 것은 놀라운 일이었다"라고 썼다.**47** 하지만 그것은 저항 운동에 국한된 일이었다. 독립은 아직 소수파만 생각할 뿐이었다.

메릴랜드의 자산가인 존 디킨슨(1732~1808)은 영국에 마지막 기회를 주기 위해 조지 국왕에 직접 호소하여 화해하기를 원했다. 하지만 원래 온건한 사람들조차 이런 행위를 무의미하다고 생각했다. 공격적이고 신랄한 존 애덤스는 "풍부한 자산과 부족한 재능의 산물" "우리의 행동에 물을 끼얹는 어리석은 행위"라고 일축했다. 애덤스는 "힘과 대포가 우리가 가질 수 있는 가장 유효하고 확실하며 절대적인 화해 수단이다"라고 생각했다.**48**

프랭클린도 무거운 기분으로 거기에 동의했다. 결국 영국의 정치적 견해가 바뀌지 않는다는 사실을 알았다. 프랭클린은 독립만이 유일한 해결책이라고 생각했으며, 전쟁이 길어질 것을 각오하고 지폐 인쇄와 화약 생산, 독자적인 우편제도 입안에 힘을 쏟았다. 그리고 연합 협정을 마련했다. 이것은 자신의 연합 방위 계획을 대폭 발전시킨 것으로 미합중국 헌법의 밑바탕이 되었다. 13개 식민지(이번에는 조지아도 대륙회의에 참가했다)에 더해 캐나다, 서인도제도, 그리고 원한다면 아일랜드까지 포함시킬 예정이었다. 영국과 갈라서는 것은 유감스럽지만 미국에는 거대한 경제와 인구-양쪽에서 프랭클린처럼 그런 규모의 크기를 평가하는 인물마저 좀처럼 없었다-라는 이점이 있으며, 동맹국을 빨리 찾을 필요는 있다손 치더라도, 승리는 틀림없다고 확신했다. 영국의 과격주의자인 조지프 프리스틀리 앞으로 보낸 편지에서 그는 자신만만하게 말했다. "영국은 이 작전에서 300만 파운드를 투입해 150명의 양키를 죽였소. 1인당 2만 파운드를 지출한 셈이오. 이 기간 동안 미국에는 6만 명의 어린이가 태어났소."**49**

그렇지만 한편으로는 영국을 교섭에 끌어들이기 위해서는 군대가 필요하다는 점에 모두가 의견 일치를 보았다. 곧 벙커힐 싸움에서 애국적인 죽음을 맞았으나, 대륙회의 임시 의장에 선출된 매사추세츠의 의사 조지프 워런은 간결하게 다음과 같이 말했다. "미국이 강력한 육군을 거느리는 것이 전제적인 내각의 급성장을 막는 유일하게 남은 수단이다."[50]

하지만 지휘는 누가 맡을 것인가? 렉싱턴에서 무력 충돌이 있은 뒤에 버지니아 대표로 당당한 체구의 워싱턴 장군이 페어팩스 민병대 장교 제복 차림으로 나타났다. 워싱턴은 대륙회의에서 유일한 군복 차림 대표였다. 조지 3세의 국왕 선언 이래 앞장서서 영국의 식민지 정책을 비판했다. 인지세법을 "합법적인 절도 행위"라고 불렀고, 담뱃값 인하 조치를 문제 삼아 영국을 비난했다. 담배는 워싱턴의 이권이기도 했다. 저택에 사용할 영국산 물건의 구입을 거부했으므로 부인과 입양 자녀들은 더 이상 런던에서 온 선물을 받을 수가 없었다. 대신에 미국인에게 대용품을 만들게 했다. 1769년이라는 이른 시기부터 "최후 수단"으로 미 육군의 창설을 제안했다. 보스턴 차 사건에 대해서는 강한 불만을 나타냈다. 워싱턴의 눈으로 볼 때 무분별한 행동이어서 영국에 "고압적인 통치"의 구실만 제공한 쓸모없는 도발 행위였다. 하지만 "참기 어려운 법들"에서 결의를 다졌다. 결정적인 일격은 7년전쟁에 참전한 장교에게 선심 쓰듯이 공유지를 공여한 영국 정책이었다. 포상은 정규군에게만 적용되어 서부의 토지에 대한 워싱턴의 요구는 묵살되었기 때문이었다. 만약 무력에 호소할 "권리"를 가진 사람이 있다면 바로 이 남자였을 것이다.

워싱턴은 존 애덤스에게 "1,000명의 군인을 모아 자비로 훈련시켜 보스턴을 구하기 위해 선두에 서서 행진할 작정이다"[51]라고 말해 전투에 열의를 가졌다는 사실을 확고하게 내보였다. 대륙회의 대표 동료들 사이에서는 인디언을 커다란 위협—"우리 배후의 잔학하고 피에 굶주린 적"—으로 본다고 말했다. 이 발언은 워싱턴에게 유리하게 작용했다. 경험이 풍부하

제 2 장 — 자유의 헌법이 굳게 지켜지기를

고 진지한 자질을 갖춘 대표들은 성급한 인간에게 지휘받기를 바라지 않았다. 그들은 워싱턴의 외모가 듬직하게 느껴졌다. "키는 구두를 신지 않고 6피트 2인치, 몸무게는 175파운드. …… 우람한 근육질의 체격에서 범상치 않은 강인함이 풍겼다." "상대방 얼굴을 정면으로 바라보고 말하며 신중하고 정중하게 사람을 끌어들이는 매력이 있었다. 언행은 언제나 친근하고 위엄에 넘치고, 옷차림이나 행동은 기품에 넘치고 걸음걸이는 당당했다."[52] 거기다 "널리 사랑을 받았다."

총사령관 워싱턴

애덤스는 워싱턴이 총사령관에 선임된 과정을 상세한 기록으로 남겼다. 애덤스도 당시에는 전쟁 열풍에 들떴다. "아아, 내가 군인이었다면 좋았을 텐데"라고 일기에 썼다. "아니, 그렇게 하자! 이제 병법서를 공부하는 거다!" 워싱턴에 관해서는 "군사에 관한 풍부한 경험과 능력으로 미국에 크게 공헌하고 있다"라고 말했다. 27년 뒤에 그는 자신의 선견지명이 워싱턴 선출의 결정적 요인이 되었다고 강변했으나, 사실 다른 선택의 여지가 없었다. 경쟁 상대는 현역 소장으로 57세의 고령인 이즈리얼 퍼트넘과 케임브리지 식민지군 임시 지휘관인 아트머스 워드, 통칭 "뚱뚱한 노신사"였다. 대륙회의 의사록에 따르면 워싱턴은 만장일치로 선출되었다.[53] 그의 성격은 비록 어떤 단점이 있다 하더라도 오만함과 강압성과는 거리가 멀었다. 워싱턴은 선출된 사실에 압도되어 승낙 문서를 쓸 형편이 안 되었으므로 아이작 펨버턴에게 구술해주어 받아쓰게 했다. 승낙서는 펨버턴의 필적으로 서명만 본인의 것이다.

워싱턴은 총사령관 보수는 거절하고 경비만 청구했다. 이 태도는 크게 공감을 얻어 그 순간부터 대표단이 워싱턴을 단순한 사령관 이상의 대접을 하려고 한 것은 확실했다. 워싱턴은 지도자가 될 인물이었다. "대륙회의는 이 자리에서 선언한다. 회의는 조지 워싱턴 각하를 지지하고, 지원하며, 동시에 대의를 위해 생명과 재산을 바쳐 함께 싸운다"라는 성명이 낭독되었다.[54]

6월 14일 대륙회의 합의에 따라 펜실베이니아, 메릴랜드, 버지니아의 변경 지대에 6개 중대가 집결했고, (개별 식민지가 아니라) 회의가 비용을 부담했는데, 이를 "아메리카 대육군"이라고 불렀다. 워싱턴은 새로 창설된 군대의 규율을 작성하라는 지시를 받았다. 7월 3일에는 신임 총사령관이 케임브리지에서 지휘를 맡았다. 뉴잉글랜드인들이 워싱턴 선출에 매우 열의를 보인 것은 그때까지 그들이 전투에 앞장섰기 때문이었다. 그들은 가장 많은 인구를 가진 버지니아가 본격 참가할지 여부에 대해 우려의 눈길을 보냈다. 워싱턴은 신속하게 보스턴 전장으로 이동해 그 우려를 씻어내고 모든 미국인과 나라를 위해 대륙 전쟁을 수행할 각오를 보였다.

국가는 더 할 것이 있었을까? 워싱턴이 육군을 인수받은 지 3일 뒤에 대륙회의는 "무기를 드는 이유와 그 필요에 관한 선언"을 발표했다. 1776년 1월 보스턴의 프로스펙트 힐에 처음으로 식민지 연합의 깃발이 게양되었다. 깃발에는 13개의 빨간색과 흰색 선이 서로 나란히 있고, 왼쪽 구석에는 빨간색, 흰색, 푸른색의 유니언 잭이 들어 있었다. 하지만 대륙회의가 취한 방침은 원하는 대로 영국을 교섭 테이블로 끌어들이는 것과는 거리가 멀었으며 오히려 역효과를 낳았다.

매사추세츠의 마지막 국왕 지지자인 총독 게이지 장군은 본국에 다음과 같이 써 보냈다. "정부는 단호한 수단을 강구하지 않는 한 절대로 세력을 회복할 수 없습니다. 현 시점에서는 화해 희망은 전혀 없으며, 대륙회의는 지나치게 강력한 권력을 장악하여 평화 추구는 거의 기대할 수 없습니다. 문제가 세금이 아니라 완전한 독립이라는 사실은 명백합니다."[55] 조지 3세는 조언에 따라 모든 식민지가 반란 상태에 있다고 선언했다.

토머스 페인의 비상식적인 『상식』

여기서 의욕적으로 반역의 뜻을 펼친 영국인이 등장했다. 토머스 페인(1737~1809)은 18세기에 나타난 혼자 공부해 많은 학식을 쌓은 지식인 가운데 한 사람이었다. 그는 원래 세관원 겸 세금 징수원이었는데, 사회에 한을 품은 불만분자, 눈에 띄는 불평가로 영국에서는 "참견꾼 변호사"라고 불렸다. 좀 더 훗날 태어났더라면 노동조합 지도자가 되었을 인물이었다. 실제로 그는 조합 리더 역을 맡아 달변가로 설득력 있는 문장을 구사하여 영국 세관원 3,000명을 대표해 급료 인상을 요구했으며 그 용감한 행위로 인해 해고되었다. 1774년 미국에 건너와서 「펜실베이니아 매거진」의 편집을 거들었고, 곧 필라델피아 급진 애국자 모임의 일원이 되었다.

페인은 다리를 실제로 설계하고, "연기 없는 양초"-프랭클린과 마찬가지로 연기와 빛에 흥미를 느꼈다-를 발명하고, 어떤 때는 영국 침략에 대비하여 상세한 지형 지도를 만들었다. 그렇지만 그의 진정한 재능은 저널리즘을 무대로 한 논쟁에 있었다. 이 분야에서는 최고의 능력을 발휘했다. 실제로 그의 저작은 저널리즘 범주를 넘어 정치철학의 영역에 도달했는데, 대중을 향해 효과적으로 화제를 풍부하게 제공하면서 놀라운 속도로 글을 썼다. 페인은 문제를 예리하게 파헤친 기사나 힘찬 논지로 일관한 팸플릿을 쓰는 한편, 처음부터 끝까지 재미있게 읽을 수 있는 책을 단숨에 써내는 재능이 있었다.

페인이 집필한 팸플릿 『상식(Common Sense)』은 1776년 1월 10일 필라델피아 거리에서 나돌다가 곧 모든 식민지에서 불티나게 팔려나갔다. 불과 한두 주 만에 1만 부 이상이 팔렸고 실제로 모든 이들이 그 책을 읽거나 그 책에 관해 들었다. 팸플릿은 두 가지 점에서 특히 충격적이었다. 첫째는 잔학 행위의 고발이었다. 전쟁이 시작된 해에는 영국군과 그 용병의 잔인한 행위가 많이 일어났고 아울러 그보다 더 많은 근거 없는 이야기가 만들어졌다. 팰머스(오늘날 메인 주 포틀랜드)와 노퍽에서는 영국군이 마을을 불태우는 유혈의 혼란 속에서 여자들과 어린이들이 피하지 못하고 죽임을 당했다. 페인은 이런 사건들에 주목했다. 순수한 미국인이 이런 일을 겪으면서도 반역하지 않고 싸울 각오를 하지 않는다면 "소심한 자, 정신적으로 아첨꾼"이라고 비판했다. 말투는 거칠었으나 급소를 찔렀다. 워싱턴 사령관조차 1월 31일에는 이미 그 글을 읽고 찬성의 뜻을 표했다.

둘째는 영국 주도로 진행되는 협상과 합의에 유리한, 반반으로 갈린 미국 내 여론에 대해 직격탄을 날린 것이었다. 페인은 실효성 있는 유일한 결론으로 완전 독립을 원했다. 대륙회의가 여전히 그렇게 여기고 있는 것처럼, 고약한 의회와 선량한 국왕이라는 구별을 인정하지 않았다. 그는 조지 3세를 "고귀한 야수"라고 불렀다. 실제로 이 완고하고 무지하며 그 나름대로 사람 좋은 국왕을 인간 괴수, 정치적 폭군으로 변신시켜서, 그 뒤 대대로 미국 초등학생을 두려움에 떨게 한 남자로 둔갑시킨 인물이 바로 페인이었다. 전쟁이란 그런 것이고 선동도 그런 것이었다. 페인의 『상식』은 어디서 어디까지가 "상식"인지 말할 수 없었다. 많은 이들이 선동적인 허튼소리라고 생각했다. 하지만 그때까지 나온 것 가운데 가장 성공을 거

두고 영향을 많이 끼친 팸플릿이었다.[56]

독립선언

토머스 제퍼슨은 이런 촉박한 위기 상황에서 자신의 황금기를 맞았다. 애덤스는 이때 일을 다음과 같이 썼다―대륙회의는 "전쟁의 중반에서 4분의 3까지" 진행되었으나, "독립은 무시무시한 얼굴을 한 작은 귀신이어서 민감한 사람은 그 얼굴을 보는 순간 기절할 것이다." 이 "민감한 사람"이란 즉각적인 독립에 반대하는 존 디킨슨과 카터 블랙스턴을 가리켰다. 이들이 두려워한 점은 식민지끼리 이해 다툼을 벌여 연방이 붕괴하고 미국이 통치자를 잃는 상태에 빠지는 일이었다.[57]

하지만 전쟁은 자체의 논리대로 계속 일을 진행해갔다. 영국은 독일 용병뿐 아니라―세상에―러시아 용병까지 동원했다. 러시아 병사는 전형적인 전제군주인 차르가 파견했는데, 성실한 미국인 등을 때리기 위해 채찍을 휴대했다는 소문이 돌았다. 더욱 심각한 점은 영국이 노예 폭동을 선동했다는 사실로 이것이 남부가 결의를 다지도록 만들었다. 7월 7일 버지니아 식민지 의회는 대표인 리처드 헨리 리에게 "식민지 연합은 자유롭게 독립한 국가이며, 또한 당연한 권리로서 그럴 것"을 선언하는 결의안을 대륙회의에 제출하라고 훈령했다. 매사추세츠 식민지 대표 애덤스가 이 안을 지지했다. 이 단계에서는 펜실베이니아, 뉴욕, 사우스캐롤라이나, 뉴저지는 독립을 반대했다. 그럼에도 7월 11일 대륙회의는 프랭클린, 애덤스, 로저 셔먼, 로버트 리빙스턴, 제퍼슨을 "회의가 합의에 도달할 경우를 대비해서" 독립선언 기초위원회 위원으로 지명했다.

대륙회의가 특별한 임무를 위해 이런 유능한 인재를 선택한 것은 자신들의 본분을 잘 알았기 때문이다. 세계적인 대국과 맞서 벌인 전쟁은 길어져서 외국의 이해가 필요하다고 인식했다. 이미 프랭클린을 책임자로 하는 "통신위원회", 즉 사실상의 "외무부"를 설치하고 프랑스, 에스파냐, 네덜란드 이외에 동맹이 됨직한 나라와 접촉했다. 독립 문제를 "국제 여론 법정"에 호소하기를 희망한 대륙회의는 미국의 행동과 그 이유를 밝힌 성명서, 위엄 넘치게 주장을 정립한 격조 높고 기억에 길이 남을 선언이 필요했다. 또한 미래의 미국 국민에게 자신의 나라에서 일어난 일을 이야기하는 역사적 성명서를 남겨 자손이 그것을 배우고 외우길 바랐다.

애덤스는 제퍼슨이 (부유한 뉴욕 판사 아들인 리빙스턴을 제외하면) 위원 가운데서 실제로 가장 나이가 어리기 때문에 기적을 일으킬 남자라고 확신하여 위원장으로 추천했다. 애덤스는 다음과 같은 대화를 남겼다. 제퍼슨, "어떻습니까?" 애덤스, "이유는 충분합니다." "당신은 어떻게 생각하십니까?" "첫째로 당신은 버지니아인입니다. 버지니아인은 앞장서서 일하지 않으면 안 됩니다. 둘째로 나는 환영받지 못하고 의심을 많이 사서 인망이 없지만, 당신은 그와 반대입니다. 셋째로 나보다 열 배나 훌륭한 문장을 쓸 수 있습니다."[58] 이것은 모두 맞는 말이었다.

제퍼슨은 뛰어난 초안을 작성했다. 1774년에 자신이 쓴 팸플릿이 초안을 준비하는 데 도움을 줬다. 수많은 철학자와 정치가에게서 받은 영향들이 문안 가운데 흘렀다. 위원은 모두 학식이 많았지만, 제퍼슨은 비교적 젊었는데도 아는 것이 매우 많아서 그때까지 역사나 정치, 행정 등의 독서에 들인 숱한 시간을 아낌없이 활용했다. 독립선언은 몇 세대에 걸친 최고의 휘그 사상을 힘차고 훌륭하고 간결하게 요약했다.

무엇보다 그 첫 부분이 충격적이었다. 머리말 두 문단은 더 이상 손댈

제 2 장 — 자유의 헌법이 굳게 지켜지기를

249

여지가 없다고 여겨졌다. 첫 문단에서 우선 비통한 어조로 영국과의 연합을 해소하는 슬픔을 언급하고, 그 이유를 들면서 "인류의 신념에 대한 엄중한 고려"가 요청된다고 말했다. 두 번째 문단은 앞 문단에 이어 전체 핵심을 이루었다-"우리는 이 자명한 진리를 받아들인다. 모든 사람은 평등하게 태어났으며, 창조주로부터 생명과 자유와 행복의 추구를 주장할, 남에게 양도할 수 없는 권리를 부여받았다. 이 권리를 지키기 위해 정부는 거기에 속한 사람들의 동의를 통해 구성되어야 하며, 이러한 모든 목적에 정부가 부합하지 않을 때 정부의 형태를 바꾸거나 폐지하고, 또 이 원칙에 입각해 시민의 안전과 행복을 가장 잘 구현할 수 있는 새로운 정부를 만들 권리가 시민에게 있다." 이 문장에 이어지는 내용은 어떤 독자라도-조지 3세조차-읽지 않을 수 없었다. 기초위원회는 제퍼슨의 초안을 수정할 필요가 거의 없었다. 실무가인 프랭클린이 제퍼슨의 거창한 말투를 손질했다. 이를 통해 "신성해서 침범할 수 없는" 진리가 노련한 손길을 거쳐 "자명한" 진리로 바뀌었다.[59] 하지만 4명의 위원은 대체로 제퍼슨의 작업을 기쁘게 받아들였다. 당연한 일이었다.

　대륙회의에서는 아직 의견이 분분했는데, 미국의 자유를 요구하는 주장 핵심부에 블랙홀이 있었다. 노예에 관해서는 어떻게 할 것인가? 도대체 대륙회의가 "모든 사람은 평등하게 태어났으며" 같은 말을 할 수가 있을까? 60만 명의 노예가 모든 식민지에 흩어져 있었다. 그 가운데서 일부 식민지에는 엄청난 노예가 집중되어 있었고 법률적으로 가축처럼 취급받아 말 그대로 권리가 전혀 없는 상태였다. 제퍼슨 이외의 위원은-매우 강력하게 말하지 않을 수 없었겠지만-미국 노예제도를 영국과 조지 국왕 탓으로 돌려 이 논의에 막을 내렸다. 원안에서는 국왕에게 "인간성에 반하는 잔혹한 싸움을 벌여" "머나먼 땅의 사람들"을 공격해 "포로로 잡아 북반구로 데려와 노예로 삼은"책임을 씌웠다.

하지만 6월 28일 선언서 초안이 총회에 제출되자 남부 대표는 이에 반발했다. 특히 사우스캐롤라이나 대표는 노예제도를 어떤 형태로든 악이라고 인식하는 것을, 특히 "가장 신성한 생명과 자유의 권리"를 침해했다는 인식을 받아들일 생각이 없었다. 만약 선언서에 그렇게 써 있다면 논리적 귀결로서 모든 노예를 즉시 해방하지 않으면 안 되었다. 그리하여 노예 부분은 삭제되었다. 이것이 그 뒤 8년 동안 같은 문제를 둘러싸고 많은 타협이 이뤄지는 계기가 되었다. 노예 문제가 마침내 타결된 것은 엄청난 눈물과 피가 흐른 뒤였다. 그렇지만 문안에는 "평등"이라는 말이 남겨졌는데, 그것은 어쩌면 선언 배후에 도사린 변칙적인 일들이 마지막에는 시정될 것이라고 체제가 보증한 느낌이 있었다.

대륙회의는 선언서를 3일 동안 심의했다. 역설적이지만 대표들은 거기에 담겨 있는 기본 원리를 검토하는 데는 거의 시간을 들이지 않았다. 선언의 대부분이 영국에 불리한 특정 세부 사례, 특히 국왕의 악행을 다뤘기 때문이었다. 혁명 투사들은 사악한 신하들과 "부정을 저지르는 일은 있을 수 없는" 국왕을 구별하는 행위를 포기하고 국왕에 대한 충성도 아예 포기하자고 결의했다. 그리하여 선언서의 핵심으로 여겨진 국왕의 고발을 둘러싸고 격론이 오갔다. 입헌적·이념적 구조에 관한 논의는 노예제도 문제 외에는 거의 손대지 않은 채였다. 이는 다행스러운 일이었다. 만약 회의가 제퍼슨의 광범위한 가설과 제안을 검토하는 쪽을 택하여 차이점을 용어의 타협으로 해결했더라면, 제퍼슨의 펜이 창조한 마력은 분명히 사라지고 세계는 더 불행해졌을 것이다.

뉴욕 대표가 기권한 가운데 7월 2일 안이 승인되었고, 7월 4일에는 모든 식민지가 정식으로 "미국 13개 식민지 총의에 의한 선언"이라고 불리는 문서를 채택했다. 그때도 그 뒤에도 때때로 톰 페인이 선언서의 원문 작성자로 오해받았는데, 이 같은 사실은 영국인이 독립선언에 호감을 가지는 데 전혀 도움이 안 되었다. 영국에서는 페인에 대해 혐오감을 갖고 바라봤다(지금까지도 그렇다). 실제로 페인은 이 문서와 직접 관련이 없지만 "합중국"이라는 용어만큼은 확실히 그가 만든 말이었다.

7월 8일 「독립선언서」는 필라델피아 의사당에서 민중을 향해 공식 낭독되었다. 왕실 문장이 내려져 불길에 사라졌다. 8월 2일 선언서는 양피지에 쓰여 대표 전원이 서명을 마쳤다. 존 핸콕의 말에 따르면 그 직후에 프랭클린이 농담을 던졌다. "자, 신사 여러분. 우리가 최악의 사태를 염두에 두고 뭉치지 않으면 한 사람 한 사람이 교수형 당해 죽는 일이 분명히 생길 거요."[60] 재미있게도 이 사건이 있기 136년 전 일어난 영국 내전 초기에 크롬웰은 맨체스터 백작을 향해 똑같은 심경을 말했다.

당시 영국에서 으뜸가는 정치가로서 프랭클린, 제퍼슨, 워싱턴, 애덤스, 매디슨 등에 필적하는 유일한 인물인 에드먼드 버크가 독립선언에 관해 논평을 남기지 않은 것은 유감이다. 이상하게도 7월 4일 「독립선언서」에 서명이 이뤄진 그날 버크는 미국에서 날아든 소식에 동요를 일으켜 "잠들려 해도 눈을 감을 수가 없었다"라고 일기에 썼다. 하지만 그의 심정과 정신은 제퍼슨과 다르지 않았다. 버크의 공인으로서 삶은 본질적으로 단 한 가지 주제-권력의 남용을 폭로하고 공격하는 일-에 집중했다. 우선 아일랜드를 지배하는 영국 세력, 다음으로 인도에서 이익을 탐내는 영국인 부호, 만년에는 프랑스를 공포에 빠뜨린 혁명 사상가들을 규탄했다. 그리고 1776년 의회에서는 국왕이 "강압적인 법들을 연발하여" 미국에서 권력을 남용했다고 연설했다.

그의 주장에 따르면, 미국은 "영국군에 의해 통치"되어 항구가 폐쇄되고 어업은 중단되고 허가서는 폐지되고 마을은 불타버리는 불행을 겪었다. 마침내 권력 남용이 "인내의 한도를 넘어서" "미국인은 독립선언을 하기에 이르렀다." 버크는 국왕이 "전쟁을 지원하고, 교회에서는 예배를, 일반인은 단식을 하라"고 명령한 일을 비웃었다. 그리고 하원을 어리둥절하게 하는 이야기로 말을 맺었다. "영국 교회가 이 꺼림칙한 예배를 그만두고 깨끗해질 때까지 나는 이곳을 전능한 신의 전당이 아닌 악마의 전당이라고 생각하겠다."[61] 버크의 견해에 따르면, 권력이 너무 심하게 남용되어 왔기 때문에 미국이 무력으로 독립을 쟁취한 것은 당연한 일이었다. 독립선언이 표명한 것이 본질적으로 정확히 그것이다.

매사추세츠 헌법

독립선언이 있은 뒤 국왕이 배제되면서 모든 주들의 주권(州權) 확립이 시급했다. 따라서 주 헌법이 이전의 허가서와 "통치기구"를 대신했다. 이것은 각 주뿐 아니라 훗날 미합중국 헌법 제정을 지원하기 위해서도 중요했다. 여러 가지 점에서 식민지-그 뒤부터는 주라고 불렸다-는 17세기부터 자치를 시행했고, 그 증거가 될 문서나 법률이 있었다. 코네티컷과 로드아일랜드에는 이미 일정 형태의 헌법이 있어서 독립에 따른 변경은 필요 없었다. 그리고 1763년 이후 적지 않은 주들이 영국 의회의 부당한 과세에 주권(州權) 행사라는 차원에서 저항했다. 이 때문에 미합중국 헌법의 모든 준비 기간은 1763년부터 1791년까지 거의 30년 가까운 세월이 소요된 것으로 보인다.[62]

1775년 매사추세츠가 1691년의 허가서에 근거하여 처음으로 정부를 조직하는 활동을 시작했다. 다른 주들도 이를 모방했다. 같은 해에 뉴햄프셔와 사우스캐롤라이나, 1776년에는 버지니아, 뉴저지, 뉴욕, 펜실베이니아, 델라웨어, 메릴랜드, 노스캐롤라이나가 따랐다. 그리고 1777년 초에 조지아가 그 뒤를 이었다. 뉴욕은 주로서는 최초로 상당한 권한을 가진 주지사제도를 도입했다. 매사추세츠도 이 제도를 받아들여 헌법 수정 초안을 마련했다. 새 헌법안을 놓고 1777년 3월 역사적인 첫 주민투표를 실시했는데 2,083표 대 9,972표로 부결되었다. 계속해서 헌법제정회의 선거가 실시되었고, 1780년 여기서 최종안이 결정되어 3분의 2의 득표로 헌법이 승인되었다.

매사추세츠 헌법(개정법)은 다른 주의 표준이 되었다. 펜실베이니아와 조지아를 제외한 모든 주가 양원제를 채택했으며, 1789년부터 1790년 사이에는 이 두 주도 생각을 바꿨다. 모든 하원이 직접선거제도를 채택했는데, 상원의원 역시 선거인단을 운영하는 메릴랜드를 제외하고 나머지 모든 주가 직접선거로 선출했다. 사우스캐롤라이나 이외의 주에서는 해마다 하원 선거를 실시했고, 대부분의 주는 주민투표로 지사와 행정관을 뽑았다. 12개 주에서는 토지 소유자만 선거인 자격이 있었으나, 그 조건은 일반적으로 50에이커여서 미국에서는 별 문제가 되지 않았다. 3개 주에서는 납세 증명이 필요했다. 1개 주를 제외하고 후보자에게는 자산 증명이 요구되었다. 참정권이 있는 백인 남자의 비율은 주에 따라 달랐으나 평균 선거 규모는 영국보다 4배나 컸다. 이들 헌법은 대체로 국민 주권을 채택했는데 1770년대로 봐서는 실제로 과격한 편이었다.[63]

이는 유럽 전체와 라틴아메리카에 즉각 충격을 던졌고 그 여파는 오래 갔다. 펜실베이니아 헌법은 당시로는 매우 급진적인 방향으로 나아갔다. 프랭클린은 그 탄생의 어버이를 자인했으며(아마도 페인의 제자인 제임스 캐넌이 작성했을 것으로 추측된다), 프랑스를 방문했을 때는 그 헌법 문건을 자랑스럽게 가져갔는데 자유주의 거물들이 감동의 탄성을 질렀다고 전한다. 애덤스는 다음과 같이 전했다. "튀르고 씨, 라 로슈푸코 공작, 콩도르세 씨를 비롯한 많은 사람들이 프랭클린 씨의 헌법에 열중했다."[64] 하지만 이 헌법은 "부적합"하다는 것이 밝혀져 1790년 폐지되었다. 하지만 그때는 프랑스혁명의 거물들에게 이미 잠재적인 영향을 끼친 뒤였다.

연합규약

모든 주들이 독립 정부를 조직하는 동안 대륙회의 쪽도 전쟁 수행 권한을 확보해야만 했다. 1776년부터 1777년 사이에 실질적으로 최초의 미국 헌법인 "연합규약"이 제정되었다.[65] 초안을 마련하는 자리에서 각 주 대표들은 논리에는 그다지 구애받지 않고 실리를 취하는 쪽에 열심이었다. 이 때문에 기묘하게 미국은 영국과 10년 이상이나 주권의 소재를 둘러싸고 논의를 해왔음에도 연합규약에서는 미국에 주권을 두려는 어떤 노력도 하지 않았고 모든 주들의 권리에 관해서도 아무런 언급이 없었다.

대륙회의는 전쟁과 외교 정책을, 각 주는 그 밖의 사항–"내정 치안"이라고 총칭했다–을 맡는다는 데 합의했다. 노스캐롤라이나의 토머스 버크는 각 주가 "주권, 자유, 독립, 그리고 모든 정치권력과 사법권을 보유하며, 이것을 대륙회의에 위임하지 않을 것을 연합규약에 따라 보장한다"라는 조항을 제안했고, 13개 주 가운데 11개 주가 찬성해 이 규약이 제2조가 되었다. 하지만 그 뒤에 버크 자신이 다음과 같이 말했다. "연합은 외국과 전쟁에 관한 모든 사안, 또는 모든 주들이 공통의 이해관계를 갖는 장소에 대해서는 하나의 주권으로 간주할 것이다." 이렇게 해서 문제는 보류된 채 마무리되었다.[66] 모든 절차가 급하게 진행되어 1777년 11월 15일에 끝났다. 하지만 비준은 늦었다. 사실상 메릴랜드가 연합규약을 비준한 것은 1781년 3월 1일이었다. 이때는 더욱 강력한 행정기관이 필요하며, 그러기 위해서는 새롭고 충분한 논의를 거친 헌법이 요구된다는 사실이 경험적으로 명백해졌다.[67]

한편 식민지 해방과 새로운 국가 수립이라는 긴급한 사업은 필연적으로 문필가에서 군인에게 넘어갔다. 독립전쟁은 8년 반이나 계속된 오랜 소모전이었다. 문제는 다음과 같았다. 미국인은 장기전을 대비해 충분한 능력과 화력을 갖춘 최전방 병력을 유지하여 영국의 전쟁 계속 의지를 꺾는 한편, 참전 경비─사실상 영국 납세자의 부담을 덜기 위해 시작한 전쟁 경비─를 조달할 수 있는가? 이것이 독립전쟁의 기본적인 역설이었고, 그 모순은 마지막에는 결정적이었다.

영국은 이 전쟁을 계속해봤자 기본적으로 국가 이익은 없었다. 승리를 거두어도 더 많은 정치 문제를 떠안을 뿐이었으며, 패배해도 자존심을 상할 뿐 손해날 것은 별로 없었다. 런던 이외의 곳에서는 전쟁 결과에 관심을 보이는 영국인이 전혀 없었다. 당시의 문학, 편지, 신문, 일기 등에는 놀라울 만큼 조금밖에 영향을 미치지 못했다. 심지어 이 전쟁에 지원하는 사람조차 전혀 없었다. 두서너 명의 휘그당원이 열심히 전쟁에 반대했으나 대중의 지지는 받지 못했다. 전쟁을 수행하는 국왕이나 각료들조차 지지를 얻지 못했다. 대중 집회나 저항도 없었고, 또한 전쟁 지지 시위를 벌이는 사람도 나타나지 않았다. 이것은 식민지 전쟁이자 제국주의 전쟁이었으며, 어떤 의미에서 당시의 7년전쟁보다 20세기 베트남 전쟁이나 소련이 개입한 아프가니스탄 전쟁과 공통점이 더 많았다.

이런 점에서 보면 미국 애국자들은 총사령관에게 큰 혜택을 받았다. 워싱턴은 기질이나 수완에서 이런 항쟁에는 이상적인 지휘관이었다. 야전 지휘관으로서는 뛰어나지 않았는데 9차례의 총공격에서 3차례를 제외하고 모두 패배를 맛봤다. 하지만 전략가였다. 자신의 최고 임무는 육군을 훈련시켜 전장에 보내고, 물자를 보급하고, 급료를 지급하는 일이라는 점을 잘 알았다. 이것을 수행함으로써 13개 주의 모든 정부와 대륙회의가 운영되어 하나의 나라로 뭉쳤으며, 그 국가는 8년에 걸친 전쟁 동안에 급성장할 수 있었다. 입법부는 무언가 역할을 맡고 법원은 재판을 열고 세금은 징수되어 새로운 독립 정부는 존속했다.

이 때문에 영국군은 어떤 시점에서든 단순한 폭도나 게릴라 무리와 전투를 벌이는 일은 없었다. 한 조직체로서 국가와 싸워서 마지막에는 예리한 칼끝에 깊숙이 찔렸다. 이런 모든 것을 실현시킨 인물이 워싱턴이었다. 그에 더해 전쟁터에서 미국 진영의 존엄을 지켰다. 이 점은 적도 인정했다. 워싱턴은 전쟁에서 볼 수 있는 비열, 잔학, 복수심 따위에 휘둘린 행위와는 인연이 멀었으며, 처음부터 끝까지 신사답게 행동했다.

워싱턴이 동원할 수 있는 병력은 많지 않았다. 어떤 시기든 총 병력 수는 6만 명을 넘긴 적이 없었고 탈주병 발생률도 20퍼센트나 되었다. 무기, 탄약, 대포, 수송 수단, 의복, 군자금, 식량 등 그 모든 것이 언제나 부족했다. 하지만 활동을 계속하기 위한 것만은 확보했다. 글자 그대로 몇 백 통에 이르는 편지를 대륙회의나 주정부들에 보내어 어느 정도 견뎌낼 정도의 물자를 확보하고 싶다고 부탁했다. 이런 일을 하는 데 능숙했으므로 군대 운영은 어떤 의미에서 버지니아의 대농장 경영과 비슷했다. 부족한 것이 많았지만 그런대로 형편에 맞게 꾸려갔다. 워싱턴은 늘 침착하고 냉정하며 참을성이 있어서 모든 사람에게 안정감을 주었다. 제퍼슨의 말에 따르면, 실제로는 화를 잘 냈으나 대부분 꾹 참았다. 적지 않은 행정적인 책임을 짊어져야 했다. 이런 일은 원래 대륙회의가 책임질 부분이었으나 진용이 갖춰지지 않은 탓에 대처할 수가 없었다.

워싱턴은 산더미처럼 쌓인 서류 작업을 처리했다. 유능한 참모조차 없었다. 프리드리히 폰 스토이벤이 군 훈련을 담당하며 실질적인 부관 노릇을 했다. 1777년 초부터 서인도제도 출신의 젊고 똑똑한 뉴욕 출신의 알렉산더 해밀턴(1755~1804)이 비서 겸 수석 부관으로 근무했다. 해밀턴 대령은 이미 포병대 장교로서 눈부신 전공을 올려 미국 총사령관 부관 가운데 역사적으로 가장 유능한 존재였다. 하지만 본질적으로 임무는 모두 워싱턴 자신이 져야만 했다.

지구전을 택한 워싱턴

워싱턴은 그때나 그 후로나 많은 혹평을 받았다. 애덤스는 다음과 같은 의문을 품었다. "워싱턴이 만약 부유한 과부 커티스 씨와 결혼하지 않았다면 혁명군 총사령관이나 미합중국 대통령에 오를 수 있었을까?"[68] 찰스 리 장군은 워싱턴을 위대한 인물로 평가하는 사람들을 깜짝 놀라게 했다-"다른 남자의 피는 아낌없이 낭비하지만 자신의 피에는 매우 인색한 사람이었다."[69] 가까이서 지켜본 조너선 바우처의 평가는 다음과 같았다. "수줍고 과묵하고 엄격하고 찬찬하고 주의 깊은 반면에 민첩한 재능, 비범한 통찰력, 고상한 사고방식은 부족했다. …… 성격은 너그럽거나 우아한 점이 눈곱만치도 없어 보였다."[70] 프랑스인 페르디낭 베야르는 활기차게 사는 사람 같지 않다고 평했다. "동작도 말씨도 행동거지도 시계처럼 규칙적으로 정확했다." 하지만 또 다른 프랑스인 장군인 드 바르베 마르부아 후작의 증언이 있다. "그처럼 의식하지 않고 자연스러운 매너를 지닌 사람을 만나본 적이 없다."[71]

워싱턴은 인정을 베풀 줄 알았으며, 또한 연기의 대가였다. 포로를 담당한 엘리어스 부디노트는 1778년 포로에게 지급할 의복을 요청하기 위해 워싱턴에게 갔을 때의 일을 다음과 같이 썼다. "총사령관은 매우 난처한 표정으로 눈물을 흘리며 '만일 나라를 대표하는 여러분이 나를 저버린다면 절망이네'라고 말했다. 그는 아무것도 할 수 없었다. 그는 총사령관, 보급 장교, 병참 장교였다. 모든 것이 총사령관 어깨에 달렸고, 참을 수 있는 한도를 넘었다. 그는 나를 가능한 응원하겠다고 말하면서 내가 무엇인가 포로들이 기운 나도록 위로할 방법을 강구한다면 자신의 권한이 미치는 범위에서 그것을 허락하겠다고 약속했다."[72] 하지만 한가로운 시간을 보내는 경우도 있었다. 총사령부에서 목격한 사람은 이렇게 말했다. "부관과 시간이 허락하는 한 공놀이를 즐겼다."

의식적으로 지구전에 들어간 워싱턴에게 영국군의 전략은 별 의미가 없었다. 오히려 영국은 전쟁 내내 뚜렷한 전략이 없었는지 모른다. 정치적인 자질이 뛰어나서 군사적인 면에는 신경도 쓰지 않던 영국이 정치적 해결을 거부하고 군사적인 결말에 전폭 신뢰를 보낸 것은 하나의 수수께끼였다. 노스 총리가 전쟁 임무를 맡긴 존 저메인 경은 군사적인 재능이 전혀 없었고 정치적 자질 또한 전혀 없었다. 그는 미국 민병대가 형편없으며, 토리당 지지자들이 수에서 혁명파 애국주의자들을 크게 앞지른다고 믿었다. 어떻게 그런 사실을 알았을까? 저메인 경은 미국에 가본 적이 없었다. 현지에 가서 자신의 눈으로 무슨 일을 할지 조사하거나 명예로운 타협 교섭을 할 수 있을지 모색해보는 일 따위는 생각조차 하지 않았다. 정부 관계자는 어느 누구도 현지 조사를 위해 대서양을 건넌다는 생각이 없었다. 장군들은 여러 차례 교섭 권한을 부여받았지만, 그것은 이미 해당 반란군이 항복에 동의한 뒤였다. 그러니 무슨 쓸모가 있었겠는가?

장군은 자주 바뀌었다. 뒤처리를 잘못한다는 뚜렷한 신호였다. 처음 임무를 받은 인물은 게이지였다. 다음으로 리처드 하우 제독과 그의 동생인 윌리엄 하우 장군이-바보스러운 결정이었으나-공동 사령관에 임명되었다. 그다음으로 버고인 장군과 콘월리스 후작이 따로따로 독립된 군대-또다시 우스꽝스러운 이야기-를 맡았으나 모두 무너졌다. 영국군 장군들은 반란군이 항복한 뒤에 교섭 기회를 잡기는커녕 반대로 자신들이 파탄에 직면한 뒤에야 사실상 양보하라고 훈령을 받았다. 도무지 제대로 되는 일이라고는 없었다. 이처럼 말도 안 되는 실책의 책임은 모두 조지 3세에게 있었다. 이 국왕은 분노의 탄환이 발사된 광경을 자신의 눈으로 보거나 외국에 가본 적이 없었다-노인이 되도록 바다조차 본 적이 없는 인물이었다.

영국 사령관은 병력 수에서 부족하지 않았다. 약 3만 명의 용병이 파견되었다. 하지만 이것은 아마 역효과를 낳았을 텐데, 용병의 행동에는 국왕 지지자들조차 분개했다. 1776년 하우 형제가 뉴욕에 파견되었을 때는 전함 수가 73척을 웃돌아 1만 3,000명의 해군이 탔고, 수송선은 3만 2,000명의 병력을 수송했다. 영국 기준으로는 대규모 원정군에 속했다. 하지만 영국이 전쟁에 투입한 병력과 군비는 어느 것 하나 효과가 오래가지 않았고 어떤 때는 전혀 쓸모가 없었다. 조지 3세나 노스 경이 말 그대로 일급 장군을 사령관에 임명하고 현지에서 군사와 정치 양면에 조건 없는 재량권을 부여했더라면 사태가 달라졌을지 모른다. 하지만 그런 인물이라면 틀림없이 이 전쟁을 잘못된 행동이라고 판단하고 종전 교섭을 시작했을 것이다. 현실적으로는 장군들이 모두(제독은 제외하고) 이류 인재였고, 그런 점은 눈에 확연히 보였다.

전쟁 진행 상황을 한번 살펴보자.[73] 개전 초, 전투가 보스턴 주변에 집중된 1775년과 1776년 사이 겨울은 움직임이 적었으므로 워싱턴은 대륙회의 군대를 편성할 수 있었다. 1776년 하우 장군이 지휘한 뉴욕 공략 작전은 뉴욕 시를 점령하여 뉴잉글랜드와 그 이남 지역을 차단하고 반란군을 중심지인 매사추세츠에서 전멸시키는 것이 목표였다. 워싱턴은 이것을 방지하기 위해 병력을 맨해튼에서 브루클린으로 이동시키고 높은 지대에 참호를 팠다. 하우가 이 허점을 노려 공격해 워싱턴 군은 1,500명의 병력을 잃었다. 이때 하우는 400명의 인명 손실을 입었다. 워싱턴이 맨해튼 섬에서 병력 9,000명을 후퇴시킨 것은 현명했다.

하우는 미국군을 포위하여 전멸시키려고 하지 않았고, 워싱턴은 뉴저지로 빠져나가 델라웨어로 갔다. 당시는 톰 페인이 시사 문제 팸플릿인 『위기(The Crisis)』에서 밝혔듯이 "인간의 혼이 시험받는" 때였다. 워싱턴은 겨울 전투에서 승리를 거뒀고, 트렌턴에서 독일 용병 1,000명을 사살하거나 포로로 잡았으며, 프린스턴 수비대를 격파했다. 그리고 1777년 1월 말 정연하게 모리스타운으로 후퇴했다. 하우는 남쪽으로 이동해 필라델피아로 내려가 1777년 9월 11일 브랜디와인에서 워싱턴 군을 격퇴했다.

한편 캐나다에서 지휘하던 존 버고인 장군은 리처드 몽고메리가 이끄는 제2 미국군을 격파했다. 이 군대는 세인트로렌스 강 유역에서 미국에 우호적인 사람들을 모집해 북쪽으로 올라가는 중이었다. 하지만 캐나다인은 영국 자손인 프로테스탄트나 프랑스인을 조상으로 가진 가톨릭교도에 대해 전혀 관심을 보이지 않았다. 1774년에 영국과 유리한 거래를 한 뒤부터 충성을 보였다. 이 때문에 버고인은 공격에 나설 수가 없었다. 하지만 장군은 무모한 사람이었다. 1777년 6월 영국인, 국왕 지지자, 인디언, 브런

즈윅 출신자 등 7,000명을 모집해 배로 샤프란 호를 건너 허드슨 강 유역으로 진출했다. 이 계획에 따르면, 버고인과 하우가 이끄는 군대가 워싱턴 군을 양쪽에서 협공할 예정이었다. 그러나 계획은 뜻대로 잘 진행되지 않았다. 오히려 버고인은 곧 곤경에 빠졌다. 9월 19일과 10월 7일, 두 차례의 소규모 전투에서 패배했고 계속해서 적에게 포위되는 바람에 1777년 10월 17일 사라토가에서 항복했다.

이것을 계기로 영국은 처음으로 진지하게 관계 개선 조건을 제시했으나 당연히 거부되었다. 워싱턴 군은 그럭저럭 또 한 차례의 겨울을 보냈다. 추운 계절에는 병력 수가 줄어 워싱턴은 주로 부대에서 머물며 지냈으나 봄에는 병력 규모가 늘어나 해마다 커졌다. 사령관과 군은 과거의 실패를 교훈 삼아 서서히 군 복무 기간을 연장하고 급료를 올렸으며, 군기도 엄격하게 적용하여 극단적인 경우에는 교수형까지 인정했다. 아울러 포병을 증강했고 수송을 개선하여 보급에 차질이 없도록 했다.[74]

프랭클린 사절단

1778년 2월에는 동맹을 구하러 유럽에 간 프랭클린 사절단이 성과를 올렸다. 프랑스에서는 그때까지 파견된 미국 특사 가운데 최고의 성공을 거뒀다고 할 수 있었다. 프랭클린은 이전에 영국에 머물렀을 때는 한두 번 예외를 제외하곤 가정에 초대받은 적이 없었다. 상류계층 인사들이 프랭클린의 지저분한 복장이나 미숙한 매너, 직인 경력(그리고 직인 투의 말씨)을 싫어했기 때문이다. 프랑스 귀족은 영국 기피증이 있었든지, 지식인인 체했든지(프랭클린의 학문적 업적을 영국인보다 훨씬 좋게 받아들였다), 그렇지 않으면 단순한 호기심 차원이었든지 간에 프랭클린을 유명 인사로 대우했다. 루소와 맞먹는 또는 그 이상으로 매력적인 인물로 본 듯했다. 미국인인 프랭클린은 스위스 태생의 루소보다는 더 이국적이었다.

프랭클린은 자크 도나시앙 드 쇼몽의 지원을 받았다. 자크는 부유한 실업가로 미국에 폭넓은 관심을 가지고 애국자들에게 200만 리브르의 사재를 원조했다. 드 세귀르 후작은 프랭클린의 초라한 외견 뒤에서 엿보이는 현실적인 미덕과 고결함을 인정했다. "수수한 옷차림, 신경 쓰지 않으나 위엄 있는 태도, 솔직한 말씨, 손질하지 않은 머리칼. 간소한 고대 세계, 플라톤 시대의 그리스 사상가나 카토나 파비우스가 활약한 로마 공화정 시대 논객과 같은 인물이 18세기의 퇴폐적이고 억압된 시대에 갑자기 마법처럼 모습을 드러낸 듯한 느낌이 들었다." 기이한 결합을 통해 미국인을 새로운 로마인이라고 보는 생각이 문화의 새로운 유행과 맞아떨어졌다. 때마침 로코코 양식이 새롭게 불어 닥친 고전 양식에 길을 양보하면서 프랭클린은 그 새로운 물결을 상징하는 인물로 비쳤다.

프랭클린의 생활은 그야말로 간소했다. 드 크루아 공작은 프랭클린이 고귀한 손님을 대접한 소박한 식사-"모든 것이 철학자에 걸맞은 간소하고 검약한 분위기를 자아냈다"-에 감격했다. 하지만 프랭클린은 1778년 지하실에 104병의 포도주를 저장해두었고 귀국 전에는 그것이 1,203병으로 늘었다. 하인은 9명이었다. 돈을 마음 놓고 쓰면서 사치스러운 소지품에 대해서는 "언젠가 사치품을 사서 즐길 수 있다는 희망이 노동과 근면에 박차를 가하는 것 아닌가"라고 말하며 전형적인 미국식 도덕관으로 정당화했다. 지독한 검약가로 금욕적이었던 애덤스는 "프랭클린 박사의 [파리] 생활은 낭비의 연속이었다"라고 조롱했으며, 덧붙여 아마 무슨 근거가 있었는지 고급 식사와 술뿐 아니라 여자까지 사귀는 것 같았다는 말을 남

기기도 했다.[75]

　그런 것은 문제 될 게 없었다. 프랭클린 사절단은 성공하였고 관료 사회나 상류 사회보다 서민에게 인기가 더 높았다. 자크 네케르는 1776년에 재무장관에 오른 대은행가로 미국의 전쟁에 개입하는 것을 반대했다. 만약 개입할 경우 재정 파탄은 명백하다고 예언했는데 과연 그대로 적중했다. 루이 16세의 의견 또한 그와 같았다. 그 근거는 "왕당파가 나의 의무"라는 것이었다. 하지만 이렇게 말한 반대파의 의견은 총리 드 쇼아주르 공작, 외무장관 베르젠 백작, 그리고 드 보마르셰와 같은 민중 지도자에 의해 뒤집혔다. 드 보마르셰는 「세비야의 이발사」와 「피가로의 결혼」 같은 유명 희곡의 작가로 "미국에 무기를" 기증하는 대중 모금 운동을 펼쳤으며 동시에 정부에 미국에 대한 원조를 강화하라고 촉구했다.

　1778년 봄부터 미국은 마침내 고립에서 벗어났다. 프랑스 항구 도시인 낭트가 유럽의 미국 보급기지가 되었다. 그 근교에는 해군부가 미국용 대포를 제작하기 위해 특수 주조 공장을 세웠다. 한 부유한 상인은 1778년 7월 한 달 동안에만 군수품을 실은 배 10척을 보스턴에 보냈다. 1782년에 이 상인이 보낸 배는 30척을 웃돌았다. 그리고 사라토가 전투에서 승리했다는 소식은 동맹통상조약의 조인을 촉진시켰다. 루이 16세는 프랭클린을 정중하게 맞았는데, 이 손님은 가발도 검도 착용하지 하지 않고 영국에서 웨더번에게 멸시받았던 수수한 갈색 코트 차림이었다-달콤한 복수를![76] 그리고 프랑스의 조약 체결로 에스파냐와 네덜란드도 참전을 결정했다. 그렇지만 에스파냐는 지브롤터를 탈환하고 싶다는 야심에서 프랑스를 지원했을 뿐이지, 자국의 식민지를 붕괴시킬지 모르는 반역자로 생각되는 무리와 공식적으로 동맹을 맺은 것은 아니었다.

종전을 둘러싼 외교전

프랑스가 육지, 바다 양쪽에서 개입하자 영국의 고민은 깊어지기 시작했으나 전쟁을 빨리 끝내지는 못했다. 1778년 여름, 프랑스 해군 제독 데스테뉴 백작이 함대를 이끌고 미국 연안에 나타났으나 하우 제독을 물리치지는 못했다. 이듬해에는 미국군과 연합하고, 10월에 다시 서배너 공략을 시도했으나 실패로 끝났다. 교착 상태에 빠진 채로 한겨울을 보낸 뒤, 하우 제독과 교대한 헨리 클린턴이 찰스턴을 점령하고 벤저민 링컨이 지휘하는 미국 병력 5,500명을 포로로 잡았다. 1780년 5월에 있었던 이 일은 독립전쟁을 치르는 중에 애국자들이 한 전투에서 입은 최대 손실이었다.

3개월 뒤인 8월 16일 콘월리스 경이 캠던에서 허레이쇼 게이츠 장군이 통솔하는 미국군을 물리쳤다. 클린턴은 콘월리스에게 남방군의 지휘를 맡기고 주요 기지인 뉴욕으로 돌아갔다. 콘월리스는 노스캐롤라이나로 침입했다. 그러나 그의 아군인 독립을 반대하는 국왕 지지자들의 부대는 1780년 10월 7일 킹스마운틴에서 참패했다. 계속해서 1781년 1월 배너스터 탈턴이 이끄는 토리당 군단이 카우펜스에서 대니얼 모건 장군에게 패하여 900명을 잃었다. 콘월리스도 2개월 뒤에 길포드 코트하우스에서 전선을 지키다가 많은 사상자를 냈다. 이런 전투 가운데 결정적인 것은 없었고 그다지 중요하지도 않았다. 하지만 이런 요인들이 쌓여서 결국 영국이 전쟁 지속 의지를 상실하게 만들었다.

그 뒤 전세를 잘못 판단한 콘월리스는 자신의 군대를 연안의 요크타운으로 집결시키고자 했다. 클린턴은 이 작전에 강력 반대했다. 만일 프랑스군이 함선을 집결하여 이 전쟁에서 처음으로 영국 제해권을 빼앗는다면 콘월리스가 지휘하는 부대가 위험에 빠진다는 이유였다. 그런데 이 예상은 그대로 적중했다. 프랑스는 그 무렵 드 로샹보 백작이 지휘하는 5,500 명의 정예 부대를 로드아일랜드 기지에 배치했다. 더욱 중요한 것은 드 배라 백작이 뉴포트에 함대를 주둔하고 있다는 사실이었다.

1781년 여름에는 드 그라스 제독이 서인도제도에서 상비군 함선 20척 과 증원부대 병력 3,000명을 이끌고 급히 북상했다. 제독은 워싱턴군과 드 라파예트 후작이 지휘하는 프랑스군을 체서피크 만에서 제임스 강으로 때 맞춰 이동시켰다. 이리하여 대규모 연합군의 육해군 군세가 콘월리스의 진지 주변에 집결했다. 영국에는 더욱 운 나쁘게 뉴포트에서 드 배라 백작 의 소함대까지 도착했다. 요크타운 부근 수역을 프랑스 함대가 지배하자 뉴욕에서 그레이브스가 파견되어 봉쇄 해제를 위한 작전을 폈으나 실패했 다. 그레이브스는 뉴욕으로 돌아갈 수밖에 없었다. 영국은 대서양 북부에 서는 마침내 바다를 통해 군사력을 증강하기가 불가능해졌다. 이 같은 사 실은 작전 전반에 치명적인 영향을 미쳤다. 병력 8,000명의 콘월리스군은 많은 대포를 갖추고 1만 7,000명에 이르는 미국과 프랑스 연합군을 상대 로 싸웠다. 영국군은 물자 부족에 허덕였으나, 1781년 10월 19일 콘월리 스가 항복한 것은 연합군의 포격을 견뎌낼 수 없었기 때문이었다.

영국은 경험 많은 병사와 총포와 완벽한 제해권을 바탕으로 압도적 우 위 상황에서 전쟁을 시작했으나 병력과 무기 숫자에서 열세에 몰려 제해 권을 프랑스에 뺏기고 싸움은 끝났다. 영국은 아직 뉴욕, 서배너, 찰스턴 등을 지배했으나 요크타운의 참패로 주전파는 타격을 입었다. 1782년 3월 19일 노스 경은 총리에서 물러나 셸번, 폭스, 버그 등의 강화 그룹에 길을 양보했다. 관계자들에게는 다행스럽게 프랑스와 에스파냐에 대한 일련의 승리-에스파냐의 글라스 함대를 괴멸시켜 영국령 서인도제도를 구하고 절대적인 제해권을 회복한 일-덕분에, 자존심을 억누르며 미국의 독립을 받아들인 영국으로는 다소나마 위로가 되었다.

프랭클린은 평화 교섭을 위해 다시 파리에 파견되어 프랑스 대표 베르젠, 영국 대표 토머스 그렌빌과 접촉하기 시작했다. 현명하고 박식한 그렌빌은 "인지세법"을 입안한 그렌빌의 아들로 폭스 파 인물이었다. 프랭클린은 파리 조약 입안자이자 실무자였다. 1782년 7월에 제시한 "4개 조항"이 합의의 기반이었다. 첫째 조건은 미국의 즉각 독립과 영국 군대의 전면 철수, 둘째는 캐나다의 영국령 잔류와 국경선 확정, 셋째는 모든 13개 주 경계에 관한 합의, 그리고 넷째는 뉴펀들랜드 해안의 어업권—최초의 국제적인 어업 협정—이었다.

교섭과 그 배경에서 주목되는 점은, 미국에 대한 영국의 상반된 두 가지 태도, 그리고 그 반대로 미국의 영국에 대한 양면적인 태도였다. 조금 전까지만 해도 영국은 궁지에 몰렸다. 프랑스, 에스파냐, 네덜란드가 미국과 동맹을 맺고 실제로 참전했을 뿐 아니라 무장 중립국 연맹—러시아, 덴마크, 스웨덴—도 영국을 적대시하여 전쟁에 대비했다. 프랭클린은 프랑스 해군부와 협력해 존 폴 존스가 해군, 라파예트가 상륙군을 이끌고 영국 해안에 침공할 계획을 세웠다. 영국군은 전 세계에 널리 흩어져 배치되었다. 프랑스군은 2개 사단 4만 명의 병력이 상륙작전 준비를 마쳤고, 프랑스와 에스파냐 연합 함대 64척이 4,774문의 포를 싣고 상륙군을 호위할 예정이었다. 이에 대해 찰스 하디 경의 해협 함대는 고작 38척에 포 2,963문밖에 없었다. 영국 육군장관 배링턴 경은—유능한 장군은 모두 해외에 나가 있어서—영국에는 누구 한 사람 침공을 저지할 군대를 지휘할 만한 인물이 없다고 말했다. 프랑스와 에스파냐 연합군에 뼈아픈 타격을 입힌 것은 폭풍과 질병이었다. 아마 이 때문에 영불해협을 건너가는 작전은 취소되었을 것이다.

제 2 장 ― 자유의 헌법이 굳게 지켜지기를

267

그 직후 확실하게 극적인 관계 역전의 소문이 나돌았다. 영국이 미합중국 주권을 인정한 다음 두 나라가 연합해서 프랑스와 에스파냐를 공격해 두 나라를 북아메리카에서 완전히 추방한다는 내용이었다. 미국은 이미 그렇게 인식했다-프랑스와 에스파냐는 부실하고 신뢰할 수 없는 동맹국이지만 결국엔 영국은 무역 주요 상대국이며, 영국이 제해권을 장악하는 것이 미국 번영의 전제 조건이었다. 일단 영국이 미국의 독립을 인정하자 양쪽은 논쟁보다는 절충할 일이 더욱 많았다. 따라서 이런 소문-물론 미국인에게서 나온 것은 아니었다-에서 40년 뒤에 출현한 먼로주의의 희미한 근원을 찾아볼 수 있다. 평화회의에서 프랑스는 영국이 미국에 양보할 각오를 굳혔다는 사실에 놀랐고, 베르젠은 다음과 같이 단언했다. "영국은 화해하기보다 평화를 돈으로 샀다. 그 양보는 가능하다고 생각되는 한도를 넘어섰다."

그것은 프랭클린이 노력한 결과였다. 그는 미국에 대해 관대하게 대해주기를 원한다고 영국을 설득했으며, 그 보답으로 프랑스를 저버리고 1782년 11월 30일 평화조약에 서명했다. 퍼시에서 열린 축하 파티에서 프랑스인 초청객과 영국 대표 캘브 화이트포드의 응수가 핵심을 찔렀다. 이 프랑스인이 인사를 나누며 미국의 중요성이 증대해가는 것을 강조하여 "연합한 13개 주는 세계 최대의 제국이 될 것입니다"라고 예언하자, 화이트포드가 대답했다. "그렇게 될 겁니다, 뮤슈. 거기다 미국인은 모두 한 사람도 빠짐없이 영어를 쓸 것입니다." 불사조처럼 전쟁의 불길 속에서 끈질기게 생명을 이어온 저 불가사의한 괴물, 영국과 미국의 특별한 관계는 지금도 우리 곁에 살아 숨 쉬고 있다.[77]

미국혁명의 영향

두 번째로 치른 세계전쟁의 영향은 매우 커서 오랜 동안 후세에 미쳤다. 이것이 그 뒤 미국 역사와 무슨 관계가 있는지를 잠시 전 세계적인 시야로 넓혀 검토해보자. 여러 가지 요소를 고려해보면, 영국은 오랜 전쟁에서 큰 손실을 입지 않고 벗어났다고 말할 수 있었다. 영국민은 정서적으로 전쟁과 관련이 없었고 마음의 상처도 받지 않았다. 휘그당은 물론 수많은 업계가 전쟁에 일관되게 반대했고, 특히 상인은 전쟁이 끝나 대서양 무역이 계속되기를 바랐다.

어쨌든 이 전쟁은 영국의 경기를 부양시켜 경제는 화려하게 1780년대—제1차 산업혁명의 출발점—를 맞이했다. 중상주의는 이 전쟁을 고비로 종말을 고했다. 강압적인 정책을 한결같이 강하게 반대한 애덤 스미스의 학설이 승리를 거뒀다. 1783년 말 윌리엄 피트(소[小] 피트)가 평화로운 시대에 적합한 내각을 조직하자, 스미스는 다우닝 가 10번지(총리 관저)의 손님으로 환영받았고 그의 자유무역주의는 영국 정책에 반영되었다. 영국은 이제 첫 공업 대국이 되려고 했다. 자유 경쟁에 의한 자본주의와 세계 시장이라는 스미스의 학설이 인정받은 것은 미국 농민들과 갓 출현한 제조업들에게도 좋은 뉴스였다.

독립전쟁은 구식 유럽 군주국에는 재난이었다. 에스파냐는 파리 조약(1783)에서 수확이 없었고, 국왕은 재정과 권력이 아울러 약화되었으며, 라틴아메리카의 총독들은 갈수록 더 북아메리카에서 본보기와 영감을 찾았다. 큰 패배를 맛본 쪽은 프랑스였다. 이 나라도 평화 교섭에서 얻은 것이라고는 아무것도 없었다. 전쟁에 10억 리브르나 썼고 유럽 은행가의 신용을 잃었다. 네케르의 예언대로 참전은 프랑스 국가 재정에 돌이킬 수 없는 손실을 가져왔으며, 왕실이 파산한 뒤에는 삼부회 소집, 바스티유 함락, 테러, 공화제, 군사독재, 그리고 20년에 걸친 비참한 전쟁으로 이어졌다. 사재를 던져 미국을 지원한 부유한 귀족들이나 유력한 상인들도 마찬가지로 모든 것을 잃었다. 그들 가운데 몇몇은 악의에 찬 의회에 의해 극빈자 명단에 올라야 했다.

프랑스 지배계급은 공화정이 무익하다는 사실을 경험을 통해 터득했다. 미국에서 전투에 참가한 세귀르 백작은 다음과 같이 말했다. "우리는 깊은 연못을 뒤덮은 꽃 카펫 위를 의기양양하게 걸었다." 하지만 백작은 행운아였다. 최초로 프랑스 군함을 이끌고 미국 연안에 원정을 간 데스테뉴 제독은 단두대에서 처형되었다.[78]

그럭저럭 이제야 연방이 된 13개 주에 전쟁은 끝 모르는 고난과 손실을 남겼다. 하지만 한편으로는 이익이나 뜻밖의 은총도 가져다줬다. 피해를 가장 많이 본 쪽은 긴 눈으로 볼 때 인디언들이었다. 독립선언 무렵에는 85개 부족 20만 명의 인디언들이 미시시피 강 동쪽에 생활하며 본능적으로 중립을 지켰다. 이로쿼이 족의 한 추장은 1775년 3월에 코네티컷 총독에게 이렇게 말했다. "우리는 어느 쪽도 편들고 싶지 않소. …… 오래된 영국, 새로운 영국, 모두를 사랑하오."[79]

하지만 전쟁이 시작되면서 영국과 미국 두 진영은 인디언에게 협력을 구했고 대체로 성공한 쪽은 영국이었다. 과거에 영국이 인디언의 이익을 옹호했고, 인디언 쪽도 미국이 독립하면 백인의 서부 확장이 무제한으로 허용될 것이라는 사실을 직관적으로 파악했기 때문이다. 이리하여 약 1만 3,000명이 영국을 위해 싸웠다. 인디언의 대리인으로서 위대한 존재였던 "6개 부족 명예 추장"인 윌리엄 존슨 경이 1774년 세상을 떠나지 않았다면 원주민과 맺은 동맹은 더욱 성과를 올렸을 것이다. 존슨의 아들인 존과 조카 가이가 그 뒤를 이으며 최선을 기울인 탓에 원주민들도 열심히 전쟁에 참여해서 전체적으로는 승리를 거뒀다는 평가를 받았다. 도리어 그 때문에 1783년 파리 조약 결과에서는 낭패를 봤다. 영국이 인디언들을 버렸기 때문이다. 영국 특사는 나이아가라에서 추장들의 항의를 받았다. "만약 영국이 우리의 나라를 동의도 구하지 않고 의견도 듣지 않은 채 미국인에게 건네줄 것처럼 굴면서 비열하게 배신을 저질러온 게 사실이라면, 그것은 오직 그리스도교도만이 할 수 있는 잔혹하고 정의에 어긋나는 행동이다."[80]

미국인은 이 평화조약을 정복의 권리를 부여하는 보증이라고 해석해 본격적인 자세로 대응하기 시작했다. 1785년 연방 대리인은 델라웨어 족과 와이앤도트 족에게 통고했다. "우리는 정복에 의해 나라를 차지했다. 우리는 베푸는 것은 하지만 받는 것은 하지 않는다."[81] 대평원의 인디언들도 토지를 잃었다. 원래 미시시피 강 유역을 차지한 프랑스에 의해 서부 확장으로부터 보호받았지만, 경계선은 1763년 소멸했다. 그다음으로 영국이 국왕 선언을 내세우며 구원하러 왔지만 그것마저 효력을 잃었다. 이렇게 인디언들은 고립무원의 운명에 빠졌다.

노예에게 미국혁명의 영향은 명암이 엇갈렸다. 전체를 정리하기 위해 13개 주는 작은 차이를 버리고 큰 명분을 취해야만 했다. 이 때문에 노예제도라는 "조직적인 범죄"-신앙부흥운동에서 생겨난 조어-에 관해 갈수록 분란이 커지자 뉴잉글랜드인은 당분간 그것에 대해 눈감아버리지 않을 수 없었다. 이로써 이전부터 노예제도에 심하게 반대한 애덤스조차 이 문제를 언급한 부분을 독립선언에서 생략하자는 데 동의했다. 이것은 노예의 분명한 패배를 의미했다. 헌법 제정 과정에서는 더 나쁜 사태가 벌어졌다. 더욱이 노예 수가 늘고 독립전쟁 동안과 직후에는 그들의 분포 지역이 확산되었다.

우울한 이야기지만 버지니아의 노예 수는 1755년부터 1782년 전쟁 막바지까지 갑절로 늘어났다. 주로 자연 증가와 수명 연장이 원인이었는데, 남부 노예가 건강하고 조금은 쾌적하게 생활한 탓도 있었다. 이 지역의 노예는 아프리카 동포의 2배, 남아메리카의 1.5배나 오래 살았다. 그럼에도 전쟁을 끝낸 남부는 경제적으로 가난해졌다. 군대에 의한 점령, 해군의 공격, 애국주의자와 국왕 지지자의 내란, 인디언 전쟁, 그리고 몇 천 명에 달하는 노예들이 영국군 쪽으로 도망가거나 아니면 자유를 찾아 떠난 결과였다.

적지 않은 수의 남부인이 부를 되찾는 유일한 수단은 노예제도를 한시바삐 부활시키고 확대하는 것이라고 생각했다. 그리고 그대로 실현되었다. 노예 소유주들은 당시 점차 자유로워진 서부 공략에 나서 노예를 이끌고 켄터키, 테네시, 사우스캐롤라이나, 조지아 등에 진출했다. 이처럼 면화산업이 대혁명을 맞이하기 전에 이미 노예제 남부는 팽창하고 있었다. 노예 수요가 늘어나자 아프리카에서 직접 더 많은 노예가 수입되었다. 그 수는 1783년부터 1807년까지 모두 합해 10만 명에 이르렀다.[82]

한편 새로운 자유와 평등의 조류에 촉발되어, 북부인을 중심으로 많은 사람들이 자유를 이제 막 쟁취한 나라에서 인간을 남녀 불문하고 노예로 소유하는 부당한 처사에 대해 새로운 눈으로 바라본 것은 사실이었다. 노예제도 폐지 운동은 일부 주에서는 독립전쟁 이전부터 시작되었다. 1766년 보스턴은 대륙회의 대표에게 "앞으로 노예 수입과 매매를 금지하는 법안을 제출하라"는 훈령을 내렸고, 뉴잉글랜드 이외의 도시가 이에 동조했다. 1771년 금지법이 통과되었으나 허친슨 총독은 서명하지 않았다. 하지만 같은 해 12월 수석대법관 맨스필드 경이 런던에서 내린 유명한 판결에서 노예제도는 "매우 증오스러운" 제도로서 "명확한 법률만이 그 존속을 무효화할 수 있을 뿐 다른 수단은 존재하지 않는다"라고 밝혔다. 이 판결로 영국의 관습법에서 노예제도는 불법으로 간주되었다.

미국에서도 절반이 넘는 식민지가 영국의 관습법을 존중했기 때문에 노예제도 반대가 법령에 확실하게 반영되었다. 따라서 (퀘이커교의 영향 아래 있는) 펜실베이니아가 1773년, 로드아일랜드와 코네티컷이 1774년에 각각 노예무역 금지법을 제정했다. 1774년의 제1차 대륙회의에서 채택된 총칙에는 노예무역에 반대하는 조항이 있어서 가맹주는 "12월 1일 이후에는 어떠한 형태로든 노예를 수입하거나 사서는 안 된다"라고 서약했다. 그 뒤로는 "노예무역을 전면 중지"했고, "스스로 그것에 관계하지 않으며" 또는 "노예무역에 관련된 사람에게 배를 빌려주거나 상품과 제품을 팔거나 해서는 안 되었다." 1786년부터 1801년 사이에 노예해방에 관한 법률이나 해방의 규제를 철폐하는 법률이 5개 주에서 성립되었다. 그 가운데는 켄터키와 테네시 같은 노예주도 있었다. 버지니아는 이에 앞서 1782년에 노예해방을 인정하여 그 직후에 1만 명의 노예가 자유의 몸이 되었다. 메릴랜드는 다음 해 이를 따랐고 1세대 후에는 흑인의 20퍼센트가 자유민이 되었다.

독립전쟁 당시에는 뉴욕과 뉴저지를 제외한 북부의 모든 주들이 고양된 분위기에 완전히 휩싸여 영국의 선례에 따라 노예제도 철폐에 나서기 시작했다. 1780년 펜실베이니아 주가 미국 역사상 최초로 (점진적인) 노예해방법을 제정하자 각 주가 그 뒤를 따랐으며, 남북전쟁을 앞두고는 뉴저지가 마지막을 장식했다. 이 시기에는 예전의 영국처럼 적극적인 법률에 더해 관습법 또한 흑인에게 유리하게 돌아갔다.

1781년 "브롬과 베트대 존 애슐리" 소송이 벌어졌다. 베트라고 불린 엘리자베스 프리먼은 1780년의 매사추세츠 새 헌법의 모든 사람은 "태어나면서 자유와 평등"이라는 구절이 백인과 마찬가지로 흑인에게도 적용된다고 주장했다. 베트가 승소한 판결은 다른 판례에 추가되어 매사추세츠의 노예제도는 종지부를 찍었다. 그리고 정치 투쟁과 전쟁 와중에 영국에서는 새뮤얼 윌버포스와 "클래펌 파"(영국국교회 복음주의 집단으로 노예제도의 폐지 등을 주장-옮긴이)가 조직한 광범위한 노예제도 반대 운동이 시작되어 곧이어 미국을 비롯한 각지로 퍼져나갔다. 이 운동이 최종적으로 노예금지법의 영국 의회 통과를 서두르게 하여 국제적인 노예무역은 1807년에 금지되었다.[83]

분열된 국민

백인에게 끼친 영향도 명암이 엇갈렸다. 대개의 "해방전쟁" 사례가 언제나 그렇듯이 미국 독립전쟁 역시 마찬가지로 참혹한 내전이었다. 오늘날 연구에 따르면 그 당시 미국인은 세 부류로 나뉘었다고 추정한다. 애국주의자가 3분의 1, 국왕 지지자가 3분의 1, 나머지는 관망주의자로서 상황에 따라 어느 한쪽에 가담했다. 하지만 전쟁에 적극 관여하지 않으려는 사람이 국민의 절반을 훨씬 넘게 차지했다고 간주된다. 전투적인 세력 또한 거의 둘(애국주의자와 국왕 지지자)로 갈라졌다. 국왕 지지자는 그 성격상 지도자가 없었으며 해방주의자를 몰아세우는 과격성도 없었다. 영국의 지도력을 기대했지만 성과는 별로 없어서 국왕 지지자는 최대의 피해자가 되었다. 현실적으로 모든 것-직업, 집, 토지, 저축, 때로는 자신의 목숨마저-을 잃었다. 영원히 혈연을 끊은 가족도 있었는데 프랭클린 가의 비극이 대표적인 예였다. 뉴저지 총독을 지낸 프랭클린의 아들 윌리엄은 국왕에게 충성을 지키려 했기 때문에 프랭클린은 유언장에서 아들의 이름을 지우고 다음과 같이 썼다. "전쟁 중에 아들이 나를 거역하고 한 역할은 악평 높다. 나는 유언장에서 아들이 뺏으려고 획책한 땅을 더 이상 주지 않겠다." 윌리엄은 1813년 추방된 몸으로 가난 속에서 세상을 떴다.

또 한 사람의 전형적인 패배자는 필립 리처드 펜딜이었다. 그는 메릴랜드 식민지 찰스 카운티의 웨스턴쇼어 남부에 이주한 펜딜 가의 4대 자손이었다. 영국으로 가는 배에 오르는 그 순간부터 상인으로서 경력, 카운티 사무소 직원의 급료, 포토맥 강 연안의 약 700에이커에 이르는 담배 농장에서 나오는 수입, "아름답고 쾌적한 환경, 강 상류와 하류의 웅장한 조망이 일품인" "벽돌로 지은 장엄한 저택" 등-거의 모든 것-을 포기해야 했다.[84] 이 남자가 그 뒤로 어떤 인생행로를 걸었는지는 알 길이 없었다.

13개 주의 국왕 지지자 대부분은 그 자리에 머물며 여러 가지 생각만 하는 수밖에 달리 방도가 없었다. 당연히 대응은 두 부류로 나뉘었다. 자메이카, 바베이도스, 그레나다 등에서는 현지 의회가 애국주의자에게 공감을 표명했으나 영국 해군이 제해권을 쥐고 있기 때문에 그 이상의 행동은 취할 수 없었다. 버뮤다와 바하마 제도는 겉으로는 국왕을 지지하는 태도를 보였으나 만약 군사 원조를 제공한다면 입장을 바꿀 지도 몰랐다. 플로리다는 에스파냐에 대항하기 위해 영국의 보호가 필요했으므로 국왕을 지지했다. 근래 연구에 따르면 국왕 지지자는 인구 비례로 조지아, 뉴욕, 사우스캐롤라이나 등의 순서대로 많았다. 엄밀하게 말하면 뉴욕은 영국 국왕을 지지하는 주민이 제일 많았는데 다른 식민지나 주에 비해 서너 배에 달했다. 뉴저지와 매사추세츠에도 비교적 많았지만, 로드아일랜드, 노스캐롤라이나, 코네티컷, 펜실베이니아, 뉴햄프셔 등에서는 약간 적었고, 버지니아, 메릴랜드, 델라웨어 등에서는 전혀 늘지 않았다.[85]

영국을 향한 충성심과 미국에 대한 애국심을 선택하는 기준은 출신 민족이나 종교에 따라 어느 정도 결정되었다. 영국인 조상을 가진 사람은 130년 전의 영국내전 때와 마찬가지로 기질에 따라 나뉘었다. 스코틀랜드 고지인은 씨족 결속이 강했고, 넉넉하게 공유지를 공여받아 새롭게 이주한 탓에 열광적인 국왕 지지자였다. 스코틀랜드 저지 출신도 고지인 정도의 열의는 없었으나 역시 국왕 지지자였다. 스코틀랜드계 아일랜드인은 가톨릭이라면 과격한 반영국주의자, 장로교도라면 (이 시점에서도 여전히) 그 반대 입장을 보였다. 네덜란드인은 의견이 나뉘었다. 독일인은 중립적이었고 그 지역에서 우세한 쪽을 지지하는 경향이 강했다. 칼뱅주의자 프랑스인은 애국주의자였다.

종교는 그때나 지금이나 미국에 관한 모든 문제에서 비중이 큰 요소였다. 펜실베이니아의 퀘이커교도는 국왕 쪽에 기울었는데 평화주의 가르침에 따라 무기를 들지는 않았다. 필라델피아에서는 벤저민 프랭클린이 퀘이커교도를 시민 방위군이나 소방대, 구호대에 들어가라고 설득하기 어렵다는 사실을 실감했다. 로마가톨릭 신자는 애국주의자였다. 미국 최초의 사제인 볼티모어의 존 캐럴 신부는 캐나다 가톨릭을 설득하는 사명을 띠고 실제로 캐나다를 방문해 애국주의자를 지원하거나 아니면 적어도 중립은 지키라고 요구했다.

영국국교회는 신앙부흥운동의 영향이 가장 적은 교파로 버지니아를 제외하고는 압도적으로 국왕 지지자였다. 그 가운데서도 뉴욕은 강력한 국왕 지지자들의 최대 거점이었다. 물론 여기에는 뉴욕이 영국군의 주요 기지이며 적지 않은 사람들에게 국왕을 지지하는 직접적인 경제적 동기가 있다는 점이 어느 정도 원인으로 작용했다―여기서도 워싱턴의 "이해관계설"이 다시 고개를 쳐들었다. 보스턴, 뉴포트, 로드아일랜드 등의 일부 지역 또한 마찬가지였다. 뉴욕은 당시 영국국교도의 요새였다. 이곳의 지도적인 영국국교도인 찰스 잉글스는 독립전쟁을 "어떠한 대의도 입에 올릴 수 없는 비겁한 반란으로 어떤 나라들의 이름을 욕되게 한 전쟁 가운데 최악의 것"이라고 말했다.[86]

하지만 영국국교회는 주교와 성직 계급제도 도입에 실패해 세력을 잃고 좌절당한 상태였다. 또한 전체적으로 볼 때 미국이 영국국교회 신앙에서 이탈했다는 사실을 잊지 말아야 한다. 1780년의 조사에 따르면 영국국교회는 406개였다. 장로교가 495개, 회중교회는 최대 749개로 큰 차이를 보였다. 이런 의미에서는 17세기 초 영국국교회의 오만함이 1770년대에 자업자득을 한 셈인데, 제임스 1세가 미국 식민지를 "선동적인 의회의 온상"이라고 부른 것은 그리 틀린 말은 아니었다.[87] 회중교회와 장로교(양쪽 모두 칼뱅주의자)를 같은 부류에 넣으면, 조지 3세가 미국혁명을 "장로교 폭동"이라고 부른 것은 거의 같은 의미였다.[88]

국왕 지지자는 대체로 반란에 대해 효과적인 저항 운동을 펼칠 수가 없었다. 노스캐롤라이나에서는 국왕 지지자인 데이비드 패닝이 한동안 애국주의자 지도자인 토머스 벅 총독에 맞서 효과적으로 게릴라전을 지휘했는데, 서로가 상대편에 대해 테러와 반테러 활동으로 대응했다. 사우스캐롤라이나에서는 공화주의에 물든 과격주의자 "자유의 자식들"에게 고문을 당한 토머스 브라운이 애국주의자에게 보복했다. 또 다른 성공한 국왕 지지자 지도자는 필라델피아의 조지프 갤러웨이였다. 국왕을 지지하는 부대는 조지아와 노스캐롤라이나의 벽지에서 격렬하게 싸웠다. 전투에서는 1,400명의 스코틀랜드 고지인 병사가 피어 곳 일부를 점령했으나 대포로 무장한 애국주의자 민병대에게 뼈아픈 패배를 맛봤다. 또 다른 국왕 지지 부대도 이류 영국인 지휘관 탓에 전투에서 졌다. 다른 국왕 지지자들은 용병과 영국군의 나쁜 행실에 사기가 꺾였다-예를 들어 국왕 지지자들의 거점 가운데 하나인 뉴저지에서는 2,700명이 국왕에 대한 충성 맹세에 서명했으나 군대에 의해 약탈을 당하자 그 이상의 행동을 포기했다. 이 밖에 버지니아의 찰스 린치 대령 같은 애국주의자 테러 활동 지휘관에 의해 침묵을 강요당한 국왕 지지자도 있었다. 린치 대령은 이른바 "린치 행위"를 발안한 인물인데, 그 시대에는 교수형보다 채찍질 39회의 형벌이 보통이었다.

영국의 평화 방침에 국왕 지지자 모두가 배반을 당했다고 생각했다. 국왕 지지 흑인들의 운명은 비참했다. 약 800명의 버지니아 노예가 총독 던모어 경의 노예해방 약속을 믿고 북부로 도망갔다. 그들은 뉴욕에 도착해 영국군 주둔지에 수용된 몇 천 명의 국왕 지지자 편에 가담했다. 1783년 군대가 떠나자 그 흑인들은 버림받았고 절반 이상이 노바스코샤로 도주했다. 거기에서 약 1,000명의 국왕 지지 흑인들이 선박으로 시에라리온으로 실려 갔다. 전에 노예였던 이들을 서아프리카로 송환하는 시도의 제1진이었다. 몇 천 명에 이르는 국왕 지지자들은 영국으로 건너가 보상 청구를 호소할 예정이었다. 최종적으로 3,225건이 런던에서 받아들여져 이 가운데 2,291건의 보상이 이뤄졌다-모든 것을 잃은 사람들의 방대한 숫자에 비하면 참으로 서글픈 결과였다.[89]

국왕 지지자의 디아스포라 영향이 가장 컸던 곳은 캐나다였다. 미국을 등진 국왕 지지자 수는 8만 명에 이르렀다. 영국으로 건너가거나 서인도제도의 영국령 식민지를 목표로 삼은 사람도 있었지만, 대부분은 북부 캐나다로 옮겨가 인구 통계에 급격한 변화를 끼쳤다. 그 이전 북부 캐나다는 주민이 적었고, 남부 캐나다의 프랑스어권 인구가 북부의 영어권 인구를 웃돌았다. 독립전쟁 중에는 영어권, 프랑스어권이 함께 국왕을 지지했는데, 열렬한 국왕 지지자들이 유입되면서 캐나다의 영국 국왕과 연결은 결정적이 되었고 영어권 세력이 우세한 나라로 변모했다. 영국은 미국을 잃었지만 캐나다를 손에 넣었고, 이 사실은 1812년의 전쟁에서 점점 확실해졌다.[90]

국왕 지지자 가운데 압도적 다수는 미국에 머물렀으나 반드시 원래의 지역에 있은 것만은 아니었다. 많은 사람들이 버지니아와 메릴랜드, 노스캐롤라이나, 사우스캐롤라이나, 조지아 등지에서 북부 주, 특히 펜실베이니아와 뉴욕으로 거주를 옮겼다. 서부를 목표로 삼은 사람은 애팔래치아 산맥의 산악 지대, 더 나아가 산을 넘어 테네시, 켄터키, 오하이오 강 유역으로 향했다. 전쟁 결과 순수한 영국인 피를 이어받은 미국인의 인구 비율은 약간 떨어졌다. 하지만 그 이상으로 중요한 사실은 오랜 유형을 깬 새로운 부부가 탄생해 혼혈이 늘고, 다른 민족들이 뒤섞이는 "인종의 도가니" 온도가 높아졌다는 점이었다. 거기에는 이미 다양한 민족과 종교 배경을 지닌 사람들을 완벽한 미국 시민으로 변신시킬 시스템이 작용하고 있었다.

여성들의 독립전쟁

이 전쟁은 진정 모든 것을 바꿔놓은 드라마였으며, 그것은 무엇인가를 도모하거나 가능하게 할 수 있었던 많은 사람들의 몸과 마음에 깊은 후유증을 남겼다. 여성들은 오랫동안 사람들 사이를 갈라놓은 전쟁의 가장 큰 피해자였다. 수많은 여성들이 빈곤의 나락에 떨어졌고, 적어도 몇 년 동안 그 고통을 견뎌내야 했다. 최초 성조기를 만든 베치 로스, 1776년 필라델피아에 있는 남편 존 애덤스 앞으로 보낸 편지에 "여성들을 잊지 마세요"라고 쓴 애버게일 애덤스, 시를 쓴 똑똑한 흑인 소녀 필리스 휘틀리 등의 일화가 오늘날까지 남아 있다.

여성의 관점을 견지한 현대 역사가는 애국주의자를 지원한 여성들의 투쟁을 조명했다. 예를 들면 노스캐롤라이나 식민지 에덴턴에서는 모든 여성들이 미국혁명을 지지하는 성명서에 서명했다―"우리 에덴턴 여성들은 차 마시는 악습을 버리겠으며, 우리 조국을 예속시키는 모든 법률이 폐기될 때까지 영국제 의류를 권하지 않을 것을 엄숙하게 선언합니다."[91]

하지만 이것은 쇼윈도 장식 같은 겉치레였다. 여성들 대부분은 전쟁의 괴로움과 비극을 맛보았다. 형제자매와 자식, 남편을 잃고 가정을 빼앗겼으며, 때로는 가족이 영원히 갈라지는 운명을 겪었다. 차 마시기를 거부한 에덴턴의 여성보다 더 전형적인 것은 사우스캐롤라이나 주 왁스호 정착촌의 이야기가 아닐까. 아내 엘리자베스는 캐릭퍼거스 출신, 남편 앤드루는 캐슬레이 출신으로 두 사람은 1765년에 북아일랜드(얼스터)의 대이주 때 건너왔다. 일가는 3명으로 막내인 앤드루는 아버지의 얼굴을 몰랐다. 이주한 지 얼마 안 되어 죽었기 때문이다. 엘리자베스는 매우 가난한 가운데서 엄격하고 청렴하며 영국을 싫어하게 자식들을 키웠다.

앤드루는 6세 때 운 순간을 기억했다. "울지 마라, 앤드루"라고 어머니가 나무랐다. "다시는 우는 모습을 보여선 안 돼. 우는 건 여자나 하는 짓이야. 남자는 울지 않아." "남자는 무슨 일을 해야 되니, 아가야." "싸워야 돼." 3명의 형제들은 모두 어머니로부터 독립전쟁에 참가하라는 권유를 받았다. 1779년 앤드루가 지원했을 때 겨우 12세였다. 장남인 휴는 16세 때 전사했으며, 앤드루와 둘째 형 로버트는 모두 포로로 잡혀 수용소에 갇혀 있던 중 영국군 장교의 칼에 찔렸다. "머리에 칼을 맞아 두개골 부근에 지울 수 없는 상처가 생겼다. 손가락에도 상처가 남았다."-두 사람이 장교의 부츠 닦기를 거부했기 때문이었다.

앤드루 잭슨은 영국의 잔인성을 일깨워주는 이 상처를 죽을 때까지 몸에 간직하고 다녔다. 형은 상처가 심해 석방되자마자 숨을 거뒀다. 1782년에는 엘리자베스 잭슨이 가설 병원에서 미국군 부상자를 간호하다 감염증에 걸려 세상을 떠났다. 나이 어린 앤드루는 전쟁고아가 되어 혼자 남겨졌다. 앤드루는 엄격한 어머니가 죽음을 맞는 침대에서 남긴 충고를 기억했다. "말싸움은 터무니없더라도 상대하지 말고 될 수 있는 한 피하여라. 그렇지만 남자다움은 늘 지녀야 한단다. 습격당하거나 얻어맞거나 중상을 당해도 절대 재판에 호소해서는 안 된다. 법은 그런 모욕을 치유해주거나 진정한 사나이의 기분을 만족시켜주지 않는단다. 그래도 만약 명예를 회복해야만 한다면 냉정해져라."[92]

워싱턴의 낙향

이런 괴로움과 거기에 동반된 비극을 생각하면 프랑스군의 개입에 감사한 마음이 든다. 전쟁을 끝내는 데 일정한 기여를 했기 때문이다. 그렇지 않았다면 내전은 게릴라전의 양상을 보이며 몇 년이나 더 끌어 영국의 지원을 받는 노예 폭동이나 인디언 습격으로 더욱 악화되었을지 모른다. 1세대가 흐른 뒤 그런 상황이 라틴아메리카에서 실제로 일어났다. 반란군과 에스파냐, 국왕을 지지하는 세력과 반대하는 세력 간의 전투가 몇 십년이나 계속되었고 독재군주제, 군사정권, 군대 폭동과 반란, 그리고 모든 종류의 잔학 행위가 뒤따랐다. 이 라틴아메리카 혁명전쟁의 특징은 그로

인해 빚어진 자주적인 시민사회의 약화와 불안정 그리고 최근까지 군부가 수행하고 있는 정치적 역할을 해명하는 데 도움을 줄 것이다. 미국은 이런 사태는 용케 면했다. 하지만 매우 아슬아슬했다.

전쟁이 시작되어 끝날 때까지 참담한 사건들이 일어났다. 대륙회의는 행정 부문이 취약해서 없는 것이나 다름없었으며 전쟁 관리 기관으로서는 철저하게 무능했다. 제대로 된 통화가 없어서 실제로 급격한 인플레이션 상태에 빠졌다. 워싱턴은 전쟁의 지휘와 관리를 한꺼번에 인수받았다. 만약 그가 없었더라면 독립혁명은 군사적으로나 사회적으로나 좌절했을 것이다. 그럼에도 1777년 말 한때 워싱턴이 경질되고 버고인을 물리친 게이츠가 그 자리에 취임한다는 소문이 있었다. 워싱턴은 이것이 토머스 콘웨이("콘웨이 음모단")를 주동자로 하는 음모로 게이츠도 비밀리에 관련되었다고 의심했다. 하지만 결국은 아무런 일도 일어나지 않았다.

요크타운 전투가 끝난 뒤, 일부 사관들은 대륙회의의 무능과 태만에 따른 육군의 물자 부족에 불만을 품고 워싱턴에게 권력을 장악하라고 압력을 넣었다-라틴아메리카의 독립을 막은 상황과 똑같았다. 아일랜드 태생의 칼뱅주의자인 루이스 니콜라 대령이 워싱턴에게 "왕위에 오를 것"을 촉구하는 편지를 보냈다. 워싱턴은 그 편지에 대해 "불쾌감을 느꼈다"고 썼다. 군의 물자 부족을 인정하면서도 "규약에 따라" 사태를 수습할 예정이라고 말했다.

사실상 전쟁은 끝났는데 많은 장병들이 아직 무장한 상태였고 급료 지불은 늦어졌다. 그런 가운데 1783년 3월 10일 주둔지에서 반란 미수 사건이 발생했다. 주모자는 24세의 존 암스트롱 소령이었다. 그는 뉴버그 성명서를 써서 대륙회의의 대륙군 처우에 항의하고 사관들에게 "참을 수 없는 모욕을 받을 때는 그냥 잠자코 물러나서는 안 된다"는 격문을 돌렸다. 하지만 젊은 장교들만 음모에 가담했다. 이 사건은 "미국 역사상 알려진 유일한 쿠데타 미수 사건"이었다. 워싱턴은 불만을 품은 장병 전원을 소집해 규정된 절차에 따라 어려운 사정을 털어놓으며 설득했다. 장군에게는 사람을 설득하는 특기가 있었다. 그로부터 3개월 뒤인 7월에는 일련의 반란의 마지막을 장식하는 사건이 일어났다. 몇 백 명의 성난 병사들이 대륙회의와 펜실베이니아 행정위원회가 열리고 있는 필라델피아 주의회 의사당을 에워쌌다. 이 반란군은 로버트 하우 장군이 이끄는 정규군 부대가 접근하자 뿔뿔이 흩어졌다.[93]

워싱턴 자신이 신속하게 사령관직에서 떠날 결단을 내리자 최종적으로 독재군주제에 대한 의혹도 이슬처럼 사라졌다. 1783년 12월 23일, 워싱턴은 필라델피아 주의회 의사당에 나타나 대륙회의에 참석했다. 그는 호주머니에서 자필 원고를 꺼내어 주위 사람들이 알아차릴 만큼 떨리는 손으로 펼쳐 들고는 의장인 토머스 미플린을 향해 낭독하기 시작했다. "의장님, 진퇴를 건 대사업이 마침내 이뤄진 지금, 대륙회의에 진심으로 축하의 말을 전하면서 저에게 내리신 신임을 거둬서 여러분 모두의 손에 되돌려드리며, 나랏일에서 은퇴하고자 하는 저의 희망을 허락해주시기 바랍니다. …… 따라서 제가 오랫동안 그 지시를 바탕으로 활동하게 해주신 위대한 대륙회의에 존경의 뜻을 담아 이별의 말씀을 드리며 여기에 저의 임명장을 반납하며 공적 생활의 모든 업무에서 물러나도록 하겠습니다."

워싱턴은 군복 상의에서 임명장을 꺼내고 연설 원고를 접은 다음 두 장의 서류를 미플린 의장에게 건넸다. 워싱턴은 대륙회의 전원과 악수를 나눈 다음 애마를 타고 밤새 달려 다음 날 아침 고향 마운트버넌의 자택에 도착했다.[94]

사회계층의 변화

영국이 떠나고 워싱턴이 마운트버넌에 귀향하자 미국은 어떻게 나라를 다스렸을까? 이 나라는 국왕이 통치하지 않는 점을 애석해하지 않았다. 영국 국왕은 어쨌든 의회정치체제 아래 군주에 불과했다. 18세기 영국은 많은 점에서 절반 정도는 공화국의 특색을 띠었다. 워싱턴 군의 의료 책임자를 지낸 급진주의 의사 벤저민 러시가 독립전쟁 전에 영국을 방문했을 때 일이었다. 상원에서 일하는 직원은 그에게 "오랜 시간" 옥좌에서 멋대로 구는 행동을 허용했다(의회는 휴회 중이었다). 그때 러시는 "어떤 공포심에 사로잡혔다"라고 말했다.[95] 제퍼슨은 다음과 같이 썼다. "미국인은 낡은 옷을 벗어던지고 새 옷을 입듯이 기쁜 마음으로 군주제를 버렸다." 귀족 사회가 아닌 나라에서 군주제는 그만큼 실질적인 의미가 없었다.

하지만 미국에는 일정한 지배계급이 존재했다—버지니아에서는 25명 가운데 1명, 그리고 북부에서는 10명 가운데 1명이 "젠틀맨"이었는데 신분 차이는 그다지 문제가 안 되었다. 버지니아에서는 인구의 8퍼센트가 토지의 3분의 1을 차지했으며 부에 따라 계급이 나뉘었다.[96] 신분의 차이는 일상용어 곳곳에 반영되어 있었다. 워싱턴조차 일반 농민을 "풀 뜯어 먹는 백성"이라고 말했다. 그의 부관 해밀턴은 "생각 없는 민중"라고 불렀다. 존 애덤스는 "인류의 하층민"이라고 말했으며, 요새 사령관 모리스는 일반인을 "도덕심이 없고 이익만 우선시한다"고 생각했다. 하지만 이것은 친구끼리 나누는 이야기에 지나지 않았다. 사실상 미국의 토지 소유자는 모두 상업에 관련되었는데, 그들은 "상업은 젠틀맨의 천직에는 전혀 어울리지 않는다"라는 로크의 말 따위에는 전혀 무관심했다. 뉴욕 주민은 오히려 이 격언을 역으로 받아들여 상인으로서 번영하면 주소록에 "젠틀맨"이라고 자신의 이름을 등록했다. 따라서 상인이라는 이름이나마 올릴라치면 영국에서는 5,000파운드가 드는 데 비해 뉴욕에서는 불과 400파운드면 충분했기 때문에-이것이 그만큼 이주민이 많았던 이유였다-맨해튼에 많은 "젠틀맨"이 찾아들었다.

지방에서는 현금이 부족하고 신용 대출이 어려우며 금융 수단이 발달하지 않아서, 부유한 토지 소유자가 여윳돈이 있으면 빌려줬다-아나폴리스의 찰스 캐럴은 2만 4,000파운드를 이웃에게 융자했다. 이런 제도가 유사 봉건주의 역할을 하면서 가족들을 결속하는 대용물이 되었다. 그 때문에 부자, 특히 메릴랜드나 남부의 대부호는 일가권속을 거느렸다. 영국에는 공작의 영지에 딸린 농민들이 있었으나 미국에는 부호 일가가 있을 뿐이어서 그런 신분 관계는 존재하지 않았다. 백인 사회에는 최상층 귀족도 없고 최하층 주민도 없었다.[97]

여기서 다시 미국의 통치 방안을 결정하는 사람은 이 나라에서 아마 가장 보편적일 특성-변화를 구하는 마음-을 고려하지 않으면 안 되었다. 같은 자리에 오랜 동안 머무는 사람은 적었다. 대부분의 사람들은 상위 계층으로 상승했고, 또한 수많은 사람들이 지리적으로 이동했다. 한 영국인은 이런 현상을 관찰하며 이상하다는 듯이 썼다-미국인은 "자신의 욕망과 변화를 추구하는 정신에 이끌린 채 이동했다. 특정 장소에 집착하지 않고 본능에 따라 떠도는 습관이 몸에 밴 듯했다. 그리고 이미 정착해 사는 곳보다 더 풍요로울 더 멀리 있는 토지를 한없이 꿈꾸게 하는 약점이 있었다."[98] 이런 이동성이 경제적인 원동력 역할을 담당했다-변화를 추구하는 정신은 미국 경제를 급격하게 발전시킨 한 원인이었다. 새롭고 더 기름진 토지가 열매를 맺어 머나먼 변경 지대를 거의 순식간에 경제성장의 거점으로 탄생시켰다. 멈추지 않고 이동함으로써 정주지 사회가 무너졌고, 사회계층과 "존경심"이 사라지면서 평등 관념이 퍼져나갔다.

군대에 현금을 받고 식량을 팔았기 때문에 독립전쟁 동안 농민들의 수입이 늘었다는 증거는 많았다. 소비생활은 한결 사치스러워졌다. 농가 주부는 차는 물론 다기 세트도 구입했고, 상인은 "자가용 마차를 보유했다." 이와 똑같은 현상이—제인 오스틴의 소설을 읽어보면 알 수 있듯이—영국에서도 일어났는데, 미국에서는 변화가 하부 사회경제 계층에서 일기 시작했다. 이에 따라 사치품이 서민에게 확산되는 실상을 한탄하는 도덕가가 미국에서는 영국보다 적었다. 이와는 반대로 미국에서는 열심히 땀 흘려 일하는 사람이라면 누구나 최상품을 손에 넣을 자격이 있으며, 그런 높은 목표는 도덕적으로 합당하며 존경받을 가치가 있다는 생각이 싹텄다. 비단 손수건, 새털 이불, 맞춤 드레스, 부인용 수입 모자—왜 이런 물건들을 가져서는 안 되는가? "많이 가질수록 좋다. 만약 그 대가를 지불할 수만 있다면"이라고 제임스 오티스는 열띠게 말했다. 에버니저 볼드윈은 좀 더 예리하게 동의했다. "여기서는 서민 따윈 없다. 허영과 유행의 틈바구니에서 그 족속은 영원히 사라졌다."[99]

일반인도 최상품을 추구할 권리가 있다는 인식에서 정치에 대한 전면 참가를—마지못해 하는 것이 아니라 열렬히—인정하기까지는 잠시였다. "농민" "독립 자영농" "향사"라는 낱말은 급속하게 자취를 감추고 "시민"이 대신 쓰였다. 프랑스혁명이 이 말을 받아들이기 10년 전의 일이었다. 집단으로서 시민을 가리키는 호칭으로 "퍼블릭"이라는 신조어가 유행할 조짐을 보였다. 고대 로마 정치가 카토는 "퍼블릭에게 좋은 일인지 나쁜 일인지 판단하는 최고의 심판관은 일반 민중이다"라고 썼다. 또한 그는 "모든 농민이 좋은 정부와 나쁜 정부를 구별할 줄 안다"생각했다. 제퍼슨도 동의했다. "문제를 농민과 교수에게 말하면, 농민이 교수보다 더 적절하게 판단을 내리는 일이 많다. 인위적인 규칙에 따라 방향을 그르치는 일이 없기 때문이다."

존 애덤스는 시골 농부의 전형인 험프리 플라우조거라는 인물을 창조하여 신문 지면을 통해 농민의 감각과 지혜를 칭찬했다. 험프리는 "세계의 이른바 위인들과 똑같은 좋은 흙으로 창조"되었다. 그리고 "위인들이 즐겨 입에 올리는 이른바 대중, 군중, 가난뱅이"는 "신과 자연의 불변하는 법에 따라 귀족이나 국왕과 마찬가지로 들이마시는 공기, 사물을 보는 빛, 먹는 음식, 몸에 걸치는 의복의 혜택을 똑같이 누릴 자격이 있다"[100]라고 주장했다. 필요한 것은 농민을 교육시키고 타고난 재치에 지식을 더하는 일이라고 그는 말했다.

교육권을 의식적으로 국가의 최우선 과제로 삼은 것은 미국의 새로운 평등 정신의 커다란 장점이라 할 수 있었다. 미국 식민은 우선 미국, 그다음으로 전 세계에서 "무지한 사람들을 계몽하고, 억압받는 사람들을 해방시키기 위한" 신의 섭리 가운데 하나라고 애덤스는 말했다. 프린스턴 대학교 총장 스태노프 스미스는 "공화주의의 관습"과 교육이 결부되어 도덕을 전반적으로 향상시키고 공중도덕이 사회 풍습이 되는 효과를 거둔다고 믿었다. 에즈라 스타일스는 "선행은 다른 예술과 마찬가지로 가르칠 수 있다"라고 말했다.[101] 젠틀맨을 만드는 것은 교육이지 태생이나 특권이 아니라고 말한 사람은 애덤스였다. 애덤스 본인을 비롯한 미국혁명의 중요 인물들은 젠틀맨의 제1세대로 책을 읽고 거기서 배운 것을 활용하는 능력과 숙련된 문장력을 통해 탄생했다-애덤스의 사촌 샘, 제퍼슨, 러시, 존 마셜, 제임스 매디슨, 데이비드 램지, 존 제이, 제임스 윌슨, 벤저민 프랭클린 등이 그런 인물들이었다. 애덤스의 아버지는 "소박한 농민"이었는데 애덤스 본인은 하버드 대학교를 나와 젠틀맨이 되었다.

사회적으로 더 상류층 출신이지만 제퍼슨은 일가 가운데 처음으로 대학에 들어갔다. 궁극적으로 모두가 그럴 수 있었다면 미국은 취미, 예술, 예절, 특히 도덕 면에서 진정한 공화국으로 변모했을 것이다. 교육이 공화정 체제를 형성하고, 평화적인 발전을 목표로 하는 새로운 연방에 민주적인 내용을 부여해줄 터였다. 1830년대에 매콜리가 영국에서는 민주주의의 출발을 앞두고 교육계가 서로 경쟁하며 교화에 힘썼다고 말했다. 하지만 미국 엘리트들이 그 반세기 전에 이미 문제의 핵심을 짚었던 사실-아울러 거기에 대응했던 사실-은 기억할 만하다.

해밀턴의 헌법 구상

이 기간에 공화정 체제의 재편이 긴급 과제로 떠올랐다. 전시 조직은 그 자리에서 그때그때 결정하여 집행하는 형태로 순차적으로 구성되었으나 누가 보더라도 제 기능을 충분히 발휘하지 못했다. 합중국의 처음 발상은 주권을 가진 주들이 연합하여 포괄적인 국가를 만들고, 각 주가 일정한 사안에 대해 나라에 권한을 위임하는 형태였다. 국민은 주 입법부를 선출하는 일 이외의 과정에는 참가하지 않았다. 여기서 파악해둘 중요한 점은 제1차 미국혁명은 군사와 정치 혁명으로 대륙회의에 의한 연합정부라는 임시적인 형태를 만들어냈다는 사실이다. 그리고 계속된 제2차 혁명은 헌법을 둘러싼 문제로서 미합중국 헌법을 제정해냈다는 사실이다. 이 제2차 혁명은 독립전쟁 중에 시작되어 필요에 따라-영국의 오랜 전통에 따라-차근차근 발전했다.

1777년 10월 대륙회의는 문제에 대처하기 위해 전문가를 소집해 육군부, 재무부, 해군부의 창설을 결정했다. 이것이 행정 정부의 시작이었다. 다음으로 주 법원에서 해사법원을 분리하기 위한 법정 개설의 필요에 따라 연방 법원이 탄생하게 되었다. 1779년 9월에는 미국 시민권이라는 의식이 생겨났다. 군대 보급품이 바닥나자 군비 부담을 꺼리는 비협조적인 주에 대륙회의가 지불을 강제하는 권한을 인정하자는 첫 제안이 나왔다- 이 방침에 따라 마침내 링컨 대통령이 합법적으로 연방을 움직이는 것이 가능해졌다.

　가장 큰 추진력은 재정 부문의 요구였다. 급한 불을 끄기 위해 임시로 만든 통화제도가 전쟁 때문에 붕괴하면서 인플레이션에 가속도가 붙기 시작했다. 라틴아메리카에서는 다음 시대에도 전쟁이 계속되어 젊은이들에게 통화 파동의 피해를 입혔으며 에스파냐어권 공화국들의 성숙을 늦췄다. 이미 학문과 재정 "활동"의 중심으로 두각을 나타낸 뉴욕 일파는 미국에서 이런 문제가 발생하는 것을 허락하지 않기로 결심했다. 버지니아 모리스, 필립 스카일러, 알렉산더 해밀턴, 제임스 두에인 등이 결속하여 훗날 "연방주의자 해결안"이라고 부르는 정책, 즉 정화를 담보로 하는 강력한 정부를 제안했다. 정부가 계획적으로 시스템을 만들어 운영하는 은행제도를 창설하여 공채를 관리하고 재정 운용을 원활하게 하여 경제 발전과 급속한 성장을 도모하고자 했다. 해밀턴은 그 발상을 영국과 애덤 스미스에 기원을 두고 확신에 차서 발전시켰다. 그는 1781년에서 1782년 사이에 출간된 『대륙주의자의 편지(Continentalist Letters)』에서 처음으로 이 구상을 밝혔다.[102]

　이것은 헌법 논쟁의 발단이었다. 이 논쟁에 불을 붙인 해밀턴은 어떤 인물이었을까? 그는 1755년 서인도제도의 작은 섬인 네비스에서 태어났다. 양자로 들어간 조상이 없었다면 미국인이 될 수 없었고 아울러 대통령에 오르지 못했으리란 사실을 기억해두어야 할 것이다. 애초에 해밀턴은 몇 가지 점에서 미합중국 헌법 제정에 관여한 사람들 가운데서 누구보다 대통령직에 적합한 인물이었다. 어떤 의미에서 자립심 강한 사람이라는 미국 신화의 전형적인 인물이었다. 그는 사생아로 태어나 비정한 아버지에게 버림받고 13세 때 어머니를 여읜 고아였다. 그 뒤에 친구와 친척의 도움으로 뉴욕에 건너가 17세에 킹스 칼리지(지금의 컬럼비아 대학교)에 입학했다. 좋은 성적을 거둬 정치, 역사, 헌법, 사법 등의 지식을 널리 익혔고, 같은 세대 법률가 가운데 가장 유능한 변호사로 이름을 날렸다. 그리고 얼마 안 있어 혁명운동의 와중에 웅변가로 등장하여 페인이나 프랭클린을 능가했다. 또한 그 시대에 누구도 따를 수 없는 속필의 재능을 살려서 팸플릿을 여러 권 잇따라 출간했다.

독립전쟁 당시에는 육군에 입대하여 포병대에 배속되었고 곧 포술에 숙달해 대위로 진급했다. 실전에 두 번 참가해 총사령관 워싱턴의 주목을 받아 그의 부관이 되면서 5년 동안 가장 뛰어나고 가까운 참모로 워싱턴을 보좌했다. 해밀턴에게 워싱턴은 영웅적 존재였고, 해밀턴 본인의 말에 따르면 "뒷 방패"이기도 했다. 한편 워싱턴에게 해밀턴은 대륙군에서 가장 유능한 고급 장교이자 참모로서 매우 어려운 임무도 훌륭히 신속하게 처리하는 신뢰할 만한 인재, 아이디어가 풍부하고 실수를 두려워하지 않으며 절대 충성을 바치는 사람이었다.

해밀턴은 워싱턴 부관을 그만둔 뒤 요크타운 요새 공격전의 지휘를 맡았다(콘월리스가 항복한 원인이 바로 대포였다). 해밀턴은 분명 미합중국 헌법 제정 멤버 중 누구보다 숱한 군사작전을 경험했다. 그럼에도 전형적인 미국인 또는 특별한 미국인으로 보이지 않았다. 아마 영국 하원이나 1780년대의 피트 내각에 있는 편이 본인 성격에는 맞았을지 모른다. 왕권 같은 것에는 두려움을 갖지 않았다. 만약 그것이 효과가 좋다면 그것을 사용한다는 자세였다. 영국식 경험주의자, 실리주의자로서 본능적으로 언제나 영국에서는 어떠했는지 사례를 조사하고, 나머지 사정이 같다면 미국이 그 선례를 따르는 것이 더 현명하지 않을까 검토했다. 로크보다는 홉스의 영향을 많이 받았다. 홉스는 사회란 본질적으로 혼돈으로 가득하며, "사람들이 경외하는" 강력한 리바이어던과 같은 존재(인물이나 조직)가 필요하다고 주장했다.[103] 1780년 해밀턴은 엘리자베스 스카일러와 결혼했다. 장인은 소장으로 허드슨밸리의 대지주였다. 해밀턴은 제대 후 뉴욕에서 변호사로 성공했다. 1782년부터 1783년까지 연합회의 대표가 되어 강력한 중앙집권 정부를 요구하는 진영의 최전선에 섰다.

해밀턴의 동지이자 재무감독관인 로버트 모리스가 정부 내부에서 개혁을 서둘렀다. 1781년부터 1782년까지 모리스는 세입 증대와 안정 통화의 도입을 목표로 하는 재건 계획을 제안하고 외부 지원을 얻기 위해 대륙회의와 실업계, 군대까지 찾아다녔다. 모리스와 해밀턴은 서부 확장을 가로막은 영국이라는 걸림돌이 완전히 제거된 지금이야말로 서부 개척을 열망하는 농민들에게 토지를 매각해 이른바 일반정부(general government), 즉 연방정부의 자금을 조달할 수 있다는 사실을 깨달았다. 하지만 그러기 위해서는 각 주가 서부의 토지를 연방의 중앙집권적인 관리 기구에 위임할 필요가 있었다. 독립전쟁이 시작되기 전까지는 서부 지역에 대한 각 주의 권리 주장에는 제한이 없었다. 하지만 1780년 모든 주들은 서부의 모든 영토에 "식민을 행하고 개별 공화정 주를 건설할 것과, 그들 주는 연합회의에 가맹하고 다른 주와 마찬가지로 자주권, 자유, 독립의 권리를 가질 것"이라는 원칙에 동의했다.

매디슨의 역할

1783년 파리 조약으로 합중국의 판도는 두 배로 늘어났으며 대서양 쪽의 모든 주들을 포함해 서부 지역이 새 영토로 편입되었다. 하지만 신설되는 각 주의 면적, 수, 경계선을 확정짓지 않으면 안 되었고, 그것을 연방에 편입하는 법적 절차도 필요했다. 이를 위해 연합회의에서 제퍼슨을 의장으로 선출해 설립된 위원회는 1784년 서부 영토를 14개 주—아세니시피아, 체르네수스, 메트로포타미아, 미오시가니아, 워싱턴 등—로 분할한다고 발표했다. 연합회의는 이 이상한 이름을 싫어하고 받아들이지 않았다. 하지만 1784년에는 조례에 따라 서부 각지에서 (연합회의가 관리하는) 준주정부가 설치된 뒤에, 준주의 자유민 인구가 기존 13개 주 가운데 가장 인구가 적은 주와 같은 숫자에 이르면, 그 시점에서 주 지위를 획득할 수 있다고 규정했다. 이것은 기존의 각 주가 정식으로 서부 지역의 보유 청구권을 연합정부에 양도한 뒤 처음으로 실행에 옮겨졌다.

1785년에 연합회의는 "공유지 조례"를 제정하고 소유지 측량과 매각 방법을 정했다. 마지막으로 1787년 "북서부 조례"에서 북서부 지역에 대해 다루며 주 창설에 관한 절차를 상세하게 밝혔다. 그 내용은 다음과 같았다. 우선 첫 단계로 연합회의가 준주의 지사, 장관, 판사를 임명했다. 둘째 단계는 그 지역의 남자 자유민이 5,000명에 이르렀을 때 시행되었다. 준주는 의원을 뽑아 의회를 조직했고 연합회의가 행정위원회를 선정하기 위한 후보자 명부를 작성했다. 단 연합회의는 준주의 입법에 거부권을 행사하고 지사를 임명할 수 있었다. 셋째 단계는 자유민 인구가 6만 명을 넘길 때였다. 이때 준주는 주 승격을 신청할 수 있었다.

이 조례와 법은 "연합규약"을 바탕으로 가결된 최후의 법령이었는데,

서부의 신개척지를 소유하고 정착한 이들보다 동부의 정치가나 토지 투자 회사에 권한을 위임한다-중앙집권적이고 민주적이지 않다-는 이유로 많은 사람들이 이 조례에 반대했다. 이 예상은 그대로 적중했다. 하지만 해밀턴이 간파했듯이 서부 지역 토지를 둘러싼 모든 문제가 필연적으로 연합정부의 권한을 강화하는 경향이 있었다. 지금까지의 모든 주와 똑같이 광활한-더 넓다는 사실이 밝혀졌다-영토에 대한 직접적인 권한을 쥐고, 그것을 제국처럼 통치하며, 구분된 토지를 정착민에게 매각하여 재정을 지원할 수 있었기 때문이었다. 그것은 지리적인 사실이기에 시간이 지남에 따라 중앙정부의 세력이 커지는 것은 불가피했다. 따라서 모든 주들은 서부 지역의 보유 청구권을 포기하고 연합정부에 넘겼으며, 주의 주권에 관한 지위를 양도했다.

하지만 잠시 동안 각 주는 논리적으로는 중앙정부에 속하는 모든 종류의 주권 행위를 행사했다-대외 조약과 연방의 법률을 침해하고, 인디언과 싸우며, 독자적으로 해군을 만들고, 때로는 연합회의에 대표를 파견하지 않았다. 각 주는 서로 간의 통상에 과세하는 한편 연합정부에 약속한 분담금을 지불하지 않았다. 이것은 당연히 국고의 재정 파탄과 폭주하는 인플레이션의 원인이 되었다. 모두의 의견이 일치했다-이런 식으로 일이 계속되어서는 안 된다고.[104]

이 시기에 또 다른 건국의 아버지가 어둠에서 눈부신 빛을 발하며 나타나 전국에 이름을 떨쳤다. 제임스 매디슨(1751~1836)은 1751년 버지니아의 꽤 부유한 농장주 가정에서 태어났다. 그는 아버지의 방침에 따라 개인 교수 밑에서 교육받은 뒤 1771년 프린스턴 대학교에 들어갔다. 에런 버(1756~1836)와 2명의 신진 작가 휴 헨리 브래큰리지(1748~1816), 필립 프리노(1752~1832)가 대학 동문이었다. 프리노는 주목할 작품인 「미국의 영광에 바치는 시」를 발표했다. 이 작품은 동시대 교양 있는 엘리트들의 생각을 반영했다. 이 무렵 문화 주도권은 서서히 유럽에서 미국으로 서쪽을 향해 옮겨오는 중이었고, 미국은 "높은 수준의 창조와 어떤 잔혹한 시대의 흐름도 파괴할 수 없는 놀라운 예술의 …… 최종 단계의" 극장으로 등장할 참이었다. 실제로 프리노는 "미국혁명의 시인"[105]으로 불리는 경우가 많았는데 이는 당연한 평가였다. 그리고 매디슨도 마찬가지로 "미국혁명의 헌법학자"라고 말할 수 있었다. 그는 미합중국이 매우 효율적인 정부 조직을 확립하는 일에서 제퍼슨과 해밀턴 이상으로 노력을 기울였다.

매디슨은 프랜시스 베이컨의 유명한 에세이 『명예와 명성(Of Honor and Reputation)』을 읽었다. 이 책은 "다양한 종류의 명성과 명예"의 서열을 논하고 그 정점에 "로물루스, 키루스, 시저라는 국가나 연방의 창설자"를 올려놓았다. 존 퀸시 애덤스는 그로부터 2, 3년 뒤에 다음과 같이 썼다. 이 선택된 무리 가운데 한 사람으로 "고대의 위대한 입법자들이 살고 싶어할 시대에 세상에 태어난" 것은 행운이었다고. "인류 가운데 자신의 세대와 자손을 위해−공기나 대지나 기후를 선택하는 것보다 중요한 −정치체제를 선정할 기회를 누릴 수 있었던 사람이 도대체 얼마나 될까? 예나 지금이나 300만 명에 이르는 사람이 모든 권력과 공평한 기회를 누리고, 사람의 지혜가 미치는 한 가장 뛰어나고 적절한 정부를 조직하고 확립한 시대가 있었던가?"[106]

매디슨도 기쁨을 털어놓았다. "우리나라에 영광의 순간이며, 과거 어느 시대보다 사람들이 늘어나고 생활이 윤택해졌다."−이에 더해 헌법 기초안을 마련할 특권을 부여받은 것은 "리쿠르고스가 스파르타에 가져다준 것과 같은 불후의 명성을 꾀할 절호의 기회이다."[107]

매디슨은 몸이 약하고 체격이 빈약해 군대에 갈 수 없었다. 1776년 버지니아 식민지 의회 의원에 선출되어 새로운 주 헌법의 기초를 만드는 작업에 참가해 미국 헌법의 문장 다듬는 일에 첫 공헌을 했다. 그는 "종교에 관한 관용"을 적극적인 의미로 바꿔서 "신앙의 자유"—중대한 개정으로 파급 효과가 컸다—로 바꾸자고 제안했다. 이해에 주 행정위원회의 일원으로서 제퍼슨을 처음으로 만나 평생 친구의 인연을 맺고 제퍼슨이 죽기까지 편지를 주고받았다. 그 가운데 1,250통의 편지가 지금까지 남아 있다. 이는 역사상 가장 뛰어난 편지 왕래로서 두 사람의 지도적 정치가가 잇따라 쓴 유례없이 중요한 내용들을 담고 있었다. 그 반세기 동안 역사가 어떻게 만들어졌는지에 관해 이 편지들을 정리한 두툼한 서간집 3권을 읽는 것 이상으로 즐거운 공부법은 아마 없을 것이다.[108] 이 두 위인의 공적을 평가할 경우 서로 상대방의 생애에 끼친 영향의 정도를 고려해야만 할 것이다.

헌법제정회의

미합중국 헌법 제정은 다음과 같이 진행되었다. 모리스와 해밀턴의 연합회의의 개혁, 특히 재정 재건의 노력은 기본적으로 아무 결실을 거두지 못했다. 매디슨이 문제 해결에 나서서 3개조의 개혁안을 제출했다. 이것은 어떤 의미에서 모리스-해밀턴 안보다 온건했는데, 처음으로 보통선거 개념을 도입했다(주 인구 가운데 노예는 1인당 백인의 3분의 2의 비율로 계산했다—최종적으로 이 방식이 채택되었다). 당시는 이 안 또한 이렇다 할 결과는 내지 못했다.

그 뒤, 역사적으로 대사건에서 흔히 그러하듯이, 전혀 생각하지 못한 우연이 개입했다. 버지니아와 메릴랜드가 포토맥 강의 운항을 둘러싸고 다툼을 벌이며 서로 합법적인 관리권을 주장했다. 이 혼란을 틈타 수입업자가 관세를 내지 않는 바람에 1783년 말, 사태는 위기에 빠졌다. 버지니아 정부에서 주 내부 문제를 담당한 매디슨은 버지니아와 메릴랜드 두 주에 교섭위원 선정을 제안했다. 타고난 중재자인 워싱턴은 1785년 3월 25일 이 교섭단을 마운틴버넌에서 기쁘게 맞았다. 의제는 위임받은 범위를 훨씬 뛰어넘어서, 두 주의 운항권과 해군을 둘러싼 대립뿐 아니라 관세, 통화, 채권 규제 등 많은 과제가 해결되었다.

회의에서 큰 성과를 올렸기 때문에 펜실베이니아 주도 포토맥 강 문제에 끌어들일 수 있었다. 매디슨은 능수능란하게 연합회의의 관심사에 대한 합의를 이끌어냈으며 참여한 모든 주를 만족시켰다. 다음으로 버지니아가 모든 주를 대표해서 "공통의 이해와 영속적인 협조를 위해 필요한 통상 정책"을 토론하는 회의 개최를 제안하고 이를 실현시켰다. 이 회의는 1786년 9월 아나폴리스에서 사흘 동안 열렸는데, 실제로 대표를 파견한 곳은 5개 주뿐이었다. 하지만 중요한 준비 작업과 로비 활동의 기회가 되어 매디슨은 해밀턴과 친분을 쌓고 앞으로 운동 방향에 대해 같이 지혜를 모을 수 있었다.

매디슨은 신중하고 사려 깊은 인물이었으나, 해밀턴은 물불을 안 가리는 대단한 모험가였다. 해밀턴은 경제 문제에만 초점을 맞춘 매디슨의 연방체제 개혁안을 광범위하게 확장하여, 1787년 5월 "연방정부 체제가 국가적인 중대사에 대처할 수 있으려면 어떤 법규를 보강하면 좋을지 검토하기 위해" 각 주 대표를 필라델피아에 소집했다. 의제는 어떤 제한도 두지 않았다.

해밀턴이 연방체제 재편에 탄력을 불어넣었다면, 필라델피아 회의에 버지니아 안을 제출하여 논의 기조를 설정한 것은 매디슨이었다. 이 안의 새롭고 그리고 기본적으로 중요한 점은, 통일국가 정부는 (각 주의 중재를 배제하고) 국민을 직접 관장해야 하며, 동시에 정부는 (각 주가 아닌) 국민에게서 직접 권력을 부여받지 않으면 안 된다고 규정한 점이었다. 바꿔 말하면, 주권을 가진 국민이-"우리 합중국 국민은……"이라는 엄숙한 대목은 매디슨이 만들었다-연방정부와 각 주에 권력을 위임하고, 그것을 바탕으로 국가는 자체 활동 영역에서 독자적인 권력을 행사하고 더불어 각 주의 활동도 규제했다. 이것은 독립선언 이후 매우 중요한 헌법상의 변혁이라고 할 수 있었다. 매디슨은 연방은 주 법률에 거부권을 가지고 주정부의 권력은 제한적으로 행사되도록 하자고 제안했으나, 이것은 예전 국왕 거부권의 냄새가 물씬 풍겨 거부당했다.

하지만 그 원리는 받아들여졌으며, 연방 헌법에 따라 각 주의 권한이 제한되는 것은 연방제도의 기본 구조로서 오늘날도 인정받고 있다. 매디슨 안에서 그러한 힘은 연방정부가 국민 투표에 의해 직접 권력을 위임받음으로써 합법화되도록 했다. 주 권한을 제한한다는 부정적인 측면보다 긍정적인 측면이 더 중요한 의미를 갖고 있었다. "주정부만이 연방정부에 권력을 위임하고, 또한 그것을 전면 해제할 수 있다"는 계속된 (존 C. 칼훈을 비롯한) 주권옹호주의자의 논의 기반을 없앴기 때문이다. 그렇지만 국민 또한 권한을 위임했다. 링컨 대통령이 훗날 연방의 일체성을 수호하기 위해 싸울 때, 도덕적·법률적 논거를 제시할 수 있었던 기반이 바로 이것이었다. 이 모두가 매디슨의 업적이었다.[109]

회의는 필라델피아에서 다시 열려 4개월간 계속된 뒤, 1787년 9월 17일 눈부신 성과를 거두고 해산했다. 모든 주가 그때까지 주 헌법의 제정과 수정을 마쳤다. 회의에 참석한 대표 대다수가 이 문제에 관한 전문가였다는 사실이 회의를 성공적으로 마감하는 데 큰 도움이 되었다. 참석자 가운데 42명이 대륙회의나 연합회의의 대표를 경험했다. 절반은 대농장주, 토지 소유자, 또는 상인이었다. 군 관계자도 많았으며 대학 출신자도 26명-프린스턴 대학교만 9명-이나 있었으나, 아마 가장 중요한 그룹은 법률가였을 것이다. 헌법의 중요성과 가치를 지적한 인물은 해밀턴으로서 당시는 물론 그 뒤에도 일련의 신문 평론 모음집인 『연방주의자(Federalist)』에서 한 편(제35편)을 할애해 이를 강조했다.

헌법 제정에 나선 사람들은 모두 사적인 이익과 공동체의 이익, 즉 공화주의 이상-공공선-을 구별했다. 회의 의장을 맡은 워싱턴은 현명하게도 자신의 활동 범위를 질서와 예절 유지에 국한시켰는데, 대부분의 사람들은 각자 개인의 이익에 따라 움직인다는 자신의 견해를 고수하며 이렇게 말했다. 보통 사람들에게 "개인의 이익 이외의 원리에 따르도록 기대하는 것은 여태껏 전례가 없는 것을 희망하는 일로서 유감스럽지만 앞으로도 그런 일은 없을 것이다. …… 그런데다 공평무사의 원칙에 따라 행동하는 사람은, 비율로 말하자면 망망대해의 물 한 방울에 지나지 않을 것이다." 해밀턴은 그것을 "그대로" 인정하면서 그럼에도 사회에는 "지적인 직업"의 하나로서 사욕에 사로잡히지 않는 계층-법률가-이 있다고 말했다. 농민, 농장주, 상인과 달리 법률가는 옹호하거나 추진할 경제적 기득권이 없으며, 따라서 자연의 이치에 따라 그들은 엘리트 지배층을 형성해 마땅히 공무의 기반이 된다고 했다.

매디슨은 각 주는 지역의 이익을 대표하고 연방정부와 의회는 국가 또는 공공의 이익을 대표함으로써 지역과 국가의 관계를 조정할 수 있다고 주장하면서(『연방주의자』 제10편에서도 이 주장이 반복된다) 이 견해를 뒷받침했다. 해밀턴은 주의회에서는 농장주, 상인, 그 밖의 이익단체가 우세한 것은 당연하고 올바른 일이지만, 연방의회에서는 법률가가 우위를 점한다고 결론을 내렸다. 1780년대까지 미국 지배계층 엘리트들은 새 헌법에 따라 젠틀맨이 통치하는 것을 목표로 삼았지만, 실제로 만들어진 것은 법률가에 의한 통치-법치주의 정치-였다.[110]

회의에서는 매우 다양한 의견이 나왔다. 영국 등 유럽 국가에 가까운 중앙집권을 꾀한 과격한 연방주의자들-뉴욕의 거버너 모리스, 펜실베이니아의 제임스 윌슨, 매사추세츠의 루퍼스 킹, 사우스캐롤라이나의 찰스 핑크니-을 비롯해 메릴랜드의 루서 마틴 같은 극단적인 주권력옹호주의자도 참가했다. 서로 대립하는 이 두 그룹 덕분에 해밀턴(연방주의자)이나 (제퍼슨에 가까운) 매디슨은 온건하다고 여겨져 영향력이 강화되었다.

하지만 회의 분위기는 내내 전향적이고 건설적이며 사리를 분명히 했다. 헌법 서명을 거부한 엘브리지 게리나 에드먼드 랜돌프 같은 반대파 인물조차 심의를 방해하지 않고 오히려 협조적이었다. 참으로 분별력 있고 공상가가 아닌 사람들이 한곳에 모여, 영국에서 건네받은 천 년에 걸친 정치 전통을 근거 삼아, 실용주의 정신에 입각해 실무를 처리했다. 언제나 타협과 양보의 정신을 중요시한 것은 바로 그 전통이었다.[111]

세 가지 타협안

회의는 신속하게 진행되었다. 실무에 참가한 사람들은 가능한 한 서둘러 연방의 권리에 합법성을 부여해야 된다고 생각했다. 그전 해 가을, 빚에 허덕이던 농민들이 일으킨 대폭동이 매사추세츠 농촌 지대로 확산되었다. 폭도 대부분은 독립전쟁에 참전한 대륙군 소속 예비역들로서 보잘것없는 무기로나마 단단히 무장했다. 폭동 지휘는 대니얼 셰이즈(1747~1825)

가 맡았다. 그는 파산한 농민으로 원래는 대륙군 대위였다. 폭도들은 9월에 집결해서 주 최고법원의 개정을 실력으로 막았다. 셰이즈는 1월에 1,200명의 농민들을 이끌고 스프링필드의 연방 병기창고로 가서 쇠스랑을 머스킷 총으로 바꾸고 대포를 뺏으려고 했다. 폭도들은 쫓겨서 흩어졌는데, 1787년 2월 필라델피아 회의가 열리기 직전에도 여전히 많은 사람들이 쫓겨 다녔다.

셰이즈의 폭동은 최종적으로는 매사추세츠 주의회에 직접세 부과를 취소시키고 법정 비용의 인하를 비롯한 재정적 양보를 얻어내는 성과를 올렸다. 하지만 이 폭동으로 필라델피아 회의 참석자들은 연합회의가 이대로는 대규모 내전에서 연방이나 주를 보호하는 데 무력하다는 사실을 뼈저리게 실감했고, 매사추세츠 의회의 굴욕적인 양보가 보여주듯이 중앙 권력이 미약하면 주정부 주권 또한 제한받는다고 생각했다. 이리하여 연방 헌법을 작성하여 채택하자는 쪽으로 대세가 기울었다.[112]

본격 논의는 이제부터 시작이었다. 투표 분석 결과에 따르면 일관되게 타협의 역학이 작동했다-560회에 걸친 찬반 투표에서 언제나 패자 쪽에 선 주는 없었고, 때때로 승자와 손잡았다. 대략 봐서 버지니아 안이 채택되었다. 이 점에서 매디슨은 미합중국 헌법의 기초자로 불릴 수 있었다. 중앙 권력을 약화시킨 뉴저지 안은 받아들여지지 않았다. 한편 해밀턴이 이끄는 연방주의자는 유럽식의 강력한 중앙집권 정부를 제안했으나 실질적인 진전은 없었다. 많은 타협안이 나온 가운데 특히 중요한 것은 세 가지였다. 7월 초에 의회제도에 관해 이른바 "코네티컷 타협안"이 채택되었다. 이 안에 따르면, 지역 주민의 직접선거로 하원의원을 선출하며 하원에서는 재정 관련 법안을 주로 검토했다. 한편 상원에서는 주의회가 선출한 각 주 2명씩의 주 대표가 외교 정책 등을 다룬다는 내용이었다.

8월로 접어들자 대표들은 노예제도라는 어려운 문제로 눈을 돌려 두 번째의 큰 타협을 시도했다. 토론은 난해하다고는 할 수 없지만 매우 복잡했다. 참석자 가운데 가장 많은 노예를 소유한 조지 메이슨이 노예제도, 특히 노예무역을 공격했기 때문이다. 제1조 제9절에서는 1808년 1월 1일부터 의회에 노예무역을 규제 또는 금지하는 권한이 인정되었다. 노예제도 자체에 대해서는 북부인은 타협할 의향이 있었다. 달리 방법이 없다는 사실을 알았기 때문이다. 사실 노예제도를 연구한 한 역사가가 말했듯이 "노예제도를 어떻게 해서든 인정하지 않았다면, [미국에서] 18세기에 통일국가 정부를 확립하는 일은 도저히 불가능했을 것이다."[113]

회의는 세 가지 점에서 타결을 보았다. 우선 노예제도에 관해 비난을 일절 피할 것. 둘째로 매디슨이 주장한 5분의 3 규정을 채용해 노예제도를 시행 중인 주가 노예 1인당 자유민 5분의 3의 비율로 투표자로서 가산하는 것을 인정할 것(물론 여기에는 한편으로 노예의 투표 자체를 일절 거부한다는 교묘한 속임수가 포함되어 있었다). 셋째로 "노예"나 "노예제도" 등의 말을 의도적으로 문서에서 배제할 것. 매디슨 본인은 "인간을 자산으로 할 수 있는 사상을 헌법으로 인정하는 것은" 잘못이라고 (8월 25일에) 말했다.[114]

9월 초에 이뤄진 세 번째 타협은 긴 안목으로 보면 아마 가장 중요한 것일 텐데, 실은 대통령 선거 문제와 관련이 있었다. 해밀턴을 비롯한 연방주의자들은 국가 성격을 둘러싼 전면전에서 패하는 바람에 중앙집권은 성사되지 못하고 권력은 각 주에 분산되었지만, 대통령 문제에서는 큰 승리를 거뒀다. 해밀턴은 선거 절차 부분은 타협한다는 교묘한 전술로 승리했다—어느 후보도 일반 유권자 투표에서 과반수를 얻지 못할 경우, 하원이 상위 3명의 후보자 가운데서 개인이 아니라 각 주의 투표 결과에 따라서 1명을 선출하도록 했다.

각 주에는 대통령 선거인단의 선출 방식을 결정하는 권리가 주어졌다. 이것은 대통령이 국민에 의해 직접 선출되는 사실과 균형을 취하고자 하는 모든 주들에 대한 제스처처럼 보였다. 하지만 일반 유권자가 참가할 가능성을 열어놓았다. 이리하여 사실상 대통령은 입법부에서 독립하여 선출되었다. 더욱이 대통령은 의회 법안에 대한 거부권(거부된 법안이 양원에서 3분의 2의 다수로 재차 가결되면, 우선 조항에 따라 거부권은 취소되었다)과 매우 광범위한 행정권(상원의 "권고와 동의"를 얻지 않으면 안 된다는 규정에 따라 어느 정도 억제되었다)을 부여받았다.

이리하여 거의 우연으로 미국은 강력한 대통령제-또는 대통령이 원하면 권력을 집중시킬 수 있는 행정부-를 확보했다. 대통령의 권력은 당시의 많은 국왕을 능가해서, 여기에 필적할 수 있는 것은 제정러시아의 전제군주인 "차르"뿐이었다-대통령의 힘은 실제로 대부분의 차르보다 컸다. 대통령은 (그때나 지금이나) 나라 전체에서 선출하는 유일한 정부 고관이었는데, 이는 대통령이 헌법이라는 덤불 속에 숨어 있는 거대한 권력을 행사하기 위한 도의적 정당성의 근거가 되었다. 이러한 대통령의 권한이 반세기 뒤인 앤드루 잭슨 시대에 처음으로 현실에서 추구되었다. 그 권력은 많은 사람들을 놀라게 하여 두려움마저 자아냈다. 조지 워싱턴이 자제심과 상식을 발휘하여 1790년대에 이 권력을 과시하지 않았던 것은 실로 행운이었다. 그 덕분에 반발과 헌법 수정의 움직임이 전혀 일어나지 않았기 때문이다. 새로운 공화국은 국가와 정부의 수장을 겸해 무서운 잠재 권력을 위임받은 원수를 받들게 되었다.

필라델피아 회의는 상당히 빠른 속도로 진행되었다. 이는 필요하면서도 바람직스러운 사태-지나치게 시간을 끄는 헌법 논의는 문제가 세분화하고 혼란스러워지기 마련이다-였는데, 그런 반면 일처리는 대단히 신중했다. 미합중국 헌법의 제정 과정은 연방제도 창설을 목표로 하는 나라, 정체를 변혁하려는 나라, 새롭게 건국하는 나라 등 모든 나라의 규범이 되었다. 그런데 유감스럽게도 그 헌법이 탄생한 지 200년 동안 각 조문 자체는 (대부분은 피상적으로) 연구가 이뤄졌으나, 정작 가장 중요한 제정이 되기까지의 방식은 소홀한 대접을 받았다. 그 뒤를 이어 10년 사이에 등장한 프랑스 혁명가들은 미국이 어떻게 헌법 제정에 착수했는지 등에는 거의 관심조차 두지 않았다—이 반쯤 미개인인 국민이 전통 있는 유럽에 무엇을 가르칠 게 있을까, 하는 태도였다. 또한 30년 뒤 새로운 국가 건설에 매달린 라틴아메리카 여러 나라들도 마찬가지로 이웃 나라 역사에서 배우려고 하지 않았다.

이 상태는 그 뒤로도 계속되었다. 옛 소비에트연방(1921)과 옛 유고슬라비아(1919)의 연방 헌법은 사실상 미국의 경험을 전혀 참고하지 않았으며 결국 유혈 낭자한 재앙과 실패를 맛보았다. 중앙아프리카연방, 말레이시아연방, 서인도연방 역시 똑같은 태도를 취했다. 유럽연합(EU)의 연합기구 또한 마찬가지였다. 대성공을 거둔 미국의 선례를 엄밀하게 조사하여 소화하지 않고 설립되었다. 유럽 헌법 작성자에게 1780년대의 사건을 참조하게 하자는 방안이 제시되었으나 그 의견은 묵살되었다.[115]

토론과 비준 과정

헌법 제정 과정과 마찬가지로 중요한 것은 비준 과정이었다. 나라에 민주주의 원리를 도입하여 뿌리를 내리기 위한 절차가 된다는 점에서 이것이 더 큰 의미를 띠고 있었는지도 모른다. 합중국 헌법 제7조는 헌법 발효의 방법을 정했으며, 1787년 9월 17일에 채택된 필라델피아 회의 결의에 따라 4단계의 비준 절차가 개시되었다. 우선 제1단계로 옛 연합회의에서 보고서가 제출되었다-이것은 9월 25일에 이뤄졌다. 사흘 동안의 열띤 토론을 거친 뒤 연방주의자(비준 지지파)와 반연방주의자(비준 반대파)는 헌법 조문을, 시비를 따지지 않고 각 주에 보내기로 동의했다. 이것이 제2단계였다. 제3단계에서는 헌법안을 검토하기 위해 각 주에서 대표를 선출했다. 제4단계에서는 그 대표자들 회의에서 13개 주 가운데 적어도 9개 주의 승인을 받아야 했다. 아홉 번째 주가 비준 서명을 한 시점부터 이 헌법은 그 나머지 주의 의향에 관계없이 승인한 모든 주의 기본법이 되었다.

만장일치에 의하지 않고 다수결의 원칙을 채택한 것 자체가 강하고 튼튼한 정부를 만들겠다는 연방주의자의 결의가 엿보이는 대목이었다. 다수결 규정에 따라 일 처리가 신속하게 이루어질 수 있었다. 이것은 비준 절차를 촉진시키겠다는 생각과, 주요한 주의 조기 비준을 계기로 다른 주들 역시 그 뒤를 쫓아 남보다 먼저 승인에 응하고자 할 것이라는 기대를 반영했다. 분명 위험한 전술이었다. 만약 버지니아, 매사추세츠, 뉴욕, 펜실베이니아 주요 4개 주가 거부하면 물론이고, 어느 한 주라도 헌법을 인정하지 않으면 다른 모든 주들이 비준해도 의미가 없었다. 하지만 연방주의자는 그 4개 주의 승인에 확신을 가졌다.

또한 각 주의회가 아니라 특별 선출된 주민 대표자 회의에서 비준을 거쳐야 한다고 고집했기 때문에 헌법은 큰 위험을 맞았다. 국민에게 보복 수단-이것이 민주주의-을 주는 셈이었다. 하지만 주의회 의원의 승인만으로는 다소 충분하지 않은 느낌이었다. 이는 모든 국민, 그리고 그 자손 대대로 영향을 주는 기본법이었다. 한 사람의 국민으로서 헌법을 승인하는 결정에 참가하는 것은 당연한 일이었고, 따라서 비준 과정에서 소속된 주에 구애받지 않고 사실을 판단하여 주의 이익은 물론 나라 이익까지 생각해야 했다. 이 방법은 현명했으며 사회적으로도 의의가 컸다. 일단 국민을 정치 무대에 올려 이처럼 의견을 물었기 때문에 국민은 더 이상 각자의 진영으로 되돌아갈 수가 없었다.

대표자 회의의 비준은 대중 사이에서 폭넓은 헌법 논의를 불러일으키는 효과가 있었다. 이것이 비준 과정에서 가장 중요한 국면이었는지 모른다. 제퍼슨, 매디슨, 애덤스 등이 교육과 도덕과 훌륭한 정부는 하나라고 믿은 점은 옳았으며, 주의회 의원뿐 아니라 주 거주민까지 헌법 논의에 참여시킨 것은 진정한 가치가 있었다. 논쟁이 확대되고 참석자가 늘어날수록 좋았다-대중의 정치 논쟁 그 자체가 교육의 한 형태였고, 그것은 매우 중요했기 때문이다.

만약 1760년대부터 1770년대 초 사이에 미국인 대표가 영국인 대표를 상대로 두 나라 국민과 관련해서 토론이 허용되었다면, 미국혁명은 일어나지 않았을지 모른다. 말은 무기를 대신하는 수단이며 무엇보다 선택을 할 수 있었다. 하지만 대화는 거부당하고 문제는 무력 해결에 맡겨졌다. 미국인은 이것을 교훈 삼아 (영국인도 훗날 배웠지만) 말에 확고한 책임을 부여하지 않으면 안 된다는 점을 절실히 느꼈다. 계속해서 1780년대에는 프랑스인이 이 교훈을 무시하고 수많은 생명을 희생시켰다. 그 이데올로기 항쟁의 증오는 오늘날까지 이어지고 있다.

이처럼 비준 절차는 말에 의한 전쟁이었다. 따라서 숱한 말들이 쏟아져 나왔다! 그때까지 유례가 없는 역사상 최대의 토론장으로 변했다. 광장, 도시의 집회, 작은 마을, 대도시의 길거리, 심지어는 멀리 떨어진 애팔래치아 산골 마을, 변경의 삼림 지대나 벽지 등 전국 곳곳에서 논쟁이 벌어졌다. 논쟁은 특히 인쇄물을 통해 전개되었다. 1783년 미국 최초의 일간지인

「필라델피아 이브닝 포스트」가 등장했고, 일간신문(단명했고 폐간되는 일이 흔했다)이나 주간신문이 급증했다. 인쇄와 종이는 세금이 면제되었고 값이 쌌다. 팸플릿 제작비용은 무척 저렴했으며, 역마차가 작업이 끝난 인쇄물 더미를 싣고 연안 지대를 오갔다. 미국인은 이미 유능한 저명인의 원고를 조달하는 시스템(훗날 "특약 칼럼"이라고 불린 배포 계약에 의한 정기 기고문)의 개발을 완료했고, 기고가는 일반적으로 "카토" "키케로" "브루투스" "푸블리우스" "농민" "뉴욕의 한 시민" "토지 보유자" 같은 필명을 사용했다. 이러한 칼럼은 자유롭게 사용되어 모든 신문의 편집자들에게 배포되었다.

이 때문에 헌법 비준을 둘러싸고 수천 편의 논설문이 인쇄 배포되거나 개인적으로 읽히거나 선거인 모임에서 낭독되거나 해서 온갖 토론이 오갔다. 이것은 일찍이 없던 대규모 정치 교육의 실습이었다. 중대한 문제를 다룬다는 생각에 논의는 헌법 자체의 틀을 훨씬 넘어섰다. 해밀턴은 "푸블리우스"라는 필명으로 다음과 같이 썼다-비준 절차에서 결정된 것은 "인간 사회는 심사숙고와 선택에 의해 현실적으로 뛰어난 정부를 확립할 수 있는지, 그렇지 않으면 영원히 우연이나 무력에 기대어 정치기구를 추구하는 운명에 빠질 것인지의 문제였다."[116]

연방주의자로는 활달한 알렉산더 해밀턴을 비롯해서 그 밑으로 제임스 매디슨, 존 제이, 존 마셜, 제임스 윌슨, 존 디킨슨, 로저 셔먼 등이 있었다. 이 그룹에는 강점이 있었다. 조지 워싱턴이 비준을 찬성하는 것으로 알려져 그 이름이 널리 영향력을 발휘했기 때문이다. 프랭클린도 비준 지지주의자로 이름이 오르내리며 미국 최대의 도시인 필라델피아에서 크게 공헌했다. 해밀턴, 매디슨, 제이 등은 공동으로 『연방주의자』라는 신문 연재 논문 85편을 집필했다. 이것은 여러 신문에 실린 뒤 1788년 책으로 묶여 출간되었다. 주요 필자는 해밀턴이었는데, 미국에서 탄생한 최초의 중요 정치론 논문이 되었다. 중앙과 지방 그리고 정부와 국민 사이의 권력 배분, 정치체제를 구성하는 행정, 입법, 사법의 분리 정도 같은 정치에 관한 기본 문제들이 명쾌하고 설득력 있게 다뤄졌다. 이 논문집은 격론의 산물로 오늘날까지 널리 읽히지만,[117] 당시 어느 정도 범위의 사람들이 읽고 이해했는가에 대해서는 논란의 여지가 있다. 하지만 헌법 비준 회의 전이나 회의 중에 연방주의자 진영의 발언자들의 참고 자료로 유용했다는 점은 확실했다. 그런 의미에서 이 논문들은 매우 중요했다.

연방주의자 진영에서 매우 호평받은 출판물은 조지 제이의 『뉴욕 주민에게 보내는 연설(Address to the People of the State of New York)』로 여러 차례 인쇄되었다. 또 다른 베스트셀러는 1787년 11월 24일 제임스 윌슨이 필라델피아 회의에서 행한 명연설의 팸플릿이었다. 윌슨은 헌법의 핵심으로서 선거와 대의제도를 강조했다. 그것만이 아테네나 로마의 고대 정치체제, 또는 투표와 세습권이 기묘하게 양립하는 영국 헌법 체제와 새로운 정체를 구별하는 특징이라고 주장했다. "세계는 미국에 대의제도가 국가사상의 기반이 되어서 결속을 강화하는 정부를 조직하는 영광과 행복을 위임했다. 대의제도는 민중과 그들이 행정을 위임한 사람을 연결하는 진정한 끈이기 때문이었다." 윌슨은 헌법 제정 과정에서는 매디슨 다음으로 중요한 실무자, 헌법 비준 운동에서는 해밀턴 다음으로 중요한 의견을 말한 인물이었다.[118]

패트릭 헨리, 리처드 헨리 리, 조지 메이슨, 존 핸콕, 제임스 먼로, 엘브리지 게리, 조지 클린턴, 윌리 존슨, 멜랑크턴 스미스, 샘 애덤스 등 반연방주의자는 개인으로서는 어마어마한 존재였으나 연방주의자와 같은 단결력은 없었다. 서로 간에 반대 의견이 분분했고, 거부한 헌법안을 대신할 대안을 마련할 가능성은 없어 보였다. 로버트 예이츠가 썼다고 짐작되는

『브루투스의 편지(Letters of Brutus)』, 오티스 워런의 『신헌법에 관한 고찰(Observations on the New Constitution)』, 익명의 『연방주의자 농민이 공화주의자에게 보낸 편지(Letters from the Federal Farmer to the Republican)』, 그리고 루서 마틴의 『일반적 관찰(General Observation)』은 각각 서로 모순하며 오히려 부정적인 인상만 남겼다.

"공화주의적 연방주의자"라는 제목을 붙인 팸플릿 집필자는 제안된 의회를 영국과 동일한 것으로 보았다. "혁명은 미국연방을 대영제국에서 분리시켰는데, 미국의 자유보다는 그에 따라 새로운 제도를 채용한 결과로 일어날 일들이 더 중요하다. 혁명은 우리를 외국 통치에서 해방시켰으나, 이제 새로운 정체가 사람들을 연방의 지배 아래 둘 것이라고 우려할 만한 이유가 충분하다." 이 "큰 정부"에 대한 불안은 반연방주의자들이 많이 품었던 우려, 즉 새로운 연방의회와 연방정부가 특정 이해관계자나 국민을 억압하는 단체의 손에 들어갈 것이라는 생각과 동일했다. 법률가는 본래 중추를 움직이는 본성에 따라 형성된, 이해관계에 영향받지 않는 집단이라는 해밀턴의 주장은 아무런 감명을 주지 못했다. 매사추세츠의 에이모스 싱겔터리는 다음과 같이 말했다. "이런 법률가나 교양인이나 부자는 대체로 듣기 좋은 소리로 상황을 그럴듯하게 해설하여 우리처럼 배운 것 없고 가난한 사람들에게 괴로운 약을 억지로 먹이면서 의회에 들어가려고 한다. 그리고 미국 헌법의 관리자가 되어 모든 권력과 돈을 자기 수중에 넣고는 마침내 거대한 바다 괴물인 리바이어던처럼 우리 보통 사람들을 남김없이 삼켜버릴 것이다."[119]

하지만 일부 반연방주의자들이 제안한 스위스연방의 주정부제도를 표방한 "작은 정부"는 주목을 끌지 못했다. 어쨌든 미국은 이미 독립전쟁을 통해 작은 정부를 체험했으며, 대부분의 사람들이 그것이 원만하게 기능하지 않았다-만약 워싱턴이 없었더라면 전혀 작동도 안 했을 것이다-는 사실을 잘 알았다. 독립전쟁이 끝난 뒤에 문제는 정부의 힘이 지나치게 크다는 것이 아니라 그 영향력이 너무 작다는 데 있었다. 이것이 모든 주의 일반 견해였다. 큰 정부에 대한 불안은 희박했다. 일단 새 헌법이 시행되면, 워싱턴이 다시 공직에 돌아가 예전에 권한 부족을 잘 메워 성과를 올렸듯이 하되 이번에는 권력 남용을 잘 막아낼 터였다. 반연방주의자가 기대한 성과를 거둔 것은 권리의 문제, 특히 개인의 권리에 관해 새 헌법이 거의 또는 아무런 언급도 하지 않았다고 강조한 점이었다. 그렇지만 연방주의자는 이 결함을 인정하고 일단 헌법이 비준되면 최우선으로 「권리장전」을 (헌법 수정 조항으로) 기초하여 의회를 통과시키도록 했다. 여기에는 3분의 2에 해당하는 주의 합의가 필요했는데, 대다수 사람들이 만족해할 것은 틀림없었다.[120]

이런 제약을 고려하면서 비준 절차가 시작되었다. 최초의 5개 주 비준은 1787년 12월부터 이듬해 1월 사이에 이뤄졌다. 델라웨어(만장일치), 펜실베이니아(46 대 23), 뉴저지와 조지아(만장일치), 코네티컷(128 대 40)이었다. 매사추세츠는 유명한 반연방주의자인 샘 애덤스와 존 핸콕 두 사람이 비준 조건으로 「권리장전」을 헌법에 수정 조항으로 추가하는 부대 결의를 넣자고 교섭했고, 이 안이 1788년 2월 통과되었다(187 대 168). 다른 주들도 모두 헌법 승인에 신중히 임해 이 방식을 따랐다. 이에 따라 모든 권리 조항을 조속히 채택할 필요가 생겼다. 4월에 메릴랜드가 승인했다(63 대 11). 5월에 사우스캐롤라이나(149 대 73)와 뉴햄프셔(57 대 47), 6월에 버지니아(89 대 79), 7월에 뉴욕(30 대 27)이 뒤를 이어서, 비준을 마친 주는 11개 주에 달해 헌법 성립은 확실해졌다.

노스캐롤라이나의 헌법 비준 회의는 투표를 하지 않은 채 1788년 8월로 연기되었고, 로드아일랜드는 회의 소집을 거부했다. 하지만 모든 권리를 보장하는 수정안이 마련될 것이 확실해짐에 따라 이 2개 주도 방침을 바꿨다. 노스캐롤라이나의 비준은 1789년 11월(195 대 77), 로드아일랜드는 1790년 5월(34 대 32)에 각각 이뤄졌다. 이리하여 마침내 각 주의 비준 절차는 만장일치로 끝났고 헌법이 탄생했다. 벤저민 프랭클린은 하원은 국민을, 상원은 각 주를 대표한다는 생각을 낳게 한 장본인으로서 헌법제정회의에 한 번도 거르지 않고 참석했다. 그리고 유럽 친구에게 보낸 편지에서 헌법 채택을 기억에 남을 문장으로 환영했다. "우리의 헌법은 현실에 바탕을 둔 작업이었습니다. 따라서 모든 것이 헌법이 영원히 존재할 것을 약속하는 것처럼 보입니다. 하지만 이 세상에는 죽음과 세금 이외에 확실한 것은 아무것도 없습니다."[121]

「권리장전」

의회는 이제 모든 권리를 법제화하는 작업을 서둘렀다. 일부 주는 이미 「권리장전」을 가진 선례가 있었다. 헌법을 기초한 연방주의자는 이 문제에 관해 신중한 입장을 폈다. 개인의 권리는 태어나면서부터 존재한다고 추정했다-이것을 기반으로 「독립선언서」가 만들어졌다. 따라서 이에 관해 공식으로 법적 선언을 하는 것은 정부가 관여하지 않는 또는 관여해서는 안 되는 범주까지 정부 권한을 확대할 가능성을 포함했다. "진실을 말하면, 헌법은 이론적인 의미나 유용성이라는 점에서 「권리장전」 그 자체이다"라고 해밀턴은 『연방주의자』에서 말했다. 이것은 날카로운 지적으로 개인의 권리를 공식적으로 법제화하는 일은, 특히 20세기에는 안심의 근거보다는 불화의 큰 원인이 될지 몰랐다. 하지만 해밀턴 그룹은 특히 일부 주나 변경, 농촌지대에서 매우 강했던, 권리는 열거해 명기해야 한다는 일반적인 감정에 열렬히 동조했다.

매디슨은 원래 파벌 지배나 중우정치에 대해 이른바 "문서에 의한 장벽"을 설치하는 것에 반대했으며, 그 대신에 삼권분립이나 억제와 균형이라는 구조적인 조정을 신뢰했다. 하지만 여러 가지 사정으로 그는 헌법 비준 회의에서 제기된 여러 권리를 규정하는 모든 수정 조항과 주 헌법에 반영된 「권리장전」을 조사하는 어려운 일에 착수했다. 반연방주의자인 조지 메이슨이 집필한 「버지니아 주 권리선언서」(1776)는 본보기로 참고할 것이 많았다.

1789년 제1차 연방회의 시작에 즈음하여 매디슨은 10개 조항으로 구성된 헌법 개정안을 제출했다. 수정 조항 제1조는 매우 중요해서 종교, 집회, 언론, 출판, 청원 등의 권리를 침해하는 법률 제정을 금지했다. 계속된 7개 조항에서는 재산권을 보호하고 형사 피고인의 권리를 보장했다. 제9조는 특별히 열거하지 않은 권리를 옹호하는 조항이었다. 제10조는 이것을 보강하여 "이 헌법에 따라 합중국에 위임되지 않거나, 각 주에 대해 금지되지 않은 권한은 각 주 또는 국민이 보유한다"라고 규정했다. 비준 절차는 순조롭게 진행되어 1791년 12월 15일 버지니아가 비준을 끝내면서 「권리장전」은 헌법의 일부로 편입되었다.[122]

상원과 하원

아직 두 문제가 미해결인 채 남아 있었다. 의원의 대우 문제였다. 영국에서는 특히 지역별로 예외는 있으나 급료는 지급되지 않았다. 미국에는 여러 유형이 있었다. 프랭클린은 부자여서 1787년 필라델피아 회의에서 앞장서서 보수를 지불해서는 안 된다고 주장했다-자수성가한 사람답게 주를 대표하는 권리는 야심 많은 사람이 차지하게 하여 그 대가를 지불받도록 하는 것이라고 생각했다. 하지만 이 안은 거부당했다. 버지니아 주의 회조차 의원의 수입 감소를 이유로 "보상금"을 챙겨줬다. 이 문제를 다룰 때만큼 건국의 아버지들의 의견이 갈린 적이 없었다. 법률가를 비롯한 많은 "젠틀맨"들이 의원이 되면 사무소를 내어 생계를 꾸릴 수 없다는 사실을 깨닫고 급료를 요구했다. 금액이 너무 적다고 계속 불평을 털어놓기도 했다. 해밀턴은 형편이 넉넉했지만 그들을 옹호했다.

존 애덤스는 공직에 있는 사람의 권위를 높이 평가했다. 고위 관료로서는 최초로 영국에 파견될 때, 누구나 하는 배에 고인 물을 퍼내는 작업에 손도 대지 않았고 "공직에 있는 사람에게 맞지 않는 일"이라고 말했다. 미국인답지 않은 듯 보이는 이 주장을 고려할 때, 애덤스는 의원들의 급료 지급에 반대했을 것 같지만 실은 반대하지 않았다. 급료가 없으면 공직은 부자들의 전유물이 될 것이라고 말했다. 제퍼슨은 워싱턴과 견해가 같아서 스스로 "로마주의"라고 부른 원칙을 고집했다. "고결한 정치에서 공직은 당연히 부담스러워야 한다. 임명받은 사람이 힘든 일이나 커다란 개인적 손실이 예상된다고 해서 포기하는 것은 잘못이다."[123]

전반적으로 남부인은 유급 방침에 반대하고 북부인은 찬성했다. 북부가 승리를 거둠에 따라 상원의원마저 유급으로 결정이 났다. 액수는 의원들의 결정에 맡겨져 하루 6달러로 책정되었다. 비판자에게는 높은 액수라고 생각되었으나, 마침내 뉴욕에서 제1차 연방회의가 열리자 "터무니없는" 생활비가 도마 위에 올랐다. 어떤 행사 자리에서나 하원의원은 상원의원과 마찬가지로 수당이 지나치게 낮다고 불평했으며, 상원의원은 자신들이 하원의원보다 보수를 더 많이 받아야 한다고 생각했다.

아무도 크게 신경을 쓰지 않았던 사항은 선거운동비용 문제였다. 이것은 영국만의 문제가 아니었다. 1758년 조지 워싱턴이 버지니아 식민지 하원의원에 당선했을 때 맥주 47갤런, 포도주 35갤런, 사과술 2갤런, 브랜디 반 파인트, 럼 펀치 3통 등 모두 합해 현금 40파운드가 들었다.[124] 선거비용은 두 나라 모두 끊임없이 계속 늘어났다. 영국에서는 갈수록 이것이 문제가 되면서 유권자를 술이나 돈으로 매수한 의원은 실격 처리되었다. 하지만 미합중국을 건설한 젠틀맨 계층 정치가들이 처음부터 선거비용 문제에 대한 대책을 마련하여 후임자들의 커다란 고민-과 현금-을 없애지 않은 것은 이해가 안 가는 유감스러운 일이었다.

건국의 아버지들은 각 주 2명씩의 상원의원을 의회에 보내는 데 동의하고, 주권(州權)을 대의제도에 편입시켰다. 한편 하원은 주민 대표로서 각 주가 최저 1명의 의원을 선출하고, 의원 비율은 인구 3만 명(납세 의무가 없는 원주민은 제외하고, 노예는 5분의 3인으로 계산)에 대해 1명을 초과하지 않도록 정했다. 이를 위해 국세조사를 10년마다 실시하고 인구를 산정하여 하원의원의 정수와 의석 배분을 결정했다. 1787년 제1차 연방의회의 경우 하원의원은 65명이었다. 로드아일랜드와 델라웨어가 각각 1명, 조지아와 뉴햄프셔가 각각 3명, 뉴저지가 4명, 코네티컷, 노스캐롤라이나, 사우스캐롤라이나가 각각 5명, 메릴랜드와 뉴욕이 각각 6명, 매사추세츠와 펜실베이니아가 각각 7명, 그리고 버지니아가 10명이었다.

하지만 미국은 빠르게 변화하고 팽창해 의석 배분은 한두 해만 지나도 시대에 뒤처졌다. 그런 요인 가운데 하나로 주 지위를 얻고자 줄기차게 요구하는 준주들이 늘어난 점이 작용했다. 버몬트는 1777년에 이전 뉴코네티켓이라고 불린 지역의 대표가 독립을 선언하고 뉴햄프셔와 뉴욕 주 일부를 떼어내 합병했는데, 두 주는 그 땅을 할양할 생각이 없었다. 그곳 정착민들은 합법적으로 토지소유권을 얻으려 해도 어느 주에 신청해야 할지 몰랐다. 혁명전쟁 동안 버몬트는 사실상 중립을 지켰다. 하지만 영국이 일체의 영토 권리를 취소했기 때문에 버몬트는 영국과 단독 평화협정을 맺고 스위스와 같은 중립국이 되기를 원했다. 뉴햄프셔(1782)와 뉴욕(1790)이 토지 반환 요구를 철회하기까지 버몬트의 고립은 계속되었다. 그 뒤 연방에 가입을 신청해 1791년 승인을 받았다. 1793년 의회 구성이 재편될 때, 1790년 국세조사 결과를 근거로 버몬트는 의석 2자리를 배정받았다.

버지니아 변경 지대-"저 암흑으로 뒤덮인 땅"이라고 (아마 부당하게) 불렸다-를 둘러싸고도 오랜 동안 격렬한 논쟁이 진행되었다. 최종적으로는 버지니아가 요구를 취소해서 해결을 보았고, 1792년 켄터키 주가 탄생하여 2개 의석을 배정받았다. 펜실베이니아 오지는 프랭클린이 독립주로 만들었다. 그런데 이곳을 노스캐롤라이나가 반역을 저지르며 오히려 비합법적으로 토지를 횡령했으나, 1788년에 이것이 와해되어 1790년 의회에 의해 남서부 준주로 재편되었다. 이곳에 이주민이 몰려들어 곧 6만 명의 주 승격 기준을 넘어 1796년에 마침내 테네시 주로 승인받았다.

1793년 의석 재편 이후 15개 주가 의회에 의원을 보냈으며 하원 의석수는 105명을 기록했다. 버지니아는 19석, 매사추세츠는 14석, 펜실베이니아는 13석, 뉴욕은 10석이 되었다. 1790년 국세조사에서 미합중국 인구는 프랭클린과 같은 낙관주의자의 예상마저 웃도는 속도로 확실히 늘어나 마침내 392만 9,827명을 기록했다. 10년 뒤 총인구는 530만 8,483명에 육박했다. 10년 동안에 35퍼센트가 증가한 셈인데 1775년 추정치로 따지면 갑절이나 늘어난 숫자였다.

시민권과 참정권

이 급격한 인구 성장은 많은 사람들을 만족시켰다. 하지만 한편으로는 엘리트를 비롯한 일부 사람들은 불안감을 느꼈다. 프랭클린은 맬서스가 인구론을 주장하기 1세대 전에 인구 과잉의 위험을 우려했으며, 영국인 이주민의 자손이 빠르게 증가하는 것에는 반대하지 않았으나 비영국계나 비백인 이주민이 새롭게 들어와 미국에서 영국적 요소가 점차 사라지지는 않을까 걱정했다. 이것이 노예무역이나 노예제도에 반대한 한 가지 이유였다. "왜 아프리카의 자녀들을 미국에 살게 하여 그 수를 늘리게 하는가?"라는 의문을 프랭클린은 제기했다. "흑인이나 황인종을 모두 배제하고 이 땅에 멋진 백인과 인디언을 늘릴 절호의 기회를 어디에서 찾을 것인가?" 프랭클린의 마음은 언제나 그랬듯이 아득히 먼 미래로 비약해 백인종, 특히 영국인이 압도당하는 세계가 찾아올까봐 두려워했다.

> 세계의 순수한 백인 비율은 매우 낮다. 아프리카인은 모두 흑인이나 황갈색인종이다. 아시아는 주로 황인종이다. 미국도 (새로운 이주민을 제외하고) 모두가 그러하다. 또한 유럽에서 에스파냐인, 이탈리아인, 프랑스인, 러시아인, 스웨덴인은 일반적으로 까무잡잡하다고 부르는 피부색이다. 독일인도 그러하며, 색슨인만 예외여서 영국인과 함께 지구상의 백인의 원형이다. 원하는 바는 이들의 수가 증가하는 것이다. …… 자국의 피부색을 선호하는 것인지 모르겠으나, 이런 편견은 인간에게는 당연한 것이다.

프랭클린은 미국에 독일인이 많이 이주해 오는 것을 결코 기뻐하지 않았다. 특히 펜실베이니아에서는 똘똘 뭉쳐 투표하는 바람에 처음으로 정치에 민족성이 개입되는 경향마저 보였기 때문이다. "팔츠(독일 라인 강 서부 지방-옮긴이)의 시골뜨기들이 우리 정착지에 일시에 떼로 몰려와서 이 지방의 관습을 무시하고 자신들의 모국어나 풍습을 지키는 것을 왜 방치하는가? 영국인이 건설한 펜실베이니아가 왜 이방인의 식민지가 되어야 하는가? 우리가 이주민을 앵글로 스타일로 바꾸는 것이 아니라 되레 이주민들이 요즘 들어 우리를 독일 스타일로 물들게 하는 경향마저 늘고 있다." 프랭클린은 "책임, 이익, 명예를 동반하는 직무"에는 영어 능력을 필수조건으로 꼽았다. 또한 영국계 남성과 독일계 여성의 결혼을 권장하기 위해 장려금 지급을 고려했으나, "영국인의 눈으로 본다면 독일계 여성은 일반적으로 무뚝뚝하기 때문에 그런 여성과 결혼할 마음을 갖게 하려면 많은 돈이 필요할 것이다"라는 이유로 그 발상을 철회했다.[125] 이런 견해는 건국의 아버지들 사이에서는 결코 드문 일이 아니었다. 워싱턴이나 해밀턴 모두 대규모로 제한 없이 들어오는 이주민들을 원하지 않았다.

미국 시민 자격을 규정하기는 쉽지 않았다. 일찍이 1776년에는 뉴햄프셔와 노스캐롤라이나가 각각 새로운 주 헌법을 제정하면서 공무원은 이 헌법을 "지지하고, 유지하고, 옹호할 것"을 선서해야 한다고 규정했다.[126] 그로부터 6개월 뒤 독립을 채택할 즈음에 대륙회의는 영국 국왕에 대한 충성을 국가에 대한 충성으로 대체했다-"식민지 연합(동부 13개 주)의 어느 곳에 거주하며 그 식민지의 법에 보호받는 모든 사람은 그 법률에 충성을 맹세할 의무가 있다 …… [또한] 식민지 연합의 성원 내지 각 식민지에 대해 충성 의무를 가진 사람으로서 소속된 식민지에서 전쟁을 도모하고 …… 또는 영국 국왕을 지지하는 사람은 모두 …… 해당 식민지에 대해 반역죄를 저지르는 것이다."[127]

하지만 이 규정이 시민권 문제로 귀결된 것은 아니었다. 실제로 그 무렵 시민권은 새로운 용어여서 거의 이해되지 않았다. 가설로는 개인은 특정 주에 속하며 거기서 미국연방의 시민권이 발생한다고 했다. 이 설을 훗날 대법원 판사인 조지프 스토리(1779~1845)가 정리하여 "각 주의 시민은 그 것 자체에 의해 미합중국 시민이다"라고 규정했다. 대부분의 주에는 시민 권에 관한 나름의 규정이 있었다. 하지만 외지에서 이주해 온 사람에 관해 서는 어떻게 처리할 것인가? 1787년의 헌법은 귀화에 관해 법령으로 나라 의 기준을 정했다. 1795년, 1798년, 그리고 1802년에 몇 가지 법률이 통과 되었고, 의회는 가까스로 좋은 방향으로 정리되었다며 안도했다. 개정된 주요 내용은 신청자가 국적을 취득하기까지 필요한 거주 기간이었다. 최 초의 2년이라는 기준은 짧고 다음의 14년이라는 기준은 너무 길다고 하여 최종적으로 5년이 적당하다는 결론에 도달했다.

합중국 헌법과 주 헌법 모두 시민권 대상을 백인으로만 제한했다. 예를 들어 자유민이라도 흑인이나 부족 단위의 인디언은 암묵적으로 배제되어 외국에 귀속하는 것으로 간주했다. 백인 여성은 선거권 행사를 제외하고 는 시민으로 인정되었다. 여성 참정권은 1920년이 되어서야 처음으로 실 현되었다. 흑인에게 조건 없이 시민권이 주어진 것은 1868년이며, 인디언 에게는 1924년까지 인정되지 않았다.[128] 하지만 무엇보다 중요한 사실은 새로운 미국 또한 식민지 시대와 마찬가지로 사실상 무제한으로 이주민 을 받아들였다는 것인데, 이주민의 유입은 계속되어 그 수가 갈수록 늘어 났다.[129]

이주민 대부분은 도착한 지 5년이 지나면 선거권을 획득했다. 혁명의 결과로 미국의 민주화는 빠르게 진행되었다. 헌법 제정자들은 억제와 균 형을 강조하며 "중우정치"를 경계했을지 모른다. 하지만 비록 헌법은 고 학력 엘리트들이 만들었다 해도 실제 사안은 통상 일반인의 의사에 따라 결정되었다. 시민이자 납세자로서 대중은 "대표가 없으면 과세는 없다"라는 혁명 구호를 역으로 뒤집어서 선거권을 요구했다-영국 국왕이 미국인에게 대표권을 주지 않을 경우 미국인에게 과세를 할 수 없다면, 어째서 각 주는 세금의 징수와 처리에 관해 투표할 권리를 주지 않으면서 미국 시민에게 과세할 수 있는가? 대부분의 주는 이미 이러한 이의 제기를 인정했다.

한편 뉴욕 주의 연방주의자들은, 리더 가운데 한 사람으로 형평법 판사인 제임스 켄트가 "민주주의의 악령"이라고 부른 것에 대체로 반대하면서, 적어도 주 상원의원 선거인에 관해서는 보유 재산에 의한 자격 제한을 두자는 승산 없는 싸움을 전개했다. 켄트의 주장은 다음과 같았다. 다른 모든 이들이 "보통선거권이라는 우상"을 숭배하는 데 대해 뉴욕 주는 모범적으로 재산 제한의 원칙을 지킬 것이다. 왜냐하면 이것은 "선거인이 도덕적이고 자립할 수 있는가를 판단하는 자료이며, 이것으로 다른 방법으로는 알 수 없는 것까지 알 수 있으며", 또한 건전한 인격의 선거인만이 사회를 "무서운 속도로 뻗어나가는 하층계급"으로부터 방어할 수 있기 때문이라는 것이다.

그러자 반발이 일어났다. 미국인을, 특히 토지를 소유했는지에 따라 두 부류로 구별하는 것은 "증오할 귀족제도의 유물"인 "특권적" 제도이며, 이는 진정한 공화국에서는 "신분은 하나밖에 없다-오직 국민뿐"이라는 원리와 완전히 상반된다는 것이었다. 이에 켄트는 "농민"을 보호하기 위해서라도 재산에 의한 자격 인정이 필요하다고 논의를 후퇴시킬 수밖에 없었다. 하지만 이 주장은 농민을 단순한 이익집단으로 만들었다. 왜 농업 관련자가 더 강력한 보호를 받아야만 했을까?[130] 민주주의에 맞서는 인간 장벽을 동원했으나 일찍이 1780년대에 동요를 보이기 시작해 1800년에는 대의를 상실했다. 1790년에는 5개 주가 모든 남성 납세자(일부 주는 백인 남성만)에 대해 일부 또는 모든 선거권을 인정했다. 이 5개 주와 나머지 모든 주가 "귀속" 자격을 토지소유권이 아니라 거주지로 인정했고, 대부분의 주는 거주 기간을 2년(일부 주는 1년)으로 정했다.

이것은 유럽인에게는 놀라운 사실이었다. 조상 대대로 천 년 동안이나 그 땅에 살았지만 아무리 부자여도 선거권이 일절 주어지지 않는 나라에서 빈털터리로 이주해 뉴욕에서 배를 내려 허드슨 강을 건너 뉴저지로 가면, 그다음 해에는 선거권을 행사하고 5년 이내에는 대통령을 선출할 수 있었다. 뉴저지는 특히 자유롭고 관대했다. 1776년 이후 1년간 거주하고 50파운드의 재산을 가진 사람이라면 누구나 선거권을 얻었고, 여성 또한 같은 자격만 갖추면 투표가 허락되었다(1809년까지). 결국 전쟁으로 인한 인플레이션으로 이전의 재산 자격이 별 의미 없어지자, 노스캐롤라이나와 뉴햄프셔 같은 주는 인두세와 납세자 자격에 따라 남성에게 사실상 보통선거권에 가까운 제도를 적용했다. 1783년에는 모든 주의 유권자 수가 60퍼센트에서 90퍼센트까지 증가했고, 거의 모든 주가 100퍼센트를 향해 점차 상승했다.

켄터키 같은 새로운 주는 이전에는 어쨌건 연방 편입이 인정될 당시 자동으로 백인 성인 남성의 보통선거권을 수용했다. 하지만 백인 남성에게는 신속하게 참정권이 주어진 반면 자유 흑인에게는 공민권을 인정하지 않는 것이 일반적이었다.[131] 유일하게 홀로 남은 로드아일랜드는 민주주의라는 거센 물결에 저항하며 외로운 늑대의 전통을 충실히 따랐다. 134달러 상당의 자유보유 재산이라는 자격—달러는 1792년에 법률로 고정되었다—이 차츰 적용되었으며, 절반에 이르는 남성 시민이 공민권을 박탈당했다.

매우 지적인 한 미국인이 민주주의의 탄생을 어떤 시선으로 바라보았는지를 밝혀주는 주목할 만한 편지를 남겼다. 1806년 벤저민 러트로브가 이탈리아인 민족주의자 필리프 마체이에게 보낸 편지였다. 러트로브는 10 년 전 필라델피아에 이주한 영국인으로 미국 최초의 건축가였는데, 그 편지 내용은 다음과 같았다.

> 연방 헌법이 제정된 뒤, 모든 주에서 남성 시민 대부분에게로 선거권이 확대되었고 …… 실질적이면서 실용적인 민주주의와 정치적 평등이 연방 전체로 확산되었습니다. …… 대중의 학식과 공부의 부족은 우리를 방문한 외국인에게 강한 인상을 줍니다. 연방이나 주의 입법부에 보내는 대표로 우리는 대부분 못 배운 사람을 뽑습니다. 예를 들면 필라델피아와 그 주변에서는 한 사람의 학자도 연방 하원에 보내지 않았습니다. 실은 그중 한 사람은 법률가입니다. 이름 없는 우수한 수학자도 있으나 선거 때는 은행에서 일했습니다. 다른 의원들은 평범한 농민입니다. 이웃 지역에서는 대장장이를, 강 건너 지역에서는 푸주한을 의회에 보냈습니다. 주의회 의원 가운데 뛰어난 재능을 지닌 인물은 없습니다. 사실 탁월한 인물은 오히려 불신만 불러일으킬 뿐입니다.

하지만 러트로브는 희망의 끈을 놓지 않았다. 미국은 "무엇을 하든 되는" 나라여서 러트로브 자신도 마침내 크게 성공했다. "교양인, 학자, 예술 애호가에게 [미국은] 약간 불쾌한 면을 보여[줄지도 모른다]"라고 래트로브는 인정했다. 하지만 "견실하고 여러 방면에 걸쳐 장점이 있는 것은 확실했다." 그리고 "어쨌든 [민주주의가] 여태껏 어떠한 국가도 누린 적 없는 최대 다수의 인간다운 행복을 가져다주는 것은 확실하다"라고 결론지었다.**132**

중우정치의 위협

민주주의 실현으로 제퍼슨이나 메디슨이 두려워한 "중우정치"가 현실적인 위협으로 등장하면, 소수자 또는 거대한 괴수인 리바이어던에게 짓밟히는 일반 시민은 누가 보호할 것인가? 이런 의문에 「권리장전」이 얼마간 도움이 되었다. 그렇지만 그것은 법원의 강제력 다음이었다. 헌법 제정자들은 권력 분리를 중시하여 사법을 행정이나 입법과 함께 정치가 근거해야 할 3개의 다리 중 하나로 생각했다. 그에 비해 필라델피아 회의는 사법에는 크게 주의를 기울이지 않았다. 실은 사법에 관해 가장 중요한 헌법 조항은 우연히 탄생했다. 칼 포퍼가 말한 "의도하지 않은 효과를 지닌 법칙"의 전형이었다.

주권(州權)옹호주의자 투사인 루서 마틴은 연방의 주법 거부권과 관련하여 연방법과 조약을 "각 주의 최고법"으로 삼으며, 주 법원은 "그것에 의거해서 만일에 각 주의 개별 법률이 연방법을 위반할 때는 판결로 결정한다"는 제안을 내놓았다. 이 애매한 방식은 만장일치로 승인받았고 각 주에서 주 법원이 연방법 문제에 관한 권한을 보유하게 되었다. 그렇게 될 경우 많은 주들이 결정적으로 승리를 거둬서 어쩌면 미국사의 방향이 바뀌었을지 모른다. 하지만 연이어 일어난 사법제도, 특히 허약한 연방 법원 조직의 규정을 둘러싼 논쟁으로 이 안은 수정되기에 이르렀다. 주 헌법과 주법은 연방의회가 규정한 합중국 헌법, 연방법과 조약에 따르도록 했다. 이에 따라 상황은 일변했는데, 당시에는 그 중요성이 이해된 것처럼 보이지 않았다.

헌법의 사법 조항의 세부 안건은 1789년 제1차 연방회의까지 남겨져서 이때 비로소 "법원조직법"이 제정되었다. 이 법을 주로 작성한 사람은 코네티컷의 유능한 법률가인 올리버 엘즈워스(1745~1807)였다. 그는 이전에 각 주의 상원의원 정수에 관한 "코네티컷 타협안"을 마련한 인물이었다. 법원조직법은 주목할 업적이 되었고, 실질적으로 수정되지 않은 채 2세기 이상 운용되었다.

이 법률에 따라 사법의 기반으로서 통상 주 경계를 기준 삼아 연방 지방법원과 3개의 중급 순회법원이 창설되었다. 순회 법원은 대법원 판사 2명과 지방법원 판사 1명으로 구성되어, 1년에 두 차례씩 소송 심리에 참석하기 위해 순회했다. 순회 판사는 지방법원의 요청을 받아들여 복수의 주가 관련된 소송의 제1차 심문을 담당했다―이 제도는 1891년까지 존속했다. 이 법률에 따라 대법원도 설치되었다. 연방 대법원은 합중국 헌법에 나와 있듯이 대통령이 지명하고 상원에서 승인받는 대법원장과 5명의 배석 판사로 구성되었다(그 규모는 여러 차례 개정되었다. 1802년에는 6명에서 5명으로 줄었고, 1807년에는 7명, 1833년에는 9명, 1863년에는 10명으로 늘었다가, 1866년에 다시 8명으로 줄었고, 1869년에는 9명이 되었다. 이 점만 빼면 기능에는 변함이 없었다). 그런데 엘즈워스 법은 뜻밖에도 연방 대법원에 본래 목적에는 없는 매우 중요한 권한을 부여했다. 그것은 연방정부의 고위 관료에 대해 법적 의무의 수행을 명령하는 집행권이었다.[133]

하지만 당시는 사법 임무의 이런 측면은 거의 무시되었다. 헌법 제정자들은 재판관이 성문헌법을 해석할 때 어떤 역할을 맡는가에 대해 그다지 고려하지 않았고, 재판을 통한 법의 재해석을 금지할지 장려할지에 대해서조차 아무 수단을 강구하지 않았다. 이것은 강하게 비판받아야 할 점이었다. 실제로 헌법 제정자들은 영국 관습법의 전통을 이어받으며 성장했다. 새로운 문제가 발생할 때 해결책을 찾기 위해 재판관은 빈번하게 법률을 수정하는 것이 당연한 풍토였다. 이 때문에 영국에서는 존재하지 않는 성문헌법에 동반하는 문제를 제대로 인식할 수 없었다. 즉 재판관이 만든 판례법은 거의 무한한 가능성을 가져서 그 의의는 성문헌법보다 훨씬 크며, 그리고 법의 수정은 당연히 헌법에서 다뤄져야 한다는 점을 알지 못했다.

그때나 지금이나 미국 연방사법부는 어떤 의미에서 법 그 자체였으며, 지혜에 비춰서 마땅하다고 생각하는 방향으로 유기적으로 발전해왔다. 그런 전통은 헌법 시행 직후부터 시작되었다. 영국에서 법과 정치는 밀접하게 얽혀 있었고, 미국도 그 형식을 답습했다. 16세기 후반까지 영국 정부는 언제나 법을 관장하는 대법관의 총괄 아래 있었으며, 사법과 행정은 서서히 분리했으나 완벽하지는 않았다. 대법관은 각료 회의에 계속 참석했으며 따라서 오늘날까지 내각의 일원이다. 미국의 헌법 제정에 관계한 사람들은 권력을 완전히 분리하여 분립의 형식을 취하기로 결정했으나 논리는 이 방향으로 심화되지 않았고, 개인 차원에서 사법의 파수꾼과 유능한 정치가를 구별한다고 주장했다. 이 때문에 초기 연방 대법원장은 직업 법률가 겸 정치가인 경향이 있었다. 그들은 모든 정치적 유혹을 뿌리치고 사법권의 최고봉에 오르기보다는 법관직을 더욱 높은 지위로 진출하기 위한 출세의 사다리로 여겼다.

초대 연방 대법원장 존 제이(1745~1829)는 원래 정치가 출신으로 1795년 뉴욕 주지사 선거에 출마하기 위해 사직했다. 그의 뒤를 이은 존 러틀리지(1739~1800)는 상원의 승인을 기다리지 않고 사임했다. 당시 연방 대법원장보다 더 높다는 사우스캐롤라이나 대법원장에 취임하기 위해서였다. 제3대는 올리버 엘즈워스로 1796년부터 1800년까지 대법원장 자리를 지키다가 파리에 외교관으로 부임하기 위해 물러났다. 연방 대법관 새뮤얼 체이스는 재직 중 공공연하게 정치에 관여했다. 이런 경향은 하급 법원에도 해당되었다. 1790년대 연방 지방법원 판사 28명 가운데 상급 법원으로 올라가는 쪽을 택한 사람은 8명뿐이었다. 그러나 그들 모두 정치가로서는 유명했다.

그런데 알렉산더 해밀턴의 발언을 계기로 이런 풍조의 옳고 그름을 따지는 분위기가 무르익었다. 연방 대법관은 정치 분쟁을 초월하는 입장에서서, 법률 전문가이자 정치가로서 입법의 복잡한 싸움에 관여하기보다는 시민 권리의 궁극적인 보호자로서 법의 운용에만 전념해야 한다는 주장이었다. 판사들 사이에서도 이런 주장에 동조하는 흐름이 있었다. 재판관은 헌법의 새로운 사제이며 헌법은 현세의 "언약궤"로 간주해 사법 업무는 성찬식에 준하는 역할을 담당해야 한다는 분위기였다. 이는 정치에서 떨어져 나와 일종의 공적 성층권으로 들어가야 한다는 것을 의미했다.

이런 성직자 같은 의식은 1790년대에 서서히 확대되었으며, "공화정 아래에서 시민은 누구나 선출되면 언제나 어떤 공무의 책임이든 떠맡을 수 있다"라는 혁명기 민주주의자의 강력한 견해를 대변했다. 연방 판사는 "특별한" 사람, 손이 미칠 수 없는 신과 같은 존재로서 신이 머무는 우주에 있으며 공공의 이익이나 모든 개인 권리를 옹호한다는 주장이 나오기 시작했다.[134] 그렇지만 실제 사건에 근거하여 이 견해가 일반적으로 인정받기 위해서는 1801년 대법원장 존 마셜이 취임할 때까지 기다려야만 했다. 그 일에 관해서는 조금 뒤에 살펴볼 것이다.

종교의 역할과 헌법

그렇다면 진짜 성직자나 진짜 종교는 어떠했을까? 헌법 제정 과정에서 교회와 그리스도교가 맡은 역할에 대해서는 지금까지 전혀 다뤄지지 않았다. 앞서 살펴보았듯이 미국은 우선 종교적인 목적으로 건국되었고, 신앙 대각성운동이 초창기의 원동력이었다. 미국인은 이전 지배자인 영국인에 비해 교회에 다니는 사람이 압도적으로 많았다. 필그림 파더스는 진정으로 영국인이 부도덕하고 신앙심을 잃었기 때문에 미국으로 건너와 "언덕 위의 도시"를 세웠다. 그 후손은 다시 독립과 자유를 선택했는데, 그것은 종속된 상태 자체가 도덕과 신앙에 어긋나며 신의 섭리를 거스른다고 생각했기 때문이었다. 「독립선언서」는 서명한 사람들에게는 세속적인 동시에 종교적인 문서였으며, 혁명전쟁이 신의 섭리에 따른 것이라는 사실에 전혀 의심을 품지 않았다. 미국인은 신의 보살핌 아래 이 전쟁에서 승리를 거뒀고, 신의 은총으로 정부 형태를 만들었다. 이것은 17세기에 이주민들이 자신들 곁에서 신이 지켜보고 있음을 느끼면서 계약서, 헌장, 규약, 증서 등을 작성한 것과 같았다.

그렇다면 이런 미국 역사의 초기 문서와 달리 합중국 헌법에는 종교에 관한 합의나 체계 형성 과정이 빠진 이유는 무엇일까? 헌법에서 유일하게 종교를 언급한 부분은 제6조 3항이었다. "어떤 공직이든 그 자격으로서" "종교상의 심사"를 해서는 안 된다는 부분이 전부였고, 신과 관련이 있는 것은 마지막에 있는 날짜 "그리스도 기원 1787년"뿐이었다. 심지어 끔찍이 반종교적인 영국에서조차 국교가 있어서 국왕은 종교 의식 절차에 따라 대관식을 거행했고, 의회는 날마다 기도와 함께 개회했다. 미국 헌법이 처음으로 실질적으로 종교를 언급한 부분은 수정 조항 제1조로서 국교를 거부하고 연방의회에 "국교의 수립을 규정하고 신앙의 자유로운 행위를 금지하는 법률"의 제정을 금지했다. 이 수수께끼를 어떻게 설명할까?

만일 합중국 헌법이 1687년에 기초되었더라면, 종교적인 체계를 설정하고 또한 폭넓은 프로테스탄트 교리를 국교로 정했을 것이 거의 확실하

제2장 | 자유의 헌법이 굳게 지켜지기를

•

리라 생각된다. 1887년에 입안되었더라면, 광범위하고 돈독한 신앙심과 신앙 행위를 인정하며 국가가 그것을 보호하고 지원할 필요가 있다고 규정했을 것이다. 실제로는 역사의 우연이지만, 미국 헌법은 18세기에 세속주의가 절정기를 이룰 때 작성되었다. 아직은 세속주의가 광적인 무신론이나 잔혹한 피바람이 몰아친 프랑스혁명에 오염되지 않은 시기였다.

그런데 곧이어 몇 년 사이에 이러한 세속주의 경향은 퇴조하기 시작했으며 다시 종교적인 열정으로 가득 찼다. 이것은 프랑스에서는 샤토브리앙의 획기적인 저서 『그리스도교의 정수(Le Genie du Christianisme)』(1802)로 나타났고, 영국에서는 1790년대 초 클래펌 파가 결성되었으며, 미국에서는 같은 시기의 제2차 대각성운동(신앙부흥운동)에 영향을 끼쳤다. 하지만 19세기를 활발한 종교 활동과 신앙의 시대로 만든 새로운 종교적 추진력은 1787년에는 아직 생겨나지 않았다. 이렇듯 헌법에 실제로 담긴 내용은 시대정신을 반영한 세속적인 것들이었다.

거기에는 헌법 제정에 몸담았던 유력자들의 감정도 그림자를 짙게 드리웠다. 워싱턴은 헌법제정회의 의장직을 맡았지만 아마 이신론자(理神論者)였던 것 같다. 그럼에도 "당신은 그리스도교도가 아니다"라고 어리석게 비난하는 사람이 있었다면, 워싱턴은 격렬하게 부정했을 것이다. "신"이라는 말은 결코 사용하지 않는 대신에 "섭리" 또는 "세상을 다스리는 이" 같은 표현을 사용하기를 좋아했다. 교리에는 관심이 없었고, 어떤 때는 일요일 교회 예배에 나가는 수고조차 아까워했다. 당시로서는 보기 드문 일이었다. 이주민에 대해 글을 썼으나 대체로 그다지 호의를 보이지는 않았다. "이민에 적합한 노동자라면 아시아인, 아프리카인, 유럽인 등이 있을 것이다. 아마 그들은 이슬람교도, 유대교도, 그리스도교도, 또는 무신론자일 것이다."[135]

훗날 윔스 목사와 윌리엄 미드 신부라는 전기 작가가 워싱턴을 실제보다 경건한 인간으로 보이게 했다-윔스는 밸리포지 근처 숲 속에서 기도하는 워싱턴을 퀘이커교도가 발견했다고 썼으며, 미드는 워싱턴이 욕설, 음주, 춤, 연극 관람, 사냥에 강하게 반대했다고 말했다. 하지만 이 모든 것은 사실과 달랐다. 실은 양자인 파크 커티스가 아버지를 묘사한 저서에는 사냥, 무도회, 연극 관람을 언급한 부분이 있었다.[136] 종교와 관련해 워싱턴의 가장 주목할 가치가 있는 태도는 관용이었다-이것도 당시로서는 이례적이었다.

프랭클린 또한 이신론자였는데 워싱턴보다는 훨씬 종교에 관심을 많이 가졌다. 그의 종교관에는 미국의 교조주의에 대한 갈수록 커지는 반감과 도덕적 행위에 대한 강조가 투영되었다. 1748년 자신의 아버지에게 보낸 편지에 이런 내용이 있었다. "살아 있는 종교는 도덕보다 정통성이 중시될 때 늘 고난을 겪었다는 생각이 듭니다. 『성서』에는 최후 심판의 날에 인간이 무엇을 생각했는지가 아니라 무엇을 했느냐에 따라 심판을 받는다고 나와 있습니다. 동포에게 선행을 베풀도록 우리는 권장해야 할 것입니다."[137]

일을 척척 해내고 싶어하는 미국인 특유의 욕구에서 본다면, 종교적 관습은 시간을 지나치게 낭비한다고 프랭클린은 생각했다. 식사 전에 오랫동안 올리는 감사 기도를 특히나 혐오했다-겨울에는 통틀어 한 차례만 하면 충분하다고 생각했다. 또 예배를 짧게 하기 위해 기도서 요약 작업에 나섰다-일요일에 절약한 시간은 개선한 기도서 공부에 충당할 수 있다고 주장했다. 그는 『신앙과 종교 행위에 관한 논설집(Articles of Belief and Acts of Religion)』(1728)에서 스스로 고안한 예배를 소개했다. 밀턴의 「조물주 찬가」를 부르면서 예배는 최고조에 달하고, 이어서 『도덕적 행위(Moral Virtue)』라는 책을 논하고 흥미진진한 구절들을 낭독했다. 죽기 6주 전에

즈라 스타일스에게 보낸 편지에서, 그리스도의 신성은 의심스럽지만 그 가르침에는 따를 것이 있다고 자신의 신념을 밝혔고, 가장 존귀한 존재를 믿으며 "그분의 자녀에게 착한 일을 하는" 것이 좋다고 생각한다고 말했다.[138]

헌법 제정에 관여한 사람들 가운데 종교적 영향이 가장 적은 사람은 제퍼슨이었다. 실제로 제퍼슨을 이신론자로만이 아니라 무신론자로 분류하는 사람도 있다. 1800년 「뉴잉글랜드 팰러딘」지는 "신앙심이 없는 제퍼슨이 대통령에 뽑히면, 그 순간 우리의 신성한 종교에 죽음의 낙인이 찍히고 교회는 패배하고 절개를 파는 몰염치가 이성의 여신이라는 이름 아래 지극히 높으신 신의 믿음에 바쳐진 성역을 주도할 것이다"라고 썼다.[139] 하지만 이것은 선거를 위한 비방이었다. 제퍼슨은 심하게 모함받은 월터 롤리와 여러모로 비슷했다. 그는 롤리와 마찬가지로 무신론자는 아니었다. 그래서 프랑스혁명에 강하게 공감한 만큼이나 지나치게 반종교적인 행동을 비난했다. 신의 섭리를 믿어 1816년 봄 그 사실을 존 애덤스에게 밝혔다. "전반적으로 좋은 세상이라고 생각합니다. 박애주의가 자리를 잡고 있고, 고통보다는 즐거움이 더 가득합니다."[140]

제퍼슨과 그의 후배 매디슨은 버지니아 주의회에 교회 지원금을 지출하도록 한 패트릭 핸더슨에게 분명히 반대했다. 둘이 주고받은 편지를 모은 2,000쪽에 이르는 방대한 두 권의 서간집에는 종교에 경의를 표하는 대목이 한 줄도 실려 있지 않다. 두 사람이 싫어한 것은 다양한 신앙을 인정하려 하지 않는 무리가 종교 행위에 관용을 베풀지 않고 규제를 가하는 일이었다.

매디슨은 제퍼슨과는 달리 공화정 사회의 형성에는 종교적 감정이 중요한 역할을 맡는다고 생각한 존 위더스푼(1723~1794)에게 사사했다. 위더스푼은 프린스턴에 있는 뉴저지 대학교 총장으로 악덕과 미덕의 종교적 대립을 논리와 정치-마키아벨리즘적인 의미의-의 세속적 대립과 같다고 명쾌하고도 흥미로운 학설을 주장했다.[141] 매디슨은 위더스푼에게 영향 받아 일생 동안 신학에 흥미를 가졌다. 친구들(제퍼슨은 제외)에게 보낸 편지에는 신학에 관한 화제-예를 들면 한 사람에게는 연구를 위해서는 "옛날이나 지금이나 작은 신성"이라는 양념이 필요하다고 충고했다-가 여러 군데 보인다. 매디슨의 논문 가운데는 『성서』 주석이 등장하는데, 이것은 1772년부터 1775년까지 『성서』를 광범위하게 연구한 성과였다. 『기도문이 붙은 가정 기도 규칙집(The Necessary Duty for Family Prayer, with Prayers for Their Use)』이라는 작은 책자를 지니고 다녔으며 몽펠리에 자택에서는 몸소 가정 예배를 주재했다. 매디슨은 이신론자이기는 해도 세속주의자는 아니었다.[142]

마찬가지로 「독립선언서」에 서명을 하거나, 헌법제정회의에 참석하거나, 헌법 수정 조항 제1조를 정리하거나 한 사람들 거의가 그러했다. 역사가 W. W. 스위트는 헌법 수정에 관여한 사람들이 무슨 교회에 다녔는지 연구했다. 그 결과 국교회교도와 회중파교도 각각 8명, 로마가톨릭교도 2명, 감리교도 1명, 퀘이커교도 2명, 네덜란드 개혁파교회교도 1명 등으로 밝혀졌다. 이신론자는 단 1명뿐이었다. 대니얼 부어스틴은 버지니아 헌법제정회의 멤버 100명 이상을 조사했는데, 그에 따르면 국교회 교구 위원이 아닌 경우는 오직 3명밖에 없었다.

헌법과 그 수정 조항 제1조를 제정한 멤버 대부분은 경건하게 신앙생활을 지켰다. 코네티컷의 로저 셔먼과 올리버 엘즈워스, 매사추세츠의 케일럽 스트롱과 엘브리지 게리, 뉴저지의 윌리엄 리빙스턴, 조지아의 에이브러햄 볼드윈, 델라웨어의 리처드 바세트, 노스캐롤라이나의 휴 윌리엄슨, 사우스캐롤라이나의 찰스 핑크니, 펜실베이니아의 존 디킨슨과 토머스 머

핀, 매사추세츠의 루퍼스 킹, 뉴저지의 데이비드 브리어리, 조지아의 윌리엄 휴 등이었다.[143]

헌법 수정 조항 제1조

종교에 회의적인 사람이나 별 관심 없는 사람조차 종교는 특히 미국처럼 땅이 넓고 급성장하고 소란스러운 나라에는 필요하다고 굳게 믿었다. 워싱턴은 오랜 동안 자택 근처의 국교회 교구 위원을 지냈는데, 그런 행위가 문명사회의 기둥이라고 자평하는 단체와 연대를 보여주기 위한 제스처라는 사실을 잘 알았다.[144] 프랭클린은 종교가 쓸모없다고 배척한 토머스 페인을 비난하며 이런 편지를 썼다. "바람을 향해 침을 뱉는 사람은 자기 얼굴에 침을 뱉는 것과 같습니다. …… 만약 사람이 종교를 믿더라도 악할 수 있다면, 종교를 가지지 않았을 경우에는 어떻게 되겠습니까?"[145] 두 사람 모두 끊임없이 신의 섭리를 화제로 올렸는데, 특히 미국에 대해 말할 때는 그것이 더욱 눈에 띄었다. 필그림 파더스와는 달리 미국인을 선민으로 보지 않았는지 모르지만 미국이 신의 보살핌을 받고 있다는 점만은 확신했다.

존 애덤스의 의견 또한 그와 같았다. 「독립선언서」에 서명하던 날, 애덤스는 아내 애버게일에게 다음과 같은 편지를 보냈다. "1776년 7월 2일은 미국 역사상 가장 기억에 남을 날이 될 것이며 …… 자손들이 위대한 기념일로 축하할 것이오. 이날은 해방의 날로서 전지전능한 신에게 올리는 엄숙한 행사로 기념해야만 할 것이오."[146] 애덤스는 1755년 이성주의에 따라 성직의 길에서는 벗어났지만, 신을 믿는 것과 일상적인 신앙 표현은 바람직하며 사회에 필요하다는 지론은 변하지 않았다. 그리고 다음과 같은 글을 남겼다. "그리스도교의 위대한 장점은 '당신의 이웃을 자신의 몸처럼 사랑하라, 남에게서 받고 싶다고 생각하는 일을 남에게도 베풀어라'와 같은, 자연과 국가의 법의 대원리를 모든 사람의 지식이나 신념으로 받아들이게 한 사실이다. 어린이, 하인, 남자와 여자 모두 인덕과 공덕심이라는 학문의 스승이다. ……시민의 의무와 권리는 이처럼 어릴 적부터 모든 사람이 배우는 것이다."

매디슨도 똑같은 생각을 했고 제퍼슨조차 이것을 지지했을 것이다. 이들은 활기 넘치는 공화정을 창조하려면 교육이 빠져서는 안 되며 교회 이외에는 이런 도덕 교육을 제공할 수 없다고 강하게 믿었다. 헌법을 제정한 사람들은 교육과 종교는 함께 손잡고 나아간다고 보았다. 그리하여 1787년의 북서부 조례에 다음과 같은 조항이 생겼다. "종교와 도덕과 지식은 바람직한 정부와 인류의 행복을 위해 필요하며, 학교는 교육 수단으로 영원히 장려되어야만 한다."[147]

헌법 수정 조항 제1조 첫머리의 "연방의회는 국교의 수립을 규정하거나 신앙상의 자유로운 행위를 금지하는 법률을 제정해서는 안 된다"라는 조문은 이런 배경 아래에서 이해되어야 한다. 이 규정 내용은 최근 광범위하게 거의 의도적으로 오해되었고, 연방정부는 헌법에 따라 종교적 실천에 대해서는 예를 들어 간접으로도 원조하거나 조장해서는 안 된다는 의미로 해석되었다. 이런 상황은 틀림없이 헌법 제정자들을 경악하게 하거나 분노하게 만들었을 것이다. 규정의 의미는 연방의회는 영국국교회와 같은 국교를 "법률로 제정하고 수립"해서는 안 된다는, 요컨대 법으로 국교를 만들어서는 안 된다는 것이었다. 규정의 뒷부분은 연방의회는 어떠한 신앙상의 행위에도 간섭할 수 없다는 의미였다. 최근 수정 조항 제1조를 이 명백한 규정 내용과는 정반대 방향으로 해석하여 법원이 공립학교에서 국민이 기도를 올리는 것을 금지한 것은 명백한 헌법 위반이라 할 수 있을 것이다.

헌법 수정 조항 제1조는 사실 연방의회가 특정한 교회나 종파에 특별한 지지를 보내서는 안 된다고 금지한 것이었다. 하지만 이것이 종교적 감정에 사로잡히거나 누구나 바란다고 동의할 수 있는 신앙 행위를 공언하는 것을 제한하지 않는다는 사실은 명백했다. 수정 조항 제1조는 1789년 9월 24일 하원을 통과했다. 그다음 날 하원에서는 전국 감사와 기도의 날을 정하는 결의안이 2 대 1이라는 큰 표 차이로 채택되었다. 이러한 움직임에 대해 좀 더 자세히 검토해보자. 이것은 하원이 헌법 수정 조항 제1조를 어떻게 해석했는지를 알 수 있기 때문이다. 결의문은 다음과 같았다. "전지전능하신 신의 눈부신 은총, 특히 평화 속에서 국민의 안전과 행복을 기원하는 입헌정치체제를 수립할 수 있었던 것에 진심으로 감사드립니다."[148] 워싱턴 대통령은 이 기도와 감사의 날을 선포해달라는 요청을 받고 국경일로 지정했다. 그리고 미국인은 지금까지 널리 이날을 경축하고 있다. 워싱턴은 의회에서 이렇게 답변했다. "모든 국민의 의무는 전지전능한 신의 섭리를 인정하여, 그 고귀한 뜻을 따르며, 은총에 감사하고, 가호와 은혜를 간절하게 바랍니다. …… 위대하고 영광에 가득 찬 신은 일찍이 모든 선한 것을 창조하시고, 지금도 앞으로도 세상을 계속 창조하실 은혜가 깊으신 존재입니다. 우리는 국민에 대한 신의 은총과 가호에 마음에서 우러나오는 경건한 기도를 올림으로써 하나가 될 수 있습니다."[149]

당시 미국인 사이에서는 확실히 강력한 비그리스도교적인 또는 반그리스도교적인 세력이 활동했다. 그것은 흄, 볼테르, 루소, 특히 페인의 가르침에 영향을 받았다. 말할 것도 없이 페인은 자신을 반종교적이라고는 생각하지 않았고 "신은 오직 한 분이며 그 밖에는 없다"라는 신념을 고백했다. 그것은 "인간적인 신앙"이었다. 『이성의 시대(The Age of Reason)』(1794~1795)에서 체계화한 설은 이러했다. "나의 조국은 세계, 나의 종교는 선을 행하는 것이다."[150] 이 책은 당시 제퍼슨이 번역한 볼네의 회의론적인 『붕괴, 또는 제국의 혁명에 관한 고찰(Ruines ou Meditations sur les revolutions des empires)』(1791)이나 엘리휴 파머, 존 핀치, 존 페로스, 이던 앨런 등이 쓴 같은 종류의 책들과 함께 많은 대학에서 읽혔다.

『이성의 시대』는 학생뿐 아니라 일부 농민이나 직인, 상인조차 읽었다. 한 매사추세츠의 법률가는 이 책은 "자신이 어느 시대에, 왜 사는지를 모르는 사람들에게 높은 평가를 받았다"라고 말했다.[151] 존 애덤스는 독특한 과장과 독설을 섞어 페인에 대해 다음과 같이 썼다. "최근 30년 동안 인간과 사건에 토머스 페인보다 깊은 영향을 끼친 사람이 한 명이라도 있는가? 이것은 지금 이 시대에 대한 최고로 신랄한 아이러니이다. 이제까지 어느 시대에도 멧돼지와 암여우 사이에서 태어난 이러한 돼지개가 해악을 저지르는 것을 참고 견디지는 않았다. 이 시대를 페인의 시대라고 부르기로 하자."[152]

공교롭게도 애덤스가 이 글을 썼을 때(1805) 페인의 전성기는 끝났다. 페인의 "시대"는 1780년대부터 1790년대 초까지였다. 이어서 반동이 일어났다. 혁명기의 프랑스에서 비참한 경험을 한 뒤, 1802년 페인은 미국에 귀국해 변화를 느꼈다. 종교 열기가 급속하게 되살아났다. 사람들은 페인을 초조한 옛날 인물, 진절머리 나는 남자로 보았다. 옛 친구이자 당시 대통령이 된 제퍼슨조차 페인을 쌀쌀하게 대했다.

더욱이 제퍼슨 대통령은 워싱턴과 애덤스(훗날에는 매디슨)처럼 감사제에 성명을 발표하지 않는 이유가 무엇인지 장로교 성직자가 물었을 때, 수정 조항 제1조를 둘러싼 최종 해석을 내리면서 종교는 주 소관 사항이라고 말했다. "합중국은 종교단체, 그 교리, 계율, 신앙 행위 등의 간섭을 금지한다고 생각한다. 이것은 국교의 수립을 규정하거나 신앙상의 자유로운 행위를 금지하는 법률은 제정할 수 없다는 헌법 조항에서 유래한 것이고, 동시에 이 조항은 합중국에 위탁하지 않은 권한은 주에 유보한다고 정했다. 종교적 규율에 관한 일체의 권한은 연방정부에 위임하지 않은 것임이 분명하다. 이 권한은 어떤 권위자이든 가능한 각 주에 맡기지 않으면 안 된다."[153] 당시에는 국가와 교회를 가로막는 벽이, 있다 하더라도, 정부와 민중 사이가 아니라 연방정부와 각 주 사이에 있었다. 따라서 각 주는 수정 조항 제1조 성립 뒤에도 적당하다고 생각되는 경우에는 종래처럼 종교적인 대응을 계속했다.

해밀턴과 연방정부

헌법 제정 절차는 「권리장전」의 성립과 함께 끝났고 이제는 시행되기만을 기다렸다. 1789년 1월의 첫째 수요일에 각 주에서 대통령 선거인이 선출되었고 헌법이 발효되었다. 2월 첫째 수요일에 선거를 위해 소집된 선거인단은 3월 첫째 수요일을 "새 헌법에 의한 초대 대통령이 취임하는 날"로 결정했다. 뉴욕이 그 장소로 선정되어 새로운 국가의 영속적인 정부가 첫걸음을 내디뎠다. 선거인들은 워싱턴에게 투표한다는 가정 아래 선출되었고, 워싱턴은 그 직무를 받아들일 준비를 했다.

연방의회 의석을 놓고 치열한 경쟁이 벌어졌다. 반연방주의자들도 워싱턴을 대통령으로 추대하는 데 반대하지 않아 만장일치로 선출되었다. 부통령 후보로는 조지 클린턴이 거론되었으나 결국에는 간단하게 존 애덤스가 지명되었다. 워싱턴은 4월에 공식적으로 선거 결과를 통지받고 곧 뉴욕으로 향했는데, 그에 앞서서 한 친구에게 자신의 소회를 밝혔다. "[대통령직을 수락할] 필요가 분명하게 생겼고, 말하자면 피할 수 없는 운명이 된 그 순간부터 불안한 생각에 이런 예감이 듭니다. …… 나랏일을 위해 거의 다 바친 인생의 황혼에 다시금 곤혹과 고난의 길을 떠나야만 합니다. …… 실제로 지명에 응한 (때문에 겪게 된) 것들에 비하면 모든 것이 사소합니다. …… 걱정은 그대로 적중했습니다."[154]

사실 이것은 어디까지나 명분에 불과했다. 워싱턴은 직무에 임할 마음 준비를 단단히 하고, 뛰어난 대통령이 되었다. 불충하고 신랄한 부통령 애덤스는 "우둔한 늙은이"라고 불렀을지도 모르겠으나, 워싱턴은 자신의 직무를 잘 파악했다. 그가 처음으로 한 일은 국가 재정의 재건이었다. 이를 위해 해밀턴을 재무장관에 임명하고 일이 원활하게 진행되도록 마음껏 능력을 펼치게 했다. 새로운 국가가 처한 재정적 혼란과 그것이 원인으로 작용해 강력한 연방정부를 만들 수 없었던 경위를 간단하게 살펴보자.

1775년 대륙회의는 독립전쟁 당시 전쟁 비용을 조달하기 위해서 콘티넨털(Continentals)이라고 불린 불환지폐인 전쟁 채권의 발행을 승인했다. 1779년(12월)에는 총 발행액이 2억 4,160만 달러에 달했다. 이것은 채무의 극히 일부였고, 거기에다 연방 공채, 대외 채무, 모든 주들의 주 채권, 그밖의 부채가 더 있었다. 이런 것들이 미국 역사상 최악의 인플레이션을 불러왔다. 1780년에 콘티넨털은 사실상 휴지 조각에 불과했다. 1782년 전쟁이 끝나자 연합회의는 정부와 대륙군에 대한 청구를 조사하기 위해 위원을 각지에 파견하여 채무를 정화로 재평가했다. 그 액수는 2,700만 달러에 달했다. 연합규약에 따르면 연합회의에는 과세권이 없었다. 각 주에 과세권이 있었지만 다들 연합회의를 지원할 생각이 별로 없었다. 이 때문에 1780년대에는 공채를 더 많이 발행해야 했고 부채 이자를 감당할 수가 없었다.

1787년의 새 헌법은 말할 것도 없이 의회에 과세권을 인정했으나, 1790년 초 연방정부의 부채액은 국내 채무 4,070만 달러, 대외 채무 1,320만 달러를 기록했다. 정부 증권(즉 부채의 증거)의 시장 가격은 상대적 무가치의 정도에 따라 액면가 1달러당 15~30센트까지 하락했다. 다음 세대에 이러한 인플레이션과 대책없는 경솔함이 재앙처럼 라틴아메리카의 모든 나라를 덮쳤다. 라틴아메리카의 몇몇 나라는 이때의 타격으로 현재도 후유증을 겪고 있다. 어쨌든 합중국은 신용 등급이 전 세계의 모범인 영국이라는 줄기에서 파생한 나라였으므로 파산의 늪을 헤쳐나와야만 했다.[155]

해밀턴은 이 사태를 해결하고 국가 창설에 공헌했다. 해밀턴이 워싱턴을 비롯해 프랭클린, 제퍼슨, 매디슨, 애덤스 등과 함께 건국의 책임을 짊어진 소수 엘리트 집단의 일원이 되었다는 사실은 대단히 중요했다. 이들은 모두 사유재산의 보장이 인간의 자유와 밀접한 관계에 있다는 존 로크의 사상을 계승했다. 인플레이션은 연방과 주의 지폐를 무가치하게 만들었다는 점에서 재산에 대한 직접 공격이며 나아가 자유에 대한 위협이었다. 존 애덤스는 이렇게 말했다. "재산은 보장받아야 한다. 그렇지 않으면 자유는 존재할 수 없다." 해밀턴도 같은 주장을 했다. "재산 보장에 이별을 고하는 것은 자유에 이별을 고하는 것이다."[156]

이 신념에 따라 해밀턴은 재빠르게 움직였다. 1790년 1월 「공적인 신용에 관한 보고서」를 의회에 제출했다. 보고서는 격론 끝에 승인되었고 이 결정은 기묘한 부산물을 낳았다. 정부는 제퍼슨 진영이 해밀턴의 제안을 지지하는 대신에 제퍼슨 진영의 "새 수도를 포토맥 강변으로" 옮기자는 주장을 승인했기 때문이다. 해밀턴은 가치가 없는 연합정부의 공채인 콘티넨털에 대해 액면가 100달러당 1달러를 지불하는 조건으로 문제를 해결했다. 괴로운 심정으로 대륙 달러를 가지고 있던 사람들은 뭐라도 손에 넣은 자신들은 행운이라고 생각했다. 나머지 국내 부채와 대외 부채는 모두 태환이 가능한 장기 공채로 바꿨다.

해밀턴은 계획의 일환으로 같은 조건으로 모든 주의 부채를 연방정부에 넘기도록 했다. 이것은 불공평한 조치라는 비난을 받았다. 일부 주는 그전에 이미 부채를 상환한 반면, 준비가 덜 된 주들은 지연했기 때문에 득을 본 셈이었다. 하지만 포기할 수는 없었다. 가장 중요한 목표는 부채 중압에서 빨리 벗어나 건전한 신용을 얻어 재출발하는 일이었다. 이는 해밀턴의 계획은 돈이 지나치게 많이 든다고 말하는 사람들을 향한 답변이기도 했다. 확실히 돈은 들었지만 긴 안목으로 보면 그렇지가 않았다. 합중국은 이미 부유한 나라였다. 영국이 세계 최초의 공업 대국으로 부상했다고는 하지만 수입 하나만 놓고 보면 아마 미국이 세계 최고였을 것이다. 나라 살림이 넉넉해지면서 부채를 갚고 신용 대출을 받을 수 있는 등급도 회복되었다. 이에 따라 미국은 마침내 세계시장에서 확장 자금을 싸고 손쉽게 조달할 수 있었다.

의회는 해밀턴의 말에 전폭으로 신뢰를 보내며 재정 계획을 승인했다. 그 뒤 일어난 사건에서 해밀턴의 정책이 옳았다는 것이 입증되었다. 1791년 계획이 실행에 옮겨졌을 때, 미국의 채무는 국민 1인당(1980년대의 달러로 환산해) 197달러였다. 다시 이 금액으로 증가한 것은 남북전쟁 때였다. 1804년에는 120달러, 1811년에는 49달러까지 감소했다. 그 결과 1803년 미국이 루이지애나를 매입해 국토 규모를 배로 늘리는 데 필요한 1,125만 달러를 조달하려 했을 때 특별 우대 금리로 융자를 받는 데 아무 문제가 없었다. 그 무렵 아쉽게도 해밀턴은 과거의 인물이 되었다(1804년에 결투로 사망했다). 하지만 그는 합중국을 지불 능력이 있고 재정적으로 안심할 수 있는 나라로 만들어 역사의 성장 곡선에 올려놓은 인물이었다.[157]

해밀턴이 제일 먼저 시작한 정책은 채무 상환이었다. 그 문제가 가장 긴급히 해결해야 할 사태였기 때문이다. 해밀턴은 앞선 보고서에 이어 조세, 국립은행, 제조업 관련 3개 보고서를 의회에 제출했다. 부채 보상에 충당할 자금을 조달하고 연방정부의 경비를 지출하기 위해 1789년 해밀턴은 수입 관세로 30개 품목에 평균 8퍼센트, 그 밖의 상품에 5퍼센트의 종가세(從價稅)를 각각 부과했다. 1791년 이것에 더해 주로 위스키에 물품세를 매기는 조세안을 제안했고 의회는 이를 승인했다. 이것은 위험한 조처였다. 프런티어의 사람들은 모두 하나같이 위스키를 만들어 일종의 통화-거의 유일한 현금-로 사용했기에 이 같은 과세 정책으로 자신들을 공격 대상으로 삼았다고 믿었다. 특히 세금을 무엇 때문에 내야 하는지 그 이유를 도저히 이해하지 못했다. 그들은 변경 지대 원주민과 벌이는 끊임없는 전투를 미국 국민을 대표해서 싸운다는 의식이 강했기 때문에 국가에 대한 의무는 충분히 다한다고 생각했다. 변경 지대의 사람들은 무장을 갖추고 공격적이며 독선적이어서-거기다 거의가 가난하기조차 했다-아버지 세대가 인지세법을 증오한 것과 같은 정도로 물품세법을 싫어했다. 1791년에 시작된 폭력 행위와 납세 거부는 관례처럼 되풀이되었다.

1794년 7월 법 집행관들은 60명의 악명 높은 탈세자를 필라델피아 연방 법원의 심리에 소환했다. 그 결과는 폭동으로 이어졌다. 폭도들은 수석 세금 징세관의 자택을 불태우고 합중국 병사 1명을 죽였다. 연합에서 이탈한다는 공개 위협이기도 했다. 펜실베이니아 주의 미플린 주지사는 해밀턴의 요청을 물리치고 민병대를 파견하지 않았다. 재무장관은 대통령의 지지를 바탕으로 이 폭동을 국가에 대한 반역이나 폭동으로 보았고 미플린의 태도를 연방 법령에 반대하며 새 헌법 질서에 도전하는 행위로 간주했다.

해밀턴은 대통령의 재가를 얻어 1만 5,000명의 민병대를 펜실베이니아뿐 아니라 메릴랜드, 버지니아, 뉴저지 등지에서 소집해 배치했다. 헨리 장군이 지휘를 맡았으며, 보복심에 불타는 해밀턴이 동행하여 1만 2,900명의 남자들-워싱턴이 일찍이 이끌던 것보다 더 규모가 큰 대군-이 가을에 앨러게니스 산맥을 넘어 진군했다. 폭도들은 그런 큰 규모의 군대를 마주하자 자발적으로 해산했다. 해밀턴은 처벌을 위해 20명의 폭도를 검거하는 데조차 애를 먹었을 정도였다. 이 과정 전체를 멸시의 눈으로 바라봤던 제퍼슨에 따르면 이것은 "있지도 않는 반란" 사건이었다. 2명의 "주모자"가 반역죄를 선고받았으나 워싱턴은 교수형을 사면했다. 해밀턴은 자신의 주장이 정당하다는 것을 입증했고, 정부도 "신용과 힘"을 쟁취했다고 생각했다.[158]

해밀턴은 채무와 조세에 관한 보고서에 이어서 1791년 국립은행과 제조업에 관한 2개 보고서를 제출했다. 은행은 특별나게 새로운 발상은 아니었다. 영국에서 1690년대에 이미 설립된 국립은행은 최후의 근거지라고 할 금융기관 또는 국가의 통화 공급 기관으로 훌륭히 제 역할을 다했다. 1781년 의회는 노스아메리카 은행을 이 나라 첫 민간은행으로 허가하고, 정부에서 최초의 법인 자격을 부여했다. 이것은 재정 감독관이자 해밀턴 전임자였던 로버트 모리스의 시책이었다. 1782년 필라델피아에 설립된 이 은행에 프랭클린, 제퍼슨, 해밀턴, 제임스 먼로, 제이 등이 초대 주주와 예금주로 가입했다. 워싱턴이 이끈 대륙군의 전비 지출과 정부의 취약한 재정을 지원한 곳이 바로 이 은행이었다.

해밀턴의 계획은 한층 야심적이었다. 그 안에 따르면 합중국은행은 잉글랜드 은행에 가까웠다. 잉글랜드 은행은 진정한 중앙은행으로 특허를 받아 21년 동안 존속하면서 25명으로 구성된 위원회, 그리고 본점과 25개의 지점을 두고 정부의 재정기관으로 기능했다. 주식 대부분은 정부가 보유하고, 주요 고객도 정부였다. 제퍼슨은 헌법에는 중앙은행에 관한 규정이 없으므로 그러한 연방기관의 창설은 정부의 권한 밖 행위라고 항의했다. 또한 해밀턴의 제조업에 관한 네 번째 보고서에는 한층 격렬하게 저항했다. 실은 해밀턴은 애덤 스미스의 『국부론(Wealth of Nations)』을 기초로 삼자고 제안했다. 스미스는 자유기업 형태의 자본주의 경제에 대한 국가의 간섭은 중상주의로 역행하는 것이라며 반대했다. 해밀턴은 총론으로서는 그 설에 반대하지 않았으나, 옛 종주국 대영제국이라는 공업 대국에 비해 열세인 새로운 작은 나라 미국에서는 "산업에 자금을 유치하여 활성화할" 필요가 있다고 생각했다. 이런 지원은 미국 공업이 자립하기까지 일시적인 조치였다.

정치 라이벌 제퍼슨과 해밀턴

제퍼슨 진영은 이 안에 대해 경제 이론의 측면이 아니라 훨씬 더 근본적인 이유로 반대했다. 제퍼슨은 신생 공화국의 번영은 미국 농민과 농장주, 즉 토지를 소유하고 오로지 땅에 의지해 생계를 꾸리는 사람에 의해 유지되는 힘의 균형을 통해 실현된다고 믿었다. 그 이론은 매우 정서적이고 감성적인 것으로 그 기원을 로마제국에 찾았다. 키케로가 그와 같은 주장을 했던 것이다. 농민은 어쨌든 다른 사람들보다 공덕심이 깊고 자유를 지키려는 정서가 강하며 공화국 운영을 지지한다고 제퍼슨은 생각했다. 의도적으로 거대한 제조업 "이익집단"을 만들어 몇 천 명의 돈만 밝히는 사람들, 즉 특권이나 관세 특전을 떠들썩하게 요구하는 제조업자나 상인을 보호하는 것은 도덕적으로 타락에 이르는 길이라고 생각했다. 해밀턴은 그처럼 터무니없는(그렇다고 생각되는) 논리를 비웃었다.

하지만 적지 않는 거물 정치가, 특히 남부인이 제퍼슨의 의견에 찬성했다. 예를 들면 패트릭 헨리는 헌법이 내면적으로 표방하는 중앙집권 사상에 반대하면서 중앙은행 창설에 관한 제안을 "재계"라고 부르며 다음과 같이 말했다. "우리나라와 같은 농업국에서 대규모 재계를 창설하여 거기에 모든 것을 집중시키고 영속시키면, 틀림없이 미국의 자유를 빼앗아갈 것이다." 이것은 "합중국 헌법이 무너지든지, 그렇지 않으면 틀림없이 그것을 무너뜨릴 정신적인 첫 징조"였다.

남부의 농민과 대농장주는 필라델피아와 그곳 주민인 부유한 퀘이커교도를 싫어했으며, 뉴욕과 그곳 거리의 돈벌이 솜씨 좋은 변호사를 좋게 생각하지 않았다. 특히 보스턴과 그 지방의 부유한 상인이나 선주, 즉 북부의 모든 교회와 손잡고 미국의 노예제도 폐지를 주장하는 사람들을 증오했다. 따라서 보스턴의 부호들-캐벗 가, 로웰 가, 잭슨 가, 히긴스 가-이 해밀턴 뒤에 그림자처럼 바싹 붙은 점에 주목했다. 이런 현명한 젠틀맨 계층 인사들은 공채를 액면가의 15~20퍼센트로 구입했는데 해밀턴 덕택으로 액면가에 되팔았다. 농가에서는 크건 작건 간에 오랜 동안 은행을 싫어하는 역사가 있었다. 그 역사는 정화나 통화로는 전혀 자금을 조달할 수 없어서 신용 대출을 도입하려고 한 남부의 움직임을 영국 정부가 방해한 시대로 거슬러 올라갔다.

마침내 해밀턴의 거의 전부라 할 모든 정책이 농민의 증오를 한층 부채질했다. 정부 부채가 해소되고 있다는 해밀턴의 승리 선언도 이들을 감명시키지 못했다-재산가를 빼면 누구한테 이익을 안겨주는 것인가? 또한 북부와 함께 남부의 공업화에 힘을 쏟겠다는 연방의 공약도 평가를 받지 못했다-1793년 일라이 휘트니가 조면기(繰綿機)를 발명하여 면공업에 곧 대변혁이 일어났으나 남부인에게는 그러한 변화가 불필요하다는 입장이었다. 이리하여 두 집단은 새로운 국면을 형성하기 시작했다-남부와 북부, 농업 관계자와 제조업자, 버지니아 주와 매사추세츠 주, 주권옹호주의자와 연방주의 중앙집권주의자, 보수주의자와 혁신주의자가 대립했다. 제퍼슨에게 정당을 만들고 싶다는 생각은 없었다. "정당을 대동해야만 천국에 갈 수 있다고 한다면 그런 곳에는 갈 생각이 추호도 없다"라고 말했다. 하지만 결국 1790년대에 정당을 창당했다.[159]

이런 질문이 나올지 모른다-그렇다면 제퍼슨은 야당 지도자였는가? 그렇지 않았다. 워싱턴 내각의 국무장관이었다. 엄밀히 말해 정부 서열로는 제퍼슨이 재무장관보다 높았으나 실제로는 해밀턴의 권한이 더 컸다. 정부가 아직 성장기에 있던 이 단계에서는 특별히 다른 부처가 관장하지 않는 일은 모두 재무부가 담당했다. 예를 들면 우체국 운영이 그러했다. 그곳 직원은 325명으로 연방 공무원의 과반수에 해당하는 인원이었다. 해밀턴은 또 다른 이유에서 관료 왕국의 건설을 늘 생각했다. 제퍼슨은 해밀턴을 시기했다. 흡사 영국과 같은 상황이었다. 윌리엄 피트는 막강한 권력을 가진 재정 분야에 정통한 정치가였다. 냉철하고 엄격하며 감정을 드러내지 않고 효율을 올리는 것이 주된 관심사여서 런던의 금융가와 주식시장에서 사랑받은 인물이었다. 한편 찰스 제임스 폭스는 공상적인 자유주의자였다. 콘솔(1751년 각종 공채를 연금 형태로 정리한 것-옮긴이) 공채의 가격이나 영국 통화의 신용도 등은 전혀 알지 못하고, 자신의 엄청난 눈물로 자유의 나무에 물을 준다는 인물이었다. 말하자면 미국의 피트인 해밀턴과 미국의 폭스인 제퍼슨의 정치적 성향은 극과 극을 달렸다. 파리에서 일어난 혁명을 해밀턴이 한탄하고 제퍼슨이 칭찬한 것은 두 사람의 특징을 잘 드러낸다.

해밀턴과 제퍼슨은 성격이나 학식도 서로 달랐다. 제퍼슨은 몇 대에 걸친 특권적 토지 소유자라는 견실한 가문 출신이었다. 해밀턴의 가정은 매우 불안정했는데, 우리는 그에 대해 본인보다 더 상세히 알고 있다. 해밀턴은 자기가 태어난 해가 1757년이라고 믿었으나 실은 1755년이었다. 어머니 레이철 포셋(Faucette 또는 Faucitt, Fawcette, Fawcet, Foztet)−버지니아 식민지를 개척한 롤리의 이름을 96개 철자법으로 쓰듯이 그녀의 이름도 스펠링이 20개나 될 정도로 각각 달랐다−는 16세 때 나이 차가 많이 나는 존 레윈(Leweine 또는 Levine, Lavien, Lawein⋯⋯)과 결혼했다. 남편은 "키가 작은 유대인"이었다고 한다. 21세 때 남편 집을 나와 제임스 해밀턴이라는 여행 중인 스코틀랜드인과 가정을 꾸렸다. 이 남자는 방랑벽이 있는 인생 낙오자로 곧 종적을 감췄다.

1759년 레윈은 아내가 "사생아를 몇 명이나 낳았다"는 이유로 법원에 이혼을 신청했다. 이혼은 허락되었으나 당시 네비스 섬을 포함한 리워드 제도의 관습법인 덴마크법이 적용되었기에 레이철에게는 재혼할 권리가 없었다. 이 때문에 해밀턴은 정식 출생자가 아니었다. 앞서 말했듯이 자수성가한 해밀턴은 열심히 일했으나 사생아라는 사실이 그의 마음을 무겁게 했다. 해밀턴은 빈곤을 증오하며 악과 동일시했다. 그리고 가난을 연상시키는 가난한 사람들을 피하고 멸시했다.

작은 체구에 빨강 머리, 푸른 눈을 가진 해밀턴은 격정적인 성격으로 존경도 받고 두려움도 샀다. 솔직하게 의견을 밝혔는데, 그것은 당시 미국에서는 이미 정치적 골칫거리가 되고 있었다. "사람들은 모두 악당이고, 그 행위는 모두 사적인 이익만을 목적으로 한다고 생각해야 한다. 이런 이해관계를 이용하여 그들을 다스리고, 그들의 만족할 줄 모르는 탐욕이나 야망에도 불구하고 공익에 협력하도록 만들어야만 한다"라고 해밀턴은 썼다. 이것은 서인도제도의 빈민가 철학이었다. 그곳은 해적과 음모자가 감자 수프, 미네스트로네(채소, 파스타 등으로 만든 이탈리아 전통 수프-옮긴이)처럼 한데 섞여 생활하는 다민족 사회로 남녀를 불문하고 만인이 만인과 맞서 싸우는 전쟁터였다.

명백히 미국과는 다른 사회였다. 미국에서는 사람은 원래 선하게 태어나고 인격은 당연히 연마된다고 생각했다. 해밀턴은 그것을 "잠꼬대 같은 소리"라며 경멸했다. 부유하고 집안 좋고 안정된 남자들에게 적개심을 품었다. 예를 들면 제퍼슨처럼 가난한 사람들의 기분을 맞추고, 사람은 모두 평등하다고 말하며, 그것을 신념으로 삼고-또는 그런 체하며-행동하는 남자들을 증오했다. 해밀턴의 입장에서 보면 이것은 위험하고 어리석은 생각이었다. "불온하고 다루기 어려운 대중"을 굴복시키기 위해서는 엘리트층이나 귀족계급이 필요했다. 그렇지만 그들은 자기 이익을 추구하는, 강인한 정신을 지닌 사람이어야 했다. 국가는 영국처럼 "정기적인 영예와 보수의 분배라는 수단으로" 이들을 회유해야 했다. 즉 엘리트층에게 "정치의 한 부분을 확고하고 항구적으로" 가지게 하여 "민주주의의 경솔한 움직임을 억제하도록" 해야 한다고 주장했다.

해밀턴은 이런 신념을 바탕으로 종신제 상원 제도를 원했다. 간접선거로 선출되어 죽을 때까지 의원을 유지하는-세습 귀족이 구성하는 영국 상원과 같은-구조였다. 이 밖에도 영국 정치체제의 다양한 면을 평가하면서 영국 체제는 "공공의 힘과 개인의 안녕을 묶은" 유일한 제도라고 했다. 이로써 해밀턴은 "반동적"이라는 낙인이 찍혔는데 어떤 의미에서는 그 말이 맞았다. 하지만 선견지명이 있는 인물이었다. 그는 주정부제도는 미국이 "대제국"이 되는 것을 방해만 하는 과거 유물이라고 여겼다. 로드아일랜드나 델라웨어와 같이 작고 보잘것없는 주는 의미가 없다고 생각했다. 워싱턴의 오른팔로 전쟁에 참가한 경험을 통해 그는 위급한 상황일 때도 모든 주가 얼마나 이기적이고 어리석은 행동을 저질렀는지 잘 알고 있었다.

해밀턴은 제퍼슨과 마찬가지로 모순에 찬 인물이었다. 공화국을 위해 싸웠지만 민주주의를 싫어했고, 가난하게 태어난 식민지 사람 출신이면서 귀족계급을 사랑했으며, 워싱턴의 충실한 종복이면서 뒤에서는 주인의 "얼간이" 같은 짓을 경멸했다. 매우 곧은 남자였으나 친구의 공금 횡령은 눈감고 모른 체했고, 왕정주의자이면서 공화국 건국을 도왔고, 가정적으로는 애정에 넘쳤으나 사랑의 모험(과 고백) 따위는 전혀 몰랐다. 한번은 내각 동료이자 육군장관인 헨리 녹스 장군에게 이렇게 말했다. "언제나 나 자신의 마음이 이끄는 대로 판단을 내렸습니다." 어떤 의미에서 이 말은 진심이었다. 해밀턴은 충동적이었다-그렇지 않았다면 왜 결투를 싫어한 남자가 마지막에 결투로 목숨을 잃었을까?

해밀턴과 제퍼슨의 마음은 서로 달랐다. 해밀턴의 마음에는 극도로 냉소적인 그의 인간관과 상반되게 따뜻한 피가 흘렀다. 이에 비해 제퍼슨의 가슴은 장밋빛의 거의 순진할 만큼 이상화된 인간성에 온전히 맞춰져 있었다. 해밀턴은 "우파의 루소"라고 불렸다. 이런 해밀턴을 제퍼슨은 "자수성가한 사람"으로 "이해력이 뛰어나고 개인적인 욕심이 없으며 정직하고, 사적인 면에서는 명예를 존중하고 사회적으로는 남한테 호감을 사며, 그리고 사생활에서는 하나 나무랄 데가 없는 인품의 소유자"라고 평가했다. 그러면서 제퍼슨은 이렇게 덧붙였다. "해밀턴은 영국의 선례에 지나치게 치우쳐서 한 국가의 정부는 반드시 부패한다고 확신했다."

해밀턴이 천재였던 것은 사실이다-헌법 제정에 관여한 멤버 가운데 틀림없이 그런 호칭에 걸맞은 유일한 위인이었다. 규정할 수 없고 설명할 수 없는 천재성의 소유자였다. 그는 어떤 범주에도 들어맞지 않았다. 우드로 윌슨은 훗날 "매우 위대한 인물이지만 위대한 미국인은 아니었다"라는 평가를 내렸는데, 이는 틀린 말은 아니었다. 그러나 미국인답지는 않았다 하더라도 해밀턴은 미국 공직 생활의 중심 장치-마침내 공화당으로 열매를 맺은 광범위한 의견의 집합체-를 만들어내는, 어쩌면 그것의 윤곽을 그려 보였다고 말해야 할지 모르지만, 일에서 큰 역할을 했다.[160]

마찬가지로 제퍼슨 진영은 해밀턴의 재정 및 경제 정책과 입헌 중앙집권주의에 반대하는 세력을 확대해 훗날 민주당이 되는 정당을 창당했다. 하지만 창당 당시에는 공화당이라는 혼란스러운 이름을 붙였다. 1790년대 초는 미국이 이른바 순진한 시대를 보내고 번영하는 광대한 나라의 정부가 부패하지 않고 발전할 수 있을지 자신감이 흔들리던 시기였다. 해밀턴은 이 점에 대해서는 조금도 환상을 가지지 않았다-사람은 타락한 생물이라는 것이 그의 지론이었다. 그런 의미에서 그는 진정한 보수주의자였다. 한편 제퍼슨 진영은 이 시대를 충격과 함께 받아들였다. 제퍼슨은 분열된 성격에 걸맞게 협상과 타협과 거래를 할 줄 아는 인물이었다. 연방정부의 채무 상환 안에 남부인의 지지를 받는 대가로 수도를 남부의 포토맥 강변으로 이전하는 교섭을 성공시킨 사람이 제퍼슨이었다. 하지만 본인은 그것을 통해 개인적으로 덕을 본 것은 아무것도 없다고 맞받아치곤 했다.

처음으로 개인적인 부패가 발각된 충격이 펜실베이니아 상원의원 윌리엄 매클레인의 일기에 남아 있다. 매클레인은 「채무에 관한 보고서」가 공표된 1790년 1월 14일에 정부 기밀 정보가 특정한 개인에게 의도적으로

누설된 사건에 관해 기록을 남겼다. "오늘 이른바 예산안이 하원에 제출되었다. 공채 가격이 이따금 이상 조짐을 보이며 치솟아 전부터 주목을 받았는데, 필라델피아나 다른 곳에서도 그 이유를 알지 못했다. 하지만 재무부의 [공채를 액면대로 전액 지불할 것을 제안하는] 보고서로 모든 것이 명백해졌다." 그다음 주에는 이렇게 썼다. "노스캐롤라이나의 호킨스에 따르면, 여기로 오는 도중에 공채에 투기하려고 많은 현금 뭉치를 싣고 노스캐롤라이나로 향하는 특급 마차 2대가 지나쳐 갔다고 한다. 워즈워스는 공채를 매점하려고 작은 배 2척을 남부 주들에 보냈다. 하원의원들이 이 공채 투기에 누구보다 깊숙이 관련된 것은 아닌지 정말로 염려스럽다."[161]

미국 정치가들, 그 가운데서도 남부인에게 이것은 파렴치한 "금권"이 실재한다는 최초의 확실한 증거였다. 이 거대하고 모습을 드러내지 않으며 바다 밑 문어처럼 보기 흉한 피조물은 뉴욕, 보스턴, 북부, 영국, 런던의 금융가 은행들-특히 중앙은행-에 서식하며 처음부터 끝까지 공화정에 적합하지 않은 비미국적인 태도를 보였다. 이 악몽 같은 음모는 그 뒤에 몇 세대에 걸쳐 민주당 정치가들을 괴롭혔다. 그것이 처음으로 모습을 드러낸 때가 바로 1790년대였다.

워싱턴의 용인술

미국 역사상 진정한 첫 정부인 워싱턴 정권의 첫 내각은 성향이 다른 사람들로 구성된 연립정권이었다. 워싱턴은 처음에는 이에 대해 어떠한 불협화음도 느끼지 못했다. 정부의 수장인 동시에 국가를 이끄는 사람으로서 북부와 남부, 농업과 상업과 제조업 등 국내의 모든 대집단의 이익을 도모해야 한다고, 다시 말해 새로운 국가를 지리적으로 융화시켜야 한다고 생각했다. 당연히 갈등이 빚어질 터였다. 이처럼 거대한 국가가 어떻게 그러지 않을 수 있겠는가? 워싱턴은 사우스캐롤라이나의 윌리엄 라우턴이 말한 새로운 국가관에 찬성했다. "우리는 선하건 악하건 간에 상대방의 악습이나 죄악을 다 함께 받아들였다. 북부 주는 남부의 노예제도를, 남부는 북부의 퀘이커교를 인정했다."

합중국은 마치 결혼과 같았다. 워싱턴이 보기에, 영국처럼 정당끼리 그리고 정부와 야당이 공개 논쟁을 하기보다는 내각에서 이해를 조정하고 쟁점을 중재하는 편이 더 바람직했다. 게다가 미국은 정치 구조가 달랐다. 권력 분립 때문에 행정부 관료는, 영국 하원처럼 본인이 직접 책임지고 답변할 수 있는 의원을 겸직할 수 없었다. 워싱턴은 실무적으로 권력은 분리하면 할수록 더 좋다는 사실을 깨달았다. 정부에서 워싱턴 자신이 직접 나서서 처리한 한 가지는 조약을 맺는 일이었다. 그는 인디언 조약 협상 과정에서 상원 출석 요청을 수락했다. 이것은 단순히 우호적인 제스처에 불과했으며 헌법상으로는 그럴 필요가 없었다. 하지만 교섭 과정에 대한 자신의 설명이 받아들여지는 대신 특별위원회에 모든 것을 상정하라는 결정이 내려지고 그 위원회에 대통령이 출석하라는 요청을 받자 분노가 폭발했다. 워싱턴은 "짜증을 내며" 언성을 높였다. "이것은 내가 여기에 온 목적과 완전히 어긋난다." 그리고 출석을 거부하며 두 번 다시 의회에 모습을 드러내지 않았다. 그 뒤로는 헌법에 규정된 대로 조약이 완료되었을 때만 의회로 넘겼다.

권력 분립과 병행하여, 워싱턴은 주요 파벌을 골고루 정권에 포진시키는 것이 좋은 수단이라고 판단했다. 실제로 부통령인 애덤스가 뉴잉글랜드의 이익을 대변하므로 균형을 맞추기 위해 해밀턴(뉴욕)과 육군장관 헨리 녹스(1750~1806)를 각료로 앉혔다. 기운 넘치는 커다란 몸집의 녹스는 보스턴에서 서적상으로 시작해 입신출세하여 워싱턴이 가장 신뢰하는 장군이 되었다. 해밀턴과 녹스 두 사람 모두 열렬한 연방주의자였다. 이에 대해 국무장관인 제퍼슨과 에드먼드 랜돌프(1753~1813)는 모두 버지니아 출신으로 주권옹호주의자였다. 이들 6명이 머리를 맞대고 정부 정책을 결정했다. 그 모임을 영국과 마찬가지로 내각 회의라고 불렀으나, 영국과 마찬가지로 그에 관한 법률이나 헌법상의 근거는 없었다.

미국의 각료 회의는 워싱턴의 관저가 있는, 월스트리트와 맞닿은 브로드웨이 29번지에서 열렸다.[162] 이 초대 정권의 비공식성과 작은 규모를 지나치게 강조하는 것은 가혹할 것이다. 워싱턴은 아무것도 없는 현실에서 시작하지 않으면 안 되었기 때문이다. 하지만 이에 관해 그는 전혀 걱정하지 않았다. 똑같은 상황을 1776년 육군을 창설할 때도 경험했다. 일의 규모는 문제가 아니었다. 1790년대 후반까지 마운트버넌 자택에는 정부의 핵심 인사들보다 그곳에서 일하는 사람들이 훨씬 더 많았다.

워싱턴은 대통령 취임 당시에는 이제 나이가 들었다고 생각했으나 실제 나이는 아직 57세였다. 하지만 연기자 역할에 어느 정도 익숙해지자 노인인 체하기를 좋아했다. 엄숙한 각료 회의에서는 안경을 손으로 찾으며 이렇게 말했다. "공직에 쫓겨 백발이 되어버렸는데 이제는 눈마저 잘 안 보인다네."[163] 또 버럭 분통을 터뜨리기도 했다. "화를 내면 격렬했다"라고 그 자리에 참석한 제퍼슨은 분위기를 전했다. 각료 회의에서 진정성을 의심받으면 "하느님께 맹세코"라는 말로 시작했다. "전 세계 제왕이 되기보다 내 농장에 있는 게 좋다네." 제퍼슨은 다음과 같이 말했다. "마음은 따뜻했지만, 상대방 값어치를 정확하게 계산하고 그에 비례해 확실한 존중 의사를 보였다." "그 자리에서 민첩하게 대응할 수 없는 말하기보다는" 글

쓰기에 능숙했다. 제퍼슨은 워싱턴을 비관론자로 보았다-헌법은 공평하고 합당하게 시도했지만, 인간과 인간이 헌법을 통해 누릴 자유를 전혀 신용하지 않았기 때문에 미국은 영국 정치체제와 같은 결과로 끝날 것이라고 생각했다.[164]

　　제퍼슨은 워싱턴이 대중을 믿지 않아 국민과 두터운 장벽을 쌓는다고 지적했다-"접견, 생일 축하 행사, 의회의 거드름 피우는 모임은 워싱턴이 기대한 변화에 참석자들이 서서히 익숙해지도록 계산된 것이었다." 이는 역사가에게 어처구니없는 짓으로 비친다(워싱턴은 1789년 취임 이후 국왕처럼 행동했으며 국민들도 자신들이 국왕을 선출한 것처럼 여겼다-옮긴이). 특히 그로부터 10년 뒤에 나폴레옹이 똑같은 목적으로 터무니없을 만큼 정성 들여 준비한 것과 비교할 때면(나폴레옹은 1799년 쿠데타를 일으켜 정권을 장악한다-옮긴이). 워싱턴은 그럴싸한 대통령 관저를 갖지를 않았다-직원은 14명뿐이고 비서실은 단출했다. 이 모든 것을 갖추기 위해 그는 돈을 빌려야 했다. 워싱턴이 악수 대신 간단한 고갯짓으로 인사했다는 것은 사실이다. 하지만 그것은 성격 탓으로 원래가 그랬다. 제퍼슨은 훗날 워싱턴이 공식 무도회에서 무대 위에 놓인 소파에 옥좌의 제왕처럼 위엄 있게 앉아 있었다고 비난했다. 하지만 제퍼슨은 그것을 소문으로만 들었을 뿐으로 옥좌 운운은 사실과 거리가 멀었다.[165] 또한 워싱턴이 차린 것은 많지만 지루하기 짝이 없는 만찬회를 열었다는 소문도 분명 사실이다. 신랄한 매클레인 상원의원은 이렇게 썼다. "무겁게 깔린 진지한 검은 구름을 뚫고 화창한 햇볕은 비추지 않았다. 먹고 마시는 틈틈이 대통령은 나이프와 포크를 잡고 식탁을 드럼처럼 두드렸다."[166] 하지만 매클레인은 누구에게나 그런 심술궂은 말을 갖다 붙였다-애덤스는 "반바지를 입은 원숭이", 거버너 모리스는 "절반은 외교관, 절반은 야바위꾼", 매디슨(키가 약 160센티미터 남짓했다)은

"꼬마 전하"라고 불렸다.

그리고 대통령으로서 여행할 때-두 차례에 걸쳐서 북부와 남부로 공식 출장 여행을 떠났다-에는 미국인의 표준 관점에서 보면 워싱턴은 확실히 이채로웠다. 대통령의 흰 마차는 950달러를 들여 필라델피아의 클라크 형제상회에서 막 수리를 끝낸 중고품이었다. 큰 키에 늠름한 존 페이건이라는 독일인 용병이 표범 가죽으로 감싼 마부 자리에 자리 잡았다. 수행은 부관 잭슨 소령, 비서, 하인 2명, 그 뒤를 따르는 기수 등이 맡았다. 그 밖에 작은 화물마차와 안장을 얹은 말 5필이 뒤따랐고 대통령의 애마 프레스콧도 그 대열에 있었다. 맨 뒤에는 수많은 피비린내 나는 위험한 전쟁터를 워싱턴과 함께 누빈 16명의 백마 기병대 용사들이 호위했다. 마차 행렬은 화려하게 트럼펫을 불면서 마을과 도시를 빠른 속도로 달려와서 주민들을 기쁘게 했다. 사람들에게는 이것이 생애 오직 한 번 대통령을 먼발치에서나마 볼 수 있는 기회였다. 이 간소한 행차에 항의한 제퍼슨은 돌이켜보면 버지니아의 신사라기보다는 오히려 뉴잉글랜드의 융통성 없는 청교도 같았다.

이 행렬로 공식 출장 여행 도중 대통령은 몇 번이나 혼이 났고 죽을 고비까지 넘겼다. 특히 볼티모어 가까이 있는 세번 강을 건널 때는 강물에 빠져서 거의 익사할 뻔했고-"서툰 선원과 불안정한 배 때문에 하마터면 큰일이 날 뻔했다"라고 워싱턴은 못마땅한 듯이 일기에 썼다-흰 마차와 함께 일행 모두가 옥퀴쿠암 강에 처박히기도 했다.[167] 1790년대에 길이 험한 미국에서 여행에 나서려면 어떤 대범한 인물이라도 오랫동안 위엄을 갖추기가 어려웠다. 워싱턴이 훌륭한 점은 여행 도중 메릴랜드의 시골 만찬회에서 15차례에 걸쳐 한없이 건배(와 연설)가 이어졌지만 내내 존중하는 자세를 잃지 않았다는 사실이다. 수행원인 토비아스 리어는 이렇게 평

제 2 장 ㅣ 자유의 헌법이 굳게 지켜지기를

했다. 워싱턴은 "친한 지인들에게조차 단정하지 못한 모습을 보여준 적이 없는 고결함을 갖춘 유일한 인물이었다." [168]

당파의 출현

내각 안에서 의견이 각자 다르고 양대 정당-양쪽 모두 내각에 대표가 있었다-이 은밀하게 모습을 드러내고 있었음에도 워싱턴 대통령의 정치는 성공적이라는 인식이 널리 퍼졌다. 북부와 남부 두 파벌을 대표하는 애덤스와 제퍼슨은 워싱턴에게 강력하게 재출마를 권했다. 그것은 결정적인 요인이 되지 못했다. 1792년 워싱턴은 보기에 안쓰러울 정도로 고향인 마운트버넌에 돌아가길 원했기 때문이다. 하지만 결국에는 여성들에게 설득당하고 말았다. 워싱턴은 현명하고 통찰력 좋은 여성들에게 유독 약했다. 심지어 해밀턴처럼 머리가 좋고 유능한 젊은이보다 더 선호했다.

그의 마음을 사로잡은 여성은 헨리에타 리스턴이었다. 그녀는 인품이 우아하며 직관력이 뛰어났다. 남편은 스코틀랜드 출신의 영국 외교관이었다. 이 밖에 일라이자 파월이라는 여성도 있었다. 그녀는 필라델피아의 전임 시장 샘 파월의 부인이었다. 1790년 수도가 뉴욕에서 필라델피아로 이전하자(1800년 워싱턴 시가 생길 때까지 존속) 파월 부인은 위대한 친구 워싱턴이 그곳에서 정식으로 나라를 다스리길 원했다. 부인은 대통령에게 감정에 치우치지 말고 자신에게 맡겨진 의무를 중요시하라고 설득했으며 이 작전은 효과를 봤다.[169] 리스턴 부인도 워싱턴의 마음을 돌리는 데 큰 역할을 담당했을 것으로 짐작된다. 이 부인은 영국의 엘리트들 대부분과 같은 견해를 가지고 있었다-워싱턴은 일부 혁명가와는 달리 "분별 있는" 남성이며 "센스가 좋고" "인내심이 강하기" 때문에 미국에 교섭 상대 또는 장래의 친구로서 "신망"을 가져다준다고 보았다.

두 번째 임기가 시작되자 워싱턴은 이전보다 연방주의자 쪽으로 기울어 다른 파의 회유에는 그다지 신경 쓰지 않았다. 워싱턴의 남다른 인내심이 거의 한계에 이르자, 제퍼슨과 갈라서는 것은 필연적인 일이 되었다. 초대 임기가 끝나갈 무렵 제퍼슨과 제일 가까워 보이는 정치가 동료 매디슨이 하원 야당의 실질적인 지도자로서 두각을 나타냈다. 1791년 대통령 선거에 앞서 제퍼슨과 매디슨 두 사람은 "식물채집 여행"이라는 이름으로 허드슨 강 상류에 가서 다양한 부류의 불평분자들과 회합을 가졌다—먼저 에런 버(1756~1836)가 있었다. 날카로운 인상의 뉴욕 변호사로 해밀턴의 정적이었던 에런 버는 "성 태머니의 아들들(the Sons of St Tammany)"이라는 단체("태머니 홀[Tammany Hall]"이라는 이름으로 더 많이 알려졌다—옮긴이)를 이용해 당파적인 시 기구를 만들려고 했다. 또 아일랜드 이주민 2세로 격렬한 야당 인사인 뉴욕 주지사 조지 클린턴(1739~1812)이 있었다. 그리고 뉴욕에 군림하는 리빙스턴 가의 사람들이 있었다. 그들은 해밀턴과 대통령과 관련된 알 수 없는 이유로 "떠들썩한 무리"와 연대한 가문이었다. 이것이 미국 역사상 최초의 정당 정치 모임이었다. 야당계 뉴요커들은 주권옹호주의자인 버지니아 사람들과 동맹을 맺었다. 이 새로운 연대의 결과로 매디슨의 옛 동급생 필립 프리노가 필라델피아에 와서 야당 기관지 「내셔널 가제트」를 발행했다. 프리노의 논설은 대통령을 격분시켰다.

사태를 위기로 몰고 간 것은 점점 과격해져서 피에 굶주린 프랑스 정부, 특히 무책임한 주미 프랑스 대사의 정도를 벗어난 행동이었다. 워싱턴의 두 번째 임기가 시작되기도 전인 1792년 11월 19일, 파리의 과격 공화주의자들은 "세계의 모든 왕에 대한 싸움과 모든 나라 국민에 대한 평화"를 내걸고 혁명을 선언했다. 미국에는 "과격 선동가" 딱지가 붙은 파리의 급진주의자 에드몽샤를 주네가 이 선언을 실천하려고 부임했다. 얼마 후 영국이 프랑스와 전쟁 상태에 들어가자 워싱턴은 곧바로 미국의 중립을 선언했다. 하지만 이것은 주네의 생각이 아니었고 제퍼슨도 처음에는 생각하지 못했다.

주네는 대대적인 선전 공세를 펼치기 위해 혁명군 군함 랑뷔스카드 호로 바다를 건너 필라델피아에 도착했다. 짙붉은 머리칼에 거친 외모를 가진 이 왜소하고 땅딸막한 남자의 커다란 입에서 7개 국어로 정열적인 연설이 격류처럼 쏟아졌다. 주네는 신임장 제출조차 마치지 않은 상태에서 미국인에게 "궁전과 옥좌의 폐허 위에 자유의 전당을 세우라"고 설교했다. 이 해프닝은 새로운 것이면 무엇이든 자신들이 최초라고 생각하는 프랑스인의 특징을 있는 그대로 드러낸 오류였다. 주네는 미국인이 이미 자유의 전당을 건설했으며 궁전도 옥좌도 폐허 속에 내버렸다는 사실을 망각했다.

물론 미국에도 과격주의자들-대서양 너머의 자코뱅주의자들-이 있었다. 재무장관 해밀턴 밑에서 차관을 지낸 인물로 연방주의자 지주인 올리버 월컷은 미국의 자유는 "프랑스의 혁명 세력과 관계가 있다고 생각하는" "미국의 자코뱅주의자들"을 비웃었다. 그런 무리들이 열광적인 프랑스 협회를 설립했고, 그 같은 종류의 조직이 30개 넘게 출현했다. 프리노가 경영하는 신문사는 분개하는 워싱턴의 바로 코앞인 필라델피아 마켓가 209번지에 있었는데, 동료 조직과 주네의 작전사령부 노릇을 담당했다.

대사 주네는 프랑스군에 참여할 병사들과 영국 상선을 습격할 일종의 해적선인 사나포선(私拿捕船) 승무원 모집을 시작했다. 그는 파리의 윗사람들에게 이렇게 자랑했다. "영국의 굴레를 깨부수라고 캐나다인들을 선동하고 있습니다. 켄터키인들을 무장시켜서 뉴올리언스로 손쉽게 남하할 수 있는 해군 원정을 제안하고 있습니다." 자신의 주장에 워싱턴이 무관심하자 짜증이 난 주네는 곧 적대적으로 돌변해 "대통령 대신 국민에게 호소하겠다"라고 협박했다.[170]

제퍼슨은 처음에는 "프랑스 원숭이"를 환영했으나 마침내는 당혹감을 보이며 외면했으며, 편두통-위기나 곤란한 상황이 닥칠 때마다 제퍼슨이 호소하곤 하던 증상-이 생겼다면서 자리에 드러누워버렸다. 주네의 협박에 격노한 워싱턴은 국무장관 제퍼슨에게 문제의 대사를 곧바로 견책하고 본국에 송환하라고 지시하려 했지만 그가 꾀병을 핑계로 업무를 놓고 있다는 사실을 알았다. 그러자 워싱턴은 제퍼슨 앞으로 분노에 찬 편지를 보냈다. "어떻게 프랑스 공화국의 외교관이 면책특권을 내세워 미국 정부의 법률을 무시하려고 들며, 더 나아가 국민에게 호소하겠다고 대통령을 협박할 수 있는가? 세계가 이러한 행위와 그것을 감수하는 합중국 정부를 어떻게 생각하겠는가?"

제퍼슨은 자신이 사임 위기에 내몰리고 있다는 사실을 눈치 챘다. 그 직후 국무회의에서 주네의 소환 요구가 결정되었고, 대통령은 그 자리에서 프리노의 신문에 실린 풍자화에 분통을 터트렸다. "제퍼슨과 워싱턴의 장례식"이라는 제목으로 "전제적 지도자가 단두대 아래 누워 있는" 모습을 묘사한 것이었다. 워싱턴은 모든 사람들 앞에서 "하느님에 맹세코" 대통령으로 있기보다 "무덤에 들어가는 편이 낫다"라고 말하곤, 반대파가 "부끄러움도 모른 채 대통령을 모욕하려고 한다"라고-제퍼슨을 쳐다보며-비난했다.[171]

공교롭게도 주네는 본국으로 돌아가지 않았다. 파리에서 지롱드 파가 숙청되고 산악파가 승리하자 주네 본인이 단두대 아래 놓일 위험에 처한 것이다. 그는 미국 체류 허가를 신청했고 워싱턴은 마지못해 승인했다. 주네는 곧 조지 클린턴의 딸과 결혼했고 뉴욕 주 북부에서 모범적인 시민으로 지내며 1834년 출간된 조지 밴크로프트의 기념비적인 저서 『미합중국의 역사(History of the United States)』 제1권을 읽을 때까지 오래도록 살았다.

제퍼슨이 경질되고 랜돌프가 후임으로 취임했다. 랜돌프는 원래 제퍼슨을 지지했는데, (제퍼슨의 말에 따르면) 점차 대통령의 완전한 추종자로 바뀌었다―"지금까지 만난 사람 가운데 가장 불쌍한 카멜레온으로 자신의 색깔은 없고 가장 가까이 있는 사람의 색깔에 물들었다. 나와 같이 있을 때는 휘그, 해밀턴과 함께 있을 때는 토리, 그리고 대통령 곁에 있을 때는 그를 기쁘게 할 색깔로 변신했다." 하지만 랜돌프 국무장관은 오래가지 못했다. 랜돌프의 정적들이 프랑스에 보내는 외교문서를 가로채 대통령에게 고의로 흘렸다. 그 속에는 국무장관이 미국의 정책을 파리 쪽으로 트는 대신 프랑스에 뇌물을 요구하는 내용이 들어 있었다. 워싱턴은 결국 이 미끼에 걸려들었다. 랜돌프에게 아무 내색 하지 않고 이중적으로 대하다가―워싱턴은 마음만 먹으면 능히 두 얼굴을 가질 수 있었다―갑자기 공격을 퍼부으며 반역이라고 비난했다. "하느님께 맹세코 …… 세계 최악의 거짓말쟁이다!"

랜돌프는 즉시 사임하는 도리밖에 없었다. 하지만 곧 사실이 밝혀졌고 역사가들도 그것을 확인했다. 랜돌프는 행정부에서 정책을 결정하는 것은 자신이라고 프랑스에 약간 허풍을 떨었을 뿐이었고 그 밖에는 죄가 없었다. 워싱턴은 자신이 잘못을 저질렀으며 옛 동료에게 부당한 처분을 내렸다는 것을 깨달았으나 때는 너무 늦었다. 이 사건의 전모가 정치에 염증을 내는 원인이 되었다.[172] 두 번째 임기가 끝나갈 무렵 대통령이 영원히 은퇴할 결심을 굳혔다는 것은 의심할 여지가 없었다.

워싱턴의 시대, 특히 그 말기에는 정당 출현은 막지 못하며, 양당 정치가 바람직스럽지만 운용이 간단하지 않고, 아울러 유토피아적인 공화정의 "즐겁고 확신에 찬 아침은 두 번 다시 오지 않는다"는 사실이 밝혀졌으나, 워싱턴의 정치는 전반적으로는 대성공을 거뒀다. 이 정권은 국가 신용도를 회복했으며 채무를 상환하여 효율적인 재정 구조를 구축했고 중앙은행을 창설했을 뿐 아니라, 끊임없이 문제가 생기는 가운데서도 무사히 연방의 중심 노릇을 수행했다.

미국의 눈부신 발전

1789년 밴쿠버 섬의 모피 거래권을 둘러싸고 영국과 에스파냐 사이에 분쟁이 일어나 누트카 해협 협정(1790)이 체결될 무렵, 미국은 처음으로 태평양 북서부에서 장래의 역할에 눈을 떴다. 워싱턴은 국가로서 중립을 지키는 한편, 이 지역에 대해 기본 정책을 확립했다. 이에 따라 북서부는 마침내 합중국과 영국령 캐나다 간에 평화롭게 분할되었고, 에스파냐(그리고 러시아)는 이 지역에서 완전히 퇴출되었다.

1793년부터 유럽 국왕들이 혁명 프랑스와 전쟁을 시작하자 워싱턴은 신중하게 중립 정책을 유지했다. 이 기회를 이용해 10년 전 파리조약에서 남은 문제를 처리하고자 연방 대법원장 존 제이를 런던에 파견했다. 제이 조약(1794)은 워싱턴을 비판하는 사람들-제퍼슨을 포함해서-의 입장에서 보면 영국 외교의 터무니없는 승리라고 하겠지만 실상은 전혀 달랐다. 이 조약에 따라 영국군은 북서부 지방 주둔지에서 철수할 것을 약속했다. 영국군이 주둔한 덕분에 캐나다 상인은 모피 거래 루트를 지배한 반면, 미국인은 오하이오밸리에 온전히 정착하는 것을 방해받았었다. 또한 제이 조약으로 미국 선박은 비록 한정적이긴 했으나 서인도제도와 통상 기회를 얻었으며, 또 영국과 무역에서 최혜국 대우 자격을 획득했다. 결국 전체로 보면 이 조약은 미국의 수출과 통상, 영국의 대미 수출을 모두 신장시켰고, 이에 따라 수입 관세 증가로 해밀턴의 수익 역시 늘어났다. 이는 두 조약국에 커다란 이익을 가져온 반면에 피해는 전혀 없는 보기 드문 통상조약이었다. 야당이 의회에서-주로 친 프랑스 감정에 자극받아-반대의 목소리를 높인 것은 현대 역사가에게는 이해가 안 되는 일이었다.

제이 조약을 기반으로 워싱턴은 주영 공사 토머스 핑크니(1750~1828)를 마드리드에 파견하여 에스파냐와 협정을 교섭하도록 했다. 핑크니 조약에서 미국은 에스파냐로부터 대폭 양보를 받아냈다-미국이 주장한 미시시피 강 동부 그리고 플로리다 서부와 동부의 경계선을 확정했으며, 이에 못지않게 중요한 미시시피 강 어귀의 군항 뉴올리언스에서 화물 선적과 항해에 관한 권리를 인정받았다. 이 두 조약에 따라 오하이오 계곡과 미시시피 계곡을 향한 미국의 서부 개척을 가로막고 있던 마지막 장애가 사실상 제거되었다.

동시에 1780년대 말에는 해상무역에서 눈부신 발전이 있었다. 미국 선박이 서인도제도에 대거 진출하여 네덜란드령과 프랑스령의 섬들을 상대로 교역이 시작되었다. 제이 조약과 핑크니 조약이 체결된 뒤에는 에스파냐령과 영국령 식민지들과도 통상이 이뤄졌다. 1785년에는 극동으로 간 최초의 미국 상선 엠프리스오브차이나 호가 중국 광둥에서 뉴욕으로 귀항했고, 2년 뒤에는 메사추세츠 주 세일럼에 근거지를 둔 그랜드터크 호가 뒤를 따랐다. 이와 동시에 뉴잉글랜드와 서해안 북부(오리건)를 연결하는 항로가 개통되었다. 로버트 그레이 선장이 이 새로운 항로를 개척했다.

그는 미국의 대무역업자이자 1787년부터 1790년까지 세계일주를 한 인물로, 오리건 개척에 선구적인 역할을 담당하여 그 지역에 대한 미국인의 모든 주장에 근거를 마련했다.

이로써 경제 가치가 높은 삼각무역이 시작되었다. 뉴잉글랜드의 제조업자가 북서부 지방의 인디언에게 물건을 팔고, 그들의 모피를 중국에 가져가 팔고, 그런 다음 중국차를 보스턴에 들여와 팔았다. 1789년 워싱턴이 초대 대통령에 취임할 당시 광둥에 있는 46척의 배 가운데 18척이 미국 선박이라는 기록이 남아 있다. 재선을 노리며 입후보했을 때는 중국을 상대로 한 무역이 2배로 늘어나고 임기를 마치고 떠날 때는 3배로 늘었다.

국내 경제활동도 이에 호응해 워싱턴 재임 중에 크게 발전했다. 해밀턴의 제조업 진흥 정책은 까닭 없이 수립된 것이 아니었다. 1785년 파리에서 필라델피아로 돌아왔을 때 프랭클린은 미국이 변한 모습-새로운 역마차 노선, 석탄산업과 제철업과 모직산업의 번성, 만연한 투기 열풍-에 크게 놀랐다. 주들은 33개 회사에 주요 허가서를 내줬고, 그 결과 거대 기업이 탄생하여 요충지의 다리나 간선도로, 운하를 건설했다. 1787년 미국 최초의 면직물 공장이 매사추세츠 비벌리에 세워졌다. 그다음 해에는 제1호 모직물 공장이 하트퍼드에서 창업하고 액면 10파운드짜리 주식을 공개 시장에 내놓아 1,280파운드의 자금을 조달했다. 증기기관이 등장했고, 1789년에는 이미 존 핀치가 필라델피아에서 실용 증기선을 시운전했다.

워싱턴은 미국이 영국과 같은 공업국이 되기를 원하지 않았다. 제퍼슨도 같은 생각을 했는데 그 이유마저 같았다. 하지만 현실주의자답게 곧 그런 현상을 받아들였다. 군인 출신이었기 때문에 최신형 전함이나 대포 같은 근대적 장비가 얼마만큼 중요하며 국가의 군사력과 얼마나 밀접한 관계를 맺고 있는지를 충분히 이해했다. 따라서 대통령은 상당한 불안을 느끼면서도 해밀턴의 산업 정책을 지지하는 쪽으로 돌아섰다. 워싱턴 정권 밑에서 미국은 자립적인 공업 발전을 목표로 힘차게 도약했다.[173]

초대 대통령의 마지막 충고

워싱턴은 미국 국민에게 퇴임 연설을 하고 이별을 고했다. 퇴임사 원문은 1796년 9월 19일자 「아메리칸 데일리 애드버타이저」지 한 면 전체에 걸쳐 실렸다. 이 원고에는 약간 이상한 점이 있었다. 워싱턴은 정치 신념을 밝히고 국가에 조언하려는 생각으로 연설 초안을 작성해서, 5월에 그 원고를 해밀턴에게 보내 승인을 구했다. 해밀턴은 원고를 다시 고친 다음 둘이서 원고를 다듬었다. 이 때문에 퇴임사는 20년 동안 친밀하게 협조하여 서로의 생각을 알았던 두 남자의 공동 작품이 되었다. 문장 일부는 명백하게 해밀턴의 견해였으나 사상 전체는 워싱턴의 것이었다. 완성된 연설 내용은 미국의 초대 대통령이 미국의 정체성과 존재 의미, 아울러 미국을 어떻게 생각했는지를 요약했다.

주요한 논점은 세 가지였다. 우선 장문을 할애하여 열정적으로 "파벌의식의 악영향"에 대해 비판했다. 그에 따르면 미국은 전통과 자연에 따라 구성된 나라로서 "미묘한 차이는 있으나 같은 종교, 풍습, 정치 원리를 공유한다. 북부와 남부, 동부 연안과 북서 내륙부의 경제제도 차이는 나라를 분열시키지 않고 서로 보완한다." 차이와 의견 대립 그리고 논쟁은 존재할 것이다. 하지만 "집단 또는 개인의 행복의 원천"인 연방에 대한 모든 사람의 공헌이 진정한 국가의 기반이며, 그 중심에는 헌법에 대한 존경심이 있다. "모든 국민이 명확하게 승인하고 바꾸지 않는 한 헌법은 영원하며, 모든 사람에게 신성한 의무이다." 국민이 "정부를 수립하는 권력과 권리"를 가진 것은 "모든 사람이 정부를 따를 의무"를 전제한다. 나아가 "법 집행에 대한 일체의 방해, 또는 어떠한 그럴듯한 구실로든 임명된 정부의 심의와 행위에 대해 간섭하고, 통제하고, 방해하고, 위협하기 위한 의도를 가진 모든 단결과 제휴는 이 기본 원리를 파괴하고 돌이킬 수 없는 흐름을 낳을 것이다."

이것은 의회가 헌법에 따라 제정한 법률을 집행하는 합법적인 정부의 결정에 모든 국민이 도덕적 의무를 가지고 복종해야 한다는 강력한 선언이었다. 8년간의 대통령 재임 경험의 결과로 워싱턴은 미국이 법치국가라는 사실을 엄중히 일깨워주었다. 미국은 법이 있으면 만능이지만 법이 사라지면 아무것도 없는 것이나 마찬가지였다. 워싱턴이 이처럼 준엄한 태도로 선언한 것은 현명한 처사였다. 후대 대통령은 극렬한 반대와 맞닥뜨렸을 때 용기를 북돋우며 일어설 수 있었다. 예를 들면 앤드루 잭슨이 사우스캐롤라이나 주의 연방법 무효화 권리 주장에 직면했을 때, 그리고 에이브러햄 링컨이 남부 11개 주의 연방 탈퇴라는 위헌 행위에 직면했을 때가 그러했다. 이 성명은 미국 정부에 대한 워싱턴의 전형적인 인식을 보여주었다—정부의 힘과 영역은 엄격히 제한되었지만, 그 한계 내에서만큼 정부의 주장은 (하느님 다음으로) 절대적이었다.

둘째로 워싱턴은 외국의 분쟁에는 개입하지 않는 지혜를 강조했다. 온 유럽을 휩쓴 엄청난 전쟁에서 두 진영 모두로부터 동맹을 강요받았지만 끝까지 합중국을 지켜냈다는 사실을 워싱턴은 자랑스러워했다. 미국은 모든 나라와 "협조"하고 "자유로운 외교"를 추구하며 평등한 입장에서 통상해야만 했다. 또한 "적절한 (군사) 조직"을 갖추어 "제대로 된 방위체제"를 유지해야만 했다. "비상사태에는 일시적 동맹"을 맺을 수도 있었다. 하지만 일반적으로는 모든 나라와-가능한 한 상호적인-전방위 외교를 추구하고, 어떤 나라와도 적대시하거나 동맹을 맺어서는 안 되었다. 그래서 고립되었는가? 전혀 그렇지 않았다. 오히려 독립을 쟁취했다.

마지막으로 워싱턴은-혁명기의 프랑스에서 일어난 무서운 사건들에 비춰볼 때-미국이 세속 국가라는 생각은 영원히 버리기를 원했다. 미국은 법치국가이지만 아울러 도덕 국가이기도 했다. "정치를 성공으로 이끄는 모든 성향이나 관습 가운데 종교와 도덕은 빠질 수 없는 지주"라고 말했다. "인간으로서 또 국민으로서 의무라고 할 불변의 기반"을 훼손하는 사람은 누구든 애국자와 정반대되는 존재였다. "법정의 조사 수단인 선서에 종교적 의무감이 뒷받침되지 않으면 재산이나 명예나 생활에 어떤 안전도 보장"할 수 없었다. 뿐만 아니라 도덕 또한 종교 없이는 지킬 수 없었다. "고상한 교육"이 "특수한 정신 구조를 지닌 사람"-틀림없이 제퍼슨을 염두에 뒀다-에게는 도움이 될지 모르겠으나, "종교 원리를 배제하면" "국민의 도덕심"이 잘 갖추어질 수 없다는 사실은 다양한 경험이 증명해주었다.

요컨대 워싱턴은 질서를 국민의 선행에 의존하고 있는 자유 공화국 미국은 종교 없이는 존속할 수 없다고 말하고 있었다. 그것은 당연한 사실이었다. 워싱턴은 대다수 국민과 마찬가지로 미국은 어떤 의미에서 신에게 선택받고 은총받고 축복받은 나라라고 느꼈다. 이 때문에 "끊임없는 기원"을 "죽을 때까지 계속할" 작정이었다. 즉 "하늘이 은혜의 기묘한 표지를 미국 국민에게 영원히 보여주기를-연방과 동포애가 영원하기를, 그리고 국민들이 함께 만든 헌법이 신성하게 지켜지기를" 기원했다.[174]

워싱턴이 임기 내내 역설하고 퇴임 연설에서도 강조한 것은 헌법을 절대적으로 준수하라는 것이었다. 많은 기회를 통해 되풀이했듯이 워싱턴은 헌법에서 부여한 그 이상의 권력을 손에 넣으려고 하지 않았다. 하지만 필요한 경우에는 그것에 조금이라도 빠진 것이 있으면 만족하지 않았다. 헌법을 형식적으로나 정신적으로나 동시에 지켜야 한다고 생각했다. 미국은 성문헌법을 도입한 최초의 국가였다. 미국 헌법이 존속한 반면 이를 모방한 시도들이 세계 각지에서 실패로 끝났다. 그렇게 된 이유는 미국 헌법이 국민에 의해 민주적으로 제정되고 자유로운 의지로 선택한 것일 뿐 아니라, 이 헌법에-정부와 국민이 함께-복종했기 때문이었다.

구상이나 세부 사항마저 완벽한 온갖 성문헌법-소비에트연방 헌법이 대표 사례다-이 작성되었지만 그것이 쓸모가 없었던 것은 정부가 이 헌법을 따르지 않고 그리하여 국민이 그것의 진실성에 대한 신뢰를 잃어버렸기 때문이었다. 워싱턴은 행정 관리는 무슨 일이 있더라도 헌법을 지켜야 한다고 강조했고, 의회와 국민에게도 똑같은 것을 기대했다. 특히 이 점에서 초대 대통령은 미국을 상서롭게 출범시켰다.[175]

제2대 대통령 존 애덤스

워싱턴이 퇴임할 때 아직 실현되지 못한 몇 가지 헌법상의 기본 문제가 남아 있었다. 특히 사법의 역할이 그러했다. 그 문제들을 제2대 대통령 존 애덤스가 물려받았다. 성격이 삐뚤어져 호감을 사지 못하고 시비 걸기를 좋아한 애덤스는 협조적이고 국민의 존경을 받은 장군의 후임으로 적임자가 아니었다. 하지만 애덤스는 고참자로서 경험이 풍부하고 부통령으로서도 재임했다. 뉴잉글랜드 출신으로 자신의 "차례"를 기다린 터였다. 필라델피아에는 하원의원을 중심으로 연방주의를 표방하는 정치가들이 이끄는 중진 회의가 있었다. 이 회의에서 이번에는 애덤스를 대통령 후보로 선택하고 함께할 부통령 후보로는 토머스 핑크니를 선정했다. 핑크니는 사우스캐롤라이나 출신이어서 균형을 취하기 위해 지명되었고, 핑크니 조약으로 잘 알려진 이유도 거기에 한몫했다. 애초에 대통령 선거 입후보 자격이 없고 출마할 의향조차 없었던 해밀턴은 애덤스를 싫어했으며 다루기도 어렵다고 생각했다. 핑크니에게 호감을 가졌던 그는 남부를 끌어들여서 애덤스 이상의 표를 얻어 핑크니를 대통령으로 추대하려고 은밀히 공작을 벌였다. 하지만 뜻을 이루지 못했고, 결국 뉴잉글랜드 진영은 핑크니 후보를 포기했다.

애덤스는 71명의 대통령 선거인 표를 획득하여 승리했다. 그런데 제퍼슨이 공화주의자를 대표해 "입후보"-"출마"라는 말은 품격이 없다면서 받아들이지 않고 영국식 용어를 더 좋아했다-하여 68표라는 근소한 차이로 애덤스를 추격하여 부통령에 당선했다. 애덤스는 정치적 견해가 다름에도 제퍼슨에게 상당한 호감을 가졌으나 각료로 영입할 마음은 없었다. 애덤스는 이 사태에 대해 책임이 있는 해밀턴을 "크리올(서인도제도에서 유럽인과 흑인 사이에 태어난 혼혈인-옮긴이) 사생아"라는 말로 비하했다-애덤스 부인 애버게일은 그보다는 조금 더 품위 있게 "카시우스-시저를 암살하려고 한 남자"라고 불렀다.[176]

애덤스는 워싱턴을 "멍청한 늙은이"라고 낮게 평가했음에도 불구하고 정부의 영속성을 열심히 유지하려고 노력했다. 워싱턴의 옛 친구인 티모시 피커링을 국무장관에 유임시켰고(결국은 해임해야 했지만), 또한 해밀턴의 유능한 부관 올리버 월콧을 재무장관에 임명했다. 애덤스는 워싱턴의 위엄마저 흉내 내어 대통령 취임식 때 번쩍이는 진주색 상의에 검을 차고 꽃무늬 장식 기장이 붙은 커다란 모자를 썼다. 하지만 그는 뚱뚱하고 체구가 작아서 "키가 워싱턴의 절반밖에 미치지 않았다." 대신에 백악관 역사상 마지막은 아니지만 처음으로 멋진 영부인이 등장했다. 이 제2대 대통령이 소유한 최고의 물질적 자산이자 사회적 자산은 바로 자신의 우아한 배우자였다.

애덤스 대통령의 임기는 오직 하나의 문제-전쟁 아니면 평화-에 지배되었다. 미국은 세계적인 분쟁에서 거리를 둘 수 있었을까? 이 점에 관해서는 워싱턴과 뜻이 같아서 많은 것을 희생하더라도 미국은 중립을 지켜야 한다고 생각했다. 애덤스는 워싱턴의 퇴임 연설 중 이 부분에 밑줄을 긋고 해마다 2월에 의회에서 그대로 낭독하게 했다. 이 전통은 1970년대 중반까지 이어졌으나 워터게이트 사건 뒤 대통령의 권위가 갑자기 실추하면서 사라졌다. 많은 어려움과 (대통령이 볼 때) 충실하지 않는 내각이나 부통령을 거느리고도 미국을 전쟁에 개입시키지 않은 것은 애덤스가 대통령으로서 이룩한 커다란 업적이었다.

제퍼슨은 정부가 프랑스와 그 공화정을 원조하게 만들려고 노력했다. 자신은 내각 밖에 있으면서 제자들을 정부에 들여보낸 해밀턴은 전쟁을 통해 북아메리카에 있는 에스파냐와 프랑스 왕정의 유산을 제거하려고 했다. 그는 1만 명에 이르는 대규모 군대를 요구했고, 고령의 워싱턴을 끌어들여서 자신의 구상에 상당한 도움을 받고자 했다. 애덤스는 해밀턴이 우두머리가 되어 이른바 "제정 정부"라 할 독재정권을 선언할 음모를 꾸민다고 비난했다. 이는 너무 과장된 이야기였다. 하지만 해밀턴이 스스로 미국의 대군을 이끌고 루이지애나에서 멕시코로 진격해 "해방된 영토"를 미국 식민지로 편입하려는 청사진을 그린 것은 사실이었다.[177]

애덤스는 그것을 모두 허황된 이야기라고 생각했다. 북아메리카 전체가 때가 무르익으면 합중국 손에 들어올 것인데, 지금 대륙을 정복하는 것은 사리에 안 맞고 공화주의 사상에도 어긋나며 비용도 많이 든다고 믿었다.

애덤스는 영국처럼 "목조 전함" 즉 (뉴잉글랜드의 무역을 보호하기 위한) 강한 해군, 공해상의 자유, "균형 유지"가 좋다고 생각했다. 이 때문에 육군은 소규모로 유지했고, 목재로 건조한 군함-물론 뉴잉글랜드의 조선소에서 만드는-을 조달할 계획을 세웠다.[178]

애덤스의 친구들은 애덤스가 대통령으로서 둘도 없이 뛰어난 학식의 소유자라고 믿었다. 옛 친구 벤저민 러시는 자서전에서 애덤스는 "독립선언 기초자 가운데 누구보다 고금의 교양이 풍부했다"라고 썼다. 19세기 초에 태어난 미국 어린이들은 프랭클린을 제외하면 헌법 제정 위원 가운데 학식에서 애덤스를 능가할 사람이 없다고 배웠다. 그것은 사실일지 모른다. 애덤스의 저술과 편지는 예리한 착안과 깊은 관찰, 훌륭한 추론의 보고였다.[179] 경력은 독특했다. 1777년부터 1783년까지 제퍼슨과 제이 밑에서 파리 조약 체결에 노력했다. 1785년부터 1788년까지 첫 주영 사절을 지냈고, 그 뒤 워싱턴 밑에서 부통령이 되어 대통령의 성마른 기질이 허락하는 한 모든 일을 보좌했다.

하지만 대통령으로서 역량은 부족했다. 비록 당파 활동을 초월한 입장을 지키려고 진지하게 노력했지만, 원래 격한 생각을 잘하는 사람이었다. 감정적으로 좋고 싫음이 분명했는데 개인에 대해서는 그것이 특히 심했다. 그는 해밀턴을 "악의 화신"이라고 여겼다. 제퍼슨은 악인이라기보다는 "이데올로기"의 노예로 봤다. 이데올로기는 애덤스가 싫어하는 말이었다. 이데올로기라는 말은 제퍼슨이 열렬히 찬양했던 프랑스 철학자 데스튀 드 트라시가 만든 것으로 본다. 애덤스는 부통령의 권유로 트라시의 책을 읽고 크게 웃었다. "이 시시한 프랑스의 이상한 신조어는 도대체 뭐란 말인가? '이데올로기'는 무엇을 의미하는가? 백치 같은 언동인가? 정신 상태가 정상이 아닌 헛소리인가? 정신병학인가? 아니면 망상적인 이론인가?"

애덤스는 즉각 이렇게 지적했다. 이데올로기가-제퍼슨과 그 동료들 때문에-미국인의 생활에 몰래 파고들어와 "민중"이라는 있지도 않은 것에 여러 가지 알 수 없는 힘을 미치고 지각에까지 영향을 주고 있다고. 그리고 정치가가 "민중"에 관해 입을 열기 시작하면 그 인물의 정직성을 의심하라고 애덤스는 말했다. 그는 영국의 전통을 이어받아 추상론을 싫어했는데, 거기에다 미국적이기보다는 보스턴 사람 특유의 신랄한 회의주의가 더해졌다.

애덤스는 민주주의-이것도 그가 싫어한 말이었다-는 명백히 위험하며, 더욱이 실현할 수 없는 꿈같은 이야기라고 믿었다. 현실의 귀족정치-이것 또한 속으로 싫어했다-따위는 입에 올린 적이 없었지만, 가장 능력 있는 사람이 위에 서는 귀족주의적인 원리는 사라지지 않으며 또한 필요하다고 생각했다. 애덤스에 따르면 "귀족정치는 흡사 물새처럼 오랜 동안 물속을 헤엄치지만, 이전보다 더 아름다운 깃털을 다듬어 다시 떠올랐다."[180] 어느 가문에서 젊은 남성이 공무에 관심을 가지라고 권유받고 몇 세대에 걸쳐 그 자리를 지키면, 자연히 이런 사람들이 엘리트 집단을 형성한다고 썼다. 이 사람들은 유럽 귀족계급과는 다르며 토지나 칭호나 부를 탐하지 않고 공화주의의 의무인 신과 인간에게 봉사하기를 원했다. 그러한 전통 가문으로 뉴잉글랜드의 윈스럽 가, 코튼 가, 거기에 자신의 가문인 애덤스 가를 염두에 뒀다.

당연히 애덤스 일가가 미국 정치가 가문에서 으뜸을 차지했고 로지, 태프트, 루스벨트 등 수많은 일가가 그 뒤를 이었다. 애덤스는 아들 존 퀸시 애덤스를 나라에 헌신하도록 교육시켰다. 이것은 크게 성공했으며, 대 피트가 소 피트인 아들 윌리엄을 마침내 하원의원에서 재무장관으로 키워낸 것과 똑같았다.[181] 이런 이야기는 감동적이어서 역사가들은 이 독선적이며

무미건조하고 광기에 찬 눈을 번득이는, 열렬한 애국적 예언자 애덤스에
열광했다. 하지만 무슨 생각을 가졌다 하더라도 합중국 대통령에 오른 사
람은 공개적으로 민주주의와 평등에 대한 혐오를 드러내서는 안 되었다.
그럴 경우 남는 것은 같은 생각을 가진 사람들끼리의 형제애뿐이었다. 그
렇지만 애덤스는 형제애가 넘치는 남자도 아니었다. 그러기에는 남 비방
하기를 일삼는 사람 쪽에 훨씬 더 가까웠다.

　애덤스는 자신의 정적인 해밀턴과 마찬가지로 미국을 이끌어갈 능력은
없었다. 비록 그 이유는 상당히 달랐지만 말이다. 애덤스는 미래를 내다보
는 능력이 뛰어났다. 미국이 대국, 아마 "2억 명 이상의" 인구를 가진 세계
최대의 나라가 될 것이라는 사실을 조금도 의심하지 않았다. 하지만 그것
을 확인하고 싶은 생각은 없었다. 진보, 변화, 과학기술의 성과, 발명, 혁신,
소동 등을 싫어했다. 과학을 멸시한 것은 아니었다. 오히려 정반대였다. 다
른 헌법 제정자들과 마찬가지로 과학을 높이 사고 연구했다. 스스로 이름
붙인 "정치과학"을 신봉하고, 여러 가지 과학적인 비유, 특히 역학의 균
형 원리를 자신의 입헌정치에 교묘하게 수용했다. 신생 공화국에서 교육
의 중요성을 확신하여 학생들에게 이론과학과 응용과학 모두를 가르쳐야
한다고 생각했다. "우리나라에 진실로 필요한 것은 예술이 아니라 실용 학
문과 기계적 기술"[182]이라고 애덤스는 썼다. 하지만 그는 발전하는 나라의
삶에서 나타나는 물질적·시각적 증거들을 혐오했다. "1761년 이후 50년
동안 나는 쭉 적국에 살아왔다. 그리고 내가 알기로는 개인적인 적은 단
한 명도 없이"[183]라고 친구 러시에게 보낸 편지에서 썼다.

　진보에 대한 이 비미국적인 극심한 혐오는 고향을 떠나온 괴로움에서
나왔다. 애덤스는 뉴잉글랜드, 특히 "보스턴 근교"와 고향 퀸시를 사랑했
다. 특사로서 유럽에서 지낸 일은 모험이었고, 구세계를 좋아하는 남자에

게는 어떤 점에서 즐거움이기도 했다. 하지만 뉴잉글랜드를 벗어나 끊임없이 변모하는 미국에서 사는 것은 벌받는 것이나 다름없었다. 지방에 확고한 근거지를 가졌던 초기 대통령들은 백악관이 세워져 쾌적한 생활을 하기 전까지는 임시 거처 형태로 살아 장기 유배를 온 기분이었으리라 추측할 수 있다. 워싱턴은 뉴욕을 싫어했다. 필라델피아는 아주 조금 나았지만 당시 신세계 최대의 도시로 불결하고 시끄러워서 지방의 젠틀맨에게는 저주스러운 곳이었다.

애덤스는 임기를 마치기 전에 필라델피아를 떠나 준비가 제대로 끝나지 않은 새로운 수도 워싱턴으로 정부를 옮겨 가야 했다. 넓고 끝없이 펼쳐진 거리에는 건물다운 것은 거의 눈에 띄지 않았고, 포장 안 된 도로는 겨울에는 오수 때문인지 진창길이 되었고 여름에는 기다렸다는 듯이 모기가 들끓는 늪으로 변했다. 워싱턴 시는 실제로 늪지 위에 세워져서 그때나 지금이나 바퀴가 특히 많아 영부인 애버게일을 두려움에 떨게 만들었다. 영부인은 자주 병에 걸렸고 퀸시로 돌아가자고 졸랐다. 애덤스도 아내 병구완을 구실로 내세워 자택에서 정부 일을 처리하려고 했다.[184] 미국의 미래와 비례하는 이 새로운 수도 건설 사업을 보고 애덤스는 몹시 우울해져서, 미국은 "1세기 이내에"는 "대국의 경지"에 이르지 못할 것이라고 단언했다. 우리는 임기가 거의 끝날 무렵 애덤스의 모습을 생생히 그려볼 수 있다. 입주한 "관저"는 아직 썰렁해서 가구다운 것은 하나도 없고 추위와 습기를 쫓기 위해 "13개의 난로"에 쉬지 않고 땔감을 밀어 넣어야만 했다. 실내는 주위에 물건 상자들이 가득 쌓여 있어 애버게일이 세탁물을 말리기 위해 사용하는 빨랫줄을 설치할 수 없을 정도였다.[185]

애덤스가 내린 최고의 선택

이런 여러 가지 불쾌한 사건에도 불구하고 뒤에서 언급하듯이 애덤스는 대통령 자리를 떠나기에 앞서 결정적인 의미를 가진 선택, 아마 전체 대통령의 역사 가운데 가장 중요했을 지명을 단행했다. 존 마셜 (1755~1835)은 버지니아 개척지 출신으로 프런티어의 통나무집에서 태어났다. 식민지 시대의 수많은 미국인의 예에서 보듯 생가는 검소한 가정이었는데, 예로부터 명가의 혈통을 이어 받아 리 가, 랜돌프 가 그리고 제퍼슨 가와 인연이 있었다. 아버지는 주에서 유명한 정치가였다. 마셜은 독립전쟁에 참가하여 국난의 시기를 보냈기 때문에 윌리엄앤드메리 대학교를 단기간 다닌 것을 빼고는 거의 정규 교육을 받지 못했다. 하지만 리치먼드에서 변호사로 개업하여-미국인은 영국 사법제도에 있는 법학원 같은 직능별 조합의 규제를 전혀 받지 않고 자신의 사무실 간판을 내걸 수 있었다-얼마 안 가서 법정에서 유창한 변론으로 법률가가 천직임을 증명했다.

마셜과 애덤스는 서로 뜻이 맞았다. 두 사람 모두 확신에 찬 이성적인 연방주의자로 강한 정부와 능력주의를 신봉했으며, 주 권한의 과도한 행사를 허용하지 않는 점에서 일치했다. 무의미한 사교를 싫어한 것도 똑같아서 정부 고관이나 재판관의 위엄을 지키는 의례를 제외하고는 필요가 없다고 생각했다. 애덤스와 마찬가지로 마셜도 엘리트주의였으나 그렇게 보이지는 않았다. 큰 키와 느슨한 팔다리, 깡마른 체구에 형편없는 옷차림을 하고 그다지 청결하지도 않았던 그는 사람들과 어울려 잡담 나누기를 좋아했다. 위트와 매력도 지녀서 어떤 의미에서 링컨의 원형이라 할 인물이었다.

애덤스는 미국을 전쟁에 휘말리지 않도록 했다. 특히 사소한 우연이나 불운으로 프랑스-아직 공격적인 태도를 버리지 않은 위험한 상대-와 교전 상태에 빠지지 않도록 필사적으로 노력했다. 존 마셜을 핑크니, 엘브리지 게리와 함께 파리에 외교 사절로 보냈다. 사절단은 외무장관 샤를 모리스 탈레랑과 짧은 회견을 허락받았다. 탈레랑은 신부 출신 무신론자 귀족으로 당시 프랑스 혁명정부 밑에서 일했다. 그는 제이 조약을 친영국적이라고 강하게 비판하며 사절단을 하급 관리들과 교섭하도록 했다. 특사는 프랑스 쪽 협상 대표 세 사람을 X, Y, Z라는 모욕적인 호칭으로 기재했다. 이 관리들은 1,200만 프랑의 "융자"를 교섭 개시 조건으로 내걸고 나아가 탈레랑 개인 앞으로 25만 프랑을 "증여"하라고 귀띔했다. 그러자 핑크니는 이렇게 대답했다고 한다. "싫소. 동전 한 닢도 안 됩니다. 방위비라면 몇 백만 달러라도 내겠으나 뇌물은 단돈 1센트도 줄 수가 없소."(마지막 말은 훗날 덧붙여진 경구인데, 실은 테이블 스피치의 명수 로버트 하퍼가 만들었다. 새로운 말을 잘 지어낸 그는 라이베리아와 그 수도 몬로비아라는 이름을 지은 장본인이다).

이로 인해 선전포고 없는 전쟁이 시작되었고, 애덤스와 새로운 해군-18세기가 끝날 무렵에는 33척의 전함을 갖추었다-이 서인도제도와 지중해에서 상선을 습격하는 프랑스 경무장 쾌속선과 맞서 활약했다. 애덤스는 XYZ 사건에 대응하는 국무장관이 마음에 들지 않아-피커링이 해밀턴의 조종을 받는다고 생각했다-1800년에 해임하고 마셜을 그 후임으로 임명했다. 대통령 임기가 끝나는 날 저녁에 마지막으로 마셜을 대법원장에 임명하는 것이 자신의 뜻을 잇게 하는 최선의 방법이라고 결정을 내렸다. 이 전략은 적중하여 마셜은 그 뒤 30년 동안 사법부 수장으로 재임하며 애덤스 후임 대통령 4명의 시대를 보냈고, 애덤스가 누구보다 가장 싫어한 남자, 저 무서운 앤드루 잭슨과 대적했다.[186]

자본주의의 추진과 존 마셜의 활약

여기서 비범한 인물인 마셜과 그가 미국 역사에 끼친 충격의 무게를 평가하기 위해 조금 이야기를 앞당겨보자. 합중국을 자본주의, 특히 산업자본주의와 밀접하게 연결한 인물이 바로 마셜이었다. 밀턴을 제외하면, 헌법 제정 위원들은 애덤스를 포함해 자본주의 또는 은행에 대해 정도의 차이는 있어도 회의적인 태도를 보였으며 심지어는 싫어하는 사람마저 있었다. 또한 남부인은 공업을 좋아하지 않았다. 워싱턴조차 해밀턴의 제조업에 관한 보고서를 멀리하는 실정이었다. 하지만 마셜은 자본주의를 인정하고 은행을 기반으로 한 공업을-크게-찬성했다. 이 분야들은 장래 미국 국민의 번영을 위해 없어서는 안 되며 나아가 헌법을 바탕으로 그 존재가 보장받지 않으면 안 된다고 생각했다. 마셜에 따르면 그것을 확보하는 것이 대법원장의 임무이며, 헌법 제정에 관여한 사람들과 마찬가지로 자유를 최종적으로 보장하는 수단은 재산에 있다고 믿었다. 하지만 헌법을 만든 건국의 아버지들과는 달리 그 종류에 따라 도덕적 자산, 법적 자산 등의 구분은 하지 않았다.

헌법 제정자 가운데 버지니아인인 워싱턴, 제퍼슨, 매디슨, 먼로를 비롯한 사람들은 토지에 도덕적인 힘이 있다고 생각했다. 이런 견해를 존 테일러(1753~1824)가 명확하게 표현했다. 테일러도 앞서 소개한 사람들과 같은 버지니아의 토지 소유자로서 상원의원을 지내고 1814년 700쪽에 이르는 획기적인 저서 『합중국의 원리와 정책에 관한 연구(An Inquiry into the Principles and Policy of the United States)』를 출간했다. 테일러는 토지 등의 "자연 자산"과 법적인 특권에 의해 창출된 "인공 자산"-그 뚜렷한 예가 은행의 부-을 구분했고, 유가증권을 발행하는 권리를 국민에 대한 간접

과세로 보았다. "모든 형태의 증권제도가 만들어낸 직접, 간접의 과세가 국민에게서 재산을 빼앗아 하나의 이익집단을 만들어 부유하게 함으로써 국민은 재산을 축적할 수 없고 자유를 박탈당했다." 유가증권에 의한 은행 업무는 중노동에 시달리는 농민을 희생시켜 인공적으로 만들어진 기생적인 경제 귀족에게 이익을 몰아주며, 이러한 "자본 이전 정책은 반드시 모든 노동자와 생산자 계급을 가난 속에 밀어 넣는다." 테일러는 이 새로운 경제 권력을 옛 봉건 영주와 교회 권력과 비교하면서 옛날의 권력이 종교와 봉건제도에 기대어 기생했듯이 은행가는 "권력과 신용과 대출"을 무기로 이용한다고 주장했다. 무엇보다 테일러의 분노를 산 것은 금융계가 수표나 주식 등 "가공의" 자산에 "정당한" 자산과 동일한 신용과 효과를 부여하여 투자하는 무서운 교활함이었다.[187]

테일러의 주장은 훗날 "육체의 오류(physical fallacy)", 즉 자신의 손과 머리를 사용해 작물을 키워 상품을 생산하는 사람만이 "진정한" 부를 생산하며 그 밖의 모든 형태의 경제활동은 본래 기생적인 것에 불과하다는 생각의 시초가 되었다. 이런 주장은 19세기 초기에는 일반적으로 널리 퍼져나가 맬서스나 그의 제자들도 그 희생자가 되었다. 실은 오늘날까지 어떤 형태로든 이 주장을 지지하는 사람들이 많고, 그런 신봉자가 권력의 자리에 앉거나 정권을 빼앗거나 해서 "기생적인 중개자"에 맞서 자기 신념을 실행에 옮기면 예외 없이 빈곤이 찾아왔다.

테일러 이론의 공식은 특히 비옥한 땅에 싹을 틔웠다. 왜냐하면 미국 농민들, 그 가운데서도 남부인과 변경의 개척자들은 앞서 말했듯이 식민지 시대부터 "금력"에 대해 편집증적인 의심을 가졌기 때문이다. 이렇게 통속화된 테일러의 주장은 제퍼슨 또한 표어로 삼았고 훗날에는 앤드루 잭슨 일파나 은본위제도를 지지하는 민주당 사람들에게 계승되었다. 이에 따라 19세기에는 포퓰리스트들이 미국 농민은 "황금 십자가에 매달려 있다"라고 주장하기에 이르렀다. 미국 정치에서는 이런 오류가 계속 지지를 받아 미국이 이데올로기에 면역성이 있다는 주장이 틀렸다는 사실을 증명했다. 만약 미국에 이데올로기가 있다고 한다면 틀림없이 이 잡동사니 같은 주장을 가리키기 때문이다.

다행히 마셜은 이 주장에 분명하게 반대했고 또한 자신의 견해를 법률로 제정하는 권한을 얻었다-오히려 획득했다고 말하는 편이 옳을지 모른다. 미공화국이 어떤 역할을 담당할지에 대한 마셜의 의견은 명확하고 한결같았다. 에드먼드 버크의 『프랑스혁명에 관한 고찰(Reflections on the Revolution in France)』(1790)이 미국에서 출간되자 곧 이 책을 읽었다. 이 책은 그에게 군중에 대한 건강한 혐오감을 불러일으켜 늙을 때까지 간직하게 했다. 국민이 반드시 폭도로 변하는 것은 아니었다. 하지만 그들은 규제받지 않는 정치 세력으로서 언제나 경계해야만 했다. 따라서 헌법의 역할은 국민을 울타리로 둘러싸는 것이었다. 마셜의 분석에 따르면 미국에서 국민의 권력은 주정부에 귀속했다. 왜냐하면 주들이 처음으로 대중에게 선거권을 주었기 때문이다. 그 때문에 연방주의자이며 중앙집권주의자이기도 한 마셜은 연방정부의 첫째 임무는 모든 주정부에 잠재해 있는 군중의 힘을 상쇄해 균형을 잡는 일이라고 생각했다. 헌법에는 이것이 명쾌하게 언명되지 않았을지 모르지만 그 사상은 헌법 조문에 묵시적으로 내포되어 있었다. 따라서 연방 법원의 역할과 의무는 그 감춰진 헌법의 수수께끼를 판결을 통해 밝히는 것이었다.

그리하여 마셜은 최초로 연방 대법원의 권리는 그것이 가진 해석의 권력에 따라 헌법 심사에서 적극적인 역할을 온전히 수행하는 것이라고 주장했다. 그는 한 판결에서 다음과 같이 말했다. "우리가 해석하는 것은 헌법이다. …… 이것은 유기적인 것이기 때문에 키울 수 있고 변경할 수 있다는 사실을 결코 잊어서는 안 된다." 마셜은 예리하고 기지가 풍부했으며 독창적이고 강력한 논의를 은의 혀와 황금의 펜으로 전개하는 데 천부적인 재능을 타고난 설득의 명수였다. 워싱턴에서 재판이 열리는 6주에서 8주 동안은 재판관 동료들과 잠시도 떨어지지 않은 채 모두가 소박한 숙소에서 침식을 같이했다. 전기 작가는 마셜을 "재판장이자 가장이었다"라고 표현했다.[188] 동료 사이에서는, 자신보다 학식 있는 법관이 있었으나 절대적인 지배자로 군림했다. 34년 동안 대법원장으로 재직하면서 1,100건의 판결을 내렸다. 그 가운데 519건은 본인이 직접 판결문을 썼으나 소수 의견을 낸 것은 불과 8회에 지나지 않았다.[189]

마셜은 버크 다음으로 애덤 스미스의 『국부론』을 존중했다. 해밀턴 이상으로 스미스의 사상에 친근감을 느꼈으며, 국가는 경제의 자연스러운 흐름에 간섭하는 것을 삼가야 한다고 믿었다. 모든 사람이 자유롭게 최대한의 힘을 발휘할 수 있도록 법률이 보살피는 가운데, 부지런한 남녀는 자기 생각대로 스스로의 힘으로 미국의 위대한 자원을 활용해 열매를 맺어 지상에서 가장 풍요로운 나라를 만들 수 있었다. 미시시피 강 유역과 그 서부를 정복하여 농사를 지으며 작물을 키우는 것은 국가가 아니라 자본주의였다. 필요한 것은 기업가가 자신감을 갖고 자본과 기술을 투하할 수 있는, 실질적이며 일관된 법률 구조뿐이었다.

마셜은 "인공적인" 자산을 승인하기 위해 테일러처럼 떨떠름한 일을 절대 하지 않았다. 부가 정당한 수단을 통해 얻어지는 한, 그것을 규정하는 하는 것은 시장이지 감정이 아니었다. 헌법을 올바르게 해석하여 모든 재산권이 올바르게 인정받고 따라서 자본주의가 제 역할을 수행할 수 있도록 하는 것이 법원의 의무였다. 그 역할이라는 것은 전능한 신이 일찍이 유대인에게 약속의 땅을 주었듯이 신의 예지에 의해 미국 국민에게 주어진 드넓은 영토를 발전시키는 일이었다.[190]

그 과업을 진행하면서 재산을 보호하는 일이 대법원장의 주요한 임무라고 마셜은 생각했다. 비록 주의회가 1인 1표의 민주주의에 따르지만, 그 결과 무책임하고 자산이 없는 사람들의 선동에 노출되어 재산권이 점점 위태로워진(다고 생각한) 때문이었다. 이는 재산권을 보장하기 위해서는 대법원의 힘이 각 주의 수도에-따라서 의회에까지-미쳐야 한다는 의미였다. 마셜은 일찍이 1803년에 자기가 수행하는 일의 특성을 밝혔다. 당시 "마버리 대 매디슨 사건"에서 그는 대법원이 주법과 연방법을 재심사하고 필요하다면 위헌 판단을 내리는 헌법상의 권한을 보유한다고 주장했다. 이처럼 헌법을 국가 통합과 안전의 수단으로 생각한 마셜은, 헌법이 특정 권한을 규정할 뿐 아니라 묵시적 권한에 의해 자체 제재 조치를 발생시킨다고 말했다. 이런 제재 조치는 정치가가 대중에 영합하여 법률로 인정받은 재산을 공격하는 경우에 특히 필요했다. 마셜에게는 폭도가 실제로 폭력으로 바스티유 감옥을 습격하든, 의원이 작당하여 법을 위반하는 입법으로 재산을 탈취하든, 별 차이가 없었다.

사유재산을 옹호하는 최초의 강력한 일격은 1810년 "플레처 대 펙 사건"에서 일어났다. 마셜은 보통 사람들이 어떤 계약의 윤리성을 어떻게 생각하건 간에 법적으로 그 계약은 유효하다고 판정함으로써 그때까지 일반적으로 통용되던 판결을 뒤집었다.[191] 14년 뒤 "기번스 대 오그던 사건"의 중요한 판결에서는 헌법상 주의회에는 증기선을 독점하는 회사를 창설할 권한이 없다고 결론내림으로써 기업가의 자유를 지지하는 일격을 가했다. 헌법의 통상 조항(제1조 8절)을 둘러싼 이 해석은 연방의회가 각 주 사이의 모든 통상에 대해 최고의 권한을 가지며 주법의 규제를 받지 않는다고 명시했다. "이 건과 관련한 행위가 이미 명시적으로 금지되어 있는 만큼 이 사안은 각 주의회의 손에서 완전히 떠난다"라고 마셜은 말했다.[192]

1819년에는 마셜은 3건의 사건에서 재산권 옹호의 기초가 되는 판결을 내렸다. 2월 초 연방 대법원은 "스터지스 대 크라우닌실드 사건"에서 포퓰리즘으로 "채무자에게 유리한 뉴욕 주의 파산법은 헌법의 계약에 관한 규정에 위배된다"라고 판결했다. 같은 달에 "다트머스 대학교 대 우드워드 사건"에서는 "법인 설립 허가장은 주의회의 간섭을 받지 않는 사적 계약이다"라고 판시했다. 3월에는 메릴랜드 주와 합중국은행(메릴랜드 지점) 간의 소송에서 가장 중요한 재판이 열렸다. 이 "매컬록 대 메릴랜드 주 사건"에서 대법원은 주가 연방기관에 과세할 권리의 유무뿐 아니라 애초부터 연방의회에 합중국은행을 창설할 권한이 있는지를 심리해야 했다. 대법원은 중앙정권의 강력한 권력과 합중국은행의 합법적 지위를 인정하는 판결을 내렸다. 이로써 합중국은행은, 위대한 포퓰리스트 앤드루 잭슨-마셜에 따르면 일반 대중의 화신이며, 대중이 대통령 자리에 받들어 앉혔다-이 폐쇄하기 전까지 계속 존속하며 번창했다.[193]

이후 역사에 비추어, 오늘날 우리는 "합중국을 선동적인 의회와 무능한 정부로부터 구했으며, 라틴아메리카처럼 재산권이 불안정하고 빈곤과 후진성에서 벗어나지 못하는 상태에 빠지는 것을 막았다"라고 마셜의 업적에 박수를 보내며 칭찬한다. 그의 판결 덕분에 당시 상상을 초월하는 대규모 자본을 축적할 수 있는 길이 열린 셈이어서, 마셜을 현대 사회의 기초를 세운 한 사람으로 평가하는 것은 정당하다.[194]

하지만 당시 제퍼슨 일파는 그렇게 보지 않았다. 존 테일러는 매컬록 사건의 판결을 "인공적인" 자산에 대한 "터무니없는" 옹호라고 맹비난을 가하여 제퍼슨을 기쁘게 했다. 제퍼슨은 "테일러의 의견만이 진정한 정치적 신념이며 가톨릭의 공화주의자는 모두 이것을 굳게 지켜야만 한다"라고 썼다. 그리고 마셜과 대법원을 미국 공화주의의 최대 적으로 간주했다-"합중국 사법부는 연방의 뼈대를 지탱하는 토대를 없애려고 끊임없이 땅 밑에서 활동하는 공병과 광부의 비밀 부대이다. 그들은 헌법이라는 일반적이고 특수한 법규를 오직 일반적이고 최고인 법규로 만들려 하고 있다."**195**

애덤스의 재출마와 문제들

그럼에도 중앙집권적인 정부를 지지하는 사람들은 모든 것을 생각대로 손에 넣었다고는 생각하지 않았다. 하지만 정치운동으로서 연방주의는 19세기 초 쇠퇴기에 접어들었다. 연방주의자는 엘리트 집단이어서 대중에 기반을 두지 않았기 때문이다. 당시 민주주의가 빠르게 모든 주에 퍼지면서 연방주의자는 연방정부의 권력 또한 장악하기 시작했다. 애덤스가 퇴임 직전에 마셜을 대법원장에 임명한 이유는 연방주의에 대한 강력한 지원이었는데, 애덤스는 연방주의자의 마지막 대통령으로 재선되지는 않았다. 재출마 여부를 두고 처음에는 망설였다. 워싱턴 시와 습기가 매우 많은 대통령 관저를 싫어했고 직무도 감당하기 어렵다고 생각했다-애덤스는 아들(훗날 대통령에 오르지만 그 정권 역시 불안했다)에게 "대통령은 힘들고 고생이 많으며 불행한 인생을 보낸다"라고 말했다. 또한 이런 경고도 했다. "대통령을 지낸 적 있는 사람이라면 친구가 그 지위를 얻더라도 축하하지 않을 것이다."

결국 애덤스는 재선을 목표로 출마했는데, 이유는 제퍼슨이 대통령이 되는 것을 싫어했기 때문이었다. 여기에 개인 감정은 전혀 개입되지 않았다. 제퍼슨은 애덤스가 경멸하지 않는 몇 안 되는 정치가였다-의견도 생활도 몹시 달랐지만 실제로는 제퍼슨을 싫어하지 않았다. 하지만 헌법이나 정부 역할에 대한 견해에서는 제퍼슨과 전혀 달랐다-두 사람은 "미국 혁명의 북극과 남극"이었다. 애덤스는 제퍼슨이 감상적인 생각으로 프랑스 진영에 붙어서 미국을 전쟁에 끌어들였고, 그 결과 필연적으로 영국과 대립해서 뉴잉글랜드의 무역을 파멸로 몰아갔다고 끔찍해했다.[196]

그리하여 애덤스는 재선을 목표로 입후보했다-충분히 승산이 있다고 봤다. 투표일을 1, 2주 앞두고 연방주의자 동지이자 옛 동료였던 해밀턴이 이례적인 팸플릿을 출간했다. 제목은 『미합중국 대통령 존 애덤스 귀하의 공적인 행동과 성격에 관한 알렉산더 해밀턴의 편지(A Letter from Alexander Hamilton Concerning the Public Conduct and Character of John Adams Esq, President of the United States)』였다. "애덤스 씨의 애국심과 고결함, 그리고 재능을 부정하지는 않지만"이라고 쓰고 "최고 행정관의 직무에는 맞지 않다"라고 결론지었다. 그 이유로는 괴짜라서 건전한 판단력이 부족하며 인내력이 없고 "도를 넘어선 허영심"의 소유자로 "무슨 일에나 트집을 잡지 않고는 견디지 못하는 질투심"을 보이기 때문이라고 말했다.[197] 이 팸플릿은 매우 과격해서 필자 자신이 행정부 고위 관리에 적합하지 않다는 인상을 주어 해밀턴 진영의 자살행위로 보였다. 아무튼 애덤스에게 상처를 입힌 것만은 확실했다. 공정하게 말하면, 해밀턴은 이 팸플릿을 연방주의 지도층들을 위해 개인적으로 출간했는데 그것이 (추측대로라면) 에런 버라는 적의 손에 넘어가고 말았다. 버는 이 문서가 최고 발행 부수를 기록할 것이라고 그 자리에서 확신했다.

애덤스에게는 그 밖에도 많은 문제들이 있었다. 프랑스혁명 시기에는 모든 문명국에 파렴치한 대변자와 속기 쉬운 동조자가 있었기 때문에, 미국 또한 영국처럼 자위책을 마련해야 한다고 느꼈다. 1798년 연방의회는 애덤스의 승인 아래 "외국인과 선동방지법"을 가결했다. 이에 따라 출판과 언론의 자유를 제한했고, 외국인 특히 프랑스인과 아일랜드인의 활동을 규제하기 위해 4개 조치를 취했다. 이 같은 방침은 시대적 망상이라고 할 행위로 혁명 논쟁의 찬반 양쪽 진영 모두에 악영향을 끼쳐 예상하지 못한 결과를 가져왔다. 위의 법 위반으로 법정에 회부된 최초 사례는 뉴저지 주의 루서 볼드윈 사건으로, 피고는 대통령의 예포에서 발사된 충전물이 "애덤스의 엉덩이에 맞도록" 기도한 혐의로 유죄가 선고되어 100달러 벌금형에 처해졌다.[198]

영국에서도 그랬지만, 서민은 그런 법적 조치 따위에 전혀 신경 쓰지 않았고 말 많은 지식인들만 영향을 받았다. 제퍼슨은 정부 일원임에도 동지인 매디슨과 함께 일련의 결의안을 마련하여 버지니아 주의회의 승인을 받았다. 켄터키 주도 그 뒤를 이었다. 결의안은 "외국인과 선동방지법"은 위헌이며, 모든 주가 "위반자의 체포에 개입할 권리와 의무를 가지고 있다"라고 주장했다. 또 그 대책으로 각 주는 "이 권한이 없는 법률"의 "실시를 거부"해야 한다고 주장했다. 연방법 실시 거부 정책이 문제가 된 것은 이때가 처음으로, 그 뒤 몇 십 년 동안 일이 생길 때마다 되살아나 이 나라를 괴롭혔다.[199]

당시 이 주장이 국민에게 준 충격은 증세 문제에 비하면 미미했다. 애덤스의 본격적인 해군 증강 작업이 진행됨에 따라 필연적으로 증세가 이뤄졌는데, 특히 주택, 노예, 토지에 직접세가 부과되었다. 농민, 농장주, 도시민이 많은 영향을 받았고, 역사가가 프리스의 반란(1799~1800년 펜실베이니아에서 독일계 이주 농민들이 일으킨 조세 반대 폭동-옮긴이)이라고 부른 소규모 폭동마저 일어났다.

제퍼슨의 두 얼굴

1800년의 대통령 선거는 흔히 첫 선거전이라고 불렸으나 그 증거는 그리 많지 않았다. 제퍼슨은 선거에 "출마"한 것이 아니라 "입후보"했다는 결의를 충실히 지켜, 선거 기간에는 몬티셀로 자택에서 지냈다. 애덤스는 이제 무력해져서 사람들 앞에서 연설할 수가 없었다. 제퍼슨과 손잡은 부통령 후보 에런 버가 판세를 결정했다. 버가 이끄는 조직인 태머니 협회가 시계추처럼 흔들리는 뉴욕을 확보했다. 이리하여 제퍼슨이 애덤스를 73대 65표로 물리쳤다. 하지만 버도 73표를 얻어 헌법 규정에 따라 하원이 어느 쪽을 대통령으로 선출할 것인지 결정해야 했다. 몇 차례 음모가 꾀해졌으나 연방주의자는 결국 제퍼슨을 선택했다. 제퍼슨은 연방주의자 정부 고위 관리들과 현직을 유임한다는 약속을 비밀리에 맺었다.[200]

고결한 이상주의자인 제퍼슨은 이렇게 하여 뒷거래를 통해 대통령 자리에 오를 수 있었다. 실제로 공직 생활에서는 목적을 이루기 위해 언제나 타협을 강요당할-택했다는 사람도 있겠지만-운명이었다. 그는 목적이 수단을 정당화한다는 결정론자였다. 제퍼슨이 대통령에 오를 수 있었던 것은 정치 사기꾼이자 미국 최초의 파벌 정치가인 에런 버, 그리고 엘브리지 게리의 협력이 있었기에 가능했다. 매사추세츠 주의 제2대 주지사인 게리는 선거구를 자기 당에 유리하게 나누는 방식인 "게리맨더링"을 발명해냈다.

제퍼슨은 역사가에게 많은 어려움을 안겨주는 인물이다. 그 활동 영역의 크기나 상상력 풍부한 통찰, 창의성의 풍부함에는 매료된다. 하지만 그의 모순은 눈감아줄 수 없으며, 깊이 파고들면 들수록 근본적인 약점이 드러난다. 제퍼슨이 일생 동안 심리 문제로 인한 편두통-그리고 진짜 병과 상상의 병이 뒤섞인 여러 질병-에 시달린 것은 분명하다. 그는 심각한 건강염려증 환자였다. 이 증상은 인격이나 신조, 실제 행동에서 분열이 심해지면 더 악화되는 경향이 있었다.

제퍼슨의 근본 문제는 간단히 설명될 수 있다. 그는 정열적인 이상주의자이자 어느 정도는 또 지적인 청교도이지만, 동시에 사치와 향락에 물든 사람이자 미술 애호가이며 인생의 온갖 즐거움에 집착하는 사람이기도 했다. 보르도산 적포도주에서 내연관계에 이르기까지 시도해보지 않은 쾌락이 없었다. 그것도 습관적으로 탐닉했다. 이 때문에 사상과 실천은 늘 모순으로 가득 찼다. 노예제도가 대표적인 예인데, 제퍼슨의 오랜 생애를 통해 어두운 그림자를 드리웠다. 이 버지니아의 헌법 제정 위원을 평가할 때 우리는 노예제도 문제에 대한 자신의 심정을 상상력을 발휘하여 묘사하지 않도록 대단히 주의해야 한다. 노예제도는 농장주에게 단순히 상업, 경제, 도덕의 문제가 아니었다. 그들에게 그것은 친숙하고 내밀한 생활방식의 일부였다. 이런 구조가 노예 소유주(그리고 그 가정의 노예)의 삶에서 불러일으키는 감정의 변주는 현대인이 이해할 수 있는 한계를 넘어선다. 우리는 거기에 사랑과 두려움, 방종과 자기혐오, 우정과 애정, 그리고 (특히) 가족이라는 끈이 기묘하게 뒤섞여 있다는 사실을 인정하지 않으면 안 된다.

제퍼슨은 남편을 일찍 여읜 부유한 여성 마서 웨일스 스켈턴을 만나 결혼했다. 그가 당시 건축 중이던 몬티셀로 저택에 아내를 맞아들일 때, 그 집에 하녀로 일하는 흑인 애인 있다는 소문이 나돌았다. 마서는 아버지 존 웨일스가 죽자 약 1,100에이커의 토지와 14명의 노예를 상속받았다. 아버지 웨일스에게는 혼혈인 애인 베티 헤밍스가 있었고, 그 사이에서 흑인 피 4분의 1을 물려받은 자식들이 태어났다. 하지만 버지니아 주법에 따르면 이들은 태어날 때부터 노예 신분이었다. 이리하여 제퍼슨의 아내는 노예인 자신의 형제자매(적어도 그중 한 명은 집안일을 했다)뿐 아니라 남편의 검은 피부의 애인과 함께 날마다 친하게 지냈다.[201] 남부의 일부 백인 여성은 이런 일에 익숙했지만, 한편으로는 몹시 상심하는 여성도 있었고 아예 신경 쓰지 않는 여성도 있었다. 제퍼슨이 어떤 생각을 가졌는지는 알려지지 않았다-방대한 저술 가운데 자신이 흑인 여성이나 유색 인종 여성과 나눈 성관계에 관해서는 일절 언급하지 않았기 때문이다. 하지만 속으로는 분명히 갈등을 겪었다. 우리는 그가 다른 인종 간 통혼을 관련 당사자 모두의 끝없는 불행의 원천으로 증오했음을 알고 있다.[202]

제퍼슨은 또한 적어도 개인적으로는 노예제도를 혐오하고 두려워하고 악으로 매도했으며, 공적으로는 노예제도를 축소하고 자신의 삶에서 배제하려고 했지만 헛수고로 끝났다. 『버지니아 주에 관하여(Notes on the State of Virginia)』(1781)에서 그는 거의 모든 근거를 들며 솔직하게 노예제도를 고발했는데, 출간하기를 망설였다고 제임스 먼로에게 말했다. 그 이유는 "노예제도와 버지니아 헌법에 관해 언급한 부분은 이 두 사안의 개혁에 반대하는 주민의 반감을 사서 분노를 불러일으킬 위험이 있고 이익보다는 해로움이 많기" 때문이었다.

제퍼슨은 노예제도가 "산업"을 파괴하는 경제적인 죄악일 뿐 아니라 노예 이상으로 노예 소유주를 타락시키는 도덕적인 악폐라고 주장했다. 따라서 노예제도의 즉각 철폐를 원했다. 후세의 북부 출신 노예폐지론자 가운데서 제퍼슨 이상으로 정열적이고 포괄적으로 "이 특이한 제도"에 반대하며 논의를 편 사람은 어느 누구도 없었다. 버지니아인을 포함한 동료들이 『버지니아 주에 관하여』의 출판을 강력하게 주장하자 이 요청을 따랐다. 동료들은 윌리엄앤드메리 대학교 도서관에 그 책을 몇 권 갖다놓고 젊은이들이 읽도록 했다.[203]

제퍼슨은 이론적으로는 노예해방론자였지만 노예제도에 종지부를 찍는 실천은 버지니아 주지사로서도 주법 개정자로서도 전혀 하지 않았다. 그뿐 아니라 국무장관, 부통령, 제3대 대통령으로서도 노예무역을 중지시키는 효과적인 조치는 일절 하지 않았고, 해방 노예가 남부 주들에서 공민으로 사는 것을 인정하지 않는다는 남부의 주장을 수용했다. 해방된 흑인은 다른 독립국-될 수 있으면 아프리카에-을 건국하고 그 나라에 대해 "미국은 동맹을 맺고 보호의 손길을 내밀어야 한다"라고 주장했다.[204]

제퍼슨이 남부인의 주장에 동의한 이유는 흑인은 전혀 다른 종류의 인간이며 여러 면에서 열등하다는 남부 백인의 다수 의견에 찬성했기 때문이다. 예를 들면 흑인은 "배설물을 신장보다 살갗 샘에서 발산하기 때문에 불쾌한 냄새가 심하게 난다"거나 "수면 시간이 짧아도 괜찮다"는 식이었다. "성적인 욕구는 강하지만" 백인에게서 보이는 "감정과 감각이 미묘하게 섞이는 섬세한 정서"는 부족하다. 또한 기억력은 쫓아오지만 이론에는 "몹시 약하다"는 주장도 있었다. 제퍼슨은 흑인 화가나 작곡가 또는 "진리의 발견자"는 일찍이 들어본 적 없다고 말했다. "유클리드의 연구 논문을 읽고 이해할 수 있는" 흑인을 찾는 일은 불가능하다고 생각했다.

물론 제퍼슨은 완고한 인종차별주의자는 아니었다. 이 인물이 훌륭한 것은 새로운 증거에는 언제나 마음을 활짝 열어놓았다는 점이다. 인디언을 능력 면에서는 백인과 동등하다고 평가하여 당시의 많은 미국인과 의견을 달리한 사실은 중요하다.[205] 또한 흑인 자유민이자 메릴랜드의 농장주인 벤저민 배네커의 수학 연구 경력에 감명을 받아 흑인의 지성에 대한 지론을 바꿨을 뿐 아니라, 그 원고를 급히 파리 과학아카데미 철학부장 콩도르세 후작에게 보내면서 "이제 우리 미합중국에 니그로인 …… 크게 존경할 수학자가 있음을 기쁘게 알려드립니다"라고 썼다. 제퍼슨은 배네커와 같은 인물이 계속 나타나 흑인의 표면적인 열등성은 "지성과 관계가 있는 기관 구조의 차이에서 비롯한 것이 아니라" "흑인의 열악한 생활환경의 결과에 지나지 않음"을 증명하기를 원했다.[206] 하지만 해방된 흑인은 남부에 머물러서는 안 된다는 의견은 변하지 않았다.

자신이 소유한 노예의 해방 조치도 취하지 않았다. 이유는 서글프게도 간단했다. 돈이었다. 제퍼슨은 재정 면에서 양심에 전혀 개의치 않았다. 실제로 농장 수입을 올리려고 노예를 넉넉히 샀지만 결과는 실패로 끝났다. 자신의 노예 가운데 한 사람이 도망가자 붙잡아 오려고 현상금을 내걸었다. 외교 사절 임무를 마치고 파리에서 귀국할 때는 그의 흑인 노예 요리사가 자유민으로서 프랑스에 남기를 간청했으나 몬티셀로로 돌아가 노예로 살라고 설득했다-그는 "예술적인 솜씨"를 가진 요리사를 놓칠 수 없었다. 제퍼슨은 이렇게 말했다. "모든 주인과 노예 사이에는 한편으로는 끝없는 압제, 다른 한편으로는 굴욕적인 복종이라는 난폭한 격정의 분출이 끊임없이 이어진다. …… 신은 정의로우시며, 신의 정의는 결코 잠들지 않는다는 사실을 생각하면, 진실로 조국이 염려되어 두려움에 떤다."

그가 내세운 원칙이 굳세다고는 하나 식욕은 그보다 더 강했다. 그리고 부채는 더더욱 강력했다. 제퍼슨은 평생 돈을 빌렸다. 그토록 영국을 싫어했지만 런던의 두 은행에서 빌린 채무가 착실하게 늘어갔다. 남부의 노예 소유와 채무가 병행하는 사실은 기묘하여 설명하기가 어렵다. 보스턴과 런던-또는 파리-에서 출발하는 배가 빠르게 대농장 전용 부두에 도착하여 유럽의 최신 유행 진미나 사치품을 내다팔았는데, 그 유혹에 넘어가지 않을 남부의 신사계급은 거의 없었다. 제퍼슨이 매료된 물건들은 다른 농장주보다 더 다채로웠다. 프랑스 와인을 비롯해 브랜디, 리큐어, 치즈, 햄과 버터, 브리스톨산 고급 와인, 새빌로(런던의 고급 수제 양복점 거리-옮긴이)의 슈트와 셔츠, 웨지우드와 덜턴(영국의 유명 도자기 회사들-옮긴이)의 도

자기, 여기에다 수많은 서적이 더해졌다. 책 가운데 일부는 매우 비쌌으며, 장서는 모두 1만 5,000권에 달했다. 신대륙에서 최고의 도서관을 만들 정도로 책을 수집했다. 이 모든 것을 누리고 이자를 갚는 데 노예의 땀이 필요했다.[207]

제퍼슨의 사치 취미는 그가 놀랄 정도로 집요하고 별난 아마추어 건축가가 아니었다면 그 정도로 치명적이지는 않았을지 모른다. 건축은 언제나 한 나라의 정치 상황에 대해 많은 것을 이야기해준다. 이 말이 18세기 말에서 19세기 초까지의 미국보다 더 딱 들어맞는 경우는 없을 것이다. 이 일반 사례의 생생한 개별 사례가 바로 제퍼슨과 그의 몬티셀로 저택이다. 미국의 계속 늘어나는 부보다는, 혁명과 독립 직전부터 그 이후까지에 걸쳐 미국에 생겨난 새로운 자신감이 스스로를 지배계급이라고 여긴 대농장주 귀족들(과 도시의 그 동료들)의 야심찬 건축 계획에 자연스레 표현되었다. 이들이 내세운 로마식 공화주의에 걸맞게 건축의 취향 또한 단연 고전적이었다. 고대 양식과 고전주의 형식의 새로운 해석인 르네상스 양식 두 가지 모두로 돌아갔는데, 특히 팔라디오에 주목했다. 설계도면을 호화롭게 편집한 팔라디오의 『건축 사서(Four Books of Architecture)』가 1738년 영어로 번역 출간되었다. 이 책은 그런 종류의 다른 어떤 책보다 더 많이 미국 젠틀맨들의 서재를 장식했다. 팔라디오는 하부는 이오니아식, 상부는 도리아식의 둥근 기둥들을 세우고 그 위에 박공지붕을 올린 2층 현관을 유행시켰다. 이른바 "웅장한 주랑현관(portico)"은 팔라디오가 좋아한 양식이었는데, 거대한 기둥들이 현관 바닥에서부터 박공지붕까지 막힌 데 없이 우뚝 솟은 채 늘어서 있는 건축 양식이었다.

고전 양식 저택이 독립전쟁을 눈앞에 둔 시기에 꾸준히 늘어났다―매사추세츠 주 케임브리지의 롱펠로하우스(1759), 스쿨킬 강변의 마운트플레

전트(1763) 등이 그것이었다. 후자는 존 애덤스에게 "북부 식민지에서 가장 우아한 컨트리 하우스"라는 평을 받았다. 스쿨킬 강변에는 또 펜실베이니아 주지사 펜이 2층 박공지붕 현관을 처음으로 도입해 지은 랜즈다운이 있었다. 이것을 모방한 건물들이 널리 퍼져서, 독립 당시에는 이 호화로운 건축 양식과 그것 이상으로 당당한 주랑현관이 미국의 자립을 과시하는 상징이 되어 지금까지 남아 있다.

이런 당당한 저택 가운데 일부는 처음부터 다시 세운 것들이었다. 워싱턴의 마운트버넌 저택처럼 장대한 "포르티코"를 증축(1777~1784)한 건물도 있었다. 정치가 윌리엄 해밀턴이 1787년부터 1790년 사이에 세운 웅장한 저택에는 더욱 위용을 자랑하는 주랑현관이 추가되었다. 독립전쟁이 끝나고, 헌법이 제정되고, 유능한 정부가 등장해 미국의 신용이 회복되면서 저택 건축 붐은 열기가 한층 뜨거워졌다. 런던 서쪽을 흐르는 템스 강처럼, 미국에서 가장 풍요로운 도시 필라델피아를 지나는 스쿨킬 강 주변에는 곧 100야드마다 이런 멋진 건물들이 들어서 자태를 뽐냈다.

스쿨킬 강변의 건축 붐은 황열병이 미국에 역사상 최악의 맹위를 떨치며 필라델피아 시민 10명당 1명꼴로 목숨을 잃던 1793년에도 멈출 줄을 몰랐다. 1793년부터 1810년 사이에 드넓은 경관을 자랑하는 정원이 딸린 대저택이 출현했다. 한 방문객은 "[필라델피아 주변] 전원 지대는 매우 즐겁고 쾌적하며, 우아한 산장이나 들판, 과수원이 주위 몇 마일에 걸쳐서 아름답게 펼쳐져 있다"라고 말했다. 이것은 미국 지배층이 심어주려고 한 인상 바로 그것이었다.

제퍼슨은 그 정점에 선 사람으로 평생 정치는 물론 건축을 연구하여 그 성과를 실행에 옮겼다. 불운하게도 제퍼슨의 분열된 성격, 우유부단함과 너그러움과 변덕스러움이라는 서로 공존할 수 없는 상반된 인격이 그의 건축 행위, 특히 몬티셀로의 저택 건립을 악몽 같은 이야기로 바꿔놓았다. 직접 설계한 팔라디오 양식의 이 저택 건축 계획은 1768년에 처음 공표되었는데, 공사는 사실상 그 뒤 전 생애에 걸쳐 계속되었다. 건물은 1823년에서 1824년에 걸친 겨울 동안 완성이라고는 할 수 없지만 일단 준공을 보았다.

제퍼슨에게 유머 감각이 없었던 것이 도리어 다행이지 싶다. 그는 자기만의 독특한 방식으로 너무나 우스꽝스러운 캐릭터를, 사고 당하기 쉽고 위험천만하며 사소한 재난들이 늘 들이닥칠 것 같은 캐릭터를 만들어냈기 때문이다. 저택에 일찍부터 입주해 손님들을 초대했는데, 고상한 신사들의 기준에서 보면 살기에 적합한 집은 아니었다. 제퍼슨이 대통령에 취임할 당시에는 착공한 지 30년 이상 지난 때였지만, 방들 중 절반이 벽 칠을 끝마치지 않았고 대부분은 마루도 깔지 않은 상태였다. 초대받은 손님 중 한 사람인 애나 마리아 손턴은 위층으로 가는 계단이 "경사가 심한 ⋯⋯ 작은 사다리 모양 계단"(지금도 그대로)이라는 것을 알고 놀랐다. 손턴이 묵었던 2층 침실은 창문이 바닥까지 연결되어 있어서(바깥에서 그대로 보여서) 프라이버시가 전혀 보장되지 않았던 한편, 높이가 너무 낮아 바깥을 바라다보려면 쪼그려 앉아야만 했다. 현관 안쪽 홀에는 출입구 위쪽으로 네 귀퉁이에서 내린 둥근 포탄 추로 움직이는 시계가 보기 흉하게 걸려 있었고, 뒤쪽으로 발코니가 돌출되어 있었다.

이 저택은 독창성은 있으나 아마추어 냄새가 나는, 오늘날에는 대부분 쓰이지 않는 히스 로빈슨 스타일을 잔뜩 흉내 냈다. 서재에는 서가 대신 크기가 각기 다른 상자가 겹겹이 기묘한 배열로 쌓여 있었다. 식당은 티룸이 들여다보이는 위치에 있었고, 날씨가 추울 때 닫는 유리문으로만 막혀 있을 뿐이었다. 둥근 지붕을 얹은 방은 해결 불가능한 문제가 있음이 밝혀졌다. 난방이 전혀 되지 않았는데, 거기에 굴뚝을 내어 달면 건물 외관-그 것이 존재 이유의 모든 것이었다-을 해쳤기 때문에 난로를 설치할 수가 없었던 것이다. 그래서 그 방은 여태껏 한 번도 사용되지 않았다. 본채에 딸린 제빙실은 지금까지 고안된 것 가운데 틀림없이 최악의 시설일 것이 다. 특이하게 물탱크들로 가득 차 있었는데, 물탱크에 구멍이 나 물이 새 는 바람에 제퍼슨 시대에는 4개 가운데 단 2개에만 물이 저장되어 있었다. 굴뚝이 지나치게 낮아 연기가 온 집 안을 뒤덮었다. 난로는 연기만 피울 뿐 거의 쓸모가 없었다. 제퍼슨은 럼퍼드 백작의 명성을 매우 싫어했기에 제인 오스틴이 극찬한 우아한 최초의 응접실용 난로인 "럼포드"의 설치를 꺼려했다. 스스로 설계한 난로로 만족해야 했으나 실제로는 전혀 사용할 수가 없었다.

침실은 그냥 "마루방" 형태의 공간에 지나지 않았다. 제퍼슨에게는 언 제나 질이 나쁘거나, 지나치게 많거나 적은 땔나무가 배달되었다. 어쩌다 좋은 것을 손에 넣었을 때는, 난로에서 불길이 새어나와 땔나무를 말리는 건조실이 불타버렸다. 건축 당시 제퍼슨의 침실에는 전혀 프라이버시가 없었다. 제퍼슨이 혼자 있거나 다른 사람들 눈에 띄지 않기를 바란 것을 생각하면 아무래도 기묘한 실수였다. 그 뒤로 수많은 설계 변경 때 프라이 버시 추구가 강박관념이 되어 마지막에는 2개의 거대한 주랑현관을 지었 다. 팔라디오 디자인과는 전혀 다른, 제퍼슨 침실의 단순한 눈가림이었다. 당시 사람들은 당연히 그것을 애인으로 지목된 샐리 헤링스가 사람들의 이목을 피해 몰래 드나들게 하기 위한 것이라고 생각했다. 오늘날 그 진위 는 확인할 길이 없다. 1890년에 철거되어버렸기 때문이다.[208]

닐슨, 스튜어트, 치점, 올덤, 딘스모어 같은 직인들은 제퍼슨이 줄곧 생 각을 바꿨기 때문에 끝없는 인내심이 필요했다. 시공주가 새롭게 착상한 장치에 맞춰서 마무리가 끝난 곳을 다시 공사해야 하는 경우가 많았다-예를 들면 지하 저장고에서 포도주를 식당으로 가져오는 작은 비밀 엘리베이터, 티룸의 문이 자동으로 열리는 기묘한 활차 장치 등이 있었다. 한편 제퍼슨은 엄청난 수의 편지를 전부 똑같은 형식으로 써서 그들에게 끝없이 다른 지시를 내렸다. 게다가 직인들 대부분은 무능했다. 리처드 리처드슨이라는 기둥 직인은 몇 번을 되풀이해도 주랑현관의 기둥들을 똑바로 세우지 못했다. 제퍼슨은 매우 너그럽고 성격이 좋았다. 대통령 시절에 올덤이 워싱턴 시에서 사소한 돈 문제로 도움을 요청하자 흔쾌히 부탁을 들어주었다.[209]

반세기 이상에 걸친 건축비는 거액에 이르렀겠으나 정확한 액수, 아니 대략적인 총액조차 계산이 불가능하다. 제퍼슨은 일생 동안 활동 전역에 걸쳐 방대한 양의 자세한 출납부, 일람표, 기록 등을 남겼다. 재정 기록은 특히 많았다. 하지만 완벽하지도 않고 수지 균형도 불명확하기 때문에 쓸모 있는 정보는 거의 없었다. 제퍼슨은, 조금만 조사해본다면, 자신이 생애 어느 시기에 얼마만큼의 돈을 썼는지 마지막 1센트까지 정확하게 알 수 있었다. 하지만 그는 자기 재산과 부채가 어느 정도인지 전혀 몰랐다. 비서 윌리엄 쇼트에게 말했듯이 제퍼슨에게 자신의 정확한 재산 상태는 수수께끼로 남았다. 재정 상태가 참담했으며 1770년대 이후 꾸준히 나빠졌던 것은 사실이다. 제퍼슨의 비망록 편집자들은 이렇게 말했다. "날마다 금전 출납 상황을 기록하는 의식이 제퍼슨에게 재정 문제에 관한 그릇된 질서감을 심어주었다."[210] 이 점에서 제퍼슨의 장부는 모든 세출 항목을 몇 천 쪽, 몇 백만 단어를 동원해 계상하는 현대의 연방 예산의 축도라고 할 수 있다. 그러한 행위로 연방정부는 한편으로 1초에 1만 달러의 비율로 나라 빚이 늘어나고 있다는 사실을 덮는다.

제퍼슨의 재정 파탄 이야기는 우울하다. 그는 대통령 시절에 돈을 모았어야 했다. 생활비가 안 들어서 8년 동안 해마다 2만 5,000달러의 수입을 올렸기 때문이다. 하지만 현직에서 물러났을 때 그는 취임 당시보다 더 많은 빚이 쌓여 있었다. 빚은 생각했던 것보다 1만 달러 이상이나 많았다. 제퍼슨은 베드퍼드 땅에서 나오는 연간 2,500달러의 수익-토지 수입의 절반-을 부채 상환에 썼다. 하지만 불가사의하게도 빚은 불어났다. 1815년에는 의회와 교섭해 의회도서관의 기반을 마련하기 위한 용도로 자신의 장서를 2만 4,000달러에 매각했다. 하지만 이 돈은 총 채무액의 절반에 못 미쳤고, 빚은 또다시 늘어나기 시작했다. 모든 것이 제퍼슨 탓이라고는 할 수 없었다. 1819년 제퍼슨의 손자 제퍼슨 랜돌프의 의붓아버지인 윌리엄 케어리 니컬러스라는 질 나쁜 남자가 제퍼슨에게 억지를 부려 2만 달러짜리 수표의 보증을 서게 했다. 이것이 1819년의 경제 위기와 겹쳐서 마침내는 남아 있는 유일한 선택인 토지와 노예 매각마저 할 수 없게 되었다.

제퍼슨의 만년에 한 방문객은 몬티셀로가 "오래되고 낡았으며" 정원은 "황폐했다"라고 말했다. 경매로 이 저택을 팔려던 계획도 실패하여 제퍼슨이 세상을 떠날 무렵에는 빚이 10만 달러가 넘었다. 제퍼슨은 원래 자기가 죽을 때는 소유한 노예를 모두 풀어줄 계획이었으나 포기해야만 했다. 뒤를 이은 제퍼슨 랜돌프는 1827년 할아버지의 노예 130명을 팔 수밖에 없다고 판단하여, 노예 가족들을 작게 나누고 어머니들과 아이들을 따로 떼어 최대의 현금 수입을 올리려 했다. 그 이듬해에 몬티셀로의 매각을 도모했으나 입찰에 응하는 사람이 아무도 없었다. 이제 저택은 기물 파손 행위의 대상이 되어버렸다. 그럼에도 몬티셀로가 살아남은 것은 기적이었다. 1834년 다행히 레비 가에 넘어가 90년간 보존되었다. 그러다 마침내 호기가 찾아와(1923) 제퍼슨기념재단이 그 저택을 50만 달러에 구입했다. 지금은 수리되어 영광스러운 역사 건축물-그리고 분열된 특이한 성격을 가진 그 이름 높은 주인공의 주목할 기념물-이 되었다.[211]

소통의 편지들

이 거대한 부채 지옥의 관점에서 보면, 제퍼슨이 스스로 그렇게 되기를 바란 대로 좋은 대통령이었다는 사실은 놀라운 일이다. 실제로 나라 빚을 30퍼센트나 줄였다. 이것은 주로 해밀턴의 지속적인 차환(이미 발행한 채권의 원금을 상환하기 위해 새로 채권을 발행하는 것-옮긴이) 정책의 효과 덕분이 틀림없지만, 중앙정부 규모를 최소한으로 억제한 제퍼슨의 방침도 관계가 있었다. 제퍼슨은 일단 대통령 관저에 입주하자 워싱턴이 시작하고 애덤스가 계속한 화려한 의식을 모두 폐지했다. 더 이상 하얀 마차 이야기는 들을 수 없었다. 예복에 검을 착용하는 일도 없었다. 제퍼슨은 말을 타고 이동했으며, 차림새는 때때로 단정하지는 않았지만 검소했다. 경비를 세우지 않았을뿐더러 워싱턴 관저는 모든 방문객에게 문호를 개방했다. 한 방문객은 이렇게 전했다-아침 8시에 소개장도 없이 방문했는데, 곧장 대통령이 있는 서재로 인도되어 정중한 대접을 받고는 "미국 대통령의 자상함과 지성, 해박함에 만족하여" 돌아갔다.[212]

더욱 주목할 점은 누구나 대통령에게 제안이나 의견, 고충을 편지로 써서 보낼 수 있으며, 그 편지들을 제퍼슨이 하나하나 살펴본다고 공표한 것이었다. 우편물을 수령할 때 제퍼슨이 요금을 지불했기 때문에 발송자는 종이와 잉크만 있으면 충분했다. 이것은 놀라운 혜택이었다. 당시 우편 요금은 거리에 따라 달랐는데, 노동자 임금이 하루 1달러이던 시절에 편지한 통에 8센트에서 35센트가 들었다.[213] 대통령의 넉넉한 마음씨 덕분에 쓸데없는 내용이나 심지어 10장 넘게 써 보내는 사람도 많았다. 비서가 있었지만, 제퍼슨은 몸소 개봉하여 내용을 읽고 답장을 썼으며 모든 편지를 보관하도록 했다. 일생 동안 물건을 버리지 않은 탓에 그 편지들은 지금까지 남아 최근 그 대부분이 편집 발행되었다.[214] 답장 또한 글자가 뭉개져 선명하지 않는 복사기나 제퍼슨 스스로 발명한 더 성능 좋은 복사 기계로 복사하여 지금껏 남아 있다.

대통령이 받은 편지 종류는 다양했다. 정치적인 것("토머스 제퍼슨, 이 지긋지긋한 악당아."), 관공서 청원("저 같은 나이의 젊은이도 해군 견습 장교로 임관할 수 있나요?"-이 편지는 4세인 마스 제퍼슨 캐서웨이가 발송인으로 되어 있다), 미망인의 탄원("귀하에게 이렇게 편지를 보내는 것을 틀림없이 뻔뻔스러운 일이라고 생각하시겠지만, 필요 앞에서는 법도 무력하답니다."), 금전 요구("절망의 재로부터 타오르는 희망만이 귀하 앞으로 편지를 쓸 용기를 줍니다."), 복역 중인 죄인과 오심 희생자의 호소("석방이 아니라 도움을 받고 싶어 보냅니다."), 마치 톰 소여가 쓴 것 같은 협박문("복수의 검이 귀하의 머리 위 가는 실에 매달려 있다-주의하라!"), 그리고 단순한 욕설도 있었다("토머스 제퍼슨, 당신은 신이 만든 제일 형편없고 어리석은 자다, 이 개자식아.").

이 편지들을 통해 1810년대 미국인의 삶에 대한 유례가 없을 정도로 생생한 모습을 엿볼 수 있다. 욕설만 있는 편지를 제외하고 한 통도 빠뜨리지 않고 제퍼슨이 직접 펜을 들어 답장을 썼고, 익명의 편지도 발송자 주소가 있는 경우 똑같이 했다. 답장은 길고 자세하게 쓴 편지가 있는가 하면, 현금을 동봉한 편지도 있고, 고충의 토로나 요청에 대해 세세하게 묻는 편지도 있다. 제퍼슨이 이러한 편지 쓰기를 마다하지 않은 유일한 사람인지 모른다. 같은 시대의 웰링턴 공작도 몇 천 통에 이르는, 대부분은 모르는 사람에게서 온 편지에 흔히 즉시 자필로 답장을 썼다. 하지만 제퍼슨의 성실한 자세와는 비교가 안 된다-그는 진정한 영웅적인 교양인이었다.

대통령이 편지 업무 처리에 쏟은 배려는 이따금 예상하지 못한 결과를 낳았다. 제퍼슨은 "익명의 편지가 알려온 사실을 조사할 충분한 근거가 있다고 생각한다"라고 썼다.[215] 1805년 12월 1일, 대통령은 그런 편지를 받았다. "당신의 친구"라고 서명한 편지에는 "버의 음모에 대해 경고하고자 한다. …… B는 현대의 카틸리나(공화정의 전복을 꾀한 고대 로마 정치가-옮긴이)라고 굳게 확신한다"라고 쓰여 있었다. 제퍼슨은 에런 버가 악랄한 음모가라는 사실을 전부터 알고 있었기 때문에 첫 임기 동안 그런 악한을 부통령으로 삼아야 한다는 사실에 몹시 곤혹스러워했다. 제퍼슨은 버와 일부러 일정한 거리를 두었다. 부통령이 유일하게 주목받은 경우는 그가 직권으로 주재한 대법원 판사 새뮤얼 체이스(1714~1811)의 탄핵 심판 때뿐이었다.

제퍼슨이 전 대통령에게 품은 최대의 불만은 애덤스가 법관 공석을 모두 열렬한 연방주의자로 채웠고, 그중에는 사임하기 며칠 전 임명한 법관도 있었다는 사실이었다. 체이스는 제퍼슨의 공화당(민주당 전신-옮긴이)에는 특히 거슬리는 존재였는데, 1804년 체이스가 혐오스러운 "외국인과 선동방지법"이 불러온 사건을 심리하면서 위압적인 태도에다 욕설을 일삼았다는 이유로 탄핵 청구에 회부되는 사태가 일어났다. 어리석게도 제퍼슨은 이 사태를 부추겼다. 의회가 대법원 판사를 이런 식으로 배제하려고 한 것은 역사상 오직 이때뿐이었다. 하지만 이 일화는 정치적인 이유로 사법부를 억누르려고 시도할 때 탄핵은 효과적인 수단이 아니라는 사실을 뼈아프게 보여주었다. 에런 버는 공을 세우지 못했고 탄핵 처리는 실패로 끝났다. 그리하여 제퍼슨이 재선할 때, 에런 버는 부통령 후보 명단에서

탈락하고 그 자리에 존 클린턴이 뽑혔다.[216]

공교롭게도 에런 버는 선거 전에 은밀히 연방에 반대하는 음모에 여러 차례 참여했다. 상원의원 티모시 피커링과 매사추세츠의 강경주의자들이 뉴잉글랜드의 연방 탈퇴를 기도한 유명한 사건이 바로 그것이었다. 이 일파는 당연히 뉴욕이 행동을 같이하리라 기대했고, 그러기 위해서는 버를 뉴욕 주지사로 만들 필요가 있었다. 하지만 해밀턴이 버는 "위험하고, 권력을 맡길 만한 인물이 아니다"는 이유로 이 계획을 좌절시켰다. 해밀턴의 촌평이 활자로 나오자 버는 뉴저지 위호켄에서 결투(1804. 7. 12.)를 하자고 해밀턴에게 신청했다. 해밀턴은 결투를 강하게 반대했으나 도의상 도전을 거절하는 것은 좋지 않다고 생각했다. 하지만 양심의 가책 때문에 정조준해서 사격할 수가 없었다. 버는 태연하게 해밀턴을 사살했다. 이렇게 미국의 세력 구도를 보여주는 체스 판에서 제일 기괴한 방법으로 움직임을 예측하기 어려운 말이 제거되었다.

에런 버는 버지니아로 숨었다가 다시 나타나 서부로 갔다. 거기서 에스파냐령 멕시코를 새로운 독립국으로 만들려는 일련의 음모에 착수했다. 그런 계획은 오늘날의 눈으로 보면 어린아이 같은 짓으로 비친다. 하지만 아메리카의 에스파냐령이 붕괴할 당시 이런 음모는 드문 일이 아니었으며, 낭만적인 모험가들로 넘쳐났다(젊은 바이런이 에스파냐 왕국 영토의 썩은 고기 쟁탈전에 가담하려고 했던 것도 충분한 이유가 있었다). 하지만 버는 더 앞으로 나아가 미국의 애팔래치아 산맥 건너편을 잘라내 계획 중인 자신의 왕국에 포함시키려 했다. 이것은 미합중국에 대한 반역죄에 해당했다. 제퍼슨은 사전에 경고하며 버를 체포해 고발했다. 1807년 대법원장 마셜의 주도로 공판이 열렸지만, 앞서 말했듯이 마셜은 대통령 편이 아니었다. 재판은 매우 어려운 당파적 문제였다. 마셜은 대통령을 곤혹스럽게 하려고 재판정에 출석시켜 선서 증언을 시키려 했으나 제퍼슨은 대통령 권한을 처음으로 발동시켜 거절했다. 마셜은 헌법상의 반역죄를 좁게 해석해 처벌에 반대하고 버를 석방했다. 하지만 이것으로 에런 버의 정치 생명은 끝났다. 제퍼슨 같은 주권옹호주의자 대통령도 법적으로 해석을 확대하며 단호하게 연방의 권위를 지켰다-이 사건은 그 점을 분명히 밝혔다.[217]

루이지애나 매입

제퍼슨은 대통령으로서는 취임 전에 자신이 생각했던 것 이상으로 적극적으로 확장주의 노선을 보였다. 이 또한 모순된 성격을 보여주는 한 예였다. 예를 들면 알제리, 튀니스, 모로코, 트리폴리, 즉 바르바리 지역 해적들이 서양 선박을 노리고 출몰하는 지중해 서부 해역에서, 제퍼슨은 영국을 모방하여 통행료를 바치는 애덤스 방식의 회유책을 폐기한다. 그 대신에 애덤스가 건조한 함대-예전에 제퍼슨 자신이 반대했던-를 파견해 트리폴리를 봉쇄(1803~1805)하고 본때를 보였다. 또한 미국 해병대와 그리스인 용병으로 구성된 육상 원정대(1804)를 보내 미국의 튀니스 영사 윌리엄 이턴의 지휘 아래 사막을 가로질러 공격하게 했다-이 전투로부터 미국 해병대의 행진곡 테마 한 가지가 만들어졌다.[218]

세계 최대의 노예(흑인이나 갈색의 피부를 가진 사람뿐 아니라 백인도 있었다) 상인인 아랍제국의 지방장관들을 공격한 것 역시 미국의 노예제도를 어찌할 수 없었던 제퍼슨의 분풀이였다. 당시 지중해 지역 영국 해군 총사령관 넬슨 제독은 이를 선망 어린 눈으로 바라봤음이 틀림없었다. 제독은 열렬한 노예 반대론자여서 아랍 현지 장관들을 응징하기를 갈망하고 있었다.

이것은 문명적인 국제 행동의 규범을 지키는 일에서 미국이 앞장서서 주도권을 행사한 최초의 사례-장래를 위한 탁월한 전조-였다.

더욱 경이로운 사실은 미국의 장래는 중간 규모의 농업 공화국에 있다고 생각하고 대국의 지위에는 야심이 없었던 제퍼슨이 순식간에 국토 확장에 성공한 점이었다. 대통령 재임 초기에 에스파냐가 루이지애나를 프랑스에 반환한다는 소문이 처음으로 워싱턴에 나돌자 제퍼슨은 직관적으로 이것에 주목했다. 에스파냐가 뉴올리언스와 미시시피 강 어귀를 장악하고 있는 것은 늘 골칫거리였다. 그러나 에스파냐는 약했기에 괴롭힘을 당할 수 있었다. 당시 프랑스는 세계 최강의 군사 대국으로 1763년에 할양한 프랑스령 북아메리카의 재건을 시도할지도 몰랐다. "혁명전쟁 이후 온 나라가 요즘처럼 불안한 분위기에 휩싸인 적은 없다"라고 제퍼슨은 기록했다(1803. 4.). "찻잔 속의 태풍" 같은 형국이었다. "지구상에 오직 한 곳, 우리의 영원한 적이 소유한 땅이 존재한다. 그곳이 바로 뉴올리언스, 우리 영토 농산물의 8분의 3이 시장에 나가려면 반드시 거쳐야 하는 곳이다." 국무장관 매디슨도 이에 동의했다. "미시시피 강은 허드슨 강, 델라웨어 강, 포토맥 강 그리고 배로 갈 수 있는 미국의 모든 강들이 한 줄기를 이루는 곳이다."[219]

제퍼슨은 곧 프랑스 주재 공사 로버트 리빙스턴에게 나폴레옹 정부와 교섭을 시작하라는 훈령을 내렸다. 프랑스가 미국의 긴장 완화 시도에 응할 가능성이 있는지, 아니면 영토 협정이나 매입 등 어떤 방법으로든 적어도 뉴올리언스를 경유해 바다로 나가는 것을 보증할 의사가 있는지를 타진하도록 했다. 제임스 먼로도 교섭-만약 실현될 경우--을 지원하기 위해 파리로 파견되었다. 프랑스는 "아메리카는 뛰어난 젖소와 같으므로 젖을 듬뿍 짤 수 있다"는 탈레랑의 견해를 여전히 고수하고 있었다. 워싱턴 정부는 역사상 처음으로 전능한 달러를 욕심 많은 외국인들의 눈앞에 뿌릴 각오를 굳혔다. 하지만 제퍼슨은 그 결과에 대해서는 비관적이어서 "뉴올리언스를 돈으로 사는 것에는 자신이 없다"라고 썼다. 따라서 1804년 4월 프랑스 외무장관은 나폴레옹의 지시를 받고 미국에 루이지애나와 미시시피 강 전 유역과 뉴올리언스를 1,500만 달러의 현찰을 받고 넘기겠다고 제안했다.

제퍼슨은 자신의 행운에 반신반의하면서도 즉각 싫어하는 은행, 즉 "인공적인" 자산의 소유자에 융자 신청 절차를 시작했다. 대통령이 1803년 7월 4일 26회 독립기념일에 이 사실을 공표할 수 있도록 시기를 조정하는 교섭안에 쌍방이 합의했다. 이로써 미국 영토는 배로 늘어나면서 유럽과 어깨를 겨룰 만큼 면적이 확보되었을 뿐 아니라 서부 확장의 마지막 불안이 해소되었으며, 미국이 다음 수십 년 안에 다시 규모를 두 배로 늘리게 되리란 사실이 확실해졌다.[220] 역사상 이처럼 이례적인 현금 거래로 영토 문제가 해결된 경우는 없었다. 미국인들은 심지어 자신들이 도대체 어느 정도로 넓은 영토를 손에 넣은 것인지조차 확실히 알 수 없었다. 리빙스턴이 매입지의 정확한 경계선을 보여달라고 프랑스에 요청하자 탈레랑은 불쾌한 태도로 대답했다. "그것으로 충분할 것이오. 귀하는 미국을 위해 멋진 거래를 했고, 사들인 땅은 최대한 활용되리라 생각하오."[221] 탈레랑의 예상은 물론 정확했다. 마침내 미국은 82만 8,000제곱마일을 더 보태 5억 3,000만 에이커나 되는 우수한 토지를 확보했다. 제퍼슨의 유일한 불안은 매입의 합헌성이었다. 실제로 그의 반대자들은 자신들의 평소 의견을 뒤집어서, 헌법은 외국 영토의 매입을 인정하지 않는다고 주장했다. 하지만 제퍼슨은 이번만큼은 헌법에 대한 자신의 소심한 태도를 버리고 의회에 승인을 요청했다.

제퍼슨은 개인적으로는 매입이 헌법에 위배된다는 점을 인정하고, 존 브레킨리지 앞으로 편지를 써서 "수단이 목적을 정당화한다"는 특유의 논법으로 자신의 주장을 정당화했다. 만약 프랑스가 루이지애나를 계속 소유하게 된다면 미국은 "영국 함대나 영국 정부와 손을 잡지" 않을 수 없다고 말했다.

> 나는 어떤 나라든 미시시피 강을 단 1인치도 건너지 못하게 할 것입니다. 우리나라의 평화를 위해 미시시피 강의 독점 항해권이 매우 중요하다는 사실을 잘 알고 있기 때문입니다. …… 헌법에는 외국 영토의 획득, 나아가 다른 나라를 합중국으로 통합하는 일에 대한 규정은 없습니다. 이번에 행정부는 국가에 큰 이익이 되는 호기를 포착해 초헌법적인 행동을 취했습니다. 입법부는 형이상학적인 미묘함은 젖혀두고 국가의 충실한 공복임을 보여서 루이지애나 매입을 승인하고 그 비용을 지불해야만 합니다. 자신들도 그 입장이 되면 틀림없이 실행에 옮길 그 일을 권한이 없어도 행한 국가에 그들의 운명을 맡겨야 합니다.[222]

이것은 미국 역사상 매우 중요한 문서인데, 제퍼슨처럼 엄격한 입헌주의자마저 미국이 북아메리카 전체를 지배할 운명을 지니고 있다는 이른바 "명백한 운명"의 실현에 방해가 된다면, 헌법 규정을 둘러싼 "형이상학적인 미묘함"을 무시할 준비가 되어 있다는 사실을 보여줬다. 미합중국이 루이지애나에 이어 남은 광대한 영토의 획득-관점에 따라서는 약탈-에 나선 것은 당연한 일이었다. 어쨌든 의회는 1803년 10월 20일 제퍼슨의 결정을 승인했고, 1804년 초 루이지애나에 준주정부가 들어섰다. 그로부터 8년 뒤 하늘이 준 뜻밖의 선물에서 태어난 최초의 13개 주에 의해 루이지애나의 연방 가입이 승인되었다.

　루이지애나 매입이 단순한 발상에서 나오지 않았다는 사실은 제퍼슨이 내린 한 가지 결단에서 더욱 확실했다. 실제로 매입 이야기가 구체화하기 전에 제퍼슨은 북아메리카의 태평양 연안에 이르는 육로 탐험 사업 승인과 자금 지출을 바란다고 은밀히 의회에 요청했다. 이 구상은 소년 시절부터 꿈꿔온 것으로 10년간의 국무장관 시절에는 프랑스 박물학자 앙드레 미쇼에게 "오리건이라는 강"을 탐험하여 "합중국에서 태평양까지 잇는 최단 거리이면서 가장 편리한 교통로"를 찾아줄 것을 권고했다. 제퍼슨 대통령은 이번에는 비서인 메리웨더 루이스(1774~1809)를 탐험대장에 임명했다. 그에게 미시시피 강을 거슬러 올라가 미주리 강 수원에 이른 다음 분수령에서 서쪽을 향해 흐르는 큰 강을 탐사하여 지도를 제작하라고 명령했다. 루이스는 육군 동료인 윌리엄 클라크(1770~1838)를 설득해 둘이서 34명의 군인과 10명의 민간인을 모집하여 탐험대를 조직했다. 그는 1803년 겨울 세인트루이스 교외에서 훈련을 마친 뒤 3년에 걸친 여정에 올랐다. 쇼쇼니 족 인디언인 새커거위아(1786~1812)라는 뛰어난 여성이 안내원 겸 통역으로 일한 덕분에 일행은 북아메리카 대륙 분수계를 무사히 넘어 컬럼비아 강을 발견하고 1805년 11월 8일 광대한 태평양을 바라다볼 수 있었다. 루이스 탐험대는 같은 루트를 (우회하여) 거슬러 올라가고 클라크 탐험대는 옐로스톤 강을 통과해 가 옐로스톤 강과 미주리 강의 합류점인 포트유니언에서 다시 만났다.

　그 뒤 일행은 미주리 강으로 내려가 1806년 9월 23일 세인트루이스로 돌아왔다. 두 대장은 대통령에게 의기양양하게 보고했다. "각하의 명령에 따라 북아메리카 대륙을 태평양 연안까지 탐사하고 내륙 지대 깊숙한 곳까지 탐험한 결과 확신을 갖고 보고 올립니다. 우리 탐험대는 미주리 강과 컬럼비아 강의 지류를 이용하여 대륙을 횡단하는 가장 실용적인 루트를 발견했습니다."[223]

이 탐험은 일찍이 유례가 없을 만큼 참으로 풍부하고 종합적인 지리 탐사 여행이었으며, 경제, 정치, 군사, 과학, 지도 제작 등에 요긴한 정보를 여러 가지 일지나 지도 형태로 남겨 가져왔다. 제퍼슨이 기뻐한 것도 무리는 아니었다. 서부극의 막이 올랐기 때문이었다. 5년 뒤 모험가이자 모피 상인인 존 제이콥 애스터(1763~1848)가 컬럼비아 강 어귀에 태평양 연안의 첫 교역장인 애스토리아를 열었다(1811). 애스터는 독일인 출신으로 1784년 미국에 건너와 모피 거래를 시작하여 마침내 아메리카 모피 회사(1808), 퍼시픽 모피 회사(1810) 등을 설립한 인물이었다. 몇 개월 뒤에는 세인트루이스의 유력 신문이 "북아메리카 대륙의 횡단은 짐마차로도 할 수 있다. 전체 여정에서 산이라고 부를 만한 장벽은 없다"[224]라고 보도했다. 이렇게 해서 "오리건 통로(Oregon Trail)"의 개념과 실제 루트가 생겨났다.

통상 금지 조치

제퍼슨은 재임 중 사실상 미국의 최남단 지역을 탄생시켜 서부의 토대를 만들었으므로, 그의 대통령 임기가 실패와 암흑 속에 막을 내렸다고 말하는 것은 다소 실망스러운 표현이다. 하지만 실제로는 그렇게 되어 제퍼슨이나 매디슨은 나폴레옹 전쟁이라는 거친 파도 속에서 어느 방향으로 키를 잡아 미합중국을 이끌면 좋을지 몰랐다. 실제로 두 대통령은 치명적일 정도로 "지정학"에 열중했다.

1803년 프랑스 공화국과 영국 주도의 왕당파 국가 연합 간에 전쟁이 재발하여 미국이 루이지애나를 헐값에 사는 계기가 되었는데, 다른 관점에서 본다면 당시 미국과 같은 통상 해운 국가에 이 사태는 최악이었다. 1805년 11월 영국은 트라팔가르 해전에서 프랑스와 에스파냐 연합 함대를 괴멸시키고 제해권을 잡았다. 한편 나폴레옹 1세는 프리트란트에서 오스트리아와 러시아 군대를 물리치고(1807) 유럽 대륙을 장악했다. 영국의 수출이 반나폴레옹 진영의 자금원이 되었기 때문에 나폴레옹은 이것을 막기 위해 대륙봉쇄령을 내려 영국 제품의 대륙 수출입 금지 조치를 취했다. 영국에서는 추밀원이 긴급 칙령을 가결하여 여기에 대항했다. 프랑스와 그 동맹국들의 통상 방해를 목적으로 만든 교묘한 규칙으로 이를 위반할 경우 영국 함대는 중립국 선박도 나포했다. 제퍼슨은 이에 대항해 "수입금지법(Non-Importation Act)"을 제정하여(1806. 4.) 영국산 제품을 대부분 금지하고 미국 선박을 제외한 모든 선박의 입출항을 정지시켰다.[225]

세 나라의 조치가 각각 달랐던 점에 주목해보자. 그들은 세계무역의 구조나 경제학을 거의 이해하지 못했다. 무지 상태에서 입안된 정책은 그 의도와는 다르게 역효과를 낳은 경우가 적지 않았다. 나폴레옹의 대륙봉쇄령은 프랑스 동맹국이나 위성국 대부분에 문제를 일으켰고, 영국을 공격하기보다는 나폴레옹 자신이 목표가 되어 되돌아왔다. 영국의 긴급 칙령은 오해를 받아 실시에 곤란을 겪었으며 가장 피해를 입은 것은 결국 자국의 무역이었다. 미국의 수입금지법은 완전한 실패로 끝났으며 영국의 분노를 산 것이 확실했다. 제이 조약의 통상 조항은 1807년에 효력을 잃었는데, 당시 공사로 런던에 있던 먼로는 제퍼슨과 매디슨에게서 만족할 만한 지원을 얻지 못해 문제를 해결할 수가 없었다. 그 결과 영국 전함과 미국 배들 사이에 일어난 일련의 접촉 사건으로 노퍽 해안에서 해전이 벌어져 최악의 사태를 맞았다. 미국 배들에서 일하는 탈영병을 수색하는 영국 프리깃함 레오퍼드 호가 미국 프리깃함 체서피크 호를 공격해 항복을 받아냈다. 그리고 선원 가운데 4명을 연행해 그중에서 1명을 교수형에 처했다.[226]

미국 연안에서 벌어진 이 사건은 국민의 격분을 샀다. 만약 의회가 개회 중이었다면 분명 전쟁이 일어났을 것이다. 제퍼슨은 혼란에 빠졌다. 영국과 미국 두 나라는 해운과 무역 대국으로, 해양의 자유와 모든 항만의 항해 및 무역 자유의 실현-대륙봉쇄령이 방해하려고 한 것-이 공동 관심사라고 제퍼슨은 이해했다. 두 대국은 현실적인 공동 정책을 세워 그것을 기반으로 제이 조약을 갱신해야만 했다. 하지만 제퍼슨은 공화정에 대한 친근감 때문에 프랑스 쪽으로 기울었고, 나아가 왕정에 대한 반감 때문에 영국의 입헌의회군주제보다 나폴레옹의-20세기 전체주의 국가의 폭정을 어렴풋이 예견하게 하는-군사독재 쪽이 개인의 자유에 훨씬 커다란 위협이라는 사실을 보지 못했다.

제퍼슨은 당분간 미국을 전쟁에 끌어들이지 않기 위해 애썼지만, 전쟁 열기에 어떻게든 대응하기 위해 1807년 12월 "입출항금지법(Embargo Act)"을 의회에 상정해 실질적인 논의를 생략한 채 통과시켰다. 이 법률로 외국 항구로 가는 미국 선박은 출항을 금지당하고 미국의 모든 해외무역이 사실상 정지되었다. 의회가 왜 이 불합리한 법안을 부결시키지 않았는지는 수수께끼였다. 미국 선박이 항구에 정박해 있는 동안 선원들은 월급을 받지 못한 채 무료하게 시간을 보냈으며, 밀수가 횡행하여 정식 무역은 영국 선박이 독점하는 사태를 맞았다.

나폴레옹은 교활한 법적 속임수로 농간을 부려 제퍼슨의 통상 금지 조치를 지원한다는 구실 아래 1,000만 달러 상당의 미국 상품을 몰수했다. 이것은 제퍼슨의 경력 가운데 가장 심각한 정치적 실책이었다. 북부의 해운업과 제조업 종사자들은 정부가 "버지니아 왕국"과 노예를 소유한 대농장의 이익을 위해 친프랑스 파의 과격한 공화주의 공론가들에게 조종당하고 있다고 어느 정도 타당성 있는 주장을 펼쳤다.[227] 이에 어쩔 수 없이 굴복한 정부는 영국과 프랑스를 제외한 모든 나라와의 통상 금지를 해제하는 "통상금지법(Non-Intercourse Act)"(1809)을 의회에 상정해 통과시킴으로써 이전 법률을 철회해야만 했다. 이에 따라 무역은 일부 회복되었으나 나라 안팎에 씻을 수 없는 분노의 응어리가 남았다.

제퍼슨에 대한 평가는 통상 금지가 가져온 궁핍과, 그 조치를 강제한 흔히 악평을 받은 무자비한 태도가 원인이 되어 낮아졌다. 그 사실이 고스란히 반영된 분노의 편지가 그의 관저에 쇄도했고 제퍼슨은 괴로운 심경으로 그 편지들을 읽었다. "통상 금지를 해제하고, 카터스마운틴으로 돌아가 뉘우치면서 공직에는 더 이상 얼굴을 내밀지 마시오." "나는 당신 정권의 지지자가 아니라 무역의 지지자요." "대통령, 무엇이 장래의 행복을 위한 것인지를 안다면 통상 금지를 풀어야 할 겁니다." "대통령이 될 당시의 상황을 기억하고, 현재의 모습을 보시오. 당신은 분명히 절망에 사로잡혀 산으로 숨고 싶을 거요." "당신은 이 나라의 권리, 명예, 자유를 저 악명 높은 세계의 정복자[나폴레옹]에게 팔아넘기려 하고 있다." "통상 금지를 해제하지 않는다면 4명의 동료에게 400달러를 주고 각하를 저격하는 데 동의할 거요." "여기 보스턴에서 나는 굶어죽을 지경에 처해 있다. …… 당신은 세계 최악의 폭군이다."

제퍼슨은 일부 편지를 "욕지거리" 또는 "술에 취해서 술집에서 쓴 것"이라고 결론지었다. 하지만 나머지 편지들은 빈곤이 가져온 상황을 상세하게 묘사했다. 예를 들면 필라델피아의 무일푼 선원 4,000명을 대표하여 쓴 편지가 있었다─"각하, 경의를 표하며 말씀드립니다. 우리 가난한 선원들에게 다만 얼마라도 구제금을 지원해주십시오. 무엇에 쓸 것인지는 신이 아실 것입니다." 곤궁에 신음하는 선원 아내들의 편지는 아이들에게 먹일 빵이 없다고 호소했다. 많은 사람들이 서명한 청원서도 300장 이상이나 되었다. 여러 가지 협박도 담겨 있었는데 그중 한 청원서-"18세부터 29세까지 양키 청년 300명"-에는 이런 내용이 들어 있었다. "나 스스로 목을 베 죽지 않는다면 나는 영국군에 들어가 당신과 싸울 겁니다. 각하, 미쳐서 이런 험악한 편지를 쓰는 나의 무례를 용서해주기 바랍니다." 절망에 찬 수많은 편지들 가운데는 자녀를 부양하기 위해 부득이 도둑질을 해야 해서 "거리에서 강도짓을 시작할" 예정이라고 쓴 것도 있었다.[228]

제퍼슨은 19세기 초기까지는 낙천가였으나 이제는 매우 우울해져서 동요하고 의기소침했다. 임기 종료를 몇 개월 앞두고 정책은 흐지부지되었고, 될 대로 되라는 식의 입법 처방들이 하원과 상원, 의회와 행정부 사이를 오가며 통상 금지의 곤경에서 벗어나기 위한 혼란스러운 시도가 난무했다. 최종적으로 프랑스와 영국에 용감히 맞선다는 구실 아래 1809년 "통상금지법"이 가결되었다. 이 조치로 사실상 통상 금지 조치는 철회되었다. 제퍼슨은 3월 1일 피로에 싸인 채 이 법안에 서명하여 발효시킨 뒤, 친구 뒤퐁 드 느무르에게 다음과 같은 편지를 보냈다. "하루 이틀 안에 [몬티셀로의] 가족과 책이 있는 농장으로 돌아갑니다. …… 족쇄에서 벗어난 죄수도 내가 권력의 멍에를 내던질 때만큼 안도감을 느끼지 못했을 것입니다."[229] 제퍼슨은 대통령으로서 마지막 몇 개월 동안은 실질적으로 일을 하지 않았고, 패배자로서 관저를 떠났다.[230]

평화와 전쟁의 갈림길

그렇지만 더 나쁜 소식이 기다리고 있었다. 매디슨은 평생 대통령이 되려고 준비를 계속해왔다. 교양이 풍부한 버지니아 젠틀맨 계급 출신으로 오렌지 카운티에서 가장 잘사는 농장주의 큰아들로 태어났다. 빈틈없는 교육을 받고 프린스턴 대학교에서 유명한 위더스푼에게 가르침을 받았다. 그리스 로마 고전, 역사, 정치학, 경제학 등을 오랜 동안 배웠다. 1776년 제퍼슨을 만났고, 그 뒤 두 사람이 친밀하게 나눈 편지에는 정치나 문학의 소양이 넘쳤다. 키가 작으며 부지런하고 온건한 성품을 지녔으며 말씨는 부드러웠다. 문제를 모든 각도에서 검토하며 조정을 시도했고 언제나 "황금의 중용"으로 마무리를 지었다. "신고전주의적 극기의 본보기"와 같은 인물로 시인 로버트 프로스트가 썼듯이 "새로운 땅을 자제력 있는 사람들로 가득 채우는" 꿈을 추구했다. 버지니아 식민지 하원의원과 연방 하원의원을 지내며 버지니아 주의 헌법과 신앙 자유법의 초안을 만들었고, 마운트버넌 회의와 아나폴리스 회의를 지원했다. 헌법제정회의에서는 미합중국 헌법의 기초자로서 비할 데 없는 힘을 발휘했다. 『연방주의자』에 26편의 논설을 썼고, 「권리장전」 작성에서도 주역을 담당했다.

하원에서는 제퍼슨을 지지하는 지도자로서 이름을 높였고, 제퍼슨이 대통령이 되자 자신은 국무장관으로 활약했다. 제퍼슨과 달리 유머 감각도 지녔다. 국무장관 당시 바르바리 해안의 해적 문제를 둘러싼 교섭에서 대표로서 워싱턴에 도착한 튀니지 특사를 환대해야만 했을 때, 여성을 접대받고 싶다는 아랍 측 요구를 받아들여 그 경비를 "외교 접대비"로 처리했다(제퍼슨은 재미있어하지 않았다). 사람들이 보통 돌리라고 부른 매디슨의 아내 도로시아는 노스캐롤라이나 출신의 미녀로 워싱턴 사교계의 주인공이었다. 하지만 매디슨은 "많은 사람들이 제국 통치의 최고 책임자로는 갈바가 누구보다 적임자라고 생각했다. 실제로 제국 통치를 맡겨보기 전까지는(omnium consensu capax imperii nisi imperasset)"이라는 타키투스의 명언을 실제로 증명해 보였다. 그는 형편없는 사람이었다.[231]

매디슨이 행정의 최고 책임자로서 얼마나 서툴렀는지를 보여주는 이야기가 있다. 대통령 취임 연설에서 매디슨은 정책 방향을 한 문장으로 정리했다. 하지만 적당히 줄일 수가 없어서 결국 470단어의 긴 문장이 되어 낭독하기조차 곤란했다. 취임식이 끝난 뒤 F 스트리트 저택에서 열린 파티에서 영부인 돌리는 참석자들을 매료시킬 만큼 아름다웠다. "소박한 옷차림-길고 소매가 달린 얇은 천의 장식이 없는 드레스, 네커치프마저 두르지 않은 깃 없는 목 부분, 자주색의 벨벳과 하얀 새틴, 하얀 깃털이 붙은 멋진 보닛-이었고, 그 모습은 위엄과 기품, 우아함으로 넘쳤다."[232] "그 키 작은 남자[매디슨은 머리는 크고 키는 작아 보였다]의 많은 부분을 돌봐주는" 사람인 돌리는, 새로 지은 대통령 관저의 내부를 꾸미며 나이프, 포크, "주전자 받침과 난로 장작 받침쇠"에 2,205달러, 피아노 한 대에 458달러, 기타 한 대에 28달러를 사용했다. 곧 백악관 "응접실"에서 첫 만찬회가 열렸다. 당시는 유명한 행사였는데, 남성은 "검거나 푸른 상의, 조끼, 검은 바지와 검은 양말"로 정장하고, 여성은 "풍부한 가슴과 드러난 등이 특히 눈길을 끌었다."[233]

하지만 눈부시게 아름다운 이 광경 뒤로는, 이권을 둘러싼 해상 분쟁에서 미국이 어떻게 탈출할 것인가를 놓고 끝없는 혼란이 이어졌다. 매디슨은 전쟁이 끝날 것이라는 어리석은 기대에 사로잡혀 귀중한 시간을 몇 개월, 심지어 몇 년이나 허비했다. 더 그럴싸하게는, 영국에서 의회 투쟁의 결과로 미국 입장을 두둔하는, 그래서 중립국 선박에 대한 제제 조치를 폐지하려는 내각이 출현할 것이라고 기대하면서.[234] 실제로 타협을 어렵게 만든 것은 영국 정계의 분열이 아니라 미국 내의 알력과 지방 파벌주의 격화였다. 워싱턴이 퇴임사에서 밝혔듯이 동부와 서부, 북부와 남부는 차이점보다는 공통점이 많은 것이 사실이었을지 모른다. 그렇지만 오랫동안 지속된 유럽 전쟁과 그것이 대서양 무역에 끼친 영향으로 인한 혼란스럽고 성마른 사회 분위기 속에서, 지역 간 차이는 극복할 수 없는 것처럼 보였다. 뉴잉글랜드는 사실상 영국의 해운 관계자와 모든 점에서 이해가 일치했다. 반면 남부나 서부로 진출함에 따라 영토 확장의 계기를 만들기 위해 영국과 전쟁을 벌여 끝장을 봐야 한다는 여론 주도층도 늘었다. 미래의 캐나다가 되는 땅은 원한다면 마음대로 가질 수 있지 않을까? 플로리다는? 그리고 서인도제도는?

그리고 그곳 남부와 서부는 매디슨의 텃밭이었다. 이들 주는 1808년 매디슨을 대통령에 선출했으며, 1812년 재선 때 이들 지역에 대한 매디슨의 의존도는 한층 높아졌다. 경쟁 후보인 클린턴은 뉴욕에서 승리했고(선거인단 29표 획득), 매사추세츠(22표), 코네티컷, 뉴저지, 뉴햄프셔와 그 밖의 다른 작은 주들을 포함해 모두 89표를 얻었다. 이에 반해 매디슨은 버지니아(25표), 펜실베이니아(25표), 캐롤라이나, 조지아, 켄터키를 비롯한 남부와 서부의 주들에서 128표를 모았다. 매디슨을 뽑은 7개 주는 모두 98만 명에 이르는 노예를 소유했다. 흑인은 정치에서 어떤 발언권도 없었으나, 노예 인구 4만 5,000명마다 1표의 선거인 표가 노예주에 가산되어 남부 진영─그리고 전쟁 찬성 진영─에 모두 21표의 선거인 표가 주어졌다. 그러자 뉴잉글랜드의 연방주의자들은 북부 자유민의 의사가 남부 노예의 무책임한 표에 좌우된다고 주장했다.[235]

그래도 전쟁만은 피할 수 있었을지 모른다. 1812년 6월 18일, 합중국 의회는 영국에 대한 선전포고에 필요한 절차를 마쳤다. 이틀 뒤 웨스트민스터의 영국 의회에서는 헨리 블룸이 중립국 선박에 관한 긴급 칙령 철회 동의안을 제출했고, 정부를 대표하는 캐슬레이 경에게서 이 긴급 칙령이 일시 정지된다는 답변을 끌어냈다. 불운하게도 경험이 별로 없는 미국 대리대사는 이 소식을 제때 매디슨에게 보고하지 않았다. 매디슨과 그의 멘토 제퍼슨이 주고받은 1812년의 편지로 판단하면, 매디슨은 정열도 열의도 별로 없는 채 어느새인가 전쟁에 휘말렸다. 한편 제퍼슨은 지금이야말로 힘으로 영국과 관계를 결말지을 때가 왔으며 미국은 "캐나다 정복"을 시작으로 그대로 대승리를 거둘 수 있다고 믿었다. 훗날 돌이켜보면 미국 공화정의 지주이자 백인 문명 옹호자이기도 한 두 사람의 판단은 매우 무책임하고 무모하기까지 했다고 할 수 있다.[236]

1812년 미영전쟁

전쟁이 시작되자 3개 전쟁터에서 전투가 벌어졌다. 미국군의 캐나다 진격, 오대호와 공해상의 해전이 그것이었다. 또한 남부와 미국인 이주민에게는 영국의 동맹국인 에스파냐의 자산이나 영국과 에스파냐 두 나라에 종속된 원주민의 재산을 약탈할 호기가 찾아왔다. 미국 정부는 처음에 거기에 큰 기대를 걸었다. 하지만 침략은 두 가지 그릇된 판단에 근거했다. 첫 번째는 캐나다를 손쉬운 공격 목표로 본 것이었다. 캐나다는 두 부분으로 이루어져 있었다—동쪽의 로어 캐나다(현재 퀘벡 주에 있었던 영국 식민지-옮긴이)는 프랑스어 인구가 압도적으로 많았고, 서쪽의 어퍼 캐나다(현재 온타리오 주에 있었던 영국 식민지-옮긴이)는 영어권이었으나 인구 밀도가 낮았다. 매디슨과 제퍼슨은 프랑스어권의 캐나다인은 적국인 영국 점령 아래 억압받는 사람들로서 프랑스와 일체이므로 미국인을 해방자로 환영할 것으로 생각했다. 이것은 상당한 오판이었다. 프랑스계 캐나다인은 대단히 보수적인 로마가톨릭교도로서 프랑스 공화국을 무신론자들의 화신, 나폴레옹을 왕위 찬탈자이자 적그리스도로 간주했으며, 부르봉 왕조의 부활(영국 전쟁 정책의 주요 목표 중 하나)을 바랐다.

1774년의 "퀘벡 법"은 프랑스인 사회에 광범위한 문화적 · 정치적 · 종교적 특권을 인정하여 자유주의적 정치의 걸작으로 여겨졌다. 그곳 주민들은 만약 침략에 의해 로어 캐나다가 미합중국의 일원이 된다면 공화정이 도입되어 프로테스탄트로 바뀔 것이라고 생각했다. 어퍼 캐나다에는 영국군이 고작 4,500명밖에 없었으며, 최근 이주한 미국인이 많은 수를 차지하고 있었다. 영국군 총사령관 아이작 블로크 경은 그들 대부분이 충성심이 없으므로 자신이 취할 유일한 길은 "큰 소리로 말하고 크게 생각하는" 것뿐이라고 생각했다. 사실 영어권 캐나다인들 대부분은 예전 토리당을 지지한 반공화주의자 또는 그 아들들이나 손자들이었다. 캐나다는 1770년대에도 미국 공화주의의 유혹에 반발했다. 그 뒤로 10만 명의 국왕 지지자들과 이루 헤아릴 수조차 없는 그 후손들, 그리고 최근에 이주한 많은 영국인들에 의해 이러한 경향은 더욱 강화되었다. 이들은 국왕에 대한 충성 의무를 버릴 마음이 추호도 없었다.[237]

버지니아 왕조 사람들(모두 버지니아 출신인 첫 다섯 대통령 워싱턴, 애덤스, 제퍼슨, 메디슨, 먼로를 가리키는 말-옮긴이)이 공유한 환상은 제퍼슨이 매디슨에게 자랑한 말에 요약되어 있었다. "올해[1812년] 캐나다를 퀘벡 주변까지 손에 넣는 것은 단순히 군대가 행진만 하면 끝날 일이며, 다음에 핼리팩스를 공격하고 최종적으로는 영국을 아메리카 대륙에서 쫓아내기 위한 훈련이 될 것이오. 일단 핼리팩스를 점령하면 작은 배조차 수리하려면 영국으로 돌아가야 할 거요."[238]

두 번째 그릇된 판단은 미국 민병대의 질에 관한 문제로 매디슨은 이에 대해 취임 연설에서 자랑했다—"무장을 갖추고 훈련받은 민병대는 공화국의 방벽입니다." 하지만 우선 매사추세츠, 코네티컷, 뉴햄프셔가 민병대 파견을 냉정하게 거절했다. 뉴잉글랜드는 엄밀하게 말하면 수수방관하지 않았다. 런던의 유가증권에 투자했고 영국군에 군수품을 팔아 이익을 챙겼다. 그 대가로 영국군은 전쟁이 끝날 때까지 뉴잉글랜드와 뉴욕에 해상 봉쇄 실시를 삼갔다. 이 시점에서 영국군이 소비한 쇠고기의 3분의 2는 캐나다 국경의 남쪽, 주로 버몬트와 뉴욕 주에서 공급되었다.[239]

매디슨이 "행진"을 위해 급파한 부대는 형편없다는 사실이 밝혀졌다. 민병대는 혁명전쟁에서는 자신의 고향을 지킨다는 명분 아래 잘 움직였으나 일단 연고지를 떠나자 풋내기 티를 드러냈다. 규율이라고는 하나도 없었다. 다들 각자 텐트를 칠 장소를 골랐고, 경비병도 세우지 않고 야간 정찰대도 내보내지 않았다. 민병대든, 그보다는 좀 더 근무 조건이 엄격한 지원병이든 합중국 영토 바깥에서 싸울 법적 의무는 없다고 생각하여 처음에는 국경을 넘는 것조차 거부했다. 지원병 사이에 만약 국경을 넘는다면 그대로 5년간 군대에서 복무해야 한다는 소문이 퍼졌다. 대부분은 인디언 병사를 맞닥뜨린 적이 없었고, 포로로 잡히면 고문받고 학살된다는 믿음 때문에 무척 겁을 먹었다. 인디언이 가까이 있다는 소식에 대규모 탈영이나 폭동마저 일어났다.[240]

고참 장교들은 무능했다. 뉴욕 민병대 총대장 스티븐 밴 렌셀러는 가장 오래된 네덜란드인 집안 중 한 곳 출신이었다. 15만 에이커의 토지를 상속받아 900명의 농민에게 각 150에이커씩 소작을 준 그는 "8대에 걸친 농장주"로 유명했다. 그만큼 명문 귀족이었으나 그가 거느린 병사는 위험을 무릅쓰고 명령을 따르기를 거부하여 나이아가라 공격은 불명예스러운 결과로 끝났다. 프렌치다운에서는 제임스 윈체스터 장군이 자기 군대가 포위되어 패하도록 획책하여 모두 항복하는 일까지 일어났다.[241] 인디언 공격에 의한 사상자, 질병, 빈약한 의복이나 텐트로 인한 피해는 매우 컸다.

장군들은 서로 비난하기에 바빴다. 피터 B. 포터 장군이 「버펄로 가제트」지에서 알렉산더 스미스 장군을 터무니없는 겁쟁이라고 비난하는 바람에 두 사람은 그랜드아일랜드에서 희극적인 결투를 벌였다. 둘 다 부상은 입지 않았으나 이 조악한 다툼에 부하들은 실망했다.[242] 스미스는 군중에게 놀림감이 되어 결점을 폭로하는 전단이 나돌았다. 블랙로크 주둔지에서는 뉴욕에서 온 아일랜드계 병사들로 구성된 부대가 남부 지원병 부대와 격렬하게 싸우는 통에 이를 말리기 위해 정규군이 파견되었다. 그러자 그때까지 서로 다투던 두 부대가 함께 창끝을 돌려 파견군에 대항하는 일마저 발생했다. 이를 두고 민간인들은 조롱했다. 1808년에 창설된 합중국 경기병(US Light Dragoons)은 USLD라는 이니셜을 부착한 모자를 썼는데, 이 머리글자를 빌려 "엉클 샘의 암캐(Uncle Sam's Lady Dogs)"라고 불렀다. 1813년 말 캐나다 공격은 사실상 포기되었고, 영국군이 메인 주의 상당 부분을 점령했다.[243]

매디슨 대통령의 미국군은 수상전에서는 그보다 나았다. 오대호 방면에서는 로드아일랜드 출신의 올리버 해저드 노스(1785~1819)가 우수한 함대를 조직해 1813년 9월 10일 이리 호에서 영국군과 대적했다. 기함 로런스호가 막대한 피해를 입었기 때문에 노스는 스스로 보트를 저어 나이아가라로 퇴각해 전투를 계속하여 마침내 영국 함대를 항복시켰다. 그리고 훗날 회자된 간결하고 유명한 전승 보고를 워싱턴으로 급히 보냈다—"적과 조우, 우리가 장악."[244] 해상에서는 미국 전함이 상비군이든 사나포선(私拿捕船)이든 사관들을 오로지 실력주의로 임명하고 승진시켰기에 커다란 전과를 올렸다-영국 해군처럼 "연줄"에 의존하는 것과 정반대로, 공화정의 분명한 강점이었다. 또한 미국 전함의 승무원들은 영국 군함의 강제 징집 부대와는 대조적으로 전원이 지원병이었다. 1813년에는 미국 사나포선이 영국제도의 서쪽 수로에서 영국 선박에 막대한 피해를 입혔고, 상선 나포는 1814년 들어 더 한층 격화되었다. 미국 담배 무역의 대부분을 취급한 글래스고 상인들이 국왕에게 글을 올려 호소했다. "2년이라는 짧은 기간에 800척 이상의 배가 여태껏 해운 능력을 깔본 나라에 나포되었습니다."[245]

명백하게 영국도 미국 연안의 배에 대해 같은 방법으로 대응했다. 훗날 소설가로서 이름을 얻은 매리엇 선장은 영국군 프리깃함 스파튼 호를 이끌고 미국 연해에서 수많은 미국 선박을 침몰시키거나 나포했다. 하지만 영국 해군부를 가장 놀라게 한 점은 미국 전함이 영국 해군의 정규 부대를 상대로 승리를 거뒀다는 사실이었다. 미국 프리깃함은 영국 것에 비해 대형이며 설계가 뛰어나고 대포 수가 많고 갑절의 사관을 태웠다. 매리엇은 전함끼리 비교하면 미국 해군-그의 지적에 따르면 주로 영국인 승무원이 타고 있었다-이 우수하다고 인정했다. 영국 정치가 조지 캐닝은 하원에 다음과 같이 보고할 필요가 있다고 생각했다. "영국 해군의 불패 신화가 [미국의] 우연한 승리에 의해 깨어진 사실에 과민한 반응을 보여서는 안 됩니다."[246]

영국과 벌인 해전에서 미국인은 처음으로 고도의 과학기술을 응용하는 비할 데 없는 열정의 싹을 보였다. 로버트 풀턴(1765~1815)의 활약이 그것이었다. 아일랜드계인 풀턴은 펜실베이니아 주 리틀브리튼(지금은 풀턴타운십이라고 개명)에서 태어났다. 어릴 적 아버지를 여읜 그에게 놀라운 그림

실력과 기계 관련 발명의 재능은 가난한 어린 시절에 힘이 되어주었다-13세 때부터 자기 연필이나 그림 붓, 물감, 그 밖의 그림 재료를 손수 만들었다. 풀턴은 필라델피아의 제일가는 초상화가 찰스 윌슨 필 아래서 배웠다. 필은 이 새로운 제자를 화난 표정으로 생각에 잠긴 억센 젊은이로 묘사했다. 초상화가의 정교한 묘사 기술은 당시에는 과학에 대한 정열과 일부 겹쳤다. 풀턴보다 조금 어린 같은 시대 사람으로 훗날 전신기를 발명한 새뮤얼 모스 역시 초상화가 출신이었다. 풀턴은 미술 공부를 시작하자마자 추진력에 관심을 갖게 되었다. 10대에 이미 강력한 스카이로켓을 만들고, 증기선의 외차(外車)를 설계하고, 총을 발명했다.[247]

풀턴의 신무기

풀턴은 일생 동안 영국 해군을 싫어했다. 미국 독립의 적일 뿐 아니라 해양의 자유를 위협하는 존재로 보았기 때문이다. 풀턴에게 바다는 인간에게 진보를 가져다주는 도로였다. 1798년 프랑스로 가서 영국을 상대로 싸우는 잠수정 설계도를 나폴레옹 장군에게 팔려고 했다. 묘하게도 그보다 훨씬 전인 1776년에 미국 북부 사람인 발명가 데이비스 부시넬이 잠수정을 건조하여 60파운드의 상금을 받았는데, 그것을 영국 함정을 상대로 시험해보니 쓸모가 없었다. 풀턴이 설계한 선원 3명의 U보트는 수심 7.6미터까지 잠수하고 폭뢰나 원시적인 어뢰를 장착했으며, 그의 모든 배 관련 디자인과 마찬가지로 물고기의 움직임을 모방했다.

프랑스는 영국의 프리깃함을 침몰시키기만 하면 40만 프랑을 지불하겠다고 약속했다. 하지만 1801년에 이 잠수정을 시험했으나 역시 실패로 끝나 프랑스는 흥미를 잃었다.[248] 풀턴은 그 뒤 대담하게도 런던으로 건너가, 당시(1803~1804) 불로뉴에 집결한 프랑스 공격함 폭파에 사용하라고 해군부에 제안해 잠수정을 팔려고 했다. 영국군도 처음에는 열의를 보여, 풀턴의 어뢰는 실제로 프랑스군 배를 침몰시켜 22명의 선원을 익사시키는 데 성공했다. 하지만 그 피해는 당시 프랑스군밖에 알지 못했다. 트라팔가르 해전의 승리로 침임의 위협이 사라지자 해군부는 풀턴을 냉정하게 내쫓아 버렸다.[249]

그런 사이에 1812년의 전쟁이 시작되었고, 풀턴에게 그것은 감정적으로나 사업적으로 하늘이 내린 보물처럼 여겨졌다-이제는 조국의 정부를 위해 일할 수 있었다. 풀턴은 영국의 일류 제조업체인 볼튼앤드와트 사에서 만든 강력한 증기기관을 입수하여 그것을 거대한 군함에 장착하려고 계획했다. 이 프로젝트에 의해 만들어진 선박은 처음에는 데모로고스 호(1813), 나중에는 풀턴 1호(1814)라고 불린 쌍동선으로 두 선체 사이에 16피트짜리 외차가 달려 있고, 길이 156피트, 폭 56피트, 높이 20피트에 5피트의 단단한 목제 장갑 띠로 보강되었다. 엔진은 지름 4피트의 실린더로 움직이며 5피트의 왕복운동을 했다. 역사상 최초의 대형 증기 군함이었다.

영국도 채텀 해군기지에서 증기 군함을 개발했으나 단순한 포를 1문만 장착한 소형 군함에 지나지 않았다. 풀턴의 신형 군함은 속사가 가능한 32파운드 포 30문을 장착하고 홀수선 아래에 무거운 발사 무기를 설치하도록 했다. 120마력 엔진으로 바람 상태와는 관계없이 시속 5마일로 항해할 수 있으며, 적어도 이론상으로는 당시의 어떤 영국 군함보다 성능이 뛰어났다. 1814년 6월 29일에 이스트리버에서 진수한 이 괴선박에 관한 소문은 영국에도 알려져 점차 화제가 되었다. 에든버러의 한 신문은 배의 크기를 두 배나 부풀려 다음과 같이 묘사했다. "올라타려는 적에게 피해를 주기 위해 배는 매분 100갤런의 뜨거운 물을 방출하고, 또한 기계 장치로 300자루의 단검이 뱃전 언저리에서 조금의 착오도 없이 튀어나오고, 뱃전에서는 매우 길고 무거운 철제 창이 같은 수만큼 맹렬하게 쏟아진다."[250]

영국군 역시 새로운 무기를 개발했다. 1803년 헨리 슈래프넬 대령이 오늘날도 사용되는 대인무기인 "슈래프넬탄" 또는 유산탄을 발명했다. 이 유산탄을 윌리엄 콩그리브가 개발한 새로운 화학 로켓과 결합하여 기대를 모았다. 콩그리브는 울리치에 있는 영국에서 큰 규모에 속하는 무기 공장 경영자의 아들이었다. 풀턴은 요란하게 선전했기 때문에 "경적 소리(Toots)"이라고 불린 반면, 콩그리브는 "폭죽(Squibb)"으로 불렸다. 그는 1808년에 콩그리브 로켓을 발명하고, 1812년에는 그것을 개량해 탄두 중량 42파운드, 사정거리 3,000야드(거의 2마일)에 이르는 로켓을 완성했다. 장차 탄두 중량 400파운드에 사정거리 10마일짜리도 개발할 계획이었다.

1813년에는 미국의 캐나다 공격과 도시와 마을이 잿더미가 된 소식이 영국에 전해져 분노의 함성과 보복을 요구하는 목소리가 일었다. 영국 전략지정학의 일인자인 찰스 파슬리 대령은 미국의 연안 도시 포격을 제안했다. 계관시인 로버트 사우디는 그 계략에 찬성했다. 특히 콩그리브의 새로운 대형 로켓을 사용한다면. 그리고 월터 스콧 경에게 다음과 같은 편지를 썼다-만약 영국의 평화 제안이 받아들여지지 않는다면 "[미국] 연안 지대를 따라 내려오면서 대도시에 로켓을 쏟아 부을 것입니다. …… 미국이 결국 항복하고 불장난을 그만두는 길을 택할 [때까지요.]-아니면 필라델피아, 뉴욕, 볼티모어 등이 모조리 잿더미가 될 때까지요."[251]

사우디의 제안은 평소에는 잔혹함과 거리가 먼 인물에게서 나온 발상으로, 영국 국민의 전쟁에 대한 혐오증을 반영했다. 1814년 봄 나폴레옹 체제가 붕괴하고 유럽의 전쟁은 멈췄다. 미국의 전쟁은 과거의 숙취처럼 별나 보였다. 영국은 나폴레옹을 물리치는 데 정신이 팔려 대서양 너머의 갈등에는 관심조차 없었다. 1814년 1월 「에든버러 리뷰」의 편집인으로 유명한 프랜시스 제프리가 워싱턴에서 매디슨을 방문했을 때, 영국인은 전쟁을 어떻게 생각하는지에 대해 질문을 받았다. 제프리는 아무런 대답도 하지 않았다. 대답을 재촉받자 이렇게 말했다. "영국인의 절반은 미국과 전쟁을 하는지 모릅니다. 그리고 알던 사람들도 이미 잊어버렸습니다."[252] 하지만 영국 정부는 전 세계에 남겨진 과업을 수습하는 데 열심이었다. 특히 캐나다 변경과 서인도제도의 식민 문제에서는 확실한 합의를 끌어내려고 했다. 따라서 단호하게 평화의 기회를 모색하는 한편, 매디슨에게 압력을 넣을 목적으로 유럽 전선이 종결될 때 철수한 대서양 함대를 급파했다.

워싱턴 함락

　캐나다에서 거둔 실패를 고려하여, 매디슨은 프랑스 동맹군 패배 소식을 되도록 빨리 최고의 조건으로 평화를 체결할 수 있는 계기로 삼았어야만 했다. 하지만 성격이 우유부단해서 아무 결심을 못 했기에 정부에도 그런 심정이 그림자를 드리웠다. 국무장관 먼로는 평화를 적극 지지하고 전쟁을 계속하는 것은 미친 짓일 뿐이라고 생각했다. 하지만 매디슨은 존 암스트롱 장군(1758~1843)을 육군장관에 임명해 폭넓은 전쟁 지휘권을 부여했고, 장군도 승리에 열의를 태웠다. 독립전쟁 당시 허레이쇼 게이츠의 부관으로 복무한 암스트롱은 정치적 야심이 있어서 무자비한 방책을 취하면 그 목적을 이룰 수 있지 않을까 생각했다. 먼로는 이 인물을 잠재적인 나

폴레옹으로 보았다.[253]

　암스트롱은 훗날 대통령이 될 윌리엄 해리슨 장군에게 지령을 내려 인디언을 회유해 캐나다인을 공격하게 하고 템스 강변의 영국 식민지를 "황무지"로 만들라고 지시했다. 또한 매클루어 장군에게 뉴어크를 불태우는 임무를 맡겼다. 하지만 매디슨은 템스 강 식민지에 대한 작전 철회를 지시하고 뉴어크 초토화 작전에는 책임을 지지 않겠다고 발언했다. 백악관은 공포 정책을 공식적으로 채택하지 않았기 때문에 한 대령은 마을에 방화한 일로 군법회의에 회부되었다. 그러나 실제로는 많은 이주민이 살해되고 그들의 거주지가 불에 탔다. 영국이 이제는 언제든 보복 행동에 나설수 있는 상황인 데다가, 99척의 군함과 수많은 소형 함정에 이베리아 반도전쟁(1808~1812년 에스파냐와 포르투갈이 영국군과 연합하여 나폴레옹 지배에 저항해 일으킨 전쟁-옮긴이)에서 귀환한 대규모 육군 병력까지 있다는 사실을 고려하면, 매디슨의 이러한 지휘는 무분별한 처사였다.

　이에 더해 대통령은 경고까지 받았다. 영국 해군 사령관 알렉산더 코크런은 먼로를 향해 미국이 어퍼 캐나다 "침략 행위"에 대한 배상금을 지불하지 않는다면, "[아메리카] 연안의 도시와 지역을 닥치는 대로 차례차례 파괴하고 황폐화시키는" 일이 자신의 임무가 될 수밖에 없다는 편지를 보냈다.[254] 이 사실을 염두에 두면 매디슨이나 암스트롱 그리고 그 밖의 사령관들의 준비 부족은 놀랄 만하다. 1814년 8월 영국군이 실제로 체서피크만에 상륙하자 모두가 깜짝 놀란 듯했다. 1개월 남짓 동안 조지 콕번 경이 지휘하는 상륙정이 로버트 로스 장군의 5,000명 규모 부대를 상륙시켰다가 거의 무사하게 철수시켰다. 영국군 상륙 소식이 워싱턴에 날아들자 정치가나 장군은 어쩔 줄 모른 채 갈팡질팡했다. 매디슨 대통령, 먼로, 암스트롱, 해군장관 윌리엄 존스, 법무장관 리처드 러시 등이 모여 워싱턴 교외의 방위 진지로 피신해 "필설로 묘사하기 힘든 무질서와 혼란스러운 모습"을 연출했다.[255] 한 인물은 영부인 돌리가 "조지타운의 거리를 검을 빼든 장교들에게 에워싸인 채 마차를 타고 전속력으로 날듯이 빠져나가는" 모습을 목격했다.[256] 돌리는 용기와 양식을 가지고 행동한 유일한 사람이었다. 그녀는 대통령 관저 식당 벽에 걸려 있던 길버트 스튜어트가 그린 워싱턴의 멋진 초상화를 "벽에 단단히 고정된 액자를 부수고 캔버스만 빼내" 구해냈다.[257]

영국군은 8월 24일 수요일 아무런 제지도 받지 않고 워싱턴에 입성했다. 너무나 무기력했을 뿐 아니라 비겁하기까지 했다. 이 작전에 참가한 영국 해군 장교 에드워드 코드린턴은 아내 제인에게 그날의 광경을 전하는 편지를 썼다. "적은 뿔뿔이 흩어져 앞다퉈 도망쳤소." "매디슨은 실제로 작전에 참가한 총 1,200명의 영국군 앞에서 미국의 모든 군대와 함께 대통령 자리에서 도망치는 신세가 되어 무척이나 기분이 나빴을 것이오." 미국군은 워싱턴 일대의 방어에 8,000명의 병력을 배치했으나, "도망가는 속도가 워낙 재빨라 임무에 충실한 영국군도 포로를 잡는 데 실패했소."[258] 매디슨은 도망자 신세가 되었고, 돌리는 변장을 하지 않을 수 없었다. 집을 떠나온 사람들로 북새통을 이룬 한 여관에서는 모든 것을 매디슨 탓이라고 비난하며 영부인인 돌리를 들여보내주지 않았다. 로크비의 리처드 러브 저택에 피난했을 때는 흑인 요리사가 돌리에게 커피 따르기를 거부하며 이렇게 말했다. "매디슨 씨와 암스트롱 씨가 영국에 나라를 팔았다는 소문을 들었습니다."[259]

중부의 주들은 서부와 북부와 마찬가지로 전쟁을 적극 지지했다. 하지만 침략에 대한 저항은 한심했다. 한 미국 역사가는 다음과 같이 묘사했다. "메릴랜드, 버지니아, 펜실베이니아에는 백인 150만 명 안팎이 살았다.

하지만 이 엄청난 수의 주민들은 자기네 도시와 마을에 머물며 5,000명의 영국인에게 시달리면서 5주간을 보냈다. 침략자를 자신들 땅에서 내쫓으려는 시도는 한 번도 하지 않았다.[260] 이 때문에 영국군은 충분한 시간을 가지고 워싱턴을 욕보일 수 있었다. 연방 의사당 창문에 일제사격을 가하며 건물에 난입해 불을 질렀다. 이어서 연방주의자가 "궁전"이라고 경멸해 부른 대통령 관저-미처 마무리를 짓지 못해 박공지붕 현관과 잔디밭이 없었다-에 들어가 모든 가구를 거실에 모아놓고 근처 술집에서 가져온 불타는 석탄으로 불을 질렀다. 불붙은 재무부 건물이나 해군 병기 공장은 활활 타올랐으나 한밤중에 뇌우가 내리는 바람에 불이 꺼졌다. 조지 콕번은 「내셔널 인테리전서」지를 특히 싫어했다. 자신을 소재로 한 품위 없는 기사를 실었기 때문이었다. 그래서 친히 그 사무실에 불을 놓고 부대에 지시했다. "놈들이 두 번 다시 내 이름을 모욕하는 일을 할 수 없도록 인쇄기를 깡그리 부셔버려라."[261]

영국군은 다음 날 아침 9시에 철수했는데, 이때 하필 폭풍과 폭우까지 몰아쳐서 사방으로 흩어진 미국 정부 당국자들은 더욱 혼란에 빠졌고, 몇천 명에 이르는 피난민들의 참혹함은 가중되었다. 마침내 아내를 그레이트폴스의 작은 여관에서 발견한 매디슨은 불탄 흔적이 아직 남아 있는 워싱턴에 돌아가기로 했다. 그는 돌리에게 이렇게 말했다. "우선 어디 얼굴 숨길 곳이 있을지 모르겠소."[262] 18번가에 마련한 임시 거처에서 매디슨은 암스트롱을 경질하고 해군장관과 재무장관의 사임을 승인해 절망을 치유했다. 하지만 매디슨과 미국의 구세주는 어디에서 찾을 수 있을까?

구원의 신 앤드루 잭슨

구세주는 얼마 후-보기에 따라서는 즉시-한 인간의 모습으로 나타났다. 하지만 그 당사자는 매디슨과 그의 멘토 제퍼슨을 비롯한 버지니아 지배계급의 눈으로 본다면 자신들과는 전혀 맞지 않는, 미국을 통치할 인재와는 전혀 거리가 먼 유형이라고 생각되는 인물이었다. 12세 때 영국군 장교의 칼에 평생 지울 수 없는 상처를 입은 앤드루 잭슨은, 1814년에는 새로운 미국인의 전형이라고 할 어엿한 인물로 성장했다. 그에 대해 좀 더자세히 살펴볼 가치가 있다. 이를 통해 공화국 초기의 삶에 대해 많은 사실을 알 수 있기 때문이다.

굶주림에 시달리던 교육을 거의 받지 못한 고아 잭슨은 17세 때 법률가의 길로 진로를 바꿨다. 변경 테네시에서 "변호사 활동"이라는 것은 실제로 토지 횡령, 능란한 장사, 엽관(獵官) 운동과 결투의 조합이었다. 급속하게 팽창한 변경 지대는 황량하고 폭력이 난무하여 소송이 많았다. 법정변호사였던 잭슨은 지방 검사장에 임명되고 그 뒤 민병대 법무관으로 일했다. 그리고 10년 뒤에는 토지 투기에 열중했다. 합중국에서는 빈털터리에서 부자가 되는 제일 빠른 길이었으나 동료의 파산으로 자신도 도산의 운명에 쫓겼다. 도약의 기회는 1796년에 찾아왔다. 바로 이해에 테네시 주 하원의원이 되었고, 마침내 상원의원 자리를 차지해 새로운 주의 건설에힘을 쏟았다. 주 대법원 판사에 임명되자 내슈빌에 최초의 석조 저택을 지어 1801년에 이사하고 곧 근처 허미티지에서 넓은 땅을 손에 넣었다. 하지만 잭슨의 다음 목표는 민병대 소장으로 승진하는 일이었다. 그 자리를 권력의 정점으로 치닫는 받침대로 삼으려 했기 때문이다.[263]

잭슨은 살인자로 유명했다. 법정에서 서로 비난한 것이 원인-흔한 이

제2장─자유의 헌법이 굳게 지켜지기를

유-이 되어 21세 때 처음으로 결투를 벌였지만 잭슨이 공중에 발포해 끝났다. 하지만 그 뒤는 에런 버와 마찬가지로 언제나 상대를 사살했다. 1790년 연상으로 이혼 경력이 있는 레이철 로버즈를 아내로 맞이했는데 이 결혼을 둘러싸고 몇 번이나 결투에 휘말렸다. 잭슨은 어머니와 같은 이 여성을 깊이 사랑하여 그녀가 죽을 때까지 끔찍이 보호했다. 레이철의 이혼이 무효라는 사실이 알려져 비웃음을 샀을 때는 결혼식을 다시 올리지 않을 수 없었다. 1803년 잭슨빌의 수석 판사 시절에는 레이철을 경멸한 주지사 존 세비어가 "다른 사람의 아내와 내처스에 여행 갔다"라고 잭슨을 비난했다. "괘씸하게 내 아내를 욕해"라고 잭슨이 발끈했고, 두 사람-각각 58세와 36세-은 피스톨을 뽑았다. 이 결투는 빗나간 총탄에 옆을 지나가던 한 사람이 부상을 당하는 것으로 끝났다. 하지만 10일 뒤 잭슨은 또다시 시비어 일가 몇 사람과 함께 더욱 피비린내 나는 격투를 벌였다. 1806년에는 찰스 디킨슨과 정식으로 결투를 벌여 자신은 상처를 입고 상대방은 피를 흘리며 죽었다.[264] 1813년 잭슨은 일련의 폭력 사태와 연루되었다. 이 결투와 싸움이 빌미가 되어 내슈빌 길거리에서 속에 칼이 든 지팡이, 총, 단검, 맨주먹이 동원된 난투극이 일어났다-이 가운데는 훗날 유명한 상원의원이 된 토머스 하트 벤턴도 있었다. 난투에 가담한 이들은 먼지 구덩이 속에서 한데 엉겨 뒹굴고, 피를 흘리고, 멍투성이가 되었다. 잭슨의 결투는 어머니가 죽어가면서 남긴 유언을 충실히 따른 결과였는데, 추잡한 짓이라는 인상을 주었다.[265]

결투는 잭슨의 몸에 후유증을 남겼다. 그는 큰 키에 마른 체구(6피트 1인치, 145파운드), 등을 쭉 펴고 머리는 꼿꼿이 세운, 선명한 붉은 머리카락을 가진 사람이었다. 얼굴은 야위고 고생의 흔적인 주름살이 새겨져 있었으나 푸른 눈에는 강한 광채가 어른거렸고, 상반신에는 폭력을 일삼는 변경 생활의 증거라 할 상처들이 남아 있었다. 디킨슨이 쏜 총알이 늑골 2대를 부러뜨리고 옷자락 일부와 함께 가슴에 박혔지만 빼낼 수가 없어서 폐농양이 생기는 바람에 오랫동안 잭슨을 괴롭혔다. 벤턴과 벌인 결투에서는 어깨에 총을 맞아 팔은 어떻게 건졌으나 탄환은 빼내지 못하고 뼈에 박혀 골수염을 일으켰다. 1825년에는 사고라고 말할 수 없지만, 계단을 잘못 디뎌 크게 다치는 바람에 대량 출혈로 죽을 고비를 맞았다.

그 뒤에도 몇 번이나 그런 일을 겪었다. 끔찍한 상처와 몸에 박힌 쇳조각에 더해 풍토병인 말라리아와 전장에서 감염된 이질이 발병하여 잭슨을 괴롭혔다. 상처의 통증을 누그러뜨리기 위해 처음에는 아세트산납을 바르거나 마셨고-오싹하고 무모한 치료법-다음에는 염화수은을 사용했다가 이가 상했다.[266] 잭슨은 이런 불운에 태연하게, 심지어 영웅처럼 맞섰다. 예컨대 출혈에는 오히려 정맥 절개로 선수를 쳤다. "팔을 올려 꽁꽁 묶고 호주머니에서 작은 칼을 꺼내서는 하인을 불러 그릇을 가져오게 해서 아낌없이 피를 뽑아냈다."[267] 고통의 감내는 꺾이지 않는 결의를 강하게 만들었으나 한편으로는 마음에 상처를 남기고 분노의 감정을 부채질했다. 너무나 사납지만 쉽게 상처받는 이 인물은 그리하여 분노의 화신이 되어 미국의 원대하나 무자비한 목표를 위해 일하게 되었다.

인디언들의 저항

잭슨의 격정에 처음으로 불을 댕긴 것은 인디언이었다. 서부나 남부에서는 많은 사람들이 전쟁을 바랐다. 전쟁을 벌이면 "인디언 문제가 해결된다"고 생각했기 때문이다. 이 신생 공화국에서는 인디언을 둘러싸고 의견이 대립했다. 헌법은 인디언을 무시하여, 의회가 "모든 외국과의 통상, 각 주 및 인디언 부족과의 통상을 규제하는" 권한을 가진다고만 규정할 뿐이었다.

헨리 녹스는 (육군장관으로서) 처음에는 주정부, 다음에는 연방정부의 인디언 문제를 차례로 담당하면서 1786년 인디언 거주지를 오하이오 강을 기준으로 2개 구역으로 분리하는 조례를 통과시켰다. 오하이오 강 북쪽과 허드슨 강 서쪽이 북부 지구, 오하이오 강 남쪽과 미시시피 강 동쪽이 남부 지구였다. 각 지구에는 영국을 모방하여 해당 지역에서 어느 정도 책임을 갖는 감독관을 두었다. 하지만 영국 국왕이 인디언을 백인(그리고 흑인)과 마찬가지로 "신민"으로서 취급한 데 비해, 미국인은 "시민"으로 보지 않았다-인디언은 "야만인"이었다.[268]

하지만 인디언을 지도 위에서 나눌 수는 있어도, 그들을 정부의 바람대로 움직이게 하는 것은 전혀 다른 문제였다. 혁명전쟁 동안 인디언은 때때로 개척민을 공격해 승리를 거뒀으며, 미국의 미숙하고 작은 군대의 분투는 비참한 실패로 끝나곤 했다. 워싱턴이 대통령으로서 책임을 이어받았을 때 정규군 규모는 모든 계층을 합해 고작 700여 명에 지나지 않았다. 하지만 원주민에게는 크리크 족만 하더라도 3,500명에서 6,000명에 달하는 병사가 있었다. 1790년 10월 인디언은 오하이오 서쪽 지역에 침입한 조사이어 해머 장군의 부대를 물리쳤다. 또한 1791년에는 지금의 인디애나 주 포트웨인 근처에서 아서 세인트클레어 장군의 군대를 거의 괴멸시켰다. 상비군과 민병대 1,400명 중 절반이 전사했고 나머지는 공황 상태에 빠져 패주했다. 1794년 8월 20일 폴른팀버스 전투에서 앤서니 웨인과 그의 켄터키 기병대가 지금까지 균형을 뒤집는 전과를 올렸다. 전투는 불과 40분 만에 끝났고, 쇼니 족을 비롯한 인디언 부족들을 그린빌 조약에 서명해야 했다(1795). 하지만 그들을 철저하게 정복하는 것은 무리였다. 조약이나 약속, 속임수, 소모전, 질병, 술 등 모든 수단을 동원해 인디언을 진압하지 않으면 안 되었다.[269]

미국인 사이에서는 인디언은 동화시키든가 아니면 서부로 이주시켜야한다는 의견이 압도적이었다. 이것은 인종 편견이라기보다는 체제상의문제였다. 미합중국은 교구, 도시, 카운티, 주로 구성되었다. 원주민은 지리적 조건에 따르지 않고 부족마다 공동체를 이루어 짐승을 사냥하며 생활했다. 하지만 짐승은 자취를 감추거나 격감했다. 이 때문에 부족 의식을 버리고 미국 제도에 순응해야만 했다. 그런 선택을 따르면 토지(한 가족당 약 640에이커)와 미합중국 시민권이 주어졌다. 실제로 이것이 많은 인디언들이 선택한 길이었다. 그들 대부분은 정착해 유럽식으로 이름을 바꾸고 계속 늘어나는 미국인 집단 속으로 이를테면 동화해갔다. 어쨌든 백인과 "레드 스킨"(인디언을 경멸하여 부르는 명칭-옮긴이) 두 인종을 확실하게 구분하는 선은 없었다. 수많은 혼혈인들이 백인에 동화하거나 아니면 부족사회에 남았다. 순수한 피의 인디언은 선택할 수 있는 경우 부족에 남는쪽을 더 선호한 것으로 보인다. 그런 인디언들은 서부로 이주해야만 하며,거기에서는 사냥할 짐승도 있고 부족사회도 존속될 수 있다는 것이 이주민들이 내세운 핑계였다.[270]

1812년의 미영전쟁은 백인 이주민의 영향력을 크게 증대시켰다-개척민이 전쟁을 강력하게 지지한 한 가지 이유였다. 영국이 인디언을 자기편으로 끌어들여 이용해먹은 덕분에 잔인하기 그지없는 반인디언 정책을 정당화할 수 있었기 때문이다. 영국군은 미합중국에 대항하는 소수민족을모아 무장시킨다는 조직적인 정책을 채택했다. 그들은 가능하면 어디에서나 흑인 노예들을 해방했다. 그리고 인디언을 대상으로 처음에는 애팔래치아 강 유역에서, 다음으로 서쪽과 동쪽의 플로리다 경계 지역에서 영국군 소령 에드워드 니컬러스가 4명의 장교와 108명의 영국 해병대원과 함께 4,000명 이상의 크리크 족과 세미놀 족에게 약간의 무장 훈련을 실시한 다음 머스킷 3,000자루, 피스톨 1,000자루, 라이플 500자루와 총알 100만 발을 나눠줬다.[271]

인디언은 이 무기들을 이용하여 미국인 개척민을 공격하느냐 마느냐를 놓고 의견이 갈렸다. 하지만 인디언 부대를 지휘하는 쇼니 족 추장 테쿰세 (1768~1813)에게 망설임은 없었다. 능란한 말솜씨와 "예언자" 동생의 예언에 따라 인디언 부족 동맹을 조직하고 1811년 10월 정예들(주로 크리크 족)을 향해 연설했다. "하얀 인종들을 없애자. 그놈들은 땅을 빼앗고 아내와 애인을 욕보였다. 우리 조상의 묘를 짓밟았다! 피를 구하러 온 그놈들을 자신들이 있던 곳으로 보내지 않으면 안 된다. 돌려보내라-그렇다, 드넓은 바다로, 그놈들을 우리 연안에 데려온 흉측한 파도가 소용돌이치는 바다로. 개척민의 집에 불을 질러라-가축을 불태우고-처자를 죽여라. 하얀 종족에게 멸망을! 이제야말로 싸울 때이다. 언제나 싸우자! 살아 있는 자들을 위해 싸우자! 죽은 자들을 위해 싸우자!"[272]

전쟁이 시작되자 "레드 스틱스"(새빨간 전투용 곤봉을 몸에 지녔다)라고 불린 호전적인 크리크 족은 열광적으로 싸움에 참가해 먼 북쪽인 캐나다까지 원정했고, 1812년 말에는 사기를 잃은 미국 침략군을 대량 학살했다. 귀환 도중 오하이오 강 유역에서 미국 정착민을 학살했는데, 이것이 도화선이 되어 인디언끼리 내전이 일어났다. 치카소 족이 보복을 두려워해 남부의 크리크 족은 살인자들을 처벌해야 한다고 요구했다. 에스파냐령 식민지 수도인 펜서콜라 북부 미개척 변경 지대의 미국인 정착민들과 인디언 "친구들"이, "고귀한 우두머리 짐"이라는 전속 예언자를 대동한 혼혈인 피터 매퀸의 인솔로 레드 스틱스 토벌에 나섰다. 하지만 작전은 실패로 끝났다. 백인 부대는 멕시코 만 연안에서 모빌 북쪽으로 50마일 정도 떨어진, 백인에게 호의적인 또 다른 혼혈인 새뮤얼 밈스가 지키는 곳으로 도망갔다. 1에이커 크기의 그곳은 양쪽에 문이 있었고 머스킷용 총안이 있는 통나무 목책으로 둘러싸였으며, 안에는 민병대 150명, 백인과 혼혈과 아군인 인디언을 포함해 300명, 흑인 노예 300명이 모여 있었다.

그곳 사령관은 혼혈인 딕슨 베일리였다. 당시 최남단의 많은 지역, 특히 연안 지역은 무법지대여서 백인, 인디언, 인디언과 백인의 혼혈인, 도망 노예, 흑인과 백인의 혼혈인 등 다양한 사람들 무리가 모여들어 마을을 이루며 끊임없이 적과 자기편이 바뀌었다. 밈스의 요새는 그런 게임의 전형적인 장기판이었다. 베일리에게 "레드 스틱스가 왔다"고 알려준 노예는 거짓말쟁이 취급을 받아 채찍질을 당했다. 막상 1,000명의 레드 스틱스가 습격해왔을 때는 방책 문들이 열려 있었다. 베일리는 그 문을 닫으려다가 죽었고, 15명의 백인을 제외하고 모두 학살을 면치 못했다. "아이들은 다리를 붙잡힌 채 그 자리에서 머리를 맞아 죽고, 여자들은 머리 가죽이 벗겨지고, 임산부는 산 채로 배가 갈라져 태아가 끄집어내어졌다."[273] 크리크 족은 553명의 남녀와 어린이를 살해하고 250명의 머리 가죽을 곤봉 끝에 매달고 떠났다.

이 시점에서 잭슨 소장은 테네시 민병대를 남하시켜 이 참극을 보복하라는 명령을 받았다. 이것은 잭슨이 즐겨하는 일이자 너무나 고대하던 기회였다. 잭슨은 인디언에 관해서는, 서부 반영국파의 우두머리로 하원의장이자 이른바 "주전론 매파"의 조직자인 켄터키의 헨리 클레이(1782~1850)와 의견이 같았다. 클레이와 남부 최고의 웅변가인 사우스캐롤라이나의 존 콜드웰 칼훈(1782~1850)은 동화하려고 하지 않는 인디언은 한 명도 남김없이 미시시피 강 서쪽으로 추방하기를 원했다. 잭슨도 이에 동의하고, 나아가 주정부와 연방정부는 가능한 한 빨리 도로를 건설해 인디언이 물러간 땅을 즉시 확보하기를 바라는 정착민들을 유인해야 한다고 주장했다. 얼스터에서 "아일랜드의 야만인"과 맞서 싸울 때 잭슨 일가의 프로테스탄트 조상은 그와 똑같은 전법을 썼다. 잭슨은 명령을 받자 예전의 결투에서 입은 상처가 아직 낫지 않아 팔에 경련이 있었지만 급히 남부로 향했다. 같이 따라 나선 사람으로는 우선 친구이자 토지 투기 동료이며 기병대 지휘관인 존 커피 대장이 있었다. 마찬가지로 테네시 출신으로 유명한 사격 명수인 데이비드(데이비) 크로켓(1786~1836), 그리고 버지니아 태생의 변경 지대 주민으로 당시 불과 19세였던 새뮤얼 휴스턴(1793~1863)도 가담했다.

훗날 미합중국을 텍사스 너머까지 확장시킨 이 남자들은 크리크 족과 벌인 전투에서 피투성이가 되었다. 끔찍한 싸움이었다. 대학살이 있은 지 2개월 뒤인 11월 3일, 잭슨은 톨러스해치의 "적대하는" 마을을 포위한 다음 그곳을 파괴하라고 존 커피를 1,000명의 병사와 함께 보냈다. 잭슨은 훗날 아내 레이철에게 "세련된 방법으로 명령을 달성했소"라고 말했다. 크로켓은 매우 정확하게 묘사했다. "개처럼 죽었다." 모두 186명에 이르는 마을 남자들이 죽었다. 여성도 살해되었으며, 84명의 여성과 어린이가 포로로 사로잡혔다. 한 목격자는 이렇게 기록했다. "한 작은 집에 8명에서 10명쯤 되는 시체가 있었다." 일부는 방화로 불탔으며, 아직 연기가 나는 곳에 반쯤 탄 시체가 눈에 띄었다. "다른 곳에서는 개가 주인의 시체를 뜯어 먹었다."[274] 태어난 지 10개월 된 인디언 아기가 숨이 끊긴 어머니 팔에 안겨 있는 것이 발견되었다. 고아에게 늘 동료 의식을 느낀 잭슨은 매우 야만스런 작전 중에도 발작하듯 인도주의적 충동을 일으켰다. 그는 그 아이를 양자로 삼아 린코야라고 이름 붙이고 허미티지로 보냈다. 그러면서 레이철에게 편지를 썼다. "이 아이를 꼭 잘 돌봐주시오. 뭔가 중요한 목적으로 준 아이일지 모르오―실제로 이 아이의 경우를 보면, 나와 매우 비슷하여 비상한 동정을 느낀다오."[275]

일주일 뒤 잭슨은 탤러디가 전투에서 1,000명의 레드 스틱스를 공격해 그중 300명을 죽이는 승리를 거뒀다. 이 시점에서 잭슨 부대원 중 일부는 이제 이만하면 충분하다고 생각했다. 민병대의 의무 복무 기간은 90일이고, 지원병의 복무 기간은 1년이어서 병역 만료가 임박했다. 누구나 고향에 가고 싶다는 말을 했다. 길은 두 가지였다. 잭슨의 지휘 아래 고향으로 개선하든가 아니면 폭동을 일으켜 지휘관 없이 귀향하든가 선택해야만 했다. 캐나다 원정이 실패로 끝난 것은 이런 정신 상태였기 때문으로, 크리크 족을 상대로 다방면에서 작전을 전개한 부대들에 이미 그런 분위기가 널리 퍼져 있었다. 하지만 잭슨은 향수병에 걸린 일부 규정에 밝은 병사들에게 화낼 생각이 없었다. 그는 지원병 부대를 동원해 민병대를 위협하고, 극소수의 정규군 병사를 동원해 그 두 부대를 위협했다. 11월 17일에는 커피와 함께 도로에 선을 긋고 집으로 돌아가려는 민병대는 사살하겠다고 경고했다. 부대로 돌아오자 왼팔에는 붕대를 감고 오른손으로는 말 목에 걸어둔 머스킷을 움켜쥔 채로 자신이 그은 선에서 한 발자국이라도 내딛으면 누구든 직접 사살하겠다고 모든 부대원들에게 말했다. 잭슨이 폭도들을 무섭게 노려보고 있는 사이에 정규군이 배후에 정렬했다.[276] 지원병 복무 기간이 끝나고 11월 10일 퇴영이 결정되자, 잭슨은 산탄을 장전한 대포 2문을 만기 전역 병사들을 향해 놓고 충성스러운 포병에게 지원병이 사령관 명령에 따르지 않을 때는 화승에 불을 붙이라고 명령했다. 이 같은 조치로 폭동을 일으킨 부대는 굴복했다. 그들은 잭슨을 증오했으나 그 이상으로 그를 두려워했다.

잭슨은 레이철에게 보낸 편지에서 이렇게 썼다. "지원병들이 푸념하며 불만이나 털어놓는 폭동 무리로 변해버렸소. 실제로 폭동을 일으키지 않도록 하기 위해 부득이 대포를 겨냥해놓고 불붙인 화승까지 준비해야만 했소. 내 일생 중에 이번만큼 싫은 적이 없었다오. 자상한 아버지가 부모의 의무로서 자식들에게 회초리를 드는 아픔을 느꼈소."[277] 잭슨이 그런 기분이었다고는 생각할 수 없다. 언제나 자신의 과격한 행동을 빅토리아 왕조 이전의 멜로드라마와 같은 말투로 그럴싸하게 포장해 설명하던 인물이었다. 18세의 민병대원인 존 우즈가 명령을 거부하면서 체포하려 하자 총을 거머쥐었을 때는 모든 병사들이 보는 가운데 주저 없이 사살해버렸다. 술 마시는 것은 허락되지 않았다. 그는 인디언의 새벽 습격에 대비해 병사들은 새벽 3시 반에, 참모 장교들은 그보다 30분 빨리 기상하게 했다. 여기에 이의를 제기한 상급 장교는 체포해 송환했다. 우즈의 총살은 효과를 거뒀다. 잭슨의 부관인 존 리드에 따르면 "오랫동안 굳어온, 민병대는 무슨 일을 저질러도 사형은 당하지 않는다는 생각이 그 순간에 사라졌고, 그 뒤부터는 엄격한 복종이 부대의 특징으로 자리 잡았다."[278]

이렇게 해서 병력 5,000명의 용맹한 부대가 탄생했고, 그것이 불가사의하게도 지원병들의 마음을 사로잡았다. 잭슨은 이 군단을 지휘해 크리크족의 본거지인 호스슈벤드 요새를 공격했다. 그곳은 수심이 깊은 강으로 둘러싸인 100에이커에 달하는 어마어마한 만곡부로, 육지 쪽은 350야드에 걸쳐 높이 5피트에서 8피트에 이르는 성채로 보호되고 벽 상부에는 2열의 총안이 뚫려 있었다. 잭슨은 "천연의 요새가 사람 손을 거쳐 더욱 견고해졌다"라고 말하며 결코 인디언을 얕보지 않았고, 그 군사적 재능에 깊이 감명받았다—"기교를 다한 그 기술에 매우 놀랐다."[279] 성채에는 크리크

족 전사 1,000명이 모여 있었다. 잭슨은 우선 화선(火船) 등을 동원해 주의를 분산시킨 다음, 언제나 다루기 까다로운 성벽 공격 사다리는 필요하지 않다고 판단해 성채로 직접 돌격했다. 무사히 방벽을 넘어 제일 먼저 성채에 오른 인물은 연대 기수인 샘 휴스턴이었다. 성벽을 돌파한 뒤에는 소름 끼치는 광경이 펼쳐졌다. 인디언은 항복하기를 거부해 살해당했다. 미국 군은 시체의 코를 잘라내 적 전사자 수를 계산했는데, 557명이 성채에서 목숨을 잃고 300명 이상이 도망치다가 강에 빠져 죽었다. 죽은 인디언 가운데는 전투에 나서기 위해 온몸에 색을 칠한 지도자급 예언자 3명도 섞여 있었다. 미국 병사들은 그 피부를 마구로 사용하려고 가느다란 조각으로 잘라냈다. 잭슨 부대는 백인 병사 47명, 인디언 병사 23명을 잃었다.[280]

그 뒤부터는 공포 작전만이 있을 뿐이었다-마을들을 불사르고 작물을 태웠다. 마침내 인디언은 완전히 소탕되었다. 1814년 4월 14일 크리크 족의 사실상 우두머리인 레드 이글스가 항복했다. 그는 잭슨에게 말했다. "내 몸이 귀하의 수중에 있다. …… 우리 부족은 모두 없어졌다. 나로서는 우리의 불운을 한탄할 수밖에 없다."[281] 잭슨은 레드 이글스의 목숨을 살려주었는데, 이 인물이 다른 인디언들이 저항을 포기하도록 만드는 데 쓸모가 있었기 때문이었다. 레드 이글스는 앨라배마에 대농장을 받았고, 거기에서 다른 인디언 농장주와 마찬가지로 많은 흑인 노예를 부렸다.

4개월 뒤 잭슨은 겁에 질린 인디언 족장 35명에게 가혹한 카르타고식 평화를 강요했다. 잭슨은 인상적인 그리고 때로는 무시무시한 웅변가였다. 그는 자신이 들이민 문서에 인디언들이 서명하지 않을 경우 어떠한 운명이 그들을 기다릴지 한 점의 의문도 안 남게 했다. 이 조약으로 크리크 족은 소유지의 절반-오늘날 앨라배마 주의 5분의 3과 조지아 주의 5분의 1-을 내놓을 수밖에 없었다. 잭슨은 사업의 공동 경영자 앞으로 매우 들뜬 기분으로 편지를 보냈다. "크리크 족과 협정을 끝냈습니다. …… 합중국에 크리크 영토 가운데 가장 좋은 토지 2,000만 에이커를 양도하는 내용으로 조지아에서 모빌까지 길이 열릴 수 있습니다."[282] 잭슨은 미국이 남은 토지를 획득하는 것은 그저 시간문제일 뿐이라고 생각했다. 이 포트잭슨 조약은 미시시피 강 동부의 인디언이 파멸로 향해 가는 비극의 전환점이었다.

뉴올리언스 전투

다음으로 잭슨은 점령지를 에스파냐와 영국으로부터 지키기 위해 재빨리 움직였다. 미국 개척민을 대표해 싸울 뿐인 그는 워싱턴에서 내려오는 명령(또는 명령 부재)에는 전혀 신경 쓰지 않았다. 8월 말에는 모빌과 그 남쪽 거점인 포드바우어를 점령했다. 9월 중순 영국의 육군과 해군이 그 지역에 들어왔을 때 요새는 이미 수비를 강화해놓아서 영국군으로서는 함락시킬 수가 없었다. 11월 7일 잭슨은 펜서콜라에 있는 에스파냐의 주요 기지를 점령했다. 미국과 에스파냐는 전쟁을 할 생각이 없었고, 잭슨에게도 이러한 공격을 감행할 권한은 없었다. 잭슨의 보고가 전달되었을 때, 아직 수도 포격의 충격에서 벗어나지 못한 상태였던 워싱턴 정부는 이 사태에 항의할 엄두조차 못 냈다. 잭슨의 행동은 모빌을 점령하고 내륙 지대로 침입해서 뉴올리언스를 분단한다는 영국군 사령관 코크런의 작전을 좌절시켰다. 코크런은 그 대신에 변경 지대 공격을 결정했다. 이에 따라 잭슨은 워싱턴 대통령 이후 미국의 진정한 영웅이 될 기회를 얻었다.

12월 1일 잭슨의 부대가 뉴올리언스에 도착했을 때 도시는 사실상 무방비 상태라는 사실이 밝혀졌다. 잭슨은 신속하게 행동을 취했다. 우선 영국 해군을 증오하는 현지 해적들을 모아 방위대를 조직했다. 해적들은 때때로 영국 군함에 잡혀서 선상에서 처형당했다. 몇 백 명에 달하는 자유 흑인이 백인 장교(와 흑인 하사관)가 지휘하는 보병 대대에 편성되었다. 잭슨은 이 병사들 모두에게 높은 급료를 지급했다. 경리 장교가 불만을 털어놓자 잭슨은 이렇게 대답했다. "그 의견은 자네 마음속으로만 즐기게. …… 부대가 흰색인지 검은색인지 갈색인지 따위는 따지지 않는 게 좋다네."[283] 잭슨은 되도록이면 많은 부대를 시내에 들여보내 호스슈밴드의 경험을 살려서 주력 방위선을 견고하고 높게 쌓았다. 영국군이 60척의 군함과 이베리아 반도 전쟁에 참전했던 귀환병을 중심으로 한 1만 4,000명의 병력으로 공격 준비를 마친 1815년 1월 8일, 뉴올리언스의 수비 태세는 굳건했다.

그렇기는 하지만 측면으로 우회 공격을 당할 가능성이 있었다. 그리고 바로 그것이 영국의 노림수이기도 했다. 잭슨의 방위 거점은 깊이 4피트 폭 10피트의 수로인 로드리게스 운하 뒤편에 있었고 높은 성채로 수비가 물샐 틈이 없었다. 영국 육군 사령관 에드워드 패케넘은 매우 뛰어나고 용감했으나 성질이 급했다―그의 매형 에드워드 경에 따르면 "총명했으나 천재는 아니었다." 그는 양동 작전을 짰다. 거의 무방비나 다름없는 미시시피 강 왼쪽 강변으로 올라가서 배후에서 성채를 공격하는 한편, 정면에서는 적의 수비 부대를 공격한다는 계획이었다. 하지만 병력이 상륙 지점을 잘못 잡아 공격 개시 예정 시각에 맞추지 못하는 사태가 벌어졌다. 패케넘은 더 이상 지체할 수 없다고 판단해 자신이 베테랑이라는 생각만으로 고지식하게 정면 돌격 작전을 결정하고 콩그리브탄 두 발을 발사해 공격 명령을 내렸다. 성채 배후로부터 지원 사격이 없는 상태에서 완강하게 지키는 진지를 정면 공격하는 것은 바보짓의 전형으로, 웰링턴 공작을 절망하게 만들었을 행동이었다.

주력 부대가 수로를 메울 나무 더미와 성채를 오를 사다리를 준비하지 않았기 때문에 상황은 더욱 나빴다. 이렇게 해서 수많은 용감한 병사들이 헛되이 살육당하는 결과를 초래했다. 돌격해오던 붉은 군복의 영국군 병사들은 잭슨의 능란한 지휘 아래 산탄, 포도탄, 라이플, 머스킷 등을 총동원한 미국군의 반격에 맞닥뜨렸다. 공세는 약해졌고, 그 와중에 휘하 병사를 독전하던 영국군 장성 3명이 전사했다—패케넘은 즉사했고, 새뮤얼 깁스 경은 치명상을 입었으며, 킨 장군은 하복부에 총탄을 맞고 고통으로 몸부림치다 전장에서 후송되었다. 후임 사령관이 지휘를 이어받으러 도착했을 때 병사들은 도망가고 모든 상황은 끝난 뒤였다. 잭슨 부대는 13명의 전사자를 낸 반면 영국군 전사자는 291명이었다. 484명이 행방불명되었고 부상자는 1,000명이 넘었다. 영국 해군 군함 토넌트 호의 함상에서 전황을 지켜본 코드링턴 장군은 육군의 패배가 믿기지 않아 머리를 흔들 뿐이었다. 아내에게 보낸 편지에서 그는 이렇게 말했다. "일찍이 이보다 더한 완패는 없었소."[284]

이리하여 역사상 가장 짧고 가장 결정적인 전쟁이 끝났다. 그로부터 사흘 뒤 처음으로 영국과 미국의 관계가 우호적으로 바뀌었다는 소문이 전해졌다. 영국 원정군은 공식 통고가 있기까지 전투를 계속했고, 2월 11일에는 모빌 공격을 앞두고 포드바우어를 점령했다. 하지만 코크런 제독이 공격 시기를 엿보는 가운데 함정이 도착해 정전 명령서를 전달했고, 코크런 함대는 그해 3월 귀국길에 올랐다. 실은 평화협정이 지난해 크리스마스 이브에 벨기에의 "중립" 도시 겐트에서 이미 체결된 상태였다. 교섭이 종료되기까지 6개월이나 소요되었다.[285] 만약 미국 교섭단의 인원 구성—매디슨의 현실의식 결여를 보여주는 전형적인 예—이 좀 더 적절했더라면 더 빨리 조인이 끝났을지 모른다.

교섭단원으로는 우선 재무장관 앨버트 갤러틴과 델라웨어 출신 연방주의자 상원의원 제임스 베이어드가 뽑혔다. 이 두 사람은 거의 모든 문제에서 의견이 대립했다. 그리고 주 상트페테르부르크 공사로 제2대 대통령의 아들인 퀸시 애덤스와 "매파" 지도자 헨리 클레이가 있었다. 클레이는 켄터키 출신의 서부 사람으로 고집불통에다 덜떨어진 신사, 술꾼, 노름꾼, 오입쟁이였다. 애덤스는 하버드 대학교를 졸업한 보스턴 명문가 출신으로 오랜 외교관 생활 덕분에 외국어와 협상 능력이 뛰어났다. 따지기를 좋아하고 청교도적인 한편, 신경질적이고 예민하여 화를 잘 냈다. 또 시기심이나 부러움 때문에 남 비방하기를 좋아하여 끊임없이 적들의 이름을 써놓는 사람이었다. 늙어서 작성해놓은 마지막 원수들의 명단에는 13명의 이름이 줄지어 있었다. 그중에는 잭슨, 클레이, 조지 C. 칼훈, 대니얼 웹스터 등이 포함되어 있었는데, 이들은 "함께 음모를 꾸미고, 자기네 능력을 한껏 발휘해 비열하고 더러운 덫을 놓아서는 내 인생의 발전을 가로막았다."[286]

겐트 조약

애덤스는 교섭단 전원과 잘 지내지 못했다. 모두가 클레이의 영향을 받아 늦게까지 자지 않고 노름으로 밤을 지새운다고 불평했고, 클레이도 객실 종업원에게 치근거렸다고 비난했다. 교섭단원들은 전혀 다른 지역의 이익을 대변했기 때문에 평화에 관한 모든 문제에서 서로 의견이 충돌했다. 다행히 영국은 캐나다를 확보한 탓에 일방적으로 자신들에게 유리한 쪽으로 밀어붙일 생각이 그다지 없었다. 워싱턴 공격으로 "미국인에게 교훈을 준" 뒤에는 신속하게 타결 짓는 데 집중했기 때문이다.

워싱턴 대재난은 더욱 교섭이 잘 진행되도록 매디슨과 먼로에게도 압력을 가했다. 이전부터 필라델피아와 볼티모어에서 은행들이 파산했는데, 워싱턴 점령이 계기가 되어 오랫동안 들끓던 재정 위기가 폭발해 뉴욕의 대형 은행들 역시 몰락의 위협을 받았다. 재무장관 갤러틴이 일찍이 예상한 대로 국가 재정은 바닥이 났다. 하지만 뉴잉글랜드 은행은 건재했고, 연방주의자들은 자기만족에 빠진 채 전쟁을 지지한 주들의 몰락이나 정권을 잡은 공화주의자들의 혼란을 지켜보기만 했다. 1814년 12월 뉴잉글랜드의 모든 주들은 코네티컷 주 하트포드에서 대표자 회의를 열었다. 소문과는 달리 연방 탈퇴에 대해서는 적극적인 논의가 없었다. 하지만 징병제도와 무역에 대한 추가 규제를 포함하여, 전쟁과 관련한 어떠한 추가 대책도 반대하는 안을 내놓았다.[287]

10월에는 지친 매디슨이 훨씬 더 지친 먼로-자신의 원래 직무와 병행해 육군부의 업무까지 겸직해서 "꼬박 한 달 동안 제대로 침대에서 자본 적이 없다"고 불평했다-에게 "전쟁 전 상태로 원상회복할 것을 교섭의 기본으로 삼아" 가능한 한 빨리 타결을 보라고 훈령했다. 웰링턴 공작 역시 더 이상 전쟁에서 얻을 것이 없다고 판단했고, 영국 외무장관 캐슬레이도 같은 의견이어서 "미국과 벌이는 전쟁에서 해방되기를" 간절히 바랐다.[288] 실제로 두 진영이 절대 시작되지 말았어야 했다고 은밀하게 인정하기에 이른 전쟁에서 원상회복 방식은 가장 간단명료한 해결책이었다. 뉴펀들랜드 섬 해역의 어업권이나 미시시피 강의 운항권 같은 문제는 더 이상 논의하지 않기로 했다. 전쟁 발발 동기가 된 쟁점도 무시되었다. 정전에 대비한 겐트 조약에 언급된 모든 내용은 그 즉시 비준을 받았다. 포로 석방, 양군의 모든 점령지의 실질적인 포기가 승인되었고, 인디언과 융화나 경계선 획정은 특별위원회에 위촉되었다.[289]

겐트 조약은 의도했다기보다는 우연적인 요인이 작용하여 역사상 몇 안 되는 정치적 위업이 되었다. 조인을 마친 뒤 애덤스가 한 영국 대표에게 감상을 말했다. "이것이 영국과 미합중국이 나눈 마지막 평화조약이 되기를 기대합니다."[290] 실제로 이 말은 그대로 이뤄졌다. 두 나라가 전쟁 전 위치까지 물러난다는 현실, 양쪽 모두 전쟁에서 승리했다고도 패배했다고도 말할 수 없는 상황, 평화 조건이 그때나 이후로나 정복이나 약탈이라고 말할 수 없는 사실, 이 모든 것이 영속적인 효과를 가지고 두 나라 국민들이 당시의 쓰라린 전쟁에 대한 기억을 잊게 해주었다. 더욱이 승리의 함성도 비난의 목소리도 나올 수 없었기에 이 평화는 2대 영어 사용권 국민들 사이에 우호적이고 건전한 관계를 쌓는 계기가 되었다.

잭슨의 뉴올리언스 공방전 승리는 사실 그때는 이미 늦어서 겐트 조약 체결에 별다른 영향을 줄 수는 없었으나 그 나름대로 중대한 의미가 없었던 것은 아니었다. 그것은 전혀 다른 방향으로 작용했다. 왜냐하면 조약에서는 다루어지지 않았으나 양 진영의 전략적인, 사실상 역사적인 커다란 양보와 관련이 있었기 때문이었다. 캐슬레이는 거물 정치인으로서는 최초로 미합중국이 단순히 이론상의 존재로 머물지 않고 실질적으로 영국의 세계 전략에서 동맹국으로 취급받는 합법적 존재임을 인정했다. 그의 이러한 승인은 조약문 배후에 있는 무언의 신뢰에 잘 나타나 있었다. 미국 또한 마찬가지로 캐나다를 항구적인 합법적 존재로 인정하고, 독립전쟁 이후 해결을 보지 못했던 문제이지만, 마침내 미합중국에 흡수될 수 있다는 생각을 버렸다. 그 뒤 확장의 길에 나선 미국과 캐나다는 서로 상대를 짓밟고 침범하는 일 없이 나란히 우호적이되 경쟁하면서 태평양으로 향했다. 영국은 그에 대한 보답으로 미국에 위도 49도 경계선(1818년 채용) 이남의 토지라면 인디언과 에스파냐인의 희생을 아랑곳하지 않고 어디서든 자유롭게 개척해도 좋다는 허가를 내주었다.

잭슨의 군대가 거둔 승리는 겐트 조약의 해석과 적용에 결정적인 영향을 주었다는 데 의의가 있었다. 영국은 대부분의 나라와 마찬가지로 루이지애나 매입을 승인하지 않았고 뉴올리언스, 모빌, 또는 멕시코 만 연안의 어느 곳에서도 미국의 권리를 인정하지 않았다. 심지어 겐트 조약 아래서라도, 만약 그 지역들을 영국이 계속 소유하고 있었다면, 영국은 그곳 영토의 어디든 자유롭게 에스파냐에 반환할 수 있었다. 먼로가 매디슨에게 한 말에 따르면, 잭슨이 전쟁에서 승리하지 않았다면 틀림없이 그렇게 되었을 것이다. 전승 효과로 인해 루이지애나 매입의 모든 것이 국제 사회의 눈에 정당한 것으로 보이게 되었다. 또한 잭슨의 공로가 없었더라면 영국은 포트바우어를 잃지 않고 지브롤터처럼 만들었을지 모른다. 실제로는 그러지 않았다. 미국이 캐나다를 그냥 내버려두자 영국도 사실상 그런 야심을 포기했다. 카리브 해 전역에서 영국이 미국과 우호관계를 구축한 것은 경제적 이유가 충분히 있었다. 설탕이 풍부한 섬들로 이뤄진 서인도제도의 경제적 중요성은, 면포 제조를 기반으로 한 영국 공업의 발전에 반비례하여 급속하게 줄어들었다. 원재료가 되는 미국 남부의 면 공급이 점점 증가했기 때문이다. 미국이 남부로 팽창하고, 나아가 넓은 토지에 면화를 재배한 것은 두 나라 이익에 모두 도움이 되었다. 하지만 영국의 정책 전환을 이끌어낸 것은 뉴올리언스의 승리였다.

이와 동시에 뉴올리언스 전투는 남부 인디언의 운명을 갈랐다. 겐트 조약 제9조에서 미국은 인디언에 대한 전쟁을 종식하고, "이들 부족들에 대해 …… 전쟁 전인 1811년 당시 …… 소유했던 …… 모든 재산을 …… 즉시 반환할 것"에 동의했다. 이것으로 포트잭슨 조약은 명백하게 무효가 되었다. 이것이 영국의 견해였으며, 매디슨 대통령도 거기에 동의했다. 잭슨은 이런 이야기를 들었다. "대통령은 …… 영국과 동의한 원칙에 근거해서 …… 당신이 인디언과 화해할 수 있다고 …… 확신합니다."[291] 하지만 매디슨의 그런 확신에는 근거가 없었다. 잭슨은 인디언에게 무엇 하나 돌려줄 생각이 없었다. 더군다나 영국군이 이제 현지를 떠난 이상 잭슨에게 그것을 강요할 사람은 아무도 없었다. 그가 그냥 겐트 조약을 무시했을 때 워싱턴에서는 아무런 조치도 취하지 않았다. 영국 역시 침묵했다. 이제 미국의 개척 관계자들은 사실상 그 목적지를―태평양 연안까지 일직선으로― 결정하기 위한 백지 위임장을 확보한 셈이었다. 이것 또한 뉴올리언스 전투의 성과였다. 이렇게 해서 잭슨은 영웅으로 떠올라 남부와 서부 주민들에게 "우리의 수호자"라고 인정받았다. 나아가 워싱턴의 진정한 후계자로서 국민의 사기를 드높일 걸출한 군인상을 간절히 바라던 모든 미국인들에게 인정받았다. 이렇게 해서 혁명 시대는 마침내 막을 내리고, 새로운 인물이 미국의 무대에 등장해 나라를 민주주의 시대로 이끌었다.

제 3 장

·

언제나 평범하게 행복하기를

민주주의 시대 1815~1850년

높은 출생률과 이민 홍수

벤저민 프랭클린은 생애의 마지막에 쓴 팸플릿에서 미국의 앞날을 생각하는 유럽 사람들에게 다음과 같이 충고했다. 부자가 되기를 원하는 사람에게 미국은 최고의 땅이다. 특히 부지런하나 가난한 사람이 안주할 수 있는 곳으로 "미합중국만큼 하층 노동자가 의식주에 불편함을 느끼지 않고 충분한 임금을 받을 수 있는 나라는 없다." 그리고 이 나라에서는 "언제나 평범한 행복감을 누릴 수 있다"라고 결론지었다.[1]

미국 역사를 이해하기 위해서는 이 "평범한 행복"에 주목할 필요가 있다. 역사가는 위업이나 전쟁, 선거, 떠들썩한 논쟁, 통과된 법안 등을 기록함으로써 한 나라의 역사에서 전성기나 위기를 분명히 보여주고자 하기 마련이다. 하지만 일반 시민의 일상생활을 특별한 사건이 없다고 해서 결코무시해서는 안 된다. 이는 미국에 특히 딱 들어맞는다. 미국은 바로 일반남녀가 자신들 손으로 자신들을 위해 창조한 나라여서, 정부 조직을 구상할 때도 자신들의 생활이 가능하면 간섭받지 않도록 주의를 기울였다. 민중의 목소리는 자세히 조사하지 않으면 거의 파악하기조차 힘들다. 이 사실은 그 자체가 역사적으로 대단히 중요한 의미를 지닌다. 민중의 침묵은 실은 공화제의 실험이 성공했다는 사실을 웅변적으로 증명하기 때문이다.

19세기 초 미국은, 성년기까지 도달한 어린이들이 증가했다는 점에서 일찍이 볼 수 없었던 높은 출생률을 기록했다. 1800년의 통계에 따르면 당시 인구는 530만 8,843명으로 10년 전에 비해 증가율은 35퍼센트에 이르렀다. 1810년에는 723만 9,881명으로 증가했으며 10년 사이에 36.4퍼센트나 증가했다. 1820년의 인구는 963만 8,453명으로 20년 사이에 거의 갑절이나 늘었다. 더욱이 이 가운데 약 80퍼센트는 자연적으로 늘어난 숫자였다. 한 연방의회 의원은 다음과 같이 말했다. "서부의 작은 통나무집에 가서 거주자의 수를 세어보기를 권합니다. 아내와 함께 힘겨운 독립생활을 막 시작한 튼튼하고 건강한 18세 젊은이들을 볼 수 있을 것입니다. 30년 뒤에 다시 가보면, 이번에는 가족이 두 사람이 아니라 22명으로 늘어나 있을 것입니다. 이것이 내가 말하는 미국식 증식법입니다."[2]

그런데 1815년에 전쟁이 끝나자 가파른 출생률에 대규모 이민 유입이 더해졌다. 미국이라는 독립 공화국이 탄생하고 루이지애나 매입으로 토지의 보고가 개방된, 그리고 앤드루 잭슨이 인디언을 추방한 시기는 유럽에서 시작된 세계적인 인구혁명과 우연히 겹쳤다. 이것은 역사적으로 볼 때 매우 중요한 의미를 지닌다. 1750년부터 1900년 사이에 유럽 인구는 1억 5,000만 명에서 4억 명 이상으로 늘어났다.[3] 북아메리카를 제외하고 전 세계 어느 곳보다 빠른 속도였다. 이것이 그 뒤 이민 형태로 나타나 방대한 인구 유출을 불러일으켰다. 그 행선지는 남아메리카, 러시아, 오스트랄라시아(오스트레일리아·뉴질랜드·뉴기니 제도와 그 인근 태평양 제도들을 포함하는 지역-옮긴이), 캐나다, 남아프리카, 그리고 무엇보다 미합중국이었다.

　미국의 대량 이민 유입은 1815년 6월 워털루 전투가 터진 뒤에 시작되어 가을 그리고 겨울로 접어들어서도 계속 늘어났다. 이민을 태운 배는 서남풍이나 해류를 아랑곳 않고 용감하게 헤쳐 나갔다. 그 숫자는 1816년에 더욱 빠르게 늘었다. 이해에 유럽에는 "여름이 찾아오지 않고" 비가 계속 내려 7, 8월이 되어도 진눈깨비와 눈이 몰아쳐서 농작물이 큰 피해를 입었다. 먹을거리조차 떨어진 가난한 사람들이 수송선으로 꾸역꾸역 밀려들었다. 헤지카이어 나일스(1777~1839)가 1811년부터 쭉 발간해온 「나일스 위클리 레지스터」는 많은 점에서 당시 미국을 대표하는 기록 잡지였는데, 여기서 이해에 5만 명의 이민이 미국에 왔다고 추측했다. 그렇지만 이 수치는 훗날 더 낮게 수정되었다. 1817년의 이민에 관해서는 선적 리스트에 근거해 매우 신중한 수치를 산출한 결과 도항 시즌이 끝나는 9월까지 통계가 3만 명이라고 밝혔다(연방정부는 국세조사를 실시했으나 통계는 발표하지 않았다). 그 수치의 절반은 뉴욕이나 필라델피아로 가고, 일부는 곧장 애팔래치아 산맥을 넘어 오하이오 강 유역으로 향했다.

　영국 정부는 자국 선박의 경우 적재량 2톤당 1명이라는 제한을 두었지만, 대서양을 사이에 둔 어느 나라도 이민이 누구이고 어디로 가는지는 관여하지 않았다. 바다를 건너는 것은 놀랄 정도로 자유로웠다. 영국인은 여권이나 건강증명서는 고사하고 서류라고 할 수 있는 것을 전혀 지니지 않아도-달리 말하면 옷만 걸쳐도-리버풀 출항 카운터에서 10파운드만 건네면 배에 오를 수 있었다. 배에서 물은 마실 수 있었으나 그것 이외에는 지급받는 것이 없었고 배가 승객과 함께 침몰할 가능성도 물론 있었다. 하지만 뉴욕에 도착하기만 하면 아무런 조사도 받지 않고 상륙해 새로운 사회 깊숙이 스며들었다. 때로는 10파운드의 돈마저 필요 없는 경우도 있었다.

영국에서는 공짜로 캐나다로 갈 수 있는 배가 있었다. 캐나다에서는 연안을 운항하는 배에 편승해 매사추세츠나 뉴욕에 어렵사리 갈 수 있었다. 규제도 없었고 괴로움도 없었다. 이민을 간 스코틀랜드 출신의 제임스 프린트는 1818년에 "어디서건 이주민을 환영했다"라고 썼다.[4] 1820년까지 5년 동안 약 10만 명이 미국에 건너왔는데, 단 한 장의 서류조차 보일 필요가 없었다.

최초의 경제 위기

1819년 은행들이 돌연 도산하며 미국 역사에서 처음으로 경제 위기가 발생하자 홍수처럼 밀려들던 이민 대열이 처음으로 주춤했다. 이는 고의가 아닌 이민 중단이라고 할 사태였다. 미국의 매우 급격한 팽창을 생각하면 이 같은 재난은 오히려 당연했다. 1816년부터 1821년까지만 해도 새롭게 6개 주가 탄생했다. 그 규모나 잠재력을 볼 때 흡사 유럽의 국가 6개를 새롭게 추가한 것과 맞먹었다. 합중국이 무한한 장래를 대비해서 거액의 차입금을 들여온다는 소문이 이미 나돌았다. 그러자면 당연히 많은 은행이 필요했고 기회를 놓칠세라 서서히 은행이 출현했다. 좋은 은행, 나쁜 은행, 빈약한 은행-대부분이 첫 번째보다는 뒤의 두 가지에 속했다. 이미 말했듯이 제퍼슨 일파는 은행을 싫어해서 1811년에 제1합중국은행의 특허 기한이 만료되자 의회에 압력을 넣어 특허 갱신을 막았다. 하지만 이것은 바보 같은 짓으로 각 주가 이를 틈타 마침 잘되었다는 듯이 은행들을 설립했다. 그 수는 1811년에 88개였으나 2년 뒤에는 208개로 늘었다.

주의회는 주 은행에 대해 자본금의 3배를 한도로 제한해서 지폐 발행을 승인했다. 하지만 실제로는 아무런 감독도 하지 않았다. 따라서 적어도 만사가 순조롭던 시대에는 주 은행 설립 인가를 받는 것은 지폐 인쇄 허가를 받는 것과 같았다. 제퍼슨이나 존 테일러 같은 비판자가 말했듯이 미국에 새로운 종류의 금융 세력이 출현했던 것이다. 이 세력은 건국의 아버지들이 생각했던 토지 소유를 기초로 한 목가적인 농업사회라는 개념과 정면으로 대립했다.[5] 1812년의 미영전쟁 중에 우후죽순처럼 출현한 은행들이 제각각 발행한 가치가 의심스러운 2달러 지폐나 5달러 지폐가 미국에 넘쳐났다. 황금이라는 황금은 모두 보스턴으로 몰렸다. 이곳 주 은행이 제일 안전했기 때문이었다. 1813년까지 보스턴의 지폐는 필라델피아에서 9~10퍼센트의 프리미엄이 붙었다. 뉴펀들랜드 은행은 남부나 서부의 지폐는 아예 받지 않았다. 1814년에 워싱턴이 불타면서 연방정부가 사실상 붕괴하자 뉴잉글랜드 이외의 은행은 모두 지불 정지에 몰렸다.

　의회의 처방이 질병보다 더 나쁜 결과를 가져왔다. 의회는 1816년 4월 10일 제2합중국은행을 설립해 주식의 20퍼센트를 매각하고 25명의 중역 가운데 5명을 연방정부가 임명한다는 규정을 만들면서 은행 운영을 거의 감독하지 않았다. 그뿐 아니라 초대 행장인 윌리엄 존스(1760~1831)는 하원의원 출신으로 매디슨 정권 시절에 해군장관을 지냈는데, 은행 업무에 관한 지식은 별로 없었다. 수상한 거래를 잘하여 진정으로 테일러의 금융 악마론에 딱 들어맞는 인물이었다. 존스는 확실히 일종의 호경기를 가져왔는데, 이것은 1920년에 갑자기 경기가 들끓던 월가가 1929년 대공황에 휩싸인 그런 사태의 작은 전조라 해도 좋았다. 존스가 만든 것은 토지 붐 바로 그것이었다. 1815년 이래 미국 면의 가격이 급등하여 이것이 토지 붐에 불을 댕겼다. 당시 공유지 매각은 이민에게 원조를 제공하기보다는 정부 수입을 늘리는 데 목적이 있었다. 이민자들에는 원조 따위가 필요하지 않았다. 160에이커라는 최소한의 공매 단위를 확보할 경우 1에이커당 가격은 2달러였다. 하지만 계약금으로 20퍼센트를 지불하면 그만이었고 나머지 대금은 토지를 담보로 잡혀 은행에서 대출을 받을 수 있었다. 2달러는 엄청난 헐값이었는데, 토지 붐이 한창이던 시절 남부의 면화 재배지는 1에이커당 100달러에 팔린 적도 있었다. 제2합중국은행은 돈 빌리기가 쉬웠기 때문에 토지 붐을 부채질했다. 토지 구입자는 2회째 분할금마저 신용대출을 이용할 수 있었는데, 그것도 제2저당 설정 형태로 토지를 담보했다.[6]

은행의 총 대출액에 근거하여 고액의 배당금을 확보하는 데만 관심이 있었던 존스는 연방은행을 마치 무허가 중개거래소처럼 운영했다. 그는 제2합중국은행에 "레이서(racers)", 즉 경마 증권 취급을 허가했다. 그 증권은 다른 거래 증권과 교환할 수 있어서, 채무자들끼리 주고받으며 경주마처럼 빠르게 회전시킴에 따라 금리가 가산되면서 액면은 점점 할인되었다. 이것은 19세기 파산 금융(ruin finance)의 전형이었다. 윌리엄 새커리나 찰스 디킨스는 이를 즐겨 소재로 다루면서 선량한 주인공이 분쟁에 휩싸이는 상황을 묘사했다. 이러한 종잇조각에 불과한 구조를 살펴보면, 가난한 사람들이 왜 총상환금에 비해 그토록 적은 액수를 실제로 손에 쥘 수밖에 없었는지를 알 수 있다. 아무리 몸부림쳐도 그들에게 상환은 무리였을 것이다. 금융 피라미드가 붕괴할 수밖에 없었던 이유는 거기에 있었다.[7] 존스는 손쉽게 돈을 빌릴 수 있는 정책을 채택했는데, 제2합중국은행 지점은 더욱 그 명예를 손상시키는 일을 저질렀다. 그중에는 사기꾼이 운영하는 은행도 있었다. 볼티모어 지점은 제임스 A. 뷰캐넌과 제임스 W. 매컬럭이라는 2명의 토지 투기꾼이 좌지우지했다. 그들은 자신들의 은행에서 무담보로 돈을 빌려 투기용 자금으로 썼다(각각 42만 9,049달러와 24만 4,212달러. 출납계장도 5만 달러를 빌렸다). 즉 지점의 자금을 유용했다. 존스가 조장한 신용 대출의 전형적인 예로서 1815년에 300만 달러였던 공유지에 대한 채권은 3년 뒤에 5배 이상(1,680만 달러) 뛰었다. 그중 일부는 주택 구입에 충당되었다-미국 역사상 최초의 도시 붐이기도 했다.

라틴아메리카 금광의 대부분은 치열했던 에스파냐와의 독립전쟁으로 폐쇄되었기 때문에 금과 화폐의 가격 차이는 천문학적이었다. 그에 더해 다른 은행도 존스의 예를 모방해 과도하게 융자했다. 양식 있는 사람들은 장차 큰일이 일어날 것이라고 경고했다. 대규모 모피 거래 사업으로 맨해튼의 부동산을 대량으로 소유한 존 제이콥 애스터는 멈출 줄 모르는 인플레이션을 가져온 책임을 물어 제2합중국은행을 고발했다. 앨버트 갤러틴에게 보낸 편지(1818. 3. 14.)에서 다음과 같이 말했다. 제2합중국은행이 화폐 가치를 대폭 하락시켰기 때문에 "모든 것이 값이 치솟아 그 결과 상인은 상품 대신 금화를 배로 실어 나르는 상황이 되었습니다. 금화로 계속 지불하기는 쉽지 않다고 단언합니다. 많은 주들이 은행을 증설하고 있는데 머지않아 일제히 도산해도 놀랄 일은 아닐 것입니다."[8] 주 은행에 관한 애스터의 평은 정확했다. 헤지카이어 나일스는 1815년부터 1819년까지는 원판과 인쇄기와 종이만 있으면 은행을 세워 지폐를 발행할 수 있었다고 기록했다. 허가 없이 위조지폐를 만드는 자들을 축출해버리면 문제가 없었다. 하지만 (나일스에 따르면) 여전히 지폐를 위조하는 사람들은 그 뒤에도 끊이지 않아 1819년에는 적어도 100개의 은행이 발행한 위조지폐가 자유롭게 나돌았다고 썼다. 새로 생긴 은행 대부분은 대장간이나 여관 등을 개조해 문을 열었으며, 심지어 교회 건물을 이용한 경우조차 있었고, 엉터리 재무 관리로 더욱 벌받을 행위를 저질렀다. 1819년에는 공인 은행만 최소 392개, 그 밖에 비공인 은행은 무수히 많았는데, 공유지에 대한 채권은 600만 달러나 늘어나 2,200만 달러에 이르렀다.

면화 경기는 갑자기 무너졌다. 미국산 면화 가격의 급등에 놀란 리버풀의 수입업자가 인도산 면화를 대량 수입했기 때문이었다. 1818년 12월부터 이듬해 1월까지 뉴올리언스의 면화 가격은 절반 수준으로 떨어졌고, 이것이 토지에 영향을 미쳐 땅값이 50퍼센트에서 75퍼센트까지 하락했다. 은행은 담보로 잡은 토지의 실제 가격이 융자액에 도저히 미치지 못한다는 사실을 알았지만 이제 와서 돌이킬 수 없었다. 이렇게 해서 은행이 도산하기 시작했다. 존스는 급하게 과격한 디플레이션 정책으로 전환함으로써 애초에 인플레이션을 유발한 자신의 잘못을 더욱 덧나게 만들었다. 존스는 제2합중국은행의 지점들에 자체 은행에서 발행한 지폐만 받고, 원금과 이자를 즉각 상환하라고 요청해 빌려준 돈을 돌려받으라고 명령했다.[9] 이에 따라 주에서 공인한 은행의 도산 건수는 두세 배씩 급증했고, 도산 은행의 주요 채권자인 제2합중국은행은 자신들의 재산-수많은 농민들의 땅문서-을 안전하게 지켜냈다.

은행을 결코 원하지 않았던 많은 의원들이 악랄한 중앙은행의 의도대로 움직이는 유권자의 미래를 걱정하며 존스를 격렬하게 공격했다. 의회 위원회는 곧 볼티모어 지점의 자금 유용을 폭로했다. 존스와 임원들 전원이 어쩔 수 없이 물러났고, 1819년 3월 금융 전문가 랭던 치비스(1776~1857)가 그 자리를 넘겨받았다. 치비스는 제2합중국은행이 "키도 돛도 돛대도 없는 배가 …… 육지는 까마득하게 먼 폭풍이 몰아치는 바다에 떠 있는"[10] 상태라는 것을 알았다. 치비스는 제2합중국은행의 파산이라는 최악의 사태만은 어떻게든 피하기 위해 디플레이션 정책을 강화하여 얼마간 곤란은 있었으나 아무튼 제2합중국은행을 존속시킬 수 있었다. 이렇게 해서 그는 "아메리카 은행의 헤라클레스"라는 호칭을 얻었으나 나머지는 모두 희생되었다. 당시의 경제 전문가 윌리엄 가우디가 말했듯이 "은행은 구제받았으나 국민은 파멸했다."[11]

　　은행의 붕괴는 제조업에 타격을 입혔다. 필라델피아의 면방직 공장은 1816년에 2,325명을 고용했는데, 1819년 가을에는 149명만을 남기고 모두 해고했다. 뉴잉글랜드에서는 은행이 건전하게 운영되었기에 경제 위기는 얼마간 꺾였으나, 심각한 상황은 변하지 않았고 실업자는 급증했다. 비관적인 측면을 언제나 미리 예견해 경고했던 존 퀸시 애덤스는 1819년 4월 24일의 일기에 "평화와 부분적인 번영을 누리고 있는 사이에 합중국의 심장부를 뒤흔들 위기가 찾아왔다"[12]라고 썼다. 미국 경제 위기의 조짐이 유럽에 뒤늦게 전해졌기 때문에 1819년의 이민선 출항은 예전처럼 진행되어 몇 만 명의 이민이 계속 밀려들자 일자리도 없는 가운데 노골적으로 적대시되었다. 이 모습을 이매뉴얼 호윗은 다음과 같이 기록했다. "북부 주에 사는 사람들은 지금[1819년] 이주민들을 매우 경멸하는 눈초리로 바라본다. …… 비극의 나라에서 쫓겨나 이 찬란한 땅에서 살아갈 길을 찾고 있는 슬픈 사람들. …… 그들에게는 두 번 다시 즐거움과 자신감에 가득 찬 아침이 찾아오지 않을 것이다."[13]

　　1819년 3월 의회는 뉴욕과 그 밖의 항구에 온 이민선을 저지하는 데 노력해 찾아온 배에 대해 적재량 5톤당 2명이라는 규제를 9월부터 시행했다. 이것은 첫 이민 통제였다. 국무부는 「나일스 위클리 레지스터」에 기사를 실어 정부 방침을 널리 알렸다. "미국은 누구도 초청하지 않으며, 또 누구도 못 들어오게 막지 않을 것이다. 이민은 외국인이라는 이유로 불이익을 받는 일은 없지만 우대하는 일도 없을 것이다. 미국에서 태어난 사람이든 외국에서 태어난 사람이든 기회는 평등하게 주어진다. 어떤 삶을 보내는가는 개인의 능력과 노력, 그리고 운에 달려 있다."[14] 존 퀸시 애덤스 개인이 쓴 이 선언문에는 당당한 뜻이 담겨 있었다. 당시 미국 생활의 다양한 측면에 침투한 자유의지론에 바탕을 둔 정신이 여기에 집약되어 있었다―앞으로 살펴보겠지만 정부 개입주의 또한 전반적으로 존재했다. 그러한 자유의지론은 당연히 이 나라의 장래에 대한 완전한 자신감에 바탕을 두고 있었다. 미국이 멋지게 이 중대 국면을 빠른 속도로 완벽하게 극복해 냈기 때문에 1, 2년 뒤에는 이 위기가 대수롭지 않은 재난, 상승세 도중의 짧은 휴식기였던 것처럼 여겨졌다.

얼마 안 있어 또다시 많은 이민 대열이 줄을 이었다. 이번의 주역은 아일랜드인이었다. 아일랜드 북부의 프로테스탄트는 예전부터 많이 이주했지만, 남부의 가톨릭교도는 지금까지 거의 이주하지 않았다. 그런데 1812년 아일랜드에서 감자 농사가 흉작이 되자 영국 정부는 캐나다로 가는 이민 주선에 힘을 쏟았다. 아일랜드에서는 그 뒤에도 까닭 모를 비참한 흉작이 계속되어 마침내 1840년대 중반부터는 일대 기근이 찾아왔다. 메이오, 클레어, 케리, 그리고 코크 등지에서 이민선을 탔는데, 마지막에는 호주에 끌려가서 노예가 된다는 소문이 퍼져서 사람들은 공황 상태에 빠졌다. 하지만 일단 사건의 진상이 밝혀지자, 사실상 공짜로 미국에 갈 수 있다는 이야기가 아일랜드 빈민층의 마음을 사로잡았다. 1822년에 미국에서 첫 편지가 도착해 캐나다에서 미국으로 들어가는 것이 얼마나 쉬운지, 아울러 합중국은 프로테스탄트의 나라임에도 가톨릭교도에게 똑같은 권리를 부여한다는 사실을 알려오자, 대서양을 건너는 이민 대열은 줄을 이었다. 1825년에는 정부가 기획한 단 2,000명 규모에 불과한 원조 계획에 아일랜드 남부에서 5만 명이나 지원했다. 아일랜드인 가운데 3분의 1이 미국으로 건너가는 집단 대이동의 징조였다.[15] 이것은 또한 끊임없이 잉글랜드(웨일스와 스코틀랜드)에서 유입되는 이민이 이제 영국 이외 지역에서 새롭게 유입되는 이민에 의해 균형이 맞춰지는 과정의 일부였다. 유럽 대륙에서 온 이주민 수는 1820년대 초에 연간 6,000명에서 1만 명으로 늘어났고, 1826년에는 1만 5,000명, 1828년에는 3만 명으로 뛰어올랐다. 1832년에 연간 5만 명 선을 넘긴 이후로 그 수를 밑돈 경우는 한 번도 없었다. 영국적인 미국은 서서히 유럽화의 길을 걸었다.[16]

값싼 토지의 매력

이주민이 몰린 이유는 무엇이었을까? 첫째는 뱃삯이 점점 싸졌다는 것이고, 둘째는 때때로 기근으로 발전한 식량 부족을 들 수 있다. 1816년의 기상 악화, 1825~1826년, 1826~1827년, 1829~1830년의 혹독한 겨울, 특히 마지막으로 든 해 겨울의 기록적인 한파는 사람들을 굶주림에 빠뜨렸다. 토머스 맬서스가 주장한 인구가 파국으로 이끈다는 이론이 매우 왜곡된 형태로 서민층에 침투해, 사람들은 대재난이 일어나기 전에 가족을 데리고 유럽에서 벗어나고 싶어했다. 게다가 무거운 세금 문제도 있었다. 나폴레옹 전쟁 말기에 유럽 대륙 전체가 세 부담으로 신음했다. 영국에서는 1816년 의회의 반란으로 소득세가 폐지되고, 1820년대에는 관세도 서서히 경감되었다. 하지만 유럽 대륙의 상황은 변하지 않았고, 국가는 가난한 농민이나 상인에게 재정 부담을 지웠다. 국내에 이루 헤아릴 수 없는 관세 장벽을 설치해 국경을 넘는 거의 모든 물품에 세금을 부과했기 때문에 상황은 더욱 심각했다.

이에 비하면 미국은 마치 천국과 같았다. 군대는 프로이센의 50분의 1 규모였고, 국민 1인당 국가에 내는 비용은 영국의 10퍼센트에 지나지 않았다. 그 영국 국세 규모조차 유럽 기준에서 본다면 비교적 작은 편에 속했다. 미국에는 주립 교회 등은 존재하지 않았기 때문에 교구세마저 없었다. 또한 구빈세를 징수하지도 않았다-처음부터 가난한 사람이 없었다. 말 8필을 소유한 농가가 내는 세금은 1년에 고작 12달러로 유럽 사람들에게는 믿기지 않는 금액이었다. 미국에서는 임금이 높았을 뿐 아니라 그 수입을 오롯이 가족을 위해 쓸 수 있었다. 혜택을 받은 점은 이 밖에도 여럿 있었다. 징병제가 없었고, 정치 경찰과 검열이 존재하지 않았다. 법에 따라 계층을 구별하지도 않았다. 고용주 대부분은 종업원과 함께 식사했다. (노예를 제외하고) 누구도 "주인님" 따위의 호칭을 사용하지 않았다. 미국에서 자리 잡은 이주민이 모국에 보낸 편지는 마을 사람들 앞에서 낭독되어 대서양 횡단선의 승객을 모집하는 데 훌륭한 선전이 되었다. 재미있게도 대통령이 의회에서 행한 연두 연설조차 검열관이 금지 조치를 내리기까지는 유럽의 많은 신문에 게재되어 이민 모집에 일역을 담당했다. 「더블린 모닝 포스트」지는 다음과 같이 보도했다. "우리는 이 기사를 직접 자신의 생활과 관계가 있는 듯이 읽는다."[17]

하지만 가장 큰 매력은 값싼 토지였다. 유럽에서 온 이주민은 특히 호주나 아르헨티나에서 원주민의 예전 사냥터에 속한 토지를 값싸게 양도받을 수 있었는데, 그 점에서 가장 흡인력이 있는 곳은 바로 미국이었다. 미국 정부는 성가심을 무릅쓰고 가난한 사람들이 토지를 확보할 수 있는 제도를 마련했다. 합중국 역사를 통해 이 시기의 토지 구입 제도만큼 자선적인 것은 찾아볼 수 없다. 기본이 된 정책은 1796년 토지 가격을 1에이커당 2달러로 규정한 조례였는데, 총액의 절반을 지불하고 나머지 대금은 1년 뒤에 갚으면 되었다. 1800년 법령에 따라 오하이오 주의 신시내티, 치리코시, 매리에타, 스투벤빌 등 프런티어 최전선에 연방 토지사무소가 설치되었다. 구입의 최저 단위는 640에이커에서 320에이커로 낮아졌고, 구입자는 선금으로 25퍼센트를 처음에 지불하고 잔금은 그 뒤 4년 안에 갚으면 되었다. 따라서 많은 농장-유럽의 기준에서 보면 터무니없이 넓은 농장-을 불과 160달러 정도의 현금으로 구입할 수 있었다.

4년 뒤에 의회는 최저 구입 단위를 다시 절반으로 더욱 낮췄다. 그 덕분에 조금씩 돈을 모아온 몇 백만에 달하는 유럽 소작농이나 숙련공에게 독립된 가족농장도 꿈만은 아니었다. 19세기의 첫 11년 동안에 당시 북서부로 일컬어지던 지역에서 340만 에이커 정도가 자영농 농민에게 팔려나갔다. 이에 더해 오하이오 주에서는 25만 에이커가 팔렸다. 토지 매매는 1815년부터 내리 증가했는데, 예를 들면 일리노이 주에서는 해마다 50만 에이커가 중소 규모 농민의 손에 넘어갔다. 남부도 상황은 다르지 않았다. 앨라배마에서는 정부에 의한 토지 매각이 1816년에 60만 에이커에 이르고, 1819년에는 228만 에이커까지 늘어났다. 조지아 주 서부에서는 복권 당선자에게 정부가 200에이커 상당의 토지를 무료로 나눠주었다. 1815년 이후 합중국에서는 세계 역사상 유례가 없을 정도로 많은 사람이 파격적으로 싼 값에 자유롭게 소유 가능한 개인 부동산을 구입했다.[18]

개인적인 성공 이야기도 끊임없이 탄생했다. 버몬트 주에서 온 대니얼 브러시는 몇 명과 함께 무리를 지어 1820년 봄 일리노이 주 그린 카운티로 이주했다. 브러시는 "매우 기름진 대평원이 길이 4마일, 폭 1마일에 걸쳐서 펼쳐져 있었다. …… 깨끗한 샘에서는 차가운 물이 펑펑 솟아났다"라고 썼다. 가로 24피트, 세로 16피트의 통나무집이 만들어지자 평원을 개간하는 힘든 일을 시작했다. 개간을 하면 "첫해에 잡초는 전혀 나지 않았고 옥수수밭에 쟁기질이나 호미질을 할 필요도 없었다. 일찍 씨를 뿌리면 옥수수나 사료를 대량으로 수확할 수 있었다." 또한 "식량이 풍부하여 …… 저녁을 거른 채 주린 배로 자리에 드는 사람은 아무도 없었다"라고 썼다.[19] 텐 브룩 일가는 1822년 가을 인디애나 주, 훗날 파크 카운티가 되는 지역으로 이주했다. 일행은 친척으로 이뤄진 3가족, 3명의 독신 남자, 하인 2명 등 모두 27명이었다. 그리고 말 13마리, 젖소 21마리, 멍에를 맨 수소 2마리, 개 4마리가 있었다. 도착 즉시 제일 먼저 해야 했던 작업은 튼튼한 집을 짓는 일이었다. 땅은 기름졌으나 미개척 상태였다. 겨울 내내 일하여 봄에는 15에이커의 땅이 개간되었고 나무 울타리가 200개 세워졌다. 3톤 가까운 곡물을 수확하여 겨울 식량으로 썼고, 또한 봄철 파종용으로 비축할 수 있었다. 다시 2에이커의 땅을 일궈서 감자와 순무를 심었다. 봄에는 송아지 7마리가 태어났고, 첫해 여름에는 12파운드짜리 치즈 40개를 만들어 1개당 1달러에 시장에 내다팔았다. 수확은 순조로웠다. 옥수수를 가루로 빻았고 옥수수를 갈아엎은 밭에서 350파운드의 설탕과 10갤런의 당밀을 수확했다. 일행을 이끈 앤드루 텐 브룩은 다음과 같이 말했다. "첫해를 보내고부터는 수확이 부족한 적이 없었다. 유일한 불만은 생산물을 사줄 상대가 없다는 점이었다."[20]

토지가 비옥했기 때문에 개척하는 고생은 충분히 보상받았다. 인디애나, 일리노이, 미시간 일부로 이뤄진 "레이크플레인스"는 위스콘신 드리프트라고 불린 거대한 빙하가 선사시대에 바위를 깎아 만들어진 곳인데, 집약농업에 필요한 모든 양분을 포함한 두텁고 기름진 땅이었다. 『구약성서』를 가까이 했던 이주민들은 이 땅을 하느님의 나라, "가나안"이라고 불렀다. "이집트"로 알려진 다른 곳보다 3분의 1을 더 수확할 수 있었기 때문이었다. 1815년 이후의 개척지 가운데는 급속한 번영으로 유명해진 경우도 있었다. "분스 릭"이 그중 하나였다. 미주리 강을 끼고 60마일에 걸쳐 펼쳐진 이 지대는 1816년 하워드 카운티가 되었다. 땅은 기름지며 맑은 물이 솟고 목재는 얼마든지 얻을 수 있어서, 평화로운 전원 풍경 바로 그 자체였다. 1819년 프랭클린이라는 작은 도시에서 발행된 지방신문 「미주리 인텔리전스」는 봄의 찬가를 실었다. "분스 릭-2년 전에는 거친 들판이던 곳. 지금은-풍부한 옥수수와 가축의 무리!" 이곳은 서부 제일의 땅으로 유명해졌다.

더군다나 토지 가격이 더 내려가는 경향을 보였다. 1820년대에는 흔히 1에이커당 1달러 25센트까지 떨어졌다. 요즘 감각으로는 상상이 안 되지만, 이 가격조차 지나치게 비싸다고 생각되었는지 좀 더 떨어지거나 심지어는 공짜 땅을 바라는 요구도 있었다. 이주민 대부분은 "무단 점유자(squtters)"라고 불렸다. 이것은 측량을 마친 뒤 토지가 매각용으로 구분되기도 전에 그 땅에 최초로 이주하고 즉시 돈을 지불한 사람들을 가리켰다. 그들은 거주하지 않는 구입자, 즉 투기꾼의 이의 시비에 휘말려 처지가 위험해지는 경우도 있었다. 1828년 말 일리노이 주 인구의 3분의 2는 무단 점유자였다. 그들을 옹호하기 위해 나선 인물이 1821년부터 1851년까지 상원의원을 지낸 토머스 하트 벤턴(1782~1858)이었다. 그는 서부의 토지에 대해 최저 가격이 설정된 사실에 항의하고, 토지의 질에 따라 등급을 매기는 매우 타당한 법안을 통과시켰다. 또한 개량된 토지에 대해서는 이주민이 그에 상당하는 비용을 지불하도록 하는 법안을 통과시켰다.

프런티어 지역에서는 당연한 일이었지만, 투기꾼은 배척받고 사람들 앞에 나서면 위험한 일을 당할 가능성이 있었다. 위스콘신 엘크혼크리크의 사정에 대해 한 감리교 목사는 이렇게 기록했다. "투기꾼이 정착민의 토지에 입찰하려고 하면 뭇매를 맞고 [토지] 사무소에서 끌려나왔다. 때린 인물이 기소되어 벌금을 언도받으면 이주민들이 합의해 그 돈을 대신 내주었다. [하지만] 이런 경우 정당방위로 간주되어 이주민에게 불리한 평결을 내릴 배심원은 없었다. [따라서] 굳이 그들의 토지를 구입하려는 투기꾼은 없었으며, 이주민들도 서로의 토지에 손을 내미는 일 따위는 꿈조차 꾸지 않았기 때문에 모두가 1에이커당 1달러 25센트라는 의회가 결정한 가격으로 토지를 구입할 수 있었다."[21] 그렇지만 당시 역사적인 부를 쌓아올린 사례는 거의 투기와 토지 매매를 통해 이뤄졌다. 그리고 권력 있는 정치가(와 그 친구)도 이 혜택을 누렸다.

잭슨 장군 같은 유력자가 잠재적 가치가 높은 토지를 사려고 하면, 누가 나서서 경쟁 입찰을 하려는 일 따위는 생각조차 할 수 없었다. 그는 이러한 토지들을 사서는 전매를 통해 꽤 많은 돈을 벌어들였다. 하지만 전쟁이 끝날 무렵에는 금전에 대한 흥미를 잃었다. 측근인 존 커피 장군은 사이프러스 부동산 회사를 설립해 머슬숄스에서 토지를 사서 앨라배마 주에 플로렌스라는 도시를 세웠다. 여기서는 투기꾼이나 무단 점유자가 토지 가격을 끌어올려, 정부가 설정한 최저 가격을 대폭 인상해 1에이커당 78달러라는 값을 매겼다.[22] 잭슨 장군 아래에 있던 다른 사람들 역시 마찬가지 방법으로 부를 쌓았다. 뉴욕의 정치가 마틴 밴 뷰런(1782~1862)은 잭슨 정권의 국무장관이었는데, 그 또한 토지 전매로 부를 일궜다. 오체고 카운티의 드넓은 땅을 파격적인 가격으로-600에이커나 되는 부지를 단돈 60달러 90센트로-손에 넣고, 세금 체납 때문에 보안관 사무실에서 경매에 붙여진 개척지도 헐값에 낙찰받았다.[23] 물론 그중에는 매우 반사회적인 약삭빠른 투기 행각이 있었다. 하지만 대규모 투기꾼은 필요불가결한 측면도 있었다. 그들은 의회에 압력을 넣어 도로를 만들고 자본을 투입해 맨체스터, 포츠머스, 데이턴, 콜럼버스, 윌리엄스버그 등의 도시를 조성했다. 토지 투기의 대부분은 융자에 의존했기 때문에 적정한 가격으로 신속하게 매각할 수 없는 경우에는 파산에 쫓겼다. 영국 정치가 윌리엄 펄트니 경이 조직한 큰 규모의 그룹은 모두 이런 방법으로 넓은 토지를 취득했다. 펄트니의 대리인은 상점, 공장, 술집, 심지어 극장 따위의 기간시설을 조성하는 데 100만 달러 이상을 투입했다.

암스테르담에서 온 은행가 그룹은 네덜란드 토지 회사를 설립해 뉴욕 주 북서부와 펜실베이니아 주 서부의 토지 400만 에이커를 확보해 도로나 그 밖의 설비를 갖췄고, 마지막(1817)에는 350에이커씩 구획 정리한 땅을 1에이커당 5달러(10년 분할 상환)에 팔아 이익을 챙겼다.[24] 하지만 일반적으로 개척자는 설비를 갖춘 비싼 땅보다는 값싼 땅을 더 선호했다. 설비는 본인들이 만들었다. 코네티컷 토지 회사 대리인 모지스 클리블랜드는 자신의 땅을 1에이커당 1달러에 5년 분할로 매각할 수 있었다. 이곳은 그의 이름을 따서 이름을 짓고 그 뒤 큰 도시로 발전했다. 윌리엄 헨리 해리슨(1773~1841)은 오하이오라는 새로운 주를 건설하기 위한 막중한 역할을 맡았는데 그 근거지가 된 곳이 클리블랜드였다. 그는 그 뒤 인디애나 주로 옮겨가 마침내는 미국 제9대 대통령이 되었다.[25]

개발과 자유 시장

여기서 살펴봐야 할 역사적으로나 경제적으로나 중요한 측면이 있다. 사람들은 언제나 자유를 남용하는 경향이 있다. 그런 점에서 19세기 토지 투기꾼도 사악한 약탈자일 수 있었다. 하지만 의회는 스스로의 본질에 충실한 나머지 그 위험을 감수했다. 토지에 관한 제도를 법으로 정한 뒤 개발에 관해서는 사실상 완전히 자유 시장에 맡겨두었다. 개척을 촉진하기 위해서는 그것이 최선이며 가장 손쉬운 방법이라는 선례를 따랐다. 이 판단은 틀리지는 않았다-자유가 효력을 발휘했다. 남아프리카, 오스트레일리아, 뉴질랜드, 캐나다 등에서는 영국 정부가 원대한 목표를 세워서 다양한 방법으로 토지 시장에 개입했다. 그 결과-그중에는 합중국보다 자연조건이 좋은 나라도 있으나-대체로 발전 속도가 매우 더뎠다.

두 시스템을 관찰한 영국의 전문가 H. G. 워드는 1839년 영국 하원 위원회에서 극명하게 비교했다. 캐나다에서는 투기꾼의 횡포를 두려워한 정부가 복잡한 통제를 시행했기 때문에 오히려 투기꾼의 생각대로 되었다. 그와는 반대로 미국의 자유 체제는 많은 사람들을 끌어들여 이주민들이 재빠르게 지역 자치기구를 만들었고, 이것이 곧 반사회적 행동을 저지르는 자에게 억제력을 행사했다. 이 체제가 성공한 것은 단순한 동시에 시장 원리에 따랐기 때문이었다. "1에이커당 [최저] 1달러 25센트라는 균일 가격만 설정되어 있었다. [연방정부는] 신용 거래를 일절 허용하지 않았다. 이 가격을 지키기만 하면 토지의 선택과 처분은 완전히 자유로웠다. 외지인은 상상조차 할 수 없는 대규모 측량이 실시되었다. 216만 4,000달러를 투입해 1억 4,000만 에이커 상당의 지적도를 작성하고 개발 계획을 세웠다. 워싱턴에는 국유지관리국이 있었고 그 밑으로 40개의 지방 사무소가 설치되어 각각 등기 담당관과 수익 관리인이 배치되었다. …… 아무리 가난한 사람이라도 지도와 개발 계획을 비롯해 각종 정보를 얻을 수 있었다. …… 원한다면 토지에 100만 달러를 투자하는 일이 가능하고, 오산하더라도 그것은 어디까지나 개인의 책임이었다. 일반 대중은 어떠한 경우든 이익을 올렸다."[26]

워드의 주장은 옳았다. 미국의 자유로운 제도가 얼마나 효율적인지는 역사적 사실-예를 들면 미시시피 강 유역의 신속한 이주와 성공-이 증명한다. 이것은 역사적으로 매우 중요한 사건 가운데 하나였다. 자유로운 제도 덕분에 미국은 글자 그대로 활력을 띠게 되어 사람들은 애팔래치아 산맥을 경계로 하는 동부 해안 지대에서 산을 넘어 그물처럼 펼쳐진 강 유역으로 옮겨갔다. 미시시피 강 유역 개척지는 125만 평방마일, 서유럽 전체를 그대로 수용할 정도의 넓이에 해당했다. 이를 계기로 미국은 식민지 수준의 고군분투하는 작은 나라에서 중요한 대국으로 변모했다.[27]

각지를 대표하는 정부기관이 재빠르게 설치된 것 역시 미국에 활력을 불어넣은 중요한 요인이었다. 애팔래치아 산맥 서쪽에서 가장 먼저 주로 편입된 켄터키와 테네시에 더해 1803년 오하이오 주, 1812년 루이지애나 주, 1816년 인디애나 주, 1817년 미시시피 주, 1818년 일리노이 주, 1819년 앨라배마 주, 1821년 미주리 주, 1836년 아칸소 주, 1837년 미시간 주 등이 차례로 탄생했다. 준주에서 주로 급속한 발전을 보증하는 일은 워싱턴 정부가 이주민을 도울 수 있는 최선의 방법이었다. 물론 정부는 헌법의 테두리에서 국도를 건설해줄 수도 있었다. 최초의 국도가 개통된 것은 1818년이었는데, 폭이 넓고 매우 견고했으며 애팔래치아 산맥을 넘어 휠링까지 연결했다. 이주민은 거기서 오하이오 강을 따라 나아갈 수 있었다. 1830년대 전반에는 오하이오 주 콜럼버스까지 길이 뚫렸다. 남부 지역에서는 주와 정부가 공동으로, 또는 잭슨 장군 같은 군인을 투입해 도로를 건설했다. 1820년 서부 의용군 사령관인 잭슨 장군은 앨라배마 주 플로렌스와 뉴올리언스 사이에 도로를 개통시켰다. 이것은 미시시피 강 하류 지역으로 가는 최고의 루트였다. 당시 그레이트밸리 로드나 폴라인 로드, 어퍼페더럴 로드 등도 만들어졌다. 영국에서 매캐덤과 텔퍼드가 만든 새로운 도로에 비하면 질은 떨어졌지만 라틴아메리카, 오스트레일리아, 러시아의 트랜스우랄, 그 밖에 당시 개척 중이던 방대한 지역의 도로보다는 월등하게 좋았다.

또한 합중국에는 대부분 개척지 쪽으로 흐르는 많은 강이 있었다. 심지어 증기선이 등장하기 전에도 몇 백, 몇 천 척에 이르는 크고 작은 평저선들이 개척민과 물자를 하류로 운반했다. 1830년에는 이미 해마다 3,000척의 평저선이 오하이오 강을 내려갔다. 1825년에 이리 운하가 완성되자 대서양에서 허드슨 강을 거쳐 오대호까지 연결되어 대평원 지대로 가는 것이 더 쉬워졌다.

이것은 또한 뉴욕이 항구로서 입지를 더욱 굳히는 계기가 되었다. 특히 이민들은 뉴욕에서 이 운하를 통해 편리하게 중서부의 새로운 도시로 직접 갈 수 있었다. 그 뒤 증기선이 등장해 미시시피 강 유역을 빈번하게 오가며 개척자들을 실어 나르는 것과 함께 급속하게 팽창하는 도시 주민들을 위해 식료품과 의류를 운반했다. 도시 주민이 총인구에서 차지하는 비율은 1810년에는 7퍼센트에 지나지 않았으나 19세기 중반에는 3분의 1까지 차지했다.[28]

이주 유형은 천차만별이었지만 공통된 특징이 있었다. 어느 지방에서나 이미 흩어져서 개척을 시작한 농가를 위해 제일 먼저 교회가 들어섰다. 다음으로는 신문사가 세워져 마을 주민이 천막생활을 하더라도 신문을 발행했다. 끝으로 상인이 들어와 필요에 맞춰 은행 역할을 했고, 이와 병행해 진짜 은행가와 변호사가 나타났다. 변호사는 지방 판사와 함께 말을 타고 돌아다니며 생활했는데, 그러다가 유명해졌고, 의회가 생기면 잽싸게 그자리를 차지했다. 따라서 변호사의 영향력은 처음부터 확고했다. 재판은 엄격하고 실질적이었는데, 특히 도둑, 그중에서 말 도둑은 엄중하게 처벌했다. 1815년에는 죄인에게 칼을 씌우거나 귀를 자르거나 못을 박아 매달거나 얼굴에 낙인을 찍는 형벌은 거의 사라졌으나 채찍질은 어디서든 일반적이었다. 개척지의 재판 모습은 1821년 테네시 주 매디슨 카운티의 한 사건에서 전형적으로 드러난다. 이곳에서 강도짓을 저지른 "큰 도둑" 도슨은 다음과 같은 평결을 받았다. "공개 채찍질을 하는 곳으로 데려가 옷을 벗기고 등에 무서운 채찍질을 20회 받았다. 공민권 박탈 후 1시간 투옥된 다음 1센트 벌금을 내고 석방되었다."[29] 대개는 이러했다-투옥은 비용이 많이 들었고, 벌금은 죄인에게 돈이 없으면 의미가 없었다. 하지만 등에 채찍질 정도는 아무 문제가 없었다.

빠르게 발전한 도시의 본보기로 인디애나폴리스를 들 수 있다. 1821년에 생긴 도시였는데 그 이듬해까지 2층 건물은 아직 한 채밖에 없었다. 1823년이 되어도 90가구밖에 살지 않았으나 도시에 활력을 불어넣는 데 빠질 수 없는 신문은 이미 탄생했다. 1827년에는 인구가 1,000명을 넘어섰다. 21개월 뒤 이곳을 방문한 한 사람은 이렇게 묘사했다. "마을다운 모습을 갖추기 시작했다. 1,000에이커 정도의 땅을 조성하여 상점이 10개, 술집이 6개 있었다. 1만 5,000달러를 들여 재판소를 세우고 많은 멋진 주택이 들어섰다."[30] 1823년에 상거먼 강 유역에 온 일라이자 마일스는 스프링필드라는 마을을 일으킨 경위를 기록으로 남겼다. 당시 이곳은 아직 지면에 말뚝 한 개가 박혀 있을 뿐이었다. 마일스는 상점을 열기 위해 5.5제곱미터의 부지를 준비해 세인트루이스로 가서 25톤의 물건을 사들였다. 배를 고용해 상거먼 강 입구까지 물건을 실어 나르고 90미터의 로프를 5명의 인부에게 끌게 하여 배와 화물을 상류까지 운반했다. 강변에 화물을 놔둔 채-"이 근처에는 아무도 살지 않기 때문에 도둑맞을 염려가 없었다."-스프링필드까지 50마일을 걸어갔다. 여기서 짐마차와 말 몇 마리를 고용해 새로운 "마을"로 물건을 싣고 가 이곳 최초의 상점을 열었다. 이 일대는 훗날 14개 카운티로 나뉘었는데, 당시 상점은 이곳 한 군데밖에 없어서 "80마일 이상 떨어진 곳에서 많은 사람들이 거래를 하러 왔다." 스프링필드는 마일스를 중심으로 발전했다. 주민은 85달러 75센트를 들여 형무소를 만들고, 도로를 정비하고, 선거구를 설치해 "프리픽스"라고 불렀다. 그리고 "말, 소, 바퀴 달린 수레, 상품, 증류주 양조장 등에 세금을 매기고 징수했다." 1824년에는 이미 도로, 배심원, 고아원, 보안관, 서기가 갖춰져 있었다. 이런 발전의 열쇠를 쥔 인물은 서기인 경우가 많았고, 그들은 교사를 겸직하면서 보수는 현금과 현물로 각각 절반씩 받았다.[31]

제2차 대각성운동

거의 모든 마을에서 처음 세워진 건물이 교회이기는 했지만, 종교는 교회가 없어도 필요하다면 번창했다. 1790년대에 막을 올린 제2차 대각성운동은 본질적으로 프런티어에서 일어난 일로서, 순회 전도사들이 시작했다. 그들은 자주 대규모 야영 집회를 열었다. 1801년 켄터키 주 렉싱턴 근처 케인리지에서 최초로 개최되어 그 뒤 빈번하게 열린 야영 집회의 시초가 되었다. 집회 조직자는 메릴랜드 주 출신의 장로교도 바턴 스톤(1772~1844)이었다. 그는 야외에서 펼쳐진 종교적으로 열광하는 모습을 낱낱이 묘사했다. 설교자가 민중을 선동하며 열광적인 예배로 이끌었다. 스톤은 그들의 별난 행동을 몇 가지 "과정"으로 나눴다. 예를 들면 "실신의 과정"에서는 "당사자는 대개 찢어질 듯한 소리를 지르면서 마룻바닥이나 땅, 아니면 진흙 위로 통나무처럼 쓰러져서 마치 죽은 듯이 보인다." "경련과정"에서는 "그러다가 갑자기 몸을 흔든다. 표정을 알아볼 수 없을 정도로 머리를 빠르게 흔들기도 한다. 몸 전체를 앞뒤로 흔들 때는 이마와 뒤통수가 바닥에 닿을 것만 같다." 또한 "울부짖는 과정"이 있었다ー"몸, 특히 머리를 흔들다가 흥분하면 갑자기 으르렁거리거나 짖어댄다." 이 밖에

"웃는 과정"("한껏 큰 소리로 웃는데 …… 다른 사람들의 웃음을 유도하지는 않는다."), "뛰는 과정"("겉보기에는 공포에 질린 듯이 내달린다."), "춤추는 과정"("춤추는 사람들에게는 천국에 온 것 같은 느낌을 받게 한다."), 입이 아닌 온몸으로 소리를 내지르는 "노래하는 과정"("입이나 코가 아닌 가슴 전체를 이용하여 노래를 부르는데, 그 소리가 다른 모든 것을 침묵하게 한다.") 등이 있었다.[32]

이런 기묘한 행동은 우리로서는 웃음밖에 안 나오지만, 실제로 200년 동안 신앙부흥운동의 한 유형을 만들었기 때문에 1990년대의 "토론토 블레싱" 집회에서 거의 똑같은 동작들이 연출되었다. 케인리지와 그 밖의 야영 집회에 참석하러 온 변경 지대 남녀들은 이러한 종교적 황홀경에 빠지는 것에 대해 어느 정도 핑계거리가 있었다. 어쨌든 달리 오락이라고 할 것이 전혀 없었기 때문이다. 그들에게 종교는 삶에 의미를 부여해주는 것일 뿐 아니라 고난 속의 위안이자 날마다 이어지는 가혹한 노동에서 유일한 구원이었다.[33]

뉴헤이븐의 장로교도 라이먼 비처(1775~1863)는 서부로 가서 신시내티 신학교의 교장이 된 인물이다—13명의 자녀를 낳은 것은 그의 업적 중 하나이다. 『톰 아저씨의 오두막집(Uncle Tom's Cabin)』의 작가 해리엇 비처 스토는 그중 한 명이었다. 그는 빠르게 발전하는 미국이라는 나라를 만들기 위해서는 신앙부흥 정신이 무엇보다 필요하다고 생각했다. 이 나라는 토지와 그 밖의 것에 대해서도 자유 시장을 기본으로 채택했기 때문에 필연적으로 물질적인 개인주의 풍조가 강했다. 이러한 사람들을 정신적으로 성숙시켜 공동체 의식을 지니게 할 수 있는 것은—맹렬하게 전진하는 사람들에게 문화적 혜택을 제공하는 것은—강렬하고 견고한 종교적 신념과 실천이었다. 그는 종교와 정치와 문화는 분리할 수 없으며, "이 나라의 종교적·정치적 운명은 명백하게 서부에 달렸다"라고 주장했다. 오늘날 "근본주의"라고 부르는 이 종교부흥운동은 당시 각지에 흩어져 있던 변경 지대의 사람들이 서로 연락하거나 모이기 위한 유일한 방법이었다. 순회 설교사가 찾아오면 모든 교회가 은혜를 입었다. 하지만 더 오래된 교회, 특히 영국국교회는 야영 집회를 "거기는 구원받은 사람보다 태어난 어린이가 더 많다"라며 조롱했다. 이것은 그들이 그 복음주의라는 새로운 흐름에 적응할 수 없었기 때문이었다. 신앙부흥운동에서 가장 큰 은혜를 받은 곳은 제약이 적었던 감리교였다. 그들은 강한 열정을 가지고 이주해 온 일반 신자들에게 가르침을 불어넣었다. 그리하여 1844년에는 합중국에서 최대 교파가 되었다.[34] 다음에 등장한 것은 로드아일랜드와 그곳의 위대한 신학교에서 퍼진 침례교였다. 이 신학교는 훗날(1764) 브라운 대학교가 되었다. 칼뱅주의 대부분이 그러하듯이 침례교는 몇 차례나 분열하여 분리주의자와 원시침례교 같은 분파를 탄생시켰는데, 남부와 서부에서 크게 성공했다. 1850년에는 모든 주에 침투하여 대부분의 주에 신학대학을 설립했다.[35]

신앙부흥운동은 기존 교파를 활성화했을 뿐 아니라 새로운 교파를 낳기도 했다. 예를 들면 윌리엄 밀러(1782~1849)라는 침례교의 한 인물은 제2차 대각성운동에 영감을 받아 혼자서 2년 동안 『성서』를 연구했다. 1818년에는 "현재의 모든 것들"은 4반세기 뒤인 1844년 신의 뜻에 따라 종말을 맞는다고 선언했다. 그는 수천 명의 신자들을 모았으며,『천년기의 하프(The Millennial Harp)』라는 찬송가집을 만들고, "엄청난 실망" 뒤에도 계속 살았다. 종말이 온다던 그해에는 아무런 일도 일어나지 않았고 심지어 창시자도 죽지 않았다. 1855년 그들은 배틀크리크에 모여 살면서 6년 뒤에는 제7일안식일예수재림교라고 칭했다. 그리고 마침내 전 세계 200만 신자들과 함께 아침 식사용 시리얼을 기본으로 하는 채식주의 왕국의 중심이 되었다. 이 왕국을 처음으로 만든 인물은 배틀크리크 대학교 총장이

제 3 장 ― 언제나 평범하게 행복하기를 ●

며 초기 현대 영양학자 가운데 한 사람인 존 H. 켈로그(1852~1943)였다.³⁶ 재림교가 전 세계에 시리얼을 보급한 방법은 제2차 대각성운동으로 생겨난 교파가 지닌 창조적인(또는 매우 상업적인) 정신을 잘 보여준다. 굳센 신앙심이 일반 사람들의 삶 속에서 핵이 되어 행동의 원동력으로 작용하면 배포 큰 개척가나 기업가, 발명가를 낳는 듯했다. 켈로그에게 영향을 준 엘런 G. 하먼(1827~1915)은 10대 무렵 종교적 환각 상태에 빠졌을 때 성스러운 아침 식사에 생각이 미쳤다. 콘플레이크만큼 미국적인 식사는 없었다. 영양가도 높고 필그림 파더스의 생명을 구해준 인디언의 곡물이라는 도덕적인 의미도 갖추었다.

또 다른 매우 평범한 한 젊은이의 예를 들어보자. 버몬트 주의 가난한 농가에서 태어나 뉴욕 주 북부의 팔마이러에서 제2차 대각성운동에 정신적 영향을 받은 조지프 스미스(1805~1844)가 있었다. 1827년 그곳에서 모로나이라는 천사가 그에게 일련의 황금 명판들이 숨겨진 장소를 알려줬다. 우림과 둠민이라고 불리는 마법 안경의 도움을 받아 명판에 새겨진 신비한 내용을 그대로 번역 구술하고 그것을 다른 사람이 받아 적게 했다. 이렇게 해서 1830년 500쪽에 이르는 『모르몬경(Book of Mormon)』이라는 경전이 출간되었다(이때 이미 모로나이는 원래의 황금 명판을 어딘가로 옮겼다). 『모르몬경』에는 바벨탑에서 평저선을 타고 대서양을 건너 미국으로 건너온, 콜럼버스가 오기 훨씬 전부터 미국에 살던 사람들의 역사가 적혀 있었다. 모르몬과 그의 아들 모로나이만이 살아남아 384년에 명판을 묻었다고 했다. 경전의 말이 『킹제임스성서(흠정영역성서)』에서 취한 것이 확실했지만, 용기와 끈질긴 강인함으로 시련을 이겨낸다는 이야기는 초기 개척자들이 처한 시대 상황과 들어맞아 이 교파는 몇 천 명의 사람들을 끌어모았다. 스미스는 1844년 일리노이에서 한 폭도에게 죽었다. 하지만 같은 버몬트 출신으로 굳은 결의(와 욕구), 대단한 조직력을 지닌 후계자 브리검 영 (1801~1877)은 『성서』에서 말하는 "남은 자"를 이끌고 대평원과 산악 지대를 넘어 역사적인 대이동을 감행하여, 1843년부터 그 이듬해 사이에 솔트레이크시티에 도착했다. 영은 이곳에서 실질적으로 유타 준주를 만들고 1850년 워싱턴 정부로부터 지사 임명을 받았다. 1852년에 일부다처제를 선언하고 27명의 여자와 결혼해 56명의 아이를 낳았기 때문에 제임스 뷰캐넌 대통령으로부터 해임당했다. 일부다처제(결국 1890년에 폐지됨)가 문제가 되어 유타의 주 승격은 1896년까지 늦춰졌는데, 영과 그 추종 세력은 쇠하지 않았다. 19세기 성인이 창시한 이 교파는 300만 명의 신도를 거느린 세계적인 종교 제국이 되었다. 그리고 유타 주 사람들은 합중국에서 특히 부유하고 교육 수준이 높아 준법정신이 투철했다. 복음을 퍼뜨리는 종교가 창조적인 국가 형성에 이만큼 잘 공헌한 예는 없었다.[37]

제2차 대각성운동에서 생겨난 종교 가운데는 기이한 것도 있었다. 열광적인 미국인들은 야영 집회에 참여하거나 순회 설교사와 만나 마음이 동요된 나머지 침례교나 감리교가 지나치게 엄숙해서 성에 차지 않으면, 좀 더 강렬한 종교를 몇 가지든 선택할 수 있었다. 18세기 철학자 에마누엘 스베덴보리가 쓴 38권의 대작은 『성서』에 신비주의를 담아 재해석한 것으로 미국의 신흥 종교가에게는 지식의 원천이었다. 그들은 수십 년 동안에 걸쳐 열심히 이 책을 연구했다. 최면술과 동종요법은 유럽에서 건너왔는데 미국인은 이것을 적극 받아들여 로코코 스타일로 더덕더덕 장식했다.

심령주의는 미국에서 생겨났다. 제2차 대각성운동에 "감동한" 감리교 신자 농부인 존 D. 폭스는 1847년 뉴욕 주 하이즈빌의 찰스 애덤스 저택으로 이사를 갔다. 그 집에서 그의 두 딸이 "여기, 악마여. 내가 하는 대로 해주세요"라고 명령하며 노크 소리를 내는 강신술사와 교신했다. 2세기 전이었다면 1690년대의 세일럼 사건에서 보듯이 소녀들의 이런 기이한 행동은 마녀사냥의 대상이 되었을지 모른다. 19세기 전반의 미국에서는 이상한 일이 크게 화제를 일으키고 이미 미디어도 발달했기 때문에, 이 두 소녀는 서커스 흥행주 P. T. 바넘(1810~1891)과 「뉴욕 트리뷴」의 뛰어난 편집자 호러스 그릴리(1811~1872)와 계약을 맺었다. 이렇게 해서 심령주의가 출현해 진보적 성향을 가진 사람들의 흥미를 강하게 끌었던 것으로 보인다. 유토피아 공동체 창설자의 아들인 로버트 오언도 그중 한 사람으로 1861년에 백악관에서 관련 기사를 읽었는데, 그것은 마침내 에이브러햄 링컨의 기억에 남을 만큼 주목을 끌었다. "아무튼, 그런 일을 좋아하는 사람들에게 그것은 진정으로 그들이 좋아할 만한 일이라고 생각해야만 한다."[38] 그렇지만 링컨의 이 말은 링컨 부인이 대통령 암살 직후 심령주의에 흥미를 가지는 것을 막지 못했다. 이 세상에 없는 사랑하는 사람과 교신할 수 있기에 미망인들은 당연히 여기에 빠져들었다. 1870년 신자 수는 1,100만 명에 이르렀고, 미국뿐 아니라 유럽 전체에 퍼져나가 빅토르 위고나 윌리엄 제임스 같은 유명한 지식인도 끌어들였다.[39]

신흥 종교

1810년대와 1820년대의 열정 속에서 생겨난 이러한 새로운 종교 대부분은 심령주의처럼 죽음의 문제만이 아니라 좀 더 일상적인 고통의 문제도 다뤘다. 해결하지 못할 문제는 없다는, 참으로 미국다운 확고한 신념이 이미 싹트기 시작했다. 19세기 중반에는 신앙요법이 유행했다. 메리 베이커 에디(1821~1910)는 젊었을 때 중병을 앓아 의사 직을 포기했는데 P. P. 퀸비라는 최면술사 덕분에 건강을 되찾았다고 믿었다. 이 체험에서 마음만이 진실하고 그 밖의 것은 환상에 불과하다는 생각에 근거하여 독자적인 치료 방법을 고안해냈다. 유능한 사업가인 에디 씨와 3번째 결혼을 한 뒤에는 건전한 상업주의를 내걸고 나름대로의 신조를 발전시켰다. 1879년에는 보스턴에 기독교과학자제일교회를 열었다. 다음으로 1881년에는 메타피지컬 대학교를 세우고, 또한 훗날 미국의 메이저 신문 가운데 하나로 발전하는 「크리스천 사이언스 모니터」를 창간했다. 이 신문은 계속 성장하여 48개국에서 3,200개의 지국을 거느리기에 이르렀다.[40] 이것 또한 새로운 미국적 현상을 보여주는 경이로운 한 가지 예라고 할 수 있었다─ 대부분이 기이하고 (경우에 따라서는) 믿기 어려운 내용들이 많았지만, 종교적 신념이 문화와 교육 관련 내용으로 가득한 창조적인 운동을 대대적으로 펼쳤다.

아무리 괴상한 교파라도 학교, 그리고 교사와 복음 전도사를 위한 수련학교, 심지어 대학교까지 설립했다. 미국의 뛰어난 고등교육기관 가운데는 제2차 대각성운동에 기원을 둔 곳이 몇 군데 있었다. 오하이오 주 오버린 대학교를 창설한 인물은 대각성운동을 추진했던 저명한 신학자 찰스 그랜디슨 피니(1792~1875)였다. 1770년대에 미국에 온 유니테리언파도 대각성운동의 영향을 받아 보스턴에 킹스 칼리지 예배당을 건설했다. 1825년에는 미국 유니테리언파 협회가 만들어져 빠르게 미국 전체로 퍼져나갔다. 신학에 대한 합리주의적이며 교리에 치우치지 않는 자세와 절제된 의식 때문에 특히 지식인과 과학자에게 호감을 샀다. 그중에서 낭만적이며 유토피아적인 것을 추구하는 성향의 사람들은 높은 이상과 소박한 생활을 내건 건전한 사회 건설에 노력했다.

칼뱅주의에서 이 교파로 전향한 랠프 윌도 에머슨(1803~1882)은 1840년 영국의 현자 토머스 칼라일에게 다음과 같은 편지를 보냈다. "이곳에서는 어느 누구나 열정적인 사람들로 보입니다. 글을 읽을 수 있는 사람들 가운데 양복 조끼 주머니에 새로운 공동체에 관한 계획서가 들어 있지 않은 사람이 없을 만큼 사회 계획 프로젝트가 회자되고 있습니다."[41] 에머슨 자신도 그런 시도 가운데 하나인 웨스트록스베리의 브룩팜(19세기에 만들어진 일종의 사회주의적인 공동 생활체-옮긴이)과 관계를 맺었다. 이곳은 보스턴 출신의 유니테리언파 목사인 조지 리플리가 세웠다. 이 공동체의 농업위원회에는 소설가 너새니얼 호손(1804~1864)이 참가했으며, 인쇄기와 도예용 가마, 가구 제작 공방 등이 갖춰져 있었다. 말할 필요도 없이 이 시도는 실패로 끝났는데, 칼라일은 이것을 두고 리플리를 "양파를 키워서 세계를 개혁하고자 설교단을 떠난 소시니언파(래리우스 소시너스에 의해 시작된 사상-옮긴이)의 목사"[42]라고 통렬하게 비판했다.

"말할 필요도 없이"라고 했지만, 실제로는 종교에 뿌리를 둔 유토피아적인 공동체, 특히 독일인의 그것은 상업이나 농업으로 성공을 거둔 경우가 많았고, 오늘날까지 도덕적 고결함, 정연한 사회, 질서 잡힌 자본주의의 모범 사례로 남아 있다. 그중에는 종교에서 완전히 떨어져 나가 공동체를 영리화한 그룹도 있었다. 조지 랩(1757~1847)을 중심으로 한 독일인 목사 그룹은 바로 제2차 대각성운동이 시작된 1804년에 펜실베이니아 주 하모니에 공동체를 만들었다. 그들은 무엇보다 비밀 고해성사를 실천했으며, 농업과 상업에서 크게 성공했다. 하지만 결혼과 출산을 엄격하게 금지했기 때문에 결국엔 소멸되었다. 이것과는 전혀 다른 성 스펙트럼의 첨단에 선 것이 존 험프리 노이스(1811~1886)가 뉴욕 주 서부에 만든 오나이더 공동체였다. 원래는 사회주의적인 공동체로 설립된 까닭에 자유연애, 즉 이른바 "이중 결혼"을 실천하며(출산은 다른 "성적인 거래"와는 별개로 취급하여 공동체 전체의 의사로 결정했다), 태어난 어린이들은 키부츠와 같은 방식으로 양육되었다. 강철 덫 제조로 공동체는 부유해졌으나 마침내 신앙심은 사라지고 회사만 번영했다.[43]

　이러한 교파 가운데는 기원이 매우 오래된 것도 있었는데, 그런 교단이 유독 자유로운 분위기와 방대한 면적을 자랑하는 미국이라는 나라에서만 번창했다는 사실은 흥미롭다. 14세기에 의식의 한 형태로 몸을 흔드는 춤이 발달했다(아마도 빙글빙글 원처럼 도는 데르비시라고 불리는 이슬람 신비주의 교단에서 파생하여 십자군을 거쳐 전해졌다고 추측된다). 16세기 프랑스 프로테스탄트인 위그노가 이 중세 교파와 춤을 받아들였는데, 루이 14세에게 추방되어 영국으로 건너갔고, 퀘이커교도와 관계를 맺으며 몸을 흔드는 퀘이커교가 되었다. 마침내는 맨체스터의 대장간 딸로 예지 능력을 가진 "어머니" 앤 리(1736~1784)에 의해 미국에 전해졌다.

　당시의 퀘이커교도는 제2차 대각성운동의 유행에 편승해 수많은 유토피아적인 공동체를 만들어 크게 성공했다. 남녀를 따로 떼어놓아 각각 다른 곳에서 생활하도록 한 것이 특징이었다. 또한 영성 수련회를 열고 환영과 공중부양, 정체 모를 목소리를 체험하는 놀라운 일이 일어났다. 이 교파의 열광적인 집단 댄스는 위그노 "카미사르"(프랑스 세벤 산맥에 살던 프로테스탄트-옮긴이)에게서 간접적인 영향을 받았다. 미니멀리즘(소수의 단순한 요소로 최대의 효과를 추구하는 사상-옮긴이) 통치체제라는 미국적인 원칙을 최종 결론으로 받아들였는데, 이것은 퀘이커교단의 특징이었다. 1,100개 또는 그 이상에 이르는 그들의 공동체는 세금도 없었고, 경찰과 변호사, 재판관, 구호소, 형무소 등에 예산을 낭비할 필요도 없어서 모두가 만족하면서 행복하게 살았다. 자신들에게 질병을 치유하는 "특별한 능력"이 있다고 믿었기 때문에 병원마저 설치하지 않았다-퀘이커교도가 소멸한 이유를 설명해주는 증거였다[44](앤 "어머니"라고 불린 창시자 리는 스스로를 "그리스도의 여성 원리"라고 믿었고 예수는 "남성 원리"라고 믿었다. 그리고 여성이 권력을 장악함에 따라 재림이 온다고 설교했다. 이 교파의 완전한 명칭은 "그리스도 재림을 믿는 이들의 연합회[천년교회]"로 페미니스트 시대가 되면 그리스도가 부활한다고 한다).

6개 정도의 "거대한" 미국 프로테스탄트 교파에 더해, 독특한 성격을 표방한 이러한 교파들과 그 밖의 교파의 존재는 19세기에는 감히 논의의 대상조차 되지 못했다. 하지만 종교의 자유를 허락한 미국의 원칙을 인정하더라도 이들 종교가 과연 새로운 공화주의 사회에 적절한지에 대해서는 매우 강한 의문이 제기되었다. 대단히 흥미롭게도 늘 앞날을 내다볼 줄 알았던 벤저민 프랭클린은 일찍이 1749년에 펜실베이니아에서 『젊은이 교육과 관련한 제안(Proposal Relating to the Education of Youth)』이라는 책을 출간하고 이 문제에 관심을 보였다. 그는 종교를 학교나 대학의 주요 과목으로 다루면서 인성 교육과 연결하는 것이 해결책이 될 것이라고 제시했다. 조녀선 에드워즈도 프린스턴 대학교 총장으로 있을 때 같은 제안을 내놓았다.

미국 교육계에서 가장 위대한 인물인 호러스 맨(1796~1859)이 매사추세츠 주에서 공립학교 제도를 도입하면서 이 생각을 실제로 채택했다. 맨은 브라운 대학교를 졸업한 뒤에 유니테리언파가 되었고, 1817년부터는 새로운 매사추세츠 교육위원회 법무관에 임명되었다. 그리고 1839년 렉싱턴에 합중국 최초의 "시범" 학교를 설립했다. 이것을 시작으로 주의 초등과 중등 교육제도를 모두 재편했다. 학기를 연장하여 한층 과학적이며 "근대적인" 교수법을 실천하고 교사 급료를 올려 우수한 인재를 모았다. 또한 정돈되고 청결하며 난방을 잘 갖춘 교실을 마련했다. 그 밖에도 최고의 공교육제도를 달성하기 위한 요소들을 적극 도입했다. 매사추세츠 제도는 다른 주들의 모범 사례가 되었다. 맨은 의원직에 있던 1848년부터 1853년까지 홍보 활동과 법률 개정 작업을 통해 운동을 활발하게 벌였고, 미국의 모든 어린이들이 국가 예산으로 적정한 교육을 받을 권리를 보장했다.[45] 이리하여 주정부는 대부분의 초등, 중등학교를 흡수했고 새롭게 찾아온 다양한 몇 백만 명에 이르는 사람들의 교육에 관해 경제적 책임을 부담했다.(고등전문학교는 여기에 포함되지 않았다. 1819년 대법원장 마셜은 대니얼 웹스터[1782~1852]의 설득력 있는 웅변을 받아들여 뉴햄프셔 의회가 다트머스 대학교 운영에 간섭할 권리를 각하했다. 그 뒤 곧 미국의 모든 사립대학교의 자유가 확립되었다.).

이는 미국의 공립학교들이 처음부터 헌법에 따라 어떠한 교파에도 소속되지 않았다는 사실을 의미했다. 그렇지만 종교적으로 치우치지 않은 점은 확실했으나 신앙심과 무관했던 것은 아니었다. 보편화된 종교와 교육은 서로 떼어놓을 수 없다는 점에서 호러스 맨의 생각은 프랭클린을 비롯한 다른 건국의 아버지들과 같았다. 공립학교에서 실시하는 종교 교육은 "신의 법에 따라 정해지고 주정부에 의해 보증된 양심의 권리를 침해당하지 않는 범위에서 최대한 실시되어야 한다"라고 맨은 생각했다. 학교에서는 특정 교파의 교리보다는 오히려 『성서』나 십계명, 버니언의 『천로역정(Pilgrim's Progress)』 같은 유익한 책에 근거한, 모든 사람이 공유하는 최소한의 프로테스탄티즘을 가르쳐야 했다. 맨이 매사추세츠 주에 제출한 최종 보고서에서 밝혔듯이 "합중국의 공립학교들이 신학교가 아니라는 사실은 분명하다. …… 하지만 우리는 기독교 윤리를 모두 진지하게 가르치고 있다. 종교라는 토대 위에서 도덕을 세우고 있으며, 『성서』의 종교를 환영하고 있다. 다른 제도에서는 불가능한 일이 이 제도에서는 할 수 있도록, '스스로 말하도록' 허용된다."[46] 이리하여 미국 교육제도는 학교가 학생들에게 기독교인으로서 "인성 함양"의 기회를 제공하면, 가정에서 부모는 이 토대 위에 자신들이 속한 교파의 가르침을 추가하는(또는 전혀 하지 않는) 형태로 구성되었다.

물론 일부 종교 지도자는 이런 정책에 반대했다. 영국국교회를 대표하는 F. A. 뉴턴 목사는 "정당과 교파의 의견을 고려하지 않은 채 출판되는 정치, 도덕, 종교 서적들은 사람들로 하여금 교파 간의 편견보다 더 유감스러운 의심과 회의주의만 심어줄 뿐이다"라고 주장했다. 교리 신학에 관해서는 이 논리에 일리가 있을지 모르나, 논리 신학의 관점에서는 맨의 정책은 양심적으로 시행되기만 하면 효과가 매우 컸다. 감독교회 신자나 그밖의 다른 프로테스탄트 대부분이 가능한 한 맨이 제창한 도덕적 인성 함양을 기꺼이 받아들였다. 뉴턴이 주장한 반대론은 동조하는 사람이 적어 무시되었다. 더 중요한 문제는 가톨릭교도와 유대인을 비롯한 수백만 명의 비기독교인들이 이 제도를 어떻게 받아들이느냐는 것이었다.

메릴랜드 주가 생겨난 뒤(1632) 미국에도 가톨릭이 존재하게 되었다. 1790년에는 존 캐럴(1735~1815) 신부가 볼티모어 주교로 임명되어 당시 합중국의 가톨릭 신자 4만 명을 이끄는 지도자 자리에 올랐다. 이듬해 그는 미국 최초의 가톨릭계 대학인 조지타운 칼리지를 설립했다. 우세를 자랑하던 프로테스탄트에 가톨릭이 위협적인 존재가 되기 시작한 것은 남부 아일랜드와 유럽 대륙의 가톨릭교도가 대거 이주하고서부터였다. 남부에서조차-1820년 찰스턴, 1829년 모빌, 1837년 내처스, 1843년 리틀록, 1847년 갤버스턴-새로운 교구가 만들어진 것이 가톨릭 확산을 대변했다. 더욱이 보스턴과 뉴욕에서는 아일랜드인 중심의 커뮤니티가 늘어나 무시할 수 없는 존재로 떠올랐다.[47]

새로 이주해 온 가톨릭교도는 독자적인 풍습을 가졌는데, 형식적으로는 전혀 그렇지 않았으나 적어도 정신적으로는 모르몬교의 일부다처제만큼이나 미국의 종래 도덕관에 위배되었다. 그런 것들 가운데 하나가 수도원의 존재로, 세일럼의 마녀재판과 비슷한 독기에 가득 찬 프로테스탄트의 다양한 공포문학을 만들어냈다. 1834년 "프로테스탄트의 수호자"라는 단체가 조직되었다. 이 단체는 가톨릭의 "횡포"를 폭로하는 것이 목적이었는데, 특히 수녀원을 목표로 삼았다. 1835년에는 보스턴에서 『어느 수녀원에서 보낸 6개월(Six Months in a Convent)』이라는 책이, 1836년에는 악명 높은 『몬트리올의 호텔 디외 수녀원에 관한 마리아 몽크의 무서운 폭로(Maria Monk's Awful Disclosures of the Hotel Dieu in Montreal)』라는 책이 각각 출간되었다. 후자는 뉴욕의 반가톨릭 집단에 의해 집필, 출간된 것으로 그들은 계속해서 『폭로 제2편(Further Disclosures)』과 『몬트리올의 호텔 디외 수녀원의 또 다른 수녀 프랜시스 패트릭의 탈출(The Escape of Sister Frances Patrick, Another nun from the Hotel Dieu nunnery in Montreal)』이라는 책을 발표했다.

유럽 대륙의 반교권주의자가 수도사나 수녀를 소재로 쓴 문학과는 달리 이들 이야기의 형식은 16세기 라블레와 상통했다. 마리아 몽크의 이야기는 포르노 소설이라고는 단언할 수 없지만 상당 부분은 내용이 외설스러웠다(마리아 몽크는 가공의 인물이 아니었다. 사창가에서 절도를 저지르다 체포당해 1849년에 감옥에서 죽었다). 이 책은 1860년까지 30만 부나 팔려나갔으며 오늘날에도 미국만이 아니라 많은 나라에서 출간되고 있다.[48] 프로테스탄트의 가톨릭에 대한 적대감은 싸구려 페이퍼백 이야기에 국한된 것이 아니었다. 마리아 몽크의 책이 아직 세상에 나오지 않았던 1834년에 우르술라회의 수녀원이 보스턴의 한 폭도에 의해 불탔는데 방화 용의자는 무죄로 풀려났다. 프로테스탄트 배심원들은 가톨릭 수녀원 지하에는 사생아들을 죽여 매장하는 토굴이 있다는 소문을 믿었던 것 같았다.

가톨릭과 유대교

1630년대에 가톨릭이 찰스 1세와 연합하자 프로테스탄트는 가톨릭교
도들이 정치적으로나 군사적으로 음모를 꾸미지 않을까 두려워했다. 1770
년대에 접어들자 이 음모론은 이번에는 조지 3세와 관련되며 나타났다.
1830년대에 많은 점에서 분별력과 이성을 겸비한 라이만 비처는 『서구를
위한 탄원(Plea for the West)』에서 오스트리아 황제가 교황과 결탁하여 미
시시피 강 유역 전체를 차지하려 한다는 음모를 자세하게 폭로했다. 특히
열성적인 프로테스탄트가 아니었던 새뮤얼 모스는 로마를 방문했을 때,
교황이 자기 앞을 지나가는 순간 모자 벗는 것을 잊는 바람에 교황 경호원
으로부터 강제로 모자가 벗겨졌다. 이에 분개한 그는 유럽의 반동적인 왕
이나 황제가 가톨릭교도를 미국에 보내 미국을 빼앗으려 한다고 주장하며
비처의 주장에 신빙성을 더했다.

가난한 가톨릭교도 출신의 이민들이 쏟아져 들어와 저임금 노동에 몰
리는 상황이 빚어져 노동쟁의가 여기저기서 일어났다. 1849년에는 서약
으로 뭉친 비밀결사인 성조기단이 설립되어 뉴욕과 그 밖의 도시에서 번
창했다. 이 조직은 정치에도 관여하여, 표를 의식해 가톨릭에 지지를 보내
는 민주당에 반대했다. 또한 회원이 그 활동 내용에 대해 질문받을 때는
"나는 아무것도 모릅니다"라고 대답하라는 지침을 하달했다. 이 "노나싱
당(Know Nothing Party)"은 1850년대 초 비록 짧지만 놀라운 발전을 보였
다. 특히 1852년에는 뉴햄프셔에서 텍사스까지 지방 선거와 주 선거에서

승리했다. 1856년에는 전임 대통령인 밀러드 필모어를 전국 후보로 내세웠으나 노예제도를 찬성하는 남부 지도자를 옹립했기 때문에 소멸의 운명을 맞았다.[49]

이런 이유로 가톨릭은 수세에 몰리지 않을 수 없었다. 그리고 어쨌든 그들 가운데는 호러스 맨이 주장하는 교육 체제를 받아들이지 않는 사람도 있었다. 당시 가톨릭으로 개종한 능력 있는 오레스티스 브라운슨(1803~1876)은 국가가 국민에게 도덕 교육을 실시할 의무는 없으며, 최소한의 공통점에 바탕을 둔 도덕 교육을 계속한다면 평범하고 재미없는 이야기만 범람할 뿐이라고 말했다. 미국에 필요한 것은 오직『성서』의 종교로부터 나오는 격려와 도덕적 판단, 그리고 교파 간의 종교 논쟁에서 오는 자극이라고 주장했다.[50] 하지만 미국 가톨릭교도 대부분은 그때나 그 뒤로나 미국 사회의 일원으로 동료 미국인들로부터 받아들여지기를 간절히 원했다. 그리고 미국이 모든 부문에서 그러하듯이 종교에서도 자유 경쟁 사회라는 사실을 적극적으로 수용했다. 1830년대부터 열심히 경쟁에 참여하여 가장 큰 교회와 학교, 대학교를 만들었고, 가장 많은 신자들을 포용해 가장 많은 개종자를 획득했다. 또한 가톨릭이 다른 교파 이상으로 뛰어난 미국 시민임을 보여주려고 노력했다.[51]

유대인은 가톨릭만큼 적극적으로 개종 권유를 하지 않고 다른 방법으로 경쟁했다. 또한 자신들이 미국인답다는 점을 부각시키려고 결코 가톨릭에 뒤지지 않게 노력했다. 1654년 프랑스의 사나포선인 생카트린 호가 브라질 레시페에서 네덜란드 식민지인 뉴암스테르담으로 23명의 유대인 난민을 데려갔다. 페터 스타이버선트 총독은 부의 신 "맘몬"을 숭배하는 "가공할 종교"를 믿는 "기만적인 종족"을 이주시키려 한다고 서인도회사에 항의했다. 유대인에게는 시민권이 전혀 주어지지 않고 유대교 회당인 시나고그의 건설도 금지되었다. 하지만 1664년 뉴암스테르담이 영국으로 넘어가 뉴욕으로 불리게 되자, 영연방 정부의 은혜를 입어 훗날 찰스 2세에 의해 "평화롭고 조용한 생활에 안주하여 정해진 국왕의 법을 따르며 총독과 마찰을 빚지 않는다"라는 조건으로 영국 시민권을 정식으로 인정받았다.

종교의 자유를 강조한 초기의 규칙이나 선언 가운데는 이러한 자유에서 "기독교를 믿는 사람"만을 대상으로 한 것도 있었다. 하지만 실제로 미국에서 유대인이 직접 박해를 받은 적은 없었다. 뉴욕의 위대한 총독 에드먼드 앤드로스가 "종교와는 상관없이" 법을 준수하는 모든 주민을 평등하게 취급하겠다고 약속했을 때, 거기에는 유대인도 포함되었다. 영국 국내와 마찬가지로 유대인이라는 사실은 문제가 되지 않았다. 유대인은 그냥 와서 평등한 권리를 누렸다. 최초의 선거가 치러질 당시부터 투표에 참여했고 사무실도 차렸던 것으로 보인다.[52] 유대인은 델라웨어 강 유역을 시작으로 그 주위로 정착을 꾀했다. 뉴욕에 공동묘지를 만들려고 했을 때 문제가 발생했다. 하지만 1677년 로드아일랜드 뉴포트(훗날 롱펠로의 뛰어난 시 한 편의 소재가 되었다)에, 5년 뒤에는 뉴욕에 공동묘지가 만들어졌다. 1730년에는 셰아리트 이스라엘 신앙회가 첫 시나고그를 헌당했고, 또한 1763년에는 매우 훌륭한 시나고그가 뉴포트에 만들어져 오늘날에는 전국적인 회당으로 유명해졌다.

식민지 시대에서조차 미국에서 유대인의 입장은 유럽에 있을 때와 기본적으로 다르지 않았다. 유럽에서 유대교는 특수한 법적 지위를 가져서 법정이나 학교, 상점은 유대인 전용이 따로 있었다. 세금은 특별히 무거웠고, 대부분 게토에 거주했다. 종교를 차별하는 법률이 없는 미국에서는 종교적 수행과 같은 종교 내부 문제를 제외하고는 유대교가 독자적인 법제도를 가져야 할 이유가 없었다. 어떠한 교파든 평등한 권리를 가졌기 때문에 자신들만을 위한 공동체를 만들 특별한 사정 또한 없었다. 누구나 사회 일원이 될 수 있었다. 미국 유대인은 처음 출발할 때부터 다른 기독교 교회와 마찬가지로 조합 교회적 연계만 가질 뿐 일반 사회적 연계는 없었다. 시나고그는 유럽에서는 모든 것을 포괄하는 유대인 공동체의 유일 기관이었는데, 미국에서는 유대인 생활을 통괄하는 하나의 장소에 지나지 않았다.

미국 유대인은 유럽처럼 "유대인 사회"를 형성하지 않고 각각 특정 시나고그에 소속되는 형태를 취했다. 세파르디(에스파냐계와 포르투갈계 유대인-옮긴이)와 아슈케나지의 구별은 있었다. 후자는 독일계, 영국계, 폴란드계, 네덜란드계 유대인으로 각각 의례 면에서 약간 차이가 있었다. 프로테스탄트의 그룹들 또한 마찬가지 방식으로 나뉘었다. 따라서 프로테스탄트가 각각 "자신의" 교회에 가듯이 유대인도 "자신의" 시나고그에 다녔다. 바꿔 말하면 유대인이나 프로테스탄트나 보통 시민에 지나지 않아 제각각 살기 편한 곳을 택했다. 이렇게 해서 미국 유대인은 어떤 형태가 되었건 자신의 종교를 버리지 않고 처음으로 통합의 경험을 맛보았다. 이것은 필연적으로 유대인이 일반 도덕이라는 공통 이해의 바탕 아래에서 생활하는 것을 의미했다. 공통 이해란, 종교 교육은 "인격 훈련"이며 공화국의 일원으로서 훌륭한 성인이 되기 위해 필요하다는 인식이었다.[53]

미국의 공화주의 윤리 정신에 관해 로마가톨릭교도나 유대교도가 가까스로 합의에 도달할 수 있었다 하더라도 그 합의가 완전히 깨질 한 가지 사실이 있었다. 바로 노예제도였다. 성 바울이 왜 이 문제와 직접 맞부딪히지 않았는지 알 수 있다. 일단 노예제도가 정착하면, 종교적 지침은 노예제도를 현실적 요구에 부합하도록 했고 거기에 반대하는 것은 허락하지 않았다. 한편 유대교와 기독교는 전통적으로 노예제도를 반대했기 때문에 유럽에서는 중세 초기에 서서히 노예제도가 사라졌다. 미국에서는 노예제도에 관한 도덕적이고 정치적인 딜레마가 시작 단계부터 존재했다. 그것은 불행하게도 1619년이라는 같은 해에 노예제도와 대의제 정부가 동시에 출범했기 때문이었다. 하지만 미국의 정의되지 않은 국교라고 해도 좋을 기독교 윤리와 민주주의가 동일시됨에 따라 노예제도는 신에 대한 모독인 동시에 국가에 대한 모독으로 간주되어 그 딜레마는 불가피하게 더욱 극심해졌다. 미국의 종교적 충동과 노예제도는 결국 양립할 수 없었다. 이렇게 해서 거대한 종교적 열정과 함께 시작된 제2차 대각성운동은 미국 노예제도의 종말을 예고하는 종소리처럼 울려 퍼졌다. 제1차 대각성운동이 영국 식민지의 종말을 예고했던 것처럼.

노예제도를 부추긴 조면기

한 가지 문제만 없었더라면 미국의 노예제도는 19세기 초반에 종교의 힘으로 어려움 없이 폐지되었을 것이다. 그 문제는 바로 면화였다. 노예 소유가 막강한 정치권력과 손잡고, 결국에는 남북전쟁을 피할 수 없었던 것은 면화라는 짧은 두 음절짜리 단어가 원인이었다. 인류와 그 필수품이라는 관점에서 본다면 면화는 선 그 자체였다. 섭리의 신비는 이처럼 선악의 균형을 맞췄다. 18세기 말까지 인류는 언제나 세탁하기 힘든 불합리한 의류를 입은 까닭에 불결을 면할 수 없었다. 면화가 이 비참한 상황에서 탈출할 수 있는 계기를 마련해줬다. 추운 지방에서는 면을 속옷으로 입고, 더운 지방에서는 면으로 만든 옷 한 벌로 충분했다. 문제는 비싸다는 점이었는데, 면직물산업이 공업화하기까지는 1파운드의 면사를 만드는 데 12~14일이 필요했다. 하지만 실크라면 6일, 마라면 2~5일, 양모라면 1~2일이면 끝났다. 가장 인기를 끈 고급 면모슬린의 경우 제품 가격은 원료의 900배에 이르렀다.[54] 이것이 기계 발명에 박차를 가하게 만들었다.

영국에서 아크라이트 방적기와 하그리브스의 제니 방적기가 발명된 것은 1770년대의 일이므로, 1765년 영국에서 50만 파운드의 면화는 모두 일일이 손을 거쳐 실로 만들어졌다. 1784년에는 1,200만 파운드의 면화가 모두 기계를 거쳤다. 이듬해에는 볼턴앤드와트 사의 증기기관이 면방적기의 동력으로 사용됨에 따라 제1차 산업혁명의 기폭제 노릇을 했다. 1812년 면사 가격은 90퍼센트나 떨어졌다. 그 뒤 기계 혁신의 제2차 충격파가 찾아왔다. 1860년대 초 금 가치로 환산한 면직물 가격은 기계화가 시작된 1784년에 비해 1퍼센트를 밑돌았다. 세계적으로 수요가 있는 제품 가격이 이 정도로 급락한 것은 세계 역사상 유례가 없었다. 그 결과 전 세계 몇 억 명에 이르는 사람들이 청결하고 쾌적한 옷을 입을 수 있었다.[55]

하지만 거기에는 대가가 따랐는데 바로 흑인이 그것을 치러야 했다. 영국의 새로운 면직물산업은 면화를 탐욕스럽게 구했다. 면화 수요가 커짐에 따라 미국 남부는 1780년대에 수출용 면화를 재배했다. 미국산 면화가 처음으로 리버풀 항에 도착한 때는 1784년이었다. 그런데 조면기의 보급이 확대됨에 따라 세기가 바뀌는 시점에 갑자기 미국 수출품의 내용에 변화가 왔다. 조면기는 일라이 휘트니(1765~1825)의 발명품이었다. 휘트니는 이 시대에 흔히 나타났던 타고난 기계의 천재였다. 매사추세츠 주의 가난한 농가에서 태어나 원시적인 농경 기계를 매만지던 중 자신의 재능에 눈떴다. 그 뒤 기계공으로 일하면서 예일 대학교를 졸업했다. 1793년 휴가로 서배너의 멀버리그로브에 있는 너새니얼 그린 부인의 대농장에 갔을 때,

면화에서 섬유와 씨를 분리한다는 처리하기 어려워 보이는 문제에 마음을 빼앗겼다-원면 처리에 비용이 많이 드는 이유가 여기에 있었다.

고양이가 닭을 잡으려고 발톱으로 할퀴었으나 발톱에 닭털만 몇 개 남은 모습에서 휘트니는 조면기의 구상에 생각이 미쳤다. 그는 단단한 나무 원통에 철제 갈고리를 박고 씨를 제거하기 위한 철망을 붙인 다음 갈고리로 섬유를 훑어내면서 회전 브러시로 섬유를 분리하는 장치를 만들었다. 이 단순하면서도 멋진 발상의 가장 큰 장점은 기계를 제작하는 데 돈이 별로 들지 않고 조작 또한 간단하다는 것이었다. 농장에서 일하는 노예는 조면기를 사용하면 혼자서 하루에 50파운드의 면을 생산할 수 있었다. 조면기가 없으면 1파운드밖에 처리할 수 없었다. 휘트니는 1794년에 특허를 얻었으나 곧 도용당해 결국 손에 쥔 것은 고작 10달러뿐이었다. 역사적인 위대한 발명의 대가로는 너무나 초라했다. 1800년부터 1810년 무렵 합중국은 조면기에 힘입어 영국 수공업의 급증하는 수요에 맞춰 면화의 주요 공급국이 되었다.[56] 1810년 영국은 7,900만 파운드의 원면을 소비했는데 그 가운데 48퍼센트를 미국 남부에서 수입했다. 20년 뒤에는 수입 총량이 2억 4,800만 파운드에 육박하고 미국 남부에서 70퍼센트를 수입하기에 이르렀다. 1860년의 통계에서는 수입 총량은 10억 파운드가 넘었는데 그중 92퍼센트는 남부 농장에서 온 것이었다. 이 사이에 가격(리버풀 항구 인도 가격)은 1파운드당 45센트에서 28센트까지 떨어졌다.[57]

휘트니나 풀턴과 같은 위대한 인물이 두 사람이나 같은 시대에 출현한 것은 미국이 얼마나 인재가 풍부한 나라인가를 말해준다. 두 사람 가운데 누가 더 창조적이었는지는 매우 미묘해서 판단하기가 어렵다. 휘트니라면 대부분 조면기만을 떠올리는데 그것은 그의 천재성을 제대로 파악하지 못한 중대한 잘못이다. 사실 휘트니는 한 인간으로서 누구에게서도 찾아볼 수 없을 만큼 역사에 많은 영향을 끼친 매우 흥미로운 인물이었다. 그는 전형적인 완고한 청교도였고, 칼뱅주의의 노동 윤리를 본받아 일하는 것만을 삶의 보람으로 알고 평생 독신으로 은둔자처럼 살았다. 뉴헤이븐 밀록의 농가에서 검소하게 지냈으며, 그의 "공장"은 허술한 작업장 몇 개밖에 없는 가내공업이었다. 반면에 조수나 견습공은 많았다. 하지만 모두가 휘트니처럼 지쳐서 마룻바닥에서 잘 정도로 열심히 일하지는 않았다. 작업장에서 쫓겨난 사람도 있었고, 쫓아가 다시 데려온 사람도 있었다.

1798년에는 총기 공장을 만들었으나 언제나 자금난에 시달렸다. 조면기의 특허 갱신을 신청했으나 의회에서 거부되었기 때문에 1812년의 미영전쟁 때 매디슨 대통령에게 직접 자금 지원을 요청하는 수밖에 없었다. 당시 미국에서는 자금이 적절하게 돌아가지 않았다. 휘트니는 새로운 발명품만 고안한 것이 아니라 제조 과정 전체를 염두에 두었다. 고품질의 기계나 제품을 값싸게 생산하기 위해서는 예전에는 엄두도 못 내던 규모로 규격을 통일 표준화하여 그것에 의해 부품의 호환성을 높일 필요가 있다고 생각했다. 휘트니는 이것을 "아메리칸 시스템"이라고 이름 붙이고 자신의 총기 공장에서 그것을 처음으로 실현했다. 이 시스템을 도입할 때, 휘트니는 불굴의 의지로 일하며 영국이나 프랑스의 무기 담당 관리에게까지 설명했으나 무시당했다.[58] 그렇게 일하면 기술자의 개성이 없어진다는 것이 이유였다. 확실히 그런 면은 있었으나 미국에서는 노동 임금이 높고 기술자를 고용하는 것은 사치에 속했다. 휘트니는 미국 제조업에서 영국을 따라잡으려면 지금까지 기술자가 맡았던 일을 단순 작업으로 바꿀 필요가 있다고 생각했다. 계속해서 밀려드는 이주민에게 간단하게 훈련만 시키면 충분했다. 미국에서 3년만 직공으로 일하면 농지를 살 수 있었기 때문에 이민은 언제까지나 도시에 머물며 제조업에 종사하기보다는 농

제3장 — 언제나 평범하게 행복하기를

지를 구입해 독립하는 쪽을 선택했다. 이 때문에 공업 인구의 감소 경향이 두드러졌는데, 휘트니가 미래를 향한 길을 열었다.

그가 제안한 "아메리칸 시스템"은 미국 산업혁명의 초기 단계에서 빛을 발했다. 일찍이 1835년 영국의 정치가이자 자본가인 리처드 코브던은 미국을 방문한 길에 그 노동력 절감 시스템이 영국의 어떤 시스템보다 우수하다고 말했다. 1850년대가 되자 영국 전문가들은 합중국에서 본 광경에 놀라움을 금치 못했다-문, 가구, 그 밖의 나무 제품, 부츠, 구두, 쟁기, 예초기, 나무 나사, 줄, 못, 열쇠, 시계, 휴대용 무기, 너트, 볼트, 이 밖에도 종류가 셀 수 없을 만큼 많았는데, 그 모든 표준화된 생산품들이 기계에 의해 대량으로 생산되었다.[59] 이 공장들은 모두 노예 경계선보다 북쪽에 있었다. 따라서 휘트니의 조면기가 노예제도의 존속과 번영을 가져다주었다면, 그가 고안한 "아메리칸 시스템" 또한 북부에 노예제도 옹호자들을 물리칠 공업력을 가져다주었다고 말해도 좋을 것이다.[60]

남부와 노예제도

휘트니의 비범한 재능 덕택에 면화산업은 급성장하여-해마다 지난해보다 7퍼센트씩 증가했다-곧 면화는 미국 최대의 수출품일 뿐 아니라 증대하는 국가의 부를 형성하는 제일 중요한 요소가 되었다. 면화산업은 또한 특유의 문화와 기질을 갖춘 "남부"를 만들어냈다. 이것은 잭슨 장군이 미시시피 강 유역에서 인디언과 에스파냐의 세력을 제압한 결과이기도 했다. 포트잭슨 조약은 인디언이 소유한 이 광활한 지역에서 모든 토지를 빼앗는 것을 골자로 하는 5개 조약의 시작에 지나지 않았다. 남북 캐롤라이나, 버지니아, 조지아 등의 옛 남부는 대규모 면화 생산에는 적합하지 않아 담배산업이 오히려 우세했다. 잭슨의 냉혹함이 낳은 앨라배마, 미시시피, 루이지애나 등의 새로운 주들은 면화가 지배하는 최남부 지역을 형성했다. 이들 주에서는 1810년부터 1830년 사이에 인구가 3배나 늘었다. 이것은 국내 인구 이동에 의한 것으로 토지가 부족한 뉴잉글랜드나 피폐한 옛 남부에서 사람들이 유입했기 때문이었다. 노스캐롤라이나의 담배 농장주 제임스 그레이엄은 1817년 11월 9일 친구에게 다음과 같은 편지를 썼다. "여기서는 앨라배마 열기가 무서운 기세로 맹위를 떨치며 수많은 시민들을 빼앗아 갔네."[61]

사람들의 이동과 더불어 대농장제도 또한 버지니아나 남북 캐롤라이나, 조지아 등 연안 지역에서 조지아 서부, 테네시 서부, 그리고 최남부 지역으로 옮겨 갔다. 하지만 옛 남부와 새로운 남부는 여전히 예전처럼 노예제도로 서로 연결되어 있었다. 면화 붐이 일어나기 전에 미국 노예 가격은 계속 하락하다가 1775년부터 1800년 사이의 25년 동안에는 절반까지 떨어졌다. 1800년부터 1850년까지 반세기 동안에 노예 1명당 가격은 50달러에서 800~1,000달러로 급등했다. 최남부 지역 목화밭에서는 100에이커당 10명 내지는 12명의 노예가 필요했다. 옛 남부는 면화 재배에 적당하지 않았는데, 대농장에서는 노예를 거느리는 것이 가능하여 실제로 수많은 노예를 공급했다. 합중국 헌법에 따라 의회는 1808년까지는 노예무역(노예제도 자체와는 별개로)을 폐지할 수 없었다. 1803년까지 모든 주들은 노예 수입을 폐지하고, 의회는 1808년 이후부터는 노예 거래를 금지했다. 이 때문에 대농장에서 거둔 노예의 가치가 증대하여 이때부터 예전의 담배 농장은 노예 양성이 주된 수입원이 되는 경우가 많아졌다.[62]

잭슨과 매디슨처럼 버지니아 주 출신의 건국의 아버지로서 노예를 소유했으나 노예제도를 혐오한 사람들은, 노예제도가 시대에 뒤떨어진 비효율적인 제도로서 자연적으로 소멸하든가 쉽게 폐지될 거라고 믿으면서 스스로를 납득시켰다. 매디슨은 "노예는 재산으로서는 최악이라고 열변을 토하는 일도 종종 있었다." 또한 리처드 러시가 소유한 필라델피아 근교의 10에이커에 달하는 자유 농장이 노예에게 경작시키는 2,000에이커의 자기 농장보다 많은 이익을 올린다고 매디슨은 늘 주장했다. 러시아에서는 농노제도가 경제적으로 뒤떨어지는 모델이어서 서서히 소멸의 길을 밟고 있었던 것은 분명한 사실이다. 하지만 미국에서는 매디슨의 생각이 1810년에는 오히려 시대적으로 뒤떨어졌다. 유감스럽지만 최신 경제학이나 고도의 기술이 반드시 정의와 자유를 촉진시키지는 못했다.[63] 면화 농장은 노예제도에 힘입어 2년간 투자하면 충분한 수확을 거둬들일 수 있었다. 1년 만에 수확하는 일조차 가능했다. "매우 황폐한 땅에 선 남자가 1년도 되지 않아 항구에 서서 자신의 농장에서 거둬들인 면화가 영국의 공장 마을들로 가기 위해 선적되는 광경을 바라보기까지 했다." 이렇게 해서 그 개척민은 경제의 일익을 담당하게 되었고 "면화 덕택에 개척지 통나무집에 크리스털 샹들리에를 설치할 수 있었다."[64]

1823년 초 조지아 주 서부의 한 남자가 새로 개간한 땅에 면화를 심고 5월이 되자 작물이 심긴 채로 땅을 팔았다. 같은 해 가을에는 앨라배마 주의 토지를 개간해 면화를 심고는 팔아치웠고, 다시 미시시피 주에서 같은 일을 되풀이했다. 마지막으로 그는 1,000에이커의 자유토지보유권을 얻었는데, 그가 들인 것은 1,250달러의 비용과 2년간의 노동뿐이었다.[65] 하지만 물론 이러한 급속한 발전은 마음대로 부릴 수 있는 노동력인 노예가 없으면 불가능했을 것이다. 노예를 소유하여 교묘하게 착취하는 사람은 노예 덕분에 부자가 되었다. 대농장만이 아니라 몇 천 개에 이르는 작은 농장들이 있었다. 그 가운데는 소유자인 백인 가족 스스로 일하는 경우도 소수이긴 하나 존재했다. 하지만 90퍼센트 이상의 농장에서 노예가 일했다. 1820년대 초에는 노예를 몇 백 명이나 보유한 새로운 종류의 대규모 전문 면화 농장이 상업을 지배하기에 이르렀다.

이러한 대농장에 노예를 공급하는 곳은 오로지 상업적 이익만 노리고 노예를 육성하는 대농장들이었다. 일부일처제 아래에서는 해마다 어린이를 낳는 여성 노예가 10~15퍼센트에 지나지 않았다. 노예를 파는 농장은 나이가 찬 여성 노예 모두에게 남편 이외의 남성을 정기적으로 제공했기 때문에 해마다 출산하는 노예의 비율은 40퍼센트 이상을 기록했다.[66] 남부의 노예제도를 시대에 뒤처진 과거의 유물이라고 생각하는 것은 잘못이었다. 그것은 산업혁명, 고도의 기술 발달, 그리고 전 세계 몇 억 명이라는 거대한 시장의 요구를 채워주려는 상업주의의 산물이었기 때문이다. 그것은 또한 새로운 근대사회의 일부라는 성격이 매우 짙었다. 따라서 이러한 이유들은 노예제도를 근절하는 것이 얼마나 어려운 일인가를 여실히 증명하고 있다. 노예의 금전 가치는 남부 총자본의 35퍼센트나 되었고, 19세기 전반에는 금 20억 달러어치와 맞먹었다. 보상이 불가능했던 이유 가운데 하나는 이 점에 있었다―그 액수는 적어도 연방정부 총예산의 10배에 이르렀을 것이다.

노예에 이 정도 투자를 한 것을 감안하면, 남부가 이런저런 핑계를 대며 변하기를 중단하고 단호하게 방어하는 쪽으로 돌아선 것은 놀라운 일이 아니었다. 이와 같은 상황 변화는 천천히 나타나기 시작했다. 1816년 매디슨의 유능한 참모였던 제임스 먼로가 선거에서 낙승해 대통령이 되었다. 버지니아 명문 가문의 마지막 후손인 먼로에게는 일생 동안 노예를 소유하면서도 노예제도 폐지를 희망한, 역대 대통령이 공통으로 가졌던 모순

제 3 장 ― 언제나 평범하게 행복하기를

•

487

이 있었다. 그는 웨스트모얼랜드 카운티에서 태어나 윌리엄앤드메리 대학교를 졸업한 뒤 독립전쟁에 참전했다. 제퍼슨과 함께 법률을 공부하고 버지니아 주의회와 대륙회의 멤버가 되었다. 또한 상원의원과 프랑스 특명전권공사, 버지니아 주지사를 거쳐, 루이지애나 매입 교섭을 맡아 처리하고, 국무장관을 8년 동안이나 지냈다. 대통령으로서 인기는 매우 높았다. 성공하지 못한 대통령 매디슨을 교체했다는 점이 작용한 때문인지는 모르지만 1820년에는 거의 만장일치로 재선에 성공했다. 먼로는 모든 사안에 대해 보수적 태도를 취하는 따분한 인물이었다. 분을 바른 가발과 무릎까지 오는 반바지, 삼각모 차림의 대통령은 그가 마지막이었다. 말투는 부드럽고, 태도는 정중하며, 고상하고 신중한 성품의 소유자였다. 제퍼슨은 먼로를 아무리 뒤집어 털어도 티끌 하나 발견할 수 없을 것이라고 말했다.[67]

먼로는 역사적으로는 주로 먼로 선언(1823)의 주창자로 알려졌는데 이에 관해서는 뒤에서 설명하기로 한다. 이보다 더 잘 알려진 사실은 해방된 흑인을 아프리카에 송환하여 노예 문제를 해결하려 했다는 것이다. 이것은 먼로 자신처럼 노예 소유에 양심의 가책을 느끼는 쪽이 벌인 계획된 사기극은 결코 아니었다. 노예제도를 반대한 영국의 강력한 복음주의 단체 또한 이것을 지지하며 시에라리온에 송환자에 의한 최초의 식민지를 만들었다. 다시 말해 이 방법은 "진보적인" 해결책이었다. 적어도 당시에는 그렇게 보였다. 1819년 먼로는 미국이 원조하는 똑같은 식민지를 서아프리카에 만들어 "라이베리아"라고 부르도록 한다는 의회 법안을 지지했다. 제퍼슨주의자였던 그는 합중국이 이 목적을 위해 실제로 토지를 구매하도록 승인하지는 않았으나 다른 방식으로 협력을 아끼지 않았다. 그 때문에 1824년에 이 식민지가 정식으로 세워지자, 그를 기념하여 수도에 몬로비아라는 이름을 붙였다. 해방 노예 일부가 라이베리아에 분명히 갔다.

그런데 그들은 갑자기 현지 아프리카인을 지배하는 카스트 제도를 도입했다. 이것이 이 나라의 빈곤과 격렬한 내전의 주된 요인으로 작용해 오늘날까지 그 그림자를 드리우고 있다. 미국 흑인은 이러한 방법이 좋은 결과를 가져다주지 않는다는 사실을 본능적으로 인식한 듯했다. 아프리카에서 살기보다는 심지어 노예 신분이더라도 미국에 머무는 편이 더 낫다는 생각에 오히려 아프리카로 송환되는 것을 두려워했다. 라이베리아가 생긴 지 10년 뒤 매디슨은 16명의 건장한 노예를 친척에게 6,000달러에 팔았다. 그 노예들은 "라이베리아를 무서워하며 기꺼이" 팔려갔다.[68]

먼로 대통령 시대에 남부의 백인, 특히 정치 지도자는 노예제도를 당당하게 옹호했다. 그것은 필요악이 아니라, 흑인과 백인 모두에게 유익한 제도라고 생각했기 때문이다. 교회 관계자도 열심히 이 운동에 참가했다. 1822년에는 사우스캐롤라이나 침례교 협회가 『성서』의 입장에서 노예제도를 변호했다. 1831년 흑인 목사 너트 터너가 버지니아에서 노예 반란을 일으키고 57명의 백인을 살해한 뒤부터 남부 지역 기독교인은 더욱 굳게 결속했다. 1844년 찰스턴의 주교였던 존 잉글랜드는 노예를 소유한 가톨릭 신자의 양심의 혼란을 진정시켜주기 위해 노예제도를 정당화하는 정연한 논리를 내세우며 옹호했다.

노예옹호론자 존 칼훈

노예제도 옹호가 얼마나 정열적이며 논리정연하게 전개되었는가를 알기 위해서는 사우스캐롤라이나의 존 칼훈(1782~1850)을 살펴볼 필요가 있다. 칼훈은 위대한 미국 정치가들 가운데 한 사람으로 상하 양원을 모두 지낸 유력한 의원이었다. 또한 뛰어난 웅변가, 내각의 주요 각료, 거기다 대단한 업적을 자랑하는 정치 이론가였다. 그가 쓴 『정부에 관한 고찰(Disquisition on Government)』과 『합중국 헌법론과 정부론(Discourse on the Constitution and Government of the United States)』(두 권 모두 1851년 출간)은 제퍼슨의 버지니아에 관한 저술이나 우드로 윌슨의 저작들과 어깨를 나란히 한다.[69]

칼훈의 선조는 얼스터 출신의 스코틀랜드계 아일랜드인으로 그의 아버지는 학문을 조금 배웠고 인디언과 싸운 경험도 있었다. 가난한 집안에서 태어났으나 잘생긴 용모와 강렬한 매력, 뛰어난 지성을 갖췄다. 에드먼드 버크와 리처드 브린슬리 셰리든의 전통을 많이 받아들여 마치 고위 관리가 되기 위해 태어난 것처럼 정치에 매진했다. 제퍼슨이 대통령에 취임하던 해에 칼훈은 18세의 농사꾼에 지나지 않고 정규교육은 전혀 받지 못했다. 하지만 10년 뒤에는 예일 대학교 졸업이라는 화려한 경력을 바탕으로 하원의원에 당선하여 플로라이드 부노라는 아름다운 여성을 아내로 맞아들였다. 아내는 사우스캐롤라이나 주 애비빌에 있는 대농장을 상속받았다. 칼훈의 삶을 살펴보면 강인한 성격을 지닌 미국인들이 단 1세대 만에 변신해가는 놀라운 모습을 발견할 수 있다.

칼훈이 어렸을 무렵 캐롤라이나는 문자 그대로 미개척의 시골이었다. 표범이 모두 사살되어 멸종된 시기는 1797년이었는데 주정부는 표범과 이리 가죽에 포상금을 지급했다. 외숙부 한 사람은 토리당원에게 참혹하게 살해되었다(그의 어머니는 잭슨의 어머니와 마찬가지로 영국인을 지독하게 미워했다). 또 다른 외숙부는 "서른 군데나 군도로 찔려 죽었고, 또한 세인트오거스틴 지하 감옥에 9개월이나 갇혔던 외숙부도 있었다."[70] 할머니는 살해되었고, 숙모 한 사람은 인디언에게 납치되었다. 습격당하거나 머리 가죽이 벗겨지는 일이 비일비재했고, 머스킷 총탄 구멍이 4개나 뚫린 아버지의 오래된 모자는 가보로 여겨졌다. 아버지는 교육을 받은 적은 없었으나 (워싱턴처럼) 뛰어난 측량기사가 되어 1,200에이커의 토지를 소유했다. 하지만 사람들은 가난했다. 당시의 역사가 찰스 우드메이슨 목사는 이렇게 말했다. "오두막에는 어린아이들이 바글바글했다." 하지만 "대부분의 집에는 물 마시는 자그마한 바가지만 있었고 접시, 나이프, 스푼, 컵, 찻잔 따위는 없었다."[71]

칼훈 일가는 교회나 학교 설립에 참가하고 재판관 역할도 맡으며 마을을 조금씩 문명화시키려고 노력했다. 칼훈의 아버지는 세금 징수와 함께 선거 감시를 하면서 주의회에서 30년 동안 일했다. 31명의 노예를 소유해 "흑인도 백인도 나의 가족"이라고 말했다.[72] 칼훈은 13세 때 아버지를 여읜 탓에 10대의 몸으로 농장을 꾸려가면서 혼자 힘으로 예일 대학교를 다녀야 했다. 칼훈은 2년 동안 대학에 다니며 법률을 공부했는데, 타고난 완고함으로 정치 문제에 관해 총장인 티모시 드와이트와 충돌했다. 드와이트는 제퍼슨을 반대했다. 학위 논문 제목은 「정치가에 필요한 자질」이었는데 자신이 그대로 그 자질을 갖췄다. 훗날 에이브러햄 링컨의 진짜 아버지가 그였다는 소문이 나돌았는데 그리 놀라운 일은 아니었다(그런데 존 마셜에 대해서도 똑같은 소문이 있었다). 찰스턴에서 정치를 경험한 뒤 워싱턴으로 갔다. 당시의 찰스턴은 소란스러운 남자들의 거리여서 여성들은 교회를 도피처로 삼았다. 그 주변 노예들의 중심지이기도 해서 아프리카 흑인의 40퍼센트는 찰스턴을 거쳐 왔다. 그곳은 마치 "아프리카 흑인의 엘리스 섬"(뉴욕에서 입국 수속을 받던 곳-옮긴이)과 같았다.[73]

칼훈은 185센티미터의 큰 키에 머리카락은 까맣고 뻣뻣했다. 고전이나 현대물을 가리지 않고 책을 읽어 문학적 소양을 몸에 익히고, 뛰어난 기억

제3장 — 언제나 평범하게 행복하기를

력을 좋은 방향으로 활용했다. 그의 매너는 18세기 신사 가운데 가장 훌륭했다. 언론인 앤 로열은 그의 "개인적인 아름다움"과 "솔직하고 정중한 매너"를 완벽한 본보기라고 부르며 크게 감동했다. 해리엇 마티노는 원칙과 행동에 관해서는 타협하지 않는 "철의 남자"이며 "그의 마음을 움직이는 유일한 수단은 명예에 호소하는 일이다"라고 평했다. 정적인 대니얼 웹스터도 "남자 중의 남자"라고 불렀다. 조지 티크너는 "워싱턴에서 이야기를 나눈 사람 가운데 가장 호감이 가는 남자였다"라고 말했다. 마거릿 베이어드 스미스는 그의 "강렬한 눈빛"과 얼굴에서 풍기는 "타고난 귀족의 풍모"를 칭찬했다.

칼훈은 자신의 삶, 연설, 그리고 저술을 통해 근대의 커다란 문제들 중 하나에 정면으로 맞서기를 원했다. 크고 작은 제각각 다른 불평등한 공동체에 사는 사람들은 자기 인생을 스스로 결정하고자 원하지만, 그 희망과 중앙집권적인 민주 세력 사이를 어떻게 조화시킬 것인가? 이 문제는 오늘날까지 이론적으로 해결을 못 보고 있는 실정이다. 칼훈은 남부와 노예 제도를 표적으로 하는 정치 싸움은, 사람들의 민주주의를 향한 희망보다는 전적으로 강력한 압력단체들에 의해 이뤄지고 있다고 주장했다. 따라서 이미 성장해버린 로비 제도로 대표되는 미국 민주주의에 대한 위협을 그는 일찌감치 감지하고 있었다. 칼훈은 자신과 아내가 소유한 노예 덕분에 정계에 투신해 처음에는 찰스턴, 다음에는 워싱턴에서 개인적인 욕심을 전혀 부리지 않고 공직에 임할 수 있었다. 기원전 5세기 아테네에서 노예제도를 옹호하기 위해 사용한 것과 정확히 똑같은 논리다.

이 논리의 모순을 밝힌 것이 1834년에 남북 캐롤라이나를 여행했던 영국인 G. W. 페더스톤호가 쓴 충격적인 문장이었다.[74] 여행 안내인이 그에게 다음과 같이 말했다. "북부의 젊은 남자는 부를 얻기 위해 탐욕스럽게

서로 싸우지만, 남부에서는 아버지가 아들에게 노예 농장을 물려주기 때문에 남부의 신사들은 돈보다는 명예를 중시하고 언제나 자신이 가진 것을 방심하지 않고 지켜보며, 태어나면서부터 인민의 자유의 편에 섭니다." 사우스캐롤라이나 대학교 출신으로 교육받은 이 남자는 칼훈이 바로 그러한 전형적인 인물이라고 말했다. 칼훈에게는 "워싱턴 시대부터 오늘에 이르기까지 남부의 신사들에게서 물려받은 위엄"이 있다는 말이었다. 또한 "개인적으로 비열한 행동을 저질렀다는 말을 한 번도 들은 적이 없었으며", 공직에 있을 때는 "한심스러운 사람들이 헌법 정신을 모독하려 할 때는 반드시 헌법을 옹호했다." 이 설명은 마차가 도착하는 바람에 중단되었다. 마차 위에는 사슬에 묶인 도망 노예가 타고 있었다. 페더스톤호는 마차에 올라 보안관보와 사슬에 묶인 백인과 자리를 같이했다. 이 백인은 트럼프 게임 도중에 노예를 죽인 죄로 교수형을 앞두고 있었다. 교수형 선고를 받은 것은 살인을 범했기 때문이 아니라 법을 어기고 노예와 도박을 했기 때문이었다. 술병이 건네지자 모두가 너나할 것 없이 취했다. 그리고 "마차라는 밀실에 갇혀서 그처럼 무서운 무리의 사람들과 자리를 같이하며" 옛 남부의 문화적인 패러독스를 몸소 느꼈다고 페더스톤호는 회상했다. 그 뒤 그는 이번에는 포트힐의 칼훈 저택에서 환대를 받았는데, 그것은 "흡사 로마 원로원 의원과 함께 우아한 토스카나 별장에서 하룻밤을 보내는 것과 같았다."

1811년부터 1817년까지 하원의원을 지낸 칼훈은 유창한 언변의 전쟁 강경주의자로서 두각을 나타냈으며 곧 외교위원장이 되었다. 1817년부터 1825년까지 먼로 대통령 아래서 육군장관을 지낸 뒤에 부통령에 선출되어 1825년부터 1832년까지 역임했고, 그 뒤 상원의원으로서 활약했다. 플로리다와 텍사스를 병합하여 노예주로 만들기를 원했기 때문에 1812년의 전쟁에 찬성표를 던졌다. 이것으로 노예제도를 둘러싼 정치 투쟁의 주요한 메커니즘이 확실해졌다- 하원에서 세력 균형을 유지하기 위해 남부에서는 노예주를 확대할 필요가 있었다.

남부는 현실에 만족해 오직 노예제도를 유지하는 데만 급급해서는 안 된다고 생각했다. 북부 인구가 급속하게 늘면서 노예제도를 인정하지 않는 주가 점점 늘어났다. 이러한 비노예주가 하원만이 아니라 상원에서도 과반수를 차지하면 헌법도 바꿀 수 있었다. 따라서 남부는 공격적으로 대처할 수밖에 없어서 마침내 남북전쟁으로 비화하기에 이르렀다. 앞에서 말했지만 헌법은 노예제도에 대해 별로 다루지 않았다. 연방 헌법 제1조의 5분의 3 규칙(인구를 계산할 때 노예를 자유민의 5분의 3으로 계산하는 규칙-옮긴이)은 단순하게 "자유민"과 "그 밖의 국민"(노예)에 관해서 언급하는 데 지나지 않았다. 하지만 매우 중요한 사실은 연방 헌법 제4조 제2절 3항의 "어떤 주에서 그 법률에 따라 복역 또는 노동에 따를 의무가 있는 사람은 누구든 다른 주로 도망가더라도 그 주의 법률 또는 규칙에 의해 앞의 복역 또는 노동에서 해방되지 않고, 앞의 복역 또는 노동에 대해서 권리를 가진 당사자의 청구에 따라 인도되어야 한다"라는 조항이었다. 이것에 의해서 자유주는 도망 노예를 송환해야만 했다. 남부는 이 조항을 철폐하려는 헌법 수정안을 두려워했다. 그렇게 되면 경비가 없는 남북 경계선을 넘어 노예들이 대량으로 도망갈 우려가 있었다. 도망 노예를 송환하라는 헌법의 이 규정은 다른 어떤 문제보다 노예 경계선을 끼고 있는 남북의 증오나 분노, 원한을 조장했으며, 마침내는 전쟁의 주요 원인이 되었다. 남부가 새로운 주를 만든다는 전략을 낸 것은 이 헌법의 보증을 잃지 않으려는 생각에서 비롯된 것이었다.

미주리를 둘러싼 갈등

1819년 미주리 인구가 6만 명을 넘어섰기 때문에 주 승격을 바라는 청원안이 하원에 제출되었다. 당시 노예주와 자유주가 각각 11개 동수였기 때문에 양자의 경계는 펜실베이니아 주의 남쪽과 서쪽에 설정되었다. 이 경계선은 펜실베이니아와 메릴랜드 사이의 분쟁을 해결하기 위해 1763년부터 1767년까지 영국의 천문학자 찰스 메이슨과 제레미어 딕슨이 현장 조사를 마친 뒤 결정되었다. 그 때문에 이것은 그 뒤로 "메이슨-딕슨 선"이라 불리며 자유주와 노예주, 북부와 남부의 경계가 되었다. 1819년 당시 북부에서 노예제도는 아직 일부가 남아 있었으나 급속하게 소멸해가는 중이었다. 비록 급속하게 개척이 이루어지고 있었지만 경계선을 그 너머로는 고사하고, 루이지애나를 사들인 곳까지 연장할 것인지에 대한 계획조차 전혀 없었다. 미주리에는 이미 1만 명의 노예가 있는데 그 수는 계속 늘었다. 그대로 가면 노예주가 될 것이 명백했다.

이에 대해 뉴욕 지역 하원의원이 노예제도에 부정적인 제안을 내놨다. 미주리 준주에 더 이상의 노예 수입을 금지하고 주 승격 뒤에 태어난 노예가 25세를 넘으면 자동으로 모두 해방한다는 내용이었다. 그렇게 되면 미주리는 노예 소유 준주에서 자유주로 바뀌는 셈이었다. 이 제안은 하원에서 통과했다. 하원에서는 105 대 81로 자유주 쪽이 우세했기 때문이었다. 하지만 상원에서는 22 대 22로 세력이 같았기 때문에 부결되었다. 상원은 나아가 오랫동안 매사추세츠에서 분리되기를 원했던 메인 주의 주 승격을 승인했다. 메인은 물론 자유주였기 때문에 미주리가 노예주로 인정받아도 상원에서 세력은 26 대 26으로 균형을 유지했다. 이 안건은 1820년 3월 2일에 가까스로 하원을 통과했으나 곧 다른 문제가 생겼다. 미주리의 헌법

위원회에서 다수를 차지하는 노예제도 찬성주의자가 자유 흑인과 혼혈인이 새로운 주에 거주하는 것을 금지하는 조항을 주 헌법에 포함시키자고 주장했던 것이다. 이것은 "각 주의 주민은 여러 주의 주민이 갖는 특권과 면제를 균등하게 누릴 권리가 있다"라는 연방 헌법 제4조 제2절에 저촉되었다. 노스캐롤라이나와 테네시 같은 노예주가 포함된 몇몇 주에서 자유 흑인은 주민으로서 취급받았다-거기에 그치지 않고 1830년대에 권리를 박탈당할 때까지는 선거에 참여하기조차 했다.[75]

미주리의 노예 문제를 둘러싼 논쟁으로 연방이 붕괴될 가능성이 있었을까? 그럴 가능성이 있었다고 생각한 사람도 있었다. 제퍼슨은 친구에게 "이 심각한 문제는 한밤중에 울리는 경종처럼 나를 긴장시키고 공포에 빠뜨렸다. 이것으로 합중국이 끝이라는 생각마저 들었다"라는 편지를 보냈다. 뉴잉글랜드에서는 1812년의 미영전쟁 당시 남북 분리를 원한 사람도 있었다. 북부가 철저하게 노예제도의 확대를 인정하지 않는다면, 남부는 연방을 탈퇴할 수밖에 없었을까? 당시 국무장관이던 존 퀸시 애덤스는 연방 탈퇴가 논리적으로나 도덕적으로나 당연하다고 생각했다. 그는 앞으로 북부와 남부가 결속을 계속하리라고 생각하지 않았다. 애덤스는 1820년 3월의 일기에 내각 동료인 칼훈(당시 육군장관)과 나눈 이야기를 어두운 심정으로 썼다. 칼훈의 말에 따르면, 고향 사우스캐롤라이나에서는 "집안일은 오로지 흑인에게 맡긴다고 모두 생각하고 있기 때문에 만약 자기와 같은 유명인이 백인 하인을 고용한다면, 명성을 잃고 인격마저 의심받아 돌이킬 수 없게 됩니다. …… 그렇다고 하지만 모든 노동이 그렇다는 것은 아니고, 예를 들어 농사일은 백인이 해도 상관이 없습니다. 제조업이나 기계 노동도 명예를 훼손하지는 않습니다. 수작업만이 노예 몫이라고 생각합니다. 백인은 그런 일을 하려고 하지 않습니다. 이것이 백인끼리의 평등을 인식하는 최고의 증거였습니다." 애덤스는 칼훈의 이야기를 날카롭게 비판했다. "[남부인은] 이론적으로는 노예제도를 악이라고 말했다. 하지만 마음속으로는 흑인을 지배하는 데 긍지와 만족을 느꼈다."[76]

애덤스는 남부를 도의적으로 비난했지만 사실을 눈감은 측면도 있었다. 북부에서도 흑인에 대해 일상적으로 차별했고 그것이 법률에 포함된 경우도 매우 많았다. 예를 들면 펜실베이니아에서는 주지사 스스로가 흑인은 살인이나 절도를 저지르는 성향이 있다고 주장하면서 흑인 범죄를 막기 위한 특별 조치를 취했다. 오하이오와 인디애나에서는 주에 들어오는 흑인에 대해 부정행위를 저지르지 않는 증거로 500달러 상당의 보증금을 지불하도록 법률로 의무를 지웠다. 1821년 뉴욕 주의 헌법 회의는 사실상 성년 남자 선거권을 인정했다. 자유보유 부동산을 지니고 세금을 내며 주 군대에 복무한 경험이 있거나 주 도로 건설에 종사하면 누구에게나 선거권이 주어졌다. 하지만 이는 어디까지나 "백인"에게만 적용된다는 제한이 따랐다. 흑인의 선거권에 대한 재산 자격도 100달러에서 250달러로 인상되었다. 펜실베이니아 주는 1838년에 성년 남자 선거권을 인정했으나 마찬가지로 "백인에게만" 인정되었다. 흑인에 대한 인종차별은 노동조합에서도 매우 흔했는데 특히 직능별 조합에서 심했다.[77]

북부의 인종차별이 이미 유럽의 양식 있는 사람들에게 충격을 준다는 사실을 애덤스는 잘 알았다. 그가 상트페테르부르크에 공사로 있던 시절, 농노를 채찍으로 때려 죽여도 아무렇지도 않게 생각하는 러시아 귀족이 흑인을 차별하는 야만적인 국가로 미국을 경멸했다-20세기 반미주의의 징조라고 할 수 있었다. 애덤스는 (1812년 8월 5일) 다음과 같이 썼다. "저녁을 마친 뒤 클로드 가브리엘의 방문을 받았다. 그는 황제[알렉산드르 1세]를 섬기는 흑인으로 지난해 여름 처자와 함께 미국에 건너갔다. 지금은 이곳

[상트페테르부르크]에 처자와 함께 돌아왔는데 미국에서 지독한 취급을 받았다고 호소했다. 착용을 명령받은 고급 옷과 기병도를 착용할 수 없었다면서, 그런 복장을 하면 사람들에게 폭언을 당하고 심지어는 매를 맞는 일조차 있었다고 말했다."[78] "반동적인" 유럽 정권이 미국 평등주의의 위선을 선전하기 위해 미국 흑인에게 경의를 보내는 일은 이 무렵부터 잘 알려진 사실이었다.

애덤스는 북부에서 노예제도를 반대하는 사람들 대부분에게서 흔히 보이는 속임수를 부정하지는 않았다. 그것은 그렇다고 치고 우선은 본질적인 과제부터 손을 대었다. 법률 차원에서 노예제도를 폐지하는 것이 무엇보다 급했다. 노예제도가 북부인에게서는 볼 수 없는 지배의식을 남부인이 가지도록 만들었다는 것이 그의 견해였다. 그 때문에 그들이 같은 국민인 북부인을 경멸하여 연방이 뿌리부터 흔들린다고 애덤스는 생각했다. "노예제도의 나쁜 점 가운데 하나는 도덕의 원천을 더럽힌다는 것이다. 그것은 선악의 판단 기준을 뒤흔든다." 따라서 "연합이 파경을 맞는다면 노예제도가 바로 파탄을 가져온 문제일 것이다"라고 결론을 내렸다. 노예제도는 비참한 결과밖에 가져오지 않는다고 생각했기 때문이다. 애덤스는 매디슨과 남부 온건주의자가 좋아한 아프리카 식민지화 계획을 자신들이 저지른 범죄의 뒤처리를 연방정부에 떠넘겨버리는 어처구니없는 짓이라고 비판했다. 그들은 "표범과 같은 탐욕으로" 자신들의 죄 많은 계획에 의회가 예산을 지출하도록 압력을 가한다고 거세게 규탄했다. 칼훈과 노예제도에 관해서 마음을 터놓고 이야기를 나눈 또 다른 기회에서 칼훈은 만약 노예제도를 둘러싸고 연방이 분열할 경우, 남부는 영국과 정치적·경제적·군사적 동맹을 맺지 않을 수 없다고 말했다고 애덤스는 냉소적으로 썼다. "그렇게 되면 식민지 상태로 돌아가는 것 아니냐고 내가 말하자, 그는 다분히 그런 점이 있긴 하지만 강제로라도 그럴 수밖에 없다고 대답했다."
남보다 두 배나 도의심이 강했던 애덤스의 눈으로 볼 때, 사악한 제도를
옹호하는 간악한 무리가 그 제도를 영속시키기 위해 영국 왕실이라는 국
제적인 반도덕 세력과 손잡는 행위는 당연히 예상되는 일이었다. 노예제
도의 존속을 인정하지 않아 연방이 보존될 수 없다면 차라리 연방을 해산
해버리는 편이 낫고, 연방이 붕괴되면 노예제도 또한 자연히 없어질 것이
라고 그는 생각했다.

> 만약 노예제도가 파괴의 천사가 가진 운명의 칼로 남북 연방을 갈라버
> 린다면, 그 칼은 또한 노예제도의 굴레도 토막내버릴 것이다. 노예제도에
> 의해 연방이 붕괴된 뒤에는 노예주에서 노예 반란이 일어나고, 그것이 남
> 북 사이의 전쟁으로 이어져 …… 결과적으로는 아메리카 대륙에서 노예제
> 도가 자취를 감출 것이다. 이 일련의 싸움은 파괴적이고 참혹할 것이 틀림
> 없지만, 최종적으로는 훌륭한 결과를 가져다줄 것이다. 그것이 나의 염원
> 이며, 신의 이름으로 맹세하건대 반드시 그렇게 될 것이다.[79]

정부 고위 관료가 화해하기 불가능한 어려운 문제에 대해 격론을 주고
받으면서 애덤스도 (애덤스 정도는 아니지만) 칼훈도 타협을 허용하지 않는
말을 마구 사용한 것을 감안하면, 1820년대에 합중국이 분열하지 않은 것
이 불가사의할 정도였다. 북부는 당시 1860년대와 마찬가지로 남부를 압
박할 만큼의 천연자원을 가지고 있지 않았다. 그런데도 영국이 여러 가지
이유에서 남부에 가담할 것이라는 칼훈의 추측은 아마 정확했을 것이다.
미국이 하나의 대국이 되기보다는 두 개의 약소국으로 있는 편이 영국에
는 더 좋았기 때문이다. 그럴 경우 미국의 역사는 전혀 다른 방향으로 전

개되어, 미국과 캐나다가 북위 49도 선을 중심으로 양쪽에서 독자적으로 발전했듯이 남부와 북부 역시 각각 태평양을 향해 새로운 영토를 넓혔을 것이라고 생각할 수 있다.

하지만 여기서 주의해야 할 사실은 애덤스와 칼훈이 각각 매사추세츠와 사우스캐롤라이나라는 양극단의 주 출신이었다는 점이다. 그랜트 장군을 포함해서 많은 미국인은 남북전쟁이 일어날 경우 이 두 주가 주된 책임을 져야 할 것이라고 확신했다. 즉 그것은 이 두 주가 없었으면 전쟁을 피할 수도 있었다는 이야기이다. 두 주는 서로 대립하는 진영으로 각각 이데올로기가 강하여 열광의 전통을 견지했다. 열광은 미국 국민성의 일부로서 여러 가지 측면에서 창조성을 발휘하여 열매를 맺는 원동력이기도 했다. 하지만 미국 국민성에는 또 하나의 다른 측면이 있었다. 그것은 온건하고 현실적인 정치가적 자질로서 영국의 오래된 전통인 관습법과 의회에서 유래했다. 이데올로기를 격렬하게 추구하여 자칫 피를 부르는, 그런 사태로 번지는 일이 좀처럼 없는, 언제나 타협점을 모색하는 노력을 기울이는 사고방식이었다.

헨리 클레이의 역할

온건한 후자의 전통은 오랫동안 워싱턴 가문과 매디슨 가문 같은 버지니아의 명문가가 유지해온 것인데, 이제는 새로운 서부 켄터키 출신의 유능한 인물 헨리 클레이의 손에 단단히 쥐어졌다. 헨리 클레이가 1815년부터 1850년까지 맡은 역할은 몹시 커서 그의 정치적 수완 덕분에 남부와 북부가 완전히 결렬할 뻔한 사태를 세 차례나 막았다.[80] 보기 드문 활력과 능력을 지닌 그는 칼훈 다음으로 유능한 인물이라고 할 수 있었다. 하지만 신만이 아는 고된 노력의 보상을 전혀 받지 못했고, 어찌 된 셈인지 미국 대통령도 되지 못했다.

클레이는 버지니아 주 출신으로 순수한 미국인이었다. 아버지 쪽 선조는 1613년 (웨일스에서) 제임스타운에 왔으며, 5대째인 그는 1777년에 태어났다. 어머니는 이민 3세대였다. 아버지는 침례교 목사로 관목이 무성한 습지에 464에이커의 토지와 21명의 노예를 소유한 담배 농장주였다. 아버지는 영국인, 특히 그 지역을 파괴한 배내스터 탈턴 대령을 증오했는데 그 생각은 가족 모두 마찬가지였다. 클레이에 따르면, 영국 군인들은 아버지의 묘지를 파헤치고 보물을 찾았다고 한다. 4세 무렵에 아버지가 죽었기 때문에 노예 2명(그리고 할아버지로부터 1명)을 상속받았다. 따라서 1852년에 죽을 때까지 노예를 소유했으나 노예제도를 "조상에 의해" 시행된 "커다란 악"이라고 불렀다. 그리고 헌법이 보장하는 평등은 "일반적인 이념"으로서 흑인에게도 적용되고 따라서 노예제도는 헌법에 위배된다고 주장했다. 만약 미국을 출발 시점으로 되돌려 다시 시작한다면 노예제도는 결코 인정될 수 없었다. 노예제도에 관해서 연방 내의 균형을 맞추려는 클레이의 헌신적인 태도에 에이브러햄 링컨은 특히 호감을 느껴서 스티븐 A. 더글러스와 벌인 유명한 논쟁에서 클레이의 이름을 41회나 거론했다.[81]

클레이는 이상하게 불행한 운명을 안고 태어나 내내 그렇게 살아갔다. 8명의 형제자매 가운데 두 사람만이 어릴 때 죽지 않고 살아남았으며, 과부가 된 어머니 역시 당연히 불행한 여자였다. 그의 아내가 된 루크레티아 하트의 운명도 마찬가지였다. 자녀 11명을 낳았으나 헨리에타와 로라 2명은 어려서 죽었고 일라이자는 12세, 루크레티아는 14세, 수전은 20세, 앤은 28세의 나이로 각각 부모 곁을 떠나갔다. 장남 시어도어는 인생의 대부분을 정신병원에서 보냈으며, 차남 토머스는 알코올중독이었다. 삼남 헨리 주니어는 육군사관학교를 우수한 성적으로 졸업해 클레이도 기대를 걸었으나 멕시코 전쟁에서 목숨을 잃었다.[82]

자신이 대단히 궁핍한 배경을 타고났다고 여긴 클레이는 정치적 목적에 그것을 크게 앞세웠다. 자신을 가리켜 "자수성가한 사람(self-made man)"이라는 용어를 만들었고, "아버지의 미소를 알지 못하는 고아로 …… 유산으로 물려받은 것이라고는 유아기와 무지 그리고 오로지 가난밖에 없었다"라고 주장했다. 라틴어와 그리스어를 배우지 않은 것을 평생 후회하면서 "나는 늘 스스로의 재능에 많은 것을 의존했다"라고 말했다(클레이는 그다지 겸손한 사람은 아니었다). 한편 그는 글씨를 잘 써서 심부름이나 잡화점 점원 등을 거친 뒤에 버지니아 재판소에서 위대한 조지 위스 밑에서 일했다. 위스는 제퍼슨과 먼로, 마셜 등을 가르친 뛰어난 인물이었다. 클레이도 그의 도움으로 유능한 변호사가 되어 세련된 신사로 변모했다. 그리하여 리치먼드 사교계에 들어가 인맥을 넓히는 동시에 쓰라린 경험도 겪고 적을 만들기도 했다.[83] 하지만 버지니아에는 일을 얻으려는 변호사가 넘쳐나서 자신의 운을 시험하러 켄터키로 갔다.

인디언은 켄터키를 "피가 흐르는 암흑의 땅"이라고 불렀는데 이 경계주의 기원에 딱 들어맞는 표현이었다. 이곳으로 이주해 온 개척민들은 "거칠고 불결하며 싸움을 좋아하고, 키가 6피트나 되는 무서운 거인, 강도와 음주, 결투를 벌이며, 온순한 마을 사람들을 공포에 빠뜨리는 푸른 수염"이라고 묘사되었다.[84] 클레이 역시 키가 6피트여서 그 무리 가운데 가장 힘센 자와 맞설 수 있었다. 그는 호리호리한 몸매에 품위가 있었지만 얼굴은 못생겼다. "헨리의 얼굴은 위원회가 함께 만들어낸 타협의 산물"이라는 말까지 있었다. 거기다가 칼로 쭉 찢어놓은 것처럼 엄청나게 큰 입이 특징이었다. 그는 이 입을 적절하게 사용하여 잘 먹고 잘 마시며, 더할 나위 없이 달콤하고 아름다운 목소리를 내고, 그것도 모자라 키스를 마구 해댔다. "키스는 대통령직과 같아서 추구하지 않거나 거부할 성질의 것이 아니다"라고 호언했다. 그의 정적들은 무지하게 큰 그 입으로 부당한 혜택을 누리고 있다고 그를 비난했다—"키스를 하는 매우 커다란 신체 기관을 가진 탓에 한쪽에서 현장 근무를 하는 동안 다른 한쪽에서는 쉬는 것이 완벽하게 가능했다."[85]

여성에게 선거권이 있었더라면 입후보할 때마다 아무런 어려움 없이 대통령에 당선되었을 것이다. 실제로 20세 때인 1797년 켄터키에 와서—급성장하던 이곳에 청춘을 투자한 것은 정말 시의적절했다—곧 지방 유력 인사의 딸과 결혼했다. 몇 년 뒤에는 주의회에서 두각을 나타내고, 형사 전문 변호사로서 주 최고의 수입을 올렸다. 그리고 주의 주요 은행 중역에 임명되고, 트랜실베니아 대학교의 법학 및 정치학 교수에 취임했다. 또한 애슐랜드에 멋들어진 저택을 소유하고 그곳을 여생의 위안처로 삼았다. 짧은 기간이지만 합중국 상원의원을 두 번이나 역임했다. 하지만 전국적으로 활동을 시작한 것은 1810년 하원의원에 선출된 뒤부터였다.

클레이는 프랭클린, 제퍼슨, 해밀턴, 매디슨과 함께 미국 역사상 가장 혁신적인 정치가 가운데 한 사람으로 정국을 운영하는 창조적인 능력이 풍부했다. 하원의원이 된 지 1년 뒤에는 의장 자리에 올랐다. 예전부터 하원은 영국 전통을 좇아, 의장은 공정을 유지하며 의회의 총의를 대표했다. 클레이는 원래 정치색을 갖지 않던 의장 자리를 다수파 당원을 단련하고 통솔하는 지위로 바꾸었다. 그리고 이 과정에서 대통령에 버금가는 권력을 지닌 정치가가 되었다. 이리하여 그는 1812년의 미영전쟁을 추진하는 중심인물이 되었으며 겐트 조약 체결 때도 중요한 역할을 맡았다. 어쩐

일인지 이 전쟁의 실책에 대해 비난도 받지 않은 채 의기양양하게 겐트에서 돌아왔다. 이 경험으로 그는 자신이 새로운 대통령 먼로 밑에서 국무장관이 될 것이라고 생각했다. 그 자리가 존 퀸시 애덤스에게 가자 클레이는 하원에 "충성스러운 반대파"를 조직해 이끌었다-정치적으로 또 다른 획기적인 시도였다.[86]

클레이는 원칙에 충실하면서 동시에 융통성을 발휘했다. 이 때문에 주위의 정치가들은 그에 대한 평가를 내리는 데 매우 애를 먹었다(그렇지만 그 점에 대해 여자들은 아무런 어려움도 겪지 않았다. 그를 사랑했기 때문이다). 하원의 동료, 그리고 훗날에는 상원의 동료 또한 그를 독단적인 인물이라고 평하면서 자신의 생각이나 야망을 심하게 강요하는 일 처리 방식에 분개했다. 하지만 그의 강력한 리더십이 유효하다는 사실도 알았다. 클레이가 맡으면 하원은 능률적으로 순조롭게 운영되었다. 의장 후보로 나서기만 하면 반드시 대다수로부터 지지를 받았다. 훗날 상원의원이 되자 동료 대부분은 언제나 그가 주도권을 잡기를 기대했다. 결함투성이의 정치 구조를 제대로 돌아가게 하는 그의 재능은 출중하여 그 어느 전임자보다 핵심을 잘 파악했다. 게다가 사람들을 끌어들이는 매력까지 있었다. 평판만 들었을 뿐 만난 적이 없던 사람들조차 실제로 그를 만나보면 그 매력에 푹 빠졌다. 조지아의 토머스 글래스콕에게 한 친구가 "헨리 클레이에게 소개해줄까요?"라고 묻자 이런 대답이 돌아왔다. "아니요, 됐습니다. 그와는 그냥 적수로 만족해요. 그의 매력에 포로가 되고 싶지 않으니까요." 그와 격렬한 논쟁을 벌여 크나큰 숙적이 된 칼훈은 얼굴을 일그러뜨리며 다음과 같이 털어놓았다. "나는 클레이가 정말 미워. 사악한 음모를 꾸며대는 나쁜 작자, 사기꾼이야. 입에 담기도 싫어. 그렇지만, 맙소사, 그가 싫지 않아."[87]

많은 정치가와 마찬가지로 클레이 또한 국가 이익과 자신의 이익을 혼동하곤 했다. 하지만 워싱턴에 간 뒤부터는 일련의 공공 원칙을 개발하고 평생 그 확대에 노력하면서 새로운 공화국의 초석을 쌓았다. 서반구의 자유와 주권 독립을 미국 외교 정책의 첫 목표로 설정하고, 합중국은 제조업을 확대하여 유럽으로부터 경제적 독립을 확보해야 한다고 믿었다. 이를 위해 클레이는 1816년 의회를 움직여 최초의 미국 보호관세법을 제정했고 그가 말하는 "아메리칸 시스템"(국가가 개입하는)을 추진했다. 이것에 근거하여 주 및 연방정부는 도로와 운하와 항구의 건설, 공업화 촉진, 서부 개척 확대, 연방 결속 강화 등을 실현했다.[88]

이 정책에는 개인적인 이익 추구라는 측면이 분명 존재했다. 클레이의 농장에서는 켄터키의 주요 생산물인 마를 재배했는데, 이것을 유럽산 수입 마로부터 보호하고, 동부로 값싸게 운송하기 위해 도로망을 정비할 필요가 있었다. 클레이는 또한 제2합중국은행 설립에 힘을 보탠 의원 가운데 한 사람이었다. 켄터키의 제2합중국은행 소송비용 명목으로 연간 6,000달러의 거금을 챙겼고, 또한 필요할 때는 이 은행으로부터 대출도 받았다-거기에 그치지 않고 아메리칸 시스템의 최대 수혜자 가운데 한 사람인 J. J. 애스터에게서도 많은 돈을 빌렸다. 하지만 클레이는 미국은 주요 공업국이 될 수 있으며, 또한 그렇게 되지 않으면 안 된다고 굳게 믿었다. 결국 이러한 확장이 미국을 세계 제일의 국가로 만든다고 생각했다. 존 마셜이 미국 자본주의의 법적 기초를 마련했듯이, 클레이는 그 정치적 토대를 다졌다.[89]

클레이는 정열적인 남자였다. 이것이 사람들이 그를 좋아한 한 가지 이유였을 것이다. 정치 수완이 뛰어났음에도 감정을 잘 다스리지 못해 쉽게 눈물을 흘리고 마찬가지로 화도 잘 냈다. 대법원장 존 마셜의 사촌이자 처남인 험프리 마셜은 클레이보다 키가 큰 남자(6피트 2인치)였는데, 켄터키

의회에서 클레이를 거짓말쟁이라고 부른 적이 있었다. 클레이는 의회 회의장에서 그와 싸움을 벌이려고 했으나 독일어 억양이 심한 몸집 큰 의원에게 제지당했다―"어이, 당신들. 여기는 싸움질하는 하는 데가 아니오. 둘다 그만합시다." 그리하여 두 사람은 결투를 하러 강을 건너 오하이오로 갔다. 서로 간의 총격으로 클레이는 넓적다리에 가벼운 상처를 입었다(다행히 당시 피스톨은 성능이 나빴다). 클레이는 생애 내내 끊임없이 여자들을 쫓아다니고 술을 마시고 도박에 빠졌으며("나는 언제나 변덕스러운 여신에게 경의를 표해왔다.") 무엇보다 춤을 사랑했다. 남아메리카의 해방 투사인 시몬 볼리바르를 제외하고 자기 세대 정치가 가운데 아마 춤을 제일 잘 췄을 것이다. 클레이는 볼리바르와 마찬가지로 흥이 오르면 연회 테이블 위에서 춤을 추곤 했다. 한 사람은 켄터키에서 있었던 일을 이렇게 증언했다. "무희처럼 우아하게 춤을 추면서 …… 60피트나 되는 식탁의 양끝을 무대 삼아 혼자서 춤을 추는데 …… 유리잔과 자기 그릇 깨지는 소리를 반주 삼아 계속했다." 다음 날 아침에 그는 파손 변상금으로 "과장된 몸짓을 지으며" 120달러를 지불했다.[90]

1820년부터 1830년까지 미국 변경 지대에서는 춤바람이 심하게 불었다. 오락거리라고 해봤자 춤밖에 없었다. 19세기 후반에서 20세기 사이에 일류 전문 댄서를 러시아를 포함한 전 세계 어느 나라보다 많이 배출한 풍부한 기반은 이 시기에 형성되었다. 워싱턴에 있을 때의 클레이는 사뭇 다른 모습이었다. 세심하게 말씨에(언제나 완벽하지는 않았지만) 신경 쓰면서 대화 도중에 향기로운 담배를 집어 들고 금테 안경을 놀리며 대개는 신사다운 태도를 보이려 노력했다. 하지만 변경 지대에서는 난폭하게 변하여 켄터키 토박이 기질을 유감없이 발휘했다. 춤도 그중 하나였다. 클레이는 의회의 일 처리 방식을 이해할 수 없었다. 의회는 (그가 바라는 대로) 노예제도를 영구히 폐지해 문제를 근본적으로 해결하려 하지 않았고, 노예제도를 이유로 미시시피 서쪽의 루이지애나 매입지로 인해 생긴 첫 영토인 미주리를 주로 승인하려고 하지도 않았다. 클레이는 다른 나라 사람들이 오기 전에 미국이 태평양을 향해 끊임없이 영토를 확장해야 하므로 중서부를 될 수 있는 한 빨리 발전시켜야 한다고 생각했다. 그것 또한 그가 주장하는 아메리칸 시스템의 일부였다. 만약 노예제도 없이 미주리가 독자 생존이 불가능하다면, 도대체 어떻게 하라는 말인가? 그는 켄터키에서 자신과 아내가 노예들을 포기하면 농업은 불가능해서 농지를 버리고 다른 곳으로 이주하지 않으면 안 된다는 사실을 알고 있었다. 마침 에드워드 콜이 농지를 팔고 일리노이로 이주하여 제2대 주지사가 된 사례도 있었다. 클레이는 시기가 무르익으면 어차피 노예제도는 없어진다고 믿고, 서부 지역을 아메리칸 시스템에 따라 개발하면 그 시기를 앞당길 수 있다고 생각했다. 그 사이에 미주리는 주로 승인받아 발전할 터였다.

클레이는 하원은 물론 정치 막후에서도 기량을 발휘하며 정력적으로 활동하여, 북위 36도 30분 이북의 루이지애나 매입지에서 노예제도를 금지하는 타협적인 수정안(1820. 3.)과 함께 메인과 미주리가 함께 주로 승인받는다는 것을 확실히 했다. 그는 더욱 비범한 재능을 발휘하여 미주리 대표자 회의의 과격파들이 도발한 헌법상의 문제도 해결했다. 즉 합중국 헌법에 따라 주는 주민의 권리를 박탈하는 법률을 제정해서는 안 된다는 사실을 인정하도록 했다(1821. 2.).[91] 이것은 제2의 미주리 타협이라고 알려졌다. 그 결과 먼로 대통령은 8월에 미주리 주의 연방 가입을 승인하는 서류에 서명했다. 이것은 클레이가 중재한 세 차례의 화해 가운데 첫 번째였는데(나머지 두 건은 1833년과 1850년), 이 중재 덕분으로 주기적으로 발생하던 남북의 긴장 관계가 완화되어 남북전쟁을 40년이나 늦출 수 있었다. 클레이가 그 마력을 사용해 의회 오피니언 리더들의 분노를 누그러뜨리는 모습을 지켜본 헨리 S. 푸트는 훗날 다음과 같이 말했다. "1860년부터 1861년 사이에 합중국 의회에 헨리 클레이와 같은 인물이 한 사람만 있었더라면 남북전쟁은 일어나지 않았을 것이라고 나는 확신한다."[92]

먼로 선언

미주리 타협이 성립된 뒤 클레이는 먼로 대통령을 설득해 에스파냐를 상대로 독립전쟁을 치르고 있는 라틴아메리카를 지원했고, 혁명정부를 서둘러 인정하여 그들이 필요로 하는 외교적 지원을 제공했다. 이것은 아메리칸 시스템의 일부였다. 이 같은 정책을 단행함에 따라 합중국은 북아메리카의 강력한 독립국가가 되었을 뿐 아니라 중앙 및 남아메리카에 탐욕스러운 유럽 세력의 진출을 저지할 수 있었다. 클레이는 몰랐지만, 영국 외무장관 조지 캐닝도 (자국의 상업적 이익을 위해) 라틴아메리카의 독립을 적극 지원했으며, 미국이 영국에 동조하여 프랑스와 에스파냐가 앞으로 서반구에서 환영받지 못한다는 사실을 선언하라고 먼로에게 압력을 넣었다.

1823년 12월 2일 먼로는 의회에 보내는 교서의 일부로서 미국의 새로운 정책을 밝혔다. 첫째, 합중국은 이미 존재하는 유럽 식민지에는 간섭하지 않는다. 둘째, 합중국은 유럽 내부의 동맹이나 전쟁에 관여하지 않는다. 셋째, "아메리카 대륙은 이제부터 유럽 열강에 의해 미래의 식민지화 대상으로 간주되지 않아야 한다." 넷째, 유럽 정치 시스템은 합중국과 다르므로 "유럽이 서반구의 어떤 지역에 대해서도 그 시스템을 확대하려는 시도는 이 땅의 평화와 안전에 유해하다고 간주한다." 먼로 독트린이라고 불리는 이 선언은-클레이의 아메리칸 시스템 덕택에-미국의 공업력과 군사력의 증강으로 이어져 갈수록 중요성이 커졌다.[93]

클레이는 초당파적인 활동으로 많은 업적을 올린 것에 비추어보면 자기가 대통령이 될 자격이 있다고 생각했다. 그리고 그런 생각을 하는 사람은 그 밖에도 많았다. 먼로 대통령 시대는 그 당시만이 아니라 그 뒤에도 "화합의 시대"라고 불렸다. 미국 역사에서 정부가 당리당략에 물들지 않았던 마지막 시대였다.[94] 하지만 먼로 대통령의 통치와 그 부속물이라고 할 존 퀸시 애덤스 시대는 미국 정치에서 최초의 최대 부패 시대라는 평가가 내려졌다. 이 시대 미국인 대부분은 의회와 관리를 포함해 정부가 온통 부패의 온상이라고 심각하게 생각했다. 반면에 이 무렵 영국에서는 18세기 제도에서 물려받은 전통적인 부패가 서서히 하지만 확실하게 추방되었다. 1820년대의 미국에서는 부패가 단순히 뇌물이나 공적 자금 착복만을 의미하지 않았다. 뒷거래로 입헌정치의 토대를 위태롭게 하고, 공적 지위를 이용하여 권력이나 더 높은 지위를 손에 넣고, 공공복지보다 사적 이익을 앞세우는 일 따위까지 포함하는 의미였다.[95] 하지만 일반인들은 단순한 착복 행위도 빈번하게 저질러진다고 생각했다. 실제로 정부 고위 관료인 육군부의 칼훈과 재무장관 윌리엄 크로퍼드(1772~1834) 두 사람은 상대방 부서에 부정행위가 있으며 그로부터 이익을 얻지는 않더라도 부정을 묵인한다고 서로 공공연히 비난했다.[96]

먼로 정권 후기의 분위기는 험악했다. 이것은 특히 칼훈, 크로퍼드, 애덤스 3명의 주요 각료가 차기 대통령 자리를 노리며 다툰 탓이었다. 그 결과 대통령 지지와 지명을 둘러싸고 극심한 분란이 뒤따랐다. 애덤스는 1825년 12월 14일자 일기에 크로퍼드와 먼로가 나눈 격렬한 언쟁을 기록했다. 두 사람은 세관원 임명 문제를 의논하기 위해 만났다. 세관이 취급하는 현금 액수가 늘어나 착복 가능성이 높았기 때문에 누구를 임명하는 가 하는 문제는 언제나 골칫거리였다. 먼로가 크로퍼드의 의견에 반대하자 크로퍼드는 자리에서 일어나 다음과 같은 경멸의 말을 던졌다. "그 자리에 아주 적합한 사람들을 임명하지 않겠다면, 당신이 누구를 임명하려고 하는지 알려주십시오. 내가 그들의 끈질긴 청탁을 물리쳐줄지 모르니까요." 그러자 먼로는 "매우 온화하게 당신의 말투는 서로의 사이를 생각하면 매우 부적절하고 실례가 된다고 대답했다. 크로퍼드는 먼로 쪽으로 몸을 돌리며, 이번에는 마치 내려칠 것처럼 지팡이를 치켜들고 '이 극악무도한 늙은 악당'이라고 말했다. 먼로는 방어하기 위해 난로 곁에 있는 부젓가락을 짚어든 채 크로퍼드에게 앙갚음의 욕설을 내뱉고는 곧 하인을 불러 집에서 내보내라고 말했다. …… 그 뒤로 두 사람은 마주친 적이 없었다."[97]

대통령이 되기 위한 계단을 오르기 위해 크로퍼드와 칼훈은 모두 자신이 수장으로 있는 부처의 직원을 이용했는데, 그들의 역할은 정치 운동을 위해 돈을 살포하는 일이었다. 직원들은 금화나 은화를 받았으나 사례 지불은 지폐로 대신했다. 서로가 상대편이 벌이는 일을 알았고 그런 사실을 소문으로 퍼뜨렸기 때문에 이런 행위는 일반인들 또한 알고 있었다. 크로퍼드는 지지자 가운데 한 사람인 상원의원이 공금으로 연방 국유지관리국의 시찰을 할 수 있도록 했다. 이 상원의원은 시찰 도중에 크로퍼드의 출마를 지지하는 연설을 했다. 관료들 대부분이 대가를 바라는 사업가에게 "융자"를 받고는 그 돈을 갚지 않는 경우가 너무나 많았다.

의회 역시 부패하기는 마찬가지였다. 미주리 주 출신의 상원의원 토머스 하트 벤턴은 막대한 변호사 수임료를 받고 애스터의 "법적 대리인"으로 일하며 애스터의 사업과 경쟁하는 육군부의 "공장" 제도를 폐지하는

미국인의 역사 I

510

데 성공했다. 벤턴이 간단하게 증명해 보인 대로 육군부의 제도는 명백하게 부패했는데, 문제는 그것이 아니었다. 벤턴이 백만장자인 애스터를 위해 무엇을 했는가가 문제였다. 이것은 어디까지나 벤턴 한 사람만의 문제가 아니었다. 매사추세츠의 유명한 연설가 대니얼 웹스터(1782~1853)도 혐오스러운 제2합중국은행으로부터 "봉사료"로 거액의 돈을 받았다. 한 근대 역사학자는 웹스터를 가리켜 "어떤 단체에서든 받을 것은 확실하게 챙기면서 거기에 상응하는 대가를 제공한 인물"이라고 평가했다.[98]

애스터는 이 밖에도 요직에 있는 많은 고위 관리들과 금전 거래를 했을 것으로 보인다. 실제로 먼로에게조차 5,000달러를 융통해줬다. 이 돈은 결국 되돌려 받았으나 15년이나 지난 뒤였다. 1819년 재정 위기가 일어난 해에는 일반적으로 돈을 빌리기가 불가능했는데, 애스터는 클레이에게 2만 달러라는 거액을 빌려줬다. 하원의장 자리에 있던 클레이도 웹스터와 마찬가지로 돈을 받은 대가로 은행에 봉사했다. 이 무렵 점차 수가 늘어난 신문들이 워싱턴의 타락상을 대대적으로 다뤘다. 「볼티모어 페더럴 리퍼블리컨」지는 해군 경리관을 "거액 횡령" 혐의로 고발했고, 이 사건은 "워싱턴에 만연한 부패의 한 예에 불과하다"라고 보도했다. 「뉴욕 스테이츠먼」지는 "공적 금융기관의 부도덕한 횡령은 공적 자금의 불법 유용이며, 공직에 있는 사람의 책임감이 이 정도로 타락한 경우는 일찍이 없었다"라고 규탄했다.[99]

잭슨 민주주의의 출현

뉴올리언스 전투의 승리자 잭슨 장군은 1819년의 재정 위기에 뒤이은 워싱턴의 부패를 목도하고 이제는 대통령에 출마해 연방 수도의 "대대적인 정화"를 단행하는 일이 자신의 사명이라는 생각을 굳혔다. 그는 제퍼슨이 이상으로 여긴, 깨어난 농민을 바탕을 하는 목가적인 미국으로 돌아가는 것은 현실에서 불가능하다고 생각했다. 1816년 잭슨은 "제조업은 지금 쾌적한 생활을 영위하는 데 필요할 뿐 아니라 이 나라 독립에도 빠질 수 없는 요소이다. 이것은 경제적으로 명백한 사실이다"라고 썼다. 그렇지만 건국 당시 공화국의 순수함을 되찾을 필요성은 분명히 있었다. 잭슨은 훗날 미국 선거 역사상 가장 인기 있었던 주제인 "악당들을 몰아내자"라는 슬로건을 내건 최초의 대통령 후보였다.

불행하게 이것은 잭슨에게 어울리지 않는 주제였다. 잭슨 자신만 두 손이 깨끗하고 남들은 전혀 그렇지 않단 말인가? 잭슨이 워싱턴에 발을 들여놓으려 하자 곧 그의 출마에 대해 여러 반대 움직임이 일었다. 뉴올리언스에서 승리를 거둔 덕택으로 잭슨은 비공식이지만 남부의 총독 같은 지위, 즉 부영사에 해당하는 지위를 얻었다. 그리고 그 지위를 이용해 예를 들면 그곳에서 인디언 세력들을 분쇄하고 사실상 그들의 토지를 몰수했다. 물론 여기에 이의를 제기하는 사람은 없었다. 하지만 1818년 3월 15일 잭슨의 군대는 선전포고도 없이 플로리다에 침입해 에스파냐와 전쟁을 시작했다. 플로리다에 주둔한 에스파냐의 빈약한 수비대는 이를 막을 수 없었다. 잭슨은 먼로 대통령에게 만약 워싱턴 정부가 프리깃함을 지원해준다면 "2, 3일 안에 쿠바까지 접수할 수 있다"라고 장담했다-하지만 먼로는 이 제안을 받아들이지 않았다.[100] 대신에 열렬한 제국주의자 국무장관인 애덤스의 압박에 떠밀려 잭슨의 플로리다 공격에 전술적인 지원은 했다. 비록 훗날 공모를 부정하고 당시 자신은 병석에 있었다고 했지만.

물론 요즘과 같은 상황이라면 잭슨의 행동은 자유로운 언론의 비판에 직면했을 것이다. 참전 여부를 결정하는 권리는 전적으로 의회에 있다고 규정한 헌법에 명백하게 위배되었기 때문이었다. 하지만 1818년 당시 장군은 그런 기자들을 잡아 감옥에 가두거나 내쫓을 수 있었다. 심지어 반역죄로 교수형에 처할 수도 있었다. 어쨌든 당시는 적어도 인디언이나 에스파냐 문제에 관한 한 자유로운 언론은 존재하지 않았다. 모두 호전적이고 영토 확장을 바라는 형편이었다. 1819년 2월 8일 의회는 잭슨에 대한 징계 동의안을 부결하며 기정사실을 기쁘게 수용했다. 그리고 7월 17일 플로리다는 에스파냐로부터 합중국에 정식으로 양도되었다.[101]

그럼에도 잭슨은 유력한 비평가로부터 비난을 피할 수 없었는데, 특히 헨리 클레이의 비판은 유명했다. 클레이는 먼로 정권에 대한 반대 운동의 일환으로, 대통령은 잭슨이 나폴레옹과 같은 행위를 하는 것을 허락했다고 비판했다. 그리고 1824년 잭슨이 대통령 출마를 표명했을 때는 "단순한 군대 지휘관"이라고 깎아내렸다. "뉴올리언스에서 2,500명이나 되는 영국군을 죽인 인간이 복잡하고 어렵고 그리고 다양한 문제들을 포함한 국정 운영의 으뜸가는 책임자가 될 자격이 있다고는 믿지 않는다"라고 썼다. 또한 잭슨이 "무지하고 감정적이고 위선적이고 부패하며, 그를 둘러싼 가장 열등한 인간들에게 쉽게 영향받는다"라고 말했다.[102] 당시 잭슨은 이 비판들을 무시했으나 잊지는 않았다. 클레이는 단번에 잭슨의 기나긴 적수들 목록의 맨 앞을 장식하게 되어, 잭슨은 죽을 때까지 공격을 멈추지 않고 "민중"을 선동하는 데 힘을 쏟았다.

확실히 잭슨은 군사 독재자였는지는 모르지만, 그가 라틴아메리카의 독재자나 유럽의 나폴레옹과 같은 인물과 다른 점은 진정한 민주주의자였다는 사실이었다. 미국의 저명한 정치가 가운데 국민의 의사를 열심히 전적으로 존중한 인물은 그가 최초이며, 오늘날까지 계속 맥을 이어오는 위대한 민주당을 창당한 것도 결코 우연은 아니다. 잭슨은 플로리다 준주의 지사 시절에(그의 고압적인 정책 때문에 플로리다는 1845년까지 주로 승격되지 않았다) 성인 백인 남자는 그곳에 살기만 하면 선거권을 부여받는 규정을 만들었다. 1822년에는 이 규정을 더욱 일반화하여, 모든 사람이 국가와 주의 법률이나 처벌을 준수해야 하기 때문에 국가와 주의 모든 자유민에게 선거권이 부여되어야 하며, 나아가 "법 제정에 따라 당연히 선거권이 부여되지 않으면 안 된다"라고 주장했다. 또한 각 주의회는 "주의 행복, 안전, 번영"을 위해 적절하다고 생각되는 선거 자격을 채택할 의무가 있다고 덧붙였다.[103]

잭슨은 대통령 선거권을 가진 사람이 많으면 많을수록 좋다고 주장했다. 그쪽이 만약 워싱턴 정부가 부패했을 때 해결책을 찾아내기가 한결 쉽다고 생각했기 때문이다. "권력의 부당 행사나 정부 관리의 부패를 바로잡기 위해 국민 손에 있는 헌법상의 중요한 시정 수단이 참정권이다. 이 권리는 냉정하고 신중하게 행사될 수만 있다면 강력한 힘을 발휘한다-그것은 국민의 자유와 권리를 길이 보증할 것이다."[104] 잭슨은 국민은 원래 도덕적으로 올바른 반면에 워싱턴에서 덩치를 키워가는 큰 정부는 본질적으로 악하며 비도덕적이라고 생각했다. 잭슨은 자신의 사명이 단단히 고정된 소수의 집권층, 즉 부패한 지배 엘리트들을 제치고 민중에 직접 호소함으로써 이 거대하고 도덕적인 인민의 힘을 해방하고 권한을 부여하는 데 있다고 봤다. 만약 선거권이 충분하게 확대된다면 이런 정치 전략이 단순 명쾌하며 나아가 승산이 크다는 사실은 의심의 여지가 없었다.

이러한 미국 정치의 일대 쇄신-민중의 도입-이 얼마만큼 잭슨 자신의 생각이었는지, 또는 클레이가 지적한 대로 막후에서 조종하는 악랄한 세력에게 영향을 받았는지는 분명하지 않다. 잭슨은 염려스러울 정도로 무지하고 문법이나 스펠링도 제멋대로였다. 자기 자신에게 말하는 형식으로 쓴 "메모"에는 소박함, 능숙함, 통찰력, 편견 등이 기묘하게 뒤엉켜 있었다. 연설이나 문장에는 『성서』의 표현이 어중간하게 사용되었다. "나는 조국을 위해 운다"라는 표현은 입버릇처럼 자주 등장했다. 은행, 워싱턴 정부, 특히 육군부, 그리고 그의 수많은 정적들은 "바빌론의 대창녀"로 불렸다. 적대적인 신문들이 그에게 퍼부은 말은 그의 표현을 빌리면 "분노의 비올"(바이올린과 비슷한 초기 현악기-옮긴이)이었다. 이와는 대조적으로 측근인 존 이턴 소령(1790~1854)은 명문장가였다. 1818년에 상원의원이 되어 잭슨의 수석보좌관 겸 비서가 된 인물이었다. 그는 "워싱턴의 정화"라는 주제를 범국가적인 운동으로 전개했는데, 실제로 이것은 근대 최초의 선거운동이었다. 1823년 여름 초에 이턴은 11개 항목의 정치 문서를 "와이오밍"이라는 필명으로 필라델피아의 「컬럼비안 옵서버」지에 실었다. 이 글은 "와이오밍의 편지"라는 제목의 팸플릿으로 두 차례나 인쇄되어 출간되고 전국 신문에 다시 게재되었다. 전체적으로 상세하고 인상 깊게 묘사된 이 글은, 미국은 "마몬의 손"에 떨어졌다, 유권자는 지금이야말로 이 나라를 독립 혁명의 순수한 이념으로 되돌려놓지 않으면 안 된다 등을 주요 테마로 다뤘다.

반대로 잭슨이 신문이나 팸플릿에서 비난의 목표가 된 경우도 있었다. 가장 타격을 많이 받았던 경우는 인망 높은 전 재무장관 앨버트 갤러틴이 잭슨은 권력의 자리에 앉았을 적에는 언제나 권력을 악용했다고 말하며 공격했을 때였다. 갤러틴은 라틴아메리카의 소름 끼치는 사례를 염두에 두고 유권자의 주의를 환기시켰다. "잭슨 장군은 내가 아는 어떤 미국인보다 드러내놓고 자유의 근본 원칙을 유린하는 발언을 한다." 이 글도 되풀이해서 신문에 소개되었다.[105] 하지만 숱한 경고에도 불구하고 잭슨은 그때나 그 뒤에나 걸출한 후보라는 사실은 변하지 않았다. 마르고 키가 크며 단정한 얼굴 모습은 얼핏 보기에 무서운 듯하나 동시에 허약하고 병든 것 같아 보여 사람들, 특히 여성들의 보호 본능을 자극했다. 또한 걸핏하면 화를 잘 내고 엄격하다는 평판을 들었으나 실제로 만나보면 놀랄 만큼 예의를 차렸다. 대니얼 웹스터는 "잭슨 장군의 매너는 다른 어떤 후보보다 대통령에 어울린다. …… 아내는 단연코 그를 지지한다"라고 증언했다.[106] 실제로 대통령으로서 이처럼 카리스마를 갖춘 인물의 출현은 미국 역사상 처음 있는 일이었다.

1824년 대통령 선거

1824년의 대통령 선거는 여러 가지 이유에서 중요한 의미를 지녔다. 처음에는 후보가 5명이었다. 크로퍼드, 칼훈, 클레이, 애덤스, 그리고 잭슨. 하지만 칼훈은 입후보를 포기한 뒤 당선자의 부대통령 후보로 나섰고, 크로퍼드는 뇌졸중을 일으키는 바람에 세 번째 후보로 전락했다. 결국 애덤스와 잭슨의 대결이었다. 선거인단제도는 여전히 존재했으나, 이번에는 일반 투표 또한 매우 중요한 최초의 선거였다. 조지아, 뉴욕, 버몬트, 루이지애나, 델라웨어, 사우스캐롤라이나 주에서는 주의회가 대통령 선거인을 선출하고, 그 밖의 주에서는 주 전체에 걸쳐 일반 유권자가 투표하는 방식을 취했다. 다만 메인, 일리노이, 테네시, 켄터키, 메릴랜드 주에서는 여전히 지역 선거구별로 투표가 시행되었다. 선거인 수는 이전 어느 때보다 더 증가했다. 나라가 다시 번영했기 때문에 대중의 분노가 폭발하는 일은 전혀 없었다.

이때 미국은 이미 유권자나 선거권 등록자가 감소하는 추세를 보였다. 애덤스의 표밭인 매사추세츠에서는 지난해 주지사 선거가 치러졌을 때 투표자 수는 6만 명이었으나 이번 대통령 선거 때는 고작 3만 7,000명에 그쳤다. 오하이오 주에서는 가을의 주지사 선거 때 투표자 수는 7만 6,000명인 데 비해 대통령 선거 때는 5만 9,000명에 불과했다. 버지니아 주 백인 인구는 62만 5,000명인데 투표자 수는 겨우 1만 5,000명뿐이었다. 펜실베이니아 인구는 이미 100만 명을 넘었으나 투표자 수는 고작 4만 7,000명에 지나지 않았다.[107] 총투표자 35만 6,038명 가운데 잭슨은 15만 3,544표를 획득해 명백하게 1위를 달렸다. 차점자인 애덤스는 10만 8,740표를 얻어 1위와 약 4만 표의 격차를 보였다.[108] 선거인단 투표 역시 잭슨이 최다인 99표, 애덤스는 84표, 크로퍼드는 41표, 클레이는 37표였다. 잭슨은 11개 주에서 승리한 반면 애덤스는 7개 주에 머물러 잭슨의 승리가 확실했다. 하지만 헌법 수정 조항 제12조에 따라 대통령 후보가 선거에서 과반수의 표를 획득하지 못했을 경우 최종 결정은 하원에 위임되었고, 거기서 3명의 최다 득표자 가운데 1명을 선출해야만 했다. 그럴 경우 실제로 하원 의장인 클레이가 표의 향배를 쥔 막후 인물이 되는 셈이었다. 클레이는 후보 가운데 4위를 기록해 대통령 선거에서는 탈락했다. 하지만 그는 본인이 대통령을 결정하고 그에 따라 이익을 챙기겠다고 결심했다.

하원은 1825년 2월 9일 개회할 예정이었다. 잭슨은 28일간의 테네시 주 여행을 마치고 1824년 12월 7일 워싱턴에 도착했다. 예전의 군대 동료 존 커피에게 보낸 편지에서 뒷거래 소문이 그럴듯하게 나돌았으나 자신은 정치적 담합은 결코 하지 않았다고 썼다. "아내와 나는 파티에도 참석하지 않고 집에서 파이프 담배를 피웠네."(이것 또한 어마어마한 활동이었다. 부인은 사기 파이프였으나 잭슨은 "물부리가 길쭉하고 멋진 포와탄 파이프"를 사용해 방 안

제3장 — 언제나 평범하게 행복하기를

517

이 "담배 연기로 뿌옇게 뒤덮여 숨 쉴 수 없을 정도까지" 담배를 계속 피워댔다.)[109] 클레이 쪽은 스파이를 보내 만약 잭슨이 대통령에 당선되면 어떤 자리를 차지하게 될지 탐색했다. 훗날 잭슨은 이 소문의 진상에 대해 확실히 밝혀달라는 요청을 받았다. "그 소문이 정말로 맞습니까?" 잭슨의 대답은 다음과 같았다. "그렇소, 그런 제안이 확실히 들어왔었소. 나는 그 메시지를 전달한 사람에게 말했어요. '만약 내가 대통령 자리에 앉는다면, 청렴결백하게 앉을 거라고 클레이 씨와 애덤스 씨에게 말해주게나'라고 말이오."[110]

애덤스와 클레이는 서로를 미워했으나 잭슨만큼 결벽증이 심하지는 않았다. 두 사람은 1825년 1월 9일과 29일 두 차례 만났는데, 아마 첫 회합이 중요했을 것이다. 보통은 자세히 기록된 애덤스의 일기도 이때의 일은 의도적으로 생략했다. 실제로 모종의 뒷거래가 있었다 하더라도 고결한 이상을 가져서 자부심이 강한 애덤스로서는 그 사실을 기록할 마음이 내키지 않았을 것이다. 어쨌든 하원이 열리자 클레이는 애덤스가 13개 주의 표를 획득했다고 선언했다. 이는 찬성 통과에 필요한 최소 득표수였다. 특히 켄터키의 표는 언어도단이어서 애덤스 표가 전혀 없었는데도 클레이는 애덤스에게 표를 던졌다. 2월 14일 클레이는 뒷거래 대가를 손에 넣었다. 애덤스가 그를 정식으로 국무장관에 임명한 것이다. 당시 이 자리에 취임하는 것은 자동으로 다음 대통령 선거의 유력한 후보가 되었기 때문에 이 자리는 요즘보다 훨씬 중요한 의미를 지녔다.[111]

잭슨의 분노가 폭발했다. 그는 이날 저녁 다음과 같이 썼다. "서부의 유다는 계약을 맺고 은 30닢을 받았을 것이다. 그의 말로 또한 유다와 똑같을 것이다. 이처럼 뻔뻔스러운 부정행위가 여태껏 있었을까?"[112] "부정 거래"라는 항의의 목소리가 전국으로 퍼져나갔다. 이 구호는 잭슨의 차기 대통령 선거운동의 목표가 되어 즉시 싸움이 시작되었다. 일반 득표, 선거인

득표, 지지를 표명한 주 등 모든 수치에서 잭슨이 선두였음에도 은밀한 뒷거래 때문에 대통령 자리를 놓쳤다. 이리하여 잭슨이 이전부터 주장하며 자신이 그 정화를 위해 "선출되었다"라고 말한 워싱턴의 부패가 누구의 눈에나 명백한 사실로 굳어졌다. 잭슨뿐 아니라 유권자도 기만당했다.

클레이는 사태를 해결할 길이 없었다. 위엄을 갖춘 채 조용히 사태의 추이를 관망하는 대신 자신이 애덤스를 대통령으로 만든 여러 이유를 늘어놓았지만 어느 것 하나 모순 덩어리 아닌 것이 없었다. 잭슨은 의기양양하게 말했다. "이 남자에게는 도대체 상식이라는 것이 없다! 오, 나의 적이 책을 쓰려고 하다니 …… 침묵하는 편이 오히려 현명할 텐데." 정말로 "부정 거래"가 있었는지 그 진실은 지금이나 앞으로나 영원히 밝혀지지 않을 것이다. 아마 그런 거래가 없었을지도 모른다. 하지만 미국인 대부분은 그렇게 생각하지 않았다. 따라서 이 구호는 최고의 슬로건이 되었다.[113]

민주당 창당

1825년 봄 테네시 주의회는 잭슨을 1828년 대통령 후보로 지명했고, 그리하여 미국의 또 다른 새로운 전통이 막을 올렸다. 바로 끝없는 선거운동이었다. "부정 거래"라는 고발에 따라 애덤스의 대통령직 합법성마저 위협받는 실정이었다. 잭슨은 지금까지 애덤스를 성실한 인물이라고 생각했는데, "그 사건이 일어난 뒤로 그와의 관계는 끝났다"라고 선언했다.[114] 정부와 잭슨 지지자 사이에는 커다란 정치적 균열이 생겼다. 이때부터 의회에서 일어난 반대도 조직적으로 변했다. 근대 미국의 양당제도가 모습을 드러내기 시작했다.

이미 광대한 나라가 된 미국은 빠르게 팽창을 계속했는데, 1825년부터 전국에 걸쳐 잭슨의 대중 정당 지부가 활발하게 설치되었다. 수많은 신문들이 모두 이 새로운 조직을 지지하고 나섰으며, 그 가운데는 더프 그린의 「유나이티드 스테이츠 텔레그래프」와 같이 새롭게 창간된 중요한 신문도 있었다. 정치 조직이 양분됨에 따라 정치가들이 속속 잭슨 지지로 돌아섰다. 뉴욕의 태머니 홀 보스인 마틴 밴 뷰런(1782~1862), 벤턴, 칼훈, 서부의 샘 휴스턴, 버지니아 주 로어노크의 명사 존 랜돌프(1773~1833), 사우스캐롤라이나의 조지 맥더피(1790~1851), 루이지애나의 지도자 에드워드 리빙스턴(1764~1836)—이들 이외에 여러 사람이 가담해 훗날 미국 정치의 위대하고 오래된 대중 조직의 하나인 민주당이 결성되었다.[115]

새로운 정당의 주요 기관지 「텔레그래프」는 모든 주에서 발행된 다른 50개 기관지 네트워크의 중심적인 기능을 담당했다. 각 신문들은 「텔레그래프」의 매우 거친 기사들을 그대로 옮겨 실었다. 오늘날 미국 정치가 추잡한 게임으로 변질되었다고 믿는 사람들은 1828년의 선거 진상을 전혀 알지 못하기 때문일 것이다. 미국인은 언제나 백악관에서 무슨 일이 일어나고 있는지, 특히 공금의 용도에 깊은 관심을 기울였다. 저 온화한 먼로조차 테네시 출신의 하원의원이며 잭슨 진영의 위원장이기도 한 존 코크에게서 실내 장식에 사용된 경비 내역을 추궁당하자 몹시 화를 내고는, 메시지를 전달한 사람에게 코크에게 가서 "당신은 악당이며, 그게 유일한 대답이었다고 전하라고 했다."[116]

애덤스는 이런 점에 관해서는 어쨌든 결백했으나 더욱 철저하게 검증을 받았다. 백악관의 물품 목록에는 당구대와 체스 세트가 있었는데, 이것은 (공교롭게도) 애덤스 자신의 돈으로 구입한 것이었다. 노스캐롤라이나 출신의 하원의원 새뮤얼 카슨은 도대체 어떤 권리로 "도박대와 도박용품을 사는 데 공금을 유용했는지"를 밝히라고 추궁했다. 이 질문은 「텔레그래프」와 그 계열 신문에 연거푸 보도되어 뉴잉글랜드와 바이블 벨트(남부의 기독교 신앙이 두터운 지역-옮긴이)에서 빈축을 샀다. 애덤스는 실제로는 엄격한 노인이었는데, 「텔레그래프」지는 그를 품위 없는 남자로 묘사하는 데 급급하여 상트페테르부르크 시절의 오래된 이야기, 즉 그곳에서 그가 러시아 황제 알렉산드르 1세에게 순진무구한 어린 미국 소녀를 헌상했다는 소문을 들춰내고, 애덤스를 "뚜쟁이 외교관"이라고까지 주장했다.[117]

애덤스 재임 기간 동안 백악관에서 일어난 쇼킹한 일면-적어도 우리에게 그렇게 보이는 사실-이 보도되지 않았던 것은 수수께끼에 가깝다. 그는 날마다 포토맥 강에서 벌거벗은 채로 수영을 즐겼는데, 흑인 하인 앙투안이 카누를 타고 그의 곁을 지켰다. 이 강의 물살은 결코 잔잔하지 않아 1825년 6월 13일 카누가 뒤집히는 바람에 애덤스는 거의 물에 빠질 뻔했다. 코트와 조끼를 잃고 구두마저 벗은 채 팬티 바람으로 백악관으로 간신히 돌아왔다. 그런데 한 필라델피아 신문은 푹푹 찌는 한여름 날씨에 애덤스가 넥타이를 단정하게 매지 않고 검은 비단 리본만 목에 두르고 맨발로 교회에 갔다고 불만을 토로했다.[118]

애덤스는 백악관에서 행복한 생활을 가져보지 못했다. 길거리에서 사람들에게 붙잡혀 긴 이야기를 들어야 하는 것을 몹시 싫어했다. 약속이나 초대를 하지 않았는데 불쑥 찾아오는 많은 사람들을 상대로 날마다 몇 시간씩 소비하며 대부분은 슬픈 사연을 들어야만 했다. "아침 식사를 마친 뒤 점심때까지 여러 가지 목적이나 의도를 가진 사람들이 차례로 찾아오는 것은 견딜 수 없는 고통이었다"라고 썼다. 예를 들면 위던 부인의 호소는 "월세로 사는데 오늘까지 내지 않으면 가재도구를 압수하겠다고 집주인에게서 협박을 받았다"라는 내용이었다. 이런 방문객들이 "끊임없이 줄을 이었다.” 남편이 우편 강도죄로 10년 동안 복역 중인 윌리스 앤더슨 부인의 방문에 관해 애덤스는 다음과 같이 말했다. “이 여성[에게 도움을 주는 일]은 세 차례나 거절했다. 그녀에게는 더는 새로이 할 말이 없었다. 두 번 다시 찾아오지 않으면 좋겠다고 말했다.” 앤더슨 부인의 끈질긴 방문이 있은 지 2주일 뒤에 아널드라는 인물이 찾아왔다. 이 남자는 여행을 하면서 워싱턴까지 왔는데 돈이 다 떨어졌다. 만약 대통령이 매사추세츠까지 돌아갈 돈을 준다면 “매우 고맙겠다”라고 말했지만 그 요청은 “거부당했다.”**119** 애덤스 대통령이 도박 도구를 사용할 여유가 있었다고는 생각할 수 없었다.

한편 정부 쪽 신문들도 머잖아 잭슨을 격렬하게 공격했다. 「내셔널 저널」지는 다음과 같이 주장했다. “잭슨 장군의 어머니는 영국 군인이 이 나라에 데려온 공창이었다! 그 뒤에 혼혈인 남자와 결혼해 몇 명의 아이를 낳았는데 그 가운데 한 명이 잭슨 장군이다!” 이 기사를 본 잭슨은 눈물을 쏟았다. 레이철과 치른 결혼의 정당성에 대해 비난받았을 때는 매우 분개했다. 단호하게 결투를 신청하고 그런 소문을 퍼뜨리는 배후 인물을 밝혀낸다면 죽여버리겠다고 맹세했다. 물론 클레이를 염두에 둔 말이었다(잭슨은 죽음을 앞둔 자리에서 여태껏 삶에서 몹시 후회되는 일이 두 가지가 있다면서, 그것은 “칼훈을 교수형에 처하지 않은 일과 클레이에게 총을 쏘지 않은 일이다”라고 말했다.).

실제로 이와는 전혀 별개의 문제이지만, 클레이와 랜돌프는 포토맥 강 제방, 오늘날 내셔널 공항이 있는 근처에서 결투를 벌였다. 어느 쪽도 부상은 입지 않았으나 클레이가 쏜 총탄은 랜돌프의 코트를 뚫었다(클레이는 이 상원의원에게 새 코트를 사줬다). 데이라는 이름의 영국인 사립탐정이 혼인 신고를 조사하려고 내처스와 내슈빌 근처를 서성댄다는 소식을 접한 잭슨은 클레이의 “은밀한 움직임”에 대한 정보를 손에 넣으면 “정치적, 그리고 어쩌면 육체적 생명을 빼앗을” 예정이라고 샘 휴스턴에게 편지를 썼다. 클레이 쪽에서도 총잡이들이 목숨을 노리고 있다는 충고를 친구에게서 받았다. 잭슨은 내슈빌 일대의 유력자 10명에게 자신의 결혼이 정당하다는 것을 증명하는 문서를 작성토록 해서 「텔레그래프」지에 지면 10단 분량을 게재하기까지 했다. 그것으로도 "간음죄를 범한 여성과 그 애인인 남편이 국가의 최고 자리를 맡아도 괜찮은가?"라고 규탄하는 정부의 팸플릿 발행을 막을 수 없었다. 이에 「텔레그래프」지는 애덤스 부부가 결혼 전에 죄가 무거운 동거를 했으며, 대통령은 알코올중독으로 안식일도 지키지 않는다고 응수했다.[120]

1828년의 대통령 선거는 처음으로 "리크(leak)"(비밀 유출-옮긴이)와 선거 포스터가 등장한 것으로 유명하다. 애덤스는 다음과 같이 말하며 한탄했다. "나는 개인적인 편지는 거의 쓰지 않는다. …… 그 일부가 친구 또는 정적에 의해 공개되지는 않을까 하는 걱정 없이는 한 줄도 쓸 수 없다." 노예제도에 반대하는 뉴잉글랜드 사람들은 『잭슨 장군의 흑인 투기와 인신 매매, 결정적인 증거에 의한 검토와 진실 규명(General Jackson's Negro Speculations, and his Traffic in Human Flesh, Examined and Established by Positive Proof)』이라는 제목의 팸플릿으로 마음껏 기쁨을 누렸다. 더욱 극적인 사건은 인쇄되어 널리 유포된 악명 높은 "관 광고 전단"이었다. "잭슨 장군의 피비린내 나는 행위의 계산서"라는 제목 아래 18건의 살인을 열거하고 그가 저지른 결투와 처형 희생자를 관 그림과 함께 묘사한 것이었다. 해리엇 마티노에 따르면 뉴잉글랜드에서는 이러한 고발 전단이 널리 퍼져 일반인들도 믿었기 때문에 학교 수업에서 아벨(아담의 둘째 아들-옮긴이)을 죽인 자가 누구냐는 질문을 받자 "잭슨 장군이요"라고 대답한 남자 어린이까지 있었다고 한다.[121] 선거운동 배지와 멋진 파티용 조끼가 처음 선보인 것은 1824년이었는데, 본격적으로 선거운동이 시작된 것은 1828년이었다. 잭슨의 비공식적인 운동 책임자는 「아르고스 오브 웨스턴 아메리카」의 편집인 에이머스 켄들(1789~1869)로 1827년에 클레이를 떠나 잭슨에게로 넘어온 인물이었다. 잭슨은 오랫동안 자신의 부하로부터 "올드 히커리"로 불렸다. 이는 히커리가 "이 세상에서 가장 단단한 나무"였기 때문이었다. 켄들은 이것에 착안하여 "히커리 클럽"이라는 전국 조직을 만들었다. 잭슨을 지지하는 도시에는 히커리 나무가 심어졌고 시골에는 히커리 기둥이 세워졌다. 지지자들에게는 히커리 지팡이나 방망이가 팔렸고 집회는 히커리로 장식되었다. 히커리라는 이름을 내건 퍼레이드나 바비큐, 거리 집회가 열렸다. 켄들은 「켄터키 사냥꾼」이라는 최초의 선거운동 노래를 만들게 했다. 이 노래에는 1815년의 대승리와 "패케넘과 그의 허풍"-패케넘과 그의 부하들이 "눈처럼 하얀 처녀에서 검디검은 처녀까지" "여러 색의 아름다운" 뉴올리언스의 딸들을 유린하려 한 일-그리고 올드 히커리가 이 비열한 계획에 분개하여 패케넘을 죽인 일 등이 담겨 있었다.[122]

선거의 귀재 밴 뷰런

잭슨은 이상적인 후보였다. 언제 말을 삼켜야 하고 언제 (대부분은 거짓으로) 분노를 터뜨려야 하는지를 잘 알았다. 게다가 이상적인 부사령관 마틴 밴 뷰런도 곁에 있었다. 그는 뉴욕 주를 움직이는 "올버니회(Albany Regency)"의 의장으로 키는 작으나 정력적이며 멋을 아는 인물이었다. 불그스름한 금발에 황갈색 상의와 하얀 바지, 끝에 레이스가 붙은 오렌지색 넥타이, 테가 넓은 비버 가죽 모자, 황색 장갑에 모로코 가죽신을 즐겨 착용했다. 옷차림은 젊은 디즈레일리와 비슷했으나 디즈레일리에게는 없는 것-진정한 의미의 근대적인 정치 조직-을 가지고 있었다. 밴 뷰런이 자란 곳은 에런 버와 드 위트 클린턴이 있는 뉴욕이었다. 뉴욕의 정치는 이미 복잡하고 화려했으며-국외자는 그것을 이해하기 힘들다고 고백했다-키 작은 밴 뷰런은 바로 그런 분위기에 둘러싸여 있었다.

이곳에는 태머니 협회라는 예전 제퍼슨 풍의 애국 단체가 있었는데, 회원은 오래된 오두막에 모여 술을 마시거나 담배를 피우거나 노래를 부르기도 했다. 에런 버는 이것을 이 대도시 정치 조직의 핵심 존재로 바꿨다. 클린턴은 "엽관제도" 즉 새롭게 통치자에 오른 사람이 모든 관리를 해임하고 자신을 지지한 사람들에게 관직을 주는 제도를 만들었다. 뉴욕은 이미 하나의 커다란 정치 거점으로 부상했다-후보들은 뉴욕 주지사에 출마할까 아니면 대통령에 출마할까를 놓고 망설일 정도였다. 밴 뷰런은 능력을 한껏 발휘해 태머니 협회와 엽관제도를 결합하고 양자를 이용해 우선 에런 버, 다음에 클린턴의 인기를 가로채고 자신이 지배권을 장악했다.[123]

밴 뷰런은 최초의 정치 관료였다. 태어난 곳은 올버니 카운티의 킨더후크라는 네덜란드풍의 외딴 시골로 립 밴 윙클 이야기의 발상지였다. 하지만 그는 고즈넉하기만 한 그곳 분위기와는 거리가 먼 인물이었다. 그의 모토는 "세세한 것까지 정확하게"였다. 태머니 협회 동료들은 시골뜨기 출신이라는 이유로 정적들로부터 "수사슴 꼬리"라고 불렸는데, 밴 뷰런은 그 별명에 자긍심을 가지고 모자에 심벌마크로 붙이라고 독려했다. 훗날 민주당이 당나귀 마크를 과시한 것과 같았다. 그는 태머니 협회를 확대하여 주 전체를 망라하는 정치 조직을 결성했다. 올버니와 뉴욕 시의 당 기관지는 당 방침을 발표하고, 선전 전단이나 포스터, 후보 명단을 인쇄하여 주 전 지역에 배포했다. 당 강령은 각 지방 신문에도 게재되어 1827년에는 밴 뷰런의 입김이 미치는 신문은 50개가 넘었다. 변호사나 관리 등 당내

제 3 장 ― 언제나 평범하게 행복하기를 •

엘리트들이 당 강령을 수립했다.

1820년대 미국, 특히 뉴욕은 법률가 천국이었다. 뉴욕은 복잡한 순회 재판제도를 채택해 법정이 빈번하게 열렸기 때문에 변호사는 여러 지역을 돌아다녔다. 밴 뷰런은 그들을 커뮤니케이션의 동맥으로 활용해 주 중심부에서 멀리 떨어진 시골이나 소도시까지 정보를 전달했다. 주의회에서 임명된 관리들은 각 지역에서 당의 압력단체 기반을 이뤘다. 밴 뷰런 자신의 견해는 이 조직의 성격에서 비롯되었다. 당 성격은 명확하지 않으면 안 되었다. 당 협의회에서는 다수결에 절대 복종해야만 했다. 어떠한 문제든 충분한 토의를 거쳐 동의를 얻어야 했고, 개인 목적보다는 당 이익이 우선했다. 충성심은 보상을 받고 배신행위는 용서 없이 처벌받았다.

1821년 밴 뷰런의 "수사슴 꼬리" 조직이 주를 장악하자, 그는 처음으로 열린 주의회 회합에서 주요 관료들의 해임을 단행했다. 곧 이어 6,000명에 달하는 하위직을 철저하게 조사한 뒤, 클린턴 파와 연방당원은 물론 예를 들면 "수사슴 꼬리" 출신이라도 신용할 수 없는 경우에는 추방했다.[124] 엽관제도를 창안한 클린턴은 격노했다. 이러한 추방과 보상 제도는 건국의 아버지들이 생각한 것과는 정반대였으나 거기에 미국 정치의 장래가 있었다. 따라서 밴 뷰런은 그 뒤 미국의 많은 유능한 정치가들처럼 정당의 비정함과 높은 식견을 교묘하게 결합했다. 그는 정치적으로 정신분열병 성향이 있었는데, 때때로 권력 남용을 인정하면서 두 번 다시 그런 일을 저지르지 않겠다고 맹세하곤 했다(물론 똑같은 일을 되풀이했다).

1825년 11월 2일에 이리 운하의 준공식이 성대하게 열리자, 클린턴이 주지사직에 복귀하여 이번에는 "수사슴 꼬리"들이 추방되는 아이러니한 결과를 낳았으나, 밴 뷰런은 이리 운하를 만든 클린턴의 대규모 토목사업을 지지했다.[125] 뉴욕이나 미국에 이로움이 크다고 생각했기 때문이다. 그 뒤부터 미국 정치는 역사적으로 이른바 밴 뷰런 증후군이라고 부를 수 있는 본보기-공익에 대한 진실한 열정과 정당 방침에 대한 절대 복종을 결합할 수 있는 사람들-를 차례로 배출했다. 부지런한 밴 뷰런은 1827년 한 해를 잭슨의 새로운 민주당 조직 결성에 거의 쏟았다. 거친 길을 마차에 흔들리면서 이동하면서 서부에서 절대적인 힘을 가진 미주리 주의 벤턴, "토스트 워터(토스트 조각을 넣은 더운 물-옮긴이)로 때때로 기분이 좋아지는" 유능하지만 술을 좋아하는 연설가 랜돌프 등 까다로운 사람들의 지지를 얻는 데 성공했다. 나이 들고 병든 크로퍼드와 화해하기 위해 조지아까지 내려간 뒤, 다시 남북 캐롤라이나와 버지니아를 거쳐 워싱턴으로 돌아왔다. 이처럼 민주당의 "견고한 남부"(전통적으로 민주당을 지지하는 남부의 여러 주-옮긴이)가 처음으로 모습을 드러냈다. 1828년 2월 클린턴이 심장발작으로 죽는 바람에 밴 뷰런이 뉴욕 주지사에 진출하는 길이 열렸다. 7월과 8월에는 뉴욕 주 북부의 새로운 시골 마을의 찌는 듯이 덥고 음산한 지역에서 7주 동안 선거운동을 벌였다. 도중에 식량을 구할 방도가 없었기 때문에 필요한 식량은 마차에 쌓아놓았다. 벌레와 습기에 고통받았고, 또한 갑자기 휘몰아친 비바람에 바퀴 자국이 늪으로 변해버리는 일조차 있었다. 마차에는 포스터와 잭슨 배지(또 하나의 발명품), 모자에 부착하는 "수사슴 꼬리", 히커리 지팡이 등이 잔득 실려 있었다.

밴 뷰런은 미국에서 최초로 저술가 팀을 조직한 정치가였다. 그들은 연설문 작성은 물론 많은 지방 신문에 제공할 기사 집필도 맡았다. 잭슨의 선거운동을 지원한 예술가나 작가에는 제임스 페니모어 쿠퍼, 조각가 허레이쇼 그리노, 너새니얼 호손, 역사가 조지 밴크로프트, 당시 미국 시인으로서는 제일인자였던 윌리엄 컬런 브라이언트, 그리고 역시 유명한 시인 윌리엄 레깃 등이 있었다. 랠프 월도 에머슨을 제외하고 미국의 작가나 지식인 대부분이 잭슨을 지지했다고 볼 수 있었다-이런 사람들이 뭉쳐서 특정 후보를 지지한 것은 이때가 처음이었을 것이다. 해리엇 마티노가 지적한 대로 잭슨은 혜택에서 소외된 사람들이나 인도주의자, 출세 제일주의자, "재능 있는 사람들"에게서 지지를 받았다.[126] 애덤스는 일기에 비통한 심정을 이렇게 털어놓았다. "밴 뷰런은 지금 잭슨 장군 진영의 강력한 선거 참모로 일하고 있다. 합중국에서 뉴욕 주의 상대적인 잠재력이나 중요성이 증대하고 있듯이 그는 에런 버와는 비교가 되지 않을 정도로 선거 기술을 향상시켰다."[127] 애덤스는 뉴잉글랜드에서는 낙승했으나 남부와 뉴욕이 손을 잡는다면 강력한 힘을 발휘하리라고 일찌감치 내다봤다.

이것은 보통 사람들인 일반 대중에 의해 치러지는 첫 선거였다. 24개 주 가운데 22개 주에서 유권자가 직접 대통령을 선출했다(델라웨어 주와 로드아일랜드 주에서는 여전히 주의회가 선거인단을 뽑았다). 버지니아 주 이외에서 유권자 수는 백인 성인 남성 숫자와 같았다. 총 투표수 115만 5,340표 가운데 애덤스는 순조롭게 50만 8,064표를 얻어 뉴잉글랜드, 뉴저지, 델라웨어에서 승리했고 메릴랜드에서도 선거인단 과반수를 차지했다. 뉴욕 주에서조차 36명의 선거인 가운데 16명의 표를 획득했다. 뉴욕 주에서는 밴 뷰런의 노력에도 단 5,000표 차로 잭슨이 간신히 이기는 데 그쳤다. 이렇게 해서 애덤스는 모두 83명의 선거인을 확보했다. 하지만 잭슨은 나머지 선거인 표를 전부 얻었고 또한 64만 7,276명의 일반인 표를 획득했다.[128] 이렇게 해서 잭슨은 보통 사람들로부터 확고한 신임을 얻어 백악관에 입성하여 오래된 간접적인 과두정치에 영원한 종지부를 찍었다.

잭슨 정권의 탄생

정권 인수 방식은 선거 결과와 마찬가지로 중요했다. 당시 대통령 선거는 9월에 시작하여 11월에 끝났으나 새로운 대통령의 취임은 3월까지 이뤄지지 않았다. 그 무렵 워싱턴은 느릿느릿하고 한가로운 남부 도시였다. 피에르 랑팡이 기본 설계안을 작성하고 측량기사 앤드루 엘리콧(1764~1820)이 구획한 워싱턴은 건설 도중에 혼란을 겪었으나 잠자는 듯 고요한 도시라는 사실은 변함이 없었다. 가장 큰 자랑거리는 27.5킬로미터에 이르는 벽돌 포장도로인데, 펜실베이니아 거리와 13번 거리의 교차로에는 로톤도(둥근 천장이 있는 큰 홀-옮긴이)가 있어 "웨스트포인트와 그 근교 풍경을 한눈에 바라볼 수 있었다."

빈번하게 열린 의원 만찬회는 오후 5시 반에 시작해 수프, 생선, 칠면조, 쇠고기, 양고기, 햄, 꿩고기, 아이스크림, 젤리, 과일 등이 셰리주, 온갖 식사용 와인, 마데이라주, 샴페인 등과 함께 끊임없이 나왔다. 아울러 셰리 코블러, 진 칵테일, 각종 증류주로 만든 슬링, 줄렙(버번 위스키에 설탕을 넣은 음료-옮긴이), 스네이크루트 비터(약초를 넣은 쓴 맥주-옮긴이), 팀버 드들리, 에그 녹 등의 주류를 곁들였다. 많은 정치가들이 하숙집에서 생활했는데 대부분은 멋진 집이었으나 어설픈 곳도 있었다. 하지만 안주인들이 이미 상류층과 엘리트, 그리고 본질적으로는 버지니아 우위를 과시하는 분위기를 확립해놓았다.

당시 잭슨에게 워싱턴은 적대적인 도시였다. 대통령에 선출되어 슬프고 고통에 가득 찬 남자로서 그곳에 도착한 때는 1829년 2월 11일이었다. 한 해 전 12월 초에 아내 레이철은 새로운 지위에 어울리는 옷을 사러 내슈빌에 들렀다. 거기서 그녀는 자신을 간통과 중혼의 죄로부터 변호하는 팸플릿을 입수했다. 그때까지 잭슨은 아내의 명예를 흠집 내는 조직적인 공격의 실상을 은폐해왔다. 그래서 그런 사실을 알게 된 그녀의 타격은 너무나 컸다. 그 충격으로 자리에 누운 그녀는 결국 12월 22일 숨을 거뒀다. 잭슨은 죽는 날까지 정적들이 아내를 죽음에 몰아넣었다고 생각하고 무서운 복수를 맹세했다.

잭슨은 개즈비 하숙집에 머물렀는데 혼자는 아니었다. 24개 주 모두에서 추종자들이 수도에 몰려들었다. 가난한 사람, 시골 사람, 생활이 곤궁한 사람, 그리고 무엇보다 희망에 부푼 1만 명에 이르는 강력한 부대였다. 이런 일행들이 대거 밀려오자 워싱턴 시민들은 기겁했다. 대부분이 때에 찌든 가죽옷을 걸쳐서 흡사 "북쪽의 야만인들이 로마에 쇄도한" 느낌마저 들었다. 며칠 만에 온 시내의 위스키를 다 마셔버렸고, 호텔이 꽉 차서 호텔 요금은 3배나 껑충 올라 일주일에 20달러나 했다. 침대 하나에 5명씩이 자고 마룻바닥까지 점령했다. 더욱이 조지타운이나 알렉산드리아도 인파로 넘쳐나 마침내는 야숙하는 경우마저 생겼다. 대니얼 웹스터는 "여기서 그토록 많은 군중을 일찍이 본 적이 없다. 사람들은 잭슨 장군을 한 번 보려고 500마일이나 되는 길을 왔다. 이 나라가 누구나 겪고 있는 재난으로부터 구원받는다고 진심으로 믿는 것 같았다"라고 썼다. 하지만 그들 대부분은 일자리를 원했다. 클레이는 이때의 상황을 두고 다음과 같이 냉소적으로 농담을 던졌다. "야위고 비실비실하며 굶주린 무리들이 습지와 숲 할 것 없이 합중국 도처에서 보호를 구하러 왔다. 그렇지 않으면 밤의 어둠을 틈타 대통령 거실에 몰래 들어와 무서운 표정을 지으며 음산한 목소리로 소리쳤다. '빵을 주시오. 재무부 이권을 주시오. 포상을 내려주시오.'"[129]

취임식도 보통 사람들의 떠들썩한 축제여서 어딘가 프랑스혁명 초기의 장면을 연상시켰다. 그렇지만 그 배경에는 더할 나위 없이 엄격한 헌법 준수의 정신이 깃들어 있었다. 화창하고 온화한 날씨 속에 곳곳에는 2피트 깊이의 겨울철 진창 흙이 마르기 시작했다. 오전 10시가 되자 수많은 인파가 길게 처진 선박용 로프에 제지된 채 공사가 덜 끝난 의사당 동쪽 주랑에 모여들었다. 11시에는 잭슨이 개즈비 숙소를 나와 군인들의 호위를 받으며 의사당까지 걸어갔다. 뉴올리언스의 퇴역 군인과 정치가가 열을 지어 줄줄이 따라갔다. 도로 양편에는 "승마용 말, 이륜마차, 1인승 이륜마차, 목제 짐마차, 여성을 가득 태운 사륜마차" 등이 그 뒤를 이었다. 정오에는 3만 명이 의사당을 에워쌌다. 악대가 「대통령 행진곡」을 연주하고 24발의 예포가 발사되었다. 잭슨은 "위엄을 차리며 민중을 향해 깊숙이 머리를 조아렸다"라고 마거릿 베이어드 스미스 부인은 비판적인 눈으로 그 광경을 지켜봤다. 대통령은 안경을 두 벌 꼈다. 하나는 머리 위에, 또 하나는 눈에 걸치고 종이에 적힌 문장을 읽었으나 아무도 들을 수 없었다. 그리고 다시 군중에게 사의를 표한 뒤 백마에 올라타고 관저로 향했다. "대통령을 따라붙은 행렬-시골 사람, 농부, 말을 타거나 타지 않은 신사, 소년, 여성, 어린이, 흑인과 백인, 마차와 짐마차 등이 일제히 그 뒤를 쫓아갔다"라고 스미스 부인은 놀란 듯이 썼다.[130]

자택 발코니에서 이 광경을 지켜보던 상류층 사람들은 이 엄청난 숫자의 군중이 모두 백악관으로 몰려가는 것이 확실해지자 갑자기 깜작 놀랐다. 그것은 마치 상퀼로트(프랑스혁명을 이끌던 빈곤 사회계층-옮긴이)가 튈르리 궁을 약탈하려고 하는 것과 같았다. 연방 대법원 판사 한 사람은 "매우 지위가 높고 세련된 사람"부터 이 나라에서 가장 비천하고 저속한 사람에 이르기까지 건물에 쏟아져 들어가 "민중 왕(King Mob)의 시대가 승리한 것처럼 보였다"라고 논평하면서 혐오감을 드러냈다. 백악관 1층은 순식간에 인파로 넘쳤다. 사교계 부인들은 졸도했고, 다른 사람들은 손이 닿는 곳에 있는 것을 닥치는 대로 붙잡았다. 한 기자는 뉴욕에 있는 밴 뷰런에게 다음과 같이 글을 써 보냈다. "대통령 관저에서 뚱뚱한 흑인 처녀가 금 스푼으로 젤리를 떠먹는 모습을 윌버포스 씨(영국 노예폐지론자-옮긴이)가 보았다면 그의 심정이 얼마나 흐뭇하겠습니까." 옷은 찢어지고 오렌지 펀치 통은 엎질러졌다. 진흙투성이 부츠를 신은 사내들이 조금이라도 더 잘 보려고 1개에 150달러나 나가는 "다마스크 무늬의 새틴으로 싼 의자" 위로 넘어 다녔다. "몇 천 달러를 호가하는" 도자기와 유리그릇이 산산이 깨졌다. 백악관 하인들이 폭도를 집 바깥으로 내보내기 위해 커다란 술통을 잔디 위로 가져다놓자 일반 대중(hoi polloi)은 뒤를 쫓아나갔다. "흑색, 황색, 회색(진흙 때문에) 등 여러 가지 빛깔의 피부색을 가진 이 무리들 대부분은 형무소가 딱 알맞았다." 이런 소동에 역겨워진 잭슨은 뒤쪽 창문을 넘어 개즈비로 돌아가 스테이크를 먹었다. 스테이크는 이미 미국 번영의 으뜸가는 상징이었다. 아내의 죽음을 기린다는 이유로 시뇨르 카루시 연회장에 1,200명이 모인 무도회에는 참석하지 않았다. 표를 가진 사람만이 입장했기에 매우 조용하게 치러졌다. 백악관 소동은 다음 일요일 워싱턴의 많은 교회에서 경건한 설교의 주제가 되었다. 유니테리언파 목사는 「누가복음」 제19장 41절 "예수께서 예루살렘 가까이에 오셔서 그 도성을 보시고 우셨다"라는 구절을 인용하면서 화가 난 듯이 설교했다.[131]

마침내 보응 인사가 시작되었다. 기존 세력의 해고를 서글퍼하며 이를 갈며 분개하는 사람들도 있었다. 그러나 이에 대해 밴 뷰런의 친구이자 상원의원인 윌리엄 마시는 상원에서 이런 "해임"은 정치 과정의 일부로서 "전리품은 승리자의 몫"이라고 말했다. 이 말은 세상에 완전히 정착하여 그 뒤부터 잭슨은 언제나 연방정부에 엽관제도를 도입한 당사자로 지목되었다. 관리의 해고에 대해 스미스 부인은 "많은 가정이 파탄났다-그것도 지체가 매우 높은 가정들이. 응접실은 이제 가구가 모두 철거되어 어두침침하고 텅 비어버렸다"라고 비통하게 썼다. 애덤스는 "[새롭게] 관직을 얻은 사람들은 과격한 당파주의자들뿐이며, 악의적으로 중상모략 기사를 써댄 신문 편집자들이 모두 임명되었다"라고 비판하며 항의했다. 확실히 언론인들에게 고위직을 제공한 대통령은 잭슨이 최초였다. 예를 들면 에이머스 켄들은 재무부 회계감사관 자리를 얻었다. 하지만 잭슨 진영은 정부 관리 1만 93명 가운데 처음 1년 반 동안에 해임 처분을 받은 경우는 고작 919명에 지나지 않으며 8년의 대통령 임기 동안에도 10퍼센트밖에 교체되지 않았다고 주장했다. 더군다나 자리에서 물러나야 했던 관리들 대부분은 그 나름의 이유가 작용했다. 해고된 87명은 전과가 있고, 특히 재무부에는 쓸모없고 질 나쁜 사람들로 가득했다. "상당수 직원이 나이가 많고 술을 많이 마셨다. 수석 감사관은 술에 취하지 않은 적을 본 적이 없다"라는 내부 고발마저 있었다. 도망가는 바람에 체포되어 기소당해 유죄 판결을 받은 경우가 1명, 횡령 사실이 적발된 경우가 9명이나 있었다. 1년 반 동안 켄들을 비롯해 새로 임명받아 들추기를 좋아한 관리들은 육군과 해군, 인디언 관련 계약을 둘러싼 횡령 이외에 50만 달러나 착복한 사실을 밝혀냈다. 1만 달러를 횡령했음에도 미국 독립 이래 계속해서 관직을 지켰던 재무부 서기관은 그대로 일을 맡게 해달라고 잭슨에게 간청했다. "똑같은 상황이 벌어진다면 내 부친이라도 내쫓을 것이오"라고 잭슨은 대답했다.

그렇지만 잭슨이 인정을 베푼 경우도 있었다. 백악관 연회 때 해고당한 올버니 우편국장이 다가와서 직장을 잃어 생계가 막막하다고 호소하며 윗옷을 벗어 대통령에게 상처 자국을 보였다. 잭슨은 "빨리 옷을 입으시오!"라고 말했으나 다음 날에는 마음을 바꿔서 해직자 명단에서 이 남자의 이름을 지웠다. "그 남자 몸에는 영국 총탄이 1파운드나 박힌 사실을 알고 있소?"라며 변명했다. 잭슨이 새로 임명한 사람들도 결국엔 전임자와 마찬가지로 부패한 관리였다. 워싱턴에 엽관제도를 도입한 배경에 대해서는 역사학자들 사이에서도 의견이 분분하다.[132]

페기 이턴 스캔들

잭슨의 임명 가운데 2건은 최악이었다. 그 가운데 하나는 새뮤얼 스와트아웃을 뉴욕 세관장에 임명한 것이었다. 다른 어떤 곳보다 많은 돈을 다루는 자리여서 1829년의 취급액만 1,500만 달러에 이르렀다. 그를 임용한 것은 뉴욕에서 밴 뷰런보다 훨씬 이전부터 잭슨을 지지했기 때문이었다. 하지만 에런 버의 오랜 친구인 이 남자는 정직하지 않았고 경마나 주식 투기, 행실이 좋지 않은 여자에게 정신을 빼앗겼다. 그는 기회를 엿보다가 122만 2,705달러 9센트를 챙겨 유럽으로 잠적했다. 이것은 미국 역사상 최대의 공금 횡령 사건으로 애덤스 대통령 시절의 횡령 총액보다 훨씬 많은 금액이었다.[133]

그보다 더 큰 잘못은 옛 전우이자 친구인 존 이턴 소령을 정에 이끌려 육군장관에 임명한 일이었다. 신중한 밴 뷰런은 스와트아웃의 됨됨이를 일찍부터 알고 있었음에도 그의 임명을 저지하지 못했는데, 이턴의 임명에 대해서는 더욱 위기감마저 느꼈다. 무분별하고 태만하여 내각의 비밀을 유지할 수 없을 것 같다고 여겼기 때문이다. 하지만 이턴보다 그의 아내가 더 의심스러웠다. 페기라는 이름을 가진 그녀는 활달하고 아름다운 29세의 여성으로 잭슨이 그녀와 결혼하라고 명령하기까지는 정부로서 이턴과 동거했다. 하지만 대통령은 대화 도중에 당당하게 자신의 의견을 드

러내는 활기찬 여성을 좋아했기 때문에 페기에 대한 비난에는 귀를 기울이지 않았다.[134]

이 경솔한 임명이 있은 뒤부터 미국의 정치 방식을 영원히 바꾸게 되는 일련의 기괴한 사건들이 차례로 일어났다. 사정을 잘 아는 에이머스 켄들은 페기가 창녀 출신이라는 소문을 부정했다. 그녀는 단지 자기중심적으로 이기적이며 "태도가 너무 뻔뻔할" 뿐이라는 것이었다. 하지만 나이가 지긋한 각료 부인들은 처음부터 페기를 질시하고 그녀가 이턴과 두 번째 결혼을 하기 전에 이턴 이외에 "적어도" 20명의 남자들과 잠자리를 했을 거라고 주장했다. 잭슨의 아내 레이철이 살아 있었다면 각료 부인들에게 따끔한 충고를 했을지 모른다(애당초 이 임명 자체를 못 하게 말렸을 것이다). 하지만 백악관의 영부인 역할은 잭슨의 양자의 아내인 20세의 에밀리 도널슨에게 돌아갔다. 에밀리는 남부 대농장을 관리하는 데 익숙하여 18명의 하인을 부리며 백악관을 아무런 탈 없이 꾸려나갔다. 하지만 페기와 자리를 같이하려 하지 않았으며 "그처럼 따돌림을 받는 사람을 본 적이 없다"라고 말했다. 부통령 칼훈의 아내는 우아한 남부 출신 여성이었는데, 이턴 부인에게서 "만나기를" 바란다는 부탁을 받아도 워싱턴에 올 생각조차 하지 않았다.

애덤스에게 페기 이턴의 소동은 대통령 퇴임 이래 처음 듣는 희소식으로 유쾌한 듯이 일기에 썼다. 재무장관 새뮤얼 D. 잉엄, 법무장관 존 M. 베리언, 해군장관 존 브랜치, 군 경리감 네이선 타우슨 대령 등이 "대연회를 열었으나 이턴 부인은 초대받지 못했다. …… 집권 여당은 이 도덕적인 문제를 놓고 여러 파벌로 나뉘었다. …… 칼훈이 도덕파의 리더라면 밴 뷰런은 연약한 부인의 옹호파였다." 실제로 밴 뷰런은 반대할 아내가 없는 홀몸으로 또 다른 독신자인 영국 대사와 함께 디너파티를 열어 페기를 초대했다.[135]

밴 뷰런이 "이턴 말라리아"라고 불렀던 디너파티 싸움은 1829년 봄과 여름 동안에 격렬하게 이어졌다. 이것은 정치적 사안 또는 그 밖의 어떤 일보다 중요한 문제로 떠올랐다. 잭슨이 개최한 대규모 연회는 비극적인 결말로 끝났다. 즐겁게 담소를 나누는 상류층 인사들 앞에서 관료 부인들이 페기를 완전히 무시했던 것이다. 한번은 대통령이 3명의 각료에게 최후 통첩을 보냈다. 부인들의 디너파티에 이턴 부인을 초대하지 않으면 해임마저 불사하겠다는 내용이었다. 잭슨은 클레이가 뒤에서 조정한다고 의혹의 눈길을 보냈고, 밴 뷰런이 찬찬히 조사했으나 각료 부인들과 에밀리는 클레이와 어떤 접촉도 하지 않았다. 그러자 잭슨은 "악한"이나 "성직자를 선두에 내세운 여성들"에 의한 "음모"를 내비쳤다. 성직자라는 것은 필라델피아의 에즈라 스타일스 엘리 목사와 잭슨도 자주 다녔던 워싱턴 장로파 교회의 J. M. 캠벨 목사를 가리켰다. 잭슨은 그들을 백악관에 초대해 페기에 대한 의혹을 밝히려고 했다. 엘리 목사와는 이 점에 관해 몇 차례에 걸쳐 주목할 편지를 나눴고, 페기의 결백을 입증하기 위해 아마추어 탐정 비슷한 작업을 벌이며 "진실"을 상세하게 탐문했다. 또한 조사관들에게는 호텔 기록 조사와 증인 청취도 명령했다.

1829년 9월 10일 오후 7시, 결혼 전의 이턴과 페기 사이에 잭슨이 말한 "범죄적인 교섭"이 과연 있었는지를 고찰하기 위해 미국 역사상 기묘하기 짝이 없는 각료 회의가 소집되었다. 엘리와 캠벨 두 목사도 출석을 요구받았다. 이 회의는 페기가 유산을 한 사실이 있는지, 그리고 이턴 부부가 뉴욕에서 잠자리를 같이 했는지, 아니면 단지 침대에 앉은 모습이 목격되었을 뿐인지 등의 문제를 놓고 캠벨 목사와 대통령 사이에 벌어진 열띤 논쟁과 함께 시작되었다. 각료들이 당혹스러워하며 아무 말 못 한 채 앉아 있는 가운데 목사는 담담하게 말을 이어나갔고, 잭슨은 "하느님에게 맹세코!""그녀는 처녀처럼 순결했다"라고 부르짖으며 때때로 그의 말을 방해했다. 드디어 캠벨이 화를 버럭 내며 고발의 정당성을 법정에서 증명해 보이겠다고 말하며 회의장을 뛰쳐나갔기 때문에 각료 회의는 수습이 안 된채 끝났다.[136]

이 에피소드는 잭슨의 상식보다는 비논리적인 성실성을 보여준다. 당연한 일이지만 그는 이턴 부인을 워싱턴 사교계에 강요할 생각은 전혀 없었다. 그녀는 어쨌든 그럴 만한 가치가 없는 여성이었다. 하인인 흑인 소년 프랜시스 힐러리는 훗날 그녀에 대해 "신이 창조한 가장 기만적인 인간, 그리고 말 못 하는 짐승을 견딜 수 없이 부려대는 여주인"이라고 말했다. 그녀의 최후는 너무나 비참했다. 1856년에 남편 이턴이 죽어 유복한 미망인이 되자 이탈리아인 춤 선생 안토니오 부키냐니와 결혼했다. 그렇지만 이 남자는 그녀의 전 재산을 사취하고 귀여운 손녀딸을 데리고 줄행랑을 쳤다. 그렇지만 그녀는 미국 정치의 흐름을 바꾼 장본인이었다.[137]

키친 캐비닛의 탄생

권력이 공식적인 조직에서 비공식적인 조직으로 넘어가는 것은 역사의 가장 흥미로운 한 측면이다. 내각제도는 옛날부터 있었던 추밀원의 비공식적인 대체물로서 영국에서 시작했다. 미국에서는 1790년대에 조지 워싱턴이 이 제도를 도입하여 존 퀸시 애덤스 시대에도 존재했다. 하지만 잭슨은 일반 대중의 압도적인 지지를 받아 선출된 최초의 대통령으로서 어떤 의미에서는 그때부터 합중국 헌법이 최고 지도자에게 부여한 거대한 권력을 행사하는 정신적인 권리를 얻었다. 잭슨은 취임 직후부터 옛 동료들과 함께 백악관 내부에서 비공식적인 협의를 시작했다. 켄들, 예전부터 보좌해온 루이스 소령, 양자 도넬슨, 뉴햄프셔의 「패트리어트」지 전직 편집장 아이작 힐, 내각의 공식 각료인 이턴과 밴 뷰런 등이 참석했다. 정적들은 이것을 "키친 캐비닛(Kitchen Cabinet)"(원래 의미는 쥐가 못 드나드는 부엌 찬장-옮긴이)이라고 불렀고 이는 위헌 행위라고 비난했다.

잭슨은 이 그룹에게서 여러 가지 이야기를 듣는 가운데 폐기에 대한 공격이 단순한 도덕적인 문제가 아니라 정치적인 것이며 칼훈과 그의 아내 플로리드가 공모했다는 사실을 확신하기에 이르렀다. 플로리드가 마침내 워싱턴에 와서 문제를 일으킨 셈이었다. 이 음모설을 제기한 사람은 밴 뷰런이었다. "작은 마법사"라고 불린 데는 다 그만한 이유가 있었다. 그의 마법 뒤에는 깊숙하면서 흔히 은밀하지만 꾸준히 커지고 있는 북부와 남부 간의 반목이 있었다. 밴 뷰런은 북부 공업 지대의 상업 우선주의를 대표했고, 칼훈은 열렬한 주권옹호주의를 대표했다. 칼훈이 주장한 주권 개념은 연방에 치명적인 위협이 되며, 또한 부통령이 이턴 부인을 구실로 삼아 배후에서 잭슨 내각을 뒤엎으려는 매우 거창한 "음모"를 획책하고 있다는 사실을 대통령에게 설득하는 일은 국무장관 밴 뷰런에게는 그리 어려운 문제가 아니었다. 잭슨은 서서히 이 충고를 받아들였으며, 1831년 4월에는 밴 뷰런의 계획대로 조치를 취했다. 의심을 사지 않기 위해 밴 뷰런은 사임했다. 그 뒤를 이어 거의 모든 장관들이 해임되어 자리를 떠났으며, 칼훈은 고립된 상황에서 남은 임기를 채웠다. 그에 대한 보상으로 후계자가 되는 것은 명백했다. 먼저 (잭슨의 재임 때) 부통령이 되고 그 뒤 대통령에 나선다는 계획이었다.[138]

그런 사이에 키친 캐비닛 내각이 나라를 통치했다. 이 내각에는 협의 사항도 없었고 구성원도 일정하지 않았다. 외부 인사로는 켄들이 가장 중요한 인물로 보였다. 그가 잭슨의 연설문을 집필한 것은 틀림없었다. 잭슨은 침대에 기댄 채 커다란 파이프를 피우며 "생각들을 소리 내어 말할" 뿐이었다. 그 내용을 켄들이 대통령에 어울리는 문장으로 다듬었다. 하원의원 헨리 A. 와이즈는 켄들을 가리켜 "대통령의 생각하는 기계, 글 쓰는 기계, 마지막으로 거짓말하는 기계"라고 불렀다. 해리엇 마티노는 워싱턴의 가십을 보도하면서 "어둠 속에서 모든 게 이뤄지고 있다. …… 퍼져나가는 속도도 범위도 유령처럼. 그것은 사람들로 하여금 언제나 의심에 찬 의혹의 눈길을 떼놓을 수 없게 만든다. 그리고 에이머스 켄들이 겉으로는 모습을 드러내지 않지만 그 모든 중심에 서 있는 장본인이다"라고 말했다. 켄들의 권력은 일반적으로 생각하던 것보다 훨씬 미약했지만 그는 정부 내에서 일어나고 있는 사태를 상징하는 인물이었다. 이전의 내각은 합중국 전반에 걸친 이익을 대표하도록 구성되었고, 그 멤버들은 지배계급의 단면이었다(물론 미국에 그런 계급이 존재하는 한)-즉 그들은 젠틀맨으로 구성되었다. 이에 대해 키친 캐비닛은 언론인과 같이 여태껏 권력하고는 아무런 인연이 없던 사람들을 권력 행사 그룹에 끌어들였다. 켄들은 워싱턴 사교계를 런던이나 파리를 흉내 낸다며 경멸했다. 그가 생각하기에 "늦은 만찬"은 "영국의 우스꽝스러운 풍습"이며, 위스키 대신에 샴페인을 마시는 것은 "주제넘은 행위"에 불과하고, 노출이 심한 드레스는 "역겨웠다."

켄들 같은 인물이 미국을 통치하는 데 일조를 한다는 생각만으로 애덤스 등은 등골이 오싹했다. 하지만 그 나름대로 이유가 있었다. 잭슨은 대중의 환심을 사는 데 성공하여 이제는 대중이 여물통에 코를 내미는 형국이었다. 잭슨은 한두 가지 예외는 있었으나 남북전쟁 시대까지 계속된 새로운 정치 왕조를 구축했을 뿐 아니라 권력 구조를 영구히 변화시켰다. 키친 캐비닛은 시간이 지남에 따라 발전하여 오늘날과 같은 백악관의 거대

관료제와 관련 기관이 생겨났다. 이것은 4년마다 치러지는 대통령과 유권자의 개인적인 계약에 의해 조성된 대통령의 권력 강화 산물이었다. 켄들과 같은 인물이 이런 새로운 방식의 상징이 된 것은 나름대로 타당했다. 그리고 잭슨이 민주주의라는 새로운 계약에 서명한 최초의 인물이라고 한다면, 신문은 그 계약을 작성하는 수단으로서 일조를 한 셈이었다.[139]

보통 사람들은 통치만 잘된다면 그게 정식 내각이건 키친 캐비닛이건 크게 신경 쓰지 않았다. 잭슨 시대에는 확실히 사정이 좋았다. 경제가 확대되고 붐을 이루었다. 그 결과 간접세와 토지 매각 수입이 급증해 연방정부의 얼마 안 되는 경비는 어렵지 않게 지출될 수 있었다. 국채도 감소하여 1835년과 1836년에는 채무액이 하나도 남지 않았다. 이것은 근대 국가가 된 이래 그 전이나 앞으로나 예외가 없었다.[140] 이 검소하고 간소하며, 허식도, 대국과 같은 가식도 없는 대중 정부는 의심할 나위 없이 유권자들의 환영을 받았다.

1832년의 선거에서 잭슨은 압승을 거뒀다. 재선에 성공한 대통령은 그가 처음이었다. 주요한 정적은 운이 없는 클레이였다. 기묘하게도 워싱턴, 제퍼슨, 매디슨, 먼로는 모두 프리메이슨 회원이었는데, 클레이의 경우는 프리메이슨이라는 사실이 오히려 불리하게 작용한 유일한 경우였다(아마 이것은 그가 교회에 한 번도 나간 적 없었기 때문일 것이다). 특히 뉴욕에서 그런 경향이 심했다. 그 때문인지 1832년 선거에서 클레이는 반프리메이슨당에서 내세운 후보자 윌리엄 워트와도 대결해야만 했다. 이 인물은 원래대로라면 클레이에게 갔어야 할 10만 1,051표를 획득해 표를 분산시켰다. 클레이는 죽을힘을 다해 선거운동을 펼치며 켄터키와 워싱턴 사이를 오갔다. 대부분의 시간을 아내와 손자, 하인 4명, 마차 2대, 말 6필, 수탕나귀 1필, 커다란 양치기 개 등과 함께 보냈다-하지만 모든 것이 수포로 돌아갔다. 총 득표수는 잭슨 68만 8,242표, 클레이 43만 7,462표였다. 선거인단 투표의 경우 그 격차는 더욱 벌어져서 잭슨의 219표에 비해 단 49표에 그쳤다.[141]

잭슨주의의 정체

이것이 잭슨식 민주당 지배의 시작이었다. 잭슨은 밴 뷰런을 사실상 후계자로 임명했다. 1840년 선거에서는 경제가 위기 상황이어서 밴 뷰런은 재선에 실패했는데, 장기간에 걸친 민주당의 우위가 일시 중단된 것일 뿐이었다. 1844년에는 "리틀 히커리"라고 불린 제임스 K. 포크에 의해 민주당 정권이 부활했고, 1848년에는 마찬가지로 재커리 테일러가 대통령이 되었다(테일러는 공무 중에 사망하여 밀러드 필모어가 계승했다). 그 뒤를 이은 두 사람도 강력한 잭슨주의자로 1852년에는 프랭클린 피어스, 1856년에는 제임스 뷰캐넌이 각각 계승했다. 1828년부터 남북전쟁에 이르는 시기까지 실질적으로 잭슨 또는 잭슨주의가 미국을 지배했다.[142]

그러면 잭슨주의란 도대체 어떤 것이었을까? 그 특징 가운데 하나는 연방주의였다. 이 점에 관해 잭슨보다 강력한 인물은 없었다. 심지어 링컨조차 잭슨에게는 미치지 못할 것이다. 잭슨은 노예 소유자, 작은 정부 지지자, 주권 지지자, 그리고 실질적으로 남부인 또는 남서부인이었을지 모르지만, 무엇보다 연방주의자였다. 정부가 남부의 이익에 부합하는 경제 정책을 취하지 않는다면 남부, 특히 사우스캐롤라이나가 연방을 탈퇴하든가 아니면 연방의 결정을 무효로 하겠다고 압력을 가할 때도 잭슨은 연방주의 입장을 명확하게 견지했다. 면화나 담배를 대량으로 수출하던 남부는 낮은 관세를 강하게 선호했다. 초기 산업화의 길을 걷던 북부는 높은 관세를 원했다. 의회는 1816년 최초로 높은 보호 관세를 입법화하여 남부의 비난을 받았다. 1828년 의회는 관세를 더욱 올리는 "가증스러운 관세" 법안을 통과시켰다. 이에 따라 미국의 높은 관세는 세계에서 손꼽을 정도여서 남부의 주요 무역 상대국인 영국에 큰 타격을 입혔다. 특히 사우스캐롤라이나에는 매우 고통이 커서 가장 부유한 주에서 매우 가난한 주로 전락하지 않을까 우려했다. 인구 감소도 현저하여 1820년대에는 7만 명, 1830년대에는 15만 명이나 줄었다. 이 참상을 불러일으킨 원흉으로 높은 관세가 지목되었다. 잭슨은 관세 인하에 힘을 쏟아 1832년의 관세법에서는 "가증스러운 관세"에 개선의 조짐이 보였으나 사우스캐롤라이나 주민이나 그 지도자 칼훈을 만족시키지는 못했다. 1832년 11월 사우스캐롤라이나 주는 헌법 회의를 열고 연방법 무효 조례안을 압도적으로 채택했다. 이 법안은 원래 칼훈이 발안한 것으로 1828년과 1832년에 제정된 관세법이 헌법을 위반하여 법으로서 효력이 없다고 규정하고, 1833년 2월 1일 이후 사우스캐롤라이나 주에서는 어떤 세금의 징수도 금지했다. 또한 주의회는 연방정부에 의해 재산이 몰수된 시민은 법원의 명령에 따라 그 두 배에 상당하는 금액을 돌려받을 수 있도록 정했다.

칼훈은 워싱턴에서 이 싸움에 몸을 던지기 위해 마침내 부통령직을 사임하고 잭슨 정권에서 물러났으며, 곧 상원의원에 선출되었다. 이에 대해 잭슨은 (새로이 재선된 대통령 위신을 걸고) 12월 10일 무효 선언을 거부하는 성명을 발표하고 다음과 같이 역설했다. "어떤 주가 주장하고 있는 합중국의 법률을 무효로 하는 권리는 연방의 존속과 양립할 수 없고, 명백하게 헌법 조항에 위배되며, 그 정신에 의해 승인받지 못하며, 권리 제정의 근본인 어떠한 원리에도 모순되며, 헌법 제정의 위대한 목적을 파괴하는 것이다." 그는 헌법은 "연맹이 아니라 하나의 정부를 형성하는" 것이라고 덧붙였다. 그리고 그것은 "단일한 국가"이며, 모든 주에는 "탈퇴할 어떠한 권리도 없다." 주민(州民)은 "통치권의 주요 부분"을 이미 국가에 인도하여 그것을 철회할 수 없다. 사람들은 주민이기에 앞서 미국 국민이므로 먼저 나라의 헌법과 법률을 준수하지 않으면 안 된다. 주권(主權)은 인민에 있고 연방은 영원하다. 이것이 잭슨의 주장이었다. 사우스캐롤라이나에서 태어나 줄곧 반연방주의자였던 이 남자의 입에서 이런 반주권(反州權)주의적인 말들이 쏟아진 것은 놀라운 일이었다. 1860년 링컨이 연방을 위해 싸울 때 잭슨의 이 말은 큰 도움이 되었다.

잭슨은 더욱 강경한 조치를 취했다. 최고 행정수반으로서 의회에서 결정한 법률을 수호할 책임이 있으며 그 가운데는 당연히 관세 징수가 포함되었다. 그는 "나에게 이 문제에 관한 자유 재량권이 있는 것은 아니다. 나의 임무는 헌법에 확실하게 명문화되어 있다"라고 말하고, 사우스캐롤라이나 주민들에게 직접 호소하면서 주민들이 이 상황을 타개할 수 있다고 호언하는 "나쁜 녀석"―칼훈―에게 속고 있다고 설명했다. 대통령으로서 그는 더 늦기 전에 주민을 이 환상에서 해방시키기를 원했다. "무력에 의한 분리는 반역죄이며" 연방정부는 총력을 기울여 그것을 억지할 것이다. 그렇게 된다면 "내전"은 피할 수 없으며, 사우스캐롤라이나는 필연적으로 연방군에 의해 제압당할 것이다. 그리고 주모자들은 반역죄로 재판에 회부되어 교수형을 당할 것이다. 그는 이렇게 암시했다―전에 자신의 정권에서 부통령을 지낸 사람에게 비공식적인 자리에서 그런 협박을 하기도 했다.

잭슨은 "강제법"의 통과를 의회에 요청했고, 뒤이어 모든 군사적인 조치를 취했다―포병 3개 부대의 출동을 명령하고 지원병을 모집하고 민병대를 동원했다. 육군 사령관 윈필드 스콧 장군은 찰스턴 항으로 이동하라는 명령을 받았다. 몰트리와 핑크니 요새에는 지원군이 파견되었고 항구에는 전함 1척과 세관 감시선 7척이 대기했다. 잭슨은 또한 주 내부의 연방주의자들을 결집하여 전쟁이 시작될 경우 행동을 취해 반역자들을 무장해제시키기를 기대했다. 그들은 잭슨의 "충분하다! 아무 두려울 것이 없다. 우리는 정의롭고, 신과 올드 히커리도 우리 편이다"라는 주장에 동조했다.[143] 주 내부에 무장한 연방주의자 그룹이 존재한다는 사실은 연방법 무효 지지자들을 망설이게 만든 한 원인이었다. 또 다른 한 원인은 관세를 정면으로 반대하는 사우스캐롤라이나 주의회에 동조하는 남부 주가 하나도 없다는 점을 들 수 있었다. 세 번째 원인은 "위대한 조정자" 헨리 클레이의 존재였다. 1833년 2월 12일 사우스캐롤라이나가 연방 탈퇴를 기도할 때 클레이는 시기적절한 제안을 내놓았다. 1842년까지 관세를 단계적으로 20퍼센트까지 내린다는 내용이었다. 이것은 사우스캐롤라이나가 바란 대로는 아니었지만 그런대로 명분을 만족시키기에는 충분했다.

1833년 3월 1일 잭슨은 강제법과 "타협관세법" 두 법안에 서명했고, 바로 뒤이어 사우스캐롤라이나는 연방법 무효화 결정을 폐기했다. 잭슨과 칼훈은 이것을 계기로 난국을 피할 수 있었으나, 클레이는 어느 쪽으로부터도 아무런 감사의 말을 듣지 못했다. 남북 간의 갈등은 20년 뒤로 연장되었고 연방의 권력과 힘, 권한은 더욱 확고해졌다. 남부는 가장 과격한 주가 후퇴를 강요당한 뒤부터 다시는 그런 일을 감행하지 않았다.[144] 잭슨 대통령은 하나의 주(또는 복수의 주)의 일방적인 행동에 의해 연방이 해체될 수 없다는 점을 확실히 지적했고, 여기에 반기를 드는 무리는 결국 연방에-적어도 암묵적으로-복종할 수밖에 없다는 교훈을 각인시켰다.

체로키 공화국의 종말

잭슨의 민주당 정권이 남부의 분리주의에 완강한 태도를 보였다면, 미시시피 동쪽에 남아 있는 인디언 세력과 그 재산을 파괴하는 데는 훨씬 더 무자비한 자세를 보였다. 물론 이것은 잭슨에게 한정된 문제만은 아니었다. 백인의 한결같은 의견-이는 흑인도 마찬가지였는데, 흑인은 인디언만큼 잔혹한 주인은 없다고 생각했다-은 인디언을 미국 사회에 동화시키든가 아니면 서부로, 될 수 있으면 서쪽 끝까지 내쫓는 것이었다. 잭슨은 대통령이 되기 전부터 남동부의 인디언 세력을 분쇄했다. 그리고 먼로 정권 아래서는 오대호 남부의 인디언이 루이스 캐스 장군(1782~1866)에 의해 마찬가지로 짓밟혔다. 캐스는 1812년의 미영전쟁에서 활약했고, 1813년부터 1821년까지 미시간 준주의 지사를 지낸 인물로, 1825년 8월 북서부의 모든 인디언 부족의 지도자 1,000명을 프레리두치엥에 소집해서 부족마다 경계선을 설정하라고 명령했다. 그 작업이 일단 매듭을 짓자 각 부족과 개별 강제 교섭을 진행했다. 1826년에는 포타와토미 족에게 인디애나 주의 광대한 토지를 인도하도록 강요했고, 또 마이애미 족은 인디애나 주의 토지를 5만 5,000달러의 일시금과 연간 배당금 2만 5,000달러에 넘겼다.

다른 부족의 교섭도 똑같은 과정을 밟았다. 1826년부터 1830년까지 인디언은 조상으로부터 물려받은 오래된 땅을 포기해야 했을 뿐 아니라 백인 정착민이 대거 밀려들어와 토지를 마음대로 차지했기 때문에 새로운 거주지마저 빼앗기는 결과를 맞았다. 1829년 인디언 대폭동이 일어났지만 압도적인 군사력에 의해 진압되었다. 연방정부는 이때 처음으로 영국이 전 세계에 제국을 건설하기 위해 포함을 이용한 것처럼 오대호의 증기 포함을 동원했다. 이 "포함 외교"의 결과로 인디언은 미시시피 맞은편으로 추방되거나 좁은 지대에 남았다. 그리고 1억 9,087만 370에이커에 달하는 토지를 7,000만 달러 남짓한 일시금과 연금을 받고는 백인 손에 고스란히 넘겼다.[145]

캐스는 교양 있는 인물로 훗날 외교와 행정 두 분야에서 높은 지위에 올랐다. 인디언과 싸우는 동안 이 문제에 관한 의견을 실제로 정리한 몇 안 되는 한 사람이기도 했다. 「인디언 문제에 관한 미국과 영국의 대응」이라는 제목의 에세이를 1827년 「노스 아메리칸 리뷰」에 싣고 인디언이 백인과 200년 동안이나 접촉했으나 전혀 "진보"하지 않는 이유를 이해할 수 없다고 설명했다. 그것은 "정신적으로 이례적인 현상"이었다-임이 틀림없었다. 왜냐하면 "진보적인 개선은 인간에게 거의 모두가 물려받은 소질이라고 볼 수 있기" 때문이었다. "상황을 개선하려는 욕구"가 "이 미개인의 신체에는 존재하지 않는 것 같다. 자기네 숲에 서식하는 곰이나 사슴, 버펄로처럼 인디언은 아버지가 살던 대로 살고 아버지가 죽던 대로 죽어간다. 문명화된 이웃의 생활 방식을 모방하려는 생각은 전혀 없고, 무기력하고 게으르며, 동물적인 욕구나 파괴 욕구를 채우기 위한 야만스러운 행동으로 인생을 흘려보낸다. …… 아마 숲과 함께 사라져갈 운명일 것이다"라고 썼다.[146]

사실 인디언이라고 뭉뚱그려 말하지만 부류는 무척 다양했다. 백인의 공격에 정면으로 맞선 크리크, 체로키, 촉토, 치카소, 세미놀 족은 오랫동안 "문명화된 5개 부족"으로 불렸다. 인디언을 매우 싫어한 존 퀸시 애덤스마저 1824년에 먼로 대통령을 만나러 온 대표단이 "매우 세련되었다"라고 인정하지 않을 수 없어 다음과 같이 썼다. "이 사람들은 우리와 똑같은 옷을 입었고, 두 사람의 영어 발음은 훌륭했으며, 그 가운데 한 사람의 영어는 문법적으로 완벽했다."[147] 먼로는 각료 회의 도중에 "인디언을 미시시피 서쪽으로 이주시키는" 일이 "절대적으로 필요하다"라고 주장한 적이 있었는데, 그 자리에 참석한 칼훈은 "가장 큰 어려움"은 그들의 야만성이 아니라 "체로키가 높은 문명을 가진" 사실에 있다고 말했다. 칼훈은 이어서 조지아 주에는 1만 5,000명의 체로키가 있으며 그 수는 백인과 같은 수준으로 증가한다고 설명했다. 이 부족은 "모두가 땅을 경작하며, 대표정부와 재판소를 두고, 랭커스터 방식의 학교를 세우고, 토지의 영구 소유권도 갖고 있습니다." 그리고 "가장 높은 추장은 스스로 교서를 작성하며, 대부분의 백인 외교관들에 지지 않을 정도의 논리적인 토론을 진행할 수 있습니다"라고 덧붙였다.[148] 칼훈의 설명은 사실이었다. 체로키 족은 진보를 거듭하여 백인의 사회와 정치 조직 형태를 받아들였다. 1792년에는 부족 협의회를 만들었고, 1808년에는 성문법을 제정했고, 1817년에는 공화국을 창설했다. 상원은 선출된 13명의 의원으로 구성되며 임기는 2년, 나머지 의원은 하원의원이 되었다. 1820년에는 영토를 8개 구역으로 나눠서 각각 현장 조사를 거쳐 경찰서와 재판소를 설치하고 징세와 급여 지불, 채권 회수 등의 기관을 운영했다. 1826년에는 체로키 족 대표가 필라델피아에서 강연하면서 독자적인 정치 시스템을 설명했다. 그다음 해 체로키 국민회의는 미국 헌법을 토대로 성문헌법을 기초하고 "아프리카 출신의 자손"을 제외한 18세 이상의 "모든 자유 남성"에게 선거권을 부여했다. 1828년 여름에는 최초의 선거가 치러졌다. 대법원은 이미 5년 전에 설치되었다. 1828년 2월 28일에는 공화국에서 독자적으로 만든 신문 「체로키」 창간호가 발행되었다. 수도 에코타는 매우 치밀하게 계획된 곳으로 멋진 대법원 건물과 2층짜리 붉은 벽돌집이 여러 채 있었다. 이 가운데 한 채는 조지프 밴("부호 조")의 소유였는데, 조지아 주 채츠워스 근처에 있는 이 역사 유적지를 지금도 탐방할 수 있다. 이 밖에 통나무 오두막집들이 질서정연

하게 서 있었다.[149]

이 작은 유토피아의 문제점은-어디까지나 백인의 견해였지만-이 사회가 같은 인디언들로만 구성되었다는 점이었다. 필요 시설이 완비된 이 공동체가 백인이 인디언과 연결 짓는 모든 악을 일소했다는 점은 백인에게는 전혀 중요하지 않았다. 「피닉스」지는 알코올 추방 운동을 야심차게 전개했고 금주법 발안 계획도 있었다. 말 도둑에 대한 처벌은 엄격했으며, 정부는 모든 인디언이 노동을 통해 수입을 얻는 것을 장려했다. 물레가 2,000대, 베틀이 700대, 제분소가 32개소, 조면기가 8대가 있었다. 학교는 18군데나 있었으며, 영어 이외에 체로키어도 사용했다. 이 안정된 공동체에 사는 1만 5,000명의 인디언은 2만 두의 소를 키우고, "문명적인" 조지아인과 마찬가지로 1,500명의 노예를 소유했다. 하지만 이 공동체의 존재 자체, 특히 그 헌법이 주법이나 연방법에 저촉되었다. 1827년 조지아 주는 연방정부에 인디언을 즉시 "추방"해달라고 청원했다. 금광이 발견되어 백인 투기꾼들이 몰려온 것 또한 인디언을 배제한 경제적 동기로 작용했다.

1828년 말 잭슨 장군이 대통령에 당선되자 이 공동체의 운명은 끝났다. 잭슨은 취임사에서 예를 들어 어떠한 가치가 있다 하더라도 인디언의 이익보다는 조지아 주의 통합과 합중국의 헌법이 우선한다고 공언했다. 헌법 이념을 수호하기 위해서는 고향 사우스캐롤라이나와 전쟁도 마다하지 않겠다는 이 남자로서는, 법과 정부라는 단일 구조 속에서 연합하여 발전한 광대한 나라 내부에 "미개인의 유토피아"라는 특별한 경우를 허락해서는 안 되었다. 결과적으로 볼 때 잭슨은 물론 옳았다. 20세기 말까지 합중국 안에 인디언 독립공화국이 몇 개나 존재했다면 미국은 극심한 혼란을 겪었을 것이다. 국제연합(UN)에서는 외교 대표가 각자의 외교 정책을 발표하고, 국내에서는 예전에 인디언과 맺은 조약을 철회하라는 시도와 함께 서로 이웃한 모든 백인에 대한 영토 권리 요구가 끊이지 않는 상황이 연출되었을 것이다.

당시 체로키 공화국을 지지하는 백인도 일부 있었다. 조지아 주의 청원을 접수한 의회는 1830년 1월 1일 이후 모든 주법은 인디언에게도 적용된다고 공표했다. 5개월 뒤에는 강제 이주법이 승인되었고, 부족별로 한데 뭉친 동부 인디언을 미시시피 강 서쪽으로 필요하다면 무력을 사용해 강제로 이주시키는 권한이 대통령에게 부여되었다. 이 건에 대해 선교사 그룹은 연방 대법원에서 싸울 것이라고 밝히며 체로키 공화국을 지원했다. 하지만 체로키 공화국 대 조지아 주의 소송에서 대법원장 마셜은 체로키족은 합중국 헌법이 규정한 국민의 범주에 속하지 않으며 따라서 재판에 호소할 수 없다고 판결했다. 이 결정에 대해 저항을 촉구한 선교사들 중 11명이 1831년 9월 15일 주법 위반 혐의로 4년간의 중노동형을 선고받았다. 그 가운데 9명은 조지아 주에 충성을 맹세하여 형을 면제받았고, 2명은 대법원에 상고하여 무죄 판결을 받았다. 하지만 잭슨 대통령의 비호 아래 조지아 주는 대법원 판결에 공공연히 저항했다. 그 뒤 무력행사, 연금 정지와 채무 불이행이라는 방해 공작, 그리고 뇌물 등을 교묘하게 사용하는 바람에 몇 년 안 가서 체로키 공화국은 멸망하고 말았다. 1835년 12월 추장인 메이저 리지가 이끄는 탐욕스러운 소수파가 뉴에코타 조약에 서명하고 체로키 최후의 땅을 560만 달러에 넘겼다. 체로키 공화국은 붕괴하고, 마지막까지 싸운 인디언 전사들은 3년 뒤 합중국 기병대에 의해 미시시피 강 너머로 쫓겨 갔다.[150]

조지아가 자기 잇속을 챙기기 위해 법 앞에 굽실거리는 위선적인 태도로 인디언을 증오했다면, 아칸소의 협잡은 충격적이기까지 했다. 이 주는 "야만적인" 체로키에 대해 백인 "문명"의 우월성을 주장하는 일에 다른 어떤 주보다 앞장섰다. 주의회는 체로키를 "잠시도 가만있지 않고 불만을 품으며, 무례하고 악의에 가득 찬 부족으로 언제나 음모를 꾸민다"라고 비난했다.[151] 아칸소 법정에서는 인디언 피가 4분의 1 이상 섞인 사람의 증언은 인정되지 않았다. 또한 백인과 인디언의 거래를 금지하는 법을 제정하여 인종차별 정책을 취했다. 하지만 아이러니하게 아칸소는 합중국에서 사회적으로 가장 낙후된 지역이었다. 그곳 백인 대다수는 혼자서 총이나 덫으로 동물을 잡는 사냥꾼, 원시적인 농업에 종사하는 농민 등과 같이 고립된 존재이거나 배타적이고 자기밖에 모르는 대단히 폭력적인 사람들이었다. 1만 4,000명의 그곳 주민은 1819년에 지방정부를 세웠는데, 법원이나 의회에서는 법률이나 논쟁에 국한하지 않고 결투로도 버젓이 일을 처리했다. 1819년에는 민병대를 지휘하던 준장이 결투로 죽었다. 5년 뒤에는 고등법원 판사가 같은 방법으로 목숨을 잃었는데, 트럼프 게임에서 말썽을 일으켜 동료 판사의 손에 죽었다. 플래너건 일가는 "인간의 법이나 신의 법에 전혀 복종하지 않고 이기적인 욕망과 야만스러운 습성에 몸을 맡겼다." 와일리 일가는 글을 읽고 쓸 줄 몰라 "놀라울 정도로 무지했으며" "그 어리석은 머리로 생각할 수 있는 미신에 사로잡혀 마녀, 도깨비, 유령, 악마의 눈 등 있을 수 있는 모든 것을 믿었다. 농사는 짓지 않았고 오두막 둘레에 울타리도 두르지 않은 채 벙커힐 전투 때 이곳 황야로 도망쳐 나온 뒤부터 떠돌아다니며 빈둥빈둥 지내왔다."[152] 아직 이런 상태였는데, 아칸소는 다른 어떤 주나 준주보다 인디언에 대해 강경한 태도를 보였다.

1830년대에는 조지아와 아칸소에서 추방된 인디언 가족들이 초라한 소지품을 지닌 채 서쪽으로 향하는 광경이 낯설지 않았다. 이는 서부 개척 시대의 잔혹함을 보여주는 상징이었다. 1831년 겨울 프랑스 정부의 요청으로 형벌제도를 연구하기 위해 미국에 건너온 알렉시 드 토크빌 백작은 테네시 주 멤피스에서 촉토 족 일행이 열을 지어 미시시피 강을 건너는 모습을 목격하고 이런 글을 남겼다. "인디언들은 가족을 이끌고 갔는데 그 가운데는 병자나 부상자, 갓난아기, 이제 막 숨이 끊어질 것 같은 노인도 있었다." 그리고 "그 뒤에는 3,000명에서 4,000명의 군인들이 줄을 지어 유랑민들을 몰고 갔다. 군인들 뒤로는 [백인] 개척민들이 따랐다. 그들은 삼림을 개간하거나 동물을 사냥하고 내륙 수로를 탐험했고, 문명이 사막을 넘어 승리의 전진을 할 수 있도록 준비했다." 잭슨 대통령의 영도 아래 모든 것은 헌법에 따라 합법적으로 진행되었다고 토크빌은 말했다. 인디언은 옛날부터 누려온 권리를 빼앗겼다. 하지만 그것은 "피를 흘리지 않고 이 세상 누가 보든 도덕적으로 터럭만큼의 마찰도 일으키지 않는 방식으로 조용히 합법적으로 자비로운 은혜 아래" 진행되었다. 따라서 "이보다 더 인간성을 존중하는 방법으로" 인종 말살을 꾀하는 일은 불가능하다고 그는 결론지었다.[153]

잭슨의 은행 혐오증

잭슨은 미시시피 강 동쪽의 인디언 문제를 일단락 지었고, 강 서쪽에 대해서도 인디언이 한데 뭉쳐 다시는 세력을 얻지 못하게 하는 기본 원칙을 세워 효과를 봤다. 하지만 그는 인디언을 증오하지는 않았고 단순히 이질적인 존재로 간주했을 뿐이었다. 반면에 은행, 특히 제2합중국은행에 관해서는 마음 깊이 증오심을 품었다. 이것 또한 이질적인 존재로서 반드시 제거되어야 마땅하다고 굳게 결심했다. 잭슨은 은행에 대해 전혀 아는 것이 없었기 때문에 은행을 증오했다고 흔히 말하지만, 그것은 사실이 아니다.

케인스는, 자신들은 어떤 이론도 받아들이지 않는다고 호언한 위대한 사람들의 의견 역시 대부분은 알지 못하는 사이에 머리에 박힌 "옛날 경제학자들"의 주장에 의해 형성된 것이라고 말했는데, 잭슨이 바로 그런 사례에 속할 것이다.

잭슨은 "사우스시 버블 사건(South Sea Bubble)[18세기 초 영국 사우스시 사의 부실한 주식에 투자했다가 주가 폭락으로 엄청난 피해가 발생한 투기 사건-옮긴이]에 관한 책을 읽은 이후"에 은행, 특히 중앙은행을 탐탁치 않게 여겼다고 말한 적 있었다. 그는 이미 애덤 스미스의 저서를 읽고 그릇된 판단을 내렸지만 존 테일러만큼은 매우 잘 알았다. 1820년대 후반에 잭슨의-그리고 테일러의-생각은 윌리엄 M. 구드가 주장한 반은행주의에 강한 영향을 받았다. 구드는 「뉴욕 이브닝 포스트」와 잭슨이 즐겨 읽던 신문인 「워싱턴 글로브」에 은행에 관한 기사를 폭넓게 썼다. 그의 저서 『합중국 지폐와 은행에 관한 짧은 역사(A Short History of Paper Money and Banking in the United States)』(1833)는 그의 이론을 요약한 것으로 당시 대베스트셀러였다. "전형적인 도시인" "빅 맨" "머니 파워" 등을 적대적으로 묘사한 이 책은 근면한 농민, 기술자, 상점 주인 등을 특허권이나 특권을 부여받은 은행가와 대비시켰다. "합중국의 상거래는 정직한 거래의 가치를 떨어뜨린다. …… 부는 땀 흘려 일하거나 저축하는 사람들의 손에서 끊임없이 빠져나가 일도 저축도 하지 않는 사람들의 손으로 들어간다." [154] 그는 법 앞의 경제적 평등, 나아가 인가제도, 특히 연방 인가제도의 폐지를 호소했다.

잭슨은 제2합중국은행의 폐쇄를 공약으로 크게 내걸었던 1832년 선거에서 압승했기 때문에 이 사안에 대해서는 민중의 지지를 받았다고 확신했다. 잭슨의 주장은 은행을 혐오하는 이념뿐 아니라 그 도덕관에서 비롯되었다는 사실을 인식할 필요가 있다. 그는 미국이 은행으로부터 "저주를 받고 있다"라고 말했다. 은행의 "타락" 때문에 "조직의 독점과 귀족주의"가 촉진되었고, 정부는 "국민의 의사를 대변하지 않고 국민을 억압하는 도구"로 전락했다. 이 "히드라"(그리스 신화에 나오는 머리가 아홉 개 달린 괴물 뱀-옮긴이)를 배제하지 않는 한 "조직 본연의 소박함과 순수함은 회복될 수 없다."¹⁵⁵ 이렇게 해서 잭슨이 좋아하는 "음모설"과 도덕 개혁 운동이 손을 맞잡았다.

아울러 잭슨의 선거운동에서 흔히 보이는 일이지만 개인 사정도 관련이 있었다. 클레이가 제2합중국은행에서 거액의 돈을 빌린 일을-"사실로"-확신했다. 장황하지만 교양 있는 매사추세츠의 연설가인 대니얼 웹스터에 관해서도 잭슨은 크게 의심을 품고 부정이 있다는 것을-"사실로"-확신했다. 특히 잭슨의 불안과 경멸의 대상이 된 인물은 1822년부터 제2합중국은행 행장을 지낸 니컬러스 비들(1786~1844)이었다. 그는 교양 있고 고상하며(즉 남을 잘 속이는) 귀족적인 지식인이었다. 잭슨은 "대학물을 먹은 사람"에 대해 늘 불신감을 가졌는데, 비들은 2개 대학(펜실베이니아 대학교와 프린스턴 대학교)을 나왔다. 델라웨어의 유서 깊고 우아한 퀘이커교도 출신인 그는 다른 가문의 딸과 결혼했다. 예술가를 지원하고 작품을 수집했을 뿐 아니라 실제로 (에이머스 켄들의 분노를 산) 벌거벗은 여성의 그림 제작을 의뢰했다. 재능 있는 화가 존 밴더린(1775~1852)에게 도발적인 아리아드네(그리스 신화에 나오는 미노스 왕의 딸-옮긴이)를 그려달라고 돈을 지불한 적도 있었다. 「포트폴리오」라는 문예지를 편집하고 필라델피아에 아테나에움 도서관을 설립했다. 그리고 제2합중국은행 건물 전체를 화강암과 대리석을 사용해 그리스 부흥(고대 그리스 디자인을 모방한 19세기 전반기 건축 양식-옮긴이) 스타일로 설계해달라고 일류 건축가에게 의뢰했다-잭슨은 이 사업에 지나치게 많은 돈이 들었다고 믿었다. 비들이 좋아한 건축가 토머스 우스틱 월터(1804~1887)는 매우 훌륭한 은행 건물을 지었는데, 또한 비들의 부탁으로 그의 집을 넓혀 고전풍으로 꾸몄다. 델라웨어에 있는 그의 집 안 달루시아는 미국에서 가장 호사스럽고 아름다운 저택, 그리고 (잭슨의 눈으로 본다면) 새로운 머니 파워를 과시하는 상징이 되었다.[156]

중앙은행 행장으로서 비들의 직무 능력은 뛰어나서 연방 대법원장으로 활약한 마셜과 어깨를 견줄 만했다. 이 두 사람은 미국의 발전 방향에 대해 인식을 같이했다. 건전한 재정 운영의 토대 위에 신용 대출을 최대한 손쉽게 하고 효과적이면서 경쟁력이 있는 자본주의제도를 통해 국가의 번영을 이룩해야 한다고 생각했다. 잭슨은 그런 일에는 전혀 아랑곳하지 않았다. 마셜은 제2합중국은행을 지지하는 중요한 판결을 내렸는데, 잭슨은 그 판결 이유에도 "아무런 관심을 보이지 않았다." 1835년 마침내 마셜이 죽었다. 너무 일찍 세상을 떴다는 생각은 잭슨에게는 전혀 없어서 후임으로 법무장관이던 오랜 벗 로저 브룩 토니(1777~1864)를 임명했다. 그 뒤 30년 동안 연방 대법원은 마셜이 추구한 원칙과 정반대 방향으로 운영되었다.[157]

상하 양원이 합중국은행의 존속에 찬성하여 아직 만기가 끝나기 전에 허가서의 재인가 법안을 통과시켰으나 잭슨은 거부권을 행사했다. 상원의 유능한 세 인물 클레이, 칼훈, 웹스터가 힘을 합쳐 합중국은행의 필요성을 갖은 미사여구를 동원해 개진했으나, 잭슨은 은행 폐지의 뜻을 점점 강하게 주장했다. 그들은 유능한 연설가임에는 분명했으나 늘 "지는 쪽에 섰다"라고 잭슨은 지적했다. 잭슨은 자신만만하고 의지가 굳센 인물로 (요즘으로 비유하면 로널드 레이건이나 마거릿 대처쯤 될 것이다) 수많은 "전문가"나 "정통파" 그리고 지식인 대다수가 그 확고하고 본능적이기도 한 신념을 반대하더라도 전혀 동요하는 기색이 없었다. 잭슨은 희한한 헌법 이론을 동원해가며 거부권의 정당성을 역설하여 자신의 소신을 관철시킬 뿐이었다. "공무원은 모두 선서할 때 헌법의 수호를 맹세하는데, 그것은 자신이 이해하는 대로 헌법을 지킨다는 의미이지, 다른 사람이 이해하도록 헌법을 지킨다는 의미는 아니다. …… 의회 결의가 법원에 대해 어떤 구속력을 갖지 않는 것처럼 법원 판결 또한 의회에 대해 어떤 구속력도 없다. 따라서 이 점에서 대통령은 의회나 법원으로부터 독립적이다."[158]

이에 대해 정통파의 분노는 끝 모르게 폭발했다. 비들도 어리석고 무식한 잭슨이 "쇠사슬에 묶인 표범이 우리 철책을 물어뜯듯이" 무섭게 날뛴다고 묘사하며, 잭슨의 말은 "마라나 로베스피에르가 폭도인 군중에게 발표한 것 같은 무정부 상태의 성명서"라고 비난했다. 한편 잭슨을 지지하는 신문들은 이 이론을 "제2의 독립선언서"라며 환영했고, 잭슨 진영의 어용지인 「글로브」는 "지금 앤드루 잭슨이라는 인물이 미국 국민에게 보여준 위대한 도덕적 고귀함은 적절한 말로 표현하기가 어렵다"라고 추켜세웠다.[159]

선거 결과에 따라 자신의 주장이 지지를 받았다는 것을 (자기 눈으로 명백하게) 확인한 잭슨은 다음 수순으로 옮겨갔다─제2합중국은행에서 연방 기금을 모두 인출하여 중앙정부와 관계를 끝내려고 했다. 이런 조치가 과연 헌법 정신에 부합하는가의 여부는 의견이 엇갈렸기에, (당시 부통령) 밴 뷰런은 신중한 입장을 취하며 여기에 반대했다. 제2합중국은행은 처음에 필라델피아의 금융기관으로 출발하여 뉴욕에서 성장한 머니 파워와 균형을 이루며 국가적으로 유익한 역할을 수행했다. 만약 잭슨이 필라델피아에서 정부 세력을 제거해버린다면 그가 월 가의 손에 놀아날 위험은 없었을까? 하지만 잭슨은 이런 우려마저 털어버렸다. 그리고 공교롭게도 에이머스 켄들을 임명하고는 정부와 공동으로 사업을 추진할 수 있는 대체 은행을 시급하게 찾도록 했다. 켄들은 제2합중국은행의 금고에는 실제로 금괴가 없으며 어쨌든 사업 상대로서는 위험하다는 소문을 잭슨 귀에 들어가도록

했다. 그러자 잭슨은 이것을 선뜻 진실로 받아들였다. 상원의원 클레이와 칼훈은 위원회를 조직해 은행 금고를 조사한 뒤에 금이 가득 차 있다고 발표했으나, 대통령은 정보 출처를 신뢰할 수 없다는 이유로 납득하지 않았다(오늘날까지 이어지는 미국의 전통 행사는 이때 시작되었다. 해마다 미국애국여성회[1890년에 조직된 혁명기 미국인의 자손으로 구성된 단체-옮긴이]는 여성위원회를 포트녹스 금고에 보내 그 안에 미국의 금이 보관된 사실을 확인하게 한다).

또한 잭슨은 예치금을 전액 인출하라는 자신의 명령을 2명의 재무장관으로부터 차례로 단호히 거부당했으나 전혀 동요하지 않고 오히려 그들을 해임해버렸다. 켄들은 금융기관을 수소문하러 다닌 끝에, 비들의 분노를 사더라도 제2합중국은행의 자리를 기꺼이 승계하겠다는 은행을 여럿 발견하기에 이르렀다. 잭슨은 행동을 취했다. 그 결과 미국 경제는 골치 아픈 소문에 휩싸였다-1836년 연방 허가서에 명시된 인가 기간이 끝나고 제2합중국은행이 "사기업"이 된 뒤에 특히 더 심했다. 그래도 잭슨은 완강했다. 밴 뷰런이 "경고" 신호를 보내며 탄원했지만 듣지 않고 그의 성격처럼 당당하게 다음과 같이 대답했다. "황금 송아지를 숭배하는 사람들 모두가 나에게 청원서를 써서 예치금 부활을 요구하더라도 나는 그런 일을 하기 전에 내 오른손을 잘라버릴 것이다. 다른 사람들이 황금 송아지를 숭배할지라도 나만은 오로지 신을 섬길 것이다."[160]

당시 지폐를 발행하는 은행의 증가와 그 은행 지폐의 질과 양에 의해 투기 열풍이 뜨거웠다. 잭슨이 합중국은행으로부터 연방은행 기능을 박탈하면 이 투기 열풍을 부채질할 뿐이라는 것이 비들의 일관된 주장이었다. 사태는 그대로 재현되었다. 1835년 국가 부채가 전액 상환되었을 때, 쌓아둔 연방정부의 잉여금을 각 주에 반환한다는 결정을 잭슨이 내렸기 때문에 광란의 소동을 더욱 부채질했다. 2,800만 달러에 달하는 잉여금은 명목상으로는 대여금이었지만 사실상 조건 없이 주는 선물로 이해되었으며 정말로 그처럼 사용되었다.[161] 잉여금이 발생한 것은 정부의 토지 매각 대금이 1830년에는 188만 달러였는데 비해 1836년에는 2,000만 달러까지 상승했기 때문이었다. 토지 붐이 계속되자, 각 주는 연방정부의 지원금이 이대로 지속될 것이고 거기에 힘입어 주정부가 빌리는 금액 또한 증가할 것이라고 추측했다. 완전 사기꾼들이 운영하는 경우가 많았던 온갖 규모와 유형의 은행들이 지폐 인쇄기를 쉴 새 없이 돌려 아직 남아 있던 인플레이션 불씨에 기름을 퍼부었다. 그런 사이에 짚이나 종이로 집을 지을 때 흔히 그러하듯이 자연이 개입했다. 1835년 기상 악화로 미국 각지에 흉년이 들었고, 1836년에 그 영향이 나타나기 시작했다. 해외 여러 나라들은 합중국의 무역수지가 악화되자 외환 신용 거래를 중지했다. 이에 따라 미국은 불신감을 사서 미국 화폐를 꺼리는 외국 채권자들에게 지불 수단으로 금과 은을 택하지 않을 수 없었다.[162]

임기가 얼마 남지 않았던 잭슨이 1836년 7월 11일에 앞으로 공유지 구매 대금은 오직 정화로만 지불해야 한다는 "정화유통령(specie circular)"을 공포하자 사태는 더욱 급박해졌다. 이 조치는 "건전한" 재정 회복을 바라는 단순한 동기에서 출발했으나 당연히 금과 은의 수요를 부채질하는 결과만 초래했다. 애초에 "키친 캐비닛"에서 결정된 이 조치가 공식 내각에서 "기정사실"로 발표된 것이 특징적이었다. 내각 각료 대부분은 이 정책에 반대했고 의회 또한 반대 의견이 우세했다. 이제 막 창당한 휘그당조차 이러한 대통령의 권한 남용에 격렬하게 항의했다. 미국 휘그당은 일찍이 스튜어트 왕조의 전제정치에 맞선 영국의 휘그당을 모방해, 잭슨 "왕"에 대항하여 최근에 모습을 드러낸 정당이었다.

클레이는 대통령의 이러한 행동은 독재자의 그것과 진배없다고 말하고,

정화유통령에 대해서는 "잘못된 정책 조언에 의해 만들어진 위법 행위이며 유해한 정책"으로 "예고 없이 떨어진 폭탄"이라고 비판했다.[163] 실제로 그 효과는 전무했다. 이와 거의 같은 때인 1836년에 세계 금융의 중심인 런던의 대형 금융기관들이 파국을 맞았다. 이것이 미국의 주요 수출품인 면화 가격에 직격탄을 날렸다. 1837년 3월 잭슨이 마침내 물러나고 후계자로 지목된 밴 뷰런이 정권을 이어받았을 때, 미국은 일찍이 겪어보지 못했던 금융 위기의 초기 단계에 놓여 있었다. 1837년 5월 말에는 국내의 모든 은행이 정화 지불을 중지했다. 잭슨은 "건전한 통화"로 돌아가기는커녕 오히려 경제제도를 완전히 마비시켜버렸다.[164]

경제공황의 시작

경제 불황이 본격적으로 시작되기 전에 밴 뷰런은 간신히 대통령에 당선되었다. 잭슨을 견제하는 휘그당이 내분으로 3명의 후보를 내세우는 바람에 거머쥔 승리였다. 휘그당 전체의 득표수가 73만 6,147표인 데 비해서 밴 뷰런의 득표수는 76만 4,198표였다. 가장 강력한 경쟁 상대는 티페카누 강(1811)과 템스 강 전투(1813)에서 인디언과 싸워 승리한 윌리엄 헨리 해리슨(1773~1841)이었다. 밴 뷰런이 15개 주에서 이겨 170표를 얻은 반면 해리슨은 고작 73표밖에 얻지 못해 이것이 승패를 갈랐다.[165]

밴 뷰런은 마침내 백악관 입성에 성공했다. 밴 뷰런의 정적으로 뉴욕의 휘그당원인 설로 위드(1797~1882)는 "염려 마십시오, 이 선거는 '종말의 시작'이니까"라고 쏘아붙이며 경고를 보냈다. "작은 마법사" 밴 뷰런에게는 아무런 잘못이 없었지만 예언한 그대로 결과가 나타났다. 그는 용기를 갖고 일관되게 잭슨의 경제 정책에 반대했다. 또한 대통령이 되려고 오랫동안 열심히 노력했다. 진심을 숨기고 모든 사람에게 상냥하게 대했다. 존 랜돌프의 말을 빌리면, "배 젓는 노를 숨긴 채 목적지를 향해 노 저어 갔다." 그리고 이제 거대한 뉴욕 주의 투사 해밀턴, 에런 버, 드 위트 클린턴과 그 조직이 모두 백악관으로 가는 데 실패하자 마침내 자신의 차례가 왔다고 확신했다.

하지만 대통령인 밴 뷰런에게는 기회가 전혀 없었다. 금융 위기는 심각한 경제공황으로 눈앞에 나타나 모든 것을 파멸로 몰고 갔다. 유통 화폐(주로 은행권)는 1837년에 1억 5,000만 달러였으나 1830년대 말에는 간신히 3분의 1을 웃도는 정도까지 떨어졌다. 크건 작건 간에 많은 사람들이 파산에 몰렸다. 심지어 의회는 감옥을 파산자로 가득 채우지 않기 위해 "특별파산법"을 제정하여 3만 9,000명이 총액 4억 4,100만 달러의 빚을 면제받을 수 있게 조처했다. 정부는 켄들의 제안에 따라 제2합중국은행을 대체한 잭슨의 "애완 은행(pet bank)"들에 예치했는데, 그 은행들이 파산하는 바람에 9,000만 달러의 손실을 입었다. 더욱 나쁘게 불경기는 5년이나 지속되었다. 토지 매각이 저조한 탓에 정부는 거액의 적자를 떠안았고 국가 부채는 다시 증가하기 시작했다—그 뒤로 계속 늘어났다. 밴 뷰런은 자신이 말한 독립재무부(Independent Treasury)를 설립하는 데 온갖 힘을 쏟았다. 잭슨의 정책에 실질적으로 위배되지 않는 범위 안에서 중앙은행에 가장 근접한 조직이었다. 마침내 그는 이것을 의회에 회부하여 재선을 앞두고 유권자의 민의를 타진했다. 경제 불황 탓에 그의 낙선은 확실했다.[166]

정치에 공평성이 존재한다면 클레이가 당연히 그 혜택을 받아야 했을 것이다. 20년 동안 잭슨 진영에 맞서 투쟁을 벌이고 독재자의 어리석은 경제 정책에 대해 경고한 것이 각종 사실로 입증되었기 때문이다. 하지만

제 3 장 ― 언제나 평범하게 행복하기를

(공동의 신념에 바탕을 둔 본래 의미의 정당이라기보다는 개인이나 지방의 파워 그룹들의 단순한 연합에 불과한) 휘그당의 해리스버그 전당대회에서 클레이는 "담배 연기가 자욱한 방"에서 술수에 의해 보기 좋게 기만당했다. 이런 사태가 벌어진 것은 미국 역사상 이때가 처음이었다. 클레이의 지지자들도 대거 몰려왔지만 최종 투표 결과 148표 대 90표로 해리슨에게 져서 후보 지명을 빼앗겼다. 측근은 그에게 "교묘하게 짜인 음모에 휘말려 기만당하고 배신당해 패배했다"라고 말했다.[167] 선거 자체도 미국 역사상 특이했다. 강령이나 정책 등은 거의 논의조차 되지 않았다. 떠들썩한 소동 속에 슬로건만이 나붙고 부정이 난무했으며, 행사장은 흡사 축제 분위기 같았다. 나라 경제가 이미 심각한 경제 불황에 빠져 앞으로 점점 더 심각해질 것이라는 현실을 감안하면 이런 경솔한 행동은 도가 지나쳤다.

하지만 19세기 중반의 미국은 놀라울 정도로 낙관적이고 탄력적이기도 했다. 해리슨은 가난한 개척민이라는 배경을 앞세우며 선거운동에 나섰다. 부통령 후보 존 타일러(1790~1861)는 철두철미한 버지니아인이자 주권옹호주의자였다. 그는 잭슨의 고압적인 방침에 의해 내내 고립되어 있었으나 경험이 풍부한 책략과 능란한 정치력을 인정받아 등용되었다. 따라서 "티페카누와 타일러도 함께"라는 말이 휘그당의 슬로건이 되었다. 이에 민주당은 타일러는 무시해버리고, 작은 잔보다 큰 잔을 좋아하는 해리슨 장군에게는 "통나무집과 사과주"(거칠고 마구잡이인 서부 출신 평민이라는 의미—옮긴이)라는 낙인을 찍는 전술로 맞섰다. 그러자 휘그당은 이 전술을 되받아 "통나무집 대회"를 개최하며 사과주를 엄청나게 돌렸다. 그리고 몸집이 작은 밴 뷰런을 "은으로 만든 냉장 용기"에서 포도주를 꺼내 마시는 무기력하고 겉멋만 든 뉴욕 신사라는 이미지를 만들어 선거전에서 효과적으로 사용했다. 일반 선거에서 해리슨이 127만 5,000표, 밴 뷰런이

112만 8,000표를 얻어 접전을 벌였으나, 선거인단 투표에서 234표 대 60표로 해리슨이 압승했다. 민주당이 이미 알아차렸듯이, 휘그당은 장군을 후보로 내세우면 선거에서 이긴다는 사실을 보여준 셈이었다.[168]

해리슨은 60세의 고령이어서 대통령 임기는 한 차례만 채우겠다고 밝혔다. 클레이는 다시 국무장관을 맡아달라는 요청을 받았으나 거절했다. 그보다는 상원의원으로 남아 1844년에 해리슨의 뒤를 이어 대통령이 되고 싶다고 말했다. 따라서 아주 의심쩍은 능변가 웹스터가 국무장관 자리에 올랐다. 해리슨은 내각 조직을 마치고 백악관에 들어갔으나 폐렴에 걸려 취임 1개월 만에 눈을 감았다. 이 때문에 타일러가 그 뒤를 물려받아 클레이의 장기 구상은 차질을 빚었다. 클레이는 해리슨이 죽고 없으므로 이번에는 자기가 휘그당을 장악하여 타일러를 의도대로 조종할 수 있으리라고, 특히 제3합중국은행의 설립에 곧 나설 수 있으리라고 생각했다. 하지만 타일러는 그렇게 만만한 상대가 아니었다. 클레이와 마찬가지로 키가 크고 "쑥 들어간 이마"에 매부리코가 두드러진 "그리스 조각처럼 아주 뛰어나게 잘생긴 모든 풍모"를 갖추고 있었다. 나폴리에서 키케로 흉상 발굴 장면을 목격한 두 미국인이 "타일러 대통령이다!"라고 외쳤다는 일화처럼. 클레이가 새로 취임한 대통령을 방문해 "이제야말로 은행 설립에 나설 때입니다!"라고 어리석게 주장하자 타일러는 단호히 대답했다. "그렇다면 이 점을 이해해주십시오-우리는 같은 고장에서 태어났습니다. 같은 음식을 먹고 같은 공기를 마셨습니다. 클레이 씨, 지금 의사당으로 이어진 당신의 길로 가서 이 나라에 필요하다고 생각되는 의무를 수행하십시오. 맹세코, 나는 내 스스로가 옳다고 생각하는 일을 하겠습니다."[169] 두 사람은 두 번 다시 대화를 나누지 않았다.

제2합중국은행을 둘러싼 끔찍한 분쟁이 가져다준 폐해는 이것으로 끝나지 않았다. 1841년 오랜 불황 때문에 치명적인 타격을 입은 비들의 은행은 결국 파멸의 길을 걸으며 문을 닫았다. 이 은행이 안고 있던 불량 채권 가운데는 국무장관 웹스터에게 빌려준 11만 4,000달러에 달하는 거액도 포함되어 있었다. 비들은 파산하여 필라델피아의 호화 저택까지 매각해야만 했다. "완벽한 저택"이라는 명성을 듣던 안달루시아를 그나마 건질 수 있었던 것은 돈 많은 아내의 신탁 관리인들 덕분이었다. 그렇지만 이 저택 또한 곧 비참한 운명에 빠졌다. 악의적인 존 퀸시 애덤스는 이곳에서 식사한 때의 일을 이렇게 기록으로 남겼다. "비들은 웃음을 머금은 채 지난날을 곱씹으며 화려하게 피어난 기대와 희망이 산산조각 나 허무하게 사라져버린 데 대한 원망스러운 기분을 필사적으로 억눌렀다. 온건한 마음, 명석한 두뇌, 관대한 품성을 지닌 정직한 남자였는데, 부에 덜미를 잡혀 길을 잃고는 자신이 결코 잘못을 저지르지 않았는데도 그 벌을 받았다." 몰락한 이 은행가는 3년 뒤 저세상을 갔고, 늙은 잭슨은 의기양양하게 1년이나 더 생을 누렸다.

기계에 의한 농업혁명

중앙은행의 유무가 미국 전반에 어떤 차이를 가져왔을까? 이는 말하기 어려운 문제이다. 발전하는 모든 나라가 그러하듯이 미국 역시 경제 위기와 불황을 겪었지만 언제나 금방 어려움을 이겨내고 거침없이 나아갔다. 그리고 서쪽으로 진출하여 공업을 일으키고 농장을 개척했다. 1800년에 농장은 45만 개였다. 1850년에는 150만 개였고, 그 뒤로 순조롭게 늘어나 640만 개가 되었으며, 1935년 절정기 때는 695만 개를 헤아렸다. 전 유럽에서 건너온 미국인은 급조되었지만 쓸 만한 농부들이었다.

19세기 미국은 중부와 서부를 향한 인구 대이동, 거주, 개발이라는 장대한 서사시를 써나갔다. 가장 큰 요인은 나라가 너무 넓어서 땅값이 거저나 다름없이 싸고 돈 빌리기 쉽고 법에 옭매이지 않고 자기 좋을 대로 할 수 있다는 점과, 사실상 아무런 제약이 없는 시장과 자신이 가진 재주와 열정에 의해 모든 것이 이루어지는 점을 들 수 있었다. 서부로 진출한 이주민 대부분은 이미 동부에서 농업에 종사한 경험이 있었는데, 서부에서 부닥친 현실이 자신들에게 벅찬 일이 아니라는 사실을 알았다-이 점이 중요했다. 토양이나 관목, 나무, 잡초 등에 대해 이미 지식이 있었고 날씨도 익숙했다. 가까운 주변에는 언제나 나무가 많이 자랐으며 호수나 강, 지하수가 있어서 물이 풍부했다. 동부에서 선조들이나 자신들이 해온 예전 방식의 농사법이 서부에서 통용되거나 그보다 더 잘된다는 사실을 깨달았다. 이처럼 크게 안도하자 더욱 의욕을 갖고 서부 개척에 나섰다. 그들에게는 2세기 이상이나 축적된 농업 지식이 있었고, 과학과 기계 또한 눈부시게 발달했다. 1842년에는 새뮤얼 포리가 미국 기후에 관한 최초의 책을 출판했다. 1857년에는 로린 블러짓의 기후학에 관한 책이 나와 포리의 책을 대신했는데, 이 무렵에는 스미스소니언 협회가 기상 데이터를 체계적으로 수집했다.

워싱턴에 있는 스미스소니언 협회는 과학 연구를 위한 미국 최초의 협회로서 영국 화학자 제임스 스미스슨이 내놓은 약 50만 달러라는 거액의 기부금으로 설립되었다-이 기부 금액은 당시 미국의 어느 대학보다 많았다. 칼훈처럼 헌법을 엄격하게 해석하는 사람들은 연방정부가 연구에 개입하는 것을 저지하려고 했으나, 존 퀸시 애덤스와 그의 친구들은 그 기부금을 받아 협회 설립에 사용했다. 1846년에는 미국 역사상 최초의 "순수"

과학자 조지프 헨리(1797~1878)가 초대 회장에 취임했다. 그의 노력에 힘입어 협회가 주의 깊게 수집한 지금까지 평균값을 바탕으로 단기 및 장기 기상예보나 계획 수립이 가능해졌다.[170]

농민들은 측량감독관(당시에는 지리학자라고 불렸다)이나 그 그룹이 수행하는 철저한 작업에 크게 도움을 받았다. 측량기사는 단순히 국유지 측량 업무만 처리하는 것이 아니라 현지 지리학자로서도 역량을 발휘했다. 각자가 자신의 관찰 노트에 "광산, 염천, 암염, 방앗간 등 모든 조사 자료의 정확한 위치, 그리고 이들 부근에 있는 강, 산맥, 그 밖의 두드러지게 영속적인 특징이나 지질 등"을 기록할 의무가 있었다.[171] 중서부나 서부의 광대한 규모를 생각하면 놀라울 정도로 일찍부터 미국의 농민들-그리고 투기꾼들-은 상세하면서 뛰어난 지도를 활용했다.

제퍼슨은 미국 농업은 노동 집약적이어야 한다는 사실을 파악했다. "유럽에서는 토지를 최대한 활용하는 게 목적이지만, 이 나라에서 토지는 풍부하므로 우리의 노동력을 적절하게 활용하는 것이 매우 중요하다"라고 말했다. 1800년 무렵까지 거의 모든 농민들은 쟁기, 써레, 괭이, 삽, 갈퀴, 고무래 등으로 농사를 지었다. 이런 농기구들은 질이 떨어지거나 아니면 손수 만든 것이었다. 1797년 뉴저지의 찰스 뉴볼드가 미국 최초로 무쇠 쟁기를 발명하고 특허를 냈다. 하지만 이것은 일체형이었기 때문에, 개량이 더해져서 뉴욕의 제스로 우드가 연결 부분을 분리시킨 강철 쟁기를 개발해 부러지면 갈아 끼울 수 있도록 했다. 1820년 후반에는 이 개량된 쟁기가 널리 사용되어 생산성이 급속하게 높아졌다. 미개척 땅에서는 이 쟁기에 강철 볏을 결합하여 사용했다. 1833년에 시카고의 존 레인이 만든 볏은 대평원의 엉겨 붙은 잡초를 제거하는 데 요긴했다. 1830년대가 되면 농민들은 모두 강철 쟁기를 장만했다. 피츠버그에서는 1830년대에 이미 2개 공장이 연간 3만 4,000개의 강철 쟁기를 생산했고 대량생산 덕분에 값도 내려갔다. 1845년에는 매사추세츠 주에서만 73개 공장이 6만 1,334개의 쟁기와 그 밖의 도구를 생산했다. 치열한 경쟁 결과 공장이 통합되어 1855년에는 공장 수가 22개로 줄었으나 생산량은 15만 2,688개에 이르렀고 값은 급격하게 떨어졌다.

1833년에는 오비드 허시가 실용적인 수확기를 처음으로 제작해 하루에 15에이커의 수확이 가능해졌다. 하지만 허시는 사업가 재능이 없었다. 수확기가 최초로 대량생산되어 시장에 선을 보인 것은 사이러스 매코믹(1809~1884)의 사업 수완 덕분이었다. 얼스터 출신의 매코믹은 펜실베이니아에서 셰넌도어 계곡으로 간 다음에 좀 더 큰 시장을 찾아서 뉴욕 주 브록포트의 이리 운하 근처로 갔다. 그리고 마지막에는 1848년 시카고로 옮겼다. 그는 뛰어난 발명가였을 뿐 아니라 위대한 사업가였다. 1834년에 수확기가 처음으로 판매되었고 1860년에는 연간 4,000대가 생산되었다. 1855년에 열린 파리 만국박람회에서는 1에이커의 귀리 밭을 21분 만에 수확해 유럽인들을 놀라게 했다. 이는 유럽에서 만든 기계의 3분의 1밖에 소요되지 않는 시간이었다. 이 무렵 미국 농장에서는 이미 1만 대의 수확기가 사용 중이었다. 2년 뒤 미국농업협회가 뉴욕 주 박람회에서 실시한 국산 제품의 성능 시험에서는 제초기와 수확기 등 40대가 참가했다. 이 전시회로 미국 제품은 빠른 시간 안에 대폭 개량되어 옆으로 빠지거나 막히거나 낱알이 달린 곡물로 인해 작동이 안 되는 등의 결점을 극복할 수 있었다. 관세와 쿼터 장벽 아래에서 수출될 경우 미국 곡물은 매우 값이 싸서 유럽 작물보다 더 싸게 팔렸다. 또한 남북전쟁이 일어나 모든 젊은이들이 징집될 때도 드넓은 밭에서 농사가 가능했는데, 이것은 모두 치열한 경쟁을 통해 신뢰할 수 있는 이런 대형 기계가 대량생산되었기 때문이었다.[172]

기계는 끊임없이 개량되었다. 미국의 농민 겸 발명가들은 엄청난 노력 끝에 일찍이 1850년에 탈곡기에다 선별기를 달아 탈곡과 선별 작업을 하나의 기계로 처리할 수 있었다―점점 콤바인에 가까워졌다. 1820년대에는 말을 사용한 건초 갈퀴가 등장해 10명이 할 일이 한 번에 가능해졌다. 1830년대에는 고속의 밀 파종기가, 1840년부터는 옥수수 파종기와 여러 형태의 경운기가 각각 등장했다. 1860년 국세조사에는 다음과 같은 기록이 있었다. "쟁기가 개량되어 말이 3일 동안 할 일이 절약된다. 파종기로 2부셸의 씨앗을 3열로 뿌릴 수 있고 수확량도 1에이커당 6부셸에서 8부셸로 증가한다. 작물이 열 지어 자라나서 말들의 도움도 받을 수 있다. …… 수확기를 사용하면 일손이 예전보다 3분의 1 이상 절약된다. …… 탈곡기는 예전처럼 손으로 타작할 때보다 힘이 3분의 2가 절약된다. 밭이나 헛간에서 건초를 다룰 때, 말이 끄는 써레나 건초용 쇠스랑을 사용하면 힘이 절반밖에 안 든다." 농업 기계의 동력에 처음으로 증기를 응용한 것 역시 미국 발명가와 농민이었다.[173]

공업화의 진전

노동력 절감과 과학적 농업을 지향하는 강렬한 흐름의 배경에는 지적인 추진력이 자리 잡고 있었는데, 그것은 결코 스미스소니언 협회에만 국한된 문제가 아니었다. 조지 워싱턴은 실험적인 농법을 도입하고 라파예트와 에스파냐 국왕에게서 선물받은 혈통 좋은 나귀를 사용해 노새 육성 산업을 일으켰다. 뉴욕의 컬럼비아 대학교는 일찍이 1767년에 의학부를 창설한 선진적인 대학이었는데, 워싱턴 대통령 재임 시절에 이미 농업, 박물학, 화학 등의 정규 강좌를 개설했다(1792). 1822년에는 최초의 본격 농과대학인 다리너 라이시엄이 메인 주 가드피너에 세워졌고, 1857년에는 미시간 주에 최초로 주립 농과대학이 설립되어 이후 숱하게 생긴 농과대학들의 선례가 되었다.

이런 대학들은 뉴욕의 농업상업예술진흥협회(1781)와 엘커너 왓슨(1758~1842)이 주최한 전국농산물품평회의 지원을 차례로 받았다. 1807년에 시작된 이 품평회는 그 뒤 몇 백 개나 생겨난 품평회의 선구가 되었고 버크셔 농업협회에도 영향을 끼쳤다. 뉴욕은 일찍이 1819년에 품평회를 주 예산(2만 달러)을 들여 지원했다. 그리고 마침내 농업 전문 잡지가 등장했다. 그 가운데 중요한 것으로는 볼티모어의 주간지 「아메리칸 파머」(1819), 「올버니 컬티베이터」(1834), 그리고 1840년 서부에서 창간된 「프레리 파머」 등이 있었다. 19세기 후반에 접어들면 미국 농업은 기술 면에서는 영국 다음으로 세계 제2위가 되고, 기계화에서는 영국을 추월했다.[174]

잊어서는 안 될 것이 있는데, 미국은 1850년대 말까지는 거의 기본적으로 농업국이었다는 사실이다. 자본 집약적인 농업을 훌륭하게 받아들였고 개척에 의해-세계 역사상 유례가 없을 정도로-토지가 해마다 대량으로 공급되었다. 공업화를 방해하는 요인 몇 가지가 있었다. 지금까지 살펴봤듯이 정치 문제가 발목을 잡은 취약한 은행제도가 그중 하나였다. 1830년부터 1860년까지 남부 대농장 소유주들은 보호무역 강화나 중앙은행에 반대하고, 아울러 도로나 철도 등 북부를 위해 대륙 횡단 교통망을 정비하는 일이나 자유토지에도 반대했다. 연방정부가 이런 남부의 주장에 크게 영향받은 점이 공업화를 늦춘 요인이었다. 마셜이 죽은 뒤에는 연방 대법원조차 반자본주의적인 남부 여론에 지배를 받았다.

반면에 공업화를 촉진시킨 요인도 적지 않게 존재했다. 19세기 초 20년 동안 영국과 벌인 대립이나 1812년의 미영전쟁으로 인해 국내에 제조업이 일어났고, 또한 초기 보호관세 정책에 의해 공업이 강화되었다. 1816년, 1828년, 1832~1833년, 1842년의 관세는 정도 차이는 있었지만 보호주의적인 경향이 매우 강하여 합중국의 제조업 발전에 크게 이바지했다. 그 뒤 1846년, 그리고 1857년에는 관세가 인하되어 미국은 자유무역국의 선두에 섰다. 한편 이 무렵에는 국내 공업이 확고하게 자리를 잡았으며, 풍부한 자금력이 밑받침이 된 세련된 자본시장이 나타났다.[175] 하지만 미국 공업화를 촉진시킨 커다란 요인은 유럽에서 숙련된 노동력이 유입된 점, 그리고 무엇보다 거대한 국내 시장이 빠르게 확대된 점을 꼽을 수 있다.

프로비던스의 퀘이커교도 상인 모지스 브라운의 자금 지원을 받아 로드아일랜드 주 포터킷에 아크라이트 방직기를 도입한 최초의 면방적 공장을 설립한 인물은 새뮤얼 슬레이터였다. 그는 원래 국가 보조금을 받고 미국으로 건너온 이민이었다. 아크라이트의 도제였던 슬레이터가 미국에 온 것은, 몇 백 차례나 되풀이된, 영국에서 합중국으로 전해진 개인적인 기술이전의 좋은 예라고 볼 수 있었다. 하지만 이미 앞에서 살폈듯이 미국인 스스로 처음부터 창의성이 풍부했다. 1790년부터 1811년 사이에 합중국 특허청에 출원된 특허 신청 건수는 연평균 77건이었다. 1830년대에는 그것이 연간 544건으로 대폭 늘어나고 1840년에는 6,480건, 1850년대에는 해마다 2만 8,000건 이상을 기록했다.[176]

로드아일랜드나 뉴저지에서는 이미 1790년대부터 증기가 널리 사용되었으며, 1830년에는 세계에서 가장 먼저 제재소에서 증기를 이용했다. 미국에서는 1850년대에 대규모 탄광이 조업을 개시하기 전까지 주로 나무를 연료로 사용했음을 감안하면 이것은 주목할 만한 일이었다. 당초 증기기관은 모두 영국의 볼턴앤드와트 사에서 수입했는데, 필라델피아의 올리버 에번스(1755~1819)가 1802년에 새로운 고압 증기기관을 도입해 수입품을 대체했고, 1812년에는 앨러게니 산맥 서쪽에서 에번스의 증기기관이 사용되었다. 5년 뒤에는 동부 연안 지역만이 아니라 피츠버그와 루이스빌, 신시내티에서까지 미국산 증기기관이 제작되었다. 1830년 국세조사에 따르면, 펜실베이니아에서는 161개의 공장 가운데 57개 공장이 증기기관을 채용했고, 매사추세츠에서는 169개의 공장 가운데 39개 공장에서 증기기관을 가동했다—나머지 공장은 값싼 수력을 이용했는데, 뉴욕이나 뉴저지 등에서는 여전히 수력이 일반적이었다. 노동력 절감의 필요성에 따라 농업의 기계화는 더욱 빨라졌으나, 공업에서는 천연자원이 풍부했기 때문에 그 발전이 어느 정도 방해를 받았을지 모른다—손쉽게 이용할 수 있는 수력이 어디든 있었고 가까운 곳에 무한정이라고 여겨지는 엄청난 양의 삼림자원이 존재했다. 북대서양에서는 어장이 풍요로워서 범선으로 변함없이 이익을 얻을 수 있었다.

그렇다고 19세기 전반에 미국인이 기존 기술의 최고 수준, 또는 그것을 뛰어넘는 범위에서 활동한 사례가 없었던 것은 아니었다. 영국에서 목면 기술을 배운 프랜시스 캐벗 로웰(1775~1817)은 폴 모디라는 천재 기술자를 고용했다. 모디는 1814년 월섬에서 새로운 기계를 고안해내어, 실을 잣고 옷감을 짜는 방직이 처음으로 동시 작업으로 이뤄졌다. 이것은 훗날 월섬 시스템이라고 불렸다. 이 밖에도 미국인은 많은 기술적 혁신을 일궈냈다. 일라이어스 하우(1819~1867)가 최초의 재봉틀을 고안했고, 1851년에는 윌리엄 켈리(1811~1888)가 녹은 선철에 공기를 불어넣어 불순물을 제거하고 강철을 얻는 이른바 베서머 제강법을 발명했다. 하지만 미국의 야금업은 오랜 동안 대체로 기초 단계에 머물렀다. 자기 손으로 직접 농사를 짓는 농업 종사자가 주된 고객이었기 때문이었다. 수요라고 해봤자 단순한 조철로, 대장장이가 이것을 농기계나 제분기 부품으로 가공했다.

1850년대 후반에 접어들어서야 제철업자가 주요 상대 고객을 바꿔 산업계에 직접 공헌할 수 있었다. 1860년에는 뉴욕의 싱어 재봉틀 공장, 그리고 브리지포트와 보스턴에 있는 다른 공장들에서 해마다 11만 대의 기계를 생산했는데, 이것은 예외적인 일에 속했다. 가장 대표적인 공업 제품은 나무를 연료로 사용하는 난로였다. 1850년대에는 해마다 30만 점의 쇠도끼, 스프링, 볼트, 와이어, 권총, 열쇠 등이 만들어졌다. 곧이어 식품가공업도 미국 제조업에서 중요한 위치를 차지했다. 신시내티는 몇 년 뒤 시카고에 그 자리를 내주기까지 육류 가공의 중심지로 활약하면서 1850년에는 육류 통조림을 대규모로 생산했고, 그 부산물로서 아교, 비료, 털, 양초, 비누 등을 제조했다. 또한 1850년에는 세계 최대의 위스키 거래 시장이 출현해 해마다 200만 갤런이 판매되었다.

공업 분야는 북부가 확실히 우세했다. 투자액이나 고용 측면에서 보아도 1860년에 뉴잉글랜드나 중서부는 10 대 1 이상의 비율로 남부를 앞질렀다. 하지만 미국 공업화 수준을 과대평가해서는 안 된다. 여전히 제품이나 아이디어, 뉴스, 새로운 발명품 등은 기본적으로는 행상인이 담당하며 전파했다. 한 관찰자가 1820년에 다음과 같은 기록을 남겼다. "그들[행상인]을 케이프코드 반도에서 봤는데 600마일 이상 떨어진 이리 호 근처에서도 볼 수 있었다. 그들은 이번에는 400마일 떨어진 디트로이트로 갔고, 캐나다로, 켄터키로, 다시 내 눈이 틀림없다면, 뉴올리언스와 세인트루이스로 갔다."[177] 1850년대까지 미국에는 기본적으로 4개의 직업군이 있었다. 농민, 농장주, 어부, 그리고 행상인이었다.[178]

교통과 통신의 발달

방대한 영토의 엄청난 거리를 극복하기 위해서는 행상인의 존재가 중요했다. 역설적이지만, 땅덩어리가 큰 탓에 지역사회들이 서로 간에 또 중심 도시와 멀리 떨어진 채 흩어져 있어서 단절되어 사람들의 생활 범위가 오히려 협소했다. 하지만 다행히 미국인은 넓은 영토라는 장애를 극복하는 법을 훌륭하게 터득했다. 어떤 분야에서 거둔 성공이 미국을 초강대국으로 만들었다고 한다면 그것은 수송과 통신 분야일 것이다. 연방 헌법에 명시된 "공공의 복지"에 관한 규정, 그리고 연방 헌법 제1조 제8절(우체국, 우편 도로와 주 사이에 이뤄지는 통상에 관한 규정) 덕분에 연방정부는 이 부문에 예산을 사용할 수 있었다. 1808년 앨버트 갤러틴은 공유지를 매각하여 운하나 도로 건설비에 충당해야 한다는 보고서를 의회에 제출했다. 그 뒤부터 정부는 열심히 수송 사업에 관심을 기울여서 대부분의 경우 각 주와 공동으로 사업을 진척시켰다. 1803년 오하이오 주가 승인받을 때 정부와 맺은 협정이 그 대표 사례였다. 오하이오 주 안에서 매각된 연방정부 소유의 토지에 대해 5년 동안 세금이 면제되는 대신에 연방정부는 매각 대금의 5퍼센트를 도로 건설비로 충당하고, 그중 5분의 3은 주 도로, 5분의 2는 산맥을 넘어 동쪽으로 연장되는 도로에 사용했다. 그 뒤 인디애나 주와 미주리 주, 일리노이 주도 똑같은 협정을 맺었다.

이처럼 연방정부가 출자해서 건설한 도로 중 일부는 영국에서 텔퍼드가 만든 것만큼 뛰어났는데, 다리나 도로에 텔퍼드 디자인이 많이 응용되었다. 국영 유료 도로는 특히 훌륭했다. 한 역사가는 "돌로 만든 아름다운 아치를 가진 위풍당당한 수많은 다리들, 강철로 만든 이정표, 오래된 철문 등은 이 건설에 참여한 기술자들의 높은 기술력을 입증했으며, 화려함과 견고성을 과시하는 기념비로서 오늘날까지 남아 있다"라고 기록했다.[179] 834마일에 이르는 도로 건설에 682만 1,200달러가 투입되었고, 1806년부터 1838년까지 의회에서 30개 안건의 관련 조례가 제정되었다. 그러한 도로 건설에는 언제나 헌법을 위반하거나 형편에 맞게 임의대로 해석할 가능성이 있었다. 1831년 잭슨 대통령은 메이빌과 렉싱턴 간 도로 건설 법안을 거부했다. 이 도로는 60마일에 걸쳐 거의 켄터키 주 경내만 관통했기 때문에 1개 주의 이익을 위해 국고를 사용하는 것은 헌법 위반이라는 것이 그 근거였다-실제로는 헨리 클레이를 궁지로 몰아넣기 위해서였다.[180] 중요한 난관 중 하나인 화물 운송비를 줄이기 위한 노력이 도로 건설에서 운하 건설로, 다시 철도 건설로 계속 이어지면서 성공적으로 수행되었다. 펜실베이니아와 피츠버그 사이를 모두 육로를 이용해 운반하면 1톤당 125달러가 들었는데, 이것은 특히 운송비가 많이 드는 경우였다. 1820년대에는 평균 100마일당 10달러가 들었다. 이것은 같은 양의 화물을 대서양 너머로 운반하는 비용과 거의 같았다.

철도 건설 이전에 미국 발전에 공헌한 것은 수로 수송이었다. 특히 동력원으로 증기를 이용한 뒤부터는 더욱 현저했다. 풀턴은 1807년에 증기기관과 수로 수송을 연결하는 사업을 시작하여 그 뒤 20년 동안 뉴욕 노선과 뉴올리언스 노선을 독점했다. 다행히 이런 독점 형태는 마셜의 연방 대법원 판결에 의해 곧 무너졌지만, 풀턴은 증기기관의 선구자 자리를 계속 유지했다. 1811년 그는 피츠버그에 조선소를 짓고 오하이오 강을 왕래하는 최초의 증기선인 뉴올리언스 호를 진수했다. 1815년에는 아마 미시시피 강에서 가장 뛰어난 항해사였을 헨리 슈리브가 증기선으로 뉴올리언스에서 강을 거슬러 올라가 25일 만에 루이빌에 도착했다. 피츠버그까지는 처음에는 100일이 걸렸으나 곧 30일로 단축되었다. 마침내 뉴올리언스와 루이빌 사이는 (상류로 거슬러 올라갈 경우에도) 단 5일이면 갈 수 있었다.

　미시시피 강만큼 미국 발전에 공헌한 자연환경은 달리 예가 없다. 미시시피 강은 세계 3대 하천 가운데 하나이다. 나일 강은 하류의 좁고 긴 유역을 제외하면 주위가 온통 사막으로 둘러싸여 있고, 아마존 강은 오늘날에도 접근할 수 없을 정도로 거대한 열대우림으로 뒤덮여 있다. 그에 비해 미시시피 강은 사방으로 이어진 세계에서 가장 넓고 비옥한 농경지 사이를 흐르면서 이 풍부하고 생산성이 높은 유역의 대동맥 구실을 담당한다. 미시시피 강은 엄청나게 많은 진흙을 옮기면서 끊임없이 모습을 바꾸는 놀랄 만큼 변화무상한 강이다. 어떤 때는 섬이나 반도 모습의 육지를 만들어내는가 하면 어떤 때는 그것들을 파괴하기도 했다. 그리고 내륙의 마을들을 강변으로 밀어당기거나 강변의 항구 마을을 몇 마일씩 내륙으로 밀어 넣기도 했다. 그 때문에 미시시피 강 항해사의 임무에는 엄밀한 과학적 정확함이 요구되었다.[181] 거대하고 때때로 무섭기도 한 이 강을 처음 본 사람들은 대부분 당혹감을 느꼈다. 특히 외국에서 온 사람들은 놀라움을 금치 못했다. 찰스 디킨스는 강변의 "음침한 마을들" 가운데 한 곳인 카이로에 대해 다음과 같이 묘사했다.

　　가증스러운 미시시피 강. 소용돌이치고 휘감으며, 남부에서는 몇 갈래로 나뉘어 흘러갔다. 보기에도 징그러운 진흙투성이의 괴물. 질병의 온상. 희망 의 빛줄기에 위로받은 적 없는 추한 무덤들. …… 때때로 폭이 2, 3마일이 나 되는 거대한 강이 시속 6마일의 속도로 진흙탕 같은 물속을 흘러갔다. 거품을 내며 빠르게 흘러가는 물결은 여기저기서 커다란 통나무와 숲속 나뭇가지들을 집어삼키며 흐름을 방해했다. 나무들은 서로 뒤엉켜 뗏목을 이루었고, 그 좁은 틈새로 사초를 머금은 거품이 부글부글 끓어오르며 수면 위로 올라왔다. 강물은 때로는 괴물의 몸짓처럼 재빠르게 뒹굴어 뒤엉킨 나무뿌리가 흐트러진 머리카락처럼 보였고, 때로는 거대한 거머리들처럼 한 마리씩 모습을 보이거나 또는 상처 입은 뱀처럼 작은 소용돌이를 이루며 몸부림쳤다. 강둑은 낮고 나무들은 작아 보였으며, 늪에는 개구리들이 우글댔다. 누추한 오두막집이 뜨문뜨문 서로 떨어진 채 서 있고, 그 주인 들은 볼이 야위고 안색이 초췌했다. 찌는 듯이 무더운 날씨 속에 배의 모든 틈새로 모기가 몰려들었고, 모든 것이 진흙투성이였다. 어두운 지평선 위로 매일 밤마다 번득이는 무해한 번개 외에는 즐거운 것이라곤 아무 것도 없었다.[182]

하지만 마크 트웨인(1835~1910)에게 이 강은 "위대한 미시시피 강, 폭 1 마일에 걸쳐 거대하게 소용돌이치고 태양에 반짝이면서 장엄하고 당당하게 흘러가는 미시시피 강"이었다. 그는 이 강을 잘 알았다! 마크 트웨인이라는 필명을 낳은 것이 바로 이 강이었다. 그 필명은 뱃사람들이 배를 몰때 수심이 안전하다고 큰소리로 외치는 "수심 두 길"이라는 말에서 유래했다. 1850년대의 미시시피 강에서 수로 안내인의 일을 배운 것은 아직 새 뮤얼 클레멘트라는 본명으로 불리던 10대 무렵의 일이었다. 그는 이때의 일을 훗날 강을 주제로 쓴 작품으로는 최고 걸작인 자신의 저서 『미시시피 강 위의 생활(Life on the Mississippi)』(1883)에 상세하게 남겼다.

미시시피 강에는 절정기 때는 6,000척의 증기선이 왕래하면서 서로 치열한 경쟁을 벌였다. 경쟁 내용은 배의 크기나 적재량, 웅장함, 도박, 여자들 등 여러 가지가 있었는데, 이 가운데 가장 중요하게 여긴 것은 아무래도 속도였다. 급속하게 발전하는 미국 자본주의의 정신이 배 위에서도 유감없이 발휘되었던 것이다. 트웨인은 다음과 같이 썼다.

북쪽을 향해 가는 배는 언제나 오후 4시에서 5시 사이에 뉴올리언스를 출항했다. 오후 3시부터 바로 송진이나 소나무를 태우며 떠날 준비를 했기 때문에 3마일에 걸쳐 늘어선 배들로부터 뿜어져 나오는 연기는 거대한 버섯구름을 이루며 마을을 뒤덮었다. 그리고 종이 울리면 배는 스르르 강으로 미끄러져 들어갔다. 매우 멋진 광경이었지만 남북전쟁이 터진 뒤로는 모습을 감추었고 그 뒤부터는 아예 보이지도 않았다. 속도를 두고 첫째, 둘째를 다투는 배들끼리 경쟁은 몇 주 전부터 예고되었기에 사람들은 강가에 모여서 시합을 구경했다. 최고 속도를 내려고 중량을 조절하고 불필요한 짐은 들어냈다. 항해 도중 연료를 채우기 위해 나무 보트가 따라붙었다.

가장 빠른 이클립스 호는 1853년 1,440마일에 이르는 뉴올리언스와 루이빌 사이를 4일 9시간 30분 만에 주파했다. 1870년 로버트 E. 리 호는 내처스 호와 경쟁한 유명한 시합에서 뉴올리언스와 세인트루이스 사이 1,218마일을 3일 18시간에 운항했다.[183] 미시시피 강에서 벌어진 스피드 열풍에 희생된 사람도 적지 않았다. 1830년 2월 테네시 주 멤피스를 출항한 헬런 맥그리거 호의 오른쪽 현 앞부분의 보일러가 폭발하여 50명이 목숨을 잃었다. 심한 화상, 세찬 증기에 의한 질식이 원인이었다. 당시 증기선의 피해는 보일러 폭발 사건이 가장 많아서 1830년 말까지 모든 증기선의 3분의 1이 침몰했다. 보일러 폭발 사고로 발생한 공식 사망자는 1850년까지 1,400명이었는데 실제로는 더 많았다. 디킨스는 불에 타서 죽기 싫으면 배 뒤쪽에서 자는 것이 안전하다는 충고를 받았다.[184] 모래섬이나 쓰러진 나무로 인해 발생한 피해도 많았기 때문에 연방정부는 1820년부터 1860년 동안에 300만 달러의 예산을 들여 4대 주요 하천인 미시시피, 오하이오, 미주리, 아칸소 강을 정비했다. 이 돈은 매우 유효하게 쓰였다.

1852년에는 미시시피 강 하나만으로 해마다 6억 5,397만 6,000달러의 경제 유발 효과를 낳았다.

하천을 연결하기 위해 운하가 건설되었고, 운하 건설이 곤란한 곳에는 철도가 부설되어 하천들이 서로 연결되었다. 1825년에는 이리 운하가 개통되어 커다란 성공을 거뒀다. 아마 인간이 만든 것으로 이처럼 빠른 기간 안에 이익을 거둘 수 있었던 것은 역사적으로 유례가 없다고 생각될 만큼 두드러진 본보기였다. 그 성과에 힘입어 각 주는 (주로 유럽에서) 막대한 차입금을 들여와 대규모 운하 건설에 나섰다. 이 사업을 성사시키기 위해 1820년대에는 거의 모든 주에서 주 헌법의 개정이 필요했다. 당시 미국은 유럽에서 많은 돈을 빌려서 이자를 갚는 데만도 꽤 많은 돈이 나갔다. 각 주의 운하 대부분은 완공되었고, 당초 목적을 달성한 곳도 몇 군데 있었다. 하지만 각 주가 안은 부채는 빠르게 늘어나 1820년에는 1,279만 728달러에 불과하던 빚이 1838년에는 1억 7,000만 달러 이상이 되더니 1840년에는 2억 달러에 이르렀다. 운하 열기에 동참하기 위한 돈을 빌리지 않은 주는 7개밖에 없었다. 1837년 공황이 발생하자 각 주는 이자조차 갚을 형편이 못 되어 미시시피, 루이지애나, 메릴랜드, 펜실베이니아, 인디애나, 미시간 6개 주는 부채 상환을 전면 거부하기에 이르렀다. 이는 오늘날 아프리카의 파산한 나라들과 다를 것이 없었다. 영국 소설가 윌리엄 M. 새커리 같은 유럽의 선량한 투자가는 쓰라린 심정을 웅변적으로 표현하기도 했다. 사태가 여기까지 이르자 대부분의 주들은 수송 사업에서 손을 떼고 민간 기업에 넘기는 정책을 폈다. 주 헌법은 다시 고쳐져서 운하 사업이나 그 밖의 다른 투자 사업에 주정부가 개입하는 일은 엄격하게 금지되었다.

최초의 철도는 전적으로 주정부가 소유한 운하망을 보완하기 위해 건설되었다. 그 때문에 철도는 거의 시작 단계부터 개인 자본과 공적으로 설립된 회사 중심으로 운영되었다. 영국에서는 석탄 산업을 등에 업고 증기기관에 의한 철도가 발전했다. 미국은 아직 그런 석탄 산업이 발전하지 않았지만 여객 수송용 철도 도입에 관해서만큼은 영국에 뒤지지 않았다. 1828년 7월 4일 「독립선언서」에 서명한 인물 가운데 마지막까지 생존한 캐럴턴의 찰스 캐럴은 볼티모어와 오하이오를 잇는 노선에 첫 삽을 떴다. 가장 먼저 등장한 정규 노선으로 그 가운데 13마일이 1830년에 개통했다. 3년 뒤에는 사우스캐롤라이나 주의 찰스턴과 햄버그 사이의 136마일이 개통되어 세계에서 가장 긴 노선이 되었다. 미국 최초의 증기기관차인 베스트프렌드오브찰스턴 호는 이 노선을 화물을 싣지 않으면 시속 30마일로 달릴 수 있었고, 화물칸을 4대나 붙여도 시속 21마일까지 가능했다.[185]

1830년에는 훗날 뉴욕 센트럴 철도의 근간이 되는 노선 건설이 시작되었고, 4년 뒤에는 거대한 펜실베이니아 철도가 개통되었다. 1840년대에는 동해안과 미시시피 유역을 연결하는 주요 노선이 모두 완공되었고, 1853년에는 뉴욕 센트럴 철도의 초기 다양한 노선들의 통합이 시작되었다. 같은 해 뉴욕과 시카고 사이에 철도 노선이 개통되었다. 이리 운하 건설에 참여한 위대한 기술자 벤저민 라이트는 철도에는 개성이 없다고 비판하며 다음과 같이 말했다. "긴 철도 노선은 …… 이 나라에게는 별로 좋지 않다고 생각한다. 필연적으로 수송을 독점해버리기 때문이다. 그것에 비해 운하는 배를 만드는 사람 모두에게 개방되어 있다."[186] 하지만 아무도 이 말에 관심을 보이지 않았다. 주정부도 어느 정도 철도 건설에 관여했는데 특히 펜실베이니아, 미시간, 사우스캐롤라이나, 조지아 주에서-주로 건설 초기 단계에서-그런 경향이 두드러졌다. 카운티나 마을에서 많은 돈이 유입되었고, 결국에는 각 주와 토지 거래라는 형태로 연방정부로부터도 돈이 들어왔다. 예를 들면 조지아 주가 1870년대까지 채터누가 열차를 실제로

운행한 것은 흥미로운 사실이었다. 하지만 1830년부터 1860년까지 30년 동안 들어간 총예산 10억 2,500만 달러의 대부분은 개인 또는 공적으로 조달된 자본이었다.[187]

　1830년부터 1860년까지는 철도 이외에 고속 마차나 전보가 활약한 시기였다. 이 모두가 놀랄 만큼 빠른 속도와 확고한 결단으로 발전했다. 샌터페이 트레일은 1840년대 후반 캘리포니아에 골드러시가 일어나기 전부터 서부 변경 지대의 선두를 달리는 최초의 루트였다. 골드러시와 함께 1849년에는 미주리 주 인디펜던스에서 샌터페이로 가는 승합마차가 정기적으로 운행되었고, 같은 해 솔트레이크시티로 가는 우편마차도 매월 정기적으로 운행되기 시작했다. 1858년 존 버터필드는 멤피스나 세인트루이스에서 캘리포니아까지 편지를 육상 수송하는 계약을 맺고 2주일마다 한 차례씩 마차를 이용해 프레스턴, 엘파소, 유마를 거쳐 태평양 연안까지 25일 만에 도착하도록 했다. 러셀메이어앤드워델 사는 다른 루트를 개척하여 1860년대 초에는 화물 수송 한 분야만 연간 6,250대의 마차를 동원해 7만 5,000마리의 황소를 운반했다. 1860년에는 러셀 사의 포니익스프레스가 말을 타고 릴레이식으로 전달하는 형태로 미주리 주 세인트조지프에서 캘리포니아 주 새크라멘토까지 편지를 열흘 만에 운송했다. 하지만 이 때문에 이 회사는 파산하여 최종적으로는 웰스파고 사의 손에 넘어갔고, 그 뒤 대륙횡단철도가 개통될 때까지 육상 수송의 대부분을 파고 사가 장악했다.[188]

　1832년에 전신에 관한 아이디어를 고안한 새뮤얼 모스(1791~1872)는 1837년 실용적인 기계를 발명했다. 원래는 화가 출신으로-로마에 간 것은 그 때문이었는데 이때 교황 경호원이 그의 모자를 벗기는 바람에 가톨릭을 무척 싫어했다-뉴욕 대학교 디자인학과 교수이기도 했다. 의회에 청원하여 3만 달러의 자금 지원을 받아 마침내 1844년 워싱턴과 볼티모어 사이에 전신을 개통하기에 이르렀다. 같은 해 봄 전보가 처음으로 이용되었으며, 볼티모어에서 열린 휘그당과 민주당의 전당대회 소식을 수도 워싱턴에 전달했다. 그 뒤 민간 기업이 설립되어 사업에 뛰어들면서 1846년 최초의 전신망을 개통했다. 조직 만들기의 귀재인 에즈라 코넬(1807~1974)은 웨스턴유니언 전신 회사를 설립하고 1861년에는 캘리포니아까지 전신망을 처음으로 개통시켰다(회사 설립 승인은 1856년). 이렇게 되자 포니익스프레스는 완전히 옛 유물로 전락했다. 코넬이 이 사업에서 거둬들인 막대한 이익은 1868년에 개교한 코넬 대학교의 설립 자금에 쓰였다.

철도 건설에 몰두하던 사람들도 약간 시기적으로 늦었지만 전보가 자신들에게도 이로움이 많다는 사실을 깨닫고 철도 노선을 따라 전신망을 가설하기 위한 자금을 원조했다.[189] 그 뒤부터 곧 전보는 정부나 상업 활동, 그 밖에 다양한 사회적 커뮤니케이션에 없어서는 안 될 통신 수단으로 자리 잡았다. 특히 처음에는(1827) 뉴욕 AP라고 불렸던 AP 통신사가 전신을 이용해 미국 전역의 뉴스를 수집, 전파하여 큰 혜택을 보았다.[190] 이처럼 1850년대에 합중국은 매우 다양하고 흔히 밀도 높은 수송 체제를 갖추었다.

명백한 운명

이러한 수송력의 향상, 그리고 정착민이나 농민이 토지를 점차 개척해가는 추세와 맞물려 미국은 더욱 영토 확장에 열을 올렸다. 루이지애나 매입, 잭슨의 플로리다 정복으로 이미 광대한 토지를 획득했으나 그것만으로는 충분하지 않았다. 1830년대에 미국은 대륙 중심부뿐 아니라 서부 전체를 통합할 운명이라는 생각이 지배적이었다. 이 배경에는 국가주의 내지는 이데올로기 문제와 함께 종교적인 동기도 작용했다. 미국이 서부를 개척하여 문명화하고 민주주의를 받아들이게 하는 것은 민주주의와 공화국이 바라는 것인 동시에 신의 뜻이었다. 1838년에 「데모크래틱 리뷰」지에 실린 "미래의 위대한 나라"라는 제목의 보기 드문 기고문이 이 운동의 내용을 잘 소개했다.

> 원대하고 무한한 미래는 미국의 위대함을 나타내는 시대일 것이다. 많은 나라들 위에 우뚝 선 이 나라는 그 장대한 시공의 영역에서 신성한 원리의 위대함을 인류에게 선언할 운명을 부여받았다. 가장 높은 것, 즉 성스럽고 참된 것을 숭배하는 것에 바쳐질 가장 고귀한 전당을 이 대지에 건설할 것이다. 그 전당의 바닥은 서반구, 그 지붕은 별이 가득한 천국의 하늘, 그 모임의 신자들은 몇 억의 축복받은 사람들로 이뤄진 공화국의 결합체, 어떠한 인간이라도 지배자라고 부르거나 섬기지 않는다. 그러나 평등이라는, 신의 자연스럽고 도덕적인 법칙과 형제애-"인간끼리의 평화와 친선"-의 원칙이 모든 것을 지배한다.[191]

이 주장은 특히 1840년대에 의회에서 제기되었다. 이 시대는 훗날 "폭풍의 40년대"라고 불렸는데, 이 표현대로 미국은 더욱 많은 영토를 획득하려고 애썼다. 한 하원의원은 1845년에 다음과 같이 말했다. "신의 섭리에 따라 이 대륙은 앵글로색슨 민족의 손에 의해 공화국 정부의 야심찬 실험을 수행하는 거대한 극장으로 변했다."[192] "명백한 운명(Manifest Destiny)"이라는 말은 존 L. 올리버가 1845년 「데모크래틱 리뷰」지에 처음 소개했다. 그는 외국의 간섭, 나아가 "이 나라의 위대성을 제한하고 해마다 몇 백만의 인구를 증가시키며 자유롭게 발전하는 이 나라에 신이 부여한 명백한 운명의 수행을 대륙에 널리 퍼뜨리는 것을 저지하는" 행위를 비난했다. 오하이오 주 대표인 던컨은 연방정부의 중앙집권주의에 두려움을 느끼고 영토 확장만이 그 해결책이라고 주장하면서 "연방의 중앙집권적 경향을 막기 위해서는 주를 늘리는 것이 가장 좋은 방법이라고 생각한다. 연방정부의 영향이나 관심에서 멀리 벗어나면 벗어날수록 우리의 안전은 더 높아진다"라고 말했다.[193]

1844년에 열린 뉴저지 주의 민주당 전당대회에서 메이저 데이브즈낵은 이 문제에 대해 다음과 같이 열광적으로 말했다. "충분한 토지가 필요하다! 충분한 토지가! 젊은 미국인들을 위해 길을 열어주자—그들에게는 충분한 토지가 아직 없다! 여름의 무더위를 피하기 위해 더 많은 토지가 필요하다—아름다운 목초지를 만들기 위해 더 넓은 토지가 필요하다. 여름 햇살을 가려주기 위해 오리건을 손에 넣자. 겨울에도 목초를 키우기 위해 텍사스 지역을 손에 넣으면 될 것 아닌가!"(우레와 같은 박수)[194]

오 설리번은 "100년 안에 2억 5,000만 명으로(또는 그 이상으로) 증가하는 것을 피할 수 없는 폭발적인 인구 증가"에 대처하기 위해서는 "명백한 운명"의 논리를 추진할 수밖에 없다는 자신의 주장을 몇 번이고 강조했다. 인구 증가 예상은 적중했다.[195] 「유나이티드 스테이츠 저널」지는 1845년 10월 15일자 사설에서 이렇게 주장했다. "누구든 한눈에 알 수 있는 진실은 학교 교실이나 강단, 언론 기관 등 공적이건 사적이건 간에 모든 커뮤니케이션 매체가 단 하나의 관념에 오로지 몰두하고 그것을 자기의 사명으로 선포한다는 것이다. 그 관념은 우리 미국인이 이 지구상에서 가장 독립심이 강하며, 이성적으로나 도덕적으로 행복한 민족이라는 견해이다."

미국인 대부분이 이것을 진실로 받아들이고, 아울러 이 행복을 증진하는 공화국이 팽창하는 것은 논리적으로 정당하다고 생각했다.

솔직하게 의견을 말한 소수파, 특히 교회를 다니는 신도들이 사회적 내지는 도덕적 관점에서 서부 확장에 반대한 사실을 추가해야 한다. 뉴잉글랜드의 유니테리언파 목사 제임스 프리먼 클라크는 루이스빌을 살펴본 뒤, 서부에서 남자들은 "난폭하고 지도자도 없고 통제도 안 되는 상태"이며 어머니들은 자녀들에게 싸움질을 부추기고 여자들은 결투를 좋아하며 판사들은 도박판에 빠져서 죄악이 "사회도덕의 근간을 좀먹고 있다"라고 우려했다. 하버드 대학교의 코널리어스 C. 펠턴은 1842년 서부에서는 인구가 증가하여 "다른 나라들에서 노동자계급을 통제하는 자제심을 전혀 찾아볼 수 없다"라고 비난했다. 그리고 서부에 사는 인간들은 모두 자기가 "절대 권력을 지닌 군주라고 생각하고 언제나 자신이 제일 잘난 줄 알고 있다"라고 덧붙였다.[196] 하지만 이것은 어디까지나 뉴잉글랜드인의 입장에서 바라본 의견이었다. 오히려 남부에서는 그런 정서가 장려할 미덕으로 받아들여졌다. 게다가 남부에서는 서쪽으로 진출해야 할 이유가 또 있었다―노예제도를 확대하고 노예주를 늘려서 하원에서 세력 균형을 도모해야만 했다. 북쪽 영토 확장은 북위 49도선이 한계였기 때문에 새로운 영토를 획득하기 위해서는 멕시코를 분단하는 수밖에 없었다. 멕시코는 언제나 미국의 위협에 노출되어 있었다. 일찍이 제퍼슨 대통령은 리오그란데 강까지 영유를 주장했다. 그 뒤 미국은 콜로라도 강까지 내려갔고, 마침내 1819년에는 국무장관 애덤스가 사빈 강까지를 국경선으로 설정했다. 하지만 텍사스 동부는 이미 플로리다에 이주한 사람들과 마찬가지로 인종으로나 국적으로나 다양한 무리들이 차지했다. 그들이 여전히 그곳을 지배했기 때문에 에스파냐는 텍사스 동부를 단념하고 서부 개발에 집중했다. 텍사스 서부에서는 에스파냐인들이 가장 좋아하는 목장 경영이 효율적으로 이뤄지고 있었다.

1812년 멕시코인과 미국인으로 구성된 불법 무장 세력들이 루이지애나에서 침입하여 샌안토니오를 점거하고 이른바 텍사스 국가 건국을 선언했으나 에스파냐의 역습을 받고 소탕되었다. 1818년에는 나폴레옹을 지지하는 망명자 집단이 텍사스 공화국을 수립했고, 그다음 해에는 미국인들이 또 다른 초기 형태 정부의 설립을 선언했다. 갤버스턴 섬은 해적의 본거지였는데, 그 뒤 멕시코 독립 정부가 무력으로 에스파냐 세력을 내쫓아 이곳을 점령하고 서서히 세력을 넓혀갔다.[197] 토지를 구하던 미국인 일부는 새로운 독립 국가 멕시코와 공동보조를 취했다. 코네티컷 출신의 모지스 오스틴(1761~1821)은 미주리 주로 가서 에스파냐령 루이지애나 시민이 된 다음에 새로 출범한 멕시코 정부로부터 오스틴 식민지의 설립 허가를 받았다. 콜로라도 강과 브라조스 강 유역의 드넓은 지역으로 훗날 그는 이곳을 아들인 스티븐 풀러 오스틴(1793~1836)에게 물려줬다. 이 식민지에는 대초원과 삼림, 강 연변의 저지대 등이 펼쳐져 있어서 참으로 미국인 정착민들이 좋아할 만했다. 토지는 에스파냐 관습을 받아들여 1제곱리그(1리그는 약 3마일-옮긴이)씩 구획되어 목장으로 할당되었다. 이것은 4,428에이커에 달하는 규모로 합중국의 목장보다 훨씬 넓고 값싸게 살 수 있었다. 오스틴은 1830년까지 5,000명 이상의 미국인을 자신의 땅에 이주시켰다. 멕시코는 1824년에 노예제도를 폐지했기 때문에 노예를 수입해 농장에서 일하게 하는 것은 엄밀한 의미에서 위법이었으나 실제로는 용인했다.

1830년 멕시코 정부는 갑자기 이민 유입을 중지시키고 관세를 부과했다. 그리고 텍사스를 재편성하여 3개의 군관구로 나눠 군사 요새와 수비대를 정비했다. 이 무렵에는 텍사스 주민 3만 명(노예 포함) 가운데 4분의 3

을 미국인이 차지했고, 미국 서부와 맞닿은 북쪽 경계는 콜로라도 강을 넘어 사빈 강 서쪽 250마일 지점에 이르렀다. 이에 따라 멕시코의 일부인 텍사스는 점점 변모되기 시작했다. 오스틴은 가능한 한 충실한 멕시코 시민처럼 행동했다. 멕시코라는 국가가 안정된 나라였더라면 사태는 달라졌을 것이고 그 세력도 오래 지속되었을 것이다. 또한 합중국이 불안정한 나라였더라면 그처럼 탐욕스럽지는 않았을 것이다. 하지만 멕시코는 안정되지 못했고 미국은 안정을 유지했던 것이 역사적 사실이다. 여러 차례 정권이 바뀐 멕시코 정부가 그 방침을 강요하기 위해 취한 정책은 표면적으로는 가혹했으나 본질적으로는 불충분하여, 증가하는 미국인 이주민들을 동요시키고 반역 행위에 가담하도록 하는 효과만 낳았다. 1835년에 큰 소요 사태가 일어났다. 12월 20일 미국인 반군들이 텍사스 공화국의 수립을 선언하고 테네시 주지사를 지낸 샘 휴스턴을 군사령관에 임명했다.[198]

텍사스 독립

1829년 에스파냐와 벌인 싸움에서 승리해서 명성을 드높인 멕시코 독재자 산타 안나 장군은 1836년 2월 26일 5,000명의 정규군을 이끌고 독립을 선포한 텍사스를 공격했다. 같은 날 사우스캐롤라이나의 윌리엄 B. 트래비스 대령(1790~1836)과 조지아 주 버크 카운티 출신의 제임스 보위(1799~1836)—보위 나이프의 발명자로 유명하다—가 알라모로 후퇴했다. 두꺼운 성벽으로 둘러싸인 에스파냐 전도소가 요새로 바뀌었다. 텍사스 출신 무법자 187명도 수비에 나섰다. 그들은 건강한 젊은 남자라면 누구라도 동경할 용감한 사나이들이었다. 이 무리에는 데이비 크로켓(1786~1836)

도 끼어 있었다. 그는 크리크 전쟁에서 잭슨 장군 밑에서 참전한 적 있는 테네시 주의 하원의원으로 2, 3일 전에 텍사스에 왔다.

휴스턴 장군은 트래비스와 보위에게 이길 가망이 없는 저항은 포기하라고 명령했으나 그들은 듣지 않았다. 또한 산타 안나가 항복을 권해도 대포 사격으로 응답할 뿐이었다. 멕시코 군은 마침내 무자비한 살육을 나타내는 전통적인 빨간 깃발을 내걸고 공격을 개시했다. 멕시코 군에서 1,000명이 넘는 사망자가 나왔다는 말이 있다. 하지만 1시간도 안 되는 사이에 요새는 산타 안나에게 함락되어 미국인은 모두 죽음을 당했다. 보위는 폐렴 때문에 간이침대에 누워 있다가 총검에 찔렸고, 대포 옆에 있던 트래비스는 머스킷 총탄을 맞았고, 크로켓은 테네시 주 출신 동료들의 시체 사이에서 팔과 다리가 절단되었다. 전사자들의 시체는 장작더미에 던져져 불태워졌다.

살아남아서 상황을 전해준 시민은 극소수였는데, 대장장이 아내인 수재너 디킨슨이 그중 한 사람이었다. 산타 안나는 그녀에게 "전투는 쓸데없는 짓이다"라고 텍사스인들에게 알려주라고 명령했다. 하지만 4월 21일 휴스턴 장군이 갤버스턴 만 가까이 샌재신토 강둑에 있는 산타 안나 군영을 급습했다. 멕시코 군은 사방으로 흩어지고, 산타 안나는 애인 제니의 품에 안긴 채 사로잡혀 멕시코 군의 항복과 텍사스 독립을 인정하는 서류에 서명해야 했다. 이렇게 해서 전투는 7일 만에 끝났다. 독립한 텍사스는 재빨리 대통령 선거를 실시했다. 총 투표수 6,000표 가운데 80퍼센트를 득표한 휴스턴이 스티븐 오스틴을 누르고 당선했다. 휴스턴은 젊은 시절에 인디언과 생활한 적이 있었으며 인디언 여성과 결혼했다. 그는 "큰 까마귀"로 불리며 "하룻밤에 위스키 한 통"을 비울 수 있다는 소리를 들었다. 또한 잭슨 대통령의 오래된 친구이자 테네시 주 출신의 동향인이었다.[199]

제 3 장 ─ 언제나 평범하게 행복하기를

•

585

잭슨은 텍사스를 미국의 일부로 편입하기를 원했다. 아울러 멕시코인을 미워했다. 1836년 6월 28일 각료 회의 도중에 멕시코 만에 주둔한 해군 사령관 댈러스 준장에게서 탐피코 주재 영사와 합중국 시민이 멕시코 당국으로부터 부당한 대우를 받았다는 보고가 들어오자, 각료들의 의견을 듣지도 않고 강한 어조로 그의 성격을 잘 나타내는 명령을 내렸다. "댈러스 준장에게 당장 통지하시오. 탐피코 만을 봉쇄하라고. 상륙해서 물 공급을 확보하고 영사와 연락 취하는 것을 허가받을 때까지 아무도 들여보내서는 안 되오. 현지인이 미국 국민의 털끝 하나라도 건드리는 사태가 일어나면, 마을을 파괴해버리고 주민들을 아예 몰살시키시오."[200]

하지만 냉정을 되찾은 그는 켄들과 상의하면서, 텍사스를 병합해 새로운 주를 만들려고 시도하면 멕시코와 전쟁이 벌어질 것이 분명하므로 그보다는 얼마 동안 정세를 살피는 쪽을 택했다. 켄들은 잭슨에게 국제 여론을 감안하는 것이 좋겠다는 의견을 말했다. 미국이 영토를 차지하면 당연히 주목을 받고 원한을 사겠지만 시간을 갖고 단계적으로 이 지역을 손에 넣는다면 반대하지 않을 것이라는 이야기였다. "멕시코가 우리 앵글로색슨에게 유린될 날이 언젠가는 찾아올 것입니다. 그것은 전혀 슬퍼할 일이 아닙니다. 그보다는 멕시코가 개선되고 진보할 기회를 얻을 것이라고 믿습니다. 하지만 평화와 합중국의 이익을 지키는 자로서 우리는 박애주의라거나 상대 국민들을 위한 정복이라고 말하며 전쟁을 벌이는 일을 해서는 안 됩니다."[201] 올드 히커리(잭슨)는 이 평화적인 제안을 잠시 생각하더니 돌연 이 제안을 따랐다.

이렇게 해서 텍사스는 10년 동안 독립해 큰 번영을 누리면서 노예주로서 합중국에 병합하기를 바라는 뜻을 누차 밝혔다. 이미 대통령직에서 물러난 잭슨은 1843년에 「텍사스에 관한 제안」을 발표하고 텍사스가 미국에 병합된다면 "자유 지역이 넓어진다"라고 주장했다. 하지만 텍사스를 멕시코로부터 확보하는 시점에 노예제도에 관해서도 법으로 다시 규제하지 않으면 안 된다는 것이 명백했다. 한편 타일러 대통령은 1844년에 있을 재선 기회를 확실히 하기 위해 남부 지역에서 지지를 얻으려고 텍사스 병합 문제를 향해 서서히 움직였다. 이번에야말로 자신의 힘으로 선거에서 승리하지 않으면 안 되었기 때문이었다.

선거 해인 1844년 2월 28일에 정치적으로 큰 영향을 미친 대참사가 일어났다. 의회에 획기적인 신형 군함 프린스턴 호의 건조 예산안이 제출되었다. 이 배는 스웨덴 출신의 젊은 기사 존 에릭슨이 발명한 프로펠러 스크루로 추진되는 최초의 전함이었다. 연철로 만든 구경이 12인치나 되는 거대한 대포 2문을 갖췄는데 각각 "오리건" "피스메이커"라고 불렀다. 원래 신형의 거대한 대포에 그런 이름을 붙인 자체가 신의 노여움을 살 만했다. 타일러 대통령은 각료와 외교관, 상원의원, 그리고 수많은 상류계급 귀부인들을 위해 이 전함을 타고 포토맥 강을 내려오는 경축 행사를 준비했다. 하지만 행사 도중에 "피스메이커"가 폭발했다. 국무장관 에이블 업셔와 해군장관, 뉴욕 주 상원의원이 죽고, 상원의원 베턴 등 10여 명이 부상했다. 죽은 주 상원의원의 딸인 아름다운 줄리아 가디너는 이 폭발에 떠밀려 글자 그대로 대통령 팔에 안겼고 얼마 안 있어 대통령 부인이 되었다. 마찬가지로 매우 중요한 일로서 이 사건을 계기로 타일러는 내각 개편을 통해 북부 세력을 완전히 배제하고 칼훈을 국무장관으로 영입했다. 타일러의 목적은 두 가지였다. 남부의 지지 확보와 텍사스 병합이었다.

포크 대통령의 야심

타일러의 첫 번째 계획은 실패로 끝났다. 민주당 대통령 후보 지명은 테네시 주 출신으로 잭슨의 영향권에 있는 제임스 녹스 포크(1795~1849)에게 돌아갔다. "명백한 운명"을 강력하게 지지한 포크는 선거인단 투표에서 170표 대 105표라는 결과가 나와 클레이를 압도했다(일반 투표는 접전 끝에 133만 7,243표 대 129만 9,062표로 이겼다). 그때까지 줄곧 확장주의를 주장하던 클레이가 이때는 텍사스 병합을 지지하지 않았다.[202] 왜 지지하지 않았는지는 아직 밝혀지지 않았지만, 결국 그 때문에 그는 실패했다. 텍사스가 노예주이건 아니건 간에 북부를 포함한 나라 전체가 병합을 원했던 것은 명백한 사실이었다.

아직 대통령직을 수행하던 타일러는 텍사스 병합으로 명성을 한 몸에 받아서 포크를 앞지르기로 결정했다. 국무장관 칼훈은 병합 조약의 통과를 시도했으나 상원의 3분의 2 찬성을 얻지 못해 실패했다(3분의 2가 이 제안에 반대했는데 대부분 북부 출신이었다). 타일러는 표결 "결과"를 자기 정당화로 삼으면서, 텍사스 문제를 상하 양원의 합동 결의를 통해 승인받도록 조치했다. 그렇게 되면 과반수 찬성이 가능했기 때문이었다. 1845년 2월 28일 이 안이 가결되자, 백악관에서 보내는 마지막 날에 타일러는 휴스턴 대통령에게 특사를 보내 텍사스가 28번째 주로 편입할 것을 요청했다.[203]

텍사스 건으로 기선을 제압당한 포크는 자원이 풍부하고 넓은 캘리포니아를 병합하여 공적을 쌓으려고 마음먹었다. 또한 오리건을 병합하여 영토를 확장한다는 야심을 꿈꿨다. 노스캐롤라이나 출신으로 수학 전문가인 포크는 테네시로 옮겨 하원의원에 올라 의장을 4년 동안 지내고, 주지사를 두 번이나 역임했다. 변호사로 일했고, 농장주로서 노예도 소유했다.

밴 뷰런이 정치적으로 실각한 뒤에 잭슨의 후계자로서 "영 히커리"라는 소리를 들었다. 하지만 결단력을 빼고는 잭슨과는 닮은 점이 조금도 없었다. 성질이 고약하고 완고하며 나이가 훨씬 들어 보이는 남자로 웃음기 없이 슬픈 얼굴을 한 채 오로지 일밖에 몰랐다―날마다 18시간씩 백악관에만 있다는 소리를 들었다. 스스로 선택한 운명이라고는 하지만 그는 일 때문에 목숨을 잃은 최초의 대통령이었다. J. Q. 애덤스를 닮아서 그처럼 일기를 계속 썼는데, 그렇게 지루하고 재미없는 일기는 세상에 다시없었다.[204] 포크가 평생 동안 경멸당하고 또한 역사가에게서 낮은 평가를 받은 것은 이상한 일이다. 그는 스스로 설정한 목표에서는 매우 성공한 대통령의 한 사람으로 손꼽아도 될 정도로 일단 하겠다고 말한 계획은 반드시 실천에 옮겼다. 대통령직은 한 번만 하겠다고 선언했는데 그 약속도 굳게 지켰다. 그가 임기 중에 실현하겠다고 공약으로 내건 일은 4가지였다. 오리건 문제 해결, 캘리포니아 편입, 관세 인하, 마지막으로 밴 뷰런 시대에 만들어져 휘그당이 폐지한 독립 재무부의 재건 등이었다.

포크는 또한 멕시코와 전쟁을 벌여 기록적으로 가장 빠른 시간 안에 승리를 거뒀다. 하지만 멕시코의 전쟁 낌새를 알면서도 국무장관 제임스 뷰캐넌(1791~1868)과 함께 우선은 오리건 문제 해결에 매달렸다. 이 지역은 역사적으로 복잡했고, 북부 로키 산맥에서 태평양 연안까지 걸친 광활한 지역에서 탐험과 측량이 이뤄진 곳은 겨우 일부에 지나지 않았다. "오리건"이라는 명칭은 아마 인디언 말에서 유래한 것으로 보이는데, 1817년에 윌리엄 컬런 브라이언트(1794~1878)가 발표한 시 「죽음에 관한 고찰(Thanatopsis)」 속에서 "오리건"이라는 이름이 나와 유명해지기까지 이곳은 이름 없는 땅에 불과했다. 1814년에 조약이 체결된 뒤로 영국과 미국은 캐나다와 미국 사이의 국경선을 명확하게 설정하지 않았다. 먼로 대통령은 북위 49도선을 그대로 태평양까지 연장하는 것이 최선책이라고 생각했다. 그의 뒤를 이은 대통령들도 같은 입장을 취했다. 이 지역 대부분은 오래 전부터 영국계 캐나다인들이 운영하는 허드슨스베이 사의 영역이었는데, 그들은 49도선 남쪽에서 몇 세대에 걸쳐 활동했다. 한편 미국 개척민도 이 지역에 들어와 영유권을 주장했다.[205] "폭풍의 40년대"를 맞아 미국인은 국가적으로 "명백한 운명"의 광란에 한창 휩싸여 있었다. "오리건 열풍"으로 몇 천 명에 달하는 사람들이 이 지역에 이주하여 정부를 만들고 지사를 임명하고 주도인 오리건시티의 건설을 계획했다. "오리건의 전부인가 아닌가"라는 목소리가 터져 나오면서 "북위 54도 40분이 아니면 전쟁을!"이라는 일반 대중의 영토 의식을 부추기는 슬로건마저 등장했다.

국경선이 북위 54도 40분이 될 경우, 오늘날 캐나다 서부까지 합중국 영토가 되었을 것이며 밴쿠버라는 더할 나위 없이 훌륭한 항구마저 미국이 확보했을 것이다. 하지만 포크는 그 정도까지 많은 것을 원하거나 기대하지 않았다. 그저 과장하여 말하는 데 그쳤다. 의회에는 "이 지역에 대한 미국 영유권[조심스럽게 전 지역이라고는 말하지 않았다]은 명백하며 의심할 여지가 없다"라고 밝혔다. 포크는 먼로 교서를 새롭게 해석하여 "이 대륙의 국민만이 자신들의 운명을 결정을 권리를 가진다"라고 말하면서 "존 불에 대처하는 유일한 방법은 상대의 눈을 똑바로 쳐다보는 것이다"라고 덧붙였다. 하지만 포크에게는 멕시코와의 전쟁 조짐이 임박한 이 시기에 영국과 전쟁을 벌일 생각은 추호도 없었다. 전혀 그럴 필요조차 없었다. 모피 무역은 상대적으로나 절대적으로나 중요성이 낮아져서 북위 49도선 이남의 허드슨스베이 사의 수렵 지역은 더 이상 쓸모가 없었다.

영국 총리 로버트 필 경은 곡물법 폐지라는 무척 어려운 문제로 고군분투 중이어서 캐나다 북부의 거의 사람이 살지 않는 지역에 신경 쓸 겨를이 없었고, 영국 국민은 관심조차 없었다. 1848년 6월에는 곡물법 폐지와 관련하여 당이 둘로 갈라졌고, 필은 실각 직전이었다. 마지막 임무의 하나로 그는 북위 49도를 경계선으로 설정하기로 결정하고 이런 취지를 반영한 조약문서 초고를 워싱턴에 보냈다. 6월 15일 미국을 대표하여 뷰캐넌이 이 조약에 서명했고, 상원에서 형식적인 의논을 거쳐 3일 뒤에 비준을 받았다. 북위 54도 40분이라는 시끌벅적한 주장은 무시된 채 일단락되었다. 이렇게 해서 두 당국은 공통의 언어를 사용하고 기본적으로는 공통의 이익을 공유하며 공통의 상식을 갖춘 문명국으로서 방대한 영토에 관한 논쟁을 조용히 그리고 빠르게 마무리 지었다.[206]

멕시코 전쟁

이 무렵에는 멕시코 전쟁이 이미 시작되었다. 이 문제를 돌이켜보면, 멕시코는 어리석게도 미국이 위선적이라는 결론을 쉽사리 내렸다. 포크는 캘리포니아를 획득하기 위해 전쟁을 원했다. 하지만 이쪽이 먼저 전쟁을 시작하는 것은 피했다. 나라의 위신만을 내세우며 신중하게 심사숙고하지 않은 멕시코는 그냥 포크의 의도대로 움직였다. 포크가 백악관에 들어간 이틀 뒤에 멕시코 대사는 텍사스 병합에 항의하며 미국과 단교를 선언하고는 귀국해버렸다. 그것은 매우 어리석은 행동이었는데, 처음부터 텍사스를 돌려받을 가능성은 없었고 만약 캘리포니아를 적어도 그 일부라도 보전하려는 의도가 있었다면 미국과 교섭을 계속할 필요가 있었다.

한편 포크는 순조롭게 준비를 진행시키며 일찌감치 1845년 6월에 태평양 함대를 지휘하는 슬로앳 제독에게 극비 명령을 내리라고 해군장관에게 지시했다. 멕시코가 전쟁에 돌입하는 "확실한 증거"가 확보되면 그 즉시 샌프란시스코를 포위하라는 내용이었다. "대통령은 캘리포니아를 미국의 독립된 자유주의 하나로 편입하기 위해 어떠한 권력을 행사할 필요도 없고 노력도 하지 않겠지만, 만약 캘리포니아 주민들이 우리와 운명을 같이하기를 원한다면 동포로서 그들을 받아들일 것이다. 멕시코가 항의하지 않는다면, 그것은 언제나 가능한 일이다." 그 당시 캘리포니아에는 미국인 정착민과 멕시코인 주민이 거의 같은 규모로 거주했다. 이 편지는 텍사스의 경우와 마찬가지로 미국인을 선동하는 내용이 깔려 있었다.

하지만 포크를 위해 변명하자면, 멕시코는 위험한 이웃이며 언제나 문제를 일으켰다. 많은 돈을 외국에서 빌리고는 갚지 않고 주기적으로 내전을 일으키고 외국인의 재산을 약탈했다. 멕시코에 대한 프랑스의 태도는 매우 강경하여 1839년에 함대를 파견해 산후안데우루아를 포격하여 보복했다. 미국은 독립 위원회에 대해 300만 달러의 보상금을 요구했다. 1843년 멕시코는 이 보상금과 밀린 이자를 연 4회씩 20회 분납 조건으로 상환하는 데 동의했다. 하지만 약속대로 지불된 것은 최초 3회에 불과했다. 1845년 11월 포크는 일련의 모든 문제를 "실무적으로" 처리하는 제안을 내놓았다. 멕시코가 리오그란데 강을 두 나라의 새로운 경계선으로 인정한다면 미국은 채무를 떠안을 것이며, 뉴멕시코를 양도한다면 500만 달러를 지불할 용의가 있었다. 또한 만약 캘리포니아를 포기한다면 "돈은 얼마든지 내겠다"라고 말했다.

멕시코는 또다시 잠시 동안 내전 상태에 놓였는데, 그 뒤 탄생한 새로운 군사 정권은 미국을 극도로 적대시했으며 1846년 1월 12일에는 전권 공사의 접견마저 거부했다. 그 다음 날 포크는 "거칠고 노련한 준비된 지휘관"인 재커리 테일러(1784~1850)에게 리오그란데 강에 군대를 배치하도록 명령했다. 또한 5월에는 전쟁은 피할 수 없다는 결론을 내리고, 전쟁 선포 교서를 의회에 제출하기 위해 각료 동의를 구했다. 마침 때맞춰서 5월 9일 같은 날 저녁, 리오그란데 강의 "미국 쪽"에 주둔한 미국 부대를 멕시코 군이 공격했다. 전사자 11명, 부상자 5명, 나머지는 포로가 되었다. 이에 대해 포크는 다음 날 끓어오르는 분노에 가득 차서 의회로 달려갔다. 이 살육 사건이 발생하기 직전에 그는 "인내의 잔은 이미 다 비웠다"라고 선언했고, 이제 멕시코는 "국경을 넘어 우리 영토에 침입해 미국 땅을 미국인의 피로 물들였다"라고 말했다.[207]

이러한 포크의 도발과 위선에 항의한 얼마 안 되는 사람 가운데 갓 하원의원이 되어 일반인에게는 아직 이름이 생소한 에이브러햄 링컨 (1809~1865)이 있었다. 그는 이 전쟁을 실제로 시작한 쪽은 포크이며, 그 동기가 된 것은 "군대의 영광을 구하는 야망과 …… 마법을 걸어 파괴하는 저 뱀의 눈"이라고 비난했다. 또한 "전쟁에서 흘린 피는 포크를 원망하고 아벨의 피처럼 신에게 바치며 울부짖고 있다"라고 덧붙였다.[208] 뉴잉글랜드의 지식인 대부분도 링컨의 의견에 동조했다. 1960년대에 태어났더라면 베트남 전쟁에 반대했음직한 사람들이었다. 반면에 1840년대의 미국인이 멕시코 정부에 대해 품은 경멸감을 오늘날 상상하는 것은 곤란한 문제이다. 당시 멕시코는 정부의 통치력이 제대로 기능했다고는 보기 어려웠다. 끊임없는 정변과 혁명 선언을 겪었고 매우 잔혹한 내분이 자주 일어나 유혈 참사가 빈번했으며, 생명과 재산의 안전도 보장받지 못했다. 따라서 문명국인 미국이 멕시코의 탐욕스럽고 무책임한 지배자들의 손에서 될 수 있는 한 많은 영토를 빼앗는 것은 정치적·경제적으로는 물론 도덕적으로도 의의가 있는 행위로 비쳤다.

결과적으로 봐서 1846년의 멕시코 전쟁은 큰 의미가 있었다. 하지만 동시에 크건 작건 간에 코미디 같은 숱한 사건들도 일어났다. 포크는 전쟁 동안 처음부터 끝까지 정치적으로 행동했다. 처음에는 쿠바에 망명 중인 산타 안나의 멕시코 귀국을 허락했다. 이 약삭빠른 장군은 자기가 정권을 되찾으면 미국이 희망하는 조약 체결에 동의하겠다고 포크에게 약속했다. 하지만 약속을 잘 깨는 산타 안나는 이번에도 약속을 내팽개치고 격렬한 저항 운동을 벌여 미국 군대를 괴롭혔다. 벤턴 상원의원의 기록에 따르면, 포크는 "평화조약을 요구하는 데 충분하고, 스스로 대통령직을 위태롭게 할 정도로 군사적인 원성을 사지 않을 그런 작은 규모의 전쟁"을 희망했다.[209] 그는 또한 전비를 많이 들이지 않기를 원하여 처음에는 재커리 테일러에게 충분한 식량을 공급하지 않고 단기 복무 지원병을 보냈다. 테일러는 식량 보급이 있기까지는 전진하지 않겠다고 말하며 저항했다. 그리고 몬테레이에서 3일 동안 벌인 전투에서 승리를 거두고 이 도시를 점령했다. 이에 포크는 1848년 대통령 선거에서 테일러가 휘그당의 지명을 받지 않을까 하고 불안감을 느꼈다. 그래서 포크는 많은 사람들 가운데 상원의원인 벤턴을 장군에 임명하고 육군의 지휘를 맡겼으나, 의회는 이를 반대했다. 그러자 이번에는 육군의 윈필드 스콧 장군(1786~1866)에게 눈을 돌렸다. 스콧은 휘그당원이며 정치적 야망도 가진 인물이었는데, 그를 임명해 테일러의 인기를 분산시켜 대항마로 삼으려는 속셈이었다. 스콧은 복장이나 장신구에 지나치게 신경을 쓴 탓에 "멋쟁이"라는 평을 들었다. 포크 정권의 육군장관 윌리엄 L. 마시는 "엽관제도"라는 용어를 창안한 인물인데, 스콧 장군은 곧 이 남자와 보급물자 부족 문제를 놓고 또다시 입씨름을 벌였다. 마시가 핑계 대며 보낸 편지의 답장에서 그는 야영 중에 "방금 앉아서 즉석 수프를 먹으려 할 때" 이 편지를 받았다고 썼다. 곤궁함을 강조한 이 구절은 워싱턴 전체에 나돌았고, 스콧에게는 "수프 접시 사령관"이라

는 별명이 붙었다.[210]

포크에게 다행스럽게도 스콧과 테일러 두 사람은 유능한 장군이었고, 또한 그들의 휘하에는 로버트 E. 리, 조지 B. 매클렐런 같은 명장이나 율리시스 S. 그랜트 중위, 제퍼슨 데이비스 대령 등 매우 뛰어난 인재들이 모여 있었다. 어떤 의미에서는 멕시코 전쟁은 남북전쟁의 실전과 같은 군사 훈련이라고 할 만했다. 테일러는 보급품이 불충분한 상태에서 사막을 500마일이나 가로질러 진군해 멕시코시티를 공략했다. 1847년 3월 9일 똑같이 장비가 부족한 스콧의 부대가 아무런 피해도 입지 않고 베라크루스에 상륙하여 합중국 군대에 의한 최초의 대규모 상륙작전을 감행했다. 이곳은 멕시코시티로 가는 가장 가까운 길목이었다. 스콧은 5월 15일 두 번째 도시 푸에블라를 점거한 뒤에 복무 기간이 끝난 병력의 3분의 1을 귀국시키지 않을 수 없어서 추가 병력의 증원을 요구했다. 병력이 강화되자 8월과 9월 사이에 4개의 전투(콘트레라스, 츄러버스코, 몰리노델레이, 차풀테펙)에서 연거푸 승리했고, 9월 13일에는 멕시코시티에 입성해 해병대가 "몬테수마 왕의 관" 위에 깃발을 꽂았다.[211]

한편 캘리포니아에서는 존 찰스 프리몬트(1813~1890)가 60명의 미국인 약탈자들과 함께 하얀 천에 회색곰과 별을 그린 깃발을 내세우며 캘리포니아 공화국의 수립을 선언했다(1846년 6월 14일). 프리몬트는 합중국 측량부대 사관 출신으로 이미 미주리 강과 미시시피 강 상류를 탐험했고, 상원의원의 아름다운 딸 제시 벤턴과 눈이 맞아 도망갔다. 또한 서부를 세 차례나 원정하기도 했다. 이 원정을 통해 와이오밍 서부(프리몬트피크 포함), 캘리포니아 전역, 유타에서 오리건을 잇는 루트, 네바다와 콜로라도 대부분 지역을, 미국 탐험의 역사 가운데 유례를 찾을 수 없을 정도로 광범위한 지역을 조사하고 측량했다.[212]

1개월 뒤 태평양함대의 존 D. 슬로앳 제독은 캘리포니아에 미국 국기를 세우고 이곳을 합중국 영토라고 선언했다. 캘리포니아 정복에는 피의 대가가 뒤따랐다. 남부에서는 멕시코 농민과 인디언이 미국 통치에 저항했기 때문에 1847년 1월 로스앤젤레스 근처 메사 평원에서 치러진 전투에서 무력으로 제압했다. 또한 이 무렵 멕시코와 교섭을 하려고 해도 온전한 정부가 존재하지 않아서 평화조약 서명조차 쉽지 않았다. 포크는 협상을 위해 파견한 니컬러스 P. 트리스트(1800~1874) 때문에 골치가 아팠다. 국무부 수석서기관인 이 남자는 명령에 따르지 않아 대통령에게서 "뻔뻔스럽고 무능한 악당"이라는 비난을 들었다. 하지만 트리스트는 새로운 멕시코 정부와 교섭하여 1848년 2월 2일 과달루페이달고 조약을 체결하는 데 성공했다. 포크는 지금까지의 분노를 삭이고 곧 조약을 받아들일 수밖에 없었다. 이 조약으로 멕시코는 텍사스의 경계를 리오그란데 강으로 설정하는 것을 인정하고 캘리포니아와 뉴멕시코를 양도했다. 또한 미국은 배상금 지불을 대신 책임지고 별도로 멕시코에 1,500만 달러를 지불하는 데 동의했다.

포크는 돈 안 드는 값싼 전쟁을 원했지만, 현실적으로는 그렇지가 못했다. 참전한 군인 수는 최종적으로는 10만 명이 넘었고, 전사자는 1,721명, 이 밖에도 병사자가 1만 1,155명이나 되었다. 아울러 9,770만 달러의 전비 지출에 더해 조약으로 합의를 본 금액까지 부담해야 했다. 한편 노획물을 살펴보면 50만 평방마일 이상의 비옥한 땅을 손에 넣었다. 텍사스를 포함하면 100만 평방마일을 추가로 확보한 셈이었다. 5년 뒤에 피어스 대통령 정권 시절 국무장관을 지낸 제임스 개즈던은 오늘날 개즈던 매입지로 알려진 지역의 매입 교섭을 벌여 애리조나, 뉴멕시코 2개 주 남부에 걸친 2만 9,640 제곱마일의 땅을 멕시코에게서 1,000만 달러에 사들였다. 이에 따라 "명백한 운명"의 목표가 최종 달성되었는데, 본질적인 부분은 이미 포크 재임 중에 이뤄졌다. 병합한 영토에 오리건까지 포함하면 포크는 합중국 영토를 가장 많이 넓힌 대통령이 될 것이다. 그를 제친 유일한 인물은 (루이지애나를 매입한) 제퍼슨 밖에 없었다.[213]

캘리포니아의 매력

캘리포니아는 텍사스와는 비교가 안 될 정도로 의미가 컸다. 그 이름은 1510년에 출판된 가르시 로드리게스 데 몬탈보의 기사도 이야기에 등장하는 상상 속의 섬에서 유래했다. 카브리요는 1542년에 샌디에이고까지 갔고, 드레이크도 1579년에 캘리포니아에 발을 들여놓았다. 하지만 에스파냐인들이 계속해서 이주하기 시작한 것은 1769년부터인데, 바로 이해에 샌디에이고에서 샌프란시스코에 이르기까지 수많은 프란치스코회 전도소와 요새가 처음으로 들어섰다. 혜택 받은 기후와 기름진 땅, 풍부하고 다양한 지하자원을 생각할 때, 에스파냐나 멕시코가 이 지역 일대를 유효하게 활용하지 않은 것이 놀라울 뿐이다. 하지만 흥미와 관심을 보인 강대국들도 있었다. 1807년 러시아는 캘리포니아(와 콜롬비아 강 입구 그리고 하와이)에 식민지를 세울 계획을 세웠으나 실현되지는 않았다. 그로부터 2, 3년 뒤에는 러시아계 미국인 회사가 금문교 근처에서 바다표범을 포획했다. 영국도 관심을 보이고 1820년대에는 미국과 손잡고 이곳에서 러시아인들을 추방했다. 이 지역을 찾은 미국 관리는 에스파냐(훗날에는 멕시코) 지배력의 취약점, "세상에서 가장 편리하고 넓고 안전한 [항구]" 샌프란시스코 만의 확보 필요성을 여러 차례 되풀이해서 워싱턴에 촉구했다. 태평양 동부의 군사 전략적인 탐사 작업의 일환으로 1841년에 이곳을 찾은 해군 대위 윌크스도 샌프란시스코의 훌륭함을 강조하며 "전 세계에서 가장 넓고 안전한 항구의 하나"라고 선언하면서 이곳에 지배 세력이 없다는 점을 강조했다. "혼란한 무정부 상태를 예상했으나 캘리포니아에는 정부다운 조직이 아예 없고 통치나 의식을 시행하려는 기색조차 없는 것이 놀라웠다."[214]

육로를 통해 캘리포니아에 들어간 최초의 미국인은 제데디아 스트롱 스미스였다. "사슴 가죽의 기사"로 불린 이 남자는 1826년 로키마운틴 모피 회사의 일로 태평양 연안의 샌게이브리얼 전도소에 도착했다. 2년 뒤에는 최초의 미국인 정착민이 왔다. 1840년대 들어서부터 최서부 지역의 경이로움이 일반에게 알려지기 시작했다. 재능과 모험심에 불탔던 두 인물이 이곳의 보고서를 쓴 것이 계기였다. 리처드 헨리 데이나 주니어(1815~1882)는 젊은 하버드 대학생 신분으로 건강을 위해 1834년 일반 선원으로 마스트가 3개인 범선을 탔다. 태평양을 항해하고 캘리포니아 해변에서 동물 가죽을 수집하며 1년 동안 보낸 뒤, 본업인 하버드 대학교 법률 대학원으로 되돌아갔다. 그가 쓴 자전적인 소설 『일반 선원으로서의 2년간(Two Years Before the Mast)』(1840, 보스턴)에는 자연 그대로 오염되지 않은 샌프란시스코 만이 매우 인상적으로 묘사되어 있다. "주위는 온통 자연의 정적 속에 잠겨 있었다. 가까운 만이나 강변에는 인가가 없었고, 몇 안 되는 농장과 전도소는 외따로 멀찌감치 떨어져 있었다. 캘리포니아 해안에는 등대도 항로 표지도 부표도 찾아볼 수 없었다. …… 맹금류나 철새가 위에서 덮치며 우리 곁을 스쳐 솟구쳤다. 야생 동물들이 참나무 숲 사이에 늘어서 있었다. 그리고 우리가 조류를 따라 천천히 만 바깥으로 나가면, 사슴 떼가 해변으로 몰려왔다."[215] 이 뛰어난 작품은 많은 사람들에게 널리 읽히며 최서부 지역에 가기를 원하는 모험심 가득한 젊은이들을 수없이 만들어냈다.

마찬가지로 하버드 대학교 출신의 보스턴 시민인 프랜시스 파크먼(1823~1893)은 더 큰 업적을 남겼다. 이 지역에서 훼손되지 않은 삶의 참된 모습을 자신의 눈으로 직접 확인하려고, 특히 백인에게 정복되기 전의 옛 인디언에 대한 연구를 할 목적으로 1846년 세인트루이스를 떠났다. 그의 이러한 여행에 대해 한 근대 역사가는 이 해를 "결단의 해", 즉 오래된 시대와 새로운 시대의 분수령으로 보았다.[216] 파크먼은 『성서』와 셰익스피어, 그리고 바이런의 작품집 등 3권의 책을 가져갔다. 바이런과 흡사했던 이 젊은이는 최서부 지역의 위험을 몸소 보고 확인하기를 강렬하게 원했다. 길을 개척하며 다코타 족과 스네이크 족 사이의 싸움을 자신의 눈으로 목격했고, 또한 인디언끼리 싸움이 빈번한 영역에서는 은밀하게 이동하지 않으면 안 된다는 사실 등을 실제로 체험했다. 서부 개척에 따르는 외로움이나 위험, 대지의 광대함과 때때로 습격해오는 야생 동물의 큰 무리들에 대해 이처럼 웅변적으로 말해준 사람은 없었다.

오른쪽 강둑에서 왼쪽의 크게 솟은 대평원 너머까지, 또한 바로 앞에서 눈길이 닿는 저 멀리까지 한 무리로 몰려든 버펄로들로 뒤덮였다. 무리 바깥은 여기서 4분의 1마일도 떨어져 있지 않았다. 무리가 밀집한 곳이 여러 군데나 되었고, 먼 곳은 둥그런 등이 잇닿아 얼핏 검은 점으로 보였다. 그러나 그 밖의 다른 곳은 넓게 퍼져 있었고, 많은 무리 가운데 몇 마리는 땅 위를 구르며 작은 먼지를 일으켰다. 여기저기서 수놈끼리 싸움을 벌이거나 서로 돌진하는 것이 똑똑히 보였고, 뿔이 부딪치며 내는 소리나 거칠게 울어대는 소리도 잘 들렸다.

파크먼은 생명의 허무함을 자각하며 낭만적으로 묘사했다―버펄로는 사냥당해 이 땅에서 사라질 것이고, 유목 인디언들은 보호구역에 가둬질 것이고, 그리고 드문드문 있는 원시적인 거주지들은 농장으로 바뀔 것이다. 그렇지만 동시에 냉정하게 관찰하며 인디언의 실상을 자신이 본 그대로 기록했다. 앞날을 생각하지 않고, 믿을 수 없고, 때때로 배신을 하며, 우유부단하고, 무엇보다 게으르고, 심지어 늙은 여성에게 중노동을 강요한다고 말했다. 다음은 유목 부족인 오길랄라 족에 관한 기록이다.

여든 먹은 늙고 추한 늙은 여자가 가정의 중심이 되어 일했다. 딱딱하고 주름투성이인 피부로 갈비뼈가 훤히 드러났다. 앙상한 얼굴은 살아 있는 인간이라기보다는 오래된 두개골과 흡사했고, 어둡고 움푹 파인 눈두덩에서는 작고 까만 눈이 반짝반짝 빛났다. 팔은 채찍 끈이나 철사처럼 야위고 반백의 머릿결은 부수수한 채 땅 위까지 길게 흘러내렸다. 유일하게 걸친 옷은 버려진 들소 가죽의 자투리로 만든 것으로 가죽 끈으로 허리 주위에 걸칠 뿐이었다. 하지만 이 늙은 여자의 야윈 몸은 놀랄 정도로 튼튼했다. 작은 텐트를 설치하고 말 등에 짐을 지우고 야영지에서 가장 중요한 일을 해냈다. 아침부터 저녁까지 텐트 주위에서 바쁘게 일하며 뭔가 마음에 들지 않으면 시끄러운 올빼미처럼 꽥꽥 날카로운 소리를 질렀다.[217]

감동과 고생스런 체험을 뛰어난 필치로 묘사한 파크먼의 저작 『오리건 트레일(The Oregon Trail)』은 1849년 출간과 동시에 뉴잉글랜드 문학계뿐 아니라 일반인에게도 큰 반향을 일으켰다. 하지만 그 무렵에 이미 근대 세계는 여기에 묘사된 이 아르카디아(arcadia) (목가적 이상향-옮긴이)에 몰아닥쳤다. 멕시코와 조약이 체결되기 한 달 전인 1848년 1월 24일, 새크라멘토 계곡의 서터에 있는 제재소에서 금이 발견되었다. 한 일꾼이 물레방아용 물줄기에서 작은 금 알갱이들을 발견했던 것이다. 관계자는 얼마 동안 이 사실을 비밀에 부치고 광맥을 찾아 소유권을 주장하려고 서둘렀다. 9월에는 동부 연안의 신문들이 "캘리포니아 금광 지대" 관련 기사를 싣고 "아무 어려움 없이 어디서나 금이 쏟아진다"라고 보도했다. 본격적인 골드러시가 불기 시작한 것은 포크 대통령이 1848년 12월 의회 연설에서 "최근-포크가-획득된 영토"에서 "많은 황금이 채굴된 사실"을 자랑스레 확인하고서부터였다.

골드러시

그 이듬해 봄이 되자 전 세계로부터 수천 명의 사람들이 캘리포니아로 몰려들었다. 1830년대에 이미 금광 열풍으로 들끓었던 오스트레일리아에서 캘리포니아로 온 사람들도 있었다. 메인 주 커틀러 주민들은 직접 배를 만들어 돛을 달고 혼 곶을 돌아 샌프란시스코 만에 도착했다. 파나마 지협을 거쳐 온 사람도 있었는데, 대부분은 오리건 트레일과 캘리포니아 트레일을 따라 로키 산맥을 넘어 왔다. 초기의 "49년도 사람들"은 철망-그들이 "패닝"(접시로 이는 방법-옮긴이)이나 "플래서"(상자로 거르는 방법)라고 부른 사금 채취법-을 사용해 자갈과 흙을 걸러 금을 채취했다. 또는 "사금을 이는 긴 홈통"이나 세광 홈을 사용해 흐르는 물에서 금을 걸러내기도 했다. 이는 매우 간단한 작업으로 다음과 같은 속요도 생겨났다. "아아 / 캘리포니아 / 나의 땅 / 나 새크라멘토를 향해 떠나네 / 무릎에 세숫대야 올려놓고."

하지만 지표면의 채굴이 끝나자 수직갱을 설치하고 분쇄기를 이용해 석영에 박힌 금을 채취해야만 했다. 이렇게 되자 자본과 조직이 필요했다. 실망한 49년도 사람들 대부분은 빈털터리가 된 채 실망하여 고향으로 돌아갔다—그 수는 한 해에 3만 명에 이르렀다. 하지만 캘리포니아에는 황금 이외에 다양한 기회가 널렸기 때문에 그대로 정착하는 사람들도 많았다. 인디언을 제외하고 금광 발견 이전부터 이곳에 살던 사람의 숫자는 1만 4,000명이 채 안 되었다. 하지만 1852년에는 25만 명이 넘었다. 샌프란시스코에는 도박꾼, 금융업자, 매춘부와 억센 여성, 배우와 통신원, 정치 신인과 사업가 등이 모여들어 인구 2만 5,000명이 들끓는 번창한 도시로 변했다. 최선에서든 최악에서든 모두가 자기 이익만을 위해 싸우는 무한경쟁 사회였다.

금광촌 모습은 브렛 하트(1836~1902)의 작품에 잘 나타나 있다. 그는 뉴욕 주 올버니 출신의 젊은 작가로 1854년에는 캘리포니아 금광의 주맥에서 일했고, 그 뒤에는 샌프란시스코에서 조폐국과 잡지 편집 일에 종사했다. 『울부짖는 금광촌의 운명(The Luck of Roaring Camp)』은 광산을 다룬 작품 가운데 최고 걸작이다.[218] 캘리포니아를 시작으로 각지에서 광맥이 잇달아 발견되었다. 콜로라도의 골드빌(1859), 네바다의 버지니아시티(1860), 아이다호의 오로피노(1861), 몬태나의 버지니아시티(1863), 사우스다코타의 데드우드(1876), 애리조나의 툼스톤(1877), 콜로라도의 크리플크리크(1892), 그리고 1899년 놈에서 시작된 광대한 알래스카와 유콘 지방의 골드러시가 줄을 이었다. 네바다의 채굴 모습은 마크 트웨인의 대표작 가운데 하나인 『고난을 넘어(Roughing It)』에 상세하게 담겼는데 당시 금을 채취하는 순서, 사람들을 둘러싼 부정, 폭력, 욕망과 실망 등이 생생하게 묘사되었다.

하지만 1849년 최초의 골드러시 때 들어온 사람들이 맛본 매력과 부를 능가할 만한 것은 아무것도 없었다. 1848년부터 1858년까지 10년 동안에 산출된 금은 5억 5,000만 달러어치였다. 1851년부터 1855년 사이에 캘리포니아는 세계 금 산출량의 45퍼센트가 넘는 금을 캤다. 그것은 사나이의 세계로서 아버지, 아들, 형제로 이루어진 남자들이 일확천금의 꿈을 안고 떠났으며, 여자들은 기별이 올 때까지 집을 지켰다. 1852년 네바다 카운티 주민은 백인 남자 1만 2,500명, 여러 피부색을 지닌 여성 900명, 인디언 하급 노동자, 3000명, 요리나 세탁, 광산 노동에 일하는 중국인 4,000명 등이었다. 아일랜드 태생의 여배우 롤라 몬테즈(1818~1861)는 한때 바이에른 국왕 루트비히 1세의 애인이 되어 국정을 맡기도 했는데, 이곳에 와서 대성공을 거둔 뒤에 은퇴하여 그래스밸리로 옮겨가 살았다(그 저택은 오늘날까지 남아 있다). 「그래스 텔레그래프」의 편집장이 신문에 글을 써 몬테즈를 비난하자 그녀는 말 그대로 그를 말채찍으로 때리고는 마을에서 내쫓아버렸다. 그래스밸리와 네바다시티는 캘리포니아에서 특히 끊이지 않고 계속해서 풍부하게 금이 채굴된 중심지였다. 그리고 노스스타, 유레카, 엠파이어 등의 금광이 그 선두를 다퉜다. 1930년대에 남아프리카 비트바테르스란트에서 땅속 깊숙이 파내려 가는 금광들이 출현하기 전까지 캘리포니아 금광만큼 큰 성공을 거둔 곳은 역사적으로 없었다.[219]

실제로 캘리포니아의 골드러시는 세계사에서 중요한 사건이었다. 캘리포니아 산출의 금이 시장에 나오기 전까지는 정금, 특히 금괴가 만성으로 부족했다. 그 때문에 특히 합중국은 곤란을 겪었다. 1850년대까지는 엄밀한 의미의 금본위제도는 존재하지 않았다. 그 이유는 간단했다. 제도를 받쳐줄 금이 충분하지 않았기 때문이었다. 일단 캘리포니아 금이 유통되기 시작하자, 미국의 자본시장은 빠르게 발전하여 19세기 후반에는 금융 부문의 대규모 확대가 가능해졌다.[220] 이것도 (이론의 여지는 있으나) "알려지지 않은 대통령 포크"의 업적이었다. 1849년에 캘리포니아에서 뜨겁게 일어난 골드러시 열기는 전 세계 모험가들을 끌어들였다. 이에 힘입어 전 세계 사람들은 역사적으로 봐도 특이한 합중국이라는 국가가 실리주의적으로 발전하고 약속의 땅으로 실재한다는 사실을 처음으로 알았다. 그렇지만 미국에 관한 상세하고 일상적인 정보가 부족하지는 않았다. 조사이어 T. 마셜의 『농민과 이민을 위한 안내서 : 완전 가이드(Farmers and Immigrants Handbook: Being a Full and Complete Guide for the Farmer and Immigrant)』 (1845)는 거의 500쪽에 걸쳐 정보를 가득 담아냈다. 미네소타 주는 1855년에 이민국을 설치했고 다른 주도 이를 도입했다. 1864년에 캔자스 주는 외국에 사절을 보내 이민 희망자의 호응을 이끌어냈다.

철도 회사는 1840년대 초기부터 이민 편의를 위해 주정부와 연방 소유의 토지를 확보하기 시작했다. 일리노이센트럴은 외국에서 광고를 집행했다. 유니언퍼시픽과 노선퍼시픽 등의 철도 회사도 마찬가지였다. 철도 회사의 토지 부문은 신문기자나 토지를 구하려는 사람들을 위한 여행 이벤트를 마련하거나 정기적으로 유럽 전역에 직원을 파견했다.[221] 1850년대에는 세계에 미국을 알리기 위해 공적으로나 사적으로나 많은 돈이 들어갔다. 여행자의 이야기나 입소문 역시 빠질 수 없었다-아마 이쪽이 영향력이 더 컸을 것이다. 미국의 임금 수준은 미숙련 노동자조차 유럽 기준에 비추어보면 매우 높았다. 1820년 무렵부터 도시에서는 어떤 일을 하든 일당 1달러 이하로는 내려간 적이 없었다. 농장 노동자라면 세 끼 식사를 제공받고 7달러 50센트에서 15달러까지 월급을 손에 쥘 수 있었다. 아일랜드에서 온 토머스 무니는 "정규직으로 일하면 세계에서 제일 좋은 땅 1.5 에이커를 살 만큼의 돈을 매주 저축할 수 있으므로 1년도 안 되어 서부로

가서 80에이커의 땅을 사서 평생 소유할 수 있다"라고 단언했다(1850). 그의 계산에 따르면 사려 깊은 이민자라면 1주일에 영국 화폐로 7, 8실링씩을 저축할 수 있었다.[222] 이것은 매력적인 뉴스였다.

이민자 수는 경기순환의 영향을 받아 변동이 있었으나 늘 증가 추세를 보였다. 1819년 공황 때 처음으로 그 수가 줄었다가 1832년에는 3만 2,000명, 1837년에는 7만 9,000명으로 늘었다. 그러다가 신용 공황 때 다시 줄었다가 1842년에는 10만 명으로 늘어났다. 1845년부터 1850년까지는 유럽의 겨울철 기상 이변과 아일랜드의 감자 기근 때문에 증가했고, 또 1848년부터 1849년까지는 혁명으로 엄청난 숫자의 사람들이 미국으로 피난을 왔다. 미국 인구 비율에 비해 이민자 수가 이처럼 많았던 적은 그 이전이나 이후에나 없었던 현상이었다. 캘리포니아의 골드러시 때는 1854년 한 해 동안 42만 7,833명이라는 기록적인 수치를 보였다. 그 뒤 1850년대 후반의 공황 때문에 급격하게 감소하더니 1860년에는 15만 3,640명에 머물렀다. 당시 미국 인구는 2,700만 명이었는데 그 가운데 400만 명이 외국 출신 이민자였다. 이민은 유럽 전역에서 왔다. 하지만 대부분은 영국, 아일랜드, 독일 출신이었다. 아일랜드인은 앨러게니 산맥 동쪽에 정착하고, 독일인은 농사를 짓기 위해 중서부에 몰렸다.[223]

새로운 유토피아

높은 임금과 값싼 토지 이외에도 미국은 여러 가지 점에서 높은 평가를 받았다. 처음 주목받은 것은 "미국식 시골집"으로 1800년 무렵 유럽에서 인기를 끌었다. 다음으로 "미국식 정원"도 흥미의 대상이었다. 1815년 무렵부터 유럽인이 주목한 것은 미국 호텔의 크기와 호화로움이었다. 미국 호텔이 매우 쾌적한 것은 당연한 결과였다. 온 가족이 몇 년 동안이나 호텔에서 지내는 경우마저 있었다. 1850년 이전의 워싱턴 D.C.에는 상하 양원 의원이나 내각 각료들이 자신의 집을 가진 경우가 드물었다. 호화 호텔 제1호는 신흥도시답게 볼티모어에 1825년부터 1826년까지 세워진 바넘스시티 호텔로 200실 이상의 객실을 갖춰서 유럽 최대 호텔의 2배 크기를 자랑했다. J. J. 애스터가 1832년부터 건설하기 시작한 뉴욕의 애스터하우스에는 객실이 309실, 욕실이-놀랍게도-무려 17개 이상이나 있었다. 필라델피아의 콘티넨털 호텔(1858)은 스위트, 더블, 싱글 등 각종 객실에 800~900명을 투숙시킬 수 있어서 크기와 호화로움에서 최고를 자랑했다 (당시 유럽 최대의 호텔은 영국 첼트넘에 있던 퀸스 호텔로서 "유럽에서 가장 호화로운 호텔"이라는 평을 들었으나 객실은 110실밖에 안 되었다).

미국 호텔들은 원형 지붕 아래 중앙 로비가 독특하고 유명했다(1980년대와 1990년대에 만들어진 호텔 아트리움은 이 특징을 재현한 것이다). 이 양식을 최초로 사용한 것은 1808년부터 1809년 사이 보스턴에 세워진 익스체인지 커피하우스 호텔로서, 1839년 뉴올리언스에서 문을 연 센트럴 호텔은 이 건물을 대대적으로 모방했다. 1874년부터 1876년 사이에 샌프란시스코에 지어진 팰레스 호텔에는 850실의 객실과 437개의 욕실이 있었다. 매우 규모가 큰 호텔답게 마차가 그대로 중앙부까지 들어갈 수 있어 이곳을 이용하는 투숙객에게는 마차가 드나드는 모습을 바라보는 것이 하나의 즐거움이 되었다. 거대한 미국 호텔들이 계기가 되어 양키(미국 북서부, 특히 뉴잉글랜드 지방 미국인-옮긴이)의 문화적 지배에 대해 기록으로 볼 수 있는 최초의 비판이 제기된 것은 뜻 깊은 일이었다. 그 비판자는 (말할 필요도 없이) 프랑스인이었다. 에드몽 드 공쿠르는 1870년 파리 호텔들이 "미국 스타일"로

바뀌고 있다고 한탄했다.[224]

뉴잉글랜드의 새로운 "유토피아적인" 공장도 평가가 높았다. 영국 작가 앤서니 트롤럽은 로웰(매사추세츠 주 북동부의 공업 도시-옮긴이)을 "상업적 유통피아의 실현"이라고 불렀다. 마찬가지로 영국 경제학자 해리엇 마티노는 월섬(매사추세츠 주 동부의 공업 도시-옮긴이)을 "합중국의 숙련공 계급과 알게 되는 즐거움은 거창하게 말할 필요조차 없다"라고 감격하며 썼다.[225] 실제로는 이러한 "모범적인" 공장 가운데는 1910년부터 1930년 사이의 헨리 포드 시스템을 예고하는 권위주의가 강한 곳도 있었다. 1846년 로웰의 숙련공은 겨울철 새벽부터 저녁까지 하루 13시간씩 일한다는 기록이 있다(하지만 이것은 악의를 갖고 쓴 것이다). 확실히 장시간 노동은 일반적인 관행이었다.[226] 로드아일랜드에서는 어린 자식을 포함한 가족 모두가 고용주와 노동 계약을 맺었다. 모든 관찰자들이 기록한 것은 구걸 행위가 없다는 점이었다. "2년 동안 미국 구석구석을 여행했지만 구걸을 해온 적은 오직 한 차례뿐이었다"라고 한 관찰자는 기록으로 남겼다. 이것은 나라 전체가 번영의 혜택을 누리고 있다는 증거로서 유럽인에게는 도저히 믿기지 않는 사실이었다.[227]

당시에 이미 미국은 새로운 행동 양식, "근대성"과 결합되어 있었다. 사회복지와 공공복지 분야에서 특히 그런 경향이 두드러졌다. 최초로 국제 공인을 받은 곳은 1820년에 세워진 뉴욕 주의 오번 형무소였다. 이곳은 파리의 큰 상점가에서 얻은 아이디어를 응용하여 복도 천장을 밝게 하고 양쪽에 몇 층에 걸쳐 독방을 나란히 설치했다. 그 뒤 1825년 존 하빌랜드는 이 아이디어에 제러미 벤담이 1791년 고안한 원형 형무소의 구상을 접목하여 감시실을 중심으로 복도를 바퀴살처럼 방사선으로 배치하는 기본 구상을 내놨다(방사선 구조는 겐트 형무소에 이미 그 예가 있었지만 그곳에는 복도가

제 3 장 ― 언제나 평범하게 행복하기를

없었다). 하빌랜드의 이 구상은 미국 스타일의 유토피아적인 이상주의의 전형으로 높은 평가를 받아 합중국 전역에서 형무소 설계 의뢰가 쇄도했다.[228] 당시 범죄 발생 건수가 높고, 새로운 범죄나 젊은 층의 범죄도 눈에 띄게 증가했다. 하빌랜드는 특히 이런 수많은 새로운 범죄자들을 수용할 형무소 설계에 능했다. 그 대표작은 필라델피아의 이스턴 형무소였다. 찰스 디킨스, 앤서니 트롤럽, W. M. 새커리처럼 여행기를 쓰는 데 "열심인" 작가들은 거의 모두 형무소(그리고 구빈원, 여성구호소, 그 밖의 우울하지만 가치 있는 시설)를 반드시 한 군데 정도 이상은 방문했다.

토크빌의 미국 시찰

유럽인 관찰자 가운데 특히 통찰력이 뛰어나고 영향력 있던 알렉시 드 토크빌은 형무소 시찰을 위해 미국을 방문했다. 그는 고귀한 가문 출신으로 노르망디의 대저택에서 태어났음에도 자유롭고, 어떤 의미에서는 과격한 인물이었다. 자신의 목표는 "귀족의 권리를 축소하고" "거부할 수 없는 미래를 준비하는 데 있다"라고 (스스로) 말했다-따라서 실제로 미국에서 그러한 상황이 일어날 것이라고 내다봤다. 프랑스의 새롭고 "자유로운" 루이 필립 정권은 잭슨 대통령에게서 유럽에 이런 형태의 민주주의가 전파될 최초의 징조로서 큰 환영을 받았다. 1831년 루이 필립 정권은 토크빌에게 미국 형무소 관리 현황을 시찰하고 보고서를 제출하라는 무보수 임무를 맡겼다. 그 보고서는 1833년에 출판되었다. 토크빌은 계속해서 1835년에 『미국의 민주주의(Democracy in America)』 제1부를, 1840년에 제2부를 출간했고 그 뒤 이 책은 인쇄를 거듭했다.[229] "평등의 원칙이 천천히 발전하는 것은 신의 섭리이다"라는 것이 이 책의 주제로서 그 이론과 실천의 구체적인 사례를 미국 제도를 통해 검증했다. 제1권은 주로 미국에 관해 다루며 매우 낙관적이다. 제2권 역시 미국에 관해 썼으나 비관적인 내용이다. 하지만 이 책과 풍부한 편지, 훗날 집필한 회고록 등에 의해 1830년대 미국 사회의 모습이 잘 나타나 있다.[230]

관찰력이 날카롭고 사려 깊은 이 프랑스인은 보스턴에서 뉴올리언스로 가서 부여받은 임무를 마치고 도중에 알게니 산맥 서쪽도 방문했다. 보스턴에서는 2년 전에 지은 프리몬트 호텔에 묵었다. 객실마다 사적인 응접실이 붙어 있고 부츠를 손질하는 사이에 슬리퍼가 준비되며 또한 벨 보이의 신속한 응대에도 감탄했다―하지만 침대를 공유하는 만국 공통의 비참한 습관에 관해서도 언급했다. 볼티모어에서는 찰스 캐럴(유명한 사람이라면 누구나 마땅히 방문할 만큼 저명한 인물)과 식사했다. 캐럴 같은 귀족이 유럽과는 다르게 새로운 민주주의를 정중하게 받아들여 보통선거에 입후보해서 당선하는 상황을 크게 반겼다. 1831년부터 1832년 사이의 겨울 추위 때는 끔찍한 경험을 했다. 어머니 앞으로 보낸 편지에서 미시시피 강의 증기선에서 서쪽으로 강제 이주당하는 촉토 족 전사들과 자리를 같이한 모습을 다음과 같이 남겼다.

더 이상 돌아갈 수 없는 마지막 이별이라는 느낌 때문에 파괴와 파멸의 분위기가 감돌았다. 누가 봐도 무거운 마음이었다. 인디언은 냉정을 유지했으나 침울하고 말수가 적었다. 영어를 할 줄 아는 이가 한 사람 있었기에 왜 촉토 족이 고향을 떠나느냐고 물어보았다. "자유롭기 위해"라는 말만 건넬 뿐 더 이상은 아무런 대꾸도 하지 않았다. 다음 날 그들은 아칸소 들판에 내려놓아질 것이다. 멤피스에 와서 미국에서 가장 오래된 민족의 마지막 흔적이 추방되고 아마도 소멸해갈 장면을 목격한 것은 아무래도 기묘한 우연의 일치라고 고백할 수밖에 없다.

그 뒤 곧 토크빌은 "훌륭한 수말"을 탄 샘 휴스턴을 만나 "인디언 족장의 양아들로 스스로 인디언 추장이기도 한" 인물이라고 썼다.[231]

토크빌의 설명에서 기억할 만한 특징은 미국의 도덕성을 파악하는 방식이다. 성직자의 권력 남용 때문에 교권반대주의가 풍토병처럼 만연한 나라에서 온 사람에게 교권과는 아무런 인연이 없는 나라가 존재한다는 사실은 놀라움 그 자체였다. 기독교 정신이 전체주의 사회를 보여주는 것이 아니라 제한 없는 사회, 그리고 세속 세계의 자유와 시장 시스템과 밀접하게 관련된 경쟁사회를 보여주는 것을 처음 목격했다. "프랑스에서는 신앙심과 자유정신이 서로 전혀 다른 목표를 추구하는 것만 보아왔다. 하지만 미국에서는 이 두 가지가 밀접하게 연결되어 공동으로 이 나라를 지배한다." 그리고 "종교는 …… 이 나라 정치제도 가운데 가장 중요한 것으로 간주된다. 그것이 자유에 대한 정신을 가르쳐주지 않더라도 자유로운 제도 운용을 가능하게 해주기 때문이다"라고 쓰고, 계속해서 미국인 대부분은 실제로 종교를 "공화국 제도의 유지에 빠질 수 없는 요소"로 생각한다고 결론 내렸다. 토크빌은 또한 일부 출판하지 않은 보고서 가운데서 종교가 공화국 정부를 뒷받침하지만, 작은 정부가 사람들의 도덕적 힘의 중요한 원천이라고 설명했다.

정부가 없다는 가장 큰 이점 가운데 하나는 필연적으로 개인이 강해진다는 점이다(정부 없이 무엇인가를 할 수 있다면 대단한 행운이지만, 그런 일은 거의 드물다). 누구나 외부의 힘을 빌리지 않고 스스로 생각하고 혼자 힘으로 행동할 수 있는 법을 터득하게 된다. 외부의 힘은 아무리 치밀하다고 예상하더라도 모든 사회적 요구에 응할 수 없다. 이처럼 자신의 노력으로 행복을 추구하는 것에 익숙한 사람은 다른 사람의 의견은 물론 스스로의 생각에 따라 자신의 품격을 높여간다. 동시에 그 마음도 더욱 넓고 강해진다.[232]

이러한 독립 정신은 교육의 결과라고 토크빌은 생각했다. 루이스 드와이트 목사는 그에게 미국의 교육 수준은 세계 최고라고 말했다. "[이 나라에서는] 교육이 도덕이나 종교와 같은 의미를 지니고 있다는 점을 누구나 인정한다. 이 취지에 어긋나는 교육제도를 도입하려 하면 항의하며 반란을 일으킬 것이다. 그런 교육을 받기보다는 차라리 교육이 전혀 없는 편이 더 나을 것이라고 누구나 말할 것이다. 이 나라 어린이들이 처음 대하는 책은 『성서』이다."[233] 자유로운 교육제도, 검열받지 않은 서적과 신문의 자유로운 열람 덕분에 미국인의 머리에는 다른 나라 국민에게 있음직한 어두운 그늘이 별로 없었다. 보스턴에서 나눈 대화를 추억하면서 그는 다음과 같이 썼다. "[공화국] 존립의 가능성을 위해서는 무엇보다 계몽이 중요하다. 미국인은 다른 나라 사람들과 마찬가지로 결코 인격적으로 고결하지는 않지만, 내가 아는 어떤 국민보다 훨씬 계몽되어 있다(나는 일반 대중을 말하고 있다). 공공의 문제를 이해하고, 법률과 선례에 밝으며, 국익에 민감하여 그 내용을 잘 파악하는 능력을 가진 사람들의 수는 전 세계 어느 나라보다 많다."[234]

노예제도가 존재하는 곳에서는 도덕심, 독립심, 계몽, 근면, 성공이라는 미국인 특유의 일련의 행동 양식이 제대로 발휘되지 않는다는 점을 토크빌은 중요하게 생각했다. 그는 뉴올리언스에서 프랑스어를 말하는 사람들이 경건한 프랑스계 캐나디안과 비교가 안 될 정도로 사악하고 타락한 데 충격을 받고, 자유에 역행하는 노예제도의 현실을 비난했다. 동시에 "부지런한 오하이오 주"와 "게으른 켄터키 주"를 비교하기도 했다. "[오하이오 강을 두고] 서로 이웃한 두 주는 모두 기름진 토지를 가진 더할 나위가 없는 환경"인데, 켄터키 주에는 노예제도가 남아 있기 때문에 "활기와 열의가 느껴지지 않고 기업가 정신이 손톱만치도 없는 사람들만"이 살고 있다고 지적했다. 계속해서 그는 다음과 같은 유사한 결론을 내리며 다시금 강조했다. 노예주를 제외하면 "전체적으로 볼 때 미국인은 계몽이 가장 앞선 국민일 뿐 아니라, (그 장점보다 훨씬 높게 평가하건대) 실무와 정치 교육도 세계 최고이다."[235]

확실히 미국은 "계몽"을 위해 엄청난 노력을 가슴에 사무칠 정도로 진지하게 줄곧 계속해왔다. 미국은 심지어 19세기의 영국을 뺨칠 정도로 자기 개선에 주의를 기울였다. 정부는 더 나은 국가가 되기 위해 노력을 아끼지 않았고, 국민 역시 앞장서서 노력했다. 유명한 연설가 대니얼 웹스터는 보스턴의 벙커힐 기념비 제막식(1825 6월 17일)에서 "진보만이 우리의 사명입니다. 이 시대를 진보의 시대로 만듭시다. 평화로운 이 시대에 국민의 기술을 발전시키고 평화로운 일을 추진합시다"라고 역설했다.[236] "평화로운 일"은 쉬지 않고 계속 진행되었다. 보스턴에 거리를 밝히는 가스등이 1822년 설치되었는데 런던과 거의 같은 시기였다. 이듬해인 1823년에는 뉴욕에도 설치되었다. 필라델피아에는 1837년이 지나서야 설치되었으나 상수도 시설은 일찍 도입되어 1799년에 완성되었다. 1822년에는 페어마운트 급수장이 도시 전역에 수도관을 통해 물을 공급했다. 당시 영국은 세계에서 가장 먼저 공익사업을 추진한 국가였는데, 그러한 영국의 기준에 비춰 봐도 이것은 놀라운 일이었다. 더군다나 이 당당한 상수도 급수 시설은 가장 뛰어난 고전적 건축물로서 스쿨킬 강둑에서 퍼 올려 부근의 광대한 지역을 감당했다. 이 일대를 오염으로부터 지키기 위해 필라델피아는 마침내 세계 최대의 도시 공원을 조성했다. 강변에 호화 저택들이 즐비했던 것은 이미 소개했지만, 이 저택들을 모두 후세를 위해 보존하자는 움직임 속에서 공원 조성이 결실을 보았다.

공공사업을 시행하는 과정에서 분명 부정의 조짐도 나타났다. 뉴욕 최초로 급수장을 건설했던 에런 버의 맨해튼 수도 회사(1799)는 실제로는 알렉산더 해밀턴의 뉴욕 은행(오늘날 체이스맨해튼)과 경쟁하는 불법 은행의 간판 회사였다. 어쨌든 그 당시에 공적이건 사적이건 간에 모든 사업은 양심적이었고 경쟁력을 갖췄으며, 세계적으로 봐도 매우 앞서 있었다. 뉴욕에 최초의 승합마차가 운행된 것은 런던과 같은 1828년의 일로서 파리보다 불과 1년밖에 늦지 않았다. 월 가와 그리니치빌리지를 연결하는 것을 시작으로 3년 뒤에는 필라델피아에도 승합마차가 출현했다. 영국의 1페니 우편제도 역시 도입되어, 씀씀이가 후한 제퍼슨 대통령이 지불했던 비싼 요금이 대폭 내려가 300마일까지는 2분의 1온스에 5센트만 받았다(1846). 공개경쟁으로 값이 점점 내려가더니 1840년에는 1페니짜리 신문이 첫선을 보였다. 이는 당시 유럽 기준(심지어 영국 기준)에서 볼 때 놀라울 정도로 저렴했다.[237]

학교 개혁

미국 사회의 모든 부문에서 교육을 통한 "계몽"의 역할이 당연하게 강조되었다. 식민지 시대부터 미국의 성인 교육 수준은 세계 최고를 자랑하며 독일보다 앞섰다. 이런 결과는 주로 대도시에서 학교 개혁이 이뤄졌기 때문이었다. 보스턴에서 호러스 맨이 이룬 업적에 대해서는 앞에서 종교 교육을 다루면서 이미 설명했다. 1806년에는 뉴욕 공립학교 위원회가 영국의 랭커스터 시스템을 도입했다. 이 집단 교육법은 새로 개발된 도시의 수천 명에 달하는 어린이들에게 기초 지식을 가르칠 목적으로 "조교(pupil teacher)" 즉 감독생을 활용하는 제도였다. 위원회가 제창한 공립학교 "모델 시스템"은 1815년부터 주정부 보조를 받았다. 마침내 1853년에는 뉴욕 주가 이 제도를 받아들여 60만 명의 어린이들에게 교육을 실시했다.

예를 들어 오하이오 주와 같은 새로운 주는 계획적으로 설치된 개별 카운티의 제16국이 교육 문제를 전담했다. 하지만 서부 지역 주들은 마을들이 각각 떨어져 있어서 통일된 교육은 어려웠다. 1제곱마일당 인구밀도는 루이지애나가 고작 11명(1860), 버지니아(오늘날 웨스트버지니아를 포함)가 14명에 불과했다. 그렇지만 매사추세츠는 127명을 기록했다. 1840년에 실시된 국세조사에서는 문자 해독 비율이 총인구의 약 78퍼센트(백인 인구의 91퍼센트)에 이르렀는데, 이것은 주로 문자 해독 능력이 전국적으로 상승한 결과였다. 1830년의 취학률(5세부터 19세까지)은 35퍼센트였으나 1850년에는 50.4퍼센트, 1860년에는 61.1퍼센트를 각각 기록했다. 하지만 1850년 당시 글을 읽거나 쓰지 못하는 성인이 아직 100만 명이나 있었고, 그중 50만 명은 남부인이 차지했다. 읽거나 쓸 줄 모르는 사람들 대부분은 새로 온 이주민이 아니라(물론 새 이주민은 언어 문제를 안고 있었지만) 대개는 흑인이었다. 이것은 앞으로 표면적으로 떠오를 문제의 징조이기도 했다.[238]

독립 직전인 1760년대 말에는 훗날 칼리지(단과대학)나 유니버시티(종합대학교)에 해당하는 교육 기관이 9개 있었다. 이 학교들은 이미 특정 교과에 속했는데, 윌리엄앤드메리 대학교는 1779년에 종교적인 색채를 일부 버리고 헤브라이어와 신학 강좌를 법률과 현대어 강좌로 대체했다. 장로교는 1780년대에 새로운 칼리지 4개교를 창설했다. 이 가운데에는 워싱턴 앤드리 대학교의 토대가 된 리버티 홀, 애팔래치아 산맥 서쪽에서는 최초의 고등교육기관인 트랜실베니아 신학대학 등이 포함되었다. 이 무렵 대학교에 입학한 1학년생은 예일 대학교 70명, 하버드 대학교 31명, 프린스턴 대학교 10명, 다트머스 대학교 20명이었다. 초기에 개교한 이들 대학교는 계열 대학을 여러 곳 설립했다. 예일 대학교에서는 회중교회 칼리지 16개교, 프린스턴 대학교에서는 장로교 칼리지 25개교가 생겼는데 모든 학교가 1860년 이전에 문을 열었다. 남북전쟁이 시작될 무렵에는 16개 주에 총 516개교의 단과대학과 종합대학교가 존재했다(그중에는 단명한 곳이 많아서 1920년대 말까지 겨우 104개교만이 남았다).

주립대학교는 제퍼슨이 창설한 버지니아 대학교가 최초인데, 그 가운데에는 조악한 상태에서 시작한 학교도 있었다. 미시간 주에는-서부에서 처음으로-일찍이 1817년에 주립대학교가 생겼으나 실제로는 고등학교를 승격한 것이었다. 1837년 학교가 앤아버로 옮겨 가고, 주정부 소유지 매각으로 얻어진 이익금을 기부금으로 받고서야 본격적인 대학의 면모를 갖추었다. 1836년에는 매디슨에 번듯한 위스콘신 주립대학교가 세워졌다. 대단히 흥미롭게도 이들 주립대학교는 동부의 대규모 사립대학교보다 더 많은 학생을 입학시켰다. 1840년대에 서부의 젊은이는 동부의 도시(보스턴과 필라델피아를 제외하고)에 사는 젊은이보다 대학에 진학할 기회를 더 많이 누렸다. 1846년 당시 뉴욕은 인구 50만 명이었지만 단과대학 2개교에 입학하는 학생은 241명에 그쳤다.

1780년대까지는 대학을 나와 정치에 입문하는 사람이 의외로 많았는데(헌법제정회의에 참석한 55명 가운데 33명이 대학 졸업자였다), 이들 대부분은 목사 출신이었다. 하지만 1790년에 이르면 상황은 크게 바뀌어 변호사가 되는 사람이 급증했다. 1800년에는 성직자의 길을 선택한 사람은 대략 9 퍼센트에 머물렀고 50퍼센트는 변호사로 빠져나갔다. 당시 독일 대학교는 세계 제일이어서 그 영향력 또한 컸다. 예를 들면 1830년부터 1860년 사이에 예일 대학교에 재직한 젊은 교수는 모두 독일 대학교에서 1년 동안 유학했다. 서부 지역 종합대학교가 번창한 것은 정부의 토지 정책에 크게 힘입었다. 토지 매각 계약의 수익금이 들어오면 하룻밤 사이에 단과대학이 세워지고 교직원과 학생이 모였다. 대약진의 돌파구가 마련된 것은 1862년에 제정된 모릴 법이었다. 이 법에 의해 주립 농업대학을 설립할 경우에는 연방토지기금을 사용할 수 있었으며, 많은 경우 이러한 단과대학들은 종합대학교로 발전했다.

이 진보적인 법률 덕택으로 여성 또한 혜택을 입었다. 그 이전에도 예를 들면 1833년에 오하이오 주에 개교한 오하이오 대학교, 1838년에 개교한 조지아 대학교 등 여성이 입학할 수 있는 학교가 몇 군데 있었다. 하지만 모릴 법은 주립대학교에 여성이 입학하는 것을 장려했다. 그 결과 1867년에는 위스콘신 대학교가, 1869년에는 미네소타 대학교가 여학생의 입학을 허용했다. 그 무렵에는 우수한 여자대학교들이 경쟁을 벌였다-예를 들면 바서 대학교(1861), 미네소타 대학교(1869), 웨슬리 대학교(1870)가 있다. 1872년 여성이 입학할 수 있는 단과대학과 종합대학교는 97개교에 이르렀고, 1880년에는 전체 대학생 가운데 3분의 1을 여학생이 차지했는데, 그 가운데 70퍼센트 이상은 교사직으로 발령받았다(또는 스스로 선택했다). 실제로 부족했던 것은 흑인의 고등교육기관이었다. 남북전쟁이 시작될 당시에 대학을 나온 흑인은 고작 28명에 지나지 않았다. 그 뒤에 애틀랜타 대학(1865), 링컨앤드피스크 대학(1866), 하워드 대학(1867) 등 몇몇 흑인 단과대학들이 설립되었다. 이 무렵에는 미국 성인 100명당 1명이 대학 교육

을 받았다.[239]

통계로 봐도 19세기 전반의 미국은 모든 면에서 "계몽"을 향해 커다란 성과를 거뒀다. 토크빌은 그 점을 높게 평가했으나, 그 의견에 동조하지 않는 사람도 있었다. 유명한 앤서니 트롤럽의 어머니로서 소설가인 패니 트롤럽은 1827년부터 1831년까지 합중국에 머물며 신시내티 등지에서 생계를 꾸렸다. 남편이 광적인 목사로서 그녀를 부양하지 못했기 때문에 종교를 냉철한 눈으로 바라보게 되어 미국에는 종교가 넘쳐난다고 생각했다. 토크빌이 중요하게 여긴 윤리 문제에 대해 그녀는 전혀 관심이 없었다. 그보다는 오히려 미국인의 매너에 주목했다. 신시내티에서 쓰레기 수거에 돼지들이 동원되는 사실에 그녀는 격분했다(뉴욕에서도 1830년까지 같은 상황이었다).

또한 "하인(servant)"이라고 부르는 것은 "경반역죄(petty treason)"에 해당된다는 사실을 알았다. "도우미(help)"가 유일하게 허용된 용어로서 이것은 "정치적 올바름"의 초기 사례에 속했다. 더욱이 미국의 노동력은 이동이 잦고 짧은 기간밖에 "도우미"를 고용할 수 없어서, 고용 계약 때 임금을 결정하는 쪽은 여주인이 아니라 "도우미" 쪽이었다. 1년마다 어느 정도 보수를 원하는지 물어보면 이런 대답이 돌아왔다. "오, 뭐라고요! 당신은 완전히 영국 사람이군요. 미국에서 1년간 계약을 맺는 젊은 여자가 있는지 보고 싶군요! 일찌감치 남편감을 찾지 않으면, 완전 노처녀가 될 거예요. 이제 벌써 17세이니까 말이에요. 게다가 학교에 가고픈 생각이 들지도 몰라요. 그러니 1주일에 1달러 50센트는 받아야 해요. 어머니 노예인 필리스가 1주일에 한 번은 강 건너 와서 청소 일을 도와줄 거예요." 트롤럽 부인은 이런 사정을 가족에게 편지로 쓰기 시작했다. 그러지 않으면 런던 친구들은 그녀의 이야기를 믿으려 하지 않았다. 이 편지 내용을 모

제3장 │ 언제나 평범하게 행복하기를

•

617

아 『미국인의 가정 예절(Domestic Manners of the Americans)』이라는 책으로 1832년에 출간했다. 이 책은 나오자마자 대서양 양쪽에서 베스트셀러에 올랐고 트롤럽 부인은 미국인이 가장 싫어하는 작가가 되었다. 그녀는 오늘날까지도 미국인의 분노를 자아내는 인물이다.[240]

그녀의 비판은 모두 상처를 주려고 의도된 것이었다. 미국인은 난폭하며 버릇없고 강압적이며 조잡했다. 재미는커녕 유머 감각조차 없었다. "이처럼 유쾌하지 못한 사람들을 만나본 적이 없었다. 합중국 끝에서 끝까지 죄다 찾아보았으나 따뜻한 구석이라고는 어디에도 없었다." 미국인은 오로지 자기밖에 모르고 외부 세계에는 관심도 없으며 자기 나라의 위대함과 장점에 기고만장했다. 여성은 무식하고 남자는 역겨웠다. 반면에 소수이긴 하지만 문인들은 그녀의 비난에서 비껴났다. 미국 문학은 "정서를 매우 풍부하게 할 뿐 아니라 매너를 세련되게 해준다"라면서 "문학이 가진 위대한 가치"를 보여주는 증거라고 말했다. 또한 "담배를 씹거나 위스키를 마시거나 하는 문인을 만나본 적이 없으며, 거꾸로 문인을 제외하고 이러한 나쁜 습관을 가지지 않은 사람을 만난 기억이 없다"라고 덧붙였다.[241]

"대타협"에서 드레드 스콧 판결까지

이야기가 여기까지 온 김에 다른 예를 들어볼까 한다. 미국을 방문한 영국인이 견디기 어려워했던 일 가운데 미국인의 침 뱉는 버릇이 있었다. 영국에서는 1760년대에 이미 상류계급이 다른 사람 앞에서 침을 뱉는 경우를 찾아볼 수 없었다-이것은 문명의 커다란 전환점 가운데 하나였다. 그래서 1780년대에 벌써 프랑스인이나 그 밖의 유럽인이 이 악습을 고치지 않는 것에 대해 비판적이었다. 존슨 박사는 특히 이 행위를 심하게 비판했다. 합중국에서는 침 뱉는 일과 담배 씹는 일을 동시에 했고, 19세기 전반에는 남성의 4분의 3과 일부 여성까지 그 습관에 익숙했다. 계속해서 침뱉는 습관이 몸에 배다보니 타구가 눈에 띄지 않으면 매우 난처한 상황이 되어버려, 세심한 사람들은 견디기가 어려웠다. 디킨스나 새커리처럼 미국을 찾은 영국인들은 모두 우선적으로 이 악습을 언급하며 비판했다. 트롤로프 부인 같은 여성 여행자는 특히 분노감을 보였다. 다른 사람들과 함께 상원을 견학할 기회가 있었는데, 그들의 눈길은 하나같이 각각의 의원 책상에 붙어 있는 커다란 놋쇠 타구에 쏠렸다.

이것은 유감스러운 일이었다. 당시는 물론이고 그 뒤 몇 십 년 동안 상원은 아마 로마 시대 이후로 최대의 웅변장이자 주목할 만한 결의 기관이었기 때문이다. 그리고 그 최고의 장면은, 1850년 노예제도에 관한 마지막 "대타협"이 논쟁의 중심이 되어 치열한 격론 끝에 의회를 통과한 때였다. 문제의 배경은 매우 복잡했다-이미 독자가 알고 있듯이 미국 노예제도는 모든 것이 복합적이어서 단순하게 결론 내릴 수 없다. 더욱이 이 타협 자체가 매우 복잡했다. 1787년의 북서부 조례는 새로 획득한 북서부 지역의 영토에서 노예제도를 금지하고, 이곳에 새롭게 편입된 주는 모두 자유주로 승인할 것을 명기했다. 한편 미국이 획득한 북서부 이외의 영토 대부분-루이지애나 매입지 전체, 플로리다, 텍사스 등-에서는 프랑스와 에스파냐의 통치를 받을 때부터 노예제도가 존재했기 때문에 그대로 답습해도 위화감은 없었으며, 텍사스의 경우처럼 한 번 폐지된 노예제도를 재개할 때도 그다지 저항이 없었다.

하지만 1848년 훗날 캘리포니아가 되는 지역이 편입되고 그곳에서 권력을 휘두르던 약탈자 일부가 그곳을 노예주로 승인할 것을 제안하자, 북부의 양식 있는 사람들은 맹렬하게 반격했다. 이곳에는 원래 노예가 없기 때문이었다. 포크 대통령이 하원에 재정 법안을 제출하고 멕시코의 평화를 위한 자금(사실상 산타 안나에게 건네는 뇌물)을 요구하자, 펜실베이니아 출신 하원의원 데이비드 윌모트가 새로 획득한 영토에서는 "노예제도도, 본인의 의사에 반하는 예속도 존재해서는 안 된다"는 북서부 조례의 규정을 인용한 수정안을 의회에 제출했다. 화가 난 포크는 자신의 친구들을 동원해 윌모트의 수정 건의안에 대항하는 법안을 의회에 제출했다. 북위 36도 30분선이라는 미주리 협정의 경계선을 새로운 영토에 그대로 연장하여 옛 영토와 마찬가지로 자유주와 노예주로 구분하는 내용이었다. 하지만 이 제안을 지지한 중도파 의원들은 "남부의 변절자" 또는 "두 얼굴의 북부인"(남부식 가치관을 가진 북부인)이라는 비난을 받았다. 마침내 어느 쪽 제안도 과격파의 반대에 부닥쳐서 통과되지 못했다. 1848년에 주로 승격한 위스콘신이 주 헌법을 적용해 노예제도를 금지했다. 유타와 뉴멕시코, 캘리포니아에서는 노예제도 문제가 해결되지 않은 채로 포크는 퇴임했다.[242]

이른바 윌모트 논쟁을 통해 새로운 원칙이 출현했다. 그중 하나가 의회는 그 관할권이 미치는 장소에서 노예제도를 금지할 권한이 있다는-자유는 국가적인 문제인 반면 노예제도는 지역적인 문제에 지나지 않는다는-원칙이었다. 이것은 커다란 전진이었다. 이 원칙을 실현하기 위해 마침내 자유토지당과 공화당이 결성되었다. 이와는 반대로 남부 역시 새로운 원칙을 전면에 내세웠다. 의회에는 어떠한 지역의 노예제도를 금지할 권한이 없을 뿐 아니라 만약 노예제도가 이미 확립되어 있다면 그것을 적극 보호할 의무가 있다고 주장했다.

칼훈은 과거 60년 동안의 헌법 운용을 뒤바꿀 새로운 이론을 마련했다. 새로 획득한 영토는 "합중국(United States)"에 귀속되는 것이 아니라 "통합된 주들(states united)"에 귀속된다는 내용이었다. 의회는 단순하게 "공동 조합의 대리인"에 불과하며, 조합원에 해당하는 각 주는 자기 지역 안의 소유재산을 보호할 권리를 평등하게 가진다고 주장했다. 그는 미국 노예는 "관습법에 의한 재산"이라고 주장하면서 맨스필드 경이 1772년 영국에서 내린 노예제도에 관한 판결을 미국에 적용하는 데 반대했다. 확실히 의회는 1820년 북위 36도 30분선 북쪽에서 노예제도를 금지했으나, 그 자체가 헌법에 어긋나는 조처였다고 주장했다. 그러면서 합중국 국기가 세워진 장소라면 어디든지 자동으로 노예제도가 시행될 수 있다고 말했다. 이 원칙은 1847년 버지니아 주의회의 결의로 구현되어 훗날 "남부 강령"이라고 불렸다.

이 이론은 1857년 "드레드 스콧 사건"에서 연방 대법원이 내린 결정적인 판결의 근거가 되었다. 캘리포니아 문제보다 시대가 약간 앞선 사건으로서 이 자리를 빌려 이 판결의 의미를 확실히 살펴볼 필요가 있다. 미주리 주의 노예였던 드레드 스콧은 주인을 따라 노예제도 금지 지역에 들어왔다(1834). 1846년 스콧은 4년 동안 자유 지역에 머물렀다는 이유로 미주리 주 법정에 자유를 요구하는 소송을 제기했다. 제1심에서는 승소했으나 주 대법원은 그의 패소를 판결했다. 그 때문에 연방 대법원에 상고했으나, 대법원장 토니와 다른 판사들 역시 그의 패소 판결을 내렸다. 이유는 다음 네 가지였다. 첫째, 스콧은 흑인이므로 합중국 시민권이 없으며, 따라서 연방 법정에 제소할 권리가 없다. 둘째, 미주리 주에서 소송을 제기했으므로 일리노이 주에서 일어난 일이 어떠하건 간에 전혀 문제가 되지 않는다. 셋째, 스콧이 자유 지역에서 짧은 기간 동안 머물렀다는 사실이 그가 자유의 몸이 되는 이유가 될 수 없다. 넷째, 미주리 협정은 정당한 법 절차 없이 재산(노예)를 빼앗았기 때문에 헌법 수정 조항 제5조를 위반한 것이므로

이 협정 자체가 위헌이다.[243]

드레드 스콧 사건의 판결은 중요한 의미를 가졌으며 마침내는 남북전쟁의 직접 원인이 되었다. 그에 대한 상세한 검증은 뒤에서 다루기로 하고, 여기서는 이 판결의 네 가지 이유가 칼훈의 주장을 계승하고 나아가 그 주장에 합헌성을 부여했다는(또는 부여한다고 보았다는) 것만을 밝혀둔다. 그렇지만 이 점만은 잊어서는 안 된다. 하원의원 윌모트도 상원의원 칼훈도 자신이 과격하다고 생각하지 않았다는 사실이다. 두 사람 모두 반대파의 공격을 물리치기 위해, 말하자면 선제공격을 통한 방어 전략을 펼쳤던 셈이었다. 사실 매사추세츠와 사우스캐롤라이나에는 노예제도를 폐지하거나 존속시키기 위해서라면 문자 그대로 어떤 희생을 치르든 어쩔 도리가 없다는 매우 과격한 남자들(또는 여자들)이 많았다.

테일러와 필모어

캘리포니아 병합 문제의 실패로 충격을 받아 거의 지쳐버린 포크는 재출마에 나서지 않겠다는 약속을 지켰다(백악관을 나온 직후 사망했다). 민주당은 루이스 캐스(1782~1866)라는 강력한 확장주의자를 입후보로 내세웠다. 미시간 주 상원의원 출신으로 값싼 토지나 정착민의 권리를 장려하는 등 민중의 주장에 전면 찬동했던 인물이었다. 이에 대해 휘그당은 부에나비스타에서 승리를 거둬 반은 전설적인 인물이 된 재커리 테일러 장군을 후보자로 추천했다(포크가 두려워했던 "정치 장군"이 나타났다). 양당 모두 뚜렷한 정책 이슈가 없었고, 특히 노예 문제에 관해서는 노선조차 확정되지 않았다. 하지만 테일러는 루이지애나 주 출신으로 그곳에서는 많은 노예를 부리고 있다는 이유로 세 그룹으로부터 분노를 샀다. 스스로를 "반버너"(과격파-옮긴이)라고 부른 밴 뷰런의 뉴요커들, "휘그당의 양심"이라고 표방한 매사추세츠 출신의 열렬한 노예제도 반대주의자들, 자유당이라고 부르는 또 다른 노예제도 폐지주의자들이었다. 그들은 단결하여 자유토지당을 결성하고 밴 뷰런을 대통령 후보로 공천했다.

이론적으로는 휘그당에서 노예제도 반대주의자의 표가 이탈하여 민주당의 캐스에게 유리할 것이라는 예상을 깨고 실제로는 정반대의 결과를 초래했다. 대대적인 선거운동이 펼쳐지는 가운데 테일러는 남부와 연고가 깊어 8개 노예주에서 선두를 달렸다. 이에 대해 민주당의 캐스는 7개 주에서 승리를 거뒀다. 더욱이 뉴욕에서는 휘그당만이 아니라 민주당에서도 이탈 표가 발생하여 자유토지당 쪽으로 표가 흘러들어갔기 때문에 결국에는 테일러가 당선의 영광을 안았다. 캐스가 122만 544표를 얻은 데 비해 테일러는 136만 99표(밴 뷰런은 겨우 29만 1,263표)를 얻었고, 선거인단 투표의 경우 캐스 127표, 테일러 163표로 각각 나타났다.[244]

이 혼란스럽고 걷잡을 수 없는 선거를 통해 백악관을 차지한 인물을 상대로 대통령이 될 마지막 기회를 날려버린 클레이는, 테일러를 정치 경험도 없고 "군대에서 성장하며 늘 야영지에서 견장과 군도를 가까이하면서 지낸 전문 직업 군인"이라고 무시해버렸다. 부통령 자리에는 뉴욕의 상냥한 실무가로서 경험이 풍부한 밀러드 필모어(1800~1874)가 올랐다. 클레이는 친구인 필모어에 대해서는 태도를 바꿔 "유능하고 진보적이고 지칠 줄 모르며 …… 애국심이 투철하다"라고 높이 평가했다.[245]

대통령과 부통령에 대한 평가의 옳고 그름은 곧 판가름 났다. 테일러에 관한 클레이의 예상은 빗나갔다. 테일러는 단순한 군인이 아니었으며, 또한 남부인이 바랐던 노예제도 지지자도 아니었다. 이 기회에 헌법상의 지

위를 획득하기를 원한 캘리포니아 사람들을 움직여 선거에 의해 자유주
정부를 조직하도록 했다. 캘리포니아 광부들은 자신들의 사업이 노예에게
뺏기지 않을까 두려워해서 노예제도에 맹렬하게 반대했기 때문에 이 작업
은 어려움 없이 달성할 수 있었다. 1849년 12월 4일 의회 연설에서 테일
러는 캘리포니아의 연방 가맹을 즉시 인정할 것을 요청하며, "일반 국민의
마음에 불안과 고통을 가져다주는 지역감정이 민감하게 작용하는 문제"-
즉 노예제도-에 대해 쓸데없는 논란을 그만두도록 당부했다.

　　한편 부통령 밀러드 필모어는 클레이가 극찬한 대로 자신의 능력을 증
명해 보였다. 상원을 공평하고도 교묘하게 주도한 그의 역할은 컸다. 의회
가 노예제도 문제 논의를 중단하라는 대통령의 충고를 무시하고, 1850년
에는 사실상 그 문제만 붙들고 있었기 때문이다. 7월 4일 대통령은 행사들
을 주재한 뒤 날 과일과 캐비지, 오이 등을 허겁지겁 입에 넣고는-한 참가
자는 마치 두 발 달린 동물이 음식물을 먹는 것이 아니라 네 발 달린 짐승
이 먹이를 먹는 것 같았다고 묘사했다-얼음이 들어간 물을 마셨다(이날의
더위와 습기는 대단했다). 그로부터 5일 뒤 대통령은 급성위장염에 걸려 고통
을 당하다가 사망했고, 필모어가 그 자리를 계승했다. 독에 중독되었다는
소문도 있었으나 아마 찬물이 원인이었을 것이다.

　　새로 취임한 대통령은 테일러와 달리 캘리포니아 문제에 대해 타협할
의향을 보였다. 실제로 의회에서 정부를 대변했던 상원의원 클레이는 타
협안을 성사시킬 수 있었다. 논의를 시작한 지 벌써 6개월이 흐른 뒤였다.
수사학을 배우는 학생들은 그 당시 상원에서 서로 주고받은 연설을 앵글
로색슨의 웅변 역사상 최고에 속한다고 말하면서, 피트와 폭스 그리고 글
래드스턴과 디즈레일리가 벌인 논쟁과 맞먹는다고 평가한다. 사실상 주
역은 세 사람으로 각자 생애 최후의 웅변을 토했다. 칼훈은 죽음을 앞두고

있었고, 클레이는 위대한 업적의 막을 내리는 참이었다. 웹스터는 필모어 정권의 국무장관이었다. 논쟁 기록을 살펴보면서 누구의 연설이 최고였는지 판정해보는 것도 재미있을 것이다.[246] 의회는 만원을 이룬 채 모두가 끝까지 경청했다. 이때만큼은 타구가 거의 사용되지 않았다. 하지만 의회 민주주의에서 서글픈 일 중 한 가지는, 훌륭한 연설이 역사의 흐름에 거의 영향력을 끼치지 못한다는 사실이다.

토론 과정에서 밝혀진 것은 노예제도의 "영구 존속"이 인정되지 않으면 남부가 연방을 탈퇴하는 사태가 충분히 일어날 수 있으며, 그렇게 되면 남북 사이에 유혈 참사는 피할 수 없다는 사실이었다. 이 때문에 타협 협상은 비교적 쉽게 진행되었다. 조정자 역할은 병들고 늙은 클레이가 맡았지만, 일리노이 주 출신의 젊은 민주당 상원의원 스티븐 A. 더글러스 (1813~1861)의 공헌도 컸다. 원래는 클레이는 문제를 모두 묶어 이른바 하나의 일괄 법안을 작성해 단일 법안 형태로 처리하려고 했다. 하지만 상원은 그것을 인정하지 않았다. 그 때문에 더글러스는 일괄 법안을 5개 항목으로 나눠 각각 별개로 의회에서 통과시키는 데 성공했다.

상원의원 벤턴은 이 5개 항목에 대해 "4개월 동안 꼬리가 묶인 채로 서로 할퀴거나 물어뜯었던 개와 고양이가 다시 풀려나 제 집으로 돌아가 조용해진 것 같다"라고 표현했다. 그런 말이 나옴직했다. 노예제도에 관한 논쟁과 남북 대립에는 불합리한 점이 많았고, 마지막에는 설명할 수 없는 부분도 따라다녔다. 그 때문에 당시에 중립을 지킨 많은 이들이 매우 당황했듯이 역사가에게도 풀기 어려운 숙제를 남겼다. 결국 9월 초순에 클레이가 마지막 대타협안을 통과시켰고, 9월 20일 필모어가 5개 법안에 서명을 끝내어 법률로서 효력을 발휘했다.[247]

이 타협에서 남부인의 마음을 끈 법안은 새로운 "도망노예법"이었다.

이 법은 도망 노예를 체포해 반환하는 것을 연방법의 규정으로 만들었다. 이에 따라 북부 주가 주 헌법에 따라 책임을 회피하는 행위는, 전혀 불가능하지는 않더라도 상당히 어려워졌다. 다음 법안으로 이것과 균형을 맞추기 위해 북부의 노예 반대 세력에 대한 몇 가지 사항을 양보해서 컬럼비아 특별구에서 노예 거래를 금지했다. 워싱턴에서 노예를 소유하는 것은 여전히 가능했으나, 노예 매매는 할 수 없었고, 다른 장소에서 팔기 위해 노예를 소유하는 것 역시 금지되었다. 노예를 쇠사슬에 묶어 끌고 가면-그때까지 흔히 보던 일로서 민감한 북부인이나 외국인에게는 충격적인 슬픈 광경이었다-체포되었다. 세 번째와 네 번째 법안은 뉴멕시코와 유타를 준주로 승격했으며, 이 두 주를 노예주로 할지 자유주로 할지에 대해서는 규정하지 않고 이후 주민이 직접 선택하도록 유보했다. 새롭게 탄생한 두 준주의회가 "모든 합법적인 안건"을 연방 법정에 항소할 권한을 가져야 한다는 주장을 훌쩍 뛰어넘는 조치였다. 마지막 법안은 캘리포니아를 자유주로서 연방에 가맹시킨다는 내용이었다. 이러한 조치에 따라 상원에서 노예와 반노예 세력의 균형이 깨져서, 장차 상하 양원에서 반노예 세력이 과반수를 차지했다.[248]

웹스터의 영어 사전

몇 개월에 걸친 격한 논쟁으로 들끓어 올랐던 남부와 북부 간의 위기가, 1819년과 1820년 사이의 대립 때와 마찬가지로 한순간에 잠잠해졌다. 내전의 어두운 그림자가 갑자기 사라지자 두 진영의 남자들은 물론 여자들까지 다른 일에 눈을 돌렸다. 19세기 후반의 미국은 누릴 혜택이 많았고 기회를 잡을 가능성이 널렸으며 할 일 또한 많았다! 물질적으로 풍요로운 나라일 뿐 아니라 여러 가지 면에서 문명화의 길을 걸으며 세련되어갔다. 1850년이라는 해는 의회에서 웅변이 전성기를 누렸고, 동시에 늦은 감은 있지만 진정한 의미에서 위대한 미국 문학이 탄생한 해였다.

미국은 정치적으로 보면 18세기 후반부터 이미 독자 노선을 관철한 감이 있는데, 문화적인 진보는 놀랄 만큼 천천히 진행되었다. 말에는 매우 민주적인 힘이 있다. 언어의 발달 과정을 보면 일반적으로 민중문자가 상층계급에 침투하여 신관문자가 탄생했으며, 그것이 거꾸로 실현된 적은 없었다. "아메리카니즘"(미국 영어 특유의 표현-옮긴이)이라는 말은 1802년에 스코틀랜드 이민이 처음 사용한 것으로서 스코티시즘(스코틀랜드 사투리)과 대비되어 생겨난 말이다. 일반 사람들의 대화에서는 이미 17세기 중반부터 이런 "미국식 영어"가 나타나기 시작했다. 하지만 「독립선언서」를 선포하고 헌법을 기초하고 토의를 거쳐 승인하고 수정안을 만들 당시에도 다소 고풍스럽기는 했으나 모두 표준 영어가 사용되었다. 그렇지만 철자법은 이미 변화 조짐을 보였다.

코네티컷 출신의 노아 웹스터(1758~1843)는 예일 대학교에서 배운 언어학자인 동시에 사전 편찬자였다. 1783년부터 1785년까지 『영문법 원론(A Grammatical Institute of the English Language)』을 쓰고, 이 책 첫 부분을 발췌하여 『미국 철자 교본(The American Spelling Book)』을 완성했다. 이 책은 학교에서 가르치는 철자법의 기준이 되었다. 1790년에는 『영문법의 기초(Rudiments of English Grammar)』를 출간하여 영국의 언어 지배에 처음으로 이의를 제기하고, "지금이야말로 이 나라에서 언어, 과학, 정치 분야의 변혁 도모에서 성공을 거둘 때이다"라고 주장했다. 하지만 그렇게 쉽게 바뀔 문제가 아니라는 사실을 그는 깨달았다. 자기가 생각하는 대로 말로 옮기

는 습관이 이미 몸에 밴 사람들에게 계통적인 화법이나 철자법을 정책시
키려는 노력에 비하면, 미국을 군주국에서 공화국으로 바꾸는 편이 더 쉬
웠다. 같은 해 스스로 개정한 철자법을 사용한 에세이집("그때그때 쓴 에세이
와 짧은 글들 …… 날짜와 주제별로 정리하여")을 출간했는데 독자들에게 비웃
음만 샀다.[249]

또 다른 언어개혁자 윌리엄 손턴은 『카드모스, 또는 문자언어의 요소에
관한 소논문(Cadmus, or a Treatise on the Elements of a Written Language)』(1793,
필라델피아)에서 미국 국민에게 다음과 같이 호소했다. "여러분은 유럽 열
강의 위험한 정책을 바로잡아왔다. 이번에는 수입된 언어를 바로잡도록
하자. …… 미국어는 미국 정부와 마찬가지로 독창적이고 비철학적인 오
류가 전혀 없으며 진실을 유일한 규범으로 삼고 있다." 본문은 새로운 철
자법으로 썼다. 하지만 현실적인 미국인들은 이것을 헛소리라고 일축하고
부모로부터 배운 영어를 조금씩 변화시키면서 그대로 답습했다.[250]

미국에는 다양한 언어가 넘쳐났으므로, 미국인들은 그 가운데서 자신
들의 기호와 구미에 따라 말을 빌려와 번역하거나 새롭게 창안하거나 섞
어서 변화를 꾀했다. 초기 신조어 가운데는 캐나다나 루이지애나에서 들
어온 프랑스어에 기원을 둔 말들이 많았다. depot(창고), rapids(여울),
prairie(대평원), shanty(오두막), chute(폭포), cache(은닉처), crevasse(빙
하 틈) 등이 그런 예였다. mustang(야생마, 1808), ranch(목장, 1808),
sombrero(챙 넓은 멕시코 모자, 1823), patio(중정, 1827), corral(울타리, 1829),
lasso(올가미 밧줄, 1831) 등은 플로리다나 멕시코 만에서 전해진 에스파냐
어에서 기원했다. talented(유능한)와 같이 없어진 단어를 부활시키거나
obligate(의무적인)처럼 새롭게 만들어낸 단어들도 있었다.

또한 예를 들면 독일어의 dumm을 빌려와 dumb으로 만들어 "어

리석은"의 의미로 사용하기도 했다. 정치적인 새로운 관습에서 mass meeting(대회), caucus(간부회의) 등의 용어가 생겨났고, 개척민 사이에서는 lot(부지), squatter(무단 점유자) 등이 사용되었다. 루이스와 클라크의 탐사 여행이나 그 밖의 탐험에서도 새로운 말이 나왔다. portage(운반), raccoon(미국 너구리), groundhog(마멋), grizzly(회색곰), backtrack(귀로), medicine man(주술사), huckleberry(월귤나무), war party(싸움터로 가는 인디언 일대), running-time(지속 시간), overnight(하룻밤 동안), overall(전반적인), rattle snake(방울뱀), bowery(나뭇잎이 우거진), moose(말코손바닥사슴) 등이 그러한 예에 속했다. 또한 snag, stone, suit, bar, brand, bluff, fix, hump, knob, creek, settlement 등처럼 예로부터 있던 영어가 다른 의미로 사용된 것도 있었다.

새로운 관용구나 숙어 또한 많이 만들어냈다. keep a stiff upper lip(꿋꿋하다, 1815), fly off the handle(버럭 화를 내다, 1825), get religion(갑자기 종교에 관심을 갖다-이 말은 1826년 당시 중요한 의미가 있었다), knock down(때려눕히다, 1827), stay on the fence(기회를 엿보다, 1828), in cahoots(한통속, 1829), horse sense(양식, 1832), barking up the wrong tree(잘못 짚다, 1833) 등이 있었으며, 그 밖에 발생 시기를 추정하기는 어렵지만 take on(떠들어대다), cave in(항복하다), flunk out(잘리다), stave off(모면하다), let on(털어놓다), hold on(기다리다) 등도 새롭게 탄생한 말이었다.

이미 1820년대부터 미국인은 요령을 터득하기(get the hang of a thing) 위해 애썼고, 그것에 관해서는 의견의 여지가 없다(there's no two ways about it)고 주장했다. 언제나 갈증을 느꼈던 미국인은 음료 관계 말도 많이 만들었다. cocktail(칵테일, 1806), barroom(술집, 1807), mint julep(박하 술, 1809), "칵테일 세 잔에 씹는담배 한 입"으로 정의되는 a Kentucky

Breakfast(1822), long drink(긴 유리잔에 담아 나오는 찬 음료, 1807) 등이 그런 예였다.[251]

이러한 새로운 단어나 표현 대부분은 빠르건 늦건 간에 대서양을 건너와 퍼져나갔다. 1828년 웹스터는 두툼한 2권짜리 『미국 영어 사전(An American Dictionary of the English Language)』을 출간했는데, 이 시점에서 그때까지 영어 사전에 실린 적이 없는 5,000개의 단어를 추가했다. 그중에는 많은 미국 영어가 포함되었으며, 영국인이 아니라 미국인이 사용하는 의미로 풀이되었다. 1840년에는 이 표준적인 사전의 개정 편집에 착수해 초판에서 다룬 3만 8,000개 단어를 7만 개 단어로 대폭 보완했다. 그 뒤에도 적절하게 수정 보완 작업을 벌여 권위 있는 사전으로서 『옥스퍼드 영어 사전(Oxford English Dictionary)』에 버금가는 지위를 확보했다.[252]

미국 문학의 탄생

대중문학과 반대되는 것으로서 순수문학 분야에서 미국인은 거의 독창성을 발휘하지 못했다. 영국 최고의 설교가이자 의회 개혁의 옹호자인 시드니 스미스 목사는 1819년 「에든버러 리뷰」에 유명한 글을 기고하여 미국의 혁신적인 정치를 찬양했다. 하지만 이 나라 사람들은 "등장한 지 30, 40년이나 지났음"에도 "과학, 예술, 문학, 심지어 정치학과 정치경제학 등 정치력 있는 학문 등에 전혀 공헌한 바가 없다"라고 비판했다. 과학 분야에 관해서는 앞에서 살펴본 대로 많은 진보를 이뤘기 때문에 그의 비판은 전혀 옳지 않았다. 또한 스미스는 『연방주의자』를 읽은 적도 없고 헌법을 둘러싼 대논쟁 관련 기사도 알지 못했음이 분명했다. 이 대논쟁은 정치의 기본 문제를 날카롭게 분석한 것으로 버크의 연설과 필적했다. 그리고 조너선 에드워즈와 프랭클린의 공적을 생각하면 문학에 관한 그의 비판은 잘못되었다. 하지만 미국 문학계에 이 나라의 독립 업적에 어울리는 "플레이아데스(pleiades)"(7명의 유명한 사람, 즉 문호-옮긴이)가 등장하지 않은 점은 스미스의 지적처럼 확실히 이상한 일이었다.

많은 미국인이 스미스의 생각에 동의했다. 1818년 「필라델피아 포트폴리오」지는 조지 터커의 「미국 문학에 대하여」라는 에세이를 싣고 인구 600만 명의 미국과 아일랜드, 스코틀랜드 등 작은 나라들의 문학적 공헌을 비교했다. 아일랜드에는 버크, 셰리든, 스위프트, 골드스미스, 버클리, 토머스 무어 등의 작가가 있고, 스코틀랜드는 톰슨, 번스, 흄, 애덤 스미스, 스몰릿, 제임스 보즈웰 등의 인물을 배출한 데 비해 미국에는 그들과 필적하는 인물이 있느냐는 질문을 던졌다. 터커는 아울러 훌륭한 작품을 남긴 스콧과 마리아 에지워스 같은 소설가 이름을 들고는 이 두 사람은 모두 작은 나라 스코틀랜드 출신이라고 지적했다. 그의 계산에 따르면 미국은 1년에 평균 20권밖에 새 책을 내지 못하지만, (인구 1,800만이라는) 영국에서는 1년에 500권에서 1,000권의 새 책을 출간한다고 덧붙였다.

1823년 찰스 제러드 잉거솔은 미국철학회에서 열린 "정신에 대한 미국의 영향력에 관하여"라는 강연에서 월터 스콧의 역사소설 『웨이벌리(Waverley)』가 미국에서 20만 부 출간되어 팔렸으나 미국 소설은 거의 눈에 띄지 않는다고 말했다. 「에든버러 리뷰」나 「쿼터리」는 지금 미국에서 인쇄되어 각각 4,000부씩 팔리는 데 비해, 런던에서 미국 잡지 「노스 아메리칸 리뷰」는 거의 알려지지 않고 구하기도 힘들었다.[253]

드디어 워싱턴 어빙(1783~1859)이라는 최초의 본격 미국 소설가가 등장했으나, 그런 어빙조차 "문화적 종속"에서 벗어나지 못하고 어리석을 정도로 영국 작가, 특히 스콧과 무어를 모델로 삼아 작품을 썼다. 1815년부터 유럽을 여행한 뒤로는 독일의 문학적 유산에 크게 의존했다.『스케치북(The Sketch Book)』(1828)에 나오는 유명한 등장인물 립 밴 윙클이나 슬리피 할로우의 전설은 크리스토프 마르틴 빌란트와 리스베크의『독일 기행(Travels Through Germany)』에서 그대로 따와, 윙클의 이야기를 늘리고 배경을 미국으로 바꾼 것에 불과했다.[254] 어빙은 영국에서 크게 평판을 얻었지만, 그것은 엄밀하게 말하면 그가 스콧과 같은 영국의 인기 작가에 영합하여 경의를 보냈기 때문이었다. 그리고 스스로 현명한 판단을 내려 미국 출판사가 영국의 저작권을 어기며 해적판을 출판하는 것을 금지한 덕분도 있었다.[255]

어빙의 작품은 대서양 양쪽 나라들에서 잘 팔려나가 20만 달러라는 거액의 수입을 안겨주었다. 도시, 호텔, 광장, 증기선, 그리고 담배에까지 어빙이라는 이름이 붙으며 인기를 끌었다. 그는 문학적 명성을 얻은 최초의 미국인이었다. 그가 죽자 고향인 뉴욕은 도시 전체가 침묵에 잠겼다. 그의 장례식에는 마차 150대가 줄을 이었고 꽉 들어찬 교회 바깥에 1,000명의 인파가 몰려들었다. 잭슨 대통령은 어빙이 마드리드 공사가 되는 것을 반대하면서 "그는 오로지 글 쓰는 재주밖에 없고, 그것도 간신히 한다"라며 야단친 적이 있었다. 이런 실리주의의 이면을 통해 자못 미국적인 현실의 일단을 엿볼 수 있다.[256]

이와는 반대로 미국 최초의 위대한 소설가 제임스 페니모어 쿠퍼(1789~1851)는 의심할 나위 없이 독자적인 정신, 독창적인 작풍을 선보였다. 그는 뉴욕 주 북부의 4만 에이커에 달하는 넓은 땅에서 성장기를 보냈다. 아버지는 부동산 투자가인 동시에 중개업자로서 한때 75만 에이커의 토지를 소유하고 또 그보다 더 많은 토지를 관리했다. 아버지는 당시 거의 미개척인 땅을 마음대로 돌아다니며『미개척지 안내서(Guide to the Wilderness)』라는 책을 썼다. 이 책은 그가 죽은 뒤인 1810년에 출간되어 빛을 보았다. 당시로서는 그다지 드문 일은 아니었지만, 아들인 쿠퍼가 20세가 되던 해에 아버지가 정치 모임에 참석했다가 총에 맞아 죽었다. 쿠퍼의 세 번째 소설『개척자(The Pioneers)』(1823)는 "가죽 양말" 이야기로 불리는 시리즈의 첫 권으로 변경 지대의 영웅 내티 범포를 등장시켰다. 5권으로 구성된 시리즈 가운데 가장 유명한 작품은『모히칸 족의 최후(The Last of the Mohicans)』(1826)인데, 쿠퍼는 이 작품으로 세계적 명성을 얻었다. 내티는 미국 소설에서 존재감 있는 최초의 등장인물로, 돈이나 지위보다는 자신의 명예와 성품을 중요하게 여기는 미국인이 이상으로 생각하는 전형적인 인물이었다. 거의 1세기 뒤에 어니스트 헤밍웨이가 창조한 영웅과 대체로 같았다.

쿠퍼는 기록하는 바로 곁에서 빠르게 사라져가는 미국의 야생을 작품 속에 재현하기 위해 자신의 체험뿐 아니라 아버지의 경험도 참고했다. 그의 작품은 동해안 대도시에 사는 사람들을 매료시켰다. 작품 속에 묘사된 야생은 그들에게는 새롭고 낯선 것이었다. 마찬가지로 아마 매우 중요하다고 생각되었던 것은 문자 그대로 몇 백만 명에 이르는 유럽 사람들에게 미국 변경 지대의 생활 모습을 이해시킨 점이었다. 특히 독일인은 쿠퍼의 소설을 좋아해 시골 모임에서 큰 소리로 낭독했다.『개척자』는 영국과 프랑스에서 미국과 동시에 출판되었고, 독일에서는 그로부터 1년이 안 되는 사이에 2개 출판사가 경쟁했으며 마지막에는 30개 출판사가 가죽 양말 시리즈를 번역 출간했다. 쿠퍼는 프랑스에서는 "야생의 월터 스콧"이라고 불렸고, 18개 출판사가 출간 경쟁을 벌였다. 그 뒤 러시아어로 번역판이 많이 나왔으며, 에스파냐어, 이탈리아어, 포르투갈어, 마지막에는 이집트

어와 터키어, 페르시아어로까지 번역되었다. 1820년대 말에는 모든 유럽의 어린이들, 그리고 중동의 어린이들까지 인디언 놀이를 하고 인디언을 흉내 내며 한 줄로 늘어서서 행진했다.[257]

하지만 쿠퍼는 많은 점에서 미국의 발전에 비판적인 태도를 취했다. 쏟아져 들어오는 외국 이민에 반대했고, 인디언 "이주 정책"에는 매우 가슴 아파했다. 회고적이고 보수적이며 또한 미국식으로 달리 표현하면 완고한 전통주의자였던 그는 유서 깊은 연방당(독립전쟁 후 헌법 제정을 주장하고 강력한 중앙정부를 창도한 최초의 전국 정당-옮긴이)의 종말에 타격을 입었다. 요즘 시대라면 결국에는 과격한 환경보호주의자가 되었음직한 인물이었다. 내티와 그 친구들은 야생동물을 오로지 먹고살기 위해서만 죽이지 즐거움을 위해 죽이지는 않았다. 더군다나 동물을 두려워하거나 "문명"을 동경했기 때문도 아니었다. 쿠퍼는 이 점을 소설에서 되풀이하며 강조했다. 그는 엘리트주의적인 예언자였고 어떤 의미에서는 귀족이기도 했으며, 자신의 재산을 지키는 데 필사적인 노력을 기울이기도 했다. 민주주의와 평등주의를 주장한 잭슨의 저속함이나 포퓰리즘을 매우 싫어하여 『미국의 민주주의(The American Democrat)』(1838)라는 적대감에 가득 찬 책을 통해 맹렬하게 공격했다. 여러 가지 의미에서 그는 미국적 생활양식을 최초로 비판했다. 1840년대에 쓴 리틀페이지 3부작이라고 일컬어지는 3편의 소설(1845년에 발표한 『악마의 발끝(Satanstoe)』과 『토지측량사(The Chairbearer)』, 1846년에 발표한 『붉은 피부(The Redskins)』)은 미시시피 강 유역 개척 사업을 미국이 이상으로 여기는 소박한 윤리를 파괴하는 탐욕스러운 행위로 묘사했다.[258]

에머슨과 초월주의

랠프 월도 에머슨(1803~1882)은 미국적 정신의 본류와 완전히 일체가 된 최초의 작가, 지식인, 어떤 의미에서는 19세기 미국인의 원형이라고 부를 만 했다. "미국의 몸 안에 서식하고 있는 유럽의 촌충을 박멸하여 미국을 향한 정열로 유럽에 쏠린 정열을 몰아내자"라고 외치며 문화적 열등감을 의식적으로 극복하는 데 앞장섰다.[259] 유럽에 건너가봤지만 마음속으로는 비판적이고 거부하는 태도로 일관했다. 에머슨은 유니테리언파 목사 아들로 보스턴에서 태어났다. 아버지의 뒤를 이었으나 스스로의 양심에 비춰서 충실하게 "성찬식을 거행할 수 없다"는 사실을 깨닫고 목사직을 그만뒀다. 이처럼 그는 회의적이었지만, 미국인의 일상생활 속에 자리잡은 도덕관이나 종교관의 본질에 대해서는 비판적인 태도를 취하지 않았다. 오히려 그와는 반대로 미국의 문학이나 사상을 독자적으로 모색하기 위해 자기 나름의 사회의식을 갖고 정체성을 폭넓게 발전시켰다. 이런 경향은 나이를 먹을수록 강해져서, 유럽 지식인이 현재의 상황에 대해 적대감을 보이는 것과는 전혀 달랐다. 유럽에서 칸트를 알게 된 뒤부터 매사추세츠 주 콩코드에 살면서 초월주의라고 알려진 미국 최초의 철학 운동을 개시했다. 그 개요는 『자연(Nature)』(1836)에 정리되어 있다. 이것은 약간은 불합리한 측면도 깃든 신비주의로서 매우 애매모호했으며 신플라톤주의의 미국판이라고 할 수 있었다. 동료 지식인 가운데는 찬동하는 사람도 더러 있었으나 일반인에게는 거리가 멀었다—교육받은 사람이라도 상당히 이해하기가 힘들었다. 그렇지만 그 가치는 모두가 인정했다. 미국에 비로소 제대로 된 지식인이 탄생했다고 자랑스럽게 생각했다.

에머슨의 주장이 받아들여진 것은 "사람들이 그 내용을 이해했기 때문이 아니라 그와 같은 인물을 마땅히 격려해야 한다고 생각했기 때문"이었다.[260] 『자연』을 출판한 그 이듬해 하버드 대학교에서 "미국의 학자"라는 제목으로 강연했다. 올리버 웬델 홈스(1809~1894)는 이 강연을 "우리 지성의 독립 선언"이라고 평가했다. 애국적인 신문이나 잡지 또한 호의적인 기사를 실었다. 호러스 그릴리가 발행하는 유력지 「뉴욕 트리뷴」은 에머슨의 초월주의를 새롭게 탄생한 국가 유산이며 나이아가라 폭포처럼 미국을 대표하는 경이로운 대상이라고 추켜세웠다. 어떤 때는 에머슨에게 너무나 찬사를 보내 그 진위가 자못 의심스럽기조차 했다. 에머슨과 친했던 스코틀랜드의 비평가 토머스 칼라일은 "아름답고 투명한 영혼을 가진 천사와 같다"라고 묘사했다. 또한 헨리 제임스는 훗날 "그의 성숙한 사심 없음이 …… 우리가 그를 알아보는 가장 아름다운 표시의 하나이다"라고 썼다. 하지만 덧붙여서 "양심이 허공에서 숨을 헐떡이며 기분에 휩쓸리는 모습은 뭍에 올라온 물고기의 아가미가 벌름거리는 모습을 연상시킨다"라고 혹평했다. 에머슨은 젊은 미국은 성적으로 순수하다고 주장해 영국 지식인들을 놀라게 했다. "나는 [칼라일과 디킨스에게] 양육 환경이 좋고 제대로 교육을 받은 젊은이는 대체로 신부와 마찬가지로 결혼 첫날밤까지 순결을 지킨다고 주장했다"라고 말했다.

에머슨 자신은 성적으로 강해 보이지 않았다. 첫 아내에게서 "할아버지"라는 소리를 들었다. 재혼한 아내에게서는 결혼 생활에 무관심하다고 비난받았던 일을 일기에다 정직하게 기록했다. 「사랑에 모든 것을 바치며(Give All to Love)」라는 시는 대담한 작품으로 생각되지만, 그가 그 시의 묘사처럼 실천했다는 증거는 전혀 없다. 혼외 교제상대로 친밀하게 사귄 마거릿 풀러라는 여성과의 관계는 플라토닉, 아마도 신플라톤주의적이라고 할 수 있었는데, 여성 쪽에서는 이런 만남을 원하지 않았다. 1840년부터

1841년 사이에 기록한 일기에는 꿈꾼 내용을 기록하고 무의식적으로 마음의 내면을 노출하는 부분이 있었는데, 그것은 꿈속에서 결혼에 대한 논쟁에 참여했던 내용이었다. 한 발언자가 갑자기 청중을 향해 "물이 …… 엄청나게 공급되는 소방펌프를 맹렬하게 뿜어댔기" 때문에 에머슨을 포함해서 모두가 흠뻑 젖었는데, "잠에서 깨보니 전혀 물에 젖지 않아서 안도감을 느꼈다"라고 썼다.[261]

에머슨을 조롱하는 것은 이쯤에서 그만두도록 하자. 그는 선량하고 품위를 지킬 줄 아는 인물로서 대체로 안목이 뛰어났다. 그의 재혼에는 나름대로의 이유가 있었고, 그녀들이 남긴 재산으로 그는 자립할 수 있었다. 건전한 투자를 통해 발전하는 미국 기업 경영 시스템과도 관련을 맺었다. 국민적인 현자 그리고 예언자라는 소리를 들으면서 이만큼의 명성을 얻은 인물은 미국에서 그때나 지금이나 오로지 에머슨 한사람뿐이다. 이것은 저술 활동 덕분이라기보다는 오히려 순회강연의 영향이 컸다. 19세기 초 무렵에는 공개 강연이라는 형태가 미국의 문화생활을 지탱하는 커다란 요소였다. 워싱턴 어빙의 "문화적 추종"을 모방하여 에머슨도 "미국 문학에 자극을 주고 민중의 취향을 올바른 방향으로 이끌어 가기" 위해 영국 시인 토머스 캠벨에게 미국에서 강연을 해달라고 요청했다.

강연회는 1815년부터 뉴욕, 보스턴, 그리고 필라델피아에서 오락의 하나로 인기를 끌었다. 전국적으로 유행한 것은 조사이어 홀브룩(1788~1854)이 "라이시엄 운동(Lyceum Movement)"을 시작한 뒤부터였다. 그는 실업학교나 농업대학에서 몇 번인가 강연을 시도한 뒤에 성장하는 국가의 국민을 교육하는 가장 좋은 방법은 강연회를 여는 것이라는 데 생각이 미쳤다. 라이시엄은 1830년에는 신시내티에서, 1832년에는 클리블랜드에서, 그리고 1835년에는 콜럼버스에서 각각 설립되었고, 팽창하는 중서부와 미시시피 강 유역에까지 발판을 넓혔다. 1830년대 말에는 큰 도시에는 반드시 설치될 정도였다. 독자적인 기관지 「패밀리 라이시엄」(1832)을 주간으로 발행하고, 젊은 남성들을 위한 영리 목적의 도서관을 운영했다. 또한 특히 젊은 독신 남성들—새롭게 발전하는 도시의 대부분을 차지하는 은행원, 판매원, 회계 담당자 등—을 대상으로 토론회를 주최했다. 이 운동은 젊은이가 술집이나 거리를 돌아다니는 것을 방지하고, 그들에게 실업 교육과 윤리를 동시에 가르치는 데 목적이 있었다.[262]

에머슨은 이 제도에 딱 어울리는 최고 인기 강사였다. 반엘리트주의를 추종한 에머슨은 미국 문화는 평등하며 민주적이어야만 한다고 생각했다. 그러기 위해서는 다른 모든 경우와 마찬가지로 자립정신이 반드시 필요했다. 에머슨은 "농장에 세워진 집에서 호메로스를 읽은 최초의 미국인"은 "합중국에 큰 공헌"을 했다고 말했다. 그리고 머나먼 서부를 달리는 열차 안에서 좋은 책을 읽는 인물을 만나면 "꼭 껴안아주고 싶다"라고도 말했다. 에머슨의 정치적·경제적 입장은 일반 대중과 같아서 "명백한 운명"을 수행하기 위해 국토를 점차 넓혀가야 한다고 생각했다. 따라서 "유일하고 안전한 원칙은 "수요와 공급의 자동 조절 기능에 달려 있다. 법률에 의해 규제되어서는 안 된다. 사치 금지법 등으로 간섭하면 활력을 잃는다. 구호금을 주지 말고 평등법을 제정하여 생활과 재산을 보증해주면 시혜를 베풀 필요가 없다. 재능과 미덕에 문호를 활짝 개방하고 기회를 주면 스스로 정의를 실천할 것이다. 그렇게 되면 부가 더러운 손에 넘어갈 일이 없다. 자유롭고 정의로운 연방에서 부는 게으르고 어리석은 사람들에게서 부지런하고 용감하며 인내심 많은 사람들에게로 모일 것이다"라고 말했다.[263]

이 무렵 유럽에서는 특히 카를 마르크스의 주장이 주목받았는데, 에머슨의 생각은 같은 시대의 젊은 마르크스와 정반대였다. 자본가가 과거와 미래에 해야 할 일에 대해 마르크스가 말했던 것은 에머슨이 실제로 체험한 것과 여러 차례 부딪쳤다. 마르크스는 미국 자본가나 경영자는 어김없이 노동자의 자기개발 의욕을 꺾을 뿐이라고 말했다. 하지만 예를 들면 1851년에 에머슨이 피츠버그를 찾았을 때, 회사가 일찍 작업을 마쳐서 젊은 직원들은 에머슨의 강연을 들으러 갈 수 있었다. 그의 강좌는 분명 기업가 정신을 고취시키려는 목적으로 마련된 자리가 아니었다. 당시 강의 제목은 "사고와 자연의 동일성" "지식인의 박물학" "본능과 영감" 등이었다. 하지만 지식에 도덕적인 본성이 더해지면 비즈니스에서 성공할 가능성이 높아진다는 점도 논점의 하나였다. 청중 대부분은 저명한 철학자의 말을 잘 이해하지 못할 것으로 예상했으나 내용은 의외로 상식적인 수준이었다. 「신시내티 가제트」는 에머슨을 평하기를 "거드름을 피우지 않고 …… 선량한 할아버지가 『성서』 이야기를 들려주는 것처럼 느껴졌다"라고 보도했다.

에머슨은 간결한 경구나 예리한 금언을 놀라울 만큼 잘 지어냈다-"누구나 소비자인 동시에 생산자가 되지 않으면 안 된다." "삶이란 권력의 탐구이다." "[인간은] 본질적으로 돈이 드는 존재이므로 부자가 되지 않으면 안 된다." "어리석은 일관성은 편협한 인간의 헛된 망상이다." "남자라는 규범에 순종해서는 안 된다." "당신의 역마차에 별을 태워라." 이런 말 대부분은 청중에게 진실하게 받아들여졌고, 또한 신문에서 단순해진 문맥으로 따로 사용되는 가운데 미국인의 일상용어 속으로 자연스럽게 녹아들었다. 에머슨이 같은 연속 강연에서 "부자가 되는 법"이나 "인생에서 성공하는 법" 같은 강연을 한 피니어스 T. 바넘과 함께 다뤄지는 것이 부자연스러워 보이지는 않았다.

에머슨의 강연을 듣는다는 것은 문화적인 욕구와 고상한 취미를 가졌다는 확실한 증거였다. 그는 몇 백만 명에 달하는 미국인에게 생각하는 인간 그 자체였다. 1871년 11월 시카고에서 가진 마지막 연설에 대해 「시카고 트리뷴」은 "우레와 같은 박수는 …… 청중의 교양 수준을 말해주었다"라고 요약해 보도했다. 돈에 대해서와 마찬가지의 열정으로 도덕적·정신적 진보를 추구하고, 또 새로운 문명을 창조하기 위해서는 이 가운데 어느 것도 빠질 수 없다고 생각한 나라 미국에서, 에머슨은 1870년대 당시 국민적 영웅으로 존경받았다("영웅이란 결국에는 모두가 하찮은 존재가 된다"라는 에머슨 자신의 말을 떠올리게 되지만).[264]

롱펠로와 포

워싱턴 어빙은 문화적 종속으로 성공을 거두고 영국 문단 중진들부터 인정받았다. 한편 에머슨은 반영국적 입장을 고수하며 기본적인 미국 정서를 표출하는 데 온 힘을 쏟았다. 하지만 미국인의 소박한 마음과 영어권의 세련된 사람들 양쪽 모두에게 감명을 줄 수 있었던 최초의 작가는 헨리 워즈워스 롱펠로(1807~1882)였다. 메인 주 포틀랜드에서 태어난 롱펠로는 신동 소리를 들었고, 개인 교육을 받아 13세 때 첫 시집을 출간했다. 그 뒤 보든 대학교를 다닐 적에는 아직 학생 신분인데도, 만약 유럽에 유학하여 문화적 교양을 쌓은 뒤에는 반드시 돌아와 언어나 문학 쪽 교수가 되어달라는 제의를 받았다. 그런 상황에서 프랑스어, 독일어, 이탈리아어를 배웠고, 미국 작가로서는 (그 당시에) 최고 학문을 연마했으며, 단테의 작품이나 어려운 프로방스 시, 독일 철학 등을 번역했다. 보든 대학교에서 교수가 되었고, 그 뒤 하버드 대학교에서 18년 동안 교수로 지냈다. 두 번째로 맞아들인 아내가 잘살았던 덕택에 크레이기 하우스라는 저택을 케임브리지에 사는 지식인들이 즐겨 모이는 중심지로 삼을 수 있었다. 이 저택은 면방직 공장을 경영하여 성공한 장인이 두 사람의 결혼을 축하하며 준 집이었다.

롱펠로의 펜 끝에서는 장엄한 시들이 끊임없이 탄생했다. 그리고 그 독특하고 낭랑한 선율은 미국뿐 아니라 유럽 중산층 사람들의 심금을 울리며 오랫동안 여운으로 남았다. 같은 시대에 활약한 시인인 테니슨이나 바이런조차 롱펠로만큼 사랑받지 못했다. "하늘에 화살을 쐈다.""인생은 실재이다. 인생은 진실이다.""시간의 모래 위에 새겨진 발자취.""이상한 문장의 깃발.""한밤중에 말을 탄 폴 리비어.""램프를 켜 든 부인.""어둠 속을 지나가는 배들.""커다란 밤나무 아래서.""범선 헤스페러스 호였다.""그녀가 좋은 사람이었을 때 너무, 너무 좋았다.""아라비아인처럼 천막을 개고 조용히 사라지리라.""뭔가를 감행하면 뭔가가 남는다."-이러한 금언들이나 그 배후에 있는 사상이 영어 속에 자연스레 녹아들었다.

미국 최초의 서사시 「히아와타의 노래(Song of Hiawatha)」(1855)를 쓴 것도 롱펠로였다. 테니슨의 「왕에 대한 찬가(Idylls of the King)」와 같은 작품을 쓸 요량으로 핀란드의 민족서사시 「칼레발라(Kalevala)」의 운율을 빌려와 창작한 시였다. 그렇지만 당시에는 그런대로 주목을 끌었으나 그 뒤에는 그다지 평가를 얻지 못했다. 어떤 의미에서 매우 의욕적으로 창작하여 성공을 거둔 작품은 전 세계를 향해 미국의 강력한(거의 귀에 거슬릴 정도로) 메시지를 한 편의 짧은 시로 노래한 「배 만들기(The Building of the Ship)」일 것이다.

나아가자, 강하고 위대한 연방이여!

수많은 불안과

미래를 향해 크나큰 기대를 품은 인류는

그대의 운명을 쭉 보살펴주리니!

롱펠로는 개인적인 비극도 겪어야만 했다. 첫 아내는 결핵을 앓다가 짧은 삶을 등지고 세상을 떠났으며, 더없이 사랑했던 두 번째 아내마저 1861년 불에 타 죽었다. 충격에 휩싸인 그는 그 뒤 10년 정도 조용히 홀로 지냈다. 친구가 많고 성격은 다정하고 예의 바르고 인자했으며, 뉴잉글랜드의 안전하고 쾌적한 대학에서 은둔 생활을 보냈다. 여성 문제나 신비로운 점도 없었으며, 마음에 사무친 응어리를 숨기며 연구해야 할 대상도 없었다. 그런 탓에 20세기 문단에서 거의 주목받지 못했다. 하지만 당시에는 대단한 인기를 끌면서 보스턴의 지식계층뿐 아니라 허름한 판잣집이나 서부의 오두막에 사는 서민들에게까지 큰 사랑을 받았다. 운을 달지 않은 6보격의 『마일즈 스탠디시의 청혼(The Courtship of Miles Standish)』이라는 장대한 시가 보스턴과 런던에서 동시에에 출간되자(1858), 발매 첫날에 1만 5,000부가 팔려나갔다. 영국에서는 위대한 시인의 한 사람으로 추앙하며 옥스퍼드와 케임브리지 학위를 수여했고, 빅토리아 여왕과 함께 차를 마셨다. 그때까지 테니슨 이외에는 누린 적이 없었던 대단한 영예였다. 죽은 뒤에는 미국인으로서는 처음으로 웨스트민스터 대성당 시인 코너에 흉상이 놓였다. 하지만 그것보다 더욱 중요한 점은 롱펠로 덕분에 유럽의 시적 전통이 미국인에게 매우 친숙해졌다는 사실일 것이다-스스로가 대서양의 가교 역할을 맡았던 셈이다.[265]

당시 롱펠로를 비판한 몇 되지 않는 사람 가운데 한 사람이 「롱펠로와 표절자들」이라는 악명 높은 글을 쓴 에드거 앨런 포(1809~1849)였다. 포는 인품의 높이나 포용력 면에서 롱펠로와는 정반대였다. 40년이라는 짧은 생애에 엄청난 불행을 타고나서 자신의 삶에 순응할 수 없었다. 작품에는 1790년부터 1820년까지 고딕풍 낭만주의로의 회귀와 다가올 상징주의의 예견이라는 두 가지 점이 보였다. 유랑극단 배우의 아들로 보스턴 근교에서 태어났으나 고아가 되어 어려운 생활을 보냈다. 양아버지는 부자였으나 돈에 매우 인색했기에 반항하며 집을 나와 웨스트포인트 육군사관학교에 입학했다. 하지만 "근무 태만이 심하다"는 이유로 퇴교 처분을 받았다. 그 뒤 기자와 편집자 일을 했으나 지나친 음주벽으로 해고당하고 다락방에서 거의 굶어죽을 뻔했다. 13세의 사촌 여동생과 (결혼허가증도 없이) 아마 근친상간 형태로 결혼했으며, 방랑 생활을 계속하면서 출판사를 옮겨 다녔다. 여성 문제를 일으키거나 자살 미수도 저질렀다. 아내를 결핵으로 잃는 비통한 경험을 거쳐 술을 끊으려고 노력하고 다시 사랑에 빠져 결혼을 꿈꿨다. 당시 살고 있던 리치먼드에서 결혼식을 올리려고 신부를 데리러 가기 위해 북쪽으로 가던 도중에 볼티모어에 머물렀다. 그로부터 5일 뒤에는 투표장으로 사용되는 술집 근처에서 정신착란 상태로 발견되었다-술에 취한 채 폭도에게 이끌려가 대리 투표에 이용된 것인지도 몰랐다. 당시에는 흔한 일이었다.[266] 성실한 미국인은 포에 대해 격분, 조롱, 경멸, 분노를 보냈다. 에머슨은 "술에 취했다"라며 상대도 하지 않았고, 제임스 러셀 로웰(1819~1891)은 포의 작품 가운데 "5분의 3은 천재, 5분의 2는 완전 허튼소리"라고 봤다. 하지만 목적이 전혀 다르긴 하지만, 포는 롱펠로와 마찬가지로 전 세계 사람들의 가슴에 상상력과 강렬한 이미지를 심었다. 단편소설과 시 등 그의 작품에는 선명하고 때로는 공포를 자아내는 상상력이 의식과 잠재의식 속에서 강렬하게 작용했다. 「구덩이와 시계추(The Pit and the Pendulum)」 「갈까마귀(The Raven)」(2달러에 원고를 팔았다) 「이른 매장(The Premature Burial)」「황금벌레(The Gold Bug)」「종(The Bells)」「어
셔 가의 몰락(The Fall of the House of Usher)」「모르그 가의 살인 사건(The
Murders in the Rue Morgue)」「마엘스트롬 속으로의 하강(A Descent into the
Maelstrom)」「애너벨 리(Annabel Lee)」「꿈속의 꿈(A Dream within a Dream)」
등 작품에는 결코 잊을 수 없는 강렬한 이미지가 묘사되어 있었다. 포의
영향력은 절대적이었으며, 유럽에 큰 충격을 던진 최초의 미국인 작가였
다. 보들레르, 베를렌, 비어스, 하트 크레인, 스윈번, 로세티, 릴케 그리고
그 밖의 숱한 작가들이 포의 혁신적인 변화를 높이 샀다.

　포의 작품에는 어떤 의미에서 미국적인 요소가 빠져 있었다. 보들레르
는 "미국은 포에게 감옥이었다"라고 썼다. 라캉이나 데리다는 포의 작품
세계를 훔치면서 미국적인 것에서 벗어났다고 생각했다. 하지만 동시에
포는 매우 미국적이라는 평가를 받기도 했다. 당시 나타나기 시작한 북아
메리카 대륙 국가의 생활 속에 자리 잡은 공포나 환상을 작품에 반영시키
는 동시에 그것을 고취시켰다. 그리고 미국의 신비와 폭력, 여러 가지 대
비와 침묵, 그리고 그 혼잡과 고독을 묘사했다. 광활한 공간에 혼자 덩그
러니 남겨진 남자는 괴팍스럽고 슬픈 얼굴로 예전의 작고 따뜻한 세계를
그리워하는 한편, 눈앞에 펼쳐진 미래의 경이와 공포를 바라보았다.

　포는 19세기에 접어들어 급속하게 성장한 미국 생활의 고딕적 요소에
집착했다. 그의 작품은 발상과 꿈의 커다란 창고일 뿐 아니라 그 뒤 몇 세
대에 걸쳐 미국의 인기 작가, 특히 탐정소설이나 범죄소설을 쓰는 작가들
에게 영감의 원천이었다. 또한 할리우드의 공포영화나 만화영화의 대본
작가에게도 영향을 미쳤다. 포가 뿌린 씨앗이 싹을 틔우지 않았다면, 월터
디즈니의 세계는 매우 지루하고 스릴도 없고 무서움도 자아내지 못했을
것이다. 요점만 간단하게 정리하자면, 포는 미국 문화가 갑자기 복잡해져

서 정의하기도 통제하기도 어려웠던 반면에 너무나 재미있었던 시기에 나타나서, 이 자극적이면서 새로운 문화의 기초를 마련하는 데 일조했다.[267]

호손과 휘트먼

포의 작품에서 마음 깊숙한 곳에 숨겨진 심리적 심층이 처음으로 모습을 드러냈다는 점은 특기할 만했다. 하지만 그 내면의 심층이 철저하게 탐구되기 시작한 것은 너새니얼 호손의 작품에서 비롯되었다. 호손은 어떤 의미에서 가장 미국적이었다고 할 수 있었다. 세일럼의 저명한 청교도 가정에서 태어났는데, 조상은 마녀재판 당시 판사 가운데 한 사람이었다. 아버지는 뉴잉글랜드의 선장으로 항해 도중 황열병에 걸려 죽었다. 홀로 남겨진 젊은 어머니는 그 뒤 오랫동안 극도로 폐쇄적인 생활을 했다. 젊은 작가의 섬세함과 기이한 상상력은 이런 환경에 크게 영향받았다.

호손은 일생 동안 청교도 조상이 참여했던 일을 기억하면서 조상이 저질렀던 죄와 비밀로 고통받았다. 그에게 가문은 무거운 짐이었으며, 작품 속에 서 그 짐을 벗어버리려고 노력했다. 무의식의 움직임을 포착하여 인간 심리를 깊숙한 내면까지 샅샅이 추구한 최초의 작가였다. 한때 유토피아를 꿈꾸는 브룩 농장이라는 농업협동조합에서 별난 친구들과 작가들과 더불어 양파를 키우기도 했고, 그 뒤에는 일생의 대부분을 세관 관리와 영사로 일했다. 하지만 언제나 죄의식과 세일럼의 그림자가 그를 따라다녔다.

호손은 브룩 농장에서 겪은 경험을 살려 『블라이스데일 로맨스(The Blithedale Romance)』를 집필했으며, 또한 『일곱 박공의 집(The House with Seven Gables)』에서는 판사였던 조상을 악역으로 등장시켰다. 하지만 자신이 책임자로 근무한 세일럼 세관에서 우연히 17세기 당시의 회개 기록을 발견한 것이 계기가 되어 『주홍 글씨(The Scarlet Letter)』라는 심오하고 감동적인 걸작이 탄생했다. 이 소설은 지그문트 프로이트가 첫 저술을 발표하기 반세기도 전에 쓴 것인데, 작품 속에 심리요법이 어떤 것인가에 대해 간결하면서 요령 있게 정리한 중요한 인용 대목이 있어서 주목을 받았다.

> 만약 의사의 천성이 예민하고 또 그 위에 뭐라 표현하기 어려운 어떤 것-직감이라고 불러두자-을 가지고 있을 경우에는, 그가 남의 일에 함부로 간섭하여 득을 보려는 이기심이 없거나, 또 남의 눈에 띄는 불쾌한 특징을 보이지 않는 경우, 자기의 마음과 환자의 마음을 아주 친밀하게 만드는 능력을 천성적으로 타고나서, 그 결과 환자가 마음속으로만 생각한 일을 저도 모르는 사이에 그만 털어놓게 하는 힘을 천성적으로 태어날 때부터 틀림없이 의사가 갖고 있고 있을 때는, 또 이렇게 얻은 사실을 조용히 받아들여 동정의 말도 없이 다만 침묵과 의미 없는 소리로 대하다가 간간히 알아들었다는 시늉을 해 보이는 경우, 또 이러한 은밀한 성질에다 의사라고 세상이 공인하는 유리한 처지와 편의가 더해지는 경우-이런 경우에는 어떤 피치 못할 순간에 이르러, 괴로워하는 사람의 응고된 영혼이 분해되어, 침울한, 그러나 투명한 액체처럼 흘러내리고, 마음속 비밀을 몽땅 청천백일하에 털어놓게 된다.

호손은 『탱글우드 이야기(Tanglewood Tales)』 같은 동화는 물론 행복한 결혼생활의 즐거움이나 다정함을 강조하여 당시 독자들의 마음을 사로잡았다. 생전에 그의 작품은 도덕적이고 섬세하며, 영감이 넘치고 감상적이며, "정교한" 내용으로 인기를 끌었다. 하지만 D. H. 로런스가 미국 문학을 심도 깊게 그리고 아마 놀라울 만큼 예리하게 파헤쳐서 1923년에 발표한 연구에서 지적했듯이, 호손에게는 근대 심층심리학자의 복합적인 원형의 면모가 깃들어 있었으며, 당시 독자들이 좋아한 "햇빛" 아래에서는 "피 흘리며 체득한 지식"이 요동치고 있었다.[268]

호손은 롱펠로로 대표되는 상류문화에 잘 어울렸다. 또한 에머슨이 부르짖는 능력주의 가치관도 호손에게서 흔히 보이는 확고한 가족을 기본으로 한 중산층의 쾌적한 생활양식과 그다지 동떨어져 있지 않았다. 그럼에도 호손이 검증한 그 가치관의 밑바닥에는 미국의 주류를 이루는 확실성에서 장래에 위협이 될 것들이 무척 많았다.

19세기 미국인에게 월터 휘트먼(1819~1892)은 이해하거나 수용하기가 무척 어려웠다. 휘트먼은 빅토리아 여왕과 같은 해에 태어났으며, 조상은 17세기에 미국으로 건너온 이주민이었고, 네덜란드인의 핏줄도 약간 이어받았다. 가족은 뉴욕 주가 노예제도를 폐지할 때까지 노예를 소유했다. 애국적인 롱아일랜드의 건축업자였던 그의 아버지는 휘트먼의 세 형제에게 조지 워싱턴, 앤드루 잭슨, 토머스 제퍼슨이라는 이름을 지어줬다. 하지만 8명의 자녀 가운데 1명은 장애자, 3명은 정신이상자, 월터는 동성애자였거나 또는 그런 취향을 가진 듯했다. 동성애 행위는 13개 주 식민지에서 모두 사형에 처하는 중죄였다. 코네티컷의 법률은 실제로 「레위기」(제20장 13절)의 구절을 인용하여 유죄 판결을 내렸다-"누구든지 여인과 동침하듯 남자와 동침하면, 둘 다 가증한 일을 행함인즉 반드시 죽일지니 자기의 피가 자기에게로 돌아가리라." 이 법조문은 휘트먼이 태어날 때부터 오랫동안 법령집에 남아 있었다. 식민지 시대 때 적어도 5명의 남성이 동성 간 성 행위로 처형되었다. 독립 혁명 뒤 제퍼슨은 이런 행위에 대해서는 사형 대신에 거세 조치를 취할 것을 제안했다. 하지만 대부분의 주가 제퍼슨의 주장을 받아들이지 않았다. 노스캐롤라이나 주는 1869년까지 사형으로 다스렸다. 또한 1897년 일리노이 주 법정은 동성 간의 성행위를 "기독교도에게 있을 수 없는" 범죄로 간주했다.[269] 법으로 처벌받을 것을 두려한 나머지 휘트먼은 여러 가지 거짓말을 했다-비밀 결혼, 합법적 내지는 비합법적 자녀의 존재, 뉴올리언스에 숨겨 놓은 애인, 자신의 시에 많은 영향을 준 여성들과 나눈 연애 등의 꾸며낸 이야기는 전기 작가들을 혼란에 빠뜨렸다.[270]

휘트먼은 동성애적 행위로 말미암아 미국 생활양식의 주류와 의식적으로 은밀하게 거리를 두었다. 그렇지만 여러 가지 의미에서 그것과 많은 부분을 공유했다. 그는 "근대성"의 거의 모든 측면을 받아들여 자신의 작품에 반영했다. 산업화, 거대한 도시 생활, 뉴욕과 같은 대도시에서 생계를 꾸리려고 일하면서 상위 계층으로 올라가기 위해 애쓰는 노동자, 사무원, 기능공 등을 작품 소재로 등장시켰다. 휘트먼은 도시에서 일하는 하위 중산층 지식인 계급의 대표적인 인물이었다. 숙련 인쇄공으로 일했고, 신문, 잡지 등 10여개 매체에서 기고가와 편집자로 전전했으며, 짧은 기간이지만 교사로서 교단에 선 경험도 있었다. 그 당시 뉴욕에는 아직 아파트가 생기기 전이어서 일반 주택이나 하숙집밖에 없었다. 1841년의 인구는 32만 5,000명으로 17만 5,000명이 숙식을 해결하는 데 충분한 하숙집이 존재했다. 그곳이 휘트먼의 생활공간이었다. 잠시 태머니 홀에서 일한 적도 있었는데, 당시 그곳에는 민주당 본부가 있었으며 동시에 불결한 식당을 갖춘 기숙사이기도 했다.

휘트먼은 처음에 빳빳한 흰 칼라와 검정 정장 차림으로 시청 서기로 근무하며 "월터 휘트먼 씨"라고 불렸다. 그 뒤 자유분방한 생활에 빠져 들면서 "월터 휘트먼"으로 불리며, 복장도 노동자 차림으로 바뀌고 저속한 습관에 물들어 말씨마저 거칠어졌다. 선로 마차 안내원, 농장 청년, 연락선 선원 등의 노동자와 친하게 지내면서 마침내는 기숙사 생활을 그만두고 노동자들이 사는 지역에 "자신의 작고 낡은 오두막"을 구입했다. 온갖 문서로 어지럽게 가득 차서 차마 말할 수조차 없을 만큼 더러운 종이 소굴로 변한 이 집에서 그는 마치 퀘이커교도처럼 언제나 모자를 쓴 채 집 한가운데 앉아 있었다. 넥타이를 매지 않고 복장은 남루했다. 조직적인 자기선전을 위해 고의로 기이한 이미지를 창출해낸 대작가는 그가 처음이지 않았다—그런 획기적인 아이디어를 맨 처음 생각해낸 인물은 루소였다. 하지만 휘트먼은 철저하게 미국적이었으며, 그런 점에서는 확실하게 선구자였다. 미국은 훗날 상업적 세일즈맨의 원형을 탄생시킨 나라인데, 휘트먼은 어떤 의미에서 그것을 문학 분야에 최초로 응용한 주인공이었다.

1855년에 출간된 대표 작품 『풀잎(Leaves of Grass)』 초판에는 12편의 시가 실려 있었다. 1856년에는 여러 차례 고쳐 쓴 작품이 추가되어 대대적인 선전과 함께 재판이 나오고, 그 뒤 몇 번인가 개정판을 거듭하다가 1881년에는 293편을 모은 392쪽짜리 제6판이 나왔다.[271] 또한 때때로 자신의 시를 익명이나 가명으로 논평하거나 자신에 관한 기사를 쓰고, 자서전 출간을 추진하기도 했다. 신문에 자신에 관한 기삿거리를 흘리기도 했는데, "대중은 두꺼운 가죽을 뒤집어 쓴 짐승이므로 자기가 이곳에 있다는 사실을 알리기 위해서는 늘 그 가죽을 세게 후려치지 않으면 안 된다"라고 말했다. 자신의 이미지를 연구하면서 사진과 초상을 홍보하고 편집 작업에도 손을 댔다. 자신의 개인 기록도 만들었는데, 이 방법은 20세기에 베르톨트 브레히트에게 이어졌다.

자신이 묻힐 묘지까지 디자인했다. 주의를 끌기 위한 수단으로 미국 시인으로서는 최초로 대담하게 자유시를 도입했으며, 외설성을 강조한 최초의 시인이기도 했다. 이 때문에 여기저기서 비판받고 동시에 기소당했다. 에머슨을 속여 자기에게 편지를 쓰도록 했고, 그것을 출판해 자신의 명성을 높이기도 했다. 에머슨은 휘트먼을 "절반은 노래지빠귀 새, 나머지 절반은 악어"라고 부르며 응수했다. 자신의 몸을 "완벽"하다고 말하기도 했는데, 그를 따르는 숭배자가 그를 그리스도와 비교한 것을 그대로 받아들였기 때문이었다. 실제로는 젊었을 때나 나이를 먹었을 때나 볼품없이 못생긴 남자였다. 테니슨에게서 받은 편지에 대해서는 칭찬이 너무나 지나친 내용이기에 출간하는 것이 부끄럽다고 겸손하게 말했다. 『풀잎』 제3판을 팔려고 64쪽에 달하는 선전 팸플릿을 썼지만 자신이 그것을 썼다는 사실을 23년이 넘도록 인정하지 않았다. 그의 집을 찾았던 헨리 소로가 말했듯이 휘트먼은 "자신에 관해 말하는 것을 간절히 바랐을 뿐 아니라 자신과 관계없는 화제를 오랫동안 계속하는 것을 싫어했다." 그의 원색적인 문학 활동에 대해 보스턴의 어느 신문은 "문단과 일반적인 예의를 이처럼 무시한 사례는 여태까지 본 적이 없다"라고 비판했다.

그럼에도 휘트먼은 ("파파" 헤밍웨이가 20세기에 한 것과 같은) 문학의 상업적 판매와 자기선전을 구사했다. 어떤 일이나 그러하듯이 교묘하고 집요하게 잘했더라면 효과가 있었을 것이다. 『풀잎』 초판은 고작 10권밖에 팔리지 않고 나머지는 폐기할 수밖에 없었다. 하지만 만년에는 이미 대서양 양쪽에서 숭배받는 대작가가 되어 그의 명성과 개성에 대한 흥미는 높아만 갔다. 사회적·성적으로는 이단자였던 그는 간단하게 정리하면 매우 미국적인 미국인이었다. 롱펠로처럼 시의 일부가 암송되거나 인용되는 경우는 없고 유일하게 언급되는 시 구절이 있다면 휘트먼답지 않은 "오 장군! 나의 장군!" 정도뿐이지만, 아마 그는 롱펠로보다 더 미국적 색채를 갖지 않았을까.

물론 휘트먼이 명성을 얻기까지는 동성애자 그룹의 조직적인 지원이 있었다. 그들은 이단적 존재를 지켜주는 문학가로서 휘트먼을 떠받들었는데, 영국의 오스카 와일드가 바로 그 경우에 해당한다. 하지만 휘트먼이 널리 사랑받은 매력의 본질은 전혀 다른 성질의 것이다. 그가 근대시의 최초 선구자로 일컬어지는 것은 매우 타당하다 할 것이다. [272]

미국 문학의 성숙

이 나라는 문화적으로 성숙하기 위해 참으로 오랫동안 조용하고 막연한 활동을 계속했다. 하지만 마침내는 성숙의 시간이 불쑥 찾아와서 눈부실 정도로 빛을 내더니 그 뒤로는 모든 것을 영원히 바꿔놓았다. 매우 흥미롭게도 스스로 문화적 성숙에 크게 이바지한 에머슨이 플라톤이나 괴테 등의 천재에 대한 전기 에세이집에서 이 점을 요령 있게 잘 정리했다. "어느 나라의 역사를 살펴보더라도 이러한 야만스러운 젊은 시절에서 벗어나서 지각력이 성숙해지고, 또한 아직 미시적 단계에는 접어들지 않는 짧은 기회가 존재한다. 사람들은 그 순간에 상상력을 마음껏 펼칠 수 있고 의연하게 두 다리를 한밤의 어둠속에 고정한 채 눈과 두뇌를 구사하여 태양과 별 등의 우주 만물과 교신할 수 있다. 이것이 성숙의 순간이며, 이때 최고의 능력이 발휘된다." [273]

미국 문학의 성숙기는 1850년대 전반에 전혀 기대하지 않았던 막강한 기세로 찾아왔다. 제일 중요한 시기는 "논쟁의 해"인 1850년이었다. 바로 앞서 설명한 에머슨의 『위인전(Representative Men)』이나 호손의 『주홍 글씨』가 출간된 해로서 가을에는 허먼 멜빌(1819~1891)의 소설 『하얀 재킷

(White Jacket)』이 발표되었다. 멜빌은 혼자 힘으로 수련을 쌓아 이제 막 유명해진 뉴욕 출신 작가였다. 그의 조상은 영국과 네덜란드 가계를 이어받은 오래된 가문이었으나 금전적으로는 가난한 탓에 은행원, 점원, 농부, 교사, 배의 급사, 고래잡이배 선원, 해군 수병 등의 직업을 옮겨 다녔으며, 남태평양에서 모험을 한 적도 있었다. 『하얀 재킷』은 군함 수병으로 복무할 당시 이야기를 담은 소설이었다. 그의 모든 경험과 상상력, 그리고 에너지를 결집하여 그 이듬해인 1851년에 발표한 작품이 뉴잉글랜드의 고래잡이를 다룬 『모비 딕(Moby Dick)』으로 미국 소설 역사상 최초의 대작이었다. 1852년 호손은 브룩 농장에 관한 『블라이스데일 로맨스』를, 그리고 멜빌은 『피에르(Pierre, or the Ambiguities)』를 각각 출간했다. 두 작품 모두 이상주의와 실용성의 결합이라는 미국의 딜레마를 다뤘으며, 유토피아가 매우 빈번히 물질주의에 의해 파괴되는 과정을 그렸다.

독특하고 전혀 예기치 못한 작품이 출현했다는 사실은 성숙한 문학의 증거였다. 미국에서 그러한 작품이 탄생한 것은 1854년인데, 이해에 헨리 데이비드 소로(1817~1862)가 『월든 : 숲 속의 생활(Walden, or Life in the Woods)』이라는 걸작을 출간했다. 그는 콩코드에 거주하는 청교도 출신의 퀘이커교 신자이자 골인의 핏줄을 조금 이어받은 스코틀랜드 가문에서 태어났다. 하버드 대학교를 나왔으며 교사 경험도 있었다. 에머슨의 제자로서 자신을 "신비주의자, 초월주의자, 게다가 자연철학자"라고 불렀다. 1845년 7월부터 1847년 9월까지 콩코드 숲속에 있는 월든 호숫가에다 손수 지은 오두막에서 생활하며 자연이나 "자기 마음속" 풍경을 관찰했다. 소박한 자연 세계로 돌아간 생활은 인두세 납부를 거부하여 감옥에서 하룻밤을 지내야 했기에 어쩔 수 없이 중단되었다(고 그는 썼다). 세금을 안 낸 것은 미국 정부가 멕시코와 전쟁을 벌였기 때문이었다. 소로는 이 전쟁을 노예 소유자들이 노예제도를 확대하고 자신들의 정치력을 강화하기 위해 꾸민 음모라고 비난했다. 청교도 후예로서 온화하고 식견이 뛰어난 학자 소로가 남긴 『월든』은 개척을 하거나 거친 야생의 땅에서 자연과 더불어 지내는 생활을 기린 것이기에 이것 또한 미국이 아니면 나올 수 없는 작품이다.[274] 1855년에 휘트먼의 『풀잎』 초판, 그리고 롱펠로의 『히아와타』가 등장해 이런 미국적인 명작을 완성했다.

이렇게 뛰어난 책들 가운데 하나로 문학적 함량보다는 오히려 정치적 영향력이라는 점에서 특기할 만한 작품이 있다. 『톰 아저씨의 오두막 (Uncle Tom's Cabin)』은 그 유례를 찾기 힘든 책이었다. 원래는 「내셔널 이러」지에 연재된 작품으로 1852년 책으로 출간되었다. 발매 첫 일주일 동안 1만 부가 팔리고 연말까지 30만 부가 팔려나갔다. 영국에서 더욱 호조를 보여 12개월 사이에 120만 부의 판매고를 올렸다.[275] 이 작품을 쓴 해리엇 비처 스토(1811~1896)는 교사와 목사를 배출한 코네티컷의 대가족에서 태어나 목사이며 신학교 교수인 남편을 만나 결혼하고 자녀를 많이 낳았다. 가계를 도울 겸 자녀들을 좀 더 잘 키우기 위해 잡지 기고와 책 집필에 열중했는데, 이것은 그녀가 속한 미국이나 영국의 같은 계급 기혼 부인들에게는 흔한 일로서 트롤럽 부인이 대표적이었다. 『톰 아저씨의 오두막』은 폭발적인 인기를 얻었지만 부인은 이미 그 이전에 제법 유명했다. 갑작스럽게 큰 인기를 끌자 가장 놀란 쪽은 필자 자신이었다.

의외로 부인은 적어도 이 책을 쓸 무렵에는 노예제도를 반대하지 않았고 남부에 대해서도 별로 알지 못했다. 노예제도를 실제로 체험한 것은 경계주 켄터키로 잠시 여행한 때가 전부였다. 노예제도에 관한 지식 대부분은 노예 폐지 문학과 하녀인 흑인 노예들, 특히 요리를 맡은 일라이자 벅에게서 얻은 것으로 추정된다.[276] 이 소설의 사실 근거에 대해 남부로부터 거센 비판을 받았기에 동생의 도움을 받아 처음으로 남부의 법률 문제에 관한 신문 기사를 샅샅이 훑었다. 그 결과 세상에 나온 것이 259쪽에 촘촘히 구성된 편저서 『톰 아저씨 오두막의 열쇠(A Key to Uncle Tom's Cabin)』였다. 부인은 1853년 이 책을 출간해 소설에서 다룬 잔혹성과 부정이 실제로는 상상한 것보다 훨씬 더 끔찍하다고 호소했다.

이렇게 되자 이 책은 단순한 베스트셀러에 머물지 않고 사회 현상 차원으로까지 발전했다. 영국에서 시판된 것이 특히 중요한 의미를 띄었다. 주일학교에서 사용할 목적으로 이 책이 25센트 정도에 다량 유포되었기 때문에, 영국 어린이들의 미국을 바라보는 시각이 일라이자, 톰, 에바, 톱시, 다이나, 미스 오필리아, 오거스틴 세인트클레어, 사이먼 러그리 등의 등장인물들에 의해 형성되었다. 1853년 부인이 영국을 찾았을 때는 모든 계급의 사람들이 환대했으며, 빈곤층 대표도 방문해 가난한 사람들이 감사의 뜻으로 마련한 선물을 전달했다. 이름난 소설가 찰스 킹즐리는 "미국 문학의 창시자"로 칭송하고 작품에 대해서는 "지금까지 나온 소설 가운데 가장 위대한 작품"이라고 치켜세웠다. 서덜랜드 공작부인은 노예에게 채우는 쇠고랑 모양을 한 순금 팔찌를 선물했다.[277]

그런데 중요한 사실은 영국이 이런 기회를 통해 미국의 도덕성에 의혹을 품었다는 점이다. 그때까지 영국을 찾은 상원의원 웹스터라든지 에머슨 같은 인물들에게서 지겨울 정도로 민주주의와 평등 정신에 대해 설교를 받은 터였다. 상황은 다른 나라에서도 마찬가지였다. 이 소설은 40여 개 외국어로 번역되어 빠르게 보급되었다. 7년 뒤 남북전쟁이 터지자, 영국은 남부와 경제적으로 밀접한 관계에 놓여 있음에도 완전히 중립을 지켰다. 그 배후에는 영국에서 성공을 거둔 이 책의 영향이 컸다. 하지만 전 세계적인 관점에서 볼 때, 이 작품은 20세기에 불기 시작한 강력한 반미주

의의 단초가 되었다.[278]

합중국 자체에 이 책이 던진 충격은 몇 배나 크게 증폭되었다. 여기에는 최신 판매 촉진 과학과 멀티미디어를 이용한 판매 홍보(1850년대 당시 이미 확실하게 자리 잡은 판매 방법을 현대적인 용어로 표현)가 크게 공헌했다. 이 작품의 인기에 발맞춰 조각, 장난감, 게임, 손수건, 벽지, 각종 식기류까지 만들어졌다. 선풍적인 인기를 불러일으킨 발단은 노래나 연극으로 번안되어 무대에 오른 덕분이었다. "톰 쇼"는 북부와 서부의 주들을 구석구석 순회했다. 자신의 아기를 품에 안은 일라이자가 노예 사냥꾼의 집요한 추적을 피해 오하이오 강을 건너 자유주로 도망간다는 이 소설의 절정 부분은 초기 미국 연극의 상징적 장면이 되었다. 뉴욕의 내셔널시어터에서 이 연극이 막을 올리자 관객으로 가득한 극장에 엄청난 침묵이 내려앉았다. 사교계 신사에서부터 극장 꼭대기 좌석에 앉은 남루한 옷차림의 관객까지 눈물을 훔치는 광경은 실로 놀라운 일이었다. 『톰 아저씨의 오두막』은 19세기 당시 눈물을 가장 많이 쏟게 한 대표적인 작품이었는데, 『골동품 상점(The Old Curiosity Shop)』(디킨스, 1841)의 어린 소녀 넬의 죽음이나 『검은 말 이야기(Black Beauty)』(슈얼, 1877)마저 제칠 정도였다.[279]

미국 문학은 이제 막 성숙기에 접어들기 시작했으나 여전히 조악하거나 영국 스타일을 크게 모방한 작품이 거의 대부분을 차지했다. 이런 시기에 활약한 스토 부인은 어떤 의미에서는 행운아였다. 그녀는 문장가가 아니었고, 멜로드라마를 좋아했으며(월터 스콧이 멘토였다), 그녀가 묘사한 일부 대목은 디킨스조차 얼굴을 붉힐 정도였다(실제로 그랬다). 하지만 그녀가 주목받은 것은 미국의 언어로 집필했다는 점과, 그녀가 다룬 주제가 다른 어떤 것보다 민감한 정치적 이슈였다는 점 때문이었다. 아울러 그때까지 입으로만 전해지던 잔학 행위를, 무엇보다 여성 작가가, 글로 묘사했다는 데 대한 충격도 컸다. 노예가 벌거벗긴 채 폭행을 당하거나, 주인이 여자 노예를 성적 대상으로 취급하고, 나아가서 습관적으로 갖가지 피부색을 띈 아이들을 강제로 낳게 한다는 사실을 여성 작가가 썼는데, 과연 이것이 합당한 일인지 독자들, 특히 남성 독자들은 곤혹스러워했다. 남부에서는 이 점을 비판의 빌미로 삼았다. "스토 부인의 고발이 전적으로 사실이긴 하지만 …… 이런 문학이 여성의 마음에 끼치는 영향은 결코 적지 않다." 「서던 쿼터리」지는 이 소설을 "추잡한 망상을 긁어 모아놓은 혐오스러운 작품"이라고 깎아내렸다. 또한 "속치마가 저절로 들춰지자 테이블 밑으로 짐승의 발굽이 보인다"라는 비판도 받았다.[280]

스토 부인에게는 다행스럽게 북부의 독자들은 이 소설을 지나치다고 생각하지 않았다. 아마 단지 저자가 여성이기 때문에 소설 내용이 훨씬 더 신빙성이 있다고 생각했다. 남성이, 그것도 대개는 성직자가 쓴 노예해방을 주장하는 출판물에 실린 심하게 각색된 잔혹한 이야기보다는 말이다. 이러한 확신 덕에 『톰 아저씨의 오두막』은 그때까지 없던 최고의 선전 효과를 거뒀다. 링컨의 당선은 스토 부인 덕택이며, 따라서 섬터 요새의 전투에 이르기까지 여러 가지 사건들 또한 그녀와 관련이 있다는 믿음이 널리 퍼져 있었다. 1862년 백악관에서 우뚝 솟은 듯이 커다란 링컨 대통령이 키가 5피트도 안 되는 스토 부인의 예방을 받는 자리에서-이때 사진이 없다는 점이 유감이지만-이렇게 말했다. "당신처럼 자그마한 부인이 이처럼 큰 전쟁의 계기가 된 책을 썼군요."[281] 하지만 물론 남북전쟁은 그렇게 단순하지 않았다.

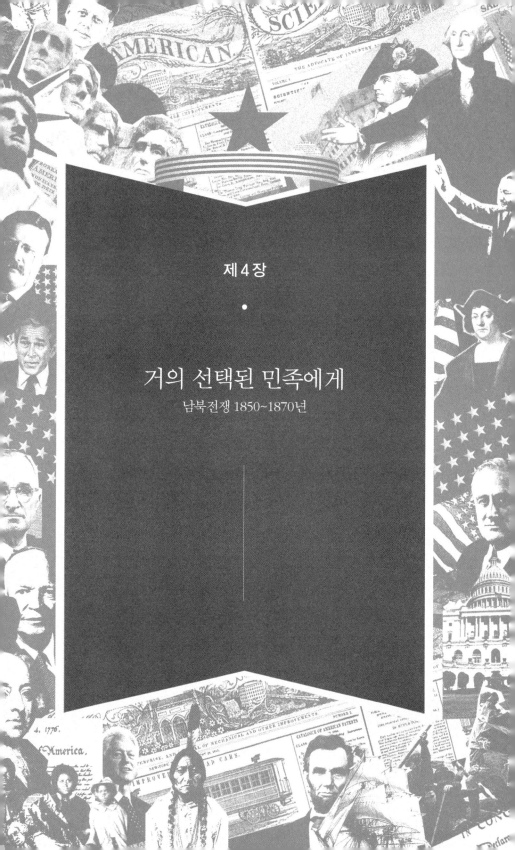

제4장

·

거의 선택된 민족에게

남북전쟁 1850~1870년

남부를 지원한 피어스 정권

남북전쟁. 여러 가지 요인으로 일어나 여러 가지 결과를 남긴 이 전쟁은 미국 역사를 말할 때 빠질 수 없는 핵심 사건이다. 동시에 이것은 무엇이 미국이고 미국이 아닌지를 속속들이 보여주는, 미국의 특징을 가장 잘 드러내주는 사건이다. 이것을 계기로 미국은 하나의 국가로 탄생했다. 다시 말해 그때까지는 국가가 아니었다. 앞서 살펴봤듯이 미국은 오래도록 존속해와서 관행으로 인정된, 선사시대의 암흑 속에 묻혀 있는 탄생 과정을 통해 그 주민이 더불어 형성된 그런 나라가 아니었다. 자체 활동을 스스로 기록할 수 있었던 바로 그때 이미 국가로서 모습을 드러낸 그런 나라였다. 미국은 교섭으로 맺은 합의와 협정, 칙령과 맹약으로 긴밀히 한데 묶인 인위적인 국가 또는 각 주의 집합체라고 할 수 있었다. 즉 법률가가 사전에 준비한 절차에 따라 계약서로 작성된 문서 더미 위에서 성립되었다.

초기 미국인-그들에게 국적이 있었다는 의미에서-은 영국의 정체성과 문화를 지닌 영국인(더 엄밀하게는 브리튼인)이었다. 그들이 미국인이 된다는 서약-「독립선언서」-은 그것 자체만으로는 그들을 한 국가의 국민으로 만들 수 없었다. 오히려 "국가"라는 말이 「독립선언서」에서는 배제되었다-남부인은 그 말을 싫어했다. 1821년 최초로 미국이 국가라고 주장한 인물이, 연방주의의 제일인자이자 연방주의 법률 이론가인 존 마셜이라는 것은 주목할 가치가 있다. 워싱턴이 퇴임 연설에서 "국가"라는 말을 사용한 것은 사실이다(하지만 애매하게 사용했다). 그리고 이 말을 연설문에 집어넣은 인물이 또 다른 연방주의 주창자 해밀턴이라는 것 또한 의심의 여지가 없는 사실이다. 워싱턴은 "한 국가 안의 이해 공동체"라고 말했는데, 이것은 미국이 국가인가 아닌가 하는 논점을 피해 가는 것처럼 보인다. 마셜의 정의조차 조건이 달린 제한적인 것이다. "많은 것을 고려하여 그리고 많은 목적을 위해 미국은 하나의 국가가 되기를 선택했다."

여기서 필연적으로 의문이 생긴다. 그럼 어떤 것을 고려하고 어떤 목적을 위한다면 미국은 국가가 되지 않는 것일까? 국가라는 말은 합중국 헌법에도 등장하지 않는다. 1820년대 "국도(National Road)"를 둘러싼 논쟁에서 사우스캐롤라이나 상원의원 윌리엄 스미스는 이 "듣기 역겨운 말"에 이의를 제기했다. "연방정부의 기원이나 이론에 받아들이기 어려운 용어"라는 것이었다. 어느 입헌정치 전문가의 말을 빌리자면, "국가라는 건물을 짓기 위해 합중국은 대단히 놀라운 일을 했다. 미국인은 국가라는 벽이 생기기 전에 헌법이라는 지붕을 씌웠다. 더 중요한 것은 국가라는 정체성인데, 그것을 헌법이 대신했다."[1]

맞는 말이다. 하지만 누구의 헌법인가? 북부인이 생각하는? 남부인이 소중히 여기는? 그렇지 않으면 1850년대에 토니 대법원장을 비롯한 남부 세력에 장악된 연방 대법원 판사들이 내린 해석에 따를 것인가? 노예해방 지지자들의 세력이 커갔던 북부에서는 그 분위기에 맞춰서 헌법을 해석했다. 즉 헌법은 궁극적으로 백인이건 흑인이건 피부색이나 신분과 관계없이 모든 미국인에 대해 법 앞의 평등을 보장한다고 주장했다. 남부인, 즉 남부를 정치적으로 지배하고 문화나 주의 주장을 좌우하던 사람들은 전혀 다르게 해석했다. 그들은 헌법을 이용하면 노예제도는 그대로 두고-이것도 합헌이지만-그 원리를 다른 지역에까지 확대할 수 있다고 생각했다. 그뿐이 아니라 민주당이나 연방 대법원 내부에 남부의 주장에 동조하는 세력을 확보하기 위해 앞잡이를 잠입시켰다. 하지만 이런 전략을 펼치는 도중에 지나치게 성급한 행동과 내부 분열 때문에 실패로 끝났다. 1850년대의 일이었다.

이 무렵 남부는 기세 좋게 출발했다. 확실히 캘리포니아의 골드러시는 남부에 뼈아픈 일격이었다. 노예제도를 적대시하는 광부들이 대거 몰려온 탓에 캘리포니아를 노예주로 만들려던 계획이 좌절될 운명에 처했기 때문이었다. 하지만 그 밖의 여러 가지 점에서 "1850년의 타협안"은 그들에게 유리하게 전개되었다고 볼 수 있었다. 첫째는 민주당의 단결을 도모하는 것이었다. 1828년부터 민주당은 대통령 선거에서 승리하기 위한 가장 강력한 무기로 쓰였다. 당에서 뽑은 대통령 후보를 당선시키기 위해서는 남부가 단결하고 불만을 품은 일부 북부인을 남부 진영으로 끌어들이기만 하면 충분했다. 그런 다음 백악관에 있는 남부 인물을 연방 대법원 판사로 임명하면 남부 구미에 맞는 헌법 해석을 안전하게 지켜낼 수 있었다. 1852년에 치러진 대통령 선거 때 민주당은 "타협안이라고 불린 법령을 준수하며 그 시행에 성의를 갖고 노력한다"라고 확약한 강령을 바탕으로 단결하고, 이 방침에 가장 알맞은 인재, 즉 "남부 취향의 북부인"을 대통령 후보로 내세웠다.

프랭클린 피어스(1804~1869)는 뉴햄프셔 주 힐버러에서 태어나 보든 칼리지를 나온 뒤 콩코드에서 변호사가 되었다. 노예제도 폐지를 주장한 그는 의심할 나위 없이 에머슨에 심취하여 초월주의를 신봉하는 순수한 뉴잉글랜드인이었다. 하지만 실제로는 "젊은 히커리"의 한 사람으로 분류되는, 잭슨 진영의 민주당원이었다. 또한 에스파냐 세력이 약해진 남서부 지역의 획득에 모든 것을 바친 열광적인 국수주의자였으며, 그런 만큼 노예제도 확장주의자들의 강력한 동지이기도 했다. 그는 뉴햄프셔 하원의원과 상원의원을 지냈고 멕시코 전쟁에 참전해 열심히 싸웠다. 이 전쟁에 대해 북부인답지 않은 열의를 보이며 준장까지 진급했다. 1852년 민주당 대통령 후보 지명 대회에서 후보 간 표 대결이 막상막하의 양상을 보이는 가운데 예상 밖의 절충 후보, 완전한 다크호스로 피어스가 부상했다. 그리고 49회째 투표에서 당 후보로 지명되었다.

그에게는 흔히 "두드러지게 뛰어난 점이 없다"라는 수식어가 따라다녔다. 대통령 후보에 지명될 때도 뉴햄프셔에서 농장을 경영하는 친구에게 다음과 같은 평을 들었다. "프랭클린은 콩코드에서라면 충분히 잘할 것이다. 그렇지만 그 정도 능력을 합중국 전역에서 펼치게 되면 신문에 의해 경박하다는 소리를 듣게 될 것이다." 대학 시절 친구 너새니얼 호손은 대통령 후보에 지명된 피어스를 방문해 나란히 소파에 앉아 이렇게 말했다. "프랭크, 유감스러운 일이네만 …… 결국 이 세상은 행복해지기를 원하지 않는다네, 그저 성공하기를 원할 뿐이지." 이 이야기는 출처가 불분명하다. 하지만 호손은 피어스의 선거용 전기의 집필을 승낙하는 편지에서 비슷한 이야기를 했다. 호손과 피어스 모두와 알고 지냈던 호러스 맨은 그 피어스 전기에 대해 다음과 같이 말했다. "만약 그가 피어스를 위대한 인물이나 용감한 인물이라고 말한다면, 그것은 호손의 소설 중에서 최고 걸작이 될 것이다." 호손도 같은 생각이었다. "이야기 줄거리는 사실이지만 그것을 쓰기 위해 나는 공상소설 작가가 되었다."[2]

호손은 두 가지 사실을 은폐할 필요가 있었다. 하나는 음주벽이었다. 피어스는 대니얼 웹스터보다 술을 더 많이 마신다는 소문이 있었고 실제로 크게 취한 적이 많았다. 또 하나는 피어스 부인 제인에 대한 혐오감이었다. 제인을 싫어한 사람들은 그 말고도 무척 많았다. 이 부부에게는 아들이 두 명 있었는데, 한 명은 1844년에 4세 나이로 죽었고, 나머지 한 명은 대통령 선거 1개월 뒤에 가슴 아픈 열차 사고로 목숨을 잃었다. 아들의 목숨과 바꿔 대통령 지위를 얻은 것이라고 생각한 제인은, 그 일을 그런 식으로 떠벌리고 다닌 어리석은 여성이었다. 호손은 피어스를 깎아내리는 기록은 불태워버렸는데 그 가운데는 이런 것도 있었다. "그는 더 좋은 아내를 만나거나, 아니면 아예 결혼하지 않는 편이 더 나았지 싶다. 저런 죽음의 신과 같은 여자를 미국의 영부인으로 맞아야만 한다니 너무나 안타깝다. 대통령 후보 본인의 정치적 자질뿐 아니라 부인의 사회적 자질도 충분히 검토되어야 한다고 생각한다."

제인은 보든 칼리지 총장 딸이자 같은 대학에서 가장 뛰어난 교수의 처제였다. 하지만 학자 가문의 여성이라고 해서 반드시 성품이 좋다고는 말할 수 없었다.[3] 사실대로 말하면 호손은 거의 모든 여성을 싫어했다. 특히나 지성을 앞세우는 여성을 싫어했는데, 제인이 바로 그런 부류의 여성이었다. 여류작가에 대해서는 이런 표현을 한 적도 있었다. "여성이 글을 쓰는 것을 금지하고 이를 위반하면 얼굴을 굴 껍데기로 세게 문지르는 벌을 내려도 좋다."[4] 어쨌든 『프랭클린 피어스 전기(The Life of Franklin Pierce)』는 "푸른 눈과 금발 곱슬머리에 부드러운 표정의 잘생긴 소년" 이야기로서 순조롭게 세상에 나왔다. 소년은 오랫동안 걸출한 장교로 복무하다가 마침내 온화한 성품의 정치가로 나섰다. 그는 통일을 보존하기 위해 노심 초사했다. 그는 남부를 안심시키고, "노예제도에 적극 반대하지 않는" "대다수 북부인"에게 (호손의 표현을 그대로 빌리자면) "박애주의의 이중성"에 대한 주의를 촉구했다.[5]

피어스는 예상대로 대통령 선거에서 승리했다. 휘그당은 멕시코 전쟁을 지휘한 윈필드 스콧 장군을 후보로 내세웠는데, 그는 다른 많은 장군들과 마찬가지로 다민족 국가인 미국의 복잡한 정치 속에서 방향을 잃어버렸다. 당이 추구하는 노예제도 반대 입장을 고수하는 데 그치지 않고, 앵글로색슨계 미국인만을 중시하는 문제적인 민족주의자로 변하여 독일계나 아일랜드계 사람들을 배척했다. 그 결과 스콧은 테네시, 켄터키, 버몬트, 매사추세츠 고작 4개 주에서만 우위를 보였고, 선거인단 투표에서 피어스에게 압도적인 승리를 안겨주고 말았다. 다른 모든 후보들(표를 쪼개 가진 다른 4명의 후보가 있었다) 가운데는 최다 득표자였지만 말이다.[6]

피어스 정권의 각료 인선은 표면적으로는 남부와 북부 양쪽에 걸쳐 있었다. 국무장관 윌리엄 랜드 마시(1786~1857)는 예전의 "올버니회"(밴 뷰런의 정치 조직-옮긴이) 출신으로 1829년 잭슨에게 "엽관제도" 아이디어를 제공한 뉴욕의 정치가였다. 마시는 노예제도에는 전혀 관심이 없었고 포크 정권 때는 육군장관으로서 멕시코 전쟁을 정력적으로 주도했다. 또한 법무장관 칼렙 쿠싱은 매사추세츠 출신에 하버드 대학교를 나온 상류층이었으나, 본질적으로는 마시처럼 "명백한 운명"을 찬성하는 인물로 남부를 지지했다. 한편 피어스는 육군장관에 제퍼슨 데이비스(1808~1889)를 앉혔다. 데이비스는 순수한 남부인으로 마침내는 남부연합의 대통령이 된 인물이었다. 이렇게 해서 실질적으로 피어스 정권은 남부 지지 정책을 전면에 내세웠다.

이 정책이 최초로 실현된 것이 1853년의 개즈던(뉴멕시코 주와 애리조나 주 일부-옮긴이) 매입이었다. 이 안을 데이비스가 내놓았다는 사실은 의미심장하다. 그 무렵 미국은 대륙횡단철도의 몇몇 노선들을 놓고 검토를 거듭했다. 데이비스는 경제적인 요인과 전략적인 목적 모두에서 그중 한 노선을 남부가 확보해야 한다고 생각했다. 하지만 이 노선은 당시 아직 멕시코 북서부에 속하는 구역을 동서로 길게 통과했다. 이에 데이비스는 피어스를 설득하여 사우스캐롤라이나 철도 사업가이자 상원의원인 제임스 개즈던을 멕시코에 파견해 매입 계획을 추진하도록 했다.

이 거래에는 뭔가 수상한 점이 있었다. 토지 매입 자금(4만 5,000제곱마일에 1,000만 달러)은 정부가 부담했는데, 개즈던이 경제적 이익을 취했기 때문이었다. 이 새로운 영토를 획득하는 것은 자동으로 노예제도를 확대하는 결과가 되기에 상원은 사업에 꼭 필요한 토지만을 매입하도록 승인했다. 실제로 데이비스의 최초 구상에 따르면, 좁고 기다란 해당 토지 이외에도 타마우리퍼스, 누에보레온, 코아윌라, 치와와, 소노라, 그리고 바하칼리포니아르(캘리포니아 반도-옮긴이) 전역을 개즈던이 매입하도록 되어 있었으나, 이 안은 거부되었다. 이런 광대한 영토가 새로운 노예주가 될 것이 명백했기 때문에, 이제 북부인이 과반수를 차지하여 노예제도를 반대하는 쪽으로 기운 상원은 그것을 용납하지 않았다.[7]

하지만 남부에는 또 다른 선택의 여지가 남아 있었다. 쿠바에 눈을 돌려 그곳을 이상적인 노예주를 만든다는 계획이었다. "쿠바 획득은 우리의 번영과 안전에 반드시 필요하다"라고 데이비스는 말했다. 그는 남부의 모든 주들이 합중국의 일부가 되면서 독자적인 의사로 조약을 맺거나 새로운 영토를 확보할 기회를 잃었다고 한탄하면서, 만약 그러지 않았더라면 쿠바는 벌써 합중국 영토, 나아가서 노예제도 시행 지역이 되었을 것이라고 말했다. 1854년 당시 런던의 주영 대사로서 포크 정권 당시 국무장관으로 재직하면서 텍사스 획득에 온 힘을 쏟았던 제임스 뷰캐넌(1791~1868)은, 이번에는 쿠바를 매입해서 합병하기 위해 애쓰면서 뒷거래와 교섭에 동분서주했으나 결국에는 실패로 끝났다. 카리브 해 주변 지역을 모조리 미국 수중에 넣고 노예제도를 실시하려던 남부의 야망은 다시 북부 출신 의원들의 제지로 좌절되었는데, 이것 역시 그중 한 사례였다.[8]

한편 외교만으로는 도저히 얻을 수 없으면 힘으로 빼앗는다는 해적 같은 침략 행위도 때때로 시도되었다. 그런 인물 중에는 테네시 주의 의사로서 광적인 포퓰리스트인 윌리엄 워커(1824~1860)가 유명했다. 그는 라틴 아메리카의 상당 부분을 합중국에 합병하려고 노력했다. 노예주로 만드는 것이 목적이 아니라 그곳 주민들에게 민주주의를 맛보게 하려고 했던 것이다. 이 "회색의 눈을 한 운명의 남자"는 1853년 로어 캘리포니아에 들어가 그곳을 공화국으로 선포했다. 하지만 피어스는 그것을 승인할 정도로 후안무치하지는 않았다. 이어서 워커는 사설 군대를 이끌고 니카라과에 침입하여 1856년에 합중국 정부의 승인까지 받았다. 하지만 이것은 오래전 그곳에 진출하여 약탈을 일삼던 코넬리어스 밴더빌트(1794~1877)의 맹렬한 분노를 샀다. 워커가 하는 일이 밴더빌트가 경영하는 수송 사업을 방해했기 때문이었다. 밴더빌트는 돈을 뿌리는 데는 더 뛰어났기에 워커를 쫓아내 합중국 해군에게 "항복"하게 만들었다. 결국 워커는 온두라스로 건너갔으나 거기서 영국 해군에 사로잡혀 온두라스의 총살형 집행 부대에 넘겨졌다.[9]

캔자스-네브래스카 법

개즈던 매입으로 캘리포니아까지 남부 철도 노선의 부설 사업이 지리적으로 가능해지자 다음은 북부 철도 노선을 어떻게 부설하느냐는 문제가 남았다. 이 사안 역시 남부의 영토 전략에 커다란 영향을 미쳤다. 일리노이 주 상원의원 스티븐 더글러스는 일찍이 클레이를 도와 1850년의 타협안을 기초했는데, 이제는 상원 준주위원장을 맡아 그 직권으로 미주리와 아이오와 서쪽에 네브래스카라는 새로운 준주를 창설하는 법안을 통과시켰다. 목적은 쇠고기와 밀의 중심지로 급성장한 시카고를 동쪽 종착지로 하는 네브래스카 횡단 철도 노선을 건설하는 데 있었다. 남부를 회유하기 위해 더글러스는 주민 주권에 따라 결정될 것이라는 단서 조항을 이 법안에 삽입했다. 즉 노예제도 허용 문제를 네브래스카 주민이 스스로 결정하도록 일임했다. 그렇지만 남부는 여전히 납득하지 않았다.

여기서 그는 추가 제안을 마련했다. 앞으로 주로 승격할 예정인 새로운 준주 캔자스를 남부에 줄 뿐 아니라 북위 36도 30분 북쪽에서 노예제도를 금지한다는 1820년의 미주리 타협안의 규정을 철회하겠다고 했다. 1820년의 타협안은 헌법과 맞먹는 "신성한 서약"이라고 인식해온 북부는 이 결정에 반발했다. 남부인 가운데서도 분노하는 사람들이 있었다. 텍사스의 샘 휴스턴은 이 새로운 준주들이 인디언을 내쫓는 결과가 될 것을 우려했다. 인디언들은 "풀이 자라고 물이 흐르는 한" 그곳을 점유할 수 있다는 말을 들었었다. 하지만 남부와 북부 사이에서 조심스럽게 균형을 유지함으로써 대통령이 되고자 했던 더글러스는 이 법안을 계속 추진했다. 피어스 대통령도 그를 지지했다. 이 "캔자스-네브래스카 법"은 하원을 113 대 100, 상원을 37 대 14로 통과했다. 그때가 1854년 5월이었다.[10]

격렬한 논쟁을 불러온 이 법안을 지지한 일은 피어스가 잘못 판단한 것이어서, 대통령 재선의 꿈은 물거품으로 변했다. 이 법은 남북전쟁의 첫 유혈 사건과도 관계가 있었다. 네브래스카는 비교적 북쪽에 위치했기 때문에 이곳이 자유주에 편입되지 않을 것이라고는 누구도 진지하게 생각하지 않았다. 하지만 캔자스는 사정이 달랐다. 남북 모두가 이 지역에 군사적인 교두보를 마련하기를 원했으며, "헌법에 저촉되지 않는 한 주민은 주법을 자유롭게 제정하거나 규제할 수 있다"라는 새로운 법을 이용하고자 했다. 뉴잉글랜드 이민원조협회에 의해 최초로 진출이 시도되었다. 이 협회는 1855년부터 1856년 사이에 1,250명의 열렬한 노예제도 반대자들을 캔자스 지역에 보냈다. 한편 남부인은 미주리와 캔자스 접경 지역에 집결했다.

1854년 10월 캔자스 준주의 초대 지사 앤드루 H. 리더가 부임하여 곧바로 이듬해 3월에 있을 선거를 위한 인구조사를 시작했다. 하지만 일단 투표가 진행되자 몇 천 명의 사람들이 홍수처럼 미주리에서 경계를 넘어 몰려들어오는 바람에 투표인 숫자에 막대한 영향을 끼쳤다. 지사는 이 선거는 부정이라고 주장했으나 무효 처리를 하기 위한 대책은 아무것도 내놓지 않았다. 아마 린치를 당할까봐 두려웠을 것이다. 그 무렵 준주들의 지사들은 워싱턴에서 자금이나 그 밖의 원조를 거의 받지 못했다. 마크 트웨인의 서부 여행기 『고난을 넘어』 제25장-쓰라린 경험을 바탕으로 이 제도에 관해 상세하게 설명하고 있다-을 읽은 독자는 알 것이다. 어쨌든 선거에서 압승을 거둔 노예제도 지지자들은 당선된 몇몇 노예제도 반대자들을 의회에서 몰아내고 철저한 노예법을 채택했다. 이에 따라 노예의 탈주에 협조하거나 탈주 중인 노예를 도와주는 것은 중대한 범법 행위가 되었으며, 노예제도가 합법인지에 대해 의문을 제기하는 것조차 무거운 처벌을

받았다.[11]

노예제도 반대자들과 중립을 원하는 진정한 이주민들은 이에 대항하여 토피카에서 (비합법적으로 멤버를 뽑아서) 주 헌법제정회의를 열고, 캔자스에서 노예와 해방 흑인 둘 다를 금지한다는 주 헌법안을 마련했다. 아울러 정식으로 합중국의 한 주로 편입해달라고 연방정부에 청원함과 동시에 새롭게 지사와 의원들을 뽑았다. 마침내 싸움이 시작되었다. 남북전쟁의 축소판이라고 할 캔자스 내전이었다. 무거운 『성서』를 안고 북부에서 온 목사들은 실제로는 총기 암거래업자였다. 특히 유명했던 것은 "비처의 성서"였는데, 내용물은 헨리 워드 비처 목사를 중심으로 한 피에 굶주린 신도 집단의 암거래 라이플이었다.

남부도 총기를 사용하기 시작했다. 1856년 5월 노예제도를 지지하는 폭도들이 노예 소유를 금지하는 도시인 로런스를 습격해 프리스테이트 호텔을 대포 5문을 동원해 파괴했다. 그리고 지사 관저를 불태우고 지방 신문사의 인쇄기를 내다버렸다. 이 사건은 존 브라운이라는 광적인 노예제도 반대자의 분노를 샀다. 이글거리는 눈을 가진 이 사나이는 캔자스에서 함께 활동한 동료들의 말에 따르면, "나쁜 자들의 턱을 부수기 위해 신의 부름을 받았다고 믿었다." "로런스 습격 사건"이 일어난 지 이틀 뒤에 브라운은 아들 4명과 동료 몇 명을 데리고 노예제도 지지자들의 마을 포타와토미를 습격해 남자 5명을 끌어내 참혹하게 죽였다. 이 "피의 캔자스 사건"으로 그해 연말까지 200명 이상이 죽었다.[12]

로런스 습격 사건으로 인해 연방의회에서 규율이 무너지는 사태가 일어났다. 매사추세츠 상원의원 찰스 섬너(1811~1874)는 권위만 내세우는 완고한 이상주의자로, 악의에 가득 찬 독설-전쟁의 원인이 되는 그런 종류의-을 일삼는 인물이었다. 사건 다음 날인 5월 22일 섬너는 상원에서 이 사건을 맹렬하게 규탄하는 연설을 했다. 영국 의회에서 발언자는 연설을 다 끝낼 때까지 계속해야만 했는데, 연방의회에서는 연설하는 의원은 밤이 되면 쉬었다가 다음 날 아침에 다시 연설을 계속할 수 있었다(결점 가운데 하나였다). 그 결과 듣는 쪽은 인내의 한계를 넘어 적대감마저 품었다.

섬너는 이틀에 걸친 연설에서 성적인 행위를 연상시키는 표현을 많이 썼다. 캔자스 사건을 "새로운 노예주를 구하려는 사악한 욕망에서 처녀지를 강간한 것이며, 이런 범죄로 인한 용서받을 수 없는 업보이다"라고 비난했다. 그러고는 사우스캐롤라이나의 A. P. 버틀러 의원을 겨냥해 "버틀러 의원은 정부를 두고 있다. 세상 사람들의 눈으로 보면 타락한 여자이지만, 그에게는 숙녀로 보였던 것 같다. 다시 말해 매춘부인데, 노예제도는 바로 그러한 것이다"라고 비난을 퍼부었다. 남북전쟁 과정에서 겉으로 드러나지는 않았지만 성적인 문제가 중요한 원인이었던 점은 확실했다. 북부인은 누구나, 남자 노예 소유주는 겉보기에 매끈한 여자 노예와 잠자리를 같이 하고 또한 그 목적으로 사들인다고 생각했다(또는 믿었다). 22세의 에이브러햄 링컨이 두 번째로 뉴올리언스를 방문했을 때 "처녀 딱지가 붙은" 10대의 아름다운 흑인 소녀가 팔리는 장면을 목격했다. 경매인은 징글맞게 웃으면서 "이 소녀를 산 당신은 횡재했다는 생각이 들 것입니다"라고 선전했다고 전했다. 소녀는 벌거벗은 것이나 다름없었다. 이 역겨운 광경이 젊은 링컨의 마음에 깊게 새겨졌다. 남부인은 자신들이 노예와 정을 통한다는 소문을 부정하면서 북부인이 남부를 적대시하는 것은 여자 노예를 마음대로 하는 것에 질투가 났기 때문이라고 모순된 주장을 폈다. 이런 반론도 반드시 틀렸다고만은 할 수 없었다.

아무튼 섬너의 경우는 도발적이었다. 버틀러의 조카이자 하원의원인 프레스턴 S. 브룩스는 이런 모욕에 꼬박 이틀 동안 분개한 나머지 상원 회의

실에서 책상 앞에 앉아 글을 쓰던 섬너에게 달려들어 지팡이를 휘둘렀다. 섬너는 중상을 입고 정신적인 충격도 크게 받아 그 뒤 2년 동안이나 집에서 몸조리를 했다. 빈자리로 남은 섬너의 책상은 남부 노예제도 지지자들의 무차별적인 폭력 성향을 상징했다. 마찬가지로 주목할 만한 사건이 일어났다. 이 행위로 의회에서 거센 비난을 받아 의원직을 사퇴한 브룩스가 재선에 성공해 보란 듯이 돌아왔던 것이다. 실제로는 무기를 지니지 않은 연장자를 공격한 행위였음에도 브룩스의 지지들은 그것을 "용감한 행위"로 칭송하고 기념으로 셀 수도 없을 만큼 많은 지팡이를 그에게 선물했다. 이 사건은 북부인의 함부로 내뱉은 선동적인 발언이 충동적인 남부인을 공격으로 치닫게 한 한 사례였다. 이러한 적대적인 상황이 내란 전체의 기본 구조였다.[13]

브룩스의 폭력 행위와 그것을 "신사적인 남부"가 지지했다는 사실은 노예주의 공격적인 자세를 부각시켰다. 드레드 스콧 사건에서 토니 대법원장이 내린 판결은 남부에 희망의 빛을 던졌다. 합중국 헌법의 역사는 노예제도를 영원히 보호하는 방향으로 변했을 수도 있었다. 그 이전의 협정은 모두 남부를 불안하게 만들었을 뿐이었다(실은 이런 불안이 폭력적 체질의 근원이었다). 남부, 특히 사우스캐롤라이나의 과격주의자들이 바란 것은 연방 의회에서 "흑인법"을 제정하고 이것을 준주에 적용하는 것이었는데, 그들은 뉴욕과 뉴잉글랜드에서 노예제도를 부활할 수 있다고 생각할 정도로 어리석지는 않았다. 노예제도 폐지 움직임만은 옳든 그르든 간에 법으로 금지하기를 원했다. 따라서 남부, 서부, 나아가서는 당시 국경 밖에 생겨난 새로운 준주에 대한 노예제도의 확장은 말할 것도 없고, 심지어 노예무역의 재개와 재합법화마저 추진하고자 했다.

뷰캐넌과 남북의 갈등

이 노예제도 추진 법안을 둘러싸고 1856년의 대통령 선거는 크게 달아올랐다. 붕괴 직전이던 휘그당은 캔자스-네브래스카 법의 성립에 따라 마침내 자취도 없이 사라져버렸다. 그 자리에 불사조처럼 출현한 것이 새로운 공화당이었다. 그들은 노예제도 반대자로 유명한 제퍼슨의 정치적 부활을 목적으로 내걸었으며, 제퍼슨이 노예제도를 공격한 사실만을 전면에 부각시키고 정작 자신들이 노예를 소유하고 있다는 점은 외면했다. 대통령 지명 대회에서 공화당은 노예제도 반대 운동의 선두에 선 윌리엄 H. 슈어드(1801~1872)를 너무 과격하다고 사퇴시키고 그 대신 존 찰스 프리몬트를 지명했다. 프리몬트는 사우스캐롤라이나의 탐험가로 전 상원의원 출신인 벤턴의 딸과 눈이 맞아 함께 도망치는 바람에 캘리포니아에서 목숨 건 도피를 무수히 경험했던 인물이었다. 반역죄로 사형 선고를 받았으나 포크 대통령의 사면 조치를 받아 풀려난 적도 있었다. 공화당은 "자유 토지, 자유 언론, 프리몬트"를 슬로건으로 내세웠다.

이에 대해 민주당은 피어스는 완전한 실패자, 더글러스는 모든 이의 비위를 맞추려는 사람이라는 이유로 배제하고, 마침내 제임스 뷰캐넌을 대통령 후보로 지명했다. 후보 지명을 수락한 뷰캐넌은 모든 노예주와 가능한 한 많은 자유주에서 승리를 거두는 데 노력했다. 이 밖에도 잭슨의 사위 도넬슨을 부통령 후보로 내세운 노장 필모어가 부활해 세 번째 대통령 후보로 나섰다. 그의 등장은 프리몬트의 표를 잠식했다. 뷰캐넌은 민주당을 똘똘 뭉치게 해서 모든 남부 주에서는 물론 뉴저지, 펜실베이니아, 일리노이, 인디애나, 캘리포니아에서 승리했고, 선거인단 투표에서는 프리몬트가 114표를 얻은 데 비해 174표를 얻었다. 뷰캐넌은 과반수에 미치지 않는 득표율(45.3퍼센트)로 당선했는데, 프리몬트와 183만 8,169표 대 134만 1,264표로 꽤 큰 차이를 보였다.

이 새로운 대통령은 내심으로는 마음이 약하고 우유부단했으나 영토 확장주의 사고와 남부 여론의 대변자 성향을 아울러 갖고 있어서, 이런 요인들이 잘 발휘되면 남부를 억압하려는 북부의 의도를 무산시킬 수 있을지도 몰랐다. 공식 석상에서는 어떻게 말했든, 뷰캐넌은 남부에 새로운 주를 편입시킨다는 생각에 공감했다. 1858년 1월 7일 의회에 제출한 교서에서 그는 워커의 니카라과 침공을 비판했다. 행위의 불법성을 지적하고 그 처리 방식이 치졸하다면서 "북아메리카 대륙 전역에 퍼져 있는 우리의 운명에 방해가 된다"라고 나무랐다. 계속해서 "자연의 이치에 맞기면 이 운명은 머지 않는 장래에 달성될 수 있다"라고 주장했다. 그리고 여세를 몰아 쿠바 매입을 서둘러 에스파냐의 불법적인 요구-최소한 1억 5,000만 달러-에도 불구하고 의회에 이 안건 승인을 요청했다(결국에는 공화당에 의해 저지되었다). 미국은 이미 몇 백만 제곱마일에 이르는 예전 에스파냐령의 토지를 캘리포니아와 텍사스에서 흡수한 터였다. 그렇다면 멕시코와 중앙아메리카 전부를 손에 넣어야 하지 않을까? 그곳도 모두 "북아메리카 대륙"의 일부로서 "명백한 운명"에 의해 신이 합중국에 내려준 것이라는 주장이었다.[14]

더불어 노예 가격은 계속 오르기만 했다. 버지니아 노예 양성소가 증산에 박차를 가했으나 수요를 따라가기에는 턱없이 부족했다. 이런 상황에 쫓겨 노예무역 재개를 요구하는 목소리가 더 높아졌다. 노예 밀수입도 증가하여 뉴욕과 볼티모어 상인이 아프리카 서해안에서 노예를 싸게 사서 조지아나 그 밖의 남부 주 근해 섬에서 내려놓는다는 소문은 남부에서는 모두가 아는 사실이었다. 그렇다면 일단 1807년의 법을 철회하고 노예무역을 합법화하면 어떨까? 이것은 1856년 사우스캐롤라이나 주지사의 요구였다. 1859년 빅스버그 남부통상회의는 "주법과 연방법을 막론하고 아프리카에서 노예 수입을 금지한 법률은 모두 철폐한다"라는 건의안을 승인했다. 그리고 우선 착수할 조치로서 해군은 정박된 밀수선에서 붙잡힌 흑인들을 남부로 이송할 것을 명령했다. 당시 관례로는 이들 흑인은 자유의 몸이 되어(거의가 마지못해) 라이베리아에 보내지는 것이었는데, 그것을 남부가 인계받아 적당한 경력을 붙여서 대농장에 "수습 하인"으로 보낸다는 방안이었다. 앨라배마 하원의원 윌리엄 L. 얀시는 이렇게 물었다. "버지니아에서 노예를 사서 뉴올리언스로 데려가는 것이 불법이 아니라면, 어째서 쿠바나 브라질이나 아프리카에서 산 노예를 그곳으로 데려가는 것은 불법인가?" 흑인들이 자유인으로서 라이베리아에서 지내는 것보다 남부에서 노예가 되는 쪽이 더 낫다고 생각한다면, 아프리카 흑인도 "암흑대륙"에 남아 짧고 괴로운 인생을 보내기보다는 노예로서 남부에 오는 쪽을 더 바란다고 생각해볼 수 있지 않은가?

남부인은 아프리카에서 흑인을 데려와서 대농장에서 쾌적한 생활을 하게 하는 것과 유럽의 가난한 농민을 자유롭게 이주시켜서 몇 년 뒤에 자신의 농지를 갖게 하는 것은 인종 간 차이를 고려하면 동등한 대우라고 주장했다. 미주리 타협을 위헌이라고 선언했던 드레드 스콧 사건과 캔자스-네브래스카 법의 제정과 함께 노예제도를 시행하는 대농장이나 목장을 수없이 신설할 기회가 마련되었다. 이에 곧 노예 수요 또한 커졌다. 남부인은 노예무역이 재개되기만 하면 노예 가격은 급격하게 떨어지고 온 나라 경제를 활성화시킬 수 있다는 논리를 펼쳤다. "노예제도는 미국에 경제적으로 의미가 크므로 더욱 확대될 것이다." 이것은 남부의 도전장이기도 했다. 하지만 이 공격적인 자세의 이면에는 깊은 위기감이 도사리고 있었다.

남부인은 북부의 명분에 비추어 볼 때 진정으로 도덕적이라고 할 해결책이 없었고, 마음속으로는 노예제도의 수명이 얼마 남지 않았다고 생각했다.[15]

　이런 위기감은 틀린 것이 아니었다. 1850년대가 끝나갈 무렵 노예제도를 서부나 카리브 해 지역, 그 밖의 에스파냐령에 대폭 확대한다는 야망은 한낱 꿈으로 끝났다. 상황은 그대로였고 남부의 정치력은 끝없이 떨어지기만 했다. 1850년 칼훈은 유언이라고 할 경고를 남부에 던졌다. "한시 바삐 행동에 옮겨 주 권리에 관한 나의 이론을 단호하게 주장하시오. 필요하다면 무력에 호소해도 좋을 것이오. 그렇지 않다면 남부는 천천히 꾸준하게 죽어갈 것이오. 남부가 지금 이상으로 강해질 일은 없소. 약해질 일은 있어도." 이 충고가 정확했음이 마침내 밝혀졌다. 1858년 5월에는 미네소타가, 이듬해 1859년 2월에는 오리건이 자유주로서 연방정부에 가입했다. 한편에서는 노예준주 캔자스가 아직 정식 주로 승격하지 못했다. 칼훈의 예상대로 연방의회에서 남북의 균형은 무너졌고 두 번 다시 회복하지 못했다. 의석수는 상원 36 대 30, 하원에서는 차이가 크게 벌어져서 147 대 90으로 북부가 남부를 압도했다.

　남부인의 위기감을 더욱 부채질한 것은 겉으로는 "면화는 왕이다"라든가 "세계에서 가장 경쟁력 있는 생산물이다"라고 큰소리치면서 속으로는 노예에 의존하는 면화 경제의 취약성을 너무나 뼈저리게 느꼈기 때문이었다. 대부분의 대농장들이 거액의 부채를 짊어지거나 이익이 보잘것없는 위태위태한 경영 상태였다. 1850년대의 10년 동안 면화 가격은 서서히 내려갔다. 면화를 생산하는 나라들이 차례로 출현했다. 이런 경제 동향이 남부를 관 속에 넣고 이제 막 장례를 치르려 할 때 전쟁이 일어났다. 경제 측면에서 되돌아보면, 당시 관행이던 대농장 농법이 근본적으로 바람직스럽지 않다는 것은 확실했으며, 농장주들 역시 이런 사실을 잘 알고 있었다. 대농장 농법은 기름진 토지를 필요로 했다. 토지가 약해지면 농장주는 다른 장소로 옮겨갔다. 남부 내부에서도 갈등이 빚어졌다. 최남부 지역에 위치한 더 과학적이고 능률적으로(그리고 대규모로) 운영되는 새로운 농장들이 연안 지대나 경계 지구에서 노예 노동력을 빼가는 바람에 노예 가격이 올랐기 때문이었다. 이런 상황에 더해 면화 가격이 내려가자 이익은 점점 기대하기 힘들었다.[16]

　노예 가격이 치솟을수록 노예제도는 남부에 더 필수 요소가 되었다. 최남단 지역에서는 더욱더 효율적으로 노예를 사용할 필요가 있었고, 그 밖의 다른 지역에서는 담배와 면화를 재배하기보다는 능력도 가격도 좋은 노예를 길러내는 쪽이 훨씬 중요해졌기 때문이었다. 윌리엄앤드메리 대학교의 토머스 R. 듀 교수는 1852년 출간된 『노예제도 옹호론(The Pro-Slavery Argument)』에서 다음과 같이 말했다. "버지니아는 다른 주들을 위해 노예를 생산했다. 그 산출량은 버지니아 내 수요를 감당하는 것에 더해 [해마다] 6,000명을 다른 주에 팔아넘겼다." 확실히 버지니아는 노예를 팔아서 생긴 이익으로 먹고살았다. 흑인이 주 인구에서 차지하는 비율은 1782년에는 50퍼센트였으나 1860년에는 37퍼센트로 감소했다. 흑인을 최남단 지역으로 팔았기 때문에 생긴 현상이었다. 버지니아를 비롯한 오래된 주들이나 경계주들은 특별하게 건장한 흑인, 즉 오래 살고 많이 낳으며 또한 질병에 강하고 기운 넘치는 근육질의 흑인을 만들어내는 데 힘을 쏟았다. 1850년대에는 이런 흑인이 해마다 약 2만 5,000명이나 최남단 지역 주들로 팔려나갔다.[17] 1860년의 국세조사에 따르면, 남부에는 백인이 809만 9,000명, 노예가 395만 3,580명 살았다. 그 가운데 노예를 소유한 백인은 38만 4,000명으로, 50명 이상을 소유한 경우가 1만 781명, 100명 이상인 경우는 고작 1,733명에 지나지 않았다. 즉 600만 명 이상의 남부 백인은 노예제도에서 직접 이익을 얻지 않았다.

하지만 그렇다고 남부인들이 노예제도의 존속을 바라지 않았다는 뜻은 아니었다. 대답은 정반대였다. 가난한 백인들은 부유한 사람들 이상으로 흑인을 두려워했다. 1860년까지 남부의 모든 주들에서는 자유로운 흑인이 26만 2,000명이나 있었다. 그들은 적지 않은 직종에서 가난한 백인과 경쟁했다. 그리고 1860년 한 해 동안 3,018명이 자유의 몸으로 풀려났다. 가난한 백인은 노예에게 불리한 형법 제정에 누구보다 열심이었다. 그런 분위기를 반영해 어떠한 주에서도 법률상 노예의 혼인을 인정하지 않았고, 5개 주에서는 글을 가르치는 것도 위법 행위로 다스렸다. 어찌 되었건 남부의 약한 위치에 있던 백인들은 대농장 경영자들이 하라는 대로 처신하며 그들과 보조를 맞출 수밖에 없었다.[18] 면화나 쌀, 설탕, 담배, 그리고 노예를 대규모로 생산하는 사람들이 모든 권력을 휘둘렀기 때문이었다. 한 역사학자의 말에 따르면 "미국에서 경영자의 과두 지배가 이처럼 완벽하게 실현된 적은 없었다."[19]

북부와 남부 사이에는 노예 문제만 있었던 것이 아니었다. 실제로 노예 문제를 정리한다고 해도 남부는 분리 독립을 향해 나아갔을지 모른다. 북부는 높은 관세율(보호관세)에 찬성했고 남부는 그 반대 입장을 보였기 때문이다. 따라서 북부는 간접세를, 남부는 직접세를 지지했다. 전쟁이 일단 시작되자 남부와 갈라선 북부가 1861년의 모릴 관세법으로 높은 관세를 부과하고 나아가 연방에 직접소득세를 납부하는 안을 통과시켰던 점을 간과해서는 안 된다. 철도가 가져다준 이익 또한 큰 차이를 보였다. 1850년대 철도는 북동부와 북서부 양쪽에 공히 이익을 안겨주었다. 그 결과 높은 관세를 희망한 동부의 제조업자와 값싸게 또는 무료로 확보할 수 있는 토지가 필요했던 서부의 농민 사이에 협력관계가 싹트기 시작했다. 철도 노선이 이들 양쪽을 묶은 데서 생겨난 결과였다. 이 관계가 새로운 공화당 세력의 기반이 되었다.

한편 남부는 이것을 음모로 보았다. 실제로 남부에 최후의 일격을 가한 것은 이러한 북부와 서부의 협조였다. 남부인 대다수는 북부의 도덕적 분개는 위선이며, 비천한 돈벌이를 감추는 가면에 지나지 않는다고 굳게 믿었다. 제퍼슨 데이비스는 다음과 같이 말했다. "당신네 자유 토지 선동가들은 노예제도에는 관심이 없다. 추호도 없다. 노예 지역을 일정한 경계 내로 제한하고자 하면서 우리를 속일 기회만 노린다. 연방의회에서 우위를 차지하여 정부를 북부 권력 강화를 위한 원동력으로 삼으려고 한다. …… 북부는 모든 남부 주의 정치력이 약화되기를 원한다. 부당한 입법 행위를 통해 북동부의 산업을 촉진하려는 속셈 때문이다. 남부인과 남부의 산업 전체를 그것을 위한 디딤돌로 이용해 먹으려고 획책하고 있다."[20]

데이비스의 이 같은 주장은 남부의 "생각이 깊은" 사람들이 공통으로 품고 있던 곤혹스러운 확신을 대변했다. 즉 흑인을 착취한다고 남부를 꾸짖는 동시에 북부 스스로는 남부의 모든 것을 이해타산에 따라 가차 없이 접수하려고 든다고 생각했다. 이것은 오늘날 제3세계가 선진국에 대해 품는 증오심과 똑같았다. 대농장 경제에는 스스로를 자본주의 사회의 주인인 자본가에게 의존하게 만드는 내재적인 특징이 있었다. 면화나 그 밖의 생산물을 막론하고 국가가 국내 생산량이나 가격을 통제하는 일은 물론 없었다. 세계 시장에서 가격이 오르면 이익이 생겼으나 그 경우 벌어들인 돈은 생산 증가에 투자되기 일쑤였다. 가격이 내리면 대농장 경영자는 돈을 빌려 와야만 했다. 어떻게 하더라도 남부에는 운영할 유동 자본이 부족했다. 필연적으로 경영은 은행가 수중에 떨어지고 결국에는 뉴욕, 나아가서는 런던의 대자본에 운명을 맡길 수밖에 없었다.[21] 남부는 오늘날 제3세계처럼 독자적인 금융 시스템을 가지지 못했다. 면화로 큰돈을 벌어들여도 모두 소비해버렸다. 오늘날 아랍 지배자들이 석유로 벌어들인 막대한 수익을 모두 낭비하는 것과 같은 구조였다.

오늘날 아프리카나 라틴아메리카의 원료 생산자와 마찬가지로 남부는 글자 그대로 단물을 빨리면서 동시에 갚을 수 없는 막대한 부채를 점점 떠안았다. 실제로 남부는 단일 산업 의존형 경제가 가져다준 불이익의 피해를 고스란히 입었다. 당시 남부의 공업 생산고가 합중국 전체에서 차지하는 비율은 고작 8퍼센트에 지나지 않았다. 남부에 필요한 것은 공장 건설, 수많은 백인들을 위한 일자리 제공, 그리고 남부 경제의 다양화였다. 하지만 남부 자체로 잉여자본은 없었고, 북부도 남부에 공장을 지어서 그 값싼 임금과 값싼 제품을 북부 자체의 공업과 경쟁시킬 생각이 전혀 없었다. 그런 이유로 남부인은 자신들이 북부 자본에 지배되는 연방에 예속되었다고 느꼈다. 「찰스턴 머큐리」는 다음과 같이 보도했다. "식품이나 의복 등 모든 생필품을 외부의 노동력과 기술에 맡기면서 이른바 종속적인 처지에 놓여 있는 한 우리는 노예 신분에서 벗어날 수 없다."[22]

링컨의 등장

남북전쟁은 미국 역사상 가장 극적인 사건이었을 뿐 아니라 매우 종교적인 사건이기도 했다. 남북 양쪽이 모두 대의명분으로 도덕적 정당성을 내세우면서 상대방의 태도에 대해서는 도덕적 혐오감을 심하게 품었기 때문이다. 따라서 두 진영 선두에는 정의로운 인물이 앞장섰다. 여기서 이 두 영웅, 에이브러햄 링컨과 제퍼슨 데이비스에 대해 자세히 살펴보기로

하자. 링컨은 "미국 예외주의(American exceptionalism)"(미국이 세계를 이끄는 최고의 국가임을 뜻하는 용어-옮긴이)의 본보기와 같은 위인이었다. 가난하고 교육받지 못한 환경 가운데서 탄생한, 일상에서 좀처럼 보기 힘들고 정치계의 정상에서는 거의 찾아볼 수 없는, 비범한 도덕가였다. 반면에 데이비스는 남들과 다를 바 없는 그저 한 인간이었다. 하지만 그 당시 사람들의 가치관에 비추어 보면 틀림없이 공정한 인물로, 만약 노예 문제를 제외하고 데이비스와 링컨이 도덕에 대해 서로 토론을 벌인다면 두 사람은 많은 점에서 의견 일치를 보였을 것이다.

이처럼 배경에 중요한 차이점이 있었지만, 두 사람 모두 19세기 중엽 미국이 만들어낸 독특한 인간이었다는 점에서는 동일했다. 링컨은 아무것도 없는 상태에서 몸을 일으킨 점을 강조했다. 그는 대통령 선거용 전기를 집필한 「시카고 트리뷴」지의 존 로크 스크립스에게 자신의 젊을 적 생활은 "토머스 그레이의 『만가(Elegy)』에 나오는, 가난한 사람의 평범하기 짝이 없는 짧은 연보라는 한 줄로 집약될 수 있다"라고 말했다. 부모는 모두 버지니아에서 태어난 것 같고, 그의 말을 믿는다면 선조 가운데 한 사람은 "남부 신사"였다. 어머니는 사생아였다고 여겨지는데 아마 사실일 것이다. 에이브는 켄터키 외딴 곳의 통나무집에서 태어났으며, 가족이 서쪽으로 옮겨가자 변경의 농장에서 자랐다. 아버지는 글을 거의 알지 못했고, 글을 가르쳐줄 어머니도 9세 때 여의었다. 그 뒤부터는 혼자 힘으로 지식을 익혔다. 재혼한 아버지는 키가 껑충하고 뼈만 앙상한(6피트 4인치, 170파운드) 아들을 하루 25센트의 돈으로 변변치 않게 돌봤다. 아버지는 아들을 이렇게 표현했다. "마치 도끼로 아무렇게나 팬 나무토막과 같아서 대패로 깎아내지 않으면 안 되었다."

링컨은 켄터키, 인디애나, 일리노이 등의 미개척 땅에서 그리고 오하이오 강이나 미시시피 강에서 온갖 기술을 몸에 익혔다. 뗏목 만들기를 비롯해서 배젓기, 목공일, 정육점, 산림 관리, 상점 경리, 양조, 밭일 등 닥치는 대로 일했다. 담배는 물론 술도 입에 대지 않았다. 문법을 배우고 자신의 말투를 고쳐나갔다. 즐겨 읽은 책은 에드워드 기번의 역사서, 『로빈슨 크루소(Robinson Crusoe)』, 이솝 우화, 『천로역정』, 퍼슨 윔스의 워싱턴 전기와 프랭클린 전기 등이었다. 일리노이 주의 법령집은 거의 외울 정도로 읽었다. 뗏목으로 강을 내려가 뉴올리언스로 가서는 증기선에서 일하면서 돌아온 적도 있었다. 이처럼 그는 몇 번인가 남부에 간 적이 있어서 남부 사정을 알았다. 이런 점에서 다른 대다수 북부인과 달랐다.[23]

남부인이 "특이한 제도"를 옹호하는 이야기를 자주 들었고 그런 주장의 배경을 알았다. 하지만 남부에서 자기 눈으로 직접 목격하고는 그런 주장을 받아들이지 않았다. 물론 남부인이 가식적이거나 얄팍하다고 생각하는 과오는 범하지 않았다. 존경하는 인물은 제퍼슨, 클레이, 웹스터 순이었다. 타고난 이야기꾼으로, 길든 짧든 말하기에 대해서는 진정한 천재였다. 어디쯤에서 뜸을 들이고, 빨리 말하고, 마무리를 지어야 하는지를 잘 알았다. 또한 재치 넘치는 조크를 잘 만들어내 로널드 레이건이 등장하기 전까지는 미국 역사상 최고의 자리를 지켰다. 그리고 걸을 때 들어 올린 발이 모두 땅에 닿는 것을 확인하고서 다른 쪽 발을 들어 올릴 정도로 소심증 환자인가 싶다가도, 완전히 다른 사람이 된 것처럼 너무나 우아하게 돌변할 수 있었다. 그는 위스키 통을 바닥에서 카운터까지 한 손으로 번쩍 들어 올릴 정도로 힘이 셌다. 또 우울증을 스스로 인정하고 자살에 관한 에세이를 쓰기도 했다. 그는 이렇게 말했다. "누군가와 함께 있을 때는 인생을 마음껏 즐길 수 있다는 기분이 든다. 하지만 혼자 남겨질 때는 우울에 사로잡혀 자그마한 칼조차 무서워서 지니고 다니지 않는다."[24]

링컨은 독학으로 변호사가 되었지만 천성적으로 소송과는 맞지 않았다. "할 수 있는 한 언제나 이웃들끼리 서로 타협하도록 설득하라. …… 중재자로서 변호사는 훌륭한 사람이 될 기회를 훨씬 더 많이 가진다. 그래도 여전히 할 일이 많을 것이다. [소송을 벌이는] 사람보다 더 나쁜 사람은 거의 찾아볼 수 없다." 이것이 그의 신조였다. 순회 변호사를 하는 도중에 스스로를 휘그당원이라 생각하고 주의회 의원 선거에 입후보했다. 하지만 "블랙호크 전쟁"(1832)이 일어나 의원으로 뽑히기 전에 의용군 대위로 발령받았다. 어느 날 아침 일찍 싸움터에서 머리 가죽이 벗겨진 5구의 사체와 맞닥뜨렸다. "머리를 이쪽으로 향한 채 땅에 가로누워 있었다. 모두 머리 꼭대기에 1달러 주화 크기의 둥그런 붉은 흔적이 있었다. 인디언이 가죽을 벗겨낸 흔적이었다. 끔찍스러운 광경이었다. 한편으로는 기괴하기조차 했다. 붉은 아침 해가 사방을 물들이는 듯했다." 그래도 그는 마음속으로 증오심을 품지 않았다. 실제로 살해되려는 인디언을 구해준 적이 있었다. 그리고 인디언을 처음으로 "아메리카 원주민(Native Americans)"이라고 불렀다. 당시 이 말은 최초의 미국인인 앵글로색슨계 미국인을 가리켰다. 링컨은 독일에서 온 이민자들에게 항의하며, 자신들만이 "아메리카 원주민"이라고 부르며 양보하지 않는 사람들에게 주의를 촉구했다. "누가 [진정한] 아메리카 원주민일까? 허리에 작은 담요를 걸치고 큰 도끼를 손에 든 사람들만이 그렇게 불려야 하지 않을까? 우리는 그들을 고향에서 내쫓았으며, 이번에는 불행하게도 우리 조상보다 늦게 온 사람들에게 심한 학대를 받고 있다."[25]

링컨은 정계로 나가는 첫 선거에서 떨어졌다. 불행은 계속 이어졌다. 상점을 경영하면서 우체국장을 겸했지만, 상점의 공동 경영자인 배리가 매상을 가로채서 도주해버렸기 때문에 1,100달러의 빚을 떠안았다. 그래서 워싱턴처럼 측량 일을 하면서 빚을 갚아나갔다. 그 뒤 일리노이 주의회 의원에 당선하여 25세부터 32세까지 8년 동안 의원으로 활동했다. 의회는 밴댈리아에서 열렸고, 83명의 의원들은 2개 방으로 나뉘었다. 회의에 한 번 참석할 때마다 3달러와 펜, 잉크, 종이가 지급되었다. 링컨의 첫 성명서 내용은 다음과 같았다. "나는 주정부의 짐을 나누어 짊어지는 모든 사람들과 주정부의 권리를 공유하는 데 찬성합니다. 따라서 세금을 내고 병역의무를 지는(당연히 여성은 제외한) 모든 백인에게 선거권을 인정하는 데 찬성합니다." 그는 휘그당 의원 그룹에 들어갔다. 모두 키가 6피트 이상이어서 "키다리 9인조"라는 별명을 얻었다. 또한 주도를 스프링필드로 이전하는 일을 직접 맡고 나섰으며, 그곳에다 변호사 사무실을 개업했다. 그리고 학대받는 미망인을 변호하는 소송에서 승소하여 유명해졌다. 변호사 동료 한 사람은 다음과 같이 말했다. "링컨은 일찍이 본 적이 없을 정도로 우직한 사내였다. 하고 싶은 말이 있지만 거의 하지 않고, 소심하고, 얼굴에는 어딘지 모르게 슬픈 기색이 떠도는 듯했다. 그렇지만 일단 말을 꺼내기 시작하면 확 변하여 명석한 두뇌를 유감없이 발휘했다. 우리는 재판 때 놀라움을 금치 못했다."[26]

링컨이 처음으로 사랑한 여성인 앤 러틀리지는 장티푸스로 죽었다. 링컨이 깊은 슬픔에 빠졌던 것은 확실했다. 그녀를 향한 애정을 잊지 못했기 때문에 다른 여성을 사랑한다는 것은 생각할 수 없었다.[27] 링컨이 아내로 맞아들인 여성 메리 도트를 사랑하지 않았던 것은 틀림없었다. 그녀는 독립전쟁 무렵부터 몇 명의 장관과 지사를 배출한 켄터키의 명문가 출신이었다. 사이가 안 좋았던 계모에게 쫓겨났는데, 대통령이 될 남자를 찾아내 결혼하겠다는 꿈을 결코 버리지 않았다. 매우 이해하기 힘든 일이지만, 그녀는 일리노이 주의회의 젊은 의원 스티븐 더글러스의 청혼을 거절하고 링컨에게 갔다. 아마 링컨에게서 백악관에 어울리는 자질을 발견했을 것이다. 친구에게 이렇게 말했다고 한다. "링컨 씨는 언젠가는 미국 대통령이 될 사람이야. 그렇게 생각하지 않았다면 그런 사람과 결혼은 꿈도 꾸지 않았을 테지. 알다시피 그는 멋지다고는 할 수 없잖아." 링컨은 결혼을 승낙했다. 그렇지만 심리적인 것이 확실한 병 때문에 결혼식을 취소했다. 이것이 원인이 되어 주 회계감사관 실즈와 군도로 결투를 벌이게 되었지만 링컨이 높은 나뭇가지를 칼로 싹둑 자르자 상대가 겁에 질려 결투는 취소되었다. 결국 링컨은 메리와 화해하고 결혼했다. 당시 링컨은 33세, 메리는 24세였다. 변호사 사무실의 공동 경영자 윌리엄 H. 헌던은 "그는 자신이 그녀를 사랑하지 않는 사실을 알았지만, 결혼하자고 약속한 체면이 있었다"라고 말했다.

성격이 전혀 다른 남녀의 행복하다고 할 수 없는 결혼생활이었는데, 남편의 장기인 조크를 아내가 전혀 이해하지 못한 것도 그중 한 원인이었다. 링컨은 툭하면 말했다. "내 아내는 빨리 가라고 하면 오히려 늦어버려." 또한 링컨은 깔끔하지 못하고 외양을 가꾸는 데 서툴렀던 반면, 메리는 청결한 것을 좋아해 청소와 정돈하는 데 신경을 썼다. 그녀는 건방진 백인 하인과 거세게 말다툼을 벌였고, 예전의 "상냥한 흑인들" 쪽이 더 나았다며 들으라는 듯이 탄식했다. "한 가지 사실만은 확실해요. 링컨 씨가 죽어서 그의 영혼이 나를 찾더라도 노예주 이외의 곳에서는 절대로 발견하지 못할 거예요." 메리는 남편의 사업 동료, 가족, 심지어는 사무실까지 싫어했다. 헌던의 말에 따르면 "링컨은 체계나 질서 따위에는 관심이 없었다. 사무원도 두지 않았다. 자료실은 물론 목록이나 경리 장부도 없었다. 메모한 종이는 서랍 속에 던져 넣거나 조끼 주머니에 쑤셔 넣거나 그렇지 않으면 모자 안에 끼웠다. 하지만 내면으로는 균형감각과 체계가 꽉 잡혀 있었다.

그에게는 잘 정돈된 사무실이 필요 없었다. 펜이나 잉크조차 없어도 아무 상관이 없었다. 그의 머릿속이 바로 사무실이었기 때문이다."

링컨 부부는 아들 4명을 두었다. 링컨 숭배자들은 메리의 결점을 보여주는 신랄한 비판 재료들을 손쉽게 찾아내, 그의 인생이나 경력에서 메리가 맡은 역할을 깎아내리곤 했다. 하지만 그녀가 없었더라면 링컨은 아마 대통령 자리에 결코 오르지 못했을 것이다. 그가 연방의회에 입성하기까지는 4년의 세월이 걸렸는데(33~37세), 만약 그녀의 끊임없는 격려가 없었더라면 도중에 꿈을 포기했을 것이다. 링컨은 남편으로서 아내에게 최선을 다해 정중하게 처신했다. 감동 어린 표정의 그녀 사진이 남아 있다. 1861년에 찍은 사진인데, 취임식을 위해 진주를 몸에 걸친 모습이다. 링컨이 그녀에게 선물한 것으로 브로드웨이 550번지에 있는 티퍼니 보석점에서 530달러를 주고 구입했다. 작은 진주알로 연결된 목걸이와 그것과 짝을 맞춘 팔찌 2개가 한 세트였다. 현재 의회 도서관에 보관되어 있다.[28]

노예제도와 링컨

링컨은 1847년 압도적인 승리로 연방의회 의원석을 차지하는 데 성공했다. 휘그당에서 경비 용도로 200달러를 보조받았으나 사과주 1통만 사고 나머지 199달러 25센트는 당에 돌려줬다. 링컨은 자신의 말을 타고 워싱턴에 가서 친구들 집에서 묵었다. 의원직은 단 1기만 채웠다. 멕시코 전쟁에 반대한 탓이었다. 그의 기억에 남은 것이라고는 의사당 바로 옆 창가를 통해 내려다보이는 곳에서 "흑인들을 위한 헛간 같은 게 있어서 많은 흑인들이 팔려나가고, 때로는 남부 시장에 보내지는 날까지 그곳에서 잠시 머물고 있으나 흡사 말처럼 취급받는" 모습뿐이었다. 링컨은 마음이 넓고 관대했으며 가능하다면 방임하는 쪽을 택했다. 하지만 연방의회 눈앞에서 이처럼 공공연하게 자유를 모독하는 행위를 "용납할 수 없는 범죄"라고 느꼈다. 링컨이 발의한 첫 법안은 "컬럼비아 지구 노예제도 폐지안"으로 주민투표로 통과되었다(결과는 앞서 살폈듯이 1850년의 타협안 일부에 반영되었다). 임기가 끝나자 그는 만족하며 변호사직에 복귀했다.[29]

하지만 노예제도 문제를 생각하면 가만히 있을 수만은 없었다. 오히려 정치를 더 가까이해야겠다는 결심을 굳히게 했다. 그런 결심은 메리 링컨의 격려보다 더 강했다. 그의 메모에 그런 심경이 밝혀져 있었다.

> 만일 A가 B를 노예로 삼을 권리가 있다고 확실하게 증명할 수 있다면, 그때 똑같은 논리로 왜 B도 자기가 A를 노예로 삼을 수 있는지를 증명해서는 안 되는가? A는 백인이고 B는 흑인이기 때문이라고 한다면, 즉 피부색이 문제가 된다면, 피부가 더 흰 쪽이 더 검은 쪽을 노예로 삼을 권리를 가지는가? 그 기준을 따른다면 처음 만난 사람이 자기보다 피부가 더 희다면 그 사람의 노예가 되어야만 한다. 정확하게 말하면 피부색 문제가 아니라는 뜻인가? 백인이 흑인보다 지적으로 뛰어나기 때문에 흑인을 노예로 삼을 권리가 있다는 뜻인가? 다시 이 논리에 따르자면, 처음 만난 사람이 자기보다 머리가 좋다면 당신은 그 사람의 노예가 되어야만 할 것이다.[30]

허던은 "이런 그의 논리가 그의 모든 위대한 자질을 지배했다"라고 말했다. 마음속으로 이런저런 일을 숙고하며 생각에 잠긴 링컨을 묘사한 기억할 만한 기록들이 많이 남아 있다.

링컨은 집에서, 잘 눈에 띄지 않는 장소에서 흔히 생각에 잠기곤 했다.

한번은 메리가 말했다. "집에서는 아무런 도움이 되지 않아요. 오로지 하는 일이라곤 따뜻한 곳에 앉아 책 읽는 것뿐이랍니다. 시장에 물건 사러 한 번도 가본 적이 없어요. 그런 일은 모두 내가 쫓아다니며 해결합니다. 그는 아무튼 어떤 일도 하지 않아요." 그는 자기 식으로 이렇게 응수했다. "신(God)에게는 'd'가 하나면 충분하지만, 토드(Todd) 집안에는 'd'가 두 개나 필요하다네." 링컨은 메리의 분노를 사서 집에서 쫓겨난 적도 몇 번인가 있었다. 그녀가 불같이 화를 내는 장면을 적어도 6명이 직접 목격했는데, 그 가운데는 "대빗자루를 휘두르며 남편을 내쫓았다"라는 증언도 있었다. 바로 그때 그는 배가 고팠지만 어느 누구 한 사람 선뜻 나서서 식사를 차려줄 수 없었다. 심지어는 그의 부모님조차. 그는 썼다. "언쟁은 절대 하지 말라. 자신이 지닌 모든 것을 최대한 발휘하려고 결심한 사람에게는 개인적인 싸움에 휘말릴 여유가 없다. …… 똑같은 권리를 주장할 수 있을 뿐이라면 더 큰 쪽에 양보하라. 그리고 비록 자기 것이 확실하더라도 더 작은 쪽에 양보하라." 메리는 남편 다루기가 힘들었으나 동시에 그의 고결함도 받아들였다. "보통 때는 부드럽지만 일단 어떤 방향이 정해지면 좀체 양보하는 법이 없었어요. 그가 무엇을 결심하면 언제 그 최후통첩의 순간이 올지 나는 알 수 있었어요. 처음에는 매우 즐거워하다가 곧 생각에 잠기고는 입술을 굳게 다물어요. 이런 변화에 맞춰서 나도 마음의 준비를 한답니다. 다른 사람들도 늦건 빠르건 간에 그걸 눈치 채고 나와 마찬가지로 준비했어요."[31]

메리의 말에서도 알 수 있듯이 지적인 판단으로 도덕 문제와 맞설 때 그가 발휘한 의지력은 대단히 확고했다. 단순한 야심이 아니라 절대적인 의무감이 그렇게 만들었다. 그가 정치 세계로 돌아가지 않을 수 없었던 것은, 그가 노예제도에 반대하는 활동가였기 때문이 아니라, 1850년대 후반에 미국 정치가 다른 문제는 거의 다 제외하고 온통 노예제도 문제에만 매달렸기 때문이었다. 노예제도 문제가 매번 현안으로 떠올랐고, 그러자 링컨은 그것을 여러모로 생각하게 되었으며, 미국이라는 나라가 그 죄악으로 물들고 있으며 그 결과 일찍이 겪어보지 못한 정치적 위기에 직면했다고 더욱 확신하게 되었다. 이러한 위기를 맞아 자기 능력에 자신 있는 미국인이라면 합중국을 수호하기 위해서는 그 능력을 바쳐야만 한다는 의무감에서 벗어날 수 없었다. 링컨 역시 그러한 위대한 능력을 스스로 깨달은 한 사람이었다.

링컨은 노예 문제를 종교적인 관점에서 접근하지 않았다. 다시 말해 노예제도 폐지를 외치는 북부 프로테스탄트 활동가들이 지적하는 것처럼 "합중국의 구조적인 죄"로 보지 않았다. 링컨이 일반적인 의미에서 신앙심을 가지지 않았다는 사실은 가까운 사람들이 인정했다. 예를 들면 메리는 "남편은 흔히 사용하는 의미에서 신앙이나 희망과는 인연이 멀었어요. 교회에는 전혀 가지 않았지요. 그렇지만 태어날 때부터 종교적인 인간이라는 점만은 확실하게 말할 수 있어요. 그에게는 천성적으로 시인의 자질이 있어요"라고 말했다. 헌던도 링컨이 인격을 지닌 신의 존재를 부정했다는 것을 인정했다. 그가 신이라는 말을 사용할 때는 섭리를 의미했다. 즉 그가 믿었던 것은 숙명이나 필연성이었다.[32] 뒤에서 살펴보겠지만, 링컨은 점차 신의 존재를 믿기 시작했다. 하지만 1850년대에는 주로 인도적 입장에서 인간 본연의 존엄을 훼손한다는 이유로 노예제도를 반대했다. 이것은 노예 소유자뿐 아니라 배타성 강한 종교 관계자가 저지른 행위였다. 젊은 시절 독서 경험을 통해 그는 합중국에 대해 커다란 희망을 품었다. 하지만 지금은 두려움이 앞섰다. "우리는 매우 빠른 속도로 타락하고 있다. 건국 당시에 우리는 '모든 인간은 평등하게 창조되었다'라고 선언했는데,

지금에 이르러서는 실질적으로 '흑인을 제외한 모든 사람들은 평등하게 창조되었다'라고 읽는다. 나아가 노나싱당이 주도권을 장악하면 '흑인, 외국인, 가톨릭교도를 제외한 모든 사람들은 평등하게 창조되었다'라고 읽을 것이다. 그런 날이 오면 나는 어딘가 외국으로 떠나고 싶다. 어느 누구도 자유를 사랑하는 척하지 않는 그런 나라로 말이다. 예를 들자면 러시아 같은 나라도 좋다. 그곳은 당당하게 독재체제를 선언한 나라이고 위선이라는 불순한 화합물은 일절 없을 테니까."[33]

미국이 처한 상황은 링컨의 마음을 더욱 고통스럽게 만들었다. 그는 헌던에게 이런 말을 했다. "만약 그 나라를 위해 아무것도 하지 않았다면 그 나라를 뒤에 남겨두고 죽는 것은 얼마나 힘들겠는가? 세상은 지금 희망을 접고 자신의 생사를 건 투쟁에 귀도 기울이지 않고 있네. 그렇지만 세상은 분명 무엇인가 해달라고 외치고 있네. 무엇을 해야 할까? 누가 할 수 있을까? 그리고 수단과 방법은? 그대는 이런 것을 생각해본 적 있는가?"[34] 도덕관념이 급격하게 무뎌지고 있는 현실에 제동을 걸어야겠다는 생각이 들수록 노예제도 문제, 그리고 더 나아가서는 노예제도를 강화하고 확장하려는 남부의 결의가 점점 더 크게 다가왔다. 링컨은 흉금을 터놓고 의논할 수 있는 친구이자 잡화상 주인인 조슈아 F. 스피드에게 중요한 편지 한 통을 썼다. 그 편지에서 노예제도는 남부만의 문제로 북부인은 "아무런 관심도 보이지 않는다"라는 견해를 반박했다. 북부의 많은 지역에서(예를 들면 오하이오에서) "사슬에 묶인 노예들이 절망의 땅으로 끌려가는 모습을 싫어도 보지 않을 수 없어서 가슴이 아팠다네. 이처럼 나를 참담하게 만드는 힘을 지닌 채 그 힘으로 끊임없이 나를 괴롭히는 것에 대해 내가 아무런 관심이 없다고 생각한다면 그건 큰 오산이네."

링컨은 노예뿐 아니라 그 소유주에게도 많은 관심을 가졌다-노예제도는 거기서 이익을 얻는 사람들을 도덕적으로 파멸시킨다고 우려했다. 따라서 링컨이 보았듯이 제도 자체를 폐지하는 것 이상으로 중요하게 생각한 점은 노예 소유를 금지하는 것이었다. 그는 한 켄터키인의 말을 인용했다. "만약 당신이 토지나 지갑 속의 현찰, 또는 저금을 갖고 있다고 치자. 그리고 어디를 가든 아무도 그 사실을 모를 것이다. 하지만 만약 흑인을 뒤따르게 하고 걷는다면 누구나 눈길을 멈추며 당신이 노예 소유주라는 것을 안다. 노예는 이 세상에서 가장 눈에 잘 띄는 재산이다. 결혼 상대를 찾는 젊은이들이 가장 관심을 두는 것은 노예가 몇 명이나 있는가뿐이다. 노예를 거느린다는 것은 재산가라는 증거일 뿐 아니라 소유주가 노동과 인연이 없는 신분으로 노동을 경시하는 입장에 있다는 사실, 즉 여가를 즐길 수 있는 신사라는 점을 보여준다."[35] 신사처럼 점잔을 빼는 노예 소유주가 그들을 뒤따르는 불쌍한 노예들에 의해 부패하고 파멸해가는 모습이 링컨의 머릿속에 어른거렸다. 그리고 자초한 도덕적 타락 속으로 빠져든 남부에 눈물을 흘렸다.

　링컨이 정치계에 복귀하여 새로운 공화당의 창당을 돕고 노예제도 확장을 저지하려고 했던 것은 노예제도가 그를 괴롭혔고 그리고 이 제도가 남부뿐이 아니라 나라 전체를 파멸로 이끈다고 생각했기 때문이었다. 오늘날 역사를 돌이켜보면, 노예제도는 처음부터 사라질 운명이었으며, 옛 남부 체제가 붕괴한 것은 필연적인 결과였다는 생각이 든다. 하지만 링컨과 같은 시대를 살았던 사람들에게 남부는 정책이나 법률을 둘러싼 모든 싸움에서 승리를 거둔 것처럼 보였다. 민주당의 결속이 유지되는 한 합중국을 배후에서 조종할 남부 세력은 확고했으며, 표면적으로도 실권이 매우 컸다. 자유토지당이나 휘그당, 거기에 지방에서 활약 중인 사람들이 모여서 공화당이 창당된 것은, 1828년부터 합중국 정치 활동의 구심점 노릇을 해오던 남부 중심의 민주당에 내민 도전장이었다. 링컨은 1855년의 상원 선거에서 낙선했고 1856년에는 (앞서 살펴봤듯이) 뷰캐넌이 대통령 자리에 올랐다. 하지만 그 무렵에 이미 공화당이 잠재적으로 충분한 정치력을 갖춘 정당으로 발전한 것은 확실했으며, 링컨이 당 발전에 기여한 점 또한 의심의 여지가 없었다. 1856년 5월 29일 블루밍턴에서 일리노이 주 공화당이 공식 창당식을 거행했다. 개회사 낭독을 의뢰받은 링컨은 훌륭한 연설로 기대에 보답했다. 그의 생애에서 최고의 명연설이라는 소리를 들었다. 많은 기자들이 넋이 빠져서 기록하는 것마저 잊어버릴 정도였다. 언제나 기록을 받아 적던 헌던조차 15분 뒤에는 "펜도 노트도 죄다 던져버리고 그 순간의 감동적인 분위기에 휩싸였다."[36]

링컨은 노예제도가 흑인들에게 좋은 것이라는 남부의 논리는 그것이 백인들에게도 좋은 것이라는 논리로 확장될 것이라고 호소했다. 덧붙여서 남부의 집요한 주장에 굴복하여 북부인 가운데도 더글러스처럼 "인간 고유의 권리"라는 북부의 주장을 포기하는 사람까지 생겼다고 경고했다— "우리나라 민주주의의 발전은 그런 수준입니다." 그러므로 노예제도의 확장을 반대하는 사람들 모두가 당리당략을 떠나서 서로 단합하는 것이 무엇보다 중요하다고 역설했다. "나는 노예제도 지지자를 상대로 싸우는 사람들과 언제든 손잡을 것입니다." 만약 북부가 한데 뭉쳐 반대 운동을 벌일 경우 남부가 "분리 독립이라는 위협"을 가해와도, "통일은 그 원리의 순수함과 영토의 온전함이라는 측면에서 반드시 유지되어야만 합니다"라고 단호하게 말했다. 링컨은 일찍이 사우스캐롤라이나의 무효 선언에 대한 대니얼 웹스터의 답변을 발전시켜서 새로운 공화당의 슬로건으로 삼았다. "자유와 통일은 바로 지금이나 앞으로나 영원하며 서로가 하나이며 분리될 수 없습니다."[37] 그 광경을 지켜봤던 한 사람은 "그 순간 우리는 그가 여태까지 만났던 어느 누구보다 잘생겨 보였다"라고 말했다. 헌던은 당시 일을 다음과 같이 말했다. "불 뿜는 그의 연설은 열정과 박력으로 넘쳐났다. 논리, 감동, 열정 그 자체였다. 연설은 정의, 평등, 진리, 진실이었으며, 부정을 증오하는 영혼의 성스러운 불길로 타올랐다. 격렬하고, 진중하고, 맺고 끊음이 분명하고, 통쾌하고, 분노에 휩싸여 있었다.[38]

더글러스와 링컨의 토론 대결

링컨이 이제 막 창당한 공화당의 선두 주자가 되는 것은 이제 시간 문제였다. 그 호기가 1858년 일리노이 주 상원의원 선거 때 찾아왔다. 그는 "작은 거인" 더글러스와 결전을 벌이게 되었다. 6월 16일 링컨은 공화당 상원의원 후보 지명을 수락하고 스프링필드 주의회에서 자신의 정책을 강력하게 호소했다. 블루밍턴 연설과 견줄 명연설로 노예제도를 둘러싼 복잡하게 얽힌 정치 문제에 링컨이 어떻게 대처하려 했는지를 핵심적으로 보여줬다. 노예제도 확장의 권리를 주장하는 남부와 노예제도 폐지를 호소하며 반대하는 북부의 대립을 종식시키기 위한 모든 시도가 실패로 끝났으며, 이 나라가 위기를 향해 다가가는 것은 피할 수 없다고 링컨은 주장했다.

스스로 분열된 집안은 설 수가 없습니다. 이 정부가 절반은 노예주, 절반은 자유주로 영구히 지속될 수는 없다고 믿습니다. 나는 연방이 해체하거나 집이 무너지리라고 보지 않지만, 이런 분열 상태는 끝날 것이라고 기대합니다. 모두가 하나가 되던가 아니면 그 반대가 될 것입니다. 즉 노예제도 반대자들이 노예제도의 확장을 저지하여 사람들이 그것이 궁극적으로 소멸의 길을 걸을 것이라고 믿고 안도하거나, 아니면 노예제도 지지자들이 더욱 밀어붙여서 오래된 지역이나 새로운 지역, 남과 북을 막론하고 모든 주에서 이것을 합법화하거나 그 어느 한쪽으로 정해질 것입니다.

이 연설이 중요한 점은, 드레드 스콧 사건 판결이나 캔자스-네브래스카 법으로 대표되는 법적·헌법적 위협을 대가다운 솜씨로 요약한 데 있었다. 링컨은 주 내부의 강력한 라이벌인 더글러스에게 이 두 가지 문제에 관해 어떤 입장을 보일지를 확고하게 밝히라고 촉구했다. 링컨은 이때의 연설에 대해 다음과 같이 말했다. "만약 펜을 들어 나의 인생 기록을 모두 지워 버려야 한다면, 그리고 그때 단 하나의 은혜가 주어져서 무엇인가를 선택해 소멸에서 구하는 것이 허락된다면, 나는 이 연설을 선택해 지우지 않고 이 세상에 남겨두기를 원할 것이다."[39]

링컨이 더글러스를 표적으로 삼은 것은 옳았다. 더글러스는 도저히 불가능한 타협을 성사시킨 인물이었다. 그 끔찍한 문제를 더 이상 회피하려다가는 남부의 손아귀에 놀아나 나라를 넘겨줘야 할 상황에서 이루어낸 타협이었다. 더글러스를 공화당에 입당시키면 어떻겠느냐는 호러스 그릴리의 제안에 링컨은 단호하게 반대했다. 그는 더글러스를 오로지 출세만을 위해 움직이는 지조 없는 인물로밖에 보지 않았다. 결국 남과 북이 모두 링컨의 견해를 받아들였다. 하지만 1858년 당시에는 더글러스가 나이가 좀 더 젊으면서 훨씬 무게감 있는 정치가였다. 키는 겨우 5피트에 불과했으나 근육질에 다부진 체구의 소유자였다. 의사 가문에서 태어났으나 경험은 다채로웠다. 10대 무렵에 육체노동에 종사하고, 20세에 교사, 21세에 변호사가 되고, 그 뒤 주의회 의원, 일리노이 주 장관, 주 대법원 판사를 거쳐 연방의회에 입성하고 40세가 되기 전에 상원에 들어갔다. 유럽 여행에서는 러시아 황제와 영국 여왕을 알현하기도 했다. 결혼은 두 차례 했는데, 두 아내 모두 부유한 상속자여서 그는 돈 걱정에서 벗어났다. 어디를 가든 귀족처럼 차려입고, 언제나 특별열차나 특별마차를 이용했다. 열차 뒤에는 야포를 실은 화차를 연결해 연설할 장소에 도착하면 축포를 쏘게 했다. 사람들과 약속으로 만날 때도 말 6필이 끄는 마차를 몰고 갔으며 32명의 경호원들을 앞세웠다.

이런 명사였으므로 더글러스는 세련되지 못한 링컨을 깔봤다. 하지만 링컨도 마음만 먹으면 교활해질 수 있었다. 링컨은 보수적인 「스프링필드 저널」지에 손을 써서 편집부에 남부의 노예제도를 옹호하는 기사를 신도록 종용했다. 이것이 일리노이의 청렴한 독자들 사이에서 불평을 사는 바람에 신문은 폐간되기에 이르렀다. 링컨은 또한 "스스로 분열된 집안" 전략을 되도록 많은 사람들에게 널리 알려야겠다고 생각하고, 더글러스를 도발해 대중 앞에서 일련의 토론 대결을 벌이도록 유도했다. 이 토론에서 링컨은 얻은 것은 많았고 잃은 것은 거의 없었다.

링컨과 더글러스는 상원 의석을 놓고 1858년 8월부터 10월까지 모두 일곱 차례의 토론회를 벌였다. 두 사람이 가는 곳은 앞뒤로 사람들이 몰려들어 꼬리를 물었고 매회 1만 명 이상의 청중이 운집했다. 토론을 듣기 위해 온 가족이 30마일이나 떨어진 먼 곳에서 온 경우도 있었다. 두 사람 모두 뛰어난 변론가였으나 분위기는 사뭇 대조적이었다. 더글러스는 옷차림에 세심하게 신경을 쓰고 열정이 철철 넘쳤다. 그에 비해 링컨은 몸짓이나 말이 어색하고 서툴렀다. 그런데 별안간 아무런 낌새도 없이 한순간에 마치 신처럼 돌변하여 위엄에 가득 찬 열변을 토하기 시작했다. 상원 의석을 차지한 쪽은 더글러스였다. 하지만 결국에는 이 토론이 더글러스의 앞

길을 막고, 반대로 링컨을 국민적인 영웅으로 부각시켰다. 또한 이 연설은 국운이 걸린 모든 현안들을 북부인에게 인식시키는 절호의 기회였다. 따라서 역사적인 중요성을 놓고 볼 때, 클레이와 웹스터와 칼훈이 벌인 1850년의 토론을 훨씬 능가했다.[40]

더글러스의 강점은 링컨이 추구하는 길이 일찍이 없었던 대규모 지역 갈등을 초래해 내전으로 발전할 수밖에 없다고 경고한 점이었다. 반대로 약점은 노예제도에 관해 어떤 입장을 가졌는지 명확하게 보여주지 못하고 토론 중에 모든 사람의 비위를 다 맞추려 하는 것처럼 보이고 말았다는 점이었다. 그는 다음과 같이 말했다. "표심이 노예제도를 반대하거나 찬성하거나 어느 쪽으로 흘러가건 나와는 관계가 없다. 그런 것은 금전 문제에 지나지 않는다. 전지전능하신 신이 몸소 이 대륙에 선을 긋고 한쪽은 노예가 농사를 짓게 하고 또 다른 한쪽은 자유롭게 일하도록 정해주셨다." 북부인은 이것을 편리하거나 불가피한 사실로 받아들일 수도 있었다-실제로는 언제나 받아들였다. 하지만 그것을 직접 언급하는 것 자체를 그들은 원하지 않았다. 그런 발언을 입에 올리면 도덕적으로 무관심하다거나 아니면 심지어 비도덕적이라는 소리를 들었다. 그리고 예전이나 지금이나 미국인은 대체로 도덕적인 것을 좋아했다. 더글러스의 실언은 또 있었다. "백인과 흑인이 서로 싸운다면 나는 백인을 응원할 것이다. 흑인과 악어가 싸운다면 흑인을 응원할 것이다." 이것 역시 링컨에게는 호재였다. 이 발언은 술자리에서는 재미있는 소재이나 공개 토론회에서는 적절하지 않았다. 링컨이 이 토론, 노예제도를 둘러싼 모든 논쟁이 최고의 도덕 수준에서 이루어져야 한다고 본 것은 옳았다. 오직 그럴 경우에만 자신이 내세우는 "자유와 통일"이 무엇으로도 깨뜨리지 못하는 주장이 될 수 있었기 때문이었다.

링컨은 남부조차 심정적으로는 노예제도가 죄악이라는 사실을 잘 알고 있다고 거듭 주장했다. 그는 반세기 전 합중국이 아프리카에서 노예를 수입한 것은 중대 범죄라고 지적했다. 이 사실은 노예제도를 지키려고 남부가 아무리 필사적으로 노력했더라도 오랜 기간에 걸쳐 남부인의 마음속에 꿈틀거리며 자리 잡았다. 그 때문에 노예 상인은 남부에서조차 혐오의 대상이었다. 노예 소유주는 자신의 자녀가 노예 자녀와 어울려 노는 광경을 즐겁게 지켜봤으나, 노예 상인의 자녀와는 절대 함께 놀지 못하도록 했다. 남부인들은 또한 노예 매매뿐 아니라 노예제도 자체도 나쁘다는 사실을 잘 알고 있었다. 노예를 해방하는 데 무슨 다른 이유가 있을까? "왜 그처럼 많은 노예들이 자유의 몸이 되었을까? 그것은 소유주의 양심이 작용했기 때문이다." 드레드 스콧 사건은 이러한 기류에서 크게 벗어난 것이었다. 하지만 이 또한 곧 다음 대통령 선거를 통해 올바른 방향으로 되돌아갈 터였다. "모든 사람을 얼마 동안은 바보로 만들 수는 있다. 그리고 몇 사람을 언제나 바보로 만들 수는 있다. 하지만 모든 사람을 영원히 바보로 만들 수는 없다."[41]

링컨의 목적은 일리노이의 유권자, 더 나아가서는 모든 미국인에게 자신의 이름과 주장을 알리는 데만 그치지 않았다. 또 다른 목적은 남북 양쪽에서 지지를 얻으려고 획책하는 인물의 주장이 본질적으로 실체가 없는 환상에 지나지 않는다는 사실을 폭로하는 데 있었다. 그는 이 두 가지 점을 보기 좋게 성공시켰다. 더글러스에게 급소를 찌르는 질문을 던졌다. "합중국 준주의 사람들은, 합중국 시민의 바람과 달리, 주 헌법이 제정되기 이전에 그 준주에서 노예제도를 어떤 합법적인 방법으로 배제할 수 있는가? 만약 더글러스가 할 수 있다고 대답한다면, 일리노이에서는 승자가 되겠지만 남부에서는 패자가 될 것이다. 만약 그가 할 수 없다고 대답한다면, 남부에서는 승자가 되겠지만 일리노이에서는 패자가 될 것이다." 더글러스의 대답은 이랬다. "합중국 헌법 아래에서 노예제도를 준주에 적용할수 있느냐 없느냐 같은 추상적인 질문에 대해 앞으로 연방 대법원이 어떤결론을 내릴지는 중요하지 않다. 준주의 사람들에게는 노예제도를 도입할 것인지, 배제할 것인지 자신들의 희망대로 선택할 수 있는 적법한 수단이 있다. 노예제도는 지방 경찰 당국의 규정 없이는 하루도 아니 한 시간도 존재할 수 없다." 이런 답변에 따라 더글러스는 일리노이의 대표가 되었다. 하지만 남부의 지지는 얻지 못하고 2년 뒤 대통령 선거에서 패배했다.[42] 링컨은 평소 너그럽고 정이 많았으나 더글러스에게만은 그렇지 않았으며 그의 장래를 망친 것에 대해 조금도 후회하지 않았다. 그는 더글러스이상으로 남부 지도자들을 염두에 두지 않으면 안 되었다. "그에게는 추종자들이 몇 천 몇 만 명이나 있다. 그런 맹목적인 사람들을 살피는 것이 나의 임무이다."

더글러스와 벌인 일련의 토론에서 링컨은 자신에게 필요했던 지지를 확보할 수 있었다. 그는 클레이를 여러 차례 인용했는데, 어떤 의미에서는 클레이의 유산을 물려받았다고 할 수 있었다. 이런 시가 나돌았다. "제왕의 별이 서쪽으로 흐르네-소녀들은 링컨 곁으로 모이네. 그녀들의 어머니들이 클레이 곁으로 모였듯이." 이런 소리도 들었다. "당신은 바이런과 같은 사람이다. 아침에 일어나보니 어느새 유명인이 되어 있었다." 1859년 링컨은 자신이 대통령이 되어야만 하고, 대통령이 되기를 원하며, 대통령이 될 것이라는 사실을 알았다. 1859년 12월 20일에 쓴 선거용 자기소개는 간결하고(800단어) 평범하고 자신을 낮추었으나, 자기 자신과 자신의 목적에 대해 뚜렷한 자신감을 강하게 풍겼다. 그는 대통령이 되고자 하는 이유를 두 문장으로 짧게 요약했다. "정치에 대한 관심을 잃었을 때 미주리 타협이 철회되어 다시 나를 일으켜 세웠다. 그때부터 내가 해온 일은 알려진 대로이다."[43]

처음에는 공화당 후보로서 윌리엄 헨리 수어드(1801~1872)와 새먼 포틀랜드 체이스(1808~1873)가 링컨보다 유력해 보였다. 수어드는 뉴욕 주지사를 거쳐 상원의원이 된 인물로 노예제도 반대 운동의 지도자로 인정받았다. 그 자신의 말에 따르면 "헌법보다 더 고귀한 법에 의해 인도되었다"라고 밝혔다. 체이스는 오하이오 주 상원의원과 주지사를 지내고 자유토지당과 민주당에 몸담았으나 공화당 창당 무렵에는 당 최초의 강령을 마련했다.[44] 이 두 사람은 모두 충분한 자격을 갖췄으나 링컨은 뉴욕에서 큰 지지를 얻어냈다. 더욱이 디케이터 시에서 열린 공화당 전당대회에서 사촌 존 행크스가 2개의 울타리 가로대를 들고 나타나 예기치 않은 선전 효과를 톡톡히 봤다. 링컨이 30년 전에 만든 3,000개의 울타리 가로대 가운데 2개로, 그것을 보이면서 링컨의 소년 시절 이야기나 개척민이던 아버지 이야기를 들려주며(후자는 거의 꾸며낸 이야기이다), 울타리 가로대 만들기를 나라 만들기에 비유했다. 이것은 링컨에게 많은 도움을 주었다. 그리고 얼마 뒤 시카고 공화당 전당대회에서 대통령 후보에 지명되었다는 소식을 담은 전보가 스프링필드의 링컨에게 배달되었다. 그가 꺼낸 첫말은 "아래에서 자그마한 부인이 이 소식을 기다리고 있습니다"였다. 지명 수락 연설 원고를 써서는 시 교육감에게 문법이 틀린 곳이 있으면 바로잡아달라고 부탁했다.[45]

민주당계 신문은 링컨을 "삼류 변호사" "무효"라고 일축했다. 또한 "조잡하고 서툰 조크를 만들어내기를 즐기는 사람"이라든가 "올바른 문법으로 말할 줄 모르는 사람", 심지어는 "고릴라"라는 표현까지 동원했다. 링컨의 강연, 연설, 또는 편지조차 세상에 공포되기 전에 교열 작업을 거쳐 손질되었다는 점을 기억해야만 한다. 남부인이나 민주당원만이 링컨이 너무나 거칠어서 대통령이 되기에 적당하지 않다고 느낀 것은 아니었다. 하지만 노예제도를 반대한 시인이자 철학자로서 공화당 창당에 기여한 윌리엄 컬런 브라이언트(1794~1878)는 링컨을 "가난한 선원, 그 사람이야말로 우리나라의 진정한 지도자"라고 칭송했다.

링컨은 더글러스와 벌인 토론을 한 권의 소책자로 만들어 자신의 생각을 알고 싶어 하는 사람들에게 배포했다. 이것은 큰 성과를 거두었다. 남부는 링컨이 당선하면 합중국을 탈퇴하겠다고 위협했지만, 이미 1860년 2월 27일 뉴욕 시 쿠퍼유니언 대학교에서 가진 강연을 통해 이 위협에 정면으로 맞섰다. "공화당 출신 대통령 따위는 인정하지 않겠노라고 남부는 서슴없이 말합니다. 만약 당선한다면 나라를 무너뜨리겠으며, 국가 파괴라는 큰 죄는 우리에게 있다고까지 말합니다. 이 얼마나 뻔뻔한 태도입니까! 노상강도가 총을 내 귀에 겨눈 채 '꼼짝 말고 가진 것을 다 내놔! 안 그러면 죽여버릴 테다. 그리고 네가 바로 살인범이다'라고 으르는 것과 똑같습니다."[46]

과거 30년간의 정치를 따져보면, 링컨이 패해야 마땅했다. 남부에 필요한 것은 북부와 유대관계를 유지하는 것, 일찍이 잭슨이 쌓아놓은 민주당원들의 연대 유지에 집중하는 것, 제2의 뷰캐넌이나 그런 성향의 후보자를 내는 것만으로 충분했다. 하지만 그것마저 점차 어려워지기 시작했다. 북부의 노예제도 반대자들이 정치적 열기를 고조시키자 남부가 거기에 대해 피해망상적인 대응을 보였기 때문이었다. 과격한 노예제도 폐지론이 1830년대부터 등장했다. 흑인을 서아프리카로 송환하는 시도가 실패했다고 판명된 무렵이었다. 1831년까지 라이베리아에 정착한 경우는 1,420명뿐으로 그 수 또한 해마다 감소하는 형편이었다. 1831년 1월 1일 윌리엄

로이드 개리슨(1805~1879)은 보스턴에서 「해방자」라는 신문을 창간했다. 창간호 1면에 다음과 같은 슬로건을 실었다. "나는 진심으로 말한다-나는 모호하게 말하지 않을 것이다. 나는 용서하지 않을 것이다. 그리고 한 발자국도 물러나지 않고 단호하게 맞설 것이다. 그리고 내 말에 귀 기울일 것이다." 개리슨은 오로지 도덕에 호소하겠다고 말하며 무력에 의한 해결을 비난했다. 하지만 그 가차 없는 공격의 일부는 온건한 폐지론자들에게까지 영향을 미쳤다. 그리하여 1854년 독립기념일에 "폭압과 결탁한 사람들을 모두 몰아내자"라는 구호를 붙인 헌법 사본을 불태우고 새로운 투쟁을 펼쳤다. 한편 두 뉴욕 상인 아서 태펀과 루이스 태펀에 의해 미국노예제도폐지협회가 조직되었다(1833). 이 협회 설립에 공헌한 시어도어 D. 웰드(1803~1895)는 매우 박식하고 유능한 노예제도 폐지 활동가였는데, 익명으로 발표한 소책자『미국 노예제도의 실상(American Slavery As It Is)』(1839)은『톰 아저씨의 오두막』에 영감을 주었다. 웰드는 흑인과 여성을 처음으로 받아들인 오벌린 컬리지를 설립했다. 또한 소유한 노예들을 해방하고 노예해방운동에 참가하기 위해 사우스캐롤라이나에서 북부로 옮겨온 그림케 자매 가운데 동생 앤절리나 그림케가 그의 아내였다.

1860년 대통령 선거

처음에 북부에는 노예제도 폐지 운동에 대해 꽤 많은 반대가 있었다. 북부인들 대부분은 흑인을 싫어했고 집단 폭행하는 경우도 자주 일어났다. 하지만 1830년대 말 노예제도 폐지는 도덕적으로 당연하다고 생각하는 젊은 세대가 사회 요직에 진출하면서 주위에 영향을 미치기 시작했다. 에머슨도 "사람들 속에서 전에는 없던 어떤 조짐"을 지적했다. 그는 다음과 같이 정의했다. "젊은 사람들은 나이프처럼 예리한 두뇌를 지니고 태어났다." 이것은 합중국에서 자유로운 인도주의의 시작이었다. 이 운동은 여러 가지 형태로 나타났는데, 집중 거론된 것은 역시 노예 문제였다. 말로만 펼치는 선전 활동을 대신해서 점차 다양한 형태의 직접 행동이 자리를 잡기 시작했다. 지하 활동도 성행하여 탈주한 노예가 경계를 넘어서 자유주로 피신하는 것을 돕고 보호했다. 1849년 탈주한 메릴랜드의 노예 해리엇 터브먼(1821~1913), 퀘이커교도 레비 코핀(1789~1877), 과격한 노예제도 폐지 운동가 존 브라운 같은 "안내원"이라고 불린 사람들이 실행을 담당했다.

안내원은 모두 1,000명 정도 헤아렸다. 그들이 거둔 성과는 숫자로는 별로 의미가 없었으나–이 활동을 점점 위태롭게 만든 1850년의 탈주노예법이 성립한 뒤부터 성공한 사례는 연간 1,000건이 안 되었다–남부의 사기에 끼친 영향은 말할 수 없을 정도로 컸다. 더군다나 남부의 노예 사냥꾼들에 대한 평판은 극도로 나빴다. 달아난 노예를 집요하게 뒤쫓아 북부까지 들어와서 다른 흑인들을 사로잡는 일도 자주 일어났는데 그런 경우에 특히 비판의 대상이 되곤 했다. 1843년 보스턴에서 노예제도 폐지론자들에 의한 첫 폭동이 일어났다. 탈주 중에 잡힌 노예를 힘으로 다시 풀어주기 위해서였다. 휘티어는 사람들의 감정을 대변하며 소리 높여 읊었다.

우리의 경계주에 노예 사냥꾼은 없다–우리의 바다에 해적은 없다!
해안주에 족쇄는 없다–우리의 나라에 노예는 없다!

더군다나 1850년대에 북부의 각 주의회는 1850년의 연방법 시행을 몹시 어렵게 만드는, 때로는 아예 불가능하게 만드는 주법을 통과시켰다. 사실대로 말하면, 남부의 공격적인 자세가 북부 온건주의자를 과격주의자로 돌아서게 했으며, 특히 북부인의 행동 자유까지 위험한다는 사실이 명백해지자 더욱 그러한 경향이 강해졌다. 초대 대법원장 제이의 아들인 윌리엄 제이는 다음과 같이 표현했다. "우리는 지금까지 노예에게 자유를 주기 위해 이 투쟁을 시작했다. 앞으로는 우리 자신의 자유를 지키기 위해 싸우지 않으면 안 된다." 또한 전에는 노예를 소유했으나 현대적 신분제도에 찬성하며 1840년 자유당 대통령 후보로 나선 제임스 G. 버니(1792~1857)도 이렇게 말했다. "이제 우리나라의 어떤 신분에서든 자유를 보존하기 위해서는 노예제도는 단호히 폐지되어야 한다."[47]

앞서 살폈듯이 캔자스는 1854년부터 이미 남부 과격주의자와 북부 노예제도 폐지 운동가의 싸움터로 변했다. 실제로 남북전쟁은 여기서부터 시작되었다고 볼 수 있다. 아마 이 "피의 캔자스"에서 일상처럼 일어나고 있는 폭력 사태가 다른 지역으로 번지는 것은 불가피했을 것이다. 특히 "포타와토미의 학살"로 유명한-"포타와토미의 브라운"이라는 말은 북부 과격주의자들의 슬로건이 되었다-존 브라운은 자금 등을 지원받으며 버지니아 서부 산속에 요새를 구축했다. 그리고 "지하 철도(Underground Rialroad)"라고 일컬어지는 비밀 조직망의 도움을 받으며 도피하는 노예들을 도왔다. 이것에 만족하지 않고 1859년 10월 16일에는 20명의 동료들을 이끌고 하퍼스페리에 있는 연방 병기 창고를 점령했다. 이틀 뒤 로버트 E. 리 대령이 정규군을 이끌고 이곳을 탈환하고 브라운 일당 10명을 죽이고 브라운도 체포했다. 브라운은 사형을 선고받고 12월 2일 교수형 당했다. 링컨을 포함해 브라운을 비난하는 목소리도 많았으나, 에머슨을 비롯한 몇 명은 브라운을 "교수대에 십자가와 같은 영광을 내린 새로운 성인"이라고 칭송했다.[48] 브라운의 폭력 행위에 남부(적어도 그 지도자층)는 벌벌

떨며 흥분-집단 편집증상-에 휩싸여, 뭐든 이런 긴장과 공포가 지속되는 것보다는 낫다고 생각했다. 노예들의 일제 봉기를 예견하는 사람도 있었고, 재산이나 생명을 지키기 위한 유일한 수단으로 분리 독립을 고려하는 사람도 있었다.

이런 상황에서 1860년 4월 민주당은 남부 과격주의자의 거점인 사우스캐롤라이나 주 찰스턴에서 대통령 후보 지명 대회를 열었다. 공포와 분노에 가득 찬 남부인은 북부 민주당원을 규탄했다. 노예제도가 긍정적인 선이라는 점을 북부에 제시할 의무를 저버린 것은 남부에 대한 배신이라고 비판했다. 이에 대해 북부를 대표해서 오하이오 주의 조지 E. 퓨는 다음과 같이 대답했다. "남부의 신사 여러분. 이것은 오해입니다. 참으로 오해입니다. 우리가 배반을 할 리 있겠습니까?" 자신들이 희망한 강령 채택이 어렵다는 사실을 알게 되자 멕시코 만을 마주한 연안주 사우스캐롤라이나와 조지아 주 대표단은 항의하며 회장을 박차고 나갔다. 민주당은 남과 북으로 갈라졌다.

6월 18일 볼티모어에서 별도로 전당대회가 열려 최종적으로는 중도 성향의 더글러스가 후보로 지명되었다. 이에 맞서 남부 민주당은 노예제도를 지지하는 켄터키 출신의 부통령 존 C. 브레킨리지(1821~1875)를 대통령 후보로 내세웠다. 또한 휘그당은 입헌통일당으로 재결성되어 기본적으로는 경계주를 대표하는 테네시 주의 존 벨(1797~1869)를 대통령 후보로 뽑았다. 마침내 4명의 후보가 다투는 양상이 되었다. 하지만 실질적으로는 북부에서는 링컨 대 더글러스, 남부에서는 브레킨리지 대 벨의 대결이었다. 링컨이 남부에서 표를 얻으리라고 기대할 수 없었고, 브레킨리지가 "메인-딕슨 선" 북쪽에서 지지를 받는다는 것은 불가능했기 때문이었다. 실제로 별다른 돌발 사건이 발생하거나 특별한 실수를 저지르지 않는 한 링컨의 승리는 확실했다. 이에 따라 친구나 참모는 선거운동은 당에 일임하고 유세 현장에 나서지 말라고 이구동성으로 경고했다. 링컨 또한 공화당과 공동보조를 취하며 이 충고대로 선거운동 추이를 지켜보면서 민주당, 다시 말해 남부 쪽이 오히려 정치적으로 자멸해가도록 내버려두었다. 링컨은 선거운동 중인 8월 스프링필드에서 유일하게 공개석상에 한 차례 모습을 드러낸 적이 있었다. 연설 요청을 받자 "현재와 같은 처지에서는 연설을 일절 하지 않는다는 것이 나의 당면 목표입니다"라고 밝히며 딱 잘라 거절했다. 이 일은 링컨이 워싱턴 정계와는 거의 초연한 인물이라는 인상을 주었고 잘못된 여론을 방지하는 효과도 거뒀다.

　11월 6일 링컨은 전신실에서 소식을 기다렸다. 7일 오전 2시 뉴욕에서 승리했다는 전신이 도착했고 당선은 확실했다. 그는 186만 6,452표를 획득했으며, 더글러스는 137만 6,957표, 브레킨리지가 84만 9,781표, 벨이 58만 8,879표였다. 선거인단 투표는 약간 다른 결과가 나왔다. 링컨이 뉴저지를 제외하고 모든 자유주들에서 선두를 달려 총 180표를 획득했다. 한편 더글러스는 뉴저지에서 링컨과 표를 나눠 가지고 미주리에서 선두를 기록한 것을 빼면 모두 패배했다. 남부의 위쪽 지역인 버지니아, 테네시, 켄터키에서는 벨이 앞섰고, 그 밖의 노예주는 모두 브레킨리지를 지지했다. 링컨은 남부 주 가운데 10개 주에서 단 한 표도 얻지 못한 가운데 39.9퍼센트라는 과반수를 밑도는 낮은 투표율로 당선했다. 이것은 1824년의 불운하고 불길한 선거에서 J. Q. 애덤스가 승리한 이래 가장 낮은 수치였다. 국가는 사실상 분열했다.[49]

제퍼슨 데이비스의 노예 인식

이제 다음으로 링컨이 미국의 혼을 건 결투에서 상대했던 중요한 인물에게로 눈을 돌리면, 왜 남부가 그처럼 좋은 카드를 많이 손에 쥐고 있으면서도 일시적인 감정을 못 이기고 분노에 차서 승부를 포기해버렸는지 알게 될 것이다. 제퍼슨 데이비스는 칼훈에게 후계자가 있었더라면 그에 딱 어울리는 그런 인물이었다. 그는 남부연합이 혼란 속에서 탄생한 뒤부터 극도의 고통 가운데서 가련한 종말을 맞이할 때까지 남부연합의 대통령으로서 그 정점에 있었다. 판단력과 능력에 큰 문제가 있었으며 인간으로서나 정치가로서나 결점이 많고 식견이 부족했다.

하지만 "작다"라는 낱말은 어떤 의미에서도 그와는 어울리지 않았다. 키가 약 6피트에, 야위어서 대쪽처럼 꼿꼿하고, "군인다운 몸가짐에 예리한 두뇌와 지적인 얼굴 …… 이처럼 외모로는 교양과 우아함"을 갖춘 데이비스는 "겁쟁이의 가슴에는 용기를 불러일으키고 모든 것을 포기한 사람의 마음에는 자존심과 긍지를 불어넣어줄 수가 있었다." 신념을 관철시키기 위해 정열을 "하얗게 불태웠고, 그것은 불꽃을 튀기거나 불빛을 쏟아내지는 않았지만 [그 대신에] 그의 내부에서는 강렬한 그러나 분노에 사로잡힌 것은 아닌 불길이 이글이글 타오르고 있었다." 그와 같은 시대를 살았던 사람들의 이러한 평가를 평론가나 적대자들도 인정했다. 조지아 주의 토머스 코브의 말에 따르면 "그는 위대하지는 않다. …… [하지만] 의지의 힘으로 지금의 자신을 창조했다."[50]

의지력으로 고무된 인물, 데이비스는 옛 스타일의 남부 신사로 흔히 묘사된다. 하지만 그것은 올바른 평가가 아니다. 그의 중간 이름인 피니스(Finis)에서 알 수 있듯이 그는 어머니가 47세 때 10명의 자녀 가운데 막내로 태어났다. 근대적 방식에 따라 양육되어 아버지는 체벌을 내리지 않았고, 누나들의 보살핌을 받으며 존경하는 형들로부터 승마를 배웠다. 나이 차가 나는 3명의 형들은 1812년 미영전쟁에 참전한 경험이 있었다. 제퍼슨 데이비스는 오늘날 우리의 상식으로는 이해할 수 없는, 단순하고 절대적인 애국주의자로 성장했다. 아버지가 죽자 미시시피에서 면화 농장을 경영하여 성공한 큰형 조지프가 후견인 겸 보호자가 되었다. 윌킨스 카운티 아카데미의 도미니크수도회 수사들에게서 교육받은 뒤 켄터키 주 렉싱턴의 유명한 트랜실베니아 대학교에 입학했다. 졸업 뒤에는 그의 정치적 스승이자 지도자인 육군장관 칼훈의 추천으로 웨스트포인트 육군사관학교에 입교하여 임관했다. 개척지로 부임하여 인디언과 전투를 벌이고 직접 블랙 호크를 투항시키기도 했다. 광부들에게는 평화를 가져다주고 자신의 상관들에게는 반항했다. "한창 젊었을 무렵에는 싸우지 않고는 못 배겼다"라고 데이비스 자신도 인정했듯이 콧대가 세고 싸우기를 좋아했다. 군대 생활은 말다툼, 군법회의, 승진 불만 등으로 얼룩졌다. 재커리 테일러 장군의 딸과 결혼함과 동시에 군대를 떠나 형 조지프의 주선으로 농장 경영을 시작했다. 하지만 이마저 기대대로 잘 풀리지가 않았다. 조지프는 1만 1,000에이커의 땅을 소유한 부자였다. 하지만 그가 동생에게 절반을 양도하는 형태로 "임대해준" 허리케인 농장의 토지는 겨우 800에이커로 규모가 작아 미시시피 주의 평균에도 미치지 못해서 데이비스는 여전히 형의 도움을 받아야 했다.[51]

데이비스가 남부 노예제도의 자선적인 면에 대해 언급할 때는 전적으로 경험에서 우러나온 자신감이 묻어 있었다. 바로 이 점을 이해하는 것이 중요하다. 조지프는 의식적으로 개명한 농장주였다. 채찍으로 맞는 노예는 한 사람도 없었고 노예를 재판하거나 벌을 결정하는 것도 노예 스스

제4장 ― 거의 선택된 민족에게

705

로에게 맡겼다. 또한 가족이 흩어지는 경우도 없었다. 한 노예는 "먹을 것, 입을 것 모두 풍족하고 고된 일도 하지 않는다"라고 증언했다. 또 다른 노예는 "데이비스 일가는 아무도 우리를 거칠게 다루도록 맡겨두지 않았다"라고 말했다. 테일러 장군의 말을 빌리면 강기슭에 있는 데이비스 농장의 생활은 "그야말로 낙원"이었다. 데이비스도 형의 뜻을 그대로 이어받아 유혈을 싫어했다. 흑인 하인 제임스 펨버턴에게 최고의 예의를 갖춰 대했으며 농장을 비울 때는 농장 관리를 그에게 맡겼다. 흑인에게서 인사를 받을 때는 정중하게 답례하는 것을 잊지 않았다. "예의를 갖추는 데 흑인한테 지지 않을 것이다"라고 말했다. 뉴올리언스나 찰스턴의 잘난 체하는 사회와는 담을 쌓았다. 그가 유일하게 중요하게 여긴 남부 남자의 기질은 욕을 해대는 사람에게 결투를 신청하는 것이었다. 하지만 실제로 결투를 벌인 적은 없었다. 그에게 여자 노예와 동침하는 것은 가증스러운 짓이었다. 사랑했던 아내 새러 테일러를 말라리아로 잃고 6개월 만에 젊고 아름다운 배리너라는 여성을 만나 재혼했으나, 새러를 먼저 보낸 슬픔은 언제나 그의 가슴에 남았다. 건강이 안 좋은 것도 그의 우울증을 부채질했다. 안면 신경통을 심하게 앓았고 만성 간염으로 한 눈을 잃었으며 게다가 불면증에 시달렸다. 그런 그에게 가장 큰 즐거움은 독서였다. 베르길리우스, 바이런, 로버트 번스와 월터 스콧의 작품을 즐겨 읽었다.[52]

외관상으로는 이처럼 교양과 선의를 갖춘 이 남자의 가장 큰 약점은 상상력이 부족하다는 것이었는데, 무지함이 그것을 더 악화시켰다. 1840년대와 1850년대 미국은 이미 광활한 영토를 자랑했으나, 국내 여행은 특히 남부에서는 어려운 일이었고 비용이 많이 들었다. 오늘날 우리로서는 상상할 수 없는 일이지만, 그 당시 미국인은 자신이 사는 지역이나 고장의 바깥 세계에 대해서 아는 것이 거의 없었다. 데이비스는 단 한 차례 뉴잉글랜드를 여행하고 사람들의 친절에 놀랐다. 남부연합의 대통령이 되기까지 남부에 대해서도 자신이 있는 미시시피 주 건너 쪽 일은 거의 몰랐다. 데이비스 농장에서 하는 노예 대우가 일반 관행이라고 생각했기에, 노예에 관한 비참한 이야기는 단순히 북부의 중상이나 노예제도 폐지를 주장하는 사람들이 꾸며낸 것이라고 여겨서 귀 기울이려 하지 않았다. 남부 정부는 제한된 미디어와 출판물을 집중 동원하여 주민들에게 왜곡된 사상을 심어주면서 다른 세계는 지옥에나 가라고 말하는 정책을 취했다. 따라서 교양 있고 선량한 수많은 남부인들이 희생당했는데, 데이비스도 그중 한 사람이었다. 그 역시 자기 세뇌에 빠져 자신의 확신에 이상하리만치 집착했다.

데이비스는 이처럼 좁은 시야를 바탕으로 반대 의견을 일절 용납하지 않는 정치철학을 확립했다. 흑인에 대해서는 아프리카 부족민보다 남부 노예 쪽이 훨씬 좋은 생활을 하고 있다는 주장을 폈다. "나에게는 노예들이 반란을 일으킬지 모른다는 우려는 없다. 노예는 가축보다 더 겁낼 정도는 아니다. 우리 노예들은 행복하며 만족하고 있다." 노예제도의 확장은 노예를 위한 것일 뿐 아니라 노예를 행복하게 해준다는 논리였다. 데이비스는 노예 수를 74명 이상 소유해본 적이 없었고, 그들 모두를 잘 관리했다. 그것이 그의 방식이었다. 따라서 자기가 현재 하고 있듯이, 백인은 스스로 직접 노예를 관리해야 하며, 그것이 불가능할 정도로 많은 노예를 소유해서는 안 된다는 것이 그의 지론이었다. 만약 잔인한 취급을 받는다면, 그것은 노예 수가 지나치게 많은 나머지 소유주와 노예 사이에 친밀한 관계가 없어졌기 때문이라는 주장이었다. 그래서 노예제도가 지리적으로 확장되면 더욱 인간적인 대우가 가능할 것이라고 생각했다. 이런 관점에서 멕시코를 병합하여 그곳에 새로운 주를 건설하고, 그 지역과 나아가서는 미주리 타협의 경계선 북쪽까지도 노예제도를 합법화하는 길을 모색했다. 이주민이 가축과 마차 등 모든 재산을 가져오듯이, 노예 소유주도 틀림없이 이 새로운 개척지에 노예를 데리고 이주하게 될 터였다. "노예 폐지론자의 원리는 노예라는 침범할 수 없는 재산에 간섭하는 것이다." 데이비스는 이 근본 원리를 큰형에게서 귀 따갑게 들었다.

남부의 메피스토펠레스

노예제도와 그것의 확장에 대해 남부가 취하는 입장은 확고한 도덕적 기반에 지지받고 있다고 데이비스는 믿었다. 실제로 그는 도덕에서 공격적이어서 북부의 위선적인 태도를 다음과 같이 비난했다. "이 흑인들을 이 나라에 데려 온 장본인은 북부인이었다. 흑인을 싣고 오거나 팔거나 해서 돈을 번 것도, 노예제도를 도입해서 가장 많은 이익을 얻은 것도 북부인이었다." 노예제도의 폐지는 "다른 사람의 권리를 부당하게 간섭하는" 것이나 마찬가지였다. 데이비스는 1820년과 1850년의 협정을 "타협"이 아니라 남부 쪽의 토지사용권을 보증한 것으로, 남부가 합리적으로 수용할 수 있는 범위를 정한 것으로 보았다. 노예제도를 그보다 더 제한하는 것은 틀림없이 남부에 대한 북부의 공격이며 그 동기는 도덕심과는 관계가 없는 증오심과 질투심이었다. "가면이 벗겨지자 문제가 눈앞에 모습을 드러냈다. 이것은 정권을 둘러싼 투쟁이다." 헌법은 남부의 편을 들었다. 연방정부는 원래 아무런 권위도 없었다. "각 주들의 집합체에 불과하고 따라서 고유의 권력을 가질 수 없으며 모든 것은 각 주들에 위탁되었다." 데이비스가 말한 "자기보존을 위한 다수파"가 남부에 대해 위협적이고 비합법적인 활동을 계속한다면, 데이비스가 말한 "연합국가"는 해체되어야 했다. "우리는 평화적으로 분리되어야만 한다. 내전의 피로써 독립전쟁의 전쟁터를 더럽혀서는 안 된다."[53]

칼훈에게서 이어받고 큰형 조지프에 의해 심어진 이 사상을 데이비스는 몇 년에 걸쳐서 자문자답하는 가운데 더욱 다듬고 단단하게 만들어 마침내는 자명한 진리라고 생각했다. 그가 나라를 둘로 가르는 것과 관련하여 자신이 전혀 과격주의자라고 생각하지 않았다는 사실은 중요하다. "나는 다른 사람들보다 느리고 망설이는 성격이다. 성급한 분리가 과연 타당한 문제인지 나는 [미시시피의] 여론 추이를 살피는 입장이다." 하지만 노예제도에 관한 그의 기본 신념이 비난받자 편집광적인 반응을 보였다. 이것은 남부인다운 기질의 표출이라기보다는 그의 독선적인 성격에서 나온 것이었다. 젊을 때의 에피소드와 군대 시절의 언동, 집안과 공공장소에서 벌인 말다툼 등 수많은 사례들이 말해주는 것은 데이비스의 완고함이었다. 일단 결심하고 입장을 정하면 주위의 반론이나 설득은 모두 자신의 고결함에 대한 용납할 수 없는 폭언이라고 생각했다. 그는 재혼한 아내 배리너에게 이렇게 설명했다. "의심받거나 불평을 듣거나 또는 설명을 해줘도 못 알아듣는 것을 나는 견딜 수가 없소." 이 말은 그의 삶의 비극을 단적으로 요약해준다. 위스콘신 주 상원의원 아이작 P. 워커는 "데이비스의 발언에는 언제나 '이 이상은 어느 누구도 말할 수 없어. 나는 모든 걸 알고 있어. 내 생각이 틀림없으니까'라고 말하는 듯한 분위기가 풍겼다"라고 말했다. 데이비스 자신도 신문의 비평 따위는 그냥 무시해버린다고 털어놓았다. "나 자신의 정직함을 생각하면 자랑스러웠기에, 나는 내가 옳다는 확신으로 비판을 무심하게 지켜보았다."[54]

이런 점을 모두 감안하면, 데이비스는 정치가보다는 오히려 군인 쪽이

제4장 ― 거의 선택된 민족에게

더 어울리지 않았을까 생각된다. 배리너도 그렇게 느꼈다. "그는 정치의 책략 같은 건 알지 못했어요. 만약 알았더라도 사용할 줄 몰랐을 거예요." 데이비스가 정치 세계에 발을 들인 것은 30대 후반이었다. 하지만 멕시코 전쟁이 일어나 다시 군대에 들어갈 기회가 찾아왔다. 미시시피 의용군 연대장에 임명되어, 앞날을 미리 내다보고 새로운 휘트니 총으로 무장해 상관이자 옛 장인인 테일러 장군의 눈에 들었다. 또한 유명한 몬테레이와 부에나비스타 전투에 참전하여 눈부신 활약을 펼쳤다. 앞서 살펴봤듯이 멕시코 전쟁은 장차 정치적으로나 군사적으로 걸출한 인물들의 실력을 증명하는 기회였다. 테일러의 참모장인 브리스 장군이 데이비스를 "육군에서 가장 뛰어난 의용군 장교"라고 추천하여 포크 대통령은 그를 장군으로 진급시켰다. 하지만 부에나비스타 전투에서 중상을 입은 데이비스는 그 대신 상원의원에 지명되는 길을 택했다.[55]

정치계에서 데이비스는 "미시시피의 칼훈"이라는 별명을 자연스럽게 받아들였다. 그리고 그 혁혁한 노전사가 죽자 당연하게 이 남부의 선지자 엘리야의 역할을 물려받았다. 친구 프랭클린 피어스가 대통령이 되자 당연히 육군장관 자리에 올랐다. 장관 재임 동안 아마 각료들 사이에서 가장 발언권이 센 유력한 존재였을 것이다. 하지만 곧 결점이 나타나기 시작했다. 참모총장 윈필드 스콧과 아주 사소한 문제들을 놓고 일련의 논쟁을 벌이게 되었다. 스콧 역시 오만하고 독선적이었다. 하지만 스콧은 정계 선배인 데이비스에게는 좀 더 분별력과 존경심을 가지고 행동했어야 했다. 데이비스가 스콧 앞으로 보낸 편지 가운데는 커다란 용지로 27쪽에 이르는 것이 있었다. 편지를 받아든 스콧은 경멸하듯이 그것을 "책"이라고 불렀다. 두 사람 사이에 일어난 일은 모두 신문에 실려서 놀랄 정도로 많이 읽혔다. 스콧은 마지막 편지를 다음과 같이 끝맺었다. "연민의 마음은 언제나 툭하면 화를 잘 내는 어리석은 사람을 위해 존재하는 것입니다." 이에 대해 데이비스도 "이것으로 당신의 비열하고 사악한 마음을 더 이상 폭로하지 않고 끝나게 되어 기쁩니다"라고 응수했다.[56] 이 편지를 읽어보면 왜 남북전쟁이 일어났는지, 더 나아가 왜 그토록 오래 끌었는지 이해하는 데 도움이 된다. 이 사례는 어쨌든 데이비스가 행정의 최고 자리를 감당할 만한 인물이 아니라는 사실을 분명히 보여준다. 하물며 위대한 나라의 운명을 결정짓는 전쟁 중이라면 더욱 그러했다.

하지만 데이비스가 전혀 지각이 없었던 것은 아니었다. 그의 사상은 몇 가지 점에서 진보적이었다. 그는 노예제도를 제외하고 모든 면에서 새로운 것을 받아들이려고 했다. 스미스소니언 연구소 설립을 지원한 일은 보스턴의 노예제도 반대 운동의 중심인물로서 강직한 성품을 지녔던 존 퀸시 애덤스에게서 높은 평가를 받았다. 또한 남부의 몇 가지 약점들, 특히 공업이 발달하지 않은 점을 심각하게 우려했다. 리치먼드 근교의 제임스강변을 따라 세워진 트리디거 제철 공장이 남부의 유일한 대규모 공장 단지였다. 남부의 철도 부설을 목적으로 영국 웨일스의 트리디거 공장을 모방해 1830년에 건설된 공장으로 대포나 쇠사슬, 강철제 선박 등도 만들었고, 1859년에는 8,000명의 노동자를 고용하며 미국에서 4위의 생산고를 자랑했다. 하지만 경제적 경쟁력은 낮았기 때문에 경영 상태는 파탄 직전이었다. 또 버지니아의 광물자원이 바닥을 드러냄에 따라 원료인 철광석을 펜실베이니아에서 사들여야 했고 황동과 청동, 여러 가지 부품이나 기자재 역시 북부나 해외에서 사와야만 했다. 노예주에서 일하는 것을 기피하는 백인 노동자를 확보하기 위해 임금을 더 얹어줄 필요가 있었다. 백인들은 노예 곁에서 일하는 것을 거부했으며 노예에게 일거리를 빼앗길까봐 두려워했다. 이 공장 자체로도 문제가 있었다. 노동자가 수시로 바뀌었고 만성으로 일손이 부족했으며 기술혁신을 게을리 했다. 이 공장이 존속할 수 있었던 것은 전적으로 남부 철도 사업에 아낌없는, 그리고 위험한 신용 대출을 제공했기 때문이었다. 남부인은 철도를 거대한 사업이며 활기의 원천이라고 생각했다. 하지만 나라 전체에서 본다면 하나의 소규모 지역 산업에 지나지 않았다. 남부에는 숙련된 기술자를 끌어들일 만한, 그래서 많은 장애를 보완할 만한 근대 공업이 없었다.[57]

이와는 대조적으로 그곳에서 북쪽에서 100마일 정도 떨어진 윌밍턴에서 뉴욕에 걸친 지역 일대에는 거대한 제조업 단지가 모습을 드러냈다. 1840년부터 1860년까지 이 거대한 도시 지대는 세계에서 가장 빠르게 발전하는 산업 지구였다. 이것이야말로 남부의 군사적·경제적 파멸을 결정지은 요인이었다. 남부의 취약점을 인식한 데이비스는 1850년부터 몇 가지 사안에 대해 충고하기 시작했다. 무기와 탄약의 비축에 착수할 것, 북부로부터 이주를 장려할 것, 농작물의 수송을 위해 남부 자체 철도를 정비할 것, 면제품이나 구두, 모자, 담요 등을 자급하기 위한 공업 기반을 확립할 것, 젊은이가 북부 대학에 진학해 북부의 사상에 물들지 않도록 하기 위해 주정부가 고등교육을 지원할 것 등이었다. 데이비스는 1950년대에 이르러서야 비로소 실현된 과제들을 100년 전부터 제창한 셈이었다.

하지만 노예제도는 대자본이나 숙련된 백인 노동자를 배제시켰으며, 남부인 자신들도 많은 이유에서 공업화를 원하지 않았다. 가장 큰 이유는 공업화가 노예제도와 대농장 시스템의 종언을 의미한다고 본능적으로 느꼈기 때문이었다. 따라서 데이비스의 호소에 귀 기울이는 사람은 한 사람도 없었다. 어쨌든 반응은 미지근하고 분명치 않았다. 남부를 "교육시킨다"라는 데이비스의 희망은, 교과서에서 노예제도와 관련하여 남부의 입장과 배치되는 주장을 빼고 다시 쓰게 한다든지, 어린이들에게 "정치적으로 올

바른"책으로 배우게 하여 "건전한 정서와 사상을 주입시키도록" 한다든
지, "양키 교사"를 추방한다든지 등, 그 자신의 주장과도 마찰을 빚었다.
「뉴욕 헤럴드」지가 데이비스를 "남부의 메피스토펠레스"라고 부른 데는
그 나름대로의 충분한 이유가 있었다.[58]

남부의 탈퇴 선언

남부는 민주당에서 분리됨으로써 대통령이라는 가장 강력하고 단 하나
뿐인 우군을 포기했다. 그리고 연방에서 탈퇴함으로써 무엇보다 중요한
노예제도를 시작으로 모든 것을 잃었다. 벨은 선거운동 기간 내내 남부가
노예제도를 유지하는 유일한 방법은 연방에 그대로 남는 것이라고 호소
했다. 하지만 그러기 위해서는 "노예제도에 관한 북부의 여론을 정서적으
로 과격하고 철저하게 바꿀" 필요가 있었다.[59] 이 상태대로라면 링컨의 당
선은 확실하다고 내다본 데이비스는 선거운동이 시작되기 전에 나머지 3
명의 후보를 모두 사퇴시키고 절충적인 인물, 즉 남부에 동정적인 북부 출
신 후보자를 내세우는 데 온갖 노력을 기울였다. 브레킨리지와 벨은 후보
사퇴에 동의했고 더글러스의 부통령 후보 벤저민 피츠패트릭도 찬성했다.
하지만 야심차고 자기중심적인-그리고 외곬수인-더글러스만은 끝까지
완강하게 거부했다. 이처럼 더글러스는 남북전쟁을 피할 수 없게 만들었
다. 그렇지 않았다면 정말 전쟁을 피할 수 있었을까? 링컨이 승리함으로
써 진정 전쟁을 피할 수 있는 길이 닫혔을까?
　문제를 만든 장본인 중 한 명은 임기 종료를 앞둔 뷰캐넌 대통령이었다.
그는 1860년 11월 초부터 링컨에게 정권을 넘겨준 3월까지 아무런 조치

도 취하지 않았다. 그가 의회에 제출된 교서에는 양립할 수 없는 두 가지 의견이 담겨 있었다. 즉 남부에 분리할 권리는 없다고 말하면서, 이 위기를 초래한 것은 공화당이라고 비난했다. 뷰캐넌은 무기력하고 두렵고 혼란스럽고 소심했다. 이처럼 매우 귀중한 4개월이 아무런 성과 없이 지나가 버렸다. 그의 군사적 기질은 그가 뭔가를 하는 한 원만하게 수습하기는커녕 오히려 불에 기름을 부었다. 처음부터 전쟁을 찬성한 쪽은 사우스캐롤라이나와 매사추세츠 2개 주뿐이었다. 1830년대 초에 연방법 "무효 선언"과 관련한 문제에서 사우스캐롤라이나의 과격주의자들은 다른 주들을 설득하는 데 실패했다. 나머지 남부 주들은 잭슨 대통령을 신뢰하여 남부가 정당한 대우를 받는지 두고 보는 쪽을 선택했다. 하지만 이제 남부의 신뢰를 얻을 대통령조차 없었다. 그래도 아직 무력 충돌만은 피할 가능성이 남아 있었다. 사우스캐롤라이나가 4, 5개 주만을 끌어들이면 분리 독립은 흐지부지 끝날 터였다. 또한 15개 노예주가 모두 연방을 탈퇴한다면 북부도 양보할 수밖에 없거나 어떤 타협안을 제시할지 몰랐다. 현실적으로는 사우스캐롤라이나가 전쟁을 일으킬 가능성이 컸다.[60]

미국의 진정한 비극은 남부가 가장 싫어하는 링컨만이-그 기회가 주어졌다면-남부로 하여금 사태를 파악할 수 있도록 해줄 수 있는 유일한 인물이었다는 데 있었다. 만약 대통령이 당선한 뒤 곧바로 백악관에 들어가 전권을 행사할 수 있다는 헌법 규정이 있었더라면, 링컨은 탁월한 지적 능력과 인간적인 매력과 비범한 통찰력을 모두 동원해 남부의 공포심을 덜어주는 데 성공했을지 모른다. 하지만 아무런 권력이 없으므로 마냥 기다리는 수밖에 없었다(취임을 기다리는 동안 수염을 길렀다). 그 사이에 국가는 붕괴하여 그가 권력을 확보했을 때는 이미 분리 독립은 시작되었고, 돌이킬 수 없는 파국이 기다리고 있었다.[61]

대통령 선거 결과가 전해진 지 불과 3일 뒤인 11월 10일 사우스캐롤라이나 주의회는 "주와 연방의 장래 관계"를 심의하기 위한 대표자 선거를 12월 6일 실시할 것을 만장일치로 결정했다. 8일 뒤 조지아 주가 이를 따랐다. 한 달도 안 되는 사이에 남부의 모든 주들이 분리를 향한 첫발을 내디뎠다. 12월 3일에 열린 연방의회에서 뷰캐넌은 슬픔과 회한이 사무친 퇴임사를 낭독했다. 남부의 분리에 대해서는 유감스럽게 생각하지만 어쨌든 그 사태를 막을 수단이 자신에게는 아무것도 없었다고 변명했다. 3일 뒤 사우스캐롤라이나가 압도적인 숫자로 분리주의자들을 결집시킨 대표자 회의인 "분리 회의"를 발족시키고, 12월 20일 이 회의에서 사우스캐롤라이나는 더 이상 합중국 연방의 일원이 아니라고 선언했다. 데이비스 자신은 무엇인가 타협을 성사시키려고 노력했으나 결국 포기할 수밖에 없었다.

1월 7일 데이비스가 사는 미시시피 주에도 분리 회의가 소집되어, 9일 84 대 15로 연방 탈퇴가 가결되었다. 그 이틀 전에 조지아, 플로리다, 앨라배마, 루이지애나, 아칸소, 미시시피 주의 상원의원들이 워싱턴에서 회합을 갖고 2월 15일 앨라배마의 몽고메리에 다시 모여 새로운 정부의 결성을 결정했다. 데이비스는 다른 의원들과 마찬가지로 연방의회에서 감상적인 탈퇴 연설을 했다. 그리고 고향으로 돌아가는 도중에 묵은 테네시 주의 호텔인 크러치필드하우스에서 연설 요청을 받고 연단에 섰다. 그렇지만 연설이 끝난 뒤 호텔 사장의 동생인 윌리엄 크러치에게 항의를 받았다. 그를 "변절한 배신자"라고 하면서 "우리는 당신네 남부의 벼락부자, 사우스캐롤라이나의 골수 토리당 정치 패거리들한테 속아 정신을 잃고 끌려들어 가지는 않을 것이다"라고 말했다. 청중 대부분이 손에 무기를 든 채 이 비난에 호응했다. 이처럼 변경과 산악 지방에서는 연방을 지지하는 정서가 강했다.[62]

고향으로 돌아간 데이비스는 곧바로 미시시피 정규군 장군으로 발령받았다. 아내인 배리너를 포함한 많은 사람들은 데이비스가 대통령보다는 남부연합군 총사령관이 되기를 원했다. 그 자신의 의견도 같았다. 2월 4일 이미 탈퇴한 사우스캐롤라이나, 미시시피, 플로리다, 조지아, 루이지애나, 앨라배마 6개 주는 회합을 열고 새로운 헌법을 기초했다. 노예를 재산으로 확실하게 인정한다는 것을 빼고는 새로운 점은 없었다. 대통령으로는 조지아 주의 상원의원 로버트 툼스(1810~1885)가 거론되었으나, 그는 매일 저녁 연이어 여러 사람 앞에 술 취한 모습으로 나타나는 바람에 결국 데이비스가 만장일치로 선출되었다. 데이비스는 취임식장에 참석하기 위해 빅스버그 근처의 자택에서 몽고메리를 향해 출발했으나 이 여정은 남부가 직면한 문제들의 불길한 조짐처럼 험난했다. 두 도시는 동서 직선 거리로 300마일이나 떨어져 있었는데, 조금이라도 빨리 가려고 데이비스는 열차를 이용했다. 그 때문에 우선 북쪽으로 테네시까지 간 다음 그곳에서 앨라배마 북부를 가로질러 채터누가까지 가서 다시 남쪽으로 애틀랜타로, 거기서 다시 남서쪽으로 향해 가다가 마지막으로 몽고메리에 도착하는 장거리 여행을 강행했다. 거리로 따지면 약 850마일이었다. 사각형의 세 변과 2분의 1변을 빙 둘러 궤도가 다른 3개 노선을 달리는 철도를 여섯 차례나 갈아타야만 했다. 남부 반란주들을 서로 연결하는 기간 철도가 없었기 때문이었다. 남부에는 이러한 교통망이 전혀 갖춰지지 않았다.[63] 철도는 면화를 수출항에 운반하는 목적으로만 건설했다. 주들끼리 서로 상품을 거래하지 않았으므로 철도가 필요 없었다. 그런 까닭으로 컬럼비아(사우스캐롤라이나)에서 밀리지빌(조지아)로 가려면 4번이나 갈아타야만 했다. 플로리다와 텍사스의 철도 그리고 루이지애나의 철도 대부분은 남부의 다른 주들과는 전혀 연결이 안 되어 있었다. 남부의 자연적·인위적 지리 상황은 기능 면에서 분리 독립의 여건과는 동떨어져 있었다.

데이비스는 취임식에서 남부연합은 "주민들의 투표에 의해 평화적으로 태어났다"라고 말했으나 그것은 거짓이었다. 주민투표를 실시한 주는 한 곳도 없었다. 일반 유권자가 아닌 각 주의 의회가 선출한 분리 의회 멤버들 총 854명의 결의로 탄생했던 것이다. 그 가운데 157명이 분리에 반대했다. 따라서 대부분 부유한 697명이 대부분 가난한 900만 명의 운명을 결정했다. 데이비스는 분리 독립의 문제가 "가난한 사람들을 싸움의 도구로 삼은 부유한 사람들의 전쟁"이 아니라는 점을 알리기를 원한다고 말했다. 하지만 진실을 파고들면, 전쟁 개시를 결정한 쪽은 이 항쟁에 커다란 이익이 걸려 있는 자산가와 부유층이었지 전쟁에 이기더라도 자신의 경제적 이익과는 아무런 관계가 없는 대다수 백인들이 아니었다. 더군다나 남부 지도층의 자질은 적어도 지적 능력 면에서는 형편없는 수준이었다. 각 주의 분리 선언에는 연방 탈퇴의 사유가 명시되었는데, 어느 것 하나 논리가 맞는 것이 없었고 오로지 자신들의 정신적 혼란 상태만 보여줄 뿐이었다. 미시시피의 선언문에는 "북부의 모든 주들은 남부의 모든 주들에 대해 혁명적인 자세를 취하고 있다." "북부인은 남부인 여행자를 보면 하인을 빼내어 탈주시켜 남부인을 모욕하고 격분시켰다." "남부에 스파이를 들여보내 폭동과 살인, 약탈을 선동했다." 등의 문구가 있었다. 사우스캐롤라이나의 선언문도 터무니없기는 마찬가지였다. 마지막에 링컨을 비난하면서 "그의 사상과 목표는 노예제도를 적대시하는 데 있다"라고 지적했으나, 역대 대통령의 대부분이 노예제도를 적대시했다. 특히 제퍼슨은 그런 경향이 강해서 노예제도에 관한 그의 견해를 링컨은 때때로 인용했다.

남부 지도자들은 북부인과 남부인 사이에 결코 극복하지 못할 차이가 있다고 생각했다. 실제로 어느 쪽을 지지하며 충성심을 보일지는 각

제4장 | 거의 선택된 민족에게

자 달랐다. 메리 링컨의 세 남동생은 남군에 입대해 모두 전사했다. 그녀가 심정적으로 남부 쪽으로 기울었다는 점은 확실했다. 배리너 데이비스의 친척인 하윌스 일가 남자들은 모두 북군 소속이었다. 타협안을 추진하려고 무척 애를 쓴 켄터키 주 상원의원 존 J. 크리텐던(1787~1863)에게는 둘 다 소장 계급장을 단 아들들이 있었다. 한 명은 남군에서, 다른 한 명은 북군에서 싸웠다. 유럽에서 활약한 연방정부의 대리인 로버트 J. 워커는 이전에 미시시피 주 상원의원을 지냈고, 남부연합에서 가장 유능한 대리인 케일럽 하우스는 매사추세츠 출신이었다. 로버트 E. 리 장군의 조카인 새뮤얼 P. 리는 제임스 강에서 북군 함대 지휘를 맡았고, 또 다른 북군 해군 제독으로 뛰어난 함대 지휘 능력을 보인 데이비드 글래스고 패러것(1801~1870)은 테네시에서 태어나 버지니아에서 살았다. 이런 사례는 손으로 꼽자면 끝이 없었다. 젊은 시절 시어도어 루스벨트는 북부의 승리를 바라는 입장에 있었고, 우드로 윌슨은 남부를 위해 기도했다. 말 그대로 몇백만 명이라는 가족이 남북으로 서로 찢겼다. 그렇지만 전쟁을 원한 과격주의자들은 남과 북 두 진영의 숫자를 모두 합해봤자 아마 10만 명도 채되지 않았을 것이다.

남북전쟁 전야

1861년 1월 20일 제퍼슨 데이비스는 북부에 있는 친구 앞으로 편지를 보냈다. "우리 남부의 시설들을 적의 소유에서 우리 소유로 옮길 필요가 있고, 우리는 이미 그에 따라 적절하게 행동해왔다네." 링컨은 남부에 대해 결코 우호적인 태도를 보였다고는 말할 수 없었다―오히려 분노하고 통탄했다. 하지만 적대감을 나타내지는 않았다. 데이비스를 비롯한 남부 지도자들은 링컨이 많은 노예제도 폐지론자들로부터 미움을 받고 있다는 사실을 받아들이려 하지 않았다. 보스턴의 자산가로서 인도주의를 부르짖은 웬델 필립스(1811~1884)는 심지어 링컨을 "일리노이의 노예 사냥개"라고 불렀다. 링컨이 이끄는 공화당에서 실행할 수 있었거나 추진했던 일들은 거의가 노예제도 확장을 "저지"하는 것이었다.

1860년대에 노예제도를 "폐지"하기 위해서는 4분의 3 이상의 승인을 얻어 헌법을 개정할 필요가 있었다. 노예주가 15개가 있는 한 가결될 전망은 없었다. 이 4분의 3이라는 높은 벽은 20세기 후반에도 여전히 기능할 터였다. 남부 의원과 민주당원이 연방 상하원에서 차지한 의석수는 적어도 1863년 임기 종료 때까지 과반수를 확보했다는 사실을 지적해둘 필요가 있다. 만약 노예제도를 지키는 것이 목적이라면 분리 독립은 매우 어리석은 처사였다. 이로써 탈주노예법은 사문화하여 준주가 북부의 손에 넘어가버렸다. 남북전쟁의 핵심 역설은, 이 전쟁이 노예해방과 노예제도 폐지가 가능한 유일한 상황을 제공했다는 것이었다.[64]

이성적인 맥락에서 볼 때, 전쟁은 남부의 이익과 배치되는 것이 너무나 명백했으므로 링컨은 전쟁이 일어나리라고는 조금도 생각하지 않았다. 그의 관심은 공화당이 자신들의 강령을 포기하고 더글러스의 인민 주권 이론을 받아들이면서까지 남부에 대해 유화 정책을 펴지 않도록 막는 데 있었다. 공화당 의원들에 대해 거듭 이런 뜻을 강조했다. "일절 관여하지 마라. 주권을 확대하는 문제에 대해서는 모든 타협을 배제하라. 확고한 태도를 보여라. 투쟁의 순간은 반드시 올 것이다. 그래도 과거보다는 지금이 더 낫다."[65] 그가 언급한 투쟁은 대립과 위기를 가리킨 것으로 전쟁을 의미한 것은 아니었다.

만약 각료를 임명할 당시에 전쟁 상황을 고려했더라면, 사이먼 캐머런(1799~1889)을 육군장관 자리에 앉히지는 않았을 것이다. 캐머런은 부유한 은행가 겸 철도왕이었다. 펜실베이니아의 공화당에서 막강한 영향력을 행사하는 그를 각료로 영입한 것은 순전히 정치적인 이유 때문이었다(캐머런의 군 관련 계약 업무에 놀란 링컨은 그를 해임했고, 의회에서도 책임을 묻는 결의가 있었다). 마찬가지로 국무장관 수어드나 재무장관 체이스도 그런 이유로 임명되었을 것이다. 링컨은 불안정한 상황을 눈앞에 두고 전쟁을 통제하는 정부보다는 강력한 정부를 선택했다.[66] 현명하고 설득력이 뛰어난 수어드의 생각으로는 연방정부에 가장 좋은 정책은, 탈퇴한 최남부 지역이 스스로 만든 쓰디쓴 잔을 마시도록 방치하는 한편, 다른 노예주들을 회유하여 합중국에 남도록 노력하는 것이었다. 하지만 그렇게 되면 7개 주를 잃는 셈이었다. 링컨은 어떤 대가를 치르더라도 합중국을 원래 모습대로 보존하려는 뜻을 굳혔다. 이 단계에서는 그것만이 링컨이 택할 수 있는 유일한 길이었다. 그리고 그것을 그대로 밀고 나갔다. 이 전략은 결과적으로 전쟁 메커니즘을 작동시켰다.

1860년 12월 단호하게 독립을 주장한 사우스캐롤라이나는 주 내의 연방 시설 책임자들에게 시설을 양도하라고 통고했다. 찰스턴 하버 지구의 요새를 지휘하는 연방정부군의 로버트 앤더슨 소령은 지휘 병력을 섬터 요새에 집결시키고 워싱턴의 지시가 없는 한 어떤 조치도 취하기를 거부했다. 뷰캐넌 대통령은 대부분의 사태에 기민하게 대처하지 못했는데 이때도 연방 병력의 철수를 망설였기에 사우스캐롤라이나의 P. G. T. 보리가드 장군은 섬터 요새에 포격 준비를 명령했다. 링컨이 취임하자 각료들은 본격 협의에 들어갔다. 연방정부군 참모장 스콧 장군은 당연히 숙적인 "어리석은" 데이비스에게 일격을 가하기를 기대했으나, 실제로는 아무런 조치도 취하지 말라고 조언했다. 7명의 각료 가운데 5명이 스콧의 의견에 동의했다. 하지만 링컨의 결단은 달랐다. 무기나 탄약은 보급하지 않고 식량만 선박을 이용해 보급하는 구호 원정대의 파견을 결정하고 이 같은 내용을 사우스캐롤라이나에 통고했다. 이 결정에 따라 링컨은 어떠한 희생을 치르더라도 합중국의 통일을 유지하겠다는 신념을 보였다. 이에 대해 남군은 요새와 연방 국기에 폭격을 가하는 반응을 보였다. 남부 또한 어떤 희생을 치르더라도 분리 독립을 달성하겠다는 각오였다. 이리하여 1861년 4월 12일 남북전쟁이 시작되었다.[67]

남부가 무장을 서두르고 동원령을 발동하자, 링컨 역시 전쟁 준비에 돌입할 수밖에 없었다. 4월 15일 "성조기가 남군의 총격을 받고 내려졌다"라는 말과 함께 7만 5,000명의 지원병을 모집했다(며칠 만에 7만 2,000명이 자원했다). 이런 링컨의 움직임이 더 이상 참을 수 없었던지 기묘하게도 버지니아(그리고 노스캐롤라이나)가 분리 독립 대열에 합류했다. 이것 역시 민주주의에 어긋나는 결정이었다. 버지니아는 4월 17일 주의회에서 분리조례를 주민 투표에 회부하는 일을 88 대 55로 가결했다. 하지만 지사는 투표일을 기다리지 않고 버지니아를 남부연합에 가입시키는 조치를 취했다. 이것은 여러 가지 의미에서 중대한 사건이었다. 버지니아는 이주 초기의 식민지 가운데서 가장 중요한 위치에 있었으며, 독립전쟁 당시에는 중심 역할을 담당했다. 초기의 위대한 대통령들은 모두 이곳 출신이었고, 합중국 헌법 역시 여기서 탄생했다. 다른 어떤 주보다 국가 건설에 이바지한 버지니아가 이처럼 음흉하고 비합법적인 방법으로 나라를 탈퇴하는 것은 믿을 수 없을 정도로 비열한 행위로서, 버지니아 주민들이 그냥 보고만 있었던 것은 매우 놀라운 일이었다. 물론 그렇지 않은 사람도 많았다. 노예를 소유하지 않았던 버지니아 서부 지역 주민들은 주를 탈퇴하여 독자적으로 새로운 주를 만들었다. 1863년 연방의회의 승인을 얻어 웨스트버지니아 주가 성립되었다.

버지니아 주의 가장 뛰어난 군인 리 장군은 연방정부군 최고사령관직을 맡아달라는 제안을 링컨에게서 받았다. 리는 군인으로서 능력이 있을 뿐 아니라 예의 바르고 고결하며 양식을 지닌 인물이었기에 이 선택은 현명했으며, 만약 실현된다면 훌륭한 성과를 올릴 것이 확실했다. 하지만 버지니아 사람이라는 점을 무엇보다 중요하게 생각한 리는 버지니아의 동향을 지켜봤다. 그리고 버지니아가 탈퇴하자 본의 아니게 32년 동안 복무한 합중국 육군을 떠났다. 오늘날 우리에게는 돈키호테처럼 보이지만 리에게는 다른 선택의 여지가 없었다. 그는 볼티모어의 누나와 수도 워싱턴의 형에게 다음과 같은 편지를 보냈다. "합중국에 대한 지극한 헌신, 그리고 미국의 한 시민으로서 충성과 의무를 통감하지만 나의 친척, 자녀, 고향을 공격하려는 마음은 도저히 먹을 수가 없습니다."[68]

아칸소가 탈퇴한 것은 5월 6일이었다. 그 이튿날 테네시가 남부연합과 "동맹"을 맺었다. 이 동맹만이 남부에서 유일하게 주민투표에 따라 승인을 얻은 결정이었다. 버지니아와 사우스캐롤라이나 사이에 끼인 노스캐롤라이나는 달리 선택의 여지가 없어서 5월 20일 남부연합에 가담했다. 미주리에서는 의견이 나뉘었으나 결국 남부에 합류하기를 거부했다. 델라웨어는 합중국을 강하게 지지했으나 남부의 압력으로 불안정한 상태를 유지했다. 메릴랜드도 압력을 받았지만 주의회를 소집하지 않고 합중국에 남았다. 켄터키는 처음에는 링컨의 지원병 모집 요청을 거부했으나 1861년 말에는 북군에 협력했다. 최종적으로 15개 노예주 가운데 11개 주만이 남부연합에 가맹했다.[69]

남부의 열세

인구 면에서 볼 때 남부연합은 압도적으로 불리했다. 1860년 국세조사에 따르면 남부연합 11개 주의 인구는 백인 544만 9,467명, 노예 352만 1,111명이었다. 그 가운데 100만 명에 가까운 백인 남성이 참전하여 30만 명이 전사했다. 연방정부에 속한 19개 주의 인구는 1,893만 6,579명, 그리고 4개 경계주의 자유민 258만 9,533명, 노예 42만 9,401명이나 되었다. 노예 가운데 10만 명 이상이 참전하여 연방정부군의 병력은 모두 160만 명이 넘었다. 여기에 전쟁 기간 중 100만 명에 가까운 이민이 북부에 도착해 40만 명이 전투에 참가했다. 북군에서 가장 뛰어난 병력은 독일인, 아일랜드인, 스칸디나비아인이었다. 마찬가지로 뛰어난 지휘관도 많았는데 그 가운데는 프란츠 시겔, 칼 슐츠(독일), 필리프 드 트로브리앙(프랑스), 한스 크리스티안 헤그 대령과 한스 맷슨(노르웨이), 코코란 장군, 미거 장군(아일랜드) 등이 있었다.

경제적인 면에서 북부의 우세는 더욱 압도적이었다. 북과 남을 대비해 보면 18세에서 60세까지 자유민 남성의 인구 4.4 대 1, 공업 생산량 10 대 1, 철 15 대 1, 석탄 38 대 1, 화력 무기 32 대 1, 밀 412 대 1, 옥수수 2 대 1, 섬유 제품 14 대 1, 상선 총톤수 25 대 1, 자산 3 대 1, 철도 부설 거리 2.4 대 1, 경지 면적 3 대 1, 군용 동물 1.8 대 1, 가축 1.5 대 1이었다. 남부가 유일하게 우위를 보인 생산품은 면화로 24 대 1이었지만, 이 이점은 남부의 과잉 생산과 무기한 위기 사태를 대비한 (남부 이외 지역의) 비축이 증가했기 때문에 아무런 의미가 없었다. 전쟁이 시작되기 직전 사우스캐롤라이나의 제임스 헨리 해먼드 상원의원은 이렇게 큰소리쳤다. "면화, 쌀, 담배, 선박용품은 세계를 호령한다. 우리는 그런 사실을 잘 알고 있으며, 성공적으로 실행에 옮길 특유의 재능도 충분히 갖추고 있다. 우리가 없는 북부는 어미 잃은 송아지처럼 힘없이 울다가 질병이나 배고픔으로 쓰러질 뿐이다."[70] 전쟁이 일어나면 남부 경제는 발전하지만 북부 경제는 오히려 위축될 것이라고 남부인들은 추측했다. 하지만 실제로는 충분히 예측 가능한 것처럼 그와 정반대 현상이 일어났다. 남부 경제는 쇠퇴하고 북부 경제는 1850년대 수준 이상으로 빠르게 성장했다.[71]

남부가 안고 있던 어려운 문제들을 더욱 악화시킨 것은 재정과 외교, 국내 정치의 부실한 대처였다. 그러한 실책들은 모두 전시 상황을 더욱 심각하게 만들었다. 첫째, 대부분의 내전은 자금이 부족한 쪽이 패배한다는 매우 흥미로운 역사적 사실이 있다. 남북전쟁은 그러한 대표적인 사례였다. 남부는 금과 은의 자급이 불가능하고 비축해둔 금괴도 없어서 전적으로 지폐에 의존해야만 했다. 북부는 잘 훈련된 대규모 해군을 이용하여 개전 직후부터 해상 봉쇄 작전을 펼쳤다. 처음에는 효과가 별로 나타나지 않으나 전쟁이 장기전 양상으로 바뀌자 그 힘을 발휘하기 시작했다. 그 결과 남부의 전통 수입원인 수출입 관세는 거의 들어오지 않았다. 전쟁 기간 동안 거둬들인 수입 관세는 정화로 고작 100만 달러에 그쳤다. 더군다나 북군 해군이 면화를 수출하는 선박을 침몰시키려고 끊임없이 감시했기 때문에 면화 수출로 6,000만 달러밖에 정화 수입을 올리지 못했다. 또한 남부는 무기 생산 능력에도 한계가 있어서 수입에 의존하는 수밖에 없었다. 정세가 불안정한 나라에 때 맞춰서 언제나 기꺼이 무기를 공급하던 프랑스는 구매 대금을 (독점적인 무기 밀매업자들처럼) 정화로 지불할 것을 요구했다.

데이비스가 재무장관에 임명한 인물은 사우스캐롤라이나의 지방 정치가 C. G. 메민저였는데, 이것은 뜻밖의 선택이었다. 메민저는 재정에 관한 경험이 전혀 없었으며, 더욱 중요한 점은 현금을 늘린다는 거의 불가능에 가까운 과제를 해결할 만한 창의력이 없었다는 사실이다.[72] 뉴올리언스와 찰스턴의 은행들로 구성된 컨소시엄 회의에서 조성된 최초의 8퍼센트 이자 전시 공채는 정화로 환산하면 1,500만 달러에 이르렀다. 이 돈은 즉시 모두 무기를 사기 위해 해외에 지불되었다. 하지만 그 뒤를 이은 공채는 성과가 전보다 못했고 마침내는 완전히 실패했다. 1863년 1월 런던에서 얼랭어스가 면화를 담보로 해외 차관을 마련했으나 그것마저 남부의 기대와는 달리 액수가 미미했다. 높은 관세와 시장 확대를 염두에 둔 경솔한 정책으로 예상이 빗나갔다. 궁지에 몰린 메민저는 마침내 역사적으로 가장 바람직스럽지 않은 방법, 즉 지폐 증발(增發)을 감행했다. 1861년 여름 100만 달러의 남부 지폐가 발행되고, 그해 12월에는 3,000만 달러, 1862년 3월에는 1억 달러, 8월에는 2억 달러, 12월에는 4억 5,000만 달러가 시중에 넘쳐났다. 1863년에는 9억 달러로 두 배에 이르렀고, 그 뒤의 정확한 숫자는 밝혀지지 않았지만 지폐는 계속 남발되었다. 금 시세도 1861년 5월에 이미 지폐 가치를 웃돌아 그해 연말에는 20퍼센트의 프리미엄이 붙었다. 1862년 말 1달러 금화 가치는 지폐 3달러가 되었고 1863년 말에는 20달러 이상으로 치솟았다.

1864년 7월 메민저는 면화 밀매로 개인적인 이득을 취한 혐의로 고발되어 오명 속에 사임했다. 데이비스가 후임으로 임명한 인물은 조지 A. 트렌홀름이라는 참으로 천재적인 경제 정책 전문가였다. 찰스턴에서 면화 무역에 종사한 트렌홀름은 남부의 주요 상업 작물의 판매에 실로 뛰어난 재능을 보였다. 하지만 때는 이미 늦었다. 남부의 재정은 손쓸 수 없을 정도로 파탄 상태였다. 1864년 12월 달러 금화 가치는 지폐의 40배가 되었고, 그 뒤 얼마안 가 100배로 치솟았다. 인플레이션은 적어도 남부를 파멸로 몰아갔다. 전쟁이 2년을 넘길 무렵부터는 남부인들조차 북부의 통화를 선호하며 사용하기 시작했다. 그러는 편이 더 신뢰가 높았기 때문이었다. 전쟁이 막바지에 이르자 사람들은 지폐를 외면하고 현물로 물건을 사고팔았다. 심지어 정부마저 현물로 세금을 거둬들이고 공채를 모집했다. 금화를 소지한 사람만이 이동 수단을 이용할 수 있었는데 데이비스도 예외는 아니었다. 남부연합의 최후가 몇 주밖에 안 남았을 때, 그는 아내 배리너에게 남은 금화를 주며 안전한 장소로 대피시켰다. 자신을 위해 남긴 것은 달랑 금화 5달러뿐이었다.[73]

재정뿐 아니라 외교에서도 남부는 서툴렀다. 처음에 데이비스는 대대적인 외교 노력은 필요 없다고 생각했다. 경제 변수는 스스로 해결할 수 있다고 생각했기 때문이었다. 열쇠를 쥔 쪽은 영국으로서 1850년대 영국은 면화 80퍼센트를 미국에서 수입했다. 거기에 영국 해군은 세계 최대 규모를 자랑했다. 원하기만 한다면 북군의 해상 봉쇄를 풀 수도 있을 터였다. "누가 감히 면화에 대해 전쟁을 벌일 것인가. 이 세상의 어떤 권력자도 그런 일은 할 수 없을 것이다. 면화는 바로 왕이니까."[74] 이렇게 큰소리치는 해먼드 상원의원의 주장을 그대로 믿었다. 하지만 남부의 과잉 생산과 더불어 영국은 전쟁이 일어날 경우를 예상해서 비축 작업을 진행했다. 그 결과 아직 전쟁이 일어나기 이전인 1861년 4월 면화가 영국 시장에 40퍼센트 이상이나 초과 공급되었다. 영국은 면화를 이집트와 인도, 전쟁 후기에는 북부를 통해 미국에서도 수입했다. 1860년부터 1865년 동안 영국은 500만 포대 이상의 면화를 미국에서 수입했다. 남부에서 직접 사들인 양은 그 가운데 극히 일부에 지나지 않았다. 영국의 제조업자들은 재고 물량을 다 소진하고 또 남부 생산자들에게 의존하는 관계를 벗어날 수 있는 좋은 기회를 환영했다. 남부의 까다롭고 오만한 생산자들에게 염증이 났던 것이다.

면화 수입이 감소하자 실제로 랭커서와 요크서에서 일부 노동자들이 해고되었다. 1862년 말까지 영국에서 전쟁의 여파로 일자리를 잃은 남녀 노동자의 수는 33만 명을 헤아렸다. 하지만 그들조차 남부를 동정하지 않았다. 노예와 자신들을 같은 선상에서 보았던 것이다. 링컨에게 다음과 같은 청원서도 보냈다. "우리의 생각은 대통령과 같습니다. 우리는 진정 하나의 국민입니다. …… 만약 영국에 그쪽의 불행을 바라는 나쁜 사람들이 있다면, 그것은 전적으로 이 영국에서 자유를 반대하는 사람들이라고 생각해주십시오. 그리고 그런 사람들에게는 우리 사이에 싸움을 일으킬 힘도 없을 것입니다." 링컨은 이 말을 "기독교적인 숭고한 영웅 행위"라고 칭찬했다.

실제로 노예제도를 반대하고 국가 통일을 주장한 링컨의 자세는 19세기를 통해 가장 강력했던 두 가지 이념-자유주의와 내셔널리즘(국가주의 또는 민족주의-옮긴이)-과 합치했다. 링컨은 왕성한 외교 활동을 벌였는데, 실은 그럴 필요도 없을 만큼 전 세계 여론은 그를 지지했다. 「노예해방 선언」이 발표된 뒤부터 그 경향은 훨씬 두드러졌다. 우방을 확보하기 위해 노력을 기울인 쪽은 남부였다. 하지만 진척은 없었다. 데이비스는 특히 영국을 싫어했다. 실제로 영국에는 남부를 응원해줄 가능성이 매우 큰 인물들이 많았다. 보수당, 특히 그 지도층, 그리고 영국 언론 가운데서 경이적으로 많은 독자층을 보유한 「타임스」와 같은 신문이 그러했다. 하지만 데이비스는 그것을 이용하려 하지 않았다. 그가 파견한 외교사절은 모두 과격주의자들뿐이어서 외교 교섭보다는 남부의 주장을 선전하는 데만 바빴다. 영국 총리이자 예전의 휘그당과 자유당의 국가주의자였던 파머스턴 경은 냉철한 반응을 보이며 1861년 5월 13일 "엄정하고 공평한 중립"이라는 입장을 선언했다.

북군의 해상 봉쇄가 영국에 가져다준 불이익도 남부가 기대했던 것만큼 크지 않았다. 해상 봉쇄가 영국의 기본 전략과 일치했고, 영국 해군은 가까운 장래에 독자적으로 실행할 경우에 대비해서 그 성과를 지켜봤기 때문이었다. 그래도 긴박한 사건이 딱 한 차례 일어났다. 1861년 11월 합중국 범선 샌재신토 호의 선장이자 탐험가로 유명한 찰스 윌킨스 대령(1798~1877)이 영국 증기선 트렌트 호를 해상에서 강제로 정박시키고 남부연합의 외교사절 존 슬라이델과 제임스 M. 메이슨을 체포했다. 이 사건은 영국의 반발을 크게 샀다. 그러자 국무장관 수어드는 중재를 위해 트렌트 호를 항구로 유도하지 않은 것은 윌킨스의 잘못이라는 답신을 보내고 두 사람의 석방을 명하여 사태를 서둘러 수습했다.[75]

남부 지도층의 분열

앞날을 내다보지 않는 경제 정책과 미숙한 외교 정책에 더하여 제대로 작동하지 않는 정치 시스템 때문에 남부는 고난을 겪었다. 주 권리를 보호한다는 남부 스스로의 이론에 얽매였기 때문이었다. 데이비스와 그의 동료인 남부인들은 언제나 역사를 인용하면서도 역사를 알지 못했다. 만약 그들이 미국 초기 공화정의 역사를 객관적으로 연구했더라면 건국의 아버지들이 헌법을 마련할 때 왜 연방국가라는 커다란 요소를 보증해야만 했는지를 이해할 수 있었을 것이다. 간단하게 말하면 최초에 만들어진 잠정적인 정치체제는 전쟁 때나 평화로울 때를 막론하고 원활하게 기능하지 않았기 때문이었다. 남부연합은 합중국 건국 당시의 잘못을 되풀이했다. 각 주는 독자적으로 군대를 조직하고 언제 어디서 무력을 행사할지, 누가 지휘를 맡을 것인지도 결정했다. 각 주의 상층부에서는 남부연합보다 자기 주 권리가 중요했다. 어떤 주의 병사는 다른 주 출신 장군의 지휘를 받는 것을 거부하여 여러 주 혼성 부대를 지휘해야 하는 상급 지휘관은 병력이 더 필요할 경우 각 주정부와 교섭하지 않으면 안 되었다. 데이비스 역시 인력과 물자, 자금을 조달할 때 이와 똑같은 숱한 어려움들을 극복해야만 했다. 1770년대 워싱턴 대통령 역시 거의 비슷한 경험을 겪었다. 하지만 데이비스에게는 워싱턴만큼의 요령이나 위엄, 전략, 도덕적인 권위가 없었다. 모두가 그를 비난하고 그의 신경을 점점 날카롭게 자극했다.

정규군 출신으로 육군장관까지 지낸 데이비스는 자신이 모든 것을 파악하고 있다고 생각하여 무엇이든지 혼자서 처리하려고만 했다. 대통령 직무를 시작할 때 비서는 한 사람밖에 두지 않았다. 초대 육군장관 르로이 P. 워커도 별로 쓸모가 없는 사람이었다. 한 방문자의 말에 따르면 데이비스가 호출 벨을 누르면 워커는 빠른 걸음으로 달려왔는데, 그 모습에는 "상전이 내린 말에 감히 토를 못 달고 '고분고분히' 순종하는 공손함이 깃들어 있었다."[76] 의회는 의회대로 대통령이 씨름하고 있는 어려운 문제들을 조금이나마 이해하려들지 않고 무책임한 언동만 일삼았다─의회는 온통 자만심 가득한 과격주의자들의 소굴이었다. 데이비스는 아마 타일러를 제외하면 역대 대통령 가운데서 의회와 사이가 가장 나빴던 대통령이었을 것이다. 38개 법안에 거부권을 행사했는데, 의회에서 재차 심의한 결과 그 가운데 37개 법안이 거부권을 무시하고 절대다수로 통과했다. 링컨은 오직 세 차례만 거부권을 행사하여 그것으로 모든 것을 끝냈다.

하지만 데이비스가 풀어야 할 어려운 문제들 대부분은 모두 자신이 직접 만든 것이었다. 만성 질병도 그를 괴롭혔다. 몸 상태가 안 좋으니 화를 버럭 내곤 했다. 또한 스콧 장군과 벌인 어처구니없는 입씨름에서 보듯이 중요한 일과 그렇지 않은 일을 구분할 줄 몰랐다. 취임해서 갓 임명한 각료나 장군은 실질적으로 아무런 도움이 되지 못했다. 데이비스는 멕시코 전쟁이나 심지어 웨스트포인트 육군사관학교 시절까지 거슬러 올라가는 개인적인 원한을 푸는 데 임명권을 행사했다. 남부는 누구나 서로를 잘 알고, 거의 대부분의 사람들이 나름의 원한을 가지고 있는 세계였다. 데이비스는 군 상급 지휘관을 임명할 때 웨스트포인트 육군사관학교 동기나 군대 시절의 전우, 개인적인 친구를 우선적으로 뽑았다. 따라서 각 주들이 자기네 주에서도 장군이 배출되도록 요구하거나, 데이비스가 군대 규정을 제멋대로 적용하는 바람에 사태는 더욱 꼬여만 갔다. 또한 전쟁 수행과는 아무 관련 없는 사안을 놓고 동료나 부하와 여러 차례 거친 말다툼을 벌이기도 했다.

트리니다드 출신의 남군 해군장관 스티븐 맬러리(1813~1873)는 남부연합의 지도층 가운데서 냉정함을 잃지 않은 몇 안 되는 인물이었는데, "우리의 운명이 이런 자기만족에 빠진 전쟁 바보들의 손에 헛되게 놀아나다니" 하며 탄식했다. 데이비스에게는 껄끄러운 몇몇 장군들을 다룰 수 있는 능력이 없었다. 그는 병력과 물자의 부족, 특히 이길 승산이 없는 것을 자기 탓으로 돌리면 거의 미친 듯이 화를 냈다. 배리너의 말에 따르면 "그는 반론에 대해 이상하리만치 예민하게 행동했어요. 어린이한테서 '틀렸어요'라는 말을 들었을 뿐인데 평정심을 잃을 정도였어요. …… 굴욕감을 느끼거나 부당한 대접을 받는다고 생각되면 마구 화풀이를 해댄 거예요." 참을 수 없는 혹평을 받자 그는 질병에서 도피처를 찾았다.[77]

전략적인 어려움 역시 데이비스의 실책이 불러온 결과였다. 동원 가능한 백인 남성의 90퍼센트를 징병했음에도 남군은 만성 병력 부족에 시달렸다. 1862년 1월 병적부에 오른 병력 수는 남군이 35만 1,418명, 북군이

57만 5,817명이었다. 1864년 1월에는 남부연합의 깃발 아래 48만 1,180명이 모여 인원이 가장 많았다. 그 뒤 남군 병력은 점차 줄어들었으나 북군은 오히려 늘어 1865년 1월에는 각각 44만 5,203명과 95만 9,460명이 되었다.[78] 이런 상황에서 데이비스가 해야 할 일은 적은 병력을 제한된 지역에 집중하는 길밖에 없었다. 그럼에도 그는 남부연합 영토를 한 치도 양보할 수 없다는 취임 선언문을 표현 그대로 굳게 지키려고 작정했다. 그것은 불가능한 이야기였다. 우선 3,500마일이 넘는 해안선을 해군력이 없는 상태에서 무슨 수로 방어할 것인가? 그리고 텍사스만 해도 경계선이 1,200마일에 가까웠다. 만약 켄터키가 탈퇴했더라면 강이 경계가 되어 조금은 방어하기가 쉬웠을 것이다. 얼마 동안은 켄터키가 어느 한 진영에 서지 않았지만 점차 북군이 이 지역에서 남군을 위협하기 시작했다. 미주리 역시 내부적으로는 의견이 대립했으나 세인트루이스를 중심으로 한 동쪽 지역은 합중국에 확고한 충성을 보였다. 결국 아칸소 북부에서는 300마일 가까운 직선이 남북의 경계선이 되었는데, 이것을 지킨다는 것은 거의 불가능에 가까웠다. 남군은 언제나 병력의 상당 부분, 어림잡아 3분의 1 또는 그 이상을 전투를 하지 않는 경계선 방어 근무에 배치했다. 다른 한편에서는 실전에 참가한 지휘관들이 필사적으로 병력 충원을 요구했다. 북군이 점차 넓혀간 병참선을 따라 막대한 병력을 투입한 것은 사실이었다. 하지만 그 이상으로 투입할 수 있을 만큼 병력이 더 많았다.[79]

전쟁이 시작된 지 얼마 안 되어 남부연합은 수도를 몽고메리에서 리치먼드로 옮겼다. 버지니아가 전선을 이탈하지 않도록 하는 것이 주요 목적이었다. 하지만 이것은 은총이자 저주였다. 세련된 지성과 교양을 자랑하는 버지니아인은 남부연합 정부의 중심을 이루는 사우스캐롤라이나인을 입이 거칠고 요란만 떠는 위험한 과격주의자로 생각했다. 아울러 데이비스 일가에도 경멸의 눈초리를 보냈다. 버지니아의 숙녀들은 배리너의 검은 피부와 두툼한 입술을 거론하며 그녀를 "화려하게 차려입은 튀기 거위"라느니 프랑스 독재자 나폴레옹 3세의 아내로서 경멸의 대상이었던 외제니에 비유해 "황후" 따위로 불렀다. 조지아 주의 사람들도 데이비스를 싫어했다. 그 대표적인 사람이 토머스 코브로 그는 데이비스를 "노새처럼 고집이 세다"라고 말했다. 조지아인은 남부 정부에서 가장 뛰어나고 유능한 인재였던 법무장관 J. P. 벤저민(1811~1884)마저 "유대인의 개"라며 해임했다. 텍사스 상원의원 루이스 T. 위그폴은 데이비스의 든든한 후원자였는데, 아내들끼리 사이가 틀어지자 입장을 바꿨다. 사우스캐롤라이나 출신의 속물인 샬럿 위그폴은 배리너를 불쾌한 태도로 "눈에 거슬리는 서부 시골뜨기 여자"라고 욕했으며, 남편 위그폴은 때때로 술에 취한 채 의회에서 반란이나 폭동을 선동했다. 남부연합의 중심인 리치먼드는 서서히 사회적으로나 정치적으로 극심한 불화를 겪었다. 마침내 데이비스 일가는 손님 초대를 끊어버렸다.

북군이 다시 남부 영토를 공략하기 시작하자 각 주의 이해는 나뉘고 각자 살 길만을 찾으면서 리치먼드의 야만스러운 정치 반목에 영향을 미쳤다. 기묘한 역설이지만, 정치에 말도 꺼낼 수 없던 평범하기 그지없는 남부인들이 놀라운 용기와 인내력을 갖고 전쟁에 참가했다. 하지만 한편에서는 그들을 전장의 지옥으로 보낸 장본인인 지도층들은 추한 파벌 싸움과 배신으로 분열하며 패전 직전에 항쟁의 무대에서 사라졌다.[80] 데이비스는 너무나 자존심이 강하고 다른 사람에게 마음을 열어놓지 않고 화를 잘 내는 성격이어서 자신의 파벌을 만들 수가 없었다. 인기를 끌거나 구슬려서 사람을 조종하는 짓 따위는 자존심이 허락하지 않았다. 그리하여 "가까운 친구마저 고개를 내젓거나 때로는 손사래를 치거나 얼굴을 붉히며 그

미국인의 역사 I

732

의 곁을 떠나가면서 두 번 다시는 만나지 않겠다고 결심했다."[81] 하지만 적어도 그는 남부연합과 운명을 같이하다가 마지막에는 북군에게 족쇄가 채워진 채 끌려갔다.

남북으로 갈라선 성직자들

여기서 이런 의문이 들 것이다. 그런 문제들을 안고서 어떻게 남부는 그처럼 잘 싸우고 그토록 오랫동안 전쟁을 끌 수가 있었을까? 첫째로, 링컨은 많은 제약 아래서 전쟁을 지휘했다는 사실을 이해하지 않으면 안 된다. 그는 전쟁을 원하거나 필요로 하지 않았다. 그리고 처음부터 자신에게는 전쟁을 감당할 능력이 있다고 꿈에도 생각하지 않았다. 그래서 그는 잘못을 많이 저질렀다. 특히 장군들 임명에 실패했다. 하지만 데이비스와는 달리 실수를 통해 교훈을 얻었다. 남부는 자기네 존망을 걸고 싸웠다. 즉 싸울 동기가 충분하게 있었다. 그에 비해 북부는 한데 뭉치지 못하고, 어리벙벙하고, 마지못해 군대에 갔다. 북부는 많은 수의 열광적인 노예제도 반대자들과 그보다 훨씬 더 많으면서 무관심하거나 성향이 다른 유권자들로 구성되어 있었다. 그들은 자신들과 직접 아무런 관련 없는 노예제도 때문에 피 흘리는 싸움에 휘말리는 것을 원하지 않았다.

그리고 4개의 경계주 문제가 있었다. 노예 소유를 허용한 그들을 합중국에 충성을 바치는 것이 국가 유지에 필수적이었다. 링컨이 겨우 1만 5,000명의 직업군인으로 시작한 이 전쟁은 본질적으로는 도덕 문제에서 비롯되었기 때문에 링컨으로서는 더 높은 도덕적 입장을 유지해야만 했다. 하지만 합중국에 잔류한 주들을 하나로 묶는 과제 역시 필요했다. 이는 다시 말해 편의주의에 결코 빠지지 않고 실리주의의 입장을 일관되게 유지해야만 한다는 사실을 의미했다. 하지만 링컨에게는 비범한 재능-아마 그가 지닌 수많은 재능 가운데 가장 뛰어난 것-이 있었다. 그것은 실리적인 필요에서 생겨난 결의와 주장을 도덕의 옷으로 치장해 품위를 높이는 재능이었다. 링컨은 노예를 해방하라는 요구를 받았다. 그 밖에 무엇을 위해 싸워야 하느냐는 질문도 받았다. 국가 통일을 유지하기 위해서라는 것이 그의 답변이었다. 링컨은 국가 통일이 유지되면, 노예제도는 언젠가는 소멸될 것이라고 인식하고 또 사실로 받아들였다. 하지만 그것을 확실하게 말할 수는 없었다. 연방에는 노예제도의 존속을 바라는 주가 4개나 있었기 때문이었다.

북군 장군들은 전술적인 차원에서 지역에 따라 노예해방령을 선포하기도 했다. 노예들을 선동하여 남부 내부를 교란시킬 목적이었다. 링컨은 이러한 조치를 월권행위로 규정하고 취소시켜야만 했다. 그는 노예제도를 증오했다. 하지만 헌법을 존중하려는 의지가 더 컸다. 그는 켄터키에 있는 친구에게 다음과 같은 편지를 보냈다.

나는 물론 노예제도를 반대합니다. 노예제도가 죄악이 아니라면 죄악 따위는 없을 것입니다. 그런 생각이 들지 않았던 적은 한 번도 없었습니다. 그렇지만 이런 판단과 감정을 지닌 채 공무를 처리할 권한이 무제한으로 대통령에게 부여되었다고는 생각하지 않습니다. 나는 취임식 연설에서 내 능력이 미치는 한 합중국 헌법을 유지하고, 보호하고, 지킬 것을 다짐했습니다. 그것을 맹세하지 않고는 직무에 나갈 수가 없었습니다. 따라서 권력을 획득하기 위해 선서하고, 그 권력을 행사하기 위해 선서를 파기해도 된다고는 생각하지 않습니다.

링컨은 데이비드 헌터 장군이 내린 노예해방령을 무효 처리하는 명령에서 노예 문제에 관한 자신의 의견을 공개적으로 밝혔다. 장군이 내린 노예해방령은 "완전 무효"임을 선언하고, 노예를 자유롭게 할 권리는 자기 이외에는 아무에게도 없으므로 그런 권리는 대통령 직권에 포함되는 것이 타당하다고 천명했다. "한 가지 사실을 추가로 알려드리고자 합니다. 어떤 주 또는 어떤 복수의 주에서 노예해방을 선언하는 일이 육해군 최고 지휘관인 본인에게 허용되어 있는지, 그리고 과연 언제, 어떤 경우에 그런 권한을 행사하는 일이 정부의 존속에 필요한지 등은 내 책임 아래 내가 직접 판단할 문제입니다. 그런 일을 일선 지휘관의 결심에 맡기는 것은 옳지 않다고 생각합니다."[82]

호러스 그릴리에게 보낸 편지에도 그런 생각이 반영되어 있었다. 그릴리는 「뉴욕 트리뷴」지에 "2,000만 명의 기도"라는 제목으로 링컨을 규탄하는 과격한 기사를 썼다. 그는 링컨이 "이해하기 힘들고 비루하기 짝이 없는 태만"에 의해 노예를 해방하지 않는 것을 꾸짖으며 노예제도를 근절하지 않은 채 남부의 반란을 진압하려드는 것은 "터무니없는 헛수고"라고 비난했다.[83] 링컨은 조금도 머뭇거리지 않고 어느 누구와 논의하지 않은 채 답장을 썼다.

나에게는 합중국을 구하는 일이 이 투쟁의 가장 큰 목적입니다. 노예제도를 남기거나 없애는 것이 아닙니다. 만약 노예를 1명이라도 해방하지 않고 나라를 구할 수만 있다면, 나는 그렇게 하겠습니다. 만약 모든 노예를 해방함으로써 나라를 구할 수 있다면, 나는 그렇게 하겠습니다. 만약 몇 명의 노예를 해방하고 나머지는 그대로 두는 것이 나라를 구하는 길이라면, 나는 그 길을 택하겠습니다. 내가 노예제도와 흑인에 대해 무슨 일을 하는

것은 그것이 국가를 구하는 데 도움이 된다고 믿기 때문입니다. …… 내가

하는 일이 이 목적에 방해가 된다고 생각되면 더 이상 하지 않을 것입니

다. 더 힘을 쏟아야 하는 일이 목적 완수에 도움이 된다면 더 그렇게 하

겠습니다.[84]

　링컨은 합중국 통일을 유지하는 길과, 이 몸서리치는 거대한 투쟁의 원

인이자 아무 죄 없는 희생양인 노예에게 올바른 일을 하는 길을 동시에 모

색했다. 그가 이 두 가지 길을 찾는 도중에 명확하게 인식한 것은, 남북전

쟁이야말로 종교적인 색채를 띠면서 본질적으로는 헌법을 둘러싼 항쟁일

뿐 아니라 동시에 헌법적인 문제가 영향을 끼친 종교적인 항쟁이라는 사

실이었다. 남북 양 진영의 열광주의자들은 경제적·정치적 동기보다 오히

려 윤리적·종교적 동기에 의해 움직였다. 남부에서는 흑인의 열등함, 이스

라엘 족장들과 모세의 노예제도 수용, 성 바울이 강조한 주인에 대한 순종

이 근거로 제시되고 인용되었다.

　전쟁의 서곡이 된 여러 사건이 일어났을 때, 남부와 북부는 서로 『성서』

구절을 상대방에게 제시했다. 신앙부흥과 복음주의 운동은 일반적으로 양

진영의 극단주의자들의 이익에 따라 움직였다.[85] 실제로 전쟁이 시작되자

남북의 장로교는 노예제를 둘러싼 모든 논쟁을 제한함으로써 교단을 유지

했으나 결국에는 입장이 달라 서로 갈라섰다. 회중교회교도들은 세분화된

조직 덕분에 이론적으로는 통합된 모습을 유지하였으나, 실질적으로는 다

른 교단과 마찬가지로 분열되었다. 루터교, 국교회, 가톨릭의 교도들은 노

예 문제와 관련한 공개 토론과 투표로 인한 분열을 피할 수 있었다. 하지

만 그들 역시 기독교 교리상의 기본 문제에 대해 그 밑바탕에는 의견이 나

뉘져 있었음을 알 수가 있다.[86]

더구나 모든 기독교 관련 교파들은 분열되자마자 전쟁터로 달려가서 서로 얼굴을 맞대었다. 루이지애나의 주교인 리오니더스 포크는 남군의 소장으로 참전하면서 이렇게 말했다. "우리의 피난처인 헌법의 자유를 위해, 우리의 가정과 제단을 위해 싸워야 합니다." 로드아일랜드의 주교인 토머스 마치는 북군에 참여하면서 다음과 같이 말했다. "이것은 우리가 협력해야 할 거룩하고 정의로운 대의명분입니다. …… 신은 우리와 함께 계십니다. …… 만군의 주는 우리 편에 계십니다." 또한 1864년 남부 장로교는 다음과 같이 결의했다. "노예제도를 지켜내 주인과 노예 모두에게 축복이 되도록 하는 것이 남부 교회의 특별한 사명이다." 그리고 노예제도가 죄악이라는 교리는 "『성서』에서 아무런 근거도 찾을 수 없는 광신적인 교리"에 불과하며 "오늘날 가장 유해한 이단들 가운데 하나"라고 주장했다.

　남과 북 두 지역에 오늘날까지 남아 있는 남북전쟁 당시의 설교나 기도문을 살펴보면, 성직자들은 전쟁이 시작되어 끝날 때까지 매우 광신적인 전투원으로 활약했다. 교회가 국가를 분열시키는 데 결정적인 역할을 담당했으며, 교회의 내부 분열에 의해 나라를 연결하던 마지막 끈이 끊겨져 버린 것일지 모른다. 북부는 이런 비난을 흔히 기꺼이 받아들였다. 1861년 북부 감리교 신자인 그랜빌 머디는 자랑스럽게 말했다. "우리에게는 전쟁 책임이 있다. 우리에게 원인이 있다는 것은 사실이다. 하지만 이것은 영광의 화관이기에 나는 이를 자랑스럽게 여긴다." 남부의 성직자들은 전쟁을 자랑스럽게 생각하지는 않았으나, 남부의 여러 계층 가운데서 그들이 탈퇴 분위기 조성에 가장 적극 앞장섰다. 또한 남북 양 진영의 성직자들은 피해만 주고 있는 쓸모없는 전쟁을 질질 끌고 간 데 대해 특히 책임이 컸다. 그들은 모두 전투의 결과로 병영 안에서 수많은 "개종자"가 나오고, 교회에 가거나 "열심히 기도를 올리는" 병사들이 실로 놀라울 정도로 넘쳐

나고 있다고 주장했다.[87]

　전쟁 진행 상황에 관한 성직자들의 해석 또한 모두가 하나같이 독선적이고 모순으로 가득했다. 남부 장로교 신학자인 로버트 루이스 대브니는 북부 장로교 신자들을 (대브니의 표현을 빌리자면) "계획적인 살인자들"이라고 비난하고 신에게 "보복의 섭리"로 북부를 파괴해달라고 간청했다. 북부의 선동적인 성직자 가운데 매우 폭력적인 헨리 워드 비처는 남부 지도자들이 "높이 솟구쳐 올랐다가 영원한 징벌의 구덩이 속으로 끝없이 내던져질 것이다"라고 예언했다. 셔먼 장군의 "조지아 진군" 때 뉴헤이븐의 신학자 시어도르 손턴 멍거는 남부를 지옥과 비교하면서 "스스로 지은 죄"로 인해 고통받고 있으며, 북부는 "자기를 내던지는 희생"으로 고통받고 있다고 말했다. 그는 매클렐런 장군의 우유부단함은 비난받아 마땅하지만 그 또한 신의 숨은 계획의 하나라고 주장했다. 즉 매클렐런의 우유부단함은 북부의 신속한 승리의 걸림돌이 되었지만 결과적으로 보면 이 때문에 남부는 훨씬 더 가혹한 징벌을 받았다고 보았기 때문이다.[88]

노예해방 선언

　이런 귀에 거슬리는 확신 표명과는 대조적으로 에이브러햄 링컨은 신의 섭리를 합리적으로 설명하기 위해 의심과 혼란, 그리고 고뇌에 찬 노력을 기울였다. 그의 편지나 연설 원고, 개인적인 대화 내용을 검토해보면, 전쟁 전의 링컨이 가졌던 종교심이 무엇이었던 간에 종전 때까지는 일종의 믿음을 얻었다는 사실을 믿어야 할 것이다. 전쟁으로 비참한 희생을 강요받는 상황에서 그가 들려준 모든 말들은 뚜렷이 빛을 내며 성실하게 반짝이고 있다. 그는 확실히 무엇인가에 인도되는 것을 느꼈다. "신이 나에게 어떤 특별한 일을 하게 할 것인지 아니면 하지 않게 할 것인지를 원할 때, 신은 나에게 그 일을 전해주는 방법을 알고 있다. 참으로 감사할 일이다." 이처럼 링컨이 몇 차례에 걸친 전쟁의 중대한 고비마다 신의 인도를 기다렸다는 사실이 국정회의 문서에도 기록되어 있다. 다른 종교 관계자들과는 달리, 자신이 신의 의지를 집행한다고는 한 번도 주장하지 않았다. 하지만 이런 기록은 있다. "존귀한 신의 섭리에 대한 확고한 신념이 없었더라면 이처럼 복잡하고 어려운 상황 속에서 이성을 온전히 지키기는 어려웠을 것이다. 전지전능한 신에게는 원대한 계획이 있어서 언젠가 그것을 실행에 옮길 것이라는 믿음이 나에게 있었다. …… 그 계획은 우리에게 가장 현명한 최선의 방법일 것이다."

신이 북부를 지지하느냐는 질문을 받았을 때, 그의 대답은 이랬다. "그런 걱정은 전혀 하지 않습니다. 나는 신이 언제나 정의의 편에 선다는 사실을 알고 있습니다. 하지만 나와 합중국이 신의 편에 설 수 있도록 끊임없이 갈망하고 기도하고 있습니다." 그리고 이렇게 덧붙였다. "반드시 승리한다고 말할 수는 없지만 언제나 진실을 추구해야만 합니다. 반드시 성공하지 못한다고 말할 수는 없지만 마음속에 있는 빛을 따라 떳떳하게 살아야만 합니다."[89]

전쟁이 시작된 지 얼마 안 되어 볼티모어의 흑인 대표단이 아름답게 장정한 『성서』를 링컨에게 선물했다. 링컨이 흑인을 위해 노력한 일에 대한 감사의 표시였다. 전쟁이 길어지자 그가 『성서』를 가까이 하는 기회도 더욱 늘었다. 특히 예언서와 시편을 열심히 읽었다. 오랜 친구 조슈아 스피드는 『성서』를 읽는 링컨을 보며 말했다. "그처럼 뜻있게 몰두하는 모습을 보니 반갑기 그지없네." "그렇다네. 참으로 얻을 게 많거든." "그런데, [신앙과 전황에 대해] 회의적인 생각은 더 이상 안 하는 것 같군. 유감인데, 나는 그렇지 않은데 말이야.""자네가 틀렸네, 스피드. 이 책을 될 수 있는 한 많이 이성적으로 읽으면 믿음에 균형이 생기고, 더 행복하고 선량한 사람으로 살다가 죽을 것이네." 볼티모어의 흑인들에게도 이렇게 말했다. "이 위대한 책은 …… 신이 인간에게 내린 최고의 선물입니다."[90] 『성서』를 읽은 뒤에는 앞으로 나아가야 할 가장 좋은 길을 머릿속에서 찾았다. 그리고 레너드 스웨트와 같이 오래 사귄 친구를 때때로 초대해서 앞으로 해야 할 일이나 해서는 안 되는 일 등에 관해 의견을 들었다.

이처럼 스스로 자문자답을 되풀이하면서 링컨은 미국의 종교 체험이 형성해낸 국가적이고 공화적이며 민주적인 도덕관-아마 특정 교회에 몸담은 이보다 더 완전하고 정확한 도덕관-을 몸소 보여주는 존재가 되었다. 그는 워싱턴 대통령이 의회에서 퇴임 연설을 할 때와 똑같은 분위기를 풍겼다. 전쟁이 시작되기 전과 전쟁 중에 그가 보여준 행동들을 돌이켜 생각해보면-그 당시에 이미-국가 이념과 매우 정확하게 일치하는 듯이 보인 것도 그 때문이었다. 윈스럽 총독이나 최초의 정착민들과는 달리 링컨은 미국이라는 공화국이 "선택받은 국가"라고는 생각하지 않았다. 그 말은 이 나라가 "언제나 정의롭다"라는 것을 암시했는데, 남북전쟁이 일어난 것 자체가 미국에도 잘못이 있다는 점을 보여줬다. 하지만 잘못이 있다 하더라도 정의를 실천하려는 의지 역시 있었다. 링컨은 미국인은 "거의 선택된 민족"이라는 점을 강조했다. 따라서 남북전쟁은 신의 계획의 일부로서 피 흘리는 쓰라린 고통으로 사람들을 시험하는 커다란 시련이지만, 그 뒤부터는 자선과 재탄생의 길을 보여준다고 주장했다.

이런 신념에 따라 링컨은 노예해방이라는 과제에 접근했다. 실행 시기는 신중하게 선택할 필요가 있었다. 경계주가 계속 싸우도록 하기 위해서

만이 아니라, 노예해방은 어떤 의미에서는 전쟁을 시작한 원래의 목적을 바꾸게 했기 때문이었다. 링컨이 전쟁마저 마다하지 않은 것은 몇 차례나 설명했듯이 합중국을 수호하기 위해서였다. 하지만 1862년 여름이 시작될 무렵, 그는 신의 인도로 합중국의 통일이 절대 흔들리지 않는다는 것을 확신하고 전쟁 목적의 변경을 의무로 삼았다. 그리고 헌법과 건국의 아버지들의 잘못을 일소하고, 흑인과 백인을 가리지 않고 합중국의 모든 국민들에게 자유를 부여하는 것을 사명으로 생각했다. 그를 이런 결론에 이르도록 이끈 것은 신이었다. 이제야 신은 링컨에게 다음 행동으로 옮길 것을 지시했다. 승리를 좀 더 가까이 끌어오기 위해 언제 노예해방을 선언할 것인가 하는 물음에 답을 준비했다.

링컨은 남북 양 진영이 안고 있는 실질적인 문제들을 모두 신중하게 저울질했다. 그리고 마침내-정치적인 문제들과는 거의 관계가 없는 이유로-노예를 해방하는 선언을 마땅히 발표해야 한다고 확신하고 7월 22일 내각에 그런 사실을 알렸다. 그리고 각 장관들에게 이미 결단은 내려졌으며, 이 회의의 목적은 조언을 구하는 자리가 아니라 "대통령 선언의 내용을 사전에 통고하는 것"이라고 말했다. 각료들의 반응은 실리에 따라 다양했다. 육군장관 에드윈 M. 스탠턴(1814~1869)과 법무장관 에드워드 베이츠(1793~1869)는 "즉각적인 공포"가 최대 효과를 거둔다고 강조했고, 체이스는 이 선언이 정부의 재정 상태를 위태롭게 한다고 생각했고, 체신장관 몽고메리 블레어는 가을 선거를 우려했다. 링컨은 동요하지 않았다. 결심은 확고했다. 이제 오직 남은 일은 공포 시기를 조정하는 것뿐이었다. "승리를 거둘 때까지는 기다려야 한다"라고 몇 번이고 그는 강조했다. 링컨의 믿음대로 드디어 승리의 순간이 찾아왔다. 1862년 9월 17일 앤티텀 전투였다.

그로부터 5일 뒤 「독립선언서」 이후 합중국 역사상 가장 혁명적인 공문서인 「노예해방 선언」이 공포되었다. 효력 발효일은 1863년 1월 1일이었다. 처음에는 찬반양론이 있었으나 이 선언이 전쟁의 향방에 미친 결정적인 영향은 이루 말할 수 없을 정도로 컸다. 신의 목소리에 귀를 기울인 링컨이 예측한 대로였다.[91]

링컨에게는 정치적으로 고려할 점이 몇 가지가 있었다. 나라를 하나로 묶는 일과 노예해방을 핵으로 하는 그의 정책을 세계 여론에 설명하는 일이었다. 아울러 전쟁은 정당했고 공정하게 수행되었다고 자신을 납득시키는 일도 필요했다. 하지만 링컨이 고심해야 할 일은 그것뿐이 아니었다. 오히려 더 중요한 문제들이 남아 있었다. 일단 전쟁이 시작된 이상 무엇보다 시급한 과제는 승리하는 것이었다. 이것이야말로 링컨이 풀어야 할 가장 어려운 숙제였다.

문제는 인력과 물자를 동원하거나 필요한 자금을 조달하는 것이 아니었다. 확실히 전쟁에는 거액의 자금이 소요되어 그 비용은 전쟁이 시작되고 얼마 안 있어 하루 200만 달러 이상을 넘었다. 잭슨 대통령이 소각한 국채는 그 뒤 조금씩 증가해 전쟁 초기에는 7,000만 달러 미만이었으나, 전쟁 종결이 공식 발표된 1866년 1월 1일에는 27억 7,300만 달러를 훌쩍 넘겼다. 하지만 연방의회는 기다렸다는 듯이 증세안을 의결하고 개인 소득세도 이때 처음으로 3퍼센트에서 5퍼센트로 인상했다(이것은 1872년 단계적으로 원래 세율로 환원되었다). 그럼에도 1861년 12월에는 정화에 의한 지불을 보류하지 않을 수 없었다. 동시에 1862년 2월 링컨은 재무부 증권의 지불을 보증하는 법안에 서명했다. 이에 따라 뒷면에 인쇄된 색깔이 녹색이라서 "그린백"이라고 불린 연방 지폐가 발행되었다. 종이에 금융적 가치만을 부여한 지폐였다.

금화에 대한 이 연방은행 지폐의 가치는 전쟁 뉴스에 따라 때때로 깜짝 놀랄 정도로 유동적이었다. 그 때문에 중대한 실책들이 나오기도 했다. 인플레이션을 막는 데 노력했던 재무장관은 월 가의 거래소를 개인적으로 찾아가서 금을 팔아치웠다. 그런 다음 의회에서 금에 의한 매매 계약을 금지하고 위반자에게는 벌금형이나 금고형을 부과하는 법안을 통과시켰다. 시장에 간섭하려고 한 이 조잡하고 뻔뻔스러운 시도가 오히려 대혼란을 불러오는 바람에 체이스는 사퇴할 수밖에 없었다. 후임으로 부임한 윌리엄 P. 페선던(1806~1869)은 서둘러 의회를 설득해 그 법안을 폐기시켰다. 하지만 대체로 인플레이션은 억제된 수준에 머물러 있었다. 또한 전시에 내렸던 특별 조치-예를 들면 1863년부터 1864년까지 유가증권을 발행하는 1,400개에 달하는 주 은행의 수를 줄여서 연방은행 체계로 재편한 것 등-는 큰 성과를 보였고 그 뒤에도 계속 유지되었다.[92]

북군의 무능한 최고사령관

또 다른 문제는 싸워서 이기려는 의욕을 가진 장군들이었다. 육군의 수장인 스콧 장군은 앞서 살펴봤듯이 머리가 그리 뛰어나지 않고 나이도 75세의 고령인 데다 소심하기 짝이 없는 인물이었다. 그가 링컨에게 올린 종합 전략은 선박 수를 90척에서 650척으로 늘리고 해군을 동원해 남부를 봉쇄하며 미시시피, 테네시, 컴벌랜드 등 3개의 주요 하천을 따라 남부 깊숙한 곳까지 진격하여 남부를 분단하는 것이었다. 하지만 하급 장군들, 특히 남부의 장군들은 역사에 길이 남을 대승리를 거두든가 적의 본거지를 함락하여 빠른 시일 안에 결판을 내고자 하는 분위가 팽배했다. 그것은 리치먼드와 워싱턴이 모두 전투의 중심지에서 그리 멀리 떨어져 있지 않았기 때문이었다.

섬터 요새에 첫 포격을 가한 장본인 P. G. T. 보리가드 장군(1818~1893)은 데이비스의 전우 가운데 한 사람으로 멋 내기를 좋아하는 뉴올리언스의 프랑스계 귀족 출신이었다. 그는 1861년 7월 첫 승리를 거머쥘 욕심으로 의기양양하게 워싱턴으로 진격했다. 또 다른 남부의 장군 조지프 E. 존스턴(1807~1891)이 이끄는 부대와 합류하여, 1861년 7월 21일 불런 전투에서 약간 고전한 뒤 어빈 맥도웰 장군(1818~1885)이 이끄는 북군을 물리쳤다. 갓 입대한 북군 병사들은 혼란에 빠져 도망치기에 바빴지만, 남군도 너무나 피로해 워싱턴까지 진격하는 데 실패했다.

그럼에도 이 전투의 충격은 매우 커서 맥도웰 장군은 해임되었다. 후임으로 온 조지 B. 매클렐런 장군(1826~1885)은 작은 체구에 정확하고 꼼꼼하며 전쟁에 관한 문제라면 모든 것을 아는 것처럼 보이는 자신감 넘치는 남자였다. 링컨과 북군에게는 불행한 일이지만, 이 장군이 제시한 해답은 결국 아무런 조치나 준비를 하지 않는 것이었으며 또한 무엇을 도중에 그만둔다는 핑계밖에 없었다. 그의 변명은 언제나 똑같았다. 병력이 부족하다거나 보급이 바닥났다거나 대포가 없다는 것이었다. 북부가 점차 병력이나 병참 면에서 압도적인 우위를 보이기 시작했지만, 매클렐런 장군은 그런 우세를 활용하여 남군을 대규모 전장으로 유인해 일거에 주력 부대를 섬멸하는 작전을 펼치지 않았다. 육군장관은 그와 그의 예하 부대에 대해 다음과 같이 말했다. "북군 장군 10명은 모두 싸움을 두려워하고 있습니다. …… 만약 매클렐런에게 100만 군대가 있더라도 그는 적이 200만 명이라고 보고하고 그 뒤에는 진흙탕에 주저앉아서 적을 300만 명이라고 불려 말할 겁니다."[93] 링컨도 의견이 같았다. "매클렐런은 아무것도 하려는 의욕이 없다는 인상이 날로 강해지고 있습니다." 한번은 링컨이 매클렐런을 반역죄로 처벌하려고 단단히 벼른 끝에 호출해 심하게 추궁했으나, 얼마나 열심히 간청했던지 그만 양보한 적도 있었다. 훗날 링컨은 매클렐런의 죄는 한마디로 겁을 집어먹은 데 있다고 결론 내렸다. 친구 O. M. 해치와 함께 전장을 시찰할 때 높은 곳에서 당당하게 도열한 부대를 내려다보면서 작은 목소리로 물었다. "해치, 이건 도대체 뭐지?" "뭐긴, 링컨. 포토맥 군이야." 링컨은 큰소리로 말했다. "아니야, 해치, 그렇지 않아. 이건 매클렐런 장군의 보디가드야."

매클렐런과 관련해 할 수 있는 가장 좋은 이야기가 있다면 그것은 바로 앨런 핑커턴(1819~1884)과 친밀한 관계였다는 사실이다. 핑커턴은 스코틀랜드 출신의 탐정으로 시카고에 사무실을 내고 큰 업적을 올렸다. 대통령 선거 기간이나 취임식 때는 링컨의 신변 안전을 책임져서 적어도 한 차례의 암살 기도를 미리 막기도 했다. 그를 고용해 육군 첩보기관의 창설 임무를 맡긴 인물이 매클렐런이었다. 이 기관의 일부는 남부 내부에 침투해서 큰 공적을 쌓았다. 이 조직이 훗날 연방 비밀 정보기관의 기초가 되었다. 하지만 링컨은 그런 사정을 거의 알지 못한 것 같다. 1862년 9월의 앤티텀 전투에서 북군은 처음에는 압도적인 우세로 적에게 타격을 입혔다. 그때 매클렐런이 공격의 고삐를 늦추지 않고 마지막까지 적을 몰아붙였더라면 남군 주력 부대를 무너뜨리고 좀 더 일찍 전쟁을 끝낼 수 있었다고 링컨은 믿었다. 그것이 틀린 생각은 아니어서 마침내 링컨은 싸우려들지 않는 장군을 해임했고 그와 함께 앨런 핑커턴도 자리를 떠났다. 핑커턴의 물샐틈없는 경호를 받지 못하게 된 링컨은 1865년 어이없게도 암살자의 총탄에 쓰러졌다.[94]

제1차 불런 전투는 남군에게 좋고 나쁜 결과를 동시에 가져다줬다. 처음에는 보리가드에게 전공이 큰 줄 알고 승진을 시켰으나 그는 남군 장군들 가운데 가장 무능하고 골치 아픈 존재로 판명 났다. 승리의 진정한 주인공은 의지가 굳세고 용맹하며 전술에 능한 지휘관 존스턴이었다. 1862년 4월 6일부터 7일 사이에 테네시 주 샤일로와 피츠버그랜딩에서 벌어진 최초의 대규모 전투에서 존스턴은 4만의 병력을 이끌고 율리시스 S. 그랜트 장군(1822~1885)의 3만 3,000명 부대를 공격했다. 남군의 압도적인 우세 속에 하루 만에 승리할 순간에 존스턴이 부상했다. 이것은 남부에게 뼈아픈 손실이었다. 그 당시 가장 유능하다는 장군을 잃었을 뿐 아니라 그 다음 날에는 몸소 진두지휘에 나선 그랜트에 의해 전투의 흐름이 바뀌어 남군은 패주했다.

하지만 제1차 불런 전투에서 두각을 보인 인물은 존스턴 말고 또 있었다. 전장의 아수라장 속에서 사우스캐롤라이나 의용군 대장은 겁먹은 부하들의 사기를 북돋우기 위해 가까이 온 토머스 J. 잭슨 장군(1824~1863)이 이끄는 여단 쪽을 가리키며 다음과 같이 말했다. "저기 잭슨 장군이 바위처럼 버티고 서 있다." 이 말은 남군 병사들 사이에 퍼지고 잭슨의 명성도 아울러 올라갔다. 하지만 이것은 어울리지 않는 표현이었다. 잭슨은 방어에 능하기보다는 대담하고 결연한 공격형 지휘관으로서 위대한 장군에게 공통으로 보이는 진정한 살육자 본능을 지니고 있었다. 남부가 전쟁에서 승리를 거둘 수 있는 길은 오직 하나밖에 없었다. 북군의 주력 부대인 포토맥 군을 포위하여 일망타진하고 워싱턴을 점령한 다음 연방정부의 마음 약한 의원들에게-그런 의원들이 상당히 많았다-전쟁의 희생이 너무나 크다는 점을 설득하여 타협의 길을 모색하게 하는 것이었다. 이처럼 등을 돌린 의원들이 의회의 다수파가 되어 링컨이 대통령직에서 물러났더라면, 그 뒤 미국 역사는 다른 방향으로 전개되었을 것이다.[95]

잭슨과 모스비

잭슨은 고아로서 아버지는 버지니아 주 앨러게니 출신의 파산한 변호사였다. 그런 탓인지 버지니아 신사로서는 매우 남부적이지 않은 성질을 지녔다. 그랜트의 평가에 따르면 "마치 크롬웰이 살아 돌아온 것 같은 느낌을 늘 주었으며 버지니아인이라기보다는 뉴잉글랜드인에 더 가까웠다." 그는 청교도였다. 리치먼드에서 전쟁 일기를 남긴 제임스 체스넛 부인은 잭슨의 특징을 생생하게 묘사했다. 그가 부인에게 퉁명스럽게 말했다. "난 독한 술을 좋아합니다-그래서 술을 입에도 대지 않습니다." 그 대신에 레몬을 들이켰는데 그의 몸 전체가 레몬의 신맛이 배인 것 같았다. 유머 감각이 없었고, 부하들이 욕이나 저속한 농담을 입에 올리지 못하게 했다. "발을 질질 끌며 불쌍한 구렁말에 올라타 큼지막한 발을 등자에 찔러 넣은 볼품없는 기사, 털실모자 챙을 깊숙이 내려써도 나무 인형처럼 무표정한 얼굴은 감출 수가 없는" 그런 남자였다. 잭슨은 노예를 소유하지 않았고 노예제도를 싫어했다는 믿을 만한 증거가 있다. 렉싱턴에서는 흑인 어린이들을 위한 학교를 열었다. 남부인 대부분이 흑인 교육을 맹렬하게 반대하여 법률로 금지하는 주까지 있었다. 하지만 그는 극심한 중상모략이나 반대에 굴하지 않고 단호히 학교를 계속 운영했다. 의동생이 쓴 회고록에 따르면, 잭슨이 노예제도를 받아들인 것은 "남부의 모든 주들에 이미 존재하고 있기 때문이었으며, 그 자체를 바람직한 것으로 생각하지 않았다. 하지만 신이 무엇인가 목적이 있어서 허락한 것이므로 그가 판단할 일은 아니었다."

하지만 그랜트가 말했듯이 "반역을 꿈꾸는 사람이 있다고 한다면 바로 그가 그런 사람이었다." 잭슨은 양군 지휘관 가운데 어느 누구도 따를 수

제4장 │ 거의 선택된 민족에게

•

747

없을 만큼 잔인하고 결연한 자세로 싸웠다. 체스닛 부인은 고향이 같은 이 장군의 가치관을 다음과 같이 기록했다. "일요일에는 교회에서 설교 듣는 것보다 전투하는 쪽을 확실히 더 좋아했다. [하지만] 전투가 없는 날에는 두 번째로 좋아하는 일을 했다. 즉 장로교 목사의 긴 설교를 듣는 일이었다. 철저한 칼뱅주의자였다. 인간의 허약함에 대한 동정심은 전혀 없고, 오로지 싸우는 것만을 소중하게 여기는 진정한 군인이었다. 달성해야 할 목표 앞에서는 인간의 생명 따위는 조금도 가치가 있다고 생각하지 않았다." 부하들에게는 그는 공포의 대상이었다. "재빨리 분명하게 명령을 내리고는 변명이나 항변은 허락하지 않고 곧장 가버렸다. 만약 실패하면 영창에 가야 했다." 잭슨은 전쟁은 신이 하는 일이라고 믿으며 전쟁을 즐겼다. 그리고 남부인으로서는 보기 드문 야망을 가지고 있었다. 남부인은 자신의 신념이나 습관을 지키는 것 이외에는 느긋한 태도를 보였는데, 잭슨은 정의를 실현하는 독재자가 되기를 원했다. 하지만 1863년 5월 처절한 챈설러스빌 전투에서 승리를 거둔 뒤 등에 총탄을 맞고 숨졌다. 총을 쏜 것은 부하 멀론이 이끄는 여단의 병사였다. 아마 달빛 아래서 적으로 오인했을 것이다. 그가 전사한 뒤 남군은 치카모가 전투를 제외한 모든 싸움에서 패배했다.[96]

하지만 남군에는 잭슨 외에도 뛰어난 지휘관이 있었다. 북군의 전선 배후에 침투해 활약한 존 싱글턴 모스비 대령(1833~1916)이었다. 그 역시 타고난 살육자 본능이 있었다. 우수한 기병이었던 점은 다른 남부 군인과 같았으나 그에게는 굳은 의지가 있었다. 남군 수뇌부가 본 전쟁에 대해 매우 훌륭한 책을 쓴 리처드 테일러 장군(테일러 대통령의 아들)이 그것을 잘 요약했다. "남부 군인들은 언제나 말 등에 올라타 두려움 없이 과감하게 돌진했기에 더 이상 바랄 수 없을 정도로 기병으로서는 소질이 뛰어났다. 그들에게 부족한 점은 규율이었다."[97] 모스비는 규율 따위에 아랑곳하지 않고 기병도를 쓸모없다며 내던져버리고 대신에 처음으로 두 자루의 권총만 찼다. 그리고 리치먼드의 정치 상황에 혐오감을 드러내며 "혁명 정부라지만 리치먼드처럼 관료주의에 지배되는 곳도 없다"라고 말했다. 이런 이유로 그는 전신기를 통해 시시콜콜하게 명령을 받는 대신 적지에 몰래 들어가 방해 공작을 벌이는 임무를 선택했다. 북군의 병참선에 엄청난 피해를 입히는 바람에 모스비는 북부인의 증오를 샀다. 그랜트의 명령에 따라 그의 부하들은 포로로 잡히면 그대로 사살되었다. 예를 들어 1864년 가을 조지 커스터 장군은 모스비의 부하 6명을 처형했다. 총살형이 3명, 교수형이 2명, 나머지 1명은 17세 소년으로서 말을 훔쳐 모스비 부대에 가담한 혐의로 체포되었다. 포로로 취급되기를 간청한 어머니 눈앞에서 소년은 병사가 탄 말 2필에 매달려 거리에서 끌려 다니다가 사살되었다. 하지만 모스비가 보복을 위해 북군 포로를 처형하기 시작하자 북군은 곧 그런 잔인한 행위를 중단했다.

모스비는 "호리호리하며 야위고 날쌘 체구로 …… 작은 발에 놋쇠 박차를 단 기마 부츠를 신고 허리에 찬 리볼버는 그 '임무'를 말해주듯 반질반질 닳아 있었다."[98] 그는 날카로운 눈초리에 살짝 미소를 머금은 얼굴로, 잘 웃었으나 싸울 때는 언제나 매우 진지했다. 할리우드 영화의 소재로도 종종 다뤄졌다. 「국가의 탄생」(그리피스 감독이 남북전쟁을 배경으로 1915년에 제작한 무성영화-옮긴이)이라는 영화를 볼 만큼 오래 살았기에 실제로 영화의 한 장면에 출연했을지도 모른다. 그는 북부에서 전설적인 인물로 입에 오르내렸으며, 전쟁이 끝난 뒤에도 오랫동안 링컨이 암살될 당시 범행 현장인 극장에 있으면서 배후에서 조종했다든가 대규모 열차강도는 모두 그의 소행이라는 소문이 나돌았다. 하지만 그는 최고의 남북전쟁 이야기 중 하나를 장식한 진정한 인생 영웅이었다. 북군을 야습했을 때 벌거벗은 채로 창녀와 잠을 자던 에드윈 H. 스토턴 장군을 발견하고 거칠게 깨웠다. "내가 누구인지 알기나 알아?"라고 묻는 장군에게 "장군, 모스비를 아십니까?"라고 되물었다. "물론이지. 자네가 그 악당을 붙잡았나?" "아닙니다. 그 악당이 당신을 잡았습니다."[99]

게티즈버그 전투

남군의 장군들 가운데 잭슨과 모스비 두 사람만이 패배를 몰랐다. 잭슨이 전사함에 따라 필연적으로 리가 최고 지휘관 자리에 올랐다. 그렇지만 리에 대해 공정하게 말한다면 남부 총사령관에 정식 임명된 것은 1865년 2월이었다. 그로부터 불과 2개월 뒤에 리는 애퍼매톡스에서 모든 남군을 이끌고 북군에 투항했다. 리는 미국 역사에서 특별한 지위를 차지하고 있는 인물이다. 그것은 그가 북부의 링컨에 대항한 남부 지도자였고, 그의 성실한 인격과 고결한 의지는 남부의 주장에 정당성을 부여했기 때문이었다.[100]

링컨처럼 특이하거나 야윈 모습은 아니었으나 역시 그 역할에 어울리는 인물이었다. 그의 온몸에서는 아름다움과 우아함이 풍겼다. 6피트에 가까운 키에 걸맞지 않게 작은 발을 가졌으며 여성을 연상시키는 따뜻함과 상냥스러움을 지녔다. 사관학교 시절의 동료들은 그를 "대리석 조각상"이라고 불렀다. 멋진 회색 턱수염이 50세를 넘기며 새하얗게 변하자 마치 호메로스 연극에 등장하는 족장과 같은 모습으로 바뀌었다. 버지니아의 유서 깊은 상류계급 가문에서 태어나 같은 신분의 여성과 결혼했다. 아버지는 헨리 리 3세로서 독립전쟁 때 장군으로 참전했고 그 뒤 연방의회 의원과 버지니아 주지사를 지냈다. 헨리의 아내 앤 커터는 30만 에이커의 농장과 1,000명의 노예를 소유한 "킹 커터"의 증손녀였다.

이것은 어디까지나 표면적인 이야기에 불과하고, 실제로는 리의 아버지는 "경기병 해리"로 불리며 사기에 가까운 땅 투기로 인해 파산했다. 조지 워싱턴도 손해를 입은 한 사람이었다. 워싱턴 대통령은 육군 최고 지휘관에 임명되고자 한 그의 바람을 "경제관념의 부족"이라는 완곡하지만 정확한 말로 거절했다. 헨리는 두 차례나 감옥에 갔으며 로버트가 6세 때 탈옥해 카리브 제도로 도망쳐 다시는 돌아오지 않았다. 그래서 어머니는 많은 자녀를 거느린 채 가난하게 생활해야만 했다. 그리고 의붓아들은 "검은말 해리"라고 불린 난폭자로서 간통을 일삼았기에 가문의 평판은 점점 더 나빠졌다.

이런 환경에서 리는 모범적인 인물이 되어 가문의 명예를 되찾기 위해 행동에 더욱 주의를 기울였다. 리 스스로 이 점에 대해 수시로 언급했다. 그것이 그의 전부였다고 말해도 좋을 것이다. 사관학교 시절에는 모범 후보생이었는데, 실제로 다른 남부 출신 후보생들이 빚 얻는 것을 자랑스럽게 생각할 때도 얼마 안 되는 자기 월급을 아껴 저축을 했다. 뛰어난 성적으로 졸업한 뒤 요새 구축을 주 임무로 하는 엘리트 부대인 육군 공병대에 배치되어 마크 트웨인의 작품에 등장하는 거칠고 물살 거센 강을 다스리는 작업에 참가했다. 멕시코 전쟁 때 눈부신 활약을 펼쳤고, 그 뒤 웨스트포인트 육군사관학교 교장을 거쳐 기병대 대장이 되어 대평원의 인디언들과 싸웠다. 존 브라운이 일으킨 폭동을 진압하고 마지못해 브라운을 교수대로 보낸 것도 리였다.

그는 남부 쪽에서 그 당시나 지금이나 "주들 간에 일어난 전쟁"이라고 부르는 이 남북전쟁이 오랜 기간에 걸쳐 피를 흘릴 것이라는 사실을 처음부터 예상했다. 타고난 평화주의자이자 열성적인 연방주의자의 아들이었던 그는 합중국 통일을 지킬 수 있는 타협안을 열망했다. 하지만 워싱턴 대통령이 창건한 합중국이 무너지는 것을 목격하자, 그 가운데서 가장 영원하다고 생각되는 길을 스스로 선택했다. 그것은 버지니아였다. 워싱턴과 같은 고향 땅으로 리로서는 명예를 걸 만큼 가치가 있는 곳이었다. "나는 합중국을 매우 자랑스럽게 생각한다. 나라를 지키기 위해서라면 가지고 있는 모든 것을 희생해도 개의하지 않는다. 하지만 명예만큼은 희생할 수가 없다." [101]

사려 깊은 전략가 리는 남부에 남겨진 유일한 기회는 북군을 결전에 끌어들여 단숨에 쳐부수는 길밖에 없다고 줄곧 믿었다. 그 방법만이 그가 목표로 삼은 전부였다. 존스턴이 죽은 뒤 북버지니아군 사령관에 임명되어 그 뒤 3년 동안 이 부대를 지휘하고 대국적으로 훌륭한 성과를 거뒀다. 7일 전투에서는 매클렐런이 리치먼드에 가하는 위협(그런 일이 있는 한)을 끝장내고, 제2차 불런 전투(1862년 8월)에서는 북군에게 대참패를 안겨줬다. 다음 달 앤티텀 전투에서 한 차례 패배를 맛보았으나 1862년 12월 프레더릭스버그 전투에서는 다시 북군을 물리치고 1863년 5월 챈설러스빌에서도 눈부신 승리를 거뒀다. 이로써 북부의 공업 중심지인 펜실베이니아로 통로가 열렸다. 이제는 북군도 대규모 전투를 피할 수 없었다. 이렇게 해서 게티즈버그 전투(1863년 7월)가 일어났다. 이것이야말로 리가 바라던, 생각할 수 있는 최대 규모의 교전이었다. 하지만 결전의 장소는 계획적으로 선택한 것이 아니라 리와 북군 사령관 조지 G. 미드 장군(1815~1872)이 우연히 맞닥뜨린 지점이었다. 리는 전략가로서는 천재였으나 야전 지휘관으로서는 중대한 결점이 있었다. 그가 예하 장군들에게 내린 명령은 암시나 희망이었지 직접적인 명령은 아니었다. 리의 참모습을 가장 잘 보여주는 전기에 따르면, "리는 명령을 내리기보다는 제안하기를 더 좋아하는 군인이었다. 장군으로서는 동의가 얻어지면 앞장을 서지만 반대 의견이 나오면 한 발 물러서는 타입이었다. 자기 스스로가 사고나 행동의 자유를 중시하기에 다른 사람들에게도 그런 자유를 주기를 원했다."

대규모 부대를 지휘하는 이 방법은 때때로 리의 의도대로 운용되었지만, 게티즈버그에서는 치명적이었다. 전투 개시 첫날은 남군의 압도적인 우위로 끝났다. 둘째 날(7월 2일) 제임스 롱스트리트 장군(1821~1904)이 남군의 주력 부대를 이끌고 즉시 북군을 공격해야 했으나 공격 개시가 늦어져서 오후 4시가 돼서야 겨우 이뤄졌다. 이렇게 공격이 늦춰짐에 따라 미드는 북군 주력을 요충지 리지 공동묘지 능선에 집결시키는 시간을 벌 수 있었다. 그렇지만 아직 컬프스힐을 포함한 몇 군데 요지는 남군 수중에 있었다. 이튿날 7월 3일 아침 미드가 반격에 나서 컬프스힐을 탈환하고 리를 중대 위기에 빠뜨렸다. 리는 리지 공동묘지 능선을 공격하라는 명령을 내렸지만, 어떤 희생을 치르더라도 다시 빼앗으라는 의사를 롱스트리트에게 명확하게 전달하지 않았다. 잭슨이었다면 지체 없이 확고하게 말했을 것이다—저 언덕을 점령해라, 그렇지 않으면 군법회의에 넘겨버리겠다. 결국 이 공격은 조지 E. 피켓 장군(1825~1875)의 1개 사단과 1개 지원 사단, 2개 여단 등 모두 1만 5,000명의 병력에 의해 감행되었다.

포병 지원을 거의 받지 못한 롱스트리트의 공격 부대는 북군 포병의 정면 포격을 받아 6,000명의 사상자를 냈다. 피켓의 공격에 가담한 병사 가운데 정상까지 올라간 숫자는 겨우 절반뿐이었다. 그렇지만 아직 병력이 충분했기에 롱스트리트가 보유한 병력을 모두 지원에 투입한다면 승산이 남아 있었다. 하지만 그는 그렇게 하지 않았다. 그 결과 가장 주요한 전선인 남북전쟁 최대 격전에서 패배를 맛봤다. 리는 부하의 3분의 1을 잃었고, 남군은 그 뒤로 한 차례도 승리할 수 없었다. 이튿날 새벽 1시 리의 입에서 다음과 같은 말이 나왔다. "우리에게 가슴 아픈 하루였다. 너무나 지쳐 내려갈 힘조차 없다. …… 피켓 사단은 어떤 부대보다 용감하게 싸웠다. 그들에게 지시한 대로의 지원 병력이 왔더라면. …… 그 점은 도저히 이해가 안 된다. 이제 더 말해봤자 어쩔 도리가 없지만, 지원 병력만 왔더라면 저 언덕은 우리 군이 점령해 멋진 하루를 보낼 수 있었을 것이다." 그런 다음 잠시 침묵한 뒤에 "큰소리로" 외쳤다. "유감이다! 유감이다! 오! 참으로 유감이다!"[102]

한편 미드 장군은 후퇴하는 리의 남군을 즉시 전력으로 추격하지 않았다는 비난을 받았다. 그렇게 말하기는 쉬울지 몰라도 실행에 옮기기는 더욱 어려웠다. 그의 부하들도 극심한 피해를 입었기 때문이었다. 하지만 신뢰할 만한 장군이라는 사실은 틀림없어서 그에게 대서양의 주요 전선을 맡김으로써 링컨은 안심할 수 있었다. 그 사이에 서부 전선의 전쟁 양상도 마침내 북군에게 유리하게 돌아갔다. 가능한 한 남부의 넓은 지역을 중립화하여 분단하고 세분화하며, 그런 다음 개별적으로 항복을 받는다는 것이 링컨의 전략이었다.

해전에서는 선박 수에서 북부가 압도적으로 우세했으나 상황은 반드시 그렇게 전개되지 않았다. 남부는 상선을 무장시켜 350척의 북부 상선을 나포 또는 격침시켰다. 하지만 이것은 북부가 입은 피해의 일부에 지나지 않았다. 전쟁이 시작된 지 얼마 안 되었을 무렵, 북군은 버지니아 주 포츠머스의 해군 조선소에서 철수할 당시 새로운 프리깃함 메리맥 호를 황급히 침몰시켰다. 남군은 그 배를 인양해 버지니아 호라고 이름을 바꾼 뒤 철판으로 선체를 감쌌다. 이 배는 1862년 3월 9일 햄프턴로드에서 북군의 철선 모니터 호를 만나 5시간에 걸쳐 교전했으나 승부를 가리지 못했다. 이 해전은 역사상 최초로 벌어진 철선끼리 해상 전투였다. 남부가 버지니아 호를 멕시코 만 안으로 진입시킬 수만 있었으면 전략적으로 큰 이득이 되었겠으나 그것을 성공시키지 못하고 기지 경비에 필요 이상의 병력을 투입했다. 남부는 북군의 봉쇄를 돌파할 능력이 있었으나 봉쇄선을 파괴하려는 시도조차 하지 않았다. 마침내 멕시코 만에서는 데이비드 패러것 제독이 눈부신 활약을 벌여 미시시피 강 입구를 완전히 봉쇄했다.

그랜트 장군

북쪽으로 눈을 돌리면, 서부의 전쟁터에서는 그랜트 장군이 헨리 요새와 도넬슨 요새를 점령했다. 이것은 육상에서 북군이 거둔 최초의 실질적인 대승이었다. 샤일로 전투가 끝난 뒤 빅스버그 북쪽의 미시시피 강을 제압했다. 북군은 이제 테네시 강과 컴버랜드 강을 점령하고 뉴올리언스와 멤피스를 함락시켰다. 하지만 빅스버그에서 루이지애나 주 허드슨 요새까지 200마일에 걸쳐 있는 미시시피 강 유역은 아직 남군 영토였다. 빅스버그는 견고하게 구축된 천연의 요새였다. 1862년 5월부터 6월 사이에, 그리고 같은 해 12월부터 1863년 1월에 걸쳐 이 도시를 탈취하는 작전을 시도했으나 모두 실패로 끝났다. 1863년 5월 그랜트는 세 번째 작전을 감행했다. 남북 양군이 각각 1만 명의 전사자를 내는 치열한 포격전을 펼친 끝에 이 도시를 함락시켰다. 미드가 게티즈버그에서 승리를 거둔 이튿날(7월 4일)이었다. 그로부터 5일 뒤에는 허드슨 요새가 함락되어 미시시피 강 전역이 북군의 손에 들어왔다. 남부연합의 영토는 둘로 나뉘었다.

링컨은 드디어 전쟁을 승리로 이끌 장군을 찾아냈다. 그는 그랜트였다. 신뢰할 수 있는 인물이었다. 다른 장군과 달리 그랜트는 아무것도 요구하지 않았고 또한 사전에 작전 허가를 받아내어 실패할 경우 대통령에게 책임을 떠안길 생각은 조금도 하지 않았다.[103] 그랜트는 호감을 사지 못하는 장군이었다. 링컨은 이렇게 말했다. "그는 키가 작고 이 세상에서 가장 조용한 남자이다. 그처럼 요란을 떨지 않는 사람은 매우 드물다. (대통령 집무실) 바로 옆에 있었는데 아무런 기척을 느끼지 못한 적이 여러 차례나 있었다. 어떤 특정한 장소에 있다고 느낀 것은 무엇인가를 움직였을 때이다." 그랜트는 1822년 오하이오 주 포인트플레즌트에서 태어났다. 그의 아버지는 피혁 공장을 경영했다. 그의 말에 따르면, 당시 웨스트포인트에는 "지위 향상을 꾀하는 가정이나 불안정한 환경으로 전락하지 않기를 바라는 가정"의 똑똑하고 부지런한 아들들이 모이는 곳이었다.[104]

리처럼 그런대로 상류계급에 속하는 경우는 예외였다. 그랜트와 사관학교 동기생들로는 롱스트리트, 매클렐런, 셔먼이 있었는데, 이들 모두 남북전쟁에 참전한 장군들 가운데서 뛰어난 실력자들이었다. 당시 수석 교관 데니스 하트 머핸─걸출했던 해군 전략가의 아버지─은 "전쟁의 고통을 적에게 맛보게 하고 적의 계획을 좌절시키는 유일한 방법은 적국의 심장부로 전쟁을 옮겨가는 것이다"라고 가르쳤다. 리는 이 가르침을 실천할 수 없었지만, 그랜트와 셔먼은 훌륭하게 이 일을 해냈다. 그랜트는 멕시코 전쟁이 한창일 때 팔로알토, 레사카, 몬테레이, 멕시코시티 등지에서 싸우면서 후방 지원에 대해 많은 것을 배웠고 그것이 훗날 최대의 강점이 되었다. 하지만 그는 그 전쟁을 싫어하며 한탄했다. 민주적인 정부가 노예주(특히 텍사스)를 더 많이 획득할 목적으로 벌인 전적으로 정의롭지 못한 전쟁이라고 생각했기 때문이었다. 그리고 남북전쟁에 대해서는 나라 전체에 내린 신의 징벌이라고 보았다. "죄를 범하면 국가도 개인과 마찬가지로 벌을 받는다. 우리는 가장 피비린내 나고 돈이 많이 드는 근대 전쟁이라는 벌을 받았다."

그랜트는 단순하고 확고한 도덕관념의 소유자였다. 두뇌는 매우 뛰어났다. 아마 훌륭한 작가가 되었을 것이다. 그가 쓴 편지나 자서전에서 그런 재능이 엿보인다. 물론 군인으로서도 두각을 나타냈다. 하지만 자기관리라는 면에서는 치명적인 약점을 드러냈다. 성인이 된 뒤부터 늘 알코올의 유혹에 빠졌고 때때로 뿌리치지를 못했다. 멕시코 전쟁이 끝나고 군복을 벗었는데 농사에 실패하고 기사, 점원, 빚 수금 대행업자 등을 전전했으나 어느 것 하나 제대로 풀리지 않았다. 1861년 그랜트는 39세의 나이에 아내와 4명의 자녀를 부양해야 했으나 변변한 직업이나 수입이 없이 거리의 술주정뱅이가 되기 직전이었다.

그랜트는 남북전쟁을 반겼다. 정의를 위한 성전이라고 생각했기 때문이었다. 이 성전이 그의 인생을 바꿨다. 이웃도 다음과 같이 증언했다. "그의 내부에서 새로운 에너지가 솟아오르는 것을 보았다. 어깨를 구부정하게 걷는 것을 그만 두고 모자를 의기양양하게 눌러 썼다." 곧 민병대 대령에 임명되고 얼마 안 있어 준장으로 승진했다. 볼품없는 그는 말이 커 보일 정도로 체구가 작았다. 손질을 잘 하지 않는 텁수룩한 턱수염, 입에는 권련을 물고 머리에는 챙이 처진 모자, 윗옷은 일반 병사와 같은 것을 걸쳤다. 하지만 임무만큼은 빈틈이 없었다. 깊이 생각하고 계획을 세웠다. 명확한 명령을 내리고 그것이 실행되고 완수되는지를 눈으로 확인했다. 이동이나 보급은 언제나 세심하게 주의를 기울이며 통제했다.

그랜트의 지휘로 이뤄진 빅스버그 함락 작전은 대담해 보였으나 실제로는 치밀하게 짜진 작전 계획이 멋들어지게 수행된 모범 사례였다. 그는 역시 살인 본능을 가진 군인이기도 했다. 다정한 남자였으나 싸움터에서는 승리를 거머쥘 때까지 아무런 자비도 베풀지 않았다. 그런 그랜트에게 링컨은 빠져들었다. 그랜트 앞으로 보낸 편지는 진심과 양식, 간결하지만 어버이 같은 조언과 따뜻한 격려의 말이 넘쳐난다. 1863년 10월 링컨은 그랜트를 서부 전선 최고 지휘관에 임명했다. 그리고 1864년 3월 주요 전선의 전권을 부여함과 동시에 북군 총사령관 지위와 중장 칭호를 내렸다. 이 칭호는 워싱턴 이래 누구에게도 내려진 적이 없었는데, 전쟁 상황에 고무된 의회가 그랜트를 격려하기 위해 특별히 부활시킨 것이었다.[105]

그렇지만 전쟁은 아직 완전한 승리를 거둔 것이 아니었다. 남부 시민들의 비할 데 없는 결의와 병사들의 식을 줄 모르는 용기 때문에 남부의 불리함과 북부의 강력함에도 불구하고 전쟁은 계속되어 마침내 1864년을 맞았다. 이해 내내 전보다 더 격렬한 전투가 이어졌다. 남북 양군의 주력 부대인 포토맥 군대(북)와 북버지니아 군대(남)는 3년 동안 줄곧 대치하며 전투를 되풀이했다. 그랜트의 말을 빌리면, "어느 편도 실질적인 승기를 얻지 못한 채 두 군대가 이토록 오랜 동안 처절한 싸움을 벌인 예는 역사상 유례가 없을 것이다." 마치 제1차 세계대전 당시 서부 전선의 교착 상태를 예언해주는 듯한 불길한 양상이었다. 그렇다면 앞으로 어떻게 하면 좋은가. 그랜트는 링컨과 여러 차례 의논을 나눈 뒤 링컨의 뜻을 따라 야심 찬 작전을 버리고 두 방향에서 동시에 공격하는 대규모 작전을 선택했다. 서부에서는 그랜트를 대신해 이 전선의 최고 지휘관이 된 윌리엄 T. 셔먼 장군(1820~1891)이 이끄는 부대가 조지아를 석권하여 남부연합 동쪽과 서쪽의 연락 수단을 차단했다, 그리고 그랜트의 주력 부대가 버지니아 주 프레데릭스버그 서쪽의 거의 통과가 어려운 지점인 윌더니스를 돌파하여 리 부대를 상대로 마지막 공격 준비에 나선다는 구상이었다. 윌더니스 공략은 1864년 5월 5일부터 6일에 걸쳐 시작되고, 7일에는 셔먼이 애틀랜타, 그리고 대서양을 향해 공격을 개시했다. 윌더니스 전투는 엄청난 손실에도 승패를 가리지 못했고, 3일 뒤 막대한 피해를 입은 그랜트 군도 스포트실배니어로 후퇴했다. 그달 말에 그랜트는 다시 콜드 하버를 공격했으나 결과는 남북전쟁 중 가장 무모한 살육이 저질러졌을 뿐이었다. 6주일 동안 그랜트는 6만 명에 달하는 병력을 잃고, 리도 2만 명의 인명 피해를 봤다. 리 쪽이 숫자상으로는 그보다 적었으나 남부의 인적 자원을 고려하면 이 손실은 북부보다 훨씬 타격이 컸다. 그럼에도 불구하고 링컨은 이 대량 학살과 작전 실패에 매우 가슴 아파했다.

하원 의장 스카일러 콜팩스는 대통령이 집무실을 서성이는 모습을 발견했다. "긴팔로 뒷짐을 진 채 우울하게 평소보다 더 어두운 표정"을 지으며 "왜 우리는 이처럼 고통을 잇달아 겪어야만 합니까? 이 끔찍하고 피비린내 나는 전쟁을 멈출 수 있는 수단은 없는 것입니까? …… 이 전쟁은 언제 끝날까요?"라고 중얼거렸다고 말했다. 「노예해방 선언문을 낭독하는 링컨 대통령」이라는 그림을 그린 프랜시스 B. 카펜터도 백악관에서 링컨의 모습을 다음과 같이 묘사했다. "긴 실내복을 걸친 채 창문으로 이어지는 좁은 복도를 서성이며 오갔다. 뒷짐을 지고 눈 가장자리는 거뭇하고 가슴 깊숙이 머리를 늘어뜨리고 있었다. 이 모든 것이 마치 슬픔, 걱정과 번민을 그림에 담은 것 같았다."[106]

그렇지만 남부의 목에 감긴 밧줄은 점차 숨통을 죄어갔다. 데이비스도 그 같은 사실을 실감했다. 게티즈버그 전투 이전에 이미 리치먼드에서는 굶주린 여자들이 먹을 것을 요구하는 폭동이 일어나는 바람에 진압에 나설 수밖에 없었다. 고향에서는 북군 병사들이 자신과 형의 재산을 파괴하고 백인을 포로로 잡고 흑인을 자유의 몸으로 풀어줬다. 데이비스의 농장에서 137명의 노예들이 자유를 구해 도망치고 남은 사람은 어른 6명과 몇 명의 어린이들밖에 없었다. 믿었던 노예도 재산을 지켜주지 않았다. 병사들은 카펫을 조각내어 기념품으로 가져가고 마음대로 포도주를 마시며 그의 초상화에 칼자국을 냈다. 개인 서류를 몽땅 가져가 그 가운데서 흥미로운 부분이 신문에 나기까지 했다. 리치먼드에서는 커피나 옥수수빵, 빵, 베이컨 같은 식료품을 살 돈이 없어서 노예나 말, 마차 등을 팔아야만 했다.

사태가 더욱 꼬인 것은 남부에서 첫째가는 기마대장 젭 스튜어트가 치명상을 입은 것이었다. 데이비스에게는 또 다른 명장 리가 건재하여 그랜트와 싸움을 벌이고 있었지만, 링컨에게는 또 한 명의 장군이 버티고 있었다. 그 사람 셔먼 장군은 이제 애틀랜타를 점령하고 조지아 전역을 불태우고 학살을 되풀이하면서 1864년 12월 21일 마침내 서배너에 진군했다. 이로써 남부연합은 또다시 갈라졌다. 그해 크리스마스에 남부는 기아에 허덕이는 사람들로 넘쳐났다. 데이비스는 북부가 남부의 완전한 독립을 인정하지 않는 이상 어떤 교섭에도 응하지 않겠다고 4년 동안 줄기차게 주장했다. 그 때문에 오히려 북부를 하나로 결속시키는 링컨의 일이 더 쉬워졌다. 데이비스는 이때를 기해 다시 "다음 여름이 오기 전까지 북부를 굴복시키자"라고 큰소리쳤으나, 부통령 알렉산더 스티븐스(1812~1883)는 이 말도 안 되는 발언에 실망하여 "고향에 돌아가 다시는 돌아오지 않겠다"라고 데이비스에게 말했다. 남부연합 정부 붕괴를 알리는 시작이었다.[107]

남부인 대부분은 군대 징발이 계속되자 거의 모든 의욕을 잃었다. 루이지애나 수도 배턴루주에 사는 새러 모건은 일기에다 집이 약탈당할 때의 광경을 묘사했다.

파괴의 한 장면. 책장은 책이 사라져서 텅 비었으며, 도자기는 부서져

파편으로 변했다. 식기장은 도끼에 맞아 두 동강 나고 삼나무 장롱 3개도 난폭하게 열린 채 나뒹굴었다. 안에 든 것은 모두 털린 뒤였다. 응접실의 장식도 깨끗이 사라졌다. (언니 마거릿의) 피아노는 가져가기에는 무거웠던지 응접실 한가운데까지 끌어다 놓은 채 버려져 있었다. 언니의 책상 서랍은 열려서 마구 들쑤셔 뒤죽박죽이 된 편지와 메모가 어지럽게 담겨 있었다. 윌이 언니 앞으로 보낸 마지막 편지만이 바닥에 떨어져 양키의 더러운 손자국이 남아 있었다. 어머니 초상화는 액자에서 절반이 찢겨나가 바닥에 나뒹굴었다. 약탈 현장에 있던 마거릿이 어떻게 아버지 초상화를 안전하게 지켜냈는지 말해줬다. 아마 우리 집을 이처럼 짓밟은 것은 모두 장교들일 것이다.[108]

조지아를 파괴한 행위는 더욱 끔찍했다. 그랜트처럼 셔먼은 품격 있는 인물이었으나 살인을 마다하지 않는 용맹한 장군이기도 했다. 될 수 있으면 짧은 시간 안에 전쟁과 대량 살인을 끝낸다는 결의에 차 있었다. 그와 동시에 남부가 아무리 저항을 하더라도 북부가 지배자라는 점을 되도록이면 명확한 방법으로 남부에 가르쳐줄 의도를 품고 있었다. 그는 조지아 주를 60마일 폭으로 휩쓸고 지나갔다. 진군 도중에 철도, 다리, 농작물, 가축, 조면기, 제분소, 창고 등, 남부의 전쟁 수행에 조금이라도 쓸모가 있다고 생각되는 모든 것을 닥치는 대로 파괴했다. 셔먼 부대는 작전 수행에서는 대체로 규율이 엄격하게 지켜졌으나 약탈 명령이 떨어지면 명령이나 규율은 뒷전이었다. 이 부대의 잔학 행위는 남부인에게 공포와 불안을 안겨줬다.[109]

링컨의 재선

셔먼이 애틀랜타를 점령하고 조지아에서 남군을 몰아낸 것은 링컨의 대통령 재선을 보장하기에 꼭 알맞은 선물이었다. 그보다 조금 전인 1864년 한여름 무더위 속에 북부의 "평화민주당"(남북전쟁 직전 민주당은 '전쟁민주당'과 '평화민주당'으로 갈라졌다-옮긴이)이, 데이비스와 협정을 맺어 남북 양군의 전투를 억제하고 그리하여 남부의 반란과 공화당 지배를 아울러 끝낸다는 소문이 나돌았다. 또한 공화당의 많은 주요 멤버가 패전을 예상하고 그랜트를 독재적인 대통령으로 추대하기를 원했다. 그랜트는 이 같은 유혹에 대해 친구에게 편지를 보내 "지금의 직무에 충실하고 싶다"라는 뜻을 나타냈다. 친구가 그 편지를 링컨에게 보였더니 링컨은 이렇게 대답했다. "고맙군. 얼마나 내가 감사하는지 자네는 모를 걸세. 일단 대통령이라는 벌레에 홀리기 시작하면 마지막에는 얼마나 깊숙이 갉아 먹히는지를 당해보지 않은 사람은 모르는 법이지. 그랜트에게 그런 벌레가 있었는지 나는 알지 못했네." 그랜트는 이 음모를 단호히 거절했다. "우리의 목적 수행에서 중요한 것은 [링컨이] 재선에 성공하고 군대가 전쟁터에서 승리하는 것이다."[110]

9월에 승리를 거둔 셔먼은 조지아 진군을 계속했다. 이 성공은 여론을 링컨을 지지하는 쪽으로 기울게 하는 데 크게 이바지했다. 한편 남부의 절망감이 점점 깊어지자 북부 도시에 대한 테러나 은행 강도, 살인을 자행하기 시작했다. 이 같은 행위는 북부 대중의 반감을 샀고 유권자들의 표는 점차 공화당 쪽으로 쏠렸다. 민주당에서는 과거의 설욕을 벼르는 매클렐런이 출마했으나 결과는 참패로 끝났다. 링컨은 3개 주를 제외한 북부의 모든 주에서 선두를 달렸고 선거인단 투표에서도 총 233표 가운데 212표

를 획득했다. 민중의 신뢰가 표로 반영된 증거였다.[111]

링컨은 순조롭게 두 번째 임기를 시작했으나 내리누르는 어두운 마음을 떨쳐낼 수가 없었다. 신앙심을 역설하는 그의 목소리는 더욱 높아만 갔다. 그것은 불가사의한 명상과 같은 집권 2기 취임 연설에서 울려 퍼졌다. 대립하는 두 진영이 모두 신의 가호를 기원하지만, 신은 어느 한쪽 편에 서지 않고 마지막 결단을 내린다는 내용이었다.

양측은 같은 『성서』를 읽고 같은 신에게 기도를 올립니다. 서로가 자기를 이롭게 하고 상대방을 해롭게 해달라고 신의 도움을 간청하고 있습니다. 다른 사람이 이마에 땀 흘려 만든 빵을 빼앗기 위해 신의 도움을 원하는 것은 매우 이상한 일입니다. 하지만 우리가 심판을 받지 않기 위해서는 상대를 심판하지 않도록 합시다. 서로의 기도가 이뤄질 수는 없습니다. 남북 어느 쪽의 기도도 충분한 응답을 받을 수 없습니다. 전능한 신은 그 자신의 목적을 가지고 있습니다. "사람을 죄짓게 하는 이 세상은 참으로 불행하여라. 이 세상에 죄악의 유혹은 있기 마련이나 남을 죄 짓게 하는 자는 참으로 불행하도다." …… 이 전쟁이라는 무서운 재난이 빨리 지나가기를 우리는 간절히 바라며 열심히 기도합니다. 하지만 가난한 농민이 250년 동안이나 공들여 쌓아올린 모든 풍요로움이 헛되게 탕진될 때까지, 3,000년 전의 말씀이 이르듯 채찍으로 남의 피를 흘리게 한 자가 스스로 칼에 맞아 그 피 한 방울 한 방울을 자기 피로 되갚게 되는 날까지, 이 전쟁을 지속시키려는 것이 신의 뜻이라면, 우리는 그저 "주님의 심판은 참되어 옳지 않은 것이 없도다"라고 말해야 할 것입니다.

링컨은 국민을 향해 끝까지 분투하자고 요청했다. "누구에게도 원한을 가지지 맙시다. 모든 사람에게 따뜻한 마음을 가집시다. 신이 우리에게 가르친 그 정의로움을 굳건히 지킵시다."[112]

이 취임식은 미국인의 마음에 링컨 신화를 심어줬다. 실제로 그 자리에서 링컨을 지켜본 사람들은 그 거룩한 모습에 깊은 감명을 받았다. 아름다움과는 거리가 먼 외모에 이상적인 미국인이라고는 말할 수 없었지만, 불가사의한 매력으로 미국 정신을 구현했다. 너새니얼 호손은 다음과 같이 묘사했다(1862).

전체적인 얼굴 윤곽은 이 나라 어디에서나 볼 수 있는 정도로 평범했으나 진지한 눈빛과 따뜻하면서도 총명한 표정이 그것을 보완하며 밝고 부드럽게 빛나는 얼굴을 만들어줬다. 아마 고단한 시골 생활 경험이 열매를 맺어 더욱 깊이를 더했을 것이다. 타고난 통찰력, 경험에서 우러나오는 지식, 순박한 인품. 철저한 정직성. 거기에다 기술과 비슷한 일종의 지혜와 타고난 요령을 갖춘 어떤 노회함이 그를 행동으로 이끌 것이다. 대체로 나는 이 약간 검고 괴상하며 현명한 얼굴을 좋아한다. 순수한 인간미로 가득 찬 표정이 따스함을 자아낸다. 그리고 나처럼 정치와 인연이 별로 없는 처지에서 볼 때, 설령 실무적으로 그를 대신할 인물이 있다 하더라도 엉클 에이브를 지도자로 선택하고 싶다.[113]

브로드웨이의 높은 곳에서 대통령의 모습을 지켜봤던 월터 휘트먼은 이렇게 표현했다. "더할 나위 없는 냉정함과 침착성—이상하리만치 부자연스러울 정도로 큰 키, 위아래가 모두 검은 복장, 머리 위로 높게 솟은 실크해트, 짙은 갈색의 얼굴빛에 주름투성이지만 빈틈이 없는 얼굴, 숱 무성한 검은 머리칼, 지나치게 긴 목. 그런 모습의 그는 두 팔을 뒤로 모으고 사람들을 내려다봤다." 휘트먼은 "이 사람의 미래 초상화를 완벽하게 그려내기" 위해서는 "4가지 재능"이 필요하다고 생각했다. 즉 "라블레가 보조하는 가운데 플루타르코스, 아이스클로스, 미켈란젤로의 눈과 두뇌와 손끝"을 동원해야만 비로소 가능하다고 봤다.[114]

이 무렵에 찍은 유명한 사진이 있다. 링컨이 포토맥 군의 사령부를 방문했을 때 것으로 몇 명의 장군들과 함께 텐트 밖에 서 있다. 장군들도 당시로서는 키가 큰 편이었는데 링컨의 우뚝 솟은 키가 단연 돋보인다. 마치 종류가 다른 인간처럼 보인다. 위에서 남을 지배하는 인간이 아니라 고차원의 인간. 링컨 시대에는 많은 위인이 탄생했다-예를 들면 톨스토이, 글래드스턴, 비스마르크, 뉴먼, 디킨스 등. 그리고 미국에도 지도자가 될 사람들이 많았다. 장군들 가운데 세 사람만 꼽아보라면 리, 셔먼, 그랜트가 있었다. 그렇지만 도덕적인 완성도에서 그리고 지적인 영웅의 자질에서 링컨은 각별한 지위에 있는 것처럼 보인다. 링컨은 의지가 굳센 사람이었다. 자신의 강점을 알지만 입으로 표현은 하지 않는 사람들 대부분이 그러하듯이 허영이나 자의식과는 거리가 멀었으며, 아울러 유연한 대처 능력도 지니고 있었다.

전쟁이 끝나갈 무렵 국무장관 수어드가 불운하게도 마차 사고로 팔과 턱에 골절상을 입었다. 그렇게 친하지 않고 몇 번이나 의견 충돌을 빚은 사이였음에도 링컨은 병문안을 갔다. 침대에 누워 머리조차 돌릴 수 없는 수어드를 보고 전혀 머뭇거리지 않고 침대에 길게 누워 팔꿈치로 윗몸을 받친 채 얼굴을 가까이했다. 그리고는 정부가 앞으로 취해야 할 방침에 대해 작은 목소리로 열심히 이야기를 나눴다. 그런 다음 고통으로 괴로워하는 남자가 잠들 때까지 조용히 말을 이어나갔다. 링컨은 수어드가 직무를 맡을 수 없는 상태라는 사실을 구실 삼아 독단적으로 결정을 내릴 수도 있었다. 하지만 그것은 그의 신조가 아니었다. 비록 더 쉬운 길이 있다 하더라도 그는 예외 없이 늘 옳은 길만 고집했다. 수많은 위인들 가운데 이런 평가를 받을 수 있는 사람이 과연 몇 명이나 있을까?[115]

문학에 비친 내전의 참상

링컨은 내전에 참가한 북부인의 고통을 잘 알고 있었다. 그 사실이 그의 머리를 잠시도 떠난 적이 없었다. 측근들에게 『맥베스』의 무서운 구절을 들려줬다. 왕이 마음속 고민을 말하는 장면이었다.

> 두려움 속에서 음식을 먹고,
>
> 밤마다 무서운 악몽의 고통을 겪으며 잠에 든다.
>
> 차라리 죽은 자와 함께 있는 것이 더 나으리.
>
> 마음에 고문을 가하며 끝없는
>
> 환락에 몸을 맡기기보다는.[116]

이 고통을 매우 잘 이해하고 있는 또 한 사람은 휘트먼이었다. 전투에 참가하기에는 너무 나이가 든 그는. 지원병으로 입대한 가구공인 동생 조지를 처음에는 100일 예정이던 복무 기간이 4년으로 연장된 뒤 마침내 제대할 때까지 줄곧 지켜봤다. 동생은 그 사이에 21차례의 큰 전투에 참전하고 전우들이 수없이 전사하는 것을 목격했다. 또한 남부연합의 지옥과 같은 수용소에서 5개월이나 갇혀 있었다. 북군 병사 약 2만 6,000명이 이 공포의 감옥에서 죽어나갔다. 그 끔찍한 대우는 북부인의 거센 분노를 샀는

데, 특히 악명 높은 앤더슨빌 수용소 소장 헨리 위어즈 소령은 교수형을 받은 유일한 남부인이었다.[117] 휘트먼은 참전하는 대신 병원에서 일했다. 처음에는 뉴욕 병원, 그 다음엔 펄 스트리트 브로드웨이 근처 병원, 이어서 워싱턴 병원에서. "내가 할 수 있는 것은 오로지 이것뿐. 다친 환자 곁에 앉아 위로하거나 죽은 이를 조용히 바라보거나."

어떤 의미에서 남북전쟁 당시 병원들은 전쟁터 이상으로 피비린내 나는 곳이었다. "남북전쟁의 외과 치료의 상징"은 절단 수술로서 수술 4건 가운데 3건은 절단이었다. 게티즈버그 전투에서는 일주일 내내 새벽부터 저녁까지 팔이나 다리를 잘라내는 데 꼬박 매달린 외과의사도 있었다. 그 중 많은 수술이 전혀 그럴 필요가 없었고 병사들도 그 사실을 알고 있었다. 휘트먼은 부상자, 그것도 대체로 나이 어린 소년들이 받는 대우에 전율을 느꼈다. 부상자 대부분은 17세부터 20세까지의 젊은이들이었는데, 팔다리를 절단당하지 않으려고 베개 밑에 권총을 두고 저항하는 경우도 있었다. 휘트먼은 외과 의사들에게 항의해 많은 팔다리를 절단 수술에서 젊은이들을 구했다. 그의 시는 이렇게 읊었다.

> 잘려나간 팔 부위, 손가락 없는 손에서
> 피로 엉겨 붙은 붕대를 벗겨낸다.
> 끈적끈적한 피와 고름을 닦고
> 깨끗이 씻어낸다.
> 병사는 고개를 돌려 머리를 베개에 묻는다.
> 눈은 감은 채 창백한 얼굴을 하고
> 피투성이 손가락을 보려고 하지 않는다.
> 여태 한 번도 보지 않는다.

미국이 오늘날까지 관여한 전쟁 가운데 남북전쟁만큼 수많은 팔다리를 잘라낸 예는 없었다. 하지만 휘트먼이 애쓴 덕택에 몇 십 건의 수술을 용케 모면했을 것이다. 1880년 「뉴욕 트리뷴」지에 자신의 다리를 가리키며 다음과 같이 말한 퇴역 군인의 기사가 실렸다. "이것이 그분[휘트먼]이 구해주신 다리랍니다."[118]

휘트먼은 전쟁 중에 600곳 이상의 병원을 방문하고 돌아봤다. 며칠씩 머문 곳도 있었는데, 다 합치면 10만 명 이상의 부상병들을 돌봤다. 그의 시집 『북소리(Drum-Taps)』에 그때의 경험이 반영되어 있다. 모두가 그의 방문을 반긴 것은 아니었다. 에머리스퀘어 병원의 간호사는 이렇게 말했다. "저 밉살스러운 월터 휘트먼 씨가 우리 환자들에게 악의와 불신감을 심어주려고 오셨네."

의료 현장의 참상에 그는 경악했다. 한 임시 병원은 한 번에 7만 명의 부상병을 수용했다. 휘트먼은 곰곰이 생각했다-이처럼 엄청나게 큰 고통과 맞바꿀 정도로 달성해야 할 목적이 과연 존재할까. 그와 같은 생각을 하는 사람들은 많았다. 훗날 유명한 베스트셀러 『작은 아씨들(Little Women)』(1868)을 쓴 루이자 메이 올컷(1832~1888)도 그중 한 사람이었다. 그녀는 워싱턴 전선과 가까운 병원에서 1개월 동안 간호사로 일했다. 그 뒤 장티푸스에 걸려 집으로 돌아갔는데, 『병원 스케치(Hospital Sketches)』(1863)에 그때의 체험을 담아내어 무섭도록 열악한 의료 실태를 부각시켰다. 구토 성분이 든 염화수은을 생명이 위태로울 정도로 과잉 처방하는 등 10년 전 플로런스 나이팅게일이 소리 높여 비난했던 일이 버젓이 자행되었다. 올컷의 기록과 휘트먼의 견해는 많은 점에서 일치했다.[119]

그렇지만 이 정도로 큰 전쟁이었는데 몇 백만 명에 달하는 북부인들에게 충격이 거의 미미했다는 것은 매우 이상한 일이다. 에드먼드 윌슨은 남북전쟁에 관한 책 『애국의 피 : 남북전쟁 문학 연구(Patriotic Gore: Studies in the Literature of the American Civil War)』(1962)를 집필하기 시작했을 때 그 충격이 적은 사실에 놀랐다. 물론 찬미가 같은 것도 있었다. 행진곡 「존 브라운의 유해(John Brown's Body)」, 북부의 사기를 올리기 위한 줄리아 워드 하우의 「공화국 전승가(Battle Hymn of the Republic)」, 남부를 열광시키기 위한 대니얼 디케이터 에밋의 「딕시(Dixie)」 등이 있었다. 하지만 젊은 헨리 제임스는 전쟁터에는 나가지 않았으며("기이한 부상" 덕에 징집을 면했다), 마크 트웨인은 머나먼 서쪽에, 윌리엄 딘 하월스는 외교관으로 이탈리아에 체류했다. 북부에 거주하면서도 전쟁과 전혀 무관할 수 있었던 것이 그처럼 어려운 일은 아니었다.

미국이 가장 자랑하는 시인 에밀리 디킨슨(1830~1868)이 내전 기간 내내 애머스트에서 조용히 지낸 사실 또한 주목할 만한 가치가 있다. 그녀의 시를 읽어보면 전쟁이 그녀의 의식에 끼친 영향은 없다. 1,700편이 넘는 그녀의 시에는 공포와 환상이 때때로 줄줄 흘러나오지만, 그 가운데 한 줄이라도 직접 또는 간접으로 전쟁을 언급한 대목은 없다. 그녀는 애머스트의 사립학교에서 공부하고 그 뒤 1년 동안 마운트홀리요크 여학교에서 지냈다. 이러한 학교 생활을 제외하면 조용히 집에서 지냈으며 죽기 전 25년 동안은 외부 세계와 거의 접촉을 끊고 살았다. 생전에 발표된 시는 오직 6편뿐이었다. 시인의 직분은 작품을 발표하는 것이 아니라고 생각했다. 실제로 그녀가 시인이었다는 사실이 알려진 것은 그녀가 죽은 지 한참 지난 1890년대 이후였다. 그녀의 시는 어떤 의미에서는 내면의 탐색이었기 때문에 거의 어느 나라, 어느 시대에서나 창작될 수 있는 것이었다. 하지만 1860년대 남부만큼은 그렇지 않았을 것이다. 만약 그녀가 찰스턴이나 서배너에서 생활했더라면 외부 현실 세계와의 갈등을 시 속에 표현하지 않

을 수 없었을 것이다. 바로 그것이 남부와 북부의 차이점이다.[120]

전쟁으로부터 격리된 곳은 뉴잉글랜드 지방에만 국한되지 않았다. 미국의 광대한 영토에서 보자면, 남북전쟁은 나라의 급속한 발전에 실질적으로 아무런 영향을 끼치지 못했다. 하지만 서부 사람들이 전쟁에 무관심했던 것은 아니었다. 그들은 통일 국가가 필요했기 때문에 북부 편을 들었다. 남부의 처지에서 보면, 북부가 남부의 "특이한 제도"에 간섭하는 것뿐 아니라 연방정부가 점차 강력해지는 것도 불만의 이유였다. 하지만 적어도 당시 서부에 살고 있는 사람들은 연방정부만이 제공할 수 있는 편익을 원했다.

오리건에서 캘리포니아에 이르는 영토 형성의 발자취를 연구한 한 역사학자는 다음과 같이 말했다. "남북전쟁 이전에 이곳에 발을 들여놓은 사람들에게 합중국은 군대, 군사 시설, 인디언 보호관, 탐험가, 측량사, 도로 시공자, 의사, 우편배달부 등의 강력한 힘을 갖춘 원조자였다."[121] 전쟁이 일어나기 전까지 육군 현역 부대의 90퍼센트-1860년 시점에서 장교, 하사관, 사병을 합쳐서 7,090명-가 미시시피 서쪽 지역에 79개의 거점에 나뉘어 주둔했다. 개전과 동시에 많은 부대가 철수하자 서부 사람들은 자신들이 연방정부의 힘에 얼마나 의존하고 있었는지를 확실히 깨달았다.

서부의 발전

주둔병이 없어지자 서부에는 여러 가지 문제들이 발생했다. 인디언은 편승할 기회만 엿봤을 것이다. 이제 습격과 학살이 시작되었다. 백인 정착민들은 의용군을 조직해 저항을 시도했으나 정규군에 비해 인디언 대처에 익숙하지 않아서 현지 지휘관들은 필요 이상으로 위기감을 갖고 과잉 반응을 보였다-능력 있는 지휘관들은 모두 동부로 가서 싸웠다.

1864년 11월 29일 링컨의 대통령 재선이 끝난 지 얼마 안 되었을 때, 콜로라도 준주의 샌드크리크에서 일어난 사건은 자칫하면 일어날 법했던 사태를 대표하는 사례였다. 인디언의 잔학 행위가 있은 뒤 존 M. 치빙턴 대령이 이끄는 제3 콜로라도 의용군으로 구성된 토벌 부대가 500명 정도의 샤이엔 족 부락을 습격했다. 족장 블랙 케틀과 화이트 앤텔로프는 평화 협정이 유효하다는 것을 믿고 무기를 내려놓겠다고 호소했지만, 의용군은 남자는 물론 여자, 어린이까지 무차별로 150명 이상 죽였다. 그리고 벗겨낸 머리 가죽과 잘라낸 성기를 트로피처럼 휘두르며 덴버로 개선했다. 이 샌드크리크 학살 사건은 훗날 양원 합동위원회의 재심사로 치빙턴의 죄상이 밝혀졌지만 처벌은 내리지 않았다. 샤이엔 족은 몇 차례에 걸쳐 잔학하게 보복했다. 남북전쟁이 끝난 뒤인 1866년 12월 21일 라코타 족, 아라파호 족과 연합하여 윌리엄 J. 페터먼 대령이 이끄는 부대를 매복 기습하여 80명을 죽였다. 이것은 인디언과의 싸움에서 합중국이 맛본 가장 쓰라린 패배였다.[122]

어떤 의미에서 남북전쟁은 서부의 발전을 촉진시켰다. 연방의회 양원에서 다수를 차지했던 남부인과 민주당원이 공석이 됨에 따라, 몇 십 년 동안이나 정책을 동결시키고 경제와 체제의 발전을 방해한 입법상의 장애물이 사라졌기 때문이었다. 예를 들면 캘리포니아의 기술자 파견업자로서 샌프란시스코의 은행가이자 기업가 대표였던 시어도어 주다는 남부인들이 워싱턴에서 모습을 감추자 곧 "태평양철도법"을 통과시키기 위해 의회를 움직였다. 이것은 그야말로 북부와 북서부에 혜택을 주는 대규모 사업이었다. 이 사업안은 연방정부로부터 400피트 면적의 철도 용지와 노선 1

마일마다 10개소의 부지, 그리고 1마일마다 평지는 1만 6,000달러, 구릉 지대는 3만 2,000달러, 산악 지대는 4만 8,000달러씩에 각각 최우선으로 저당 융자를 받는다는 내용이었다. 이 거액의 정부 지원금은 남부가 공석 이었기에 의회 승인을 받았다. 그렇지만 아직 이 대규모 프로젝트에는 미비한 부분들이 있어서 1864년 증액을 인정하는 법안이 의회를 통과했다. 이때 역시 남부는 의석에 없었다.

실제로 북부와 서부는 1829년부터 1860년까지 31년 동안 남부 의원들의 농단 때문에 겪어야 했던 수많은 굴욕을 남북전쟁 기간 중에 깨끗이 앙 갚음했다. 1850년에 남부 대농장 소유주들은 서부의 토지를 저렴한 값에 매각하는 정책이 노예제도를 위협한다고 봤다. 이에 따라 남부의 상원의 원들은 1852년의 "홈스테드 법"을 폐기했다. 1860년에는 동일한 법안을 가결하려고 했으나 실패했는데, 뷰캐넌 대통령이 거부권을 행사해 저지했다. 이처럼 홈스테드 법의 제정은 링컨의 선거 강령에서 중요한 요소였다. 이 법안은 1862년에 의기양양하게 통과되었다. 이 법안 덕택으로 새로 농지를 개척하려는 사람들은 이미 측량이 끝난 공유지 160에이커를 거의 공짜나 다름없는 금액으로 구입할 수 있었다. 완전한 소유권은 6개월 뒤에 1에이커당 1달러 50센트를 지불하든가 5년만 거주하면 무료로 취득할 수 있었다.[123]

이 홈스테드 법은 미국 역사상 가장 중요한 법률 가운데 하나였다. 그 영향에 대해 조금 뒤에 설명하기로 한다. 남부의 간섭이 없어짐에 따라 서부의 헌법상 지위는 빠르게 향상되었다. 1861년에는 캔자스가 자유주로 합중국에 합류하고, 1864년에는 네바다가, 종전 뒤 얼마 안 지난 1867년에는 네브래스카가 각각 편입했다. 그 사이에도 정부는 미시시피 강 서쪽의 아직 조직이 안 된 지역에 준주 제도를 확대 적용했다. 1861년에는 남북 양 다코타, 콜로라도, 네바다가 준주로 승격했고, 1863년에는 애리조나와 아이다호가, 1870년에는 와이오밍과 몬태나가 주가 되기 위한 사전 단계로 정식 준주가 되었다.[124] 그러자 서부에서 많은 사람들이 몰려와 왕성한 활동을 벌이며 부를 쌓았다. 캘리포니아를 노예주로 만들려던 남부의 의도를 좌절시킨 광산 붐은 식기는커녕 오히려 더 호황을 보이며 워싱턴의 군용 금고에 정화를 쏟아 부었다. 광산 붐으로 생겨난 전형적인 광산 마을이 버지니아시티였다. 네바다 산맥 가운데 해발 7,000피트나 되는 곳에 홀연히 나타나 마크 트웨인에 의해 불후의 명성을 얻은 곳이었다. 금과 은은 석영에 묻혀 있기 때문에 오피, 센트럴, 멕시칸, 굴드, 커리 등 이익이 큰 광산에서는 대형 분쇄기-그리고 막대한 자본-가 필요했다. 콘월, 웨일스, 독일의 산간 지방에서 숙련된 광부들이 떼 지어 몰려왔다.

컴스톡 광맥은 광물학적인 대사건으로 세상에 그 이름을 알렸다. 버지니아시티를 남북으로 걸쳐 뻗은 이 광산에서 노동자는 하루에 6달러라는 비싼 임금을 받고 3교대로 24시간 쉬지 않고 채굴했다. 트웨인의 묘사에 따르면, 예를 들어 광산의 "한 귀퉁이"를 소유하지 않더라도-가지지 않은 사람은 드물었다-모두가 행복했다. "모두의 얼굴에는 즐거움이 넘치고 눈에는 기쁨에 겨워 격렬할 정도로 생기가 가득했다. 머릿속에서 부글부글 끓어오르는 돈벌이에 대한 집착, 그리고 가슴을 설레게 하는 커다란 희망에 부풀어 있었다. 돈은 무진장으로 널려 있어서 저마다 부자라고 생각하며 슬픈 표정은 어디서도 찾아볼 수가 없었다."[125] 이런 마을에서 일어나는 총격 사건은 남북전쟁과는 아무런 관련이 없었다. 탐욕, 욕망, 분노, 질투심 등이 인간의 보편 감정으로 나타났다. 다시 마크 트웨인의 표현을 빌리면, "희박한 대기가 총상을 빠르게 치료해주는 것 같았다. 따라서 숙적의 가슴을 쏘더라도 평생 편안할 것 같아 보이지 않았다. 그자는 한 달도 안 되어 거의 틀림없이 그대를 찾아 나설 테니까. 그것은 연극에 나옴직한 그런 이야기가 아니었다."

광부들 대부분이 라이플이나 권총으로 중무장하고 금이 나올 것 같은 장소에 인디언이 거주하지 않도록 협정 따위는 무시하고 내쫓았다. 1860년 스네이크 강과 클리어워터 강이 서로 만나는 지점에 있는 네즈퍼스 인디언 거류지에서 금이 발견되었다. 인디언 감독관은 "이 광부들을 진정시키는 일은 회오리바람을 멈추게 하는 것과 같다"라고 보고했다. 워싱턴 당국이 전쟁에 나서려 할 즈음 거류지 보호 명분은 밀려나고 광부들은 마음대로 행동했다. 그들은 루이스턴과 보이시라는 도시를 만들고 1864년에는 헬레나를 건설했다. 아이다호의 주요 산업은 광업이었다. 아이다호 동부에서 갈라져 나온 몬태나, 와이오밍도 마찬가지였다. 광부를 끌어들인 것은 금은뿐이 아니었다. 몬태나의 뷰트에서는 세계에서 가장 큰 동맥이 발견되었다. 광부는 16세에서 30세까지 젊은 남자들이 대부분이었다. 여자는 거의 모두가 창녀들이었다. 하지만 활기에 넘쳤다. 캘리포니아, 네바다, 애리조나, 뉴멕시코, 콜로라도, 아이다호, 몬태나 7개 주는 광업으로 번영한 주들로서 대부분 남북전쟁 동안에 발전의 토대를 마련했다.[126]

남부는 사정이 전혀 달랐다. 오로지 전쟁을 제외하면 중요한 일도 없고 아무런 일도 일어나지 않았다. 전쟁에 대한 관심과 이겨야 한다는 집념이 지나치게 강해서 사람들은 무엇을 위해 전쟁을 벌이고 있는지조차 잊어버렸다. 데이비스마저 남부를 위해 싸운다는 조건으로 노예를 해방해야 한다는 점을 누구보다 앞장서서 주장했던 사실을 망각했다. 처음에 흑인에게는 싸울 의지도 능력도 없을 것이라는 선입관 탓에 이런 주장에 반발하는 사람들이 압도적으로 많았다. 하지만 실제로는 18만 명의 흑인들이 입대하여 대부분이 잘 싸웠다. 흑인의 참전 문제를 놓고 완강하게 반대하던 상원의원과 입씨름을 벌일 때 데이비스는 분개하며 다음과 같이 말했다. "만약 남부연합이 무너진다면 그 묘비에 '이론 때문에 죽다'라고 새겨 넣어야 할 겁니다."[127]

북군이 남부를 서서히 격파해 나가자 자유를 얻은 노예들은 곧장 북군에 입대했다. 무엇보다 마땅한 생활 수단이 없었기 때문이었다. 또한 북군이 점령하지 않은 지역에서도 노예제도 자체가 서서히 붕괴하기 시작했다. 노예들은 대개 원하기만 하면 대농장을 제 발로 걸어 나갔다. 아무런 제지도 없었고, 일단 자유로워진 흑인을 찾으려고 하지도 않았다. 하지만 몸은 자유를 얻었으나 할 일은 물론 먹을 것조차 없었다. 그래서 북쪽으로 가서 군대라도 들어가자는 분위기가 일었다. 이렇게 되자 데이비스는 의회를 설득해 흑인의 입대를 허용하는 데 더욱 노력을 기울였다. "더 이상 머뭇거릴 여유가 없습니다. 흑인을 우리 편으로 만들어 싸우게 하든가 적으로 싸우게 하든가 선택해야 합니다."

마침내 1865년 3월 13일 남부 의회는 데이비스의 주장을 수용했다. 하지만 이때도 소유주의 동의가 있을 경우에 한했으며 복무가 끝나면 해방한다는 내용이었다. 이 새로운 법을 공포할 즈음에 데이비스는 입대하는 흑인의 소유주는 해방증명서를 발행할 의무를 진다는 단서 조항을 추가했다. 하지만 그때는 이미 모든 것이 늦은 뒤였다. 남북전쟁이 일어날 당시 남부 인구의 3분의 1 이상이 노예라는 점을 고려하면, 처음부터 노예를 징병했더라면 남군 병력은 크게 늘었을 것이다. 더구나 노예들 대부분은 남부를 위해 기꺼이 싸웠을 것이다. 무엇보다 백인과 마찬가지로 노예 처지에서 보더라도 문제는 살아갈 방도였다. 만약 흑인이 참전했다면 상황은 남부에 유리하게 전개되었을 가능성이 있었다. 기묘한 역설이지만, 이것 또한 역사에서 엿볼 수 있는 전형적인 아이러니에 속한다. 현실적으로는 완강한 고집과 "이론"이 시대를 지배했으며, 실제로 자신의 고향을 위해 싸울 기회를 얻은 흑인은 많지 않았다.[128]

내전의 승리와 비극

남부연합의 최후는 비참했다. 1865년 4월 1일 데이비스는 아내 배리너에게 작은 콜트 권총 한 자루와 탄환 50발을 주며 리치먼드에서 피난시켰다. 다음 날 자신도 리치먼드를 퇴각하지 않을 수 없어서 게릴라전을 획책하기 위해 댄빌로 향했다. 이때는 이미 리 장군이 정전 가능성에 대해 그랜트 장군과 연락하면서 실제로는 은밀하게 "항복"이라는 말까지 사용했다. 하지만 진중에서는 변함없이 교묘하게 부하와 함께 격렬한 전투를 계속했다. 평화 교섭에 나서야 한다는 부하 장교들의 요구를 물리치고 4월 8일에 접어들어서도 (그의 견해에 따르면) 열심히 싸우지 않았거나 있어야 할 자리를 지키지 않았다는 등의 이유로 3명의 장교에게 엄격한 징계 처분을 내렸다. 하지만 다음 날 아침 리 부대는 완전히 포위되어버렸다. 그는 최고급 군복을 몸에 걸치고 거의 사용한 적이 없는 붉은 실크 어깨띠를 두르고 검을 허리에 찼다. 아군과 적군의 최신 위치 정보를 확인하고는 이렇게 말했다. "그러면 나에게 남은 길은 그랜트 장군을 만나러 가는 것뿐이군. 차라리 1,000번 죽는 것이 더 낫겠어."[129]

두 장군은 애퍼매턱스 코트하우스에서 만났다. 그랜트는 진흙이 여기저기 묻은 "구겨진 옷"을 입고 있었다. 실제로 두 사람 모두 이 역사적인 순간과 함께 후세에 남겨지도록 자신의 모습을 염두에 두고 세심하게 복장을 선택했다. 항복 조건에 대해서는 쉽게 합의에 도달했다. 그랜트는 남군 장교가 권총과 말을 소지하는 것을 허가했고, 리가 남부에서는 기병대와 포병대의 병사들도 말을 소지한다는 것을 지적하자 그것 역시 보증했다. 이렇게 해서 4월 9일 리가 항복하자, 데이비스는 존스턴 장군의 부대와 합류하기 위해 그린즈버러로 급히 달려갔다. 하지만 그 사이에 존스턴은 셔먼 장군과 정전을 합의하여 실질적으로 남부연합은 해체했다. 데이비스는 각료들과 정전 조건을 검토하고 동의할 수 없다는 의견을 보였으나 각료들은 이 조건에 찬성했다. 그렇지만 워싱턴 쪽의 합의를 얻지 못해 최종적으로 남부는 무조건 항복하는 수밖에 없었다.[130]

그 당시 링컨은 이미 이 세상 사람이 아니었다. 애퍼매턱스 항복 뒤에 그는 그랜트를 소환해 그 상황을 보고 받았다. 항복 조건이 장교뿐이 아니라 병사들에게도 적용되었다는 사실을 듣고는 기쁨에 겨워 얼굴이 밝아졌다. "저는 병사들에게 말했습니다. 고향으로, 가족 곁으로 돌아가라고. 그리고 더 이상 아무런 일도 저지르지 않는다면 신변 안전을 보장하겠노라고 약속했습니다." 링컨은 셔먼으로부터도 이것과 똑같은 보고를 원했다. 그리고 지난밤에 꾼 꿈이 현실에서 들어맞듯이 좋은 소식이 오기를 기대한다고 그랜트에게 말했다. 그랜트는 그 꿈에 대해 이렇게 전했다. "그는 말로는 도저히 표현할 수 없을 정도로 이상하게 생긴 배를 타고 있는 것 같았는데 …… 어딘지 알 수 없는 해안을 향해 쏜살같이 달리고 있었다."[131] 링컨이 그랜트의 보고를 아내에게 이야기해주자(4월 14일) 그녀가 말했다. "여보, 당신이 그렇게 기뻐하는 모습을 보니까 참으로 놀랍군요." "그래요, 매우 기분이 좋소, 메리. 마침내 이날이 왔소. 전쟁은 끝났다오."

4월 14일, 링컨 부부는 「나의 미국인 사촌(Our American Cousin)」이라는 희극을 보러 포드 극장에 갔다. 핑커턴의 경호는 이미 없었다. 하지만 이따금 보디가드로 따라나섰던 워드 힐 라몬 집행관이 극장이나 그와 비슷한 장소, 특히 사람들이 붐비는 곳에는 절대 가지 말라고 간청했다. 그랜트도 대통령과 함께 연극을 보러 간다는 소문이 널리 퍼져서 이날 밤은 특히 위험했다. 이름, 날짜, 시간, 장소-모든 정보가 알려져 있었다. 존 윌크스 부스(1838~1865)는 영국계 배우 가문 출신으로 형은 유명한 비극 배우 에드윈 부스였다. 정서가 불안했던 이 남자는 자신이야말로 진정한 남부 애국자라고 자처했다. 그리고 여러 공범자와 함께 사흘 동안 암살을 준비했다. 수어드와 부통령 앤드루 존슨(1808~1875)까지 동시에 살해한다는 계획이었다. 존슨은 남부인으로부터 일종의 독특한 혐오감을 사고 있었다. 민주당원으로 테네시 출신의 남부인인 그는 1861년 연방 상원에 잔류한 유일한 인물이었는데, 그 덕분에 링컨의 재임 때 부통령이라는 명예를 얻었기 때문이었다.

부스는 어렵지 않게 극장에 들어갔다. 그리고 근무 중인 백악관 수행원 찰스 포브스에게 초대장을 보이는 것으로 간단히 대통령이 있는 관람석으로 들어갔다. 부스는 관람석 바깥문을 안에서 단단히 잠그고 앞으로 몸을 구부린 링컨의 등 뒤로 다가가 머리 뒤쪽을 향해 방아쇠를 당겼다. 그리고 칼을 꺼내 들고 옆에 있던 부관을 찌른 뒤 관람석에서 밑으로 뛰어내렸다. 왼쪽 다리뼈가 부러졌지만 "폭군에게는 언제나 이와 같이 하라(Sic semper tyrannis)"라는 버지니아 주의 구호를 외치고 극장 뒷문을 통해 도망쳤다. 2주일 뒤 부스는 버지니아 주 볼링그린에서 총에 맞아 죽었다. 링컨은 극장 맞은편에 있던 집으로 운반되어 9시간을 버텼으나 마침내 의식을 잃고 말았다.

부스가 리치먼드 배후 세력과 내통했다는 것은 명백한 사실이다. 하지만 데이비스가 이 암살 계획을 전혀 알지 못했다는 것 또한 명백하며 설령 알았더라도 절대 허락하지 않았을 것이다. 하지만 그 당시 대부분의 사람들은 데이비스가 간여했다고 믿었다. 북군에 사로잡히기까지 며칠 동안 데이비스에 관한 소문이 여기저기서 나돌았다. 그의 목에 10만 달러의 현상금이 붙었다거나 여자 옷으로 갈아입고 도피했다는 등의 내용이었다. 체포된 것은 5월 10일이었다. 마지막으로 동료들에게 건넨 말은 "각료 가운데 어느 한 사람도 전쟁으로 돈을 벌지 못하고 모두 알거지가 된 것"이 기쁘다는 것이었다. 그 역시 수중에 지니고 있던 마지막 금화를 자신과 이름이 같던 어린 소년에게 줘버렸다. 호주머니에 남은 것이라고는 아무런 가치도 없는 남부연합의 현금 다발 한 뭉치뿐이었다. 그를 사로잡은 병사들이 조롱했다. "제프 데이비스, 당신을 말라빠진 사과나무에 매달겠소." 제임스 윌슨 소장은 훗날 "그가 미쳤다고 느낀 적이 한 두 차례 있었다"라고 말했다.

데이비스는 육중한 족쇄를 찬 채 버지니아 주 노픽의 맞은편 해안에 있는 먼로 요새로 끌려가 720일 동안 구금 생활을 보냈다. 거의 모든 시간을 독방에서 보내면서 침구에 벌레를 집어넣거나 말 여물통으로 물을 마시게 하는 등의 수모를 숱하게 받았다. 링컨이 만약 살아 있었더라면 이런 일은 절대 일어나지 않았을 것이다. 링컨이 죽은 뒤 대통령 자리에 오른 존슨은 이런 대우를 함으로써 북부의 여론에 대해 자신이 고향인 남부를 편들지 않는다는 점을 증명하는 기회로 삼았다. 한편 재판에서는 데이비스에게 교수형을 선고하고 처형하자는 육군장관 스탠턴을 비롯한 다른 사람들의 강경한 주장은 극렬하게 반대했다. 그 대신 존슨은 독방에 수감 중인 데이비스를 여러 차례 면회 와서 오랜 동안 대화를 나눈 의사 존 J. 크레이븐에게 데이비스의 일기를 몰래 가지고 나오게 한 뒤, 유명 작가 찰스 G. 헬핀에게 원고 정리를 맡겼다. 이 일기는 『제퍼슨 데이비스의 옥중 일기(The Prison Life of Jefferson Davis)』라는 책으로 출간되었다. 데이비스를 비극의 주인공으로 묘사한 이 책은 북부에서조차 동정심을 사서 그를 석방하기 위한 계기를 만들었다. 데이비스 본인은 이 책을 매우 싫어했다. 사면 요청을 거부하는 대신에 재판을 요구했다. 법정에서 자신의 결백을 증명하여 오명을 씻을 수 있다고 확신했다. 그 뜻과는 반대로 1867년 5월 인신보호영장(링컨에 의해 일시 발행이 정지되었으나 다시 효력을 얻었다)에 의해 석방되었다. 그 뒤 캐나다로 가서 회고록을 장황하게 쓰다가 아들들을 먼저 저세상으로 보낸 뒤 명예롭게−적어도 남부에서는−천수를 누리다가 1889년 숨을 거뒀다. 장례식에는 20만 명 이상의 조문객이 모여 남부에서 일찍이 찾아볼 수 없는 대규모 행사로 치러졌다.[132]

리는 이와는 대조적으로 좌절과 피로로 얼마 못 가서 세상을 등졌다. 1870년 그가 죽었을 때 그의 나이가 63세라는 사실에 모두가 놀랐다. 만년에는 "남부에 가장 필요한 것은 교육"이라는 신념에 따라 당시로서는 작은 대학교였던 워싱턴 칼리지 총장직을 맡았다. 이는 명예와는 거리가 먼 자리였다. 회고록은 쓰지 않았으며, 누구 한 사람 나무라지 않고 공개적인 자리는 피하고 확신하지 않는 일에는 입을 굳게 다물었다. 눈을 감는 순간에 "힐 장군에게 오라고 전하게!" "저 천막을 부수어버리게"라고 말했다는 전설이 회자되고 있으나 실제로는 아무런 말을 남기지 않았다.[133]

흑인 문제의 대두

남북전쟁이 끝나면서 노예제도 문제 또한 종지부를 찍었다. 그와 동시에 오늘날까지 그 그림자를 드리운 흑인 문제가 새롭게 시작되었다. 제퍼슨과 워싱턴을 비롯하여 링컨을 포함한 모든 사람이, 진정한 문제 해결은 노예제도를 폐지하는 데 있는 것이 아니라 자유를 얻은 흑인을 앞으로 어떻게 대할 것인가에 있다고 주장했었다. 이들 모두, 그리고 일반적인 미국 백인의 압도적인 대다수는 백인과 흑인이 함께 사이좋게 지낸다는 것이 그리 간단한 문제가 아니라는 사실을 깨달았다. 링컨도 흑인을 평등하다고는 보지 않았다. 그보다는 오히려 도덕적으로는 평등할지 모르지만, 그 밖의 다른 면에서는 흑인은 근본적으로 이질적이어서 무조건 같은 시민으로 받아들이기에는 무리가 따른다고 생각했다. 링컨은 노예를 단지 해방함으로써 "정치적으로나 사회적으로나 우리와 동등하게 취급한다"는 것은 불가능한 일이라고 솔직하게 털어놓았다. 아울러 오늘날이라면 인종차별이라고 볼 수 있는 태도를 용인했다. "나 자신은 심정적으로 [평등을] 인정할 수 없다." 그리고 마찬가지로 남부뿐이 아니라 북부 백인 대다수가 같은 실정일 것이라고 덧붙였다. "이 감정이 정의나 건전한 판단과 일치하는지 여부만이 문제가 되는 것은 아니다. 사람들 사이에 널리 뿌리내린 감정, 그 밑바닥에 자리 잡고 있는 것이 선이건 악이건 간에, 그것을 무시한다면 무사히 끝나지는 않을 것이다."[134]

흑인 대표가 백악관을 찾아와서 아프리카나 그 밖의 다른 지역으로 이주하는 안건에 대해 의견을 구했을 때, 링컨은 그 제안을 환영했다. "우리 백인은 자유로운 유색인 여러분이 우리와 함께 남아 있는 것을 좋게 받아들이지 않습니다. 가혹한 처사인지는 모르겠지만." 그는 산토도밍고(현재 도미니카공화국 수도-옮긴이) 해안에 실험적인 이주 식민지를 세우기까지 했는데, 이 일에 관여한 중개인이 부정을 저지르는 바람에 하는 수 없이 흑인들을 워싱턴으로 도로 실어 와야 했다. 흑인을 아프리카로 돌려보낸다는 계획은 모두 계속 수정되거나 아니면 완전히 실패로 끝나버렸다. 이유는 단순했다. 그 흑인들 가운데 아프리카로 돌아가기를 조금이라도 희망하는 쪽은 극소수에 불과했다. 자신들의 조상이 고향 대륙에 대해 품었던 혐오감을 그들 또한 본능적으로 느꼈기 때문이었다. 설령 이주 생활에 문제점이 많을지라도 합중국에 남기를 원하는 심정은 다른 나라에서 온 사람들과 똑같았다.

이런 상황에서 무엇을 해야 할 것인가? 또한 반란을 일으킨 남부를 어떻게 처리해야 할까? 그에 대한 해답은 이미 1863년 11월 19일에 나와 있었다. 그날 링컨은 게티즈버그 국립묘지 건립 기념식에서 짧은 연설을 했다. 모두 261자로 구성된 이 연설에 대해 그 행사장에서는 강렬한 반응은 없었다. 행사의 중심이 된 연설은 하버드 대학교 총장이자 연설가였던 에드워드 에버렛이 맡았기 때문이었다. 하지만 링컨의 말은 그날부터 오늘날까지 미국 전역에 영향을 미쳤다. 간결한 문장에 담긴 사상은 마음 깊은 곳까지 파고들면서 인간성의 정체에 대해 일깨워줬다.[135]

링컨은 미국인에게 미국이란 나라가 "모든 사람은 평등하게 창조되었다는 명제로 창건된 국가"라는 것, 그리고 그런 나라가 "오랫동안 존속할 수 있느냐 없느냐" 하는 결론을 내기 위해 지금 내란을 치르고 있다는 사실을 상기시켰다. 그다음으로 그가 전하려 했던 메시지는 "아직 끝나지 않은 과업" "남겨진 대사업"이었다. 그것은 미국에 "새로운 자유의 탄생을 가져오는 것" 즉 "인민의, 인민에 의한, 인민을 위한 정부"를 확립하는 일이었다. 아울러 링컨은 흑인을 정치적으로 그리고 법 앞에서 평등하게 대우해야 한다고 생각했다. 하지만 동시에 미국이 민주주의 국가라는 점을 주장했다-혹시 반발할지 모르는 남부 백인들에게도 국가에 충성하는 사람으로서 이 민주정치에 동참할 권리가 당연히 있었다. 이 두 진영을 화합시킬 방도는 무엇일까?

이런 문제에 대해 링컨의 의도가 무엇이었는지는 잘 알려져 있다. 그가 살아 있을 때 이미 북군에 의해 점령된 남부 지역의 통치 문제에 대처해야만 했기 때문이었다. 그는 다음 두 가지 점을 밝혔다. 첫째, 흑인에 대해서는 정치적으로 공정하게 처리한다. 둘째, 남부에 대해서는 반란 정서가 일단 사라지면 되도록 빨리 예전의 정치체제로 복귀한다. 그리고 사면을 하는데, "정치적 범죄를 저지른 사람"도 헌법을 준수하겠다는 선서만 거치면 적용하려고 계획했다. 주정부도 존속시켜, 1860년 당시 주에 등록된 유권자의 적어도 10퍼센트가 합중국에 충성을 맹세하고 합중국의 한 주로 돌아가기를 찬성하면 워싱턴은 이것을 승인할 터였다. 링컨은 또한 점령군이 되도록 빨리 철수하기를 원했는데, 우선 착수한 일은 흑인을 유권자 명부에 등록하는 것이었다. "군대를 철수시키기 전에 흑인에게 선거권을 부여해야 한다. 무력 수단이 사라질 경우 그들을 지켜줄 수 있는 것은 선거권뿐이다."[136]

구체적인 첫 조치는 헌법 수정 조항 제13조를 의회로부터 비준받는 일이었다. 제1절에서 합중국 전역 또는 "합중국의 사법권이 미치는 지역"에서 노예제도 또는 "강제노역제도(정당하게 유죄 판결을 받은 범죄는 제외)"가 금지되었다. 제2절에서는 의회에 "적절한 법률을 제정하여 이 조항의 규정을 시행할" 권리가 부여되었다. 링컨은 이 수정 조항이 통과에 필요한 4분의 3 이상의 주들의 동의를 얻어 성립하는 모습을 살아서는 볼 수가 없었다. 하지만 노예들을 해방하여 그들에게 선거권을 부여하는 데 온 힘을 기울인 사실만은 명백했다. 또한 헌법 수정 조항 제14조의 기본 취지가 링컨의 뜻을 반영한 것도 명확한 사실이었다. 1868년에 통과된 이 제14조는 남북전쟁의 전후 처리를 위해 제정되었는데, 거기에는 남부의 옛 반역자들을 공직에 복귀시키기 위한 판단 기준과 남부연합이 안고 있는 부채 처리 방법 등이 담겨 있었다. 하지만 무엇보다 이 조항이 가진 중요한 의미는 미합중국에서 태어났거나 귀화한 모든 사람들에게 정치적으로나 법적으로 평등을 보장하며, 어떤 주가 그 사법권과 관할 구역 내에서 누구나 법의 평등한 보호를 받는다는 사실을 부인하는 것은 위헌이라고 규정했다는 점이었다. 이 매우 중요한 헌법 조항은 흑인에 대해 정의를 행한다는 링컨의 신념을 미래를 향해 발전시킨 것으로 마침내 남부의 인종차별을 철폐하는 첫걸음이 되었다.[137]

이처럼 노예들을 보호하는 동시에 링컨이 남부를 최대한 빨리 관대하게 처리하기를 원했다는 사실은 명백했다. 전쟁의 상처를 어루만지려는 의도였다. 친구 기드온 웰스는 1865년 4월 14일 링컨의 모습을 묘사했다. "인간적인 따스함과 상냥함이 넘치며" 평화로운 나날을 앞두고 밝고 행복해 보였다. 남부와 반란 주모자들을 어떻게 처리할 것인가에 대해 링컨이 언급한 말 가운데 기록으로 남은 마지막 대목은 다음과 같았다. "내가 남부의 주모자들을 교수형에 처할 것이라고 절대 기대하지 말기 바란다. 어떤 나쁜 짓을 저지른 사람일지라도 마찬가지이다. 그런 자들은 나라 밖으로 추방하면 된다. 문을 활짝 열어젖히고 장애물을 제거한 다음 겁주어 내쫓으면 된다. 이미 충분할 만큼 많은 사람들이 희생되었다. 조화와 평화를 원한다면 분노의 불길은 끄지 않으면 안 된다. 어떤 지역에서는 남부인을 괴롭히거나 굴복시켜야 한다는 사람들이나 남부인을 같은 국민으로서 인정하기를 거부하는 사람들이 많다. 남부인의 권리를 전혀 존중하지 않는 것이다. 나는 그런 사람들과 같은 감정을 나누고 싶지 않다."[138]

그럼에도 링컨은 암살되었고 재건 사업은 후임자 앤드루 존슨에게 넘어갔다. 존슨은 링컨의 견해를 전적으로 지지하여 자유를 얻은 노예의 권리 보장과 조화를 이루도록 남부를 관대하게 처리할 생각이었다. 하지만 이 방침을 실행에 옮기기에 그의 기반은 너무나 보잘것없었다. 공화당 강령에 따라 대통령 선거에서 두 차례나 당선한 사람은 그가 아니었다. 내란을 잠재우고 전쟁을 승리를 이끈 것도, 그 몸서리치는 5년 동안 국가를 하나로 묶은 것도 그가 한 일이 아니었다. 더욱이 그는 남부인으로서 1861년까지는 줄곧 민주당에 몸을 담았다. 1861년 남부가 연방을 탈퇴할 때, 그는 남부의 상원의원 가운데서 유일하게 워싱턴에 남아 남부의 기성세력과 공공연하게 맞섰다. 그럼에도 이 사실은 너무나 간단하게 무시되었다. 동시에 민주주의에 대한 그의 신념은 확고했다. 존슨은 약자 편에 섰다. 하지만 전쟁을 꿈꾸며 남부를 파멸로 이끈 옛 체질의 농장 귀족과는 전혀 달랐다. 많은 점에서 바야흐로 미국 역사에 등장하는 남부 포퓰리스트들의 선구였다.

존슨은 노스캐롤라이나 주 롤리에서 가난하다고는 말할 수 없는 평범한 가정에서 태어났다. 순전히 독학으로 공부해 지식을 쌓은 것으로 보인다. 13세 때 양복점에 견습공으로 들어갔으나 잔인한 주인을 피해 테네시 주 그린빌로 갔다. 거기서 양복점을 개업하고 마침내 시장 지위까지 올랐다. 잭슨을 지지하는 전형적인 민주당원으로서 "가난한 사람에게 값싼 땅을"이라는 정책에 강하게 끌렸다. 홈스테드 법에 대한 열정적이라고 할 정도로 깊은 믿음은 1860년과 1861년에 남부 지도자들과 갈라서게 되는 주된 이유였다. 주의회 하원과 상원 등 의원과 주지사를 거쳐 연방의회의 하원과 상원에서 의원이 되고 마지막으로 링컨의 첫 번째 임기인 1862년부터는 테네시 주 군정장관을 지냈다. 뛰어난 웅변가였던 그는 약간은 무례한 성격에 곧잘 화를 내곤 했다. 그리고 술을 좋아했다. 링컨의 집권 2기 취임식 때 부통령 선서를 하기 전 위스키를 마신 그는 선서가 끝나고도 장황하게 말을 이으면서 자신이 평민 출신이라는 사실을 자랑하거나 도열한 "아름다운 깃털 장식과 화려한 정장을 걸친" 대법원 고관과 외교사절단을 향해서 여러분도 똑같이 "일반 서민"임을 잊지 말라고 상기시켰다. 질색한 링컨은 의장대장에게 "앞으로 다시는 밖에서 말을 시키지 말라"라고 명령했다.[139]

급진적인 남부 재건

존슨은 대통령 취임 직후 모든 반란 주모자들은 "교수형에 처하여야 할 반역자"라고 맹렬하게 비난했다. 그 뒤 방침을 바꿔 링컨의 희망이자 정책이라고 믿는 길을 실행하기 시작했다. 남부를 헌법적으로 어떻게 다룰 것인가에 대해서는 세 가지의 안이 있었다. 첫째는 급진주의자들의 주장을 들 수가 있었다. 분리 독립으로 남부의 모든 주가 사실상 붕괴하고 헌법적으로도 존재하지 않으므로, 재구성 시기와 방법은 전적으로 의회 권한에 일임된다는 주장이었다. 연방 상원에서 일찍이 지팡이를 휘둘렀던 선동가 찰스 섬너 의원이나 하원 세입위원장 새디어스 스티븐스(1792~1868) 등은 백악관과 연방의회에서 열심히 이 주장을 펼쳤다. 두 사람은 남부를 싫어하는 사람들의 리더로서 남부를 증오하고 힘이 미치는 한 심판하기를 원했다. 당시 그들은 양원에까지 영향을 미칠 만큼 세력이 강했다. 둘째는 의회에서 다수를 차지한 공화당원 대부분이 지지하는 약간은 온건한 주장이었다. 반역 행위는 남부의 모든 주를 붕괴시킨 것이 아니라 주로부터 헌법적 권리를 일시 박탈한 것에 불과하다는 것이었다. 모든 주에 공화제 정부를 보증한다는 헌법 조문에 따라 그 권리는 반환되어야 하며 그 시기는 연방의회의 결정에 달려 있다고 주장했다. 마지막으로 링컨과 존슨의 유화 정책이었다. 주의 존재와 권리는 반역 행위에 조금도 영향받지 않았고,

반역에 가담한 사람들에게서는 헌법적 의무를 수행할 자격을 박탈하면 되며, 이 처분도 사면에 의해 취소할 수 있다고 주장했다. 그리고 이 절차가 완료되면 곧 정상을 되찾아 주에 의한 주정부가 작동한다고 말했다.[140]

존슨은 처음에 이 세 번째 주장을 관철시키기 위해 강경한 입장을 보였다. 그것이 링컨의 의지라는 사실은 분명했다. 더군다나 합중국 정치의 관례로 볼 때 1864년 가을에 선출된 의회는 대통령의 특별 소집 요구가 없는 한 1865년 12월까지는 열리지 않기 때문에 존슨은 독자적으로 행동할 필요가 있었다. 즉 그에게는 자유재량권이 있었다. 하지만 의회의 주요 인사들과 최대한 밀접한 협의를 거치지 않고 그 자유를 행사하는 일이 과연 현명한 선택이었는지는 의문의 여지가 있다.

1865년 5월 29일 존슨은 새로운 성명을 발표했다. 링컨의 유화 정책을 더욱 확대해 2만 달러 이하의 토지를 소유한 남부 백인들에게는 충성 서약을 면제했다. 남부가 농장 귀족에 의해 잘못된 길을 걸어왔으며 재건 사업은 일반 시민들의 손에 의해 이뤄져야 한다는 것이 존슨의 일반적인 생각으로서 이 성명은 그런 뜻을 반영한 것이었다. 그해 여름 초, 남부 반란주에 임시 주지사를 각각 임명하고 실행 가능한 빠른 시일 안에 정상 상태 복귀를 지시했다. 그리고 그 전제조건으로서 각 주정부는 자체 법에 따라 노예제도를 폐지하고 남부연합의 부채 지불을 거부하며 그리고 헌법 수정 조항 제13조를 비준하도록 했다. 이 같은 조치는 신속하게 이뤄졌다. 각 주에서는 이 재건 계획을 수행하기 위해 휘그당원이나 연방주의자 등 보수주의자들을 필요한 만큼 소집했다. 모든 주에서 노예제도를 폐지하도록 주 헌법이 개정되고 대부분의 주들이 부채 상환을 거부했다. 제13조에 대해서도 미시시피와 텍사스를 제외한 모든 주가 비준했다. 반응이 느렸던 두 주를 포함해서 모든 주에서 공직자가 선출된 것을 계기로 반란은 법적

으로 수습되었다고 판단한 존슨은 1866년 4월 6일 이를 선언했다.[141]

새롭게 탄생한 주정부들은 모든 상황을 이겨내면서 활기차고 양식 있게 활동했다. 하지만 단 하나의 예외가 있었다. 흑인을 동등한 시민으로 취급하지 않겠다고 명시했다. 사실대로 이야기하면, 몇몇 라틴아메리카의 나라에서 볼 수 있는 것과 같이 날품팔이처럼 대우했다. 흑인은 주 헌법 아래서는 자유로운 신분이었다. 그리고 소송을 제기하거나 고소를 당하는 조항이 마련되어 있었다. 다른 흑인이 소송 당사자인 경우에 재판에서 증언도 할 수 있었다. 하지만 백인과 결혼하는 일은 법으로 금지되었고 흑인 만이 처벌받는 특별범죄 또한 적지 않았다. 부랑자를 단속하는 수많은 법률 때문에 자유를 얻은 흑인이 다시 반 노예 상태로, 그것도 많은 경우 원래의 소유주 곁으로 돌아가지 않으면 안 되었다. 실제로 흑인을 농업 노동으로 내몬 조항들도 있었다.

이러한 "흑인단속법"은 주에 따라 각기 달라서 엄격한 주가 있는가 하면 느슨한 주가 있었다. 하지만 최종적으로는 흑인을 하급 시민으로 격하시켜버렸다. 농장주는 흑인을 날품팔이 인부로 복귀시켰다. 그 같은 조치에 대항해서 각지의 흑인 지도자들은 흑인들에게 노동력을 합당한 값으로 제공하여 자유가 효과를 발휘하도록 격려했다. 이러한 움직임을 지원한 곳이 새로운 형태의 연방 복지기관인 "프리드먼 사무소"였다. 이 기관은 군대의 지원을 받아 설립되어 시간과 예산을 막대하게 투입하여 흑인을 보호하거나 지원하고 때로는 먹을 것을 제공했다. 이것은 미국 최초의 연방 복지기관으로서 유럽에서 비스마르크 시대 독일이 그 분야에서 첫선을 보이기 훨씬 이전의 일이었다. 훗날 프랭클린 D. 루스벨트 시대부터 오늘날까지 인간 집단을 사회적으로 조작하기 위한 연방기관이 수없이 설립되었는데, 프리드먼 사무소가 바로 그 전형이었다. 이 기관은 그럭저럭 기능을 발휘했으나 흑인에게 자립심을 심어주는 데는 실패했다. 흑인에게는 노동에 대한 동기가 사라지고 없었다. 흑인단속법이 노린 목적 중 하나는 그런 동기를 불어넣는 것이었다.[142]

이런 차별은 북부의 노예제도 폐지론자나 그것을 대표하는 연방의원들의 분노를 샀다. 여태까지 남부 흑인을 공평하게 대우하지 않았고, 더군다나 남부의 백인은 아직 충분한 심판을 받지 않았다는 점을 들어 그들은 진심으로 분개했다. 북부인 대부분은 남부가 그동안 얼마나 고통받았는지 전혀 알지 못했다. 만약 알았더라면 어느 정도 동정을 받았을 것이다. 연방의회는 이미 1864년에 복수심에 가득 찬 재건 법안을 통과시켰으나 링컨은 서명을 거부했다. 1865년 12월 다시 의회 회기가 시작되었으나 의회 분위기는 복수심만이 가득했으며, 섬너와 스티븐스가 이를 부채질하고 여당인 공화당의 대다수가 지지하고 나섰다. 존슨 대통령 쪽에 선 의원은 소수파인 민주당원뿐이었다. 의원 대부분은 정당한 절차로 선출된 남부 의원들마저 즉시 양원에서 축출하고 "남부 반란주"의 "현재 상황을 조사하는" 양원 합동위원회를 발족시키고 프리드먼 사무소의 위임 통치권을 확대하는 법안을 가결했다. 존슨은 마지막 법안에 즉시 거부권을 행사하고 분노에 차서 의회를 이끄는 공화당 의원들의 이름을 거명하며 반역자라고 비난했다. 의회가 흑인단속법, 특히 부랑자를 단속하는 법을 폐지할 목적으로 "민권법"을 통과시킬 때도 존슨은 거부권을 행사했다. 의회는 곧 3분의 2 이상의 찬성을 얻어 다시 이 법안을 통과시켰다. 중요성을 근거로 대통령 거부권이 기각된 것은 미국 역사상 처음 있는 일이었다. 이리하여 백악관과 의회 사이에 커다란 균열이 생겼다. 어쨌든 존슨은 투표로 당선된 대통령이 아니었고 개인적으로 아무 권위가 없었으며 도덕적인 권위에서도 특히 북부에서는 매우 취약했다. 의회는 그런 존슨을 대신해서 합중국의 진정한 지도자가 되기로 마음먹었다. 1970년대의 워터게이트 사건 뒤에 일어난 상황과 매우 흡사했다.[143]

그 결과로 남부의 참상은 더욱더 심각해지고 흑인이 백인보다 희생의 대가를 더 크게 치러야 했다. 1866년 6월 합동위원회는 남부에 대한 조사보고서를 제출했다. 그것에 따르면 존슨이 추진한 주정부는 위법이며 이른바 "반역 공동체"를 재건할 권한은 의회만이 가지고 있다고 명시했다. 더욱이 남부가 "무정부 상태"이며 반역자들은 "뉘우치거나 사면을 청원하지 않고 자신들이 저지른 죄악을 대단히 자랑스러워한다"라고 지적했다. 앞서 설명한 헌법 수정 조항 제14조를 언급하면서 이 조항이 비준될 때까지 어떤 주정부도 승인받을 수 없고 상원이나 하원에 의원을 보내는 것도 허락되어서는 안 된다고 강조했다. 모든 보고 내용은 1866년 가을의 중간선거 때 쟁점으로 떠올랐다. 존슨은 이 강경책에 반대하며 선거운동을 시작했는데, 연설 도중 거친 말과 욕설을 사용해 민심을 잃었으며 무시무시한 태도를 취하는 바람에 상대방보다 더 과격하다는 인상을 심어줬다. 그 결과 공화당의 급진주의자들이 압승하며 양원 모두 3분의 2 이상의 의석을 확보했다. 이제 의회를 통과한 법안에 존슨이 거부권을 행사하더라도 의회가 그 결정을 번복할 수 있는 힘을 확고하게 갖추었다. 이렇게 해서 급진주의자들이 어떤 의미에서 정권을 장악하고 입법 행위를 통해 원하는 것은 무엇이든지 할 수가 있게 되었다. 이런 관점에서 보면, 남부의 모든 주가 14조를 비준하는 것이야말로 현명한 선택이라고 할 수 있었다. 하지만 늘 그래왔던 것처럼 이런 북부의 강경책에 대해 남부 역시 강경하게 대응했다. 비준은 테네시 주만 했고 다른 주는 모두 거부했다.

이 난국을 해결하기 위해 의회를 장악한 북부 급진주의자들은 이제 자유롭게 사용할 수 있는 유일한 무기인 법률을 동원해 공격을 펼쳤다. 흑인을 공정하게 대우해 선거권을 보증한다는 점에서는 그들의 목적은 이타적이었지만, 반면에 흑인들의 새로운 표가 공화당에 몰릴 것을 기대하고 남부에서도 공화당 우세의 발판을 마련하려 한다는 점에서는 이기적이라고 말할 수 있었다. 하지만 현실적으로는 북부의 공화당원 대부분이 흑인에게 선거권을 주는 것을 원하지 않았다. 이 안은 1865년부터 1867년 사이에 북부 주에서 차례로 부결되었다. 코네티컷, 미네소타, 위스콘신, 캔자스 모두가 공화당 세력이 강한 주였다. 그럼에도 연방의회의 여당인 공화당은 남부에서 흑인 유권자를 확보하려고 노력했다.

1867년 3월부터 7월까지 공화당은 일련의 재건법들을 존슨의 거부권을 무릅쓰고 의회에서 강행해 통과시켰다. 이 법안에 따라 의회의 이른바 "반란주"에는 군사정부가 들어섰다. 백인 대다수는 엄격한 선서 의무를 따르지 않으면 투표자 명부에서 삭제된 반면에 모든 흑인은 유권자로 등록되었다. 그리고 14조의 비준과는 별도로 "반란주"가 다시 합중국에 정식 일원으로서 재가입하기 위한 여러 가지 조건들이 추가되었다. 또한 행정 부문의 권한에도 노골적으로 공격을 퍼부었다. 특히 의회를 소집하거나 소집하지 않는 권한, 관료를 해임하는 권한(공직보장법), 그리고 군 최고 지휘관으로서 명령을 내리는 권한이 그 대상이었다. 또한 대법원의 방해를 두려워해서 재건법과 관련된 문제에 대해서는 법원의 권한이 미치지 않는다는 법안을 추가했다. 이러한 일련의 입법 행위가 헌법에 위배된다는 사실은 명백했다. 하지만 의회는 사법부가 이 법안들을 무효로 판결하기 전에 실행에 옮기려고 계획했다.[144]

이 재건 계획은 미국의 매우 극단적이며 비현실적인 근본주의 이상론의 전통을 고스란히 드러냈기에 그 앞날에는 불행한 결과가 기다리고 있었다. 워싱턴에서도 독립 이래로 유례가 없을 정도의 비통하고 야만스러운 정치 다툼이 일어났다. 1840년대와 1850년대에는 칼훈, 웹스터, 클레이 등을 중심으로 많은 정치가들이 논쟁을 벌였다. 그들은 아무리 근본 문제에서조차 의견 일치를 보지 못하더라도 서로가 예의를 지키는 대화의 틀을 통해 헌법을(입장에 따라 해석이 달라도) 존중했다. 그리고 그 시대에는 의회 전체가 정부의 다른 부서에 대해 존경심을 갖고 대했다. 하지만 남부 반란주가 1860년의 대통령 선거 결과를 인정하지 않음에 따라 모든 것은 파멸의 순간을 맞았다. 이제 급진적인 공화주의자들은 일찍이 남부 분리주의자들이 걸었던 옛 길을 따르면서 건국의 아버지들이 목표로 삼았던 조화롭고 균형 잡힌 정치를 실현 불가능하게 만들어버렸다.

대통령 탄핵

1866년부터 1867년까지 워싱턴을 오염시킨 정치적 혐오감은 남북전쟁 때보다 더 심하여, 마침내는 대통령을 탄핵하는 악의적인 사태마저 초래했다. 존슨은 공직보장법을 위헌이라고 보고 헌법 절차를 무시한 채 육군장관 스탠턴을 해임했다. 스탠턴은 예전부터 정치적으로 편향된 시각을 보인 인물이었으나 링컨은 그의 확고한 활력과 추진력, 능력을 높이 사서 국방 업무를 맡겼다. 하지만 전쟁이 끝났는데도 스탠턴은 점점 더 강경한 자세를 보이며 무력으로 남부를 괴롭히려고 했다. 그 또한 존슨처럼 감정을 억제하지 못하고 분노를 터뜨리는 경우가 종종 있었다. 존슨은 그를 급진 공화주의자들이 자신의 내각에 침투시킨 트로이 목마로 생각하고 그의 해임을 통해 만족을 얻었다.

공화당은 헌법 제1조 제1절, 제2절, 그리고 제5절의 근거를 들어 대통령 탄핵이라는 보복 조치로 맞섰다. 제2조 제4절은 탄핵에 해당하는 위반 행위에는 "반역죄, 수뢰죄 또는 그 밖의 중대한 범죄, 그리고 비행"이 있었다. 이것은 의미가 모호했다. 주 또는 연방의 법에 따라 기소되지 않은 행위는 여기에 포함될 수 없다고 해석하는 학자도 있었다. 한편으로는 기소될 수 없는 행위-헌법에 저촉되지는 않지만 일반 법규로는 특정하기 어려운 정치적인 범죄-만이 탄핵이라는 수단을 동원해 제재를 가할 수 있다고 보는 견해도 있었다. 탄핵 절차는 우선 하원이 탄핵 결의안을 채택했고, 다음에 상원이 3분의 2 이상의 다수결로 유죄 여부를 결정했다. 1789년부터 오늘날까지 하원은 15명의 공직자를 탄핵 대상으로 삼았다. 상원에서 유죄가 인정되어 해임된 경우는 그 가운데 7명으로 모두 연방법원 판사였다.[145] 대통령으로 탄핵 조항이 적용된 인물은 오늘날까지 존슨이 처음이자 마지막이며, 이 사건은 결코 장래에 도움을 주지 못했다. 존슨은 이 절차가 진행되는 동안 인신공격을 숱하게 겪거나 육군부를 이용해 개인적인 쿠데타를 일으켰다는 고발을 받았으며 이 밖에 근거 없는 소문에 시달렸다. 11개 항목으로 이뤄진 탄핵 소추안은 1868년 2월 24일 하원을 통과했다. 그 뒤 상원에서 3개월에 걸친 심의 끝에 1868년 5월 26일 35 대 19로 3분의 2 이상의 찬성표를 얻지 못해 존슨의 무죄가 확정되었다. 이런 보복 행위를 통해 아무런 건설적인 결과도 얻지 못했다. 정치적인 소득이라고 해봤자 탄핵을 제기한 쪽의 신용이 바닥으로 떨어진 것밖에 없었다.[146]

이 탄핵 사태는 남부에도 마찬가지로 파괴적인 결과를 미쳤다. 1867년 3월에 통과된 법률에 따라 공화당의 반 남부 백인 노선에 따른 새로운 재건 계획이 시작되었다. 유권자 등록에 이어 투표로 대표자 회의 의원을 선출하고 표결을 통해 새로운 주 헌법을 마련하여 주민투표로 승인을 받았다. 하지만 이런 절차에 참가한 쪽은 북군 장교의 조정을 받은 흑인, 약간의 북부인과 극소수의 이탈 남부 백인이었다. 이 새로운 유권자들은 남부 공화당을 세운 압력단체 "유니언 리그(Union Leagues)"에 의해 조직되었다. 주 헌법 제정을 위한 특별협의회는 사실상 공화당 지명 대회와 거의 성격이 같았다. 이 새로운 정당과 강제로 성립된 주는 하나라고 볼 수 있었다. 마치 북부는 군사력으로 남부의 모든 주에 일당 독재정권을 세운 것처럼 보였다. 남부 백인들 대다수는 보이콧하거나 이 반민주적인 조치에 격렬하게 맞섰다. 하지만 당장 그들이 할 수 있는 일이라고는 아무것도 없었다. 미시시피의 백인들만이 새로운 헌법을 줄기차게 거부했을 뿐이었다.

1868년 여름에는 3개 주(텍사스, 미시시피, 버지니아)를 제외한 남부의 모든 주가 의회가 추진한 이 제2차 재건 계획을 끝냈다. 그리고 그 가운데 7개 주가 일련의 재건관련법에 따라 연방의회에 재가입할 자격을 얻었다(앨라배마는 이보다 먼저 자격 심사를 통과했다). 남부의 백인 유권자 대부분이 공민권이 박탈되었고, 그 대신 공화당에 의해 흑인 유권자가 새로 편입된 결과 공화당은 강력한 여당이 되어 1868년 선거에서 압도적인 승리를 거뒀다. 공화당 대통령 후보 지명 대회에서 만장일치로 지명을 받은 그랜트 장군은 민주당 후보로 나선 뉴욕 주지사 허레이쇼 시모어(1810~1886)를 선거인단 선거에서 214 대 80으로 물리쳤다. 제2차 재건 사업이 없었다면 그랜트는 아마 선거에서 패배했을 것이다. 섬너와 스티븐스 같은 일부 공화당원들도 1868년 선거에 앞서 선거인단 표를 우선적으로 확보하기 위해 의회가 8개 남부 주의 복귀를 허락했다는 사실을 인정했다. 이처럼 미국은 노예제도가 안고 있는 죄악을 청산하였으나 새롭게 구성된 행정부와 의회가 자행하는 타락의 출현을 지켜봐야만 했다.[147]

재건 정부의 실패

이러한 조치들이 조금은 도움이 되었다. 의회의 압박으로 헌법 수정 조항 제15조에 대해 남부 주의 비준을 받을 수 있었다. 제15조는 "인종, 피부색 또는 과거의 예속 상태의 경험"을 이유로 주와 연방정부가 미합중국 시민의 선거권을 박탈하는 것을 금지하는 내용이었다. 한편으로는 이내용을 솔직하게 받아들이지 않았던 남부인들은 훗날 "협박을 받아 비준했을 뿐"이라는 명분을 내세웠다. 예를 들면 특히 조지아는 실제로 비준을 거부한 탓에 다시 군대의 통치를 받으며 제3차 재건 사업을 받아들여만 했다. 더군다나 공화당의 지원을 받아 탄생한 남부 주정부들은 예상한 대로 출범 당시부터 이루 말할 수 없을 정도로 무능하고 부패했다. 흑인이 유권자의 과반수를 차지했기에 당연히 주요 공직에는 흑인이 대거 진출했다. 하지만 그들을 앞세워 실권을 장악한 것은 "뜨내기 정치인(carpetbaggers)"과 "부역자(scalawags)"라고 불린 남부를 배신한 일부 백인들이었다. 거의 모든 흑인 공직자들은 글을 읽거나 쓸 줄 몰랐다. 백인 대다수도 질이 나쁜 사람들이었다. 하지만 그들 가운데는 매우 예외적으로 비록 극소수이긴 하나 정직한 정부를 만드는 데 온 힘을 기울인 뛰어난 인재들이 있었다. 중산계층에는 교사, 변호사, 신문기자를 중심으로 한 이상주의자들이 존재했다. 최근의 연구 결과에 따르면 그들에게는 고귀한 신념이 있었음이 밝혀졌다. 하지만 그들 역시 부패라는 바다에 서서히 침몰해갔다. 착공조차 안 된 철도 건설 명목으로 공채가 발행되거나 공무원 봉급이 2, 3배씩 인상되고 친인척과 친구를 위해 새로운 공공사업이 추진되었다. 특히 부패가 심각했던 곳은 사우스캐롤라이나였는데, 뜨내기 정치인과 부역자와 흑인이 권력을 마구 휘둘렀고, 의원과 공직자 모두가 당연하다는 듯이 공금에 손을 댔다. 뇌물이 없이는 어떤 법안도 통과될 수 없었고, 판사에게 돈을 찔러주지 않으면 판결이 나오지 않았다. 노골적인 부패 혐의로 고발된 공화당원이 법정에서 뻔뻔스럽게 무죄 선고를 받거나 설령 유죄가 성립되더라도 곧 지사의 사면으로 풀려났다.[148]

남부에서는 주정부에 대한 반감으로 한데 뭉친 백인들이 폭력으로 보복에 나서기 시작했다. KKK단(Ku Klux Klan)이 1866년부터 1871년 사이에 출현했다. 이 조직은 자경단적인 비밀결사로서 신원 노출을 막기 위해 하얀 복장을 걸치고 밤마다 말을 타고 돌아다니며 정의를 집행했다. 흑인 사회를 공포로 몰아넣기 위해 무시무시한 복장을 했는데, 이는 말 그대로 큰 충격을 던졌다. 공포에 굴복하지 않으면 회초리를 휘두르거나 목에 밧줄을 감았다. 뜨내기 정치인도 살인 대상에 올랐다. 흑인을 배척하는 폭동을 일으키거나 흑인 린치를 자행했다. 그들의 활동은 특히 가을 선거철이 다가오면 활발해졌는데, 그 결과 정치 다툼이 폭력으로 얼룩지거나 때때로 살인으로 치달았다. 남북전쟁이 일어나기 전에 남부 백인은 흑인을 경멸하거나 때로는 두려워했다. 하지만 이제는 증오만 남았다. 그리하여 증오의 악순환이 시작되었다. 이처럼 인종적인 증오를 바탕으로 전혀 새로운 종류의 사회가 남부에 출현하기에 이르렀다.

공화당 출신 주지사들은 주정부의 권한을 동원해 흑인과 부역자와 뜨내기 정치인을 보호했다. 주정부만으로는 도저히 손을 쓸 수 없다는 점이 밝혀짐에 따라 이번에는 연방의회나 백악관에 호소했다. 그에 따라 연방의회가 조사와 현지 청취에 나서고 상황에 따라서는 백악관이 군대를 출동시켰다. 하지만 흑인과 그 백인 협력자들은 정치 술책이나 무력으로도 자신들의 신변 보호가 어렵다는 사실을 깨달았다. 따라서 점차 수적 우세가 모든 것을 좌우하게 되었다. 어쨌든 숫자가 많은 쪽은 백인이었으며,

미국은 가령 남부라 할지라도 역시 민주사회였다. 의회가 중심이 되어서 추진하는 재건 사업은 차례차례 실패했다. 민주당이 서서히 권력을 되찾기 시작했다. 민주당은 1867년에는 테네시에서, 1870년에는 웨스트버지니아, 미주리, 노스캐롤라이나에서, 1871년에는 조지아에서, 1874년에는 앨라배마, 텍사스, 아칸소에서, 1875년에는 미시시피에서 각각 제1당의 자리를 되찾았다. 플로리다와 루이지애나, 사우스캐롤라이나는 공화당 진영에 남았으나 그것은 어디까지나 군대의 위압에 따른 것이었다. 1877년 군대가 철수하자마자 곧 공화당 정권은 무너지고 백인이 다시 주도권을 장악했다.

간단히 말하면, 의회에 의한 재건 사업은 착수한 지 10년도 안 되어 실패로 끝났다. 새로운 주 헌법이 시행되고 채무 지불은 거부되었다. 행정기관은 숙정, 축소, 개혁되고 세금 또한 전쟁 전 수준으로 인하되었다. 그리고 백인이 주도하는 새로운 주정부는 당연하다는 듯이 곧 흑인을 낮은 지위로 깎아내리는 법을 제정했다. 미국의 나머지 지역들은 남부나 흑인 문제를 충분히 경험한 터라 다른 일에 관심을 돌렸다. 이렇게 해서 장대한 남북전쟁, 미국 역사의 핵심 사건은 노예제도의 죄악을 묻어버리고 새로운 남부 사회를 창조했다. 그곳에는 최상급 국민인 백인과 국민이라는 이름뿐인 흑인이 존재했다. 그리고 거대한 침묵 속에 몇 십 년이라는 세월이 흘러갔다. 국가 전체가 더 이상 아무런 관심을 기울이지 않았다. 미국은 인류 역사상 가장 경이로운 경제발전을 이룩했다. 그리고 그 발전은 한두 차례의 짧은 정체기-그리고 제1차 세계대전-를 겪기는 했으나 1920년대 말까지 계속되었다.

| 미주 |

제1장 식민지 시대

1. C. R. Boxer, *The Portuguese Seaborne Empire, 1415-1825* (London 1969), 27.

2. T. B. Duncan, *Atlantic Island: Madeira, The Azores and Cape Verde in 17th Century Commerce and navigation* (Chicago 1972), 212.

3. C. A. Palmer, *Slaves of the White God: Blacks in Mexico, 1570-1650* (Cambridge 1976), 1O.

4. J. H. Parry, *The Spanish Seaborne Empire* (London 1966), 42.

5. D. W. Meinig, *The Shaping of America: a Geographical Perspective of 500 Years of History,* vol. i: *Atlantic America, 1492-1800* (New Haven 1986), 4-6.

6. J. Lang, *Conquest and Commerce: Spain and England in the Americas* (New York 1975), 28.

7. C. O. Sauer, *The Early Spanish Main* (Berkeley 1966), 150; C. H. Haring, *The Spanish Empire in America* (New York 1947).

8. Meinig, *opus cit.*, 12.

9. C. W. MacLachlan and J. E. Rodriguez, *Forging of the Cosmic Race: a Reinterpretation of Colonial Mexico* (Berkeley 1980), 198; Meinig, *opus cit.*, 14.

10. D. B. Quinn, *The Royanoke Voyages* (Hakluyt Society, London 1990), i 491, ii 717; A. L. Rowse, *The Expansion of Elizabethan England* (London 1955), 219-20.

11. J. A. Rawley, *The Transatlantic Slave Trade* (New York 1981), 25ff.

12. Garrett Mattingly, 'No peace Beyond What Line?,' *Transactions of the Royal*

미국인의 역사 I

•

Historicla Society (London 5th series), xiii 145-62.

13. For these encounters see maps in Martin Gilbert, *The Routledge Atlas of American History* (3rd edn London 1993), 6, 10.

14. Quinn, *opus cit.*, i 188-94.

15. G. B. Parke, *Richard Hakluyt and the English Voyages* (London 1900); E. G. R. Taylor, *Writing and Correspondence of the Two Richard Hakluyts* (Hakluyt Society, London), i.

16. H. H. Jones, *O Strange New World: American Culture, the formative Years* (New York 1967), 164.

17. Taylor, *opus cit.*, i 175.

18. Richard Hakluyt, *Principal Navigations* (Everyman Edition, London), vi 3-35.

19. John Aubrey, *Brief Lives*, ed. Oliver Lawson Dick (Oxford 1960), 'Ralegh'; Robert Naunton, *Fragmenta Regalia* (London 1641), 47.

20. For Ralegh's background see A. L. Rowse, *Ralegh and The Throckmortons* (London 1962), Chapter 8.

21. For Ralegh in Ireland see Robert Lacey, *Sir Walter Ralegh* (London 1973) 5; W. M. Wallace, *Sir Walter Ralegh* (Princeton 1959).

22. Michael Foss, *Undreamed Shores: England's Wasted Empire in America* (London 1974), 135-73.

23. Account of Captain Arthur Barlow in *ibid.*, 138.

24. *Ibid.*, 152.

25. Reproduced in *ibid.*

26. *Ibid.*, 166-8.

27. S. E. Morison, *The European Discovery of America: the Northern Voyages 500-1600* (New York 1971), 675.

28. Sir Francis Bacon, *Essays*, 'On Plantations' (Everyman Edition, London 1960), 104.

29. Rowse, *Expansion*, 221

30. For the myth see Waillam Haller, *Foxe's Book of Martyrs and the Elect Nation* (London 1963).

31. John Aylmer, *An Harborow for Faithful and True Subjects* (London 1560).

32. John Davys, *The Seaman's Secrets* (London 1594).

33. Richard Hakluyt, 'Discourse of Western Planting,' in *Original Writings of Richard Hakluyt...* (London 1935), ii 210-326.

34. W. J. Eccles, *France in America* (Vancouver 1972), 14ff; Morison, *opus cit.*, 600ff.

35. 'A True and Sincere Declaration of the purposes and Ends of the Plantation Begun in Virginia,' quoted in Alexander Brown, *Genesis of the United States*, 2 vols (New York 1890), i 339.

미
주

•

36. Sir George Peckham, 'A True Report of the Late Discoveries... of the New Found Land', reprinted in *Notes and Queries* (London), xvii (1920), 43.

37. *New Britannia*, reprinted in *Colonial Tracts*, i No. 6.

38. For Smith see *Travels and Works*, ed. Edward Arbor, 2 vols (London 1884), and *True Travels, Adventures and Observations, 1630*, ed. J. G. Fletcher (New York 1930); P. L. Barbour, *Three Worlds of Captain John Smith* (New York 1964).

39. L. G. Tyler (ed.), *Narratives of Early Virginia, 1606-26* (Richmond 1907); John Rolfe, *True Relation of the State of Virginia... 1616* (New York 1971); T. J. Wertenbaker, *Shaping of Colonial Virginia* (New York 1958)

40. William Bradford, *History of plymouth plantation*, ed. S. E. Morison (Cambridge 1952); G. D. Langdon, *Pilgrim Colony* (Boston 1966).

41. For texts of the Compact, see R. E. Moody (ed.), 'Versions of the Mayflower Compact,' *Old South Leaflet*, No. 225 (Richmond 1952).

42. C. H. Lippy in R. Choquette and S. Poole (eds), *Christianity Comes to the Americas* (New York 1992), 460.

43. Frank Thistlethwaite, *The Dorset Pilgrims* (London 1989), 14-21.

44. Quoted in *ibid.*, 63.

45. Quoted in E. S. Morgan, *The Puritan Dilemma: the Story of John Winthrop* (Boston 1958), 8-11.

46. A. B. Forbes (ed.), *The Winthrop Papers, 1598-1649*, 5 vols (Boston 1929-47), ii 114ff.

47. Printed in *Massachusetts Historical Society Proceedings*, xii 262ff.

48. Allen French, *Charles I and the Purtian Upheaval* (London 1955), 331ff.

49. *Winthrop Papers*, ii 293ff.

50. R. C. Winthrop, *Life and Letters of John Winthrop*, 2 vols (Boston 1964-7), *Journal*, i 27ff.

51. Ellsworthy Huntington, *Civilisation and Climate* (New York 1925), 8.

52. H. U. Faulkner, *American Economic History* (6th edn New York 1949), 6-8.

53. C. E. Kellogg, *The Soils That Support Us* (New York 1941).

54. Lyman Carrier, *The Beginnings of Agriculture in America* (New York 1923), 41.

55. *United States Department of Commerce Yearbook* (Washington DC 1930), vol. ii, part i.

56. J. C. Young (ed.), *Chronicles of the First Planters* (New York 1930), 254.

57. See list in B. N. Forman, *American Seating Furniture 1630-1730* (New York 1988), 20.

58. R. S. kellogg, *Pulpwood and Wood Pulp in America* (New York 1923), 148.

59. See map on Indian tribes of North America in Gilbert, *opus cit.*, 2.

60. Bradford, *opus cit.*, 121.

61. Edward Johnson, 'Wonder Working Providence of Sion's Saviour in New England,' 1628-51, *Original Narratives Series*, 210.

62. *American Husbandry* (London 1775), i 81.

63. *Ibid.*, 80.

64. *Massachusetts Early Records*, i 94; R. S. Dunn, *Sugar and Slaves: the Rise of the English Planter Class in the English West Indies, 1624-1713* (Chapel hill 1972), 15.

65. Quoted in Choquette and Poole, *opus cit.*, 275.

66. Winthrop, *Journal*, ii 271-82, for full text of speech.

67. *Ibid.*, 198ff, 152ff.

68. Thomas Hutchinson, *History of the Colony and Province of Massachusetts Bay*, ed. L. S. Mayo, 3 vols (Cambridge 1936), i 54.

69. Winthrop, *Journal*, i 254ff, 261ff.

70. For the controversy see Perry Miller, *The New England Mind*, 2 vols (Cambridge reissue 1953); see also Andrew Delbanco, *The Puritan Ideal* (Cambridge 1989).

71. Dunn, *opus cit.*, 20-1.

72. Ebenezer Hazard (ed.), *Historical Collections*, 2 vols (Philadelphia 1972-4), ii 10.

73. K. W. Porter, 'Samuel Gorton: New England Firebrand,' *New England Quarterly*, vii 405ff.

74. For these controversies see Brooks Adams, *The Emancipation of Massachusetts* (Boston 1887); C. F. Adams, *Three Episodes of Massachusetts History* (Boston 1892); George Bancroft, *History of the United States* (New York 1859), i; Perry Miller, *Orthodoxy in Massachusetts* (Cambridge 1933); S. E. Morison, *Builders of the Bay Colony* (Boston 1930).

75. See the entry on Winthrop in R. W. Fox and J. T. Kloppenburge, *Companion to American Thought* (Cambridge 1995), 739-40.

76. Reprinted, Providence, Rhode Island, 1936; see also James Axtell, *The Europeans and the Indians: Essays in the Ethnology of Colonial North America* (New York 1981).

77. For Williams see Cyclone Covey, *The Gentleman Radical: a Biography of Roger Williams* (New York 1966); Harry Chupack, *Roger Williams* (New York 1969); B. F. Swan; 'Light on Roger Williams and the Indians,' *Providence Journal*, magazine section, November 23, 1969.

78. Perry Miller, *Roger Williams: His Contribution to the American Tradition* (Indianapolis 1953).

79. Text in *The Complete Writings of Roger Williams*, 7 vols (New York 1963).

80. G. W. LaFantasie (ed.), *Correspondence of Roger Williams*, 2 vols (Hanover, New Hampshire 1988).

81. The material on Mrs Hutchinson is printed in D. D. Hall (ed.), *The Antinomian Controversy: a Documentary History* (rev. edn New York 1990).

82. See Amy Lang, *Prophetic Woman: Anne Hutchinson and the Problem of Dissent in the Literature of New England* (Berkeley 1987).

83. Winthrop, *Journal*, i 265ff, 292ff, 313ff, 326ff.

84. See F. J. Bremer (ed.), *Anne Hutchinson: Troubler of the Puritan Zion* (New York 1981).

85. John Winthrop and William Welde, *A Short Story of the Rise, Reign and Ruine of the Antinomians, Familists and Libertines* (1643).

86. S. E. Morison, *Three Centuries of Harvard, 1636-1936* (Cambridge 1936), Chapter 1.

87. K. A. Lockridge, *A New England Town: the First Hundred Years: Dedham, Massachusetts, 1636-1736* (New York 1970).

88. S. E. Morison, *The Maritime History of Massachusetts* (Boston 1921), 21.

89. R. J. Brugger, *Maryland: a Middle Temperament, 1634-1980* (Baltimore 1988), 6-7.

90. Andrew White, 'A Brief Relation of the Voyage Unto Maryland' (1634), in C. C. Hall (ed.), *Narratives of Early Maryland, 1634-84* (New York 1910), 7-8, 40, 45, in White's text.

91. M. P. Andrews, *The Founding of Maryland* (New York 1933), 61.

92. Text of charter in Hall, *opus cit.*, 101-10.

93. M. D. Mereness, *Maryland as a Proprietary Province* (New York 1901), 51: White, *opus cit.*, 99-100

94. Brugger, *opus cit.*, 15-16

95. Quoted in Gloria Main, *Tobacco Colony: Life in Early Maryland, 1650-1720* (Princeton 1982), 144n.

96. Brugger, *opus cit.*, 20-4.

97. L. G. Carr and L. Walsh, ' The Planter's Wife: the Experience of White Women in 17th Century Maryland', *William and Mary Quarterly*, 34 (1977).

98. W. H. Browne (ed.), *Archives of Maryland* (Baltimore 1883-), i 244ff.

99. Bieter Cunz, *The Maryland Germans: a History* (Princeton 1948), 28.

100. Meinig, *opus cit.*, 151-2.

101. Dunn; *opus cit.*, 165ff.

102. C. Tunnard and H. H. Reed, *American Skyline: the Growth and Forms of Our Cities and Towns* (New York 1956), 33ff.

103. A. C. Myers (ed.), *Narratives of Early Pennsylvania...* (New York 1912), 263.

104. J. T. Lemon, *The Best Poor Man's Country: a Geographical Study of Early Southeastern Pennsylvania* (Baltimore 1972), 108.

105. *Ibid.*, 216.

106. For the religious role of Philadelphia see S. E. Ahlstrom, *A Religious History of the American People* (New Haven 1972).

107. C. F. Adams, *Massachusetts: Its Historian and Its History* (New York 1893), 64.

108. S. E. Morison, *The Intellectual Life of colonial New England* (New York 1956), vi.

109. Quoted in P. Miller, *Errand Unto the Wilderness* (New York 1964).

110. Quoted in S. Fine and G. S. Brown, *The American Past: Conflicting Interpretations of Great Issue*, 2 vols (New York 1970), i 13.

111. S. C. Powell, *Puritan Village: The Formation of a New England Town* (Middletown, Connecticut 1963).

112. Quoted in Fine and Brown, *opus cit.*, 23.

113. Forman, *opus cit.*, 40

114. R. B. St George, 'Father, Sin and Identity: Woodworking Artisans in Southeastern New England, 1620-1700,' in I. M. G. Quimby (ed.), *The Craftsmen of Early America* (New York 1984); Alexander Young (ed.), *Chronicles of the Pilgrim Fathers* (Baltimore 1974), 247.

115. Forman, *opus cit.*, 22.

116. Quimby, *opus cit.*, 116.

117. Barbara Perry (ed.), *American Ceramics* (New York 1989), 24.

118. Quimby, *opus cit.*, 235.

119. B. M. Ward, 'Boston Goldsmiths, 169-1720,' in *ibid*; Katherine Butler, *American Silver, 1655-1825*, 2 vols (Boston 1972).

120. H. F. Clarke and H. W. Foote, *Jeremiah Dummer: Colonial Craftsman and Merchant 1645-1718* (Boston 1970), 3ff.

121. J. Caldwell and O. K. Roque, *American Paintings in the Metropolitan Museum, of Art* (Princeton 1994), i.

122. Michael J. Rozbicki, 'Cultural Development of the Colonies,' in J. P. Greene and J. R. pole (eds), *The Blackwell Encyclopaedia of American Revolution* (New York 1991), 71ff.

123. See my *The Offshore Islanders: a History of the English People* (rev. edn London 1990), part 4, 171ff.

124. Rozbicki, *opus cit.*, 72. For the 'Law of First Effective Settlement,' see Wilbur Zelinsky, *Cultural Geography of the United States* (Englewood Cliffs 1973), 13-14.

125. J. F. James (ed.), *Narratives of Early American History* (New York 1911), 184.

126. Quoted in M. E. Sirmans, *Colonial South Carolina: a Political History, 1663-1763* (Chapel Hill 1966), 10.

127. Langdon Cheves (ed.), *Shaftesbury Papers... Relating to Carolina*, South Carolina historical society Collections, 5 (1897), 399.

미
주

•

128. Quoted in Sirmans, *opus cit.*, 24-5.

129. Brugger, *opus cit.*, 12ff.

130. Sirmans, *opus cit.*, 38.

131. *Shaftesbury Papers*, 427.

132. 'Letters from John Stewart to William Dunlop,' *South Carolina Historical Magazine* 32 (1931).

133. Faulkner, *opus cit.*, 80-1.

134. D. R. Dewey, *Financial History of the United States* (12th edn New York 1934), 19.

135. See W. J. Schulz and M. R. Caine, *Financial Development of the United States* (New York 1937).

136. For early settler-Indian conflicts, see A. T. Vaughan, *The New England Frontier: Puritans and Indians, 1620-1675* (Boston 1965).

137. W. E. Washburn, *Governor and Rebel: Bacon's Rebellion in Virginia* (New York 1957).

138. For an excellent description of the work of the militia in king Philip's War see Thistlethwaite, *opus cit.*, Chapter 13, 236ff.

139. R. Slotkin and J. K. Folsom (eds), *So Dreadful a Judgement: Puritan Responses to King Philip's War, 1676-1677* (Middletown, Connecticut 1978).

140. S. S. Webb, *1676: the End of American Independence* (New York 1984), 341, 410.

141. G. L. Kittredge, *Witchcraft in Old and New England* (London 1929).

142. Keith Thomas, *Religion and the Decline of Magic* (Oxford 1971).

143. For a recent account see Frances Hill, *A Delusion of Satan: the Full Story of the Salem Witch Trials* (New York 1995).

144. In his book *The Christian Philosopher* (Boston 1721).

145. Lawrence Wright, *Remembering Satan* (New York 1994).

146. Published by the Massachusetts Historical Society, 1911-12; for Mather, see Kenneth Silverman, *The Life and Times of Cotton Mather* (New York 1985), and K. B. Murdock (ed.), *Selections from Cotton Mather* (Boston 1926).

147. R. N. Hill, *Yankee Kingdom: Vermont and New Hampshire* (New York 1960).

148. Quoted in H. J. Ford, *The Scotch-Irish in the Americas* (New York 1914), 271-2.

149. Sirmans, *opus cit.*, 132-3.

150. Phinizy Spalding, *Oglethorpe in America* (Chicago 1977).

151. H. E. Davis, *The Fledgling Province: Social and Cultural Life in colonial Georgia, 1733-1776* (Chapel Hill 1976).

152. Table 3 in Meinig, *opus cit.*, 247.

153. L. Labaree (ed.), *The Papers of Benjamin Franklin* (New Haven 1961), iv 227-34.

154. R. D. Mitchell, 'Content and Context: Tidewater Characteristics in the Early

Shenandoah Valley,' *Maryland Historian*, 5 (1974).

155. Faulkner, *opus cit.*, 115-16.

156. Quoted in *ibid.*, 78.

157. C. F. Carroll, *The Timber Economy of Puritan New England* (Providence 1973); J. F. Shepherd and G. M. Walton, *Shipping, Maritime Trade and the Economic Development of Colonial North America* (Cambridge 1972).

158. H. A. Innes, *The Cod Fisheries: a History of an International Economy* (rev. edn Toronto 1954).

159. V. S. Clark, *History of Manufactures in the United States, 1670-1860*, 3 vols (rev. edn New York 1929), i 207ff.

160. Massachusetts Historical society, *Collections*, 1st series, i 74.

161. *Interests of Merchants and Manufacturers of Great Britain in the Present Contests Stated and Considered* (London 1774, Reprinted Boston), 12.

162. Quoted in Faulkner, *opus cit.*, 82.

163. E. J. Perkins, 'Socio-economic Development of the Colonies,' in Greene and Pole, *opus cit.*, 53ff.

164. *Ibid.*, 57.

165. A. R. Ekirch, *Bound for America: Transportation of British Convicts for the Colonies, 1718-75* (Oxford 1987).

166. Brugger, *opus cit.*, 87.

167. 'Maryland Hoggs and Hyde Park Duchesses', a brief account of Maryland in 1697, *Maryland Historical Magazine*, 73 (1978).

168. P. U. Bonomi, *A Factious People and Society in Colonial New York* (New York 1971).

169. J. A. Smith, *Printers and Press Freedom: the Ideology of Early American Journalism* (New York 1988). There is a study of one of the early papers: Hennig Cohen, *The South Carolina Gazette* (U. of S. Carolina Press, Charleston 1943).

170. L. W. Levy, *Emergence of a Free Press* (New York 1985).

171. Brugger, *opus cit.*, 81.

172. Raphael Semmes, *Baltimore as Seen by Visitors, 1783-1860* (Baltimore 1953), 4ff; Richard Switzzer (trans. and ed.), *Chateaubriand's Travels in America* (Lexington 1969), 13.

173. See the reconstruction in Roger W. Moss, *The American Country House* (New York 1990), 47.

174. *Ibid.*, 42.

175. See Bernard Bailyn, *Origins of American Politics* (New York 1968); G. B. Nash, *The Urban Crucible: Social Change, Political Consciousness and the Origins of*

미
주

•

the American Revolution (Harvard 1979).

176. R. J. Dinkin, *Voting in Provincial America: a Study of Elections in the Thirteen Colonies, 1689-1776* (Westport, Connecticut 1977).

177. R. E. Brown, *Middle-Class Democracy and the Revolution in Massachusetts, 1691-1780* (Ithaca 1955).

178. J. R. Pole, 'Representation and Authority in Virginia from the Revolution to Reform,' *Journal of Southern History*, February 1958.

179. J. P. Green, 'The Role of the Lower House of Assembly in 18th Century Politics,' *Journal of Southern History*, November 1961.

180. W. Whitehill, *Boston: a Topographical History* (2nd edn Cambridge 1968), 22ff; the figures come from the map drawn by Captain John Bonner.

181. Gottfried Mittelburger, *Journey to Pennsylvania*, ed. and trans. O. Handiln and J. Clive (Cambridge 1960), 47.

182. Esmond Wright, *Franklin of Philadelphia* (Cambridge 1986), 32.

183. Jon Butler, *Awash in a Sea of Faith: Christianising the American People* (Cambridge 1990); Joseph Conforti, 'The Invention of the Great Awakening 1795-1842.' *Early American Literature*, 26 (1991).

184. Alan Heimarts, *Religion and the American Mind from the Great Awakening to the Revolution* (Cambridge 1966).

185. For Edwards see Perry Miller, *Jonathan Edwards* (Boston 1949).

186. O. E. Winslow (ed.), *Basic Writings of Jonathan Edwards* (New York 1966), 115, 128-9.

187. Jonathan Edwards, *Works* (New Haven, 1957-), 10 volumes in print.

188. *Basic Writings*, 256, 275.

189. E. S. Gaustad, *The Great Awakening in New England* (New York 1957); H. S. Stout, *The Divine Dramatist: George Whitefield and the Rise of Modern Evangelicalism* (Grand Rapids 1991).

190. W. M. Gerwehr, *The Great Awakening in virginia, 1740-90* (Duke University Press 1936).

191. R. J. Wilson, *The Benevolent Deity: Ebenezer Gay and the Rise of Rational Religion in New England, 1696-1787* (Philadelphia 1984); Conrad Wright, *The Beginning of Unitarianism in America* (Boston 1955)

192. The interaction between religious and political fermentation in the decades before the American Revolution is analysed in J. C. D. Clark, *The Language of Liberty: Political Discussion and social Dynamics in the Anglo-American World, 1660-1832* (Cambridge, England, 1994), esp. 36, 120-1, 148-9, 250, 262-3.

제2장 혁명기

1. J. T. Flexner, *George Washington: the Forge of Experience, 1732-75* (New York 1967), 14-15.

2. Thomas A. Lewis, *For King and Country: The maturing of George Wasshington, 1748-60* (New York 1993), 6.

3. Richard Norton Smith, *Patriarch: George Washington and the New American Nation* (Boston 1993), 5.

4. *Ibid.*, 16.

5. Quoted in Marcus Cunliffe, *George Washington: Man and Monument* (Boston 1958), 31.

6. *Rules of Civility and Decent Behavior in Company and in Conversation*, ed. Charles Moore (Boston 1926).

7. Smith, *opus cit.*, 18, 23.

8. Lewis, *opus cit,.* 141ff.

9. *London Magazine*, xiii (1954); D. S. Freeman, *George Washington*, 7 vols (New York 1948-57), iii 89.

10. For the wars see H. H. Peckham, *The Colonial Wars, 1689-1762* (Chicago 1964); D. E. Leach, *Roots of Conflict: British Armed Forces and Colonial Americans, 1677-1763* (Chapel Hill 1986).

11. Max Savelle, *Empires to Nations: Expansion in North America, 1713-1824* (New York 1968), 149.

12. G. Gregault, *Canada: the War of the Conquest* (trans. Toronto 1969); G. A. Rawlyk, *Nova Scotia's Massachusetts: a Study of Massachusetts-Nova Scotia Relations, 1630-1784* (Montreal 1973).

13. Louis de Vorsey, *The Indian Boundary in the Southern Colonies, 1763-75* (Chapel Hill 1966).

14. Flexner, *opus cit.*, 142.

15. *Ibid.*, 234, 262.

16. M. Spector, *The American Department of the British Government, 1768-82* (New York 1940).

17. L. W. Labaree et al. (eds), *Papers of Benjamin Franklin,* 22 vols (Philadelphia 1959-70), xviii 102-3.

18. W. J. Smith (ed.), *Grenville Papers*, ii 114.

19. L. W. Labaree et al. (eds), *Franklin's Autobiography* (New Haven 1964). The best of many biographies of Franklin is Esmond Wright, *Franklin of Philadelphia* (Cambridge 1986).

20. Edwin Wolf, 'Franklin and His Friends Choose Their Books,' *Pennsylvania Magazine of History and Biography*, January 1956.

21. *Franklin Papers*, iii 397-420.

22. J. F. Ross, 'The Character of Poor Richard,' *Proceedings of the Modern Language Association of America*, September 1940; I. G. Willey, *The Self-Made Man in America: the Myth of Rags to Riches* (Princeton 1954).

23. Carl Van Doren, *Benjamin Franklin* (New York 1938), 71.

24. W. C. Bruce, *Benjamin Franklin Self-Revealed*, 2 vols (New York 1917), ii 362.

25. Text in *Franklin Papers*, iv.

26. Wright, *opus cit.*,90-9; Franklin, *Autobiography*, 210-11.

27. *Franklin Papers*, viii 293.

28. Francis Parkman's classic account, *History of the Conspiracy of Pontiac*, 2 vols (New York 1851), is reprinted in his *Collected Works* (New York 1922).

29. *Narrative of the Late Massacres in Lancaster County,* in *Franklin Papers*, xi.

30. Quoted in Wright, *opus cit.*, 167.

31. Quotations from *ibid.*, 166.

32. B. Bailyn and J. B. Hench (eds), *The Press and the American Revolution* (Worcester, Massachusetts 1980).

33. Printed in G. A. Peek (ed.), *The Political Writings of John Adams* (Indianapolis 1954).

34. For the evolution of Adam's position see J. R. Howe, *The Changing Political Thought of John Adams* (Princeton 1966).

35. For the role of the Tea Party see Pauline Maier, *From Resistance to Revolution: Colonial radicals and the Development of Opposition to Britain, 1765-1776* (New York 1972).

36. For Jefferson's early background see Dumas Malone, *Jefferson and His Time*, vol. i: *Jefferson the Virginia* (Boston 1948), 27ff

37. *Washington Dossier*, May 1985, quoted in A. J. Mapp, *Thomas Jefferson: A Strange Case of Mistaken Identity* (New York 1987), 410.

38. A. A. Lipscomb and A. E. Bergh (eds), *Thomas Jefferson's Writings*, 20 vols (New York 1903); J. P. Boyd et al. (eds), *The Papers of Thomas Jefferson*, 25 vols (Princeton 1950-); J. M. Smith (ed.), *The Republic of Letters: The Correspondence of Thomas Jefferson and James Madison, 1776-1826*, 3 vols (New York 1995).

39. N. E. Cunningham, *In Pursuit of Reason: the Life of Thomas Jefferson* (Baton Rouge 1987).

40. Isaac Kramnick, 'The Ideological Background,' in J. P. Greene and J. R. Pole (eds), *The Blackwell Encyclopaedia of the American Revolution*, 84ff.

41. Quotations from M. D. Peterson (ed.), *Thomas Jefferson: Selected Writings* (New York 1984), 122, 118.

42. Joyce Appleby, 'Republicanism in the History and Historiography of the United States,' *American Quarterly*, 37 (1985); Jack P, Greene, *Peripheries and Center: Constitutional Development in the Extended Polities of the British Empire and the United States, 1607-1788* (New York 1986).

43. H. V. Faulkner, *American Economic History*, 120-6.

44. For the importance of the rule of law in the American Revolution, see John Philip Reid, *Constitutional History of the American Revolution*, vol, i: *The Authority of rights* (1986); vol. ii: *The Authority to Tax* (1987); vol. iii: *The Authority to Legislate* (1991); vol iv: *The Authority of Law* (1993); abridged edn Madison 1995.

45. M. C. Tyler, *Patrick Henry* (Ithaca 1962), 147ff.

46. Edmund Burke, *Works* (London 1893), ii 43.

47. *Franklin Papers*, xxii 94.

48. *John Adams Papers*, iii 89.

49. *Franklin Papers*, xxii 218.

50. *Massachusetts Historical Society Historical Collections*, 72 (1917), 82.

51. Flexner, *opus cit.*, 327.

52. Quotations from Freeman, *opus cit.*, iii 6.

53. *Journal of the Continental Congress*, ii 97.

54. Flexner, *opus cit.*, 340.

55. *Correspondence of Thomas Gage*, 2 vols (New Haver 1931-3), ii 187ff

56. Jack Fruchtman Jr, *Thomas Paine: Apostle of Freedom* (New York 1994), 59-81.

57. *Adams Papers*, iv 59.

58. *Adams Works*, ii 514n.

59. J. P. Boyd, *The Declaration of Independence: the Evolution of the Text* (Princeton 1945); F. Herbert, *The Declaration of Independence: an Interpretation and Analysis* (New York 1904).

60. This remark is accepted as canonical in Jared Sparks (ed.), *Works of Benjamin Flanklin*, 10 vols (Boston 1836-40). i 407.

61. Quoted in Conor Cruise O'brien, *The Great Melody: a Thematic Biography of Edmund Burke* (London 1992), 161-2.

62. D. S. Luts, 'State Constitution Making Through 1781,' in Greene and Pole, *opus cit.*, 276ff.

63. For details see W. P. Adams, *The First American Constitution* (Chapel Hill 1980).

64. *Adams Paper*, iv 65ff.

65. See J. N. Rakove, 'The Articles of Confederation, 1775-83,' in Green and Pole, *opus cit.*, 289ff.

66. Quoted from P. H. Smith, *Letters of Delegates to Congress, 1774-89*, 13 vols (Washington DC 1976-), ix 908.

67. P. S. Onuf, *The Origins of the Federal Republic* (PhiladelPhia 1983).

68. *Adams Works*, viii 573.

69. *Lee Papers*, iv 9-10.

70. J. Boucher (ed.), *Reminiscences of an American Loyalist* (New York 1925), 49, 146.

71. Quoted in W. A. Bryan, *George Washington in American Literature, 1775-1865* (New York 1952), 46; E. P. Chase (ed.), *Our Revolutionary Forefathers* (New York 1929), ii 3f.

72. C. E. Burnett (ed.), *Letters of Members of the Continental Congress*, 8 vols (Washington DC 1921-6), iii 356.

73. Piers Mackesy, *The War for America, 1775-1783* (Cambridge 1964); Don Higginbotham, *The War of American Independence: Military Attitudes, Policies and Practice, 1763-1789* (New York 1971).

74. Wright, *opus cit.*, 263.

75. *Franklin Writings*, ix 243f; *Adams Diary*, iv 118.

76. E. E. Hale, *Flanklin in France*, 2 vols (New York 1887), i 155ff.

77. W. A. Shewins (ed.), *Whitefoord Papers* (Oxford 1898), i 87; for the peace, see R. B. Morris, *The Peacemakers: the Great Powers and American Independence* (New York 1965); R. Hoffman and P. J. Albert (eds), *Peace and the Peacemakers: The Treaty of 1783* (Charlottesville 1986).

78. De Segur, *Memories*, 2 vols (Paris 1824-6), i 35, quoted in Wright, *opus cit.*; R. Hoffman and P. J. Albert, *The Franco-America Alliance of 1778* (Charlottesville 1981).

79. Babara Greymont, *The Iroquois in the American Revolution* (Syracuse 1972), 58.

80. C. G. Calloway, *Crown and Calumet: British-Indian Relations, 1783-1815* (Norman, Oklahoma 1987), 10f.

81. R. C. Downes, *Council Fires on the Upper Ohio* (Pittsburgh 1940), 294.

82. Allan Kulikov, 'A Prolific People: Black Population Growth in the Chesapeake Colonies, 1700-90,' *Southern Studies*, 16 (1977).

83. Sylvia R. Frey, 'Slavery and Anti-Slavery,' in Greene and Pole, *opus cit.*, 379ff; Ira Berlion and Ronald Hoffman, *Slavery and Freedom in the Age of the American Revolution* (Charlottesville 1983).

84. Jean B. Lee, *The Price of Nationhood: the American Revolution in Charles Country* (New York 1994), 124-5.

85. See the findings of Wallace Brown, *The Good Americans: the Loyalists in the American Revolution* (New York 1969), 228-9; see also table in D. W. Meinig, *The Shaping of America*, vol i: Atlantic America, 1492-1800 (New Haven 1896), Table Five, 317.

86. E. S. Gaustad, *Documentary History of Religion in America* (Grand Rapids 1982), 244.

87. See the statistical table on p. 69 in E. S. Gaustad, 'Religion before the Revolution,' in Greene and Pole, *opus cit.*, 64-70.

88. See the section on allegiances in Bonomi, *Under the Cope of Heaven*, 39ff.

89. R. M. Calhoun, *The Loyalists in Revolutionary America, 1760-81* (New York 983).

90. G. A. Rawlyk, 'The American Revolution and Canada,' in Greene and Pole, *opus cit.*, 497-503.

91. Quoted in Betty Wood, 'The Impact of the Revolution on the Role, Status and Experience of Women,' in Greene and Pole, *opus cit.*, 399-408; R. Hoffman and P. J. Albert, *Women in the Age of the American Revolution* (Charlottesville 1989).

92. Quoted in Aungst C. Buell, *History of Andrew Jackson* (New York 1904), ii 410f. See also R. V. Rimini, *Andrew Jackson and the Course of American Empire, 1767-1821* (New York 1977), 11.

93. See Dan Higginbottom, 'The War for Independence,' in Greene and Pole, *opus cit.*, 315-17.

94. Douglas Southall Freeman, *Washington* (New York 1992), 509-10 (this work is a one-volume abridgment of Freeman's seven-volume biography). See also: Don Higginbotham, *George Washington and the American Military Tradition* (Athens, Georgia 1985).

95. G. W. Corner (ed.), *Benjamin Rush: Autobiography* (Princeton 1948), 198.

96. T. H. Breen, *Tobacco Culture: the Mentality of the Great Tidewater Planters* (Princeton 1985), 161.

97. E. G. Evans, *Thomas Nelson of Yorktown* (Williamsburg 1975), 19ff; Gordon S. Wood, *The Radicalism of the American Revolution* (New York 1992), 69-70, 122.

98. R. A. Billington, *Westward Expansion: a History of the American Frontier* (2nd edn New York 1960), 156; Wood, *opus cit.*, 128.

99. Quoted in Wood, *opus cit.*, 135-6, 137.

100. Quoted in *ibid.*, 237.

101. *Adams Papers*, i 42-3; E. S. Morgan, *The Gentle Puritan: A Life of Ezra Styles, 1727-1795* (New Haven 1962), 167.

102. M. D. Kaplanoff, 'Confederation: Movement for a Stronger Union,' in Greene and Pole, *opus cit.*, 443ff.

103. For Hamilton's background see B. Mitchell, *Alexander Hamilton*, 2 vols (New

미
주

•

York 1957-62), i Chapter 1; J. E. Cooke, *Alexander Hamilton* (New York 1982), 10ff.

104. R. B. Morris, *The Forging of the Union, 1781-89* (New York 1987).

105. For Madison's background see R. A. Rutland, *James Madison: The Founding Father* (New York 1987). For Frenau, see P. M. March, *Philip Frenau, Poet and Journalist* (New York 1968); his *Poems* were edited by F. L. Pattee in 3 vols, New York 1902-7.

106. Quoted in Smith, *Jefferson-Madison Correspondence*, i 2.

107. *Federalist Number 38*; see H. T. Colburn (ed.), *Fame and the Founding Fathers: Essays by Douglas Adair* (New York 1974), 3-26.

108. Smith, *Jefferson-Madison Correspondence*, i Introduction, 1-36.

109. Madison's work before, during, and after the Annapolis meeting can be studied in W. T. Hutchinson et al. (eds), *The Papers of James Madison*, 15 vols (Chicago and Charlottesville 1962-), and in Smith, *Jefferson-Madison Correspondence*, i 394-434.

110. Wood, *opus cit.*, 254-6

111. J. P. Roche, 'The Founding Fathers: a Reform Caucus in Action,' *American Political Science Review*, 55 (1961), 799-813; *The Records of the Federal Convention of 1787* are reprinted in 5 vols, New Haven 1987.

112. David Szatmary, *Shay's Rebellion: The Making of an Agrarian Insurrection* (Amhurst 1980).

113. H. A. Ohline, ' Repulicanism and Slavery: Origins of the Three-Fifths Clause in the United States Constitution,' *William & Mary Quarterly* 28 (1971).

114. P. Finkelman, 'Slavery and the Constitutional Convention: Making a Covenant with Death,' in R. Beeman et al. (eds), *Beyond Confederation: Origins of the Constitution and American National Identity* (Chapel Hill 1987).

115. 'We Europeans have our own rich history to study, thank you'-Jacques Delors, head of the Brussels bureaucracy of the European Union.

116. See M. Gillespie and M. Liensch (eds), *Ratifying the Constitution* (Lawrence 1989).

117. Jacob Cooke (ed.), *The Federalist* (Cleveland 1961).

118. For Wilson see C. P. Smith, *James Wilson: Founding Father, 1742-98* (Chapel Hill 1956) and R. G. McCloskey (ed.), *Works of James Wilson*, 2 vols(Cambridge 1987).

119. The anti-federalist documents are reprinted in H. J. Storing (ed.), *The Complete Anti-Federalist*, 7 vols (Chicago 1981).

120. For the debates and procedures as a whole, see M. Jenson et al. (eds), *The Documentary History of the Ratification of the Constitution*, 8 vols (Madison 1976-).

121. Letter to Jean Baptiste Le Roy, November 13, 1789, in *Works of Benjamin*

Franklin (Philadelphia 1817), Chapter 6.

122. Irving Brandt, *The Bill of Rights: Its Origin and Meaning* (New York 1965).

123. Quoted in Wood, *opus cit.*, 288.

124. Lewis, *opus cit.*, 250-1.

125. *Franklin Papers*, iv 234; v 204-5.

126. J. H. Kettner, *The Development of American Citizenshop, 1608-1871* (Chapel Hill 1978), 175.

127. *Journals of the Continental Congress*, v 475-6.

128. Elise Marienstras, 'Nationality and Citizenship,' in Greene and Pole, *opus cit.*, 669- 75; Kettner, *opus cit.*

129. Bernard Bailyn, *The Peopling of North America* (New York 1986); Maldwyn Allen Jones, *American Immigration* (New York 1960).

130. Quoted in Wood, *opus cit.*, 268-270.

131. Chilton Williams, *American Suffrage from Property to Democracy* (New York 1960.)

132. M Marchione et al. (eds), *Philp Mazzei: Selected Writings and Correspondence* (Prato, Italy 1983), 439, quoted in Wood, *opus cit.*, 295-6; for Latrobe see his *Journal, 1796-1820* (New York 1905).

133. Robert McClockey, *The Supreme Court* (New York 1960); for controversial treatments, see Archibald Cox, *The Court and the Constitution* (New York 1987), and R. H. Bork, *The Tempting of America: the Political Seduction of the Law* (New York 1990).

134. Wood, *opus cit.*, 322-5; J. M. Sosin, *The Aristocracy of the Long Robe: The Origins of Judicial Review in America* (Westport 1989), 280ff.

135. J. C. Fitzpatrick (ed.), *Washington's Writings,* 39 vols (New York 1931-44), xxvii 367.

136. Marcus Cunliffe (ed.), *Mason L. Weem's Life of Washington 1809* (New York 1962); Bishop William Meade, *Old Churches, Minister and Families of Virginia*, 2 vols (Philadelphia 1857), ii 242-55; George Washington and Parke Custis, *Recollections and Private Memoirs of Washington* (New York 1860); W. A. Bryan, *George Washington in America Literature, 1775-1865* (New York 1952).

137. *Franklin Papers*, ii 202-4.

138. Quoted in Wright, *opus cit.*, 49f.

139. Quoted in Mapp, *opus cit.*, 421.

140. L. J. Cappon (ed.), *The Adams-Jefferson Letters*, 2 vols (Chapel Hill) 1959, ii 467.

141. R. M. Calhoon, 'The Religious Consequences of the Revolution,' in Greene and Pole, *opus cit.*, 58-9, and his *Evangelicals and Conservatives in the Early South*,

1740-1861 (New York 1988).

142. Ralph Ketcham, 'James Madison and Religion: a New Hypothesis,' *Journal of the Presbyterian Historical Society*, July 1960; M. S. Evans, *The Theme is Freedom: Religion, Politics and the American Tradition* (Washington DC 1994), 270-88.

143. W. W. Sweet, *Religion in the Development of American Culture* (London 1963), 50.

144. Daniel Boorstin, *The Americans*, 2 vols (New York 1964), i 131.

145. Rene Williamson, *Independence and Involvement* (Baton Rouge 1964), 213ff; M. E. Bradford, *A Worthy Company* (Plymouth 1982), cited in Evans, *opus cit.*

146. For Washington as vestryman, see Flexner, *opus cit.*, Franklin to Panie quoted in Wright, *opus cit.*

147. *Adams Diary*, August 14, 1796; for Northwest Ordinance see H. S. Commager, *Documents of American History* (8th edn New 1968), i 131.

148. *Documentary History of the First Federal Congress* (Baltimore 1977), 228, 232, quoted in Evans, *opus cit.*

149. J. D. Richardson (ed.), *Compilation of the Message and Papers of the Presidents, 1789-1797*, 10 vols (New York 1969), i 64.

150. M. D. Conway (ed.), *The Writings of Tom Paine*, 4 vols (New York 1894-6).

151. Quoted in J. E. A. Smith, *History of Pittsfield, Springfield* (Boston 1876), 145f.

152. Quoted in W. C. Ford, *Statesman and Friend* (Boston 1927), 31; ref. in L. A. Cremin, *American Education: the National Experience, 1783-1876* (New York 1988).

153. *Jefferson Writings*, xi 428.

154. Quoted in Freeman, *opus cit.*, 559.

155. Figures from *Historical Statistics of the United States* (US Department of Commerce, Washington DC 1975); W. G. Anderson, *The Price of Liberty: The Public Debt of the Revolution* (Charlottesville 1983).

156. Quoted in Stuart Bruchey, 'Social and economic Developments After the Revolution,' in Greene and Pole, *opus cit.*, 559-60.

157. C. P. Nettels, *The Emergence of a National Economy, 1775-1815* (New York 1962).

158. L. D. Baldwin, *Whiskey Rebels: The Story of a Frontier Uprising* (New York 1939).

159 Cecilia M. Kenyon, *Political Science Quarterly*, June 1958.

160. Saul K. Padover, *The Mind of Alexander Hamilton* (New York 1958).

161. E. S. Maclay (ed.), *Journal of William Maclay* (New York 1890), 177-9.

162. Quoted in Smith, *Patriarch*, xvi.

163. *Ibid.*, 19.

164. *Jefferson Writings*, i 254; ix 448ff.

165. R. W. Griswold, *The Republican Court* (New York 1854), 156.

166. *Maclay Journal*, 4.

167. Smith, *Patriarch*, 88-9.

168. Stephen Decatur, *Private Affairs of George Washington, from the Records and Accounts of Tobias Lear* (Boston 1933).

169. For Mrs Powell see smith, *Patriarch*, 150-1, 184-5.

170. Greville Bathe, *Citizen Genet, Diplomat and Invertor* (Philadelphia 1946); Gilbert Chinard, *George Washington as the French Knew Him* (Princeton 1940), 104; M. D. Peterson, *Thomas Jefferson and the New Nation: a Biography* (New York 1970), 487-8.

171. L. M. Sears, *George Washington and the French Revolution* (Detroit 1960); Smith, *Patriarch*, 173-5.

172. For the Randolph Affair see Bonstell Tachau, 'George Washington and the Reputation of Edmund Randolph,' *Journal of American History*, 73 (1986); John Reardon, *Edmund Randolph* (New York 1974), 300ff.

173. For two views of the 1780s and 1790s economically, see John Kiske, *The Critical Period in American History, 1783-1789* (New York 1888) and R. A. East, *Business Enterprise in the American Revolutionary Era* (New York 1938), 242; C. P. Nettrels, *The Emergence of a National Economy, 1789-1815* (New York 1962).

174. Victor Huge Paltsis, *Washington's Farewell Address* (New York 1935); Smith, *Patriarch*, 278ff; Barry Schwartz, *George Washington: the Making of an American Symbol* (New York 1987); E. S. Morgan, *The Genius of George Washington* (New York 1980).

175. R. M. Ketchum, *Presidents Above Parties: the First American Presidency, 1789-1829* (Chapel Hill 1984).

176. J. C. Miller, *The Federalist Era* (New York 1952), 198ff.

177. H. C. Syrett et al. (eds), *Hamilton Papers*, 15 vols (1961-), xii 388-94, 440-53.

178. For Adams' work for the US Navy see D. W. Knox, *History of the United States Navy* (rev. edn New York 1948); H. and M. Spout, *Rise of American Naval Power, 1776-1918* (New York 1943).

179. See especially J. R. Howe, *Changing Political thought of John Adams* (New York 1966) and Edward Handler, *American and Europe in the Political Thought of John Adams* (New York 1964).

180. Adams to Jefferson, July 9, 1813, in Capon, *opus cit.*, ii 351-2.

181. See L. H. Butterfield (ed.), *John Adams Diary and Autobiography*, 4 vols (New

미
주

York 1991), and *Supplement* (1996).

182. I. Bernard Cohen, *Science and the Founding Fathers* (New York 1995), 215-36.

183. Quoted in Joseph J. Ellis, *Passionate Sage: the Character and Legacy of John Adams* (New York 1994), 239.

184. For Abigail, see Janet Whitney, *Abigail Adams* (New York 1947); Abigail Adams' letters are printed in Capon, *opus cit.*

185. For early Washington see J. S. Young, *The Washington Community, 1800-28* (New York 1966); Stewart Mitchell (ed.), *New Letters of Abigail Adams, 1788-1801* (Boston 1947), 259f.

186. For Marshall's background and early life see A. J. Beveridge, *Life of John Marshall*, 4 vols (New York 1916-19), i 20ff.

187. John Taylor, *An Inquiry...* (Philadelphia 1814), 275; Arthur M. Schlesinger, *The Age of Jackson* (London 1946), 24.

188. Beveridge, *opus cit.*, iv 87.

189. Max Lerner, 'John Marshall and the Campaign of History,' *Columbia Law Review*, 39, no. 3, reprinted in L. W. Levy (ed.), *American Constitutional Law* (New York 1966).

190. D. G. Loth, *Chief Justice John Marshall and the Growth of the Republic* (New York 1949).

191. Beveridge, *opus cit.*, 586ff.

192. George Dangerfield, *The Era of Good Feelings* (London 1953), 165; Felix Frankfurter, *The Commerce Clause Under Marshall, Tainey and Waite* (Cambridge 1937).

193. H. J. Pious and G. Baker, 'McCulloch v Maryland: Right Principal, Wrong Case,' *Stanford Law Review*, 9 (1957).

194. For a range of views on Marhsall's significance, see the symposium by Carl B. Swisher et al., *Justice John Marshall: a Reappraisal* (New York 1955) and E. S. Corowin, *John Marshall and the Constitution* (New York 1919).

195. Smith, *Jefferson-Madison Correspondence*, i 33; D. E. Engdahl, 'John Marshall's "Jeffersonian Concept" of Justicial Review,' *Duke Law Journal*, 42 (1992), 279ff.

196. The phrase was Benjamin Rush's; see Ellis, *opus cit.*, 134.

197. Syrett, *Papers of Hamilton*, xxv 186-90.

198. J. M. Smith, *Freedom's Fetters: the Alien and Sedition Laws and America's Civil Liberties* (New York 1956).

199. Patricia Watlington, *The Partisan Spirit* (New York 1974).

200. Daniel Sisson, *The American Revolution of 1800* (New York 1974).

201 Mapp, *opus cit.*, 71ff; C. L. Griswold, 'Rights of Wrongs: Jefferson, Slavery and

Philosophical Quandaries,' in M. J. Lacey et al. (eds), *A Culture of Rights: the Bill of Rights in Philosophy, politics and Law* (New York 1991), 144-51.

202. J. C. Miller, *The Wolf by the Ears: Jefferson and Slavery* (New York 1977), 161ff. For a recent hostile portrait of Jefferson, presenting him not only as a cynical slave-owner but as a racist, see Conor Cruise O'Brien, *The Long Affair: Thomas Jefferson and the French Revolution* (London 1966), 315-25; but see also the review of this book 'Sally and Her Master' by Bernasrd Bailyn, *Times Literary Supplement* (London), November 15, 1996. On Jefferson's relationship with Sally Hemings, daughter of Betty Hemings, see Douglass Adair, 'The Jefferson Scandals,' in *Fame and the Founding Fathers* (New York 1974).

203. E. S. Morgan, *American Slavery, American Freedom: the Ordeal of Colonial Virginia* (New York 1975).

204. William Peden (ed.), *Jefferson's Notes on the State of Virginia* (New York 1955), Chapter 8 and 14.

205. Peterson, *opus cit.*, 259.

206. Cohen, *opus cit*, Appendix 8, 'Jefferson's Changing Views Concerning the Abilities of Black People,' 297ff.

207. Roger W. Moss, *The American Country House*, 81-5; R. J. Betts, 'The Woodlands,' *Wintethur Portfolio*, 14 (1979).

208. For these and many other details see Jack McLaughlin, *Jefferson and Monticello: the Biography of a Builder* (New York 1988), 287-327.

209. *Ibid.*, 313. See Fiske Kimball, *Thomas Jefferson Architect* (Boston, 1916).

210. J. A. Bear and L. C. Stanton, *Jefferson's Memorandum Books*, 2 vols (Princeton 1990).

211. McLaughlin, *opus cit.*, passim.

212. Millicent Sowerby, *Catalogue of the Library of Thomas Jefferson*, 5 vols (Washington DC 1952-9) iv 215. The visitor was John Melish.

213. W. E. Rich, *History of the United States Post Office to the Year 1829* (Cambridge 1924), 137ff.

214. Jack McLaughlin, *To His Excellency Thomas Jefferson: Letters to a President* (New York 1991).

215. Jefferson to David Gelston, November 12, 1802 (Library of Congress), quoted in McLaughlin, *opus cit.*, 4.

216. Milton Lomask, *Aaron Burr: the Years from Princeton to Vice-President, 1756-1805* (New Haven 1979)

217. Milton Lomask, *Aaron Burr: the Conspiracy and the Years of Exile, 1805-1836* (New Haven 1982).

218. Douglas Johnson, 'The Maghreb,' in J. E. Flint (ed.), *The Cambridge History of Africa*, vol, v: *1790-1870* (Cambridge, England, 1976), 99-124; Kenneth Masin, *Gunfire in Barbary* (London 1982), 29ff.

219. P. L. Ford (ed.), *Jefferson's Writings*, 10 vols (1892-99), viii 143-7; Dumas Malone, *Jefferson and His Time*, 4 vols (1948-70), iv 258.

220. Alexander de Conde, *The Affair of Louisiana* (New York 176), 161-75.

221. Edward Channing, *History of the United states*, 6 vols (New York 1905-25), iv 319, takes the view that Bonaparte 'threw the province' at the United States and Livingstone, Monroe, Madison, and Jefferson merely 'caught it.'

222. J. M. Belolavek, 'Politics, Principle and Pragmatism in the Early Republic: Thomas Jefferson and the Quest for American Empire,' *Diplomatic History*, 19 (1991), 599ff; E. S. Brown, *The Constitutional History of the Louisiana Purchase, 1803-12* (Berkely 1920); Jefferson to Breckingridge, August 12, 1803, *Writings*, 1136-9.

223. R. G. Thwaites (ed.), *Original Journals of the Lewis and Clark Expedition*, 8 vols (New York, 1904-5).

224. Quoted in D. W. Meinig, *The Shaping of America: A Geographical Perspective of 500 Years of History*, vol ii: *Continental America 1800-67* (New Haven 1993), 67.

225. A. L. Burt, *The United States, Great Britain and British North America from the Revolution to the Establishment of Peace after the War of 1812* (London 1940); for the Orders in Council see Chester New, *Life of Henry Brougham to 1830* (Oxford 1961), Chapter 6, 'Repealing the Orders in Council,' 58ff.

226. For the 'Chesapeake Incident' see W. P. Cresson, *James Monroe* (Chapel Hill 1946), 230-5; Burton Spivak, *Jefferson's English Crisis: Commerce, the Embargo and the Republican Revolution* (New York 1979).

227. Smith, *Jefferson-Madison Correspondence*, iii 1503-49; L. W. Levy, *Jefferson and Civil Liberties: the Darker Side* (Cambridge 1963), 93ff.

228. McLaughlin, *opus cit.*, 14-38.

229. Smith, *Jefferson-Madison Correspondence*, ii 1548-54; Richard Mannix, 'Gallatin, Jefferson and the Embargo of 1808,' *Diplomatic History*, 3 (1979), 151-72. This is critical of Jefferson's handling of the crisis.

230. Irving Brandt, *James Madison*, 6 vols (1941-61), iv 306.

231. For two recent views of Madison see J. N. Rakove, *James Madison and the Creation of the American Republic* (Glenview 1990); D. R. McCoy, *Last of the Fathers: James Madison and the Republican Legacy* (New York 1989).

232. Gaillard Hunt (ed.), *Margaret Bayard Smith: the First Forty Years of Washington*

Society (New York 1906).

233. Quoted in William Scale, *The President's House: A History*, 2 vols (Washington DC 1986), i 129.

234. Smith, *Jefferson-Madison Correspondence*, iii 1567.

235. J. B. McMaster, *A History of the People of the United States from the Revolution to the Civil War*, 6 vols (New York 1895), iv 199ff; N. K. Risjord, 'Election of 1812,' in Arthur M. Schlesinger Jr and F. R. Israel (eds), *History of American Presidential Elections, 1789-1968*, 4 vols (New York 1971), i 249ff.

236. Smith, *Jefferson-Madison Correspondence*, iii 1698ff.

237. A. L. Burt, *United States, Great Britain and Canada: from the Revolution to the Establishment of Peace after the War of 1812* (New York 1961).

238. *Jefferson Writings*, ix 366.

239. Edgar McInnis, *Canada: a Social and Political History* (rev. edn New York 1958), 194.

240. William Atherton, *Narrative of the Sufferings and Defeat of the North-Western Army Under General Winchester* (New York n.d.), 25-31, 56-67, etc.; Elias Barnall, *Account of the Hardships etc... of those Heroick Kentucky Volunteers and Regulars in the Years 1812-13* (New York n.d.), 36-54.

241. J. C. A. Stagg, *Mr Madison's War: Politics, Diplomacy and Warfare in the Early American Republic, 1783-1830* (Princeton 1983), 225.

242. McMaster, *opus cit.*, iv 7.

243. *Niels Weekly Register*, iii 238, p. 4.

244. C. J. Dutton, *Oliver Hazard Perry* (New York 1935).

245. McMaster, *opus cit.*, iv 116.

246. Quoted in Christopher Loyd, *Captain Marrat and the Old Navy* (London 1939), 148.

247. H. W. Dickinson, *Robert Fulton, Engineer and Artists* (London 1913), 17-21, which reproduces the Peale portrait of Fulton.

248. *Ibid.*, 73-95, 125.

249. *Ibid.*, 182-7, 194-9.

250. *Edinburgh Evening Courant*, August 31, 1815.

251. Southey to Scott, January 13, 1813, quoted in Geoffrey Carnall, *Robert Southey and His Age* (Oxford 1960), 124; for the technology of the rockets, see Kenneth Mason, *Gunfire in Barbary* (London 1982), 185ff.

252. Katherine Cave (ed.), *Diary of Joseph Faringdon*, 16 vols (New Haven 1978-84), xiii 4492, April 18, 1814.

253. S. M. Hamilton (ed.), *The Writings of James Monroe*, 8 vols (New York 1898-1903),

미
주

•

v 245ff.

254. Warren M. Hoffnagle, *Road to Fame: William H. Harrison and the North-west* (New York 1959).

255. McMaster, *opus cit.*, iv, 138ff.

256. Anne H. Wharton, *Social Life in the Early Republic* (Philadelphia 1902), 172.

257. L. B. Cutts (ed.), *Memories and Letters of Dolly Madison* (New York 1886), 110ff.

258. Lady Bourchier, *Memoire... of Sir Edward Codrington*, 2 vols (London 1873), vol i: *The American Campaign*, 315ff.

259. Wharton, *opus cit.*, 172.

260. McMaster, *opus cit.*, iv 155.

261. Bourchier, *opus cit.*, 317.

262. Robert Allen Rutland, *The Presidency of James Madison* (Lawrence 1990), 157-67.

263. For Jackson's early career, see Robert V. Remini, *Andrew Jackson and the Course of American Empire, 1767-1821* (New York 1977), 37-112.

264. *Ibid.*, 120-3.

265. *Ibid.*, 184-5.

266. Robert V. Remini, *Andrew Jackson and the Course of American Freedom, 1822-32* (New York 1981), 1-3.

267. James Parton, *Life of Andrew Jackson*, 3 vols (Boston 1866), iii 63-5.

268. Reginald Horsman, *Expansion and American Indian Policy, 1783-1812* (East Lansing 1967).

269. R. C. Downes, *Council Fires on the Upper Ohio: a Narrative of Indian Affairs on the Upper Ohio Valley until 1795* (Pittsburgh 1940).

270. Dale Van Every, *The Disinherited: the Lost Birthright of the American Indian* (New York 1976).

271. Reginald Horsman, 'British Indian Policy in the North-West 1807-12,' *Mississippi Valley Historical Review* , April 1958.

272. J. F. H. Claiborne, *Mississippi as Province, Territory and State* (Jackson 1880), 3, quoted in Remini, *Jackson*, i.

273. A. J. Pickett, *History of Alabama* (Charleston 1851), ii 275; H. S. Halbert and T. S. Hall, *The Greek War of 1813-14* (Tuscaloosa 1969), 151ff.

274. J. Doherty Jr, *Richard Keith Call, Southern Unionist* (Gainsville 1961), 6, quoted in Remini, *Jackson*, i.

275. Jackson to Rachel Jackson, December 29, 1913, Jackson Papers in the Library of Congress, quoted in Remini, *Jackson*, i 194.

276. J. Reid and J. H. Eaton, *Life of Andrew Jackson* (reprint Tuscaloosa 1974) 63-70; Amos Kendall, *Life of Andrew Jackson* (New York 1844), 216-17.

277. Jackson to Rachel Jackson, December 29, 1813, Jackson Papers, Library of Congress, quoted in Remini, *Jackson*, i 201.

278. Reid and Eaton, *opus cit.*, 142-3, quoted in Remini, Jackson, i 212.

279. John Spencer Bassett (ed.), *Correspondence of General Jackson*, 6 vols (Washington DC 1926-33), i 488-9, 490.

280. *Ibid.*, 491-2.

281. Angie Debo, *The Road to Disappearance* (Norman, Oklahoma 1967), 82; Remini, *Jackson*, i 219.

282. Text of treaty in Charles Kappler, *Indian Affairs: Laws and Treaties* (Washington DC 1903), ii 107ff; letter in Remini, *Jackson*, i 240.

283. Remini, *Jackson*, i 154.

284. C. B. Brook, *The Siege of New Orleans* (New York 1961); H. F. Rankin (ed.), *The Battle of New Orleans, a British view: the Journal of Major C. R. Forrest* (London 1961); Remini, *Jackson*, i 335ff.

285. For Adams' account of the peace talks see Allan Nevins (ed.), *The Diary of John Quincy Adams, 1794-1845* (New York 1951); the 'enemies list' entry is November 23, 1835.

286. Nevins, *opus cit.*, 136-7, 139, 145ff.

287. Stagg, *opus cit.*, 375-80.

288. Smith, *Jefferson-Madison Correspondence*, iii 1753ff.

289. Sagg, *opus cit.*, 500ff; T. A. Bailey, *A Diplomatic History of the American People* (New York 1969), 157ff.

290. Nevins, *opus cit.*, 151.

291. Text of the Ghent Treaty in Fred Israel (ed.), *Major Peace Treaties of Modern History, 1648-1967* (New York 1967), i 704.

제3장 민주주의 시대

1. *Information to Those Who Would Remove to America* (1784), in Benjamin Franklin, *Writings*, viii 603ff.

2. *Congressional Glove*, 29th Congress, 1st Session, January 10, 1846, 211; quoted in D. W. Meinig, *The Shaping of America: Contentional America, 1800-67*, 222.

3. Coin Clark, *Population Growth and Land Use* (London 1969), 106f, Table iii 14.

4. James Flint, *Letters from America* (Edinburgh 1822).

5. For the growth of US bank see M. G. Myers, *A Financial History of the United*

States (New York 1970).

6. Leon Schur, 'The Second Bank of the United States and Inflation After the War of 1812,' *Journal of Political Economy*, 68 (1960).

7. R. C. H. Catterall, *The Second Bank of the United States* (New York 1903), 28-32, 160n.

8. Quoted in George Dangerfield, *The Era of Good Feeling* (London 1953), 179-80.

9. Murray N. Rothbard, *The Panic of 1819* (New York 1962).

10. Quoted in Catterall, *opus cit.*, 68.

11. William M. Gouge, *Paper Money and Banking*, 2 vols (Philadelphia 1833), ii 109.

12. C. F. Adams (ed.), *Memoirs of John Quincy Adams*, 12 vols (Boston 1874-7), iii 167.

13. Emanuel Howitt, *Selections from Letters... written in 1819* (Nottingham 1820), 217.

14. *Niles Weekly Register*, 18 (1820). A complete run of *Niles* was printed in facsimile in 1947.

15. *Select Committee on Emigration from the United Kingdom, Fourth and Fifth Reports, Parliamentary Papers* (London 1826), 1826-7.

16. C. McEvedy and R. Jones, *Penguin Atlas of World Population History* (Harmondsworth 1978), 285-7, 313-14, 327; H. R. Jones, *A Population Geography* (New York 1981), 254; A. W. Crosby, *Ecological Imperialism: the Biological Expansion of Europe* (Cambridge, England 1986), 3-5.

17. Hansen, *opus cit.*, 152, 159-61.

18. R. A. Billington, *Westward Expansion: a History of the American Frontier* (New York 1949), 265ff, 290ff, 310ff.

19. R. J. Rohrbough, *The Transappalachian Frontier: People, Societies and Institutions* (Oxford 1978), 171-2.

20. *Ibid.*, 168-9

21. Quoted in Daniel J. Boorstin, *The Americans: the National Experience* (New york 1970), 75.

22. Robert V. Remini, *Andrew Jackson and the Course of American Empire, 1767-1821*, 331-2.

23. John Niven, *Martin Van Buren: The Romantic Age in American Politics* (Oxford 1983), 185.

24. P. D. Evans, *The Holland Land Company* (Buffalo 1924).

25. Freeman Cleaves, *Old Tippecanoe: William Henry Harrison and His Times* (New York 1939).

26. *Hansard*, 3rd series, 33, 852.

27. H. H. Bellot, *American History and American Historians* (London 1952), Chapter 4, 'The Settlement of the Mississippi Valley,' 108ff.

28. F. S. Philbrock, *The Rise of the West, 1754-1830* (New York 1965), 314-15; R. G. Albion, *Rise New York Port, 1815-60* (New York 1939); R. E. Shaw, *Erie Water West: Erie Canal, 1792-1854* (New York 1966).

29. Quoted in Rohrbough, *opus cit.*, 211.

30. *Ibid.*, 361-2; R. C. Buley, *The Old North-West: Pioneer Period, 1815-40*, 2 vols (Indianapolis 1950).

31. Elijah Iles, *Sketches of Early Life and Times in Kentuckey, Missouri and Illinois* (Springfield, Illinois 1863); Rohrbough, *opus cit.*, 178ff.

32. Stone's *Autobiography*, from which these quotations come, is reprinted in Rhodes Thompson, *Voices from Cane Ridge* (St Louis 1954).

33. Lyman Beecher, *A Plea for the West* (2nd edn Cincinnati, 1835), ii.

34. W. C. Barclay, *Early American Methodism, 1769-1844* (New York 1949).

35. O. K. Armstrong and M. M. Armstrong, *The Indomitable Baptistis: Their Role in Shaping American History* (New York 1967).

36. A. W. Spalding, *Origins and History of Seventh-Day Adventists*, 4 vols (Washington DC 1961-2); D. E. Robinson, *The Story of Our Health Message* (Nashville 1943).

37. T. F. O'Dea, *The Mormons* (Chicago 1957); for the dispute over polygamy see N. F. Furniss, *The Mormon Conflict, 1850-57* (New Haven 1960).

38. Quoted in E. W. Fornell, *The Unhappy Medium: Spiritualism and the Life of Margaret Fox* (Austin 1964).

39. For American Spiritualism see E. Gurney et al., *Phantasms of the Living*, 2 vols (New York 1886); G. W. Butterworth, *Spiritualism and Religion* (New York 1944). Sir Arthur Conan Doyle, a fervent believer, wrote *A History of Spiritualism*, 2 vols (London 1926).

40. R. Peel, *Christian Science: Its Encounter with American Culture* (New York 1958).

41. W. H. Goldman et al., *Ralph Waldo Emerson: Journal and Miscellaneous Notebooks*, 9 vols (Cambridge 1960-72).

42. Charles Crowe, *George Ripley: Transcendentalist and Utopian Socialist* (New Haven 1967).

43. R. A. Parker, *A Yankee Saint: John Humphrey Noyes and the Oneida Community* (New York 1935).

44. E. D. Andrews, *People Called Shakers* (New York 1953).

45. Jonathan Messerli, *Horace Mann: a Biography* (New York 1972).

46. Mann's annual reports are printed in Mare Mann, *Life and Works of Horace Mann*, 5 vols (rev. edn Boston 1891).

47. For the growth of Catholicism see James Hannessy, *American Catholics: a History of Roman Catholic Community in the United States* (New York 1981).

48. The Maria Monk Period is described in Jay Dolan, *The American Catholic Experience: a Social History from Colonial Times to the Present* (New York 1985) and in Philip Gleason, *Keeping Faith: American Catholicism Past and Present* (Notre Dame 1987)

49. Ray Billington, *The Protestant Crusade, 1800-60* (New York 1938); J. P. Dolan, *The Immigrant Church: New York's Irish and German Catholics, 1815-65* (New York 1975).

50. Oresters Brownson, *The American Republic* (New York 1866); his criticism of Mann's Second Annual Report is in the *Boston Quarterly Review*, 2 (October 1893), 394-434.

51. D. J. O'Brien, *Public Catholicism* (New York 1989).

52. J. J. Blau and S. W. Baron, *The Jews in the United States, 1790-1840: a Documentary History*, 3 vols (New York 1963), i Introduction xviiiff.

53. Meyrer Waxman, *Amrerican Judaism in the Light of History: Three Hundred Years* (New York 1955).

54. Henry Hobhouse, *Seeds of Change: Five Plants That Transformed the World* (New York 1986), 144ff.

55. *Ibid.*, 142; Samuel Smiles, *Industrial Biography* (London 1863), 322ff; Derry and Williams, *opus cit.*, 287ff.

56. Constance M. Green, *Eli Whitney and the Birth of American Technology* (2nd edn New York 1956).

57. Quoted in Hobhouse, *opus cit.*, 181 n. 20.

58. J. W. Roe, *English and American Tool-Builders* (New York 1916); see his 'Interchangeable Manufacture,' *Newcomen Society Transactions*, 17 (1937), 165ff.

59. H. J. Habbakuk, *American and British Technology in the 19th Century* (New York 1962).

60. J. Mirsky and A. Nevins, *The World of Eli Whitney* (New York 1952).

61. J. G. de R. Hamilton (ed.), *The Papers of Thomas Ruffin*, 4 vols (Releigh, North Carolina 1918-20), i 198.

62. Jan Lewis, *The Pursuit of Happiness, Family and Values in Jefferson's Virginia* (Cambridge, England 1983); Hobhouse, *opus cit.*, 153.

63. Peter Kolchin, *Unfree Labor: American Slavery and Russian Serfdom* (Cambridge 1987), 366, Table 11.

64. Billington, *Westward Expansion*, 198-9.

65. Hobhouse, *opus cit.*, 158.

66. *Ibid.*, 183 n. 34.

67. Harry Ammon, *James Monroe: the Quest for National Identity* (repr. New York

1990).

68. Irving Brandt, *The Fourth President: a Life of James Madison* (London 1970), 639-40.

69. Reprinted in the Classics of Liberty Library, New York 1996.

70. According to a 76-page autobiographical pamphlet Calhoun Wrote for his abortive presidential campaign in 1843, quoted in Irving H. Bartlett, *John C. Calhoun* (New York 1993).

71. Charles Woodmason, *The Carolina Backwoods on the Eve of the Revolution*, ed. R. J. Hooker (Chapel Hill 1953).

72. Bartlett, *opus cit.*, 27.

73. *Ibid.*, 54; R. M. Weir, *Colonial South Carolina* (New York 1983), 170ff; G. C. Rogers, *Charleston in the Age of the Pinckneys* (Norman, Oklahoma 1969).

74. G. W. Featherstonehaugh, *Excursion Through the Slave States* (New York 1844).

75. Glover Moore, *The Missouri Controversy 1819-21* (Lexington 1953).

76. Alan Nevins (ed.), *Diary of John Quincy Adams, 1794-1845*, 231, March 3, 1820.

77. Lrom Litwack, *North of Slavery: the Negro in the Free Statesman, 1790-1860* (Chicago 1961), 167; R. T. Takaki, *Iron Cages: Race and Culture in 19th Century America* (London 1980), 113-14.

78. Nevins, *opus cit.*, 96.

79. *Ibid.*, 228, 246-7.

80. The best biography of Clay is Robert V. Remini, *Henry Clay: Statesman for the Union* (New York 1991).

81. E. de Witt Jones, *Influence of Henry Clay on Abraham Lincoln* (Lexington 1952), 21.

82. For Clay's ancestry, background, and personal circumstances, see Remini, *Clay*, 1-14.

83. J. F. Hopkins et al. (eds), *The Papers of Henry Clay*, 9 vols (Lexington 1959-), vii 511.

84. For Clay and Wythe see Calvin Colton, *Life and Times of Henry Clay*, 2 vols (New York 1846), i 20ff.

85. T. D. Clark, *History of Kentucky* (New York 1937), 60ff.

86. Remini, *Clay*, 155-68.

87. Horace Greely, *Recollections of a Busy Life* (New York 1868), 250; J. M. Rogers, *The True Henry Clay* (Philadelphia 1904), 250.

88. Remini, *Clay*, 225ff.

89. For Clay and the American system see G. G. van Deusen, *Life of Henry Clay* (New York 1937) and Clement Eaton, *Henry Clay and the Art of American Politics*

미
주

•

(New York 1957). There is learned German work on the topic, M. L. Fringst, *Henry Clays American System und die Sektionale Kontroverse in den Vereinigten Staaten von Amerika, 1815-29.*

90. L. P. Littel, *Ben Hardin: His Times and Contemporaries* (Louisville 1887), 38ff.

91. Everett Somerville Brown (ed.), *The Missouri Compromises and Presidential Politics, 1820-25* (St Louis 1926), 42; Glover Moore, *The Missouri Controversy, 1819-1821* (Lexington 1953), 156.

92. Henry S. Foote, *A Casket of Reminiscences* (New York 1968), 30.

93. Ernest R. May, *The Making of the Monroe Doctrine* (New York 1975).

94. For the first use of the phrase see *Niles Register*, March 5, 1817; Dangerfield, *opus cit.*, 96.

95. See Morton Borden, *Parties and Politics in the Early Republic, 1789-1815* (New Haven 1967) and Richard Hofstadter, *The Idea of a Party System, 1780-1840* (New York 1969).

96. For Crawford see P. J. Green, *William H. Crawford* (New York 1965).

97. Nevins, *opus cit.*, 353ff.

98. Robert V. Remini, *Andrew Jackson and the Course of American Freedom 1822-32*, 397 n. 14, lists various vllainies of Webster; for Benton see W. N. Chambers, *Old Bullion Benton* (New York 1956).

99. *Baltimore Federal Republican*, September 4, 1822; *New York Statement*, August 6, 1822; quoted in Remini, *Jackson*, ii 13-14.

100. Letter to Benjamin Austin, January 9, 1816, quoted in Arthur Schlesinger Jr, *The Age of Jackson* (Cambridge 1945), 18.

101. Remini, *Jackson*, i 357-8, 364; P. C. Brooks, *Diplomacy and the Borderlands; the Adams-Onis Treaty of 1819* (Berkely 1939), 117.

102. Clay to Francis T. Brooke, August 3, 1833, in *Clay Papers*, viii 661-2.

103. H. J. Doherty Jr, 'Andrew Jackson on Manhood Suffrage: 1822,' *Tennessee Historical Quarterly*, 15 (1956), 60.

104. Letter to James Buchanan, June 25, 1825, quoted in Remini, *Jackson*, ii 30-1.

105. Quoted in Remini, *Jackson*, ii 78-9.

106. Letter to Ezekile Webster, February 22, 1824; *Daniel Webster, Private Correspondence* (New York 1902), i 346.

107. Marquess James, *Andrew Jackson: Portrait of a President* (New York 1937), 99ff.

108. E. W. Austin, *Political Facts of the United States Since 1789* (New York 1986), Table 3.1 92ff. Remini, *Jackson*, ii, gives Jackson 152,901, Adams 114,023.

109. John Spencer Bassett (ed.), *Correspondence of General Jackson*, iii 270; H. A. Wise, *Seven Decades of the Union* (Philadelphia 1881), 110-11.

110. Quoted in James, *opus cit.*, 135.

111. J. F. Hopkins, 'Election of 1824,' in Arthur M. Schlesinger Jr and F. L. Israel (eds), *History of American Presidential Election, 1789-1968*, i.

112. *Jackson Correspondence*, ii 276.

113. See Remini, *Clay*, Chapter 15, 'The Corrupt Bargian,' 251-72.

114. *Jackson Correspondence*, iii 291.

115. R. V. Remini, *Martin Van Buren and the Making of the Democratic Party* (New York 1959); James, *opus cit.*, 144-5.

116. Nevins, *opus cit.*, entry for April 10, 1824.

117. Remini, *Jackson*, ii 133. The pimping accusation against Adams was made in a campaign biography of Jackson written by Isaac Hill of New Hampshire.

118. Nevins, *opus cit.*, 287-297, 348-9.

119. *Ibid.*, 368, 378, 382.

120. James, *opus cit.*, 120; John J. Crittenden to Clay, February 15, 1825; *Jackson Correspondence*, iii 325; *United States Telegraph*, June 16, 1827.

121. The Coffin Handbill is reproduced in James, *opus cit.*, 158-9; Harriet Martineau, *Society in America*, 3 vols (London 1837), iii 166.

122. Song quoted in Remini, *Jackson*, ii 134.

123. For the background see Alvin Kass, *New York Politics, 1800-30* (New York 1965).

124. For further details see De Valsa S. Alexander, *A Political History of the State of New York, 1774-1882*, 3 vols (New York 1906-9).

125. Niven, *opus cit.*, 54ff.

126. Martineau, *Society in America*, i 13-14.

127. A*dams Memories*, vii 272; Schlesinger, *Age of Jackson*, 369.

128. Austin, *Political Facts of the United States*, Table 3.1, 3.2, and 3.3, 92ff.

129. Webster, *Private Correspondence* (Boston 1875), i 470; Clay quote is from a Senate speech, 1832.

130. Gaillard Hunt (ed.), *Margaret B. Smith, the First Forty Years of Washington Society*, 484-91.

131. *Life and Letters of Joseph Storey* (Boston 1851), i 563; James Hamilton to Martin Van Buren, March 5, 1829, quoted in S. E. Morison, *A History of the American People*, 3 vols (Oxford 1972), ii 16.

132. Hunt, *opus cit.*, 257; Nevins, *opus cit.*, 396; Remini, *Jackson*, ii 183ff, gives a spirited defense of Jackson's removals and appointments; see also E. M. Erikson, 'The Federal Civil Service Under President Jackson,' *Mississippi Valley Historical Review*, July 1927; S. H. Aronson, *Status and Kinship in the Higher Civil Service* (Cambridge 1964), who says that the system under Jackson did not

미
주

•

change all that much from under Jefferson and Adams; and for a review of the controversy, see F. W. Muggleston, 'Andrew Jackson and the Spoils System: a Historiographical Survey,' *Mid America* 59 (1977).

133. Niven, *opus cit.*, 240-5; Van Buren, *Autobiography*, 268-9; Remini, *Jackson*, ii 198-9.

134. Remini, *Jackson*, ii 160ff; Niven, *opus cit.*, 228.

135. Pauline Wilcox Burke, *Emily Donelson of Tenneessee* (Richmond 1941), i 178; Remini, *Jackson*, ii 213.

136. James Parton, *Life of Andrew Jackson*, 3 vols (Boston 1866), iii 186-205; Remini, *Jackson*, ii Chapter 11, 'The Eaton Imbroglio,' 203-16.

137. Remini, *Jackson*, ii 207.

138. Schlesinger, *Age of Jackson*, 66ff; Remini, *Jackson*, ii Chapter 18, 'The Purge,' 300-14; Niven, *opus cit.*, 255ff.

139. Wise, *opus cit.*, 117; Martineau, *opus cit.*, i 257-8; Wise's remarks were in a speech in the House, December 21, 1838; there is an amusing portrait of Kendall in Schlesinger, *Age of Jackson*, 67-72.

140. Robert Heilbroner and Peter Bernstein, *The Debt and the Deficit* (New York 1989); for a useful summary of the history of the US national debt see E. Foner and J. A. Garraty (eds), *The Reader's Companion to American History* (Boston 1991), 771-6, with sources.

141. K. S. Kutolowski, 'Anti-Masonry Reexamined,' *Journal of American History*, lxxxi (1984); Sven Petersen, *A Statistical History of American Presidential Elections* (New York 1963), 20-1.

142. Remini, *Jackson*, iii 8-23.

143. See *State Papers on Nullification* (Boston 1834), 180ff; William W. Freehling, *Prelude to Civil War: the Nullification Controversy in South Carolina, 1816-36* (New York 1965).

144. Remini. *Jackson*, iii 30-4.

145. Billington, *Westward Expansion*, 301.

146. *North American Review*, Spring 1827, 365-442, and January 1830, 64-109; for Cass, see F. B. Woodford, *Lewis Cass, the Last Jefferson* (New York 1950).

147. Nevins, *opus cit.*, 313.

148. *Ibid.*, 318-19.

149. For the republic see. H. T. Malone, *Cherokees of the Old South: a People in Transition* (Athens, Georgia 1956), 74-90.

150. Billington, *Westward Expansion*, 315-16.

151. Quoted in Rohrbough, *opus cit.*, 277.

152. *Ibid.*, 273.

153. A De Tocqueville, *Democracy in America*, 2 vols (New York 1945 edn), i 353ff.

154. Gouge, *opus cit.* See M. G. Madeleine, *Monetary and Banking Theories of Jacksonian Democracy* (New York 1942).

155. Remini, *Jackson*, iii 92.

156. For Andalucia, see Roger W. Moss, *The American Country House*, 150ff; N. B. Wainwright, *Andalusia* (Philadelphia 1976). For Biddle, see T. P. Govan, *Nicholas Biddle, Nationalist and Public Banker, 1786-1844* (Chicago 1959).

157. For Taney see Walker Lewis, *Without Fear of Favor: Chief Justice Roger Brooke Taney* (New York 1965); R. J. Harris, 'Chief Justice Taney,' *Vanderbilt Law Review*, 10 (1957).

158. Jackson's veto is described in detail in Remini, *Jackson*, ii, Chapter 22, 353ff.

159. Biddle to Clay, August 1, 1832, *Biddle Papers* (Library of Congress), quoted in Remini, *Jackson*, ii, 369; *Globe*, July 12, 1832.

160. Jackson to Van Buren, January 3, 1834, Van Buren, January3, 1834, Van Buren Papers (Library of Congress), quoted in Remini, *Jackson*, iii 162.

161. E. G. Bourne, *The Surplus Revenue of 1837* (New York 1885).

162. R. C. McgraneL, *The Panic of 1837* (New York 1924).

163. R. H. Timberlake, 'Species Circular and Distribution of Surplus,' *Journal of Political Economy*, 68 (1960), 109ff. Nathan Sargent, *Public Men and Events* (Philadelphia 1875), i 321.

164. G. R. Taylor (ed.), *Jackson v Biddle* (New York 1949). See also documents in the compilation by F. O. Gatell, *Jacksonians and Money Power, 1829-40* (New York 1967).

165. Peterson, *opus cit.*, 22-4.

166. For Van Buren's Treasury plan see D. Kinley, *Independent Treasury* (New York 1910). The Van Buren administration is detailed in J. C. Curtis, *Fox at Bay: Van Buren and the Presidency* (New York 1970).

167. Remini, *Clay*, Chapter 31, 544ff.

168. W. N. Chambers, 'Election of 1840,' in Schlesinger and Israel, *opus cit.*, i 680-2, 690.

169. Remini, *Clay*, 582-3.

170. Quoted in Moss, *opus cit.*, 125.

171. R. V. Bruce, *The Launching of Modern American Science, 1846-1876* (New York 1987); for Climate see S. S. Visher, *Climatic Atlas of the United States* (New York 1954), Introduction, and G. H. Kimble, *Our American Weather* (New York 1955), Chapter 1.

172. P. W. Gates, *Farmer's Age: Agriculture 1815-60* (New York 1960).

173. R. M. Wyk, *Steam Power on the American Farm* (New York 1953).

174. C. R. Woodward, *Development of Agriculture in New Jersey, 1640-1880* (New York 1921), 51ff.

175. F. W. Taussig, *The Tariff History of the United States* (New York 1923).

176. Faulkner, *opus cit.*, 257.

177. Timothy Dwight, *Travels in New England and New York*, 2 vols (New York 1823), ii 54.

178. H. U. Faulkner, *American Economic History*, 267.

179. T. B. Searight, *The Old Pike: a History of the National Road* (New York 1894), 16.

180. Remini, *Jackson*, ii 252ff.

181. W. J. Petersen, *Steamboating on the Upper Mississippi* (New York 1937); Greville Bathe, *Rise and Decline of the Paddle Wheel* (New York 1962).

182. Charles Dickens, *American Notes* (London 1845), Chapter 12.

183. Mark Twain, *Life on the Mississippi* (New York 1883), Chapter 4, 16.

184. S. A. Howland, *Steamboat Disasters and Railway Accidents in the United States* (New York 1860); see Bourstin, *opus cit.*, 105ff.

185. Edward Hungerford, *Baltimore and Ohio Railroad*, 2 vols (Baltimore 1928); S. M. Derrick, *Centennial History of the South Carolina Railroad* (Charleston 1930).

186. House, executive documents, 18, 1831-2, 22nd Congress, 1st Session, i 174.

187. For the early financing of railroads see L. H. Haney, *Congressional History of Railroads*, 2 vols (Washington DC 1908-10), i, Chapter 2-3.

188. H. P. Walker, *Waggonmasters: High Plains Freighting to 1880* (New York 1966); J. W. Turrentine, 'Wells Fargo, Stagecoaches and Pony Express,' *California Historical Society Quarterly*, 45 (1966), 291ff.

189. Carleton Mabie, *The American Leonardo: the Life of Samuel F. B. Morse* (Boston 1943); Philp Dorf, *The Builder: Ezra Cornell* (Ithaca 1952).

190. Victor Rosewater, *History of Cooperative Newsgathering in the United States* (New York 1930).

191. See A. K. Weidenberg, *Manifest Destiny: a Study of Nationalist Expansion in American History* (Baltimore 1935).

192. *Congressional Globe*, 28th Congress, 2nd Session, App. 161-2, quoted in J. W. Pratt, 'The Origins of Manifest Destiny,' *American Historical Review*, cccii(1927).

193. *Congressional Globe*, 28th Congress, 2nd Session, App. 43.

194. *Young Hickory Banner*, October 15, 1845.

195. *Democratic Review*, xvii (1845).

196. *North American Review*, July 1836, October 1842.

197. D. M. Pletcher, *The Diplomacy of Annexation: Texas, Oregon and the Mexican War* (New York 1973).

198. Stanley Siegel, *A Political History of the Texas, Republic, 1836-45* (Austin 1956).

199. M. K. Wisehart, *Sam Houston* (New York 1962).

200. Quoted in Remini, *Jackson*, iii 357ff.

201. Kendall to Jackson, July 30, 1836, in the Jackson Papers, Chicago Historical Society, quoted in Remini, *Jackson*, iii 362.

202. For Clay and the 1844 election see Remini, *Clay*, Chapter 36, 642ff; details of the election are in Schlesinger and Israel, *opus cit.*, i 861ff.

203. J. H. Smith, *Annexation of Texas* (New York 1911).

204. M. M. Quaife (ed.), *Diary of James Knox Polk*, 4 vols (New York 1910); there is a *Selection* edited by Allan Nevins (New York 1929); the best biography is G. G. Sellers, *James K. Polk*, 2 vols (New York 1957-66); for a recent assessment see Joseph Shattan, 'One Term Wonder,' *American Spector*, October 1996.

205. For the early history of Oregon see C. H. Carey, *A General History of Oregon Prior to 1861*, 2 vols (New York 1935-6).

206. M. C. Jacobs, *Winning Oregon* (New York 1938).

207. For the origins of the war, in addition to Sellers, *opus cit.*, ii, see J. H. Shroeder, *Mr Polk's War* (New York 1973).

208. R. P. Basler, *Collected Works of Abraham Lincoln*, 7 vols (New Brunswick 1953-5), i 439ff.

209. Thomas Hart Benton, *Thirty Years View* 2 vols (New York 1854-6).

210. For Scott see A. D. H. Smith, *Old Fuss-and-Feathers: the Life of Winfield Scott* (New York 1937).

211. For the Campaign, see K. J. Bauer, *The Mexican War, 1846-8* (New York 1974).

212. Allan Nevins, *Fremont: The West's Greatest Adventure*, 2 vols (New York 1928, reissued 1955). *His Memoirs were published in 1887.*

213. For the Treaty and its aftermaths, see Pletcher, *opus cit.*, see also R. W. Johannsen, *To the Halls of Montezuma: the Mexican War in the American Imagination* (New York 1985).

214. Charles Wilkes, *Narrative of the United States Exploring Expedition*, 5 vols (Philadelphia 1845), v 152, 172; D. W. Meinig, *Continental America*, 142-3.

215. See also R. F. Lucid (ed.), *Journal of Richard H. Dana*, 3 vols (Cambridge 1968).

216. Bernard de Voto, *The Year of Decision* (New York 1943).

217. Francis Parkman, *The Oregon Trail* (Boston 1849). See Howard Doughty, *Francis Parkman* (New York 1962); W. R. Jacobs (ed.), *Parkman Letters*, 2 vols (Boston 1960); Mason Wade (ed), *Parkman Journals*, 2 vols (Cambridge 1947).

미
주

•

218. Richard O'Connor, *Bret Harte: a Biography* (New York 1966).

219. R. W. Paul, *California Gold* (New York 1947), vii; see also his collection of contemporary sources, *California Gold Discovery* (New York 1966); A. L. Rowse, *The Cornish in America* (Turo 1967), 248ff.

220. R. J. Roske, 'World Impact of California Gold Rush, 1849-1857,' *Arizona and West*, 5 (1963), 187ff.

221. G. R. Taylor, *Transportation Revolution, 1815-1860* (New York 1951).

222. Thomas Monney, *Nine Years In America* (London 1850), 37.

223. For Wage-rates of immigrants, see N. J. Ware, *The Industrial Worker, 1840-60* (New York 1924).

224. Jefferson Williamson, *The American Hotel* (New York 1930); D. E. King, 'The First Class Hotel and the Age of the Common Man,' *Journal of Social History*, 23 (1957), 172ff.

225. Anthony Trollope, *North America*, (London 1864), 245-7; Harriet Martineau, *Society in North America*, 2 vols (London 1937), ii 57ff.

226. R. T. Ely, *The Labor Movement in America* (New York 1925), 49; Ware, *opus cit.*

227. Charles A. Murray, *Travels in North America*, 2 vols (London 1839), ii, 297.

228. Orlando F. Lewis, *The Development of American Prison and Prison Customs, 1776-1845* (New York 1922); D. W. Lewis, *From Newgate to Dannemora; The Rise of the Penitentiary in New York, 1796-1845* (New York 1965).

229. The best recent edition is in the American Classics of Liberty series, New York 1990.

230. For De Tocqueville's letters see Andre Jardin, *Tocqueville: a Biography* (trans. London 1988); his memoirs were published posthumously, *Souvenirs* (Paris 1893); for interesting insight into De Tocqueville, see B. J. Smith, *Politics and Remembrance: Republican Themes in Machiavelli, Burke and Tocqueville* (Princeton 1985).

231. Jardin, *opus cit.*, 149, 161, 167, 169.

232. De Tocqueville, *Oeuvres Complètes*, 18 vols (Paris 1981-). V, i 89.

233. *Ibid.*, 85.

234. *Ibid.*, v 278-80.

235. Jardin, *opus cit.*, 170-1, 174; *Oeuvres Complètes*, V, i 257.

236. All this superb speech is worth reading. See *Great Speeches and Orations of Daniel Webster* (Classic of Liberty Library, New York 1993), 123ff.

237. See L. P. Eisenhart, *Historical/Philadelphia* (Philadelphia 1953) and G. B. Tatum, *Penn's Great Town* (Philadelphia 1961).

238. L. A. Cremin, *American Education: the National Experience, 1783-1876* (New

York 1980); C. F. Kaestle, *Pillars of the Republic: Common Schools and American Society, 1780-1860* (New York 1983).

239. L. R. Veysey, *The Emergence of the American University* (New York 1965); B. M. Solomon, *In the Company of Educated Women: a History of Women and Higher Education in America* (New York 1985).

240. For Mrs Trollope see Johanna Johnston, *The Life, Manners and Travels of Fanny Trollope* (London 1979); the best recent edition of *Domestic Manners* is by the Folio Society (London 1974).

241. *Ibid.*, Chapter xxv.

242. The best account of all this is in Samuel Eliot Morison and Henry Seele Commager, *The Growth of the American Republic*, 2 vols (Oxford 1962), vol. i: 1000-1865, 618ff.

243. Don. E. Fehrenbacher, *The Dred Scott Case* (Stanford 1968).

244. Schlesinger and Israel, *opus cit.*, ii 918.

245. Remini, *Clay*, 710.

246. Elbert B. Smith, *The Presidencies of Zachary Taylor and Millard Fillmore* (Lawrence 1988).

247. For the details of the Senate debates see Holman Hamilton, *Prologue to Conflict: the Crisis and Compromise of 1850* (Lexington 1964).

248. Michael F. Holt, *The Political Crisis of the 1850s* (New York 1978).

249. H. D. Babbage (ed.), *Noah Webster: On Being American: Selected Writings, 1783-1828* (Cambridge 1967).

250. *Cadmus*, v-vii, 25. David Simpson, *The Politics of American English, 1776-1850* (Oxford 1986), 22ff.

251. Boorstin, *opus cit.*, 282-4.

252. H. R. Warfel, *Noah Webster: Schoolmaster to America* (New York 1936).

253. Martin Green, 'The God That Neglected to Come: American Literature: 1780-1820,' in Marcus Cunliffe (ed.), *American Literature to 1900* (London 1986), 53ff.

254. W. A. Reichart, *Washington Irving and Germany* (Ann Arbor, 1957), 22-3, 42; H. A. Pochmann, 'Irving's German Sources in The Sketch Book,' *Studies in Philology*, 1930, 477ff.

255. P. M. Irving (ed.), *Life and Letters of Washington Irving*, 3 vols (London 1962), 28-9; Cunliffe, *opus cit.*, 78.

256. Jackson quoted in Morison, *History of the American People*, ii 162.

257. K. S. House, *James Fenimore Cooper: Cultural Prophet and Literary Pathfinder* (New York 1988); Clarence Golides, 'The Reception of Some 19th- Century American Authors in Europe,' in M. Denny and W. H. Gilman (eds), *The American Writer*

미
주

•

833

and the European Tradition (Minneapolis 1950), 113-14; P. A. Barba, *Cooper in Germany* (Bloomington 1914), 78ff.

258. R. Ruland and M. Bradbury, *From Puritanism to Postmodernism: a History of American Literature* (New York 1991), 100ff.

259. E. Wagenknecht, *Ralph Waldo Emerson: Portrait of a Balanced Soul* (New York 1974), Chapter 6, 'Politics,' 158-201.

260. Thomas Wentworth Higginson, *Every Saturday*, April 18, 1868.

261. *Journals and Miscellaneous Notebooks of Ralph Waldo Emerson*, 14 vols (Cambridge 1960), viii 88-9, 242, ix 115, vii 544. For Emerson's relationship with Margaret Fuller, see Carlos Baker, *Emerson Among the Eccentrics: a Group Portrait* (New York 1996).

262. Paul Boyer, *Urban Masses and Moral Order in America, 1820-1920* (Cambridge 1978), 109; M. K. Cayton, 'The Making of an American Prophet: Emerson, His Audience and the Rise of the Culture Industry in 19th Century America,' *American Historical Review*, June 1987.

263. Quoted in Wagenknecht, *opus cit.*, 170.

264. Harold Bloom, 'Mr America,' *New York Review of Books*, November 22, 1984, 19ff.

265. The fullest account of Longfellow's life is S. Longfellow, *Life of Henry Wadsworth Longfellow with extracts from his journals and correspondence*, 3 vols (Cambridge 1891); A. R. Hilen (ed.), *Longfellow's Letters*, 2 vols (Cambridge 1967); see also E. Wagenknecht, *Henry Wadworth Longfellow: Portrait of an American Humorist* (New York 1967).

266. The best life of Poe is K. Silverman, *Edgar A. Poe: Mournful and Never-ending Remembrance* (New York 1967).

267. Michael Allen, *Poe and the British Magazine Tradition* (New York 1969); J. P. Muller and W. J. Richardson, *The Purloined Poe: Lacan, Derrida and Psychoanalytic Reading* (Baltimore 1988).

268. For Hawthorne's life see Edwin Haviland Miller, *Salem Is My Dwelling Places: a Life of Nathaniel Hawthorne* (London 1991); S. Bercovitch, *The Office of the Scarlet Letter* (Baltimore 1991); T. Walter Herbert, *Dearest Beloved: the Hawthornes and the Making of the Middle-Class Family* (Berkely 1992).

269. J. Katz, *Gay American History* (New York 1976); J. D'Emilio, *Sexual Politics, Sexual Communities* (Chicago 1983).

270. The best life of Whitman I have read is Justin Kaplan, *Walt Whitman: a Life* (New York 1980), but there are many others; he is now more written about than any other 19th-century writer, including Poe and Hawthorne.

271. Paul Zweig, *Walt Whitman: the Making of the Poet* (New York 1984).

272. M. J. Killingsworth, *Whitman's Poetry of the Body: Sexuality, Politics and the Text* (Chapel Hill 1989); Michael Moon, *Disseminating Whitman: Revision and Corporeality in 'Leaves of Grass'* (Cambridge 1991).

273. R. W. Emerson, *Representative Men* (Boston 1850), Introduction.

274. For Thoreau's life see Walter Harding, *The Days of Henry Thoreau: a Biography* (New York 1982); for Walden, L. Shanley, The Making of 'Walden' (Chicago 1957).

275. Joan D. Hedrick, *Harriet Beecher Stowe: a Life* (Oxford 1994), 223ff.

276. Harriet Beecher Stowe, *A Key to Uncle Tom's Cabin* (Boston 1853), 22ff.

277. Hedrick, *opus cit.*, 245.

278. J. S. Van Why and E. French (eds), *Harriet Beecher Stowe in Europe: the Journal of Charles Beecher* (Hartford 1896); F. J. Klinberg, 'Harriet Beecher Stowe and Social Reform in England,' *American Historical Review*, 43 (1937-8); Betty Fladeland, *Abolitionists and Working-Class Problems in the Age of Industrialisation* (Baton Rouge 1984).

279. T. F. Gossett, *Uncle Tom's Cabin and American Culture* (Dallas 1985), 270.

280. Quoted in Hedrick, *opus cit.*, 232.

281. *Ibid.*, 305ff.

제4장 남북전쟁

1. J. M. Murrin in. R. Beeman et al. (eds), *Beyond Confederation: Origins of the Constitution and of American National Identity* (Chapel Hill 1987), 346-7.

2. Edwin Haviland Miller, *Salem is My Dwelling Places*, 379-81.

3. R. F. Nichols, *Franklin Pierce* (2nd edn New York 1958), 75.

4. Miller, *opus cit.*, 383-4

5. There is a facsimile edition of Hawthorne's *Life of Pierce* (Boston 1970), with an introduction by R. C. Robey.

6. Nichols, *opus cit.*, 216.

7. W. C. Davis, *Jefferson Davis: the Man and His Hour* (New York 1991), 251.

8. Robert E. May, *The Southern Dream of a Caribbean Empire* (Baton Rouge 1973), 60ff.

9. Lawrence Greene, *Filibuster: the Career of William Walker* (New York 1937).

10. K. S. Davis, *Kansas: a Bicentennial History* (New York 1976), 47ff; R. W.

Johannsen, *Stephen A. Douglas* (New York 1973).

11. P. W. Gates, *Fifty Million Acres: Conflicts Over Kansas Land Policy, 1854-90* (New York 1954).

12. J. A. Rawley, *Race and Politics: 'Bleeding Kansas' and the Coming of the Civil War* (New York 1969); S. B. Oates, *To Purge This Land with Blood: John Brown* (New York 1970).

13. D, H, Donald, *Charles Summer*, 2 vols (New York 1960-70).

14. Samuel Eilot Morison and Henry Steele Commager, *The Growth of the American Republic*, i 654ff.

15. J. T. Carpenter, *The South as a Conscious Minority* (Baton Rouge 1930); A. O. Craven, *The Growth of Southern Nationalism, 1848-1861* (New York 1953).

16. Louis Hacker, *Triumph of American Capitalism* (New York 1940), 281ff; R. B. Flanders, *Plantation Slavery in Georgia* (Atlanta 1933), 221-3; C. S. Sydnor, *Slavery in Mississippi* (New Orleans 1933), 196ff.

17. Ulrich B. Phillips, *American Negro Slavery* (New York 1918).

18. L. C. Gray, *History of Agriculture in the Southern United States to 1850*, 2 vols (Richmond 1933), i 460ff.

19. W. E. Dodd, *The Cotton Kingdom* (New York 1921), 121.

20. C. and M. Beard, *Rise of American Civilisation*, 4 vols (New York 1927-42), ii 5-6.

21. H. U. Faulkner, *American Economic History*, 320.

22. Quoted in *Niles Weekly Register*, April 19, 1845.

23. Davis Herbert Donald, *Lincoln* (London 1995), 19-20; for the early Lincoln see E. Hertz (ed.), *The Hidden Lincoln: from the Letters and Papers of William H. Herdon* (New York 1938); L. A. Warren, *Lincoln's Youth: Indiana Years, Seven to 21, 1816-30* (New York 1959); C. B. Strozier, *Lincoln's Quest for Union: Public and Private Meaning* (New York 1982). Beware of unreliable transcripts in Herndon papers and of psychobabble in Strozier.

24. For Lincoln details see M. E. Neely Jr, *The Abraham Lincoln Encyclopaedia* (New York 1982). For his suicide fears, see H. I. Kushner, *Self-Destruction in the Promised Land: a Psychocultural Biology of American Suicide* (New Brunswick 1989), Chapter 5.

25. W. C. Temple and H. E. Pratt, 'Lincoln in the Black Hawk War,' *Bulletin of the Abraham Lincoln Association*, 54 (December 1938), 3ff.

26. For Lincoln as a lawyer see A. A. Woldman, *Lawyer Lincoln* (Boston 1936); J. J. Duff, *A. Lincoln: Prairie Lawyer* (New York 1960); J. P. Frank, *Lincoln as a Lawyer* (Champaign 1961).

27. For Ann Rudlege and her effect on Lincoln, see Donald, *opus cit.*, 608 n 55.

28. See John Lorring, *Tiffany's 150 Years* (New York 1987), 46-7; for Mrs Lincoln, see R. P. Randall, *Mary Lincoln: Biography of a Marriage* (Boston 1953) and her *The Courtship of Mr Lincoln* (Boston 1957).

29. For Lincoln's spell in Congress, see Donald, *opus cit.*, Chapter 5; D. E. Riddle, *Congressman Abraham Lincoln* (Westport 1979); Paul Findley, *Abraham Lincoln: the Crucible of Congress* (New York 1979).

30. *Saying and Anecdotes of Lincoln* (New York 1940), 107-8.

31. Jean Baker, *Mary Todd Lincoln* (New York 1960).

32. W. J. Wolf, *The Almost Chosen People: a Study of the Religion of Abraham Lincoln* (New York 1959).

33. For Lincoln's depression, see Donald, *opus cit.*, 163ff.

34. For the writings and speeches of Lincoln, I have used Don. E. Fehrenbacher (ed.), *Abraham Lincoln: Speeches and Writings*, 2 vols (Classic of Liberty Library, New York 1992).

35. For Lincoln on slavery see Donald, *opus cit.*, 165-7, 180-1, etc.

36. *Ibid.*, 191; *Speeches and Writings*, 365; W. E. Gienapp, *The Origins of the Republican Psrty, 1852-56* (New York 1987); the supposed full text of the speech published in the September 1896 issue of *McClure's Magazine* had been questioned .

37. Roy P. Baselr, *Collected Works of Abraham Lincoln*, 8 vols (New Brunswick 1953), ii 341.

38. *Herndon's Lincoln*, ii 384.

39. *Speeches and Writings*, i 426-34; Don E. Fehrenbacher, *Prelude to Greatness: Lincoln in the 1850s* (Stanford 1962); Donald, *opus cit.*, 206ff.

40. For the debates, see R. A. Heckman, *Lincoln v. Douglas: the Great Debates Campaign* (Washington DC 1967); texts in R. W. Johannsen, *The Lincoln-Douglas Debates of 1858* (New York 1965).

41. Speech at Clinton, September 8, 1858.

42. See David Zarefsky, *Lincoln, Douglas and Slavery: in the Crucible of Public Debate* (Chicago 1990).

43. *Speeches and Writings*, ii 106-8; the long campaign autobiography is ii 160-7.

44. Published in the *New York Times*, January 24, 1854; for Chase see David Donald (ed.), *Inside Lincoln's Cabinet: the Civil War Diaries of Salmon P. Chase* (New York 1954); for Seward, see G. G. Van Deusen, *William Henry Seward* (New York 1967).

45. See the two letters, May 19 and 23, 1860, *Speeches and Writings*, ii 156-7.

46. *Ibid.*, ii 111-30.

47. Among the many recent books on anti-slavery agitation, the best are: Thomas

Bender (ed.), *The Antislavery Debate: Capitalism and Abolitionsism as a Problem in Historical Interpretation* (Berkely 1992); Alan M. Kraut (ed.), *Crusaders and Compromisers: Essays on the Relationship of the Antislavery Struggle to the Antebellum Party System* (Westport 1983); L. Perry and M. Fellman (eds), *Antislavery Reconsidered: New Perspectives on the Abolitionists* (Baton Rouge 1979).

48. J. C. Furnas, *The Road to Harper's Ferry* (New York 1959).

49. Elting Morison, 'The Election of 1860,' in Arthur M. Schlesinger Jr and F. R. Israel (eds), *American Presidential Elections*, ii 1097-112. See also W. E. Gienapp, 'Who voted for Lincoln?,' in J. L. Thomas (ed.), *Abraham Lincoln and the American Political Tradition* (Amherst 1986), 50ff.

50. For Davis see William C. Davis, *Jefferson Davis: the Man and His Hour* (New York 1991), esp. 689ff.

51. For Davis' background see the life by his window, Varina H. Davis, *Jefferson Davis*, 2 vols (Charleston 1890) and the 'official' collection, *Jefferson Davis, Constitutionalist, His Letters, Papers and Speeches*, ed. Dunbar Rowland, 10 vols (Baton Rouge 1923).

52. For Davis' treatment of slaves etc. see Jefferson Davis, *Rise and Fall of the Confederate Government*, 2 vols (New York 1881), i 518; Varina Davis, *opus cit.*, i 174-9.

53. William C. Davis, *opus cit.*, 125.

54. *Ibid.*, 198-9.

55. *ibid.*, 127-67.

56. The row is described in Winfield Scott, *Memoirs*, 2 vols (New York 1864), and in William C. Davis, *opus cit.*, 228ff.

57. T. C. Cochran, *Frontiers of Change: Early Industrial in America* (New York 1981), 73.

58. William C. Davis, *opus cit.*, 258-60.

59. *New Orlean Bee*, December 14, 1860.

60. William C. Davis, *opus cit.*, 283.

61. For Lincoln during this vital Period see W. E. Baringer, *A House Dividing: Lincoln as President Elect* (Springfield, Illinois 1945).

62. William C. Davis, *opus cit.*, 296.

63. D. W. Meinig, *Continental, America*, 477-8.

64. Morison and Commager, *opus cit.*, 667ff.

65. William C. Davis, *opus cit.*, 270

66. For the early weeks of the Lincoln presidency see P. S. Paludan, *The Presidency of Abraham Lincoln* (Lawrence 1994), Chapter 2-3.

67. R. N. Current, *Lincoln and the First Shot* (New York 1963).

68. Quoted in Emory M. Thomas, *Robert E. Lee: a Biography* (New York 1995), 188.

69. R. A. Wooster, *Secession Conventions of the South* (New York 1962) for detiails.

70. Quoted in Drew Gilpin, *James Henry Hammond* (Baton Rouge 1982).

71. See R. L. Andreano (ed.), *Economic Impact of the Civil War* (New York 1962).

72. H. D. Capers, *Life and Times of G. G. Memminger* (New York 1893).

73. See the excellent summary of Southern finances by J. C. Schwab, 'The South During the War, 1861-65,' *in Cambridge Modern History* (Cambridge 1934), vii 603ff; Davis, *opus cit.*, 601ff.

74. Elizabeth Merritt, *James Henry Hammond* (Baton Rouge 1923).

75. For a summary of this incident see C. F. Adams, 'The Trent Affair,' *Massachusetts Historical Society Proceedings* 45 (1911), 35ff.

76. Davis, *opus cit.*, 319.

77. *Ibid.*, 366.

78. T. L. Livermore, *Numbers and Losses in the Civil Wa*r (New York 1901).

79. For the influence of geography on the conflict see Meinig, *opus cit.*, 494ff.

80. W. B. Years, *The Confederate Congress* (New York 1960); F. L. Owsley, *States Rights in the Confederacy* (New York 1925); Davis, *opus cit.*, 444ff; R. D. Meade, *Judah P. Benjamin* (New York 1943).

81. Davis, *opus cit.*, 447.

82. Donald, *Lincoln*, 362-4; text of Lincoln's proclamation in *Speeches and Writings*, ii 318-19.

83. Quoted in Donald, *Lincoln*, 368.

84. Different texts circulated; see *Speeches and Writings*, ii 357-8; Lincoln's *Collected Works*, v 388-9.

85. See Joseph H. Parks, *General Leonidas Polk, CSA: Fighting Bishop* (New York 1962).

86. J. W. Silver, *Confederate Morale and Church Propaganda* (New Orleans 1957).

87. See the special issue, 'Civil War Religion,' *Civil War History,* 6 (1960).

88. See J. G. Randall and R. N. Current, *Lincoln the President : Last Full Measure* (New York 1955), Chapter entitled 'God's man.'

89. Chester F. Dunham, *Attitude of the North Clergy Towards the South, 1860-65* (New York 1942); D. W. Harrison 'Southern Protestantism and Army Missions in the Confederacy,' *Mississippi Quarterly*, 17 (1965), 179ff.

90. W. J. Wolf, *The Almost Chosen People: a Study of the Religion of Abraham Lincoln* (New York 1959).

91. J. H. Franklin, *The Emancipation Proclamation* (New York 1963); Donald, *Lincoln*,

미
주

•

366ff.

92. *Cambridge Modern History*, vii, Chapter xvii, 'The North During the War: Finance,' B. W. Rein, *Analysis and Critique of Union Financing of the Civil War* (New York 1962); Bray Hammond, *Sovereignty and Empty Purse: Banks and Politics in the Civil War* (New York 1970); A. M. Davis, *Origins of the National Banking System* (New York 1910).

93. B. P. Thomas and H. M. Hyman, *Stanton* (New York 1962); W. W. Hassler, *General George B. McClellan* (New York 1957).

94. See Alan Pinkerton's autobiography, *Criminal Reminiscences and Detective Sketches* (New York 1879) and *Thirty Years a Detective* (Chicago 1884).

95. For Jackson, see G. F. R. Henderson, *Stonewall Jackson and the American Civil War*, 2 vols (New York 1898); there are many modern books dealing with him.

96. Mrs James Chesnut, *A Diary from Dixie* (New York 1949); General Richard Taylor, *Destruction and Reconstruction: Personal Reminiscences of the Late War* (New York 1879); Edmund Wilson, *Patriotic Gore* (New York 1962), 279ff, 303-4.

97. Wilson, *opus cit.*, 300.

98. John Esten Cooke, *Wearing the Grey* (New York 1867).

99. *Ibid*.

100. Lee is entombed in Douglas Southall Freeman, *R. E. Lee: a Biography*, 4 vols (New York 1934-5); the best life is E. M. Thomas, *Robert E. Lee: a Biography* (New York 1995).

101. Thomas, *opus cit.*, 187ff.

102. See. E. B. Coddington, *The Gettysburg Campaign: a Study in Command* (New York 1968). See also J. Luvass and H. W. Nelson (eds), *The US Army War College Guide to the Battle of Gettysburg* (Carlisle 1986); Thomas, *opus cit.*, 287ff.

103. E. S. Miers, *Web of Victory: General Grant at Vicksburg* (New York 1955).

104. Grant wrote one of the great American autobiographies, *Personal Memoirs*, 2 vols (New York 1885-6).

105. For Lincoln's relations with Grant see T. H. Williams, *Lincoln and His Generals* (New York 1885-6).

106. For These Battles and casualties, see R. U. Johnson and C. C. Buel (eds), *Battles and Leaders of the Civil War* (New York 1884-8), iv, for Lincoln's sorrow, Donald, *Lincoln*, 500.

107. Davis, *opus cit.*, 531, 544, 594.

108. Quoted in Wilson, *opus cit.*, 271.

109. J. M. Gibson, *Those 163 Days: Sherman's March* (New York 1961).

110. Bruce Catton, *Grant Takes Command* (New York 1969).

111. H. M. Hyman, ' The Election of 1864,' in Schlesinger and Israel, *opus cit.*, ii; E. C. Kirkland, *Peacemaker of 1864* (New York 1927).

112. Text in *Speeches and Writings*, 687-7.

113. Miller, *opus cit.*, 474.

114. Justin Kaplan, *Walt Whitman: a Life* (New York 1980), 260-1.

115. Donald, *Lincoln*, 580-1. This was April 9, 1865, the date of Lee's surrender.

116. *Macbeth*, Act II, Scene 2. Adolphe de Chambrun, *Impressions of Lincoln and the Civil War: a Foreigner's Account* (New York 1952), 82.

117. Kaplan, *opus cit.*, 262, 297.

118. Stewart Brooks, *Civil War Medicine* (Springfield, Illinois 1966), 97; R. M. Buck, *Walt Whitman* (Philadelphia 1883), 37, quoted in Kaplan, *opus cit.*, 266n.

119. For extracts from Alcott's letters see Edna D. Cheney, *Louisa May Alcott: Her Life, Letters and Journals* (New York 1889).

120. Judith Farr, *The Passion of Emily Dickinson* (Cambridge 1992), for a recent view of all this.

121. John D. Unruh Jr, *The Plains Across: the Overland Emigrants and the Trans-Mississippi West, 1840-1860* (Urbana 1979).

122. For Such incidents see Francis Paul Prucha, *The Great Father: the United States Government and the American Indians*, 2 vols (Lincoln, Nebraska 1984) and the trilogy by Robert M. Utley, *Frontier Regulars: the US Army and the Indians, 1866-91* (New York 1973); *The Indian Frontier of the American West 1846-90* (Albuquerque 1984), and *The Last Days of the Sioux Nation* (New Haven 1963).

123. See P. W. Gates and R. W. Swenson, *History of Public Land Law Development* (New York 1968).

124. See E. S. Pomeroy, *The Territories and the United States, 1861-90* (Philadelphia 1947) and J. E. Eblen, T*he First and Second United States Empires: Governors and Territorial Governments, 1784-1912* (Pittsburgh 1968).

125. Mark Twain, *Roughing It*; see also C. A. Milner et al. (eds), *The Oxford History of the American West* (New York 1994), 201ff.

126. F. L. Paxson, *The Last American Frontier* (New York 1910), 170ff.

127. Davis, *opus cit.*, 361ff.

128. *Rise and Fall of the South*, ii 518ff.

129. Thomas, *opus cit.*, 361ff.

130. For these events see B. H. Liddell Hart (ed.), *Sherman's Memoirs*, 2 vols (New York 1957).

131. For the background to the conspiracy to murder Lincoln, see W. A. Tidwell et al., *The Confederate Secret Service and the Assassination of Lincoln* (Jackson

1988); for the event itself, see W. E. Reck, *Abraham Lincoln: His Last 24 Hours* (Jefferson 1987). The Surratt Society has provided *In Pursuit of... Contnuning Research in the Field of the Lincoln Assassination* (New York 1990).

132. For Davis' imprisonment and release, see Davis, *opus cit.*, 640ff.

133. For Lee as college president see Thomas, *opus cit.*, 376ff.

134. For Lincolnl's racial views see Don E. Fehrenbacher, 'Only His Stepchildren,' in *Lincoln in Text and Context*, 95-112; G. M. Fredrickson, 'A Man Not a Brother: Abraham Lincoln and Racial Equality,' *Journal of Southern History*, 41 (February 1975), 39ff.

135. For all the circumstances surrounding the address, and the various thexts of it see Garry Wills, *Lincoln at Gettysberg: the Words that Remade America* (New York 1992).

136. Text in *Speeches and Writings*, ii 555ff.

137. J. B. James, *Framing of the Fourteenth Amendment* (New York 1956); see also H. J. Graham, 'Antislavery Background of the Fourteenth Amendment,' *Wisconsin Law Review*, 30 (1950), 479ff. See also W. B. Heseltine, *Lincoln's Plan of Reconstruction* (New York 1960).

138. Donald, *opus cit.*, 582-3.

139. G. F. Milton, *The Age of Hate: Andrew Johnson and the Radicals* (New York 1930), 145ff.

140. For the Varying position see A. O. Craven, *Reconstruction: Ending of the Civil War* (New York 1969) and R. W. Patrick, *Reconstruction of the Nation* (New York 1967).

141. For Johnson's executive action, see J. E. Sefton, *Andrew Johnson and the Uses of Constitutional Power* (New York 1980).

142. For conditions in the South immediately after the end of the Civil War, see J. R. Dennett, *The South As It Is, 1865-66*, ed. H. M. Christman (New York 1965) and J. T. Trowbridge, *Desolate South, 1865-66*, ed. G. Carroll (New York 1966), For the Working of the Freedman's Bureau, see Eric Foner, *A Short History of Reconstruction 1863-1877* (New York 1990), esp. 31-2, 64-5, 66 and 111-13.

143. For a recent view of Johnson's handling of Congress, see H. L. Trefousse, *Andrew Johnson: a Biography* (New York 1989).

144. H. M. Hyman, *Radical Republicans and Reconstruction, 1861-70* (New York 1967).

145. For the context of impeachment see J. E. Sefton, 'Impeachment of Andrew Johnson: a Century of Writing,' *Civil War History*, 14 (1968), 120ff.

146. David Donald, 'Why They Impeached Andrew Johnson,' *American Heritage*,

6 (1956), 20ff; Michael Benedict, *The Impeachment and Trial of Andrew Johnson* (New York 1972).

147. J. H. Franklin, 'Election of 1868,' in Schlesinger and Israel, *opus cit.*, ii; C. H. Coleman, *Election of 1868* (New York 1933).

148. J. Daniels, *Prince of Carpetbaggers* (New York 1958); R. N. Current, *Three Carpetbag Governors* (New York 1967); O. H. Olsen, 'Scalawags,' *Civil War History*, 12 (1966), 304f. Foner gives a more favorable account of carpetbaggers and Second Reconstruction, *opus cit.*, 129-30, 158, 213, 256.

ㅎ

미국인의 역사 I

펴낸날	초판 1쇄 2016년 4월 30일
	초판 5쇄 2018년 11월 2일

지은이	폴 존슨
옮긴이	명병훈
펴낸이	심만수
펴낸곳	(주)살림출판사
출판등록	1989년 11월 1일 제9-210호

주소	경기도 파주시 광인사길 30
전화	031-955-1350 팩스 031-624-1356
홈페이지	http://www.sallimbooks.com
이메일	book@sallimbooks.com

ISBN	978-89-522-7360-4 94940
	978-89-522-7359-8 94940 (세트)